谨以此书纪念改革开放四十周年

1

司法解释全集
综合篇

最高人民法院 编

人民法院出版社

图书在版编目（CIP）数据

司法解释全集／最高人民法院编．—北京：人民法院出版社，2018.8
ISBN 978－7－5109－2210－7

Ⅰ.①司… Ⅱ.①最… Ⅲ.①法律解释—汇编—中国
Ⅳ.①D920.5

中国版本图书馆CIP数据核字（2018）第172534号

司法解释全集
最高人民法院　编

总　策　划	陈建德
责任编辑	王　婷　　**执行编辑**　高　晖　陈　思　杨钦云
出版发行	人民法院出版社
地　　址	北京市东城区东交民巷27号（100745）
电　　话	（010）67550596（责任编辑）　　67550558（发行部查询）
	65223677（读者服务部）
客服QQ	2092078039
网　　址	http://www.courtbook.com.cn
E－mail	courtpress@sohu.com
印　　刷	北京华联印刷有限公司
经　　销	新华书店
开　　本	787×1092毫米　1/16
字　　数	8086千字
印　　张	350
版　　次	2018年8月第1版　2018年8月第1次印刷
书　　号	ISBN 978－7－5109－2210－7
定　　价	1980.00元（全五册）

版权所有　侵权必究

出版前言

在以习近平同志为核心的党中央坚强领导下，最高人民法院坚持以习近平新时代中国特色社会主义思想为指导，忠实履行宪法法律赋予的职责，紧紧围绕"努力让人民群众在每一个司法案件中感受到公平正义"工作目标，不断提高审判质量效率、队伍素质能力和司法公信力。

司法解释是中国特色社会主义司法制度的重要组成部分，制定司法解释是法律赋予最高人民法院的一项重要职责。大量司法解释不仅填补了严重存在的法律漏洞，而且为法官裁判案件提供了更为具体、明确的规则依据。司法解释在我国整个法律体系的建立和完善过程中发挥了举足轻重的作用。

2014年，最高人民法院按照全国人大常委会的部署和要求，启动了新中国成立以来第一次全面集中清理司法解释工作。对最高人民法院自1949年建院至2011年底前单独制定，以及与最高人民检察院等中央有关部门联合制定的司法解释和司法指导性文件进行了全面清理，决定废止司法解释、司法解释性质文件715件，研究决定了继续有效的司法解释、司法指导性文件，清理了不属于司法解释和指导性文件的其他规范性文件。此次清理工作集中解决了司法解释与法律不一致、司法解释之间不协调，以及司法解释内容不准确等突出问题，明确区分了司法解释和参考性的司法指导性文件，为人民法院审判工作提供了准确的裁判依据，有力促进了司法解释工作的科学化、规范化、制度化。充分发挥了统一法律适用、指导审判工作、完善司法政策、促进社会治理的重要作用，对人民法院维护社会大局稳定、促进社会公平正义、保障人民安居乐业作出了重要贡献。

随着中国特色社会主义法律体系的形成，人民群众对司法的要求和期待也越来越高，对人民法院的关注也空前强烈，加强法律实施成为法治建设的重大任务，这必然要求人民法院更加注重依法办案，正确履行宪法和法律赋予的审判职责，真正做到有法必依、执法必严，并积极完善司法工作机制，全面发挥司法功能,确保中国特色社会主义法律体系得到贯彻落实。司法解释在保证法律统一正确实施中的作用更加凸显,影响更加广泛,社会各界更加关注。

司法解释是全国法院几代法官集体智慧的结晶,是法治中国建设的共同财富,最高人民法院60多年司法解释的实践充分证明,司法解释不仅是贯彻执行法律的基本保障,也在填补和完善中国特色社会主义法律体系方面作用突出,成为国家立法必要的先行验证和实践支撑。

为充分发挥司法解释在统一司法标准、确保国家法律贯彻实施、保障司法公正与效率、维护人民群众利益等方面的重要作用,便于全国各级法院和广大法官以及法律工作者、社会各界和人民群众查阅和适用,最高人民法院专门成立编委会,由人民法院出版社将历年来司法解释进行合理整合、精心编排,对部分内容进行调整,通过整理编辑了《司法解释全集》。

《司法解释全集》一书,收录了最高人民法院发布的司法解释及规范性司法文件共计2700余件,字数约800万字,全书分为五册、九篇,其中,第一册:综合篇、附录:废止文件目录;第二册:刑事篇、刑事诉讼篇、环境资源保护篇;第三册:民事篇、商事篇;第四册:知识产权篇、行政诉讼及国家赔偿篇;第五册:民事诉讼篇,每篇再分若干细目。

本书是指导全国法院法官适用法律,特别是适用司法解释做出裁判的重要工具书。受到了各级法院、当事人、人民群众和社会各界的高度评价,取得了良好的政治效果、法律效果和社会效果。希望本书能为广大法官的工作和学习提供便利,不断创新工作模式,进一步发挥司法解释在司法审判工作中的引领、推动和保障作用,不断推进中国的司法制度向更完备、更全面、更科学方向发展,不断促进新时代人民法院审判工作有新气象新发展。

最高人民法院
二〇一八年六月

凡 例

一、收录和分类

1.《司法解释全集》收录了1949年至2018年上半年最高人民法院发布、与最高人民检察院及其他部委联合发布的司法解释、司法指导性文件2700余件。在附录部分，收录了最高人民法院历来废止的司法解释和司法指导性文件的目录。

2. 本书共分五册、九篇，其中，第一册：综合篇、附录：废止文件目录；第二册：刑事篇、刑事诉讼篇、环境资源保护篇；第三册：民事篇、商事篇；第四册：知识产权篇、行政诉讼及国家赔偿篇；第五册：民事诉讼篇，每篇再分若干细目。

3. 对于司法解释文件与司法指导性文件如何区分，本书采用了《最高人民法院司法解释汇编》（1949～2013）三卷本确立的区分标准，即以1997年7月1日《最高人民法院关于司法解释工作的若干规定》实施日期为准，划分为两个阶段。对于1997年7月1日以前的文件，对具体应用法律、法令问题进行解释的及内容为法律适用问题且对某一类案件具有普遍适用效力的文件界定为司法解释，界定不清时，本着"一个不能漏"的原则，界定为司法解释。1997年7月1日之后的文件则依照"法释"字编号予以区分，即"法释"字编号的文件为司法解释，非以"法释"字编号的文件一律不得作为司法解释。在此基础上，本书将所有司法解释和司法指导性文件按照本书章节体例分门别类收录，并将司法解释和司法指导性文件分别在目录中用宋体和楷体以示区别。

4. 没有被明确列为废止文件的本书原则上全部收录；虽未明文废止，但同后来司法解释有明显冲突的不予收录，个别废止文件虽有冲突但有一定指导价值的，仍予以收录，并以脚注形式标注。

5. 附录部分收录了根据最高人民法院第一批～十二批废止的司法文件目录、最高人民法院和最高人民检察院联合发布的五批废止的司法文件目录以及没有列入废止文件目录，但在单件司法解释中废止的文件目录。另需说明的是，针对个别最高人民法院转发其他机关发布的文件，虽最高人民法院没有明文废止，但原发文机关已经废止的，本书也列入废止目录中。

二、编排和注解

1. 本书各类目编排顺序为：最高人民法院发布的司法解释、最高人民法院指导性文件。

2. 在上述原则基础上，在同一类目下，将起主要、核心作用的综合性、规范性司法解释、指导性文件置前，其他文件置后；同类文件按照发文时间由远及近排列。

3. 基于方便读者查找的原则，本书将有关联的文件排在一起，如：补充、修订类的文件或关联性较强文件均连排，不受效力等级和发文时间排序的限制。

4. 司法解释的部分条文被明令废止的，用楷体字体表示并在该条文处以脚注的形式标注。根据最高人民法院《关于调整司法解释等文件中引用〈中华人民共和国民事诉讼法〉条文序号的决定》（2018年12月16日，法释〔2008〕18号），对司法解释等文件中涉及的《民事诉讼法》（2007年修正）的相关条文序号予以相应调整。

5. 在司法解释汇编图书中，最高人民法院的司法文件，常有"一件多名"的情况，给读者带来不便和困扰。本书对最高人民法院司法文件"一件多名"的情况进行全面考辨，以"脚注"的形式逐一注明，全书共标注 86 处。其中文件名称凡与《最高人民法院公报》不一致的，均以公报上的为准，并在脚注中注明。

6. 个别司法解释之间的内容有冲突之处，新发布的司法解释对同一问题作了新的规定或修正了以前司法解释部分内容的，囿于本书体例，不一一标明。

三、条目安排

本书所收录的司法解释及其他司法文件，按内容的不同分为若干级类目，类目级别在"篇"的分类下依次由"一"、"（一）"表示。

四、文本和编辑

本书收录的司法解释均根据《中华人民共和国最高人民法院公报》和《人民法院报》以及最高人民法院官方网站公布的标准文本排印。

本书所收录的文件基本保留原貌，但对个别文件的体例、格式方面作了统一编辑处理，有个别文字、标点符号有明显错讹的，亦径予以纠正。

司法解释全集

总目录

（第一册）

综合篇 ……………………………………………………………（ 1 ）
 一、司法公开 …………………………………………………（ 3 ）
 二、司法便民利民 ……………………………………………（ 47 ）
 三、司法责任制 ………………………………………………（ 81 ）
 四、法院组织体系 ……………………………………………（ 103 ）
 五、审判程序 …………………………………………………（ 139 ）
 六、案例指导制度及自由裁量权规范 ………………………（ 190 ）
 七、队伍建设 …………………………………………………（ 459 ）
 八、司法服务与保障 …………………………………………（ 579 ）
 九、其他 ………………………………………………………（ 731 ）
  （一）改革纲要 ……………………………………………（ 731 ）
  （二）司法解释及废止目录 ………………………………（ 763 ）
  （三）审判管理 ……………………………………………（ 861 ）
  （四）司法统计、司法标准 ………………………………（ 886 ）
  （五）裁判文书、诉讼卷宗 ………………………………（ 900 ）
  （六）司法救助 ……………………………………………（ 909 ）
  （七）律师诉讼权利 ………………………………………（ 919 ）
  （八）涉诉信访 ……………………………………………（ 935 ）
  （九）其他 …………………………………………………（ 954 ）

附录：废止文件目录 ……………………………………………（1005）

（第二册）

刑事篇 ·· (1103)

 一、刑法总则 ·· (1105)
  （一）综合 ·· (1105)
  （二）刑法的适用范围 ·· (1133)
  （三）犯罪 ·· (1139)
  （四）刑罚 ·· (1148)
  （五）刑事裁判文书 ·· (1216)
  （六）其他规定 ·· (1238)
 二、刑法分则 ·· (1243)
  （一）综合 ·· (1243)
  （二）危害国家安全罪 ··· (1284)
  （三）危害公共安全罪 ··· (1286)
  （四）破坏社会主义市场经济秩序罪 ··· (1324)
  （五）侵犯公民人身权利、民主权利罪 ··· (1428)
  （六）侵犯财产罪 ··· (1453)
  （七）妨害社会管理秩序罪 ·· (1499)
  （八）危害国防利益罪 ··· (1639)
  （九）贪污贿赂罪 ··· (1643)
  （十）渎职罪 ··· (1667)
  （十一）军人违反职责罪 ··· (1673)

刑事诉讼篇 ·· (1675)

 一、综合 ·· (1677)
 二、管辖 ·· (1795)
 三、辩护 ·· (1799)
 四、证据 ·· (1807)
 五、强制措施 ·· (1835)
 六、刑事附带民事诉讼 ··· (1844)
 七、立案 ·· (1847)
 八、第一审程序 ·· (1848)
 九、第二审程序 ·· (1873)
 十、未成年人刑事案件审理程序的规定 ··· (1882)
 十一、死刑复核程序 ·· (1889)
 十二、审判监督程序 ·· (1900)

十三、刑事涉外的规定 …………………………………………… (1913)
十四、执行 …………………………………………………………… (1933)
十五、赃款赃物处理 ………………………………………………… (1965)
十六、法律援助、救助 ……………………………………………… (1986)
十七、其他 …………………………………………………………… (2000)

环境资源保护篇 ……………………………………………………… (2007)

（第三册）

民事篇 …………………………………………………………………… (2023)

一、民事总类 ………………………………………………………… (2025)
 （一）综合 ………………………………………………………… (2025)
 （二）民事责任 …………………………………………………… (2133)
 （三）诉讼时效 …………………………………………………… (2165)
 （四）涉外民事 …………………………………………………… (2187)
 （五）涉港澳台民事 ……………………………………………… (2195)

二、婚姻、家庭与继承 ……………………………………………… (2204)
 （一）婚姻 ………………………………………………………… (2204)
 （二）家庭 ………………………………………………………… (2269)
 （三）继承 ………………………………………………………… (2298)

三、侵权责任 ………………………………………………………… (2354)

四、物权 ……………………………………………………………… (2421)
 （一）综合 ………………………………………………………… (2421)
 （二）所有权 ……………………………………………………… (2432)
 （三）用益物权 …………………………………………………… (2503)
 （四）担保物权 …………………………………………………… (2525)
 （五）典权、典当 ………………………………………………… (2546)

五、民事合同 ………………………………………………………… (2570)
 （一）综合 ………………………………………………………… (2570)
 （二）买卖合同 …………………………………………………… (2613)
 （三）民间借贷合同 ……………………………………………… (2671)
 （四）租赁合同 …………………………………………………… (2680)
 （五）建设工程合同 ……………………………………………… (2688)
 （六）技术合同 …………………………………………………… (2698)
 （七）旅游合同 …………………………………………………… (2724)
 （八）特许经营合同 ……………………………………………… (2728)

（九）借用合同 …………………………………………………………… (2730)
　六、劳动争议、人事争议 ………………………………………………… (2733)

商事篇 ……………………………………………………………………… (2757)
　一、综合 …………………………………………………………………… (2759)
　二、公司、企业 …………………………………………………………… (2778)
　三、破产、清算 …………………………………………………………… (2821)
　四、商事合同 ……………………………………………………………… (2915)
　　（一）存单、借款、存款合同 …………………………………………… (2915)
　　（二）运输合同 …………………………………………………………… (2937)
　　（三）融资租赁合同 ……………………………………………………… (2947)
　　（四）保证合同 …………………………………………………………… (2952)
　　（五）联营合同 …………………………………………………………… (2986)
　　（六）供用电合同 ………………………………………………………… (2993)
　五、不良资产处置 ………………………………………………………… (2994)
　六、保险 …………………………………………………………………… (3011)
　七、票据 …………………………………………………………………… (3036)
　八、证券、期货 …………………………………………………………… (3052)
　九、信用证、独立保函 …………………………………………………… (3081)
　十、海商、海事 …………………………………………………………… (3091)
　　（一）海商、海事 ………………………………………………………… (3091)
　　（二）海事诉讼程序 ……………………………………………………… (3131)

（第四册）

知识产权篇 ………………………………………………………………… (3171)
　一、综合 …………………………………………………………………… (3173)
　二、知识产权案件年度报告及典型案例 ………………………………… (3253)
　三、专利权 ………………………………………………………………… (3801)
　四、商标权 ………………………………………………………………… (3840)
　五、著作权 ………………………………………………………………… (3869)
　六、植物新品种权 ………………………………………………………… (3893)
　七、反不正当竞争 ………………………………………………………… (3897)
　八、反垄断 ………………………………………………………………… (3906)
　九、其他 …………………………………………………………………… (3909)

行政诉讼及国家赔偿篇 ······(3915)

一、行政诉讼 ······(3917)
  (一) 综合 ······(3917)
  (二) 受案范围 ······(4003)
  (三) 管辖 ······(4010)
  (四) 诉讼参加人 ······(4020)
  (五) 起诉与受理 ······(4027)
  (六) 证据 ······(4044)
  (七) 法律适用 ······(4057)
  (八) 送达、期限 ······(4131)
  (九) 执行 ······(4133)
  (十) 其他 ······(4148)

二、国家赔偿 ······(4151)
  (一) 综合 ······(4151)
  (二) 行政赔偿 ······(4229)
  (三) 司法赔偿 ······(4245)

(第五册)

民事诉讼篇 ······(4271)

一、综合 ······(4273)
二、起诉和受理 ······(4379)
三、管辖 ······(4419)
四、回避 ······(4481)
五、诉讼参加人 ······(4484)
六、证据 ······(4509)
七、期间、送达 ······(4530)
八、调解 ······(4541)
九、保全和先予执行 ······(4566)
十、对妨害民事诉讼的强制措施 ······(4593)
十一、诉讼费用 ······(4595)
十二、第一审普通程序 ······(4601)
十三、简易程序、小额速裁程序 ······(4607)
十四、公益诉讼 ······(4621)
十五、第二审程序 ······(4636)
十六、特别程序 ······(4640)

十七、审判监督程序 …………………………………………………… (4642)
十八、督促程序 ………………………………………………………… (4680)
十九、公示催告程序 …………………………………………………… (4683)
二十、执行程序 ………………………………………………………… (4685)
二十一、涉港澳、涉台民事诉讼程序 ………………………………… (5036)
二十二、涉外民事诉讼程序 …………………………………………… (5084)
二十三、仲裁 …………………………………………………………… (5127)
二十四、公证 …………………………………………………………… (5259)
二十五、其他非诉讼矛盾纠纷解决机制 ……………………………… (5267)
二十六、其他 …………………………………………………………… (5295)

目　录

（第一册）

综合篇

一、司法公开

最高人民法院
　关于修改《中华人民共和国人民法院法庭规则》的决定
　　（2016年4月13日） ……………………………………………（ 3 ）
最高人民法院
　关于人民法院在互联网公布裁判文书的规定
　　（2016年8月29日） ……………………………………………（ 10 ）
最高人民法院
　关于人民法院庭审录音录像的若干规定
　　（2017年2月22日） ……………………………………………（ 13 ）
最高人民法院
　关于人民法院通过互联网公开审判流程信息的规定
　　（2018年3月4日） ………………………………………………（ 14 ）
最高人民法院
　关于严格执行公开审判制度的若干规定
　　（1999年3月8日） ………………………………………………（ 17 ）
最高人民法院
　印发《关于加强人民法院审判公开工作的若干意见》的通知
　　（2007年6月4日） ………………………………………………（ 18 ）

最高人民法院
印发《关于司法公开的六项规定》和《关于人民法院接受新闻媒体舆论
　　监督的若干规定》的通知
　　（2009年12月8日） ……………………………………………………（ 22 ）
最高人民法院
印发《关于确定司法公开示范法院的决定》的通知
　　（2010年10月15日） …………………………………………………（ 26 ）
最高人民法院
关于全面加强接受监督工作的若干意见
　　（2011年10月12日） …………………………………………………（ 33 ）
最高人民法院
关于加强和规范人大代表、政协委员旁听案件庭审工作的若干意见
　　（2011年11月4日） ……………………………………………………（ 36 ）
最高人民法院
关于确定第二批司法公开示范法院的通知
　　（2012年12月19日） …………………………………………………（ 38 ）
最高人民法院
印发《关于推进司法公开三大平台建设的若干意见》的通知
　　（2013年11月21日） …………………………………………………（ 42 ）

二、司法便民利民

最高人民法院
关于切实践行司法为民大力加强公正司法不断提高司法公信力的若干意见
　　（2013年9月6日） ……………………………………………………（ 47 ）
最高人民法院
关于印发《关于落实23项司法为民具体措施的指导意见》的通知
　　（2003年12月2日） ……………………………………………………（ 55 ）
最高人民法院
印发《关于大力推广巡回审判方便人民群众诉讼的意见》的通知
　　（2010年12月22日） …………………………………………………（ 63 ）
最高人民法院
关于深入整治"六难三案"问题加强司法为民公正司法的通知
　　（2014年6月9日） ……………………………………………………（ 65 ）
最高人民法院
关于推广陕西省富县人民法院"群众说事、法官说法"便民联动工作机制
　　的通知
　　（2014年7月22日） ……………………………………………………（ 69 ）

最高人民法院
　关于进一步做好司法便民利民工作的意见
　　（2014年11月20日） ································· （ 71 ）
最高人民法院
　关于全面推进人民法院诉讼服务中心建设的指导意见
　　（2014年12月15日） ································· （ 75 ）

三、司法责任制

最高人民法院
　关于完善人民法院司法责任制的若干意见
　　（2015年9月21日） ·································· （ 81 ）
最高人民法院
　关于落实司法责任制完善审判监督管理机制的意见（试行）
　　（2017年4月12日） ·································· （ 89 ）
最高人民法院
　关于加强各级人民法院院庭长办理案件工作的意见（试行）
　　（2017年4月10日） ·································· （ 91 ）
最高人民法院
　关于印发《最高人民法院司法责任制实施意见（试行）》的通知
　　（2017年7月25日） ·································· （ 93 ）

四、法院组织体系

最高人民法院
　关于修改《最高人民法院关于巡回法庭审理案件若干问题的规定》的决定
　　（2016年12月27日） ································· （ 103 ）
最高人民法院
　关于印发《最高人民法院巡回法庭审判管理工作指导意见》的通知
　　（2017年4月6日） ··································· （ 106 ）
最高人民法院　交通部
　关于设立海事法院的通知
　　（1984年5月24日） ·································· （ 111 ）
最高人民法院
　关于在海口市建立海事法院的批复
　　（1989年9月9日） ··································· （ 112 ）

最高人民法院
 关于设立海口、厦门海事法院的决定
  （1990年3月2日）……………………………………………（113）
最高人民法院
 关于设立宁波海事法院的决定
  （1992年12月4日）…………………………………………（114）
最高人民法院
 关于北海海事法院正式对外受理案件问题的通知
  （1999年7月19日）…………………………………………（114）
最高人民法院
 印发《关于设立杭州互联网法院的方案》的通知
  （2017年8月8日）……………………………………………（115）
最高人民法院
 印发《关于人民法庭若干问题的规定》的通知
  （1999年7月15日）…………………………………………（117）
最高人民法院
 印发《关于规范上下级人民法院审判业务关系的若干意见》的通知
  （2010年12月28日）………………………………………（120）
最高人民法院
 印发《关于进一步加强新形势下人民法院基层基础建设的若干意见》的
  通知
  （2011年1月28日）…………………………………………（121）
最高人民法院
 关于进一步加强新形势下人民法庭工作的若干意见
  （2014年12月4日）…………………………………………（128）
最高人民法院
 关于加快建设智慧法院的意见
  （2017年4月12日）…………………………………………（134）

五、审判程序

最高人民法院
 关于印发《最高人民法院审判委员会工作规则》的通知
  （1993年9月11日）…………………………………………（139）
最高人民法院
 印发《关于人民法院立案工作的暂行规定》的通知
  （1997年4月21日）…………………………………………（141）

最高人民法院
　关于印发《关于人民法院推行立案登记制改革的意见》的通知
　　（2015年4月15日） ………………………………………………（144）
最高人民法院
　关于人民法院登记立案若干问题的规定
　　（2015年4月15日） ………………………………………………（147）
最高人民法院
　关于严格执行案件审理期限制度的若干规定
　　（2000年9月22日） ………………………………………………（149）
最高人民法院
　关于人民法院合议庭工作的若干规定
　　（2002年8月12日） ………………………………………………（153）
最高人民法院
　关于进一步加强合议庭职责的若干规定
　　（2010年1月11日） ………………………………………………（156）
最高人民法院
　关于全国法院立案工作座谈会纪要
　　（1999年9月8日） …………………………………………………（158）
最高人民法院
　关于执行《最高人民法院关于严格执行案件审理期限制度的若干规定》中
　　有关问题的复函
　　（2001年8月20日） ………………………………………………（162）
最高人民法院
　印发《关于办理不服本院生效裁判案件的若干规定》的通知
　　（2001年10月29日） ………………………………………………（162）
最高人民法院
　关于印发《最高人民法院案件审限管理规定》的通知
　　（2001年11月5日） ………………………………………………（164）
最高人民法院
　印发《关于规范人民法院再审立案的若干意见（试行）》的通知
　　（2002年9月10日） ………………………………………………（167）
最高人民法院
　印发《最高人民法院关于完善院长、副院长、庭长、副庭长参加合议庭
　　审理案件制度的若干意见》的通知
　　（2007年3月30日） ………………………………………………（170）

最高人民法院
印发《关于进一步加强人民法院"立案信访窗口"建设的若干意见(试行)》
的通知
（2009年12月25日） ………………………………………………（171）

最高人民法院
关于印发《关于改革和完善人民法院审判委员会制度的实施意见》的通知
（2010年1月11日） …………………………………………………（175）

最高人民法院
关于规范人民法院裁判文书相关表述及依法收转当事人诉讼材料的通知
（2015年3月6日） ……………………………………………………（179）

最高人民法院
关于进一步推进案件繁简分流优化司法资源配置的若干意见
（2016年9月12日） …………………………………………………（180）

最高人民法院
关于确定案件繁简分流机制改革示范法院的决定
（2017年5月17日） …………………………………………………（183）

最高人民法院　最高人民检察院　司法部
关于逐步实行律师代理申诉制度的意见
（2017年4月1日） ……………………………………………………（187）

六、案例指导制度及自由裁量权规范

最高人民法院
印发《关于案例指导工作的规定》的通知
（2010年11月26日） …………………………………………………（190）

最高人民法院
印发《〈关于案例指导工作的规定〉实施细则》的通知
（2015年5月13日） …………………………………………………（191）

最高人民法院
关于做好案例指导工作的通知
（2011年3月18日） …………………………………………………（193）

最高人民法院研究室
关于印发《关于编写报送指导性案例体例的意见》、《指导性案例样式》的
通知
（2011年12月30日） …………………………………………………（200）

最高人民法院
关于发布第一批指导性案例的通知
（2011年12月20日） …………………………………………………（203）

最高人民法院
　　关于发布第二批指导性案例的通知
　　　（2012年4月9日） ·· （211）
最高人民法院
　　关于发布第三批指导性案例的通知
　　　（2012年9月18日） ··· （219）
最高人民法院
　　关于发布第四批指导性案例的通知
　　　（2013年1月31日） ··· （227）
最高人民法院
　　关于发布第五批指导性案例的通知
　　　（2013年11月8日） ··· （235）
最高人民法院
　　关于发布第六批指导性案例的通知
　　　（2014年1月26日） ··· （245）
最高人民法院
　　关于发布第七批指导性案例的通知
　　　（2014年6月26日） ··· （252）
最高人民法院
　　关于发布第八批指导性案例的通知
　　　（2014年12月18日） ·· （266）
最高人民法院
　　关于发布第九批指导性案例的通知
　　　（2014年12月24日） ·· （281）
最高人民法院
　　关于发布第十批指导性案例的通知
　　　（2015年4月15日） ··· （297）
最高人民法院
　　关于发布第11批指导性案例的通知
　　　（2015年11月19日） ·· （325）
最高人民法院
　　关于发布第12批指导性案例的通知
　　　（2016年5月30日） ··· （336）
最高人民法院
　　关于发布第13批指导性案例的通知
　　　（2016年6月30日） ··· （346）

最高人民法院
　关于发布第 14 批指导性案例的通知
　　（2016 年 9 月 19 日） ································· (355)
最高人民法院
　关于发布第 15 批指导性案例的通知
　　（2016 年 12 月 28 日） ································ (371)
最高人民法院
　关于发布第 16 批指导性案例的通知
　　（2017 年 3 月 6 日） ·································· (391)
最高人民法院
　关于发布第 17 批指导性案例的通知
　　（2017 年 11 月 15 日） ································ (432)
最高人民法院
　关于发布第 18 批指导性案例的通知
　　（2018 年 6 月 20 日） ································· (443)
最高人民法院
　印发《关于在审判执行工作中切实规范自由裁量权行使保障法律统一适用
　　的指导意见》的通知
　　（2012 年 2 月 28 日） ································· (455)

七、队伍建设

最高人民法院
　关于深入贯彻落实《中华人民共和国人民陪审员法》的通知
　　（2018 年 4 月 28 日） ································· (459)
最高人民法院
　关于人民陪审员参加审判活动若干问题的规定
　　（2010 年 1 月 12 日） ································· (462)
最高人民法院
　关于印发《最高人民法院关于人民陪审员管理办法（试行）》的通知
　　（2005 年 1 月 6 日） ·································· (463)
最高人民法院
　印发《关于进一步加强和推进人民陪审工作的若干意见》的通知
　　（2010 年 6 月 29 日） ································· (468)
最高人民法院
　关于印发《关于海事法院人民陪审员选任工作的意见（试行）》的通知
　　（2011 年 8 月 31 日） ································· (472)

最高人民法院 司法部
 关于印发《人民陪审员制度改革试点方案》的通知
  （2015年4月24日） ……………………………………………………（474）
最高人民法院 司法部
 关于印发《人民陪审员制度改革试点工作实施办法》的通知
  （2015年5月20日） ……………………………………………………（477）
最高人民法院 司法部
 关于印发《中华人民共和国人民陪审员宣誓规定（试行）》的通知
  （2015年5月20日） ……………………………………………………（482）
最高人民法院
 关于印发《法官考评委员会暂行组织办法》和《初任审判员助理审判员
  考试暂行办法》的通知
  （1996年6月26日） ……………………………………………………（483）
最高人民法院
 关于印发《人民法院审判长选任办法（试行）》的通知
  （2000年7月28日） ……………………………………………………（484）
最高人民法院
 关于贯彻落实《中华人民共和国法官法》的通知
  （2001年7月11日） ……………………………………………………（488）
最高人民法院
 关于人民法院事业单位的工作人员能否任命或提请任命法官职务的批复
  （2002年1月17日） ……………………………………………………（490）
最高人民法院 司法部
 关于印发《关于规范法官和律师相互关系维护司法公正的若干规定》的
  通知
  （2004年3月19日） ……………………………………………………（490）
最高人民法院
 关于现职法官不得担任仲裁员的通知
  （2004年7月13日） ……………………………………………………（493）
最高人民法院
 关于如何理解法官法第十七条"原任职法院"问题的答复
  （2007年4月16日） ……………………………………………………（493）
最高人民法院
 关于印发《人民法院工作人员处分条例》的通知
  （2009年12月31日） …………………………………………………（494）
最高人民法院
 印发《法官行为规范》的通知
  （2010年12月6日） ……………………………………………………（504）

最高人民法院
关于印发《中华人民共和国法官职业道德基本准则》的通知
（2010年12月6日） ··· （516）

最高人民法院
印发《关于对配偶子女从事律师职业的法院领导干部和审判执行岗位法官
实行任职回避的规定（试行）》的通知
（2011年2月10日） ··· （519）

最高人民法院
印发《关于落实任职回避制度的实施方案》的通知
（2011年5月9日） ·· （521）

最高人民法院
关于印发《人民法院司法警察条例》的通知
（2012年10月29日） ·· （524）

最高人民法院
印发《关于进一步改进司法作风的六项措施》的通知
（2012年12月13日） ·· （527）

最高人民法院
关于印发修订后的《人民法院监察工作条例》的通知
（2013年1月31日） ··· （529）

最高人民法院
关于新形势下进一步加强人民法院纪律作风建设的指导意见
（2014年1月2日） ·· （534）

最高人民法院
关于印发《人民法院督促检查工作规定》的通知
（2014年6月4日） ·· （538）

最高人民法院
印发《关于人民法院在审判执行活动中主动接受案件当事人监督的若干
规定》的通知
（2014年7月15日） ··· （541）

最高人民法院
关于进一步加强人民法院思想政治建设的意见
（2014年9月3日） ·· （544）

最高人民法院
关于聘任最高人民法院特邀咨询员的决定
（2015年1月26日） ··· （549）

最高人民法院
印发《关于建立法律实习生制度的规定》的通知
（2015年7月29日） ··· （550）

最高人民法院
  印发《关于建立法律研修学者制度的规定》的通知
    （2015年7月31日） ···（551）
最高人民法院
  关于印发《人民法院落实〈领导干部干预司法活动、插手具体案件处理的
    记录、通报和责任追究规定〉的实施办法》的通知
    （2015年8月19日） ···（552）
最高人民法院
  关于印发《人民法院落实〈司法机关内部人员过问案件的记录和责任追究
    规定〉的实施办法》的通知
    （2015年8月19日） ···（555）
最高人民法院
  关于印发《人民法院落实〈保护司法人员依法履行法定职责规定〉的实施
    办法》的通知
    （2017年2月7日） ···（558）
最高人民法院
  关于严格贯彻执行《关于进一步规范司法人员与当事人、律师、特殊
    关系人、中介组织接触交往行为的若干规定》的通知
    （2015年9月21日） ···（563）
最高人民法院
  关于在人民法院工作中培育和践行社会主义核心价值观的若干意见
    （2015年10月12日） ···（566）
最高人民法院
  关于新形势下加强人民法院文化建设的指导意见
    （2015年11月21日） ···（570）
最高人民法院　最高人民检察院
  印发《关于建立法官、检察官惩戒制度的意见（试行）》的通知
    （2016年10月12日） ···（576）

八、司法服务与保障

最高人民法院
  关于充分发挥审判职能作用，保障和促进全民所有制工业企业转换经营
    机制的通知
    （1993年8月6日） ···（579）

最高人民法院
　印发《关于充分发挥审判职能作用为经济发展提供司法保障和法律服务的
　　意见》的通知
　　　（2000年3月1日）……………………………………………………（580）
最高人民法院
　关于充分发挥审判职能切实维护企业和社会稳定的通知
　　　（2002年6月21日）…………………………………………………（590）
最高人民法院
　关于进一步加强各项审判工作为整顿和规范市场经济秩序提供有力司法
　　保障的通知
　　　（2003年5月6日）……………………………………………………（593）
最高人民法院
　关于加大对涉及重大公共安全事故等案件的审判力度全力维护社会稳定的
　　通知
　　　（2004年6月4日）……………………………………………………（596）
最高人民法院
　关于加强涉农案件审判工作为农村经济发展提供司法保障的通知
　　　（2004年6月28日）…………………………………………………（598）
最高人民法院
　关于充分发挥审判职能作用积极参与整顿和规范市场经济秩序工作的通知
　　　（2005年5月14日）…………………………………………………（600）
最高人民法院
　印发《最高人民法院关于人民法院为建设社会主义新农村提供司法保障的
　　意见》的通知
　　　（2006年8月21日）…………………………………………………（602）
最高人民法院
　印发《最高人民法院关于为构建社会主义和谐社会提供司法保障的若干
　　意见》的通知
　　　（2007年1月15日）…………………………………………………（606）
最高人民法院
　关于进一步加强司法建议工作为构建社会主义和谐社会提供司法服务的
　　通知
　　　（2007年3月1日）……………………………………………………（612）
最高人民法院
　关于依法做好抗震救灾期间审判工作切实维护灾区社会稳定的通知
　　　（2008年5月26日）…………………………………………………（613）

最高人民法院
　　印发《关于为推进农村改革发展提供司法保障和法律服务的若干意见》的
　　　通知
　　　（2008年12月3日）……………………………………………………（615）
最高人民法院
　　印发《关于为维护国家金融安全和经济全面协调可持续发展提供司法保障
　　　和法律服务的若干意见》的通知
　　　（2008年12月3日）……………………………………………………（623）
最高人民法院
　　关于认真贯彻中央经济工作会议精神，为经济平稳较快发展提供有力司法
　　　保障的通知
　　　（2008年12月12日）……………………………………………………（630）
最高人民法院
　　印发《关于为加快经济发展方式转变提供司法保障和服务的若干意见》的
　　　通知
　　　（2010年6月29日）……………………………………………………（632）
最高人民法院
　　关于印发《人民法院为实施"十二五"规划纲要提供司法保障的意见》的
　　　通知
　　　（2011年7月1日）……………………………………………………（636）
最高人民法院
　　印发《关于充分发挥审判职能作用加强和创新社会管理的若干意见》的
　　　通知
　　　（2011年10月27日）……………………………………………………（643）
最高人民法院
　　印发《关于人民法院为防范化解金融风险和推进金融改革发展提供司法
　　　保障的指导意见》的通知
　　　（2012年2月10日）……………………………………………………（648）
最高人民法院
　　印发《关于充分发挥审判职能作用为深化科技体制改革和加快国家创新
　　　体系建设提供司法保障的意见》的通知
　　　（2012年7月19日）……………………………………………………（653）
最高人民法院
　　关于充分发挥审判职能作用积极推进深化平安中国建设工作的通知
　　　（2013年6月28日）……………………………………………………（659）
最高人民法院
　　关于进一步发挥职能作用维护国防利益和军人军属合法权益的意见
　　　（2014年10月29日）……………………………………………………（661）

最高人民法院
关于充分发挥审判职能作用推动国家新型城镇化发展的意见
（2014年11月14日） …………………………………………………………（665）

最高人民法院
关于依法平等保护非公有制经济促进非公有制经济健康发展的意见
（2014年12月17日） …………………………………………………………（669）

最高人民法院
关于人民法院为"一带一路"建设提供司法服务和保障的若干意见
（2015年6月16日） ……………………………………………………………（673）

最高人民法院
关于全面推进涉外商事海事审判精品战略为构建开放型经济体制和建设
　海洋强国提供有力司法保障的意见
（2015年7月14日） ……………………………………………………………（678）

最高人民法院
关于充分发挥审判职能作用切实维护公共安全的若干意见
（2015年9月16日） ……………………………………………………………（683）

最高人民法院
关于为京津冀协同发展提供司法服务和保障的意见
（2016年2月3日） ………………………………………………………………（687）

最高人民法院　国家旅游局
关于进一步发挥审判职能作用促进旅游业健康发展的通知
（2016年2月23日） ……………………………………………………………（690）

最高人民法院
关于为长江经济带发展提供司法服务和保障的意见
（2016年2月24日） ……………………………………………………………（691）

最高人民法院
关于充分发挥审判职能作用为推进生态文明建设与绿色发展提供司法服务
　和保障的意见
（2016年5月26日） ……………………………………………………………（694）

最高人民法院
关于依法审理和执行民商事案件保障民间投资健康发展的通知
（2016年9月2日） ………………………………………………………………（700）

最高人民法院
关于充分发挥审判职能作用切实加强产权司法保护的意见
（2016年11月28日） …………………………………………………………（703）

最高人民法院
印发《关于依法妥善处理历史形成的产权案件工作实施意见》的通知
（2016年11月28日） …………………………………………………………（706）

最高人民法院
　　关于为自由贸易试验区建设提供司法保障的意见
　　　（2016年12月30日） ………………………………………………………（709）
最高人民法院
　　印发《关于为改善营商环境提供司法保障的若干意见》的通知
　　　（2017年8月7日） …………………………………………………………（713）
最高人民法院
　　关于全面加强长江流域生态文明建设与绿色发展司法保障的意见
　　　（2017年12月1日） …………………………………………………………（717）
最高人民法院
　　关于充分发挥审判职能作用为企业家创新创业营造良好法治环境的通知
　　　（2017年12月29日） ………………………………………………………（722）
最高人民法院
　　关于认真学习贯彻《中共中央、国务院关于实施乡村振兴战略的意见》的
　　　通知
　　　（2018年2月24日） …………………………………………………………（724）
最高人民法院
　　关于深入学习贯彻习近平生态文明思想为新时代生态环境保护提供司法服务
　　　和保障的意见
　　　（2018年5月30日） …………………………………………………………（726）

九、其　　他

（一）改革纲要

最高人民法院
　　关于印发《人民法院五年改革纲要》的通知
　　　（1999年10月20日） ………………………………………………………（731）
最高人民法院
　　关于印发《人民法院第二个五年改革纲要（2004—2008）》的通知
　　　（2005年10月26日） ………………………………………………………（739）
最高人民法院
　　关于印发《人民法院第三个五年改革纲要（2009—2013）》的通知
　　　（2009年3月17日） …………………………………………………………（745）
最高人民法院
　　关于全面深化人民法院改革的意见
　　　——人民法院第四个五年改革纲要（2014—2018）
　　　（2015年2月4日） …………………………………………………………（753）

（二）司法解释及废止目录

最高人民法院
　　印发《最高人民法院关于司法解释工作的规定》的通知
　　　　（2007年3月9日） ··· （763）
最高人民法院办公厅
　　关于规范司法解释施行日期有关问题的通知
　　　　（2007年8月23日） ··· （766）
最高人民法院　最高人民检察院
　　关于地方人民法院、人民检察院不得制定司法解释性质文件的通知
　　　　（2012年1月18日） ··· （767）
最高人民法院办公厅
　　关于规范司法解释发布、施行日期问题的通知
　　　　（2015年9月2日） ··· （768）
最高人民法院
　　关于废止1993年底以前发布的部分司法解释的通知
　　　　（1994年7月27日） ··· （769）
最高人民法院　最高人民检察院
　　关于废止1993年底以前联合发布的部分司法解释的通知
　　　　（1994年8月29日） ··· （771）
最高人民法院
　　予以废止的1999年底以前发布的有关司法解释目录（第三批）
　　　　（2000年7月13日） ··· （773）
最高人民法院
　　予以废止的2000年底以前发布的有关司法解释目录（第四批）
　　　　（2001年12月27日） ··· （774）
最高人民法院
　　予以废止的2000年底以前发布的有关司法解释目录（第五批）
　　　　（2002年3月6日） ··· （777）
最高人民法院
　　予以废止的2000年底以前发布的有关司法解释目录（第六批）
　　　　（2002年5月23日） ··· （779）
最高人民法院
　　关于废止2007年底以前发布的有关司法解释（第七批）的决定
　　　　（2008年12月18日） ··· （781）
最高人民法院　最高人民检察院
　　关于废止部分司法解释和规范性文件的决定
　　　　（2010年12月13日） ··· （784）

最高人民法院　最高人民检察院
　　关于废止1979年底以前制发的部分司法解释和司法解释性质文件的决定
　　（2012年8月21日） ··（789）
最高人民法院
　　关于废止1979年底以前发布的部分司法解释和司法解释性质文件（第八批）
　　的决定
　　（2012年8月21日） ··（792）
最高人民法院　最高人民检察院
　　关于废止1980年1月1日至1997年6月30日期间制发的部分司法解释和
　　司法解释性质文件的决定
　　（2013年1月4日） ···（804）
最高人民法院
　　关于废止1980年1月1日至1997年6月30日期间发布的部分司法解释和
　　司法解释性质文件（第九批）的决定
　　（2013年1月14日） ··（810）
最高人民法院
　　关于废止1997年7月1日至2011年12月31日期间发布的部分司法解释
　　和司法解释性质文件（第十批）的决定
　　（2013年2月26日） ··（848）
最高人民法院　最高人民检察院
　　关于废止1997年7月1日至2011年12月31日期间制发的部分司法解释
　　和司法解释性质文件的决定
　　（2013年3月1日） ···（856）
最高人民法院
　　关于废止部分司法解释和司法解释性质文件（第十一批）的决定
　　（2015年1月12日） ··（857）
最高人民法院
　　关于废止部分司法解释和司法解释性质文件（第十二批）的决定
　　（2017年9月22日） ··（859）

（三）审判管理

最高人民法院
　　印发《关于加强基层人民法院审判质量管理工作的指导意见》的通知
　　（2010年12月9日） ··（861）
最高人民法院
　　关于印发《人民法院审务督察工作暂行规定》的通知
　　（2011年12月9日） ··（863）

最高人民法院
　　印发《关于加强均衡结案的意见》的通知
　　　　（2012年9月18日） ···（866）
最高人民法院
　　印发《关于审判权力运行机制改革的试点方案》的通知
　　　　（2013年10月15日） ···（869）
最高人民法院
　　关于印发《人民法院案件质量评估指数编制办法（试行)》的通知
　　　　（2013年6月15日） ···（873）
最高人民法院
　　印发《关于加强人民法院审判管理工作的若干意见》的通知
　　　　（2011年1月6日） ···（875）
最高人民法院
　　关于新时期进一步加强人民法院审判管理工作的若干意见
　　　　（2014年6月6日） ···（879）

（四）司法统计、司法标准

最高人民法院
　　关于人民法院司法统计工作的若干规定
　　　　（1985年11月21日） ···（886）
最高人民法院
　　关于印发《关于人民法院案件案号的若干规定》及配套标准的通知
　　　　（2015年5月13日） ···（889）
最高人民法院
　　关于印发《人民法院案件统计信息管理规定》的通知
　　　　（2015年1月29日） ···（892）
最高人民法院
　　关于在同一案件多个裁判文书上规范使用案号有关事项的通知
　　　　（2016年2月1日） ···（894）
最高人民法院
　　关于重新编制发布军事法院代字的通知
　　　　（2016年4月28日） ···（896）
最高人民法院
　　关于确定安置教育案件及其类型代字的通知
　　　　（2016年6月13日） ···（898）
最高人民法院
　　关于确定人身安全保护令案件及其类型代字的通知
　　　　（2016年1月27日） ···（899）

（五）裁判文书、诉讼卷宗

最高人民法院
关于裁判文书引用法律、法规等规范性法律文件的规定
（2009年10月26日） ……………………………………………………（900）

最高人民法院
印发《关于加强和规范裁判文书释法说理的指导意见》的通知
（2018年6月1日） ………………………………………………………（901）

最高人民法院
关于判决书的原本、正本、抄本如何区别问题的批复
（1957年9月13日） ……………………………………………………（904）

最高人民法院
关于平反纠正的冤错案件的诉讼卷宗如何处理问题的批复
（1978年9月5日） ………………………………………………………（904）

最高人民法院
关于全面推进人民法院电子卷宗随案同步生成和深度应用的指导意见
（2016年7月28日） ……………………………………………………（905）

（六）司法救助

最高人民法院
印发《关于对经济确有困难的当事人提供司法救助的规定》的通知
（2005年4月5日） ………………………………………………………（909）

中央政法委　财政部　最高人民法院　最高人民检察院　公安部　司法部
关于建立完善国家司法救助制度的意见（试行）
（2014年1月17日） ……………………………………………………（911）

最高人民法院
关于加强和规范人民法院国家司法救助工作的意见
（2016年7月1日） ………………………………………………………（914）

（七）律师诉讼权利

最高人民法院
关于认真贯彻律师法依法保障律师在诉讼中执业权利的通知
（2006年3月13日） ……………………………………………………（919）

最高人民法院　最高人民检察院　公安部　国家安全部　司法部
印发《关于依法保障律师执业权利的规定》的通知
（2015年9月16日） ……………………………………………………（921）

最高人民法院
　　印发《关于依法切实保障律师诉讼权利的规定》的通知
　　　　（2015年12月29日）……………………………………………………（928）
最高人民法院　最高人民检察院　公安部　国家安全部　司法部
中华全国律师协会
　　关于建立健全维护律师执业权利快速联动处置机制的通知
　　　　（2017年4月14日）………………………………………………………（929）
最高人民法院　司法部
　　关于依法保障律师诉讼权利和规范律师参与庭审活动的通知
　　　　（2018年4月21日）………………………………………………………（932）

（八）涉诉信访

最高人民法院
　　信访处接待来访工作细则
　　　　（1980年6月20日）………………………………………………………（935）
最高人民法院
　　关于进一步加强法院信访工作的通知
　　　　（1999年1月27日）………………………………………………………（936）
最高人民法院
　　印发《关于从源头上减少涉诉信访的若干意见》的通知
　　　　（2009年5月11日）………………………………………………………（937）
最高人民法院
　　印发《关于开展案件信访评估预防工作的若干意见》等四个文件的通知
　　　　（2011年3月31日）………………………………………………………（941）
最高人民法院
　　关于印发《最高人民法院远程视频接访规则》的通知
　　　　（2014年4月16日）………………………………………………………（947）
最高人民法院
　　关于依法维护人民法院申诉信访秩序的意见
　　　　（2014年12月15日）………………………………………………………（949）
最高人民法院
　　关于印发《人民法院涉诉信访依法终结工作办法》的通知
　　　　（2014年12月16日）………………………………………………………（951）

（九）其　　他

最高人民法院
　　关于印发《人民法院法徽使用管理规定》的通知
　　　　（2012年9月14日）………………………………………………………（954）

最高人民法院办公厅
　　关于正确使用人民法院法徽的通知
　　　　（2017年12月6日） ………………………………………………………（955）
最高人民法院
　　关于印发《人民法院法槌使用规定（试行）》的通知
　　　　（2002年1月8日） …………………………………………………………（956）
最高人民法院办公厅
　　关于规范使用法槌的通知
　　　　（2002年6月18日） …………………………………………………………（957）
最高人民法院
　　关于印发《人民法院法官袍穿着规定》的通知
　　　　（2002年1月24日） …………………………………………………………（958）
最高人民法院
　　关于印发《人民法院司法鉴定人名册制度实施办法》的通知
　　　　（2004年2月9日） …………………………………………………………（959）
最高人民法院办公厅
　　关于印发《技术咨询、技术审核工作管理规定》和《对外委托鉴定、评估、
　　　　拍卖等工作管理规定》的通知
　　　　（2007年8月23日） …………………………………………………………（962）
最高人民法院
　　关于严禁在对外委托鉴定、评估、审计、拍卖等活动中收取中介机构佣金
　　　　的通知
　　　　（2009年10月28日） …………………………………………………………（973）
最高人民法院
　　关于进一步加强人民法院涉军案件审判工作的通知
　　　　（2010年7月28日） …………………………………………………………（974）
最高人民法院
　　印发《关于人民法院加强法律实施工作的意见》的通知
　　　　（2011年8月1日） …………………………………………………………（977）
最高人民法院
　　印发《关于加强司法建议工作的意见》的通知
　　　　（2012年3月15日） …………………………………………………………（982）
最高人民法院
　　关于印发《人民法院审判制服着装管理办法》的通知
　　　　（2013年1月23日） …………………………………………………………（986）
最高人民法院
　　印发《关于加强人民法院领导干部调研工作的规定》的通知
　　　　（2014年6月30日） …………………………………………………………（988）

最高人民法院
 关于进一步加强人民法院信息工作的意见
  （2014年6月30日） ……………………………………………………（990）
最高人民法院　司法部
 关于建立司法鉴定管理与使用衔接机制的意见
  （2016年10月9日） …………………………………………………（994）
最高人民法院　公安部
 关于印发《关于开展司法拘留社会矛盾化解工作的意见》的通知
  （2016年11月16日） …………………………………………………（996）
最高人民法院
 关于印发《人民法院保密工作问责暂行办法》的通知
  （2017年11月6日） …………………………………………………（1000）

附录：废止文件目录 ………………………………………………………（1005）

综合篇

一、司法公开

最高人民法院关于修改《中华人民共和国人民法院法庭规则》的决定

法释〔2016〕7号

(2015年12月21日最高人民法院审判委员会第1673次会议通过 2016年4月13日最高人民法院公告公布 自2016年5月1日起施行)

为了维护法庭安全,规范庭审秩序,保障诉讼参与人诉讼权利,方便公众旁听,促进司法公正,彰显司法权威,根据《中华人民共和国人民法院组织法》《中华人民共和国刑事诉讼法》《中华人民共和国民事诉讼法》《中华人民共和国行政诉讼法》等有关法律规定,结合审判实际,现决定对《中华人民共和国人民法院法庭规则》作如下修改:

一、将第一条修改为:"为了维护法庭安全和秩序,保障庭审活动正常进行,保障诉讼参与人依法行使诉讼权利,方便公众旁听,促进司法公正,彰显司法权威,根据《中华人民共和国人民法院组织法》《中华人民共和国刑事诉讼法》《中华人民共和国民事诉讼法》《中华人民共和国行政诉讼法》等有关法律规定,制定本规则。"

二、删除第二条,将相关内容调整到第十七条、第二十一条。

三、将第三条改为第二条,修改为:"法庭是人民法院代表国家依法审判各类案件的专门场所。

"法庭正面上方应当悬挂国徽。"

四、将第四条改为第十二条,修改为:"出庭履行职务的人员,按照职业着装规定着装。但是,具有下列情形之一的,着正装:

"(一)没有职业着装规定;

"(二)侦查人员出庭作证;

"(三)所在单位系案件当事人。

"非履行职务的出庭人员及旁听人员,应当文明着装。"

五、将第五条改为第十五条,修改为:"审判人员进入法庭以及审判长或独任审判员宣告判决、裁定、决定时，全体人员应当起立。"

六、将第六条改为第十六条，修改为："人民法院开庭审判案件应当严格按照法律规定的诉讼程序进行。

"审判人员在庭审活动中应当平等对待诉讼各方。"

七、将第七条、第九条、第十条合并，改为第十七条，修改为："全体人员在庭审活动中应当服从审判长或独任审判员的指挥，尊重司法礼仪，遵守法庭纪律，不得实施下列行为：

"（一）鼓掌、喧哗；

"（二）吸烟、进食；

"（三）拨打或接听电话；

"（四）对庭审活动进行录音、录像、拍照或使用移动通信工具等传播庭审活动；

"（五）其他危害法庭安全或妨害法庭秩序的行为。

"检察人员、诉讼参与人发言或提问，应当经审判长或独任审判员许可。

"旁听人员不得进入审判活动区，不得随意站立、走动，不得发言和提问。

"媒体记者经许可实施第一款第四项规定的行为，应当在指定的时间及区域进行，不得影响或干扰庭审活动。"

八、将第八条改为第九条，第一款修改为："公开的庭审活动，公民可以旁听。"

第二款改为第三款，修改为："下列人员不得旁听：

"（一）证人、鉴定人以及准备出庭提出意见的有专门知识的人；

"（二）未获得人民法院批准的未成年人；

"（三）拒绝接受安全检查的人；

"（四）醉酒的人、精神病人或其他精神状态异常的人；

"（五）其他有可能危害法庭安全或妨害法庭秩序的人。"

增加三款，分别作为第二款、第四款、第五款。

第二款："旁听席位不能满足需要时，人民法院可以根据申请的先后顺序或者通过抽签、摇号等方式发放旁听证，但应当优先安排当事人的近亲属或其他与案件有利害关系的人旁听。"

第四款："依法有可能封存犯罪记录的公开庭审活动，任何单位或个人不得组织人员旁听。"

第五款："依法不公开的庭审活动，除法律另有规定外，任何人不得旁听。"

九、将第十一条改为第十九条，修改为："审判长或独任审判员对违反法庭纪律的人员应当予以警告；对不听警告的，予以训诫；对训诫无效的，责令其退出法庭；对拒不退出法庭的，指令司法警察将其强行带出法庭。"

增加一款，作为第二款："行为人违反本规则第十七条第一款第四项规定的，人民法院可以暂扣其使用的设备及存储介质，删除相关内容。"

十、将第十二条改为第二十条，修改为："行为人实施下列行为之一，危及法庭安全或扰乱法庭秩序的，根据相关法律规定，予以罚款、拘留；构成犯罪的，依法追究其刑事责任：

"（一）非法携带枪支、弹药、管制刀具或者爆炸性、易燃性、放射性、毒害性、腐蚀性物品以及传染病病原体进入法庭；

"（二）哄闹、冲击法庭；

"（三）侮辱、诽谤、威胁、殴打司法工作人员或诉讼参与人；

"（四）毁坏法庭设施，抢夺、损毁诉讼文书、证据；

"（五）其他危害法庭安全或扰乱法庭秩序的行为。"

十一、将第十三条改为第二十一条，修改为："司法警察依照审判长或独任审判员的指令维持法庭秩序。"

增加二款，分别作为第二款、第三款。

第二款："出现危及法庭内人员人身安全或者严重扰乱法庭秩序等紧急情况时，司法警察可以直接采取必要的处置措施。"

第三款："人民法院依法对违反法庭纪律的人采取的扣押物品、强行带出法庭以及罚款、拘留等强制措施，由司法警察执行。"

十二、将第十四条改为第二十六条，修改为："外国人、无国籍人旁听庭审活动，外国媒体记者报道庭审活动，应当遵守本规则。"

十三、将第十五条改为第二十七条，修改为："本规则自2016年5月1日起施行；最高人民法院此前发布的司法解释及规范性文件与本规则不一致的，以本规则为准。"

十四、增加十五条分别作为第三条、第四条、第五条、第六条、第七条、第八条、第十条、第十一条、第十三条、第十四条、第十八条、第二十二条、第二十三条、第二十四条、第二十五条：

"**第三条** 法庭分设审判活动区和旁听区，两区以栏杆等进行隔离。

"审理未成年人案件的法庭应当根据未成年人身心发展特点设置区域和席位。

"有新闻媒体旁听或报道庭审活动时，旁听区可以设置专门的媒体记者席。

"**第四条** 刑事法庭可以配置同步视频作证室，供依法应当保护或其他确有保护必要的证人、鉴定人、被害人在庭审作证时使用。

"**第五条** 法庭应当设置残疾人无障碍设施；根据需要配备合议庭合议室，检察人员、律师及其他诉讼参与人休息室，被告人羁押室等附属场所。

"**第六条** 进入法庭的人员应当出示有效身份证件，并接受人身及携带物品的安全检查。

"持有效工作证件和出庭通知履行职务的检察人员、律师可以通过专门通道进入法庭。需要安全检查的，人民法院对检察人员和律师平等对待。

"**第七条** 除经人民法院许可，需要在法庭上出示的证据外，下列物品不得携带进入法庭：

"（一）枪支、弹药、管制刀具以及其他具有杀伤力的器具；

"（二）易燃易爆物、疑似爆炸物；

"（三）放射性、毒害性、腐蚀性、强气味性物质以及传染病病原体；

"（四）液体及胶状、粉末状物品；

"（五）标语、条幅、传单；

"（六）其他可能危害法庭安全或妨害法庭秩序的物品。

"第八条　人民法院应当通过官方网站、电子显示屏、公告栏等向公众公开各法庭的编号、具体位置以及旁听席位数量等信息。

"第十条　人民法院应当对庭审活动进行全程录像或录音。

"第十一条　依法公开进行的庭审活动，具有下列情形之一的，人民法院可以通过电视、互联网或其他公共媒体进行图文、音频、视频直播或录播：

"（一）公众关注度较高；

"（二）社会影响较大；

"（三）法治宣传教育意义较强。

"第十三条　刑事在押被告人或上诉人出庭受审时，着正装或便装，不着监管机构的识别服。

"人民法院在庭审活动中不得对被告人或上诉人使用戒具，但认为其人身危险性大，可能危害法庭安全的除外。

"第十四条　庭审活动开始前，书记员应当宣布本规则第十七条规定的法庭纪律。

"第十八条　审判长或独任审判员主持庭审活动时，依照规定使用法槌。

"第二十二条　人民检察院认为审判人员违反本规则的，可以在庭审活动结束后向人民法院提出处理建议。

"诉讼参与人、旁听人员认为审判人员、书记员、司法警察违反本规则的，可以在庭审活动结束后向人民法院反映。

"第二十三条　检察人员违反本规则的，人民法院可以向人民检察院通报情况并提出处理建议。

"第二十四条　律师违反本规则的，人民法院可以向司法行政机关及律师协会通报情况并提出处理建议。

"第二十五条　人民法院进行案件听证、国家赔偿案件质证、网络视频远程审理以及在法院以外的场所巡回审判等，参照适用本规则。"

根据本决定，将《中华人民共和国人民法院法庭规则》作相应修改并对条文顺序作相应调整后，重新公布。

附：

中华人民共和国人民法院法庭规则

(1993年11月26日最高人民法院审判委员会第617次会议通过 根据2015年12月21日最高人民法院审判委员会第1673次会议 通过的《最高人民法院关于修改〈中华人民 共和国人民法院法庭规则〉的决定》修正)

第一条　为了维护法庭安全和秩序，保障庭审活动正常进行，保障诉讼参与人依法行使诉讼权利，方便公众旁听，促进司法公正，彰显司法权威，根据《中华人民共和国人民法院组织法》《中华人民共和国刑事诉讼法》《中华人民共和国民事诉讼法》《中华人民共和国行政诉讼法》等有关法律规定，制定本规则。

第二条　法庭是人民法院代表国家依法审判各类案件的专门场所。

法庭正面上方应当悬挂国徽。

第三条　法庭分设审判活动区和旁听区，两区以栏杆等进行隔离。

审理未成年人案件的法庭应当根据未成年人身心发展特点设置区域和席位。

有新闻媒体旁听或报道庭审活动时，旁听区可以设置专门的媒体记者席。

第四条　刑事法庭可以配置同步视频作证室，供依法应当保护或其他确有保护必要的证人、鉴定人、被害人在庭审作证时使用。

第五条　法庭应当设置残疾人无障碍设施；根据需要配备合议庭合议室，检察人员、律师及其他诉讼参与人休息室，被告人羁押室等附属场所。

第六条　进入法庭的人员应当出示有效身份证件，并接受人身及携带物品的安全检查。

持有效工作证件和出庭通知履行职务的检察人员、律师可以通过专门通道进入法庭。需要安全检查的，人民法院对检察人员和律师平等对待。

第七条　除经人民法院许可，需要在法庭上出示的证据外，下列物品不得携带进入法庭：

（一）枪支、弹药、管制刀具以及其他具有杀伤力的器具；

（二）易燃易爆物、疑似爆炸物；

（三）放射性、毒害性、腐蚀性、强气味性物质以及传染病病原体；

（四）液体及胶状、粉末状物品；

（五）标语、条幅、传单；

（六）其他可能危害法庭安全或妨害法庭秩序的物品。

第八条　人民法院应当通过官方网站、电子显示屏、公告栏等向公众公开各法庭的编号、具体位置以及旁听席位数量等信息。

第九条 公开的庭审活动，公民可以旁听。

旁听席位不能满足需要时，人民法院可以根据申请的先后顺序或者通过抽签、摇号等方式发放旁听证，但应当优先安排当事人的近亲属或其他与案件有利害关系的人旁听。

下列人员不得旁听：

（一）证人、鉴定人以及准备出庭提出意见的有专门知识的人；

（二）未获得人民法院批准的未成年人；

（三）拒绝接受安全检查的人；

（四）醉酒的人、精神病人或其他精神状态异常的人；

（五）其他有可能危害法庭安全或妨害法庭秩序的人。

依法有可能封存犯罪记录的公开庭审活动，任何单位或个人不得组织人员旁听。

依法不公开的庭审活动，除法律另有规定外，任何人不得旁听。

第十条 人民法院应当对庭审活动进行全程录像或录音。

第十一条 依法公开进行的庭审活动，具有下列情形之一的，人民法院可以通过电视、互联网或其他公共媒体进行图文、音频、视频直播或录播：

（一）公众关注度较高；

（二）社会影响较大；

（三）法治宣传教育意义较强。

第十二条 出庭履行职务的人员，按照职业着装规定着装。但是，具有下列情形之一的，着正装：

（一）没有职业着装规定；

（二）侦查人员出庭作证；

（三）所在单位系案件当事人。

非履行职务的出庭人员及旁听人员，应当文明着装。

第十三条 刑事在押被告人或上诉人出庭受审时，着正装或便装，不着监管机构的识别服。

人民法院在庭审活动中不得对被告人或上诉人使用戒具，但认为其人身危险性大，可能危害法庭安全的除外。

第十四条 庭审活动开始前，书记员应当宣布本规则第十七条规定的法庭纪律。

第十五条 审判人员进入法庭以及审判长或独任审判员宣告判决、裁定、决定时，全体人员应当起立。

第十六条 人民法院开庭审判案件应当严格按照法律规定的诉讼程序进行。

审判人员在庭审活动中应当平等对待诉讼各方。

第十七条 全体人员在庭审活动中应当服从审判长或独任审判员的指挥，尊重司法礼仪，遵守法庭纪律，不得实施下列行为：

（一）鼓掌、喧哗；

（二）吸烟、进食；

（三）拨打或接听电话；

（四）对庭审活动进行录音、录像、拍照或使用移动通信工具等传播庭审活动；

（五）其他危害法庭安全或妨害法庭秩序的行为。

检察人员、诉讼参与人发言或提问，应当经审判长或独任审判员许可。

旁听人员不得进入审判活动区，不得随意站立、走动，不得发言和提问。

媒体记者经许可实施第一款第四项规定的行为，应当在指定的时间及区域进行，不得影响或干扰庭审活动。

第十八条　审判长或独任审判员主持庭审活动时，依照规定使用法槌。

第十九条　审判长或独任审判员对违反法庭纪律的人员应当予以警告；对不听警告的，予以训诫；对训诫无效的，责令其退出法庭；对拒不退出法庭的，指令司法警察将其强行带出法庭。

行为人违反本规则第十七条第一款第四项规定的，人民法院可以暂扣其使用的设备及存储介质，删除相关内容。

第二十条　行为人实施下列行为之一，危及法庭安全或扰乱法庭秩序的，根据相关法律规定，予以罚款、拘留；构成犯罪的，依法追究其刑事责任：

（一）非法携带枪支、弹药、管制刀具或者爆炸性、易燃性、放射性、毒害性、腐蚀性物品以及传染病病原体进入法庭；

（二）哄闹、冲击法庭；

（三）侮辱、诽谤、威胁、殴打司法工作人员或诉讼参与人；

（四）毁坏法庭设施，抢夺、损毁诉讼文书、证据；

（五）其他危害法庭安全或扰乱法庭秩序的行为。

第二十一条　司法警察依照审判长或独任审判员的指令维持法庭秩序。

出现危及法庭内人员人身安全或者严重扰乱法庭秩序等紧急情况时，司法警察可以直接采取必要的处置措施。

人民法院依法对违反法庭纪律的人采取的扣押物品、强行带出法庭以及罚款、拘留等强制措施，由司法警察执行。

第二十二条　人民检察院认为审判人员违反本规则的，可以在庭审活动结束后向人民法院提出处理建议。

诉讼参与人、旁听人员认为审判人员、书记员、司法警察违反本规则的，可以在庭审活动结束后向人民法院反映。

第二十三条　检察人员违反本规则的，人民法院可以向人民检察院通报情况并提出处理建议。

第二十四条　律师违反本规则的，人民法院可以向司法行政机关及律师协会通报情况并提出处理建议。

第二十五条　人民法院进行案件听证、国家赔偿案件质证、网络视频远程审理以及在法院以外的场所巡回审判等，参照适用本规则。

第二十六条　外国人、无国籍人旁听庭审活动，外国媒体记者报道庭审活动，应当遵守本规则。

第二十七条　本规则自2016年5月1日起施行；最高人民法院此前发布的司法解

释及规范性文件与本规则不一致的,以本规则为准。

最高人民法院
关于人民法院在互联网公布裁判文书的规定

法释〔2016〕19号

(2016年7月25日最高人民法院审判委员会第1689次会议通过 2016年8月29日最高人民法院公告公布 自2016年10月1日起施行)

为贯彻落实审判公开原则,规范人民法院在互联网公布裁判文书工作,促进司法公正,提升司法公信力,根据《中华人民共和国刑事诉讼法》《中华人民共和国民事诉讼法》《中华人民共和国行政诉讼法》等相关规定,结合人民法院工作实际,制定本规定。

第一条 人民法院在互联网公布裁判文书,应当依法、全面、及时、规范。

第二条 中国裁判文书网是全国法院公布裁判文书的统一平台。各级人民法院在本院政务网站及司法公开平台设置中国裁判文书网的链接。

第三条 人民法院作出的下列裁判文书应当在互联网公布:

(一)刑事、民事、行政判决书;

(二)刑事、民事、行政、执行裁定书;

(三)支付令;

(四)刑事、民事、行政、执行驳回申诉通知书;

(五)国家赔偿决定书;

(六)强制医疗决定书或者驳回强制医疗申请的决定书;

(七)刑罚执行与变更决定书;

(八)对妨害诉讼行为、执行行为作出的拘留、罚款决定书,提前解除拘留决定书,因对不服拘留、罚款等制裁决定申请复议而作出的复议决定书;

(九)行政调解书、民事公益诉讼调解书;

(十)其他有中止、终结诉讼程序作用或者对当事人实体权益有影响、对当事人程序权益有重大影响的裁判文书。

第四条 人民法院作出的裁判文书有下列情形之一的,不在互联网公布:

(一)涉及国家秘密的;

(二)未成年人犯罪的;

(三)以调解方式结案或者确认人民调解协议效力的,但为保护国家利益、社会公共利益、他人合法权益确有必要公开的除外;

(四)离婚诉讼或者涉及未成年子女抚养、监护的;

(五)人民法院认为不宜在互联网公布的其他情形。

第五条 人民法院应当在受理案件通知书、应诉通知书中告知当事人在互联网公布裁判文书的范围，并通过政务网站、电子触摸屏、诉讼指南等多种方式，向公众告知人民法院在互联网公布裁判文书的相关规定。

第六条 不在互联网公布的裁判文书，应当公布案号、审理法院、裁判日期及不公开理由，但公布上述信息可能泄露国家秘密的除外。

第七条 发生法律效力的裁判文书，应当在裁判文书生效之日起七个工作日内在互联网公布。依法提起抗诉或者上诉的一审判决书、裁定书，应当在二审裁判生效后七个工作日内在互联网公布。

第八条 人民法院在互联网公布裁判文书时，应当对下列人员的姓名进行隐名处理：

（一）婚姻家庭、继承纠纷案件中的当事人及其法定代理人；

（二）刑事案件被害人及其法定代理人、附带民事诉讼原告人及其法定代理人、证人、鉴定人；

（三）未成年人及其法定代理人。

第九条 根据本规定第八条进行隐名处理时，应当按以下情形处理：

（一）保留姓氏，名字以"某"替代；

（二）对于少数民族姓名，保留第一个字，其余内容以"某"替代；

（三）对于外国人、无国籍人姓名的中文译文，保留第一个字，其余内容以"某"替代；对于外国人、无国籍人的英文姓名，保留第一个英文字母，删除其他内容。

对不同姓名隐名处理后发生重复的，通过在姓名后增加阿拉伯数字进行区分。

第十条 人民法院在互联网公布裁判文书时，应当删除下列信息：

（一）自然人的家庭住址、通讯方式、身份证号码、银行账号、健康状况、车牌号码、动产或不动产权属证书编号等个人信息；

（二）法人以及其他组织的银行账号、车牌号码、动产或不动产权属证书编号等信息；

（三）涉及商业秘密的信息；

（四）家事、人格权益等纠纷中涉及个人隐私的信息；

（五）涉及技术侦查措施的信息；

（六）人民法院认为不宜公开的其他信息。

按照本条第一款删除信息影响对裁判文书正确理解的，用符号"×"作部分替代。

第十一条 人民法院在互联网公布裁判文书，应当保留当事人、法定代理人、委托代理人、辩护人的下列信息：

（一）除根据本规定第八条进行隐名处理的以外，当事人及其法定代理人是自然人的，保留姓名、出生日期、性别、住所地所属县、区；当事人及其法定代理人是法人或其他组织的，保留名称、住所地、组织机构代码，以及法定代表人或主要负责人的姓名、职务；

（二）委托代理人、辩护人是律师或者基层法律服务工作者的，保留姓名、执业证号和律师事务所、基层法律服务机构名称；委托代理人、辩护人是其他人员的，保留姓名、出生日期、性别、住所地所属县、区，以及与当事人的关系。

第十二条 办案法官认为裁判文书具有本规定第四条第五项不宜在互联网公布情形的，应当提出书面意见及理由，由部门负责人审查后报主管副院长审定。

第十三条 最高人民法院监督指导全国法院在互联网公布裁判文书的工作。高级、中级人民法院监督指导辖区法院在互联网公布裁判文书的工作。

各级人民法院审判管理办公室或者承担审判管理职能的其他机构负责本院在互联网公布裁判文书的管理工作，履行以下职责：

（一）组织、指导在互联网公布裁判文书；

（二）监督、考核在互联网公布裁判文书的工作；

（三）协调处理社会公众对裁判文书公开的投诉和意见；

（四）协调技术部门做好技术支持和保障；

（五）其他相关管理工作。

第十四条 各级人民法院应当依托信息技术将裁判文书公开纳入审判流程管理，减轻裁判文书公开的工作量，实现裁判文书及时、全面、便捷公布。

第十五条 在互联网公布的裁判文书，除依照本规定要求进行技术处理的以外，应当与裁判文书的原本一致。

人民法院对裁判文书中的笔误进行补正的，应当及时在互联网公布补正笔误的裁定书。

办案法官对在互联网公布的裁判文书与裁判文书原本的一致性，以及技术处理的规范性负责。

第十六条 在互联网公布的裁判文书与裁判文书原本不一致或者技术处理不当的，应当及时撤回并在纠正后重新公布。

在互联网公布的裁判文书，经审查存在本规定第四条列明情形的，应当及时撤回，并按照本规定第六条处理。

第十七条 人民法院信息技术服务中心负责中国裁判文书网的运行维护和升级完善，为社会各界合法利用在该网站公开的裁判文书提供便利。

中国裁判文书网根据案件适用不同审判程序的案号，实现裁判文书的相互关联。

第十八条 本规定自2016年10月1日起施行。最高人民法院以前发布的司法解释和规范性文件与本规定不一致的，以本规定为准。

最高人民法院
关于人民法院庭审录音录像的若干规定

法释〔2017〕5号

(2017年1月25日最高人民法院审判委员会第1708次会议通过 2017年2月22日最高人民法院公告公布 自2017年3月1日起施行)

为保障诉讼参与人诉讼权利,规范庭审活动,提高庭审效率,深化司法公开,促进司法公正,根据《中华人民共和国刑事诉讼法》《中华人民共和国民事诉讼法》《中华人民共和国行政诉讼法》等法律规定,结合审判工作实际,制定本规定。

第一条 人民法院开庭审判案件,应当对庭审活动进行全程录音录像。

第二条 人民法院应当在法庭内配备固定或者移动的录音录像设备。

有条件的人民法院可以在法庭安装使用智能语音识别同步转换文字系统。

第三条 庭审录音录像应当自宣布开庭时开始,至闭庭时结束。除下列情形外,庭审录音录像不得人为中断:

(一)休庭;

(二)公开庭审中的不公开举证、质证活动;

(三)不宜录制的调解活动。

负责录音录像的人员应当对录音录像的起止时间、有无中断等情况进行记录并附卷。

第四条 人民法院应当采取叠加同步录制时间或者其他措施保证庭审录音录像的真实和完整。

因设备故障或技术原因导致录音录像不真实、不完整的,负责录音录像的人员应当作出书面说明,经审判长或独任审判员审核签字后附卷。

第五条 人民法院应当使用专门设备在线或离线存储、备份庭审录音录像。因设备故障等原因导致不符合技术标准的录音录像,应当一并存储。

庭审录音录像的归档,按照人民法院电子诉讼档案管理规定执行。

第六条 人民法院通过使用智能语音识别系统同步转换生成的庭审文字记录,经审判人员、书记员、诉讼参与人核对签字后,作为法庭笔录管理和使用。

第七条 诉讼参与人对法庭笔录有异议并申请补正的,书记员可以播放庭审录音录像进行核对、补正;不予补正的,应当将申请记录在案。

第八条 适用简易程序审理民事案件的庭审录音录像,经当事人同意的,可以替代法庭笔录。

第九条 人民法院应当将替代法庭笔录的庭审录音录像同步保存在服务器或者刻录

成光盘,并由当事人和其他诉讼参与人对其完整性校验值签字或者采取其他方法进行确认。

第十条 人民法院应当通过审判流程信息公开平台、诉讼服务平台以及其他便民诉讼服务平台,为当事人、辩护律师、诉讼代理人等依法查阅庭审录音录像提供便利。

对提供查阅的录音录像,人民法院应当设置必要的安全防范措施。

第十一条 当事人、辩护律师、诉讼代理人等可以依照规定复制录音或者誊录庭审录音录像,必要时人民法院应当配备相应设施。

第十二条 人民法院可以播放依法公开审理案件的庭审录音录像。

第十三条 诉讼参与人、旁听人员违反法庭纪律或者有关法律规定,危害法庭安全、扰乱法庭秩序的,人民法院可以通过庭审录音录像进行调查核实,并将其作为追究法律责任的证据。

第十四条 人民检察院、诉讼参与人认为庭审活动不规范或者违反法律规定的,人民法院应当结合庭审录音录像进行调查核实。

第十五条 未经人民法院许可,任何人不得对庭审活动进行录音录像,不得对庭审录音录像进行拍录、复制、删除和迁移。

行为人实施前款行为的,依照规定追究其相应责任。

第十六条 涉及国家秘密、商业秘密、个人隐私等庭审活动的录制,以及对庭审录音录像的存储、查阅、复制、誊录等,应当符合保密管理等相关规定。

第十七条 庭审录音录像涉及的相关技术保障、技术标准和技术规范,由最高人民法院另行制定。

第十八条 人民法院从事其他审判活动或者进行执行、听证、接访等活动需要进行录音录像的,参照本规定执行。

第十九条 本规定自 2017 年 3 月 1 日起施行。最高人民法院此前发布的司法解释及规范性文件与本规定不一致的,以本规定为准。

最高人民法院
关于人民法院通过互联网公开
审判流程信息的规定

法释〔2018〕7 号

(2018 年 2 月 12 日最高人民法院审判委员会第 1733 次会议通过 2018 年 3 月 4 日最高人民法院公告公布 自 2018 年 9 月 1 日起施行)

为贯彻落实审判公开原则,保障当事人对审判活动的知情权,规范人民法院通过互联网公开审判流程信息工作,促进司法公正,提升司法公信,根据《中华人民共和国刑事诉讼法》《中华人民共和国民事诉讼法》《中华人民共和国行政诉讼法》《中华人民共和国国家赔偿法》等法律规定，结合人民法院工作实际，制定本规定。

第一条　人民法院审判刑事、民事、行政、国家赔偿案件的流程信息，应当通过互联网向参加诉讼的当事人及其法定代理人、诉讼代理人、辩护人公开。

人民法院审判具有重大社会影响案件的流程信息，可以通过互联网或者其他方式向公众公开。

第二条　人民法院通过互联网公开审判流程信息，应当依法、规范、及时、便民。

第三条　中国审判流程信息公开网是人民法院公开审判流程信息的统一平台。各级人民法院在本院门户网站以及司法公开平台设置中国审判流程信息公开网的链接。

有条件的人民法院可以通过手机、诉讼服务平台、电话语音系统、电子邮箱等辅助媒介，向当事人及其法定代理人、诉讼代理人、辩护人主动推送案件的审判流程信息，或者提供查询服务。

第四条　人民法院应当在受理案件通知书、应诉通知书、参加诉讼通知书、出庭通知书中，告知当事人及其法定代理人、诉讼代理人、辩护人通过互联网获取审判流程信息的方法和注意事项。

第五条　当事人、法定代理人、诉讼代理人、辩护人的身份证件号码、律师执业证号、组织机构代码、统一社会信用代码，是其获取审判流程信息的身份验证依据。

当事人及其法定代理人、诉讼代理人、辩护人应当配合受理案件的人民法院采集、核对身份信息，并预留有效的手机号码。

第六条　人民法院通知当事人应诉、参加诉讼，准许当事人参加诉讼，或者采用公告方式送达当事人的，自完成其身份信息采集、核对后，依照本规定公开审判流程信息。

当事人中途退出诉讼的，经人民法院依法确认后，不再向该当事人及其法定代理人、诉讼代理人、辩护人公开审判流程信息。

法定代理人、诉讼代理人、辩护人参加诉讼或者发生变更的，参照前两款规定处理。

第七条　下列程序性信息应当通过互联网向当事人及其法定代理人、诉讼代理人、辩护人公开：

（一）收案、立案信息，结案信息；

（二）检察机关、刑罚执行机关信息，当事人信息；

（三）审判组织信息；

（四）审判程序、审理期限、送达、上诉、抗诉、移送等信息；

（五）庭审、质证、证据交换、庭前会议、询问、宣判等诉讼活动的时间和地点；

（六）裁判文书在中国裁判文书网的公布情况；

（七）法律、司法解释规定应当公开，或者人民法院认为可以公开的其他程序性信息。

第八条　回避、管辖争议、保全、先予执行、评估、鉴定等流程信息，应当通过互联网向当事人及其法定代理人、诉讼代理人、辩护人公开。

公开保全、先予执行等流程信息可能影响事项处理的，可以在事项处理完毕后公开。

第九条 下列诉讼文书应当于送达后通过互联网向当事人及其法定代理人、诉讼代理人、辩护人公开：

（一）起诉状、上诉状、再审申请书、申诉书、国家赔偿申请书、答辩状等诉讼文书；

（二）受理案件通知书、应诉通知书、参加诉讼通知书、出庭通知书、合议庭组成人员通知书、传票等诉讼文书；

（三）判决书、裁定书、决定书、调解书，以及其他有中止、终结诉讼程序作用，或者对当事人实体权利有影响、对当事人程序权利有重大影响的裁判文书；

（四）法律、司法解释规定应当公开，或者人民法院认为可以公开的其他诉讼文书。

第十条 庭审、质证、证据交换、庭前会议、调查取证、勘验、询问、宣判等诉讼活动的笔录，应当通过互联网向当事人及其法定代理人、诉讼代理人、辩护人公开。

第十一条 当事人及其法定代理人、诉讼代理人、辩护人申请查阅庭审录音录像、电子卷宗的，人民法院可以通过中国审判流程信息公开网或者其他诉讼服务平台提供查阅，并设置必要的安全保护措施。

第十二条 涉及国家秘密，以及法律、司法解释规定应当保密或者限制获取的审判流程信息，不得通过互联网向当事人及其法定代理人、诉讼代理人、辩护人公开。

第十三条 已经公开的审判流程信息与实际情况不一致的，以实际情况为准，受理案件的人民法院应当及时更正。

已经公开的审判流程信息存在本规定第十二条列明情形的，受理案件的人民法院应当及时撤回。

第十四条 经受送达人书面同意，人民法院可以通过中国审判流程信息公开网向民事、行政案件的当事人及其法定代理人、诉讼代理人电子送达除判决书、裁定书、调解书以外的诉讼文书。

采用前款方式送达的，人民法院应当按照本规定第五条采集、核对受送达人的身份信息，并为其开设个人专用的即时收悉系统。诉讼文书到达该系统的日期为送达日期，由系统自动记录并生成送达回证归入电子卷宗。

已经送达的诉讼文书需要更正的，应当重新送达。

第十五条 最高人民法院监督指导全国法院审判流程信息公开工作。高级、中级人民法院监督指导辖区法院审判流程信息公开工作。

各级人民法院审判管理办公室或者承担审判管理职能的其他机构负责本院审判流程信息公开工作，履行以下职责：

（一）组织、监督审判流程信息公开工作；

（二）处理当事人及其法定代理人、诉讼代理人、辩护人对审判流程信息公开工作的投诉和意见建议；

（三）指导技术部门做好技术支持和服务保障；

（四）其他管理工作。

第十六条 公开审判流程信息的业务规范和技术标准，由最高人民法院另行制定。

第十七条 本规定自 2018 年 9 月 1 日起施行。最高人民法院以前发布的司法解释和规范性文件与本规定不一致的，以本规定为准。

最高人民法院
关于严格执行公开审判制度的若干规定

1999 年 3 月 8 日　　　　　　　　　　　　法发〔1999〕3 号

各省、自治区、直辖市高级人民法院，解放军军事法院，新疆维吾尔自治区高级人民法院生产建设兵团分院：

为了严格执行公开审判制度，根据我国宪法和有关法律，特作如下规定：

一、人民法院进行审判活动，必须坚持依法公开审判制度，做到公开开庭，公开举证、质证，公开宣判。

二、人民法院对于第一审案件，除下列案件外，应当依法一律公开审理：

（一）涉及国家秘密的案件；

（二）涉及个人隐私的案件；

（三）十四岁以上不满十六岁未成年人犯罪的案件；经人民法院决定不公开审理的十六岁以上不满十八岁未成年人犯罪的案件；

（四）经当事人申请，人民法院决定不公开审理的涉及商业秘密的案件；

（五）经当事人申请，人民法院决定不公开审理的离婚案件；

（六）法律另有规定的其他不公开审理的案件。

对于不公开审理的案件，应当当庭宣布不公开审理的理由。

三、下列第二审案件应当公开审理：

（一）当事人对不服公开审理的第一审案件的判决、裁定提起上诉的，但因违反法定程序发回重审的和事实清楚依法径行判决、裁定的除外。

（二）人民检察院对公开审理的案件的判决、裁定提起抗诉的，但需发回重审的除外。

四、依法公开审理案件应当在开庭三日以前公告。公告应当包括案由、当事人姓名或者名称、开庭时间和地点。

五、依法公开审理案件，案件事实未经法庭公开调查不能认定。

证明案件事实的证据未在法庭公开举证、质证，不能进行认证，但无需举证的事实除外。缺席审理的案件，法庭可以结合其他事实和证据进行认证。

法庭能够当庭认证的，应当当庭认证。

六、人民法院审理的所有案件应当一律公开宣告判决。

宣告判决，应当对案件事实和证据进行认定，并在此基础上正确适用法律。

七、凡应当依法公开审理的案件没有公开审理的，应当按下列规定处理：

（一）当事人提起上诉或者人民检察院对刑事案件的判决、裁定提起抗诉的，第二审人民法院应当裁定撤销原判决，发回重审；

（二）当事人申请再审的，人民法院可以决定再审；人民检察院按照审判监督程序提起抗诉的，人民法院应当决定再审。

上述发回重审或者决定再审的案件应当依法公开审理。

八、人民法院公开审理案件，庭审活动应当在审判法庭进行。需要巡回依法公开审理的，应当选择适当的场所进行。

九、审判法庭和其他公开进行案件审理活动的场所，应当按照最高人民法院关于法庭布置的要求悬挂国徽，设置审判席和其他相应的席位。

十、依法公开审理案件，公民可以旁听，但精神病人、醉酒的人和未经人民法院批准的未成年人除外。

根据法庭场所和参加旁听人数等情况，旁听人需要持旁听证进入法庭的，旁听证由人民法院制发。

外国人和无国籍人持有效证件要求旁听的，参照中国公民旁听的规定办理。

旁听人员必须遵守《中华人民共和国人民法院法庭规则》的规定，并应当接受安全检查。

十一、依法公开审理案件，经人民法院许可，新闻记者可以记录、录音、录像、摄影、转播庭审实况。

外国记者的旁听按照我国有关外事管理规定办理。

最高人民法院
印发《关于加强人民法院审判公开工作的若干意见》的通知

2007年6月4日　　　　　　　　　　法发〔2007〕20号

各省、自治区、直辖市高级人民法院，解放军军事法院，新疆维吾尔自治区高级人民法院生产建设兵团分院：

现将《最高人民法院关于加强人民法院审判公开工作的若干意见》印发给你们，请结合审判工作实际执行。

附：

关于加强人民法院审判公开工作的若干意见

为进一步落实宪法规定的公开审判原则，深入贯彻党的十六届六中全会提出的健全公开审判制度的要求，充分发挥人民法院在构建社会主义和谐社会中的职能作用，现就加强人民法院审判公开工作提出以下意见。

一、充分认识加强人民法院审判公开工作的重大意义

1. 加强审判公开工作是构建社会主义和谐社会的内在要求。审判公开是以公开审理案件为核心内容的、人民法院审判工作各重要环节的依法公开，是对宪法规定的公开审判原则的具体落实，是我国人民民主专政本质的重要体现，是在全社会实现公平和正义的重要保障。各级人民法院要充分认识到广大人民群众和全社会对不断增强审判工作公开性的高度关注和迫切需要，从发展社会主义民主政治、落实依法治国方略、构建社会主义和谐社会的高度，在各项审判和执行工作中依法充分落实审判公开。

2. 加强审判公开工作是建设公正、高效、权威的社会主义司法制度的迫切需要。深入贯彻落实《中共中央关于构建社会主义和谐社会若干重大问题的决定》，建设公正、高效、权威的社会主义司法制度，是当前和今后一个时期人民法院工作的重要目标。实现这一目标，必须加强审判公开。司法公正应当是"看得见的公正"，司法高效应当是"能感受的高效"，司法权威应当是"被认同的权威"。各级人民法院要通过深化审判公开，充分保障当事人诉讼权利，积极接受当事人监督，主动接受人大及其常委会的工作监督，正确面对新闻媒体的舆论监督，建设公正、高效、权威的社会主义司法制度。

二、准确把握人民法院审判公开工作的基本原则

3. 依法公开。要严格履行法律规定的公开审判职责，切实保障当事人依法参与审判活动、知悉审判工作信息的权利。要严格执行法律规定的公开范围，在审判工作中严守国家秘密和审判工作秘密，依法保护当事人隐私和商业秘密。

4. 及时公开。法律规定了公开时限的，要严格遵守法律规定的时限，在法定时限内快速、完整地依法公开审判工作信息。法律没有规定公开时限的，要在合理时间内快速、完整地依法公开审判工作信息。

5. 全面公开。要按照法律规定，在案件审理过程中做到公开开庭，公开举证、质证，公开宣判；根据审判工作需要，公开与保护当事人权利有关的人民法院审判工作各重要环节的有效信息。

三、切实加强人民法院审判公开工作的基本要求

6. 人民法院应当以设置宣传栏或者公告牌、建立网站等方便查阅的形式，公布本院管辖的各类案件的立案条件、由当事人提交的法律文书的样式、诉讼费用的收费标准及缓、减、免交诉讼费的基本条件和程序、案件审理与执行工作流程等事项。

7. 对当事人起诉材料、手续不全的，要尽量做到一次性全面告知当事人应当提交的材料和手续，有条件的人民法院应当采用书面形式告知。能够当场补齐的，立案工作人员应当指导当事人当场补齐。

8. 对决定受理适用普通程序的案件，应当在案件受理通知书和应诉通知书中，告知当事人所适用的审判程序及有关的诉讼权利和义务。决定由适用简易程序转为适用普通程序的，应当在作出决定后及时将决定的内容及事实和法律根据告知当事人。

9. 当事人及其诉讼代理人请求人民法院调查取证的，应当提出书面申请。人民法院决定调查收集证据的，应当及时告知申请人及其他当事人。决定不调查收集证据的，应当制作书面通知，说明不调查收集证据的理由，并及时送达申请人。

10. 人民法院裁定采取财产保全措施或者先予执行的，应当在裁定书中写明采取财产保全措施或者先予执行所依据的事实和法律根据，及申请人提供担保的种类、金额或者免予担保的事实和法律根据。人民法院决定不采取财产保全措施或者先予执行的，应当作出书面裁定，并在裁定书中写明有关事实和法律根据。

11. 人民法院必须严格执行《中华人民共和国刑事诉讼法》、《中华人民共和国民事诉讼法》、《中华人民共和国行政诉讼法》及相关司法解释关于公开审理的案件范围的规定，应当公开审理的，必须公开审理。当事人提出案件涉及个人隐私或者商业秘密的，人民法院应当综合当事人意见、社会一般理性认识等因素，必要时征询专家意见，在合理判断基础上作出决定。

12. 审理刑事二审案件，应当积极创造条件，逐步实现开庭审理；被告人一审被判处死刑的上诉案件和检察机关提出抗诉的案件，应当开庭审理。要逐步加大民事、行政二审案件开庭审理的力度。

13. 刑事二审案件不开庭审理的，人民法院应当在全面审查案卷材料和证据基础上讯问被告人，听取辩护人、代理人的意见，核实证据，查清事实；民事、行政二审案件不开庭审理的，人民法院应当全面审查案卷，充分听取当事人意见，核实证据，查清事实。

14. 要逐步提高当庭宣判比率，规范定期宣判、委托宣判。人民法院审理案件，能够当庭宣判的，应当当庭宣判。定期宣判、委托宣判的，应当在裁判文书签发或者收到委托函后及时进行，宣判前应当通知当事人和其他诉讼参与人。宣判时允许旁听，宣判后应当立即送达法律文书。

15. 依法公开审理的案件，我国公民可以持有效证件旁听，人民法院应当妥善安排好旁听工作。因审判场所、安全保卫等客观因素所限发放旁听证的，应当作出必要的说明和解释。

16. 对群众广泛关注、有较大社会影响或者有利于社会主义法治宣传教育的案件，可以有计划地通过相关组织安排群众旁听，邀请人大代表、政协委员旁听，增进广大群众、人大代表、政协委员了解法院审判工作，方便对审判工作的监督。

17. 申请执行人向人民法院提供被执行人财产线索的，人民法院应当在收到有关线索后尽快决定是否调查,决定不予调查的,应当告知申请执行人具体理由。人民法院根据申请执行人提供的线索或依职权调查被执行人财产状况的,应当在调查结束后及时将调查结果告知申请执行人。被执行人向人民法院申报财产的,人民法院应当在收到申报后及时将被执行人申报的财产状况告知申请执行人。

18. 人民法院应当公告选择评估、拍卖等中介机构的条件和程序,公开进行选定,并及时公告选定的中介机构名单。人民法院应当向当事人、利害关系人公开评估、拍卖、变卖的过程和结果;不能及时拍卖、变卖的,应当向当事人、利害关系人说明原因。

19. 对办案过程中涉及当事人或案外人重大权益的事项,法律没有规定办理程序的,各级人民法院应当根据实际情况,建立灵活、方便的听证机制,举行听证。对当事人、利害关系人提出的执行异议、变更或追加被执行人的请求、经调卷复查认为符合再审条件的申诉申请再审案件,人民法院应当举行听证。

20. 人民法院应当建立和公布案件办理情况查询机制,方便当事人及其委托代理人及时了解与当事人诉讼权利、义务相关的审判和执行信息。

21. 有条件的人民法院对于庭审活动和相关重要审判活动可以录音、录像,建立审判工作的声像档案,当事人可以按规定查阅和复制。

22. 各高级人民法院应当根据本辖区内的情况制定通过出版物、局域网、互联网等方式公布生效裁判文书的具体办法,逐步加大生效裁判文书公开的力度。

23. 通过电视、互联网等媒体对人民法院公开审理案件进行直播、转播的,由高级人民法院批准后进行。

四、规范审判公开工作,维护法律权威和司法形象

24. 人民法院公开审理案件,庭审活动应当在审判法庭进行。巡回审理案件,有固定审判场所的,庭审活动应当在该固定审判场所进行;尚无固定审判场所的,可根据实际条件选择适当的场所。

25. 人民法院裁判文书是人民法院公开审判活动、裁判理由、裁判依据和裁判结果的重要载体。裁判文书的制作应当符合最高人民法院颁布的裁判文书样式要求,包含裁判文书的必备要素,并按照繁简得当、易于理解的要求,清楚地反映裁判过程、事实、理由和裁判依据。

26. 人民法院工作人员实施公务活动,应当依据有关规定着装,并主动出示工作证。

27. 人民法院应当向社会公开审判、执行工作纪律规范,公开违法审判、违法执行的投诉办法,便于当事人及社会监督。

最高人民法院
印发《关于司法公开的六项规定》和《关于人民法院接受新闻媒体舆论监督的若干规定》的通知

2009年12月8日　　　　　　　　　　　　法发〔2009〕58号

全国地方各级人民法院、各级军事法院、各铁路运输中级法院和基层法院、各海事法院，新疆生产建设兵团各级法院：

最高人民法院《关于司法公开的六项规定》和最高人民法院《关于人民法院接受新闻媒体舆论监督的若干规定》已经中央批准，现印发给你们，请认真贯彻执行。贯彻执行中的重大事项，请及时报告我院。

附一：

关于司法公开的六项规定

为进一步落实公开审判的宪法原则，扩大司法公开范围，拓宽司法公开渠道，保障人民群众对人民法院工作的知情权、参与权、表达权和监督权，维护当事人的合法权益，提高司法民主水平，规范司法行为，促进司法公正，根据有关诉讼法的规定和人民法院的工作实际，按照依法公开、及时公开、全面公开的原则，制定本规定。

一、立案公开

立案阶段的相关信息应当通过便捷、有效的方式向当事人公开。各类案件的立案条件、立案流程、法律文书样式、诉讼费用标准、缓减免交诉讼费程序、当事人重要权利义务、诉讼和执行风险提示以及可选择的诉讼外纠纷解决方式等内容，应当通过适当的形式向社会和当事人公开。人民法院应当及时将案件受理情况通知当事人。对于不予受理的，应当将不予受理裁定书、不予受理再审申请通知书、驳回再审申请裁定书等相关法律文件依法及时送达当事人，并说明理由，告知当事人诉讼权利。

二、庭审公开

建立健全有序开放、有效管理的旁听和报道庭审的规则，消除公众和媒体知情监督的障碍。依法公开审理的案件，旁听人员应当经过安全检查进入法庭旁听。因审判场所等客观因素所限,人民法院可以发放旁听证或者通过庭审视频、直播录播等方式满足公众和媒体了解庭审实况的需要。所有证据应当在法庭上公开,能够当庭认证的,应当当庭认证。除法律、司法解释规定可以不出庭的情形外,人民法院应当通知证人、鉴定人出庭作证。独任审判员、合议庭成员、审判委员会委员的基本情况应当公开,当事人依法有权申请回避。案件延长审限的情况应当告知当事人。人民法院对公开审理或者不公开审理的案件,一律在法庭内或者通过其他公开的方式公开宣告判决。

三、执行公开

执行的依据、标准、规范、程序以及执行全过程应当向社会和当事人公开,但涉及国家秘密、商业秘密、个人隐私等法律禁止公开的信息除外。进一步健全和完善执行信息查询系统,扩大查询范围,为当事人查询执行案件信息提供方便。人民法院采取查封、扣押、冻结、划拨等执行措施后应及时告知双方当事人。人民法院选择鉴定、评估、拍卖等机构的过程和结果向当事人公开。执行款项的收取发放、执行标的物的保管、评估、拍卖、变卖的程序和结果等重点环节和重点事项应当及时告知当事人。执行中的重大进展应当通知当事人和利害关系人。

四、听证公开

人民法院对开庭审理程序之外的涉及当事人或者案外人重大权益的案件实行听证的,应当公开进行。人民法院对申请再审案件、涉法涉诉信访疑难案件、司法赔偿案件、执行异议案件以及对职务犯罪案件和有重大影响案件被告人的减刑、假释案件等,按照有关规定实行公开听证的,应当向社会发布听证公告。听证公开的范围、方式、程序等参照庭审公开的有关规定。

五、文书公开

裁判文书应当充分表述当事人的诉辩意见、证据的采信理由、事实的认定、适用法律的推理与解释过程,做到说理公开。人民法院可以根据法制宣传、法学研究、案例指导、统一裁判标准的需要,集中编印、刊登各类裁判文书。除涉及国家秘密、未成年人犯罪、个人隐私以及其他不适宜公开的案件和调解结案的案件外,人民法院的裁判文书可以在互联网上公开发布。当事人对于在互联网上公开裁判文书提出异议并有正当理由的,人民法院可以决定不在互联网上发布。为保护裁判文书所涉及到的公民、法人和其他组织的正当权利,可以对拟公开发布的裁判文书中的相关信息进行必要的技术处理。人民法院应当注意收集社会各界对裁判文书的意见和建议,作为改进工作的参考。

六、审务公开

人民法院的审判管理工作以及与审判工作有关的其他管理活动应当向社会公开。各级人民法院应当逐步建立和完善互联网站和其他信息公开平台。探索建立各类案件运转流程的网络查询系统,方便当事人及时查询案件进展情况。通过便捷、有效的方式及时向社会公开关于法院工作的方针政策、各种规范性文件和审判指导意见以及非涉密司法统计数据及分析报告，公开重大案件的审判情况、重要研究成果、活动部署等。建立健全过问案件登记、说情干扰警示、监督情况通报等制度，向社会和当事人公开违反规定程序过问案件的情况和人民法院接受监督的情况，切实保护公众的知情监督权和当事人的诉讼权利。

全国各级人民法院要切实解放思想，更新观念，大胆创新，把积极主动地采取公开透明的措施与不折不扣地实现当事人的诉讼权利结合起来，把司法公开的实现程度当作衡量司法民主水平、评价法院工作的重要指标。最高人民法院将进一步研究制定司法公开制度落实情况的考评标准，并将其纳入人民法院工作考评体系，完善司法公开的考核评价机制。上级人民法院要加强对下级人民法院司法公开工作的指导，定期组织专项检查，通报检查结果，完善司法公开的督促检查机制。各级人民法院要加大对司法公开工作在资金、设施、人力、技术方面的投入，建立司法公开的物质保障机制。要疏通渠道，设立平台，认真收集、听取和处理群众关于司法公开制度落实情况的举报投诉或意见建议，建立健全司法公开的情况反馈机制。要细化和分解落实司法公开的职责，明确责任，对于在诉讼过程中违反审判公开原则或者在法院其他工作中违反司法公开相关规定的，要追究相应责任，同时要注意树立先进典型，表彰先进个人和单位，推广先进经验，建立健全司法公开的问责表彰机制。

本规定自公布之日起实施。本院以前发布的相关规定与本规定不一致的，以本规定为准。

附二：

关于人民法院接受新闻媒体舆论监督的若干规定

为进一步落实公开审判的宪法原则，规范人民法院接受新闻媒体舆论监督工作，妥善处理法院与媒体的关系，保障公众的知情权、参与权、表达权和监督权，提高司法公信，制定本规定。

第一条 人民法院应当主动接受新闻媒体的舆论监督。对新闻媒体旁听案件庭审、采访报道法院工作、要求提供相关材料的，人民法院应当根据具体情况提供便利。

第二条 对于社会关注的案件和法院工作的重大举措以及按照有关规定应当向社会公开的其他信息，人民法院应当通过新闻发布会、记者招待会、新闻通稿、法院公报、互联网站等形式向新闻媒体及时发布相关信息。

第三条 对于公开审判的案件，新闻媒体记者和公众可以旁听。审判场所坐席不足的，应当优先保证媒体和当事人近亲属的需要。有条件的审判法庭根据需要可以在旁听席中设立媒体席。记者旁听庭审应当遵守法庭纪律，未经批准不得录音、录像和摄影。

第四条 对于正在审理的案件，人民法院的审判人员及其他工作人员不得擅自接受新闻媒体的采访。对于已经审结的案件，人民法院可以通过新闻宣传部门协调决定由有关人员接受采访。对于不适宜接受采访的，人民法院可以决定不接受采访并说明理由。

第五条 新闻媒体因报道案件审理情况或者法院其他工作需要申请人民法院提供相关资料的，人民法院可以提供裁判文书复印件、庭审笔录、庭审录音录像、规范性文件、指导意见等。如有必要，也可以为媒体提供其他可以公开的背景资料和情况说明。

第六条 人民法院接受新闻媒体舆论监督的协调工作由各级人民法院的新闻宣传主管部门统一归口管理。新闻宣传主管部门应当为新闻媒体提供新闻报道素材，保证新闻媒体真实、客观地报道人民法院的工作。对于新闻媒体报道人民法院的工作失实时，新闻宣传主管部门负责及时澄清事实，进行回应。

第七条 人民法院应当建立与新闻媒体及其主管部门固定的沟通联络机制，定期或不定期地举办座谈会或研讨会，交流意见，沟通信息。人民法院与新闻媒体可以研究制定共同遵守的行为自律准则。对于新闻媒体反映的人民法院接受舆论监督方面的意见和建议，有关法院应当及时研究处理，改进工作。

第八条 对于新闻媒体报道中反映的人民法院审判工作和其他各项工作中存在的问题，以及反映审判人员和其他工作人员违法违纪行为，人民法院应当及时调查、核实。查证属实的，应当依法采取有效措施进行处理，并及时反馈处理结果。

第九条 人民法院发现新闻媒体在采访报道法院工作时有下列情形之一的，可以向新闻主管部门、新闻记者自律组织或者新闻单位等通报情况并提出建议。违反法律规定的，依法追究相应责任。

（一）损害国家安全和社会公共利益的，泄露国家秘密、商业秘密的；

（二）对正在审理的案件报道严重失实或者恶意进行倾向性报道，损害司法权威、影响公正审判的；

（三）以侮辱、诽谤等方式损害法官名誉，或者损害当事人名誉权等人格权，侵犯诉讼参与人的隐私和安全的；

（四）接受一方当事人请托，歪曲事实，恶意炒作，干扰人民法院审判、执行活动，造成严重不良影响的；

（五）其他严重损害司法权威、影响司法公正的。

第十条 本规定自公布之日起实施。

最高人民法院
印发《关于确定司法公开示范法院的决定》的通知

2010年10月15日　　　　　　　　　　　　　法〔2010〕383号

各省、自治区、直辖市高级人民法院，解放军军事法院，新疆维吾尔自治区高级人民法院生产建设兵团分院：

为贯彻落实公开审判的宪法原则，围绕"社会矛盾化解、社会管理创新、公正廉洁执法"三项重点工作和"为大局服务，为人民司法"工作主题，深入开展"人民法官为人民"主题实践活动，进一步推动人民法院司法公开工作不断向纵深发展，最高人民法院决定在全国法院确定一批司法公开示范法院。现将《关于确定司法公开示范法院的决定》印发给你们。各示范法院在贯彻落实我院制定的《司法公开示范法院标准》过程中遇到问题的，请及时报告我院司法公开工作领导小组办公室（司改办）。

附：

最高人民法院
关于确定司法公开示范法院的决定

近年来，全国各级人民法院坚持以邓小平理论、"三个代表"重要思想和科学发展观为指导，努力践行社会主义法治理念，坚持"三个至上"工作指导思想，围绕"为大局服务、为人民司法"工作主题和"社会矛盾化解、社会管理创新、公正廉洁执法"三项重点工作，深入开展"人民法院为人民"主题实践活动，认真贯彻实施宪法、法律规定的审判公开原则以及《人民法院第三个五年改革纲要》、《关于加强人民法院审判公开的若干意见》和《关于司法公开的六项规定》精神，努力加强和完善司法公开，拓宽司法公开的广度和深度，充分运用现代信息技术和科技手段，不断满足人民群众对司法公开的新要求、新期待，为推动人民法院整体工作水平的提高，规范司法行为，实现司法公正，促进审判和执行工作科学、健康、有序发展做出了积极贡献。

为总结推广各地法院推进司法公开的有效措施和宝贵经验，发挥司法公开示范法院的榜样作用，进一步掀起人民法院全面推进司法公开工作的新高潮，经各高级人民法院推荐，最高人民法院研究决定：北京市第一中级人民法院等100个法院为"司法公开示范法院"（其中高级人民法院11个、中级人民法院33个、专门法院1个、基层人民法院55个）。希望这些法院继续深入推进司法公开工作，总结先进经验，创新工作思路，完善制度体系，抓出工作实效，更好地发挥示范法院的示范和引领作用。

最高人民法院号召，全国各级人民法院要大力开展向司法公开示范法院学习的活动，进一步推进人民法院的司法公开工作。最高人民法院同时下发《司法公开示范法院标准》，要求全国各示范法院严格按照示范标准，全方位地开展司法公开工作。各示范法院在执行过程中，可根据本地实际情况制定具体实施办法，并报最高人民法院司法公开工作领导小组备案。最高人民法院和各高级人民法院按照示范法院标准考核各示范法院开展司法公开工作的情况，并将考核结果纳入人民法院整体考评体系。各高级人民法院要加强对本辖区示范法院工作的指导和督促，加大对示范法院工作的宣传和支持力度，全面推进以公开促公正，以公正立公信，以公信树权威的目标，努力做到公开透明、阳光司法。示范法院以外的其他法院除认真遵守最高人民法院关于司法公开的有关规定外，也可以根据本院实际情况，参照《司法公开示范法院标准》执行。

附件：
1. 司法公开示范法院名单
2. 司法公开示范法院标准

附件1：

司法公开示范法院名单

北京市
第一中级人民法院
第二中级人民法院
海淀区人民法院
朝阳区人民法院

天津市
天津市高级人民法院
滨海新区人民法院
和平区人民法院

河北省
河北省高级人民法院
廊坊市经济技术开发区人民法院
任丘市人民法院

山西省
太原市中级人民法院
河津市人民法院
长治县人民法院

内蒙古自治区
呼和浩特市中级人民法院

呼伦贝尔市中级人民法院
包头市昆都仑区人民法院
辽宁省
大连市中级人民法院
辽阳市中级人民法院
海城市人民法院
吉林省
吉林省高级人民法院
松原市中级人民法院
吉林市昌邑区人民法院
黑龙江省
哈尔滨市香坊区人民法院
拜泉县人民法院
牡丹江市爱民区人民法院
上海市
上海市高级人民法院
第一中级人民法院
第二中级人民法院
浦东新区人民法院
江苏省
江苏省高级人民法院
常州市中级人民法院
徐州市中级人民法院
淮安市中级人民法院
浙江省
杭州市中级人民法院
宁波市中级人民法院
杭州市萧山区人民法院
安徽省
安徽省高级人民法院
蚌埠市中级人民法院
泾县人民法院
福建省
莆田市城厢区人民法院
厦门市海沧区人民法院
龙海市人民法院
江西省
景德镇市中级人民法院

抚州市临川区人民法院
婺源县人民法院

山东省
东营市中级人民法院
德州市中级人民法院
济南市市中区人民法院
威海市环翠区人民法院

河南省
河南省高级人民法院
南阳市中级人民法院
浚县人民法院

湖北省
武汉市中级人民法院
武汉市洪山区人民法院
襄樊市襄城区人民法院

湖南省
长沙市中级人民法院
常德市中级人民法院
郴州市汝城县人民法院

广东省
广东省高级人民法院
深圳市中级人民法院
广州市萝岗区人民法院
东莞市第二人民法院
广州海事法院

广西壮族自治区
广西壮族自治区高级人民法院
南宁市中级人民法院
柳州市鱼峰区人民法院

海南省
海南省高级人民法院
海口市琼山区人民法院
琼海市人民法院

重庆市
重庆市第五中级人民法院
黔江区人民法院
云阳区人民法院

四川省
成都市中级人民法院
成都市武侯区人民法院
成都高新技术产业开发区人民法院
贵州省
贵阳市乌当区人民法院
遵义市汇川区人民法院
黔东南苗族侗族自治州凯里市人民法院
云南省
昆明市中级人民法院
曲靖市中级人民法院
昆明市呈贡县人民法院
西藏自治区
山南地区中级人民法院
拉萨市堆龙德庆县人民法院
陕西省
西安市中级人民法院
咸阳市渭城区人民法院
铜川市印台区人民法院
甘肃省
甘肃省高级人民法院
天水市中级人民法院
张掖市甘州区人民法院
青海省
西宁市城西区人民法院
贵德县人民法院
大通县人民法院
宁夏回族自治区
银川市兴庆区人民法院
石嘴山市平罗县人民法院
吴忠市青铜峡市人民法院
新疆维吾尔自治区
乌鲁木齐市沙依巴克区人民法院
石河子市人民法院
阿克苏地区沙雅县人民法院
新疆生产建设兵团
农十师中级人民法院
奎屯市人民法院

附件2：

司法公开示范法院标准

为进一步落实《最高人民法院关于司法公开的六项规定》，提高示范法院的司法公开工作水平，制定以下示范标准及考评办法。

一、立案公开（15分）

1. 设立立案、信访服务窗口，设置导诉台，配备导诉人员，告知诉讼风险、查询案件信息、解答诉讼疑问、引导当事人合理选择诉讼外纠纷解决方式、进行信访接待答复等。（4分）

2. 通过宣传栏、公告牌、电子触摸屏或者法院网站等，公开各类案件的立案条件、立案流程、法律文书样式、诉讼费用标准、缓减免交诉讼费程序和条件、当事人权利义务等内容。建立案件信息网上查询系统，内容包括案件的案号、立案日期、案由、当事人姓名或名称、案件承办人和合议庭组成人员名单、案件流程等。（8分）

3. 人民法院应当及时将案件受理情况告知当事人。对于不予受理的，应当及时将不予受理裁定书、不予受理再审申请通知书、驳回再审申请裁定书、驳回申诉通知书等相关法律文书依法送达当事人，并说明理由，告知当事人有关诉讼权利。（3分）

二、庭审公开（20分）

4. 依照法律和司法解释规定应当公开审理的案件一律公开审理。公开开庭审理的案件允许当事人近亲属、媒体记者和公众旁听，不得对旁听庭审设置障碍。对影响重大、社会关注度较高的案件，应根据旁听人数尽量安排合适的审判场所。定期邀请人大代表、政协委员和社会组织代表旁听庭审。（8分）

5. 按照有关规定对庭审活动进行全程同步录音或者录像。审判法庭设立媒体席，并设立同步庭审视频室。每年选择一定数量案件按照有关规定进行庭审直播。（4分）

6. 所有证据应当在法庭上公开。能当庭认证的，应当当庭认证。逐年提高证人、鉴定人的出庭比率。（4分）

7. 依法提请审判委员会讨论的案件，应当向当事人宣布审判委员会委员名单，并询问当事人是否对审判委员会委员申请回避。（2分）

8. 案件未在法定期限内审结的，应当在法定期限届满前将中止诉讼、延长审限的情况及理由以书面或者口头方式告知当事人。（2分）

三、执行公开（15分）

9. 在法院网站公开执行案件的立案标准、收费标准、执行风险、执行规范、执行程序等信息。在执行案件信息查询系统中公开当事人情况、立案信息、被执行财产信息、执行过程中形成的法律文书、执行中止情况和理由、结案信息、执行异议信息以及

变更、追加被执行人阶段的听证信息等。(5分)

10. 人民法院采取查封、扣押、冻结、划拨等重大措施后，应当及时将有关情况告知双方当事人。公开选定评估、拍卖机构的条件、程序，向社会公布选定的具有相应资质的鉴定、评估机构、拍卖机构名单。案件执行中委托评估、拍卖的，向当事人和利害关系人公开评估、拍卖的过程和结果。(5分)

11. 人民法院通过报纸、网络等媒体公布不履行法律文书确定义务的被执行人的基本信息、财产状况、执行标的等信息。人民法院未按照规定的期限完成执行行为的，应当及时向申请执行人说明原因。(5分)

四、听证公开（10分）

12. 对开庭审理程序之外的涉及当事人或者案外人重大权益的案件实行公开听证，并公告听证事由、时间地点、听证法官、听证参加人的权利义务等。(2分)

13. 按照有关规定，人民法院对符合听证条件的申请再审案件应当组织当事人进行公开听证。对涉及人数众多、群众反映强烈、争议较大、多次上访以及在社会上引起重大影响的涉法涉诉信访案件，人民法院应当组织听证。(2分)

14. 对侵权损害后果争议较大的、赔偿方式或赔偿数额分歧较大的、赔偿数额巨大、社会各界关注的，以及当事人要求、人民法院认为确有必要举行听证的司法赔偿案件，应当组织公开听证。(2分)

15. 对案外人异议、不予执行的申请以及变更、追加被执行主体、中止或终结执行、多个债权人申请参与分配的，以及人民法院认为有必要听证的重大执行事项，应当组织公开听证。(2分)

16. 对职务犯罪案件和危害国家安全、严重危害公共安全、严重暴力犯罪案件，以及人民法院认为有较大社会影响等案件的被告人，以及黑社会性质组织的领导者、组织者和骨干分子、犯罪集团的首要分子和主犯进行减刑、假释时，人民法院应当组织公开听证。(2分)

五、文书公开（10分）

17. 在法院网站设立专门的裁判文书公开栏目。除不予上网公布的裁判文书以外，人民法院按照有关规定应当将审理各类案件公开宣告的裁判文书上网公布。(5分)

18. 指定专门机构或专门人员管理裁判文书上网公布工作，监督管理上网公布的文书数量、质量和信息安全等问题，并建立相应的管理制度。(5分)

六、审务公开（10分）

19. 在法院网站或者其他信息公开平台公布人民法院基本情况、工作流程、管理制度、审判业务部门审判职能、人员状况等基本情况。公开人民法院的重要审判工作会议、工作报告或者专项报告、重要活动部署、规范性文件、审判指导意见、重要研究成果、非涉密司法统计数据及分析报告等信息。(5分)

20. 进一步完善新闻发布制度，建立与媒体及其主管部门固定的沟通联络机制，定

期或不定期举行新闻发布会、通气会、座谈会或研讨会、公众开放日活动。（5分）

七、工作机制（20分）

21. 高度重视司法公开工作，成立司法公开工作领导小组，指定专门机构和专门人员负责落实司法公开工作。制定具体工作方案，建立分工协作、各负其责的长效工作机制。（5分）

22. 建立司法公开考核评价机制和督促检查机制。按照示范法院考评标准，对示范法院开展司法公开工作进行考评。上级人民法院对辖区内下级法院司法公开工作进行指导，定期组织专项检查，评估工作开展情况，通报检查结果。（5分）

23. 建立物质保障机制。对立案大厅、法院门户网站、其他信息公开平台、审判法庭安全检查设备、庭审直播设备等方面提供较大的资金、设施、技术等物质保障。（5分）

24. 建立责任追究机制和举报投诉机制。对于违反司法公开相关规定的，损害当事人合法权益，造成严重后果的，进行查处。在法院网站或立案大厅设立投诉电话、举报投诉信箱，安排专人对当事人和社会公众反映的问题进行核查。各高级人民法院对当事人和社会公众反映本辖区人民法院落实公开制度存在的问题进行核查和反馈。（5分）

最高人民法院
关于全面加强接受监督工作的若干意见

2011年10月12日　　　　　　　　　　　　法发〔2011〕14号

自觉接受党的领导、人大监督、政协民主监督、检察机关法律监督以及社会监督，是中国特色社会主义司法制度的重要内容，是加强司法民主、促进司法公正的必然要求。为有效发挥接受监督作用，推动人民法院工作科学发展，根据宪法和法律规定，结合工作实际，现就全面加强人民法院接受监督工作提出如下意见。

一、充分认识接受监督工作的重要意义

（一）接受监督是人民法院的义务和责任。我国是人民当家作主的社会主义国家，一切权力来自人民、属于人民。对司法工作进行监督，不仅是人民民主专政国家的本质要求，也是宪法和法律确定的法定原则。人民法院作为国家审判机关，必须始终坚持党的领导，通过深化司法公开，广泛接受监督，有效保障人民群众对司法工作的知情权、参与权、表达权和监督权，切实实现好、维护好和发展好人民群众的根本利益。

（二）接受监督是人民法院正确行使审判权的重要保障。加强接受监督工作，有利于人民法院进一步规范司法行为、确保司法廉洁，依法公正行使人民赋予的审判权和执行权,更好地为党和国家工作大局提供有力司法保障,为人民群众提供优质司法服务。

(三)接受监督是人民法院加强改进工作,提升司法公信的有效途径。司法公信力是国家的司法之基,更是人民法院的立院之本。人民法院只有主动将审判执行活动置于广泛公开的监督之下,才能不断加强和改进自身各项工作,有效争取广大人民群众和社会各界的理解和信任,进一步树立司法公正、廉洁、为民的良好形象,为人民法院工作营造良好的环境。

二、进一步明确接受监督工作的主要内容

(一)自觉接受人民代表大会及其常委会监督。认真完成向人民代表大会报告人民法院工作的相关工作,全面听取人大代表审议意见和建议;结合人大常委会年度工作安排和人民法院工作重点,切实做好向人大常委会专项报告工作;认真落实人大及其常委会的审议意见和有关决议;积极配合人大常委会开展法律法规实施情况检查、规范性文件备案审查以及人事任免的审议和决定等各项监督工作。对于人大及其常委会在审议工作报告和监督工作中提出的意见,要及时研究,认真整改,并将有关情况向人大常委会报告。

(二)主动接受人民政协民主监督。进一步建立健全与人民政协以及各民主党派、工商联、无党派人士的联络沟通机制,通过召开座谈会以及开展联合调研、专项考察等多种形式,通报工作,听取意见和建议,共同协商解决有关问题,切实保障人民政协民主监督以及各民主党派、工商联、无党派人士参政议政的权利。

(三)认真办理人大代表建议、政协提案以及人大代表、政协委员关注事项。重点加强对人民群众普遍关心,人大代表、政协委员广泛关注的建议、提案和事项的办理工作,及时转化为加强改进工作的重要参考依据。切实加强与人大代表、政协委员以及有关方面的沟通,促进提办双方相互理解、增进共识,不断提高办理工作质量。

(四)积极开展与人大代表、政协委员联络工作。从人民群众和社会各界关心关注的问题入手,丰富和创新更多符合人民法院工作实际,人大代表、政协委员便于接受的工作形式和方法,切实增强联络工作的实效性,为人大代表、政协委员全面了解和监督人民法院工作创造条件、提供便利。注重加强与人大、政协有关办事机构的联系,取得他们对开展接受监督工作的支持。

(五)依法配合检察机关开展法律监督工作。依照法律程序审理各类抗诉案件,认真听取检察机关依照法律规定提出的检察建议,及时检查和纠正案件审判执行过程中存在的问题,确保办案程序合法,裁判实体公正。进一步完善依法接受检察机关法律监督的工作机制,共同维护司法公正和司法权威。

(六)有效推进人民法院特约人员工作。通过在人大代表、政协委员、民主党派和无党派人士、专家学者以及社会各界人士中聘请特邀咨询员、特约监督员等形式,充分发挥他们决策咨询和监督司法的作用,不断加强和改进人民法院工作。

(七)广泛接受社会监督。进一步深化司法公开,为广大人民群众和社会各界全面客观了解和监督人民法院工作提供平台,并通过开设院长邮箱、民意沟通信箱等形式,倾听民意、了解民情。切实加强对人民群众和社会各界所提意见、建议的分析研究,及时办理反馈，积极回应人民群众对人民法院工作的关切。

三、建立健全接受监督工作的制度机制

（一）建立定向联络制度。各级人民法院要实行与人大代表定向联络工作机制，特别是对辖区内全国人大代表，要采取多种形式，加强沟通，增进理解。要设立专项工作台账，制定计划措施，认真开展实施，积极争取人大代表对人民法院工作的支持。

（二）健全人大代表建议、政协提案以及有关事项办理工作制度。各级人民法院要认真落实全国人大常委会、全国政协以及最高人民法院有关办理工作的规章制度，进一步完善归口管理、统一交办、分级负责、跟踪督办、沟通反馈等各项办理工作机制，确保办理工作规范有序。

（三）完善旁听案件庭审制度。各级人民法院要认真总结实践经验，进一步细化操作规程，充分发挥旁听案件庭审工作规范司法行为、促进审判公正的作用。要主动争取人大、政协等机关的支持，共同推动此项工作有效开展。

（四）健全重要工作事项通报制度。各级人民法院要通过召开会议、编发专刊以及信息发布等形式，及时通报人民法院重大工作部署、重要工作事项和重大案件的审判情况，确保人大代表、政协委员和社会各界全面准确了解人民法院工作情况。

（五）健全信息报送制度。各级人民法院要加强对开展接受监督工作新做法、新情况、新问题的总结、分析和归纳，认真做好工作动态和信息的整理报送工作，为本院领导和上级法院掌握情况和科学决策提供服务。

四、切实加强对接受监督工作的组织领导

（一）健全长效机制。各级人民法院要高度重视接受监督工作，将此项工作纳入重要议事日程，结合本地实际，认真研究制定接受监督工作计划，并通过定期召开会议、下发文件等形式，及时部署工作任务，明确工作要求，确保接受监督工作扎实开展。

（二）强化责任落实。各级人民法院要实行接受监督工作院长负责制，切实建立"领导带头，全员参与"的接受监督工作机制，加强对接受监督工作的检查、督促和指导，确保各项制度、措施落到实处。

（三）密切协同配合。各级各地人民法院要强化大局意识，牢固树立全国法院"一盘棋"思想，密切配合，形成合力，共同推进接受监督工作深入开展。

（四）加强机构建设。各高级人民法院和有条件的中级人民法院应当设立相应工作机构，基层人民法院和不具备单独设立专门工作机构的中级人民法院应当配备专职人员，具体负责接受监督工作。

（五）完善考核制度。各级人民法院要将接受监督工作纳入绩效考核，切实调动工作主动性和积极性。对于开展接受监督工作成绩突出的单位和个人，应当予以表彰奖励；对于因工作失职造成不良影响和其他不良后果的，要给予问责。

（六）加大物质保障。各级人民法院要为开展接受监督工作提供必要的经费和装备，切实保障日常工作顺利开展。

最高人民法院
关于加强和规范人大代表、政协委员旁听案件庭审工作的若干意见

2011年11月4日　　　　　　　　　　　　法〔2011〕311号

开展人大代表、政协委员旁听案件庭审工作是人民法院自觉接受人大监督和政协民主监督的重要形式，是人民法院推进司法公开、促进司法公正的重要途径。根据有关法律和规定，结合人民法院工作实际，现就进一步加强和规范人大代表、政协委员旁听案件庭审工作提出如下意见。

一、高度重视人大代表、政协委员旁听案件庭审工作

1. 开展人大代表、政协委员旁听案件庭审工作应当遵守相关法律规定，既要保证人大代表、政协委员监督作用的发挥，又要确保人民法院依法独立行使审判权。旁听案件庭审工作应坚持依法规范与突出实效相结合、旁听庭审与改进工作相结合、法律效果与社会效果相结合的原则。

2. 各级人民法院应建立与同级人大、政协有关部门的沟通协调机制，增进人大和政协对旁听案件庭审活动的重视与支持，共同做好人大代表、政协委员旁听庭审工作。

3. 各级人民法院应将人大代表、政协委员旁听案件庭审工作作为人民法院接受监督工作的重要内容，高度重视，加强领导，并结合本地实际，完善相关的工作制度，制定具体实施方案。

二、明确开展人大代表、政协委员旁听案件庭审工作的范围、内容和基本形式

4. 组织、邀请人大代表、政协委员旁听案件庭审，应包括各级人大代表、政协委员。

5. 人大代表、政协委员旁听案件庭审，包括人大或政协机关组织、人民法院邀请和人大代表、政协委员要求旁听等形式。

6. 人大代表、政协委员旁听案件庭审的组织、协调工作由各级人民法院联络部门负责。具体包括与人大、政协有关部门以及人大代表、政协委员的联系，与法院内部相关部门的协调，制定工作方案，收集、反馈人大代表、政协委员提出的意见建议以及督促落实等项工作。

7. 人大代表、政协委员旁听庭审的案件，应当是依照法律规定公开开庭审理的一审、二审或再审的各类型案件。对于涉及人民群众切身利益的案件、社会各界广泛关注的案件、有较大影响的新类型案件、人大代表和政协委员关注的案件、认为需要邀请旁

听的其他的案件可以主动邀请旁听。

8. 人大代表、政协委员本人与案件有直接利害关系的，不应以人大代表、政协委员身份旁听案件庭审。

9. 各级人民法院应将可供旁听案件的信息通报给人大、政协有关部门，便于人大、政协在组织旁听活动时选择。

10. 各级人民法院邀请人大代表、政协委员旁听案件的，应及时与人大、政协有关部门或人大代表、政协委员进行联系和沟通，提前将开庭时间、地点、案由、合议庭组成人员等基本情况告知人大、政协有关部门或受邀的人大代表、政协委员，并提前做好相关准备工作。

11. 人大代表、政协委员主动向人民法院提出旁听案件庭审要求的，各级人民法院应积极予以协调安排。

12. 各级人民法院对于人大代表、政协委员持代表证或委员证，自行前来法院旁听公开开庭审理的案件的，应当准许进入法庭旁听，不得拒绝或设置障碍。案件承办部门应及时将人大代表或政协委员前来旁听的情况告知本院联络部门，以便做好相关工作。

13. 人大代表、政协委员旁听庭审的案件，可以当庭宣判的，应当庭宣判；不能当庭宣判的，应在审结后以适当方式及时将裁判结果告知参加旁听的人大代表或政协委员。

14. 各级人民法院在案件庭审结束后，可以组织人大代表、政协委员重点围绕庭审程序、庭审规范以及法官履行法律职责和驾驭庭审的能力、水平等内容进行座谈或发放征求意见表，及时听取人大代表、政协委员的意见和建议。对于人大代表、政协委员对案件庭审工作提出的意见和建议，各级人民法院要组织有关部门有针对性地进行分析、研究和解决，并将落实情况及时向人大代表、政协委员和人大、政协有关部门进行反馈。

15. 各级人民法院也可以根据上述意见要求，适时开展邀请人大代表、政协委员旁听案件听证和见证案件执行工作。

三、切实加强人大代表、政协委员旁听案件庭审工作的组织领导

16. 上级人民法院应加强对下级人民法院开展人大代表、政协委员旁听案件庭审工作的指导与协调，并定期进行工作通报。下级人民法院每半年应向上一级人民法院报告本院开展人大代表、政协委员旁听案件庭审工作的情况。

17. 各高级人民法院应在每年年底对本辖区各级人民法院开展人大代表、政协委员旁听案件庭审工作的基本情况和工作中遇到的问题及取得的经验进行认真总结，并书面报送最高人民法院人民监督工作办公室。

18. 各级人民法院可采用通报或专题报告等形式，适时将本院或本地区开展人大代表旁听案件庭审工作的有关情况向同级人大常委会报告。

最高人民法院
关于确定第二批司法公开示范法院的通知

2012年12月19日　　　　　　　　　　　　　　　法〔2012〕314号

各省、自治区、直辖市高级人民法院，解放军军事法院，新疆维吾尔自治区高级人民法院生产建设兵团分院：

党的十八大报告指出，要建立健全权力运行制约和监督体系，推进权力运行公开化、规范化，完善包括司法公开在内的各领域办事公开制度，加强党内监督、民主监督、法律监督、舆论监督，让人民监督权力，让权力在阳光下运行。因此，完善司法公开制度，是人民法院贯彻十八大精神，深化司法民主的一项重要举措。

为总结推广各地法院推进司法公开的有效措施和宝贵经验，发挥司法公开示范法院的示范引领作用，2010年10月15日最高人民法院发布了《关于确定司法公开示范法院的决定》（法〔2010〕383号，以下简称《决定》），确定北京市第一中级人民法院等100个法院为"司法公开示范法院"，并同时发布示范法院标准。《决定》下发后，各示范法院认真贯彻实施宪法、法律规定的审判公开原则以及最高人民法院关于司法公开的各项规定，拓展司法公开的广度和深度，充分运用现代信息技术和科技手段，不断满足人民群众对司法公开的新要求、新期待，为推动人民法院整体工作水平的提高，规范司法行为，实现司法公正，促进审判和执行工作科学、健康、有序发展做出了积极贡献，同时也为推动司法公开工作积累了许多宝贵的经验。

为充分发挥示范法院的榜样引领作用，最高人民法院决定进一步扩大示范法院的范围。经各高级人民法院推荐，最高人民法院司法公开领导小组研究并报院党组审议通过，确定北京市东城区人民法院等100个法院为全国第二批"司法公开示范法院"（其中中级人民法院36个、专门法院1个、基层人民法院63个）。

全国各级人民法院要继续大力开展向司法公开示范法院学习的活动，按照《司法公开示范法院标准》的具体要求，丰富理念、统筹兼顾、完善机制、依托现代科技，不断提升司法公开的能力和水平。各高级人民法院要进一步加强对本辖区示范法院工作的指导和督促，一方面要加大对辖区内全国司法公开示范法院工作的指导和交流，另一方面对照《司法公开示范法院标准》，确定本辖区的司法公开示范法院，开展多种形式的司法公开促进活动，努力实现以公开促公正，以公正立公信，以公信树权威的目标。

附：

第二批司法公开示范法院名单

北京市
北京市东城区人民法院
北京市西城区人民法院
天津市
天津市第一中级人民法院
天津市第二中级人民法院
河北省
邢台市中级人民法院
黄骅市人民法院
安平县人民法院
张家口市宣化区人民法院
山西省
孝义市人民法院
洪洞县人民法院
忻州市忻府区人民法院
蒙古自治区
鄂尔多斯市中级人民法院
土默特右旗人民法院
扎鲁特旗人民法院
呼伦贝尔市海拉尔区人民法院
辽宁省
盘锦市中级人民法院
新民市人民法院
宽甸满族自治县人民法院
吉林省
延边朝鲜族自治州中级人民法院
长岭县人民法院
长春市宽城区人民法院
黑龙江省
大庆市中级人民法院
东宁县人民法院
鸡西市鸡冠区人民法院

上海市
上海海事法院
上海市闸北区人民法院
江苏省
南京市中级人民法院
东台市人民法院
江阴市人民法院
镇江市经济开发区人民法院
浙江省
温州市中级人民法院
金华市中级人民法院
宁波市鄞州区人民法院
温岭市人民法院
绍兴县人民法院
安徽省
合肥市中级人民法院
池州市中级人民法院
枞阳县人民法院
淮北市杜集区人民法院
福建省
长乐市人民法院
晋江市人民法院
永安市人民法院
龙岩市新罗区人民法院
南平市延平区人民法院
江西省
赣州市中级人民法院
安福县人民法院
九江市庐山区人民法院
南昌市东湖区人民法院
山东省
青岛市中级人民法院
淄博市中级人民法院
青州市人民法院
莱阳市人民法院
河南省
平顶山市中级人民法院
许昌市中级人民法院

巩义市人民法院
郑州市二七区人民法院
洛阳市涧西区人民法院
湖北省
荆门市中级人民法院
襄阳市中级人民法院
兴山县人民法院
湖南省
怀化市中级人民法院
郴州市中级人民法院
邵阳市中级人民法院
长沙市天心区人民法院
益阳市赫山区人民法院
广东省
珠海市中级人民法院
茂名市中级人民法院
佛山市顺德区人民法院
汕头市龙湖区人民法院
广西壮族自治区
柳州市中级人民法院
忻城县人民法院
北海市银海区人民法院
玉林市玉州区人民法院
海南省
三亚市城郊人民法院
陵水黎族自治县人民法院
重庆市
重庆市第一中级人民法院
重庆市南岸区人民法院
重庆市涪陵区人民法院
四川省
眉山市中级人民法院
绵阳市中级人民法院
广元市中级人民法院
阆中市人民法院
贵州省
铜仁市中级人民法院
大方县人民法院

云南省
文山壮族苗族自治州中级人民法院
大理市中级人民法院
个旧市人民法院
西藏自治区
日喀则地区中级人民法院
陕西省
留坝县人民法院
神木县人民法院
渭南市临渭区人民法院
甘肃省
酒泉市中级人民法院
兰州市城关区人民法院
青海省
格尔木市人民法院
互助土族自治县人民法院
宁夏回族自治区
银川市中级人民法院
中宁县人民法院
新疆维吾尔自治区
乌鲁木齐市中级人民法院
哈巴河县人民法院
新疆生产建设兵团
五家渠市（垦区）人民法院

最高人民法院
印发《关于推进司法公开三大平台建设的若干意见》的通知

2013年11月21日　　　　　　　　法发〔2013〕13号

全国地方各级人民法院，各级军事法院，新疆生产建设兵团各级法院：

现将《最高人民法院关于推进司法公开三大平台建设的若干意见》予以印发，请认真贯彻执行。

附：

关于推进司法公开三大平台建设的若干意见

为贯彻党的十八届三中全会精神，进一步深化司法公开，依托现代信息技术，打造阳光司法工程，全面推进审判流程公开、裁判文书公开、执行信息公开三大平台建设，增进公众对司法的了解、信赖和监督，现结合人民法院工作实际，提出如下意见。

一、推进司法公开三大平台建设的意义、目标和要求

1. 充分认识推进司法公开三大平台建设的重大意义。建设司法公开三大平台，是人民法院适应信息化时代新要求，满足人民群众对司法公开新期待的重要战略举措。人民法院应当以促进社会公平正义、增加人民福祉为出发点和落脚点，全面推进司法公开三大平台建设。

2. 努力实现推进司法公开三大平台建设的基本目标。人民法院应当通过建设与公众相互沟通、彼此互动的信息化平台，全面实现审判流程、裁判文书、执行信息的公开透明，使司法公开三大平台成为展示现代法治文明的重要窗口、保障当事人诉讼权利的重要手段、履行人民法院社会责任的重要途径。通过全面推进司法公开三大平台建设，切实让人民群众在每一个司法案件中都感受到公平正义。

3. 准确把握推进司法公开三大平台建设的总体要求。人民法院应当提高认识，转变观念，严格按照以下要求推进司法公开三大平台建设：

（1）统一规划，有序推进。人民法院应当在最高人民法院的统一指导下，在各高级人民法院的统筹规划下，立足实际，循序渐进，有计划、分批次地推进司法公开三大平台建设。司法公开示范法院和信息化建设有一定基础的法院，应当率先完成建设任务。

（2）科技助推，便捷高效。人民法院应当依托现代信息技术，不断创新公开方式，拓宽公开渠道，通过建立网上办案系统与司法公开平台的安全输送、有效对接机制，实现各类信息一次录入、多种用途、资源共享，既方便公众和当事人查询，又避免重复劳动，最大限度地减少审判人员的工作负担。

（3）立足服务，逐步拓展。人民法院应当充分发挥司法公开三大平台在资讯提供、意见搜集和信息反馈方面的作用，逐步开发其在远程预约立案、公告、送达、庭审、听证、查控方面的辅助功能，提升互动服务效能。公众通过平台提出的意见和建议，应当成为人民法院审判管理、审判监督、纪检监察和改进工作的重要依据。

二、推进审判流程公开平台建设

4. 人民法院应当加强诉讼服务中心（立案大厅）的科技化与规范化建设，利用政务网站、12368电话语音系统、手机短信平台、电子公告屏和触摸屏等现代信息技术，为公众提供全方位、多元化、高效率的审判流程公开服务。

5. 人民法院应当通过审判流程公开平台，向公众公开以下信息：（1）法院地址、交通图示、联系方式、管辖范围、下辖法院、内设部门及其职能、投诉渠道等机构信息；（2）审判委员会组成人员、审判人员的姓名、职务、法官等级等人员信息；（3）审判流程、裁判文书和执行信息的公开范围和查询方法等司法公开指南信息；（4）立案条件、申请再审、申诉条件及要求、诉讼流程、诉讼文书样式、诉讼费用标准、缓减免交诉讼费用的程序和条件、诉讼风险提示、可供选择的非诉讼纠纷解决方式等诉讼指南信息；（5）审判业务文件、指导性案例、参考性案例等审判指导文件信息；（6）开庭公告、听证公告等庭审信息；（7）人民陪审员名册、特邀调解组织和特邀调解员名册、评估、拍卖及其他社会中介入选机构名册等名册信息。

6. 人民法院应当整合各类审判流程信息，方便当事人自案件受理之日起，凭密码从审判流程公开平台获取以下信息：（1）案件名称、案号、案由、立案日期等立案信息；（2）合议庭组成人员的姓名、承办法官与书记员的姓名、办公电话；（3）送达、管辖权处理、财产保全和先予执行情况；（4）庭审时间、审理期限、审限变更、诉讼程序变更等审判流程节点信息。

7. 人民法院应当积极推进诉讼档案电子化工程，完善转化流程、传送机制和备份方式，充分发挥电子卷宗在提高效率、节约成本、便民利民方面的功能。

8. 人民法院应当积极创新庭审公开的方式，以视频、音频、图文、微博等方式适时公开庭审过程。人民法院的开庭公告、听证公告，至迟应当于开庭、听证三日前在审判流程公开平台公布。

9. 人民法院应当加强科技法庭建设，对庭审活动全程进行同步录音录像，做到"每庭必录"，并以数据形式集中存储、定期备份、长期保存。当事人申请查阅庭审音像记录的，人民法院可以提供查阅场所。

三、推进裁判文书公开平台建设

10. 最高人民法院建立中国裁判文书网，作为全国法院统一的裁判文书公开平台。地方各级人民法院应当在政务网站的醒目位置设置中国裁判文书网的网址链接，并严格按照《最高人民法院关于人民法院在互联网公布裁判文书的规定》，在裁判文书生效后七日内将其传送至中国裁判文书网公布。人民法院可以通过政务微博，以提供链接或长微博等形式，发布社会关注度高、具有法制教育、示范和指导意义的案件的裁判文书。

11. 在互联网公布裁判文书应当以公开为原则，不公开为例外，不得在法律和司法解释规定之外对这项工作设置任何障碍。各级人民法院对其上传至中国裁判文书网的裁判文书的质量负责。

12. 人民法院应当严格把握保障公众知情权与维护公民隐私权和个人信息安全之间的关系，结合案件类别，对不宜公开的个人信息进行技术处理。对于因网络传输故障或技术处理失误导致当事人信息被不当公开的，人民法院应当依照程序及时修改或者更换。

13. 中国裁判文书网应当提供便捷有效的查询检索系统，方便公众按照关键词对在该网公布的裁判文书进行检索，确保裁判文书的有效获取。

14. 最高人民法院率先推动本院裁判文书在互联网公布，并监督指导地方各级人民法院在互联网公布裁判文书的工作。各高级人民法院监督指导辖区内法院在互联网公布裁判文书的工作。各级人民法院应当指定专门机构，负责在互联网公布裁判文书的组织、管理、指导和监督工作，并完善工作流程，明确工作职责。

四、推进执行信息公开平台建设

15. 人民法院应当规范执行信息的收集、交换和使用行为，在确保信息安全的前提下，实现上下级法院之间、异地法院之间、同一法院的立案、审判与执行部门之间的执行信息共享。

16. 人民法院应当整合各类执行信息，方便当事人凭密码从执行信息公开平台获取以下信息：（1）执行立案信息；（2）执行人员信息；（3）执行程序变更信息；（4）执行措施信息；（5）执行财产处置信息；（6）执行裁决信息；（7）执行结案信息；（8）执行款项分配信息；（9）暂缓执行、中止执行、终结执行信息等。

17. 人民法院应当通过执行信息公开平台，向公众公开以下信息：（1）执行案件的立案标准、启动程序、执行收费标准和根据、执行费缓减免的条件和程序；（2）执行风险提示；（3）悬赏公告、拍卖公告等。

18. 人民法院应当对重大执行案件的听证、实施过程进行同步录音录像，并允许当事人依申请查阅。有条件的人民法院应当为执行工作人员配备与执行指挥中心系统对接的信息系统，将执行现场的视频、音频通过无线网络实时传输回执行指挥中心，并及时存档，实现执行案件的全程公开。

19. 人民法院应当充分发挥执行信息公开平台对失信被执行人的信用惩戒功能，向公众公开以下信息，并方便公众根据被执行人的姓名或名称、身份证号或组织机构代码进行查询：（1）未结执行实施案件的被执行人信息；（2）失信被执行人名单信息；（3）限制出境被执行人名单信息；（4）限制招投标被执行人名单信息；（5）限制高消费被执行人名单信息等。

20. 人民法院应当为各类征信系统提供科学、准确、全面的信息，实现执行信息公开平台与各类征信平台的有效对接。

五、工作机制

21. 加强组织领导，强化工作保障。最高人民法院统一指导全国法院的司法公开三大平台建设工作，制定推进规划，开发配套软件，确定评估标准，定期督促检查。各高级人民法院具体统筹辖区内法院的司法公开三大平台建设工作，完善实施细则，协调解决问题，总结推广经验。各级人民法院主要领导要把司法公开三大平台建设作为"一把手"工程，列入重要议事日程，积极主动争取党委、人大和政府的支持。要切实采取有效措施，不断完善硬件设施和技术条件，为司法公开三大平台建设提供强有力的物质保障。

22. 做好统筹协调，完善配套机制。各级人民法院要明确管理机构，专门负责推进司法公开三大平台建设工作。要建立有效的协调机制，加强司法公开管理部门与业务部门的沟通配合,提升一线人员在司法公开工作上的责任心、积极性。要加强上级法院对下级法院深化司法公开工作的指导责任,及时总结经验、纠正偏差。

23. 加强督促检查,狠抓工作落实。对司法公开三大平台建设工作的检查评估,要采取督查、抽查和自查相结合的方式,注重三大平台运行的系统性、顺畅性和有效性,不能只追求排名和指标,更不能搞形式主义。要扎实做好司法公开三大平台的宣传工作,确保人民法院深化司法公开的举措为公众知悉,受公众检验,被公众认可。

二、司法便民利民

最高人民法院
关于切实践行司法为民大力加强公正司法
不断提高司法公信力的若干意见

2013年9月6日　　　　　　　　　　　　　　　　法发〔2013〕9号

为深入贯彻落实党的十八大关于加快建设社会主义法治国家的重大部署和习近平总书记关于法治建设的重要论述，积极回应人民群众对于新时期人民法院工作的新要求和新期待，切实践行司法为民，大力加强公正司法，不断提高司法公信力，充分发挥人民法院的职能作用，现提出如下意见。

一、提高思想认识，始终把司法为民、公正司法作为人民法院工作的主线

1. 深刻认识司法为民、公正司法的重大现实意义。各级人民法院要认真学习党的十八大报告和习近平总书记关于法治建设的重要论述，充分领会"努力让人民群众在每一个司法案件中都感受到公平正义"的深刻涵义，全面认识践行司法为民，加强公正司法，提高司法公信力对于树立人民法院良好形象，维护司法权威，保障宪法法律有效实施，推进依法治国，建设法治中国的重大现实意义。

2. 牢牢把握人民法院发展的有利条件和历史机遇。党中央高度重视法治建设，十分重视司法工作，支持审判机关依法独立公正行使审判权，为人民法院开展工作提供了强有力的政治保障；人民群众对法治进步和公正司法的热切期盼，为人民法院开展工作提供了不竭的动力；几代法院工作人员在建设中国特色社会主义司法制度的长期过程中积累的丰富经验，为人民法院科学发展打下了坚实的基础。各级法院要倍加珍惜并充分利用这些有利条件，牢牢把握这一历史机遇，以公正、高效、为民、廉洁司法的卓越实践，全面开创人民法院工作的新局面，谱写人民法院发展的新篇章。

3. 切实解决法院工作面临的突出问题。当前，人民法院工作面临的形势十分复杂，任务十分艰巨，人民群众对司法工作的要求越来越高。全体法官和法院其他工作人员都要增强责任意识和忧患意识，正视人民法院工作与党中央要求、人民群众期待之间的差距,认真排查并切实解决人民群众反映强烈的突出问题,立足自身查找原因,总结经验教训,改进工作,努力将司法为民、公正司法和司法公信力提高到新的水平。

二、坚持依法独立审判,忠实履行宪法法律赋予的职责

4. 严格依法办案。全体法官要进一步强化崇尚法治、忠于法律、严格执法的信念,不断提高熟练掌握法律、准确理解法律、正确适用法律的能力,始终坚持"以事实为根据,以法律为准绳"的原则,不得以任何理由突破法律底线,杜绝任何超越法律、歪曲法律以及其他违法枉法裁判现象的发生。审理每一起案件,都要贯彻认定事实清楚、适用法律正确、处理结果公正、审判程序合法、法律文书规范的基本要求,确保裁判经得起法律和历史的检验。

5. 坚持依法独立行使审判权。坚决贯彻人民法院依法独立行使审判权的宪法原则,坚决抵制各种形式的地方和部门保护主义,坚决排除权力、金钱、人情、关系等一切法外因素的干扰,不断健全保障人民法院依法独立公正行使审判权的制度机制,坚决维护宪法法律的尊严和权威。全体法官都要养成敢于坚持原则、敢于坚持真理、敢于依法办案、敢于担当责任的职业品格。各级法院的院长、副院长、审判委员会委员、庭长和副庭长,要坚决支持合议庭和独任庭依法公正审理案件,上级法院要坚决支持下级法院依法独立公正行使审判权。

6. 坚持正确实施法律。进一步加强和完善审判监督指导,努力提高司法政策、司法解释的针对性、科学性、合理性和实效性,充分发挥指导性案例和参考案例的重要作用。建立健全适用法律的规则体系,规范自由裁量权,统一司法尺度,严格裁判标准,继续推进量刑规范化。规范案件改判、发回重审及提起再审的标准。上级法院既要尊重下级法院的自由裁量权,又要依法纠正下级法院的错误裁判。

7. 发挥司法裁判的导向作用。要在准确把握法律精神、全面体察社情民意的基础上,依法公正裁判,充分发挥司法裁判对彰显法治精神、强化规则意识、引领社会风尚、维护公共秩序的重要作用,坚决维护法律的严肃性,体现正确的价值导向。要把涉诉信访纳入法治化的解决轨道,既要畅通依法信访的渠道,又要依法处置无理缠诉闹访行为,坚决维护司法裁判的既判力和权威性。

三、坚持服务大局,努力实现法律效果与社会效果的统一

8. 立足国情正确把握人民法院创新与发展的思路。针对我国经济社会发展不平衡的实际,各级法院既要不断提升正规化、专业化、职业化水平,又要不断创新符合审判规律、简单易行、便民利民的审判方式方法,满足有效化解各类矛盾纠纷的要求。要在维护法制统一的前提下,妥善处理因发展不平衡和利益格局调整而产生的法律适用难题,注重司法政策、司法解释对不同地区不同情况的包容性,注重司法规则对不同阶层社会成员适用的公平性。

9. 围绕司法职能积极服务大局。坚持能动司法,发挥司法职能,恪守司法本职,用好司法手段,努力服务大局。正确处理能动司法、服务大局与依法履行审判职能的关系,不断增强大局意识,自觉把人民法院工作置于党和国家的工作大局之中。通过制定和实施司法政策、司法解释，努力实现审判工作与大局工作的有机结合；通过个案裁判，审慎、妥善处理因经济社会发展失衡、社会建设滞后、社会管理缺失引发的各种纠纷，全面考量案件涉及的各种因素和裁判对各方面的影响，防止因个案处理失当激化社会矛盾，影响社会稳定。严禁法院工作人员参与地方招商、联合执法，严禁提前介入土地征收、房屋拆迁等具体行政管理活动。

10. 注重司法审判工作与社会生活的融合。准确把握人民群众对法院工作的需求与期待，高度重视人民群众对法院工作的关切和评价，切实尊重人民群众对司法公正的普遍认知和共同感受。不断加强对社会生活的调查研究，认真了解各类社会关系和社会交往的主要方式与规则习惯，善于总结和运用人民群众公认的常识与经验，努力使司法过程和处理结果在法律规定的范围内贴近人民群众的公平正义观念。大力推进司法诚信和社会诚信建设，利用诉讼活动和司法裁判，加大对诚信行为的保护力度和对失信行为的惩罚力度，提高诚信效益，增大失信成本，严格防范并依法制裁当事人利用诉讼手段逃避责任或谋取不正当利益。

四、狠抓执法办案，全面提升审判工作的质量与效率

11. 强化审判质量。深刻认识实现审判工作的高质量、高效率、好效果，是践行司法为民、加强公正司法、提高司法公信力的坚实基础。坚持把执法办案作为第一要务，把保证审判质量作为第一责任，把推动当事人息诉止争及自动和解作为重点环节，切实提高庭审质量和裁判文书制作质量。根据提升审判质量的要求，科学设置内设机构，合理配置职权职责，优化配置审判资源，配齐配强审判力量，切实做到将优质审判资源配置到司法办案第一线。建立健全并认真落实保证审判质量的各项制度机制，不断总结并及时推广有利于提升审判质量的各种经验和做法。

12. 建立健全审判质量控制体系。根据审判工作的特殊性，构建"点、线、面"多角度、全方位的案件质量控制体系。"点"上集中把握好重点岗位、重点案件和重点判项；"线"上重点把握好审判活动的重要流程和重要环节；"面"上重点把握好审判工作的基本态势和发展趋势。建立健全审判质效分析制度、二审案件发回重审或改判及再审案件分析研判制度、常规案件类型化处理制度、典型案件通报制度、审判经验交流制度、庭审观摩评议制度以及裁判文书评查和抽查制度等有助于保证和提升审判质量的制度。

13. 提高审判执行效率。加强立案、审判、执行的沟通、协调与配合，形成审判部门与执行部门的工作合力；进一步规范审判流程，合理确定各审判节点的时限，消除审判流程中的瓶颈和阻滞；进一步规范送达方式，尽量缩短有效送达的时间；有效实行案件的繁简分流，依法适用督促程序、简易程序和小额诉讼程序。在保证案件质量的前提下，努力缩短诉讼周期，使当事人的合法权益能够尽快实现。同时，注重均衡结案，不得因提高结案率而不收案或忽视质量而突击结案。

14. 完善审判质量评估体系。进一步完善审判质量评估体系，合理设定各种评估指标及其权重，不断提升审判质量评估体系的科学化水平。坚持正确的司法绩效观，正确认识、综合运用好案件质量评估体系，坚决反对在司法统计和审判质量评估中弄虚作假,避免片面、孤立地追求某些单项评价指标,充分发挥评估体系在反映审判工作的真实水平,引导审判活动公正高效运行,提高法院及法官工作积极性方面的作用。

15. 健全和完善错案评价标准和问责机制。根据审判工作实际,建立科学公正的错案评价体系,明确错案的认定标准;健全错案的分析和问责机制,完善错案分析和问责的相关程序,分清错案的不同情形及不同执法过错的相应责任。通过全面建立健全防范错案的工作机制,最大限度地避免冤假错案,在司法审判环节坚决守住防范冤假错案的底线。

16. 正确运用调解与判决方式。正确处理调解与判决的关系,充分发挥两种方式的作用和优势。积极推进和规范诉前调解。对双方当事人均有调解意愿且有调解可能的纠纷、家庭与邻里纠纷、法律规定不够明确以及简单按照法律处理可能失之公平的纠纷,应当在充分尊重双方当事人意愿的情况下,优先用调解方式处理。在调解中,坚持贯彻合法自愿原则。对当事人不愿调解或者有必要为社会提供规则指引的案件纠纷,应当在尊重当事人处分权的前提下,注重采用判决的方式。

五、完善制度机制,深化司法公开与司法民主

17. 深入推进审判公开的制度化建设。坚持以公开促公正,认真总结审判公开的成功经验,进一步深化司法公开的各项举措。从有利于强化社会对审判工作的监督,有利于提高审判工作的社会公信力出发,对审判公开的范围、内容、对象、时间、程序、方式等作出明确规定,稳妥有序地推进司法公开,坚持不懈地提高司法透明度,逐步完善司法公开的制度机制。

18. 建立健全司法与社会沟通的平台。各级法院都要开通12368电话热线,及时接受和处理群众咨询、投诉、举报,听取意见和建议。加快建设审判流程公开、裁判文书公开、执行信息公开三大平台,适时公布审判活动信息。完善法院领导干部接待日制度和新闻发言人制度,增进社会与法院之间的相互了解、理解与信任。积极开展法院主题开放日活动,主动邀请和组织社会各界代表到法院旁听审判或参观考察,了解法院的审判流程,了解审判工作的特点,了解审判人员的工作状况。

19. 充分发挥现代信息技术的作用。重视运用网络、微博、微信等现代信息技术和方式,扩大司法公开的影响力,丰富司法民主的形式和内容。对社会广泛关注的案件和普遍关心的纠纷,要主动、及时、全面、客观地公开相关情况,有针对性地回应社会公众的关切和疑惑。要研究和把握自媒体时代舆情与司法审判相互影响的规律与特征,加强对网络舆情的分析研判,正确对待来自社会各方面的意见与建议,勇于纠正工作中的缺点,及时弥补工作中的不足,敢于抵制非理性、非法的诉求以及恶意的舆论炒作,善于正面引导社会舆论,逐步形成司法审判与社会舆论常态化的良性互动。

20. 自觉接受各方面监督。自觉主动接受人大监督、政协民主监督和检察机关的诉讼监督。依法主动向人大报告工作,积极配合人大开展执法检查。做好人大代表议案建议、政协委员提案的办理工作。落实人大代表、政协委员视察、巡视及旁听庭审等工作。认真对待检察建议,依法审理抗诉案件。广泛听取社会各界对法院工作的意见和建议,自觉接受人民群众、新闻媒体对法院工作的监督。

21. 充分发挥人民陪审员作用。优化人民陪审员的选任、退出机制，完善人民陪审员的选任条件，扩大人民陪审员的选任范围，提高基层群众比例，增选适应审判工作需要的专家型陪审员。根据审判工作的要求逐步扩大人民陪审员规模，实施两年内实现人民陪审员数量翻一番的"倍增计划"。依法拓展人民陪审员陪审案件的范围，明确人民陪审员的权利和义务，加强人民陪审员的培训工作，提高人民陪审员的能力水平，强化人民陪审员的责任意识，保障人民陪审员充分行使陪审权利。

22. 切实保障当事人行使诉讼权利。贯彻尊重和保障人权原则要求，切实保证当事人依法自由表达诉求，充分陈述理由，适时了解审判进程，批评、控告侵犯诉权行为等权利。尊重当事人的程序选择权，对依法可以由当事人自主或协商决定的程序事项，应当尽量让当事人自主或协商决定。加强对法律适用的解释、程序问题的释明和裁判活动的说理，裁判文书要认真对待、全面回应当事人提出的主张和意见，具体说明法院采纳或不采纳的理由及依据。在诉讼过程中，对当事人提出的申请或质疑，应及时给予回应并说明理由。

23. 高度重视律师作用的发挥。理解并尊重律师的职业立场和关切重点，切实保障律师在审判过程中依法履行职责，保障律师依法行使阅卷、举证、质证、辩护等诉讼权利，认真对待并全面回应律师对案件处理的主张和意见。进一步规范法官与律师的关系，在诉讼活动中各司其职、彼此尊重、互相监督。完善律师对法官违法行为的投诉及反馈机制。依法处理律师违反法庭纪律，恶意投诉，诋毁法官、法院声誉等不当行为。

24. 深入开展与法学理论界的交流互动。建立人民法院与教学科研单位之间的信息、业务及人员的经常性交流互动机制。鼓励法官与专家学者共同承担法学理论或司法调研课题，共同研究司法理论与实践问题。在总结审判经验、制定司法解释和司法政策过程中，要注意听取并认真对待专家学者提出的意见和建议，及时吸纳法学理论研究成果，推动法学理论研究与人民法院司法审判工作的相互促进和共同提高。

六、创新和落实便民利民措施，增强司法为民的实际效果

25. 加强诉讼服务窗口建设。建设好、管理好、运用好诉讼服务中心、立案大厅以及涉诉信访接待窗口，完善各类窗口的实际功能，严格执行统一的工作流程、司法礼仪和服务规范。切实改进工作作风，善于用人民群众听得懂、易接受的语言和方式进行沟通交流，坚决克服对诉讼参与人冷硬横推的现象，坚决消除门难进、脸难看、话难听、事难办等不良作风，坚决杜绝任何刁难诉讼参与人或应当作为而不作为的现象，努力为人民群众参与各项诉讼活动提供热情、合法、高效的服务。

26. 提高便民利民措施实效。根据人民群众的需求和审判工作的实际需要，因地制宜地开展好节假日预约办案、巡回办案、网上立案、网上办案等便民利民举措。进一步细化和完善立案、审判、执行和信访等环节的便民利民措施，提高便民利民实效。注重发挥人民法庭接近基层、了解民情的特殊优势，强化人民法庭在解决基层民间纠纷中的作用，赋予人民法庭作为法院诉讼服务点的职能，方便基层群众起诉、应诉及参与其他诉讼活动。

27. 加强对当事人的诉讼指导与帮助。从现阶段当事人参与诉讼的能力和条件差异较大的实际出发，在保证程序公正和平等对待的前提下，注意为当事人特别是没有委托律师辩护、代理的当事人参与诉讼提供必要的程序性指导与帮助。强化诉讼权利义务、举证责任、诉讼风险等事项告知工作。当事人提出调取证据申请，符合法律规定的，或者法庭认为有必要调查、核实的证据，应当依职权调取、核实。要确保诉讼程序及诉讼活动专业化、规范化的不断提升，始终与人民群众诉讼能力的不断提高相适应。要让有理无钱的当事人打得起官司，让有理有据的当事人打得赢官司，让打赢官司的当事人及时实现权益。

28．降低当事人的诉讼成本。在保证审判质量的前提下，依法选择并适用更为经济的诉讼程序和程序性措施，积极引导当事人理性选择诉讼成本低、负面作用小的诉讼程序，尽可能避免诉讼过程对当事人正常生产生活造成不应有的消极影响，杜绝滥用强制措施损害当事人合法权益的现象。推动司法救助纳入社会救助制度体系，拓宽司法救助资金筹集渠道，完善诉讼费缓减免制度，不断扩大司法救助的受惠范围。

七、深化司法工作机制改革，构建科学合理的审判运行机制

29．正确把握司法改革的总体要求。紧紧抓住中央推进新一轮司法改革的有利时机，努力通过深化司法体制与机制改革，切实解决影响司法公正和制约司法能力的深层次问题。注重改革的整体设计和通盘考虑，兼顾近期目标与长远目标，统筹内部改革与外部改革，加强改革措施之间的协调配合。改革方案的设计与实施，应尊重司法规律，因地制宜，循序渐进。对事关重大的改革举措，必须充分论证，先行试点，总结经验后再全面推广。坚持自上而下有序推进改革，在不违反法律和司法改革总体要求的前提下，鼓励地方法院就具体改革举措先行探索，积累改革经验，但对事关全局的重大改革，必须在中央统一部署下稳步推进。

30．逐步完善四级法院职能定位。根据宪法和人民法院组织法等法律的规定，按照解决案件纠纷的实际需要，遵循司法规律，进一步明确各级人民法院的职能分工和工作重点。在注重案件审判的专门化、类型化分工的同时，逐步完善各级人民法院的司法职能定位。

31．深化案件管辖制度改革。在依法保障当事人诉讼权利、方便人民群众诉讼的基础上，逐步改变主要以诉讼标的额确定案件级别管辖以及主要以行政区划确定案件地域管辖的做法。进一步完善指定管辖、提级管辖和集中管辖制度，使依法独立审判可能受到非法干扰的案件、法律适用有疑难的案件和新类型案件，能够由其他法院或上级法院审理，消除当事人对案件管辖可能导致审判不公的质疑，并为下级法院裁判类似案件提供示范，统一裁判尺度。

32．深化审判权内部运行机制改革。进一步落实合议制，深化合议庭改革，完善合议庭的议事方式及合议庭成员的职权与责任，切实解决合而不议、简单附议等问题。建立健全合议庭绩效考评制度，在充分发挥合议庭整体职能的同时，探索推进主审法官负责制，提高合议庭审判绩效。深化审判委员会制度改革，充分发挥审判委员会对于统一法律适用和监督、指导审判工作的独特作用。完善审判委员会的构成，明确审判委员会专职委员的职责，改进和完善审判委员会工作规则和议事规程，落实民主集中制审议原则，建立审判委员会决议督办机制。深化院长、庭长审判管理职责改革，院长、庭长的审判管理职责，应集中在对相关程序事项的审核批准、对综合性审判工作的宏观指导、对审判质效进行全面监督管理以及排除不良因素对审判活动的干扰等方面。建立院长、庭长行使审判管理权全程留痕的制度，加强对院长、庭长行使审判管理权的约束和监督，防止审判管理权的滥用。

33. 深化执行制度机制改革。建立统一管理、统一协调、分权制约的执行模式，完善执行联动机制。创新执行工作方式，完善被执行人财产调查制度，强化落实被执行人财产申报制度，用足用好强制执行措施，有效运用各种手段制裁抗拒执行或规避执行的行为。加快执行信息化建设，推动执行案件信息共享，实施失信被执行人名单公开制度，并将该名单与社会征信体系对接。加强执行规范化建设，进一步规范执行程序和执行行为，促进处理执行异议、复议和涉执行审判工作的专业化。进一步完善执行考评机制，加大对消极执行、违法执行行为的责任追究力度。

34. 深化人民法庭改革。合理调整人民法庭的区域布局，强化人民法庭基本职能，加强人民法庭人员配置，适度扩大人民法庭案件管辖范围。在综合考虑案件情况、人口数量、区域特点和其他相关因素的基础上，按照就地解决纠纷和工作重心下移的思路，统筹考虑、合理布设人民法庭。

八、坚持从严治院方针，努力建设一支过硬法院队伍

35. 切实加强思想政治建设。继续深化对法官和法院其他工作人员的社会主义法治理念与司法核心价值观教育，不断加强司法良知和司法职业伦理操守教育，努力塑造刚正不阿、执法如山的司法品质。大力弘扬法治精神和中国特色社会主义法治文化与法院文化，进一步坚定法官及法院其他工作人员的理想信念，不断增强法官及法院其他工作人员对中国特色社会主义的道路自信、理论自信和制度自信。

36. 扎实推进公正司法能力建设。高度重视对法官及法院其他工作人员的司法综合能力培养，不断强化法学理论与法律知识的教育与培训，拓展其他相关领域的知识教育。各级法院要全面提升做好新形势下群众工作能力、维护社会公平正义能力、新媒体时代社会沟通能力、信息化技术应用能力。全体法官要着力提高驾驭庭审、认定事实、适用法律、化解矛盾的能力。完善法官培训制度，健全法官培训机构，保障法官培训经费。严格保证预备法官的培训时间，建立健全专业审判岗位任职资格和岗前培训制度，适度延长法官任职及晋级的脱产培训时间。改进培训方式，丰富培训内容，充分运用网络培训、在职培养、续职培养、联合培养、交流挂职和定期轮训、专题培训等形式，积极拓宽法官成才平台。加强对青年法官的培养，不断壮大专家型法官队伍。

37. 全面加强司法廉洁建设。认真落实党风廉政建设责任制，深入推进人民法院惩治和预防腐败体系建设。加强司法廉洁教育和廉政文化建设，教育全体法官和法院其他工作人员保持高尚品格和廉洁操守，守住公正司法的职业道德底线。针对容易滋生腐败的体制弊端和管理漏洞，改革创新体制机制，进一步完善抵御金钱诱惑、人情关系干扰以及避免利益冲突的廉政制度，并以更加有力的措施确保廉政制度的刚性运行。以审判权运行行为核心，继续构建符合审判规律的廉政风险防控机制，强化司法巡查、审务督察以及在审判执行部门设立廉政监察员等内部监督措施,切实加强审判权运行的制约和监督,确保公正司法、廉洁司法。继续狠抓"五个严禁"等纪律规定的贯彻执行,坚决查处贪赃枉法、腐化堕落、滥用职权等腐败、违法行为。

38. 进一步加强司法作风建设。始终把一切为了群众,一切依靠群众,从群众中来、到群众中去作为人民法院工作的出发点和落脚点,找准人民法院工作与坚持群众路线的结合点。始终站稳群众立场,坚持群众观点,增强群众感情,维护同人民群众的血肉联系,努力赢得群众信赖,把司法为民的理念内化于心,外化于行。发扬理论联系实际,一切从实际出发,坚持求真务实的工作作风,鼓励和培养广大法官及法院其他工作人员树立吃苦耐劳、不畏艰辛、淡泊名利、敢于担当、勇于奉献的职业精神,用优良操守和人格魅力赢得社会尊重。

39. 稳步推进人民法院队伍分类管理的制度建设。切实遵循审判工作规律和干部管理规律,按照"正规化、职业化、专业化"的标准,逐步建立起分类科学、结构合理、职责明晰、管理规范的制度体系。按照中央司法改革的总体要求,坚持从我国国情和审判工作实际出发,进一步明确法官、审判辅助人员和司法行政人员责权关系,结合工作要求和岗位职责等因素,科学设置各类人员职级比例和职数编制。进一步完善法官单独职务序列制度及配套措施,推进书记员、司法警察的职务序列管理,健全审判辅助人员、司法行政人员管理措施。

40. 逐步推进法官选任制度改革。通过推动相关立法的完善,进一步严格法官任职条件。完善并落实法官逐级遴选机制,逐步实行上级法院法官从下级法院法官中选拔。进一步扩大法官遴选范围,注重从律师群体及其他法律实务部门且具有基层工作经历的人员中选拔法官,吸引社会上的优秀法律人才加入法官队伍。优化法官选任程序和方式,切实保证选准选好法官人才。

41. 完善法官业绩考评机制。建立以信息技术为支撑、符合审判工作规律、科学合理的审判业绩考评机制,在晋职晋级、评先评优等方面充分体现考评结果的作用。建立完善常态化表彰奖励机制,有效激发法官立足岗位建功立业的荣誉感和责任心。通过开展创先争优、评选业务标兵等活动,培养和推出精通业务的专家型法官,充分发挥专家型法官的示范引领作用。推动建立法官任职退出机制,对不适合从事审判工作的法官,适时调离审判岗位并免去法官职务。

九、进一步加强司法保障,为司法为民、公正司法提供有力支持

42. 建立健全法官职业保障机制。贯彻落实法官法,加强法官职业保障,建立健全法官职务身份保障机制、依法履职履责保障机制、人身安全保护机制等,切实保障法官依法履行司法职责。逐步改善法官的工作生活条件,不断增强法官职业的责任感和尊荣感。

43. 继续加强司法经费保障。巩固和深化法院经费保障体制改革成果,建立健全法院办案办公经费有序增长机制,推动中央财政加大向中西部地区中级、基层法院办案经费的转移支付力度。

44. 加快推进法院信息化建设。按照科技强院的要求,以"天平工程"建设为载体,推动全国四级法院信息化基础设施一体建设、全面覆盖和协调应用。建设全国法院有效衔接、统一管理的案件信息管理系统、案件信息查询系统、裁判文书网络发布系统和人民法院官方网站等信息载体或平台。坚持基础建设、升级提高与深度应用紧密结合,发挥信息网络在司法统计、网上办案、网上办公、司法公开、审判监督、审判管理、法官培训、法院宣传、司法调研和理论研究等方面的作用。

45. 进一步夯实基层基础。始终坚持面向基层、服务基层、建设基层的方针,继续加强基层法院和人民法庭的规范化、信息化和基础设施建设,着力改善基层法院和人民法庭办案条件。坚持把对基层法院和人民法庭的专项补贴落实到位,积极协调解决基层基础建设欠债等问题。加大对基层法院法官的遴选、补充和培训力度。积极改善基层法官的工作和生活环境,推动相关部门提高基层法官职级比例和生活待遇,切实解决基层人才流失、法官断层等现实问题,努力营造优秀人才乐于留在基层、安心干在基层的制度机制。加大对基层法院工作的指导力度,建立健全上级法院法官到基层交流任职制度,帮助基层法院和人民法庭不断提高司法能力和水平,推动全国法院基层工作协调平衡发展。

切实践行司法为民,大力加强公正司法,不断提高司法公信力,既是人民法院肩负的光荣历史责任,也是十分复杂的系统工程。各级人民法院必须始终坚持党的领导,自觉接受各级人民代表大会及其常委会的监督、政协民主监督,依靠政府支持和其他执法机关的配合,不断取得人民群众的信任、理解与支持。要充分调动和发挥全体法官及法院其他工作人员的积极性和创造性,把工作重心和注意力集中到司法办案的各项工作之中,精心审理每一起案件,扎实做好每一项工作,既要有效解决当前存在的突出问题,让社会各界感受到人民法院工作的新风貌、新成效,更要着眼于制度和机制建设,从根本上保证司法为民、公正司法的长期效果,保证司法公信力持续稳定提高。

最高人民法院
关于印发《关于落实23项司法为民具体措施的指导意见》的通知

2003年12月2日　　　　　　　　　　　　法发〔2003〕20号

各省、自治区、直辖市高级人民法院,解放军军事法院,新疆维吾尔自治区高级人民法院生产建设兵团分院:

今年8月,最高人民法院在全国高级法院院长座谈会上提出了23项司法为民具体措施后,全国各级人民法院紧密结合实际,针对人民群众反映强烈的焦点、热点问题,针对司法大检查中查摆出来的问题,制定本院落实司法为民,扎扎实实为人民群众办实事的具体措施。司法为民重点在"司法",本质在"为民",为了在司法实践中进一步丰富和发展司法为民的思想,正确把握司法与为民的内在联系,处理好严格司法与文明司法的关系,处理好认真贯彻执行体现最广大人民根本利益的法律与依法满足诉讼当事人的合法要求的关系,确保23项司法为民具体措施施行的整体效果,最高人民法院制订了《关于落实23项司法为民具体措施的指导意见》,请结合本地实际情况贯彻执行。在实施过程中有什么经验和问题,请及时报告最高人民法院办公厅。

附:

关于落实23项司法为民具体措施的指导意见

一、认真做好群众来信来访和申诉接访工作,限时回复人民群众申诉来信来访

各级人民法院要不断提高办信接访人员对信访工作重要性的认识,做好群众申诉来信来访工作。做到来访有人接谈、来信有回音、申诉有结果,确保人民群众依法行使诉讼权利。

来信、来访全部登记、建档,有条件的法院应将来信及来访纳入计算机管理,以便于登记、分类和查询。对于非诉讼信件及来访,根据所反映问题的类别及其主管机关,按照归口管理的原则,告知当事人向有关部门反映。对于诉讼来信、来访,根据最高人民法院《关于规范人民法院再审立案的若干意见(试行)》的规定,按照分级负责管理的原则办理。符合立案条件的,予以立案审查,并告知来信、来访人等待处理结果;虽然符合立案条件,但缺少申诉材料或法律文书的,应告知来信、来访人需补齐的材料;不符合立案条件的,告知当事人不予立案。

对于来信、来访所反映的问题需要及时解决的,应在转处信件或接访的三日内,回复或告知当事人。对于一般来信、来访,应在转处信件或接访的十日内,回复或告知当事人。下级人民法院应当认真处理上级人民法院关于当事人来信来访的答复,不得推诿或敷衍了事。

二、对来信来访和申诉进行摘报,及时反映和解决群众关注的焦点热点问题

摘报工作是申诉信访工作的重要环节。各级人民法院信访工作人员要及时反映重大、紧急来信来访,防止矛盾激化,切实维护群众合法权益。

摘报的内容包括:非诉讼来信、来访涉及有关组织、部门违反法律或者有关规定,问题较严重或者反映较强烈的;诉讼来信、来访涉及法院领导、法官徇私舞弊、枉法裁判的;其他有代表性的焦点和热点问题。摘报应当有真实的来信人姓名、有具体的来信内容、有准确的来信地址。

摘报件要及时报送本院领导,根据情况,可批转有关组织、部门或者层报上级法院并通报有关法院。要及时查处和解决摘报反映的问题。及时了解问题或案件处理的进展情况。对领导批示查报结果的问题或案件,要及时向领导汇报,必要时,可将结果回复

当事人。

三、加强接访场所的硬件建设，改善接访条件

加强接访场所的硬件建设，是人民法院整体建设的组成部分，直接服务于人民群众，便民、利民，体现司法文明。各级人民法院接待申诉来访应当在专门的场所进行，有条件的法院可以建造信访接待室。接待场所内应备有相应文具、桌椅供申诉来访群众使用，并应具备其他必须具备的附属设施，如洗手间、饮水设备等，体现司法活动的人文关怀。接访场所要经常加强安全检查，有条件的法院可以使用安检、防爆、监控等设备，保障接访场所及人员安全，保证接访工作顺利进行。

四、依法及时审查申诉和再审请求，符合立案条件的及时立案

各级人民法院要依法及时审查申诉和再审请求，符合立案条件的及时立案，以保障当事人的诉讼权利，进一步规范办理申诉案件的工作程序。

当事人申诉和申请再审案件的范围：本院作出的终审裁判，符合再审立案条件的；下一级法院复查驳回或者再审改判，符合再审立案条件的；本院认为应由本院再审的。依法不予再审立案的，应充分说明理由，妥善做好当事人息诉工作。

办理当事人申诉和申请再审的机构及程序：立案庭信访部门为受理当事人申诉和申请再审的机构。当事人直接递交申诉和申请再审材料，接谈人员经审查符合前述规定，应在收取材料后及时转立案登记部门予以立案。当事人邮寄申诉和申请再审材料，办信人员经审查符合前述规定，应在留取材料后及时转立案登记部门予以立案；经审查不符合前述规定的，应区分不同情况及时函复告知当事人。立案登记部门收到信访部门转来的申诉和申请再审材料，应当按照规定时间登记立案，及时转交相关审判庭或立案庭依法审查，决定案件是否进入再审程序，并告知申诉人。

五、各级人民法院要及时清理未审结的案件

各级人民法院应当查明积案原因，对严重超审限的案件予以高度重视。要组织办案人员，明确结案时间，采取各种有效措施清理积案。在清理积案的过程中，要经常检查、督促案件承办法官在规定的期限内结案，按时完成积案清理任务，杜绝边清边超等现象。进一步健全和完善审限管理制度，不能违法办案，不能违反法定程序办案。

六、建立和完善民事案件繁简分流机制，减轻涉诉群众讼累

各级人民法院要严格执行最高人民法院《关于适用简易程序审理民事案件的若干规定》，依法高效、快捷地审理民事案件，提高诉讼效率。对简单的民事案件适用简易程序速裁，减轻涉诉群众的讼累。要规范简易程序的操作规程，方便当事人诉讼，充分保护当事人的诉讼权利。要尊重当事人的程序选择权，充分体现诉讼民主和当事人意思自治的原则，合理配置司法资源，全面提高司法效率，建立和完善公正高效的审判运行机制。

七、规范法院诉讼调解工作，提高诉讼效率与质量

各级人民法院要进一步健全和规范诉讼调解程序，充分发挥调解解决纠纷的优势，切实保障当事人的诉讼权利。法院应当提供适当的场所为当事人调解创造良好环境。诉讼调解以当事人自愿为原则，不得强制调解，不得以判压调，也不得以调解拖延办案。诉讼调解应当严格按照法律规定的程序进行，调解协议内容应当合法，不得违反法律、行政法规的禁止性规定，不得侵害国家、社会公共利益或者他人的合法权益。民事诉讼过程中，调解可以在任何一个阶段进行，法院不得以调审分离拒绝当事人进行调解的正当请求。人民法院可以邀请人民陪审员以及其他具有专门知识或者特定社会经验，有利于调解的组织或者人员协助调解工作。当事人达成的调解协议，超出当事人诉讼请求范围的，只要不违反法律、行政法规的禁止性规定，不侵害国家、社会公共利益或者他人合法权益，人民法院审查后可以依据调解协议内容制作调解书。

八、推进人民法庭便民建设，通过巡回流动办案等方式审理涉及消费者、旅游者权益等案件

基层人民法庭可以根据本地实际情况，在旅游风景区、集贸市场等涉及旅游者、消费者合法权益及其他事关人民群众切身利益的纠纷易发地点，定期或不定期的巡回流动办案，就地立案、就地审理，当即调解、当庭结案。要努力提高当庭结案率，及时化解社会矛盾纠纷，依法保护当事人合法权益，提高法制宣传教育的实效，维护正常的市场秩序。

九、对涉诉群众在民事、行政诉讼中的诉讼权利和义务以及申请执行等行为进行指导，使群众正确适用法律保护自身权益

加强对当事人的诉讼指导，是方便群众诉讼，充分保障当事人正确行使诉讼权利的重要措施。各级人民法院要印制诉讼费收费标准、案件审理期限、举证规则、诉讼风险等诉讼指导宣传材料，依法告知当事人的诉讼权利和义务，以及诉讼中所必须的文书格式、要求等。要告知法院内部审判机构设置、职责分工等情况，方便当事人参与诉讼活动。要严格依照程序法的有关规定，杜绝借指导、提供咨询等名义，不当干涉当事人行使诉讼权利。

十、向涉诉群众提示诉讼请求不当、丧失诉讼时效、举证超过时限、拒不执行等方面的法律风险，减少涉诉群众不必要的损失

各级人民法院要通过法律风险提示，指导涉诉群众避免因不清楚涉诉的法律风险而产生的损失，保护涉诉群众的利益。法律风险提示适用于刑事、民事、行政等各类案件。适用于诉讼的立案、审判、审判监督、执行等各个阶段。适用于各级人民法院，包括普通法院和各类专门法院。法律风险提示应当向涉诉群众明确提示有关诉讼的主要法律法规、司法解释的规定；提示可能存在的诉讼请求不当、丧失诉讼时效、举证超过时限、拒不执行等方面的法律风险以及可能的法律后果。

各级人民法院应当在立案大厅等便于群众查阅的场所公示、配置法律风险提示书，必要时，相关诉讼阶段的承办人员应当对案件当事人提示相关诉讼阶段可能存在的法律风险。法律风险提示必须严格以法律、司法解释、有关文件规定为依据。

十一、严格执行刑事诉讼法，切实纠防超期羁押，保障被告人合法权益

各级人民法院要按照最高人民法院、最高人民检察院、公安部《关于严格执行刑事诉讼法，切实纠防超期羁押的通知》的要求，严格依照刑事诉讼法的规定审判案件，有罪依法判刑，无罪依法放人，杜绝对被告人超期羁押现象。对于确实因客观原因无法结案的，要依法及时变更强制措施，并将变更强制措施的情况及时通报公安机关、检察机关。对于事实不清、证据不足，不能认定被告人有罪的，要坚决依法宣告无罪，避免出现反复发回重审，导致被告人超期羁押的情况。

各级人民法院要坚持清理超审限案件周报制度，最高人民法院要定期将各地超审限案件清理情况予以通报。对于故意违反审限制度规定，造成案件超审限，导致被告人超期羁押的，要按照有关规定，追究有关人员的责任；构成犯罪的，依法追究刑事责任。

十二、加强对进城务工人员维护自身合法权益案件的审判，制裁职业中介机构欺诈行为和用工单位拖欠工资行为

保障进城务工人员的合法权益，促进劳动用工制度的完善，维护劳动市场的正常秩序，事关增加农民收入和维护城市稳定。各级人民法院对于属于劳动法调整范围的劳动争议纠纷案件，要依法快立案、快审判、快执行，及时保护当事人的合法权益。对于不属于劳动法调整范围的务工人员与用工单位之间依法应当由人民法院管辖的民事纠纷，要及时受理，并在准确界定民事法律关系的基础上作出公正裁判。人民法院在审判过程中，发现职业中介机构存在欺诈或者用人单位拖欠工资的违法行为，要积极向有关部门提出司法建议，予以制裁。

十三、依法审理行政案件，为行政机关整治地区封锁和部门行业垄断行为提供司法保障

各级人民法院要依法保护公民、法人和其他组织的诉权，促进行政机关依法行政，克服地方保护主义。对涉及行政机关整治地区封锁和部门行业垄断的案件加快审理，及时结案，防止违法行为者利用诉讼程序阻挠行政机关依法行政。

各级人民法院受理涉及地区封锁和行业垄断的重大案件，应当及时向当地党委和人大报告，与当地政府沟通，争取支持。对于被诉具体行政行为依据的规范性文件，只要违反国家法律法规的有关规定，人民法院在审理行政案件时不予适用。在审理案件过程中，发现行政机关在整治地区封锁和部门行业垄断中有违法行为或者不规范的行为，在依法裁判的同时要及时向有关部门提出司法建议。

十四、切实执行诉讼费减、免、缓制度，确保经济确有困难的当事人打得起官司

人民法院对经济确有困难的当事人予以司法救助，可以确保当事人依法平等行使诉讼权利，平等享有国家司法资源，体现社会主义司法制度优越性，维护当事人的合法权益。

各级人民法院要按照《关于对确有困难的当事人予以司法救助的规定》，对于符合救助条件的当事人切实给予救助。凡是由司法行政部门已给予法律援助的，人民法院也应给予司法救助。要严格掌握救助标准，严格审批程序，既要保证经济确有困难的当事人得到救助，又要防止随意降低标准，杜绝不属救助对象的当事人得到救助，严禁借司法救助搞不正之风，确保司法救助真正发挥作用。

十五、依法提供法律援助，保障当事人诉讼权利，维护司法公正

在诉讼过程中保障经济困难的公民获得必要的法律援助，能够充分行使诉讼权利，是人民法院必须履行的职责。对于被告人是盲、聋、哑人或者限制行为能力的人，开庭审理时不满18周岁的未成年人，可能被判处死刑的人，没有委托辩护人的，人民法院应当为其指定辩护人。对于被告人符合当地政府规定的经济困难标准或者本人确无经济来源的，被告人家庭经济状况无法查明，且其家属经多次劝说仍不愿为其承担辩护律师费用或者共同犯罪案件中其他被告人已委托辩护人的，被告人具有外国国籍的，案件有重大社会影响的，在没有委托辩护人的情形下，人民法院认为起诉意见和移送的案件证据材料可能影响正确定罪量刑的，可以为其指定辩护人。

人民法院对于法律援助机构决定提供法律援助的民事案件，经审查认为符合司法救助条件的，可以先行对受援人作出缓收案件受理费及其他诉讼费的司法救助决定，待案件审结后再根据案件的具体情况决定对受法律援助当事人一方诉讼费的减免。

十六、建立保护债权人利益的执行收费制度

各级人民法院要规范执行收费，严禁各地自行提高收费标准，坚决杜绝执行乱收费，减轻当事人的负担。申请执行时不预交执行费，待执行款项到位后扣除。执行中的实际支出费由申请执行人预交，但应在每次需要实际支出费用时预交，而不是执行立案时预交。实际支出费应当按照《人民法院诉讼收费办法补充规定》第二条第二款的规定收取，不得变相增加收费项目或者改变收费标准。要规范执行费用的支出手续，支出项目必须有相关的票据存档备查。结案时，执行人员应当出具费用结算书和有关凭证，由申请执行人和被执行人确认。当事人对执行费用的数额和计算方法有异议的，可以向执行法院申请复议。申请执行人民法院发放债权凭证的，不再收取申请执行费。

十七、加强对人民调解组织的指导，提高人民调解工作质量

加强对人民调解组织的指导，提高人民调解工作的质量，是多渠道解决矛盾纠纷的一个重要环节。人民法院要按照最高人民法院、司法部《关于进一步加强新时期人民调解工作的意见》和最高人民法院《关于审理涉及人民调解协议的若干规定》的精神，加强对新情况、新问题的调查研究，进一步研究完善衔接诉讼调解和人民调解的工作方式，注意引导群众重视人民调解的作用，积极以简捷经济的方式化解矛盾纠纷。要积极配合当地司法行政部门，采取多种方式、多种途径，对人民调解员进行业务培训，提高人民调解员的法律知识水平和调解纠纷的技巧。

基层人民法院及其人民法庭可以配合司法行政部门，以举办培训班、座谈会等方式对人民调解员进行培训，或者组织旁听案件审判，把指导人民调解的工作具体化，不断提高人民调解工作的水平。

十八、进一步加强少年法庭建设，保护未成年人的合法权益

各级人民法院要进一步加强未成年人案件审判工作，保护涉案未成年人的合法权益，确保未成年人刑事案件的审判取得良好法律效果和社会效果。要按照最高人民法院《关于审理未成年人刑事案件的若干规定》第六条规定的要求，结合本地具体情况，尽快建立少年法庭或者确定专人办理未成年人刑事案件。要将少年法庭工作列为人民法院重要日常工作之一。对少年法庭工作遇到的困难和问题应及时加以研究解决，确保少年法庭工作正常开展。

开庭审理未成年人刑事案件，应当通知其法定代理人出庭，并保障法定代理人充分行使诉讼权利。开庭审理前，必须就开庭程序等事项向未成年被告人做详细介绍。开庭审理时应当充分听取未成年被告人对被指控事实、证据及对自己行为性质的意见，保障未成年被告人行使各项诉讼权利。对不构成犯罪的未成年人应当宣告无罪并当庭释放。对构成犯罪的未成年人应当依法从轻、减轻处罚。审判未成年人案件，不得对外公开未成年被告人的姓名、住址、肖像及其他可能推断出该未成年人情况的各种资料。未成年证人一般可不出庭作证。少年法庭开展工作必须立足审判，以审判为中心适度延伸，要遵循法制原则开展各项探索和制度创新。

十九、加强对妇女、儿童人身权益的保护，依法审判家庭暴力引起的刑事和民事案件

各级人民法院要充分发挥审判职能作用，加大对家庭暴力引起的侵犯妇女儿童合法权益犯罪的打击惩处力度。要及时受理因家庭暴力引起的婚姻家庭民事案件，防止矛盾纠纷激化。在审理涉及婚姻家庭、赡养、继承、抚养、扶养、收养等民事案件时，对家庭暴力的受侵害方的合法权益，要依法充分予以保护和照顾。

二十、加强对涉农案件的审理，打击和制裁坑农、害农行为，保护农民权益

各级人民法院要通过加强对涉农案件的审理，打击和制裁坑农、害农行为，坚持保护农村集体经济组织利益和保护农民利益的完整统一，保障和稳定党的农村政策，依法促进农业和农村经济的发展。要依法及时审理涉及"乱收费、乱罚款、乱摊派"的行政案件，减轻农民负担。依法审理农村山林、土地承包合同纠纷案件。依法保护土地承包关系，鼓励延长土地承包，制止随意提高土地承包费和收回土地高价发包等行为，保障国家土地政策的连续性。要审理好农副产品买卖合同纠纷案件，从维护合同的法律效力出发，依法制裁随意侵犯农民合法权益的行为。及时审理生产销售假冒伪劣种子、化肥、农药等坑农害农案件，充分保护农民的合法权益。

二十一、规范司法解释制定程序，确保法律正确实施

各级人民法院要及时总结审判经验，提出司法解释立项建议。对于关系人民群众切身利益的司法解释在发布前，应当采取座谈会、听证会等多种形式，听取方方面面的意见。也可以将司法解释草案在人民法院报、中国法院网等全国性新闻媒体、网络上登载，广泛征求各有关单位和人员的意见。在起草司法解释过程中，应当进行深入的调查研究工作，广泛听取各级人民法院及审判人员的意见，特别是中级人民法院和基层人民法院的意见，增强司法解释制定工作的民主性和透明度，提高司法解释的质量。

二十二、全面落实公开审判制度，方便人民群众旁听案件审判

要认真贯彻最高人民法院《关于严格执行公开审判制度的若干规定》的要求，切实落实公开审判制度。人民法院要把树立司法文明形象和提升司法权威结合起来，使人民群众进一步增强对司法工作的信任和支持。

人民法院公开审判的案件，应当在开庭3日前公告当事人姓名、案由和开庭的时间、地点，群众可凭身份证领取旁听证旁听案件审理。要依照相关规定规范旁听证的发放条件和发放办法。严肃法庭纪律，保持审判人员的良好形象，体现司法文明和司法权威。判决必须公开宣告，继续完善公开宣判和判决公开的形式。加强人民法院的审判法庭建设，改善工作条件，尽最大可能方便人民群众旁听审判。

二十三、加强法官职业行为约束，规范法官和律师在诉讼活动中的关系，确保司法公正

加强对法官和律师在诉讼活动中的职业行为约束，可以有效防止和消除当事人及社会公众对司法公正产生或者可能产生的猜疑。法官应当严格依法办案，自觉抵制案件当事人及其委托的律师利用各种社会关系、以各种方式对案件的审理施加不正当的影响，严格依法办案。法官不得在非工作时间、非工作场所私下会见案件一方当事人及其律师。法官不得违反规定为案件当事人推荐、介绍律师作为其代理人、辩护人，不得为律师介绍代理、辩护等法律服务业务。对于法官有妨碍司法公正行为的，有关人民法院应当视其情节，按照有关法律、法规或规定给予处罚；构成犯罪的，依法追究刑事责任。

最高人民法院
印发《关于大力推广巡回审判方便人民群众诉讼的意见》的通知

2010年12月22日　　　　　　　　　　　　　　法发〔2010〕59号

各省、自治区、直辖市高级人民法院，解放军军事法院，新疆维吾尔自治区高级人民法院生产建设兵团分院：

现将《关于大力推广巡回审判方便人民群众诉讼的意见》印发给你们。请结合实际认真贯彻施行。

附：

关于大力推广巡回审判方便人民群众诉讼的意见

巡回审判是人民法院基层基础工作的重要组成部分，是立足现有司法资源充分发挥审判职能作用的重要途径。为全面提高巡回审判工作质效，现就大力推广巡回审判，方便人民群众诉讼有关问题，提出以下意见。

一、充分认识大力推广巡回审判方便人民群众诉讼的重要意义

1. 推广巡回审判是深入推进三项重点工作的重要举措。在大力推广巡回审判方便人民群众诉讼过程中，最大限度快捷有效处理当事人的矛盾纠纷，最大限度发现和解决社会管理中存在的问题，最大限度将人民法院特别是基层人民法院、人民法庭各项工作置于人民群众监督之下，对于深入推进社会矛盾化解、社会管理创新以及公正廉洁执法具有重要意义。

2. 推广巡回审判是坚持为大局服务的具体实践。服务党和国家工作大局，是人民法院的历史责任和实现自身发展的必然要求。大力推广巡回审判，无论是对于着力提高服务大局的针对性，切实解决经济社会发展过程中的突出问题，还是对于增强审判工作辐射效应，争取人民法院工作取得最佳的法律效果和社会效果，都将产生积极作用。

3. 推广巡回审判是深入开展"人民法官为人民"主题实践活动的重要切入点。以大力推广巡回审判方便人民群众诉讼为抓手，深入开展"人民法官为人民"主题实践活动，强化落实各项便民利民措施，可以最大程度上彰显人民司法的人文关怀，让广大人

民群众切实感受到人民法院深入开展"人民法官为人民"主题实践活动的成果，同时也是新时期继承和发扬"马锡五审判方式"所蕴含的深入群众、方便群众和服务群众精神的具体体现。

二、立足本地实际，切实增强大力推广巡回审判方便人民群众诉讼的针对性

4. 西部边远地区、少数民族地区以及其他群众诉讼不便地区的基层人民法院，特别是人民法庭，应当逐步确立以巡回审判为主的工作机制。通过大力推广巡回审判，全面提高巡回审判工作质效，切实解决当前在一定程度上存在的司法权不能切实覆盖、人民群众日益增长的司法需求难以得到有效满足的问题。

5. 经济发达和较为发达地区的基层人民法院和人民法庭，要以着力化解经济社会发展中的矛盾纠纷，着力解决影响社会稳定的突出问题，着力提供更加便捷有效的司法服务为出发点开展巡回审判工作。通过大力推广巡回审判，力争做到审判工作优质高效开展与服务当地经济社会又好又快发展两不误、两促进。

三、明确原则目标，坚持制度化、规范化，努力追求巡回审判的高质量和高效率

6. 巡回审判要遵循"面向农村、面向基层、面向群众"和"方便人民群众诉讼，方便人民法院依法独立、公正、高效行使审判权"原则，弘扬公正、廉洁、为民的司法核心价值观，以最大限度满足人民群众日益增长的司法服务需求和化解矛盾、定纷止争为目的，实现法律效果和社会效果的有机统一。注重发挥以案施教、法制宣传的社会功能，凸显司法为民、司法效益的价值追求。

7. 注意发挥人民法庭在大力推广巡回审判工作中的重要作用，确有必要的，基层人民法院也可根据需要组织专门力量开展巡回审判工作。继续贯彻《最高人民法院关于全面加强人民法庭工作的决定》有关人民法庭可以直接立案的规定精神，切实解决人民群众"告状难"问题。按照有利于消除当事人对抗心理和充分实现巡回审判功能要求选择巡回审判地点，针对可能引发的突发事件，还应做好应急预案，维护巡回审判的顺利进行。

8. 建立基层人民法院特别是人民法庭与人民调解组织、村民自治组织、基层司法所等的联系网络，切实增强巡回审判的针对性，防止有限司法资源的浪费。进一步切实贯彻"调解优先、调判结合"司法原则，最大限度地实现诉讼与非诉讼纠纷解决方式的衔接。

9. 加大巡回审判点的建设力度，切实解决巡回审判场所不足的问题。根据当地具体情况，加强与公安、司法行政部门的沟通和联系，在派出人民法庭覆盖不到的地方，充分利用派出所、司法所等现有资源建立相对固定、规范的巡回审判点。

10. 科学合理地确定人员编制，争取编制管理部门的支持，利用新增政法专项编制，倾斜、充实基层一线，合理配置人力资源，为大力推广巡回审判新机制提供编制组织保障。在西部边远、少数民族地区，要立足当地，积极培养和录取精通双语的少数民族法官和工作人员，为适应西部边远、少数民族地区巡回审判工作打下坚实基础。

11. 尽快解决人民法庭恢复或新建、物质装备和经费保障问题。做好边远地区、少

数民族地区及其他群众诉讼不便地区人民法庭恢复或新建工作,解决巡回半径过大的实际问题。根据辖区或者覆盖区域的人口分布、交通条件等情况,配备能够满足巡回审判工作的特种车辆、活动板房(帐篷)、移动办公设备和通讯工具,构建信息共享的网络系统以及必要的网络终端工具,扩大电子签章的使用等,并将维修、养护、油料、巡回审判补助等费用以及折旧、报废等问题纳入法院预算经费范围,确保巡回审判工作的顺利开展。

四、加强监督指导和调查研究

12. 切实加强对本地区巡回审判工作的指导力度。各地要根据本意见要求尽快制定符合本地实际情况的具体指导意见和专门的庭审程序规范,着力做好有利于大力推广巡回审判工作的制度建设。

13. 尽快完善巡回审判工作量的统计工作,采取科学方法,客观反映大力推广巡回审判方便人民群众诉讼的实际情况。强化监督检查工作,避免脱离实际片面追求巡回审判案件数量的错误做法。

14. 对贯彻落实本意见过程中出现的新情况、新问题,要注意认真研究分析成因和对策。积极主动寻求当地党委的领导和人大的支持,加强与政府及相关部门的沟通联系,对本地区难以解决的问题和困难,要及时向上级人民法院报告,必要时应层报我院。

最高人民法院
关于深入整治"六难三案"问题加强司法为民公正司法的通知

2014年6月9日　　　　　　　　　　　　　　法〔2014〕140号

各省、自治区、直辖市高级人民法院,解放军军事法院,新疆维吾尔自治区高级人民法院生产建设兵团分院:

当前,全国法院系统第一批党的群众路线教育实践活动整改工作在不断深化,第二批教育实践活动在扎实推进。从开展活动情况看,人民群众对司法作风反映强烈的问题,主要是"门难进、脸难看、事难办"问题、"立案难、诉讼难、执行难"问题和"人情案、关系案、金钱案"问题。"六难三案"问题是"四风"问题在法院工作中的集中表现,严重背离党的群众路线,伤害群众感情,损害人民利益,危害人民法院司法公信力,必须坚决进行整治。为进一步扎实推进全国法院系统教育实践活动,大力加强司法为民、公正司法,进一步提高诉讼服务水平,努力实现让人民群众在每一个司法案件中都感受到公平正义的目标,根据中央有关部署要求,现就深入整治"六难三案"问题通知如下：

一、进一步强化诉讼服务

1. 推进诉讼服务中心建设。增强诉讼服务意识，整合立案大厅、信访接待窗口、诉讼服务信息平台等功能，建立诉讼服务中心，为当事人提供"一站式"诉讼服务，集中办理各项诉讼服务事项，切实解决群众打官司"办事难"的问题。

2. 完善诉讼服务设施。诉讼服务大厅实行柜台式或窗口式办公，统一提供诉讼引导、立案审查、查询咨询、收转送达、约见法官、判后答疑等诉讼服务。设置无障碍通道、休息座椅、饮水器具和书写、复印、传真、网络等设备，提供诉讼指导资料。

3. 严格诉讼接待要求。完善诉讼服务流程，规范诉讼服务标准，公布诉讼服务制度。接待群众要文明礼貌，举止得体，态度热情，服务周到，高效快捷。坚决杜绝高高在上、盛气凌人等衙门习气，坚决杜绝冷硬横推、拖延扯皮等行为。

4. 增设网上诉讼服务。加强诉讼服务信息平台建设，及时主动推送、更新诉讼信息数据，提供案件信息查询、诉讼指引、网上立案、预约立案、提交申请、网上申诉信访、网上预约接访、投诉建议等服务。

5. 拓展12368热线服务功能。普遍开通12368诉讼服务热线，依托移动互联网延伸热线功能，构建与网上服务平台、诉讼服务大厅互联互通的移动通讯服务平台，为群众快捷便利地提供各类诉讼信息服务。

二、进一步加强立案受理

6. 方便群众诉讼立案。建立预约立案制度，积极做好特殊情况的节假日立案工作。因地制宜地推行远程立案、网上立案，为行动不便的伤病患者、残疾人、老年人等提供上门立案服务。在交通不便的偏远地区，可指定人民法庭审查立案。

7. 及时受理起诉和申请。严禁在法律规定之外另设受理条件，不得对符合立案条件的诉求拒绝立案、推诿立案、拖延立案。严格执行立案受理法定期限，及时告知当事人立案审查结果。依法规范诉前调解程序，杜绝久调不立。

8. 准确告知立案材料要求。向当事人提供诉状样本，耐心回答当事人的询问，全面准确告知立案材料有关要求。当事人立案材料不全或诉状内容、形式不符合规定的，一次讲清如何补齐或更正，避免当事人多次往返、反复修改。

9. 依法提供司法救助。对符合诉讼费缓、减、免条件的当事人，及时办理有关手续，确保有理无钱的人打得起官司。对不符合诉讼费缓、减、免条件的当事人，要耐心说明理由。

10. 加强诉讼风险告知。做好诉讼指引工作，全面告知诉讼权利和义务。善意提示诉讼风险，引导当事人理性对待诉讼，依法提出合理诉求。

11. 开展巡回接访、视频接访。在群众涉诉信访集中的地方开展巡回接访，促使涉诉信访问题就地化解。依托法院远程视频接访系统，让人民群众在当地就可以向上级法院反映诉求，由上级法院法官通过视频进行远程接访。

三、进一步改进案件审理

12. **保障当事人诉讼权利。**切实保障当事人表达诉求、充分陈述理由的权利，尊重当事人依法自愿作出处分决定。对当事人提出的申请或疑问，应及时回应并说明理由。依法保障律师在诉讼活动中阅卷、举证、质证、辩护等权利，认真听取当事人及委托代理人诉讼意见。

13. **合理简化诉讼程序。**实行案件繁简分流，加快案件审理进度。依法适用督促程序、简易程序和小额诉讼程序，提高案件审判效率。经过双方当事人同意的案件，可依法简化程序审理，减轻当事人诉讼负担。

14. **加强巡回审判。**适当增设巡回法庭和巡回审判点，增配巡回审判车，积极开展巡回审判，及时就地立案、就地开庭、就地调解、就地结案。推行法律文书远程审批、电子签章，提高工作效率。

15. **建立追索案件"绿色通道"。**对于劳动争议、追索工资报酬、追索工伤赔偿等涉及城镇职工、农民工切身利益的案件，以及当事人追索赡养费、抚育费、扶养费等案件，按照"快立、快调、快审、快执"的原则建立"绿色通道"，尽快受理，适时调解，及时判决，优先执行。

16. **提倡调解化解纠纷。**健全诉讼与非诉讼相衔接的矛盾纠纷解决机制，积极推进诉讼调解与人民调解、行政调解、行业调解的衔接联动，努力把矛盾纠纷化解在基层和诉前，促进社会和谐。坚持依法、自愿原则，认真做好诉前调解和诉讼调解。加强对人民调解的指导，及时依法确认其调解协议司法效力。

17. **全面深化司法公开。**依法公开审理各类案件，为群众旁听提供便利。利用司法公开三大平台，全面推进审判流程、裁判文书和执行信息公开。实行裁判文书全部上网公开，完善网上检索查询系统；扩大庭审网上直播，完善法院微博、微信和新闻客户端信息发布机制，充分保障群众知情权、监督权。

18. **强化审限内结案。**加强审判流程管理，建立审限提示与预警机制，防止拖延办案、久拖不决。规范延长审限、中止诉讼的审批，切实提高审限内结案率。健全完善清理长期未结诉讼案件工作机制，防止边清边积。严格规范案卷移交要求，切实解决拖延迟缓问题。

19. **健全错案防范机制。**恪守罪刑法定、证据裁判、疑罪从无等原则，强化证据审查机制，依法排除非法证据，切实保障无罪的人不受刑事追究。对冤假错案坚决予以纠正。

20. **防止恶意诉讼和虚假诉讼。**坚决防止和纠正以规避法律为目的，以虚构事实提起诉讼或滥用诉讼权利，故意逃避法律义务、损害国家利益或他人合法权益的行为。

四、进一步强化案件执行

21. **有效运用强制执行措施。**综合运用财产申报、失信被执行人黑名单、限制高消费、限制出境、联合信用惩戒等制度措施与威慑机制，促使被执行人主动履行债务。依法准确适用罚款、拘留等强制措施，以及拒不执行判决裁定罪、妨害公务罪等刑罚措施,坚决制裁暴力抗拒执行、规避执行、妨碍执行、消极协助执行等行为。

22. 加大执行监督力度。完善人民法院与其他部门执行工作联动查控机制,建立执行案件关键节点网络化管理系统,以信息化手段加大对各级法院执行案件的即时监控、全程监控力度,努力提高案件执结率。

23. 积极推广网上司法拍卖。坚持公开、便捷、效率原则,积极推进司法拍卖上网竞价,扩大司法拍卖社会参与度,防止暗箱操作,努力实现被执行财产最大价值,既保障申请执行人的权益充分实现,也防止侵害被执行人的合法权益。

24. 切实规范执行行为。制定执行案件操作规程,统一执行法律适用尺度,规范执行法官自由裁量权。完善对执行案件当事人和利害关系人的程序救济措施,实行被执行人变更追加情形法定化,切实保障当事人、利害关系人的异议、复议权。

25. 坚决治理消极执行。开展清理各种执行积案的专项活动,有效解决久执不结案件。强化执行期限预警机制。严格规范暂缓执行、中止执行、终结本次执行、终结执行、延长期限等情形适用条件及审批手续,及时纠正消极执行行为。坚决整治在执行工作中不作为、拖延执行、推诿扯皮等行为。

26. 严禁违规收取执行费用。严禁向申请执行人和被执行人违规收取办案费、报销差旅费,严禁向案件当事人摊派其他费用,坚决整治执行工作中的吃拿卡要行为。

27. 严格执行款管理和划付。严格遵守执行款管理制度,严禁截留或挪用。严格按规定期限办理执行款结算手续,无正当理由不得延期划付,确需延期划付的应按规定说明原因。

五、进一步加强廉政监督

28. 严格执行廉政纪律。认真落实"五个严禁"、任职回避、防止内部干扰、防止利益冲突等制度。在立案、审判、执行等环节,向当事人随案发放监督卡,主动接受当事人监督。开通举报信箱、举报电话,建立举报网站,认真受理、核查群众投诉和举报线索,及时反馈核查处理结果。

29. 从严监督领导干部。认真落实党组和审判委员会议事规则、决策程序。不断强化上级法院对下级法院领导班子进行协管监督的政治责任。充分运用司法巡查、谈话函询、举报核查、述职述廉等方式,加强对各级法院领导干部的管理和监督。

30. 加强审判岗位监督。完善内部监督机制,严格规范立案、审判、执行等环节的岗位管理和监督。严格执行涉诉材料集中收转、过问案件全程留痕、遇到干扰及时报告等规定。

31. 加强案件质量评查。健全评查制度,完善评查标准,实行案件质量评查常态化,定期考核案件质量情况,预防和纠正办案拖延、以案谋私、枉法裁判。

32. 建立健全问责机制。推进审判权运行机制改革,建立法官办案责任制,落实让审理者裁判、由裁判者负责,对造成冤假错案的责任人员实行终身问责。

33. 严查违纪违法行为。以"零容忍"的态度反对司法腐败,坚持有案必查、有腐必惩。坚决惩处以案谋私、徇私舞弊、贪赃枉法等行为。从严坚决查处法院工作人员接受请托、影响和干扰他人办案的行为。

六、整治工作要求

各级法院要认真贯彻落实中央关于深化"四风"突出问题专项整治的部署要求，把深入整治"六难三案"问题摆到重要位置来抓，坚持高标准、严要求，动真碰硬，集中攻坚，以"准狠韧"的劲头抓好整治工作。

整治"六难三案"问题是各级法院党组落实党风廉政建设主体责任的具体行动。各级法院党组要加强对此项工作的统筹领导，进行专题研究，狠抓工作落实。党组主要负责同志要亲自审定方案，加强督促指导，切实承担第一责任人的责任。各级法院教育实践活动领导小组要把整治"六难三案"问题作为指导教育实践活动的工作重点，明确专门力量负责整治工作，加强组织推进和协调指导，加大舆论宣传力度，总结推广好的经验，及时通报典型案例，充分发挥引导和警示作用。

各级法院要采取项目化推进的方法抓整治工作。从各自实际出发，因地制宜确定整治重点项目，制定具体方案，建立整改项目责任制，明确目标要求、牵头单位、责任主体和进度安排。要一项一项盯紧抓实，做到定一项改一项、改一项成一项，防止整治工作大而化之、华而不实。上级法院要采取专项检查、审务督察、案件评查等形式，加强对下级法院整治工作的督促指导和执纪检查。对开展整治重视不够、工作不力、措施不实的，要严肃指出、及时纠正。通过全国法院系统上下共同努力，确保整治"六难三案"问题取得群众看得见、感受得到的成效，进一步促进司法作风明显改进、审判质量不断提高、司法公信力有效提升。

最高人民法院
关于推广陕西省富县人民法院"群众说事、法官说法"便民联动工作机制的通知

2014年7月22日　　　　　　　　　　　　法〔2014〕187号

各省、自治区、直辖市高级人民法院，解放军军事法院，新疆维吾尔自治区高级人民法院生产建设兵团分院：

党的群众路线教育实践活动开展以来，陕西省富县人民法院在总结完善过去经验的基础上，全面推行"群众说事、法官说法"便民联动工作机制，组织法官深入基层群众，主动提供法律服务，及时调处非诉纠纷，取得很好效果，深受群众欢迎。富县人民法院"群众说事、法官说法"的具体做法是：当地各村镇推行"群众说事"制度，遇到矛盾纠纷，让群众摆事实、讲道理，通过公开评议促进纠纷解决；法院以"群众说事"为平台，组织开展"法官说法"，通过"一村一法官"工作机制，由包村法官针对"群众说事"中反映出的法律问题，采取"法制宣讲会上说，法律咨询当面说，行动不便上

门说,见面不便电话说,调处纠纷现场说"的方式,讲解法律规定,开展法制宣传,参与调处纠纷,有针对性地为当地群众提供法律服务,基本实现了矛盾不出村。"群众说事、法官说法"便民联动工作机制把村民自治与法治手段、法治思维相结合,是准确把握县域治理特点、认真贯彻群众路线、实现司法便民利民的良好机制,是新形势下继承和发展马锡五审判方式的重要成果。

为扎实推进全国法院系统第二批党的群众路线教育实践活动,进一步改进司法作风,更好地践行司法为民,最高人民法院要求,全国各地基层法院要学习借鉴富县人民法院建立"群众说事、法官说法"工作机制的经验做法,紧密结合当地实际,创新服务群众举措,进一步做好司法便民利民工作。现就有关问题通知如下:

一、要进一步增强贯彻党的群众路线的自觉性。富县人民法院"群众说事,法官说法"便民联动工作机制,以"思想上依靠群众、感情上贴近群众、工作上发动群众"为原则,积极适应人民群众对法院工作的新要求、新期待,主动为群众提供法律服务,是贯彻党的群众路线、践行司法为民宗旨的生动实践。各地基层法院要结合开展党的群众路线教育实践活动,进一步加强群众观点、群众路线和人民法院人民性的学习教育,牢固树立人民法院既是司法机关也是群众工作部门的理念,进一步增强在人民法院工作中贯彻党的群众路线的自觉性,把维护群众合法权益、维护社会和谐稳定作为法院工作的出发点。要学习借鉴富县人民法院的做法,以人民群众司法需求为导向,结合当地实际,把司法为民宗旨意识转化为联系群众、服务群众的工作思路和具体措施。

二、要建立法官联系群众、主动服务的工作机制。富县人民法院"群众说事,法官说法"便民联动工作机制,注重"了解群众法律诉求、方便群众法律诉求、实现群众法律诉求",组织法官结合"群众说事"开展"法官说法",从源头上预防和减少不和谐因素,及时化解矛盾、止纷息诉,努力实现"小事不出村、大事不出镇、难事不出县"的目标。各地基层法院要学习借鉴富县人民法院的做法,着眼预防和化解矛盾纠纷、维护社会和谐稳定,因地制宜地建立法官直接联系群众、主动服务群众的工作机制。目前还没有此类工作机制的基层法院,要由院长亲自负责,紧紧依靠当地党委领导和政府支持,加强同相关职能部门和街道、乡镇的沟通协调,在教育实践活动期间抓紧建立。建立工作机制要明确主要任务、工作方法、操作程序、纪律要求、考核方式、奖惩措施等,确保能够有效运行。此前已有类似工作机制的基层法院,要结合开展群众路线教育实践活动,进一步健全完善,狠抓工作落实,确保真正发挥作用。

三、要扎实做好为群众提供司法服务的具体工作。富县人民法院围绕"群众说事、法官说法"便民联动工作机制,建立"一村一法官"的法官包村制度,明确规定包村法官要完成的任务,其中包括召开所驻村组法制宣传会、对人民调解委员会进行业务指导、走访村民听取意见建议、参与调处非诉案件、提供非诉调解案例等,并分别提出了量化指标要求。各地基层法院要学习借鉴富县人民法院的做法,结合当地实际情况,把法官联系群众、提供服务的工作任务具体化,加强督促指导和检查考核,确保工作落到实处。要组织干警深入基层、面向群众,开展法制宣传教育,普及法律知识弘扬法治精神。在乡镇、社区、企业等建立司法服务联系点,组织干警担任法制副校长、社区法官、驻村法官,零距离为群众提供司法服务。进一步加强巡回审判工作,让"流动的人民法庭"最大限度地满足群众便利诉讼的需求。加强对人民调解组织的指导工作，进一步完善诉调对接机制，努力把矛盾纠纷化解在基层，解决在萌芽状态。

四、要注重总结推广司法便民利民的经验做法。"群众说事、法官说法"便民联动工作机制，是富县人民法院在开展党的群众路线教育实践活动中总结出的经验做法。目前，全国法院系统第二批党的群众路线教育实践活动正在扎实推进，深入整治"六难三案"工作已经全面展开。各地中级和基层法院要对教育实践活动中行之有效的好做法进行总结提炼，形成具有普遍指导意义的工作经验。高级、中级人民法院要结合对教育实践活动、整治"六难三案"的督促指导，注重发现和总结基层创造的好经验、好做法，采取多种形式，大力宣传推广，树立样板，以点带面，充分发挥示范引领作用，促进人民法院司法便民利民工作整体发展。

最高人民法院
关于进一步做好司法便民利民工作的意见

2014 年 11 月 20 日　　　　　　　　　　　法〔2014〕293 号

各省、自治区、直辖市高级人民法院，解放军军事法院，新疆维吾尔自治区高级人民法院生产建设兵团分院：

为深入贯彻落实党的十八大、十八届三中、四中全会精神，进一步扎实推进党的群众路线教育实践活动，积极回应人民群众对司法工作的新要求和新期待，牢牢把握"司法为民、公正司法"工作主线，现就人民法院进一步做好司法便民利民工作，提出如下意见。

一、统一思想，提高认识，进一步增强做好司法便民利民工作的自觉性

1. 司法便民利民是人民法院努力实现"让人民群众在每一个司法案件中都感受到公平正义"的必然要求，是全面推进依法治国，建设平安中国、法治中国的重要途径。各级人民法院要准确把握我国全面深化改革进程中出现的新情况、新特点，将方便人民群众诉讼作为做好各项工作的出发点和落脚点，扎扎实实为人民群众办实事，更好地满足新时期人民群众的多元司法需求。

2. 司法便民利民是人民法院深入贯彻执行党的群众路线，积极践行司法为民根本宗旨的重要内容。各级人民法院要自觉把做好司法便民利民工作与扎实推进党的群众路线教育实践活动紧密结合起来，时刻摆正与人民群众的关系，准确把握人民群众对法院工作的需求与期待，始终坚持人民司法为人民，切实加强人权司法保障，不断改进司法作风，通过一个个具体鲜活的司法便民利民举措，更好地维护最广大人民群众的根本利益。

3. 司法便民利民是深化司法改革,加快建设公正高效权威的社会主义司法制度的重要环节。各级人民法院要把人民群众是否满意作为衡量司法改革成败的根本标准,把完善和落实司法便民利民举措作为深化司法改革的重要切入点,不断健全保障人民群众参与司法的制度措施,着力构建开放、动态、透明、便民的阳光司法机制,让司法改革成果更多更公平地惠及全体人民群众,不断提高司法公信力。

二、求真务实,加强规范,切实做好司法便民利民工作

4. 积极探索建立健全司法便民利民工作的长效机制。人民法院要在狠抓执法办案第一要务的同时,进一步细化和完善立案、审判、执行和信访等环节的便民利民措施,为人民群众提供热情、便捷、高效的司法服务。

5. 建设好、管理好、运用好诉讼服务平台。深入推进诉讼服务中心的标准化、规范化建设,全面整合诉讼服务功能,优化诉讼服务窗口建设。认真做好诉调对接、立案登记、诉讼风险提示、诉讼材料接转、诉讼费用缴纳、财产保全、案件流程查询、信访接待等各方面的工作,努力为当事人提供"一站式"和"全方位"的诉讼服务。

6. 健全方便立案的新机制。根据人民群众的需求和审判工作的实际需要,积极推进立案登记工作,对人民法院依法应该受理的案件,做到有案必立、有诉必理,切实保障当事人诉权。做好预约立案工作,积极为行动不便的伤病患者、残疾人、老年人、未成年人等提供立案、送达、调解等方面的便民服务,方便当事人诉讼。

7. 依法及时采取保全措施。人民法院应当根据案件具体情况依法合理确定保全的担保方式和担保数额。对保全实施工作归口管理,暂时没有实行归口管理的人民法院,应积极采取措施方便当事人申请和查询。

8. 健全案件繁简分流机制。充分发挥简易程序、小额诉讼程序、督促程序、刑事和解程序、轻微刑事案件快速审理机制等制度优势,在保证审判质量的前提下,努力降低当事人诉讼成本,减轻当事人诉累。

9. 依法为当事人举证提供帮助。当事人申请人民法院调查取证,符合法律规定条件的,或者人民法院认为有必要调查的证据,人民法院应当及时调查取证;积极探索委托律师调查取证,方便当事人举证。

10. 加强审判流程管理。树立科学均衡结案意识,正确理解、运用均衡结案指标,不能单纯追求均衡结案率而故意拖延结案或者突击结案。强化审判流程公开平台建设,整合各类审判流程信息,为当事人提供全面、全程、及时的审判流程公开服务。实行审限监督制度,严格扣除审限、延长审限的审批,完善案件审限通报制度,及时告知当事人扣除审限、延长审限的理由、期限。

11. 加强案卷移交工作。积极推进诉讼档案电子化工程,做好一审、二审、再审和执行案卷移交工作,明确移交期限,统一移交方式,落实移交责任,缩短移交时间,确保移交顺畅。

12. 依法保障各方诉讼权利。强化诉讼过程中当事人和其他诉讼参与人的知情权、陈述权、辩护辩论权、申请权、申诉权的制度保障。尊重和保障当事人庭审权利,让当事人依法充分表达诉求,完整陈述事实理由。对依法可以由当事人自主或者协商决定的程序事项，尽量让当事人自主或者协商确定。切实保障律师在审判过程中依法履行职责。在保证程序公正的前提下，注意为当事人特别是没有委托律师辩护、代理的当事人参与诉讼提供必要的程序性指导与帮助。

13. 完善案件庭审旁听制度。人民法院对于公开审理的案件，应当依法公告案件名称、开庭时间、法庭编号、旁听席位等开庭信息，方便人民群众旁听案件庭审。人民法院应当定期或者不定期邀请人大代表、政协委员旁听案件庭审。

14. 加强裁判文书释法说理。裁判文书要认真对待、全面回应当事人提出的主张和意见，具体说明法院采纳或者不采纳的理由和法律依据，做到认定事实清楚、适用法律正确。用语要力求规范、简洁、易懂，便于当事人明白理解。

15. 切实解决执行难。积极探索完善有利于保障民生的快速执行、主动执行等机制，以失信被执行人信用监督、威慑、惩戒法律制度和点对点网络查控联动机制为抓手，积极推进反规避执行和反消极执行，依法保障胜诉当事人及时实现权益。综合运用财产申报、限制高消费、限制出境、联合信用惩戒等措施，依法适用强制措施和刑罚威慑机制，促使被执行人主动履行债务，努力提高执行效率。

16. 完善交纳诉讼费用的便民措施。要根据实际情况，设立自动取款机、POS机等设施，方便当事人交费、退费。当事人到基层人民法院办理诉讼费用的结算和退费确有困难的，有条件的人民法庭可以代为办理。

17. 做好司法救助工作。健全司法救助体系，完善诉讼费缓减免制度和特困群体执行救助制度，依法及时有效落实对加害人无力赔偿、被执行人无财产可供执行等案件的困难受害人以及其他涉诉困难群众的司法救助，不断拓宽司法救助的范围和方式。

18. 做好涉诉信访工作。完善"诉访分离"和案件终结机制，保障当事人依法行使申诉权利。积极开展网上信访、巡回接访、带案下访、远程视频接访等工作，建立健全律师等第三方参与化解涉诉信访的工作机制，及时就地解决涉诉信访问题。把信访纳入法治化轨道，保障合理合法诉求依照法律规定和程序就能得到合理合法的结果。

19. 健全人民法庭基层诉讼服务窗口的职能。坚持和发扬"枫桥经验"，发挥人民法庭在多元化纠纷解决机制中的纽带作用，努力实现矛盾纠纷的就地化解。推进以中心法庭为主、巡回审判点为辅的法庭布局形式，优化人民法庭布局，构建便捷高效的司法服务网络。人民法庭可以依法直接受理和执行案件，并将其直接受理和执行案件的范围通过适当方式在本辖区内公布。

20. 加强巡回审判工作。对于边远地区等交通不便地区，要以方便人民群众诉讼为出发点，尽可能就地立案、就地开庭、就地审理、就地执行；要以便于解决社会矛盾纠纷为出发点，深入到企业、社区等群众集中、纠纷集中的地区进行巡回审判。大力推广车载法庭等巡回审判模式，让"流动的人民法庭"最大限度满足人民群众诉讼的需求。

21. 建立健全特定类型案件的"快立、快调、快审、快执"机制。对于追索工资报酬、工伤赔偿等涉及广大职工和农民工切身利益的案件以及追索赡养费、抚育费、扶养费等案件，应当按照"快立、快调、快审、快执"的原则，尽快受理，适时调解，及时判决、执行。

22. 积极推进和规范调解工作。对双方当事人均有调解意愿且有调解可能的纠纷、家庭与邻里纠纷、法律规定不够明确以及简单处理可能失之公平的纠纷，应当在充分尊重双方当事人意愿的情况下，优先运用调解方式，快速化解矛盾。加强对调解协议的司法确认工作，实现诉讼调解与人民调解、行政调解、行业调解的有效对接，完善调解联动工作体系，健全调处化解矛盾的多元化纠纷解决机制。

23. 不断改进司法作风。要善于运用人民群众听得懂、易接受的语言和方式进行沟通交流，充分尊重公序良俗，坚决克服对诉讼参与人冷硬横推的现象，坚决消除门难进、脸难看、话难听、事难办等不良作风，坚决杜绝任何刁难诉讼参与人的现象。

三、加强领导，切实保障，确保司法便民利民工作取得实效

24. 加强组织领导。各级人民法院要高度重视司法便民利民工作，院党组要把做好司法便民利民工作摆上重要议事日程，主要领导亲自抓，分管领导具体抓，班子成员共同抓，做到措施到位、责任到位、工作到位，切实抓好各项制度、措施的落实。

25. 积极争取各方支持。各级人民法院要积极争取党委、人大、政府和政协对司法便民利民工作的支持，加强与有关部门的沟通协调，为司法便民利民工作在经费等方面提供切实保障。上级人民法院要加强对本辖区内人民法院司法便民利民工作的指导、支持和监督，做到一级抓一级，层层抓落实，使这一工作更加科学规范。

26. 全面加强信息化建设。各级人民法院要以"天平工程"建设为载体，加快审判流程公开、裁判文书公开、执行信息公开三大平台建设，充分发挥现代科技信息手段在司法便民利民方面的作用。因地制宜地推行远程立案、网上立案、网上办案、网上公告、预约办案、电子签章、电子送达、视频提讯等便民措施；通过12368诉讼服务热线、电子触摸屏、微博、微信、手机短信等载体为当事人提供方便快捷的司法服务。

27. 加强便民利民的场所设施建设。各级人民法院要根据实际情况配备当事人、诉讼代理人等诉讼参与人的候审室或者休息室，在法庭所在区域配备必要的物品保管箱、饮水器具、复印机等便民设施；为行动不便的伤病患者、残疾人、老年人等参加庭审活动提供无障碍设施等便利。

28. 积极听取各方意见建议。各级人民法院要自觉接受同级人大、政协以及社会各界的监督，注重发挥人民陪审员与人民群众沟通的桥梁作用，多渠道收集人民群众的意见建议，畅通民意沟通和反馈机制，勇于纠正工作中的缺点，及时弥补工作中的不足，不断完善司法便民利民制度措施。

29. 大力加强法制宣传。各级人民法院要通过多种方式加强法制宣传，使人民群众在充分了解司法便民利民措施的同时，发挥司法裁判规范、指导、评价、引领社会价值的重要作用，大力弘扬社会主义法治精神，着力推动全民守法。

30. 及时总结先进经验。各地人民法院要加强调查研究，及时总结成熟的经验做法。最高人民法院和各高级人民法院在积极改进和完善自身司法便民利民工作的同时，应当及时总结下级人民法院的典型经验，推进司法便民利民工作不断取得新进展。

最高人民法院
关于全面推进人民法院诉讼服务中心建设的指导意见

2014年12月15日　　　　　　　　　　法发〔2014〕23号

为深入贯彻党的十八大、十八届三中、四中全会精神，巩固党的群众路线教育实践活动成果，牢牢把握司法为民、公正司法主线，进一步完善司法便民、利民措施，有效提升司法服务群众的能力和水平，努力实现让人民群众在每一个司法案件中都感受到公平正义的目标，现就全面推进人民法院诉讼服务中心建设提出以下意见：

一、总体目标和基本原则

1. 通过建设诉讼服务大厅、诉讼服务网、12368诉讼服务热线，构建人民法院面向社会的多渠道、一站式、综合性诉讼服务中心，方便当事人受尊重地集中办理除庭审之外的其他诉讼事务，构建开放、动态、透明、便民的阳光司法机制，深化司法公开，扩大司法民主，努力实现司法为民公正司法，提升司法公信力。

2. 诉讼服务中心是为法院各部门搭建的对外服务平台。各部门根据各自的职能和诉讼服务中心整体运行要求承担诉讼服务工作，最大限度地方便群众诉讼。

3. 诉讼服务中心建设坚持"面向群众、面向基层、面向实际"的原则。根据便利当事人行使诉讼权利和保障人民群众知情权、监督权的实际需要确定功能设置、服务流程、服务标准。将基层人民法院诉讼服务中心建设作为重点，高度重视提升人民法庭诉讼服务水平。注重地区差别和层级差别，坚持从实际出发，因地制宜，分步推进诉讼服务中心建设。注重依托大数据、云计算等现代信息技术，积极拓展服务功能，丰富服务内容，创新服务手段。

二、诉讼服务大厅

（一）基础建设

1. 诉讼服务大厅应当有明显标志，方便群众出入，并建有无障碍通道；面积要满足功能发挥的实际需要。

2. 信访接待场所和其他诉讼服务场所分开设置，做到布局合理、庄重大方、宽敞明亮、整洁卫生；在保障安全有序的前提下，采用"柜台式""窗口式"等开放办公方式；根据条件和实际需要，可以为残疾人等弱势群体开辟绿色通道，提供优先服务。建立远程视频接访系统，实现与上下级法院的互联互通。

3. 设置休息座椅、饮水器具和卫生服务设施；提供笔墨纸张、复印、打字、电话、传真、网络等服务，有条件的可以提供与诉讼有关的其他商品服务。

4. 为当事人提供来访须知、诉讼指南、风险告知书等诉讼指引资料，配备电子触摸屏等自助查询设备。

5. 在明显位置公布工作流程、管理制度、法院和大厅工作人员的相关信息。

6. 配备手持安检仪、液体检测仪、通道式X光物检仪及防爆桶、防火毯等安检设备。

（二）主要功能

1. 诉讼引导、法律宣传。由专人负责接待，根据来访人员的目的将其引导至相关区域，进行必要的诉讼指引和法律宣传。

2. 登记立案、先行调解。接收案件材料，办理登记立案手续、核算诉讼费；为当事人、代理人、辩护人提供用于查询案件信息、查阅案卷的验证密码；对符合条件的当事人提供司法救助，根据规定办理诉讼费的减、缓、免除。确有需要的，为当事人提供上门立案、节假日预约立案服务。有条件的可以设置金融机构现场服务窗口，实现诉讼费等费用的现场缴纳。

设立调解工作室，由法官、专职人民调解员等进行诉前调解或立案调解，开展诉调对接工作。

3. 受理申请、材料收转。接受当事人等提出的财产保全、证据保全、委托鉴定等申请，形式审查后转相关部门办理。特殊情况下，提供紧急办理申请事项的服务。

接收当事人、代理人、辩护人提交的诉讼材料，转交法官或合议庭。

4. 查询咨询、联系法官。通过窗口接待、触摸屏、网络等手段和形式，为当事人、代理人、辩护人提供承办法官、审判组织、流程信息等案件信息查询服务。为当事人等提供法律咨询，有条件的可以提供与诉讼相关的心理咨询。提供专门的阅卷室方便当事人、代理人、辩护人根据规定查阅卷宗，并提供扫描、复印等服务。当事人、代理人、辩护人需要联系法官的，及时帮助联系，有正当理由并得到法官同意的，安排与法官在专门的地点会见。

根据条件和实际需要，可以设置律师或志愿者服务窗口，由律师或具备专业知识的志愿者为当事人无偿提供诉讼咨询和帮助。积极争取将律师在诉讼服务大厅的无偿服务纳入法律援助范围。

5. 文书送达、判后答疑。在合议庭与当事人已有约定后，为当事人提供窗口送达诉讼文书服务。当事人对裁判提出疑问的，通知合议庭答疑。

6. 信访接待、投诉建议。接待处理申诉信访；开展远程视频接访。

设投诉信箱，接受举报投诉与意见建议，转相关部门处理。有条件的可以设置纪检监察窗口。

（三）岗位要求

1. 导诉人员可以由非审判人员担任，应当使用文明、规范的语言询问来访人员的目的，介绍办事程序，指引办事地点，开展法律宣传。

2. 立案法官发现当事人起诉的民事纠纷适宜调解并征得当事人同意的，及时移交调解。对不符合调解条件的，告知诉讼风险，及时办理登记立案手续。对材料不齐全的，一次性指导当事人补齐；不能当即立案的，说明原因，并约定立案时间；不符合登记立案条件的，进行法律释明并作出指引。

先行调解人员应当根据合法、自愿的原则进行调解。当事人不愿意调解或不能达成调解协议的，及时转入立案、审判程序。

3. 受理申请岗位由民事、行政审判部门和执行部门轮流派驻法官、法官助理当值。应统一常见申请的形式要求。接收申请材料应当开具收据，认真审查；对材料不齐全的，一次性指导当事人补齐；符合形式要求的及时移交相关部门办理。

4. 材料收转、查询咨询、联系法官岗位可以由非审判人员担任。收转材料应当认真核对、登记，开具收据，保证及时交接。要验证查询人身份，及时帮助查询，或指引使用自助查询设备查询。应当认真听取来访人员的咨询，耐心回答问题，详细解释法律规定，提供诉讼指引。

5. 窗口文书送达岗位人员可以由非审判人员担任。送达文书要严格依照法律规定进行。当事人当场对裁判文书提出疑问的，应当即刻通知合议庭答疑，或由合议庭与当事人预约时间答疑。

6. 信访接待法官应当及时接待来访人，认真审查申诉材料、听取意见，完整记录来访信息。能够当场解答处理的当场解答处理，不能当场处理的，按规定约定期限处理。对集体访等非正常上访，及时报告，妥善处理，防止矛盾激化。

7. 设立纪检监察窗口的，投诉建议岗位由纪检监察部门派驻人员担任；未设立纪检监察窗口的，可以由其他非审判人员担任。应当及时依照相关规定办理、转办举报投诉，并严格遵守保密纪律；定期汇总意见建议转相关部门。

8. 安全保卫人员由法警担任，要严守岗位，文明执法，认真履行安检职责，确保场所安全与秩序。

三、诉讼服务网

（一）基础建设

1. 建立诉讼服务网，完善法院公开信息、案件流程信息、诉讼电子档案等数据库，作为诉讼服务网的支撑。实现诉讼服务网与审判流程公开平台、裁判文书公开平台、执行信息公开平台（司法公开三大平台）的相互链接、资源共享。

2. 建立通讯服务系统，实现与诉讼服务大厅、诉讼服务网、12368诉讼服务热线信息共享、互联互通。

3. 完善案件流程管理系统、网上办公系统，实现与诉讼服务网、通讯服务系统数据的及时交换。

（二）主要功能

1. 信息查询、诉讼指引。自案件受理之日起，当事人、代理人、辩护人凭查询密码登录网页查询案件信息。公众直接登录网页查询法院机构、人员、工作流程、生效裁判文书、常用法律法规等公开信息和诉讼指引信息。提供常用的起诉状、答辩状、申请执行书、授权委托书等文书格式电子文档，供当事人等查看和下载使用。通过通讯服务系统，以短信、微信、微博、移动通讯应用客户端等方式主动向当事人、代理人、辩护人推送案件主要流程节点信息，或根据查询申请推送相关案件信息，以及主动向社会公众推送公开信息。

2. 预约立案、网上立案。当事人通过网络提交案件材料，经立案法官在线审查，符合登记立案条件的，预约当事人、代理人到诉讼服务大厅办理立案手续。

探索建立诉讼行为真实性识别机制，实现立案法官在线登记立案。探索建立网上缴费系统，为当事人提供诉讼费等费用的网上支付服务。

3. 受理申请、材料接收。当事人等通过网络提出财产保全、证据保全、委托鉴定等申请，法官在线审查，符合形式要求的，预约申请人到诉讼服务大厅提交书面申请。探索建立诉讼行为真实性识别机制，实现法官在线审查、处理相关申请。

当事人、代理人、辩护人通过网络上传案件材料，法官处理后回复。

4. 联系法官、网上阅卷。当事人、代理人、辩护人通过网络请求与法官通话、约见法官，或在特定案件公共交流平台上给法官留言，法官处理后回复。

在诉讼档案电子化的基础上，提供网上阅卷服务。当事人、代理人、辩护人经密码验证后，通过网络按照相关规定查阅卷宗或下载。

5. 网上信访、预约接访。当事人上传申诉材料，提出申诉请求，信访法官通过网上信访系统在线办理并答复当事人。当事人在网上提出预约接谈申请，信访法官审查后预约排期。

（三）岗位要求

1. 诉讼服务网由专门的机构、人员管理维护，确保正常运转；相关部门要负责及时更新公开信息，审判人员、辅助人员要及时录入案件信息，确保信息查询功能与诉讼指引功能的有效发挥。

2. 网上立案法官应当认真审查当事人提交的案件材料，符合登记立案条件的应当及时通知当事人、代理人到诉讼服务大厅办理立案手续或直接决定立案。对提交材料不齐全的，在网上一次性指导当事人补齐。不符合登记立案条件的，回复释明法律并作出指引。

3. 网上办公系统法官个人终端都是诉讼服务网的一部分。当事人等提交的申请和材料经数据交换到达法官个人终端，承办法官应当在规定时间内及时办理回复。

4. 网上信访法官应当认真审查申诉人提交的申诉材料，在规定的时间内作出处理，并完整的填写处理意见和理由，在网上答复当事人。

四、12368 诉讼服务热线

（一）基础建设

1. 开通 12368 诉讼服务热线，设置专门的接听场所，配置必要的工作设施，实现与案件流程管理系统、网上办公系统、诉讼服务网、通讯服务系统的有效衔接，共享基础数据库。

2. 有条件的可以实现信息语音化，建立自助语音应答系统。

（二）主要功能

1. 信息查询。自案件受理之日起，当事人、代理人、辩护人拨打热线通过自助语音查询案件信息；未建立自助语音应答系统的，由座席员接听后查询答复或通过通讯服务系统推送查询结果。

2. 诉讼咨询。提供常见程序性法律问题的咨询。

3. 联系法官。当事人、代理人、辩护人拨打热线要求联系法官的，帮助联系。

4. 预约服务。根据条件和实际需要，提供帮助预约节假日立案、上门立案等服务。

（三）岗位要求

1. 座席员可以由非审判人员担任，负责热线的接听、记录、相关事项的答复和转办。应当保证工作日热线畅通，耐心倾听来电并做好记录。对于查询咨询事项要全面准确地答复；要求联系法官的，应当及时帮助联系，不能及时联系上的，留言法官在规定的时间内回复来电人。应当准确记录举报投诉和意见建议，及时依照相关规定转办，并严格遵守保密纪律。

2. 服务热线应当有专门的管理维护人员，已建立自助语音应答系统的要保证24小时正常开通运行。

五、制度建设

各级人民法院要根据诉讼服务大厅、诉讼服务网、12368诉讼服务热线的功能，制定工作规则，规范运行程序，加强相互衔接，确保三大诉讼服务平台规范、高效运转。重点要建立以下制度：

1. 规范服务制度。三大诉讼服务平台均应当明确各项服务项目的办理时间、期限和要求，并严格落实，确保诉讼服务规范化。

2. 岗位责任制度。对三大诉讼服务平台的各个岗位实行定岗、定人、定责，做到职能清晰、任务明确、权责一致。接待来访、接听来电的首位工作人员是首问责任人，应认真负责地做好来访接待、电话接听与登记工作。对职责范围内的事项，及时办理；对职责范围外的事项，及时移交有关部门和人员，并将移交、转办情况及时回复来访、来电人员。

建立科学的考核机制，对诉讼服务中心工作人员进行单独考核。

3. 办事公开制度。各项诉讼服务工作的流程和结果应当留有记录并方便群众了解查询，自觉接受群众监督。三大诉讼服务平台均应当建立群众满意度评价系统。

4. 庭长值班制度。审判业务部门轮流安排负责同志在诉讼服务中心值班，指导处理疑难事项，协调各部门开展工作。

5. 督促提示制度。法官及其他工作人员均应当在规定的时间内完成相关诉讼服务工作。在规定时间内未完成的，审判管理系统应当以一定的方式逐级提示其上级管理者进行督促。

6. 文明接待制度。诉讼服务中心工作人员应当统一着装上岗，做到精神饱满、仪表端庄，举止得体，服务周到、用语文明，工作高效、方法适当。

六、工作要求

1. 加强组织领导。各级人民法院要高度重视诉讼服务中心建设，坚持院长亲自抓，各部门通力配合。要根据最高人民法院总体要求和各地基础条件、实际需要，制定具体工作方案，明确建设时间进度，积极抓好落实。

2. 统一名称。人民法院诉讼服务场所统一使用"诉讼服务中心"名称。

3. 加强机构建设。各级人民法院可以依托立案庭也可以根据自身实际情况构建诉讼服务中心日常管理部门。要注重增强协调力度，重大事项由分管领导召集各部门参加的协调会研究处理，确保工作高效。

4. 加强队伍建设。按照"政治坚定、业务精通、纪律严明、作风优良、品德高尚"的要求，为诉讼服务中心配齐配强工作人员。加强业务培训，实行定期轮岗；初任法官和拟任中层领导的人员应当到诉讼服务中心锻炼，将中心作为培养锻炼干部的基地。可以根据岗位的不同实行人员分类配备。非审判岗位可以由退休法官、志愿者担任，并可以探索实行劳务外包。

5. 注重宣传。各级人民法院要充分利用各类社会媒体和法院系统自有媒体，加大对诉讼服务中心建设的宣传力度，增进人民群众的了解，争取社会各界对建设工作的广泛支持。

6. 强化监督考核。上级人民法院要强化措施，加强对下级法院诉讼服务中心建设的考核、验收，推动建设工作不断深入。

三、司法责任制

最高人民法院
关于完善人民法院司法责任制的若干意见

2015 年 9 月 21 日　　　　　　　　　　　法发〔2015〕13 号

为贯彻中央关于深化司法体制改革的总体部署,优化审判资源配置,明确审判组织权限,完善人民法院的司法责任制,建立健全符合司法规律的审判权力运行机制,增强法官审理案件的亲历性,确保法官依法独立公正履行审判职责,根据有关法律和人民法院工作实际,制定本意见。

一、目标原则

1. 完善人民法院的司法责任制,必须以严格的审判责任制为核心,以科学的审判权力运行机制为前提,以明晰的审判组织权限和审判人员职责为基础,以有效的审判管理和监督制度为保障,让审理者裁判、由裁判者负责,确保人民法院依法独立公正行使审判权。

2. 推进审判责任制改革,人民法院应当坚持以下基本原则:
(1) 坚持党的领导,坚持走中国特色社会主义法治道路;
(2) 依照宪法和法律独立行使审判权;
(3) 遵循司法权运行规律,体现审判权的判断权和裁决权属性,突出法官办案主体地位;
(4) 以审判权为核心,以审判监督权和审判管理权为保障;
(5) 权责明晰、权责统一、监督有序、制约有效;
(6) 主观过错与客观行为相结合,责任与保障相结合。

3. 法官依法履行审判职责受法律保护。法官有权对案件事实认定和法律适用独立发表意见。非因法定事由,非经法定程序,法官依法履职行为不受追究。

二、改革审判权力运行机制

（一）独任制与合议庭运行机制

4.基层、中级人民法院可以组建由一名法官与法官助理、书记员以及其他必要的辅助人员组成的审判团队，依法独任审理适用简易程序的案件和法律规定的其他案件。

人民法院可以按照受理案件的类别，通过随机产生的方式，组建由法官或者法官与人民陪审员组成的合议庭，审理适用普通程序和依法由合议庭审理的简易程序的案件。案件数量较多的基层人民法院，可以组建相对固定的审判团队，实行扁平化的管理模式。

人民法院应当结合职能定位和审级情况，为法官合理配置一定数量的法官助理、书记员和其他审判辅助人员。

5.在加强审判专业化建设基础上，实行随机分案为主、指定分案为辅的案件分配制度。按照审判领域类别，随机确定案件的承办法官。因特殊情况需要对随机分案结果进行调整的，应当将调整理由及结果在法院工作平台上公示。

6.独任法官审理案件形成的裁判文书，由独任法官直接签署。合议庭审理案件形成的裁判文书，由承办法官、合议庭其他成员、审判长依次签署；审判长作为承办法官的，由审判长最后签署。审判组织的法官依次签署完毕后，裁判文书即可印发。除审判委员会讨论决定的案件以外，院长、副院长、庭长对其未直接参加审理案件的裁判文书不再进行审核签发。

合议庭评议和表决规则，适用人民法院组织法、诉讼法以及《最高人民法院关于人民法院合议庭工作的若干规定》《最高人民法院关于进一步加强合议庭职责的若干规定》。

7.进入法官员额的院长、副院长、审判委员会专职委员、庭长、副庭长应当办理案件。院长、副院长、审判委员会专职委员每年办案数量应当参照全院法官人均办案数量，根据其承担的审判管理监督事务和行政事务工作量合理确定。庭长每年办案数量参照本庭法官人均办案数量确定。对于重大、疑难、复杂的案件，可以直接由院长、副院长、审判委员会委员组成合议庭进行审理。

按照审判权与行政管理权相分离的原则，试点法院可以探索实行人事、经费、政务等行政事务集中管理制度，必要时可以指定一名副院长专门协助院长管理行政事务。

8.人民法院可以分别建立由民事、刑事、行政等审判领域法官组成的专业法官会议，为合议庭正确理解和适用法律提供咨询意见。合议庭认为所审理的案件因重大、疑难、复杂而存在法律适用标准不统一的，可以将法律适用问题提交专业法官会议研究讨论。专业法官会议的讨论意见供合议庭复议时参考，采纳与否由合议庭决定，讨论记录应当入卷备查。

建立审判业务法律研讨机制，通过类案参考、案例评析等方式统一裁判尺度。

（二）审判委员会运行机制

9.明确审判委员会统一本院裁判标准的职能，依法合理确定审判委员会讨论案件的范围。审判委员会只讨论涉及国家外交、安全和社会稳定的重大复杂案件，以及重大、疑难、复杂案件的法律适用问题。强化审判委员会总结审判经验、讨论决定审判工作重大事项的宏观指导职能。

10. 合议庭认为案件需要提交审判委员会讨论决定的，应当提出并列明需要审判委员会讨论决定的法律适用问题，并归纳不同的意见和理由。

合议庭提交审判委员会讨论案件的条件和程序，适用人民法院组织法、诉讼法以及《最高人民法院关于人民法院合议庭工作的若干规定》《最高人民法院关于改革和完善人民法院审判委员会制度的实施意见》。

11. 案件需要提交审判委员会讨论决定的，审判委员会委员应当事先审阅合议庭提请讨论的材料，了解合议庭对法律适用问题的不同意见和理由，根据需要调阅庭审音频视频或者查阅案卷。

审判委员会委员讨论案件时应当充分发表意见，按照法官等级由低到高确定表决顺序，主持人最后表决。审判委员会评议实行全程留痕，录音、录像，作出会议记录。审判委员会的决定，合议庭应当执行。所有参加讨论和表决的委员应当在审判委员会会议记录上签名。

建立审判委员会委员履职考评和内部公示机制。建立审判委员会决议事项的督办、回复和公示制度。

（三）审判管理和监督

12. 建立符合司法规律的案件质量评估体系和评价机制。审判管理和审判监督机构应当定期分析审判质量运行态势，通过常规抽查、重点评查、专项评查等方式对案件质量进行专业评价。

13. 各级人民法院应当成立法官考评委员会，建立法官业绩评价体系和业绩档案。业绩档案应当以法官个人日常履职情况、办案数量、审判质量、司法技能、廉洁自律、外部评价等为主要内容。法官业绩评价应当作为法官任职、评先评优和晋职晋级的重要依据。

14. 各级人民法院应当依托信息技术，构建开放动态透明便民的阳光司法机制，建立健全审判流程公开、裁判文书公开和执行信息公开三大平台，广泛接受社会监督。探索建立法院以外的第三方评价机制，强化对审判权力运行机制的法律监督、社会监督和舆论监督。

三、明确司法人员职责和权限

（一）独任庭和合议庭司法人员职责

15. 法官独任审理案件时，应当履行以下审判职责：

（1）主持或者指导法官助理做好庭前会议、庭前调解、证据交换等庭前准备工作及其他审判辅助工作；

（2）主持案件开庭、调解，依法作出裁判，制作裁判文书或者指导法官助理起草裁判文书，并直接签发裁判文书；

（3）依法决定案件审理中的程序性事项；

（4）依法行使其他审判权力。

16. 合议庭审理案件时，承办法官应当履行以下审判职责：
（1）主持或者指导法官助理做好庭前会议、庭前调解、证据交换等庭前准备工作及其他审判辅助工作；
（2）就当事人提出的管辖权异议及保全、司法鉴定、非法证据排除申请等提请合议庭评议；
（3）对当事人提交的证据进行全面审核，提出审查意见；
（4）拟定庭审提纲，制作阅卷笔录；
（5）自己担任审判长时，主持、指挥庭审活动；不担任审判长时，协助审判长开展庭审活动；
（6）参与案件评议，并先行提出处理意见；
（7）根据合议庭评议意见制作裁判文书或者指导法官助理起草裁判文书；
（8）依法行使其他审判权力。

17. 合议庭审理案件时，合议庭其他法官应当认真履行审判职责，共同参与阅卷、庭审、评议等审判活动，独立发表意见，复核并在裁判文书上签名。

18. 合议庭审理案件时，审判长除承担由合议庭成员共同承担的审判职责外，还应当履行以下审判职责：
（1）确定案件审理方案、庭审提纲、协调合议庭成员庭审分工以及指导做好其他必要的庭审准备工作；
（2）主持、指挥庭审活动；
（3）主持合议庭评议；
（4）依照有关规定和程序将合议庭处理意见分歧较大的案件提交专业法官会议讨论，或者按程序建议将案件提交审判委员会讨论决定；
（5）依法行使其他审判权力。
审判长自己承办案件时，应当同时履行承办法官的职责。

19. 法官助理在法官的指导下履行以下职责：
（1）审查诉讼材料，协助法官组织庭前证据交换；
（2）协助法官组织庭前调解，草拟调解文书；
（3）受法官委托或者协助法官依法办理财产保全和证据保全措施等；
（4）受法官指派，办理委托鉴定、评估等工作；
（5）根据法官的要求，准备与案件审理相关的参考资料，研究案件涉及的相关法律问题；
（6）在法官的指导下草拟裁判文书；
（7）完成法官交办的其他审判辅助性工作。

20. 书记员在法官的指导下，按照有关规定履行以下职责：
（1）负责庭前准备的事务性工作；
（2）检查开庭时诉讼参与人的出庭情况，宣布法庭纪律；
（3）负责案件审理中的记录工作；
（4）整理、装订、归档案卷材料；

（5）完成法官交办的其他事务性工作。

（二）院长庭长管理监督职责

21. 院长除依照法律规定履行相关审判职责外，还应当从宏观上指导法院各项审判工作，组织研究相关重大问题和制定相关管理制度，综合负责审判管理工作，主持审判委员会讨论审判工作中的重大事项，依法主持法官考评委员会对法官进行评鉴，以及履行其他必要的审判管理和监督职责。

副院长、审判委员会专职委员受院长委托，可以依照前款规定履行部分审判管理和监督职责。

22. 庭长除依照法律规定履行相关审判职责外，还应当从宏观上指导本庭审判工作，研究制定各合议庭和审判团队之间、内部成员之间的职责分工，负责随机分案后因特殊情况需要调整分案的事宜，定期对本庭审判质量情况进行监督，以及履行其他必要的审判管理和监督职责。

23. 院长、副院长、庭长的审判管理和监督活动应当严格控制在职责和权限的范围内，并在工作平台上公开进行。院长、副院长、庭长除参加审判委员会、专业法官会议外不得对其没有参加审理的案件发表倾向性意见。

24. 对于有下列情形之一的案件，院长、副院长、庭长有权要求独任法官或者合议庭报告案件进展和评议结果：

（1）涉及群体性纠纷，可能影响社会稳定的；
（2）疑难、复杂且在社会上有重大影响的；
（3）与本院或者上级法院的类案判决可能发生冲突的；
（4）有关单位或者个人反映法官有违法审判行为的。

院长、副院长、庭长对上述案件的审理过程或者评议结果有异议的，不得直接改变合议庭的意见，但可以决定将案件提交专业法官会议、审判委员会进行讨论。院长、副院长、庭长针对上述案件监督建议的时间、内容、处理结果等应当在案卷和办公平台上全程留痕。

四、审判责任的认定和追究

（一）审判责任范围

25. 法官应当对其履行审判职责的行为承担责任，在职责范围内对办案质量终身负责。

法官在审判工作中，故意违反法律法规的，或者因重大过失导致裁判错误并造成严重后果的，依法应当承担违法审判责任。

法官有违反职业道德准则和纪律规定，接受案件当事人及相关人员的请客送礼、与律师进行不正当交往等违纪违法行为，依照法律及有关纪律规定另行处理。

26. 有下列情形之一的，应当依纪依法追究相关人员的违法审判责任：

（1）审理案件时有贪污受贿、徇私舞弊、枉法裁判行为的；
（2）违反规定私自办案或者制造虚假案件的；
（3）涂改、隐匿、伪造、偷换和故意损毁证据材料的，或者因重大过失丢失、损毁证据材料并造成严重后果的；

（4）向合议庭、审判委员会汇报案情时隐瞒主要证据、重要情节和故意提供虚假材料的，或者因重大过失遗漏主要证据、重要情节导致裁判错误并造成严重后果的；

（5）制作诉讼文书时，故意违背合议庭评议结果、审判委员会决定的，或者因重大过失导致裁判文书主文错误并造成严重后果的；

（6）违反法律规定，对不符合减刑、假释条件的罪犯裁定减刑、假释的，或者因重大过失对不符合减刑、假释条件的罪犯裁定减刑、假释并造成严重后果的；

（7）其他故意违背法定程序、证据规则和法律明确规定违法审判的，或者因重大过失导致裁判结果错误并造成严重后果的。

27.负有监督管理职责的人员等因故意或者重大过失，怠于行使或者不当行使审判监督权和审判管理权导致裁判错误并造成严重后果的，依照有关规定应当承担监督管理责任。追究其监督管理责任的，依照干部管理有关规定和程序办理。

28.因下列情形之一，导致案件按照审判监督程序提起再审后被改判的，不得作为错案进行责任追究：

（1）对法律、法规、规章、司法解释具体条文的理解和认识不一致，在专业认知范围内能够予以合理说明的；

（2）对案件基本事实的判断存在争议或者疑问，根据证据规则能够予以合理说明的；

（3）当事人放弃或者部分放弃权利主张的；

（4）因当事人过错或者客观原因致使案件事实认定发生变化的；

（5）因出现新证据而改变裁判的；

（6）法律修订或者政策调整的；

（7）裁判所依据的其他法律文书被撤销或者变更的；

（8）其他依法履行审判职责不应当承担责任的情形。

（二）审判责任承担

29.独任制审理的案件，由独任法官对案件的事实认定和法律适用承担全部责任。

30.合议庭审理的案件，合议庭成员对案件的事实认定和法律适用共同承担责任。

进行违法审判责任追究时，根据合议庭成员是否存在违法审判行为、情节、合议庭成员发表意见的情况和过错程度合理确定各自责任。

31.审判委员会讨论案件时，合议庭对其汇报的事实负责，审判委员会委员对其本人发表的意见及最终表决负责。

案件经审判委员会讨论的，构成违法审判责任追究情形时，根据审判委员会委员是否故意曲解法律发表意见的情况，合理确定委员责任。审判委员会改变合议庭意见导致裁判错误的，由持多数意见的委员共同承担责任，合议庭不承担责任。审判委员会维持合议庭意见导致裁判错误的，由合议庭和持多数意见的委员共同承担责任。

合议庭汇报案件时，故意隐瞒主要证据或者重要情节，或者故意提供虚假情况，导致审判委员会作出错误决定的，由合议庭成员承担责任，审判委员会委员根据具体情况承担部分责任或者不承担责任。

审判委员会讨论案件违反民主集中制原则,导致审判委员会决定错误的,主持人应当承担主要责任。

32. 审判辅助人员根据职责权限和分工承担与其职责相对应的责任。法官负有审核把关职责的,法官也应当承担相应责任。

33. 法官受领导干部干预导致裁判错误的,且法官不记录或者不如实记录,应当排除干预而没有排除的,承担违法审判责任。

(三)违法审判责任追究程序

34. 需要追究违法审判责任的,一般由院长、审判监督部门或者审判管理部门提出初步意见,由院长委托审判监督部门审查或者提请审判委员会进行讨论,经审查初步认定有关人员具有本意见所列违法审判责任追究情形的,人民法院监察部门应当启动违法审判责任追究程序。

各级人民法院应当依法自觉接受人大、政协、媒体和社会监督,依法受理对法官违法审判行为的举报、投诉,并认真进行调查核实。

35. 人民法院监察部门应当对法官是否存在违法审判行为进行调查,并采取必要、合理的保护措施。在调查过程中,当事法官享有知情、辩解和举证的权利,监察部门应当对当事法官的意见、辩解和举证如实记录,并在调查报告中对是否采纳作出说明。

36. 人民法院监察部门经调查后,认为应当追究法官违法审判责任的,应当报请院长决定,并报送省(区、市)法官惩戒委员会审议。

高级人民法院监察部门应当派员向法官惩戒委员会通报当事法官的违法审判事实及拟处理建议、依据,并就其违法审判行为和主观过错进行举证。当事法官有权进行陈述、举证、辩解、申请复议和申诉。

法官惩戒委员会根据查明的事实和法律规定作出无责、免责或者给予惩戒处分的建议。

法官惩戒委员会工作章程和惩戒程序另行制定。

37. 对应当追究违法审判责任的相关责任人,根据其应负责任依照《中华人民共和国法官法》等有关规定处理:

(1)应当给予停职、延期晋升、退出法官员额或者免职、责令辞职、辞退等处理的,由组织人事部门按照干部管理权限和程序依法办理;

(2)应当给予纪律处分的,由纪检监察部门依照有关规定和程序依法办理;

(3)涉嫌犯罪的,由纪检监察部门将违法线索移送有关司法机关依法处理。

免除法官职务,必须按法定程序由人民代表大会罢免或者提请人大常委会作出决定。

五、加强法官的履职保障

38. 在案件审理的各个阶段,除非确有证据证明法官存在贪污受贿、徇私舞弊、枉法裁判等严重违法审判行为外,法官依法履职的行为不得暂停或者终止。

39. 法官依法审判不受行政机关、社会团体和个人的干涉。任何组织和个人违法干预司法活动、过问和插手具体案件处理的,应当依照规定予以记录、通报和追究责任。

领导干部干预司法活动、插手具体案件和司法机关内部人员过问案件的,分别按照《领导干部干预司法活动、插手具体案件处理的记录、通报和责任追究规定》和《司法机关内部人员过问案件的记录和责任追究规定》及其实施办法处理。

40. 法官因依法履职遭受不实举报、诬告陷害,致使名誉受到损害的,或者经法官惩戒委员会等组织认定不应追究法律和纪律责任的,人民法院监察部门、新闻宣传部门应当在适当范围以适当形式及时澄清事实,消除不良影响,维护法官良好声誉。

41. 人民法院或者相关部门对法官作出错误处理的,应当赔礼道歉、恢复职务和名誉、消除影响,对造成经济损失的依法给予赔偿。

42. 法官因接受调查暂缓等级晋升的,后经有关部门认定不构成违法审判责任,或者法官惩戒委员会作出无责或者免责建议的,其等级晋升时间从暂缓之日起连续计算。

43. 依法及时惩治当庭损毁证据材料、庭审记录、法律文书和法庭设施等妨碍诉讼活动或者严重藐视法庭权威的行为。依法保护法官及其近亲属的人身和财产安全,依法及时惩治在法庭内外恐吓、威胁、侮辱、跟踪、骚扰、伤害法官及其近亲属等违法犯罪行为。

侵犯法官人格尊严,或者泄露依法不能公开的法官及其亲属隐私,干扰法官依法履职的,依法追究有关人员责任。

44. 加大对妨碍法官依法行使审判权、诬告陷害法官、藐视法庭权威、严重扰乱审判秩序等违法犯罪行为的惩罚力度,研究完善配套制度,推动相关法律的修改完善。

六、附 则

45. 本意见所称法官是指经法官遴选委员会遴选后进入法官员额的法官。

46. 本意见关于审判责任的认定和追究适用于人民法院的法官、副庭长、庭长、审判委员会专职委员、副院长和院长。执行员、法官助理、书记员、司法警察等审判辅助人员的责任认定和追究参照执行。

技术调查官等其他审判辅助人员的职责另行规定。

人民陪审员制度改革试点地区法院人民陪审案件中的审判责任根据《人民陪审员制度改革试点方案》另行规定。

47. 本意见由最高人民法院负责解释。

48. 本意见适用于中央确定的司法体制改革试点法院和最高人民法院确定的审判权力运行机制改革试点法院。

最高人民法院
关于落实司法责任制完善审判监督管理机制的意见（试行）

2017年4月12日　　　　　　　　　　　　法发〔2017〕11号

为全面落实司法责任制改革，正确处理充分放权与有效监管的关系，规范人民法院院庭长审判监督管理职责，切实解决不愿放权、不敢监督、不善管理等问题，根据《最高人民法院关于完善人民法院司法责任制的若干意见》等规定，就完善人民法院审判监督管理机制提出如下意见：

一、各级人民法院在法官员额制改革完成后，必须严格落实司法责任制改革要求，确保"让审理者裁判，由裁判者负责"。除审判委员会讨论决定的案件外，院庭长对其未直接参加审理案件的裁判文书不再进行审核签发，也不得以口头指示、旁听合议、文书送阅等方式变相审批案件。

二、各级人民法院应当逐步完善院庭长审判监督管理权力清单。院庭长审判监督管理职责主要体现为对程序事项的审核批准、对审判工作的综合指导、对裁判标准的督促统一、对审判质效的全程监管和排除案外因素对审判活动的干扰等方面。

院庭长可以根据职责权限，对审判流程运行情况进行查看、操作和监控，分析审判运行态势，提示纠正不当行为，督促案件审理进度，统筹安排整改措施。院庭长行使审判监督管理职责的时间、内容、节点、处理结果等，应当在办公办案平台上全程留痕、永久保存。

三、各级人民法院应当健全随机分案为主、指定分案为辅的案件分配机制。根据审判领域类别和繁简分流安排，随机确定案件承办法官。已组建专业化合议庭或者专业审判团队的，在合议庭或者审判团队内部随机分案。承办法官一经确定，不得擅自变更。因存在回避情形或者工作调动、身体健康、廉政风险等事由确需调整承办法官的，应当由院庭长按权限审批决定，调整理由及结果应当及时通知当事人并在办公办案平台公示。

有下列情形之一的，可以指定分案：（1）重大、疑难、复杂或者新类型案件，有必要由院庭长承办的；（2）原告或者被告相同、案由相同、同一批次受理的2件以上的批量案件或者关联案件；（3）本院提审的案件；（4）院庭长根据个案监督工作需要，提出分案建议的；（5）其他不适宜随机分案的案件。指定分案情况，应当在办公办案平台上全程留痕。

四、依法由合议庭审理的案件，合议庭原则上应当随机产生。因专业化审判需要组建的相对固定的审判团队和合议庭，人员应当定期交流调整，期限一般不应超过两年。

各级人民法院可以根据本院员额法官和案件数量情况，由院庭长按权限指定合议庭中资历较深、庭审驾驭能力较强的法官担任审判长，或者探索实行由承办法官担任审判长。院庭长参加合议庭审判案件的时候，自己担任审判长。

五、对于符合《最高人民法院关于完善人民法院司法责任制的若干意见》第 24 条规定情形之一的案件，院庭长有权要求独任法官或者合议庭报告案件进展和评议结果。院庭长对相关案件审理过程或者评议结果有异议的，不得直接改变合议庭的意见，可以决定将案件提请专业法官会议、审判委员会进行讨论。

独任法官或者合议庭在案件审理过程中，发现符合上述个案监督情形的，应当主动按程序向院庭长报告，并在办公办案平台全程留痕。符合特定类型个案监督情形的案件，原则上应当适用普通程序审理。

六、各级人民法院应当充分发挥专业法官会议、审判委员会总结审判经验、统一裁判标准的作用，在完善类案参考、裁判指引等工作机制基础上，建立类案及关联案件强制检索机制，确保类案裁判标准统一、法律适用统一。

院庭长应当通过特定类型个案监督、参加专业法官会议或者审判委员会、查看案件评查结果、分析改判发回案件、听取辖区法院意见、处理各类信访投诉等方式，及时发现并处理裁判标准、法律适用等方面不统一的问题。

七、各级人民法院应当强化信息平台应用，切实推进电子卷宗同步录入、同步生成、同步归档，并与办公办案平台深度融合，实现对已完成事项的记录跟踪、待完成事项的提示催办、即将到期事项的定时预警、禁止操作事项的及时冻结等自动化监管功能。

八、各级人民法院应当认真落实党风廉政建设主体责任和监督责任，自觉接受权力机关法律监督、人民政协民主监督、检察监督、舆论监督和社会监督，不断提高公正裁判水平。组织人事、纪检监察、审判管理部门与审判业务部门应当加强协调配合，形成内部监督合力，坚持失责必问、问责必严。

九、院庭长收到涉及审判人员的投诉举报或者情况反映的，应当按照规定调查核实。对不实举报应当及时了结澄清，对不如实说明情况或者查证属实的依纪依法处理。所涉案件尚未审结执结的，院庭长可以依法督办，并按程序规定调整承办法官、合议庭组成人员或者审判辅助人员；案件已经审结的，按照诉讼法的相关规定处理。

十、本意见自 2017 年 5 月 1 日起试行。

最高人民法院
关于加强各级人民法院院庭长办理案件工作的意见（试行）

2017年4月10日　　　　　　　　　　　　　法发〔2017〕10号

为全面贯彻落实司法责任制，优化审判资源配置，充分发挥各级人民法院院庭长对审判工作的示范、引领和指导作用，根据《中央政法委关于严格执行法官、检察官遴选标准和程序的通知》《最高人民法院关于完善人民法院司法责任制的若干意见》等有关规定，结合审判工作实际，就加强院庭长办理案件工作提出如下意见：

一、各级人民法院院庭长入额后应当办理案件，包括独任审理案件、参加合议庭作为承办法官审理案件、参加合议庭担任审判长或作为合议庭成员参与审理案件，禁止入额后不办案、委托办案、挂名办案，不得以听取汇报、书面审查、审批案件等方式代替办案。

二、各级人民法院院庭长应当根据分管的审判工作，结合专业背景和个人专长办理案件，重点审理重大、疑难、复杂、新类型和在法律适用方面具有普遍指导意义的案件。

三、各级人民法院院庭长应当作为承办法官办理一定数量的案件。主持或参加专业法官会议、审判委员会、协调督办重大敏感案件、接待来访、指挥执行等事务应当计入工作量，纳入岗位绩效考核，但不能以此充抵办案数量。

四、基层、中级人民法院的庭长每年办案量应当达到本部门法官平均办案量的50%～70%。

基层人民法院院长办案量应当达到本院法官平均办案量的5%～10%，其他入额院领导应当达到本院法官平均办案量的30%～40%。

中级人民法院院长办案量应当达到本院法官平均办案量的5%，其他入额院领导应当达到本院法官平均办案量的20%～30%。

基层、中级人民法院可以根据本院的收结案情况，结合完成审判工作任务的需要，在本意见规定的最低标准基础上，适当提高本院院庭长独立承办和参与审理的案件数量。

高级人民法院和最高人民法院院庭长办案数量的最低标准，分别由高级人民法院和最高人民法院规定。

各级人民法院应当综合考虑法院审级、领导职务、分管领域、所承担的审判管理监督事务和行政事务工作量等因素，综合运用案件权重系数等方法测算平均办案量，合理确定院庭长每年独立承办和参与审理案件的数量要求，并在办公办案系统公开。办案数量的最低标准应当根据审判工作任务、法官员额编制、辅助人员配置变化情况及时调整。

五、各级人民法院应当建立保障院庭长办案的工作机制。实行审判团队改革的基层人民法院，庭长、副庭长应当直接编入审判团队，承担相关案件的审判和监督职责；探索将院长、副院长和其他入额院领导编入相应的审判团队审理案件。

各级人民法院应当结合实际，为院庭长配备必要的法官助理和书记员，让院庭长能够集中精力投入开庭审理、评议案件、撰写文书等办案核心事务。

各级人民法院应当严格执行《关于保护司法人员依法履行法定职责规定》及其实施办法，积极争取地方党委政府支持，进一步精简会议文件，压缩管理流程，确保院庭长有更多时间和精力投入办案工作。

六、院庭长分案应当以指定分案为主。各级人民法院应当健全立案环节的甄别分流机制，推动将重大、疑难、复杂、新类型和在法律适用方面具有普遍意义的案件优先分配给院庭长审理。对于特别重大、疑难、复杂的案件，可以依法由院长、副院长、审判委员会委员组成合议庭审理。

七、各级人民法院院庭长办理案件，应当起到示范、引领和指导作用。鼓励院庭长开示范庭，加大院庭长办案的庭审直播工作力度。院庭长办理案件应当同时注意总结审判工作经验，统一裁判尺度，规范指导审判工作。

八、各级人民法院院庭长办案任务完成情况应当公开接受监督。各高级人民法院审判管理部门负责每年度辖区各法院院庭长办案量的测算核定，逐月通报辖区各级人民法院院长、副院长、审判委员会专职委员、其他入额院领导的办案任务完成情况，包括办案数量、案件类型、审判程序、参与方式、开庭数量、审判质量等。各院审判管理部门负责本院庭长、副庭长办案量的测算核定和定期通报。

上级人民法院应当定期对下级人民法院院庭长办案情况开展督察，对办案不达标的要进行通报，存在委托办案、挂名办案等问题的，一经发现，严肃问责。

九、各级人民法院院庭长办案绩效应当纳入对其工作的考评和监督范围。院庭长年度办案绩效达不到考核标准的，应当退出员额。院庭长因承担重要专项工作、协调督办重大敏感案件等原因，需要酌情核减年度办案任务的，应当报上一级人民法院审批备案。

十、本意见所称院庭长，除特别列明的以外，包括进入法官员额的院长、副院长、审判委员会专职委员、其他入额的院领导、庭长、副庭长和其他有审判职称的审判（执行）业务部门负责人。

十一、本意见由最高人民法院负责解释。

十二、本意见自 2017 年 5 月 1 日起试行。最高人民法院此前发布的规范性文件与本意见不一致的，不再适用。

最高人民法院
关于印发《最高人民法院司法责任制实施意见（试行）》的通知

2017年7月25日　　　　　　　　　　　　　　法发〔2017〕20号

本院各单位：

现将《最高人民法院司法责任制实施意见（试行）》印发给你们，请遵照执行。

附：

最高人民法院司法责任制实施意见（试行）

根据《最高人民法院关于完善人民法院司法责任制的若干意见》，结合最高人民法院工作实际，制定本实施意见。

一、基本原则

1. 全面贯彻中央关于司法体制改革的各项工作部署，遵循司法规律，在实行人员分类管理、法官员额制的基础上，严格落实"让审理者裁判、由裁判者负责"的改革要求。

2. 立足最高人民法院职能定位，优化司法资源配置，明晰审判组织与人员的职责权限，健全审判权运行机制，完善审判监督管理制度，巩固先行先试的改革成果，全面落实院党组关于执法办案的一系列工作要求。

二、审判组织与人员

（一）合议庭和审判团队

3. 最高人民法院实行合议庭办案责任制，每个合议庭配备适当数量的法官助理和书记员。在巡回法庭一般以法法官助理、书记员"1+1+1"的模式配置审判团队。

4. 合议庭原则上随机产生，也可以根据专业化审判需要组成相对固定的合议庭。

5. 合议庭审判长一般由资历较深的法官担任，也可以由承办法官担任。

院长及其他院领导、庭长、副庭长参加审判案件，由其担任审判长。

6. 因专业化审判需要组建的相对固定合议庭和审判团队，人员应当定期交流，期限一般为两年，最长不超过五年。

7. 院长及其他院领导、庭长、副庭长可以审理下列案件：
(1) 重大、疑难、复杂、新类型案件；
(2) 具有指导意义的案件；
(3) 经高级人民法院审判委员会讨论决定，在本院适用二审程序、审判监督程序、国家赔偿监督程序审理的案件；
(4) 对本院生效案件启动审判监督程序、国家赔偿监督程序进行再审、重新审理的案件；
(5) 其他有必要由院长及其他院领导、庭长、副庭长审理的案件。

院长及其他院领导审理上述案件时，由审判管理办公室协调配合审判业务庭室和相关职能部门，做好指定分案、审判团队配备、诉讼程序运转、司法公开、新闻宣传等服务保障工作。

8. 审判长除承担由合议庭成员共同承担的审判职责外，还应当以下审判职责：
(1) 确定案件审理方案、庭审提纲，协调合议庭成员庭审分工并指导做好其他庭审准备工作；
(2) 主持、指挥庭审活动；
(3) 主持合议庭评议；
(4) 将合议庭处理意见分歧较大的案件提交专业法官会议讨论，或按程序层报赔偿委员会、审判委员会讨论；
(5) 依照权限签署法律文书；
(6) 依法行使其他审判权力。

审判长自己承办案件时，应当同时履行承办法官的职责。

9. 承办法官应当履行以下审判职责：
(1) 指导法官助理做好庭前准备及其他审判辅助工作；
(2) 就当事人提出的保全、司法鉴定、非法证据排除申请等提请合议庭评议；
(3) 对当事人提交的证据进行全面审核，提出审查意见，依法调取必要证据；
(4) 制作阅卷笔录，拟订庭审提纲，撰写审理报告；
(5) 协助审判长开展庭审活动；
(6) 参与案件评议，并先行提出处理意见；
(7) 根据合议庭、赔偿委员会、审判委员会多数意见制作并签署裁判文书；
(8) 指导审判辅助人员落实院党组关于网上办案、司法公开、电子卷宗、案卷归档等工作要求；
(9) 依法行使其他审判权力。

10. 合议庭审理案件时，合议庭其他法官应当认真履行审判职责，共同参与阅卷、庭审、评议等审判活动，复核并在裁判文书上签名。

11. 裁判文书也承办法官、合议庭其他法官、审判长依次签署；审判长作为承办法官的，由审判长最后签署。

依法由赔偿委员会作出决定的案件，裁判文书由赔偿委员会主任委员或经授权的副主任委员签署。

报请审判委员会讨论决定的案件，裁判文书由院长或受其委托的其他院领导签署。执行死刑的命令由院长签发。

12. 除本规定列明的特殊情形外，院长及其他院领导、庭长对其未直接参加审理案件的裁判文书不再审核签发，也不得以口头指示、旁听合议、文书送阅等方式变相审批案件。

13. 法官助理在法官指导下履行以下职责：
（1）审查诉讼材料，协助法官组织庭前证据交换；
（2）协助法官组织庭前调解，草拟调解文书；
（3）受法官委托或协助法官依法办理财产保全、证据保全等；
（4）受法官指派，协调司法技术辅助部门办理委托鉴定、评估、审计等工作；
（5）受法官委托或协助法官依法调取必要证据；
（6）根据法官要求，准备与案件审理相关的参考资料，研究案件涉及的法律问题；
（7）在法官指导下草拟审理报告、裁判文书；
（8）完成法官交办的其他审判辅助性工作。

14. 书记员在法官指导下履行以下职责：
（1）负责庭前准备的事务性工作；
（2）检查开庭时诉讼参与人的出庭情况，宣布法庭纪律；
（3）负责案件审理中的记录工作；
（4）按照网上办案要求及时上传案件材料，具体落实司法公开各项工作要求；
（5）校对、送达法律文书；
（6）整理、装订、归档案卷材料；
（7）完成法官交办的其他事务性工作。

（二）专业法官会议

15. 专业法官会议由各审判业务庭室在本部门范围内召集，拟讨论案件涉及交叉领域的，可以在全院范围内邀请相关专业审判领域的资深法官参与讨论。专业法官会议形成的意见供合议庭参考。

16. 专业法官会议讨论下列案件：
（1）合议庭处理意见分歧较大的案件；
（2）合议庭认为属于重大、疑难、复杂、新类型的案件；
（3）合议庭拟作出答复或批复的请示案件；
（4）合议庭拟作出裁判结果与本院同类生效案件裁判尺度不一致的案件；
（5）院长及其他院领导、庭长按照审判监督管理权限决定提交讨论的案件；
（6）拟提交审判委员会讨论的案件；
（7）合议庭少数意见坚持认为需要提请讨论并经庭长同意的案件。

（三）审判委员会

17. 审判委员会根据审判工作需要，在内部设立刑事审判、民事行政审判、执行等专业委员会。

18. 审判委员会讨论决定下列案件：

（1）涉及国家利益、社会稳定的重大、复杂案件；

（2）本院已经生效的判决、裁定、决定、调解书确有错误需要再审、重新审理的案件；

（3）最高人民检察院依照审判监督程序、国家赔偿监督程序对本院生效裁判、决定提出抗诉、检察意见的案件；

（4）合议庭意见有重大分歧，经专业法官会议讨论仍难以作出决定的案件；

（5）法律规定不明确，存在法律适用疑难问题的案件；

（6）处理结果可能产生重大社会影响的案件；

（7）对审判工作具有指导意义的新类型案件；

（8）其他需要提交审判委员会讨论的重大、疑难、复杂案件。

19．除讨论决定案件外，审判委员会履行以下职责：

（1）总结审判工作经验；

（2）监督指导全国法院审判工作；

（3）制定司法解释和规范性文件；

（4）听取审判业务庭室工作汇报，分析研判本院和全国法院审判工作运行态势，实施审判管理；

（5）讨论发布指导性案例；

（6）讨论其他有关审判工作的重大问题。

（四）赔偿委员会

20．赔偿委员会的职责、讨论案件范围、工作流程、议事规则等，按照《最高人民法院赔偿委员会工作规则》有关规定执行。

三、审判流程

（一）立案

21．收案和立案工作应当严格执行全院统一标准。

当事人及诉讼代理人提交的材料不符合形式要件的，应当以书面形式一次性全面告知应当补正的材料和期限。

自接收材料起，立案庭、诉讼服务中心应当依托中国审判流程信息公开网及时向当事人及诉讼代理人公开收立案环节的信息。

22．符合收案和立案条件的，立案庭、诉讼服务中心应当全面采集申请立案当事人及诉讼代理人的姓名名称、证照号码、送达地址、通讯方式等信息，要求其签署送达地址、送达方式确认书，提供对方当事人及第三人的相应信息。

23．立案庭、诉讼服务中心应当按照案件类别，要求当事人或一审法院提供下列诉讼材料，并开具收取凭证：

（1）民事、行政再审申请和刑事、国家赔偿申诉案件，由再审申请人或申诉人提交再审申请书或申诉状、原审生效裁判文书、身份证明材料、委托代理手续、证据材料的书面及电子文件。

（2）二审案件，由一审法院在移送上诉卷宗时，一并提供一审案件电子卷宗和上诉状、身份证明材料、委托代理手续、有关证据材料的电子文件。

24. 信息中心应当健全完善电子卷宗调取通道,支持实时调取一审、原审案件的电子卷宗,并导入办案平台。

25. 巡回法庭原则上不审理或办理请示案件,如确有必要的,应当在立案前向审判管理办公室提交报告并说明理白,审判管理办公室会同相关部门研究同意后,巡回法庭可以立案。

高级人民法院报请批准延长审限或因管辖权问题报请裁定、决定的案件,由巡回法庭审理或办理。

(二)分案

26. 分案实行随机分案为主、指定分案为辅的案件分配制度。

有下列情形之一的,可以指定分案:

(1)重大、疑难、复杂、新类型及具有指导意义的案件,有必要由院长及其他院领导、庭长承办的;

(2)当事人、诉讼地位、案由等信息相同或者高度相似的案件,或者同一批次受理的2件以上的批量案件;

(3)本院提审的案件;

(4)院长及其他院领导、庭长根据特殊案件监督管理工作需要,提出分案建议的案件;

(5)其他不适宜随机分案的案件。

27. 各审判业务庭室可以制定本庭室具体随机分案规则,经审判管理办公室审核后向全院公开,由信息中心在办案平台上落实。

随机分案规则需要调整的,有关审判业务庭室应当向审判管理办公室提出书面申请。

(三)庭前准备

28. 合议庭成员均应在庭前阅卷,重点关注庭审中准备查明的事实证据问题以及需要当事人及代理人进行辩论的法律问题。承办法官一般应制作阅卷笔录、提炼争议焦点、拟订庭审提纲。

29. 遇有重大、疑难、复杂案件或上诉案件有新证据的,合议庭可以召集庭前会议交换证据、组织质证、排除非法证据等,对于适宜调解的案件,合议庭可以通过庭前会议促成当事人和解或达成调解协议。

30. 承办法官应当指导法官助理或书记员及时将案件审理过程中采集的当事人信息录入办案平台,包括被申诉人、被申请人的证件号码、手机号码、送达地址等信息。

案件进入审理阶段后,当事人又委托、增加、变更诉讼代理人,或者诉讼代理人的证件号码、手机号码、送达地址等发生变化的,法官助理或者书记员应当及时采集、填录、更新上述信息。

法官助理或者书记员应当通过查阅案卷、联系下级法院、联系检察院等途径完成上述信息由采集工作。

31. 合议庭成员确定后,书记员应当依托办案平台及时制作受理案件通知书、应诉通知书、传票,呈报承办法官签发后,提交总值班室电子签章。

书记员应当及时向案件当事人或者诉讼代理人送达受理案件通知书、应诉通知书、传票、廉政监督卡、审判流程信息公开告知书、当事人提交的证据等文书和材料,并在办案平台及时填录送达信息。

对于案件当事人或者诉讼代理人同意接受电子送达的,以上文书和材料应当采用电子送达方式送达。

32. 法官助理或书记员应当在开庭通知书、传票中告知检察机关和全体诉讼参与人庭审直播注意事项。

33. 检察机关或当事人书面申请不进行网络直播,经审查确有正当理由的,承办法官应当在办案平台填写《最高人民法院庭审不进行网络直播审批表》,层报主管院领导审批。

34. 庭审直播预告发布后,出现延期审理、撤诉、调解等特殊情况的,承办法官应当在办案平台填写《最高人民法院取消庭审网络直播审批表》,层报主管院领导审批。

(四)庭审

35. 合议庭开庭审判案件应当严格按照法律规定的诉讼程序进行,充分发挥庭审在查明事实、认定证据、保护诉权、公正裁判中的决定性作用,确保诉讼证据出示在法庭、案件事实查明在法庭、诉辩意见发表在法庭、裁判理由形成在法庭。

36. 经庭前会议已确认无争议的事实和证据,合议庭在庭审中作出说明后,可以简化庭审举证和质证。

37. 庭审出现不宜直播的情况时,审判长有权指令书记员中断或终止直播,中断直播事由消除后,审判长应当指令书记员恢复直播。中断、恢复、终止直播的情况,应当记入庭审笔录。

38. 案件审理中收集到的证据材料,由书记员负责同步扫描形成电子文档并上传办案平台。

(五)类案与关联案件检索

39. 承办法官在审理案件时,均应依托办案平台、档案系统、中国裁判文书网、法信、智审等,对本院已审结或正在审理的类案和关联案件进行全面检索,制作类案与关联案件检索报告。检索类案与关联案件有困难的,可交由审判管理办公室协同有关审判业务庭室、研究室及信息中心共同研究提出建议。

40. 经检索类案与关联案件,有下列情形的,承办法官应当按需以下规定办理:

(1)拟作出的裁判结果与本院同类生效案件裁判尺度一致的,在合议庭评议中作出说明后即可制作、签署裁判文书;

(2)在办理新类型案件中,拟作出的裁判结果将形成新的裁判尺度的,应当提交专业法官会议讨论,出院庭长决定或建议提交审判委员会讨论;

(3)拟作出的裁判结果将改交本院同类生效案件裁判尺度的,应当报请庭长召集专业法官会议研究,就相关法律适用问题进行梳理后,呈报院长提交审判委员会讨论;

(4)发现本院同类生效案件裁判尺度存在重大差异的,报请庭长研究后通报审判管理办公室,由审判管理办公室配合相关审判业务庭室对法律适用问题进行梳理后,呈报院长提交审判委员会讨论。

41. 对适用死刑复核程序、二审程序、赔偿委员会决定程序、审判监督程序、国家赔偿监督程序审结的具有类案指导价值的案件，法官助理应当在承办法官指导下，高度提炼案件基本事实、争议焦点、评议意见、法律依据、裁判要旨等，形成书面裁判要览并上传办案平台。

（六）评议

42. 承办法官应当将所有案件材料上传办案平台，确保其他合议庭成员在评议前通过办案平台查阅有关卷宗材料。

43. 承办法官对案件事实负主要责任，应当全面客观介绍案情，说明类案与关联案件检索情况，提出拟处理意见。

44. 所有合议庭成员均应对事实认定、法律适用发表意见，重点说明证据采信情况及拟作出裁判结果的理由。合议庭成员发表最终处理意见时，应当按法官资历由低到高的顺序进行。

45. 合议时，书记员应当全面、准确记录合议过程，合议笔录应由合议庭成员审核确认后上传办案平台。

（七）提交和报请讨论

46. 合议庭认为案件需要提交专业法官会议讨论的，应当报请庭长召集会议。

对依法应当由赔偿委员作出决定的国家赔偿案件，合议庭应当按程序报请赔偿委员会讨论。

专业法官会议、赔偿委员会的会议记录及合议庭的决定，应上传办案平台，入卷备查。

47. 专业法官会议、赔偿委员会、主管院领导可以建议合议庭复议一次，也可以建议合议庭按程序层报审判委员会讨论。

48. 提交审判委员会讨论的案件，合议庭应当列明需要审判委员会讨论决定的法律适用问题，汇报类案件与关联类案件检索情况，提出拟处理意见和理由，说明专业法官会议、赔偿委员会对案件的处理意见或建议。

49. 审判委员会讨论决定案件依照《最高人民法院审判委员会工作规则》《最高人民法院关于改革和完善人民法院审判委员会制度的实施意见》有关规定执行。

50. 审判委员会对案件的处理决定和理由应当在裁判文书中公开，法律规定不予公开的情形除外。

（八）裁判文书的制作、校核和印制

51. 承办法官持少数意见的，由其按需合议庭、赔偿委员会、审判委员会多数意见制作裁判文书。

52. 承办法官应当指导法官助理或书记员对裁判文书进行校核，并提交总值班室电子签章后印制。

（九）送达和结案

53. 承办法官应当督促指导法官助理或书记员及时送达法律文书，准确填报送达方式、送达时间、结案方式、结案案由等信息。

54. 裁判文书送达后7个工作日内，承办法官应当督促指导法官助理或书记员完成拟公开裁判文书的技术处理和裁判文书上网公开工作。公告送达的，公告后即可公开。

（十）网上办案

55. 承办法官应当严格落实网上办案工作要求，确保案件审理的全部案件材料网上运转、全部流程节点信息完整、内容准确。

56. 各审判业务庭应当确定一名副庭长负责推动网上办案工作，并指定一名联络员协助庭领导负责此项工作，了解需求，查找问题，制定对策，反馈意见。

（十一）档案查阅

57. 庭审录像和案件卷宗正卷应当向当事人及诉讼代理人公开。

查阅庭审录像的，出诉讼服务中心在核实查阅人员身份信息后直接提供查阅；查阅已归档电子档案的，经承办法官和档案管理部门批准后提供查阅，查阅未归档电子卷宗的，经承办法官批准后提供查阅。

当事人及诉讼代理人查阅上述材料，书记员应核对身份证件及代理权限后提供查询，并安排专门人员监督阅卷。

（十二）刑事案件特别规定

58. 办理死刑复核案件，刑事大要案请示案件，涉外、涉侨、涉港澳台刑事请示案件，法定刑以下判处刑罚核准案件，分案、阅卷、提讯、听证、评议及制作、审核、签署、送达、公开裁判文书等工作，按照有关规定执行。

除前款规定之外的其他刑事案件，按照本意见执行。

四、审判监督与管理

（一）院长审判监督管理职责

59. 院长履行下列审判监督管理职责：

（1）从宏观上指导本院和全国法院各项审判工作；

（2）组织研究与审判工作有关的重大问题、制定相关管理制度；

（3）召集和主持审判委员会；

（4）召集和主持考评委员会；

（5）对涉及国家安全、外交、社会稳定及本意见列明的特殊案件实施审判监督管理；

（6）指定本院审理案件的审判长；

（7）依法依规行使程序性事项审批权力；

（8）依法监督、管理其他审判执行工作；

（9）法律规定的其他职责。

其他院领导协助院长工作，受院长委托行使前款规定的部分职权。

（二）庭长审判监督管理职责

60. 庭长履行下列审判监督管理职责：

（1）从宏观上指导本庭审判工作；

（2）研究确定各合议庭、审判团队、工作人员的职责分工；

（3）根据本意见有关规定指定分案；
（4）召集和主持专业法官会议；
（5）研究本庭审判工作运行态势，落实院党组、审判委员会作出的审判工作部署；
（6）依法依规行使程序性事项审批权力；
（7）召集和主持部门考评会议，研究提出部门初评意见；
（8）依法监督、管理本庭其他审判执行工作；
（9）法律规定的其他职责。

副庭长协助庭长工作，受庭长委托行使前款规定的部分职权。

（三）纪律监督

61. 中央纪委驻最高人民法院纪检组主要领导列席审判委员会会议，各审判业务庭室廉政监察员可以列席专业法官会议、合议庭合议。

（四）审判监督、国家赔偿监督

62. 对本院已经生效的判决、裁定、决定、调解书，因当事人申请而需要再审、重新审理或依职权再审、重新审理的，由院长依据刑事诉讼法、民事诉讼法、行政诉讼法、国家赔偿法有关规定，将案件提交审判委员会讨论决定；因最高人民检察院抗诉而需要再审的，由合议庭依法作出再审裁定，因最高人民检察院针对赔偿委员会决定提出检察意见的，由赔偿委员会决定直接审理。

63. 对地方各级人民法院已经生效的判决、裁定、决定、调解书，发现确有错误的，院长及其他院领导、庭长应当根据审判监督、国家赔偿监督权限指导有关审判业务庭室决定提审、直接审理或指令下级人民法院再审、重新审理。

（五）审判管理

64. 院长及其他院领导、庭长可以要求合议庭报告以下案件的进展情况和评议结果，并要求逐级审批：
（1）涉及群体性纠纷，可能影响社会稳定的案件；
（2）疑难、复杂且有重大社会影响的案件；
（3）与本院类案判决可能发生冲突的案件；
（4）反映法官有违法审判行为的案件；
（5）死刑复核案件，刑事大要案请示案件，涉外、涉侨、涉港澳台刑事请示案件，法定刑以下判处刑罚核准案件。

院长及其他院领导、庭长可以决定或建议将上述案件提交专业法官会议、赔偿委员会、审判委员会讨论。

65. 对下列程序性事项，院长及其他院领导、庭长应当依法依规予以审批：
（1）采取、变更、解除保全措施；
（2）先予执行；
（3）回避；
（4）拘传、拘留、罚款；
（5）采取、变更刑事强制措施；
（6）采取限制出境措施；

(7) 依照规定公布、撤销、更正、删除失信被执行人信息；

(8) 缓、减、免交诉讼费；

(9) 其他重大程序性事项。

66. 因回避或工作调动、身体健康、廉政风险等事由，确需调整承办法官或合议庭成员的，应当由院长及其他院领导、庭长按照审判管理权限审批决定。

67. 案件出现应当扣除、延长、中止、重新计算审限的情形时，承办法官应当及时提出申请，由院长及其他院领导、庭长根据审判管理权审批决定。

68. 院长及其他院领导、庭长可以根据审判管理职责，查看、操作和监控案件审判流程运行情况，组织开展案件评查，纠正不当行为，督促案件审理进度，统筹安排整改措施。

69. 院长及其他院领导、庭长实施案件管理的行为及有关决定内容，应当在案卷和办案平台上全程留痕。

70. 各审判业务庭室包括巡回法庭代拟司法解释、指导性意见、指导性案例及其他司法政策文件等，应当层报审判委员会讨论决定，以最高人民法院名义统一发布。

71. 院长主持考评委员会开展办案业绩考核工作，指导审判管理办公室健全完善办案业绩评价体系，运用权重系数计算办法科学测定办案工作量，合理评价法官办案数量、质量、效率和效果，对法官办案业绩提出考核意见。

对法官助理、书记员的工作业绩进行考核时，应当重点听取所在庭室、审判团队和法官的意见。

72. 审判责任的认定和追究，按照《最高人民法院关于完善人民法院司法责任制的若干意见》《关于建立法官、检察官惩戒制度的意见（试行）》等规定执行。

73. 本意见自2017年8月1日起试行。

四、法院组织体系

最高人民法院
关于修改《最高人民法院关于巡回法庭审理案件若干问题的规定》的决定

法释〔2016〕30号

（2016年12月19日最高人民法院审判委员会第1704次会议通过 2016年12月27日最高人民法院公告公布 自2016年12月28日起施行）

根据中央审议通过的《最高人民法院增设巡回法庭的方案》，为完善最高人民法院巡回法庭布局，适应审判工作需要，现决定对《最高人民法院关于巡回法庭审理案件若干问题的规定》作如下修改：

将第一条第一款修改为："最高人民法院设立巡回法庭，受理巡回区内相关案件。第一巡回法庭设在广东省深圳市，巡回区为广东、广西、海南、湖南四省区。第二巡回法庭设在辽宁省沈阳市，巡回区为辽宁、吉林、黑龙江三省。第三巡回法庭设在江苏省南京市，巡回区为江苏、上海、浙江、福建、江西五省市。第四巡回法庭设在河南省郑州市，巡回区为河南、山西、湖北、安徽四省。第五巡回法庭设在重庆市，巡回区为重庆、四川、贵州、云南、西藏五省区。第六巡回法庭设在陕西省西安市，巡回区为陕西、甘肃、青海、宁夏、新疆五省区。最高人民法院本部直接受理北京、天津、河北、山东、内蒙古五省区市有关案件。"

根据本决定，《最高人民法院关于巡回法庭审理案件若干问题的规定》作相应修改后，重新公布。

附：

最高人民法院
关于巡回法庭审理案件若干问题的规定

(2015年1月5日最高人民法院审判委员会第1640次会议通过 根据2016年12月19日最高人民法院审判委员会第1704次会议通过的《最高人民法院关于修改〈最高人民法院关于巡回法庭审理案件若干问题的规定〉的决定》修正)

为依法及时公正审理跨行政区域重大行政和民商事等案件，推动审判工作重心下移、就地解决纠纷、方便当事人诉讼，根据《中华人民共和国人民法院组织法》《中华人民共和国行政诉讼法》《中华人民共和国民事诉讼法》《中华人民共和国刑事诉讼法》等法律以及有关司法解释，结合最高人民法院审判工作实际，就最高人民法院巡回法庭（简称巡回法庭）审理案件等问题规定如下：

第一条 最高人民法院设立巡回法庭，受理巡回区内相关案件。第一巡回法庭设在广东省深圳市，巡回区为广东、广西、海南、湖南四省区。第二巡回法庭设在辽宁省沈阳市，巡回区为辽宁、吉林、黑龙江三省。第三巡回法庭设在江苏省南京市，巡回区为江苏、上海、浙江、福建、江西五省市。第四巡回法庭设在河南省郑州市，巡回区为河南、山西、湖北、安徽四省。第五巡回法庭设在重庆市，巡回区为重庆、四川、贵州、云南、西藏五省区。第六巡回法庭设在陕西省西安市，巡回区为陕西、甘肃、青海、宁夏、新疆五省区。最高人民法院本部直接受理北京、天津、河北、山东、内蒙古五省区市有关案件。

最高人民法院根据有关规定和审判工作需要，可以增设巡回法庭，并调整巡回法庭的巡回区和案件受理范围。

第二条 巡回法庭是最高人民法院派出的常设审判机构。巡回法庭作出的判决、裁定和决定，是最高人民法院的判决、裁定和决定。

第三条 巡回法庭审理或者办理巡回区内应当由最高人民法院受理的以下案件：

（一）全国范围内重大、复杂的第一审行政案件；

（二）在全国有重大影响的第一审民商事案件；

（三）不服高级人民法院作出的第一审行政或者民商事判决、裁定提起上诉的案件；

（四）对高级人民法院作出的已经发生法律效力的行政或者民商事判决、裁定、调解书申请再审的案件；

（五）刑事申诉案件；

（六）依法定职权提起再审的案件；

（七）不服高级人民法院作出的罚款、拘留决定申请复议的案件；

（八）高级人民法院因管辖权问题报请最高人民法院裁定或者决定的案件；

（九）高级人民法院报请批准延长审限的案件；

（十）涉港澳台民商事案件和司法协助案件；

（十一）最高人民法院认为应当由巡回法庭审理或者办理的其他案件。

巡回法庭依法办理巡回区内向最高人民法院提出的来信来访事项。

第四条 知识产权、涉外商事、海事海商、死刑复核、国家赔偿、执行案件和最高人民检察院抗诉的案件暂由最高人民法院本部审理或者办理。

第五条 巡回法庭设立诉讼服务中心，接受并登记属于巡回法庭受案范围的案件材料，为当事人提供诉讼服务。对于依照本规定应当由最高人民法院本部受理案件的材料，当事人要求巡回法庭转交的，巡回法庭应当转交。

巡回法庭对于符合立案条件的案件，应当在最高人民法院办案信息平台统一编号立案。

第六条 当事人不服巡回区内高级人民法院作出的第一审行政或者民商事判决、裁定提起上诉的，上诉状应当通过原审人民法院向巡回法庭提出。当事人直接向巡回法庭上诉的，巡回法庭应当在五日内将上诉状移交原审人民法院。原审人民法院收到上诉状、答辩状，应当在五日内连同全部案卷和证据，报送巡回法庭。

第七条 当事人对巡回区内高级人民法院作出的已经发生法律效力的判决、裁定申请再审或者申诉的，应当向巡回法庭提交再审申请书、申诉书等材料。

第八条 最高人民法院认为巡回法庭受理的案件对统一法律适用有重大指导意义的，可以决定由本部审理。

巡回法庭对于已经受理的案件，认为对统一法律适用有重大指导意义的，可以报请最高人民法院本部审理。

第九条 巡回法庭根据审判工作需要，可以在巡回区内巡回审理案件、接待来访。

第十条 巡回法庭按照让审理者裁判、由裁判者负责原则，实行主审法官、合议庭办案责任制。巡回法庭主审法官由最高人民法院从办案能力突出、审判经验丰富的审判人员中选派。巡回法庭的合议庭由主审法官组成。

第十一条 巡回法庭庭长、副庭长应当参加合议庭审理案件。合议庭审理案件时，由承办案件的主审法官担任审判长。庭长或者副庭长参加合议庭审理案件时，自己担任审判长。巡回法庭作出的判决、裁定，经合议庭成员签署后，由审判长签发。

第十二条 巡回法庭受理的案件，统一纳入最高人民法院审判信息综合管理平台进行管理，立案信息、审判流程、裁判文书面向当事人和社会依法公开。

第十三条 巡回法庭设廉政监察员，负责巡回法庭的日常廉政监督工作。

最高人民法院监察局通过受理举报投诉、查处违纪案件、开展司法巡查和审务督察等方式，对巡回法庭及其工作人员进行廉政监督。

最高人民法院
关于印发《最高人民法院巡回法庭审判管理工作指导意见》的通知

2017年4月6日　　　　　　　　　　法发〔2017〕9号

本院各单位：

《最高人民法院巡回法庭审判管理工作指导意见》已经院长办公会议审议通过，现印发给你们，请遵照执行。

附：

最高人民法院巡回法庭审判管理工作指导意见

为进一步深入贯彻落实院党组关于巡回审判、司法责任制、司法公开、网上办案等各项工作要求，切实加强巡回法庭审判管理工作，有效确保巡回法庭办案工作的质量和效率，充分发挥巡回法庭示范效应，结合我院工作实际，制定此指导意见。

一、收立案阶段

1. 诉讼服务中心工作人员应当通过各种方式采集再审申请人、申诉人、上诉人及诉讼代理人的证件号码（身份证号、军官证号、护照号或者组织机构代码等）、手机号码、送达地址等，引导上述人员选择接受电子送达，要求上述人员签署"送达地址、送达方式确认书"，提供被申请人、被申诉人、被上诉人联系方式等信息。

2. 对于符合民事、行政再审申请或者刑事申诉立案条件的，诉讼服务中心工作人员应当要求再审申请人或者申诉人提交再审申请书或者申诉状、原审生效裁判文书、身份证明材料、委托代理手续以及支持申请再审或者申诉理由的有关证据材料的电子文档。再审申请人或者申诉人未提交电子文档或者提交的电子文档不符合要求的，工作人员应当一次性告知其所需提供材料的规格和样式。对于确有困难无法自行提供电子文档的，工作人员应当指导扫描中心帮助制作电子文档。

3. 对于二审案件，一审法院移送一审卷宗时，应当同时提供一审电子卷宗和上诉状、一审裁判文书、身份证明材料、委托代理手续、有关证据材料等上诉材料的电子文档。对于未按照要求提供电子卷宗的，诉讼服务中心工作人员应当要求一审法院补充材料。对于未按照要求提供上诉材料电子文档的，诉讼服务中心工作人员可以要求一审法院补充材料，也可以指导扫描中心制作。

4. 巡回法庭应当积极引导民事、行政再审申请人和诉讼代理人依托互联网申请网上预约立案或者网上立案。再审申请人申请网上预约立案，或者诉讼代理人申请网上立案的，应当详细填录本指导意见第1条规定的信息，并上传本指导意见第2条规定的电子文档。对于已经在网上预约立案的，巡回法庭应当提供优先立案通道，由再审申请人在立案窗口提交诉讼材料原件，并签署"送达地址、送达方式确认书"。

5. 信息中心应当建立稳定便捷的原审电子卷宗调取通道，支持巡回法庭工作人员根据接访和办案工作需要依权限实时调取辖区法院所有原审电子卷宗，并支持将原审电子卷宗自动导入办案平台。有条件的巡回法庭，可以会同辖区高级人民法院探索建立专门的电子卷宗调取通道，实现与辖区法院信息化平台的互联互通、信息共享。巡回法庭应当督促辖区法院配合做好电子卷宗制作和调取等各项工作，确保从源头上解决网上办案难题。

6. 自接收下级法院、案件当事人或者诉讼代理人提交的案件材料开始，除涉及国家秘密的内容外，巡回法庭的所有工作均应依托信访系统或者办案平台进行，所有案件材料均应实现网上流转、网上审批、全程留痕，案件流程进展情况均应向案件当事人及诉讼代理人主动公开。

7. 立案时，立案工作人员应当准确完整填写办案平台中的案件当事人信息、原审案件信息、立案案由等各项立案信息。对于二审案件，立案工作人员应当填录所有案件当事人的证件号码、手机号码、送达地址等信息；对于审查类案件，立案工作人员应当填录申请再审、申诉一方当事人的证件号码、手机号码、送达地址等信息。案件当事人在立案阶段已经委托诉讼代理人的，立案工作人员应当填录诉讼代理人的证件号码、手机号码、送达地址等信息。

8. 除高级人民法院报请批准延长审限的案件外，巡回法庭一般情况下不应当办理请示案件。巡回法庭认为确实需要办理请示案件的，应当在立案前向审管办提交报告并说明理由。审管办会同立案庭、研究室及相关业务部门共同研究后，认为应当由巡回法庭审理的，巡回法庭可以立案。

9. 分案工作依托办案平台进行，应当坚持随机、均衡、自动的基本原则，不再采用手工分案方式。巡回法庭可以结合自身实际，向审管办提出本庭详细的随机分案规则，经审管办审核后交信息中心办理。分案规则应在确保本庭主审法官办案工作量基本均衡的基础上，尽量简单、可行。各巡回法庭随机分案规则向全院公开。

10. 各巡回法庭应当指定一名庭领导负责确认和调整分案。确定合议庭成员后，原则上不应变更合议庭成员。因特殊需要必须变更合议庭成员的，应当层报负责调整分案的庭领导审批。调整分案情况通过办案平台向全庭所有人员公开，并通过审判流程信息公开平台向案件当事人及诉讼代理人公开。

二、审理阶段

11. 案件审理过程中案件信息发生变化的，主审法官应当指导法官助理或者书记员及时在办案平台予以变更。对于审查类案件，进入审理阶段后，法官助理或者书记员应当采集、填录被申诉人、被申请人的证件号码、手机号码、送达地址等信息。案件进入审理阶段后，当事人又委托、增加、变更诉讼代理人，或者诉讼代理人的证件号码、手机号码、送达地址等发生变化的，法官助理或者书记员应当及时采集、填录、更新上述信息。法官助理或者书记员应当通过查阅案卷、联系下级法院、联系人民检察院等途径完成上述信息的采集工作。

12. 合议庭成员确定后，书记员应当依托办案平台及时制作受理案件通知书、应诉通知书及传票，呈报承办主审法官或者审判长签发后，提交总值班室电子签章。书记员应当及时向案件当事人或者诉讼代理人送达受理案件通知书、应诉通知书、传票、廉政监督卡、审判流程信息公开告知书等文书和材料，并在办案平台及时填录送达信息。对于案件当事人或者诉讼代理人同意接受电子送达的，以上文书及材料应当采用电子送达方式。诉讼服务中心工作人员应当通过审判流程信息公开平台跟踪电子送达状态，并通过适当方式督促、指导受送达人及时接受电子送达，下载、查阅电子送达的诉讼文书。受送达人未接受电子送达的，及时采取其他方式进行送达。有条件的巡回法庭，可以探索由诉讼服务中心统一完成送达和电子送达工作，确保送达工作规范高效。

13. 对于案件审理过程中收到的证据材料，由承办主审法官负责指导法官助理或者书记员同步扫描形成电子文档，并上传办案平台。主审法官、法官助理和书记员应当依托办案平台完成各种笔录、报告、裁判文书的整理与起草工作，或者在完成上述工作后及时上传办案平台。

14. 合议庭成员确定开庭时间后，一律由书记员通过办案平台预订法庭。对于庭审直播案件，由法官助理或者书记员准备案情简介，通过办案平台报承办主审法官或者审判长审批后提供给庭审直播平台运维人员。预订法庭后原则上不应变更庭审时间和庭审地点。确实需要变更的，书记员应当及时主动向案件当事人及诉讼代理人作出解释说明。庭审直播预告发布后，庭审需要改期的，承办主审法官应当及时指导书记员通过办案平台进行取消庭审和预订法庭的操作，系统自动发布庭审改期公告。

15. 对于庭审直播案件，应当在开庭通知书、传票中告知检察机关、案件当事人及其他诉讼参与人庭审直播的有关情况。检察机关或者案件当事人通过书面形式申请不进行网络直播，经审查确有正当理由的，承办主审法官通过办案平台填写《最高人民法院庭审不进行网络直播审批表》，层报庭长审批同意，可以不直播。

16. 庭审直播预告发布后，出现撤诉、调解等特殊情形的，承办主审法官应当通过办案平台填写《最高人民法院取消庭审网络直播审批表》，层报庭长审批同意后，系统自动发布取消庭审直播的公告，并载明取消理由。

17. 庭审开始时，书记员负责操作科技法庭系统、庭审直播系统，庭审网络直播自动进行。庭审网络直播过程中，出现不适宜直播的特殊情形的，审判长有权决定中断庭审直播。书记员根据审判长的指令，进行相应操作。中断直播的事由消除后，审判长应当指令书记员恢复庭审直播。中断直播的事由无法消除，或者庭审出现确不适宜继续直播的情况，审判长有权决定终止庭审直播。中断、恢复、终止直播的，应当记入开庭笔录。终止直播的，审判长应当在庭审后3个工作日内作出书面说明，经巡回法庭庭领导审批，报审管办和新闻局备案。

18. 提交合议庭评议前，承办主审法官应当提炼出案件的争议焦点及所涉及的主要法律适用问题，依托办案平台、中国裁判文书网、法信平台等，对我院已经审结的涉及相同、相似争议焦点或者法律适用问题的类似案件，以及我院已审结或者正在审理的关联案件进行全面检索，形成"类案及关联案件检索报告"，及时上传办案平台。检索类似案件及关联案件有困难的，可以报巡回法庭庭领导审批后，向审管办提出需求，由审管办协同院本部有关审判业务部门、研究室及信息中心帮助完成此项工作。

19. 提交合议庭评议前，承办主审法官应当确保所有案件材料的电子版已上传办案平台，以便其他合议庭成员在合议前依托办案平台详细查看拟合议案件的电子卷宗。

20. 巡回法庭要建立和完善主审法官会议机制，研究制定科学合理的主审法官会议议事规则，报审管办备案。主审法官会议的讨论意见供合议庭复议时参考，采纳与否由合议庭决定，讨论记录应当及时上传办案平台，并入卷备查。对于所有拟提交审判委员会讨论的案件，巡回法庭均须先行提交主审法官会议讨论，并经巡回法庭庭长批准。

21. 合议时，承办主审法官应当对案情进行全面客观的介绍，并详细汇报类似案件及关联案件的检索情况，提出裁判意见。合议庭成员发表意见和观点须陈述理由，不得只讲观点不讲理由或者简单附议他人意见。一般情况下，合议庭应当遵循我院业已形成的裁判规则和尺度，如拟处意见与我院既有裁判规则和尺度不一致，应当说明理由，并提交主审法官会议讨论。主审法官会议认为应当改变我院既有裁判规则的，应当提交审判委员会讨论。如查询到的我院同类案件之间存在裁判标准和尺度的重大差异，巡回法庭可通报审管办，由审管办报请院领导将差异案件所涉法律问题提交审判委员会讨论，以确定应当遵从的裁判规则。

22. 合议时，书记员应当依托办案平台对合议过程进行记录，或者在合议后及时将合议笔录上传办案平台，依次送交合议庭成员签署。合议模块开发完成前，书记员应当及时将合议笔录的电子版及合议庭成员签名原件的扫描件上传办案平台。

23. 对于在办案件，巡回法庭庭领导应当依托办案平台加强巡查，强化对案件质量和效率的管理。对于以下四类案件，巡回法庭庭领导有权要求合议庭报告案件进展和评议结果：（1）涉及群体性纠纷，可能影响社会稳定的；（2）疑难、复杂且在社会上有重大影响的；（3）与本院类案判决可能发生冲突的；（4）有关单位或者个人反映法官有违法审判行为的。庭领导对上述四类案件的审理过程或者评议结果有异议的，可以将案件提交主审法官会议讨论。

24. 巡回法庭办理请示案件，合议庭作出答复或者批复前，应当提交本庭主审法官会议讨论。主审法官会议讨论情况应当报审管办备案。

25. 案件审理期限的变更应当严格依照法律及司法解释进行。对于符合扣除审限、延长审限条件的，承办主审法官应当及时通过办案平台提出申请，层报庭领导审批。审限扣除、延长的时间、理由等均将通过审判流程信息公开平台自动同步向案件当事人及其诉讼代理人公开。

三、结案阶段

26. 裁判文书签发后,承办主审法官应当及时指导法官助理和书记员对裁判文书进行认真校对、纠错、排版后,提交总值班室电子签章。总值班室签章后,承办主审法官可以打印裁判文书,安排书记员及时开展送达工作。书记员应当在办案平台中及时准确填录送达方式、开始送达时间和完成送达时间。送达工作开始后,承办主审法官可以在办案平台中结案。结案时,承办主审法官应当准确填录结案方式、结案案由等案件信息,准确选择结案裁判文书。案件结案后,相关信息原则上不允许修改。确实需要修改的,应当通过办公平台报庭领导和审管办审批后交信息中心办理。

27. 裁判文书送达后七个工作日内,承办主审法官应当及时完成裁判文书上网前技术处理及裁判文书上网公开工作。公告送达的,公告送达开始后即可以将有关裁判文书上网公开。

四、其他事项

28. 一般情况下,巡回法庭不得出台指导性意见、指导性案例以及其他司法政策文件。巡回法庭认为确有必要的,应当首先提交主审法官会议讨论。主审法官会议讨论通过后,应当提交审判委员会讨论。审判委员会讨论通过后,该指导性意见、指导性案例以及其他司法政策文件应当以最高人民法院名义对外统一发布。

29. 巡回法庭庭领导应当加强对本庭案件质量和效率的分析研判,有针对性地开展专项评查,研究发现和解决制约本庭审判质效的普遍性、深层次问题。庭领导应当明确和细化本庭不同岗位人员的工作职责,并在此基础上不断完善本庭审判业绩评价体系,使审判业绩评价更加科学合理、客观真实、公开透明。

30. 巡回法庭应当确定一名庭领导专门负责推动网上办案工作,并指定一名联络员协助庭领导负责此项工作。在推动过程中:要组织得力人员,深入了解掌握本部门人员规范使用办案软件、落实网上办案具体要求的实际情况,认真查找存在的问题,分析原因,制定对策,并及时汇总办案人员对软件的修改完善意见和具体需求,通过联络员及时反馈审管办、信息中心。

31. 巡回法庭要根据部门工作实际,将办案人员开展网上办案的情况作为重要考核指标,与主审法官、法官助理、书记员和诉讼服务人员个人的评优评先等挂钩。审管办将通过办案平台对各审判业务部门开展网上办案的情况进行评查,评查结果纳入年度绩效考核。

32. 庭审结束后,庭审录像即向案件当事人及其诉讼代理人公开。电子卷宗正卷无论是否归档,均向案件当事人及其诉讼代理人公开。查阅庭审录像的,由诉讼服务中心在核实查阅人员身份信息后直接提供;查阅已归档电子档案的,经承办主审法官和档案管理部门批准后提供查阅;查阅未归档电子卷宗的,经承办主审法官批准后提供查阅。对于案件当事人及诉讼代理人申请阅卷的,优先提供电子卷宗查阅服务。一般情况下,应当允许案件当事人及诉讼代理人通过互联网查阅案件卷宗。案件当事人及诉讼代理人申请查阅纸质卷宗的,应当在诉讼服务中心进行。书记员应准备好案件正卷,经核对身份证件及代理权限后提供查阅，并安排专门人员监督阅卷。

33. 巡回法庭应当在诉讼服务中心设立扫描中心，聘请专业化社会服务团队为当事人、诉讼代理人及承办主审法官提供扫描服务。档案部门应当明确网上办案情况下诉讼卷宗归档的具体操作规程。

34. 行装局、信息中心应当充分保障办案平台升级改造、电子卷宗生成设备配备、电子卷宗深度应用功能开发及购买专业化服务所需资金。应当提供充足内外网网络带宽，不断优化系统间接口性能，提升系统间信息共享和融合水平，着力保障信息化系统的稳定性和易用性，并通过配置高清宽屏显示器、高性能内外网办公电脑、保密远程无线办公设备等，进一步改善法官网上办案条件，为法官充分利用电子卷宗提供软件、硬件的同步支持。

35. 各巡回法庭已经制定的审判管理文件及办案工作流程，与本指导意见不一致的，以本指导意见为准。

最高人民法院　交通部
关于设立海事法院的通知

（1984年5月24日）

上海、天津、青岛港务管理局、大连港口局、广州海运管理局、长江航务管理局，上海、天津、山东、辽宁、广东、湖北省、市高级人民法院，上海、天津、青岛、大连、广州、长江水上运输法院筹备组：

为了适应我国海上运输和对外贸易事业发展的需要，更好地行使我国海域司法管辖权，维护我国的权益，保护当事人的合法利益，根据宪法和有关法律的规定，经请示中央政法委员会决定，在上海、天津、青岛、大连、广州、武汉等六个口岸城市设立海事专门法院。现将有关事项通知如下：

（一）以上海、天津、青岛、大连、广州、长江（驻武汉市）六个水上运输法院筹备组为基础，组建上海、天津、青岛、大连、广州和武汉海事法院。

海事法院设海事审判庭、海商审判庭、研究室、办公室等机构。根据需要，经最高人民法院和交通部批准，可在院、部指定或委托管辖的港口，设派出法庭。

海事法院与中级人民法院同级，审理国内和涉外的第一审海事案件和海商案件，不受理刑事案件和一般民事案件。其上诉审法院为所在省、市高级人民法院。有关审判业务事宜，由上级人民法院监督和指导。

海事法院院长，由交通部提名，经征求所在省、市高级人民法院意见，按照干部管理权限的规定，办理党内批准手续后，提请所在市人民代表大会选举产生；副院长、庭长、副庭长、审判员和审判委员会委员，属于交通部管理名单的，由交通部提名，经征求所在省、市高级人民法院意见,按照干部管理权限的规定,办理党内批准手续后,由海事法院院长提请所在市人民代表大会常务委员会任免;不属于交通部管理名单的,由海事法院提名,经征求所在省、市高级人民法院意见,按照干部管理权限的规定,办理党内批准手续后,由院长提请所在市人民代表大会常务委员会任免。

(二)海事法院的人员编制,暂定为:上海、广州、武汉各六十人,天津、青岛、大连各四十人。要配备文化程度和政策水平较高、政治条件较好、具有一定海事、海商和法律专业知识、年富力强并有一定数量懂外文的干部担负各项业务工作。

(三)海事法院的人员编制、经费、物资装备(包括办公用房、干警宿舍、交通工具等),在未纳入政法系统以前,仍由交通部有关组建单位负担。

(四)请上海、天津、青岛港务管理局、大连港口局、广州海运管理局、长江航务管理局分别负责组建海事法院。按照上述条件配备干部,安排(建设)办公用房和调拨、购置办公用具等。交通部过去下达给各水上运输法院筹备组的基建、物资装备计划和经费管理办法继续有效,由海事法院使用。

(五)以水上运输高级法院筹备组为基础,在交通部设立"海事法院办公室"(局级),负责管理属于交通部管理名单的海事法院干部;编制和审核经费预决算、基建和物资装备计划;向最高人民法院和交通部提出设置派出法庭的建议;负责海事和海商方面的法制宣传;沟通、协调与有关部门的关系;等等。

(六)自1984年6月1日起,各海事法院宣告成立,并从10月1日开始受理案件。印章由最高人民法院颁发。

最高人民法院
关于在海口市建立海事法院的批复

(1989年9月9日)

海南省高级人民法院:

你院琼高法(办)报〈1989〉4号《关于设立海口海事法院的报告》收悉。根据全国人大常委会《关于在沿海港口城市设立海事法院的决定》,现批复如下:

一、同意在海南省海口市海口海事法院;

二、海口海事法院与当地中级人民法院同级,编制四十人,内设海事审判庭、海商审判庭、研究室和办公室。干部由省高级人民法院党组管理。院长由海口市人大常委会主任提请市人大常委会任免,副院长、庭长、副庭长、审判员和审判委员会委员,由海事法院院长提请海口市人大常委会任免;

三、海口海事法院管辖海南省所属港口和水域(包括西沙、中沙、南沙、黄岩省等岛屿)内发生的海事、海商方面的一审案件,上诉案案件由海南省高级人民法院管辖;

四、海口海事法院由海南省高级人民法院负责筹建。俟筹建工作完成后报告我院，由我院作出正式决定，宣布成立。

最高人民法院
关于设立海口、厦门海事法院的决定

1990年3月2日　　　　　　　　　　　　法（交）发〔1990〕4号

各省、自治区、直辖市高级人民法院，解放军军事法院，各海事法院：

为适应我国经济建设和对外开放的需要，根据全国人大常委会《关于在沿海港口城市设立海事法院的决定》，决定设立海口海事法院和厦门海事法院。

海口海事法院、厦门海事法院与当地中级人民法院同级，内设海事审判庭、海商审判庭、研究室和办公室等机构。

海口海事法院管辖海南省所属港口和水域以及西沙、中沙、南沙、黄岩岛等岛屿和水域内发生的一审海事、海商案件。厦门海事法院管辖下列区域内发生的一审海事、海商案件：南自福建省与广东省交界处、北至福建省与浙江省交界处的延伸海域，其中包括东海南部、台湾省、海上岛屿和福建省所属港口。不服海口、厦门海事法院一审判决的上诉案件分别由海南省高级人民法院和福建省高级人民法院管辖。

最高人民法院公布的《关于海事法院收案范围的规定》适用于海口、厦门海事法院。

根据全国人大常委会《关于在沿海港口城市设立海事法院的决定》第二、四条的规定，海口海事法院、厦门海事法院分别对海口市、厦门市人大常委会负责并报告工作，审判工作分别受海南省高级人民法院和福建省高级人民法院监督。海口海事法院、厦门海事法院的院长分别由海口市、厦门市人大常委会主任提请市人大常委会任免，副院长、庭长、副庭长、审判员和审判委员会委员分别由海口、厦门海事法院院长提请海口市、厦门市人大常委会任免。

海口海事法院和厦门海事法院分别于1990年3月10日和25日开始受理案件。广州、上海海事法院在此之前已经受理的案件，不再移送，其上诉案件仍由广东省高级人民法院和上海市高级人民法院审理。

最高人民法院
关于设立宁波海事法院的决定

1992年12月4日　　　　　　　　　　　　法发〔1992〕40号

各省、自治区、直辖市高级人民法院，解放军军事法院，各海事法院：

为适应我国经济建设和对外开放的需要，根据全国人大常委会《关于在沿海港口城市设立海事法院的决定》，决定设立宁波海事法院。

宁波海事法院与当地中级人民法院同级，内设海事审判庭、海商审判庭、研究室和办公室等机构。

宁波海事法院管辖浙江省所属港口和水域（包括所辖岛屿、所属港口和通海的内河水域）内发生的海事海商方面的第一审案件，上诉案件由浙江省高级人民法院管辖。

最高人民法院公布的《关于海事法院收案范围的规定》适用于宁波海事法院。

根据全国人大常委会《关于在沿海港口城市设立海事法院的决定》第二、第四条的规定，宁波海事法院对宁波市人大常委会负责并报告工作，审判工作受浙江省高级人民法院监督。宁波海事法院的院长由宁波市人大常委会主任提请市人大常委会任免，副院长、庭长、副庭长、审判员和审判委员会委员由宁波海事法院院长提请宁波市人大常委会任免。

宁波海事法院于1993年1月1日开始受理案件。上海海事法院在此之前已经受理的案件，不再移送，其上诉案件仍由上海市高级人民法院审理。

宁波海事法院印章由我院制发。

最高人民法院
关于北海海事法院正式对外受理案件问题的通知

1999年7月19日　　　　　　　　　　　　法〔1999〕123号

各省、自治区、直辖市高级人民法院，解放军军事法院，新疆维吾尔自治区高级人民法院生产建设兵团分院，各海事法院：

根据最高人民法院《关于同意广西壮族自治区设立北海海事法院的批复》精神，现就北海海事法院正式对外受理案件的有关问题通知如下：

一、北海海事法院管辖广西壮族自治区所属港口和水域以及北部湾海域及其岛屿和水域内发生的一审海事、海商案件,与广州海事法院的管辖区域以英罗湾河道中心线为界,河道中心线及其延伸海域以东由广州海事法院管辖,河道中心线及其延伸海域以西,包括乌泥岛、涠洲岛、斜阳岛,属北海海事法院管辖,不服北海海事法院一审判决的上诉案件由广西壮族自治区高级人民法院管辖。

二、北海海事法院的收案范围按照最高人民法院《关于海事法院收案范围的规定》办理。

三、北海海事法院人、财、物的管理工作,按照中编办发〔1999〕5号《关于理顺大连等6个海事法院管理体制若干问题的意见》中的有关规定办理。

四、北海海事法院于1999年7月1日开始正式对外办公,受理案件。

1999年7月1日以后,广州海事法院不再受理上述管辖范围内的海事、海商案件。在此之前已受理的案件不再移送,其上诉案件仍由广东省高级人民法院审理。

最高人民法院印发《关于设立杭州互联网法院的方案》的通知

2017年8月8日　　　　　　　　　　　　　　法〔2017〕245号

浙江省高级人民法院:

《关于设立杭州互联网法院的方案》已经中央领导批准,现予印发,请你院报告浙江省委后尽快组织实施。实施中的新情况、新问题,请及时报告我院。

附:

关于设立杭州互联网法院的方案

为贯彻落实全面依法治国要求和网络强国战略,充分发挥审判工作维护网络安全、加强网络治理、及时化解涉网纠纷的职能作用,推进审判体系和审判能力现代化,根据有关法律和规定,结合地方法院电子诉讼改革经验,现就设立杭州互联网法院提出方案如下:

一、改革主要目标

按照依法有序、积极稳妥、遵循司法规律、满足群众需求的改革精神,根据涉网案件特点,以小范围试点创新为突破口,探索涉网案件诉讼规则,完善审理机制,提升审判效能，促进互联网和经济社会深度融合，推进网络空间治理法治化，维护社会公平正义。

（一）总结探索涉网案件审判规律，全面再造审判流程，健全完善相关诉讼制度和规则，构建高效、便捷、低成本的涉网案件审判机制。

（二）积极跟进互联网信息技术革命步伐，提升"互联网＋"时代的司法审判能力，有效运用智能审判系统，推进线上纠纷解决平台的互联互通，节约诉讼资源，提升司法效率，方便群众诉讼。

（三）发挥人民法院对专门案件集中管辖、专业审判的司法职能，为维护网络安全、化解涉网纠纷、促进互联网和经济社会深度融合等提供更强有力的司法保障。

（四）主动适应互联网发展大趋势，及时总结审判经验，推进依法治网，深化司法改革，进一步提升我国建设"智慧法院"、全面依法治国的良好形象。

二、改革主要内容

（一）依托杭州铁路运输法院，试点设立专门审理涉互联网案件的杭州互联网法院。杭州互联网法院为基层法院。

（二）杭州互联网法院集中管辖杭州市辖区内基层人民法院有管辖权的下列涉互联网案件：

1. 互联网购物、服务、小额金融借款等合同纠纷；
2. 互联网著作权权属、侵权纠纷；
3. 利用互联网侵害他人人格权纠纷；
4. 互联网购物产品责任侵权纠纷；
5. 互联网域名纠纷；
6. 因互联网行政管理引发的行政纠纷。

上级人民法院可以指定杭州互联网法院管辖其他涉互联网民事、行政案件。

不服杭州互联网法院第一审判决、裁定的上诉、抗诉案件，由杭州市中级人民法院审理。

（三）杭州互联网法院院长、副院长、审判委员会委员、庭长以及其他员额法官由杭州市人大常委会任免。

（四）杭州互联网法院实行法官员额制和司法责任制，法官、司法辅助人员和司法行政人员实行分类管理，法官员额根据案件情况适时进行动态调整。中央政法专项编制由浙江省高级人民法院从现有编制中调剂解决，其他辅助人员由杭州市帮助解决。

（五）杭州互联网法院遵循精简、高效原则，设立必要的审判庭、诉讼服务中心、综合办公室、信息技术科等机构。纪检监察机构按照有关规定设立。

（六）杭州互联网法院经费原则上由浙江省财政保障。可暂时委托杭州市代管。

（七）杭州互联网法院实行"线上纠纷线上解决"，起诉、调解、立案、庭审、判决、执行等诉讼环节全程网络化；但根据审判工作需要，可以将不具备线上审理条件的案件转换为线下审理。

（八）杭州互联网法院审判工作受上级法院指导监督，依法接受人民检察院的法律监督。

（九）杭州互联网法院建立大数据中心和一体化线上纠纷解决平台，推动与公安、市场监督等部门，电子商务平台以及社会综治、仲裁、公证、调解等法律服务平台的数据在线"点对点"对接，整合和充分运用涉互联网司法数据资源。

三、工作步骤

（一）提请中央审议。最高人民法院提出关于设立杭州互联网法院的方案，按程序提请中央全面深化改革领导小组审议。经审议通过后，最高人民法院制定试点实施办法组织实施。试点期限为一年。

（二）评估试点效果。试点期间，最高人民法院积极指导浙江省、杭州市两级法院，稳妥推进改革方案落实。试点期满，最高人民法院及时组织评估，总结经验，向中央报告改革试点情况，提出相关改革建议。

（三）推广试点经验。条件成熟时，报经中央同意，选择电商平台集中的地方增设互联网法院，扩大试点范围，推动相关诉讼制度和规则的立法完善。

最高人民法院
印发《关于人民法庭若干问题的规定》的通知

1999 年 7 月 15 日　　　　　　　　　　　　法发〔1999〕20 号

全国地方各级人民法院、各级军事法院、各铁路运输中级法院和基层法院、各海事法院，新疆生产建设兵团各级法院：

现将《最高人民法院关于人民法庭若干问题的规定》印发给你们，请认真贯彻执行。在本规定公布之前，有关人民法庭的规定与本规定不一致的，以本规定为准。

在贯彻执行中有何情况和问题，请及时向我院报告。

附：

最高人民法院
关于人民法庭若干问题的规定

(1999年6月10日最高人民法院审判委员会第1067次会议通过)

第一条 为加强人民法庭建设,发挥人民法庭的职能作用,根据《中华人民共和国人民法院组织法》和其他有关法律的规定,结合人民法庭工作经验和实际情况,制定本规定。

第二条 为便利当事人进行诉讼和人民法院审判案件,基层人民法院根据需要,可设立人民法庭。

第三条 人民法庭根据地区大小、人口多少、案件数量和经济发展状况等情况设置,不受行政区划的限制。

第四条 人民法庭是基层人民法院的派出机构和组成部分,在基层人民法院的领导下进行工作。人民法庭作出的裁判,就是基层人民法院的裁判。

第五条 上级人民法院对人民法庭的工作进行指导和监督。

第六条 人民法庭的任务:

(一)审理民事案件和刑事自诉案件,有条件的地方,可以审理经济案件;

(二)办理本庭审理案件的执行事项;

(三)指导人民调解委员会的工作;

(四)办理基层人民法院交办的其他事项。

第七条 人民法庭依法审判案件,不受行政机关、团体和个人的干涉。

第八条 人民法庭审理案件,除依法不公开审理的外,一律公开进行;依法不公开审理的,也应当公开宣告判决。

第九条 设立人民法庭应当具备下列条件:

(一)至少有3名以上法官、1名以上书记员,有条件的地方,可配备司法警察;

(二)有审判法庭和必要的附属设施;

(三)有办公用房、办公设施、通信设备和交通工具;

(四)其他应当具备的条件。

第十条 人民法庭的设置和撤销,由基层人民法院逐级报经高级人民法院批准。

第十一条 人民法庭的名称,以其所在地地名而定,并冠以所属基层人民法院的名称。

第十二条 人民法庭的法官必须具备《中华人民共和国法官法》规定的条件,并依照法律规定的程序任免。

人民法庭法官不得兼任其他国家机关和企业、事业单位的职务。

第十三条 人民法庭设庭长，根据需要可设副庭长。

人民法庭庭长、副庭长应当具有3年以上审判工作经验。

人民法庭庭长、副庭长与本院审判庭庭长、副庭长职级相同。

人民法庭庭长应当定期交流。

第十四条 庭长除审理案件外，有下列职责：

（一）主持人民法庭的日常工作；

（二）召集庭务会议；

（三）决定受理案件，确定适用审判程序，指定合议庭组成人员和独任审判员；

（四）负责对本庭人员的行政管理、考勤考绩和提请奖惩等工作。

副庭长协助庭长工作。庭长因故不能履行职务时，由副庭长代行庭长职务。

第十五条 人民法庭审理案件，必须有书记员记录，不得由审理案件的法官自行记录。

第十六条 人民法庭审理案件，因法官回避或者其他情况无法组成合议庭时，由院长指定本院其他法官审理。

第十七条 人民法庭审理案件，可以由法官和人民陪审员组成合议庭，人民陪审员在执行职务时，与法官有同等的权利和义务。

第十八条 人民法庭根据需要可以进行巡回审理，就地办案。

第十九条 人民法庭对于妨害诉讼的诉讼参与人或者其他人，依法采取拘传、罚款、拘留措施的，须报经院长批准。

第二十条 人民法庭审理案件，合议庭意见不一致或者庭长认为有必要的，可以报经院长提交审判委员会讨论决定。

第二十一条 人民法庭制作的判决书、裁定书、调解书、决定书、拘传票等诉讼文书，须加盖本院印章。

第二十二条 人民法庭应当指导调解人员调解纠纷，帮助总结调解民间纠纷的经验。

第二十三条 人民法庭发现人民调解委员会调解民间纠纷达成的协议有违背法律的，应当予以纠正。

第二十四条 人民法庭可以通过审判案件、开展法制宣传教育、提出司法建议等方式，参与社会治安综合治理。

第二十五条 人民法庭不得参与行政执法活动。

第二十六条 人民法庭应当建立健全案件登记、统计、档案保管、诉讼费管理、人员考勤考绩等项工作制度和管理制度。

第二十七条 人民法庭的法官应当全心全意为人民服务，坚持实事求是、群众路线的工作作风，听取群众意见，接受群众监督。

第二十八条 人民法庭的法官应当依法秉公办案，遵守审判纪律。不得接受当事人及其代理人的请客送礼，不得贪污受贿、徇私舞弊、枉法裁判。

第二十九条 各省、自治区、直辖市高级人民法院可以根据本规定，结合本地实际情况，制定贯彻实施办法，报最高人民法院备案。

第三十条 本规定自公布之日起施行。

最高人民法院印发《关于规范上下级人民法院审判业务关系的若干意见》的通知

2010年12月28日　　　　　　　　法发〔2010〕61号

各省、自治区、直辖市高级人民法院，解放军军事法院，新疆维吾尔自治区高级人民法院生产建设兵团分院：

《最高人民法院关于规范上下级人民法院审判业务关系的若干意见》已经最高人民法院审判委员会第1493次会议通过，现印发给你们，请结合审判工作实际，认真遵照执行。

附：

关于规范上下级人民法院审判业务关系的若干意见

为进一步规范上下级人民法院之间的审判业务关系，明确监督指导的范围与程序，保障各级人民法院依法独立行使审判权，根据《中华人民共和国宪法》和《中华人民共和国人民法院组织法》等相关法律规定，结合审判工作实际，制定本意见。

第一条 最高人民法院监督指导地方各级人民法院和专门人民法院的审判业务工作。上级人民法院监督指导下级人民法院的审判业务工作。监督指导的范围、方式和程序应当符合法律规定。

第二条 各级人民法院在法律规定范围内履行各自职责，依法独立行使审判权。

第三条 基层人民法院和中级人民法院对于已经受理的下列第一审案件，必要时可以根据相关法律规定，书面报请上一级人民法院审理：

（1）重大、疑难、复杂案件；

（2）新类型案件；

（3）具有普遍法律适用意义的案件；

（4）有管辖权的人民法院不宜行使审判权的案件。

第四条 上级人民法院对下级人民法院提出的移送审理请求，应当及时决定是否由自己审理，并下达同意移送决定书或者不同意移送决定书。

第五条 上级人民法院认为下级人民法院管辖的第一审案件,属于本意见第三条所列类型,有必要由自己审理的,可以决定提级管辖。

第六条 第一审人民法院已经查清事实的案件,第二审人民法院原则上不得以事实不清、证据不足为由发回重审。

第二审人民法院作出发回重审裁定时,应当在裁定书中详细阐明发回重审的理由及法律依据。

第七条 第二审人民法院因原审判决事实不清、证据不足将案件发回重审的,原则上只能发回重审一次。

第八条 最高人民法院通过审理案件、制定司法解释或者规范性文件、发布指导性案例、召开审判业务会议、组织法官培训等形式,对地方各级人民法院和专门人民法院的审判业务工作进行指导。

第九条 高级人民法院通过审理案件、制定审判业务文件、发布参考性案例、召开审判业务会议、组织法官培训等形式,对辖区内各级人民法院和专门人民法院的审判业务工作进行指导。

高级人民法院制定审判业务文件,应当经审判委员会讨论通过。最高人民法院发现高级人民法院制定的审判业务文件与现行法律、司法解释相抵触的,应当责令其纠正。

第十条 中级人民法院通过审理案件、总结审判经验、组织法官培训等形式,对基层人民法院的审判业务工作进行指导。

第十一条 本意见自公布之日起施行。

最高人民法院
印发《关于进一步加强新形势下人民法院基层基础建设的若干意见》的通知

2011年1月28日　　　　　　　　　　　　　　法发〔2011〕4号

各省、自治区、直辖市高级人民法院,解放军军事法院,新疆维吾尔自治区高级人民法院生产建设兵团分院:

现将《最高人民法院关于进一步加强新形势下人民法院基层基础建设的若干意见》印发给你们,请各地结合实际,认真贯彻执行。

附:

关于进一步加强新形势下人民法院
基层基础建设的若干意见

基层基础建设是社会建设的重要组成部分,是整个社会管理的根基。人民法院基层基础建设,是人民法院服务大局、保障民生、维护社会公平正义的重要保证。为适应新形势需要,现就如何进一步加强人民法院基层基础建设提出如下意见。

一、基层基础建设的重要意义、目标任务和基本原则

近年来,人民法院基层基础建设有了长足发展,队伍执法水平和能力有了较大提高,物质装备和经费保障有了较大改善。当前和今后一段时期,我国经济社会发展中深层次问题与表象问题、法律问题与社会问题相互交织,社会矛盾特别是涉及民生各类矛盾产生的原因将更加复杂,高发、多发态势将更加严峻。化解社会矛盾,重点在基层;推进社会管理,难点在基层;确保公正廉洁执法,关键在基层。处在化解社会矛盾纠纷最前沿的基层人民法院及其派出人民法庭,面临的考验将更加严峻,遇到的问题将更加复杂,承担的任务将更加艰巨。

1. 加强基层基础建设是有效保障和服务党和国家工作大局的必然要求。基层人民法院是基层人民政权的重要组成部分。新形势下进一步加强人民法院基层基础建设,对于充分发挥人民法院职能作用,切实维护国家政权安全,深入推进三项重点工作,更好地为大局服务、为人民司法,维护良好社会秩序和法治环境具有至关重要的作用。

2. 加强基层基础建设是顺利推进司法审判事业科学发展的根本保证。人民法院各项工作都要通过基层来落实。人民法院基层基础建设,是提升人民法院整体工作水平的重点,是维护社会公平正义的关键。只有加强基层基础建设,才能保证人民法院充分履行职能,切实促进司法审判事业科学发展。

3. 加强基层基础建设是积极回应人民群众关切期待的重要途径。人民法院90％左右的案件在基层。基层人民法院及其派出人民法庭与人民群众接触最为直接、联系最为紧密。加强基层基础建设,就是要从群众希望的地方做起,从群众不满意的地方改起,不断提升基层审判工作水平和公信力。

4. 基层基础建设的目标任务。以邓小平理论、"三个代表"重要思想为指导,深入贯彻落实科学发展观,坚持"以审判工作为中心、队伍建设为根本、物质装备为保障",力争用三至五年时间,使基层执法办案水平明显提高,化解社会矛盾能力明显增强,法院和法官形象明显改观,物质保障工作明显进步,科技支撑力度明显加大,制度机制活力明显提升,切实发挥基层人民法院及其派出人民法庭在促进社会和谐、维护社会稳定、实现社会公平正义等方面的积极作用。

5. 基层基础建设的基本原则

——坚持党的领导。这是人民法院基层基础建设沿着正确政治方向发展的根本保证。在任何时候、任何情况下，都必须始终不渝坚持党的领导，自觉接受党的领导，紧紧依靠党的领导，始终在思想上、政治上、行动上与党中央保持高度一致。

——坚持群众路线。牢固树立司法为民思想，坚持一切为了群众、一切依靠群众、从群众中来、到群众中去的群众路线，始终以最广大人民根本利益作为工作出发点、落脚点，确保人民法院基层基础工作牢牢扎根于人民群众之中。

——坚持科学发展。牢固树立科学发展理念，正确处理好现实需要与长远发展、全面发展与重点突破、自力更生与社会协同、规模速度与质量效益的关系，努力推动人民法院基层基础建设全面、协调、可持续发展。

——坚持接受监督。牢固树立自觉接受监督观念，完善内部监督制约机制，主动接受人大监督、法律监督、民主监督、舆论监督，广泛听取社会各界意见和建议，不断改进和加强人民法院基层基础工作。

二、立足新形势变化充分发挥审判职能作用

基层基础建设，审判工作是中心。要立足新形势变化，务求在保障和改善民生、化解社会矛盾、促进经济社会长期平稳较快发展方面取得新进展、实现新突破。只有"将矛盾化解在当地、化解在基层"，才能建立起"基层稳、天下安"的和谐社会。

6. 进一步提高民生审判质量。密切关注物价上涨及房贷等政策变化对民生的影响，依法妥善审理劳动就业、社会保障、教育、医疗、住房、消费等领域的纠纷，注重维护弱势群体权益，着力解决群体性矛盾，切实维护人民群众切身利益。认真研究"三农"工作中出现的法律问题，有效化解农民工追索劳动报酬、农产品买卖、农村土地承包等纠纷，保护农民权益，促进农业发展，维护农村稳定。审慎处理农村集体土地征收、城镇国有土地上房屋拆迁案件，切实保障被征地农民、被拆迁人合法权益。

7. 进一步方便人民群众诉讼。完善功能设置，规范工作制度，努力把立案信访窗口建成"为民之窗、文明之窗、和谐之窗、公信之窗"。巩固和完善人民法庭直接立案工作机制，着力解决当事人立案不便困难。更加充分发挥简易程序制度功能，做好小额案件速裁机制试点工作，加大司法救助工作力度，让人民群众行使诉权更加便捷，实现权益更加及时，感受司法公正高效更加真切。

8. 进一步发挥人民陪审优势。注重吸收不同行业、性别、年龄、专业人员，确保人民陪审员队伍的广泛性、代表性和群众性。加强日常管理，健全人民陪审员各项工作程序及考评激励等制度。完善人民陪审员"随机抽取"工作机制，更好实现司法民主。加强岗前及履职培训，着力提高人民陪审员参审能力。切实发挥人民陪审员来自群众、熟悉群众、代表群众独特优势，最大限度引导当事人尊重和自觉履行生效裁判，不断提高司法裁判公信力。

9. 进一步规范人民法庭设置。按照"三个面向"和"两便"要求，坚持科学、务实、效能原则，结合东中西部地区审判工作实际需要，科学规划好人民法庭恢复、新建和调整工作。在所辖乡镇地理位置偏远、交通不便，及原有法庭服务半径过大、区域内经济活动较频繁、受理案件较多的地区,新建或恢复设立人民法庭。对辖区交通便利或者受理案件量较少等设置必要性不高的人民法庭,应及时予以调整。

10. 进一步扩大巡回审判效应。结合本地实际,认真落实最高人民法院《关于大力推广巡回审判方便人民群众诉讼的意见》,切实增强巡回审判的针对性,努力追求巡回审判的高质量和高效率。采取多种形式,依托巡回审判开展延伸服务,推动巡回审判向纵深发展,拓展审判工作的辐射效应,努力提供快捷、亲民和全方位的司法服务。

11. 进一步创新审判管理。坚持服务审判理念,确立有利于审判工作良性发展的管理体系。坚持以人为本,保护和激发审判人员工作积极性和创造性。尊重审判规律,科学设计考核指标,注意对案件的类型化、差别化管理,正确评估统计数据与审判业绩的关系。合理配置审判资源,实现案件繁简分流,优化部门职责分工。有条件的基层人民法院,要设立审判管理专门机构,也可由审判监督庭承担审判管理职能。

12. 进一步拓展对下监督指导。将做好、做实对基层审判工作的监督指导,作为中级以上人民法院日常工作的重要内容和绩效考核的重要指标。完善问题的发现、反馈、分析和解决机制;建立重大敏感案件风险评估机制。着力开展有针对性的调查研究,综合利用适用法律疑难问题请示、审级监督、发改案件通报分析以及典型案例指导等制度,拓宽监督指导途径,不断增强监督指导的针对性、时效性、规范性和权威性。下大气力解决个案指导多、类型案件总结少,事后监督多、事前指导少等问题。

13. 进一步坚持"调解优先、调判结合"。准确理解和贯彻"调解优先、调判结合"基本精神,正确处理调判关系,充分发挥调判组合优势。准确把握运用调判方式处理案件的基础和条件,依照法律可以调解、根据案情能够调解或者按照矛盾冲突特点调解处理效果更好的,要选择调解方式解决纠纷。依法不能调解、根据案情不宜调解或者以判决方式更有利于解决问题的,应当选择判决方式。不能脱离实际设定调解率指标或者违背当事人意愿强调硬调、以拖促调,损害司法权威和司法公信。以自动履行率为重要标准,完善真实反映调解工作效果的考评机制,更好发挥调解方式化解矛盾的功能。

14. 进一步推进"大调解"工作机制。创新和完善诉讼与非诉讼相衔接的矛盾纠纷解决机制,积极推广诉调对接中心建设,做好诉前调解工作。按照不越位、不错位、不缺位的要求,采取集中培训系统指导、巡回办案实时指导、庭审旁听观摩指导、典型案例重点指导等多种形式,促进人民调解化解纠纷能力提高。完善人民调解协议司法确认机制,规范人民调解协议司法确认工作,推动人民调解工作更大发展。把握好人民法院在"大调解"格局中的定位,充分发挥司法的引导、保障、推动作用,既要保持司法活动独立性和终局性,也要加强与各方面的协调配合,形成职责定位明确、程序衔接畅通的社会矛盾化解合力。

三、围绕新形势要求全面加强队伍建设

基层基础建设,队伍建设是根本。建设一支政治坚定、业务过硬、一心为民、公正廉洁的基层队伍,是实现基层基础建设目标任务的重要基础和前提。

15. 进一步加强党建工作。高度重视基层人民法院和人民法庭党建工作,认真整顿组织不健全及软弱涣散等问题,坚持抓党建带队建促审判。全面强化基层党员教育管理，深入推进创先争优活动和"人民法官为人民"主题实践活动，扎实开展"发扬传统、坚定信念、执法为民"主题教育实践活动。注重培养、树立、宣传基层优秀党员典型事迹，激发广大基层干警工作热情和干劲。完善党员管理工作考核评价机制，加大违法违纪党员处罚惩戒力度，增强警示教育震撼力和实效性。

16. 进一步抓好领导班子建设。认真履行干部协管职责，严把基层人民法院领导班子成员任职考察关。通过专题培训、司法巡查、届中考察以及参加领导班子民主生活会等方式，加大对基层人民法院领导干部的教育、管理和监督力度。探索建立体现科学发展观和正确政绩观要求的考核评价体系，作为基层领导干部调整、交流、使用的重要依据。进一步健全、完善后备干部调整、培养和使用等制度，为基层干部成长创造条件，提供有效组织人事制度保障。

17. 进一步改进司法作风。全面传承、弘扬人民司法优良传统，把增强群众观念和感情、保护群众合法权益、密切联系群众贯穿于基层队伍建设始终。深入开展群众观点大讨论，坚持求真务实作风，有针对性地开展自查自纠，最大限度避免损害群众利益、伤害群众感情等现象发生。不断拓宽联系渠道及时听取群众意见建议，积极开展人民满意法院、法官创建活动。严格遵守《法官职业道德基本准则》、《法官行为规范》、《人民法院文明用语基本规范》的规定，以规范文明司法为核心，完善符合基层实际的行为准则规范体系。

18. 进一步促进司法廉洁。结合基层实际，扎实开展党风廉政建设。继续开展正面典型示范教育、反面典型警示教育，探索反腐倡廉工作新路子，督促广大干警廉洁自律。认真落实"四个一律"要求和"五个严禁"规定，健全网络举报受理、违纪线索核查、重大案件督办等工作机制，完善对查办案件工作的评价制度和问责制度，始终保持惩治腐败高压态势。推进惩防腐败体系建设，切实落实廉政建设责任制，全面推行廉政监察员制度，健全基层纪检监察机构设置，配齐、配强纪检监察人员，构建符合基层审判工作规律的廉政风险防范机制。

19. 进一步增强司法能力。全面贯彻落实"一个目标、两个转变、三个倡导"教育培训工作方针，构建多形式、全覆盖的基层队伍全员培训体系和网络。紧扣基层实践需求，不断创新培训内容与形式，把会做、善做群众工作，掌握化解矛盾纠纷的本领，以及突发紧急事件处置、舆情掌控及应对等纳入基层法官和法院领导干部教育培训工作的必修内容。抓好基层法官轮训工作，建立人民法庭庭长定期轮训制度。组织、倡导、鼓励资深优秀法官开展审判专题巡回讲座、司法经验交流等活动。健全东西部地区人才对口支援机制，注重培养、锻炼基层一线青年法官，完善新进人员到基层一线岗位锻炼制度。

20. 进一步建立健全职业保障制度和激励机制。以中央司法体制和工作机制改革为契机，积极推动建立并实施法官职务序列及其配套政策，适当提高基层法官职数比例。适当提高基层办案人员岗位津贴标准，进一步规范和提高法官（法警）特别补助金、慰问金工作程序与效率。积极探索建立适合审判工作特点的法官工资、退休和其他津补贴制度。关心基层干警生活，着力解决实际困难，落实带薪休假、定期身心检查等制度，倡导健康生活情趣，培养理性心态，增强"抗压"能力。

21. 进一步解决案多人少矛盾和法官短缺问题。完善省级统一招录政策,坚持开展选调生工作,努力拓宽法官来源范围渠道。规范、加强编制管理、使用和督查,坚持面向基层、面向一线办案人员分编倾斜政策和原则,推动建立适应审判工作发展要求的编制增补机制。加大中央关于解决提前离岗离职政策的执行、督查力度,优化队伍结构,发挥资源配置作用,减少并杜绝审判资源浪费。积极会同国家有关部门,研究改进司法考试办法、完善司法考试政策。扩大在职法律职业人员国家统一司法考试试点范围,直接、快速、有效解决西部边远地区、民族地区法官短缺问题。充分考虑民族地区语言文化、经济发展状况等因素,制定旨在吸引本地人才的招录政策,引导、鼓励、支持熟悉民族语言、适应当地环境的优秀少数民族和本地汉族人才充实法官队伍。加大民族地区"双语法官"培养力度,积极研究建立双语法官培训基地。

22. 进一步实施基层人才聚集发展战略。认真贯彻执行中央基层工作方针和人才工作规划,制定并实施基层聚才工程规划,出台基层聚才倾斜政策,完善基层聚才保障机制。注重从基层选拔优秀人才,形成优秀人才向基层聚集,优秀干部从基层产生、成长和锻炼的人才工作新格局。逐步建立并完善法官择优遴选制度和有利于基层干警成长的选拔机制,努力拓展基层干警职业发展空间。到2012年,省级以上人民法院录用公务员,除部分特殊职位外,均应从具有两年以上基层工作经历人员中考录。有效解决"不愿去、出不来、留不住"问题,把人民法庭作为培养、锻炼、选拔法院领导干部和业务骨干的重要基地。

四、适应新形势发展大力提升物质装备保障水平

基层基础建设,物质装备是保障。大力推进司法行政管理体制和工作机制改革,理顺上下级人民法院在司法行政管理工作方面的相互关系,增强上级人民法院特别是高级人民法院对下级人民法院在经费保障、基础设施建设、业务装备配备、信息化建设和司法鉴定等方面的管理责任,充分发挥服务审判职能作用。

23. 进一步加大经费保障力度。深入贯彻落实中央办公厅、国务院办公厅《关于加强政法经费保障工作的意见》,按照财政部《政法经费分类保障办法(试行)》各项要求,深化经费保障体制改革,在中央加大转移支付力度同时,增强地方保障能力和水平,使基层真正享受到改革成果。最高人民法院继续积极协调中央财政和国家发改委对法院的资金和政策支持。高级人民法院加强与省级财政和发展改革部门的沟通协商,争取省级配套资金足额到位,积极主动参与研究制定资金分配方案,配合省财政部门建立基层公用经费正常增长机制。基层人民法院努力做好与本级政府部门沟通协调工作,积极争取各方面支持,切实落实地方经费保障责任,抓好人民陪审员、聘用人员等经费预算方案的制定和落实,保证各项经费开支。上级人民法院应会同财政部门加大对基层经费保障情况和经费管理情况的监督检查和指导,避免抵顶经费、减少本级投入等问题发生。

24. 进一步完成基础设施建设任务。以国家发改委《关于进一步加强地方政法基础设施建设规范投资保障机制的意见》为指导,依据审判工作实际需要,制定审判法庭、人民法庭建设总体规划和年度计划。做好建设项目申报工作,协调地方政府按照政策要求划拨建设用地，落实配套条件和资金，减免相关规费。尽快完成立案信访窗口和残疾人无障碍通道建设，以及立案信访窗口和人民法庭统一标识工作。有建设任务的法院要切实加强建设资金管理和建设成本控制，避免形成新的债务。积极推动中央、省级和本级三级政府分项目、分年度、分比例负担方式化解基本建设历史债务。

25. 进一步提升业务装备配备水平。认真执行《基层人民法院基本业务装备配备指导标准（试行）》，着力加强基层人民法院业务装备建设。高级人民法院应会同省级财政部门结合本地实际情况，以国家标准为基本要求，制定本地区基层人民法院业务装备配备实施标准，并根据中央和省级转移支付资金规模和法院工作重点，制定本地区基层人民法院业务装备配备规划和年度实施计划。基层人民法院要根据审判执行工作实际需求，科学规划，加快装备更新，尽快实现审判法庭专业设备、审判文书印刷设备、法警单警装备、档案存储设备以及业务交通工具标准化配置。高度重视人民法庭安全设施建设，尽快按标准和需求配备安全保卫装备。

26. 进一步推动信息化建设。按照最高人民法院《关于全面加强人民法院信息化工作的决定》要求，以"天平工程"项目建设为契机，加强信息化基础设施建设。在加快"科技法庭"等硬件设施建设同时，重点建设覆盖基层人民法院和人民法庭的局域网络，全面应用司法审判信息管理系统，健全信息安全保障体系和相关配套设施等。将案件诉讼材料同步数字化录入，形成完整的电子档案，推进信息化在流程管理、质量评估、绩效考核、远程审判等方面的应用。进一步推广远程立案申诉、电子签章、公众信息查询、公众网站等司法便民措施。在资金、技术、人才等方面向基层倾斜，努力提高信息化建设水平。

27. 进一步完善司法鉴定管理工作职能作用。充分认识司法鉴定管理工作重要性，根据审判执行工作需求，按照最高人民法院各项管理规定，规范对外委托评估、拍卖和鉴定工作，有条件的基层人民法院应开展技术咨询和技术审核工作。加强司法技术辅助人员业务培训，不断提高司法鉴定管理人员业务能力。

各级人民法院务必站在为党和国家工作大局服务的高度，充分认识、深刻理解新形势下进一步加强基层基础建设的重要性、紧迫性。各高级人民法院要按照本意见要求，及时研究制定符合本地实际的具体工作规划和落实意见，有计划、有步骤地推动基层基础建设。对工作中发现的新情况、新问题，要注意认真分析研究成因与对策，必要时及时层报最高人民法院。

最高人民法院
关于进一步加强新形势下人民法庭工作的若干意见

2014年12月4日　　　　　　　　　　法发〔2014〕21号

为深入贯彻落实党的十八大、十八届三中全会、四中全会和《中共中央关于全面深化改革若干重大问题的决定》《中共中央关于全面推进依法治国若干重大问题的决定》精神，切实发挥人民法庭职能作用，推动人民法庭工作不断科学发展，现就进一步加强新形势下人民法庭工作提出如下意见。

一、深刻认识面临的新形势、新任务，准确把握人民法庭的职能定位

1. 正确认识新形势。落实全面深化改革任务要求，推进平安中国、法治中国建设，深化司法体制改革，满足人民群众多元司法需求，促进国家治理体系和治理能力现代化，是当前和今后一个时期人民法院工作面临的新形势。人民法庭作为人民法院"基层的基层"，是深化司法体制改革、全面推进依法治国的重要一环，必将面临更加严峻的考验，遇到更多复杂的问题，承担更加艰巨的任务。

2. 深刻理解新任务。人民法庭要继续充分发挥审判职能作用，积极参与基层社会治理，创新落实便民利民举措，因地制宜做好巡回审判工作，将依法独立行使审判权与扩大司法民主相结合，努力搭建阳光司法"窗口"，增进人民司法的社会认同，弘扬社会主义核心价值观。各级人民法院要切实优化人民法庭布局，积极稳妥在人民法庭推进司法改革，完善人民法庭的管理和保障机制，加强人民法庭队伍、装备和信息化建设。要不断提升人民法庭司法能力，为实现全面推进依法治国总目标，建设中国特色社会主义法治体系，建设社会主义法治国家，构建社会主义法治秩序，发挥人民法庭的重要作用。

3. 准确把握职能定位。牢牢把握司法为民公正司法工作主线，代表国家依法独立公正行使审判权，是人民法庭的核心职能。依法支持其他国家机关和群众自治组织调处社会矛盾纠纷，依法对人民调解委员会调解民间纠纷进行业务指导，积极参与基层社会治理，是人民法庭的重要职能。

二、始终坚持司法为民，切实发挥人民法庭的审判职能

4. 优化区域布局。认真贯彻落实最高人民法院《关于全面加强人民法庭工作的决定》，坚持"三个面向"和"两便"原则，以"职能明确、布局合理、审判公正、管理规范、队伍过硬、保障有力"为基本要求，综合案件数量、区域面积、人口数量、交通条件、经济社会发展状况，优化人民法庭的区域布局和人员比例。积极推进以中心法庭为主、社区法庭和巡回审判点为辅的法庭布局形式，戒除脱离实际贪大求多的错误观念，避免司法资源浪费和法庭建设、管理、维护困难。

5. 规范设置调整。基层人民法院要随着城市规划调整以及城乡发展一体化进程的逐步推进，慎重稳妥提出人民法庭设置调整方案，逐级上报高级人民法院批准。人民群众有需求，诉讼案件数量多，派驻人员有编制，建设用地能落实，建设资金有保障的，经高级人民法院批准，可增设人民法庭。增设规模较大、影响范围较广、资金人员需求较多的人民法庭设置调整方案，应当层报最高人民法院审查备案。经济社会发达、案件较多的地区，可以结合自身情况，探索专业化审判法庭的设置。

6. 完善立案机制。基层人民法院要根据辖区实际情况，科学构建人民法庭直接立案工作机制，加强对人民法庭立案工作的指导和管理。经济发达、交通便利地区的人民法庭，可以通过基层人民法院统一立案的方式，加强案件流程管理。山区、牧区、林区、边远地区等交通不便地区的人民法庭，要加强和完善人民法庭直接立案工作机制，并通过远程立案等技术手段，着力解决当事人立案难问题。人民法庭具体受案范围由所属基层人民法院确定后，通过一定方式向社会公布。对依法应当受理的案件，要做到有案必立、有诉必理，对确实不应受理的，要向当事人说明理由。

7. 抓好民生审判。按照落实集体所有权、稳定农户承包权、放活土地经营权的总要求，切实依法维护农村土地承包关系和农民土地承包经营权，强化对土地承包经营权的物权保护，依法保障农民对承包地占有、使用、收益、流转及经营权抵押、担保权利。依法妥善审理与民生息息相关领域的纠纷，维护农村留守儿童、留守妇女和留守老年人的合法权益。依法保护生态环境，推进人居环境整治，为科学推进社会主义新农村建设提供司法保障。

8. 加强诉讼服务。推进人民法庭窗口建设，努力为当事人的诉讼活动提供集成式、一站式服务。加强对诉讼当事人的诉讼指导，对诉讼能力不高的当事人提供必要的程序性引导。对当事人举证确实困难或案件审理确实需要的重要证据，应根据当事人申请或依职权，适时主动调查取证。依法选择并适用更为经济的诉讼程序和程序性措施，切实降低当事人的诉讼负担。推动完善法律援助制度，加强司法救助工作力度，切实保证人民群众及时有效获取法律帮助。

9. 做好巡回审判。正确处理坐堂问案和巡回审判之间的关系，认真落实《关于大力推广巡回审判方便人民群众诉讼的意见》，合理设置巡回办案点与诉讼服务点，提高巡回审判的针对性和实效性。边远民族地区以及其他群众诉讼不便地区，应当确立巡回审判为主的工作机制，继承和弘扬马锡五审判方式，推广车载法庭等巡回审判模式，形成以人民法庭为点、车载流动法庭为线、基层人民法院为面，"点线面"相结合、全覆盖的司法服务网络。经济发达交通便利地区，应将巡回审判的重点放在对社会和谐稳定影响较大，对提高人民群众法治意识、维护社会主义法治秩序和弘扬社会主义道德风尚有重要作用的案件上。

10. 处理好调判关系。充分发挥调解在化解基层民事纠纷中的独特作用，对适宜调解的民事纠纷要依法先行调解。积极总结不同类型案件的特点，在法律规定框架内，恰当借助乡规民约，尊重善良风俗和社情民意，创新调解工作方法，力求从根源上彻底化解矛盾。坚决纠正强迫调解、久调不决等损害当事人合法权益，以及下达强制性调撤指标等违背审判规律的错误做法。大力提高人民法庭裁判文书质量，注重通过正确适用法律、加强释法说理，发挥司法裁判的道德指引功能，彰显规则、维护秩序、弘扬美德。

11. 改进执行工作。对执行工作难度较大、基层人民法院执行不影响当事人合法权益及时实现，以及人员装备难以保障执行工作顺利开展的人民法庭审结案件，原则上由基层人民法院负责执行。对可以当庭执结以及由人民法庭执行更加方便诉讼群众的案件，应当由人民法庭负责执行。有条件的地方，可以探索由所在基层人民法院派驻执行组等方式构建直接执行机制，最大限度地方便群众诉讼，提高执行效率。

12. 完善人民陪审制度。落实人民陪审员倍增计划，结合人民法庭工作特点，扩大基层群众入选比例，扩大参审案件范围。规范人民陪审员参与审理案件的确定方式和流程，认真落实"随机抽取"原则，改变长期驻庭做法。强化人民陪审员岗前和任职培训，提高履职能力。积极探索实行人民陪审员仅参与审理事实认定问题的机制和办法。建立经费保障标准定期调整机制，及时足额发放人民陪审员的交通、误工等补助费用。

三、积极参与基层社会治理，切实发挥人民法庭桥梁纽带和司法保障作用

13. 为其他机构组织化解纠纷提供司法保障。充分发挥人民法庭在"四个治理"中的纽带作用和在多元纠纷解决机制中的示范、保障作用，为提高乡镇、县域治理法治化水平作出积极贡献。主动加强与公安、司法、劳动争议仲裁、农村土地承包仲裁、人民调解委员会等其他基层国家机关、群众自治组织、行业调解组织等的沟通与协作，尊重和支持其依法调处社会矛盾纠纷，积极做好司法确认等诉讼与非诉讼矛盾纠纷解决机制的衔接工作。

14. 对各类调解组织给予引导。按照"不缺位、不越位、不错位"的原则，依法加强对人民调解委员会的业务指导。以审判职能的有效发挥，为人民调解、行政调解和群众自治组织调处化解矛盾纠纷提供法治样本和导向指引。特别注意加强和规范与居民委员会、村民委员会等基层群众组织在化解矛盾纠纷中的联系和沟通，共同维护良好的基层社会秩序。

15. 立足审判职能参与地方治理。人民法庭要灵活运用公众开放日、观摩庭审、以案释法、判后答疑等多种形式，积极开展法治宣传，引导人民群众自觉履行法定义务、社会责任、家庭责任。要通过及时向地方党委、人大报送涉诉矛盾纠纷专项报告，向政府及其他相关部门提出司法建议的方式，参与地方社会治理。不得超越审判职能参与地方行政、经济事务，以及其他与审判职责无关的会议、接访、宣传等事务。

四、积极稳妥推进司法体制改革，不断完善人民法庭工作机制

16. 开展改革试点。各级人民法院要把人民法庭作为司法改革的"试验田"，按照解放思想、积极推进、求真务实、慎重稳妥的原则，推进改革在人民法庭先行先试。辖区内设有人民法庭的中级人民法院，选择3～5个人民法庭，对适宜在人民法庭开展的改革进行试点，鼓励具备条件地区积极扩大试点范围。试点人民法庭应当至少每半年就试点工作情况向所在基层人民法院作出汇报，并逐级层报汇总至最高人民法院，为全面

推进司法体制改革积累经验、创造条件。

17. 落实司法责任制。遵循司法规律，按照权责统一的原则，探索建立主审法官办案责任制，明确法官办案权力和责任，逐步实现裁判文书由主审法官签发。有条件的地方可以探索完善合议庭办案责任制，明确个人意见、履职行为在案件处理结果中的责任。规范人民法庭庭长对审判工作的监督管理权限，做到权责统一明晰、监督规范有序。

18. 优化人员构成。建立编制增补和动态管理机制，确保已增编制80%用于基层和审判一线，根据工作需要及时补充人员。坚持内涵式队伍发展路径，探索根据审判工作量，组建以主审法官为中心的审判团队，配备必要数量的法官助理、书记员等审判辅助人员，以购买服务等方式配强审判辅助力量，解决一些地方因审判人员不足而出现的"一人庭""二人庭"问题。完善司法人员分类管理制度，稳定审判队伍，提高审判质效。

19. 健全职业保障。推进法官专业职务序列及工资制度改革，逐步提高基层法官职级待遇，实现人民法庭法官职务、职级和法官等级上的适当高配，以及工资福利政策向基层法院和人民法庭的适度倾斜。人民法庭可以先行试行工资加办案补贴、岗位津贴等薪酬确定方式。加强职业风险保障，完善因公牺牲、意外伤害等抚恤救助制度。上级人民法院在探索和推动省以下地方法院人财物统一管理，以及法官延迟退休、返聘等改革时，要注意考虑人民法庭的特点和需求。

20. 完善审判管理。剔除不符合审判规律、不利于人民法庭工作开展和容易产生错误导向的管理考核指标。明确简易案件与疑难复杂案件的分类标准，合理配置审判资源，实现案件繁简分流。探索在小额诉讼和其他适宜的简易案件中，使用表格式、令状式、要素式等简易文书，加快审理进程。探索审判辅助性事务集中专门处理的工作制度，让法官专注于审判。

21. 强化司法公开。全面公开法庭人员信息、管理制度、行为规范、诉讼指南，依法及时公开案件信息、司法依据、诉讼流程、裁判结果，满足当事人知情权，杜绝暗箱操作。在推进"三个平台"建设过程中，注重考虑人民法庭工作特点。积极发挥人民法庭根植基层的特殊优势，在保障司法安全前提下，简化旁听手续，满足人民群众旁听需求；开展司法公开主题活动，主动邀请和组织社会各界代表旁听庭审、参观法庭工作；进一步发挥巡回审判在司法公开、法治宣传方面的独特作用，增强社会对法庭工作的认同。

五、切实加强队伍建设和组织领导，不断提升人民法庭队伍素质和物质装备保障水平

22. 加强党建工作。坚持"支部建在庭上"，实现党的组织和党的工作全覆盖。有3名以上党员的人民法庭应成立党支部，党员不足3名的人民法庭可成立联合党支部。人民法庭党支部的组织关系隶属所在基层人民法院。强化人民法庭党支部的组织功能，严格党内生活，充分发挥党支部对干警的教育、管理、监督职能，注重运用信息网络、新媒体开展党建工作。

23. 选好法庭庭长。要积极落实人民法庭机构级别和人民法庭庭长职级，优先从具有法庭工作经历的人员中，选派科级以上法官担任人民法庭庭长，直辖市的人民法庭和案件多、任务重的人民法庭，可选派处级法官担任，根据工作需要人民法庭可设副庭长。要优先从具有人民法庭庭长任职经历的人员中选拔基层人民法院领导。

24. 健全定期轮岗和挂职锻炼制度。有序推进人民法庭之间、人民法庭和基层人民法院其他庭室之间的人员交流。人民法庭庭长一般应在任职后三至五年轮岗一次。基层人民法院新招录人员一般应先安排在人民法庭接受锻炼一年以上。基层人民法院选派法官到上级人民法院、发达地区法院学习锻炼，应优先选派人民法庭法官；上级人民法院选调法官，应接收一定比例具有法庭工作经历的法官；上级人民法院选派有培养前途的干部到基层，应优先安排到人民法庭挂职锻炼。

25. 落实党风廉政责任。基层人民法院党组要将人民法庭党风廉政建设纳入主体责任范围，对人民法庭发生的重大违法违纪案件，在对直接责任人进行责任追究的同时，要按照党风廉政建设责任制的规定，对有关法院领导干部进行问责。基层人民法院纪检监察部门，要切实履行监督职责，通过审务督查和专项检查等，及时发现和纠正人民法庭干警在纪律作风方面存在的问题，以"零容忍"态度严肃查办违法违纪案件。人民法庭庭长要认真履行"一岗双责"，在做好审判工作的同时，管好带好队伍，确保人民法庭公正廉洁司法。

26. 加强纪律作风建设。不断强化理想信念教育，引导人民法庭干警牢固树立群众观念，增进群众感情，切实解决群众反映强烈的"六难三案"问题。坚持从严教育、从严管理、从严监督，坚决整治人民法庭工作中的不正之风。依托信息化手段，全面构建符合人民法庭工作特点的廉政风险防控机制，切实加强对人民法庭审判权运行的监督制约，提高司法廉政制度的执行力。要将作风建设摆在突出位置、融入日常工作，以制度确保改进司法作风的规范化、常态化、长效化。

27. 改善法庭管理。健全法庭管理规章制度，注重经常性管理，注意以听取基层群众意见的方式完善考核评价机制。注重树立和宣传人民法庭先进典型，及时对人民法庭优秀干警给予表彰奖励。加强文化体育场所建设，落实休假、疗养制度，定期组织体检，加强对干警的人文关怀和心理疏导，帮助解决工作、学习和生活实际困难。

28. 改进教育培训。定期开展人民法庭庭长轮训，确保人民法庭法官每年接受业务培训时间不少于7天。坚持分级分类培训，充分发挥各级法官培训机构主导作用，积极利用其他培训机构和高等院校培训资源，通过多种方式促进优质教育培训资源向人民法庭延伸倾斜。坚持以需求为导向，紧扣审判实践的培训方向。进一步加大对西部和民族地区培训工作的扶持力度，加强双语法官培养。

29. 抓好基础设施建设。高级人民法院要按照人民法院基础设施建设"十二五"规划要求，合理安排年度建设计划，力争在"十二五"期间全面完成现有人民法庭基础设施建设任务。新建人民法庭应依据《人民法院法庭建设标准》，根据法庭编制人数、年受理案件数等因素合理确定建设规模，严格审核设计方案，并按照《人民法庭统一标识设置规范》要求，安装统一标识。

30. 增强经费保障能力。基层人民法院要根据人民法庭工作任务和装备配备、信息化建设需要，做好人民法庭预算编制工作，及时拨付资金。各高级人民法院要加强对人民法庭经费使用、管理的指导和监督检查。要有计划、分步骤地为人民法庭配备必需的办案办公装备，逐年提高装备配备水平，改善审判工作条件。到2015年，全国人民法庭装备配备均应达到《基层人民法院基本业务装备配备指导标准》要求的水平。

31. 推动信息化建设。高级人民法院要以"天平工程"建设为抓手，围绕人民法庭管理和便民、利民，合理确定人民法庭信息化建设内容和规模，加大投入和经费保障力度。按照最高人民法院《关于全面加强人民法院信息化工作的决定》和《人民法院信息化建设五年规划》要求，东部地区在2014年底前、中部地区在2015年底前、西部地区在2016年底前，人民法庭接入基层人民法院信息网络系统。要确保人民法院信息系统软件、硬件配置满足人民法庭诉讼服务工作的需要，为人民法庭配备必要的信息化办公、办案设备和软件，优化办事流程，提高办事效率和人性化水平。

32. 重视安全管理。要建立健全督查机制，增强安全防范意识，克服松懈麻痹思想和侥幸心理，扎实做好日常安全保卫工作。要按照"必要、充足、及时"要求，原则上为每个人民法庭配备至少一名司法警察，并根据工作需要配备若干名安保人员。完善安检、防爆、监控、液体危险品检测等各类安全防范设施和装备配备，优先改善人民法庭安全防危硬件条件，确保人民法庭"人防、物防、技防"落实到位，严密防范各类重大恶性安全责任事故。

33. 推动理论研究。各级人民法院要立足不同职能定位，为繁荣人民法庭理论研究创造条件，加强与法学教育研究机构进行多种形式交流与协作，凝聚多方力量，探索建立人民法庭理论研究工作机制，深入开展人民法庭理论研究工作。着重研究新形势下人民法庭在中国特色社会主义司法制度中的地位和作用，人民法庭的职能定位和在社会治理中的作用，以及人民法庭如何在推进司法改革进程中开展好司法为民、便民、利民工作等全局性、前瞻性重大课题。以问题为导向，从人民法庭的司法实践中总结提炼理论研究的素材和课题，形成理论研究成果，切实实现成果转化，指导和推动人民法庭工作科学发展。

34. 加强监督指导。各级人民法院党组要切实对人民法庭工作负起领导责任。中级人民法院以上的各级人民法院，应当成立专门的人民法庭指导工作办公室，坚持分类指导原则，增强指导的针对性和实效性。要将监督指导人民法庭工作，作为各级人民法院日常工作的重要内容，完善问题发现、反馈、分析和解决机制，建立重大敏感案件风险评估、预警和化解机制。

最高人民法院
关于加快建设智慧法院的意见

2017年4月12日　　　　　　　　　　　　　　法发〔2017〕12号

为深入贯彻党的十八大和十八届三中、四中、五中、六中全会精神、十二届全国人大五次会议决议，全面落实《国家信息化发展战略纲要》和《"十三五"国家信息化规划》对智慧法院建设的总体要求，确保完成《人民法院信息化建设五年发展规划（2016—2020）》提出的2017年总体建成、2020年深化完善人民法院信息化3.0版的建设任务，以信息化促进审判体系和审判能力现代化，努力让人民群众在每一个司法案件中感受到公平正义，制定本意见。

一、充分认识加快建设智慧法院的意义、目标和要求

（一）深刻领会建设智慧法院的重大意义。智慧法院是人民法院充分利用先进信息化系统，支持全业务网上办理、全流程依法公开、全方位智能服务，实现公正司法、司法为民的组织、建设和运行形态。加快建设智慧法院是落实"四个全面"战略布局和五大发展理念的必然要求，是国家信息化发展战略的重要内容，是人民法院适应信息化时代新趋势、满足人民群众新期待的重要举措。各级人民法院要从推进国家法治建设、促进审判体系和审判能力现代化的高度，认识和推动智慧法院建设，切实发挥先进科学技术对服务人民群众、服务审判执行、服务司法管理的重要保障作用。

（二）正确理解建设智慧法院的工作目标。建设智慧法院，就是要构建网络化、阳光化、智能化的人民法院信息化体系，支持全业务网上办理，全流程审判执行要素依法公开，面向法官、诉讼参与人、社会公众和政务部门提供全方位智能服务，使信息化切实服务审判执行，让司法更加贴近人民群众，用先进信息技术不断提高各级人民法院的科学管理水平。

（三）准确把握建设智慧法院的总体要求。坚持统一规划、积极推进，以最高人民法院和各高级人民法院信息化建设五年发展规划为指导，依据人民法院信息化标准，结合各地信息化建设发展实际，各级人民法院主动作为，务实有序推进建设；坚持融合共享、高效智能，充分拓展各类业务应用线上服务能力，建立线上线下有效对接机制，提升法院业务应用、各级法院和法院内外之间的融合贯通、互动服务效能，按需提供各类智能服务应用；坚持创新驱动、安全发展，加强前沿技术和关键技术研究，紧密结合审判执行工作实际，推进技术转移和转化应用，同时提高规划、建设、管理、维护等各环节信息安全风险意识和防护水平，在信息化建设和应用不断发展的同时确保信息安全。

二、推进系统建设，提供坚强的信息化基础支撑

（四）构建全要素集约化信息网络体系。基于法院专网、移动专网、外部专网、互联网和涉密内网，构建专有云、开放云和涉密云，提升各类基础设施配置水平，通过安全隔离交换技术实现网间信息共享。利用物联网技术，进一步提升诉讼服务大厅、执行指挥中心、科技法庭、远程提讯、远程接访、数字审委会、数字化会议室、信息管理中心等执法办案场所的信息化水平。

（五）构建全业务全流程融合应用体系。以现有各类应用系统为基础，打通数据接口、集成应用界面、拓展和完善业务功能，构建融合审判、执行、人事、司法管理等各类应用系统的内部融合平台，集成司法公开、诉讼服务、沟通宣传等各类应用系统的外部服务平台，贯通内部融合平台和外部服务平台，形成"一站式"综合服务体系，推动平台资源整合、业务协同和多方利用，实现线上线下业务办理无缝对接。

（六）构建全方位信息资源及服务体系。完善国家司法审判信息资源库，实现审判执行、司法人事、司法政务、司法研究、信息化管理和所需外部数据的全面覆盖；建立数据集中管理和质量保障机制，狠抓数据源头，重视数据质量，做到汇聚快、要素全、质量高；建设数据共享交换平台，实现法院之间和法院与外部之间的数据共享交换和业务协同；建立大数据分析系统，研发面向司法公开、诉讼服务、决策支持、监控预警、司法研究和工作评估等方面的智能服务；探索建立面向立案、审理、裁判、执行等法院业务的知识图谱，构建面向各类用户的人工智能感知交互体系和以知识为中心的人工智能辅助决策体系。

三、推进业务应用，大力提升审判工作质效

（七）推动流程再造促进审判高效有序运行。基于贯通至人民法庭的法院专网，全面推进电子卷宗随案同步生成和深度应用，构建覆盖案件办理全流程的网上审判体系，全面支持网上办案，实现全程留痕、动态监督、审限预警，促进程序公正与实体公正的有机统一，全面提升审判质效，有效规范司法行为；推进巡回审判、执行等移动应用，打通服务群众的"最后一公里"；推进司法协助管理平台建设与应用，为"一带一路"等国家重大经济战略提供司法保障及便利。

（八）依托信息化破解执行难题。建设覆盖全国各级法院的执行指挥系统，融入案款管理、终本案件管理、执行会商、执行委托、舆情监管、绩效考核、数据分析等内容，发挥实时监控、上传下达、异地调度、快速反应等功效，形成全国法院上下一体、协调统一的运行机制；充分应用人民法院执行案件流程信息管理系统，实现四级法院执行案件信息统一管理，立体多维的监控与纠错，加强业务管理和廉政风险防控；进一步完善网络查控系统，全面拓展提升查控广度和力度，实现与查控单位的业务协同，深入虚拟网络空间，分析挖掘隐匿涉案财物线索；持续加强信用惩戒系统建设和应用，实现与社会诚信体系的全面联动，多维关联分析被执行人信用数据，扩大信用惩戒范围，加大信用惩戒力度；大力推广网络拍卖系统建设和应用，支持全国法院网络司法拍卖工作，提高被执行财产处置效率。

（九）推进立案信访工作上下联动、内外贯通。建立完善网上立案系统，推广网上异地立案，与法官工作平台无缝对接，为涉诉群众提供更加便捷的服务；提高诉讼服务中心信息查询输出、信访接待处置、立案快速处理等专用诉服装备的信息化水平，不断增强人民群众的获得感；建立上下级法院以及法院与其他信访部门之间的及时信息共享和工作联动机制，探索建立面向跨部门稳控的信访群体特征画像与息访手段，提高多源涉诉信访数据分析的证据甄别与案件处置能力。

（十）借助现代信息技术助推司法改革。建立并完善举证、质证、认证留痕系统，全面贯彻证据裁判原则；通过信息化系统支持司法人员分类管理、人案结合绩效评查，促进司法责任制改革；建立完善人民陪审员分类、抽选、评估系统，支持人民陪审员制度改革；建立司法改革数据分析评估系统，提高司法改革方案科学性和工作成效。

四、推进"互联网＋阳光司法"，促进法院工作透明便民

（十一）提升司法公开工作水平。充分运用互联网技术，完善司法公开四大平台建设，助推司法公开工作，促进实现审判执行全要素依法公开；推动司法公开信息全面汇总、深度关联、便捷查询，提升司法信息公开水平和服务能力；继续推进庭审公开，通过互联网多渠道公开庭审过程，让遍布各地的更多人群"走进"法庭，切实感受阳光司法的不断进步；进一步加强互联网监督投诉平台建设和推广应用，强化社会公众对人民法院各项工作的全面监督作用。

（十二）打造"互联网＋"诉讼服务体系。提供更加优质、高效、便捷的诉讼服务，支持实现所有诉讼服务业务网上办理；整合诉讼服务大厅、诉讼服务网、12368热线、移动客户端等诉讼服务渠道，构建线上线下打通、内网外网互动的立体式诉讼模式，为诉讼参与人提供一体化、全方位、高效率的诉讼服务；进一步拓展网上诉讼服务，普及网上调解、网上证据交换、网上质证、网上开庭功能，构建支持全业务流程的互联网诉讼平台；建设完善电子送达系统，通过与外部单位信息共享，精准定位诉讼参与人，通过信息留痕、数据追溯，实时掌握受送达人收悉情况，提升送达效率，破解送达难题。

（十三）构建多渠道权威信息发布平台。利用互联网、移动互联网应用平台等，构建网站、微信、微博和APP客户端等多渠道权威信息发布平台，促进社会公众了解、参与、监督法院工作。

五、运用大数据和人工智能技术，按需提供精准智能服务

（十四）支持办案人员最大限度减轻非审判性事务负担。充分运用外包服务方式，建立先进的电子卷宗随案同步生成技术保障和运行管理机制，为案件信息智能化应用提供必要前提；不断提高法律文书自动生成、智能纠错及法言法语智能推送能力，庭审语音同步转录、辅助信息智能生成及实时推送能力，基于电子卷宗的文字识别、语义分析和案情理解能力，为辅助法官办案、提高审判质效提供有力支持；深挖法律知识资源潜力，提高海量案件案情理解深度学习能力，基于案件事实、争议焦点、法律适用类脑智能推理，满足办案人员对法律、案例、专业知识的精准化需求，促进法官类案同判和量刑规范化。

（十五）为人民群众提供更加智能的诉讼和普法服务。挖掘利用海量司法案件资源，提供面向各类诉讼需求的相似案例推送、诉讼风险分析、诉讼结果预判、诉前调解建议等服务，为减少不必要诉讼、降低当事人诉累提供有力支持；拓宽司法服务渠道，探索基于法律知识自主学习和个性化交流互动的智能普法服务装备，提升诉讼和普法服务质效；深度分析用户诉讼行为，挖掘用户个性化需求，精准推送司法公开信息，提升广大人民群众的获得感。

（十六）支持管理者确保审判权力正当有序运行。推广完善庭审规范性自动巡查系统，确保审判活动有序、高效、规范，提高司法公信力；提升审判管理、人事管理、政务管理信息化水平，再造审判管理流程，推进审判执行与审判管理同步运行，实时智能化预警审判执行过程偏离态势，实现审判工作的精细化管理；探索建立全面覆盖审判全过程的信息化监管手段，有效监督和制约审判权的行使；构建面向司法公开、司法为民、司法管理的信息化评估体系，确保司法公正、廉洁、高效。

（十七）支持法院管理者提高司法决策科学性。运用大数据为司法决策服务，结合审判动态分析和司法统计智能分析，科学研判审判运行态势，科学调配司法资源，提高司法决策的时效性和针对性；运用海量司法案例资源，针对刑事、民事和行政等案件，探寻新形势下司法规律，提高司法预测预判和应急响应能力；关联运用案件与人事、行政、财务、后勤、装备和信息化等数据资源，建立信息化支持的人民法院综合管理分析评估改进体系，支持提高各级人民法院科学化管理水平。

（十八）支持党和政府部门促进国家治理体系和治理能力现代化。深度挖掘分析海量案件信息资源，监测社会治理存在的突出矛盾，预判经济社会发展变化趋势，为各级党委、政府提供决策参考。

六、强化工作保障，促进持续健康发展

（十九）建立常态化经费保障机制。将智慧法院建设纳入当地经济发展战略、规划和计划，积极争取建设经费并在预算中统筹安排基础设施、重点项目建设资金和日常运维服务经费，确保建设需求；统筹利用天平工程、财政专项、科研项目等多项资金渠道，建立经费动态调整机制，优化资金配置；探索采用社会资本合作模式，创新信息化投融资机制，积极引导社会资本投入法院信息化建设。

（二十）建立规范化安全保障体系。大力推动实施《人民法院信息系统安全保障总体建设方案》，确保信息化建设与信息安全体系同步发展；建立全国法院年度信息安全检查机制，增强安全意识，强化安全管理和防护，保障网络安全；建立全国法院人员统一身份认证体系，完善人员身份认证和授权管理机制；健全完善基础设施、应用系统和数据资源安全保障机制，提高对各类突发事件的日常防控、态势预警和应急响应能力。

（二十一）建立质效型运维保障体系。构建以基础设施、应用系统、数据资源、信息安全为支撑，以应急响应为保证的常态化运维保障体系，最大限度提高人民法院信息化应用成效；建设推广可视化运维平台，实现对四级法院直至人民法庭的信息化运行质效可视化管理，为提高运行成效提供有力支持；从运维组织、运维管控、运维过程、运维资源四个方面建立信息系统运维保障评估方法，促进质效型运维管理体系不断完善。

（二十二）建立专业化人才保障体系。全面落实最高人民法院《关于人民法院信息化人才队伍建设的意见》，制定完善细则，督促贯彻实施，为智慧法院建设提供坚实的人才队伍保障。

（二十三）构建应用成效评估改进机制。开展法院信息化建设与应用的深度调研、评估指标设计、指数评估、问题分析和改进，提升人民法院信息化的建设水平和应用成效；加强审判执行业务应用、司法管理应用的使用培训，重点加强试点示范项目的总结和交流培训力度；整合全媒体宣传推广资源，建立多渠道、全方位的法院信息化推广宣传体系。

五、审判程序

最高人民法院
关于印发《最高人民法院
审判委员会工作规则》的通知

1993年9月11日　　　　　　　　　　　　法发〔1993〕23号

本院各单位：

《最高人民法院审判委员会工作规则》已于1998年12月29日第1038次审判委员会会议讨论修订，现印发给你们，请遵照执行。

附：

最高人民法院审判委员会工作规则

（1993年8月20日最高人民法院审判委员会第590次会议通过
1998年12月29日最高人民法院审判委员会第1038次会议修订）

第一条　为了使审判委员会工作制度化、规范化，提高效率，充分发挥其职能作用，根据《中华人民共和国人民法院组织法》和有关法律规定以及审判实践经验，特制定本规则。

第二条　审判委员会的任务

（一）总结审判经验：

1. 研究审判工作中的重大问题；
2. 总结带全局性、指导性的审判工作经验。

（二）讨论、决定下列案件中的重大或者疑难案件：

1. 本院审理的第一审、第二审案件；

2. 高级人民法院和解放军军事法院报请核准的死刑案件；

3. 依照审判监督程序决定本院再审或者提审的案件；

4. 最高人民检察院依照审判监督程序提出抗诉的案件；

5. 其他重大或者疑难的案件。

审判委员会讨论、决定的案件，由院长或者院长委托的副院长提交。

（三）讨论、通过院长或者副院长提交的司法解释草案。

（四）决定诉讼当事人及其法定代理人请求对本院院长担任审判长的回避问题。

（五）讨论、通过助理审判员临时代行审判员职务问题。

（六）讨论、决定其他有关审判工作事项。

第三条 审判委员会定期于每星期二、四上午各召开一次。必要时可以临时召开。

第四条 审判委员会委员超过半数时，方可开会。审判委员会讨论的议题，原则上按院长或者副院长提交会议讨论的时间顺序安排。对于确需提前讨论的，应当经提交讨论的院长或者副院长批示。

审判委员会讨论的议题，有关单位应当提供文件资料，并由审判委员会秘书在开会前一日发送各委员和列席人员。

第五条 审判委员会委员应当按时出席会议。因故不能出席会议的，至迟在例会前一天上午九点以前向会议主持人请假并通知审判委员会办事机构。

第六条 审判委员会会议由院长或者院长委托的副院长主持。

最高人民检察院检察长可以列席。

第七条 审判委员会实行民主集中制。对议题应当展开充分讨论。审判委员会的决定，必须获得超过半数的委员同意方能通过。少数人的意见可以保留并记录在卷。

第八条 本院承办审判委员会讨论事项的有关庭、室、办的负责人、承办人，应当到会列席。承办人对讨论的事项应当做好准备，根据会议主持人的要求汇报，并负责回答委员提出的问题。

审判委员会讨论案件，承办人须在会前写出审查报告并附法律规定、司法解释等参考资料。审查报告应当文字简练、表达准确、重点突出、打印（书写）清楚。合议庭和承办人对案件事实负责，提出的处理意见应当写明有关的法律根据。

第九条 审判委员会的决定，合议庭或者本院有关单位应当执行，不得擅自改变；如有异议，须报经院长或者副院长决定是否重新提交审判委员会讨论。

第十条 审判委员会讨论、决定的事项，须作出会议纪要，经会议主持人审定后印发各委员和有关庭、室、办。承办单位应当将会议纪要附卷备查。

第十一条 审判委员会设立办事机构，负责会前准备、会议记录、草拟会议纪要、开展总结审判经验的调研及办理其他有关审判工作的事项。

第十二条 审判委员会委员、列席人员，以及其他与会人员，应当遵守保密规定，不得泄漏审判委员会讨论情况和会议纪要内容。

第十三条 本规则自通过之日起实行。

最高人民法院
印发《关于人民法院立案工作的暂行规定》的通知

1997年4月21日　　　　　　　　　　　　　法发〔1997〕7号

各省、自治区、直辖市高级人民法院,解放军军事法院:

现将《最高人民法院关于人民法院立案工作的暂行规定》印发给你们,请遵照执行。各地在执行本规定时有什么情况和问题,希及时报告我院。

附:

最高人民法院
关于人民法院立案工作的暂行规定

为了切实保护当事人的诉讼权利,加强人民法院的立案工作,根据我国刑事诉讼法、民事诉讼法、行政诉讼法等有关法律,结合审判实践经验,对人民法院的立案工作作如下规定。

第一条　人民法院的立案工作遵循便利人民群众诉讼,便利人民法院审判的原则。

第二条　上级人民法院对下级人民法院的立案工作进行监督和指导。

基层人民法院对人民法庭的立案工作进行检查和指导。

第三条　人民法院立案工作的任务,是保障当事人依法行使诉讼权利,保证人民法院正确、及时审理案件。

第四条　人民法院对当事人提起的诉讼依法进行审查,符合受理条件的应当及时立案。

第五条　人民法院实行立案与审判分开的原则。

第六条　人民法院的立案工作由专门机构负责,可以设在告诉申诉审判庭内;不设告诉申诉审判庭的,可以单独设立。

第七条　立案工作的范围

(一)审查民事、经济纠纷、行政案件的起诉,决定立案或者裁定不予受理;审查刑事自诉案件的起诉,决定立案或者裁定驳回;对刑事公诉案件进行立案登记。

(二)对下级人民法院移送的刑事、民事、经济纠纷、行政上诉案件和人民检察院对第一审刑事判决、裁定提出的抗诉案件进行立案登记。

（三）对本院决定再审、上级人民法院指令再审和人民检察院按照审判监督程序提出抗诉的案件进行立案登记。

（四）负责应由人民法院依法受理的其他案件的立案工作。

（五）计算并通知原告、上诉人预交案件受理费。

第八条 人民法院收到当事人的起诉，应当依照法律和司法解释规定的案件受理条件进行审查：

（一）起诉人应当具备法律规定的主体资格；

（二）应当有明确的被告；

（三）有具体的诉讼请求和事实根据；

（四）属于人民法院受理案件的范围和受诉人民法院管辖。

提起刑事自诉、刑事附带民事诉讼的，还应当符合《最高人民法院关于执行〈中华人民共和国刑事诉讼法〉若干问题的解释（试行）》中关于受理条件的规定。

第九条 人民法院审查立案中，发现原告或者自诉人证明其诉讼请求的主要证据不具备的，应当及时通知其补充证据。收到诉状的时间，从当事人补交有关证据材料之日起开始计算。

第十条 人民法院收到诉状和有关证据，应当进行登记，并向原告或者自诉人出具收据。收据中应当注明证据名称、原件或复制件、收到时间、份数和页数，由负责审查起诉的审判人员和原告、自诉人签名或者盖章。对于不予立案或者原告、自诉人在立案前撤回起诉的，应当将起诉材料退还，并由当事人签收。

第十一条 对经审查不符合法定受理条件，原告坚持起诉的，应当裁定不予受理；自诉人坚持起诉的，应当裁定驳回。

第十二条 不予受理和驳回起诉的裁定书由负责审查起诉的审判人员制作，报庭长或者院长审批。裁定书由负责审查起诉的审判员、书记员署名，加盖人民法院印章。

第十三条 经审查认为起诉符合受理条件的，根据案件的不同情况，由负责审查起诉的审判人员决定立案或者报庭长审批。重大疑难案件报院长审批或者经审判委员会讨论决定。

第十四条 起诉经审查决定立案后，应当编立案号，填写立案登记表，计算案件受理费，向原告或者自诉人发出案件受理通知书，并书面通知原告预交案件受理费。

第十五条 决定立案后，立案机构应当在2日内将案件移送有关审判庭审理，并办理移交手续，注明移交日期。经审查决定受理或立案登记的日期为立案日期。

第十六条 刑事自诉案件应当在收到自诉状、口头告诉第二日起15日内决定立案或者裁定驳回起诉；民事、经济纠纷案件应当在收到起诉状、口头告诉之日起7日内决定立案或者裁定不予受理；行政案件应当在收到起诉状之日起7日内决定立案或者裁定不予受理。

第十七条 审判庭对立案机构移送的案件认为不属本庭职责范围的，应当及时提出，报院长决定。

第十八条 人民法庭经审查认为符合受理条件的起诉，报庭长批准立案；当事人直接向基层人民法院起诉的，基层人民法院应当审查受理。

人民法庭决定立案后，应当将当事人的姓名、单位、案由、简要案情报基层人民法院统一编立案号。

对符合受理条件的起诉人民法庭不予立案的，基层人民法院应当决定立案，交由人民法庭审理。

第十九条 对当事人不服一审判决、裁定提出上诉的案件，第一审人民法院应当及时办妥送达上诉状副本等有关手续，将案卷材料连同二审案件诉讼费缴费凭证等一并移送第二审人民法院。

第二十条 第二审人民法院立案机构收到第一审人民法院移送的上诉材料及一审案件卷宗材料，应当查对以下内容：

（一）上诉状、一审裁判文书齐全；一审卷宗数应与案件移送函标明的数量相符。

（二）上诉人递交上诉状的时间在法定上诉期限以内；虽然超过法定上诉期限，但提交了因不可抗拒的事由或者具有其他正当理由申请顺延上诉期限的书面材料。

（三）附有上诉案件受理费单据或者上诉人关于缓、减、免交上诉费用的申请。

对卷宗、材料不齐备的，应当及时通知第一审人民法院补充。

第二十一条 第二审人民法院立案机构经查对有关材料无误的，应当填写立案登记表，编立案号，向当事人发送案件受理通知书和上诉案件应诉通知书，并将案卷材料于立案登记的第二日移交有关审判庭。

第二十二条 对当事人提出的申诉或者再审申请，认为符合受理条件的，应当登记后立卷审查。

第二十三条 对具有以下情形的再审案件，应当移送有关审判庭审理：

（一）经审查认为申诉或者再审申请符合法律规定的条件，并报经院长批准再审的；

（二）本院院长提交审判委员会讨论决定再审的；

（三）上级人民法院指令再审的；

（四）人民检察院提出抗诉的。

第二十四条 执行案件的立案工作可参照本规定执行。

第二十五条 各高级人民法院、解放军军事法院可以根据本规定制定实施细则，并报最高人民法院备案。

以前有关立案工作的规定与本规定不一致的，以本规定为准。

最高人民法院
关于印发《关于人民法院推行立案登记制改革的意见》的通知

2015年4月15日　　　　　　　　　　法发〔2015〕6号

各省、自治区、直辖市高级人民法院，解放军军事法院，新疆维吾尔自治区高级人民法院生产建设兵团分院：

2015年4月1日，中央全面深化改革领导小组第十一次会议审议通过了《关于人民法院推行立案登记制改革的意见》（以下简称《意见》），现予印发，请认真贯彻执行。该《意见》自2015年5月1日起施行。执行中发现情况和问题请及时报告最高人民法院。

附：

关于人民法院推行立案登记制改革的意见

为充分保障当事人诉权，切实解决人民群众反映的"立案难"问题，改革法院案件受理制度，变立案审查制为立案登记制，依照《中华人民共和国民事诉讼法》《中华人民共和国行政诉讼法》《中华人民共和国刑事诉讼法》等有关法律，提出如下意见。

一、立案登记制改革的指导思想

（一）坚持正确政治方向。深入贯彻党的十八届四中全会精神，坚持党的群众路线，坚持司法为民公正司法，通过立案登记制改革，推动加快建设公正高效权威的社会主义司法制度。

（二）坚持以宪法和法律为依据。依法保障当事人行使诉讼权利，方便当事人诉讼，做到公开、透明、高效。

（三）坚持有案必立、有诉必理。对符合法律规定条件的案件，法院必须依法受理，任何单位和个人不得以任何借口阻挠法院受理案件。

二、登记立案范围

有下列情形之一的，应当登记立案：

（一）与本案有直接利害关系的公民、法人和其他组织提起的民事诉讼，有明确的被告、具体的诉讼请求和事实依据，属于人民法院主管和受诉人民法院管辖的；

（二）行政行为的相对人以及其他与行政行为有利害关系的公民、法人或者其他组织提起的行政诉讼，有明确的被告、具体的诉讼请求和事实根据，属于人民法院受案范围和受诉人民法院管辖的；

（三）属于告诉才处理的案件，被害人有证据证明的轻微刑事案件，以及被害人有证据证明应当追究被告人刑事责任而公安机关、人民检察院不予追究的案件，被害人告诉，且有明确的被告人、具体的诉讼请求和证明被告人犯罪事实的证据，属于受诉人民法院管辖的；

（四）生效法律文书有给付内容且执行标的和被执行人明确，权利人或其继承人、权利承受人在法定期限内提出申请，属于受申请人民法院管辖的；

（五）赔偿请求人向作为赔偿义务机关的人民法院提出申请，对人民法院、人民检察院、公安机关等作出的赔偿、复议决定或者对逾期不作为不服，提出赔偿申请的。

有下列情形之一的，不予登记立案：

（一）违法起诉或者不符合法定起诉条件的；

（二）诉讼已经终结的；

（三）涉及危害国家主权和领土完整、危害国家安全、破坏国家统一和民族团结、破坏国家宗教政策的；

（四）其他不属于人民法院主管的所诉事项。

三、登记立案程序

（一）实行当场登记立案。对符合法律规定的起诉、自诉和申请，一律接收诉状，当场登记立案。对当场不能判定是否符合法律规定的，应当在法律规定的期限内决定是否立案。

（二）实行一次性全面告知和补正。起诉、自诉和申请材料不符合形式要件的，应当及时释明，以书面形式一次性全面告知应当补正的材料和期限。在指定期限内经补正符合法律规定条件的，人民法院应当登记立案。

（三）不符合法律规定的起诉、自诉和申请的处理。对不符合法律规定的起诉、自诉和申请，应当依法裁决不予受理或者不予立案，并载明理由。当事人不服的，可以提起上诉或者申请复议。禁止不收材料、不予答复、不出具法律文书。

（四）严格执行立案标准。禁止在法律规定之外设定受理条件，全面清理和废止不符合法律规定的立案"土政策"。

四、健全配套机制

（一）健全多元化纠纷解决机制。进一步完善调解、仲裁、行政裁决、行政复议、诉讼等有机衔接、相互协调的多元化纠纷解决机制，加强诉前调解与诉讼调解的有效衔接，为人民群众提供更多纠纷解决方式。

（二）建立完善庭前准备程序。完善繁简分流、先行调解工作机制。探索建立庭前准备程序，召集庭前会议，明确诉辩意见，归纳争议焦点，固定相关证据，促进纠纷通过调解、和解、速裁和判决等方式高效解决。

（三）强化立案服务措施。加强人民法院诉讼服务中心和信息化建设，实现公开、便捷立案。推行网上立案、预约立案、巡回立案，为当事人行使诉权提供便利。加大法律援助、司法救助力度，让经济确有困难的当事人打得起官司。

五、制裁违法滥诉

（一）依法惩治虚假诉讼。当事人之间恶意串通，或者冒充他人提起诉讼，企图通过诉讼、调解等方式侵害他人合法权益的，人民法院应当驳回其请求，并予以罚款、拘留；构成犯罪的，依法追究刑事责任。

（二）依法制裁违法行为。对哄闹、滞留、冲击法庭等不听从司法工作人员劝阻的，以暴力、威胁或者其他方法阻碍司法工作人员执行职务的，或者编造事实、侮辱诽谤审判人员，严重扰乱登记立案工作的，予以罚款、拘留；构成犯罪的，依法追究刑事责任。

（三）依法维护立案秩序。对违法围攻、静坐、缠访闹访、冲击法院等，干扰人民法院依法立案的，由公安机关依照治安管理处罚法，予以警告、罚款、行政拘留等处罚；构成犯罪的，依法追究刑事责任。

（四）健全相关法律制度。加强诉讼诚信建设，规范行使诉权行为。推动完善相关立法，对虚假诉讼、恶意诉讼、无理缠诉等滥用诉权行为，明确行政处罚、司法处罚、刑事处罚标准，加大惩治力度。

六、切实加强立案监督

（一）加强内部监督。人民法院应当公开立案程序，规范立案行为，加强对立案流程的监督。上级人民法院应充分发挥审级监督职能，对下级法院有案不立的，责令其及时纠正。必要时，可提级管辖或者指定其他下级法院立案审理。

（二）加强外部监督。人民法院要自觉接受监督，对各级人民代表大会及其常务委员会督查法院登记立案工作反馈的问题和意见，要及时提出整改和落实措施；对检察机关针对不予受理、不予立案、驳回起诉的裁定依法提出的抗诉，要依法审理，对检察机关提出的检察建议要及时处理，并书面回复；自觉接受新闻媒体和人民群众的监督，对反映和投诉的问题，要及时回应，确实存在问题的，要依法纠正。

（三）强化责任追究。人民法院监察部门对立案工作应加大执纪监督力度。发现有案不立、拖延立案、人为控制立案、"年底不立案"、干扰依法立案等违法行为，对有关责任人员和主管领导，依法依纪严肃追究责任。造成严重后果或者恶劣社会影响，构成犯罪的，依法追究刑事责任。

各级人民法院要认真贯彻本意见精神，切实加强领导，明确责任，周密部署，精心组织，确保立案登记制改革顺利进行。

最高人民法院
关于人民法院登记立案若干问题的规定

法释〔2015〕8号

(2015年4月13日最高人民法院审判委员会第1647次会议通过 2015年4月15日最高人民法院公告公布 自2015年5月1日起施行)

为保护公民、法人和其他组织依法行使诉权,实现人民法院依法、及时受理案件,根据《中华人民共和国民事诉讼法》《中华人民共和国行政诉讼法》《中华人民共和国刑事诉讼法》等法律规定,制定本规定。

第一条 人民法院对依法应该受理的一审民事起诉、行政起诉和刑事自诉,实行立案登记制。

第二条 对起诉、自诉,人民法院应当一律接收诉状,出具书面凭证并注明收到日期。

对符合法律规定的起诉、自诉,人民法院应当当场予以登记立案。

对不符合法律规定的起诉、自诉,人民法院应当予以释明。

第三条 人民法院应当提供诉状样本,为当事人书写诉状提供示范和指引。

当事人书写诉状确有困难的,可以口头提出,由人民法院记入笔录。符合法律规定的,予以登记立案。

第四条 民事起诉状应当记明以下事项:

(一)原告的姓名、性别、年龄、民族、职业、工作单位、住所、联系方式,法人或者其他组织的名称、住所和法定代表人或者主要负责人的姓名、职务、联系方式;

(二)被告的姓名、性别、工作单位、住所等信息,法人或者其他组织的名称、住所等信息;

(三)诉讼请求和所根据的事实与理由;

(四)证据和证据来源;

(五)有证人的,载明证人姓名和住所。

行政起诉状参照民事起诉状书写。

第五条 刑事自诉状应当记明以下事项:

(一)自诉人或者代为告诉人、被告人的姓名、性别、年龄、民族、文化程度、职业、工作单位、住址、联系方式;

(二)被告人实施犯罪的时间、地点、手段、情节和危害后果等;

(三)具体的诉讼请求;

(四)致送的人民法院和具状时间;

（五）证据的名称、来源等；

（六）有证人的，载明证人的姓名、住所、联系方式等。

第六条 当事人提出起诉、自诉的，应当提交以下材料：

（一）起诉人、自诉人是自然人的，提交身份证明复印件；起诉人、自诉人是法人或者其他组织的，提交营业执照或者组织机构代码证复印件、法定代表人或者主要负责人身份证明书；法人或者其他组织不能提供组织机构代码的，应当提供组织机构被注销的情况说明；

（二）委托起诉或者代为告诉的，应当提交授权委托书、代理人身份证明、代为告诉人身份证明等相关材料；

（三）具体明确的足以使被告或者被告人与他人相区别的姓名或者名称、住所等信息；

（四）起诉状原本和与被告或者被告人及其他当事人人数相符的副本；

（五）与诉请相关的证据或者证明材料。

第七条 当事人提交的诉状和材料不符合要求的，人民法院应当一次性书面告知在指定期限内补正。

当事人在指定期限内补正的，人民法院决定是否立案的期间，自收到补正材料之日起计算。

当事人在指定期限内没有补正的，退回诉状并记录在册；坚持起诉、自诉的，裁定或者决定不予受理、不予立案。

经补正仍不符合要求的，裁定或者决定不予受理、不予立案。

第八条 对当事人提出的起诉、自诉，人民法院当场不能判定是否符合法律规定的，应当作出以下处理：

（一）对民事、行政起诉，应当在收到起诉状之日起七日内决定是否立案；

（二）对刑事自诉，应当在收到自诉状次日起十五日内决定是否立案；

（三）对第三人撤销之诉，应当在收到起诉状之日起三十日内决定是否立案；

（四）对执行异议之诉，应当在收到起诉状之日起十五日内决定是否立案。

人民法院在法定期间内不能判定起诉、自诉是否符合法律规定的，应当先行立案。

第九条 人民法院对起诉、自诉不予受理或者不予立案的，应当出具书面裁定或者决定，并载明理由。

第十条 人民法院对下列起诉、自诉不予登记立案：

（一）违法起诉或者不符合法律规定的；

（二）涉及危害国家主权和领土完整的；

（三）危害国家安全的；

（四）破坏国家统一和民族团结的；

（五）破坏国家宗教政策的；

（六）所诉事项不属于人民法院主管的。

第十一条 登记立案后，当事人未在法定期限内交纳诉讼费的，按撤诉处理，但符合法律规定的缓、减、免交诉讼费条件的除外。

第十二条 登记立案后，人民法院立案庭应当及时将案件移送审判庭审理。

第十三条 对立案工作中存在的不接收诉状、接收诉状后不出具书面凭证，不一次性告知当事人补正诉状内容，以及有案不立、拖延立案、干扰立案、既不立案又不作出裁定或者决定等违法违纪情形，当事人可以向受诉人民法院或者上级人民法院投诉。

人民法院应当在受理投诉之日起十五日内，查明事实，并将情况反馈当事人。发现违法违纪行为的，依法依纪追究相关人员责任；构成犯罪的，依法追究刑事责任。

第十四条 为方便当事人行使诉权，人民法院提供网上立案、预约立案、巡回立案等诉讼服务。

第十五条 人民法院推动多元化纠纷解决机制建设，尊重当事人选择人民调解、行政调解、行业调解、仲裁等多种方式维护权益，化解纠纷。

第十六条 人民法院依法维护登记立案秩序，推进诉讼诚信建设。对干扰立案秩序、虚假诉讼的，根据民事诉讼法、行政诉讼法有关规定予以罚款、拘留；构成犯罪的，依法追究刑事责任。

第十七条 本规定的"起诉"，是指当事人提起民事、行政诉讼；"自诉"，是指当事人提起刑事自诉。

第十八条 强制执行和国家赔偿申请登记立案工作，按照本规定执行。

上诉、申请再审、刑事申诉、执行复议和国家赔偿申诉案件立案工作，不适用本规定。

第十九条 人民法庭登记立案工作，按照本规定执行。

第二十条 本规定自 2015 年 5 月 1 日起施行。以前有关立案的规定与本规定不一致的，按照本规定执行。

最高人民法院
关于严格执行案件审理期限制度的若干规定

2000 年 9 月 22 日　　　　　　　　　　　　　　法释〔2000〕29 号

为提高诉讼效率，确保司法公正，根据刑事诉讼法、民事诉讼法、行政诉讼法和海事诉讼特别程序法的有关规定，现就人民法院执行案件审理期限制度的有关问题规定如下：

一、各类案件的审理、执行期限

第一条 适用普通程序审理的第一审刑事公诉案件、被告人被羁押的第一审刑事自诉案件和第二审刑事公诉、刑事自诉案件的期限为一个月，至迟不得超过一个半月；附带民事诉讼案件的审理期限，经本院院长批准，可以延长两个月。有刑事诉讼法第一百二十六条规定情形之一的,经省、自治区、直辖市高级人民法院批准或者决定,审理期限可以再延长一个月;最高人民法院受理的刑事上诉、刑事抗诉案件,经最高人民法院决定,审理期限可以再延长一个月。

适用普通程序审理的被告人未被羁押的第一审刑事自诉案件,期限为六个月;有特殊情况需要延长的,经本院院长批准,可以延长三个月。

适用简易程序审理的刑事案件,审理期限为二十日。

第二条 适用普通程序审理的第一审民事案件,期限为六个月;有特殊情况需要延长的,经本院院长批准,可以延长六个月,还需延长的,报请上一级人民法院批准,可以再延长三个月。

适用简易程序审理的民事案件,期限为三个月。

适用特别程序审理的民事案件,期限为三十日;有特殊情况需要延长的,经本院院长批准,可以延长三十日,但审理选民资格案件必须在选举日前审结。

审理第一审船舶碰撞、共同海损案件的期限为一年;有特殊情况需要延长的,经本院院长批准,可以延长六个月。

审理对民事判决的上诉案件,审理期限为三个月;有特殊情况需要延长的,经本院院长批准,可以延长三个月。

审理对民事裁定的上诉案件,审理期限为三十日。

对罚款、拘留民事决定不服申请复议的,审理期限为五日。

审理涉外民事案件,根据民事诉讼法第二百七十条的规定,不受上述案件审理期限的限制。

审理涉港、澳、台的民事案件的期限,参照涉外审理民事案件的规定办理。

第三条 审理第一审行政案件的期限为三个月;有特殊情况需要延长的,经高级人民法院批准可以延长三个月。高级人民法院审理第一审案件需要延长期限的,由最高人民法院批准,可以延长三个月。

审理行政上诉案件的期限为两个月;有特殊情况需要延长的,由高级人民法院批准,可以延长两个月。高级人民法院审理的第二审案件需要延长期限的,由最高人民法院批准,可以延长两个月。

第四条 按照审判监督程序重新审理的刑事案件的期限为三个月;需要延长期限的,经本院院长批准,可以延长三个月。

裁定再审的民事、行政案件,根据再审适用的不同程序,分别执行第一审或第二审审理期限的规定。

第五条 执行案件应当在立案之日起六个月内执结,非诉执行案件应当在立案之日起三个月内执结;有特殊情况需要延长的,经本院院长批准,可以延长三个月,还需延长的,层报高级人民法院备案。

委托执行的案件,委托的人民法院应当在立案后一个月内办理完委托执行手续,受委托的人民法院应当在收到委托函件后三十日内执行完毕。未执行完毕,应当在期限届满后十五日内将执行情况函告委托人民法院。

刑事案件没收财产刑应当即时执行。

刑事案件罚金刑,应当在判决、裁定发生法律效力后三个月内执行完毕,至迟不超过六个月。

二、立案、结案时间及审理期限的计算

第六条 第一审人民法院收到起诉书(状)或者执行申请书后,经审查认为符合受理条件的应当在七日内立案;收到自诉人自诉状或者口头告诉的,经审查认为符合自诉案件受理条件的应当在十五日内立案。

改变管辖的刑事、民事、行政案件,应当在收到案卷材料后的三日内立案。

第二审人民法院应当在收到第一审人民法院移送的上(抗)诉材料及案卷材料后的五日内立案。

发回重审或指令再审的案件,应当在收到发回重审或指令再审裁定及案卷材料后的次日内立案。

按照审判监督程序重新审判的案件,应当在作出提审、再审裁定(决定)的次日立案。

第七条 立案机构应当在决定立案的三日内将案卷材料移送审判庭。

第八条 案件的审理期限从立案次日起计算。

由简易程序转为普通程序审理的第一审刑事案件的期限,从决定转为普通程序次日起计算;由简易程序转为普通程序审理的第一审民事案件的期限,从立案次日起连续计算。

第九条 下列期间不计入审理、执行期限:

(一)刑事案件对被告人作精神病鉴定的期间;

(二)刑事案件因另行委托、指定辩护人,法院决定延期审理的,自案件宣布延期审理之日起至第十日止准备辩护的时间;

(三)公诉人发现案件需要补充侦查,提出延期审理建议后,合议庭同意延期审理的期间;

(四)刑事案件二审期间,检察院查阅案卷超过七日后的时间;

(五)因当事人、诉讼代理人、辩护人申请通知新的证人到庭、调取新的证据、申请重新鉴定或者勘验,法院决定延期审理一个月之内的期间;

(六)民事、行政案件公告、鉴定的期间;

(七)审理当事人提出的管辖权异议和处理法院之间的管辖争议的期间;

(八)民事、行政、执行案件由有关专业机构进行审计、评估、资产清理的期间;

(九)中止诉讼(审理)或执行至恢复诉讼(审理)或执行的期间;

(十)当事人达成执行和解或者提供执行担保后,执行法院决定暂缓执行的期间;

(十一)上级人民法院通知暂缓执行的期间;

(十二)执行中拍卖、变卖被查封、扣押财产的期间。

第十条 人民法院判决书宣判、裁定书宣告或者调解书送达最后一名当事人的日期为结案时间。如需委托宣判、送达的,委托宣判、送达的人民法院应当在审限届满前将判决书、裁定书、调解书送达受托人民法院。受托人民法院应当在收到委托书后七日内送达。

人民法院判决书宣判、裁定书宣告或者调解书送达有下列情形之一的，结案时间遵守以下规定：

（一）留置送达的，以裁判文书留在受送达人的住所日为结案时间；

（二）公告送达的，以公告刊登之日为结案时间；

（三）邮寄送达的，以交邮日期为结案时间；

（四）通过有关单位转交送达的，以送达回证上当事人签收的日期为结案时间。

三、案件延长审理期限的报批

第十一条 刑事公诉案件、被告人被羁押的自诉案件，需要延长审理期限的，应当在审理期限届满七日以前，向高级人民法院提出申请；被告人未被羁押的刑事自诉案件，需要延长审理期限的，应当在审理期限届满十日前向本院院长提出申请。

第十二条 民事案件应当在审理期限届满十日前向本院院长提出申请；还需延长的，应当在审理期限届满十日前向上一级人民法院提出申请。

第十三条 行政案件应当在审理期限届满十日前向高级人民法院或者最高人民法院提出申请。

第十四条 对于下级人民法院申请延长办案期限的报告，上级人民法院应当在审理期限届满三日前作出决定，并通知提出申请延长审理期限的人民法院。

需要本院院长批准延长办案期限的，院长应当在审限届满前批准或者决定。

四、上诉、抗诉二审案件的移送期限

第十五条 被告人、自诉人、附带民事诉讼的原告人和被告人通过第一审人民法院提出上诉的刑事案件，第一审人民法院应当在上诉期限届满后三日内将上诉状连同案卷、证据移送第二审人民法院。被告人、自诉人、附带民事诉讼的原告人和被告人直接向上级人民法院提出上诉的刑事案件，第一审人民法院应当在接到第二审人民法院移交的上诉状后三日内将案卷、证据移送上一级人民法院。

第十六条 人民检察院抗诉的刑事二审案件，第一审人民法院应当在上诉、抗诉期届满后三日内将抗诉书连同案卷、证据移送第二审人民法院。

第十七条 当事人提出上诉的二审民事、行政案件，第一审人民法院收到上诉状，应当在五日内将上诉状副本送达对方当事人。人民法院收到答辩状，应当在五日内将副本送达上诉人。

人民法院受理人民检察院抗诉的民事、行政案件的移送期限，比照前款规定办理。

第十八条 第二审人民法院立案时发现上诉案件材料不齐全的，应当在两日内通知第一审人民法院。第一审人民法院应当在接到第二审人民法院的通知后五日内补齐。

第十九条 下级人民法院接到上级人民法院调卷通知后，应当在五日内将全部案卷和证据移送，至迟不超过十日。

五、对案件审理期限的监督、检查

第二十条 各级人民法院应当将审理案件期限情况作为审判管理的重要内容,加强对案件审理期限的管理、监督和检查。

第二十一条 各级人民法院应当建立审理期限届满前的催办制度。

第二十二条 各级人民法院应当建立案件审理期限定期通报制度。对违反诉讼法规定,超过审理期限或者违反本规定的情况进行通报。

第二十三条 审判人员故意拖延办案,或者因过失延误办案,造成严重后果的,依照《人民法院审判纪律处分办法(试行)》第五十九条的规定予以处分。

审判人员故意拖延移送案件材料,或者接受委托送达后,故意拖延不予送达的,参照《人民法院审判纪律处分办法(试行)》第五十九条的规定予以处分。

第二十四条 本规定发布前有关审理期限规定与本规定不一致的,以本规定为准。

最高人民法院
关于人民法院合议庭工作的若干规定

法释〔2002〕25号

(2002年7月30日最高人民法院审判委员会第1234次会议通过 2002年8月12日最高人民法院公告公布 自2002年8月17日起施行)

为了进一步规范合议庭的工作程序,充分发挥合议庭的职能作用,根据《中华人民共和国人民法院组织法》、《中华人民共和国刑事诉讼法》、《中华人民共和国民事诉讼法》、《中华人民共和国行政诉讼法》等法律的有关规定,结合人民法院审判工作实际,制定本规定。

第一条 人民法院实行合议制审判第一审案件,由法官或者由法官和人民陪审员组成合议庭进行;人民法院实行合议制审判第二审案件和其他应当组成合议庭审判的案件,由法官组成合议庭进行。

人民陪审员在人民法院执行职务期间,除不能担任审判长外,同法官有同等的权利义务。

第二条 合议庭的审判长由符合审判长任职条件的法官担任。

院长或者庭长参加合议庭审判案件的时候,自己担任审判长。

第三条 合议庭组成人员确定后,除因回避或者其他特殊情况,不能继续参加案件审理的之外,不得在案件审理过程中更换。更换合议庭成员,应当报请院长或者庭长决定。合议庭成员的更换情况应当及时通知诉讼当事人。

第四条 合议庭的审判活动由审判长主持,全体成员平等参与案件的审理、评议、裁判，共同对案件认定事实和适用法律负责。

第五条 合议庭承担下列职责：

（一）根据当事人的申请或者案件的具体情况，可以作出财产保全、证据保全、先予执行等裁定；

（二）确定案件委托评估、委托鉴定等事项；

（三）依法开庭审理第一审、第二审和再审案件；

（四）评议案件；

（五）提请院长决定将案件提交审判委员会讨论决定；

（六）按照权限对案件及其有关程序性事项作出裁判或者提出裁判意见；

（七）制作裁判文书；

（八）执行审判委员会决定；

（九）办理有关审判的其他事项。

第六条 审判长履行下列职责：

（一）指导和安排审判辅助人员做好庭前调解、庭前准备及其他审判业务辅助性工作；

（二）确定案件审理方案、庭审提纲、协调合议庭成员的庭审分工以及做好其他必要的庭审准备工作；

（三）主持庭审活动；

（四）主持合议庭对案件进行评议；

（五）依照有关规定，提请院长决定将案件提交审判委员会讨论决定；

（六）制作裁判文书，审核合议庭其他成员制作的裁判文书；

（七）依照规定权限签发法律文书；

（八）根据院长或者庭长的建议主持合议庭对案件复议；

（九）对合议庭遵守案件审理期限制度的情况负责；

（十）办理有关审判的其他事项。

第七条 合议庭接受案件后，应当根据有关规定确定案件承办法官，或者由审判长指定案件承办法官。

第八条 在案件开庭审理过程中，合议庭成员必须认真履行法定职责，遵守《中华人民共和国法官职业道德基本准则》中有关司法礼仪的要求。

第九条 合议庭评议案件应当在庭审结束后五个工作日内进行。

第十条 合议庭评议案件时，先由承办法官对认定案件事实、证据是否确实、充分以及适用法律等发表意见，审判长最后发表意见；审判长作为承办法官的，由审判长最后发表意见。对案件的裁判结果进行评议时，由审判长最后发表意见。审判长应当根据评议情况总结合议庭评议的结论性意见。

合议庭成员进行评议的时候，应当认真负责，充分陈述意见，独立行使表决权，不得拒绝陈述意见或者仅作同意与否的简单表态。同意他人意见的，也应当提出事实根据和法律依据，进行分析论证。

合议庭成员对评议结果的表决，以口头表决的形式进行。

第十一条　合议庭进行评议的时候，如果意见分歧，应当按多数人的意见作出决定，但是少数人的意见应当写入笔录。

评议笔录由书记员制作，由合议庭的组成人员签名。

第十二条　合议庭应当依照规定的权限，及时对评议意见一致或者形成多数意见的案件直接作出判决或者裁定。但是对于下列案件，合议庭应当提请院长决定提交审判委员会讨论决定：

（一）拟判处死刑的；

（二）疑难、复杂、重大或者新类型的案件，合议庭认为有必要提交审判委员会讨论决定的；

（三）合议庭在适用法律方面有重大意见分歧的；

（四）合议庭认为需要提请审判委员会讨论决定的其他案件，或者本院审判委员会确定的应当由审判委员会讨论决定的案件。

第十三条　合议庭对审判委员会的决定有异议，可以提请院长决定提交审判委员会复议一次。

第十四条　合议庭一般应当在作出评议结论或者审判委员会作出决定后的五个工作日内制作出裁判文书。

第十五条　裁判文书一般由审判长或者承办法官制作。但是审判长或者承办法官的评议意见与合议庭评议结论或者审判委员会的决定有明显分歧的，也可以由其他合议庭成员制作裁判文书。

对制作的裁判文书，合议庭成员应当共同审核，确认无误后签名。

第十六条　院长、庭长可以对合议庭的评议意见和制作的裁判文书进行审核，但是不得改变合议庭的评议结论。

第十七条　院长、庭长在审核合议庭的评议意见和裁判文书过程中，对评议结论有异议的，可以建议合议庭复议，同时应当对要求复议的问题及理由提出书面意见。

合议庭复议后，庭长仍有异议的，可以将案件提请院长审核，院长可以提交审判委员会讨论决定。

第十八条　合议庭应当严格执行案件审理期限的有关规定。遇有特殊情况需要延长审理期限的，应当在审限届满前按规定的时限报请审批。

最高人民法院
关于进一步加强合议庭职责的若干规定

法释〔2010〕1号

（2009年12月14日最高人民法院审判委员会第1479次会议通过 2010年1月11日最高人民法院公告公布 自2010年2月1日起施行）

为了进一步加强合议庭的审判职责，充分发挥合议庭的职能作用，根据《中华人民共和国人民法院组织法》和有关法律规定，结合人民法院工作实际，制定本规定。

第一条 合议庭是人民法院的基本审判组织。合议庭全体成员平等参与案件的审理、评议和裁判，依法履行审判职责。

第二条 合议庭由审判员、助理审判员或者人民陪审员随机组成。合议庭成员相对固定的，应当定期交流。人民陪审员参加合议庭的，应当从人民陪审员名单中随机抽取确定。

第三条 承办法官履行下列职责：

（一）主持或者指导审判辅助人员进行庭前调解、证据交换等庭前准备工作；

（二）拟定庭审提纲，制作阅卷笔录；

（三）协助审判长组织法庭审理活动；

（四）在规定期限内及时制作审理报告；

（五）案件需要提交审判委员会讨论的，受审判长指派向审判委员会汇报案件；

（六）制作裁判文书提交合议庭审核；

（七）办理有关审判的其他事项。

第四条 依法不开庭审理的案件，合议庭全体成员均应当阅卷，必要时提交书面阅卷意见。

第五条 开庭审理时，合议庭全体成员应当共同参加，不得缺席、中途退庭或者从事与该庭审无关的活动。合议庭成员未参加庭审、中途退庭或者从事与该庭审无关的活动，当事人提出异议的，应当纠正。合议庭仍不纠正的，当事人可以要求休庭，并将有关情况记入庭审笔录。

第六条 合议庭全体成员均应当参加案件评议。评议案件时，合议庭成员应当针对案件的证据采信、事实认定、法律适用、裁判结果以及诉讼程序等问题充分发表意见。必要时，合议庭成员还可提交书面评议意见。

合议庭成员评议时发表意见不受追究。

第七条 除提交审判委员会讨论的案件外，合议庭对评议意见一致或者形成多数意见的案件，依法作出判决或者裁定。下列案件可以由审判长提请院长或者庭长决定组织相关审判人员共同讨论，合议庭成员应当参加：

（一）重大、疑难、复杂或者新类型的案件；

（二）合议庭在事实认定或法律适用上有重大分歧的案件；

（三）合议庭意见与本院或上级法院以往同类型案件的裁判有可能不一致的案件；

（四）当事人反映强烈的群体性纠纷案件；

（五）经审判长提请且院长或者庭长认为确有必要讨论的其他案件。

上述案件的讨论意见供合议庭参考，不影响合议庭依法作出裁判。

第八条 各级人民法院的院长、副院长、庭长、副庭长应当参加合议庭审理案件，并逐步增加审理案件的数量。

第九条 各级人民法院应当建立合议制落实情况的考评机制，并将考评结果纳入岗位绩效考评体系。考评可采取抽查卷宗、案件评查、检查庭审情况、回访当事人等方式。考评包括以下内容：

（一）合议庭全体成员参加庭审的情况；

（二）院长、庭长参加合议庭庭审的情况；

（三）审判委员会委员参加合议庭庭审的情况；

（四）承办法官制作阅卷笔录、审理报告以及裁判文书的情况；

（五）合议庭其他成员提交阅卷意见、发表评议意见的情况；

（六）其他应当考核的事项。

第十条 合议庭组成人员存在违法审判行为的，应当按照《人民法院审判人员违法审判责任追究办法（试行）》等规定追究相应责任。合议庭审理案件有下列情形之一的，合议庭成员不承担责任：

（一）因对法律理解和认识上的偏差而导致案件被改判或者发回重审的；

（二）因对案件事实和证据认识上的偏差而导致案件被改判或者发回重审的；

（三）因新的证据而导致案件被改判或者发回重审的；

（四）因法律修订或者政策调整而导致案件被改判或者发回重审的；

（五）因裁判所依据的其他法律文书被撤销或变更而导致案件被改判或者发回重审的；

（六）其他依法履行审判职责不应当承担责任的情形。

第十一条 执行工作中依法需要组成合议庭的，参照本规定执行。

第十二条 本院以前发布的司法解释与本规定不一致的，以本规定为准。

最高人民法院
关于全国法院立案工作座谈会纪要

1999年9月8日　　　　　　　　　　　　　　法〔1999〕186号

各省、自治区、直辖市高级人民法院，解放军军事法院，新疆维吾尔自治区高级人民法院生产建设兵团分院：

全国法院立案工作座谈会于1999年8月23日至26日在吉林省延吉市召开。各省、自治区、直辖市高级人民法院，解放军军事法院，新疆维吾尔自治区高级人民法院生产建设兵团分院分管立案工作的院领导、主管立案工作的庭长及会上介绍立案工作经验的中级人民法院、基层人民法院的代表共计100人，参加了座谈会。

最高人民法院副院长沈德咏出席会议并讲话，最高人民法院告诉申诉审判庭庭长纪敏主持会议。

会议以邓小平理论为指导，总结交流立案工作的情况与经验；研究部署当前和今后一个时期的立案工作；贯彻落实不久前在上海召开的全国高级法院院长座谈会关于积极推进人民法院改革的精神，探索深化、发展立案工作的新路子，实现立案工作跨世纪的新发展。会议达到预期目的。现纪要如下：

一、会议充分肯定了各级法院立案工作所取得的显著成绩与经验。自1997年最高人民法院制定下发《立案工作的暂行规定》（以下简称暂行规定）以来，特别是1998年7月全国高级法院院长座谈会上，肖扬院长明确提出年内全部实行"三个分立"，坚决纠正三个不分的做法以后，在各级法院领导和立案干部的共同努力下，立审分立的落实摆上议事日程，立案工作切实得到了改进和加强，工作局面有了很大的改观，为服务大局、维护司法公正作出了积极的贡献。主要表现：（一）不断加深对立审分立的认识，全面推行立审分立，各级法院普遍设立了立案机构，立审分立的格局已经形成。据今年6月份对全国31个省、自治区、直辖市3424个法院的统计，已有3315个法院成立了立案机构，实现了全部或部分的立审分立，占96.82％。（二）严格依法立案。群众告状难的问题基本上得以解决。（三）依据暂行规定与实践经验，明确了职责，完善了制度，使立案工作步入专业化、规范化的法制化轨道。（四）把做好立案工作与人民法院的文明建设结合起来，提高了效率，转变了作风，人民群众更加满意。（五）积累了一些好的做法与经验。与会代表从提高认识，加强领导；健全机构，配备干部；严肃执法，依法立案；明确职责，规范制度；锐意改革，大胆探索诸方面总结交流了立案工作的经验。会议交流的7个高级法院、7个中级法院、4个基层法院的经验材料，受到与会代表的肯定和好评。

二、会议分析了当前立案工作的形势，明确了当前和今后一个时期立案工作的总体目标和基本要求。

会议认为，我国正处在世纪之交的重要历史关头，改革已进入攻坚阶段，发展正处于关键时期。由于社会关系变化，利益格局调整，社会矛盾交织，起诉到法院的各类案件大幅度上升，人民法院的立案工作和整个审判工作一样，面临着前所未有的复杂局面。人民法院的管理体制和审判工作机制，也受到了严峻的挑战。面对困难与机遇同在，改革与发展并存的形势，如何抓住机遇，加快发展，适应形势的需要，把人民法院的立案工作以崭新的面貌推向21世纪，这是亟待我们深入思考和认真解决的问题。

会议确定，当前和今后一个时期人民法院立案工作的总体目标和基本要求是：以邓小平理论为指导，认真贯彻落实党的十五大精神，坚持党的基本路线和依法治国的基本方略，以确保司法公正为核心，积极探索和深化立案工作的改革。健全机构，统一职责，完善制度，规范管理，在全面实施立审分立、贯彻落实暂行规定的基础上，逐步建立起公开、公正、高效、规范、有序的立案工作机制和审判管理模式。努力提高工作效率和执法水平，为改革、发展、稳定服务，为把建设有中国特色社会主义事业全面推向21世纪，提供可靠的司法保障。

讨论中，大家对深化法院立案工作改革取得了共识，一致认为改革是推动法院工作发展的强大动力。近几年法院的立案工作，所以发展较快，取得了很大的成绩，一个重要的原因在于狠抓了立案工作的改革，推行了立审分立的审判管理机制。今后的立案工作要发展，要开创立案工作的新局面，还必须坚持和完善立审分立制度，必须深化立案工作的改革。要立足当前，考虑长远，要把全面实行立审分立作为近期立案工作改革的重点，在1999年底前限期完成。关于立案工作改革的长远考虑，大家认为，这次座谈会上印发的上海市高级人民法院、上海市第一中级人民法院、吉林省延边自治州中级人民法院、陕西省铜川市中级人民法院、辽宁省辽阳市中级人民法院、山东省寿光市人民法院、河南省西华县人民法院实施审判流程管理的做法和经验，给我们很好的启示和借鉴。他们突破立案工作的传统模式，由立案机构对立案审查、文书送达、庭前准备、排期开庭、审限跟踪、结案归档等程序性工作，实施全面管理。这种赋予立案机构流程管理职能的做法，在我国是一个创新，是对法院立案工作和审判方式改革的深化和发展。《人民法院五年改革纲要》已对建立科学的案件审理流程管理制度作了明文规定，各级法院应结合各自的实际，制定具体的改革步骤与方案，通过试点取得经验，逐步推行，积极稳妥地落实这一改革举措，以保证案件审理的公正、高效。

三、为适应形势发展的需要，确保人民法院立案工作总体目标与要求的实现，会议就今后工作，尤其对立案工作中遇到的亟待解决的一些问题进行了探讨，并提出以下意见：

（一）统一立案机构的职责范围，全面实施立审分立的原则

会议针对一些法院立案机构职责范围不清，立审分立落实不到位的实际情况，特就立案机构的主要职责及全面落实立审分立，坚决纠正立审不分做法的问题，进行了研究并重申如下意见：

1. 全面落实立审分立，坚决纠正立审不分的做法。会议认为，全面实行立审分立，建立立案与审理互相分立、相互制约又有机结合的诉讼运行机制，是人民法院为了确保

司法公正,完善我国审判制度而推出的一项重要改革举措。各级人民法院都应按暂行规定及《人民法院五年改革纲要》的规定与要求,建立健全专门的立案机构,保证立案机构能够完全承担起暂行规定所要求的审查受理各类案件的任务,全面实施立审分立,坚决纠正立审不分的做法。会议要求,目前尚未全面实行立审分立的法院,一定要在今年年底前限期完成立审分立的任务。已经完成立审分立任务的法院,应进一步完善制度,充实业务骨干,保证工作正常有效地进行。

2. 统一立案机构的职责范围,全面发挥立案机构的职能作用。会议认为,根据刑诉法、民诉法、行政诉讼法和最高人民法院司法解释的规定,结合立案工作的实际,按照立审分立的要求,立案机构应承担以下主要职责:

(1) 审查民事、经济纠纷、行政案件的起诉,决定立案或者裁定不予受理;审查刑事自诉案件的起诉,决定立案或者裁定驳回;审查执行案件的申请,决定是否立案或裁定不予受理;对刑事公诉案件进行立案登记。

(2) 对上诉案件、抗诉案件进行立案登记。审理不服下级法院不予受理、管辖异议的上诉案件。

(3) 审查申诉、申请再审,符合受理条件的,应当立卷审查,并决定是否裁定再审立案;对审委会讨论决定再审、上级法院指令再审和人民检察院按照审判监督程序提出抗诉的案件进行立案登记。

(4) 负责应由本院依法受理的其他案件的立案工作。

(5) 根据当事人申请,依法进行诉前财产、诉前证据保全。

(6) 依法处理公民、法人和其他组织提出的管辖异议和下级法院的管辖权争议案件。对下级法院应当受理而不受理的告诉案件,指定下级法院受理。

(7) 核算当事人预交诉讼费用,办理缓、减、免诉讼费的审批或报批手续。

(8) 对本院各类案件的审限进行跟踪督办,并定期向有关领导与部门通报。

(9) 办理上级机关和本院领导交办案件的登记、编号、程序上的审查处理和督办,并回报或转报结果。

(10) 处理告诉申诉来信来访,解答法律咨询,做好上访老户工作。

(11) 监督、指导下级法院的立案工作。基层法院检查指导人民法庭的立案工作。

以上意见,各级法院在确定各自立案机构的职责范围时应参照执行。

(二) 建立健全机构,调整充实立案干部队伍

会议认为,立案机构的设置,各级法院可根据实际情况自行决定,凡条件允许的,应当争取单独设置,设在告诉申诉审判庭内的,立案人员也应相对固定。凡单独设置立案机构的,名称统一为××人民法院立案庭,设在告申庭内的,名称统一为××人民法院立案室,并对外公开挂牌。立案机构的人力一定要与所承担的任务相适应,要选调一批政治、业务素质高,会做群众工作,作风过硬,年富力强的业务骨干充实立案干部队伍。保证立案机构能够完全承担起立案工作暂行规定所要求的审查受理各类案件的任务。

(三) 抓好基层法院的立案工作,实现人民法庭立案规范化

全国法院80%以上的案件是基层法院受理的,因而,基层法院的立案工作在整个

法院立案工作中具有特别重要的地位和作用，会议认为，各级法院的领导应注重抓基层，这是深化人民法院立案工作改革的基础。

抓好基层法院的立案工作，重点抓好人民法庭的立案工作。暂行规定从两便原则出发，赋予法庭立案权，采取专人审查，庭长批准，基层人民法院立案机构指导，统一编立案号的变通做法。实践证明，这种做法既坚持了立审分立的原则，又考虑了法庭立案的特殊性，是统一立案的原则性与灵活性的统一，是两便原则的生动体现。会议强调，各地在落实去年全国人民法庭工作会议精神和贯彻实施《关于人民法庭若干问题的规定》过程中，在抓好人民法庭设置规范化的同时，要抓好法庭立案工作的规范化，两者要同步进行。人民法庭设置的适度规模化，使法庭的人、财、物配置更合理，更便于立审分立原则的实施。在抓教育、抓认识的同时，着重从建章立制、加强管理、规范做法上入手，落实专职立案人员，落实立案人员责任，落实立案制度，落实接待时间，落实立案监督制约机制。从而保障程序上的公开和公正，促使人民法庭的立案工作及审判管理日趋专业化、规范化、科学化。

（四）对暂行规定第二十二条、第二十三条的理解与执行问题

会议认为，暂行规定第二十二条和第二十三条的规定是明确的，对申诉和申请再审的立卷复查由立案机构负责，再审案件的审判由审判监督机构负责。如不是第二十三条规定的四种情况，就不应移送审监庭，应由立案庭立卷复查。对其中第一种情况，经审查，没有道理的，应由立案庭口头或书面驳回。经审查，可能有错，符合再审立案条件的，再审裁定立案后转审监庭审理。对其中第二、三、四种情况，应由立案庭登记立案后转审监庭审理。这样分层次地审查处理，既把再审的立案与审理分开了，充分体现了再审案件的立审分立原则，同时也加大了审判监督工作的力度，有利提高再审案件的质量。中级以上法院的立案、审监机构都应采取这种做法。基层法院一般是立案任务繁重，审监任务不大，故基层法院的立案机构，对申诉、申请再审案件可只进行程序性审查，是否再审立案的决定及再审的审理可都交审监机构去办理。各级法院的立案、审监机构还应强调分工协作，协同处理好申诉老户的工作。会议认为，还有许多具体问题需要细化，比如：对上级法院发函要结果的案件、当地党委、人大、政府、政协等单位领导交办的案件的审查处理及两个庭如何分工更合理的问题，还需进一步调查研究。

关于申诉复查的操作执行问题，会议充分肯定了申诉复查听证制度的做法。会议认为该做法体现了申诉复查的平等原则，增加了复查的透明度，实践中取得了积极的审判效果与社会效果。会议要求有条件的法院，应积极试行推广。试行推广时，应体现听证的简便、快捷、实用的特性，不对案件全面审查，抓住争议焦点，开门见山，直奔主题，听证目的是确定原判是否有错，是依法驳回，还是调卷审查或再审立案。切忌把复查听证与再审开庭相混淆。听证的组织形式还是组成合议庭为好。

会议指出，今年是我国历史上具有重要意义的一年。做好当前的各项工作，将为我们实现跨世纪发展的宏伟目标打下坚实的基础。希望身处审判工作前沿的广大立案干部在以江泽民同志为核心的党中央领导下，高举邓小平理论伟大旗帜，进一步振奋精神，扎实工作，开拓进取，积极深化立案工作改革，为实现依法治国，建设社会主义法治国家作出新的、更大的贡献！

最高人民法院
关于执行《最高人民法院关于严格执行案件审理期限制度的若干规定》中有关问题的复函

2001年8月20日　　　　　　　　　　　　　　　法函〔2001〕46号

江苏省高级人民法院：

你院苏立函字第10号《关于执行（最高人民法院关于严格执行案件审理期限制度的若干规定）中有关问题的请示》收悉。经研究，答复如下：

立案庭承担有关法律文书送达、对管辖权异议的审查、诉讼保全、庭前证据交换等庭前程序性工作的，向审判庭移送案卷材料的期限可不受《最高人民法院关于严格执行案件审理期限制度的若干规定》（以下简称《若干规定》）第七条"立案机构应当在决定立案的三日内将案卷材料移送审判庭"规定的限制，但第一审案件移送案卷材料的期限最长不得超过二十日，第二审案件最长不得超过十五日。

立案庭未承担上述程序性工作的，仍应执行《若干规定》第七条的规定。

最高人民法院
印发《关于办理不服本院生效裁判案件的若干规定》的通知

2001年10月29日　　　　　　　　　　　　　　　法发〔2001〕20号

本院各单位：

《最高人民法院关于办理不服本院生效裁判案件的若干规定》已于2001年10月16日最高人民法院审判委员会1195次会议通过，现予印发，请遵照执行。

附：

最高人民法院
关于办理不服本院生效裁判案件的若干规定

根据《中华人民共和国刑事诉讼法》、《中华人民共和国民事诉讼法》和《中华人民共和国行政诉讼法》及《最高人民法院机关内设机构及新设事业单位职能》的有关规定，为规范审判监督工作，制定本规定。

一、立案庭对不服本院生效裁判案件经审查认为可能有错误，决定再审立案或者登记立案并移送审判监督庭后，审判监督庭应及时审理。

二、经立案庭审查立案的不服本院生效裁判案件，立案庭应将本案全部卷宗材料调齐，一并移送审判监督庭。

经立案庭登记立案、尚未归档的不服本院生效裁判案件，审判监督庭需要调阅有关案卷材料的，应向相关业务庭发出调卷通知。有关业务庭应在收到调卷通知十日内，将有关案件卷宗按规定装订整齐，移送审判监督庭。

三、在办理不服本院生效裁判案件过程中，经庭领导同意，承办人可以就案件有关情况与原承办人或原合议庭交换意见；未经同意，承办人不得擅自与原承办人或原合议庭交换意见。

四、对立案庭登记立案的不服本院生效裁判案件，合议庭在审查过程中，认为对案件有关情况需要听取双方当事人陈述的，应报庭领导决定。

五、对本院生效裁判案件经审查认为应当再审的，或者已经进入再审程序、经审理认为应当改判的，由院长提交审判委员会讨论决定。

提交审判委员会讨论的案件审理报告应注明原承办人和原合议庭成员的姓名，并可附原合议庭对审判监督庭再审审查结论的书面意见。

六、审判监督庭经审查驳回当事人申请再审的，或者经过再审程序审理结案的，应及时向本院有关部门通报案件处理结果。

七、审判监督庭在审理案件中，发现原办案人员有《人民法院审判人员违法审判责任追究办法（试行）》、《人民法院审判纪律处分办法（试行）》规定的违法违纪情况的，应移送纪检组（监察室）处理。

当事人在案件审查或审理过程中反映原办案人员有违法违纪问题或提交有关举报材料的，应告知其向本院纪检组（监察室）反映或提交；已收举报材料的，审判监督庭应及时移送纪检组（监察室）。

八、对不服本院执行工作办公室、赔偿委员会办公室办理的有关案件，按照本规定执行。

九、审判监督庭负责本院国家赔偿的确认工作，办理高级人民法院国家赔偿确认工作的请示，负责对全国法院赔偿确认工作的监督与指导。

十、地方各级人民法院、专门人民法院可根据本规定精神，制定具体规定。

最高人民法院
关于印发《最高人民法院案件审限管理规定》的通知

2001年11月5日　　　　　　　　　　　　　法〔2001〕164号

本院各单位：

《最高人民法院案件审限管理规定》已于2001年10月16日由最高人民法院审判委员会第1195次会议通过，自2002年1月1日起施行。

现将该规定印发给你们。各单位要认真组织学习，充分做好实施前的准备工作。

附：

最高人民法院案件审限管理规定

为了严格执行法律和有关司法解释关于审理期限的规定，提高审判工作效率，保护当事人的诉讼权利，结合本院实际情况，制定本规定。

一、本院各类案件的审理期限

第一条　审理刑事上诉、抗诉案件的期限为一个月，至迟不得超过一个半月；有刑事诉讼法第一百二十六条规定情形之一的，经院长批准，可以延长一个月。

第二条　审理对民事判决的上诉案件，期限为三个月；有特殊情况需要延长的，经院长批准，可以延长三个月。

审理对民事裁定的上诉案件，期限为一个月。

第三条　审理对妨害诉讼的强制措施的民事决定不服申请复议的案件，期限为五日。

第四条　审理行政上诉案件的期限为两个月；有特殊情况需要延长的，经院长批准，可以延长两个月。

第五条　审理赔偿案件的期限为三个月；有特殊情况需要延长的，经院长批准，可以延长三个月。

第六条　办理刑事复核案件的期限为两个月；有特殊情况需要延长的，由院长批准。

办理再审刑事复核案件的期限为四个月；有特殊情况需要延长的，由院长批准。

第七条 对不服本院生效裁判或不服高级人民法院复查驳回、再审改判的各类申诉或申请再审案件,应当在三个月内审查完毕,作出决定或裁定,至迟不得超过六个月。

第八条 按照审判监督程序重新审理的刑事案件的审理期限为三个月;有特殊情况需要延长的,经院长批准,可以延长三个月。

裁定再审的民事、行政案件,根据再审适用的不同程序,分别执行第一审或第二审审理期限的规定。

第九条 办理下级人民法院按规定向我院请示的各类适用法律的特殊案件,期限为三个月;有特殊情况需要延长的,经院长批准,可以延长三个月。

第十条 涉外、涉港、澳、台民事案件应当在庭审结束后三个月内结案;有特殊情况需要延长的,由院长批准。

第十一条 办理管辖争议案件的期限为两个月;有特殊情况需要延长的,经院长批准,可以延长两个月。

第十二条 办理执行协调案件的期限为三个月,至迟不得超过六个月。

二、立案、结案时间及审理期限的计算

第十三条 二审案件应当在收到上(抗)诉书及案卷材料后的五日内立案。

按照审判监督程序重新审判的案件,应当在作出提审、再审裁定或决定的次日立案。

刑事复核案件、适用法律的特殊请示案件、管辖争议案件、执行协调案件应当在收到高级人民法院报送的案卷材料后三日内立案。

第十四条 立案庭应当在决定立案并办妥有关诉讼收费事宜后,三日内将案卷材料移送相关审判庭。

第十五条 案件的审理期限从立案次日起计算。

申诉或申请再审的审查期限从收到申诉或申请再审材料并经立案后的次日起计算。

涉外、涉港、澳、台民事案件的结案期限从最后一次庭审结束后的次日起计算。

第十六条 不计入审理期限的期间依照本院《关于严格执行案件审理期限制度的若干规定》(下称《若干规定》)第九条执行。

案情重大、疑难,需由审判委员会作出决定的案件,自提交审判委员会之日起至审判委员会作出决定之日止的期间,不计入审理期限。

需要向有关部门征求意见的案件,征求意见的期间不计入审理期限,参照《若干规定》第九条第八项的规定办理。

要求下级人民法院查报的案件,下级人民法院复查的期间不计入审理期限。

第十七条 结案时间除按《若干规定》第十条执行外,请示案件的结案时间以批复、复函签发日期为准,审查申诉的结案时间以作出决定或裁定的日期为准,执行协调案件以批准协调方案日期为准。

三、案件延长审理期限的报批

第十八条 刑事案件需要延长审理期限的,应当在审理期限届满七日以前,向院长

提出申请。

第十九条 其他案件需要延长审理期限的，应当在审理期限届满十日以前，向院长提出申请。

第二十条 需要院长批准延长审理期限的，院长应当在审限届满以前作出决定。

第二十一条 凡变动案件审理期限的，有关合议庭应当及时到立案庭备案。

四、对案件审理期限的监督、管理

第二十二条 本院各类案件审理期限的监督、管理工作由立案庭负责。

距案件审限届满前十日，立案庭应当向有关审判庭发出提示。

对超过审限的案件实行按月通报制度。

第二十三条 审判人员故意拖延办案，或者因过失延误办案，造成严重后果的，依照《人民法院审判纪律处分办法（试行）》第五十九条的规定予以处分。

本规定自 2002 年 1 月 1 日起执行。

附件：

最高人民法院《关于严格执行案件审理期限制度的若干规定》的有关条款

第九条 下列期间不计入审理、执行期限：

（一）刑事案件对被告人作精神病鉴定的期间；

（二）刑事案件因另行委托、指定辩护人，法院决定延期审理的，自案件宣布延期审理之日起至第十日止准备辩护的时间；

（三）公诉人发现案件需要补充侦查，提出延期审理建议后，合议庭同意延期审理的期间；

（四）刑事案件二审期间，检察院查阅案卷超过七日后的时间；

（五）因当事人、诉讼代理人、辩护人申请通知新的证人到庭、调取新的证据、申请重新鉴定或者勘验，法院决定延期审理一个月之内的期间；

（六）民事、行政案件公告、鉴定的期间；

（七）审理当事人提出的管辖权异议和处理法院之间的管辖争议的期间；

（八）民事、行政、执行案件由有关专业机构进行审计、评估、资产清理的期间；

（九）中止诉讼（审理）或执行至恢复诉讼（审理）或执行的期间；

（十）当事人达成执行和解或者提供执行担保后，执行法院决定暂缓执行的期间；

（十一）上级人民法院通知暂缓执行的期间；

（十二）执行中拍卖、变卖被查封、扣押财产的期间。

第十条 人民法院判决书宣判、裁定书宣告或者调解书送达最后一名当事人的日期为结案日期。如需委托宣判、送达的，委托宣判、送达的人民法院应当在审限届满前将判决书、裁定书、调解书送达受托人民法院。受托人民法院应当在收到委托书后七日内送达。

人民法院判决书宣判、裁定书宣告或者调解书送达有下列情形之一的，结案时间遵守以下规定：

（一）留置送达的，以裁判文书留在受送达人的住所日为结案日期；

（二）公告送达的，以公告刊登之日为结案日期；

（三）邮寄送达的，以交邮日期为结案日期；

（四）通过有关单位转交送达的，以送达回证上当事人签收的日期为结案日期。

最高人民法院
印发《关于规范人民法院再审立案的若干意见（试行）》的通知

2002年9月10日　　　　　　　　　　　　　　法发〔2002〕13号

各省、自治区、直辖市高级人民法院，解放军军事法院，新疆维吾尔自治区高级人民法院生产建设兵团分院：

《最高人民法院关于规范人民法院再审立案的若干意见（试行）》已经最高人民法院审判委员会第1230次会议讨论通过，现印发给你们试行，请认真遵照执行。

附：

最高人民法院
关于规范人民法院再审立案的若干意见（试行）

为加强审判监督，规范再审立案工作，根据《中华人民共和国刑事诉讼法》、《中华人民共和国民事诉讼法》和《中华人民共和国行政诉讼法》的有关规定，结合审判实际，制定本规定。

第一条　各级人民法院、专门人民法院对本院或者上级人民法院对下级人民法院作出的终审裁判，经复查认为符合再审立案条件的，应当决定或裁定再审。

人民检察院依照法律规定对人民法院作出的终审裁判提出抗诉的，应当再审立案。

第二条　地方各级人民法院、专门人民法院负责下列案件的再审立案：

（一）本院作出的终审裁判，符合再审立案条件的；

（二）下一级人民法院复查驳回或者再审改判，符合再审立案条件的；

（三）上级人民法院指令再审的；

（四）人民检察院依法提出抗诉的。

第三条 最高人民法院负责下列案件的再审立案：

（一）本院作出的终审裁判，符合再审立案条件的；

（二）高级人民法院复查驳回或者再审改判，符合再审立案条件的；

（三）最高人民检察院依法提出抗诉的；

（四）最高人民法院认为应由自己再审的。

第四条 上级人民法院对下级人民法院作出的终审裁判，认为确有必要的，可以直接立案复查，经复查认为符合再审立案条件的，可以决定或裁定再审。

第五条 再审申请人或申诉人向人民法院申请再审或申诉，应当提交以下材料：

（一）再审申请书或申诉状，应当载明当事人的基本情况、申请再审或申诉的事实与理由；

（二）原一、二审判决书、裁定书等法律文书，经过人民法院复查或再审的，应当附有驳回通知书、再审判决书或裁定书；

（三）以有新的证据证明原裁判认定的事实确有错误为由申请再审或申诉的，应当同时附有证据目录、证人名单和主要证据复印件或者照片；需要人民法院调查取证的，应当附有证据线索。

申请再审或申诉不符合前款规定的，人民法院不予审查。

第六条 申请再审或申诉一般由终审人民法院审查处理。

上一级人民法院对未经终审人民法院审查处理的申请再审或申诉，一般交终审人民法院审查；对经终审人民法院审查处理后仍坚持申请再审或申诉的，应当受理。

对未经终审人民法院及其上一级人民法院审查处理，直接向上级人民法院申请再审或申诉的，上级人民法院应当交下一级人民法院处理。

第七条 对终审刑事裁判的申诉，具备下列情形之一的，人民法院应当决定再审：

（一）有审判时未收集到的或者未被采信的证据，可能推翻原定罪量刑的；

（二）主要证据不充分或者不具有证明力的；

（三）原裁判的主要事实依据被依法变更或撤销的；

（四）据以定罪量刑的主要证据自相矛盾的；

（五）引用法律条文错误或者违反刑法第十二条的规定适用失效法律的；

（六）违反法律关于溯及力规定的；

（七）量刑明显不当的；

（八）审判程序不合法，影响案件公正裁判的；

（九）审判人员在审理案件时索贿受贿、徇私舞弊并导致枉法裁判的。

第八条 对终审民事裁判、调解的再审申请，具备下列情形之一的，人民法院应当裁定再审：

（一）有再审申请人以前不知道或举证不能的证据，可能推翻原裁判的；

（二）主要证据不充分或者不具有证明力的；

（三）原裁判的主要事实依据被依法变更或撤销的；

（四）就同一法律事实或同一法律关系，存在两个相互矛盾的生效法律文书，再审申请人对后一生效法律文书提出再审申请的；

（五）引用法律条文错误或者适用失效、尚未生效法律的；

（六）违反法律关于溯及力规定的；

（七）调解协议明显违反自愿原则，内容违反法律或者损害国家利益、公共利益和他人利益的；

（八）审判程序不合法，影响案件公正裁判的；

（九）审判人员在审理案件时索贿受贿、徇私舞弊并导致枉法裁判的。

第九条　对终审行政裁判的申诉，具备下列情形之一的，人民法院应当裁定再审：

（一）依法应当受理而不予受理或驳回起诉的；

（二）有新的证据可能改变原裁判的；

（三）主要证据不充分或不具有证明力的；

（四）原裁判的主要事实依据被依法变更或撤销的；

（五）引用法律条文错误或者适用失效、尚未生效法律的；

（六）违反法律关于溯及力规定的；

（七）行政赔偿调解协议违反自愿原则，内容违反法律或损害国家利益、公共利益和他人利益的；

（八）审判程序不合法，影响案件公正裁判的；

（九）审判人员在审理案件时索贿受贿、徇私舞弊并导致枉法裁判的。

第十条　人民法院对刑事案件的申诉人在刑罚执行完毕后两年内提出的申诉，应当受理；超过两年提出申诉，具有下列情形之一的，应当受理：

（一）可能对原审被告人宣告无罪的；

（二）原审被告人在本条规定的期限内向人民法院提出申诉，人民法院未受理的；

（三）属于疑难、复杂、重大案件的。

不符合前款规定的，人民法院不予受理。

第十一条　人民法院对刑事附带民事案件中仅就民事部分提出申诉的，一般不予再审立案。但有证据证明民事部分明显失当且原审被告人有赔偿能力的除外。

第十二条　人民法院对民事、行政案件的再审申请人或申诉人超过两年提出再审申请或申诉的，不予受理。

第十三条　人民法院对不符合法定主体资格的再审申请或申诉，不予受理。

第十四条　人民法院对下列民事案件的再审申请不予受理：

（一）人民法院依照督促程序、公示催告程序和破产还债程序审理的案件；

（二）人民法院裁定撤销仲裁裁决和裁定不予执行仲裁裁决的案件；

（三）人民法院判决、调解解除婚姻关系的案件，但当事人就财产分割问题申请再审的除外。

第十五条　上级人民法院对经终审法院的上一级人民法院依照审判监督程序审理后维持原判或者经两级人民法院依照审判监督程序复查均驳回的申请再审或申诉案件，一般不予受理。

但再审申请人或申诉人提出新的理由,且符合《中华人民共和国刑事诉讼法》第二百零四条、《中华人民共和国民事诉讼法》第一百七十九条、《中华人民共和国行政诉讼法》第六十二条及本规定第七、八、九条规定条件的,以及刑事案件的原审被告人可能被宣告无罪的除外。

第十六条 最高人民法院再审裁判或者复查驳回的案件,再审申请人或申诉人仍不服提出再审申请或申诉的,不予受理。

第十七条 本意见自2002年11月1日起施行。以前有关再审立案的规定与本意见不一致的,按本意见执行。

最高人民法院
印发《最高人民法院关于完善院长、副院长、庭长、副庭长参加合议庭审理案件制度的若干意见》的通知

2007年3月30日　　　　　　　　　　　　　　法发〔2007〕14号

各省、自治区、直辖市高级人民法院,解放军军事法院,新疆维吾尔自治区高级人民法院生产建设兵团分院:

《最高人民法院关于完善院长、副院长、庭长、副庭长参加合议庭审理案件制度的若干意见》已经最高人民法院审判委员会第1416次会议通过,现印发给你们,请结合审判工作实际,遵照执行。

附:

最高人民法院
关于完善院长、副院长、庭长、副庭长参加合议庭审理案件制度的若干意见

为了使人民法院的院长、副院长、庭长、副庭长更好地履行审判职责,结合审判工作实际,特制定本意见。

第一条 各级人民法院院长、副院长、庭长、副庭长除参加审判委员会审理案件以外,每年都应当参加合议庭或者担任独任法官审理案件。

第二条 院长、副院长、庭长、副庭长参加合议庭审理下列案件:

(一) 疑难、复杂、重大案件；
(二) 新类型案件；
(三) 在法律适用方面具有普遍意义的案件；
(四) 认为应当由自己参加合议庭审理的案件。

第三条 最高人民法院的院长、副院长、庭长、副庭长办理案件的数量标准，由最高人民法院规定。

地方各级人民法院的院长、副院长、庭长、副庭长办理案件的数量标准，由本级人民法院根据本地实际情况规定。中级人民法院、基层人民法院规定的办案数量应当报高级人民法院备案。

院长、副院长、庭长、副庭长应当选择一定数量的案件，亲自担任承办人办理。

第四条 院长、副院长、庭长、副庭长办理案件，应当起到示范作用。同时注意总结审判工作经验，规范指导审判工作。

第五条 院长、副院长、庭长、副庭长参加合议庭审理案件，依法担任审判长，与其他合议庭成员享有平等的表决权。

院长、副院长参加合议庭评议时，多数人的意见与院长、副院长的意见不一致的，院长、副院长可以决定将案件提交审判委员会讨论。合议庭成员中的非审判委员会委员应当列席审判委员会。

第六条 院长、副院长、庭长、副庭长办理案件，开庭时间一经确定，不得随意变动。

第七条 院长、副院长、庭长、副庭长参加合议庭审理案件，应当作为履行审判职责的一项重要工作，纳入对其工作的考评和监督范围。

第八条 本意见自印发之日起施行。

最高人民法院
印发《关于进一步加强人民法院"立案信访窗口"建设的若干意见（试行）》的通知

2009年12月25日　　　　　　　　　　　　　　法发〔2009〕60号

各省、自治区、直辖市高级人民法院，解放军军事法院，新疆维吾尔自治区高级人民法院生产建设兵团分院：

现将《最高人民法院关于进一步加强人民法院"立案信访窗口"建设的若干意见》印发给你们，请各地结合实际，认真贯彻执行。

附：

最高人民法院
关于进一步加强人民法院"立案信访窗口"建设的若干意见（试行）

人民法院的"立案信访窗口"是人民群众表达诉求、参与诉讼、解决纠纷的重要场所，也是人民法院了解社情民意、服务涉诉群众、联系社会各界的桥梁纽带。多年来，各级人民法院重视加强立案信访场所建设，落实司法为民措施，收到了良好效果。为进一步贯彻落实"三个至上"人民法院工作指导思想，树立人民法院公正高效、亲民便民的良好司法形象，现就进一步加强人民法院"立案信访窗口"建设，提出如下意见：

一、总体要求

1. 坚持"党的事业至上、人民利益至上、宪法法律至上"的指导思想，围绕"为大局服务，为人民司法"的工作主题，结合"人民法官为人民"主题实践活动，深入持久开展"立案信访窗口"建设活动，建一流队伍，创一流服务，争一流业绩，使之成为人民法院全局工作亮点。

2. 着重从服务管理、功能布局、设施保障、制度规章等方面入手，端正思想，改进作风，提高效率，完善机制，加强"立案信访窗口"的标准化、规范化建设，使之成为"功能完善、制度健全、设施齐备、服务到位"的司法服务场所。

二、基本功能

1. 诉讼引导。由专人负责来访接待引导，根据来访群众的目的要求，将其引导至相关区域。

2. 立案审查。及时接收、审查案件材料，办理立案手续、核算、收取诉讼费用。

3. 立案调解。设立调解室，由经验丰富、业务素质高的法官或专职人民调解员、退休法官等进行诉前调解或立案调解。

4. 救助服务。对经济困难的当事人，特别是涉及老弱病残、下岗职工、农民工等追索赡养费、抚养费、养老金、抚恤金、拖欠工资的，提供必要的司法救助，决定诉讼费的减、缓、免除。

5. 查询咨询。通过柜台窗口接待、登记本、触摸屏、电话、网络等手段和形式，为当事人提供承办法官及审判庭、开庭时间、案件流转、执行进展等案件信息查询服务。为来访群众提供法律咨询服务。

6. 材料收转。接收当事人提交的诉讼材料，并负责转交承办法官或合议庭。

7. 判后答疑。针对当事人对生效裁判提出的疑问，通知原承办法官、相关审判庭进行答疑释惑，促使当事人服判息诉。

8. 信访接待。接待群众初次来访、申诉或者申请再审，分流引导越级上访和重复上访，妥善处置集体访等重点信访，保持依法有序的信访秩序，保障机关安全和社会安定。

三、基础设施

1. 立案信访场所面积应按照《人民法院法庭建设标准》（法〔2002〕260 号，建设部建标〔2002〕229 号）建设，且符合工作的实际需要。

2. 立案场所和信访接待场所应适当分开，做到布局合理、庄重大方、宽敞明亮、整洁卫生。

3. 立案信访场所设置于标志明显、交通便利、方便群众出入的地点。

4. 在保障安全有序的前提下，立案信访工作采用"柜台式"或"窗口式"等开放办公方式。

5. 人民法院应在立案信访场所设置休息座椅、饮水器具和卫生服务设施，提供笔墨纸张、复印、打字、电话、传真、网络等相关服务。

6. 人民法院应当向当事人提供诉讼指南、来访须知、风险告知书等诉讼指引资料。有条件的法院应配置公示屏幕、电子触摸屏、传呼系统等。

7. 人民法院应在明显位置公布服务承诺、工作流程、管理制度、法院和法官相关信息。

8. 立案信访场所应当配备手持安检仪、液体检测仪、通道式 X 光物检仪以及防爆桶、防火毯等安检设备。

四、工作制度

1. 首问负责制度。接待来访的首位工作人员，应认真负责地做好接待工作。对职责范围内的事项，应及时办理；对职责范围外的事项，应及时移交有关部门和人员，并向来访群众说明情况。

2. 服务承诺制度。公开承诺立案受理、信访处理、信息查询、案件咨询、材料转交等有关内容的办理时间、期限和要求，自觉接受人民群众和社会各界的监督。

3. 办事公开制度。公开立案信访工作职责、工作流程及其他相关信息；公开投诉电话，设置意见箱，专人负责处理群众投诉，虚心听取各方面的意见和建议。

4. 文明接待制度。工作人员应当着装上岗，做到精神饱满、仪表端庄、衣着整洁、举止得体，服务周到、用语文明（参照使用的文明用语及禁用语附后），高效及时、方法适当。

5. 岗位责任制度。实行定岗、定人、定责，做到职能明晰、任务明确、权责结合、考核有据。

五、岗位要求

1. 导诉人员应当使用文明、规范的语言询问来访人员的来访目的，按照不同要求介绍办事程序，指引办事地点，发放办事序号。

2. 立案人员应当认真审查当事人提交的起诉或上诉材料，征求其是否同意诉前调解或立案调解。对不宜调解的，告知诉讼风险，及时办理立案手续。准确计算诉讼费用，向当事人送达有关诉讼文书。对材料不齐全的，一次性指导当事人补齐；对因故不能当即立案的，应说明原因，并约定立案时间；对不属于人民法院受理范围或不属于本院管辖的，应进行法律释明，告知有权处理的单位和机关。

3. 查询咨询和答疑人员应当认真听取来访人员的提问，耐心回答问题，详细解释诉讼程序和法律规定，提供诉讼指引。

4. 材料收转人员接收诉讼材料应当认真核对，及时登记；接收材料后，通知相关审判庭领取，并做好移送交接工作。

5. 接访人员应做到及时接待，耐心细致，初访必接，有诉必理。认真审查信访材料，听取意见，及时记录来访信息。对能够当场解答的问题，应即问即答；不能当场解答的，告知按规定期限等待处理。对集体访等非正常上访，及时报告，妥善处理，防止矛盾激化。

六、行为规范

1. 根据不同季节统一着法院制服，按照规定佩戴法徽，挂牌上岗。不得披衣、敞怀、挽衣袖、卷裤腿、穿与制服不相称的鞋子；不得染彩发、染指甲、剃光头、纹身、蓄胡须。

2. 时刻保持良好的精神状态和平和的心态，仪表端庄、自然，精力集中，举止文明，不带情绪上岗。

3. 对待来访群众应态度诚恳、自然、亲切，语言规范、语气温和、语调平和，不得生硬傲慢、拿腔拿调。

4. 平等对待每一位来访群众，尊重年老、疾病或残疾当事人的人格；对老弱病残孕等特殊群体应当特别关照。

5. 遇到言辞激烈、情绪激动的当事人，应保持冷静，不得与其发生争执或不理不睬；对于当事人的攻击、侮辱性语言，应表明态度，及时予以制止；对当事人的无理要求或错误意见应耐心释明，礼貌拒绝。

6. 对于多人来访，应努力照顾到在场每一个人的情绪，防止引发秩序混乱。

7. 严格执行岗位职责和工作流程，工作细致认真、准确快速、优质高效，尽量减少来访群众的等候时间，避免因工作失误给来访群众造成负担。

8. 对于需递交给来访群众的材料应当双手交到其手中，并嘱咐收好，不得扔或摔给来访群众。

9. 工作时间不得擅自离开岗位，不得从事与工作无关的活动。不得在工作时间或者工作日中午饮酒，不得在工作场所吸烟、饮食，不得与他人有勾肩搭背、挽手、嬉闹等不雅行为。

10. 不得采取任何方式和借口怠慢、顶撞、刁难来访群众或推托、拒办相关事项，不得与来访群众争吵、打架。

七、接待用语

1. 接待时应当使用文明规范用语，不得使用禁止使用的语句和说法。不得使用任何辱骂、嘲讽和挖苦的语言，不得大声斥责、教训来访群众。

2. 对来访群众要称谓恰当、说话得体；要考虑到来访群众的年龄、性别、职业、受教育程度等因素，尽量使用来访群众能够听懂的语言与来访群众进行交流。

3. 语言应简单明了、条理清楚、表达准确。

八、组织领导

1. 各高、中级人民法院应建立"立案信访窗口"建设工作领导小组。领导小组的职责是：研究"立案信访窗口"建设工作的重大事项，协调解决工作中的困难和问题，督促检查工作进展情况。中级、基层人民法院院长要亲自抓，全面落实"立案信访窗口"建设的各项要求和措施。

2. 按照"政治坚定、业务精通、纪律严明、作风优良、品德高尚"的要求，为"立案信访窗口"配备与任务相适应的工作人员，加强立案信访法官的政治思想教育和审判业务培训。实行定期轮岗，初任法官和拟任中层领导的人员应当到"立案信访窗口"锻炼，将立案信访岗位作为培养锻炼干部的基地。

3. 地方各级人民法院应当从实际出发，因地制宜，按照最高人民法院提出的要求制定具体工作方案，抓好落实。加强对"立案信访窗口"建设的宣传工作，表彰宣传先进典型，总结先进经验，完善工作机制，提高立案信访工作水平。

4. 主动接受党委领导、人大监督，定期或者不定期地向党委、人大汇报"立案信访窗口"建设工作情况，邀请人大代表、政协委员、执法监督员视察指导工作，认真听取意见、建议；及时与政府沟通情况，积极争取支持，推进"立案信访窗口"建设活动深入开展。

最高人民法院
关于印发《关于改革和完善人民法院审判委员会制度的实施意见》的通知

2010年1月11日　　　　　　　　　　　　　　法发〔2010〕3号

各省、自治区、直辖市高级人民法院，解放军军事法院，新疆维吾尔自治区高级人民法院生产建设兵团分院：

《关于改革和完善人民法院审判委员会制度的实施意见》已经中央批准，现印发给你们，请认真贯彻执行。执行中如有意见和建议，请及时报告我院。

附：

最高人民法院
关于改革和完善人民法院审判委员会制度的实施意见

为改革和完善人民法院审判委员会制度，提高审判工作质量和效率，根据人民法院组织法、刑事诉讼法、民事诉讼法、行政诉讼法等法律的规定，结合人民法院审判工作实际，制定本意见。

一、人民法院审判委员会制度是中国特色社会主义司法制度的重要组成部分。几十年来，各级人民法院审判委员会在总结审判经验，指导审判工作，审理疑难、复杂、重大案件等方面发挥了重要作用。随着我国社会主义市场经济和民主法制建设的发展，人民群众通过法院解决纠纷的意识不断增强，全国法院受理案件的总量和新类型案件逐年增多，对审判质量的要求越来越高。为了适应新形势、新任务的要求，建立公正、高效、权威的社会主义司法制度，实现审判委员会工作机制和工作程序的科学化、规范化，应当不断改革和完善人民法院审判委员会制度。

二、改革和完善审判委员会制度，应当坚持"三个至上"的人民法院工作指导思想，坚持党对人民法院工作的领导，自觉接受人民代表大会监督，自觉维护宪法、法律的尊严和权威，自觉维护人民合法权益，坚持从审判工作实际出发，依法积极稳妥推进。

三、审判委员会是人民法院的最高审判组织，在总结审判经验，审理疑难、复杂、重大案件中具有重要的作用。

四、最高人民法院审判委员会履行审理案件和监督、管理、指导审判工作的职责：

（一）讨论疑难、复杂、重大案件；

（二）总结审判工作经验；

（三）制定司法解释和规范性文件；

（四）听取审判业务部门的工作汇报；

（五）讨论决定对审判工作具有指导性意义的典型案例；

（六）讨论其他有关审判工作的重大问题。

五、地方各级人民法院审判委员会履行审理案件和监督、管理、指导审判工作的职责：

（一）讨论疑难、复杂、重大案件；

（二）结合本地区和本院实际，总结审判工作经验；

（三）听取审判业务部门的工作汇报；

（四）讨论决定对本院或者本辖区的审判工作具有参考意义的案例；

（五）讨论其他有关审判工作的重大问题。

六、各级人民法院应当加强审判委员会的专业化建设，提高审判委员会委员的政治素质、道德素质和法律专业素质，增强司法能力，确保审判委员会组成人员成为人民法院素质最好、水平最高的法官。各级人民法院审判委员会除由院长、副院长、庭长担任审判委员会委员外，还应当配备若干名不担任领导职务、政治素质好、审判经验丰富、法学理论水平较高、具有法律专业高等学历的资深法官委员。

中共中央《关于进一步加强人民法院、人民检察院工作的决定》已经明确了审判委员会专职委员的配备规格和条件，各级人民法院应当配备若干名审判委员会专职委员。

七、人民法院审判工作中的重大问题和疑难、复杂、重大案件以及合议庭难以作出裁决的案件，应当由审判委员会讨论或者审理后作出决定。案件或者议题是否提交审判委员会讨论，由院长或者主管副院长决定。

八、最高人民法院审理的下列案件应当提交审判委员会讨论决定：

（一）本院已经发生法律效力的判决、裁定确有错误需要再审的案件；

（二）最高人民检察院依照审判监督程序提出抗诉的刑事案件。

九、高级人民法院和中级人民法院审理的下列案件应当提交审判委员会讨论决定：

（一）本院已经发生法律效力的判决、裁定确有错误需要再审的案件；

（二）同级人民检察院依照审判监督程序提出抗诉的刑事案件；

（三）拟判处死刑立即执行的案件；

（四）拟在法定刑以下判处刑罚或者免于刑事处罚的案件；

（五）拟宣告被告人无罪的案件；

（六）拟就法律适用问题向上级人民法院请示的案件；

（七）认为案情重大、复杂，需要报请移送上级人民法院审理的案件。

十、基层人民法院审理的下列案件应当提交审判委员会讨论决定：

（一）本院已经发生法律效力的判决、裁定确有错误需要再审的案件；

（二）拟在法定刑以下判处刑罚或者免于刑事处罚的案件；

（三）拟宣告被告人无罪的案件；

（四）拟就法律适用问题向上级人民法院请示的案件；

（五）认为应当判处无期徒刑、死刑，需要报请移送中级人民法院审理的刑事案件；

（六）认为案情重大、复杂，需要报请移送上级人民法院审理的案件。

十一、人民法院审理下列案件时，合议庭可以提请院长决定提交审判委员会讨论：

（一）合议庭意见有重大分歧、难以作出决定的案件；

（二）法律规定不明确，存在法律适用疑难问题的案件；

（三）案件处理结果可能产生重大社会影响的案件；

（四）对审判工作具有指导意义的新类型案件；

（五）其他需要提交审判委员会讨论的疑难、复杂、重大案件。

合议庭没有建议提请审判委员会讨论的案件，院长、主管副院长或者庭长认为有必要的，得提请审判委员会讨论。

十二、需要提交审判委员会讨论的案件，由合议庭层报庭长、主管副院长提请院长决定。院长、主管副院长或者庭长认为不需要提交审判委员会的，可以要求合议庭复议。

审判委员会讨论案件，合议庭应当提交案件审理报告。案件审理报告应当符合规范要求，客观、全面反映案件事实、证据以及双方当事人或控辩双方的意见，说明合议庭争议的焦点、分歧意见和拟作出裁判的内容。案件审理报告应当提前发送审判委员会委员。

十三、审判委员会讨论案件时，合议庭全体成员及审判业务部门负责人应当列席会议。对本院审结的已发生法律效力的案件提起再审的，原审合议庭成员及审判业务部门负责人也应当列席会议。院长或者受院长委托主持会议的副院长可以决定其他有必要列席的人员。

审判委员会讨论案件，同级人民检察院检察长或者受检察长委托的副检察长可以列席。

十四、审判委员会会议由院长主持。院长因故不能主持会议时，可以委托副院长主持。

十五、审判委员会讨论案件按照听取汇报、询问、发表意见、表决的顺序进行。案件由承办人汇报，合议庭其他成员补充。审判委员会委员在听取汇报、进行询问和发表意见后，其他列席人员经主持人同意可以发表意见。

十六、审判委员会讨论案件实行民主集中制。审判委员会委员发表意见的顺序，一般应当按照职级高的委员后发言的原则进行，主持人最后发表意见。

审判委员会应当充分、全面地对案件进行讨论。审判委员会委员应当客观、公正、独立、平等地发表意见，审判委员会委员发表意见不受追究，并应当记录在卷。

审判委员会委员发表意见后，主持人应当归纳委员的意见，按多数意见拟出决议，付诸表决。审判委员会的决议应当按照全体委员二分之一以上多数意见作出。

十七、审判委员会以会议决议的方式履行对审判工作的监督、管理、指导职责。

十八、中级以上人民法院可以设立审判委员会日常办事机构，基层人民法院可以设审判委员会专职工作人员。

审判委员会日常办事机构负责处理审判委员会的日常事务，负责督促、检查和落实审判委员会的决定，承担审判委员会交办的其他事项。

最高人民法院
关于规范人民法院裁判文书相关表述及依法收转当事人诉讼材料的通知

2015年3月6日　　　　　　　　　　　　　　　法〔2015〕57号

各省、自治区、直辖市高级人民法院，解放军军事法院，新疆维吾尔自治区高级人民法院生产建设兵团分院：

为方便人民群众行使诉讼权利，确保当事人的诉求得到及时妥善处理，现对人民法院民事、行政和国家赔偿裁判文书中"上诉、复议、国家赔偿申请"内容的表述、及时收转当事人诉讼材料工作予以统一规范，通知如下：

一、人民法院审理一审民事、行政案件，做出的可以上诉的判决书、裁定书中涉及"上诉期间和上诉法院"的内容统一表述为："如不服本判决（裁定），可以在判决书（裁定书）送达之日起十五日（十日）内，向本院递交上诉状，并按对方当事人的人数或者代表人的人数提出副本，上诉于××××人民法院"。

二、人民法院做出的可以向上一级法院申请复议的决定书、裁定书中涉及"申请复议"的内容统一表述为："如不服本决定（裁定），可以在收到决定书（裁定书）之日起××日内（依据法律、司法解释规定的期限），通过本院向××××人民法院申请复议，也可以直接向××××人民法院申请复议"。

三、人民法院做出的不予受理案件决定书、国家赔偿决定书以及因程序性驳回国家赔偿申请的决定书涉及"申请上一级人民法院赔偿委员会作出赔偿决定"的内容统一表述为："如不服本决定，可以在决定书送达之日起三十日内通过本院向××××人民法院赔偿委员会申请做出赔偿决定，也可以直接向××××人民法院赔偿委员会申请做出赔偿决定"。

四、当事人直接向第二审人民法院递交上诉状的，第二审人民法院应当办理接收登记，出具接收单据，并自接收之日起五日内将上诉状移交原审人民法院。

做出赔偿义务机关的人民法院做出的赔偿申请书，应当在五日内连同全部案卷和证据，报送上一级人民法院；上一级人民法院的立案期限从收到赔偿申请材料之日起计算。

五、做出判决、裁定或决定的人民法院及其上一级人民法院对当事人提出的上诉、复议申请、国家赔偿申请不得相互推诿。当事人提出的上诉、复议申请、国家赔偿申请的人民法院既不是作出判决、裁定或决定的人民法院，也不是作出判决、裁定或决定的人民法院上一级人民法院的，应当告知其向作出判决、裁定或决定的人民法院递交上诉状、复议申请书、赔偿申请书。

以上通知，请即遵照执行。

最高人民法院
关于进一步推进案件繁简分流
优化司法资源配置的若干意见

2016年9月12日　　　　　　　　　　法发〔2016〕21号

为进一步优化司法资源，提高司法效率，促进司法公正，减少当事人诉讼成本，维护人民群众合法权益，根据《中华人民共和国民事诉讼法》《中华人民共和国刑事诉讼法》《中华人民共和国行政诉讼法》等法律规定，结合人民法院工作实际，现就进一步推进案件繁简分流、优化司法资源配置提出如下意见。

1. 遵循司法规律推进繁简分流。科学调配和高效运用审判资源，依法快速审理简单案件，严格规范审理复杂案件，实现简案快审、繁案精审。根据案件事实、法律适用、社会影响等因素，选择适用适当的审理程序，规范完善不同程序之间的转换衔接，做到该繁则繁，当简则简，繁简得当，努力以较小的司法成本取得较好的法律效果。

2. 推进立案环节案件的甄别分流。地方各级人民法院根据法律规定，科学制定简单案件与复杂案件的区分标准和分流规则，采取随机分案为主、指定分案为辅的方式，确保简单案件由人民法庭、速裁团队及时审理，系列性、群体性或关联性案件原则上由同一审判组织审理。对于繁简程度难以及时准确判断的案件，立案、审判及审判管理部门应当及时会商沟通，实现分案工作的有序高效。

3. 完善送达程序与送达方式。当事人在纠纷发生之前约定送达地址的，人民法院可以将该地址作为送达诉讼文书的确认地址。当事人起诉或者答辩时应当依照规定填写送达地址确认书。积极运用电子方式送达；当事人同意电子送达的，应当提供并确认传真号、电子信箱、微信号等电子送达地址。充分利用中国审判流程信息公开网，建立全国法院统一的电子送达平台。完善国家邮政机构以法院专递方式进行送达。

4. 发挥民事案件快速审判程序的优势。根据民事诉讼法及其司法解释规定，积极引导当事人双方约定适用简易程序审理民事案件。对于标的额超过规定标准的简单民事案件，或者不属于民事诉讼法第一百五十七条第一款规定情形但标的额在规定标准以下的民事案件，当事人双方约定适用小额诉讼程序的，可以适用小额诉讼程序审理。依法适用实现担保物权案件特别程序。积极引导当事人将债权人请求债务人给付金钱、有价证券的案件转入督促程序，推广使用电子支付令。

5. 创新刑事速裁工作机制。总结刑事速裁程序试点经验，加强侦查、起诉、审判程序的衔接配合。推广在看守所、执法办案单位等场所内建立速裁办公区，推动案件信息共享及案卷无纸化流转，促进案件办理的简化提速。

6. 简化行政案件审理程序。对于已经立案但不符合起诉条件的行政案件，经过阅卷、调查和询问当事人，认为不需要开庭审理的，可以径行裁定驳回起诉。对于事实清楚、权利义务关系明确、争议不大的案件，探索建立行政速裁工作机制。

7. 探索实行示范诉讼方式。对于系列性或者群体性民事案件和行政案件，选取个别或少数案件先行示范诉讼，参照其裁判结果来处理其他同类案件，通过个案示范处理带动批量案件的高效解决。

8. 推行集中时间审理案件的做法。对于适用简易程序审理的民事案件、适用速裁程序或者简易程序审理的轻微刑事案件，实行集中立案、移送、排期、开庭、宣判，由同一审判组织在同一时段内对多个案件连续审理。

9. 发挥庭前会议功能。法官或者受法官指导的法官助理主持召开庭前会议，解决核对当事人身份、组织交换证据目录、启动非法证据排除等相关程序性事项。对于适宜调解的案件，积极通过庭前会议促成当事人和解或者达成调解协议。对于庭前会议已确认的无争议事实和证据，在庭审中作出说明后，可以简化庭审举证和质证；对于有争议的事实和证据，征求当事人意见后归纳争议焦点。

10. 创新开庭方式。对于适用简易程序审理的民事、刑事案件，经当事人同意，可以采用远程视频方式开庭。证人、鉴定人、被害人可以使用视听传输技术或者同步视频作证室等作证。

11. 推行庭审记录方式改革。积极开发利用智能语音识别技术，实现庭审语音同步转化为文字并生成法庭笔录。落实庭审活动全程录音录像的要求，探索使用庭审录音录像简化或者替代书记员法庭记录。

12. 推进民事庭审方式改革。对于适用小额诉讼程序审理的民事案件，可以直接围绕诉讼请求进行庭审，不受法庭调查、法庭辩论等庭审程序限制。对于案件要素与审理要点相对集中的民事案件，可以根据相关要素并结合诉讼请求确定庭审顺序，围绕有争议的要素同步进行法庭调查和法庭辩论。

13. 探索认罪认罚案件庭审方式改革。对于被告人认罪认罚的案件，探索简化庭审程序，但是应当听取被告人的最后陈述。适用刑事速裁程序审理的，可不再进行法庭调查、法庭辩论；适用刑事简易程序审理的，不受法庭调查、法庭辩论等庭审程序限制。

14. 促进当庭宣判。对于适用小额诉讼程序审理的民事案件、适用速裁程序审理的刑事案件，原则上应当当庭宣判。对于适用民事、刑事、行政简易程序审理的案件，一般应当当庭宣判。对于适用普通程序审理的民事、刑事、行政案件，逐步提高当庭宣判率。

15. 推行裁判文书繁简分流。根据法院审级、案件类型、庭审情况等对裁判文书的体例结构及说理进行繁简分流。复杂案件的裁判文书应当围绕争议焦点进行有针对性地说理。新类型、具有指导意义的简单案件，加强说理；其他简单案件可以使用令状式、要素式、表格式等简式裁判文书，简化说理。当庭宣判的案件，裁判文书可以适当简化。当庭即时履行的民事案件，经征得各方当事人同意，可以在法庭笔录中记录相关情况后不再出具裁判文书。

16. 完善二审案件衔接机制。积极引导当事人、律师等提交电子诉讼材料，推进智慧法院建设和诉讼档案电子化，运用电子卷宗移送方式，加快案卷在上下级法院之间的移送。优化二审审理方式，围绕诉讼各方争议问题进行审理，避免二审与一审在庭审和裁判文书方面的不必要重复。强化二审统一裁判尺度、明确裁判规则等功能。

17. 提升人案配比科学性。在精确测算人员、案件数量和工作量的基础上，动态调整不同法院、不同审判部门的审判力量。根据法院审级、案件繁简等相关因素，合理确定法官、法官助理、书记员的配置比例，科学界定各自职能定位及其相互关系，最大程度地发挥审判团队优势。

18. 推广专业化审判。在充分考虑法官办案能力、经验及特长等因素的基础上，根据案件的不同类型确定审理类型化案件的专业审判组织，根据案件的繁简程度确定专门审理简单案件与复杂案件的审判人员。推进办案标准化建设，健全案例工作制度。构建法官轮岗机制，完善业绩评价体系，激发和保持审判队伍的活力。

19. 推进审判辅助事务集中管理。根据审判实际需要，在诉讼服务中心或者审判业务等部门安排专门的审判辅助人员，集中负责送达、排期开庭、保全、鉴定评估、文书上网等审判辅助事务。

20. 完善多元化纠纷解决机制。推动综治组织、行政机关、人民调解组织、商事调解组织、行业调解组织、仲裁机构、公证机构等各类治理主体发挥预防与化解矛盾纠纷的作用，完善诉调对接工作平台建设，加强诉讼与非诉纠纷解决方式的有机衔接，促进纠纷的诉前分流。完善刑事诉讼中的和解、调解。促进行政调解、行政和解，积极支持行政机关依法裁决同行政管理活动密切相关的民事纠纷。

21. 发挥律师在诉讼中的作用。积极支持律师依法执业，保障律师执业权利，重视律师对案件繁简分流和诉讼程序选择的意见，积极推动律师参与调解、代理申诉等工作。

22. 引导当事人诚信理性诉讼。加大对虚假诉讼、恶意诉讼等非诚信诉讼行为的打击力度，充分发挥诉讼费用、律师费用调节当事人诉讼行为的杠杆作用，促使当事人选择适当方式解决纠纷。当事人存在滥用诉讼权利、拖延承担诉讼义务等明显不当行为，造成诉讼对方或第三人直接损失的，人民法院可以根据具体情况对无过错方依法提出的赔偿合理的律师费用等正当要求予以支持。

最高人民法院
关于确定案件繁简分流机制改革示范法院的决定

2017年5月17日　　　　　　　　　　　　法〔2017〕178号

各省、自治区、直辖市高级人民法院，新疆维吾尔自治区高级人民法院生产建设兵团分院：

2016年9月12日，最高人民法院发布《关于进一步推进案件繁简分流优化司法资源配置的若干意见》，要求进一步优化司法资源，提高司法效率，促进司法公正，减少当事人诉讼成本，维护人民群众合法权益。为推广可借鉴、可复制的新举措、新经验，加强典型引领，以点带面，更好地推进案件繁简分流机制改革，切实破解"案多人少"难题，2017年1月9日，我院下发了《关于推荐"案件繁简分流示范法院"候选法院的通知》，拟在全国评选80个繁简分流示范法院。

在各高级人民法院提出推荐意见的基础上，最高人民法院研究决定：北京市第三中级人民法院等16个中级人民法院、北京市海淀区人民法院等64个基层人民法院为"案件繁简分流机制改革示范法院"（名单附后）。为扩大改革受益面，畅通一审、二审案件繁简分流衔接机制，此次被确定为示范法院的中级人民法院辖区内基层人民法院均视为示范法院。希望各示范法院继续深化案件繁简分流机制改革，勇于创新工作思路，健全完善制度机制，抓出工作实效，不断总结和及时推广先进经验，更好地发挥示范引领作用。

全国各级人民法院要认真学习习近平总书记治国理政新理念新思想新战略，深入推进司法体制改革，认真开展向案件繁简分流机制改革示范法院学习活动。各级法院主要领导要肩负起责任，勇作改革的促进派和实干家，抓好案件繁简分流机制改革举措的落实。各高级人民法院要加大对本辖区法院案件繁简分流机制改革的督促和指导，可选择一些改革积极性高、措施得力、效果明显的中基层法院作为本辖区示范法院，推进辖区内案件繁简分流机制改革各项举措的不断丰富和完善，着力提升案件审判的质量和效率，努力让人民群众在每一个司法案件中感受到公平正义。

改革推进过程中遇到的问题层报我院司法改革领导小组办公室。

附:

案件繁简分流机制改革示范法院名单

北京市
北京市第三中级人民法院
北京市海淀区人民法院
北京市西城区人民法院
北京市丰台区人民法院
天津市
天津市第二中级人民法院
天津市红桥区人民法院
河北省
石家庄市桥西区人民法院
承德市双滦区人民法院
威县人民法院
山西省
临汾市中级人民法院
太原市迎泽区人民法院
内蒙古自治区
呼和浩特市赛罕区人民法院
锡林浩特市人民法院
辽宁省
沈阳市中级人民法院
大连市开发区人民法院
吉林省
松原市宁江区人民法院
黑龙江省
鸡西市鸡冠区人民法院
大庆市让胡路区人民法院
上海市
上海市第二中级人民法院
上海市浦东新区人民法院
上海市长宁区人民法院
江苏省
苏州市中级人民法院

南京市鼓楼区人民法院
江阴市人民法院
海门市人民法院
浙江省
杭州市中级人民法院
台州市中级人民法院
衢州市衢江区人民法院
海宁市人民法院
诸暨市人民法院
安徽省
马鞍山市中级人民法院
合肥市蜀山区人民法院
郎溪县人民法院
福建省
福州市中级人民法院
厦门市思明区人民法院
石狮市人民法院
江西省
南昌市青云谱区人民法院
山东省
潍坊市中级人民法院
广饶县人民法院
临沂市兰山区人民法院
烟台高新技术产业开发区人民法院
沂源县人民法院
河南省
洛阳市中级人民法院
登封市人民法院
汝州市人民法院
辉县市人民法院
温县人民法院
湖北省
武汉市汉阳区人民法院
十堰市茅箭区人民法院
孝感市孝南区人民法院
随州市曾都区人民法院
湖南省
长沙县人民法院

宁乡县人民法院
郴州市北湖区人民法院
岳阳市岳阳楼区人民法院
广东省
深圳市中级人民法院
广州市天河区人民法院
中山市第一人民法院
东莞市第一人民法院
广西壮族自治区
南宁市江南区人民法院
柳州市鱼峰区人民法院
海南省
海口市龙华区人民法院
重庆市
重庆市第五中级人民法院
重庆市江北区人民法院
四川省
成都市中级人民法院
德阳市旌阳区人民法院
绵阳市涪城区人民法院
眉山市东坡区人民法院
贵州省
赤水市人民法院
安顺市平坝区人民法院
云南省
昆明市官渡区人民法院
楚雄市人民法院
西藏自治区
拉萨市城关区人民法院
陕西省
西安市雁塔区人民法院
神木县人民法院
甘肃省
天水市中级人民法院
青海省
西宁市城东区人民法院
宁夏回族自治区
银川市兴庆区人民法院

新疆维吾尔自治区
乌鲁木齐市沙依巴克区人民法院
新疆生产建设兵团
新疆生产建设兵团五家渠垦区人民法院

最高人民法院　最高人民检察院　司法部
关于逐步实行律师代理申诉制度的意见

2017年4月1日　　　　　　　　　　　　　　　　法发〔2017〕8号

实行律师代理申诉制度，是保障当事人依法行使申诉权利，实现申诉法治化，促进司法公正，提高司法公信，维护司法权威的重要途径。为贯彻落实《中共中央关于全面推进依法治国重大问题的决定》和中央政法委《关于建立律师参与化解和代理涉法涉诉信访案件制度的意见》，对不服司法机关生效裁判和决定的申诉，逐步实行由律师代理制度。根据相关法律，结合人民司法工作实际，制定本意见。

一、坚持平等、自愿原则。当事人对人民法院、人民检察院作出的生效裁判、决定不服的，提出申诉的，可以自行委托律师；人民法院、人民检察院，可以引导申诉人、被申诉人委托律师代为进行。

申诉人因经济困难没有委托律师的，可以向法律援助机构提出申请。

二、完善便民工作机制。依托公益性法律服务机构和法律援助机构，运用网络平台，法律服务热线等多种形式，为当事人寻求律师服务和法律援助提供多元化渠道。

三、探索建立律师驻点工作制度。人民法院、人民检察院可以在诉讼服务大厅等地开辟专门场所，提供必要的办公设施，由律师协会派驻律师开展法律咨询等工作。对未委托律师的申诉人到人民法院、人民检察院反映诉求的，可以先行引导由驻点律师提供法律咨询。法律援助机构安排律师免费为申诉人就申诉事项提供法律咨询。

四、明确法律援助范围条件。申诉人申请法律援助应当符合《法律援助条例》、地方法律援助法规规章规定的法律援助经济困难标准和事项范围，且具有法定申诉理由及明确事实依据。

扩大法律援助范围，进一步放宽经济困难标准，使法律援助范围逐步拓展至低收入群体。

五、规范律师代理申诉法律援助程序。申诉人申请法律援助，应当向作出生效裁判、决定的人民法院所在地同级司法行政机关所属法律援助机构提出，或者向作出人民检察院诉讼终结的刑事处理决定的人民检察院所在地同级司法行政机关所属法律援助机构提出。申诉已经人民法院或者人民检察院受理的，应当向该人民法院或者人民检察院所在地同级司法行政机关所属法律援助机构提出。

法律援助机构经审查认为符合法律援助条件的,为申诉人指派律师,并将律师名单函告人民法院或者人民检察院。

六、扩大律师服务范围。律师在代理申诉过程中,可以开展以下工作:听取申诉人诉求,询问案件情况,提供法律咨询;对经审查认为不符合人民法院或者人民检察院申诉立案条件的,做好法律释明工作;对经审查符合人民法院或者人民检察院申诉立案条件的,为申诉人代写法律文书,接受委托代为申诉;经审查认为可能符合法律援助条件的,协助申请法律援助;接受委托后,代为提交申诉材料,接收法律文书,代理参加听证、询问、讯问和开庭等。

七、完善申诉立案审查程序。律师接受申诉人委托,可以到人民法院、人民检察院申诉接待场所或者通过来信、网上申诉平台、远程视频接访系统、律师服务平台等提交申诉材料。

提交的材料不符合要求的,人民法院或人民检察院可以通知其限期补充或者补正,并一次性告知应当补充或者补正的全部材料。未在通知期限内提交的,人民法院或者人民检察院不予受理。

对符合法律规定条件的申诉,人民法院、人民检察院应当接收材料,依法立案审查。经审查认为不符合立案条件的,应当以书面形式通知申诉人及代理律师。

八、尊重代理申诉律师意见。人民法院、人民检察院应认真审查律师代为提出的申诉意见,并在法律规定期限内审查完毕。

对经审查认为申诉不能成立的,依法向申诉人出具法律文书,同时送达代理律师。认为案件确有错误的,依法予以纠正。认为案件存在瑕疵的,依法采取相应补正、补救措施。

九、依法保障代理申诉律师的阅卷权、会见权。在诉讼服务大厅或者信访接待场所建立律师阅卷室、会见室。为律师查阅、摘抄、复制案卷材料等提供方便和保障。对法律援助机构指派的律师复制相关材料的费用予以免收。有条件的地区,可以提供网上阅卷服务。

十、依法保障代理申诉律师人身安全。对在驻点或者代理申诉过程中出现可能危害律师人身安全的违法行为,人民法院或人民检察院要依法及时制止,固定证据,并做好相关处置工作。

十一、完善律师代理申诉公开机制。对律师代理的申诉案件,除法律规定不能公开、当事人不同意公开或者其他不适宜公开的情形,人民法院、人民检察院可以公开立案、审查程序,并告知申诉人及其代理律师,审查结果。案件疑难、复杂的,申诉人及其代理律师可以申请举行公开听证,人民法院人、民检察院可以依申请或者依职权进行公开听证,并邀请相关领域专家、人大代表、政协委员及群众代表等社会第三方参加。

十二、探索建立律师代理申诉网上工作平台。运用信息技术,探索建立律师事务所、法律援助机构与人民法院、人民检察院之间视频申诉系统,鼓励律师通过视频形式开展工作;开发律师申诉接待平台,实现与人民法院、人民检察院可公开申诉信息的互联互通、共享共用。

十三、建立多层次经费保障机制。对符合法律援助条件的申诉人,纳入法律援助范围，律师代理申诉属于公益性质的，依靠党委政法委，协调有关部门争取经费，购买服务。全额支付律师在提供服务过程中产生的费用，并给予适当补助及奖励。

对申诉人自行聘请律师代理的，可以按照《律师服务收费管理办法》由双方自愿协商代理费用。

加强法律援助经费保障，明确申诉法律援助案件补贴标准，确保经费保障水平适应开展法律援助参与申诉案件代理工作需要。

十四、建立申诉案件代理质量监管机制。司法行政部门指导当地律师协会将律师代理申诉业绩作为律师事务所检查考核和律师执业年度考核的重要指标。

十五、强化律师代理申诉执业管理。对律师在代理申诉过程中，违反《中华人民共和国律师法》《律师执业管理办法》等规定，具有煽动、教唆和组织申诉人以违法方式表达诉求；利用代理申诉案件过程中获得的案件信息进行歪曲、有误导性的宣传和评论，恶意炒作案件；与申诉人订立风险代理协议；在人民法院或者人民检察院驻点提供法律服务时接待其他当事人，或者通过虚假承诺、明示或暗示与司法机关的特殊关系等方式诱使其他当事人签订委托代理协议等行为的，司法行政部门或者律师协会应当相应给予行业处分和行政处罚。构成犯罪的，依法追究刑事责任。

人民法院、人民检察院发现律师存在违法违规行为的，应当向司法行政部门、律师协会提出处罚、处分建议。司法行政部门、律师协会核查后，应当将结果及时通报建议机关。

十六、建立健全律师代理申诉激励机制。人民法院、人民检察院、司法行政部门要营造支持律师开展代理申诉工作的良好氛围，全面加强律师代理申诉业务培训和指导，通过将代理申诉业绩作为评选优秀律师事务所、优秀律师等重要条件，定期开展专项表彰，在人才培养、项目分配、扶持发展、办案补贴等方面给予倾斜，同等条件下优先招录表现优异的律师作为法官、检察官等措施，调动律师代理申诉的积极性。

十七、加强有关部门协调配合。各地区有关部门要依靠党委领导，形成工作合力。根据实际，进一步细化相关制度，推动工作全面开展，促进形成理性表达、依法维权的导向，切实维护人民群众合法利益。

人民法院、人民检察院、司法行政部门、律师协会建立联席会议制度，定期沟通工作情况，共同研究解决律师代理申诉工作中的重大问题，根据各地实际，积极推进律师代理申诉立法工作，提高法制化水平。

六、案例指导制度及自由裁量权规范

最高人民法院
印发《关于案例指导工作的规定》的通知

2010年11月26日　　　　　　　　　　法发〔2010〕51号

各省、自治区、直辖市高级人民法院,解放军军事法院,新疆维吾尔自治区高级人民法院生产建设兵团分院:

《最高人民法院关于案例指导工作的规定》已于2010年11月15日由最高人民法院审判委员会第1501次会议讨论通过,现印发给你们,请认真贯彻执行。

附:

最高人民法院
关于案例指导工作的规定

为总结审判经验,统一法律适用,提高审判质量,维护司法公正,根据《中华人民共和国人民法院组织法》等法律规定,就开展案例指导工作,制定本规定。

第一条 对全国法院审判、执行工作具有指导作用的指导性案例,由最高人民法院确定并统一发布。

第二条 本规定所称指导性案例,是指裁判已经发生法律效力,并符合以下条件的案例:

(一)社会广泛关注的;

(二)法律规定比较原则的;

(三)具有典型性的;

(四)疑难复杂或者新类型的;

(五)其他具有指导作用的案例。

第三条 最高人民法院设立案例指导工作办公室,负责指导性案例的遴选、审查和报审工作。

第四条 最高人民法院各审判业务单位对本院和地方各级人民法院已经发生法律效力的裁判,认为符合本规定第二条规定的,可以向案例指导工作办公室推荐。

各高级人民法院、解放军军事法院对本院和本辖区内人民法院已经发生法律效力的裁判,认为符合本规定第二条规定的,经本院审判委员会讨论决定,可以向最高人民法院案例指导工作办公室推荐。

中级人民法院、基层人民法院对本院已经发生法律效力的裁判,认为符合本规定第二条规定的,经本院审判委员会讨论决定,层报高级人民法院,建议向最高人民法院案例指导工作办公室推荐。

第五条 人大代表、政协委员、专家学者、律师,以及其他关心人民法院审判、执行工作的社会各界人士对人民法院已经发生法律效力的裁判,认为符合本规定第二条规定的,可以向作出生效裁判的原审人民法院推荐。

第六条 案例指导工作办公室对于被推荐的案例,应当及时提出审查意见。符合本规定第二条规定的,应当报请院长或主管副院长提交最高人民法院审判委员会讨论决定。

最高人民法院审判委员会讨论决定的指导性案例,统一在《最高人民法院公报》、最高人民法院网站、《人民法院报》上以公告的形式发布。

第七条 最高人民法院发布的指导性案例,各级人民法院在审判类似案件时应当参照。

第八条 最高人民法院案例指导工作办公室每年度对指导性案例进行编纂。

第九条 本规定施行前,最高人民法院已经发布的对全国法院审判、执行工作具有指导意义的案例,根据本规定清理、编纂后,作为指导性案例公布。

第十条 本规定自公布之日起施行。

最高人民法院
印发《〈关于案例指导工作的规定〉实施细则》的通知

2015年5月13日　　　　　　　　　　　　法〔2015〕130号

本院各审判业务单位,各省、自治区、直辖市高级人民法院,解放军军事法院,新疆维吾尔自治区高级人民法院生产建设兵团分院:

《〈最高人民法院关于案例指导工作的规定〉实施细则》已于2015年4月27日由最高人民法院审判委员会第1649次会议讨论通过,现印发给你们,请认真遵照执行。执行中遇到问题，请及时报告我院。

附：

《最高人民法院关于案例指导工作的规定》实施细则

第一条 为了具体实施《最高人民法院关于案例指导工作的规定》，加强、规范和促进案例指导工作，充分发挥指导性案例对审判工作的指导作用，统一法律适用标准，维护司法公正，制定本实施细则。

第二条 指导性案例应当是裁判已经发生法律效力，认定事实清楚，适用法律正确，裁判说理充分，法律效果和社会效果良好，对审理类似案件具有普遍指导意义的案例。

第三条 指导性案例由标题、关键词、裁判要点、相关法条、基本案情、裁判结果、裁判理由以及包括生效裁判审判人员姓名的附注等组成。指导性案例体例的具体要求另行规定。

第四条 最高人民法院案例指导工作办公室（以下简称案例指导办公室）负责指导性案例的征集、遴选、审查、发布、研究和编纂，以及对全国法院案例指导工作的协调和指导等工作。最高人民法院各审判业务单位负责指导性案例的推荐、审查等工作，并指定专人负责联络工作。各高级人民法院负责辖区内指导性案例的推荐、调研、监督等工作。各高级人民法院向最高人民法院推荐的备选指导性案例，应当经审判委员会讨论决定或经审判委员会过半数委员审核同意。中级人民法院、基层人民法院应当通过高级人民法院推荐备选指导性案例，并指定专人负责案例指导工作。

第五条 人大代表、政协委员、人民陪审员、专家学者、律师，以及其他关心人民法院审判、执行工作的社会各界人士，对于符合指导性案例条件的案例，可以向作出生效裁判的原审人民法院推荐，也可以向案例指导办公室提出推荐建议。

案例指导工作专家委员会委员对于符合指导性案例条件的案例，可以向案例指导办公室提出推荐建议。

第六条 最高人民法院各审判业务单位、高级人民法院向案例指导办公室推荐备选指导性案例，应当提交下列材料：

（一）《指导性案例推荐表》；

（二）按照规定体例编写的案例文本及其编选说明；

（三）相关裁判文书。

以上材料需要纸质版一式三份，并附电子版。

推荐法院可以提交案件审理报告、相关新闻报道及研究资料等。

第七条 案例指导办公室认为有必要进一步研究的备选指导性案例，可以征求相关国家机关、部门、社会组织以及案例指导工作专家委员会委员、专家学者的意见。

第八条 备选指导性案例由案例指导办公室按照程序报送审核。经最高人民法院审判委员会讨论通过的指导性案例，印发各高级人民法院，并在《最高人民法院公报》《人民法院报》和最高人民法院网站上公布。

第九条 各级人民法院正在审理的案件，在基本案情和法律适用方面，与最高人民法院发布的指导性案例相类似的，应当参照相关指导性案例的裁判要点作出裁判。

第十条 各级人民法院审理类似案件参照指导性案例的，应当将指导性案例作为裁判理由引述，但不作为裁判依据引用。

第十一条 在办理案件过程中，案件承办人员应当查询相关指导性案例。在裁判文书中引述相关指导性案例的，应在裁判理由部分引述指导性案例的编号和裁判要点。

公诉机关、案件当事人及其辩护人、诉讼代理人引述指导性案例作为控（诉）辩理由的，案件承办人员应当在裁判理由中回应是否参照了该指导性案例并说明理由。

第十二条 指导性案例有下列情形之一的，不再具有指导作用：

（一）与新的法律、行政法规或者司法解释相冲突的；

（二）为新的指导性案例所取代的。

第十三条 最高人民法院建立指导性案例纸质档案与电子信息库，为指导性案例的参照适用、查询、检索和编纂提供保障。

第十四条 各级人民法院对于案例指导工作中做出突出成绩的单位和个人，应当依照《中华人民共和国法官法》等规定给予奖励。

第十五条 本实施细则自印发之日起施行。

最高人民法院
关于做好案例指导工作的通知

2011年3月18日　　　　　　　　　　　　　　　法明传〔2011〕197号

各省、自治区、直辖市高级人民法院，解放军军事法院，新疆维吾尔自治区高级人民法院生产建设兵团分院：

为总结审判经验，统一法律适用，提高审判质量，维护司法公正最高人民法院制定了《关于案例指导工作的规定》（以下简称《案例规定》）。现就做好案例指导工作的有关事项通知如下：

一、充分认识做好案例指导工作的重要意义

案例指导制度是推进司法改革的一项重要成果，是加强和创新司法业务指导方式、提高整体司法水平的重要手段，是中国特色社会主义司法制度不断发展完善的重要方面。做好案例指导工作，对于进一步统一司法尺度，提高审判质量和效率，实现裁判法

律效果和社会效果有机统一，提升司法公信力和权威，具有重要意义。各高级法院作为指导性案例的推荐单位，要高度重视案例指导工作，按照《案例规定》要求，努力发现、充分论证、精心编写、及时推荐案例，并对已发布指导性案例的执行情况进行监督和指导，认真做好案例指导工作。

二、尽快明确负责案例工作的机构和人员

案例工作的机构和人员是顺利推进案例指导工作的组织保障。各高级法院应当从开展这项工作的实际需要出发，尽快确定负责该项工作的机构和人员。高级法院的案例工作一般由研究室负责，并确定一名研究室副主任担任联络人，一名工作人员担任责任编辑。各高级法院还要协调、督促辖区内的中级和基层法院确定负责案例工作的具体机构和人员。

请各高级法院3月30日前将高院负责案例工作的联络人、责任编辑名单和联系方式（姓名、性别、职务、办公电话、手机、传真）报送最高人民法院研究室。

三、严格依照《案例规定》报送指导性案例

各高级法院推荐的指导性案例为裁判已经发生法律效力，并符合《案例规定》第二条规定条件，对全国法院审判、执行工作具有指导作用的刑事、民事、行政、执行及国家赔偿案例。原则上应为2009年以来生效且尚未在《最高人民法院公报》登载过的案例。

各高级法院报送的指导性案例应当经本院审判委员会讨论决定后上报。中级法院、基层法院裁判生效的案例，应经本院审判委员会讨论决定后层报高级法院。

指导性案例撰写内容主要包括：主题词、裁判要点、基本案情、裁判结果、裁判理由等（具体要求和样式附后，拟于第一批指导性案例发布后正式印发）。裁判要点应当合法、合理、准确、精练，对类似案件的裁判具有明确指导作用。基本案情应当简明扼要，写明审理查明的事实。裁判结果应当公正、合法，裁判说理准确、精当，法律效果和社会效果良好。

各高级法院于每月28～30日向最高人民法院推荐备选指导性案例，每次原则上报送1个。报送材料具体包括指导性案例推荐表、推荐案例文本及其说明、案例所涉一、二审法院裁判文书、审理报告的纸质版（一式三份）和推荐案例文本及其说明的电子版光盘一张等。

四、切实加强案例指导工作的考核

各高级法院应当制定案例工作具体考核办法，将开展案例指导工作、被采用发布等情况，作为工作绩效考核的一项指标任务，并作为年度考核和奖励的依据之一。

五、努力维护指导性案例的权威性

根据《案例规定》第一条和《最高人民法院关于规范上下级人民法院审判业务关系的若干意见》第八条、第九条的规定，只有经最高人民法院审判委员会讨论通过、统一发布的案例,才能称为"指导性案例"。今后,各级法院及其业务部门对自行编选的案例或者在设置案例栏目时,要注意与"指导性案例"称谓进行区分,可以更名为"典型案例"或者"参考性案例"等,不得再称之为"指导性案例"、"指导案例"或"案例指导"。各高级法院还要适时对辖区内两级法院开展案例工作、参照指导性案例审判类似案件的情况进行调研和监督指导,以维护指导性案例的权威性。

附:1. 指导性案例样式
　　2. 关于指导性案例编写体例的若干意见(征求意见稿)
　　3. 指导性案例推荐表(高院)
　　4. 关于备选指导性案例《××××××(标题)》的说明(样式)

附件1

指导性案例样式

(标题)　　　　　　　××××案(案由)

法例〔××××〕××号

(××××年××月××日最高人民法院审判委员会第××××次会议审定××××年××月××日公告发布)

主题词　××　××　××　××××

裁判要点

……(一个裁判要点归纳为一个自然段。有多个裁判要点的,按照裁判文书涉及的法律问题的顺序用数字顺序号分段标示)

基本案情

×××因……(点出罪状或者案由简要情况),被人民法院依法判处(判决)……(指出主要裁判结果。类似新闻开头导语)

……(分别概述起诉、辩护意见及其理由。可根据是否与裁判要点有联系而决定是否列出。起诉情况与法院认定不一致的要列出)

××××法院经审理查明:……(准确概述审理查明事实。根据与裁判要点的联系决定是否在查明事实之后列出具体证据。

与裁判要点相关的事实、情节和法律适用问题,要有针对性地详加阐述)

裁判结果

根据审理查明的上述事实,××××法院于××××年××月××日依法以××××号(写明案号)刑事(民事、行政等)判决(裁定或者核准等)……(写明裁判结果)。宣判后,×××提出上诉(未提出上诉,判决已发生法律效力)。××××法院经审理于××××年××月××日以同样的事实和理由作出××××号（写明案号）刑事（民事、行政等）裁定，驳回上诉，维持原判。

裁判理由

两审法院认为：……（从法理、事理、情理等方面结合案情和裁判要点分析阐述裁判理由，做到法律和社会效果的统一。根据案例具体情况，可以针对诉辩意见论述，也可以列出裁判要点问题直接论述。可以在裁判文书理由的基础上进行充实，但理由部分不能出现新的事实。一、二审认定不一致的，一般写生效裁判认定情况）

附件 2

关于指导性案例编写体例的若干意见
（征求意见稿）

为了贯彻落实《最高人民法院关于案例指导工作的规定》，统一和规范指导性案例体例，更好地发挥指导性案例的作用，有必要统一指导性案例制发体例。指导性案例的体例主要包括标题和编号、主题词、裁判要点、基本案情、裁判结果、裁判理由六个部分。现就指导性案例编写体例提出如下意见：

一、关于标题和编号

标题由案件当事人名称和主要案由构成。如某某诉某某侵犯商标权案，某某盗窃案。

编号采用"法例"加年份加序号的方式，即"法例〔××××〕××号"。其下另起一行在括号内标注案例经最高人民法院审委会讨论确认的时间、会议次数和公告公布时间。

二、关于"主题词"

主题词放在编号和括号标注内容之后、裁判要点之前。主题词反映案例涉及的最关紧要的法律适用问题或者其他核心内容，标示次序应根据主题词的涵义由大到小排列，一般不超过 7 个，主题词之间空 2 个字。如刑事　受贿罪"合办"公司受贿　低价购房受贿　受贿数额计算　承诺谋利　掩饰受贿退赃。

三、关于"裁判要点"

裁判要点原则上归纳为一个自然段，是整个指导性案例要点的概要表述。有多个裁判要点的，按照裁判文书涉及的法律或其他问题的顺序用数字顺序号分段标示。裁判要点可以直接摘录裁判文书中具有指导意义的主要部分，也可以对其进行提炼和概括。

裁判要点应简要归纳和提炼案例体现的具有指导意义的重要裁判规则、理念和方法，应当概要、准确、精练，结构严谨，表达简明，语义确切，对类似案件的裁判具有指导、启示意义。

四、关于"基本案情"

基本案情部分要在开头简要点出案例总体情况,然后准确概述控(诉)辩意见、审理查明事实。其中控(辩)意见和具体证据,可以根据是否与裁判要点有联系而决定是否列出。与裁判要点相关的事实、情节和法律适用问题,要有针对性地详加阐释。

基本案情部分应当层次清楚,重点突出,详略得当,简明扼要,通俗易懂。

五、关于"裁判结果"

裁判结果部分写明裁判法院、裁判时间、案号和裁判主文。

裁判结果是判决或者裁定的主文,应当依法、准确、公正。

六、关于"裁判理由"

裁判理由应当根据案件事实、法律、司法解释、政策精神和法学理论通说,从法理、事理、情理等方面结合案情和裁判要点,详细论述法院裁判的正确性和公正性。根据案例具体情况,可以针对控(诉)辩意见论述,也可以直接列出裁判要点涉及问题直接论述。可以在裁判文书理由基础上进行充实,但不能与裁判文书论述矛盾,不能在理由中出现前面未表述的事实。一、二审等裁判理由不一致的,一般只写生效裁判的论述理由。

裁判理由应当充分阐明案例的指导价值,说理应当准确、精当、透彻,与叙述的基本案情前后照应,并紧密结合选定案例的社会背景,有针对性和说服力,确保法律和社会效果的统一、良好。

关于文字、数字和标点等技术规范采用裁判文书的相关要求。

案例中涉及的被害人、证人、第三人等名称,予以技术处理,避免引发负面影响。

附件 3

指导性案例推荐表

单位： (高级法院推荐用)

标题	
一审、二审法院、案号和裁判时间	
审判委员会讨论情况	
主管副院长审核意见	（签名） 月　日
推荐理由 单位盖章：	承办人签字 月　日

附件 4

关于备选指导性案例
《××××××（标题）》的说明（样式）

最高人民法院研究室：

　　根据《最高人民法院关于案例指导工作的规定》第 4 条的要求，现将备选指导性案例《××××××（标题）》的有关情况说明如下：

一、案例的推选经过

……（写明案例的由来、推荐和遴选经过）

二、承办部门审查意见

……（根据《最高人民法院关于案例指导工作的规定》第 2 条要求，写明承办部门讨论研究的审查意见）

三、需要说明问题

……（写明与讨论案例有关，且在前几项不宜表述的其他问题，如案件本身存在瑕疵、舆论和社会关注情况、对社会效果的判断等）

四、推荐意见和理由

……（根据《最高人民法院关于案例指导工作的规定》第 2 条、第 4 条要求，写明高级法院的推荐意见和理由。层报高级法院推荐的，先写明中级法院、基层法院审判委员会的推荐建议）

五、裁判要点的说明

……（写明案例的裁判要点原文）

【说明】……（说明裁判要点解决的问题、指导价值及其主要理由。如有不同意见的，写明争议焦点和没有采纳的理由。如有多个裁判要点的，遂一予以说明）

承办人（签名）
××××年××月××日

附：有关法律条文，司法解释、司法文件
……（写明与讨论备选指导性案例相关的法律条文、司法解释、规范性文件等，常见的可不附）。

最高人民法院研究室
关于印发《关于编写报送指导性案例体例的意见》、《指导性案例样式》的通知

2011年12月30日　　　　　　　　　　法研〔2012〕2号

各省、自治区、直辖市高级人民法院，解放军军事法院，新疆维吾尔自治区高级人民法院生产建设兵团分院：

现将《关于编写报送指导性案例体例的意见》、《指导性案例样式》印发给你们，供编写向最高人民法院报送推荐的指导性案例时参照。执行中有何问题，请及时报告我院。

附：《关于编写报送指导性案例体例的意见》、《指导性案例样式》

附：

关于编写报送指导性案例体例的意见

为正确适用《最高人民法院关于案例指导工作的规定》，充分发挥指导性案例的作用，统一指导性案例制发体例，现就指导性案例体例提出如下意见：

指导性案例的体例主要包括标题、关键词、裁判要点、相关法条、基本案情、裁判结果、裁判理由七个部分。

一、关于"标题"

标题由案件当事人名称和案由构成，一般采用某某诉某某加案由的形式，如张三诉李四侵害商标权纠纷案。刑事案例则由被告人姓名和案由组成，如张某盗窃案。

二、关于"关键词"

关键词空一行放在标题之后、裁判要点之前，以词或词组反映指导性案例涉及的最关紧要的法律适用问题或者其他核心内容。标示次序应根据关键词的涵义由大到小排列，如有两个以上的主题内容，则按其重要性由大到小排列。关键词一般不超过7个，关键词之间空1个字。

三、关于"裁判要点"

裁判要点原则上归纳为一个自然段,是整个指导性案例要点的概要表述。有两个以上裁判要点的,按照裁判要点的重要性或者逻辑关系用阿拉伯数字顺序号分段标示。裁判要点可以直接摘录裁判文书中具有指导意义的主要部分,也可以对其进行提炼和概括。

裁判要点应简要归纳和提炼指导性案例体现的具有指导意义的重要裁判规则、理念或方法,应当概要、准确、精炼,结构严谨,表达简明,语义确切,对类似案件的裁判具有指导、启示意义。

四、关于"相关法条"

相关法条列明与裁判要点最密切相关的法律及其条文的序号。法律以其全称加书名号表述,法条序号采用法条原文序号,如"《中华人民共和国刑法》第五十条";涉及同一法律不同法条的,按法条的先后次序排列,中间用顿号,如"《中华人民共和国合同法》第八条、第一百零七条";涉及不同法律的,则按法律位阶依次起行并列排列。有两个以上裁判要点,且分别有最密切相关法条的,按照裁判要点的排列次序用阿拉伯数字顺序号对应标明。

五、关于"基本案情"

基本案情部分一般先准确概述控(诉)辩意见,再叙述法院经审理查明事实,也可以视情直接叙述法院审理查明事实。其中控(诉)辩意见和具体证据,可以根据是否与裁判要点有联系而决定是否列出。与裁判要点相关的事实、情节和法律适用问题,要有针对性地详加阐明。

基本案情部分准确和概括反映案件的基本情况,应当层次清楚,重点突出,详略得当,简明扼要,通俗易懂。

六、关于"裁判结果"

裁判结果部分简述诉讼经过和结果,写明案件的裁判法院、裁判时间、案号和裁判主文。

裁判结果是判决或者裁定的主文,应当依法、准确、公正。

七、关于"裁判理由"

裁判理由应当根据案件事实、法律、司法解释、政策精神和法学理论通说,从法理、事理、情理等方面,结合案情和裁判要点,详细论述法院裁判的正确性和公正性。根据指导性案例具体情况,可以针对控(诉)辩意见论述,也可以针对裁判要点涉及问题直接论述。可以依照裁判文书的论述次序,在裁判文书的理由基础上进行适当充实,但不能与裁判文书论述矛盾,也不能在理由中出现前面未表述的事实。一、二审等裁判理由不一致的,一般只写法院生效裁判的论述理由。

裁判理由应当重点围绕案件的主要问题、争议焦点或者分歧意见，充分阐明案例的指导价值。说理应当准确、精当、透彻，与叙述的基本案情前后照应，并紧密结合选定指导性案例的社会背景，有针对性和说服力，确保法律效果和社会效果的统一、良好。

八、关于其他技术规范

文字、数字和标点符号等技术规范，采用裁判文书的相关要求。

案例中涉及被害人、证人、第三人、未成年人等姓名、名称、地址等具体信息的，予以技术处理。

标题使用二号宋体字加粗，"关键词"中的具体内容使用三号楷体字，标示案例组成部分的"关键词"、"裁判要点"等使用三号黑体字，正文全部采用三号仿宋体字。印刷指导性案例时，可以适当调整字体或字号。

指导性案例样式

×××××案（标题）

关键词 ×× ×× ×× ×× ××××（以词或词组反映指导性案例涉及的最关紧要的法律适用问题或者其他核心内容，标示次序应根据关键词的涵义由大到小排列，如有两个以上的主题内容，则按其重要性由大到小排列）

裁判要点

……（裁判要点简要归纳和提炼具有指导意义的重要裁判规则、理念、方法。一个裁判要点归纳为一个自然段，有两个以上裁判要点的，按照裁判要点的重要性或者逻辑关系用数字顺序号分段标示）

相关法条

……（列明与裁判要点最密切相关的法律及其条文的序号。

法律以其全称加书名号表述，法条序号采用法条原文序号

基本案情

×××诉称：……

×××辩称：……

（分别概述起诉、辩护意见及其主要理由，也可以直接叙述法院查明事实，不列诉辩情况。是否列出诉辩情况，根据与裁判要点是否有密切联系而定）

法院经审理查明：……（准确概述审理查明事实，不列诉辩意见的同时省略"法院经审理查明"字样，直接叙述案情。一般不列具体证据，但与裁判要点有密切联系的，在查明事实之后列出具体证据。与裁判要点相关的事实、情节和法律适用问题，要有针对性地详加阐述）

裁判结果

××××法院于××××年××月××日作出××××号（写明案号）刑事（民事、行政等）判决（裁定等）……（写明裁判结果）。宣判后，×××提出上诉（未提

出上诉,判决已发生法律效力)。××××法院于××××年××月××日作出××××号(写明案号)刑事(民事、行政等)裁定(判决),驳回上诉,维持原判。(二审改判、发回重审的,则写明改判、发回重审的简要理由和情况。再审的写明再审的简要理由和情况)

裁判理由

法院生效裁判(最高人民法院作出终审生效裁判的,则写"最高人民法院")认为:……(从法理、事理、情理等方面结合案情和裁判要点分析阐述裁判理由,做到法律效果和社会效果的统一。根据案例具体情况,可以针对诉辩意见论述,也可以列出裁判要点问题直接论述。可以在裁判文书理由的基础上进行适当充实,但理由部分不能与裁判文书论述矛盾,也不能出现新的事实。一、二审等裁判理由不一致的,一般只写生效裁判的理由)

最高人民法院
关于发布第一批指导性案例的通知

2011年12月20日　　　　　　　　　　法〔2011〕354号

各省、自治区、直辖市高级人民法院,解放军军事法院,新疆维吾尔自治区高级人民法院生产建设兵团分院:

为了贯彻落实中央关于建立案例指导制度的司法改革举措,最高人民法院于2010年11月26日印发了《关于案例指导工作的规定》(以下简称《规定》)。《规定》的出台,标志着中国特色案例指导制度初步确立。社会各界对此高度关注,并给予大力支持。各高级人民法院根据《规定》要求,积极向最高人民法院推荐报送指导性案例。最高人民法院专门设立案例指导工作办公室,加强并协调有关方面对指导性案例的研究。近日,最高人民法院审判委员会讨论通过,决定将上海中原物业顾问有限公司诉陶德华居间合同纠纷案等4个案例作为第一批指导性案例予以公布。现将有关工作通知如下:

一、准确把握案例的指导精神

(一)上海中原物业顾问有限公司诉陶德华居间合同纠纷案,旨在解决二手房买卖活动中买方与中介公司因"跳单"引发的纠纷。该案例确认:居间合同中禁止买方利用中介公司提供的房源信息,却撇开该中介公司与卖方签订房屋买卖合同的约定具有约束力,即买方不得"跳单"违约;但是同一房源信息经多个中介公司发布,买方通过上述正当途径获取该房源信息的,有权在多个中介公司中选择报价低、服务好的中介公司促成交易,此行为不属于"跳单"违约。从而既保护中介公司合法权益,促进中介服务市场健康发展,维护市场交易诚信,又促进房屋买卖中介公司之间公平竞争,提高服务质量,保护消费者的合法权益。

(二)吴梅诉四川省眉山西城纸业有限公司买卖合同纠纷案,旨在正确处理诉讼外和解协议与判决的效力关系。该案例确认:对于当事人在二审期间达成诉讼外和解协议后撤诉的,当事人应当依约履行。一方当事人不履行或不完全履行和解协议的,另一方当事人可以申请人民法院执行一审生效判决。从而既尊重当事人对争议标的的自由处分权,强调了协议必须信守履行的规则,又维护了人民法院生效裁判的权威。

(三)潘玉梅、陈宁受贿案旨在解决新形式、新手段受贿罪的认定问题。该案例确认:国家工作人员以"合办"公司的名义或以交易形式收受贿赂的、承诺"为他人谋取利益"未谋取利益而受贿的,以及为掩饰犯罪而退赃的,不影响受贿罪的认定,从而对近年来以新的手段收受贿赂案件的处理提供了明确指导。对于依法惩治受贿犯罪,有效查处新形势下出现的新类型受贿案件,推进反腐败斗争深入开展,具有重要意义。

(四)王志才故意杀人案旨在明确判处死缓并限制减刑的具体条件。该案例确认:刑法修正案(八)规定的限制减刑制度,可以适用于2011年4月30日之前发生的犯罪行为;对于罪行极其严重,应当判处死刑立即执行,被害方反应强烈,但被告人具有法定或酌定从轻处罚情节,判处死刑缓期执行,同时依法决定限制减刑能够实现罪刑相适应的,可以判处死缓并限制减刑。这有利于切实贯彻宽严相济刑事政策,既依法严惩严重刑事犯罪,又进一步严格限制死刑,最大限度地增加和谐因素,最大限度地减少不和谐因素,促进和谐社会建设。

二、切实发挥好指导性案例作用

各级人民法院对于上述指导性案例,要组织广大法官认真学习研究,深刻领会和正确把握指导性案例的精神实质和指导意义;要增强运用指导性案例的自觉性,以先进的司法理念、公平的裁判尺度、科学的裁判方法,严格参照指导性案例审理好类似案件,进一步提高办案质量和效率,确保案件裁判法律效果和社会效果的有机统一,保障社会和谐稳定;要高度重视案例指导工作,精心编选、积极推荐、及时报送指导性案例,不断提高选报案例质量,推进案例指导工作扎实开展;要充分发挥舆论引导作用,宣传案例指导制度的意义和成效,营造社会各界理解、关心和支持人民法院审判工作的良好氛围。

今后,各高级人民法院可以通过发布参考性案例等形式,对辖区内各级人民法院和专门法院的审判业务工作进行指导,但不得使用"指导性案例"或者"指导案例"的称谓,以避免与指导性案例相混淆。对于实施案例指导工作中遇到的问题和改进案例指导工作的建议,请及时层报最高人民法院。

指导案例 1 号

上海中原物业顾问有限公司诉陶德华居间合同纠纷案

(最高人民法院审判委员会讨论通过　2011 年 12 月 20 日发布)

关键词　民事　居间合同　二手房买卖　违约

裁判要点

房屋买卖居间合同中关于禁止买方利用中介公司提供的房源信息却绕开该中介公司与卖方签订房屋买卖合同的约定合法有效。但是，当卖方将同一房屋通过多个中介公司挂牌出售时，买方通过其他公众可以获知的正当途径获得相同房源信息的，买方有权选择报价低、服务好的中介公司促成房屋买卖合同成立，其行为并没有利用先前与之签约中介公司的房源信息，故不构成违约。

相关法条

《中华人民共和国合同法》第四百二十四条

基本案情

原告上海中原物业顾问有限公司（简称中原公司）诉称：被告陶德华利用中原公司提供的上海市虹口区株洲路某号房屋销售信息，故意跳过中介，私自与卖方直接签订购房合同，违反了《房地产求购确认书》的约定，属于恶意"跳单"行为，请求法院判令陶德华按约支付中原公司违约金 1.65 万元。

被告陶德华辩称：涉案房屋原产权人李某某委托多家中介公司出售房屋，中原公司并非独家掌握该房源信息，也非独家代理销售。陶德华并没有利用中原公司提供的信息，不存在"跳单"违约行为。

法院经审理查明：2008 年下半年，原产权人李某某到多家房屋中介公司挂牌销售涉案房屋。2008 年 10 月 22 日，上海某房地产经纪有限公司带陶德华看了该房屋；11 月 23 日，上海某房地产顾问有限公司（简称某房地产顾问公司）带陶德华之妻曹某某看了该房屋；11 月 27 日，中原公司带陶德华看了该房屋，并于同日与陶德华签订了《房地产求购确认书》。该《确认书》第 2.4 条约定，陶德华在验看过该房地产后六个月内，陶德华或其委托人、代理人、代表人、承办人等与陶德华有关联的人，利用中原公司提供的信息、机会等条件但未通过中原公司而与第三方达成买卖交易的，陶德华应按照与出卖方就该房地产买卖达成的实际成交价的 1%，向中原公司支付违约金。当时中原公司对该房屋报价 165 万元，而某房地产顾问公司报价 145 万元，并积极与卖方协商价格。11 月 30 日，在某房地产顾问公司居间下，陶德华与卖方签订了房屋买卖合同，成交价 138 万元。后买卖双方办理了过户手续，陶德华向某房地产顾问公司支付佣金 1.38 万元。

裁判结果

上海市虹口区人民法院于2009年6月23日作出（2009）虹民三（民）初字第912号民事判决：被告陶德华应于判决生效之日起十日内向原告中原公司支付违约金1.38万元。宣判后，陶德华提出上诉。上海市第二中级人民法院于2009年9月4日作出（2009）沪二中民二（民）终字第1508号民事判决：一、撤销上海市虹口区人民法院（2009）虹民三（民）初字第912号民事判决；二、中原公司要求陶德华支付违约金1.65万元的诉讼请求，不予支持。

裁判理由

法院生效裁判认为：中原公司与陶德华签订的《房地产求购确认书》属于居间合同性质，其中第2.4条的约定，属于房屋买卖居间合同中常有的禁止"跳单"格式条款，其本意是为防止买方利用中介公司提供的房源信息却"跳"过中介公司购买房屋，从而使中介公司无法得到应得的佣金，该约定并不存在免除一方责任、加重对方责任、排除对方主要权利的情形，应认定有效。根据该条约定，衡量买方是否"跳单"违约的关键，是看买方是否利用了该中介公司提供的房源信息、机会等条件。如果买方并未利用该中介公司提供的信息、机会等条件，而是通过其他公众可以获知的正当途径获得同一房源信息，则买方有权选择报价低、服务好的中介公司促成房屋买卖合同成立，而不构成"跳单"违约。本案中，原产权人通过多家中介公司挂牌出售同一房屋，陶德华及其家人分别通过不同的中介公司了解到同一房源信息，并通过其他中介公司促成了房屋买卖合同成立。因此，陶德华并没有利用中原公司的信息、机会，故不构成违约，对中原公司的诉讼请求不予支持。

指导案例2号

吴梅诉四川省眉山西城纸业有限公司买卖合同纠纷案

（最高人民法院审判委员会讨论通过　2011年12月20日发布）

关键词　民事诉讼　执行　和解　撤回上诉　不履行和解协议申请执行一审判决

裁判要点

民事案件二审期间，双方当事人达成和解协议，人民法院准许撤回上诉的，该和解协议未经人民法院依法制作调解书，属于诉讼外达成的协议。一方当事人不履行和解协议，另一方当事人申请执行一审判决的，人民法院应予支持。

相关法条

《中华人民共和国民事诉讼法》第二百零七条第二款

基本案情

原告吴梅系四川省眉山市东坡区吴梅收旧站业主，从事废品收购业务。约自2004年开始，吴梅出售废书给被告四川省眉山西城纸业有限公司（简称西城纸业公司）。

2009年4月14日双方通过结算，西城纸业公司向吴梅出具欠条载明：今欠到吴梅废书款壹佰玖拾柒万元整（￥1970000.00）。同年6月11日，双方又对后期货款进行了结算，西城纸业公司向吴梅出具欠条载明：今欠到吴梅废书款伍拾肆万捌仟元整（￥548000.00）。因经多次催收上述货款无果，吴梅向眉山市东坡区人民法院起诉，请求法院判令西城纸业公司支付货款251.8万元及利息。被告西城纸业公司对欠吴梅货款251.8万元没有异议。

一审法院经审理后判决：被告西城纸业公司在判决生效之日起十日内给付原告吴梅货款251.8万元及违约利息。宣判后，西城纸业公司向眉山市中级人民法院提起上诉。二审审理期间，西城纸业公司于2009年10月15日与吴梅签订了一份还款协议，商定西城纸业公司的还款计划，吴梅则放弃了支付利息的请求。同年10月20日，西城纸业公司以自愿与对方达成和解协议为由申请撤回上诉。眉山市中级人民法院裁定准予撤诉后，因西城纸业公司未完全履行和解协议，吴梅向一审法院申请执行一审判决。眉山市东坡区人民法院对吴梅申请执行一审判决予以支持。西城纸业公司向眉山市中级人民法院申请执行监督，主张不予执行原一审判决。

裁判结果

眉山市中级人民法院于2010年7月7日作出（2010）眉执督字第4号复函认为：根据吴梅的申请，一审法院受理执行已生效法律文书并无不当，应当继续执行。

裁判理由

法院认为：西城纸业公司对于撤诉的法律后果应当明知，即一旦法院裁定准予其撤回上诉，眉山市东坡区人民法院的一审判决即为生效判决，具有强制执行的效力。虽然二审期间双方在自愿基础上达成的和解协议对相关权利义务做出约定，西城纸业公司因该协议的签订而放弃行使上诉权，吴梅则放弃了利息，但是该和解协议属于双方当事人诉讼外达成的协议，未经人民法院依法确认制作调解书，不具有强制执行力。西城纸业公司未按和解协议履行还款义务，违背了双方约定和诚实信用原则，故对其以双方达成和解协议为由，主张不予执行原生效判决的请求不予支持。

指导案例3号

潘玉梅、陈宁受贿案

（最高人民法院审判委员会讨论通过 2011年12月20日发布）

关键词 刑事 受贿罪 "合办"公司受贿 低价购房受贿承诺谋利 受贿数额计算 掩饰受贿退赃

裁判要点

1. 国家工作人员利用职务上的便利为请托人谋取利益，并与请托人以"合办"公司的名义获取"利润"，没有实际出资和参与经营管理的，以受贿论处。

2. 国家工作人员明知他人有请托事项而收受其财物，视为承诺"为他人谋取利益"，是否已实际为他人谋取利益或谋取到利益，不影响受贿的认定。

3. 国家工作人员利用职务上的便利为请托人谋取利益，以明显低于市场的价格向请托人购买房屋等物品的，以受贿论处，受贿数额按照交易时当地市场价格与实际支付价格的差额计算。

4. 国家工作人员收受财物后，因与其受贿有关联的人、事被查处，为掩饰犯罪而退还的，不影响认定受贿罪。

相关法条

《中华人民共和国刑法》第三百八十五条第一款

基本案情

2003年8、9月间，被告人潘玉梅、陈宁分别利用担任江苏省南京市栖霞区迈皋桥街道工委书记、迈皋桥办事处主任的职务便利，为南京某房地产开发有限公司总经理陈某在迈皋桥创业园区低价获取100亩土地等提供帮助，并于9月3日分别以其亲属名义与陈某共同注册成立南京多贺工贸有限责任公司（简称多贺公司），以"开发"上述土地。潘玉梅、陈宁既未实际出资，也未参与该公司经营管理。2004年6月，陈某以多贺公司的名义将该公司及其土地转让给南京某体育用品有限公司，潘玉梅、陈宁以参与利润分配名义，分别收受陈某给予的480万元。2007年3月，陈宁因潘玉梅被调查，在美国出差期间安排其驾驶员退给陈某80万元。案发后，潘玉梅、陈宁所得赃款及赃款收益均被依法追缴。

2004年2月至10月，被告人潘玉梅、陈宁分别利用担任迈皋桥街道工委书记、迈皋桥办事处主任的职务之便，为南京某置业发展有限公司在迈皋桥创业园购买土地提供帮助，并先后4次各收受该公司总经理吴某某给予的50万元。

2004年上半年，被告人潘玉梅利用担任迈皋桥街道工委书记的职务便利，为南京某发展有限公司受让金桥大厦项目减免100万元费用提供帮助，并在购买对方开发的一处房产时接受该公司总经理许某某为其支付的房屋差价款和相关税费61万余元（房价含税费121.0817万元，潘支付60万元）。2006年4月，潘玉梅因检察机关从许某某的公司账上已掌握其购房仅支付部分款项的情况而补还给许某某55万元。

此外，2000年春节前至2006年12月，被告人潘玉梅利用职务便利，先后收受迈皋桥办事处一党支部书记兼南京某商贸有限责任公司总经理高某某人民币201万元和美元49万元、浙江某房地产集团南京置业有限公司范某某美元1万元。2002年至2005年间，被告人陈宁利用职务便利，先后收受迈皋桥办事处一党支部书记高某某21万元、迈皋桥办事处副主任刘某8万元。

综上，被告人潘玉梅收受贿赂人民币792万余元、美元50万元（折合人民币398.1234万元），共计收受贿赂1190.2万余元；被告人陈宁收受贿赂559万元。

裁判结果

江苏省南京市中级人民法院于2009年2月25日以（2008）宁刑初字第49号刑事判决，认定被告人潘玉梅犯受贿罪，判处死刑，缓期二年执行，剥夺政治权利终身，并处没收个人全部财产；被告人陈宁犯受贿罪，判处无期徒刑，剥夺政治权利终身，并处没收个人全部财产。宣判后，潘玉梅、陈宁提出上诉。江苏省高级人民法院于2009年11月30日以同样的事实和理由作出（2009）苏刑二终字第0028号刑事裁定，驳回上诉，维持原判，并核准一审以受贿罪判处被告人潘玉梅死刑，缓期二年执行，剥夺政治权利终身，并处没收个人全部财产的刑事判决。

裁判理由

法院生效裁判认为：关于被告人潘玉梅、陈宁及其辩护人提出二被告人与陈某共同开办多贺公司开发土地获取"利润"480万元不应认定为受贿的辩护意见。经查，潘玉梅时任迈皋桥街道工委书记，陈宁时任迈皋桥街道办事处主任，对迈皋桥创业园区的招商工作、土地转让负有领导或协调职责，二人分别利用各自职务便利，为陈某低价取得创业园区的土地等提供了帮助，属于利用职务上的便利为他人谋取利益；在此期间，潘玉梅、陈宁与陈某商议合作成立多贺公司用于开发上述土地，公司注册资金全部来源于陈某，潘玉梅、陈宁既未实际出资，也未参与公司的经营管理。因此，潘玉梅、陈宁利用职务便利为陈某谋取利益，以与陈某合办公司开发该土地的名义而分别获取的480万元，并非所谓的公司利润，而是利用职务便利使陈某低价获取土地并转卖后获利的一部分，体现了受贿罪权钱交易的本质，属于以合办公司为名的变相受贿，应以受贿论处。

关于被告人潘玉梅及其辩护人提出潘玉梅没有为许某某实际谋取利益的辩护意见。经查，请托人许某某向潘玉梅行贿时，要求在受让金桥大厦项目中减免100万元的费用，潘玉梅明知许某某有请托事项而收受贿赂；虽然该请托事项没有实现，但"为他人谋取利益"包括承诺、实施和实现不同阶段的行为，只要具有其中一项，就属于为他人谋取利益。承诺"为他人谋取利益"，可以从为他人谋取利益的明示或默示的意思表示予以认定。潘玉梅明知他人有请托事项而收受其财物，应视为承诺为他人谋取利益，至于是否已实际为他人谋取利益或谋取到利益，只是受贿的情节问题，不影响受贿的认定。

关于被告人潘玉梅及其辩护人提出潘玉梅购买许某某的房产不应认定为受贿的辩护意见。经查，潘玉梅购买的房产，市场价格含税费共计应为121万余元，潘玉梅仅支付60万元，明显低于该房产交易时当地市场价格。潘玉梅利用职务之便为请托人谋取利益，以明显低于市场的价格向请托人购买房产的行为，是以形式上支付一定数额的价款来掩盖其受贿权钱交易本质的一种手段，应以受贿论处，受贿数额按照涉案房产交易时当地市场价格与实际支付价格的差额计算。

关于被告人潘玉梅及其辩护人提出潘玉梅购买许某某开发的房产，在案发前已将房产差价款给付了许某某，不应认定为受贿的辩护意见。经查，2006年4月，潘玉梅在案发前将购买许某某开发房产的差价款中的55万元补给许某某，相距2004年上半年其低价购房有近两年时间，没有及时补还巨额差价；潘玉梅的补还行为，是由于许某某因其他案件被检察机关找去谈话，检察机关从许某某的公司账上已掌握潘玉梅购房仅支付部分款项的情况后，出于掩盖罪行目的而采取的退赃行为。因此，潘玉梅为掩饰犯罪而补还房屋差价款，不影响对其受贿罪的认定。

综上所述，被告人潘玉梅、陈宁及其辩护人提出的上述辩护意见不能成立，不予采纳。潘玉梅、陈宁作为国家工作人员，分别利用各自的职务便利，为他人谋取利益，收受他人财物的行为均已构成受贿罪，且受贿数额特别巨大，但同时鉴于二被告人均具有归案后如实供述犯罪、认罪态度好，主动交代司法机关尚未掌握的同种余罪，案发前退出部分赃款，案发后配合追缴涉案全部赃款等从轻处罚情节，故一、二审法院依法作出如上裁判。

指导案例 4 号

王志才故意杀人案

（最高人民法院审判委员会讨论通过　2011 年 12 月 20 日发布）

关键词　刑事　故意杀人罪　婚恋纠纷引发　坦白悔罪死刑缓期执行　限制减刑

裁判要点

因恋爱、婚姻矛盾激化引发的故意杀人案件，被告人犯罪手段残忍，论罪应当判处死刑，但被告人具有坦白悔罪、积极赔偿等从轻处罚情节，同时被害人亲属要求严惩的，人民法院根据案件性质、犯罪情节、危害后果和被告人的主观恶性及人身危险性，可以依法判处被告人死刑，缓期二年执行，同时决定限制减刑，以有效化解社会矛盾，促进社会和谐。

相关法条

《中华人民共和国刑法》第五十条第二款

基本案情

被告人王志才与被害人赵某某（女，殁年 26 岁）在山东省潍坊市科技职业学院同学期间建立恋爱关系。2005 年，王志才毕业后参加工作，赵某某考入山东省曲阜师范大学继续专升本学习。2007 年赵某某毕业参加工作后，王志才与赵某某商议结婚事宜，因赵某某家人不同意，赵某某多次提出分手，但在王志才的坚持下二人继续保持联系。2008 年 10 月 9 日中午，王志才在赵某某的集体宿舍再次谈及婚恋问题，因赵某某明确表示二人不可能在一起，王志才感到绝望，愤而产生杀死赵某某然后自杀的念头，即持赵某某宿舍内的一把单刃尖刀，朝赵的颈部、胸腹部、背部连续捅刺，致其失血性休克死亡。次日 8 时 30 分许，王志才服农药自杀未遂，被公安机关抓获归案。王志才平时表现较好，归案后如实供述自己罪行，并与其亲属积极赔偿，但未与被害人亲属达成赔偿协议。

裁判结果

山东省潍坊市中级人民法院于 2009 年 10 月 14 日以（2009）潍刑一初字第 35 号刑事判决，认定被告人王志才犯故意杀人罪，判处死刑，剥夺政治权利终身。宣判后，王志才提出上诉。山东省高级人民法院于 2010 年 6 月 18 日以（2010）鲁刑四终字第 2 号刑事裁定，驳回上诉，维持原判，并依法报请最高人民法院核准。最高人民法院根据复核确认的事实，以（2010）刑三复 22651920 号刑事裁定，不核准被告人王志才死刑，发回山东省高级人民法院重新审判。山东省高级人民法院经依法重新审理,于2011年5月3日作出(2010)鲁刑四终字第2-1号刑事判决,以故意杀人罪改判被告人王志才死刑,缓期二年执行,剥夺政治权利终身,同时决定对其限制减刑。

裁判理由

山东省高级人民法院经重新审理认为:被告人王志才的行为已构成故意杀人罪,罪行极其严重,论罪应当判处死刑。鉴于本案系因婚恋纠纷引发,王志才求婚不成,恼怒并起意杀人,归案后坦白悔罪,积极赔偿被害方经济损失,且平时表现较好,故对其判处死刑,可不立即执行。同时考虑到王志才故意杀人手段特别残忍,被害人亲属不予谅解,要求依法从严惩处,为有效化解社会矛盾,依照《中华人民共和国刑法》第五十条第二款等规定,判处被告人王志才死刑,缓期二年执行,同时决定对其限制减刑。

最高人民法院
关于发布第二批指导性案例的通知

2012年4月9日　　　　　　　　　　　　　法〔2012〕172号

各省、自治区、直辖市高级人民法院,解放军军事法院,新疆维吾尔自治区高级人民法院生产建设兵团分院:

经最高人民法院审判委员会讨论决定,现将鲁潍(福建)盐业进出口有限公司苏州分公司诉江苏省苏州市盐务管理局盐业行政处罚案等四个案例(指导案例5～8号),作为第二批指导性案例发布,供在审判类似案件时参照。

指导案例5号

鲁潍(福建)盐业进出口有限公司苏州分公司诉江苏省苏州市盐务管理局盐业行政处罚案

(最高人民法院审判委员会讨论通过　2012年4月9日发布)

关键词　行政　行政许可　行政处罚　规章参照　盐业管理

裁判要点

1. 盐业管理的法律、行政法规没有设定工业盐准运证的行政许可,地方性法规或者地方政府规章不能设定工业盐准运证这一新的行政许可。

2. 盐业管理的法律、行政法规对盐业公司之外的其他企业经营盐的批发业务没有设定行政处罚，地方政府规章不能对该行为设定行政处罚。

3. 地方政府规章违反法律规定设定许可、处罚的，人民法院在行政审判中不予适用。

相关法条

《中华人民共和国行政许可法》第十五条第一款、第十六条第二款、第三款

《中华人民共和国行政处罚法》第十三条

《中华人民共和国行政诉讼法》第五十三条第一款

《中华人民共和国立法法》第七十九条

基本案情

原告鲁潍（福建）盐业进出口有限公司苏州分公司（简称鲁潍公司）诉称：被告江苏省苏州市盐务管理局（简称苏州盐务局）根据《江苏省〈盐业管理条例〉实施办法》（简称《江苏盐业实施办法》）的规定，认定鲁潍公司未经批准购买、运输工业盐违法，并对鲁潍公司作出行政处罚，其具体行政行为执法主体错误、适用法律错误。苏州盐务局无权管理工业盐，也无相应执法权。根据原国家计委、原国家经贸委《关于改进工业盐供销和价格管理办法的通知》等规定，国家取消了工业盐准运证和准运章制度，工业盐也不属于国家限制买卖的物品。《江苏盐业实施办法》的相关规定与上述规定精神不符，不仅违反了国务院《关于禁止在市场经济活动中实行地区封锁的规定》，而且违反了《中华人民共和国行政许可法》（简称《行政许可法》）和《中华人民共和国行政处罚法》（简称《行政处罚法》）的规定，属于违反上位法设定行政许可和处罚，故请求法院判决撤销苏州盐务局作出的（苏）盐政一般〔2009〕第001－B号处罚决定。

被告苏州盐务局辩称：根据国务院《盐业管理条例》第四条和《江苏盐业实施办法》第四条的规定，苏州盐务局有作出盐务行政处罚的相应职权。《江苏盐业实施办法》是根据《盐业管理条例》的授权制定的，属于法规授权制定，整体合法有效。苏州盐务局根据《江苏盐业实施办法》设立准运证制度的规定作出行政处罚并无不当。《行政许可法》、《行政处罚法》均在《江苏盐业实施办法》之后实施，根据《中华人民共和国立法法》（简称《立法法》）法不溯及既往的规定，《江苏盐业实施办法》仍然应当适用。鲁潍公司未经省盐业公司或盐业行政主管部门批准而购买工业盐的行为，违反了《盐业管理条例》的相关规定，苏州盐务局作出的处罚决定，认定事实清楚，证据确凿，适用法规、规范性文件正确，程序合法，请求法院驳回鲁潍公司的诉讼请求。

法院经审理查明：2007年11月12日，鲁潍公司从江西等地购进360吨工业盐。苏州盐务局认为鲁潍公司进行工业盐购销和运输时，应当按照《江苏盐业实施办法》的规定办理工业盐准运证，鲁潍公司未办理工业盐准运证即从省外购进工业盐涉嫌违法。2009年2月26日，苏州盐务局经听证、集体讨论后认为，鲁潍公司未经江苏省盐业公司调拨或盐业行政主管部门批准从省外购进盐产品的行为，违反了《盐业管理条例》第二十条、《江苏盐业实施办法》第二十三条、第三十二条第（二）项的规定，并根据《江苏盐业实施办法》第四十二条的规定，对鲁潍公司作出了（苏）盐政一般〔2009〕第001－B号处罚决定书，决定没收鲁潍公司违法购进的精制工业盐121.7吨、粉盐93.1吨，并处罚款122363元。鲁潍公司不服该决定，于2月27日向苏州市人民政府

申请行政复议。苏州市人民政府于 4 月 24 日作出了〔2009〕苏行复第 8 号复议决定书，维持了苏州盐务局作出的处罚决定。

裁判结果

江苏省苏州市金阊区人民法院于 2011 年 4 月 29 日以〔2009〕金行初字第 0027 号行政判决书，判决撤销苏州盐务局（苏）盐政一般〔2009〕第 001－B 号处罚决定书。

裁判理由

法院生效裁判认为：苏州盐务局系苏州市人民政府盐业行政主管部门，根据《盐业管理条例》第四条和《江苏盐业实施办法》第四条、第六条的规定，有权对苏州市范围内包括工业盐在内的盐业经营活动进行行政管理，具有合法执法主体资格。

苏州盐务局对盐业违法案件进行查处时，应适用合法有效的法律规范。《立法法》第七十九条规定，法律的效力高于行政法规、地方性法规、规章；行政法规的效力高于地方性法规、规章。苏州盐务局的具体行政行为涉及行政许可、行政处罚，应依照《行政许可法》、《行政处罚法》的规定实施。法不溯及既往是指法律的规定仅适用于法律生效以后的事件和行为，对于法律生效以前的事件和行为不适用。《行政许可法》第八十三条第二款规定，本法施行前有关行政许可的规定，制定机关应当依照本法规定予以清理；不符合本法规定的，自本法施行之日起停止执行。《行政处罚法》第六十四条第二款规定，本法公布前制定的法规和规章关于行政处罚的规定与本法不符合的，应当自本法公布之日起，依照本法规定予以修订，在 1997 年 12 月 31 日前修订完毕。因此，苏州盐务局有关法不溯及既往的抗辩理由不成立。根据《行政许可法》第十五条第一款、第十六条第三款的规定，在已经制定法律、行政法规的情况下，地方政府规章只能在法律、行政法规设定的行政许可事项范围内对实施该行政许可作出具体规定，不能设定新的行政许可。法律及《盐业管理条例》没有设定工业盐准运证这一行政许可，地方政府规章不能设定工业盐准运证制度。根据《行政处罚法》第十三条的规定，在已经制定行政法规的情况下，地方政府规章只能在行政法规规定的给予行政处罚的行为、种类和幅度内作出具体规定，《盐业管理条例》对盐业公司之外的其他企业经营盐的批发业务没有设定行政处罚，地方政府规章不能对该行为设定行政处罚。

人民法院审理行政案件，依据法律、行政法规、地方性法规，参照规章。苏州盐务局在依职权对鲁潍公司作出行政处罚时，虽然适用了《江苏盐业实施办法》，但是未遵循《立法法》第七十九条关于法律效力等级的规定，未依照《行政许可法》和《行政处罚法》的相关规定，属于适用法律错误，依法应予撤销。

指导案例 6 号

黄泽富、何伯琼、何熠诉四川省成都市金堂工商行政管理局行政处罚案

(最高人民法院审判委员会讨论通过 2012 年 4 月 9 日发布)

关键词 行政诉讼 行政处罚 没收较大数额财产 听证程序

裁判要点

行政机关作出没收较大数额涉案财产的行政处罚决定时,未告知当事人有要求举行听证的权利或者未依法举行听证的,人民法院应当依法认定该行政处罚违反法定程序。

相关法条

《中华人民共和国行政处罚法》第四十二条

基本案情

原告黄泽富、何伯琼、何熠诉称:被告四川省成都市金堂工商行政管理局(简称金堂工商局)行政处罚行为违法,请求人民法院依法撤销成工商金堂处字〔2005〕第 02026 号《行政处罚决定书》,返还电脑主机 33 台。

被告金堂工商局辩称:原告违法经营行为应当受到行政处罚,对其进行行政处罚的事实清楚、证据确实充分、程序合法、处罚适当;所扣留的电脑主机是 32 台而非 33 台。

法院经审理查明:2003 年 12 月 20 日,四川省金堂县图书馆与原告何伯琼之夫黄泽富联办多媒体电子阅览室。经双方协商,由黄泽富出资金和场地,每年向金堂县图书馆缴管理费 2400 元。2004 年 4 月 2 日,黄泽富以其子何熠的名义开通了 ADSL84992722(期限到 2005 年 6 月 30 日),在金堂县赵镇桔园路一门面房挂牌开业。4 月中旬,金堂县文体广电局局市场科以整顿网吧为由要求其停办。经金堂县图书馆与黄泽富协商,金堂县图书馆于 5 月中旬退还黄泽富 2400 元管理费,摘除了"金堂县图书馆多媒体电子阅览室"的牌子。2005 年 6 月 2 日,金堂工商局会同金堂县文体广电局、金堂县公安局对原告金堂县赵镇桔园路门面房进行检查时发现,金堂实验中学初一学生叶某、杨某、郑某和数名成年人在上网游戏。原告未能出示《网络文化经营许可证》和营业执照。金堂工商局按照《互联网上网服务营业场所管理条例》第二十七条"擅自设立互联网上网服务营业场所,或者擅自从事互联网上网服务经营活动的,由工商行政管理部门或者由工商行政管理部门会同公安机关依法予以取缔,查封其从事违法经营活动的场所,扣押从事违法经营活动的专用工具、设备"的规定,以成工商金堂扣字〔2005〕第 02747 号《扣留财物通知书》决定扣留原告的 32 台电脑主机。何伯琼对该扣押行为及扣押电脑主机数量有异议遂诉至法院,认为实际扣押了其 33 台电脑主机,并请求撤销该《扣留财物通知书》。2005 年 10 月 8 日金堂县人民法院作出〔2005〕金堂

行初字第 13 号《行政判决书》，维持了成工商金堂扣字〔2005〕第 02747 号《扣留财物通知书》，但同时确认金堂工商局扣押了何伯琼 33 台电脑主机。同年 10 月 12 日，金堂工商局以原告的行为违反了《互联网上网服务营业场所管理条例》第七条、第二十七条的规定作出了成工商金堂处字〔2005〕第 02026 号《行政处罚决定书》，决定"没收在何伯琼商业楼扣留的从事违法经营活动的电脑主机 32 台"。

裁判结果

四川省金堂县人民法院于 2006 年 5 月 25 日作出〔2006〕金堂行初字第 3 号行政判决：一、撤销成工商金堂处字〔2005〕第 02026 号《行政处罚决定书》；二、金堂工商局在判决生效之日起 30 日内重新作出具体行政行为；三、金堂工商局在本判决生效之日起 15 日内履行超期扣留原告黄泽富、何伯琼、何熠的电脑主机 33 台所应履行的法定职责。宣判后，金堂工商局向四川省成都市中级人民法院提起上诉。成都市中级人民法院于 2006 年 9 月 28 日以同样的事实作出〔2006〕成行终字第 228 号行政判决，撤销一审行政判决第三项，对其他判项予以维持。

裁判理由

法院生效裁判认为：《中华人民共和国行政处罚法》第四十二条规定："行政机关作出责令停产停业、吊销许可证或者执照、较大数额罚款等行政处罚决定之前，应当告知当事人有要求举行听证的权利。"虽然该条规定没有明确列举"没收财产"，但是该条中的"等"系不完全列举，应当包括与明文列举的"责令停产停业、吊销许可证或者执照、较大数额罚款"类似的其他对相对人权益产生较大影响的行政处罚。为了保证行政相对人充分行使陈述权和申辩权，保障行政处罚决定的合法性和合理性，对没收较大数额财产的行政处罚，也应当根据行政处罚法第四十二条的规定适用听证程序。关于没收较大数额的财产标准，应比照《四川省行政处罚听证程序暂行规定》第三条"本规定所称较大数额的罚款，是指对非经营活动中的违法行为处以 1000 元以上，对经营活动中的违法行为处以 20000 元以上罚款"中对罚款数额的规定。因此，金堂工商局没收黄泽富等三人 32 台电脑主机的行政处罚决定，应属没收较大数额的财产，对黄泽富等三人的利益产生重大影响的行为，金堂工商局在作出行政处罚前应当告知被处罚人有要求听证的权利。本案中，金堂工商局在作出处罚决定前只按照行政处罚一般程序告知黄泽富等三人有陈述、申辩的权利，而没有告知听证权利，违反了法定程序，依法应予撤销。

指导案例 7 号

牡丹江市宏阁建筑安装有限责任公司诉牡丹江市华隆房地产开发有限责任公司、张继增建设工程施工合同纠纷案

（最高人民法院审判委员会讨论通过 2012 年 4 月 9 日发布）

关键词 民事诉讼 抗诉 申请撤诉 终结审查

裁判要点

人民法院接到民事抗诉书后，经审查发现案件纠纷已经解决，当事人申请撤诉，且不损害国家利益、社会公共利益或第三人利益的，应当依法作出对抗诉案终结审查的裁定；如果已裁定再审，应当依法作出终结再审诉讼的裁定。

相关法条

《中华人民共和国民事诉讼法》第一百四十条第一款第（十一）项

基本案情

2009 年 6 月 15 日，黑龙江省牡丹江市华隆房地产开发有限责任公司（简称华隆公司）因与牡丹江市宏阁建筑安装有限责任公司（简称宏阁公司）、张继增建设工程施工合同纠纷一案，不服黑龙江省高级人民法院同年 2 月 11 日作出的（2008）黑民一终字第 173 号民事判决，向最高人民法院申请再审。最高人民法院于同年 12 月 8 日作出（2009）民申字第 1164 号民事裁定，按照审判监督程序提审本案。在最高人民法院民事审判第一庭提审期间，华隆公司鉴于当事人之间已达成和解且已履行完毕，提交了撤回再审申请书。最高人民法院经审查，于 2010 年 12 月 15 日以（2010）民提字第 63 号民事裁定准许其撤回再审申请。

申诉人华隆公司在向法院申请再审的同时，也向检察院申请抗诉。2010 年 11 月 12 日，最高人民检察院受理后决定对本案按照审判监督程序提出抗诉。2011 年 3 月 9 日，最高人民法院立案一庭收到最高人民检察院高检民抗〔2010〕58 号民事抗诉书后进行立案登记，同月 11 日移送审判监督庭审理。最高人民法院审判监督庭经审查发现，华隆公司曾向本院申请再审，其纠纷已解决，且申请检察院抗诉的理由与申请再审的理由基本相同，遂与最高人民检察院沟通并建议其撤回抗诉，最高人民检察院不同意撤回抗诉。再与华隆公司联系，华隆公司称当事人之间已就抗诉案达成和解且已履行完毕，纠纷已经解决，并于同年 4 月 13 日再次向最高人民法院提交了撤诉申请书。

裁判结果

最高人民法院于 2011 年 7 月 6 日以（2011）民抗字第 29 号民事裁定书，裁定本案终结审查。

裁判理由

最高人民法院认为：对于人民检察院抗诉再审的案件，或者人民法院依据当事人申请或依据职权裁定再审的案件，如果再审期间当事人达成和解并履行完毕，或者撤回申诉，且不损害国家利益、社会公共利益的，为了尊重和保障当事人在法定范围内对本人合法权利的自由处分权，实现诉讼法律效果与社会效果的统一，促进社会和谐，人民法院应当根据《最高人民法院关于适用〈中华人民共和国民事诉讼法〉审判监督程序若干问题的解释》第三十四条的规定，裁定终结再审诉讼。

本案中，申诉人华隆公司不服原审法院民事判决，在向最高人民法院申请再审的同时，也向检察机关申请抗诉。在本院提审期间，当事人达成和解，华隆公司向本院申请撤诉。由于当事人有权在法律规定的范围内自由处分自己的民事权益和诉讼权利，其撤诉申请意思表示真实，已裁定准许其撤回再审申请，本案当事人之间的纠纷已得到解决，且本案并不涉及国家利益、社会公共利益或第三人利益，故检察机关抗诉的基础已不存在，本案已无按抗诉程序裁定进入再审的必要，应当依法裁定本案终结审查。

指导案例 8 号

林方清诉常熟市凯莱实业有限公司、戴小明公司解散纠纷案

（最高人民法院审判委员会讨论通过　2012 年 4 月 9 日发布）

关键词　民事　公司解散　经营管理严重困难　公司僵局

裁判要点

公司法第一百八十三条将"公司经营管理发生严重困难"作为股东提起解散公司之诉的条件之一。判断"公司经营管理是否发生严重困难"，应从公司组织机构的运行状态进行综合分析。公司虽处于盈利状态，但其股东会机制长期失灵，内部管理有严重障碍，已陷入僵局状态，可以认定为公司经营管理发生严重困难。对于符合公司法及相关司法解释规定的其他条件的，人民法院可以依法判决公司解散。

相关法条

《中华人民共和国公司法》第一百八十三条

基本案情

原告林方清诉称：常熟市凯莱实业有限公司（简称凯莱公司）经营管理发生严重困难，陷入公司僵局且无法通过其他方法解决，其权益遭受重大损害，请求解散凯莱公司。

被告凯莱公司及戴小明辩称：凯莱公司及其下属分公司运营状态良好，不符合公司解散的条件，戴小明与林方清的矛盾有其他解决途径，不应通过司法程序强制解散公司。

法院经审理查明：凯莱公司成立于2002年1月，林方清与戴小明系该公司股东，各占50%的股份，戴小明任公司法定代表人及执行董事，林方清任公司总经理兼公司监事。凯莱公司章程明确规定：股东会的决议须经代表二分之一以上表决权的股东通过，但对公司增加或减少注册资本、合并、解散、变更公司形式、修改公司章程作出决议时，必须经代表三分之二以上表决权的股东通过。股东会会议由股东按照出资比例行使表决权。2006年起，林方清与戴小明两人之间的矛盾逐渐显现。同年5月9日，林方清提议并通知召开股东会，由于戴小明认为林方清没有召集会议的权利，会议未能召开。同年6月6日、8月8日、9月16日、10月10日、10月17日，林方清委托律师向凯莱公司和戴小明发函称，因股东权益受到严重侵害，林方清作为享有公司股东会二分之一表决权的股东，已按公司章程规定的程序表决并通过了解散凯莱公司的决议，要求戴小明提供凯莱公司的财务账册等资料，并对凯莱公司进行清算。同年6月17日、9月7日、10月13日，戴小明回函称，林方清作出的股东会决议没有合法依据，戴小明不同意解散公司，并要求林方清交出公司财务资料。同年11月15日、25日，林方清再次向凯莱公司和戴小明发函，要求凯莱公司和戴小明提供公司财务账册等供其查阅、分配公司收入、解散公司。

江苏常熟服装城管理委员会（简称服装城管委会）证明凯莱公司目前经营尚正常，且愿意组织林方清和戴小明进行调解。

另查明，凯莱公司章程载明监事行使下列权利：（1）检查公司财务；（2）对执行董事、经理执行公司职务时违反法律、法规或者公司章程的行为进行监督；（3）当董事和经理的行为损害公司的利益时，要求董事和经理予以纠正；（4）提议召开临时股东会。从2006年6月1日至今，凯莱公司未召开过股东会。服装城管委会调解委员会于2009年12月15日、16日两次组织双方进行调解，但均未成功。

裁判结果

江苏省苏州市中级人民法院于2009年12月8日以（2006）苏中民二初字第0277号民事判决，驳回林方清的诉讼请求。宣判后，林方清提起上诉。江苏省高级人民法院于2010年10月19日以（2010）苏商终字第0043号民事判决，撤销一审判决，依法改判解散凯莱公司。

裁判理由

法院生效裁判认为：首先，凯莱公司的经营管理已发生严重困难。根据公司法第一百八十三条和《最高人民法院关于适用〈中华人民共和国公司法〉若干问题的规定（二）》（简称《公司法解释（二）》）第一条的规定，判断公司的经营管理是否出现严重困难，应当从公司的股东会、董事会或执行董事及监事会或监事的运行现状进行综合分析。"公司经营管理发生严重困难"的侧重点在于公司管理方面存有严重内部障碍，如股东会机制失灵、无法就公司的经营管理进行决策等，不应片面理解为公司资金缺乏、严重亏损等经营性困难。本案中，凯莱公司仅有戴小明与林方清两名股东，两人各占50%的股份，凯莱公司章程规定"股东会的决议须经代表二分之一以上表决权的股东通过"，且各方当事人一致认可该"二分之一以上"不包括本数。因此，只要两名股东的意见存有分歧、互不配合，就无法形成有效表决，显然影响公司的运营。凯莱公司已持续4年未召开股东会,无法形成有效股东会决议,也就无法通过股东会决议的方式管理公司,股东会机制已经失灵。执行董事戴小明作为互有矛盾的两名股东之一,其管理公司的行为,已无法贯彻股东会的决议。林方清作为公司监事不能正常行使监事职权,无法发挥监督作用。由于凯莱公司的内部机制已无法正常运行、无法对公司的经营作出决策,即使尚未处于亏损状况,也不能改变该公司的经营管理已发生严重困难的事实。

其次,由于凯莱公司的内部运营机制早已失灵,林方清的股东权、监事权长期处于无法行使的状态,其投资凯莱公司的目的无法实现,利益受到重大损失,且凯莱公司的僵局通过其他途径长期无法解决。《公司法解释(二)》第五条明确规定了"当事人不能协商一致使公司存续的,人民法院应当及时判决"。本案中,林方清在提起公司解散诉讼之前,已通过其他途径试图化解与戴小明之间的矛盾,服装城管委会也曾组织双方当事人调解,但双方仍不能达成一致意见。两审法院也基于慎用司法手段强制解散公司的考虑,积极进行调解,但均未成功。

此外,林方清持有凯莱公司50%的股份,也符合公司法关于提起公司解散诉讼的股东须持有公司10%以上股份的条件。

综上所述,凯莱公司已符合公司法及《公司法解释(二)》所规定的股东提起解散公司之诉的条件。二审法院从充分保护股东合法权益,合理规范公司治理结构,促进市场经济健康有序发展的角度出发,依法作出了上述判决。

最高人民法院
关于发布第三批指导性案例的通知

2012年9月18日　　　　　　　　　　　　法〔2012〕227号

各省、自治区、直辖市高级人民法院,解放军军事法院,新疆维吾尔自治区高级人民法院生产建设兵团分院:

经最高人民法院审判委员会讨论决定,现将上海存亮贸易有限公司诉蒋志东、王卫明等买卖合同纠纷案等四个案例(指导案例9～12号),作为第三批指导性案例发布,供在审判类似案件时参照。

指导案例 9 号

上海存亮贸易有限公司诉蒋志东、王卫明等买卖合同纠纷案

(最高人民法院审判委员会讨论通过　2012 年 9 月 18 日发布)

关键词　民事　公司清算义务　连带清偿责任

裁判要点

有限责任公司的股东、股份有限公司的董事和控股股东,应当依法在公司被吊销营业执照后履行清算义务,不能以其不是实际控制人或者未实际参加公司经营管理为由,免除清算义务。

相关法条

《中华人民共和国公司法》第二十条、第一百八十四条

基本案情

原告上海存亮贸易有限公司(简称存亮公司)诉称:其向被告常州拓恒机械设备有限公司(简称拓恒公司)供应钢材,拓恒公司尚欠货款 1395228.6 元。被告房恒福、蒋志东和王卫明为拓恒公司的股东,拓恒公司未年检,被工商部门吊销营业执照,至今未组织清算。因其怠于履行清算义务,导致公司财产流失、灭失,存亮公司的债权得不到清偿。根据公司法及相关司法解释规定,房恒福、蒋志东和王卫明应对拓恒公司的债务承担连带责任。故请求判令拓恒公司偿还存亮公司货款 1395228.6 元及违约金,房恒福、蒋志东和王卫明对拓恒公司的债务承担连带清偿责任。

被告蒋志东、王卫明辩称:1. 两人从未参与过拓恒公司的经营管理;2. 拓恒公司实际由大股东房恒福控制,两人无法对其进行清算;3. 拓恒公司由于经营不善,在被吊销营业执照前已背负了大量债务,资不抵债,并非由于蒋志东、王卫明怠于履行清算义务而导致拓恒公司财产灭失;4. 蒋志东、王卫明也曾委托律师对拓恒公司进行清算,但由于拓恒公司财物多次被债权人哄抢,导致无法清算,因此蒋志东、王卫明不存在怠于履行清算义务的情况。故请求驳回存亮公司对蒋志东、王卫明的诉讼请求。

被告拓恒公司、房恒福未到庭参加诉讼,亦未作答辩。

法院经审理查明:2007 年 6 月 28 日,存亮公司与拓恒公司建立钢材买卖合同关系。存亮公司履行了 7095006.6 元的供货义务,拓恒公司已付货款 5699778 元,尚欠货款 1395228.6 元。另,房恒福、蒋志东和王卫明为拓恒公司的股东,所占股份分别为 40%、30%、30%。拓恒公司因未进行年检,2008 年 12 月 25 日被工商部门吊销营业执照,至今股东未组织清算。现拓恒公司无办公经营地,账册及财产均下落不明。拓恒公司在其他案件中因无财产可供执行被中止执行。

裁判结果

上海市松江区人民法院于 2009 年 12 月 8 日作出（2009）松民二（商）初字第 1052 号民事判决：一、拓恒公司偿付存亮公司货款 1395228.6 元及相应的违约金；二、房恒福、蒋志东和王卫明对拓恒公司的上述债务承担连带清偿责任。宣判后，蒋志东、王卫明提出上诉。上海市第一中级人民法院于 2010 年 9 月 1 日作出（2010）沪一中民四（商）终字第 1302 号民事判决：驳回上诉，维持原判。

裁判理由

法院生效裁判认为：存亮公司按约供货后，拓恒公司未能按约付清货款，应当承担相应的付款责任及违约责任。房恒福、蒋志东和王卫明作为拓恒公司的股东，应在拓恒公司被吊销营业执照后及时组织清算。因房恒福、蒋志东和王卫明怠于履行清算义务，导致拓恒公司的主要财产、账册等均已灭失，无法进行清算，房恒福、蒋志东和王卫明怠于履行清算义务的行为，违反了公司法及其司法解释的相关规定，应当对拓恒公司的债务承担连带清偿责任。拓恒公司作为有限责任公司，其全体股东在法律上应一体成为公司的清算义务人。公司法及其相关司法解释并未规定蒋志东、王卫明所辩称的例外条款，因此无论蒋志东、王卫明在拓恒公司中所占的股份为多少，是否实际参与了公司的经营管理，两人在拓恒公司被吊销营业执照后，都有义务在法定期限内依法对拓恒公司进行清算。

关于蒋志东、王卫明辩称拓恒公司在被吊销营业执照前已背负大量债务，即使其怠于履行清算义务，也与拓恒公司财产灭失之间没有关联性。根据查明的事实，拓恒公司在其他案件中因无财产可供执行被中止执行的情况，只能证明人民法院在执行中未查找到拓恒公司的财产，不能证明拓恒公司的财产在被吊销营业执照前已全部灭失。拓恒公司的三名股东怠于履行清算义务与拓恒公司的财产、账册灭失之间具有因果联系，蒋志东、王卫明的该项抗辩理由不成立。蒋志东、王卫明委托律师进行清算的委托代理合同及律师的证明，仅能证明蒋志东、王卫明欲对拓恒公司进行清算，但事实上对拓恒公司的清算并未进行。据此，不能认定蒋志东、王卫明依法履行了清算义务，故对蒋志东、王卫明的该项抗辩理由不予采纳。

指导案例 10 号

李建军诉上海佳动力环保科技有限公司公司决议撤销纠纷案

（最高人民法院审判委员会讨论通过　2012 年 9 月 18 日发布）

关键词　民事　公司决议撤销　司法审查范围

裁判要点

人民法院在审理公司决议撤销纠纷案件中应当审查：会议召集程序、表决方式是否违反法律、行政法规或者公司章程以及决议内容是否违反公司章程。在未违反上述规定的前提下，解聘总经理职务的决议所依据的事实是否属实，理由是否成立，不属于司法审查范围。

相关法条

《中华人民共和国公司法》第二十二条第二款

基本案情

原告李建军诉称：被告上海佳动力环保科技有限公司（简称佳动力公司）免除其总经理职务的决议所依据的事实和理由不成立，且董事会的召集程序、表决方式及决议内容均违反了公司法的规定，请求法院依法撤销该董事会决议。

被告佳动力公司辩称：董事会的召集程序、表决方式及决议内容均符合法律和章程的规定，故董事会决议有效。

法院经审理查明：原告李建军系被告佳动力公司的股东，并担任总经理。佳动力公司股权结构为：葛永乐持股40%，李建军持股46%，王泰胜持股14%。三位股东共同组成董事会，由葛永乐担任董事长，另两人为董事。公司章程规定：董事会行使包括聘任或者解聘公司经理等职权；董事会须由三分之二以上的董事出席方才有效；董事会对所议事项作出的决定应由占全体股东三分之二以上的董事表决通过方才有效。2009年7月18日，佳动力公司董事长葛永乐召集并主持董事会，三位董事均出席，会议形成了"鉴于总经理李建军不经董事会同意私自动用公司资金在二级市场炒股，造成巨大损失，现免去其总经理职务，即日生效"等内容的决议。该决议由葛永乐、王泰胜及监事签名，李建军未在该决议上签名。

裁判结果

上海市黄浦区人民法院于2010年2月5日作出（2009）黄民二（商）初字第4569号民事判决：撤销被告佳动力公司于2009年7月18日形成的董事会决议。宣判后，佳动力公司提出上诉。上海市第二中级人民法院于2010年6月4日作出（2010）沪二中民四（商）终字第436号民事判决：一、撤销上海市黄浦区人民法院（2009）黄民二（商）初字第4569号民事判决；二、驳回李建军的诉讼请求。

裁判理由

法院生效裁判认为：根据《中华人民共和国公司法》第二十二条第二款的规定，董事会决议可撤销的事由包括：一、召集程序违反法律、行政法规或公司章程；二、表决方式违反法律、行政法规或公司章程；三、决议内容违反公司章程。从召集程序看，佳动力公司于2009年7月18日召开的董事会由董事长葛永乐召集，三位董事均出席董事会，该次董事会的召集程序未违反法律、行政法规或公司章程的规定。从表决方式看，根据佳动力公司章程规定，对所议事项作出的决定应由占全体股东三分之二以上的董事表决通过方才有效，上述董事会决议由三位股东（兼董事）中的两名表决通过，故在表决方式上未违反法律、行政法规或公司章程的规定。从决议内容看，佳动力公司章程规定董事会有权解聘公司经理，董事会决议内容中"总经理李建军不经董事会同意私自动用公司资金在二级市场炒股，造成巨大损失"的陈述，仅是董事会解聘李建军总经理职务的原因，而解聘李建军总经理职务的决议内容本身并不违反公司章程。

董事会决议解聘李建军总经理职务的原因如果不存在,并不导致董事会决议撤销。首先,公司法尊重公司自治,公司内部法律关系原则上由公司自治机制调整,司法机关原则上不介入公司内部事务;其次,佳动力公司的章程中未对董事会解聘公司经理的职权作出限制,并未规定董事会解聘公司经理必须要有一定原因,该章程内容未违反公司法的强制性规定,应认定有效,因此佳动力公司董事会可以行使公司章程赋予的权力作出解聘公司经理的决定。故法院应当尊重公司自治,无需审查佳动力公司董事会解聘公司经理的原因是否存在,即无需审查决议所依据的事实是否属实,理由是否成立。综上,原告李建军请求撤销董事会决议的诉讼请求不成立,依法予以驳回。

指导案例 11 号

杨延虎等贪污案

(最高人民法院审判委员会讨论通过 2012 年 9 月 18 日发布)

关键词 刑事 贪污罪 职务便利 骗取土地使用权

裁判要点

1. 贪污罪中的"利用职务上的便利",是指利用职务上主管、管理、经手公共财物的权力及方便条件,既包括利用本人职务上主管、管理公共财物的职务便利,也包括利用职务上有隶属关系的其他国家工作人员的职务便利。

2. 土地使用权具有财产性利益,属于刑法第三百八十二条第一款规定中的"公共财物",可以成为贪污的对象。

相关法条

《中华人民共和国刑法》第三百八十二条第一款

基本案情

被告人杨延虎 1996 年 8 月任浙江省义乌市委常委,2003 年 3 月任义乌市人大常委会副主任,2000 年 8 月兼任中国小商品城福田市场(2003 年 3 月改称中国义乌国际商贸城,简称国际商贸城)建设领导小组副组长兼指挥部总指挥,主持指挥部全面工作。2002 年,杨延虎得知义乌市稠城街道共和村将列入拆迁和旧村改造范围后,决定在该村购买旧房,利用其职务便利,在拆迁安置时骗取非法利益。杨延虎遂与被告人王月芳(杨延虎的妻妹)、被告人郑新潮(王月芳之夫)共谋后,由王、郑二人出面,通过共和村王某某,以王月芳的名义在该村购买赵某某的 3 间旧房(房产证登记面积 61.87 平方米,发证日期 1998 年 8 月 3 日)。按当地拆迁和旧村改造政策,赵某某有无该旧房,其所得安置土地面积均相同,事实上赵某某也按无房户得到了土地安置。2003 年 3、4 月份,为使 3 间旧房所占土地确权到王月芳名下,在杨延虎指使和安排下,郑新潮再次通过共和村王某某,让该村村民委员会及其成员出具了该 3 间旧房系王月芳 1983 年所建的虚假证明。杨延虎利用职务便利,要求兼任国际商贸城建设指挥部分管土地确权工作的副总指挥、义乌市国土资源局副局长吴某某和指挥部确权报批科人员，对王月芳拆迁安置、土地确权予以关照。国际商贸城建设指挥部遂将王月芳所购房屋作为有村证明但无产权证的旧房进行确权审核，上报义乌市国土资源局确权，并按丈量结果认定其占地面积64.7平方米。

此后，被告人杨延虎与郑新潮、王月芳等人共谋，在其岳父王某祥在共和村拆迁中可得25.5平方米土地确权的基础上，于2005年1月编造了由王月芳等人签名的申请报告，谎称"王某祥与王月芳共有三间半房屋，占地90.2平方米，二人在1986年分家，王某祥分得36.1平方米，王月芳分得54.1平方米，有关部门确认王某祥房屋25.5平方米、王月芳房屋64平方米有误"，要求义乌市国土资源局更正。随后，杨延虎利用职务便利，指使国际商贸城建设指挥部工作人员以该部名义对该申请报告盖章确认，并使该申请报告得到义乌市国土资源局和义乌市政府认可，从而让王月芳、王某祥分别获得72和54平方米（共126平方米）的建设用地审批。按王某祥的土地确权面积仅应得36平方米建设用地审批，其余90平方米系非法所得。2005年5月，杨延虎等人在支付选位费24.552万元后，在国际商贸城拆迁安置区获得两间店面72平方米土地的拆迁安置补偿（案发后，该72平方米的土地使用权被依法冻结）。该处地块在用作安置前已被国家征用并转为建设用地，属国有划拨土地。经评估，该处每平方米的土地使用权价值35270元。杨延虎等人非法所得的建设用地90平方米，按照当地拆迁安置规定，折合拆迁安置区店面的土地面积为72平方米，价值253.944万元，扣除其支付的24.552万元后，实际非法所得229.392万元。

此外，2001年至2007年间，被告人杨延虎利用职务便利，为他人承揽工程、拆迁安置、国有土地受让等谋取利益，先后非法收受或索取57万元，其中索贿5万元。

裁判结果

浙江省金华市中级人民法院于2008年12月15日作出（2008）金中刑二初字第30号刑事判决：一、被告人杨延虎犯贪污罪，判处有期徒刑十五年，并处没收财产二十万元；犯受贿罪，判处有期徒刑十一年，并处没收财产十万元；决定执行有期徒刑十八年，并处没收财产三十万元。二、被告人郑新潮犯贪污罪，判处有期徒刑五年。三、被告人王月芳犯贪污罪，判处有期徒刑三年。宣判后，三被告人均提出上诉。浙江省高级人民法院于2009年3月16日作出（2009）浙刑二终字第34号刑事裁定，驳回上诉，维持原判。

裁判理由

法院生效裁判认为：关于被告人杨延虎的辩护人提出杨延虎没有利用职务便利的辩护意见。经查，义乌国际商贸城指挥部系义乌市委、市政府为确保国际商贸城建设工程顺利进行而设立的机构，指挥部下设确权报批科，工作人员从国土资源局抽调，负责土地确权、建房建设用地的审核及报批工作，分管该科的副总指挥吴某某也是国土资源局的副局长。确权报批科作为指挥部下设机构，同时受指挥部的领导，作为指挥部总指挥的杨延虎具有对该科室的领导职权。贪污罪中的"利用职务上的便利"，是指利用职务上主管、管理、经手公共财物的权力及方便条件，既包括利用本人职务上主管、管理公共财物的职务便利，也包括利用职务上有隶属关系的其他国家工作人员的职务便利。本案中，杨延虎正是利用担任义乌市委常委、义乌市人大常委会副主任和兼任指挥部总指挥的职务便利，给下属的土地确权报批科人员及其分管副总指挥打招呼，才使得王月芳等人虚报的拆迁安置得以实现。

关于被告人杨延虎等人及其辩护人提出被告人王月芳应当获得土地安置补偿，涉案土地属于集体土地，不能构成贪污罪的辩护意见。经查，王月芳购房时系居民户口，按照法律规定和义乌市拆迁安置有关规定，不属于拆迁安置对象，不具备获得土地确权的资格，其在共和村所购房屋既不能获得土地确权，又不能得到拆迁安置补偿。杨延虎等人明知王月芳不符合拆迁安置条件，却利用杨延虎的职务便利，通过将王月芳所购房屋谎报为其祖传旧房、虚构王月芳与王某祥分家事实，骗得旧房拆迁安置资格，骗取国有土地确权。同时，由于杨延虎利用职务便利，杨延虎、王月芳等人弄虚作假，既使王月芳所购旧房的房主赵某某按无房户得到了土地安置补偿，又使本来不应获得土地安置补偿的王月芳获得了土地安置补偿。《中华人民共和国土地管理法》第二条、第九条规定，我国土地实行社会主义公有制，即全民所有制和劳动群众集体所有制，并可以依法确定给单位或者个人使用。对土地进行占有、使用、开发、经营、交易和流转，能够带来相应经济收益。因此，土地使用权自然具有财产性利益，无论国有土地，还是集体土地，都属于刑法第三百八十二条第一款规定中的"公共财物"，可以成为贪污的对象。王月芳名下安置的地块已在2002年8月被征为国有并转为建设用地，义乌市政府文件抄告单也明确该处的拆迁安置土地使用权登记核发国有土地使用权证。因此，杨延虎等人及其辩护人所提该项辩护意见，不能成立。

综上，被告人杨延虎作为国家工作人员，利用担任义乌市委常委、义乌市人大常委会副主任和兼任国际商贸城指挥部总指挥的职务便利，伙同被告人郑新潮、王月芳以虚构事实的手段，骗取国有土地使用权，非法占有公共财物，三被告人的行为均已构成贪污罪。杨延虎还利用职务便利，索取或收受他人贿赂，为他人谋取利益，其行为又构成受贿罪，应依法数罪并罚。在共同贪污犯罪中，杨延虎起主要作用，系主犯，应当按照其所参与或者组织、指挥的全部犯罪处罚；郑新潮、王月芳起次要作用，系从犯，应减轻处罚。故一、二审法院依法作出如上裁判。

指导案例 12 号

李飞故意杀人案

（最高人民法院审判委员会讨论通过 2012年9月18日发布）

关键词 刑事 故意杀人罪 民间矛盾引发 亲属协助抓捕 累犯 死刑缓期执行 限制减刑

裁判要点

对于因民间矛盾引发的故意杀人案件，被告人犯罪手段残忍，且系累犯，论罪应当判处死刑,但被告人亲属主动协助公安机关将其抓捕归案,并积极赔偿的,人民法院根据案件具体情节,从尽量化解社会矛盾角度考虑,可以依法判处被告人死刑,缓期二年执行,同时决定限制减刑。

相关法条

《中华人民共和国刑法》第五十条第二款

基本案情

2006年4月14日,被告人李飞因犯盗窃罪被判处有期徒刑二年,2008年1月2日刑满释放。2008年4月,经他人介绍,李飞与被害人徐某某(女,殁年26岁)建立恋爱关系。同年8月,二人因经常吵架而分手。8月24日,当地公安机关到李飞的工作单位给李飞建立重点人档案时,其单位得知李飞曾因犯罪被判刑一事,并以此为由停止了李飞的工作。李飞认为其被停止工作与徐某某有关。

同年9月12日21时许,被告人李飞拨打徐某某的手机,因徐某某外出,其表妹王某某(被害人,时年16岁)接听了李飞打来的电话,并告知李飞,徐某某已外出。后李飞又多次拨打徐某某的手机,均未接通。当日23时许,李飞到哈尔滨市呼兰区徐某某开设的"小天使形象设计室"附近,再次拨打徐某某的手机,与徐某某在电话中发生吵骂。后李飞破门进入徐某某在"小天使形象设计室"内的卧室,持室内的铁锤多次击打徐某某的头部,击打徐某某表妹王某某头部、双手数下。稍后,李飞又持铁锤先后再次击打徐某某、王某某的头部,致徐某某当场死亡、王某某轻伤。为防止在场的"小天使形象设计室"学徒工佟某报警,李飞将徐某某、王某某及佟某的手机带离现场抛弃,后潜逃。同月23日22时许,李飞到其姑母李某某家中,委托其姑母转告其母亲梁某某送钱。梁某某得知此情后,及时报告公安机关,并于次日晚协助公安机关将来姑母家取钱的李飞抓获。在本案审理期间,李飞的母亲梁某某代为赔偿被害人亲属4万元。

裁判结果

黑龙江省哈尔滨市中级人民法院于2009年4月30日以(2009)哈刑二初字第51号刑事判决,认定被告人李飞犯故意杀人罪,判处死刑,剥夺政治权利终身。宣判后,李飞提出上诉。黑龙江省高级人民法院于2009年10月29日以(2009)黑刑三终字第70号刑事裁定,驳回上诉,维持原判,并依法报请最高人民法院核准。最高人民法院根据复核确认的事实和被告人母亲协助抓捕被告人的情况,以(2010)刑五复66820039号刑事裁定,不核准被告人李飞死刑,发回黑龙江省高级人民法院重新审判。黑龙江省高级人民法院经依法重新审理,于2011年5月3日作出(2011)黑刑三终字第63号刑事判决,以故意杀人罪改判被告人李飞死刑,缓期二年执行,剥夺政治权利终身,同时决定对其限制减刑。

裁判理由

黑龙江省高级人民法院经重新审理认为:被告人李飞的行为已构成故意杀人罪,罪行极其严重,论罪应当判处死刑。本案系因民间矛盾引发的犯罪;案发后李飞的母亲梁某某在得知李飞杀人后的行踪时,主动、及时到公安机关反映情况,并积极配合公安机关将李飞抓获归案;李飞在公安机关对其进行抓捕时,顺从归案,没有反抗行为,并在归案后始终如实供述自己的犯罪事实,认罪态度好;在本案审理期间,李飞的母亲代为赔偿被害方经济损失；李飞虽系累犯，但此前所犯盗窃罪的情节较轻。综合考虑上述情节，可以对李飞酌情从宽处罚，对其可不判处死刑立即执行。同时，鉴于其故意杀人手段残忍，又系累犯，且被害人亲属不予谅解，故依法判处被告人李飞死刑，缓期二年执行，同时决定对其限制减刑。

最高人民法院
关于发布第四批指导性案例的通知

2013年1月31日　　　　　　　　　　　　　　法〔2013〕24号

各省、自治区、直辖市高级人民法院，解放军军事法院，新疆维吾尔自治区高级人民法院生产建设兵团分院：

经最高人民法院审判委员会讨论决定，现将王召成等非法买卖、储存危险物质案等四个案例（指导案例13～16号），作为第四批指导性案例发布，供在审判类似案件时参照。

指导案例13号

王召成等非法买卖、储存危险物质案

（最高人民法院审判委员会讨论通过　2013年1月31日发布）

关键词　刑事　非法买卖、储存危险物质　毒害性物质

裁判要点

1. 国家严格监督管理的氰化钠等剧毒化学品，易致人中毒或者死亡，对人体、环境具有极大的毒害性和危险性，属于刑法第一百二十五条第二款规定的"毒害性"物质。

2. "非法买卖"毒害性物质，是指违反法律和国家主管部门规定，未经有关主管部门批准许可，擅自购买或者出售毒害性物质的行为，并不需要兼有买进和卖出的行为。

相关法条

《中华人民共和国刑法》第一百二十五条第二款

基本案情

公诉机关指控：被告人王召成、金国森、孙永法、钟伟东、周智明非法买卖氰化钠，危害公共安全，且系共同犯罪，应当以非法买卖危险物质罪追究刑事责任，但均如

实供述自己的罪行，购买氰化钠用于电镀，未造成严重后果，可以从轻处罚，并建议对五被告人适用缓刑。

被告人王召成的辩护人辩称：氰化钠系限用而非禁用剧毒化学品，不属于毒害性物质，王召成等人擅自购买氰化钠的行为，不符合刑法第一百二十五条第二款规定的构成要件，在未造成严重后果的情形下，不应当追究刑事责任，故请求对被告人宣告无罪。

法院经审理查明：被告人王召成、金国淼在未依法取得剧毒化学品购买、使用许可的情况下，约定由王召成出面购买氰化钠。2006年10月至2007年年底，王召成先后3次以每桶1000元的价格向倪荣华（另案处理）购买氰化钠，共支付给倪荣华40000元。2008年8月至2009年9月，王召成先后3次以每袋975元的价格向李光明（另案处理）购买氰化钠，共支付给李光明117000元。王召成、金国淼均将上述氰化钠储存在浙江省绍兴市南洋五金有限公司其二人各自承包车间的带锁仓库内，用于电镀生产。其中，王召成用总量的三分之一，金国淼用总量的三分之二。2008年5月和2009年7月，被告人孙永法先后共用2000元向王召成分别购买氰化钠1桶和1袋。2008年7、8月间，被告人钟伟东以每袋1000元的价格向王召成购买氰化钠5袋。2009年9月，被告人周智明以每袋1000元的价格向王召成购买氰化钠3袋。孙永法、钟伟东、周智明购得氰化钠后，均储存于各自车间的带锁仓库或水槽内，用于电镀生产。

裁判结果

浙江省绍兴市越城区人民法院于2012年3月31日作出（2011）绍越刑初字第205号刑事判决，以非法买卖、储存危险物质罪，分别判处被告人王召成有期徒刑三年，缓刑五年；被告人金国淼有期徒刑三年，缓刑四年六个月；被告人钟伟东有期徒刑三年，缓刑四年；被告人周智明有期徒刑三年，缓刑三年六个月；被告人孙永法有期徒刑三年，缓刑三年。宣判后，五被告人均未提出上诉，判决已发生法律效力。

裁判理由

法院生效裁判认为：被告人王召成、金国淼、孙永法、钟伟东、周智明在未取得剧毒化学品使用许可证的情况下，违反国务院《危险化学品安全管理条例》等规定，明知氰化钠是剧毒化学品仍非法买卖、储存，危害公共安全，其行为均已构成非法买卖、储存危险物质罪，且系共同犯罪。关于王召成的辩护人提出的辩护意见，经查，氰化钠虽不属于禁用剧毒化学品，但系列入危险化学品名录中严格监督管理的限用的剧毒化学品，易致人中毒或者死亡，对人体、环境具有极大的毒害性和极度危险性，极易对环境和人的生命健康造成重大威胁和危害，属于刑法第一百二十五条第二款规定的"毒害性"物质；"非法买卖"毒害性物质，是指违反法律和国家主管部门规定，未经有关主管部门批准许可，擅自购买或者出售毒害性物质的行为，并不需要兼有买进和卖出的行为；王召成等人不具备购买、储存氰化钠的资格和条件，违反国家有关监管规定，非法买卖、储存大量剧毒化学品，逃避有关主管部门的安全监督管理，破坏危险化学品管理秩序，已对人民群众的生命、健康和财产安全产生现实威胁，足以危害公共安全，故王召成等人的行为已构成非法买卖、储存危险物质罪，上述辩护意见不予采纳。王召成、金国淼、孙永法、钟伟东、周智明到案后均能如实供述自己的罪行，且购买氰化钠用于电镀生产，未发生事故，未发现严重环境污染，没有造成严重后果，依法可以从轻处罚。根据五被告人的犯罪情节及悔罪表现等情况，对其可依法宣告缓刑。公诉机关提出的量刑建议，王召成、钟伟东、周智明请求从轻处罚的意见，予以采纳，故依法作出如上判决。

指导案例 14 号

董某某、宋某某抢劫案

（最高人民法院审判委员会讨论通过 2013 年 1 月 31 日发布）

关键词 刑事 抢劫罪 未成年人犯罪 禁止令

裁判要点

对判处管制或者宣告缓刑的未成年被告人，可以根据其犯罪的具体情况以及禁止事项与所犯罪行的关联程度，对其适用"禁止令"。对于未成年人因上网诱发犯罪的，可以禁止其在一定期限内进入网吧等特定场所。

相关法条

《中华人民共和国刑法》第七十二条第二款

基本案情

被告人董某某、宋某某（时年 17 周岁）迷恋网络游戏，平时经常结伴到网吧上网，时常彻夜不归。2010 年 7 月 27 日 11 时许，因在网吧上网的网费用完，二被告人即伙同王某（作案时未达到刑事责任年龄）到河南省平顶山市红旗街社区健身器材处，持刀对被害人张某某和王某某实施抢劫，抢走张某某 5 元现金及手机一部。后将所抢的手机卖掉，所得赃款用于上网。

裁判结果

河南省平顶山市新华区人民法院于 2011 年 5 月 10 日作出（2011）新刑未初字第 29 号刑事判决，认定被告人董某某、宋某某犯抢劫罪，分别判处有期徒刑二年六个月，缓刑三年，并处罚金人民币 1000 元。同时禁止董某某和宋某某在 36 个月内进入网吧、游戏机房等场所。宣判后，二被告人均未上诉，判决已发生法律效力。

裁判理由

法院生效裁判认为：被告人董某某、宋某某以非法占有为目的，以暴力威胁方法劫取他人财物，其行为均已构成抢劫罪。鉴于董某某、宋某某系持刀抢劫；犯罪时不满十八周岁，且均为初犯，到案后认罪悔罪态度较好，宋某某还是在校学生，符合缓刑条件，决定分别判处二被告人有期徒刑二年六个月，缓刑三年。考虑到被告人主要是因上网吧需要网费而诱发了抢劫犯罪；二被告人长期迷恋网络游戏，网吧等场所与其犯罪有密切联系；如果将被告人与引发其犯罪的场所相隔离，有利于家长和社区在缓刑期间对其进行有效管教，预防再次犯罪；被告人犯罪时不满十八周岁，平时自我控制能力较差，对其适用禁止令的期限确定为与缓刑考验期相同的三年，有利于其改过自新，因此，依法判决禁止二被告人在缓刑考验期内进入网吧等特定场所。

指导案例 15 号

徐工集团工程机械股份有限公司诉
成都川交工贸有限责任公司等买卖合同纠纷案

（最高人民法院审判委员会讨论通过　2013 年 1 月 31 日发布）

关键词　民事　关联公司　人格混同　连带责任

裁判要点

1. 关联公司的人员、业务、财务等方面交叉或混同，导致各自财产无法区分，丧失独立人格的，构成人格混同。

2. 关联公司人格混同，严重损害债权人利益的，关联公司相互之间对外部债务承担连带责任。

相关法条

《中华人民共和国民法通则》第四条

《中华人民共和国公司法》第三条第一款、第二十条第三款

基本案情

原告徐工集团工程机械股份有限公司（以下简称徐工机械公司）诉称：成都川交工贸有限责任公司（以下简称川交工贸公司）拖欠其货款未付，而成都川交工程机械有限责任公司（以下简称川交机械公司）、四川瑞路建设工程有限公司（以下简称瑞路公司）与川交工贸公司人格混同，三个公司实际控制人王永礼以及川交工贸公司股东等人的个人资产与公司资产混同，均应承担连带清偿责任。请求判令：川交工贸公司支付所欠货款 10916405.71 元及利息；川交机械公司、瑞路公司及王永礼等个人对上述债务承担连带清偿责任。

被告川交工贸公司、川交机械公司、瑞路公司辩称：三个公司虽有关联，但并不混同，川交机械公司、瑞路公司不应对川交工贸公司的债务承担清偿责任。

王永礼等人辩称：王永礼等人的个人财产与川交工贸公司的财产并不混同，不应为川交工贸公司的债务承担清偿责任。

法院经审理查明：川交机械公司成立于 1999 年，股东为四川省公路桥梁工程总公司二公司、王永礼、倪刚、杨洪刚等。2001 年，股东变更为王永礼、李智、倪刚。2008 年，股东再次变更为王永礼、倪刚。瑞路公司成立于 2004 年，股东为王永礼、李智、倪刚。2007 年，股东变更为王永礼、倪刚。川交工贸公司成立于 2005 年，股东为吴帆、张家蓉、凌欣、过胜利、汤维明、武竞、郭印，何万庆 2007 年入股。2008 年，股东变更为张家蓉（占 90% 股份）、吴帆（占 10% 股份），其中张家蓉系王永礼之妻。在公司人员方面，三个公司经理均为王永礼，财务负责人均为凌欣，出纳会计均为卢

鑫，工商手续经办人均为张梦；三个公司的管理人员存在交叉任职的情形，如过胜利兼任川交工贸公司副总经理和川交机械公司销售部经理的职务，且免去过胜利川交工贸公司副总经理职务的决定系由川交机械公司作出；吴帆既是川交工贸公司的法定代表人，又是川交机械公司的综合部行政经理。在公司业务方面，三个公司在工商行政管理部门登记的经营范围均涉及工程机械且部分重合，其中川交工贸公司的经营范围被川交机械公司的经营范围完全覆盖；川交机械公司系徐工机械公司在四川地区（攀枝花除外）的唯一经销商，但三个公司均从事相关业务，且相互之间存在共用统一格式的《销售部业务手册》、《二级经销协议》、结算账户的情形；三个公司在对外宣传中区分不明，2008年12月4日重庆市公证处出具的《公证书》记载：通过因特网查询，川交工贸公司、瑞路公司在相关网站上共同招聘员工，所留电话号码、传真号码等联系方式相同；川交工贸公司、瑞路公司的招聘信息，包括大量关于川交机械公司的发展历程、主营业务、企业精神的宣传内容；部分川交工贸公司的招聘信息中，公司简介全部为对瑞路公司的介绍。在公司财务方面，三个公司共用结算账户，凌欣、卢鑫、汤维明、过胜利的银行卡中曾发生高达亿元的往来，资金的来源包括三个公司的款项，对外支付的依据仅为王永礼的签字；在川交工贸公司向其客户开具的收据中，有的加盖其财务专用章，有的则加盖瑞路公司财务专用章；在与徐工机械公司均签订合同、均有业务往来的情况下，三个公司于2005年8月共同向徐工机械公司出具《说明》，称因川交机械公司业务扩张而注册了另两个公司，要求所有债权债务、销售量均计算在川交工贸公司名下，并表示今后尽量以川交工贸公司名义进行业务往来；2006年12月，川交工贸公司、瑞路公司共同向徐工机械公司出具《申请》，以统一核算为由要求将2006年度的业绩、账务均计算至川交工贸公司名下。

另查明，2009年5月26日，卢鑫在徐州市公安局经侦支队对其进行询问时陈述：川交工贸公司目前已经垮了，但未注销。又查明：徐工机械公司未得到清偿的货款实为10511710.71元。

裁判结果

江苏省徐州市中级人民法院于2011年4月10日作出（2009）徐民二初字第0065号民事判决：一、川交工贸公司于判决生效后10日内向徐工机械公司支付货款10511710.71元及逾期付款利息；二、川交机械公司、瑞路公司对川交工贸公司的上述债务承担连带清偿责任；三、驳回徐工机械公司对王永礼、吴帆、张家蓉、凌欣、过胜利、汤维明、郭印、何万庆、卢鑫的诉讼请求。宣判后，川交机械公司、瑞路公司提起上诉，认为一审判决认定三个公司人格混同，属认定事实不清；认定川交机械公司、瑞路公司对川交工贸公司的债务承担连带责任，缺乏法律依据。徐工机械公司答辩请求维持一审判决。江苏省高级人民法院于2011年10月19日作出（2011）苏商终字第0107号民事判决：驳回上诉，维持原判。

裁判理由

法院生效裁判认为：针对上诉范围，二审争议焦点为川交机械公司、瑞路公司与川交工贸公司是否人格混同，应否对川交工贸公司的债务承担连带清偿责任。

川交工贸公司与川交机械公司、瑞路公司人格混同。一是三个公司人员混同。三个公司的经理、财务负责人、出纳会计、工商手续经办人均相同,其他管理人员亦存在交叉任职的情形,川交工贸公司的人事任免存在由川交机械公司决定的情形。二是三个公司业务混同。三个公司实际经营中均涉及工程机械相关业务,经销过程中存在共用销售手册、经销协议的情形;对外进行宣传时信息混同。三是三个公司财务混同。三个公司使用共同账户,以王永礼的签字作为具体用款依据,对其中的资金及支配无法证明已作区分;三个公司与徐工机械公司之间的债权债务、业绩、账务及返利均计算在川交工贸公司名下。因此,三个公司之间表征人格的因素(人员、业务、财务等)高度混同,导致各自财产无法区分,已丧失独立人格,构成人格混同。

川交机械公司、瑞路公司应当对川交工贸公司的债务承担连带清偿责任。公司人格独立是其作为法人独立承担责任的前提。《中华人民共和国公司法》(以下简称《公司法》)第三条第一款规定:"公司是企业法人,有独立的法人财产,享有法人财产权。公司以其全部财产对公司的债务承担责任。"公司的独立财产是公司独立承担责任的物质保证,公司的独立人格也突出地表现在财产的独立上。当关联公司的财产无法区分,丧失独立人格时,就丧失了独立承担责任的基础。《公司法》第二十条第三款规定:"公司股东滥用公司法人独立地位和股东有限责任,逃避债务,严重损害公司债权人利益的,应当对公司债务承担连带责任。"本案中,三个公司虽在工商登记部门登记为彼此独立的企业法人,但实际上相互之间界线模糊、人格混同,其中川交工贸公司承担所有关联公司的债务却无力清偿,又使其他关联公司逃避巨额债务,严重损害了债权人的利益。上述行为违背了法人制度设立的宗旨,违背了诚实信用原则,其行为本质和危害结果与《公司法》第二十条第三款规定的情形相当,故参照《公司法》第二十条第三款的规定,川交机械公司、瑞路公司对川交工贸公司的债务应当承担连带清偿责任。

指导案例 16 号

中海发展股份有限公司货轮公司申请设立海事赔偿责任限制基金案

(最高人民法院审判委员会讨论通过 2013 年 1 月 31 日发布)

关键词 海事诉讼 海事赔偿责任限制基金 海事赔偿责任限额计算

裁判要点

1. 对于申请设立海事赔偿责任限制基金的,法院仅就申请人主体资格、事故所涉及的债权性质和申请设立基金的数额进行程序性审查。有关申请人实体上应否享有海事赔偿责任限制,以及事故所涉债权除限制性债权外是否同时存在其他非限制性债权等问题,不影响法院依法作出准予设立海事赔偿责任限制基金的裁定。

2. 《中华人民共和国海商法》第二百一十条第二款规定的"从事中华人民共和国港口之间的运输的船舶",应理解为发生海事事故航次正在从事中华人民共和国港口之间运输的船舶。

相关法条

《中华人民共和国海事诉讼特别程序法》第一百零六条第二款

《中华人民共和国海商法》第二百一十条第二款

基本案情

中海发展股份有限公司货轮公司（以下简称货轮公司）所属的"宁安11"轮，于2008年5月23日从秦皇岛运载电煤前往上海外高桥码头，5月26日在靠泊码头过程中触碰码头的2号卸船机，造成码头和机器受损。货轮公司遂于2009年3月9日向上海海事法院申请设立海事赔偿责任限制基金。货轮公司申请设立非人身伤亡海事赔偿责任限制基金，数额为2242643计算单位（折合人民币25442784.84元）和自事故发生之日起至基金设立之日止的利息。

上海外高桥发电有限责任公司、上海外高桥第二发电有限责任公司作为第一异议人，中国人民财产保险股份有限公司上海市分公司、中国大地财产保险股份有限公司上海分公司、中国平安财产保险股份有限公司上海分公司、安诚财产保险股份有限公司上海分公司、中国太平洋财产保险股份有限公司上海分公司、中国大地财产保险股份有限公司营业部、永诚财产保险股份有限公司上海分公司等7位异议人作为第二异议人，分别针对货轮公司的上述申请，向上海海事法院提出了书面异议。上海海事法院于2009年5月27日就此项申请和异议召开了听证会。

第一异议人称："宁安11"轮系因船长的错误操作行为导致了事故发生，应对本次事故负全部责任，故申请人无权享受海事赔偿责任限制。"宁安11"轮是一艘可以从事国际远洋运输的船舶，不属于从事中国港口之间货物运输的船舶，不适用交通部《关于不满300总吨船舶及沿海运输、沿海作业船舶海事赔偿限额的规定》（以下简称《船舶赔偿限额规定》）第四条规定的限额，而应适用《中华人民共和国海商法》（以下简称《海商法》）第二百一十条第一款第（二）项规定的限额。

第二异议人称：事故所涉及的债权性质虽然大部分属于限制性债权，但其中清理残骸费用应当属于非限制性债权，申请人无权就此项费用申请限制赔偿责任。其他异议意见和理由同第一异议人。

上海海事法院经审理查明：申请人系"宁安11"轮登记的船舶所有人。涉案船舶触碰事故所造成的码头和机器损坏，属于与船舶营运直接相关的财产损失。另，"宁安11"轮总吨位为26358吨，营业运输证载明的核定经营范围为"国内沿海及长江中下游各港间普通货物运输"。

裁判结果

上海海事法院于2009年6月10日作出（2009）沪海法限字第1号民事裁定，驳回异议人的异议，准许申请人设立海事赔偿责任限制基金，基金数额为人民币25442784.84元和该款自2008年5月26日起至基金设立之日止的银行利息。宣判后，异议人中国人民财产保险股份有限公司上海市分公司提出上诉。上海市高级人民法院于2009年7月27日作出（2009）沪高民四（海）限字第1号民事裁定，驳回上诉，维持原裁定。

裁判理由

法院生效裁判认为：根据《最高人民法院关于适用〈中华人民共和国海事诉讼特别程序法〉若干问题的解释》第八十三条的规定，申请设立海事赔偿责任限制基金，应当对申请人的主体资格、事故所涉及的债权性质和申请设立基金的数额进行审查。

货轮公司是"宁安11"轮的船舶登记所有人，属于《海商法》第二百零四条和《中华人民共和国海事诉讼特别程序法》第一百零一条第一款规定的可以申请设立海事赔偿责任限制基金的主体。异议人提出的申请人所属船舶应当对事故负全责，其无权享受责任限制的意见，因涉及对申请人是否享有赔偿责任限制实体权利的判定，而该问题应在案件的实体审理中解决，故对第一异议人的该异议不作处理。

鉴于涉案船舶触碰事故所造成的码头和机器损坏，属于与船舶营运直接相关的财产损失，依据《海商法》第二百零七条的规定，责任人可以限制赔偿责任。因此，第二异议人提出的清理残骸费用属于非限制性债权，申请人无权享有该项赔偿责任限制的意见，不影响法院准予申请人就所涉限制性债权事项提出的设立海事赔偿责任限制基金申请。

关于"宁安11"轮是否属于《海商法》第二百一十条第二款规定的"从事中华人民共和国港口之间的运输的船舶"，进而应按照何种标准计算赔偿限额的问题。鉴于"宁安11"轮营业运输证载明的核定经营范围为"国内沿海及长江中下游各港间普通货物运输"，涉案事故发生时其所从事的也正是从秦皇岛港至上海港航次的运营。因此，该船舶应认定为"从事中华人民共和国港口之间的运输的船舶"，而不宜以船舶适航证书上记载的船舶可航区域或者船舶有能力航行的区域来确定。为此，异议人提出的"宁安11"轮所准予航行的区域为近海，是一艘可以从事国际远洋运输船舶的意见不予采纳。申请人据此申请适用《海商法》第二百一十条第二款和《船舶赔偿限额规定》第四条规定的标准计算涉案限制基金的数额并无不当。异议人有关适用《海商法》第二百一十条第一款第（二）项规定计算涉案基金数额的主张及理由，依据不足，不予采纳。

鉴于事故发生之日国际货币基金组织未公布特别提款权与人民币之间的换算比率，申请人根据次日公布的比率 1∶11.345 计算，异议人并无异议，涉案船舶的总吨位为 26358 吨，因此，涉案海事赔偿责任限额为〔(26358−500)×167+167000〕×50%＝2242643 特别提款权，折合人民币 25442784.84 元，基金数额应为人民币 25442784.84 元和该款自事故发生之日起至基金设立之日止按中国人民银行同期活期存款利率计算的利息。

最高人民法院
关于发布第五批指导性案例的通知

2013年11月8日　　　　　　　　　　　　　　法〔2013〕241号

各省、自治区、直辖市高级人民法院，解放军军事法院，新疆维吾尔自治区高级人民法院生产建设兵团分院：

经最高人民法院审判委员会讨论决定，现将张莉诉北京合力华通汽车服务有限公司买卖合同纠纷案等六个案例（指导案例17～22号），作为第五批指导性案例发布，供在审判类似案件时参照。

指导案例17号

张莉诉北京合力华通汽车服务有限公司买卖合同纠纷案

（最高人民法院审判委员会讨论通过　2013年11月8日发布）

关键词　民事　买卖合同　欺诈　家用汽车

裁判要点

1. 为家庭生活消费需要购买汽车，发生欺诈纠纷的，可以按照《中华人民共和国消费者权益保护法》处理。

2. 汽车销售者承诺向消费者出售没有使用或维修过的新车，消费者购买后发现系使用或维修过的汽车，销售者不能证明已履行告知义务且得到消费者认可的，构成销售欺诈，消费者要求销售者按照消费者权益保护法赔偿损失的，人民法院应予支持。

相关法条

《中华人民共和国消费者权益保护法》第二条、第五十五条第一款（该款系2013年10月25日修改，此前为第四十九条）

基本案情

2007年2月28日，原告张莉从被告北京合力华通汽车服务有限公司（简称合力华通公司）购买上海通用雪佛兰景程轿车一辆，价格138000元，双方签有《汽车销售合同》。该合同第七条约定："……卖方保证买方所购车辆为新车，在交付之前已作了必要的检验和清洁，车辆路程表的公里数为18公里且符合卖方提供给买方的随车交付文件中所列的各项规格和指标……"合同签订当日,张莉向合力华通公司交付了购车款138000元,同时支付了车辆购置税12400元、一条龙服务费500元、保险费6060元。同日,合力华通公司将雪佛兰景程轿车一辆交付张莉,张莉为该车办理了机动车登记手续。2007年5月13日,张莉在将车辆送合力华通公司保养时,发现该车曾于2007年1月17日进行过维修。

审理中,合力华通公司表示张莉所购车辆确曾在运输途中造成划伤,于2007年1月17日进行过维修,维修项目包括右前叶子板喷漆、右前门喷漆、右后叶子板喷漆、右前门钣金、右后叶子板钣金、右前叶子板钣金,维修中更换底大边卡扣、油箱门及前叶子板灯总成。送修人系该公司业务员。合力华通公司称,对于车辆曾进行维修之事已在销售时明确告知张莉,并据此予以较大幅度优惠,该车销售定价应为151900元,经协商后该车实际销售价格为138000元,还赠送了部分装饰。为证明上述事实,合力华通公司提供了车辆维修记录及有张莉签字的日期为2007年2月28日的车辆交接验收单一份,在车辆交接验收单备注一栏中注有"加1/4油,此车右侧有钣喷修复,按约定价格销售"。合力华通公司表示该验收单系该公司保存,张莉手中并无此单。对于合力华通公司提供的上述两份证据,张莉表示对于车辆维修记录没有异议,车辆交接验收单中的签字确系其所签,但合力华通公司在销售时并未告知车辆曾有维修,其在签字时备注一栏中没有"此车右侧有钣喷修复,按约定价格销售"字样。

裁判结果

北京市朝阳区人民法院于2007年10月作出(2007)朝民初字第18230号民事判决:一、撤销张莉与合力华通公司于2007年2月28日签订的《汽车销售合同》;二、张莉于判决生效后七日内将其所购的雪佛兰景程轿车退还合力华通公司;三、合力华通公司于判决生效后七日内退还张莉购车款十二万四千二百元;四、合力华通公司于判决生效后七日内赔偿张莉购置税一万二千四百元、服务费五百元、保险费六千零六十元;五、合力华通公司于判决生效后七日内加倍赔偿张莉购车款十三万八千元;六、驳回张莉其他诉讼请求。宣判后,合力华通公司提出上诉。北京市第二中级人民法院于2008年3月13日作出(2008)二中民终字第00453号民事判决:驳回上诉,维持原判。

裁判理由

法院生效裁判认为:原告张莉购买汽车系因生活需要自用,被告合力华通公司没有证据证明张莉购买该车用于经营或其他非生活消费,故张莉购买汽车的行为属于生活消费需要,应当适用《中华人民共和国消费者权益保护法》。

根据双方签订的《汽车销售合同》约定,合力华通公司交付张莉的车辆应为无维修记录的新车,现所售车辆在交付前实际上经过维修,这是双方共同认可的事实,故本案争议的焦点为合力华通公司是否事先履行了告知义务。

车辆销售价格的降低或优惠以及赠送车饰是销售商常用的销售策略,也是双方当事人协商的结果,不能由此推断出合力华通公司在告知张莉汽车存在瑕疵的基础上对其进行了降价和优惠。合力华通公司提交的有张莉签名的车辆交接验收单,因系合力华通公司单方保存,且备注一栏内容由该公司不同人员书写,加之张莉对此不予认可,该验收单不足以证明张莉对车辆以前维修过有所了解。故对合力华通公司抗辩称其向张莉履行了瑕疵告知义务，不予采信，应认定合力华通公司在售车时隐瞒了车辆存在的瑕疵，有欺诈行为，应退车还款并增加赔偿张莉的损失。

指导案例 18 号

中兴通讯（杭州）有限责任公司诉王鹏劳动合同纠纷案

（最高人民法院审判委员会讨论通过　2013 年 11 月 8 日发布）

关键词　民事　劳动合同　单方解除

裁判要点

劳动者在用人单位等级考核中居于末位等次，不等同于"不能胜任工作"，不符合单方解除劳动合同的法定条件，用人单位不能据此单方解除劳动合同。

相关法条

《中华人民共和国劳动合同法》第三十九条、第四十条

基本案情

2005 年 7 月，被告王鹏进入原告中兴通讯（杭州）有限责任公司（以下简称中兴通讯）工作，劳动合同约定王鹏从事销售工作，基本工资每月 3840 元。该公司的《员工绩效管理办法》规定：员工半年、年度绩效考核分别为 S、A、C1、C2 四个等级，分别代表优秀、良好、价值观不符、业绩待改进；S、A、C（C1、C2）等级的比例分别为 20%、70%、10%；不胜任工作原则上考核为 C2。王鹏原在该公司分销科从事销售工作，2009 年 1 月后因分销科解散等原因，转岗至华东区从事销售工作。2008 年下半年、2009 年上半年及 2010 年下半年，王鹏的考核结果均为 C2。中兴通讯认为，王鹏不能胜任工作，经转岗后，仍不能胜任工作，故在支付了部分经济补偿金的情况下解除了劳动合同。

2011 年 7 月 27 日，王鹏提起劳动仲裁。同年 10 月 8 日，仲裁委作出裁决：中兴通讯支付王鹏违法解除劳动合同的赔偿金余额 36596.28 元。中兴通讯认为其不存在违法解除劳动合同的行为，故于同年 11 月 1 日诉至法院，请求判令不予支付解除劳动合同赔偿金余额。

裁判结果

浙江省杭州市滨江区人民法院于 2011 年 12 月 6 日作出（2011）杭滨民初字第 885 号民事判决：原告中兴通讯（杭州）有限责任公司于本判决生效之日起十五日内一次性支付被告王鹏违法解除劳动合同的赔偿金余额 36596.28 元。宣判后，双方均未上诉，判决已发生法律效力。

裁判理由

法院生效裁判认为：为了保护劳动者的合法权益，构建和发展和谐稳定的劳动关

系，《中华人民共和国劳动法》《中华人民共和国劳动合同法》对用人单位单方解除劳动合同的条件进行了明确限定。原告中兴通讯以被告王鹏不胜任工作，经转岗后仍不胜任工作为由，解除劳动合同，对此应负举证责任。根据《员工绩效管理办法》的规定，"C（C1、C2）考核等级的比例为10%"，虽然王鹏曾经考核结果为C2，但是C2等级并不完全等同于"不能胜任工作"，中兴通讯仅凭该限定考核等级比例的考核结果，不能证明劳动者不能胜任工作，不符合据此单方解除劳动合同的法定条件。虽然2009年1月王鹏从分销科转岗，但是转岗前后均从事销售工作，并存在分销科解散导致王鹏转岗这一根本原因，故不能证明王鹏系因不能胜任工作而转岗。因此，中兴通讯主张王鹏不胜任工作，经转岗后仍然不胜任工作的依据不足，存在违法解除劳动合同的情形，应当依法向王鹏支付经济补偿标准二倍的赔偿金。

指导案例19号

赵春明等诉烟台市福山区汽车运输公司卫德平等机动车交通事故责任纠纷案

（最高人民法院审判委员会讨论通过　2013年11月8日发布）

关键词　民事　机动车交通事故责任　套牌　连带责任

裁判要点

机动车所有人或者管理人将机动车号牌出借他人套牌使用，或者明知他人套牌使用其机动车号牌不予制止，套牌机动车发生交通事故造成他人损害的，机动车所有人或者管理人应当与套牌机动车所有人或者管理人承担连带责任。

相关法条

《中华人民共和国侵权责任法》第八条

《中华人民共和国道路交通安全法》第十六条

基本案情

2008年11月25日5时30分许，被告林则东驾驶套牌的鲁F41703货车在同三高速公路某段行驶时，与同向行驶的被告周亚平驾驶的客车相撞，两车冲下路基，客车翻滚致车内乘客冯永菊当场死亡。经交警部门认定，货车司机林则东负主要责任，客车司机周亚平负次要责任，冯永菊不负事故责任。原告赵春明、赵某某、冯某某、侯某某分别系死者冯永菊的丈夫、儿子、父亲和母亲。

鲁F41703号牌在车辆管理部门登记的货车并非肇事货车，该号牌登记货车的所有人系被告烟台市福山区汽车运输公司（以下简称福山公司），实际所有人系被告卫德平，该货车在被告永安财产保险股份有限公司烟台中心支公司（以下简称永安保险公司）投保机动车第三者责任强制保险。

套牌使用鲁F41703号牌的货车（肇事货车）实际所有人为被告卫广辉，林则东系卫广辉雇佣的司机。据车辆管理部门登记信息反映，鲁 F41703 号牌登记货车自 2004 年 4 月 26 日至 2008 年 7 月 2 日，先后 15 次被以损坏或灭失为由申请补领号牌和行驶证。2007 年 8 月 23 日卫广辉申请补领行驶证的申请表上有福山公司的签章。事发后，福山公司曾派人到交警部门处理相关事宜。审理中，卫广辉表示，卫德平对套牌事宜知情并收取套牌费，事发后卫广辉还向卫德平借用鲁 F41703 号牌登记货车的保单去处理事故，保单仍在卫广辉处。

发生事故的客车的登记所有人系被告朱荣明，但该车辆几经转手，现实际所有人系周亚平，朱荣明对该客车既不支配也未从该车运营中获益。被告上海腾飞建设工程有限公司（以下简称腾飞公司）系周亚平的雇主，但事发时周亚平并非履行职务。该客车在中国人民财产保险股份有限公司上海市分公司（以下简称人保公司）投保了机动车第三者责任强制保险。

裁判结果

上海市宝山区人民法院于 2010 年 5 月 18 日作出（2009）宝民一（民）初字第 1128 号民事判决：一、被告卫广辉、林则东赔偿四原告丧葬费、精神损害抚慰金、死亡赔偿金、交通费、误工费、住宿费、被扶养人生活费和律师费共计 396863 元；二、被告周亚平赔偿四原告丧葬费、精神损害抚慰金、死亡赔偿金、交通费、误工费、住宿费、被扶养人生活费和律师费共计 170084 元；三、被告福山公司、卫德平对上述判决主文第一项的赔偿义务承担连带责任；被告卫广辉、林则东、周亚平对上述判决主文第一、二项的赔偿义务互负连带责任；四、驳回四原告的其余诉讼请求。宣判后，卫德平提起上诉。上海市第二中级人民法院于 2010 年 8 月 5 日作出（2010）沪二中民一（民）终字第 1353 号民事判决：驳回上诉，维持原判。

裁判理由

法院生效裁判认为：根据本案交通事故责任认定，肇事货车司机林则东负事故主要责任，而卫广辉是肇事货车的实际所有人，也是林则东的雇主，故卫广辉和林则东应就本案事故损失连带承担主要赔偿责任。永安保险公司承保的鲁 F41703 货车并非实际肇事货车，其也不知道鲁 F41703 机动车号牌被肇事货车套牌，故永安保险公司对本案事故不承担赔偿责任。根据交通事故责任认定，本案客车司机周亚平对事故负次要责任，周亚平也是该客车的实际所有人，故周亚平应对本案事故损失承担次要赔偿责任。朱荣明虽系该客车的登记所有人，但该客车已几经转手，朱荣明既不支配该车，也未从该车运营中获益，故其对本案事故不承担责任。周亚平虽受雇于腾飞公司，但本案事发时周亚平并非在为腾飞公司履行职务，故腾飞公司对本案亦不承担责任。至于承保该客车的人保公司，因死者冯永菊系车内人员，依法不适用机动车交通事故责任强制保险，故人保公司对本案不承担责任。另，卫广辉和林则东一方、周亚平一方虽各自应承担的责任比例有所不同，但车祸的发生系两方的共同侵权行为所致，故卫广辉、林则东对于周亚平的应负责任份额、周亚平对于卫广辉、林则东的应负责任份额，均应互负连带责任。

鲁 F41703 货车的登记所有人福山公司和实际所有人卫德平，明知卫广辉等人套用自己的机动车号牌而不予阻止，且提供方便，纵容套牌货车在公路上行驶，福山公司与卫德平的行为已属于出借机动车号牌给他人使用的情形，该行为违反了《中华人民共和国道路交通安全法》等有关机动车管理的法律规定。将机动车号牌出借他人套牌使用，将会纵容不符合安全技术标准的机动车通过套牌在道路上行驶，增加道路交通的危险性，危及公共安全。套牌机动车发生交通事故造成损害，号牌出借人同样存在过错，对于肇事的套牌车一方应负的赔偿责任，号牌出借人应当承担连带责任。故福山公司和卫德平应对卫广辉与林则东一方的赔偿责任份额承担连带责任。

指导案例 20 号

深圳市斯瑞曼精细化工有限公司诉深圳市坑梓自来水有限公司、深圳市康泰蓝水处理设备有限公司侵害发明专利权纠纷案

（最高人民院审判委员会讨论通过　2013 年 11 月 8 日发布）

关键词　民事　知识产权　侵害发明专利权　临时保护期　后续行为

裁判要点

在发明专利申请公布后至专利权授予前的临时保护期内制造、销售、进口的被诉专利侵权产品不为专利法禁止的情况下，其后续的使用、许诺销售、销售，即使未经专利权人许可，也不视为侵害专利权，但专利权人可以依法要求临时保护期内实施其发明的单位或者个人支付适当的费用。

相关法条

《中华人民共和国专利法》第十一条、第十三条、第六十九条

基本案情

深圳市斯瑞曼精细化工有限公司（以下简称斯瑞曼公司）于 2006 年 1 月 19 日向国家知识产权局申请发明专利，该专利于 2006 年 7 月 19 日公开，2009 年 1 月 21 日授权公告，授权的发明名称为"制备高纯度二氧化氯的设备"，专利权人为斯瑞曼公司。该专利最近一次年费缴纳时间为 2008 年 11 月 28 日。2008 年 10 月 20 日，深圳市坑梓自来水有限公司（以下简称坑梓自来水公司）与深圳市康泰蓝水处理设备有限公司（以下简称康泰蓝公司）签订《购销合同》一份，坑梓自来水公司向康泰蓝公司购买康泰蓝二氧化氯发生器一套，价款 26 万元。康泰蓝公司已于 2008 年 12 月 30 日就上述产品销售款要求税务机关代开统一发票。在上述《购销合同》中，约定坑梓自来水公司分期向康泰蓝公司支付设备款项，康泰蓝公司为坑梓自来水公司提供安装、调试、维修、保养等技术支持及售后服务。

2009 年 3 月 16 日，斯瑞曼公司向广东省深圳市中级人民法院诉称：其拥有名称为"制备高纯度二氧化氯的设备"的发明专利（以下简称涉案发明专利），康泰蓝公司生产、销售和坑梓自来水公司使用的二氧化氯生产设备落入涉案发明专利保护范围。请求判令二被告停止侵权并赔偿经济损失 30 万元、承担诉讼费等费用。在本案中，斯瑞曼

公司没有提出支付发明专利临时保护期使用费的诉讼请求,在一审法院已作释明的情况下,斯瑞曼公司仍坚持原诉讼请求。

裁判结果

广东省深圳市中级人民法院于 2010 年 1 月 6 日作出(2009)深中法民三初字第 94 号民事判决:康泰蓝公司停止侵权,康泰蓝公司和坑梓自来水公司连带赔偿斯瑞曼公司经济损失 8 万元。康泰蓝公司、坑梓自来水公司均提起上诉,广东省高级人民法院于 2010 年 11 月 15 日作出(2010)粤高法民三终字第 444 号民事判决:驳回上诉,维持原判。坑梓自来水公司不服二审判决,向最高人民法院申请再审。最高人民法院于 2011 年 12 月 20 日作出(2011)民提字第 259 号民事判决:撤销原一、二审判决,驳回斯瑞曼公司的诉讼请求。

裁判理由

最高人民法院认为:斯瑞曼公司在本案中没有提出支付发明专利临时保护期使用费的诉讼请求,因此本案的主要争议焦点在于,坑梓自来水公司在涉案发明专利授权后使用其在涉案发明专利临时保护期内向康泰蓝公司购买的被诉专利侵权产品是否侵犯涉案发明专利权,康泰蓝公司在涉案发明专利授权后为坑梓自来水公司使用被诉专利侵权产品提供售后服务是否侵犯涉案发明专利权。

对于侵犯专利权行为的认定,应当全面综合考虑专利法的相关规定。根据本案被诉侵权行为时间,本案应当适用 2000 年修改的《中华人民共和国专利法》。专利法第十一条第一款规定:"发明和实用新型专利权被授予后,除本法另有规定的以外,任何单位或者个人未经专利权人许可,都不得实施其专利,即不得为生产经营目的制造、使用、许诺销售、销售、进口其专利产品,或者使用其专利方法以及使用、许诺销售、销售、进口依照该专利方法直接获得的产品。"第十三条规定:"发明专利申请公布后,申请人可以要求实施其发明的单位或者个人支付适当的费用。"第六十二条规定:"侵犯专利权的诉讼时效为二年,自专利权人或者利害关系人得知或者应当得知侵权行为之日起计算。发明专利申请公布后至专利权授予前使用该发明未支付适当使用费的,专利权人要求支付使用费的诉讼时效为二年,自专利权人得知或者应当得知他人使用其发明之日起计算,但是,专利权人于专利权授予之日前即已得知或者应当得知的,自专利权授予之日起计算。"综合考虑上述规定,专利法虽然规定了申请人可以要求在发明专利申请公布后至专利权授予之前(即专利临时保护期内)实施其发明的单位或者个人支付适当的费用,即享有请求给付发明专利临时保护期使用费的权利,但对于专利临时保护期内实施其发明的行为并不享有请求停止实施的权利。因此,在发明专利临时保护期内实施相关发明的,不属于专利法禁止的行为。在专利临时保护期内制造、销售、进口被诉专利侵权产品不为专利法禁止的情况下,其后续的使用、许诺销售、销售该产品的行为,即使未经专利权人许可,也应当得到允许。也就是说,专利权人无权禁止他人对专利临时保护期内制造、销售、进口的被诉专利侵权产品的后续使用、许诺销售、销售。当然,这并不否定专利权人根据专利法第十三条规定行使要求实施其发明者支付适当费用的权利。对于在专利临时保护期内制造、销售、进口的被诉专利侵权产品,在销售者、使用者提供了合法来源的情况下,销售者、使用者不应承担支付适当费用的责任。

认定在发明专利授权后针对发明专利临时保护期内实施发明得到的产品的后续使用、许诺销售、销售等实施行为不构成侵权，符合专利法的立法宗旨。一方面，专利制度的设计初衷是"以公开换保护"，且是在授权之后才能请求予以保护。对于发明专利申请来说，在公开日之前实施相关发明，不构成侵权，在公开日后也应当允许此前实施发明得到的产品的后续实施行为；在公开日到授权日之间，为发明专利申请提供的是临时保护，在此期间实施相关发明，不为专利法所禁止，同样也应当允许实施发明得到的产品在此期间之后的后续实施行为，但申请人在获得专利权后有权要求在临时保护期内实施其发明者支付适当费用。由于专利法没有禁止发明专利授权前的实施行为，则专利授权前制造出来的产品的后续实施也不构成侵权。否则就违背了专利法的立法初衷，为尚未公开或者授权的技术方案提供了保护。另一方面，专利法规定了先用权，虽然仅规定了先用权人在原有范围内继续制造相同产品、使用相同方法不视为侵权，没有规定制造的相同产品或者使用相同方法制造的产品的后续实施行为是否构成侵权，但是不能因为专利法没有明确规定就认定上述后续实施行为构成侵权，否则，专利法规定的先用权没有任何意义。

本案中，康泰蓝公司销售被诉专利侵权产品是在涉案发明专利临时保护期内，该行为不为专利法所禁止。在此情况下，后续的坑梓自来水公司使用所购买的被诉专利侵权产品的行为也应当得到允许。因此，坑梓自来水公司后续的使用行为不侵犯涉案发明专利权。同理，康泰蓝公司在涉案发明专利授权后为坑梓自来水公司使用被诉专利侵权产品提供售后服务也不侵犯涉案发明专利权。

指导案例 21 号

内蒙古秋实房地产开发有限责任公司诉呼和浩特市人民防空办公室人防行政征收案

（最高人民法院审判委员会讨论通过　2013 年 11 月 8 日发布）

关键词　行政　人防行政征收　防空地下室　易地建设费

裁判要点

建设单位违反人民防空法及有关规定，应当建设防空地下室而不建的，属于不履行法定义务的违法行为。建设单位应当依法缴纳防空地下室易地建设费的，不适用廉租住房和经济适用住房等保障性住房建设项目关于"免收城市基础设施配套费等各种行政事业性收费"的规定。

相关法条

《中华人民共和国人民防空法》第二十二条、第四十八条

基本案情

2008 年 9 月 10 日，被告呼和浩特市人民防空办公室（以下简称呼市人防办）向原

告内蒙古秋实房地产开发有限责任公司（以下简称秋实房地产公司）送达《限期办理"结建"审批手续告知书》，告知秋实房地产公司新建的经济适用住房"秋实第一城"住宅小区工程未按照《中华人民共和国人民防空法》第二十二条、《人民防空工程建设管理规定》第四十五条、第四十七条的规定，同时修建战时可用于防空的地下室，要求秋实房地产公司9月14日前到呼市人防办办理"结建"手续，并提交相关资料。2009年6月18日，呼市人防办对秋实房地产公司作出呼人防征费字（001）号《呼和浩特市人民防空办公室征收防空地下室易地建设费决定书》，决定对秋实房地产公司的"秋实第一城"项目征收"防空地下室易地建设费"172.46万元。秋实房地产公司对"秋实第一城"项目应建防空地下室5518平方米而未建无异议，对呼市人防办作出征费决定的程序合法无异议。

裁判结果

内蒙古自治区呼和浩特市新城区人民法院于2010年1月19日作出（2009）新行初字第26号行政判决：维持呼市人防办作出的呼人防征费字（001）号《呼和浩特市人民防空办公室征收防空地下室易地建设费决定书》。宣判后，秋实房地产公司提起上诉。呼和浩特市中级人民法院于2010年4月20日作出（2010）呼行终字第16号行政判决：驳回上诉，维持原判。

裁判理由

法院生效裁判认为：国务院《关于解决城市低收入家庭住房困难的若干意见》第十六条规定"廉租住房和经济适用住房建设、棚户区改造、旧住宅区整治一律免收城市基础设施配套费等各种行政事业性收费和政府性基金"。建设部等七部委《经济适用住房管理办法》第八条规定"经济适用住房建设项目免收城市基础设施配套费等各种行政事业性收费和政府性基金"。上述关于经济适用住房等保障性住房建设项目免收各种行政事业性收费的规定，虽然没有明确其调整对象，但从立法本意来看，其指向的对象应是合法建设行为。人民防空法第二十二条规定"城市新建民用建筑，按照国家有关规定修建战时可用于防空的地下室"。《人民防空工程建设管理规定》第四十八条规定"按照规定应当修建防空地下室的民用建筑，因地质、地形等原因不宜修建的，或者规定应建面积小于民用建筑地面首层建筑面积的，经人民防空主管部门批准，可以不修建，但必须按照应修建防空地下室面积所需造价缴纳易地建设费，由人民防空主管部门就近易地修建"。即只有在法律法规规定不宜修建防空地下室的情况下，经济适用住房等保障性住房建设项目才可以不修建防空地下室，并适用免除缴纳防空地下室易地建设费的有关规定。免缴防空地下室易地建设费有关规定适用的对象不应包括违法建设行为，否则就会造成违法成本小于守法成本的情形，违反立法目的，不利于维护国防安全和人民群众的根本利益。秋实房地产公司对依法应当修建的防空地下室没有修建，属于不履行法定义务的违法行为，不能适用免缴防空地下室易地建设费的有关优惠规定。

指导案例 22 号

魏永高、陈守志诉来安县人民政府
收回土地使用权批复案

(最高人民法院审判委员会讨论通过　2013 年 11 月 8 日发布)

关键词　行政诉讼　受案范围　批复

裁判要点

地方人民政府对其所属行政管理部门的请示作出的批复，一般属于内部行政行为，不可对此提起诉讼。但行政管理部门直接将该批复付诸实施并对行政相对人的权利义务产生了实际影响，行政相对人对该批复不服提起诉讼的，人民法院应当依法受理。

相关法条

《中华人民共和国行政诉讼法》第十一条

基本案情

2010 年 8 月 31 日，安徽省来安县国土资源和房产管理局向来安县人民政府报送《关于收回国有土地使用权的请示》，请求收回该县永阳东路与塔山中路部分地块土地使用权。9 月 6 日，来安县人民政府作出《关于同意收回永阳东路与塔山中路部分地块国有土地使用权的批复》。来安县国土资源和房产管理局收到该批复后，没有依法制作并向原土地使用权人送达收回土地使用权决定，而直接交由来安县土地储备中心付诸实施。魏永高、陈守志的房屋位于被收回使用权的土地范围内，其对来安县人民政府收回国有土地使用权批复不服，提起行政复议。2011 年 9 月 20 日，滁州市人民政府作出《行政复议决定书》，维持来安县人民政府的批复。魏永高、陈守志仍不服，提起行政诉讼，请求人民法院撤销来安县人民政府上述批复。

裁判结果

滁州市中级人民法院于 2011 年 12 月 23 日作出（2011）滁行初字第 6 号行政裁定：驳回魏永高、陈守志的起诉。魏永高、陈守志提出上诉，安徽省高级人民法院于 2012 年 9 月 10 日作出（2012）皖行终字第 14 号行政裁定：一、撤销滁州市中级人民法院（2011）滁行初字第 6 号行政裁定；二、指令滁州市中级人民法院继续审理本案。

裁判理由

法院生效裁判认为：根据《土地储备管理办法》和《安徽省国有土地储备办法》以收回方式储备国有土地的程序规定，来安县国土资源行政主管部门在来安县人民政府作出批准收回国有土地使用权方案批复后，应当向原土地使用权人送达对外发生法律效力的收回国有土地使用权通知。来安县人民政府的批复属于内部行政行为，不向相对人送达，对相对人的权利义务尚未产生实际影响，一般不属于行政诉讼的受案范围。但本案中，来安县人民政府作出批复后，来安县国土资源行政主管部门没有制作并送达对外发生效力的法律文书，即直接交来安县土地储备中心根据该批复实施拆迁补偿安置行为，对原土地使用权人的权利义务产生了实际影响；原土地使用权人也通过申请政府信息公开知道了该批复的内容，并对批复提起了行政复议，复议机关作出复议决定时也告知了诉权，该批复已实际执行并外化为对外发生法律效力的具体行政行为。因此，对该批复不服提起行政诉讼的，人民法院应当依法受理。

最高人民法院
关于发布第六批指导性案例的通知

2014年1月26日　　　　　　　　　　　　　　　法〔2014〕18号

各省、自治区、直辖市高级人民法院，解放军军事法院，新疆维吾尔自治区高级人民法院生产建设兵团分院：

经最高人民法院审判委员会讨论决定，现将孙银山诉南京欧尚超市有限公司江宁店买卖合同纠纷案等四个案例（指导案例23～26号），作为第六批指导性案例发布，供在审判类似案件时参照。

指导案例 23 号

孙银山诉南京欧尚超市有限公司
江宁店买卖合同纠纷案

（最高人民法院审判委员会讨论通过　2014年1月26日发布）

关键词　民事　买卖合同　食品安全　十倍赔偿

裁判要点

消费者购买到不符合食品安全标准的食品，要求销售者或者生产者依照食品安全法规定支付价款十倍赔偿金或者依照法律规定的其他赔偿标准赔偿的，不论其购买时是否明知食品不符合安全标准，人民法院都应予支持。

相关法条

《中华人民共和国食品安全法》第九十六条第二款

基本案情

2012年5月1日，原告孙银山在被告南京欧尚超市有限公司江宁店（简称欧尚超市江宁店）购买"玉兔牌"香肠15包，其中价值558.6元的14包香肠已过保质期。孙银山到收银台结账后,即径直到服务台索赔,后因协商未果诉至法院,要求欧尚超市江宁店支付14包香肠售价十倍的赔偿金5586元。

裁判结果

江苏省南京市江宁区人民法院于2012年9月10日作出(2012)江宁开民初字第646号民事判决:被告欧尚超市江宁店于判决发生法律效力之日起10日内赔偿原告孙银山5586元。宣判后,双方当事人均未上诉,判决已发生法律效力。

裁判理由

法院生效裁判认为:关于原告孙银山是否属于消费者的问题。《中华人民共和国消费者权益保护法》第二条规定:"消费者为生活消费需要购买、使用商品或者接受服务,其权益受本法保护;本法未作规定的,受其他有关法律、法规保护。"消费者是相对于销售者和生产者的概念。只要在市场交易中购买、使用商品或者接受服务是为了个人、家庭生活需要,而不是为了生产经营活动或者职业活动需要的,就应当认定为"为生活消费需要"的消费者,属于消费者权益保护法调整的范围。本案中,原被告双方对孙银山从欧尚超市江宁店购买香肠这一事实不持异议,据此可以认定孙银山实施了购买商品的行为,且孙银山并未将所购香肠用于再次销售经营,欧尚超市江宁店也未提供证据证明其购买商品是为了生产经营。孙银山因购买到超过保质期的食品而索赔,属于行使法定权利。因此欧尚超市江宁店认为孙银山"买假索赔"不是消费者的抗辩理由不能成立。

关于被告欧尚超市江宁店是否属于销售明知是不符合食品安全标准食品的问题。《中华人民共和国食品安全法》(以下简称《食品安全法》)第三条规定:"食品生产经营者应当依照法律、法规和食品安全标准从事生产经营活动,对社会和公众负责,保证食品安全,接受社会监督,承担社会责任。"该法第二十八条第(八)项规定,超过保质期的食品属于禁止生产经营的食品。食品销售者负有保证食品安全的法定义务,应当对不符合安全标准的食品自行及时清理。欧尚超市江宁店作为食品销售者,应当按照保障食品安全的要求储存食品,及时检查待售食品,清理超过保质期的食品,但欧尚超市江宁店仍然摆放并销售货架上超过保质期的"玉兔牌"香肠,未履行法定义务,可以认定为销售明知是不符合食品安全标准的食品。

关于被告欧尚超市江宁店的责任承担问题。《食品安全法》第九十六条第一款规定:"违反本法规定,造成人身、财产或者其他损害的,依法承担赔偿责任。"第二款规定:"生产不符合食品安全标准的食品或者销售明知是不符合食品安全标准的食品,消费者除要求赔偿损失外,还可以向生产者或者销售者要求支付价款十倍的赔偿金。"当销售者销售明知是不符合安全标准的食品时,消费者可以同时主张赔偿损失和支付价款十倍的赔偿金,也可以只主张支付价款十倍的赔偿金。本案中,原告孙银山仅要求欧尚超市江宁店支付售价十倍的赔偿金,属于当事人自行处分权利的行为,应予支持。关于被告欧尚超市江宁店提出原告明知食品过期而购买,希望利用其错误谋求利益,不应予以十倍赔偿的主张,因前述法律规定消费者有权获得支付价款十倍的赔偿金,因该赔偿获得的利益属于法律应当保护的利益,且法律并未对消费者的主观购物动机作出限制性规定,故对其该项主张不予支持。

指导案例 24 号

荣宝英诉王阳、永诚财产保险股份有限公司江阴支公司机动车交通事故责任纠纷案

（最高人民法院审判委员会讨论通过　2014 年 1 月 26 日发布）

关键词　民事　交通事故　过错责任

裁判要点

交通事故的受害人没有过错，其体质状况对损害后果的影响不属于可以减轻侵权人责任的法定情形。

相关法条

《中华人民共和国侵权责任法》第二十六条

《中华人民共和国道路交通安全法》第七十六条第一款第（二）项

基本案情

原告荣宝英诉称：被告王阳驾驶轿车与其发生刮擦，致其受伤。该事故经江苏省无锡市公安局交通巡逻警察支队滨湖大队（简称滨湖交警大队）认定：王阳负事故的全部责任，荣宝英无责。原告要求下述两被告赔偿医疗费用 30006 元、住院伙食补助费 414 元、营养费 1620 元、残疾赔偿金 27658.05 元、护理费 6000 元、交通费 800 元、精神损害抚慰金 10500 元，并承担本案诉讼费用及鉴定费用。

被告永诚财产保险股份有限公司江阴支公司（简称永诚保险公司）辩称：对于事故经过及责任认定没有异议，其愿意在交强险限额范围内予以赔偿；对于医疗费用 30006 元、住院伙食补助费 414 元没有异议；因鉴定意见结论中载明"损伤参与度评定为 75%，其个人体质的因素占 25%"，故确定残疾赔偿金应当乘以损伤参与度系数 0.75，认可 20743.54 元；对于营养费认可 1350 元，护理费认可 3300 元，交通费认可 400 元，鉴定费用不予承担。

被告王阳辩称：对于事故经过及责任认定没有异议，原告的损失应当由永诚保险公司在交强险限额范围内优先予以赔偿；鉴定费用请求法院依法判决，其余各项费用同意保险公司意见；其已向原告赔偿 20000 元。

法院经审理查明：2012 年 2 月 10 日 14 时 45 分许，王阳驾驶号牌为苏 MT1888 的轿车，沿江苏省无锡市滨湖区蠡湖大道由北往南行驶至蠡湖大道大通路口人行横道线时，碰擦行人荣宝英致其受伤。2 月 11 日，滨湖交警大队作出《道路交通事故认定书》，认定王阳负事故的全部责任，荣宝英无责。事故发生当天，荣宝英即被送往医院治疗，发生医疗费用 30006 元，王阳垫付 20000 元。荣宝英治疗恢复期间，以每月 2200 元聘请一名家政服务人员。号牌苏 MT1888 轿车在永诚保险公司投保了机动车交通事故责任强制保险，保险期间为 2011 年 8 月 17 日 0 时起至 2012 年 8 月 16 日 24 时

止。原、被告一致确认荣宝英的医疗费用为 30006 元、住院伙食补助费为 414 元、精神损害抚慰金为 10500 元。

荣宝英申请并经无锡市中西医结合医院司法鉴定所鉴定，结论为：1. 荣宝英左桡骨远端骨折的伤残等级评定为十级；左下肢损伤的伤残等级评定为九级。损伤参与度评定为 75％，其个人体质的因素占 25％。2. 荣宝英的误工期评定为 150 日，护理期评定为 60 日，营养期评定为 90 日。一审法院据此确认残疾赔偿金 27658.05 元扣减 25％为 20743.54 元。

裁判结果

江苏省无锡市滨湖区人民法院于 2013 年 2 月 8 日作出（2012）锡滨民初字第 1138 号判决：一、被告永诚保险公司于本判决生效后十日内赔偿荣宝英医疗费用、住院伙食补助费、营养费、残疾赔偿金、护理费、交通费、精神损害抚慰金共计 45343.54 元。二、被告王阳于本判决生效后十日内赔偿荣宝英医疗费用、住院伙食补助费、营养费、鉴定费共计 4040 元。三、驳回原告荣宝英的其他诉讼请求。宣判后，荣宝英向江苏省无锡市中级人民法院提出上诉。无锡市中级人民法院经审理于 2013 年 6 月 21 日以原审适用法律错误为由作出（2013）锡民终字第 497 号民事判决：一、撤销无锡市滨湖区人民法院（2012）锡滨民初字第 1138 号民事判决。二、被告永诚保险公司于本判决生效后十日内赔偿荣宝英 52258.05 元。三、被告王阳于本判决生效后十日内赔偿荣宝英 4040 元。四、驳回原告荣宝英的其他诉讼请求。

裁判理由

法院生效裁判认为：《中华人民共和国侵权责任法》第二十六条规定："被侵权人对损害的发生也有过错的，可以减轻侵权人的责任。"《中华人民共和国道路交通安全法》第七十六条第一款第（二）项规定，机动车与非机动车驾驶人、行人之间发生交通事故，非机动车驾驶人、行人没有过错的，由机动车一方承担赔偿责任；有证据证明非机动车驾驶人、行人有过错的，根据过错程度适当减轻机动车一方的赔偿责任。因此，交通事故中在计算残疾赔偿金是否应当扣减时应当根据受害人对损失的发生或扩大是否存在过错进行分析。本案中，虽然原告荣宝英的个人体质状况对损害后果的发生具有一定的影响，但这不是侵权责任法等法律规定的过错，荣宝英不应因个人体质状况对交通事故导致的伤残存在一定影响而自负相应责任，原审判决以伤残等级鉴定结论中将荣宝英个人体质状况"损伤参与度评定为 75％"为由，在计算残疾赔偿金时作相应扣减属适用法律错误，应予纠正。

从交通事故受害人发生损伤及造成损害后果的因果关系看，本起交通事故的引发系肇事者王阳驾驶机动车穿越人行横道线时，未尽到安全注意义务碰擦行人荣宝英所致；本起交通事故造成的损害后果系受害人荣宝英被机动车碰撞、跌倒发生骨折所致，事故责任认定荣宝英对本起事故不负责任，其对事故的发生及损害后果的造成均无过错。虽然荣宝英年事已高，但其年老骨质疏松仅是事故造成后果的客观因素，并无法律上的因果关系。因此，受害人荣宝英对于损害的发生或者扩大没有过错，不存在减轻或者免除加害人赔偿责任的法定情形。同时，机动车应当遵守文明行车、礼让行人的一般交通规则和社会公德。本案所涉事故发生在人行横道线上，正常行走的荣宝英对将被机动车碰撞这一事件无法预见，而王阳驾驶机动车在路经人行横道线时未依法减速慢行、避让行人，导致事故发生。因此，依法应当由机动车一方承担事故引发的全部赔偿责任。

根据我国道路交通安全法的相关规定，机动车发生交通事故造成人身伤亡、财产损失的，由保险公司在机动车第三者责任强制保险责任限额范围内予以赔偿。而我国交强险立法并未规定在确定交强险责任时应依据受害人体质状况对损害后果的影响作相应扣减，保险公司的免责事由也仅限于受害人故意造成交通事故的情形，即便是投保机动车无责，保险公司也应在交强险无责限额内予以赔偿。因此，对于受害人符合法律规定的赔偿项目和标准的损失，均属交强险的赔偿范围，参照"损伤参与度"确定损害赔偿责任和交强险责任均没有法律依据。

指导案例 25 号

华泰财产保险有限公司北京分公司诉李志贵、天安财产保险股份有限公司河北省分公司张家口支公司保险人代位求偿权纠纷案

（最高人民法院审判委员会讨论通过 2014年1月26日发布）

关键词 民事诉讼 保险人代位求偿 管辖

裁判要点

因第三者对保险标的的损害造成保险事故，保险人向被保险人赔偿保险金后，代位行使被保险人对第三者请求赔偿的权利而提起诉讼的，应当根据保险人所代位的被保险人与第三者之间的法律关系，而不应当根据保险合同法律关系确定管辖法院。第三者侵害被保险人合法权益的，由侵权行为地或者被告住所地法院管辖。

相关法条

《中华人民共和国民事诉讼法》第二十八条

《中华人民共和国保险法》第六十条第一款

基本案情

2011年6月1日，华泰财产保险有限公司北京分公司（简称华泰保险公司）与北京亚大锦都餐饮管理有限公司（简称亚大锦都餐饮公司）签订机动车辆保险合同，被保险车辆的车牌号为京A82368，保险期间自2011年6月5日0时起至2012年6月4日24时止。2011年11月18日，陈某某驾驶被保险车辆行驶至北京市朝阳区机场高速公路上时，与李志贵驾驶的车牌号为冀GA9120的车辆发生交通事故，造成被保险车辆受损。经交管部门认定，李志贵负事故全部责任。事故发生后，华泰保险公司依照保险合同的约定，向被保险人亚大锦都餐饮公司赔偿保险金83878元，并依法取得代位求偿权。基于肇事车辆系在天安财产保险股份有限公司河北省分公司张家口支公司（简称天安保险公司）投保了机动车交通事故责任强制保险，华泰保险公司于2012年10月诉至

北京市东城区人民法院，请求判令被告肇事司机李志贵和天安保险公司赔偿 83878 元，并承担诉讼费用。

被告李志贵的住所地为河北省张家口市怀来县沙城镇，被告天安保险公司的住所地为张家口市怀来县沙城镇燕京路东 108 号，保险事故发生地为北京市朝阳区机场高速公路上，被保险车辆行驶证记载所有人的住址为北京市东城区工体北路新中西街 8 号。

裁判结果

北京市东城区人民法院于 2012 年 12 月 17 日作出（2012）东民初字第 13663 号民事裁定：对华泰保险公司的起诉不予受理。宣判后，当事人未上诉，裁定已发生法律效力。

裁判理由

法院生效裁判认为：根据《中华人民共和国保险法》第六十条的规定，保险人的代位求偿权是指保险人依法享有的，代位行使被保险人向造成保险标的损害负有赔偿责任的第三者请求赔偿的权利。保险人代位求偿权源于法律的直接规定，属于保险人的法定权利，并非基于保险合同而产生的约定权利。因第三者对保险标的的损害造成保险事故，保险人向被保险人赔偿保险金后，代位行使被保险人对第三者请求赔偿的权利而提起诉讼的，应根据保险人所代位的被保险人与第三者之间的法律关系确定管辖法院。第三者侵害被保险人合法权益，因侵权行为提起的诉讼，依据《中华人民共和国民事诉讼法》第二十八条的规定，由侵权行为地或者被告住所地法院管辖，而不适用财产保险合同纠纷管辖的规定，不应以保险标的物所在地作为管辖依据。本案中，第三者实施了道路交通侵权行为，造成保险事故，被保险人对第三者有侵权损害赔偿请求权；保险人行使代位权起诉第三者的，应当由侵权行为地或者被告住所地法院管辖。现二被告的住所地及侵权行为地均不在北京市东城区，故北京市东城区人民法院对该起诉没有管辖权，应裁定不予受理。

指导案例 26 号

李健雄诉广东省交通运输厅政府信息公开案

（最高人民法院审判委员会讨论通过　2014 年 1 月 26 日发布）

关键词　行政　政府信息公开　网络申请　逾期答复

裁判要点

公民、法人或者其他组织通过政府公众网络系统向行政机关提交政府信息公开申请的，如该网络系统未作例外说明，则系统确认申请提交成功的日期应当视为行政机关收到政府信息公开申请之日。行政机关对于该申请的内部处理流程，不能成为行政机关延期处理的理由，逾期作出答复的，应当确认为违法。

相关法条

《中华人民共和国政府信息公开条例》第二十四条

基本案情

原告李健雄诉称：其于 2011 年 6 月 1 日通过广东省人民政府公众网络系统向被告广东省交通运输厅提出政府信息公开申请，根据《中华人民共和国政府信息公开条例》（以下简称《政府信息公开条例》）第二十四条第二款的规定，被告应在当月 23 日前答复原告，但被告未在法定期限内答复及提供所申请的政府信息，故请求法院判决确认被告未在法定期限内答复的行为违法。

被告广东省交通运输厅辩称：原告申请政府信息公开通过的是广东省人民政府公众网络系统，即省政府政务外网（以下简称省外网），而非被告的内部局域网（以下简称厅内网）。按规定，被告将广东省人民政府"政府信息网上依申请公开系统"的后台办理设置在厅内网。由于被告的厅内网与互联网、省外网物理隔离，互联网、省外网数据都无法直接进入厅内网处理，需通过网闸以数据"摆渡"方式接入厅内网办理，因此被告工作人员未能立即发现原告在广东省人民政府公众网络系统中提交的申请，致使被告未能及时受理申请。根据《政府信息公开条例》第二十四条、《国务院办公厅关于做好施行〈中华人民共和国政府信息公开条例〉准备工作的通知》等规定，政府信息公开中的申请受理并非以申请人提交申请为准，而是以行政机关收到申请为准。原告称 2011 年 6 月 1 日向被告申请政府信息公开，但被告未收到该申请，被告正式收到并确认受理的日期是 7 月 28 日，并按规定向原告发出了《受理回执》。8 月 4 日，被告向原告当场送达《关于政府信息公开的答复》和《政府信息公开答复书》，距离受理日仅 5 个工作日，并未超出法定答复期限。因原告在政府公众网络系统递交的申请未能被及时发现并被受理应视为不可抗力和客观原因造成，不应计算在答复期限内，故请求法院依法驳回原告的诉讼请求。

法院经审理查明：2011 年 6 月 1 日，原告李健雄通过广东省人民政府公众网络系统向被告广东省交通运输厅递交了政府信息公开申请，申请获取广州广园客运站至佛冈的客运里程数等政府信息。政府公众网络系统以申请编号 11060100011 予以确认，并通过短信通知原告确认该政府信息公开申请提交成功。7 月 28 日，被告作出受理记录确认上述事实，并于 8 月 4 日向原告送达《关于政府信息公开的答复》和《政府信息公开答复书》。庭审中被告确认原告基于生活生产需要获取上述信息，原告确认 8 月 4 日收到被告作出的《关于政府信息公开的答复》和《政府信息公开答复书》。

裁判结果

广州市越秀区人民法院于 2011 年 8 月 24 日作出（2011）越法行初字第 252 号行政判决：确认被告广东省交通运输厅未依照《政府信息公开条例》第二十四条规定的期限对原告李健雄 2011 年 6 月 1 日申请其公开广州广园客运站至佛冈客运里程数的政府信息作出答复违法。

裁判理由

法院生效裁判认为：《政府信息公开条例》第二十四条规定："行政机关收到政府信息公开申请，能够当场答复的，应当当场予以答复。行政机关不能当场答复的，应当自收到申请之日起15个工作日内予以答复；如需延长答复期限的，应当经政府信息公开工作机构负责人同意，并告知申请人，延长答复的期限最长不得超过15个工作日。"本案原告于2011年6月1日通过广东省人民政府公众网络系统向被告提交了政府信息公开申请，申请公开广州广园客运站至佛冈的客运里程数。政府公众网络系统生成了相应的电子申请编号，并向原告手机发送了申请提交成功的短信。被告确认收到上述申请并认可原告是基于生活生产需要获取上述信息，却于2011年8月4日才向原告作出《关于政府信息公开的答复》和《政府信息公开答复书》，已超过了上述规定的答复期限。由于广东省人民政府"政府信息网上依申请公开系统"作为政府信息申请公开平台所应当具有的整合性与权威性，如未作例外说明，则从该平台上递交成功的申请应视为相关行政机关已收到原告通过互联网提出的政府信息公开申请。至于外网与内网、上下级行政机关之间对于该申请的流转，属于行政机关内部管理事务，不能成为行政机关延期处理的理由。被告认为原告是向政府公众网络系统提交的申请，因其厅内网与互联网、省外网物理隔离而无法及时发现原告申请，应以其2011年7月28日发现原告申请为收到申请日期而没有超过答复期限的理由不能成立。因此，原告通过政府公众网络系统提交政府信息公开申请的，该网络系统确认申请提交成功的日期应当视为被告收到申请之日，被告逾期作出答复的，应当确认为违法。

最高人民法院
关于发布第七批指导性案例的通知

2014年6月26日　　　　　　　　　　　　　　　　法〔2014〕161号

各省、自治区、直辖市高级人民法院，解放军军事法院，新疆维吾尔自治区高级人民法院生产建设兵团分院：

经最高人民法院审判委员会讨论决定，现将臧进泉等盗窃、诈骗案等五个案例（指导案例27～31号），作为第七批指导性案例发布，供在审判类似案件时参照。

指导案例 27 号

臧进泉等盗窃、诈骗案

(最高人民法院审判委员会讨论通过　2014年6月26日发布)

关键词　刑事　盗窃　诈骗　利用信息网络

裁判要点

行为人利用信息网络，诱骗他人点击虚假链接而实际通过预先植入的计算机程序窃取财物构成犯罪的，以盗窃罪定罪处罚；虚构可供交易的商品或者服务，欺骗他人点击付款链接而骗取财物构成犯罪的，以诈骗罪定罪处罚。

相关法条

《中华人民共和国刑法》第二百六十四条、第二百六十六条

基本案情

一、盗窃事实

2010年6月1日，被告人郑必玲骗取被害人金某195元后，获悉金某的建设银行网银账户内有305000余元存款且无每日支付限额，遂电话告知被告人臧进泉，预谋合伙作案。臧进泉赶至网吧后，以尚未看到金某付款成功的记录为由，发送给金某一个交易金额标注为1元而实际植入了支付305000元的计算机程序的虚假链接，谎称金某点击该1元支付链接后，其即可查看到付款成功的记录。金某在诱导下点击了该虚假链接，其建设银行网银账户中的305000元随即通过臧进泉预设的计算机程序，经上海快钱信息服务有限公司的平台支付到臧进泉提前在福州海都阳光信息科技有限公司注册的"kissal23"账户中。臧进泉使用其中的116863元购买大量游戏点卡，并在"小泉先生哦"的淘宝网店上出售套现。案发后，公安机关追回赃款187126.31元发还被害人。

二、诈骗事实

2010年5月至6月间，被告人臧进泉、郑必玲、刘涛分别以虚假身份开设无货可供的淘宝网店铺，并以低价吸引买家。三被告人事先在网游网站注册一账户，并对该账户预设充值程序，充值金额为买家欲支付的金额，后将该充值程序代码植入到一个虚假淘宝网链接中。与买家商谈好商品价格后，三被告人各自以方便买家购物为由，将该虚假淘宝网链接通过阿里旺旺聊天工具发送给买家。买家误以为是淘宝网链接而点击该链接进行购物、付款，并认为所付货款会汇入支付宝公司为担保交易而设立的公用账户，但该货款实际通过预设程序转入网游网站在支付宝公司的私人账户，再转入被告人事先在网游网站注册的充值账户中。三被告人获取买家货款后，在网游网站购买游戏点卡、腾讯Q币等，然后将其按事先约定统一放在臧进泉的"小泉先生哦"的淘宝网店铺上出售套现，所得款均汇入臧进泉的工商银行卡中，由臧进泉按照获利额以约定方式分配。

被告人臧进泉、郑必玲、刘涛经预谋后，先后到江苏省苏州市、无锡市、昆山市等地网吧采用上述手段作案。臧进泉诈骗22000元，获利5000余元，郑必玲诈骗获利5000余元，刘涛诈骗获利12000余元。

裁判结果

浙江省杭州市中级人民法院于2011年6月1日作出（2011）浙杭刑初字第91号刑事判决：一、被告人臧进泉犯盗窃罪，判处有期徒刑十三年，剥夺政治权利一年，并处罚金人民币三万元；犯诈骗罪，判处有期徒刑二年，并处罚金人民币五千元，决定执行有期徒刑十四年六个月，剥夺政治权利一年，并处罚金人民币三万五千元。二、被告人郑必玲犯盗窃罪，判处有期徒刑十年，剥夺政治权利一年，并处罚金人民币一万元；犯诈骗罪，判处有期徒刑六个月，并处罚金人民币二千元，决定执行有期徒刑十年三个月，剥夺政治权利一年，并处罚金人民币一万二千元。三、被告人刘涛犯诈骗罪，判处有期徒刑一年六个月，并处罚金人民币五千元。宣判后，臧进泉提出上诉。浙江省高级人民法院于2011年8月9日作出（2011）浙刑三终字第132号刑事裁定，驳回上诉，维持原判。

裁判理由

法院生效裁判认为：盗窃是指以非法占有为目的，秘密窃取公私财物的行为；诈骗是指以非法占有为目的，采用虚构事实或者隐瞒真相的方法，骗取公私财物的行为。对既采取秘密窃取手段又采取欺骗手段非法占有财物行为的定性，应从行为人采取主要手段和被害人有无处分财物意识方面区分盗窃与诈骗。如果行为人获取财物时起决定性作用的手段是秘密窃取，诈骗行为只是为盗窃创造条件或作掩护，被害人也没有"自愿"交付财物的，就应当认定为盗窃；如果行为人获取财物时起决定性作用的手段是诈骗，被害人基于错误认识而"自愿"交付财物，盗窃行为只是辅助手段的，就应当认定为诈骗。在信息网络情形下，行为人利用信息网络，诱骗他人点击虚假链接而实际上通过预先植入的计算机程序窃取他人财物构成犯罪的，应当以盗窃罪定罪处罚；行为人虚构可供交易的商品或者服务，欺骗他人为支付货款点击付款链接而获取财物构成犯罪的，应当以诈骗罪定罪处罚。本案中，被告人臧进泉、郑必玲使用预设计算机程序并植入的方法，秘密窃取他人网上银行账户内巨额钱款，其行为均已构成盗窃罪。臧进泉、郑必玲和被告人刘涛以非法占有为目的，通过开设虚假的网络店铺和利用伪造的购物链接骗取他人数额较大的货款，其行为均已构成诈骗罪。对臧进泉、郑必玲所犯数罪，应依法并罚。

关于被告人臧进泉及其辩护人所提非法获取被害人金某的网银账户内305000元的行为，不构成盗窃罪而是诈骗罪的辩解与辩护意见，经查，臧进泉和被告人郑必玲在得知金某网银账户内有款后，即产生了通过植入计算机程序非法占有目的；随后在网络聊天中诱导金某同意支付1元钱，而实际上制作了一个表面付款"1元"却支付305000元的假淘宝网链接，致使金某点击后，其网银账户内305000元即被非法转移到臧进泉的注册账户中，对此金某既不知情，也非自愿。可见，臧进泉、郑必玲获取财物时起决定性作用的手段是秘密窃取，诱骗被害人点击"1元"的虚假链接系实施盗窃的辅助手段，只是为盗窃创造条件或作掩护，被害人也没有"自愿"交付巨额财物，获取银行存款实际上是通过隐藏的事先植入的计算机程序来窃取的,符合盗窃罪的犯罪构成要件,依照刑法第二百六十四条、第二百八十七条的规定,应当以盗窃罪定罪处罚。故臧进泉及其辩护人所提上述辩解和辩护意见与事实和法律规定不符,不予采纳。

指导案例 28 号

胡克金拒不支付劳动报酬案

(最高人民法院审判委员会讨论通过　2014 年 6 月 26 日发布)

关键词　刑事　拒不支付劳动报酬罪　不具备用工主体资格的单位或者个人

裁判要点

1. 不具备用工主体资格的单位或者个人(包工头),违法用工且拒不支付劳动者报酬,数额较大,经政府有关部门责令支付仍不支付的,应当以拒不支付劳动报酬罪追究刑事责任。

2. 不具备用工主体资格的单位或者个人(包工头)拒不支付劳动报酬,即使其他单位或者个人在刑事立案前为其垫付了劳动报酬的,也不影响追究该用工单位或者个人(包工头)拒不支付劳动报酬罪的刑事责任。

相关法条

《中华人民共和国刑法》第二百七十六条之一第一款

基本案情

被告人胡克金于 2010 年 12 月分包了位于四川省双流县黄水镇的三盛翡俪山一期景观工程的部分施工工程,之后聘用多名民工入场施工。施工期间,胡克金累计收到发包人支付的工程款 51 万余元,已超过结算时确认的实际工程款。2011 年 6 月 5 日工程完工后,胡克金以工程亏损为由拖欠李朝文等 20 余名民工工资 12 万余元。6 月 9 日,双流县人力资源和社会保障局责令胡克金支付拖欠的民工工资,胡却于当晚订购机票并在次日早上乘飞机逃匿。6 月 30 日,四川锦天下园林工程有限公司作为工程总承包商代胡克金垫付民工工资 12 万余元。7 月 4 日,公安机关对胡克金拒不支付劳动报酬案立案侦查。7 月 12 日,胡克金在浙江省慈溪市被抓获。

裁判结果

四川省双流县人民法院于 2011 年 12 月 29 日作出(2011)双流刑初字第 544 号刑事判决,认定被告人胡克金犯拒不支付劳动报酬罪,判处有期徒刑一年,并处罚金人民币二万元。宣判后被告人未上诉,判决已发生法律效力。

裁判理由

法院生效裁判认为:被告人胡克金拒不支付 20 余名民工的劳动报酬达 12 万余元,数额较大,且在政府有关部门责令其支付后逃匿,其行为构成拒不支付劳动报酬罪。被告人胡克金虽然不具有合法的用工资格,又属没有相应建筑工程施工资质而承包建筑工程施工项目,且违法招用民工进行施工,上述情况不影响以拒不支付劳动报酬罪追究其刑事责任。本案中,胡克金逃匿后,工程总承包企业按照有关规定清偿了胡克金拖欠的民工工资,其清偿拖欠民工工资的行为属于为胡克金垫付,这一行为虽然消减了拖欠行为的社会危害性,但并不能免除胡克金应当支付劳动报酬的责任,因此,对胡克金仍应当以拒不支付劳动报酬罪追究刑事责任。鉴于胡克金系初犯、认罪态度好,依法作出如上判决。

指导案例 29 号

天津中国青年旅行社诉天津国青国际旅行社擅自使用他人企业名称纠纷案

(最高人民法院审判委员会讨论通过　2014 年 6 月 26 日发布)

关键词　民事　不正当竞争　擅用他人企业名称

裁判要点

1. 对于企业长期、广泛对外使用,具有一定市场知名度、为相关公众所知悉,已实际具有商号作用的企业名称简称,可以视为企业名称予以保护。

2. 擅自将他人已实际具有商号作用的企业名称简称作为商业活动中互联网竞价排名关键词,使相关公众产生混淆误认的,属于不正当竞争行为。

相关法条

《中华人民共和国民法通则》第一百二十条

《中华人民共和国反不正当竞争法》第五条

基本案情

原告天津中国青年旅行社(以下简称天津青旅)诉称:被告天津国青国际旅行社有限公司在其版权所有的网站页面、网站源代码以及搜索引擎中,非法使用原告企业名称全称及简称"天津青旅",违反了反不正当竞争法的规定,请求判令被告立即停止不正当竞争行为、公开赔礼道歉、赔偿经济损失 10 万元,并承担诉讼费用。

被告天津国青国际旅行社有限公司(以下简称天津国青)辩称:"天津青旅"没有登记注册,并不由原告享有,原告主张的损失没有事实和法律依据,请求驳回原告诉讼请求。

法院经审理查明:天津中国青年旅行社于 1986 年 11 月 1 日成立,是从事国内及出入境旅游业务的国有企业,直属于共青团天津市委员会。共青团天津市委员会出具证明称,"天津青旅"是天津中国青年旅行社的企业简称。2007 年,《今晚报》等媒体在报道天津中国青年旅行社承办的活动中已开始以"天津青旅"简称指代天津中国青年旅行社。天津青旅在报价单、旅游合同、与同行业经营者合作文件、发票等资料以及经营场所各门店招牌上等日常经营活动中,使用"天津青旅"作为企业的简称。天津国青国际旅行社有限公司于2010年7月6日成立,是从事国内旅游及入境旅游接待等业务的有限责任公司。

2010年底,天津青旅发现通过Google搜索引擎分别搜索"天津中国青年旅行社"或"天津青旅",在搜索结果的第一名并标注赞助商链接的位置,分别显示"天津中国青年旅行社网上营业厅 www.lechuyou.com 天津国青网上在线营业厅,是您理想选择,出行提供优质、贴心、舒心的服务"或"天津青旅网上营业厅 www.lechuyou.com 天津国青网上在线营业厅,是您理想选择,出行提供优质、贴心、舒心的服务",点击链接后进入网页是标称天津国青国际旅行社乐出游网的网站,网页顶端出现"天津国青国际旅行社－青年旅行社青旅/天津国旅"等字样,网页内容为天津国青旅游业务信息及报价,标称网站版权所有:乐出游网－天津国青,并标明了天津国青的联系电话和经营地址。同时,天津青旅通过百度搜索引擎搜索"天津青旅",在搜索结果的第一名并标注推广链接的位置,显示"欢迎光临天津青旅重合同守信誉单位,汇集国内出境经典旅游线路,100％出团,天津青旅 400－611－5253 022.ctsgz.cn",点击链接后进入网页仍然是上述标称天津国青乐出游网的网站。

裁判结果

天津市第二中级人民法院于2011年10月24日作出(2011)二中民三知初字第135号民事判决:一、被告天津国青国际旅行社有限公司立即停止侵害行为;二、被告于本判决生效之日起三十日内,在其公司网站上发布致歉声明持续15天;三、被告赔偿原告天津中国青年旅行社经济损失30000元;四、驳回原告其他诉讼请求。宣判后,天津国青旅提出上诉。天津市高级人民法院于2012年3月20日作出(2012)津高民三终字第3号民事判决:一、维持天津市第二中级人民法院上述民事判决第二、三、四项;二、变更判决第一项"被告天津国青国际旅行社有限公司立即停止侵害行为"为"被告天津国青国际旅行社有限公司立即停止使用'天津中国青年旅行社'、'天津青旅'字样及作为天津国青国际旅行社有限公司网站的搜索链接关键词";三、驳回被告其他上诉请求。

裁判理由

法院生效裁判认为:根据《最高人民法院关于审理不正当竞争民事案件应用法律若干问题的解释》第六条第一款规定:"企业登记主管机关依法登记注册的企业名称,以及在中国境内进行商业使用的外国(地区)企业名称,应当认定为反不正当竞争法第五条第(三)项规定的'企业名称'。具有一定的市场知名度、为相关公众所知悉的企业名称中的字号,可以认定为反不正当竞争法第五条第(三)项规定的'企业名称'。"因此,对于企业长期、广泛对外使用,具有一定市场知名度、为相关公众所知悉,已实际具有商号作用的企业名称简称,也应当视为企业名称予以保护。"天津中国青年旅行社"是原告1986年成立以来一直使用的企业名称,原告享有企业名称专用权。"天津青旅"作为其企业名称简称,于2007年就已被其在经营活动中广泛使用,相关宣传报道和客户也以"天津青旅"指代天津中国青年旅行社,经过多年在经营活动中使用和宣传,已享有一定市场知名度,为相关公众所知悉,已与天津中国青年旅行社之间建立起稳定的关联关系，具有可以识别经营主体的商业标识意义。所以，可以将"天津青旅"视为企业名称与"天津中国青年旅行社"共同加以保护。

《中华人民共和国反不正当竞争法》第五条第（三）项规定，经营者不得采用擅自使用他人的企业名称，引人误认为是他人的商品等不正当手段从事市场交易，损害竞争对手。因此，经营者擅自将他人的企业名称或简称作为互联网竞价排名关键词，使公众产生混淆误认，利用他人的知名度和商誉，达到宣传推广自己的目的的，属于不正当竞争行为，应当予以禁止。天津国青旅作为从事旅游服务的经营者，未经天津青旅许可，通过在相关搜索引擎中设置与天津青旅企业名称有关的关键词并在网站源代码中使用等手段，使相关公众在搜索"天津中国青年旅行社"和"天津青旅"关键词时，直接显示天津国青旅的网站链接，从而进入天津国青旅的网站联系旅游业务，达到利用网络用户的初始混淆争夺潜在客户的效果，主观上具有使相关公众在网络搜索、查询中产生误认的故意，客观上擅自使用"天津中国青年旅行社"及"天津青旅"，利用了天津青旅的企业信誉，损害了天津青旅的合法权益，其行为属于不正当竞争行为，依法应予制止。天津国青旅作为与天津青旅同业的竞争者，在明知天津青旅企业名称及简称享有较高知名度的情况下，仍擅自使用，有借他人之名为自己谋取不当利益的意图，主观恶意明显。依照《中华人民共和国民法通则》第一百二十条规定，天津国青旅应当承担停止侵害、消除影响、赔偿损失的法律责任。至于天津国青旅在网站网页顶端显示的"青年旅行社青旅"字样，并非原告企业名称的保护范围，不构成对原告的不正当竞争行为。

指导案例 30 号

兰建军、杭州小拇指汽车维修科技股份有限公司诉天津市小拇指汽车维修服务有限公司等侵害商标权及不正当竞争纠纷案

（最高人民法院审判委员会讨论通过　2014 年 6 月 26 日发布）

关键词　民事　侵害商标权　不正当竞争　竞争关系

裁判要点

1. 经营者是否具有超越法定经营范围而违反行政许可法律法规的行为，不影响其依法行使制止商标侵权和不正当竞争的民事权利。

2. 反不正当竞争法并未限制经营者之间必须具有直接的竞争关系，也没有要求其从事相同行业。经营者之间具有间接竞争关系，行为人违背反不正当竞争法的规定，损害其他经营者合法权益的，也应当认定为不正当竞争行为。

相关法条

《中华人民共和国反不正当竞争法》第二条

基本案情

原告兰建军、杭州小拇指汽车维修科技股份有限公司（以下简称杭州小拇指公司）诉称：其依法享有"小拇指"注册商标专用权，而天津市小拇指汽车维修服务有限公司（以下简称天津小拇指公司）、天津市华商汽车进口配件公司（以下简称天津华商公司）在从事汽车维修及通过网站进行招商加盟过程中，多处使用了"小拇指"标识，且存在单独或突出使用"小拇指"的情形，侵害了其注册商标专用权；同时，天津小拇指公司擅自使用杭州小拇指公司在先的企业名称，构成对杭州小拇指公司的不正当竞争。故诉请判令天津小拇指公司立即停止使用"小拇指"字号进行经营，天津小拇指公司及天津华商公司停止商标侵权及不正当竞争行为、公开赔礼道歉、连带赔偿经济损失630000元及合理开支24379.4元，并承担案件诉讼费用。

被告天津小拇指公司、天津华商公司辩称：1. 杭州小拇指公司的经营范围并不含许可经营项目及汽车维修类，也未取得机动车维修的许可，且不具备"两店一年"的特许经营条件，属于超越经营范围的非法经营，故其权利不应得到保护。2. 天津小拇指公司、天津华商公司使用"小拇指"标识有合法来源，不构成商标侵权。3. 杭州小拇指公司并不从事汽车维修行业，双方不构成商业竞争关系，且不能证明其为知名企业，其主张企业名称权缺乏法律依据，天津小拇指公司、天津华商公司亦不构成不正当竞争，故请求驳回原告诉讼请求。

法院经审理查明：杭州小拇指公司成立于2004年10月22日，法定代表人为兰建军。其经营范围为："许可经营项目：无；一般经营项目：服务；汽车玻璃修补的技术开发；汽车油漆快速修复的技术开发；批发、零售；汽车配件；含下属分支机构经营范围；其他无需报经审批的一切合法项目（上述经营范围不含国家法律法规规定禁止、限制和许可经营的项目。）凡以上涉及许可证制度的凭证经营。"其下属分支机构为杭州小拇指公司萧山分公司，该分公司成立于2005年11月8日，经营范围为："汽车涂漆、玻璃安装"。该分公司于2008年8月1日取得的《道路运输经营许可证》载明的经营范围为："维修（二类机动车维修：小型车辆维修）"。

2011年1月14日，杭州小拇指公司取得第6573882号"小拇指"文字注册商标，核定服务项目（第35类）：连锁店的经营管理（工商管理辅助）；特许经营的商业管理；商业管理咨询；广告（截止）。该商标现在有效期内。2011年4月14日，兰建军将其拥有的第6573881号"小拇指"文字注册商标以独占使用许可的方式，许可给杭州小拇指公司使用。

杭州小拇指公司多次获中国连锁经营协会颁发的中国特许经营连锁120强证书，2009年杭州小拇指公司"小拇指汽车维修服务"被浙江省质量技术监督局认定为浙江服务名牌。

天津小拇指公司成立于2008年10月16日，法定代表人田俊山。其经营范围为："小型客车整车修理、总成修理、整车维护、小修、维修救援、专项修理。（许可经营项目的经营期限以许可证为准）"。该公司于2010年7月28日取得的《天津市机动车维修经营许可证》载明类别为"二类（汽车维修）"，经营项目为"小型客车整车修理、总成修理、整车维护、小修、维修救援、专项维修。"有效期自2010年7月28日至2012年

7月27日。

　　天津华商公司成立于1992年11月23日，法定代表人与天津小拇指公司系同一人，即田俊山。其经营范围为："汽车配件、玻璃、润滑脂、轮胎、汽车装具；车身清洁维护、电气系统维修、涂漆；代办快件、托运、信息咨询；普通货物（以上经营范围涉及行业许可证的凭许可证件在有效期内经营，国家有专项专营规定的按规定办理）。"天津华商公司取得的《天津市机动车维修经营许可证》的经营项目为："小型客车整车修理、总成修理、整车维护、小修、维修救援、专项修理"，类别为"二类（汽车维修）"，现在有效期内。

　　天津小拇指公司、天津华商公司在从事汽车维修及通过网站进行招商加盟过程中，多处使用了"小拇指"标识，且存在单独或突出使用"小拇指"的情形。

　　2008年6月30日，天津华商公司与杭州小拇指公司签订了《特许连锁经营合同》，许可天津华商公司在天津经营"小拇指"品牌汽车维修连锁中心，合同期限为2008年6月30日至2011年6月29日。该合同第三条第（4）项约定："乙方（天津华商公司）设立加盟店，应以甲方（杭州小拇指公司）书面批准的名称开展经营活动。商号的限制使用（以下选择使用）：（√）未经甲方书面同意，乙方不得在任何场合和时间，以任何形式使用或对'小拇指'或'小拇指微修'等相关标志进行企业名称登记注册；未经甲方书面同意，不得将'小拇指'或'小拇指微修'名称加上任何前缀、后缀进行修改或补充；乙方不得注册含有'小拇指'或'小拇指微修'或与其相关或相近似字样的域名等，该限制包含对乙方的分支机构的限制"。2010年12月16日，天津华商公司与杭州小拇指公司因履行《特许连锁经营合同》发生纠纷，经杭州市仲裁委员会仲裁裁决解除合同。

　　另查明，杭州小拇指公司于2008年4月8日取得商务部商业特许经营备案。天津华商公司曾向商务部行政主管部门反映杭州小拇指公司违规从事特许经营活动应予撤销备案的问题。对此，浙江省商务厅《关于上报杭州小拇指汽车维修科技股份有限公司特许经营有关情况的函》记载：1. 杭州小拇指公司特许经营备案时已具备"两店一年"条件，符合《商业特许经营管理条例》第七条的规定，可以予以备案；2. 杭州小拇指公司主要负责"小拇指"品牌管理，不直接从事机动车维修业务，并且拥有自己的商标、专利、经营模式等经营资源，可以开展特许经营业务；3. 经向浙江省道路运输管理局有关负责人了解，杭州小拇指公司下属直营店拥有《道路运输经营许可证》，经营范围包含"三类机动车维修"或"二类机动车维修"，具备从事机动车维修的资质；4. 杭州小拇指公司授权许可，以及机动车维修经营不在特许经营许可范围内。

裁判结果

　　天津市第二中级人民法院于2012年9月17日作出（2012）二中民三知初字第47号民事判决：一、判决生效之日起天津市小拇指汽车维修服务有限公司立即停止侵害第6573881号和第6573882号"小拇指"文字注册商标的行为，即天津市小拇指汽车维修服务有限公司立即在其网站（www.tjxiaomuzhi.net）、宣传材料、优惠体验券及其经营场所（含分支机构）停止使用"小拇指"标识，并停止单独使用"小拇指"字样；

二、判决生效之日起天津市华商汽车进口配件公司立即停止侵害第 6573881 号和第 6573882 号"小拇指"文字注册商标的行为，即天津市华商汽车进口配件公司立即停止在其网站（www.tjxiaomuzhi.com）使用"小拇指"标识；三、判决生效之日起十日内，天津市小拇指汽车维修服务有限公司、天津市华商汽车进口配件公司连带赔偿兰建军、杭州小拇指汽车维修科技股份有限公司经济损失及维权费用人民币 50000 元；四、驳回兰建军、杭州小拇指汽车维修科技股份有限公司的其他诉讼请求。宣判后，兰建军、杭州小拇指公司及天津小拇指公司、天津华商公司均提出上诉。天津市高级人民法院于 2013 年 2 月 19 日作出（2012）津高民三终字第 0046 号民事判决：一、维持天津市第二中级人民法院（2012）二中民三知初字 47 号民事判决第一、二、三项及逾期履行责任部分；二、撤销天津市第二中级人民法院（2012）二中民三知初字 47 号民判决第四项；三、自本判决生效之日起，天津市小拇指汽车维修服务有限公司立即停止在其企业名称中使用"小拇指"字号；四、自本判决生效之日起十日内，天津市小拇指汽车维修服务有限公司赔偿杭州小拇指汽车维修科技股份有限公司经济损失人民币 30000 元；五、驳回兰建军、杭州小拇指汽车维修科技股份有限公司的其他上诉请求；六、驳回天津市小拇指汽车维修服务有限公司、天津市华商汽车进口配件公司的上诉请求。

裁判理由

法院生效裁判认为：本案的主要争议焦点为被告天津小拇指公司、天津华商公司的被诉侵权行为是否侵害了原告兰建军、杭州小拇指公司的注册商标专用权，以及是否构成对杭州小拇指公司的不正当竞争。

一、关于被告是否侵害了兰建军、杭州小拇指公司的注册商标专用权

天津小拇指公司、天津华商公司在从事汽车维修及通过网站进行招商加盟过程中，多处使用了"小拇指"标识，且存在单独或突出使用"小拇指"的情形，相关公众施以一般注意力，足以对服务的来源产生混淆，或误认天津小拇指公司与杭州小拇指公司之间存在特定联系。"小拇指"标识主体及最易识别部分"小拇指"字样与涉案注册商标相同，同时考虑天津小拇指公司在经营场所、网站及宣传材料中对"小拇指"的商标性使用行为，应当认定该标识与涉案的"小拇指"文字注册商标构成近似。据此，因天津小拇指公司、天津华商公司在与兰建军、杭州小拇指公司享有权利的第 6573881 号"小拇指"文字注册商标核定的相同服务项目上，未经许可而使用"小拇指"及单独使用"小拇指"字样，足以导致相关公众的混淆和误认，属于《中华人民共和国商标法》（简称《商标法》）第五十二条第（一）项规定的侵权行为。天津小拇指公司、天津华商公司通过其网站进行招商加盟的商业行为，根据《最高人民法院关于审理商标民事纠纷案件适用法律若干问题的解释》第十二条之规定，可以认定在与兰建军、杭州小拇指公司享有权利的第 6573882 号"小拇指"文字注册商标核定服务项目相类似的服务中使用了近似商标，且未经权利人许可，亦构成《商标法》第五十二条第（一）项规定的侵权行为。

二、被告是否构成对杭州小拇指公司的不正当竞争

该争议焦点涉及两个关键问题：一是经营者是否存在超越法定经营范围的违反行政许可法律法规行为及其民事权益能否得到法律保护；二是如何认定反不正当竞争法调整的竞争关系。

（一）关于经营者是否存在超越法定经营范围行为及其民事权益能否得到法律保护

天津小拇指公司、天津华商公司认为其行为不构成不正当竞争的一个主要理由在于，杭州小拇指公司未依法取得机动车维修的相关许可，超越法定经营范围从事特许经营且不符合法定条件，属于非法经营行为，杭州小拇指公司主张的民事权益不应得到法律保护。故本案中要明确天津小拇指公司、天津华商公司所指称杭州小拇指公司超越法定经营范围而违反行政许可法律法规的行为是否成立，以及相应民事权益能否受到法律保护的问题。

首先，对于超越法定经营范围违反有关行政许可法律法规的行为，应当依法由相应的行政主管部门进行认定，主张对方有违法经营行为的一方，应自行承担相应的举证责任。本案中，对于杭州小拇指公司是否存在非法从事机动车维修及特许经营业务的行为，从现有证据和事实看，难以得出肯定性的结论。经营汽车维修属于依法许可经营的项目，但杭州小拇指公司并未从事汽车维修业务，其实际从事的是授权他人在车辆清洁、保养和维修等服务中使用其商标，或以商业特许经营的方式许可其直营店、加盟商在经营活动中使用其"小拇指"品牌、专利技术等，这并不以其自身取得经营机动车维修业务的行政许可为前提条件。此外，杭州小拇指公司已取得商务部商业特许经营备案，杭州小拇指公司特许经营备案时已具备"两店一年"条件，其主要负责"小拇指"品牌管理，不直接从事机动车维修业务，并且拥有自己的商标、专利、经营模式等经营资源，可以开展特许经营业务。故本案依据现有证据，并不能认定杭州小拇指公司存在违反行政许可法律法规从事机动车维修或特许经营业务的行为。

其次，即使有关行为超越法定经营范围而违反行政许可法律法规，也应由行政主管部门依法查处，不必然影响有关民事权益受到侵害的主体提起民事诉讼的资格，亦不能以此作为被诉侵权者对其行为不构成侵权的抗辩。本案中，即使杭州小拇指公司超越法定经营范围而违反行政许可法律法规，这属于行政责任范畴，该行为并不影响其依法行使制止商标侵权和不正当竞争行为的民事权利，也不影响人民法院依法保护其民事权益。被诉侵权者以经营者超越法定经营范围而违反行政许可法律法规为由主张其行为不构成侵权的，人民法院不予支持。

（二）关于如何认定反不正当竞争法调整的竞争关系

经营者之间是否存在竞争关系是认定构成不正当竞争的关键。《中华人民共和国反不正当竞争法》（以下简称反不正当竞争法）第二条规定："经营者在市场交易中，应当遵循自愿、平等、公平、诚实信用的原则，遵守公认的商业道德。本法所称的不正当竞争，是指经营者违反本法规定，损害其他经营者的合法权益，扰乱社会经济秩序的行为。本法所称的经营者，是指从事商品经营或者营利性服务（以下所称商品包括服务）的法人、其他经济组织和个人。"由此可见，反不正当竞争法并未限制经营者之间必须具有直接的或具体的竞争关系，也没有要求经营者从事相同行业。反不正当竞争法所规制的不正当竞争行为,是指损害其他经营者合法权益、扰乱经济秩序的行为,从直接损害对象看,受损害的是其他经营者的市场利益。因此,经营者之间具有间接竞争关系,行为人违背反不正当竞争法的规定,损害其他经营者合法权益的,也应当认定为不正当竞争行为。

本案中,被诉存在不正当竞争的天津小拇指公司与天津华商公司均从事汽车维修行业。根据已查明的事实,杭州小拇指公司本身不具备从事机动车维修的资质,也并未实际从事汽车维修业务,但从其所从事的汽车玻璃修补、汽车油漆快速修复等技术开发活动,以及经授权许可使用的注册商标核定服务项目所包含的车辆保养和维修等可以认定,杭州小拇指公司通过将其拥有的企业标识、注册商标、专利、专有技术等经营资源许可其直营店或加盟店使用,使其成为"小拇指"品牌的运营商,以商业特许经营的方式从事与汽车维修相关的经营活动。因此,杭州小拇指公司是汽车维修市场的相关经营者,其与天津小拇指公司及天津华商公司之间存在间接竞争关系。

反不正当竞争法第五条第(三)项规定,禁止经营者擅自使用他人企业名称,引人误认为是他人的商品,以损害竞争对手。在认定原被告双方存在间接竞争关系的基础上,确定天津小拇指公司登记注册"小拇指"字号是否构成擅自使用他人企业名称的不正当竞争行为,应当综合考虑以下因素:

1. 杭州小拇指公司的企业字号是否具有一定的市场知名度。根据本案现有证据,杭州小拇指公司自2004年10月成立时起即以企业名称中的"小拇指"作为字号使用,并以商业特许经营的方式从事汽车维修行业,且专门针对汽车小擦小碰的微创伤修复,创立了"小拇指"汽车微修体系,截至2011年,杭州小拇指公司在全国已有加盟店400余个。虽然"小拇指"本身为既有词汇,但通过其直营店和加盟店在汽车维修领域的持续使用及宣传,"小拇指"汽车维修已在相关市场起到识别经营主体及与其他服务相区别的作用。2008年10月天津小拇指公司成立时,杭州小拇指公司的"小拇指"字号及相关服务在相关公众中已具有一定的市场知名度。

2. 天津小拇指公司登记使用"小拇指"字号是否具有主观上的恶意。市场竞争中的经营者,应当遵循诚实信用原则,遵守公认的商业道德,尊重他人的市场劳动成果,登记企业名称时,理应负有对同行业在先字号予以避让的义务。本案中,天津华商公司作为被特许人,曾于2008年6月30日与作为"小拇指"品牌特许人的杭州小拇指公司签订《特许连锁经营合同》,法定代表人田俊山代表该公司在合同上签字,其知晓合同的相关内容。天津小拇指公司虽主张其与天津华商公司之间没有关联,是两个相互独立的法人,但两公司的法定代表人均为田俊山,且天津华商公司的网站内所显示的宣传信息及相关联系信息均直接指向天津小拇指公司,并且天津华商公司将其登记的经营地点作为天津小拇指公司天津总店的经营地点。故应认定,作为汽车维修相关市场的经营者,天津小拇指公司成立时,对杭州小拇指公司及其经营资源、发展趋势等应当知晓,但天津小拇指公司仍将"小拇指"作为企业名称中识别不同市场主体核心标识的企业字号,且不能提供使用"小拇指"作为字号的合理依据,其主观上明显具有"搭便车"及攀附他人商誉的意图。

3. 天津小拇指公司使用"小拇指"字号是否足以造成市场混淆。根据已查明事实,天津小拇指公司在其开办的网站及其他宣传材料中，均以特殊字体突出注明"汽车小划小碰怎么办？找天津小拇指""天津小拇指专业特长"的字样，其"优惠体验券"中亦载明"汽车小划小痕，找天津小拇指"，其服务对象与杭州小拇指公司运营的"小拇指"汽车微修体系的消费群体多有重合。且自 2010 年起，杭州小拇指公司在天津地区的加盟店也陆续成立，两者的服务区域也已出现重合。故天津小拇指公司以"小拇指"为字号登记使用，必然会使相关公众误认两者存在某种渊源或联系，加之天津小拇指公司存在单独或突出使用"小拇指"汽车维修、"天津小拇指"等字样进行宣传的行为，足以使相关公众对市场主体和服务来源产生混淆和误认，容易造成竞争秩序的混乱。

综合以上分析，天津小拇指公司登记使用该企业名称本身违反了诚实信用原则，具有不正当性，且无论是否突出使用均难以避免产生市场混淆，已构成不正当竞争，应对此承担停止使用"小拇指"字号及赔偿相应经济损失的民事责任。

指导案例 31 号

江苏炜伦航运股份有限公司诉
米拉达玫瑰公司船舶碰撞损害赔偿纠纷案

（最高人民法院审判委员会讨论通过　2014 年 6 月 26 日发布）

关键词　民事　船舶碰撞　损害赔偿　合意违反航行规则　责任认定

裁判要点

航行过程中，当事船舶协商不以《1972 年国际海上避碰规则》确立的规则交会，发生碰撞事故后，双方约定的内容以及当事船舶在发生碰撞事故时违反约定的情形，不应作为人民法院判定双方责任的主要依据，仍应当以前述规则为准据，在综合分析紧迫局面形成原因、当事船舶双方过错程度及处置措施恰当与否的基础上，对事故责任作出认定。

相关法条

《中华人民共和国海商法》第一百六十九条

基本案情

2008 年 6 月 3 日晚，原告江苏炜伦航运股份有限公司所有的"炜伦 06"轮与被告米拉达玫瑰公司所有的"MIRANDA ROSE"轮（以下简称"玫瑰"轮）在各自航次的航程中，在上海港圆圆沙警戒区相遇。当日 23 时 27 分，由外高桥集装箱码头开出的另一艘外轮"里约热内卢快航"轮与"玫瑰"轮联系后开始实施追越。23 时 32 分，"里约热内卢快航"轮引航员呼叫"炜伦 06"轮和位于"炜伦 06"轮左前方约 0.2 海里的"正安 8"轮，要求两轮与其绿灯交会。"正安 8"轮予以拒绝并大角度向右调整航向，快速穿越到警戒区北侧驶离。"炜伦 06"轮则在"里约热内卢快航"轮引航员执意要求下,同意绿灯交会。"玫瑰"轮随即与"炜伦06"轮联系,也要求绿灯交会,"炜伦06"轮也回复同意。23时38分,当"炜伦06"轮行至"玫瑰"轮船艏偏左方向,发现"玫瑰"轮显示红灯,立即联系"玫瑰"轮,要求其尽快向左调整航行。"炜伦06"轮随后开始减速,但"玫瑰"轮因"里约热内卢快航"轮追越尚未驶过让清,距离较近,无法向左调整航向。23时41分,"炜伦06"轮与"里约热内卢快航"轮近距离交会,位于"玫瑰"轮左前方、距离仅0.2海里。此时,"炜伦06"轮、"玫瑰"轮均觉察危险,同时大角度向左转向。23时42分"炜伦06"轮右后部与"玫瑰"轮船艏右侧发生碰撞。事故造成原告遭受救助费、清污费、货物减损费、修理费等各项损失共计人民币4504605.75元。

原告遂以"玫瑰"轮违反双方关于"绿灯交会"的约定为由,诉请法院判令"玫瑰"轮承担80%的责任。被告则提出,原告应就涉案碰撞事故承担90%的责任,且原告主张的部分损失不合理。

裁判结果

上海海事法院于2011年9月20日作出(2010)沪海法海初字第24号民事判决:一、被告米拉达玫瑰公司应于本判决生效之日起十日内向原告江苏炜伦航运股份有限公司赔偿损失人民币2252302.79元;二、被告米拉达玫瑰公司应于本判决生效之日起十日内向原告江苏炜伦航运股份有限公司赔偿上述款项的利息损失,按照中国人民银行同期活期存款利率标准,从2008年6月3日起计算至判决生效之日止;三、对原告江苏炜伦航运股份有限公司的其他诉讼请求不予支持。宣判后,当事人双方均未上诉,判决已发生法律效力。

裁判理由

法院生效裁判认为:在两轮达成一致意见前,两轮交叉相遇时,本应"红灯交会"。"玫瑰"轮为了自己进北槽航道出口方便,首先提出"绿灯交会"的提议。该提议违背了《1972年国际海上避碰规则》(以下简称《72避碰规则》)规定的其应承担的让路义务。但是,"炜伦06"轮同意了该违背规则的提议。此时,双方绿灯交会的意向应是指在整个避让过程中,双方都应始终向对方显示本船的绿灯舷侧。在这种特殊情况下,没有了《72避碰规则》意义上的"让路船"和"直航船"。因此,当两轮发生碰撞危险时,两轮应具有同等的避免碰撞的责任,两轮均应按照《72避碰规则》的相关规定,特别谨慎驾驶。但事实上,在达成绿灯交会的一致意向后,双方都认为对方会给自己让路,未能对所处水域的情况进行有效观察并对当时的局面和碰撞危险作出充分估计,直至紧迫危险形成后才采取行动,最终无法避免碰撞。综上,两轮均有瞭望疏忽、未使用安全航速、未能尽到特别谨慎驾驶的义务并尽早采取避免碰撞的行为,都违反了《72避碰规则》中有关瞭望、安全航速和避免碰撞的行动等规定,对碰撞事故的发生责任相当,应各承担50%的责任。

被告系"玫瑰"轮的船舶所有人,根据《最高人民法院关于审理船舶碰撞纠纷案件若干问题的规定》的规定,应就"玫瑰"轮在涉案碰撞事故中对原告造成的损失承担赔偿责任。法院根据双方提供的证据,核定了原告具体损失金额,按照被告应负的责任份额,依法作出如上判决。

最高人民法院
关于发布第八批指导性案例的通知

2014 年 12 月 18 日　　　　　　　　　　　　　　　法〔2014〕327 号

各省、自治区、直辖市高级人民法院，解放军军事法院，新疆维吾尔自治区高级人民法院生产建设兵团分院：

经最高人民法院审判委员会讨论决定，现将张某某、金某危险驾驶案等六个案例（指导案例 32～37 号），作为第八批指导性案例发布，供在审判类似案件时参照。

指导案例 32 号

张某某、金某危险驾驶案

（最高人民法院审判委员会讨论通过　2014 年 12 月 18 日发布）

关键词　刑事　危险驾驶罪　追逐竞驶　情节恶劣

裁判要点

1. 机动车驾驶人员出于竞技、追求刺激、斗气或者其他动机，在道路上曲折穿行、快速追赶行驶的，属于《中华人民共和国刑法》第一百三十三条之一规定的"追逐竞驶"。

2. 追逐竞驶虽未造成人员伤亡或财产损失，但综合考虑超过限速、闯红灯、强行超车、抗拒交通执法等严重违反道路交通安全法的行为，足以威胁他人生命、财产安全的，属于危险驾驶罪中"情节恶劣"的情形。

相关法条

《中华人民共和国刑法》第一百三十三条之一

基本案情

2012 年 2 月 3 日 20 时 20 分许，被告人张某某、金某相约驾驶摩托车出去享受大功率摩托车的刺激感，约定"陆家浜路、河南南路路口是目的地，谁先到谁就等谁"。随后，由张某某驾驶无牌的本田大功率二轮摩托车（经过改装），金某驾驶套牌的雅马哈大功率二轮摩托车（经过改装），从上海市浦东新区乐园路 99 号车行出发，行至杨高路、巨峰路路口掉头沿杨高路由北向南行驶，经南浦大桥到陆家浜路下桥，后沿河南南路经复兴东路隧道、张杨路回到张某某住所。全程 28.5 公里，沿途经过多个公交站点、居民小区、学校和大型超市。在行驶途中,二被告人驾车在密集车流中反复并线、曲折穿插、多次闯红灯、大幅度超速行驶。当行驶至陆家浜路、河南南路路口时,张某某、金某遇执勤民警检查,遂驾车沿河南南路经复兴东路隧道、张杨路逃离。其中,在杨高南路浦建路立交(限速60km/h)张某某行驶速度115km/h、金某行驶速度98km/h;在南浦大桥桥面(限速60km/h)张某某行驶速度108km/h、金某行驶速度108km/h;在南浦大桥陆家浜路引桥下匝道(限速40km/h)张某某行驶速度大于59km/h、金某行驶速度大于68km/h;在复兴东路隧道(限速60km/h)张某某行驶速度102km/h、金某行驶速度99km/h。

2012年2月5日21时许,被告人张某某被抓获到案后,如实供述上述事实,并向公安机关提供被告人金某的手机号码。金某接公安机关电话通知后于2月6日21时许主动投案,并如实供述上述事实。

裁判结果

上海市浦东新区人民法院于2013年1月21日作出(2012)浦刑初字第4245号刑事判决:被告人张某某犯危险驾驶罪,判处拘役四个月,缓刑四个月,并处罚金人民币四千元;被告人金某犯危险驾驶罪,判处拘役三个月,缓刑三个月,并处罚金人民币三千元。宣判后,二被告人均未上诉,判决已发生法律效力。

裁判理由

法院生效裁判认为:根据《中华人民共和国刑法》第一百三十三条之一第一款规定,"在道路上驾驶机动车追逐竞驶,情节恶劣的"构成危险驾驶罪。刑法规定的"追逐竞驶",一般指行为人出于竞技、追求刺激、斗气或者其他动机,二人或二人以上分别驾驶机动车,违反道路交通安全规定,在道路上快速追赶行驶的行为。本案中,从主观驾驶心态上看,二被告人张某某、金某到案后先后供述"心里面想找点享乐和刺激""在道路上穿插、超车、得到心理满足";在面临红灯时,"刹车不舒服、逢车必超""前方有车就变道曲折行驶再超越"。二被告人上述供述与相关视听资料相互印证,可以反映出其追求刺激、炫耀驾驶技能的竞技心理。从客观行为上看,二被告人驾驶超标大功率的改装摩托车,为追求速度,多次随意变道、闯红灯、大幅超速等严重违章。从行驶路线看,二被告人共同自浦东新区乐园路99号出发,至陆家浜路、河南南路路口接人,约定了竞相行驶的起点和终点。综上,可以认定二被告人的行为属于危险驾驶罪中的"追逐竞驶"。

关于本案被告人的行为是否属于"情节恶劣",应从其追逐竞驶行为的具体表现、危害程度、造成的危害后果等方面,综合分析其对道路交通秩序、不特定多人生命、财产安全威胁的程度是否"恶劣"。本案中,二被告人追逐竞驶行为,虽未造成人员伤亡和财产损失,但从以下情形分析,属于危险驾驶罪中的"情节恶劣":第一,从驾驶的车辆看,二被告人驾驶的系无牌和套牌的大功率改装摩托车;第二,从行驶速度看,总体驾驶速度很快,多处路段超速达50%以上;第三,从驾驶方式看,反复并线、穿插前车、多次闯红灯行驶;第四,从对待执法的态度看,二被告人在民警盘查时驾车逃离;第五,从行驶路段看,途经的杨高路、张杨路、南浦大桥、复兴东路隧道等均系城市主干道,沿途还有多处学校、公交和地铁站点、居民小区、大型超市等路段,交通流量较大，行驶距离较长，在高速驾驶的刺激心态下和躲避民警盘查的紧张心态下，极易引发重大恶性交通事故。上述行为，给公共交通安全造成一定危险，足以威胁他人生命、财产安全，故可以认定二被告人追逐竞驶的行为属于危险驾驶罪中的"情节恶劣"。被告人张某某到案后如实供述所犯罪行，依法可以从轻处罚。被告人金某投案自首，依法亦可以从轻处罚。鉴于二被告人在庭审中均已认识到行为的违法性及社会危害性，保证不再实施危险驾驶行为，并多次表示认罪悔罪，且其行为尚未造成他人人身、财产损害后果，故依法作出如上判决。

指导案例 33 号

瑞士嘉吉国际公司诉福建金石制油有限公司等确认合同无效纠纷案

（最高人民法院审判委员会讨论通过　2014 年 12 月 18 日发布）

关键词　民事　确认合同无效　恶意串通　财产返还

裁判要点

1. 债务人将主要财产以明显不合理低价转让给其关联公司，关联公司在明知债务人欠债的情况下，未实际支付对价的，可以认定债务人与其关联公司恶意串通、损害债权人利益，与此相关的财产转让合同应当认定为无效。

2.《中华人民共和国合同法》第五十九条规定适用于第三人为财产所有权人的情形，在债权人对债务人享有普通债权的情况下，应当根据《中华人民共和国合同法》第五十八条的规定，判令因无效合同取得的财产返还给原财产所有人，而不能根据第五十九条规定直接判令债务人的关联公司因"恶意串通，损害第三人利益"的合同而取得的债务人的财产返还给债权人。

相关法条

《中华人民共和国合同法》第五十二条第二项

《中华人民共和国合同法》第五十八条、第五十九条

基本案情

瑞士嘉吉国际公司（Cargill International SA，简称嘉吉公司）与福建金石制油有限公司（以下简称福建金石公司）以及大连金石制油有限公司、沈阳金石豆业有限公司、四川金石油粕有限公司、北京珂玛美嘉粮油有限公司、宜丰香港有限公司（该六公司以下统称金石集团）存在商业合作关系。嘉吉公司因与金石集团买卖大豆发生争议，双方在国际油类、种子和脂类联合会仲裁过程中于 2005 年 6 月 26 日达成《和解协议》，约定金石集团将在五年内分期偿还债务，并将金石集团旗下福建金石公司的全部资产，包括土地使用权、建筑物和固着物、所有的设备及其他财产抵押给嘉吉公司，作为偿还债务的担保。2005 年 10 月 10 日，国际油类、种子和脂类联合会根据该《和解协议》

作出第 3929 号仲裁裁决，确认金石集团应向嘉吉公司支付 1337 万美元。2006 年 5 月，因金石集团未履行该仲裁裁决，福建金石公司也未配合进行资产抵押，嘉吉公司向福建省厦门市中级人民法院申请承认和执行第 3929 号仲裁裁决。2007 年 6 月 26 日，厦门市中级人民法院经审查后裁定对该仲裁裁决的法律效力予以承认和执行。该裁定生效后，嘉吉公司申请强制执行。

2006 年 5 月 8 日，福建金石公司与福建田源生物蛋白科技有限公司（以下简称田源公司）签订一份《国有土地使用权及资产买卖合同》，约定福建金石公司将其国有土地使用权、厂房、办公楼和油脂生产设备等全部固定资产以 2569 万元人民币（以下未特别注明的均为人民币）的价格转让给田源公司，其中国有土地使用权作价 464 万元、房屋及设备作价 2105 万元，应在合同生效后 30 日内支付全部价款。王晓琪和柳锋分别作为福建金石公司与田源公司的法定代表人在合同上签名。福建金石公司曾于 2001 年 12 月 31 日以 482.1 万元取得本案所涉 32138 平方米国有土地使用权。2006 年 5 月 10 日，福建金石公司与田源公司对买卖合同项下的标的物进行了交接。同年 6 月 15 日，田源公司通过在中国农业银行漳州支行的账户向福建金石公司在同一银行的账户转入 2500 万元。福建金石公司当日从该账户汇出 1300 万元、1200 万元两笔款项至金石集团旗下大连金石制油有限公司账户，用途为往来款。同年 6 月 19 日，田源公司取得上述国有土地使用权证。

2008 年 2 月 21 日，田源公司与漳州开发区汇丰源贸易有限公司（以下简称汇丰源公司）签订《买卖合同》，约定汇丰源公司购买上述土地使用权及地上建筑物、设备等，总价款为 2669 万元，其中土地价款 603 万元、房屋价款 334 万元、设备价款 1732 万元。汇丰源公司于 2008 年 3 月取得上述国有土地使用权证。汇丰源公司仅于 2008 年 4 月 7 日向田源公司付款 569 万元，此后未付其余价款。

田源公司、福建金石公司、大连金石制油有限公司及金石集团旗下其他公司的直接或间接控制人均为王政良、王晓莉、王晓琪、柳锋。王政良与王晓琪、王晓莉是父女关系，柳锋与王晓琪是夫妻关系。2009 年 10 月 15 日，中纺粮油进出口有限责任公司（以下简称中纺粮油公司）取得田源公司 80% 的股权。2010 年 1 月 15 日，田源公司更名为中纺粮油（福建）有限公司（以下简称中纺福建公司）。

汇丰源公司成立于 2008 年 2 月 19 日，原股东为宋明权、杨淑莉。2009 年 9 月 16 日，中纺粮油公司和宋明权、杨淑莉签订《股权转让协议》，约定中纺粮油公司购买汇丰源公司 80% 的股权。同日，中纺粮油公司（甲方）、汇丰源公司（乙方）、宋明权和杨淑莉（丙方）及沈阳金豆食品有限公司（丁方）签订《股权质押协议》，约定：丙方将所拥有汇丰源公司 20% 的股权质押给甲方，作为乙方、丙方、丁方履行"合同义务"之担保；"合同义务"系指乙方、丙方在《股权转让协议》及《股权质押协议》项下因"红豆事件"而产生的所有责任和义务；"红豆事件"是指嘉吉公司与金石集团就进口大豆中掺杂红豆原因而引发的金石集团涉及的一系列诉讼及仲裁纠纷以及与此有关的涉及汇丰源公司的一系列诉讼及仲裁纠纷。还约定，下述情形同时出现之日，视为乙方和丙方的"合同义务"已完全履行：1. 因"红豆事件"而引发的任何诉讼、仲裁案件的全部审理及执行程序均已终结，且乙方未遭受财产损失；2. 嘉吉公司针对乙方所涉合同可能存在的撤销权因超过法律规定的最长期间（五年）而消灭。2009年11月18日，中纺粮油公司取得汇丰源公司80%的股权。汇丰源公司成立后并未进行实际经营。

由于福建金石公司已无可供执行的财产，导致无法执行，嘉吉公司遂向福建省高级人民法院提起诉讼，请求：一是确认福建金石公司与中纺福建公司签订的《国有土地使用权及资产买卖合同》无效；二是确认中纺福建公司与汇丰源公司签订的国有土地使用权及资产《买卖合同》无效；三是判令汇丰源公司、中纺福建公司将其取得的合同项下财产返还给财产所有人。

裁判结果

福建省高级人民法院于2011年10月23日作出（2007）闽民初字第37号民事判决，确认福建金石公司与田源公司（后更名为中纺福建公司）之间的《国有土地使用权及资产买卖合同》、田源公司与汇丰源公司之间的《买卖合同》无效；判令汇丰源公司于判决生效之日起三十日内向福建金石公司返还因上述合同而取得的国有土地使用权，中纺福建公司于判决生效之日起三十日内向福建金石公司返还因上述合同而取得的房屋、设备。宣判后，福建金石公司、中纺福建公司、汇丰源公司提出上诉。最高人民法院于2012年8月22日作出（2012）民四终字第1号民事判决，驳回上诉，维持原判。

裁判理由

最高人民法院认为：因嘉吉公司注册登记地在瑞士，本案系涉外案件，各方当事人对适用中华人民共和国法律审理本案没有异议。本案源于债权人嘉吉公司认为债务人福建金石公司与关联企业田源公司、田源公司与汇丰源公司之间关于土地使用权以及地上建筑物、设备等资产的买卖合同，因属于《中华人民共和国合同法》第五十二条第二项"恶意串通，损害国家、集体或者第三人利益"的情形而应当被认定无效，并要求返还原物。本案争议的焦点问题是：福建金石公司、田源公司（后更名为中纺福建公司）、汇丰源公司相互之间订立的合同是否构成恶意串通、损害嘉吉公司利益的合同？本案所涉合同被认定无效后的法律后果如何？

一、关于福建金石公司、田源公司、汇丰源公司相互之间订立的合同是否构成"恶意串通，损害第三人利益"的合同

首先，福建金石公司、田源公司在签订和履行《国有土地使用权及资产买卖合同》的过程中，其实际控制人之间系亲属关系，且柳锋、王晓琪夫妇分别作为两公司的法定代表人在合同上签署。因此，可以认定在签署以及履行转让福建金石公司国有土地使用权、房屋、设备的合同过程中，田源公司对福建金石公司的状况是非常清楚的，对包括福建金石公司在内的金石集团因"红豆事件"被仲裁裁决确认对嘉吉公司形成1337万美元债务的事实是清楚的。

其次，《国有土地使用权及资产买卖合同》订立于2006年5月8日，其中约定田源公司购买福建金石公司资产的价款为2569万元，国有土地使用权作价464万元、房屋及设备作价2105万元，并未根据相关会计师事务所的评估报告作价。一审法院根据福建金石公司2006年5月31日资产负债表，以其中载明固定资产原价44042705.75元、扣除折旧后固定资产净值为32354833.70元，而《国有土地使用权及资产买卖合同》中对房屋及设备作价仅2105万元，认定《国有土地使用权及资产买卖合同》中约定的购

买福建金石公司资产价格为不合理低价是正确的。在明知债务人福建金石公司欠债权人嘉吉公司巨额债务的情况下，田源公司以明显不合理低价购买福建金石公司的主要资产，足以证明其与福建金石公司在签订《国有土地使用权及资产买卖合同》时具有主观恶意，属恶意串通，且该合同的履行足以损害债权人嘉吉公司的利益。

第三，《国有土地使用权及资产买卖合同》签订后，田源公司虽然向福建金石公司在同一银行的账户转账2500万元，但该转账并未注明款项用途，且福建金石公司于当日将2500万元分两笔汇入其关联企业大连金石制油有限公司账户；又根据福建金石公司和田源公司当年的财务报表，并未体现该笔2500万元的入账或支出，而是体现出田源公司尚欠福建金石公司"其他应付款"121224155.87元。一审法院据此认定田源公司并未根据《国有土地使用权及资产买卖合同》向福建金石公司实际支付价款是合理的。

第四，从公司注册登记资料看，汇丰源公司成立时股东构成似与福建金石公司无关，但在汇丰源公司股权变化的过程中可以看出，汇丰源公司在与田源公司签订《买卖合同》时对转让的资产来源以及福建金石公司对嘉吉公司的债务是明知的。《买卖合同》约定的价款为2669万元，与田源公司从福建金石公司购入该资产的约定价格相差不大。汇丰源公司除已向田源公司支付569万元外，其余款项未付。一审法院据此认定汇丰源公司与田源公司签订《买卖合同》时恶意串通并足以损害债权人嘉吉公司的利益，并无不当。

综上，福建金石公司与田源公司签订的《国有土地使用权及资产买卖合同》、田源公司与汇丰源公司签订的《买卖合同》，属于恶意串通、损害嘉吉公司利益的合同。根据合同法第五十二条第二项的规定，均应当认定无效。

二、关于本案所涉合同被认定无效后的法律后果

对于无效合同的处理，人民法院一般应当根据合同法第五十八条"合同无效或者被撤销后，因该合同取得的财产，应当予以返还；不能返还或者没有必要返还的，应当折价补偿。有过错的一方应当赔偿对方因此所受到的损失，双方都有过错的，应当各自承担相应的责任"的规定，判令取得财产的一方返还财产。本案涉及的两份合同均被认定无效，两份合同涉及的财产相同，其中国有土地使用权已经从福建金石公司经田源公司变更至汇丰源公司名下，在没有证据证明本案所涉房屋已经由田源公司过户至汇丰源公司名下、所涉设备已经由田源公司交付汇丰源公司的情况下，一审法院直接判令取得国有土地使用权的汇丰源公司、取得房屋和设备的田源公司分别就各自取得的财产返还给福建金石公司并无不妥。

合同法第五十九条规定："当事人恶意串通，损害国家、集体或者第三人利益的，因此取得的财产收归国家所有或者返还集体、第三人。"该条规定应当适用于能够确定第三人为财产所有权人的情况。本案中，嘉吉公司对福建金石公司享有普通债权，本案所涉财产系福建金石公司的财产，并非嘉吉公司的财产，因此只能判令将系争财产返还给福建金石公司，而不能直接判令返还给嘉吉公司。

指导案例 34 号

李晓玲、李鹏裕申请执行厦门海洋实业（集团）股份有限公司、厦门海洋实业总公司执行复议案

（最高人民法院审判委员会讨论通过　2014 年 12 月 18 日发布）

关键词　民事诉讼　执行复议　权利承受人　申请执行

裁判要点

生效法律文书确定的权利人在进入执行程序前合法转让债权的，债权受让人即权利承受人可以作为申请执行人直接申请执行，无需执行法院作出变更申请执行人的裁定。

相关法条

《中华人民共和国民事诉讼法》第二百三十六条第一款

基本案情

原告投资 2234 中国第一号基金公司（Investments 2234 China Fund Ⅰ B. V.，以下简称 2234 公司）与被告厦门海洋实业（集团）股份有限公司（以下简称海洋股份公司）、厦门海洋实业总公司（以下简称海洋实业公司）借款合同纠纷一案，2012 年 1 月 11 日由最高人民法院作出终审判决，判令：海洋实业公司应于判决生效之日起偿还 2234 公司借款本金 2274 万元及相应利息；2234 公司对蜂巢山路 3 号的土地使用权享有抵押权。在该判决作出之前的 2011 年 6 月 8 日，2234 公司将其对于海洋股份公司和海洋实业公司的 2274 万元本金债权转让给李晓玲、李鹏裕，并签订《债权转让协议》。2012 年 4 月 19 日，李晓玲、李鹏裕依据上述判决和《债权转让协议》向福建省高级人民法院（以下简称福建高院）申请执行。4 月 24 日，福建高院向海洋股份公司、海洋实业公司发出（2012）闽执行字第 8 号执行通知。海洋股份公司不服该执行通知，以执行通知中直接变更执行主体缺乏法律依据，申请执行人李鹏裕系公务员，其受让不良债权行为无效，由此债权转让合同无效为主要理由，向福建高院提出执行异议。福建高院在异议审查中查明：李鹏裕系国家公务员，其本人称，在债权转让中，未实际出资，并已于 2011 年 9 月退出受让的债权份额。

福建高院认为：一、关于债权转让合同效力问题。根据《最高人民法院关于审理涉及金融不良债权转让案件工作座谈会纪要》（以下简称《纪要》）第六条关于金融资产管理公司转让不良债权存在"受让人为国家公务员、金融监管机构工作人员"的情形无效和《中华人民共和国公务员法》第五十三条第十四项明确禁止国家公务员从事或者参与营利性活动等相关规定，作为债权受让人之一的李鹏裕为国家公务员，其本人购买债权受身份适格的限制。李鹏裕既已退出所受让债权的份额，该院受理的执行案件未做审查仍将李鹏裕列为申请执行人显属不当。二、关于执行通知中直接变更申请执行主体的问题。最高人民法院（2009）执他字第 1 号《关于判决确定的金融不良债权多次转让人民

法院能否裁定变更申请执行主体请示的答复》（以下简称1号答复）认为："《最高人民法院关于人民法院执行工作若干问题的规定（试行）》（以下简称《执行规定》），已经对申请执行人的资格予以明确。其中第18条第1款规定：'人民法院受理执行案件应当符合下列条件：……（2）申请执行人是生效法律文书确定的权利人或其继承人、权利承受人。'该条中的'权利承受人'，包含通过债权转让的方式承受债权的人。依法从金融资产管理公司受让债权的受让人将债权再行转让给其他普通受让人的，执行法院可以依据上述规定，依债权转让协议以及受让人或者转让人的申请，裁定变更申请执行主体"。据此，该院在执行通知中直接将本案受让人作为申请执行主体，未作出裁定变更，程序不当，遂于2012年8月6日作出（2012）闽执异字第1号执行裁定，撤销（2012）闽执行字第8号执行通知。

李晓玲不服，向最高人民法院申请复议，其主要理由如下：一、李鹏裕的公务员身份不影响其作为债权受让主体的适格性。二、申请执行前，两申请人已同2234公司完成债权转让，并通知了债务人（即被执行人），是合法的债权人；根据《执行规定》有关规定，申请人只要提交生效法律文书、承受权利的证明等，即具备申请执行人资格，这一资格在立案阶段已予审查，并向申请人送达了案件受理通知书；1号答复适用于执行程序中依受让人申请变更的情形，而本案申请人并非在执行过程中申请变更执行主体，因此不需要裁定变更申请执行主体。

裁判结果

最高人民法院于2012年12月11日作出（2012）执复字第26号执行裁定：撤销福建高院（2012）闽执异字第1号执行裁定书，由福建高院向两被执行人重新发出执行通知书。

裁判理由

最高人民法院认为：本案申请复议中争议焦点问题是，生效法律文书确定的权利人在进入执行程序前合法转让债权的，债权受让人即权利承受人可否作为申请执行人直接申请执行，是否需要裁定变更申请执行主体，以及执行中如何处理债权转让合同效力争议问题。

一、关于是否需要裁定变更申请执行主体的问题。变更申请执行主体是在根据原申请执行人的申请已经开始了的执行程序中，变更新的权利人为申请执行人。根据《执行规定》第18条、第20条的规定，权利承受人有权以自己的名义申请执行，只要向人民法院提交承受权利的证明文件，证明自己是生效法律文书确定的权利承受人的，即符合受理执行案件的条件。这种情况不属于严格意义上的变更申请执行主体，但二者的法律基础相同，故也可以理解为广义上的申请执行主体变更，即通过立案阶段解决主体变更问题。1号答复的意见是，《执行规定》第18条可以作为变更申请执行主体的法律依据，并且认为债权受让人可以视为该条规定中的权利承受人。本案中，生效判决确定的原权利人2234公司在执行开始之前已经转让债权，并未作为申请执行人参加执行程序，而是权利受让人李晓玲、李鹏裕依据《执行规定》第18条的规定直接申请执行。因其申请已经法院立案受理，受理的方式不是通过裁定而是发出受理通知，债权受让人已经成为申请执行人，故并不需要执行法院再作出变更主体的裁定，然后发出执行通知，而应当直接发出执行通知。实践中有的法院在这种情况下先以原权利人作为申请执行人,待执行开始后再作出变更主体裁定,因其只是增加了工作量,而并无实质性影响,故并不被认为程序上存在问题。但不能由此反过来认为没有作出变更主体裁定是程序错误。

二、关于债权转让合同效力争议问题,原则上应当通过另行提起诉讼解决,执行程序不是审查判断和解决该问题的适当程序。被执行人主张转让合同无效所援引的《纪要》第五条也规定:在受让人向债务人主张债权的诉讼中,债务人提出不良债权转让合同无效抗辩的,人民法院应告知其向同一人民法院另行提起不良债权转让合同无效的诉讼;债务人不另行起诉的,人民法院对其抗辩不予支持。关于李鹏裕的申请执行人资格问题。因本案在异议审查中查明,李鹏裕明确表示其已经退出债权受让,不再参与本案执行,故后续执行中应不再将李鹏裕列为申请执行人。但如果没有其他因素,该事实不影响另一债权受让人李晓玲的受让和申请执行资格。李晓玲要求继续执行的,福建高院应以李晓玲为申请执行人继续执行。

指导案例 35 号

广东龙正投资发展有限公司与广东景茂拍卖行有限公司委托拍卖执行复议案

(最高人民法院审判委员会讨论通过 2014 年 12 月 18 日发布)

关键词 民事诉讼 执行复议 委托拍卖 恶意串通 拍卖无效

裁判要点

拍卖行与买受人有关联关系,拍卖行为存在以下情形,损害与标的物相关权利人合法权益的,人民法院可以视为拍卖行与买受人恶意串通,依法裁定该拍卖无效:(1) 拍卖过程中没有其他无关联关系的竞买人参与竞买,或者虽有其他竞买人参与竞买,但未进行充分竞价的;(2) 拍卖标的物的评估价明显低于实际价格,仍以该评估价成交的。

相关法条

《中华人民共和国民法通则》第五十八条

《中华人民共和国拍卖法》第六十五条

基本案情

广州白云荔发实业公司(以下简称荔发公司)与广州广丰房产建设有限公司(以下简称广丰公司)、广州银丰房地产有限公司(以下简称银丰公司)、广州金汇房产建设有限公司(以下简称金汇公司)非法借贷纠纷一案,广东省高级人民法院(以下简称广东高院)于 1997 年 5 月 20 日作出(1996)粤法经一初字第 4 号民事判决,判令广丰公司、银丰公司共同清偿荔发公司借款 160647776.07 元及利息,金汇公司承担连带赔偿责任。

广东高院在执行前述判决过程中,于 1998 年 2 月 11 日裁定查封了广丰公司名下的广丰大厦未售出部分，面积 18851.86m²。次日，委托广东景茂拍卖行有限公司（以下简称景茂拍卖行）进行拍卖。同年 6 月，该院委托的广东粤财房地产评估所出具评估报告，结论为：广丰大厦该部分物业在 1998 年 6 月 12 日的拍卖价格为 102493594 元。后该案因故暂停处置。

2001 年初，广东高院重新启动处置程序，于同年 4 月 4 日委托景茂拍卖行对广丰大厦整栋进行拍卖。同年 11 月初，广东高院在报纸上刊登拟拍卖整栋广丰大厦的公告，要求涉及广丰大厦的所有权利人或购房业主，于 2001 年 11 月 30 日前向景茂拍卖行申报权利和登记，待广东高院处理。根据公告要求，向景茂拍卖行申报的权利有申请交付广丰大厦预售房屋、回迁房屋和申请返还购房款、工程款、银行借款等，金额高达 15 亿多元，其中，购房人缴纳的购房款逾 2 亿元。

2003 年 8 月 26 日，广东高院委托广东财兴资产评估有限公司（即原广东粤财房地产评估所）对广丰大厦整栋进行评估。同年 9 月 10 日，该所出具评估报告，结论为：整栋广丰大厦（用地面积 3009m²，建筑面积 34840m²）市值为 3445 万元，建议拍卖保留价为市值的 70% 即 2412 万元。同年 10 月 17 日，景茂拍卖行以 2412 万元将广丰大厦整栋拍卖给广东龙正投资发展有限公司（以下简称龙正公司）。广东高院于同年 10 月 28 日作出（1997）粤高法执字第 7 号民事裁定，确认将广丰大厦整栋以 2412 万元转给龙正公司所有。2004 年 1 月 5 日，该院向广州市国土房管部门发出协助执行通知书，要求将广丰大厦整栋产权过户给买受人龙正公司，并声明原广丰大厦的所有权利人，包括购房人、受让人、抵押权人、被拆迁人或拆迁户等的权益，由该院依法处理。龙正公司取得广丰大厦后，在原主体框架结构基础上继续投入资金进行续建，续建完成后更名为"时代国际大厦"。

2011 年 6 月 2 日，广东高院根据有关部门的意见对该案复查后，作出（1997）粤高法执字第 7-1 号执行裁定，认定景茂拍卖行和买受人龙正公司的股东系亲属，存在关联关系。广丰大厦两次评估价格差额巨大，第一次评估了广丰大厦约一半面积的房产，第二次评估了该大厦整栋房产，但第二次评估价格仅为第一次评估价格的 35%，即使考虑市场变化因素，其价格变化也明显不正常。根据景茂拍卖行报告，拍卖时有三个竞买人参加竞买，另外两个竞买人均未举牌竞价，龙正公司因而一次举牌即以起拍价 2412 万元竞买成功。但经该院协调有关司法机关无法找到该二人，后书面通知景茂拍卖行提供该二人的竞买资料，景茂拍卖行未能按要求提供；景茂拍卖行也未按照《拍卖监督管理暂行办法》第四条"拍卖企业举办拍卖活动，应当于拍卖日前七天内到拍卖活动所在地工商行政管理局备案，……拍卖企业应当在拍卖活动结束后 7 天内，将竞买人名单、身份证明复印件送拍卖活动所在地工商行政管理局备案"的规定，向工商管理部门备案。现有证据不能证实另外两个竞买人参加了竞买。综上，可以认定拍卖人景茂拍卖行和竞买人龙正公司在拍卖广丰大厦中存在恶意串通行为，导致广丰大厦拍卖不能公平竞价、损害了购房人和其他债权人的利益。根据《中华人民共和国民法通则》（以下简称《民法通则》）第五十八条、《中华人民共和国拍卖法》（以下简称《拍卖法》）第六十五条的规定，裁定拍卖无效，撤销该院 2003 年 10 月 28 日作出的（1997）粤高法执字第 7 号民事裁定。对此，买受人龙正公司和景茂拍卖行分别向广东高院提出异议。

龙正公司和景茂拍卖行异议被驳回后，又向最高人民法院申请复议。主要复议理由为：对广丰大厦前后两次评估的价值相差巨大的原因存在合理性，评估结果与拍卖行和买受人无关；拍卖保留价也是根据当时实际情况决定的，拍卖成交价是当时市场客观因素造成的；景茂拍卖行不能提供另外两名竞买人的资料，不违反《拍卖法》第五十四条第二款关于"拍卖资料保管期限自委托拍卖合同终止之日起计算，不得少于五年"的规定；拍卖广丰大厦的拍卖过程公开、合法，拍卖前曾四次在报纸上刊出拍卖公告，法律没有禁止拍卖行股东亲属的公司参与竞买。故不存在拍卖行与买受人恶意串通、损害购房人和其他债权人利益的事实。广东高院推定竞买人与拍卖行存在恶意串通行为是错误的。

裁判结果

广东高院于2011年10月9日作出（2011）粤高法执异字第1号执行裁定：维持（1997）粤高法执字第7-1号执行裁定意见，驳回异议。裁定送达后，龙正公司和景茂拍卖行向最高人民法院申请复议。最高人民法院于2012年6月15日作出（2012）执复字第6号执行裁定：驳回龙正公司和景茂拍卖行的复议请求。

裁判理由

最高人民法院认为：受人民法院委托进行的拍卖属于司法强制拍卖，其与公民、法人和其他组织自行委托拍卖机构进行的拍卖不同，人民法院有权对拍卖程序及拍卖结果的合法性进行审查。因此，即使拍卖已经成交，人民法院发现其所委托的拍卖行为违法，仍可以根据《民法通则》第五十八条、《拍卖法》第六十五条等法律规定，对在拍卖过程中恶意串通，导致拍卖不能公平竞价、损害他人合法权益的，裁定该拍卖无效。

买受人在拍卖过程中与拍卖机构是否存在恶意串通，应从拍卖过程、拍卖结果等方面综合考察。如果买受人与拍卖机构存在关联关系，拍卖过程没有进行充分竞价，而买受人和拍卖机构明知标的物评估价和成交价明显过低，仍以该低价成交，损害标的物相关权利人合法权益的，可以认定双方存在恶意串通。

本案中，在景茂拍卖行与买受人之间因股东的亲属关系而存在关联关系的情况下，除非能够证明拍卖过程中有其他无关联关系的竞买人参与竞买，且进行了充分的竞价，否则可以推定景茂拍卖行与买受人之间存在串通。该竞价充分的举证责任应由景茂拍卖行和与其有关联关系的买受人承担。2003年拍卖结束后，景茂拍卖行给广东高院的拍卖报告中指出，还有另外两个自然人参加竞买，现场没有举牌竞价，拍卖中仅一次叫价即以保留价成交，并无竞价。而买受人龙正公司和景茂拍卖行不能提供其他两个竞买人的情况。经审核，其复议中提供的向工商管理部门备案的材料中，并无另外两个竞买人参加竞买的资料。拍卖资料经过了保存期，不是其不能提供竞买人情况的理由。据此，不能认定有其他竞买人参加了竞买，可以认定景茂拍卖行与买受人龙正公司之间存在串通行为。

鉴于本案拍卖系直接以评估机构确定的市场价的70%之保留价成交的，故评估价是否合理对于拍卖结果是否公正合理有直接关系。之前对一半房产的评估价已达一亿多元，但是本次对全部房产的评估价格却只有原来一半房产评估价格的35%。拍卖行明知价格过低，却通过亲属来购买房产，未经多轮竞价，严重侵犯了他人的利益。拍卖整个楼的价格与评估部分房产时的价格相差悬殊,拍卖行和买受人的解释不能让人信服,可以认定两者间存在恶意串通。同时,与广丰大厦相关的权利有申请交付广丰大厦预售房屋、回迁房屋和申请返还购房款、工程款、银行借款等,总额达15亿多元,仅购房人登记所交购房款即超过2亿元。而本案拍卖价款仅为2412万元,对于没有优先受偿权的本案申请执行人毫无利益可言,明显属于无益拍卖。鉴于景茂拍卖行负责接受与广丰大厦相关的权利的申报工作,且买受人与其存在关联关系,可认定景茂拍卖行与买受人对上述问题也应属明知。因此,对于此案拍卖导致与广丰大厦相关的权利人的权益受侵害,景茂拍卖行与买受人龙正公司之间构成恶意串通。

综上,广东高院认定拍卖人景茂拍卖行和买受人龙正公司在拍卖广丰大厦中存在恶意串通行为,导致广丰大厦拍卖不能公平竞价、损害了购房人和其他债权人的利益,是正确的。故(1997)粤高法执字第7—1号及(2011)粤高法执异字第1号执行裁定并无不当,景茂拍卖行与龙正公司申请复议的理由不能成立。

指导案例 36 号

中投信用担保有限公司与海通证券股份有限公司等证券权益纠纷执行复议案

(最高人民法院审判委员会讨论通过 2014年12月18日发布)

关键词 民事诉讼 执行复议 到期债权 协助履行

裁判要点

被执行人在收到执行法院执行通知之前,收到另案执行法院要求其向申请执行人的债权人直接清偿已经法院生效法律文书确认的债务的通知,并清偿债务的,执行法院不能将该部分已清偿债务纳入执行范围。

相关法条

《中华人民共和国民事诉讼法》第二百二十四条第一款

基本案情

中投信用担保有限公司(以下简称中投公司)与海通证券股份有限公司(以下简称海通证券)、海通证券股份有限公司福州广达路证券营业部(以下简称海通证券营业部)证券权益纠纷一案,福建省高级人民法院(以下简称福建高院)于2009年6月11日作出(2009)闽民初字第3号民事调解书,已经发生法律效力。中投公司于2009年6月25日向福建高院申请执行。福建高院于同年7月3日立案执行,并于当月15日向被执行人海通证券营业部、海通证券发出(2009)闽执行字第99号执行通知书,责令其履行法律文书确定的义务。

被执行人海通证券及海通证券营业部不服福建高院(2009)闽执行字第99号执行通知书,向该院提出书面异议。异议称:被执行人已于2009年6月12日根据北京市东城区人民法院（以下简称北京东城法院）的履行到期债务通知书，向中投公司的执行债权人潘鼎履行其对中投公司所负的到期债务 11222761.55 元，该款汇入了北京东城法院账户；上海市第二中级人民法院（以下简称上海二中院）为执行上海中维资产管理有限公司与中投公司纠纷案，向其发出协助执行通知书，并于 2009 年 6 月 22 日扣划了海通证券的银行存款 8777238.45 元。以上共计向中投公司的债权人支付了 2000 万元，故其与中投公司之间已经不存在未履行（2009）闽民初字第 3 号民事调解书确定的付款义务的事实，福建高院向其发出的执行通知书应当撤销。为此，福建高院作出（2009）闽执异字第 1 号裁定书，认定被执行人异议成立，撤销（2009）闽执行字第 99 号执行通知书。申请执行人中投公司不服，向最高人民法院提出了复议申请。申请执行人的主要理由是：北京东城法院的履行到期债务通知书和上海二中院的协助执行通知书，均违反了最高人民法院给江苏省高级人民法院的（2000）执监字第 304 号关于法院判决的债权不适用《关于适用〈中华人民共和国民事诉讼法〉若干问题的意见》第 300 条规定（以下简称意见第 300 条）的复函精神，福建高院的裁定错误。

裁判结果

最高人民法院于 2010 年 4 月 13 日作出（2010）执复字第 2 号执行裁定，驳回中投信用担保有限公司的复议请求，维持福建高院（2009）闽执异字第 1 号裁定。

裁判理由

最高人民法院认为：最高人民法院（2000）执监字第 304 号复函是针对个案的答复，不具有普遍效力。随着民事诉讼法关于执行管辖权的调整，该函中基于执行只能由一审法院管辖，认为经法院判决确定的到期债权不适用意见第 300 条的观点已不再具有合理性。对此问题正确的解释应当是：对经法院判决（或调解书，以下通称判决）确定的债权，也可以由非判决法院按照意见第 300 条规定的程序执行。因该到期债权已经法院判决确定，故第三人（被执行人的债务人）不能提出债权不存在的异议（否认生效判决的定论）。本案中，北京东城法院和上海二中院正是按照上述精神对福建高院（2009）闽民初字第 3 号民事调解书确定的债权进行执行的。被执行人海通证券无权对生效调解书确定的债权提出异议，不能对抗上海二中院强制扣划行为，其自动按照北京东城法院的通知要求履行，也是合法的。

被执行人海通证券营业部、海通证券收到有关法院通知的时间及其协助有关法院执行，是在福建高院向其发出执行通知之前。在其协助有关法院执行后，其因（2009）闽民初字第 3 号民事调解书而对于申请执行人中投公司负有的 2000 万元债务已经消灭，被执行人有权请求福建高院不得再依据该调解书强制执行。

综上，福建高院（2009）闽执异字第 1 号裁定书认定事实清楚，适用法律正确。故驳回中投公司的复议请求，维持福建高院（2009）闽执异字第 1 号裁定。

指导案例 37 号

上海金纬机械制造有限公司与瑞士瑞泰克公司仲裁裁决执行复议案

(最高人民法院审判委员会讨论通过　2014 年 12 月 18 日发布)

关键词　民事诉讼　执行复议　涉外仲裁裁决　执行管辖申请执行期间起算

裁判要点

当事人向我国法院申请执行发生法律效力的涉外仲裁裁决，发现被申请执行人或者其财产在我国领域内的，我国法院即对该案具有执行管辖权。当事人申请法院强制执行的时效期间，应当自发现被申请执行人或者其财产在我国领域内之日起算。

相关法条

《中华人民共和国民事诉讼法》第二百三十九条、第二百七十三条

基本案情

上海金纬机械制造有限公司（以下简称金纬公司）与瑞士瑞泰克公司（RETECH Aktiengesellschaft，以下简称瑞泰克公司）买卖合同纠纷一案，由中国国际经济贸易仲裁委员会于 2006 年 9 月 18 日作出仲裁裁决。2007 年 8 月 27 日，金纬公司向瑞士联邦兰茨堡（Lenzburg）法院（以下简称兰茨堡法院）申请承认和执行该仲裁裁决，并提交了由中国中央翻译社翻译、经上海市外事办公室及瑞士驻上海总领事认证的仲裁裁决书翻译件。同年 10 月 25 日，兰茨堡法院以金纬公司所提交的仲裁裁决书翻译件不能满足《承认及执行外国仲裁裁决公约》（以下简称《纽约公约》）第四条第二点关于"译文由公设或宣誓之翻译员或外交或领事人员认证"的规定为由，驳回金纬公司申请。其后，金纬公司又先后两次向兰茨堡法院递交了分别由瑞士当地翻译机构翻译的仲裁裁决书译件和由上海上外翻译公司翻译、上海市外事办公室、瑞士驻上海总领事认证的仲裁裁决书翻译件以申请执行，仍被该法院分别于 2009 年 3 月 17 日和 2010 年 8 月 31 日，以仲裁裁决书翻译文件没有严格意义上符合《纽约公约》第四条第二点的规定为由，驳回申请。

2008 年 7 月 30 日，金纬公司发现瑞泰克公司有一批机器设备正在上海市浦东新区展览，遂于当日向上海市第一中级人民法院（以下简称上海一中院）申请执行。上海一中院于同日立案执行并查封、扣押了瑞泰克公司参展机器设备。瑞泰克公司遂以金纬公司申请执行已超过《中华人民共和国民事诉讼法》（以下简称《民事诉讼法》）规定的期限为由提出异议，要求上海一中院不受理该案，并解除查封，停止执行。

裁判结果

上海市第一中级人民法院于 2008 年 11 月 17 日作出（2008）沪一中执字第 640-1 民事裁定，驳回瑞泰克公司的异议。裁定送达后，瑞泰克公司向上海市高级人民法院申

请执行复议。2011年12月20日,上海市高级人民法院作出(2009)沪高执复议字第2号执行裁定,驳回复议申请。

裁判理由

法院生效裁判认为:本案争议焦点是我国法院对该案是否具有管辖权以及申请执行期间应当从何时开始起算。

一、关于我国法院的执行管辖权问题

根据《民事诉讼法》的规定,我国涉外仲裁机构作出的仲裁裁决,如果被执行人或者其财产不在中华人民共和国领域内的,应当由当事人直接向有管辖权的外国法院申请承认和执行。鉴于本案所涉仲裁裁决生效时,被执行人瑞泰克公司及其财产均不在我国领域内,因此,人民法院在该仲裁裁决生效当时,对裁决的执行没有管辖权。

2008年7月30日,金纬公司发现被执行人瑞泰克公司有财产正在上海市参展。此时,被申请执行人瑞泰克公司有财产在中华人民共和国领域内的事实,使我国法院产生了对本案的执行管辖权。申请执行人依据《民事诉讼法》"一方当事人不履行仲裁裁决的,对方当事人可以向被申请人住所地或者财产所在地的中级人民法院申请执行"的规定,基于被执行人不履行仲裁裁决义务的事实,行使民事强制执行请求权,向上海一中院申请执行。这符合我国《民事诉讼法》有关人民法院管辖涉外仲裁裁决执行案件所应当具备的要求,上海一中院对该执行申请有管辖权。

考虑到《纽约公约》规定的原则是,只要仲裁裁决符合公约规定的基本条件,就允许在任何缔约国得到承认和执行。《纽约公约》的目的在于便利仲裁裁决在各缔约国得到顺利执行,因此并不禁止当事人向多个公约成员国申请相关仲裁裁决的承认与执行。被执行人一方可以通过举证已经履行了仲裁裁决义务进行抗辩,向执行地法院提交已经清偿债务数额的证据,这样即可防止被执行人被强制重复履行或者超标的履行的问题。因此,人民法院对该案行使执行管辖权,符合《纽约公约》规定的精神,也不会造成被执行人重复履行生效仲裁裁决义务的问题。

二、关于本案申请执行期间起算问题

依照《民事诉讼法》(2007年修正)第二百一十五条的规定,"申请执行的期间为二年。""前款规定的期间,从法律文书规定履行期间的最后一日起计算;法律文书规定分期履行的,从规定的每次履行期间的最后一日起计算;法律文书未规定履行期间的,从法律文书生效之日起计算。"鉴于我国法律有关申请执行期间起算,是针对生效法律文书作出时,被执行人或者其财产在我国领域内的一般情况作出的规定;而本案的具体情况是,仲裁裁决生效当时,我国法院对该案并没有执行管辖权,当事人依法向外国法院申请承认和执行该裁决而未能得到执行,不存在怠于行使申请执行权的问题;被执行人一直拒绝履行裁决所确定的法律义务;申请执行人在发现被执行人有财产在我国领域内之后,即向人民法院申请执行。考虑到这类情况下,外国被执行人或者其财产何时会再次进入我国领域内,具有较大的不确定性,因此,应当合理确定申请执行期间起算点,才能公平保护申请执行人的合法权益。

鉴于债权人取得有给付内容的生效法律文书后,如债务人未履行生效文书所确定的义务,债权人即可申请法院行使强制执行权,实现其实体法上的请求权,此项权利即为民事强制执行请求权。民事强制执行请求权的存在依赖于实体权利,取得依赖于执行根据,行使依赖于执行管辖权。执行管辖权是民事强制执行请求权的基础和前提。在司法实践中,人民法院的执行管辖权与当事人的民事强制执行请求权不能是抽象或不确定的,而应是具体且可操作的。义务人瑞泰克公司未履行裁决所确定的义务时,权利人金纬公司即拥有了民事强制执行请求权,但是,根据《民事诉讼法》的规定,对于涉外仲裁机构作出的仲裁申请执行,如果被执行人或者其财产不在中华人民共和国领域内,应当由当事人直接向有管辖权的外国法院申请承认和执行。此时,因被执行人或者其财产不在我国领域内,我国法院对该案没有执行管辖权,申请执行人金纬公司并非其主观上不愿或怠于行使权利,而是由于客观上纠纷本身没有产生人民法院执行管辖连接点,导致其无法向人民法院申请执行。人民法院在受理强制执行申请后,应当审查申请是否在法律规定的时效期间内提出。具有执行管辖权是人民法院审查申请执行人相关申请的必要前提,因此应当自执行管辖确定之日,即发现被执行人可供执行财产之日,开始计算申请执行人的申请执行期限。

最高人民法院
关于发布第九批指导性案例的通知

2014年12月24日　　　　　　　　　　　　法〔2014〕337号

各省、自治区、直辖市高级人民法院,解放军军事法院,新疆维吾尔自治区高级人民法院生产建设兵团分院:

根据《最高人民法院关于案例指导工作的规定》第九条的规定,最高人民法院对《最高人民法院公报》刊发的对全国法院审判、执行工作具有指导意义的案例,进行了编纂。经最高人民法院审判委员会讨论决定,现将田永诉北京科技大学拒绝颁发毕业证、学位证案等七个案例(指导案例38~44号),作为第九批指导性案例发布,供在审判类似案件时参照。

指导案例 38 号

田永诉北京科技大学拒绝颁发毕业证、学位证案

(最高人民法院审判委员会讨论通过　2014 年 12 月 25 日发布)

关键词　行政诉讼　颁发证书　高等学校　受案范围　正当程序

裁判要点

1. 高等学校对受教育者因违反校规、校纪而拒绝颁发学历证书、学位证书,受教育者不服的,可以依法提起行政诉讼。

2. 高等学校依据违背国家法律、行政法规或规章的校规、校纪,对受教育者作出退学处理等决定的,人民法院不予支持。

3. 高等学校对因违反校规、校纪的受教育者作出影响其基本权利的决定时,应当允许其申辩并在决定作出后及时送达,否则视为违反法定程序。

相关法条

《中华人民共和国行政诉讼法》第二十五条

《中华人民共和国教育法》第二十一条、第二十二条

《中华人民共和国学位条例》第八条

基本案情

原告田永于 1994 年 9 月考取北京科技大学,取得本科生的学籍。1996 年 2 月 29 日,田永在电磁学课程的补考过程中,随身携带写有电磁学公式的纸条。考试中,去上厕所时纸条掉出,被监考教师发现。监考教师虽未发现其有偷看纸条的行为,但还是按照考场纪律,当即停止了田永的考试。被告北京科技大学根据原国家教委关于严肃考场纪律的指示精神,于 1994 年制定了校发 (94) 第 068 号《关于严格考试管理的紧急通知》(简称第 068 号通知)。该通知规定,凡考试作弊的学生一律按退学处理,取消学籍。被告据此于 1996 年 3 月 5 日认定田永的行为属作弊行为,并作出退学处理决定。同年 4 月 10 日,被告填发了学籍变动通知,但退学处理决定和变更学籍的通知未直接向田永宣布、送达,也未给田永办理退学手续,田永继续以该校大学生的身份参加正常学习及学校组织的活动。1996 年 9 月,被告为田永补办了学生证,之后每学年均收取田永交纳的教育费,并为田永进行注册、发放大学生补助津贴,安排田永参加了大学生毕业实习设计,由其论文指导教师领取了学校发放的毕业设计结业费。田永还以该校大学生的名义参加考试,先后取得了大学英语四级、计算机应用水平测试 BASIC 语言成绩合格证书。被告对原告在该校的四年学习中成绩全部合格,通过毕业实习、毕业设计及论文答辩,获得优秀毕业论文及毕业总成绩为全班第九名的事实无争议。

1998 年 6 月,田永所在院系向被告报送田永所在班级授予学士学位表时,被告有关部门以田永已按退学处理、不具备北京科技大学学籍为由,拒绝为其颁发毕业证书,

进而未向教育行政部门呈报田永的毕业派遣资格表。田永所在院系认为原告符合大学毕业和授予学士学位的条件，但由于当时原告因毕业问题正在与学校交涉，故暂时未在授予学位表中签字，待学籍问题解决后再签。被告因此未将原告列入授予学士学位资格的名单交该校学位评定委员会审核。因被告的部分教师为田永一事向原国家教委申诉，国家教委高校学生司于1998年5月18日致函被告，认为被告对田永违反考场纪律一事处理过重，建议复查。同年6月10日，被告复查后，仍然坚持原结论。田永认为自己符合大学毕业生的法定条件，北京科技大学拒绝给其颁发毕业证、学位证是违法的，遂向北京市海淀区人民法院提起行政诉讼。

裁判结果

北京市海淀区人民法院于1999年2月14日作出（1998）海行初字第00142号行政判决：一、北京科技大学在本判决生效之日起30日内向田永颁发大学本科毕业证书；二、北京科技大学在本判决生效之日起60日内组织本校有关院、系及学位评定委员会对田永的学士学位资格进行审核；三、北京科技大学于本判决生效后30日内履行向当地教育行政部门上报有关田永毕业派遣的有关手续的职责；四、驳回田永的其他诉讼请求。北京科技大学提出上诉，北京市第一中级人民法院于1999年4月26日作出（1999）一中行终字第73号行政判决：驳回上诉，维持原判。

裁判理由

法院生效裁判认为：根据我国法律、法规规定，高等学校对受教育者有进行学籍管理、奖励或处分的权力，有代表国家对受教育者颁发学历证书、学位证书的职责。高等学校与受教育者之间属于教育行政管理关系，受教育者对高等学校涉及受教育者基本权利的管理行为不服的，有权提起行政诉讼，高等学校是行政诉讼的适格被告。

高等学校依法具有相应的教育自主权，有权制定校纪、校规，并有权对在校学生进行教学管理和违纪处分，但是其制定的校纪、校规和据此进行的教学管理和违纪处分，必须符合法律、法规和规章的规定，必须尊重和保护当事人的合法权益。本案原告在补考中随身携带纸条的行为属于违反考场纪律的行为，被告可以按照有关法律、法规、规章及学校的有关规定处理，但其对原告作出退学处理决定所依据的该校制定的第068号通知，与《普通高等学校学生管理规定》第二十九条规定的法定退学条件相抵触，故被告所作退学处理决定违法。

退学处理决定涉及原告的受教育权利，为充分保障当事人权益，从正当程序原则出发，被告应将此决定向当事人送达、宣布，允许当事人提出申辩意见。而被告既未依此原则处理，也未实际给原告办理注销学籍、迁移户籍、档案等手续。被告于1996年9月为原告补办学生证并注册的事实行为，应视为被告改变了对原告所作的按退学处理的决定，恢复了原告的学籍。被告又安排原告修满四年学业，参加考核、实习及毕业设计并通过论文答辩等。上述一系列行为虽系被告及其所属院系的部分教师具体实施，但因他们均属职务行为，故被告应承担上述行为所产生的法律后果。

国家实行学历证书制度，被告作为国家批准设立的高等学校，对取得普通高等学校学籍、接受正规教育、学习结束达到一定水平和要求的受教育者，应当为其颁发相应的学业证明，以承认该学生具有的相当学历。原告符合上述高等学校毕业生的条件，被告应当依《中华人民共和国教育法》第二十八条第一款第五项及《普通高等学校学生管理规定》第三十五条的规定，为原告颁发大学本科毕业证书。

国家实行学位制度，学位证书是评价个人学术水平的尺度。被告作为国家授权的高等学校学士学位授予机构，应依法定程序对达到一定学术水平或专业技术水平的人员授予相应的学位，颁发学位证书。依《中华人民共和国学位条例暂行实施办法》第四条、第五条、第十八条第三项规定的颁发学士学位证书的法定程序要求，被告首先应组织有关院系审核原告的毕业成绩和毕业鉴定等材料，确定原告是否已较好地掌握本门学科的基础理论、专业知识和基本技能，是否具备从事科学研究工作或担负专门技术工作的初步能力；再决定是否向学位评定委员会提名列入学士学位获得者的名单，学位评定委员会方可依名单审查通过后，由被告对原告授予学士学位。

指导案例 39 号

何小强诉华中科技大学拒绝授予学位案

（最高人民法院审判委员会讨论通过　2014 年 12 月 25 日发布）

关键词　行政诉讼　学位授予　高等学校　学术自治

裁判要点

1. 具有学位授予权的高等学校，有权对学位申请人提出的学位授予申请进行审查并决定是否授予其学位。申请人对高等学校不授予其学位的决定不服提起行政诉讼的，人民法院应当依法受理。

2. 高等学校依照《中华人民共和国学位条例暂行实施办法》的有关规定，在学术自治范围内制定的授予学位的学术水平标准，以及据此标准作出的是否授予学位的决定，人民法院应予支持。

相关法条

《中华人民共和国学位条例》第四条、第八条第一款

《中华人民共和国学位条例暂行实施办法》第二十五条

基本案情

原告何小强系第三人华中科技大学武昌分校（以下简称武昌分校）2003 级通信工程专业的本科毕业生。武昌分校是独立的事业单位法人，无学士学位授予资格。根据国家对民办高校学士学位授予的相关规定和双方协议约定，被告华中科技大学同意对武昌分校符合学士学位条件的本科毕业生授予学士学位，并在协议附件载明《华中科技大学武昌分校授予本科毕业生学士学位实施细则》。其中第二条规定"凡具有我校学籍的本科毕业生，符合本《实施细则》中授予条件者，均可向华中科技大学学位评定委员会申请授予学士学位"，第三条规定"……达到下述水平和要求，经学术评定委员会审核通过者，可授予学士学位。……（三）通过全国大学英语四级统考"。2006 年 12 月，华

中科技大学作出《关于武昌分校、文华学院申请学士学位的规定》，规定通过全国大学外语四级考试是非外国语专业学生申请学士学位的必备条件之一。

2007年6月30日，何小强获得武昌分校颁发的《普通高等学校毕业证书》，由于其本科学习期间未通过全国英语四级考试，武昌分校根据上述《实施细则》，未向华中科技大学推荐其申请学士学位。8月26日，何小强向华中科技大学和武昌分校提出授予工学学士学位的申请。2008年5月21日，武昌分校作出书面答复，因何小强没有通过全国大学英语四级考试，不符合授予条件，华中科技大学不能授予其学士学位。

裁判结果

湖北省武汉市洪山区人民法院于2008年12月18日作出（2008）洪行初字第81号行政判决，驳回原告何小强要求被告华中科技大学为其颁发工学学士学位的诉讼请求。湖北省武汉市中级人民法院于2009年5月31日作出（2009）武行终字第61号行政判决，驳回上诉，维持原判。

裁判理由

法院生效裁判认为：本案争议焦点主要涉及被诉行政行为是否可诉、是否合法以及司法审查的范围问题。

一、被诉行政行为具有可诉性。根据《中华人民共和国学位条例》等法律、行政法规的授权，被告华中科技大学具有审查授予普通高校学士学位的法定职权。依据《中华人民共和国学位条例暂行实施办法》第四条第二款"非授予学士学位的高等院校，对达到学士学术水平的本科毕业生，应当由系向学校提出名单，经学校同意后，由学校就近向本系统、本地区的授予学士学位的高等院校推荐。授予学士学位的高等院校有关的系，对非授予学士学位的高等院校推荐的本科毕业生进行审查考核，认为符合本暂行办法及有关规定的，可向学校学位评定委员会提名，列入学士学位获得者名单"，以及国家促进民办高校办学政策的相关规定，华中科技大学有权按照与民办高校的协议，对于符合本校学士学位授予条件的民办高校本科毕业生经审查合格授予普通高校学士学位。

本案中，第三人武昌分校是未取得学士学位授予资格的民办高校，该院校与华中科技大学签订合作办学协议约定，武昌分校对该校达到学士学术水平的本科毕业生，向华中科技大学推荐，由华中科技大学审核是否授予学士学位。依据《中华人民共和国学位条例暂行实施办法》的规定和华中科技大学与武昌分校之间合作办学协议，华中科技大学具有对武昌分校推荐的应届本科毕业生进行审查和决定是否颁发学士学位的法定职责。武昌分校的本科毕业生何小强以华中科技大学在收到申请之日起六十日内未授予其工学学士学位，向人民法院提起行政诉讼，符合《最高人民法院关于执行〈中华人民共和国行政诉讼法〉若干问题的解释》第三十九条第一款的规定。因此，华中科技大学是本案适格的被告，何小强对华中科技大学不授予其学士学位不服提起诉讼的，人民法院应当依法受理。

二、被告制定的《华中科技大学武昌分校授予本科毕业生学士学位实施细则》第三条的规定符合上位法规定。《中华人民共和国学位条例》第四条规定："高等学校本科毕业生，成绩优良，达到下述学术水平者，授予学士学位：（一）较好地掌握本门学科的基础理论、专门知识和基本技能……"。《中华人民共和国学位条例暂行实施办法》第二十五条规定:"学位授予单位可根据本暂行条例实施办法,制定本单位授予学位的工作细则。"该办法赋予学位授予单位在不违反《中华人民共和国学位条例》所规定授予学士学位基本原则的基础上,在学术自治范围内制定学士学位授予标准的权力和职责,华中科技大学在此授权范围内将全国大学英语四级考试成绩与学士学位挂钩,属于学术自治的范畴。高等学校依法行使教学自主权,自行对其所培养的本科生教育质量和学术水平作出具体的规定和要求,是对授予学士学位的标准的细化,并没有违反《中华人民共和国学位条例》第四条和《中华人民共和国学位条例暂行实施办法》第二十五条的原则性规定。因此,何小强因未通过全国大学英语四级考试不符合华中科技大学学士学位的授予条件,武昌分校未向华中科技大学推荐其申请授予学士学位,故华中科技大学并不存在不作为的事实,对何小强的诉讼请求不予支持。

三、对学校授予学位行为的司法审查以合法性审查为原则。各高等学校根据自身的教学水平和实际情况在法定的基本原则范围内确定各自学士学位授予的学术水平衡量标准,是学术自治原则在高等学校办学过程中的具体体现。在符合法律法规规定的学位授予条件前提下,确定较高的学士学位授予学术标准或适当放宽学士学位授予学术标准,均应由各高等学校根据各自的办学理念、教学实际情况和对学术水平的理想追求自行决定。对学士学位授予的司法审查不能干涉和影响高等学校的学术自治原则,学位授予类行政诉讼案件司法审查的范围应当以合法性审查为基本原则。

指导案例 40 号

孙立兴诉天津新技术产业园区劳动人事局工伤认定案

(最高人民法院审判委员会讨论通过 2014 年 12 月 25 日发布)

关键词 行政 工伤认定 工作原因 工作场所 工作过失
裁判要点
1.《工伤保险条例》第十四条第一项规定的"因工作原因",是指职工受伤与其从事本职工作之间存在关联关系。
2.《工伤保险条例》第十四条第一项规定的"工作场所",是指与职工工作职责相关的场所,有多个工作场所的,还包括工作时间内职工来往于多个工作场所之间的合理区域。
3. 职工在从事本职工作中存在过失,不属于《工伤保险条例》第十六条规定的故意犯罪、醉酒或者吸毒、自残或者自杀情形,不影响工伤的认定。
相关法条
《工伤保险条例》第十四条第一项、第十六条
基本案情
原告孙立兴诉称:其在工作时间、工作地点、因工作原因摔倒致伤,符合《工伤保

险条例》规定的情形。天津新技术产业园区劳动人事局（以下简称园区劳动局）不认定工伤的决定，认定事实错误，适用法律不当。请求撤销园区劳动局所作的《工伤认定决定书》，并判令园区劳动局重新作出工伤认定行为。

被告园区劳动局辩称：天津市中力防雷技术有限公司（以下简称中力公司）业务员孙立兴因公外出期间受伤，但受伤不是由于工作原因，而是由于本人注意力不集中，脚底踩空，才在下台阶时摔伤。其受伤结果与其所接受的工作任务没有明显的因果关系，故孙立兴不符合《工伤保险条例》规定的应当认定为工伤的情形。园区劳动局作出的不认定工伤的决定，事实清楚，证据充分，程序合法，应予维持。

第三人中力公司述称：因本公司实行末位淘汰制，孙立兴事发前已被淘汰。但因其原从事本公司的销售工作，还有收回剩余货款的义务，所以才偶尔回公司打电话。事发时，孙立兴已不属于本公司职工，也不是在本公司工作场所范围内摔伤，不符合认定工伤的条件。

法院经审理查明：孙立兴系中力公司员工，2003年6月10日上午受中力公司负责人指派去北京机场接人。其从中力公司所在地天津市南开区华苑产业园区国际商业中心（以下简称商业中心）八楼下楼，欲到商业中心院内停放的红旗轿车处去开车，当行至一楼门口台阶处时，孙立兴脚下一滑，从四层台阶处摔倒在地面上，造成四肢不能活动。经医院诊断为颈髓过伸位损伤合并颈部神经根牵拉伤、上唇挫裂伤、左手臂擦伤、左腿皮擦伤。孙立兴向园区劳动局提出工伤认定申请，园区劳动局于2004年3月5日作出（2004）0001号《工伤认定决定书》，认为根据受伤职工本人的工伤申请和医疗诊断证明书，结合有关调查材料，依据《工伤保险条例》第十四条第五项的工伤认定标准，没有证据表明孙立兴的摔伤事故系由工作原因造成，决定不认定孙立兴摔伤事故为工伤事故。孙立兴不服园区劳动局《工伤认定决定书》，向天津市第一中级人民法院提起行政诉讼。

裁判结果

天津市第一中级人民法院于2005年3月23日作出（2005）一中行初字第39号行政判决：一、撤销园区劳动局所作（2004）0001号《工伤认定决定书》；二、限园区劳动局在判决生效后60日内重新作出具体行政行为。园区劳动局提起上诉，天津市高级人民法院于2005年7月11日作出（2005）津高行终字第0034号行政判决：驳回上诉，维持原判。

裁判理由

法院生效裁判认为：各方当事人对园区劳动局依法具有本案行政执法主体资格和法定职权，其作出被诉工伤认定决定符合法定程序，以及孙立兴是在工作时间内摔伤，均无异议。本案争议焦点包括：一是孙立兴摔伤地点是否属于其"工作场所"？二是孙立兴是否"因工作原因"摔伤？三是孙立兴工作过程中不够谨慎的过失是否影响工伤认定？

一、关于孙立兴摔伤地点是否属于其"工作场所"问题

《工伤保险条例》第十四条第一项规定，职工在工作时间和工作场所内，因工作原因受到事故伤害，应当认定为工伤。该规定中的"工作场所"，是指与职工工作职责相关的场所，在有多个工作场所的情形下，还应包括职工来往于多个工作场所之间的合理区域。本案中，位于商业中心八楼的中力公司办公室，是孙立兴的工作场所，而其完成去机场接人的工作任务需驾驶的汽车停车处，是孙立兴的另一处工作场所。汽车停在商业中心一楼的门外，孙立兴要完成开车任务，必须从商业中心八楼下到一楼门外停车处，故从商业中心八楼到停车处是孙立兴来往于两个工作场所之间的合理区域，也应当认定为孙立兴的工作场所。园区劳动局认为孙立兴摔伤地点不属于其工作场所，系将完成工作任务的合理路线排除在工作场所之外，既不符合立法本意，也有悖于生活常识。

二、关于孙立兴是否"因工作原因"摔伤的问题

《工伤保险条例》第十四条第一项规定的"因工作原因"，指职工受伤与其从事本职工作之间存在关联关系，即职工受伤与其从事本职工作存在一定关联。孙立兴为完成开车接人的工作任务，必须从商业中心八楼的中力公司办公室下到一楼进入汽车驾驶室，该行为与其工作任务密切相关，是孙立兴为完成工作任务客观上必须进行的行为，不属于超出其工作职责范围的其他不相关的个人行为。因此，孙立兴在一楼门口台阶处摔伤，系为完成工作任务所致。园区劳动局主张孙立兴在下楼过程中摔伤，与其开车任务没有直接的因果关系，不符合"因工作原因"致伤，缺乏事实根据。另外，孙立兴接受本单位领导指派的开车接人任务后，从中力公司所在商业中心八楼下到一楼，在前往院内汽车停放处的途中摔倒，孙立兴当时尚未离开公司所在院内，不属于"因公外出"的情形，而是属于在工作时间和工作场所内。

三、关于孙立兴工作中不够谨慎的过失是否影响工伤认定的问题

《工伤保险条例》第十六条规定了排除工伤认定的三种法定情形，即因故意犯罪、醉酒或者吸毒、自残或者自杀的，不得认定为工伤或者视同工伤。职工从事工作中存在过失，不属于上述排除工伤认定的法定情形，不能阻却职工受伤与其从事本职工作之间的关联关系。工伤事故中，受伤职工有时具有疏忽大意、精力不集中等过失行为，工伤保险正是分担事故风险、提供劳动保障的重要制度。如果将职工个人主观上的过失作为认定工伤的排除条件，违反工伤保险"无过失补偿"的基本原则，不符合《工伤保险条例》保障劳动者合法权益的立法目的。据此，即使孙立兴工作中在行走时确实有失谨慎，也不影响其摔伤系"因工作原因"的认定结论。园区劳动局以导致孙立兴摔伤的原因不是雨、雪天气使台阶地滑，而是因为孙立兴自己精力不集中导致为由，主张孙立兴不属于"因工作原因"摔伤而不予认定工伤，缺乏法律依据。

综上，园区劳动局作出的不予认定孙立兴为工伤的决定，缺乏事实根据，适用法律错误，依法应予撤销。

指导案例 41 号

宣懿成等诉浙江省衢州市国土资源局收回国有土地使用权案

(最高人民法院审判委员会讨论通过 2014 年 12 月 25 日发布)

关键词 行政诉讼 举证责任 未引用具体法律条款 适用法律错误

裁判要点

行政机关作出具体行政行为时未引用具体法律条款，且在诉讼中不能证明该具体行政行为符合法律的具体规定，应当视为该具体行政行为没有法律依据，适用法律错误。

相关法条

《中华人民共和国行政诉讼法》第三十二条

基本案情

原告宣懿成等 18 人系浙江省衢州市柯城区卫宁巷 1 号（原 14 号）衢州府山中学教工宿舍楼的住户。2002 年 12 月 9 日，衢州市发展计划委员会根据第三人建设银行衢州分行（以下简称衢州分行）的报告，经审查同意衢州分行在原有的营业综合大楼东南侧扩建营业用房建设项目。同日，衢州市规划局制定建设项目选址意见，衢州分行为扩大营业用房等，拟自行收购、拆除占地面积为 205 平方米的府山中学教工宿舍楼，改建为露天停车场，具体按规划详图实施。18 日，衢州市规划局又规划出衢州分行扩建营业用房建设用地平面红线图。20 日，衢州市规划局发出建设用地规划许可证，衢州分行建设项目用地面积 756 平方米。25 日，被告衢州市国土资源局（以下简称衢州市国土局）请示收回衢州府山中学教工宿舍楼住户的国有土地使用权 187.6 平方米，报衢州市人民政府审批同意。同月 31 日，衢州市国土局作出衢市国土（2002）37 号《收回国有土地使用权通知》（以下简称《通知》），并告知宣懿成等 18 人其正在使用的国有土地使用权将收回及诉权等内容。该《通知》说明了行政决定所依据的法律名称，但没有对所依据的具体法律条款予以说明。原告不服，提起行政诉讼。

裁判结果

浙江省衢州市柯城区人民法院于 2003 年 8 月 29 日作出（2003）柯行初字第 8 号行政判决：撤销被告衢州市国土资源局 2002 年 12 月 31 日作出的衢市国土（2002）第 37 号《收回国有土地使用权通知》。宣判后，双方当事人均未上诉，判决已发生法律效力。

裁判理由

法院生效裁判认为：被告衢州市国土局作出《通知》时，虽然说明了该通知所依据的法律名称，但并未引用具体法律条款。在庭审过程中，被告辩称系依据《中华人民共和国土地管理法》（以下简称《土地管理法》）第五十八条第一款作出被诉具体行政行为。《土地管理法》第五十八条第一款规定："有下列情况之一的，由有关人民政府土地行政主管部门报经原批准用地的人民政府或者有批准权的人民政府批准，可以收回国有土地使用权：（一）为公共利益需要使用土地的；（二）为实施城市规划进行旧城区改建，需要调整使用土地的；……"衢州市国土局作为土地行政主管部门，有权依照《土地管理法》对辖区内国有土地的使用权进行管理和调整，但其行使职权时必须具有明确的法律依据。被告在作出《通知》时，仅说明是依据《土地管理法》及浙江省的有关规定作出的，但并未引用具体的法律条款，故其作出的具体行政行为没有明确的法律依据，属于适用法律错误。

本案中，衢州市国土局提供的衢州市发展计划委员会（2002）35 号《关于同意扩建营业用房项目建设计划的批复》《建设项目选址意见书审批表》《建设银行衢州分行扩建营业用房建设用地规划红线图》等有关证据，难以证明其作出的《通知》符合《土地管理法》第五十八条第一款规定的"为公共利益需要使用土地"或"实施城市规划进行旧城区改造需要调整使用土地"的情形，主要证据不足，故被告主张其作出的《通知》符合《土地管理法》规定的理由不能成立。根据《中华人民共和国行政诉讼法》及其相关司法解释的规定，在行政诉讼中，被告对其作出的具体行政行为承担举证责任，被告不提供作出具体行政行为时的证据和依据的，应当认定该具体行政行为没有证据和依据。

综上，被告作出的收回国有土地使用权具体行政行为主要证据不足，适用法律错误，应予撤销。

指导案例 42 号

朱红蔚申请无罪逮捕赔偿案

（最高人民法院审判委员会讨论通过　2014 年 12 月 25 日发布）

关键词　国家赔偿　刑事赔偿　无罪逮捕　精神损害赔偿

裁判要点

1. 国家机关及其工作人员行使职权时侵犯公民人身自由权，严重影响受害人正常的工作、生活，导致其精神极度痛苦，属于造成精神损害严重后果。

2. 赔偿义务机关支付精神损害抚慰金的数额，应当根据侵权行为的手段、场合、方式等具体情节，侵权行为造成的影响、后果，以及当地平均生活水平等综合因素确定。

相关法条

《中华人民共和国国家赔偿法》第三十五条

基本案情

赔偿请求人朱红蔚申请称：检察机关的错误羁押致使其遭受了极大的物质损失和精神损害，申请最高人民法院赔偿委员会维持广东省人民检察院支付侵犯人身自由的赔偿金的决定，并决定由广东省人民检察院登报赔礼道歉、消除影响、恢复名誉，赔偿精神损害抚慰金200万元，赔付被扣押车辆、被拍卖房产等损失。

广东省人民检察院答辩称：朱红蔚被无罪羁押873天，广东省人民检察院依法决定支付侵犯人身自由的赔偿金124254.09元，已向朱红蔚当面道歉，并为帮助朱红蔚恢复经营走访了相关工商管理部门及向有关银行出具情况说明。广东省人民检察院未参与涉案车辆的扣押，不应对此承担赔偿责任。朱红蔚未能提供精神损害后果严重的证据，其要求支付精神损害抚慰金的请求不应予支持，其他请求不属于国家赔偿范围。

法院经审理查明：因涉嫌犯合同诈骗罪，朱红蔚于2005年7月25日被刑事拘留，同年8月26日被取保候审。2006年5月26日，广东省人民检察院以粤检侦监核〔2006〕4号复核决定书批准逮捕朱红蔚。同年6月1日，朱红蔚被执行逮捕。2008年9月11日，广东省深圳市中级人民法院以指控依据不足为由，判决宣告朱红蔚无罪。同月19日，朱红蔚被释放。朱红蔚被羁押时间共计875天。2011年3月15日，朱红蔚以无罪逮捕为由向广东省人民检察院申请国家赔偿。同年7月19日，广东省人民检察院作出粤检赔决〔2011〕1号刑事赔偿决定：按照2010年度全国职工日平均工资标准支付侵犯人身自由的赔偿金124254.09元（142.33元×873天）；口头赔礼道歉并依法在职能范围内为朱红蔚恢复生产提供方便；对支付精神损害抚慰金的请求不予支持。

另查明：（1）朱红蔚之女朱某某在朱红蔚被刑事拘留时未满18周岁，至2012年抑郁症仍未愈。（2）深圳一和实业有限公司自2004年由朱红蔚任董事长兼法定代表人，2005年以来未参加年检。（3）朱红蔚另案申请深圳市公安局赔偿被扣押车辆损失，广东省高级人民法院赔偿委员会以朱红蔚无证据证明其系车辆所有权人和受到实际损失为由，决定驳回朱红蔚赔偿申请。（4）2011年9月5日，广东省高级人民法院、广东省人民检察院、广东省公安厅联合发布粤高法〔2011〕382号《关于在国家赔偿工作中适用精神损害抚慰金若干问题的座谈会纪要》。该纪要发布后，广东省人民检察院表示可据此支付精神损害抚慰金。

裁判结果

最高人民法院赔偿委员会于2012年6月18日作出（2011）法委赔字第4号国家赔偿决定：维持广东省人民检察院粤检赔决〔2011〕1号刑事赔偿决定第二项；撤销广东省人民检察院粤检赔决〔2011〕1号刑事赔偿决定第一、三项；广东省人民检察院向朱红蔚支付侵犯人身自由的赔偿金142318.75元；广东省人民检察院向朱红蔚支付精神损害抚慰金50000元；驳回朱红蔚的其他赔偿请求。

裁判理由

最高人民法院认为：赔偿请求人朱红蔚于2011年3月15日向赔偿义务机关广东省人民检察院提出赔偿请求，本案应适用修订后的《中华人民共和国国家赔偿法》。朱红蔚被实际羁押时间为875天，广东省人民检察院计算为873天有误，应予纠正。根据《最高人民法院关于人民法院执行〈中华人民共和国国家赔偿法〉几个问题的解释》第六条规定，赔偿委员会变更赔偿义务机关尚未生效的赔偿决定，应以作出本赔偿决定时的上年度即2011年度全国职工日平均工资162.65元为赔偿标准。因此，广东省人民检察院应按照2011年度全国职工日平均工资标准向朱红蔚支付侵犯人身自由875天的赔偿金142318.75元。朱红蔚被宣告无罪后，广东省人民检察院已决定向朱红蔚以口头方式赔礼道歉，并为其恢复生产提供方便，从而在侵权行为范围内为朱红蔚消除影响、恢复名誉，该项决定应予维持。朱红蔚另要求广东省人民检察院以登报方式赔礼道歉，不予支持。

朱红蔚被羁押875天，正常的家庭生活和公司经营也因此受到影响，导致其精神极度痛苦，应认定精神损害后果严重。对朱红蔚主张的精神损害抚慰金，根据自2005年朱红蔚被羁押以来深圳一和实业有限公司不能正常经营，朱红蔚之女患抑郁症未愈，以及粤高法〔2011〕382号《关于在国家赔偿工作中适用精神损害抚慰金若干问题的座谈会纪要》明确的广东省赔偿精神损害抚慰金的参考标准，结合赔偿协商协调情况以及当地平均生活水平等情况，确定为50000元。朱红蔚提出的其他请求，不予支持。

指导案例43号

国泰君安证券股份有限公司海口滨海大道（天福酒店）证券营业部申请错误执行赔偿案

（最高人民法院审判委员会讨论通过　2014年12月25日发布）

关键词　国家赔偿　司法赔偿　错误执行　执行回转

裁判要点

1. 赔偿请求人以人民法院具有《中华人民共和国国家赔偿法》第三十八条规定的违法侵权情形为由申请国家赔偿的，人民法院应就赔偿请求人诉称的司法行为是否违法，以及是否应当承担国家赔偿责任一并予以审查。

2. 人民法院审理执行异议案件，因原执行行为所依据的当事人执行和解协议侵犯案外人合法权益，对原执行行为裁定予以撤销，并将被执行财产回复至执行之前状态的，该撤销裁定及执行回转行为不属于《中华人民共和国国家赔偿法》第三十八条规定的执行错误。

相关法条

《中华人民共和国国家赔偿法》第三十八条

基本案情

赔偿请求人国泰君安证券股份有限公司海口滨海大道（天福酒店）证券营业部（以下简称国泰海口营业部）申请称：海南省高级人民法院（以下简称海南高院）在未依法对原生效判决以及该院（1999）琼高法执字第9－10、9－11、9－12、9－13号裁定（以下分别简称9－10、9－11、9－12、9－13号裁定）进行再审的情况下，作出（1999）琼高法执字第9－16号裁定（以下简称9－16号裁定），并据此执行回转，撤销原9－11、9－12、9－13号裁定，造成国泰海口营业部已合法取得的房产丧失，应予确认违法，并予以国家赔偿。

海南高院答辩称：该院 9—16 号裁定仅是纠正此前执行裁定的错误，并未改变原执行依据，无须经过审判监督程序。该院 9—16 号裁定及其执行回转行为，系在审查案外人执行异议成立的基础上，使争议房产回复至执行案件开始时的产权状态，该行为与国泰海口营业部经判决确定的债权，及其尚不明确的损失主张之间没有因果关系。国泰海口营业部赔偿请求不能成立，应予驳回。

法院经审理查明：1998 年 9 月 21 日，海南高院就国泰海口营业部诉海南国际租赁有限公司（以下简称海南租赁公司）证券回购纠纷一案作出（1998）琼经初字第 8 号民事判决，判决海南租赁公司向国泰海口营业部支付证券回购款本金 3620 万元和该款截止到 1997 年 11 月 30 日的利息 16362296 元；海南租赁公司向国泰海口营业部支付证券回购款本金 3620 万元的利息，计息方法为：从 1997 年 12 月 1 日起至付清之日止按年息 18％计付。

1998 年 12 月，国泰海口营业部申请海南高院执行该判决。海南高院受理后，向海南租赁公司发出执行通知书并查明该公司无财产可供执行。海南租赁公司提出其对第三人海南中标物业发展有限公司（以下简称中标公司）享有到期债权。中标公司对此亦予以认可，并表示愿意以景瑞大厦部分房产直接抵偿给国泰海口营业部，以偿还其欠海南租赁公司的部分债务。海南高院遂于 2000 年 6 月 13 日作出 9—10 号裁定，查封景瑞大厦的部分房产，并于当日予以公告。同年 6 月 29 日，国泰海口营业部、海南租赁公司和中标公司共同签订《执行和解书》，约定海南租赁公司、中标公司以中标公司所有的景瑞大厦部分房产抵偿国泰海口营业部的债务。据此，海南高院于 6 月 30 日作出 9—11 号裁定，对和解协议予以认可。

在办理过户手续过程中，案外人海南发展银行清算组（以下简称海发行清算组）和海南创仁房地产有限公司（以下简称创仁公司）以海南高院 9—11 号裁定抵债的房产属其所有，该裁定损害其合法权益为由提出执行异议。海南高院审查后分别作出 9—12 号、9—13 号裁定，驳回异议。2002 年 3 月 14 日，国泰海口营业部依照 9—11 号裁定将上述抵债房产的产权办理变更登记至自己名下，并缴纳相关税费。海发行清算组、创仁公司申诉后，海南高院经再次审查认为：9—11 号裁定将原金通城市信用社（后并入海南发展银行）向中标公司购买并已支付大部分价款的房产当作中标公司房产抵债给国泰海口营业部，损害了海发行清算组的利益，确属不当，海发行清算组的异议理由成立，创仁公司异议主张应通过诉讼程序解决。据此海南高院于 2003 年 7 月 31 日作出 9—16 号裁定，裁定撤销 9—11 号、9—12 号、9—13 号裁定，将原裁定抵债房产回转过户至执行前状态。

2004 年 12 月 18 日，海口市中级人民法院（以下简称海口中院）对以海发行清算组为原告、中标公司为被告、创仁公司为第三人的房屋确权纠纷一案作出（2003）海中法民再字第 37 号民事判决，确认原抵债房产分属创仁公司和海发行清算组所有。该判决已发生法律效力。2005 年 6 月，国泰海口营业部向海口市地方税务局申请退税，海口市地方税务局将契税退还国泰海口营业部。2006 年 8 月 4 日，海南高院作出 9—18 号民事裁定，以海南租赁公司已被裁定破产还债，海南租赁公司清算组请求终结执行的理由成立为由，裁定终结（1998）琼经初字第 8 号民事判决的执行。

（1998）琼经初字第 8 号民事判决所涉债权，至 2004 年 7 月经协议转让给国泰君安投资管理股份有限公司（以下简称国泰投资公司）。2005 年 11 月 29 日，海南租赁公司向海口中院申请破产清算。破产案件审理中，国泰投资公司向海南租赁公司管理人申报了包含（1998）琼经初字第 8 号民事判决确定债权在内的相关债权。2009 年 3 月 31 日，海口中院作出（2005）海中法破字第 4-350 号民事裁定，裁定终结破产清算程序，国泰投资公司债权未获得清偿。

2010 年 12 月 27 日，国泰海口营业部以海南高院 9-16 号裁定及其行为违法，并应予返还 9-11 号裁定抵债房产或赔偿相关损失为由向该院申请国家赔偿。2011 年 7 月 4 日，海南高院作出（2011）琼法赔字第 1 号赔偿决定，决定对国泰海口营业部的赔偿申请不予赔偿。国泰海口营业部对该决定不服，向最高人民法院赔偿委员会申请作出赔偿决定。

裁判结果

最高人民法院赔偿委员会于 2012 年 3 月 23 日作出（2011）法委赔字第 3 号国家赔偿决定：维持海南省高级人民法院（2011）琼法赔字第 1 号赔偿决定。

裁判理由

最高人民法院认为：被执行人海南租赁公司没有清偿债务能力，因其对第三人中标公司享有到期债权，中标公司对此未提出异议并认可履行债务，中标公司隐瞒其与案外人已签订售房合同并收取大部分房款的事实，与国泰海口营业部及海南租赁公司三方达成《执行和解书》。海南高院据此作出 9-11 号裁定。但上述执行和解协议侵犯了案外人的合法权益，国泰海口营业部据此取得的争议房产产权不应受到法律保护。海南高院 9-16 号裁定系在执行程序中对案外人提出的执行异议审查成立的基础上，对原 9-11 号裁定予以撤销，将已被执行的争议房产回复至执行前状态。该裁定及其执行回转行为不违反法律规定，且经生效的海口中院（2003）海中法民再字第 37 号民事判决所认定的内容予以印证，其实体处理并无不当。国泰海口营业部债权未得以实现的实质在于海南租赁公司没有清偿债务的能力，国泰海口营业部及其债权受让人虽经破产债权申报，仍无法获得清偿，该债权未能实现与海南高院 9-16 号裁定及其执行行为之间无法律上的因果联系。因此，海南高院 9-16 号裁定及其执行回转行为，不属于《中华人民共和国国家赔偿法》及相关司法解释规定的执行错误情形。

指导案例 44 号

卜新光申请刑事违法追缴赔偿案

(最高人民法院审判委员会讨论通过 2014 年 12 月 25 日发布)

关键词 国家赔偿 刑事赔偿 刑事追缴 发还赃物

裁判要点

公安机关根据人民法院生效刑事判决将判令追缴的赃物发还被害单位,并未侵犯赔偿请求人的合法权益,不属于《中华人民共和国国家赔偿法》第十八条第一项规定的情形,不应承担国家赔偿责任。

相关法条

《中华人民共和国国家赔偿法》第十八条

基本案情

赔偿请求人卜新光以安徽省公安厅皖公刑赔字〔2011〕01 号刑事赔偿决定、中华人民共和国公安部(以下简称公安部)公刑赔复字〔2011〕1 号刑事赔偿复议决定与事实不符,适用法律不当为由,向最高人民法院赔偿委员会提出赔偿申请,称安徽省公安厅越权处置经济纠纷,以其购买的"深坑村土地"抵偿银行欠款违法,提出安徽省公安厅赔偿经济损失 316.6 万元等赔偿请求。

法院经审理查明:赔偿请求人卜新光因涉嫌伪造公司印章罪、非法出具金融票证罪和挪用资金罪被安徽省公安厅立案侦查,于 1999 年 9 月 5 日被逮捕,捕前系深圳新晖实业发展有限责任公司(以下简称新晖公司)总经理。2001 年 11 月 20 日,合肥市中级人民法院作出(2001)合刑初字第 68 号刑事判决,认定卜新光自 1995 年 1 月起承包经营安徽省信托投资公司深圳证券业务部(以下简称安信证券部)期间,未经安徽省信托投资公司(以下简称安信公司)授权,安排其聘用人员私自刻制、使用属于安信公司专有的公司印章,并用此假印章伪造安信公司法人授权委托书、法定代表人证明书及给深圳证券交易所的担保文书,获得了安信证券部的营业资格,其行为构成伪造印章罪;卜新光在承包经营安信证券部期间,违反金融管理法规,两次向他人开具虚假的资信证明,造成 1032 万元的重大经济损失,其行为又构成非法出具金融票证罪;在承包经营过程中,作为安信证券部总经理,利用职务之便,直接或间接将安信证券部资金 9173.2286 万元挪用,用于其个人所有的新晖公司投资及各项费用,与安信证券部经营业务没有关联,且造成的经济损失由安信证券部、安信公司承担法律责任,应视为卜新光挪用证券部资金归个人使用,其行为构成挪用资金罪。案发后,安徽省公安厅追回赃款 1689.05 万元,赃物、住房折合 1627 万元;查封新晖公司投资的价值 2840 万元房产和 1950 万元的土地使用权,共计价值 8106.05 万元。卜新光一人犯数罪,应数罪并罚,遂判决:一、卜新光犯伪造公司印章罪,判处有期徒刑二年;犯非法出具金融票证罪,判处有期徒刑八年;犯挪用资金罪,判处有期徒刑十年,决定执行有期徒刑十五年。二、赃款、赃物共计8106.05万元予以追缴。卜新光不服,提起上诉。安徽省高级人民法院于2002年2月22日作出(2002)皖刑终字第34号刑事裁定,驳回上诉,维持原判。上述刑事判决认定查封和判令追缴的土地使用权即指卜新光以新晖公司名义投资的"深坑村土地"使用权。2009年8月4日,卜新光刑满释放。

又查明:在卜新光刑事犯罪案发后,深圳发展银行人民桥支行(原系深圳发展银行营业部,以下简称深发行)以与卜新光、安信证券部、安信公司存在拆借2500万元的债务纠纷为由,于1999年12月28日向深圳市中级人民法院提起民事诉讼,案号为(2000)深中法经调初字第72号;深发行还以与安信证券部、安信公司存在担保借款纠纷,拆借资金合同和保证金存款协议纠纷为由,于2000年3月10日,同时向深圳市罗湖区人民法院提起民事诉讼,该院立案审理,案号分别为(2000)深罗法经一初字第372号、(2000)深罗法经一初字第373号。2000年4月19日,安徽省公安厅致函深圳市中级人民法院、罗湖区人民法院,请法院根据最高人民法院《关于在审理经济纠纷案件中涉及经济犯罪嫌疑若干问题的规定》第十二条的规定,对民事案件中止审理并依法移送安徽省公安厅统一侦办。2000年7月15日,罗湖区人民法院将其受理的(2000)深罗法经一初字第372号、(2000)深罗法经一初字第373号民事案件移送安徽省公安厅。2000年8月24日,安徽省公安厅刑事警察总队对"深坑村土地"进行查封。对(2000)深中法经调初字第72号深发行诉安信证券部、安信公司的拆借金额2500万元债务纠纷案件,深圳市中级人民法院经审理认为,该案涉嫌刑事犯罪,于2001年9月21日将该案移送安徽省公安厅侦查处理,同时通知深发行、安信公司、安信证券部已将该民事案件移送安徽省公安厅。安徽省公安厅在合肥市中级人民法院(2001)合刑初字第68号刑事判决生效后,对"深坑村土地"予以解封并将追缴的土地使用权返还被害单位安信证券部,用于抵偿安徽省公安厅侦办的(2000)深中法经调初字第72号民事案件中卜新光以安信证券部名义拆借深发行2500万元的债务。

再查明:在卜新光刑事犯罪案发后,深发行认为安信证券部向该行融资2000万元,只清偿1200万元,余款800万元逾期未付,以债券回购协议纠纷为由,向深圳市中级人民法院起诉卜新光及安信证券部、安信公司,要求连带清偿欠款800万元及利息300万元。深圳市中级人民法院1999年11月9日作出(1998)深中法经一初字第311号民事判决:卜新光返还给深发行2570016元及使用2000万元期间的利息;卜新光财产不足清偿债务时,由安信证券部和安信公司承担补充清偿责任。该民事判决在执行中已由深发行与安信公司达成和解,以其他财产抵偿。

裁判结果

最高人民法院赔偿委员会于2011年11月24日作出(2011)法委赔字第1号赔偿委员会决定:维持安徽省公安厅皖公刑赔字〔2011〕01号刑事赔偿决定和中华人民共和国公安部公赔复字〔2011〕1号刑事赔偿复议决定。

裁判理由

最高人民法院认为:卜新光在承包经营安信证券部期间,未经安信公司授权,私刻安信公司印章并冒用,违反金融管理法规向他人开具虚假的资信证明,利用职务之便,挪用安信证券部资金9173.2286万元，已被合肥市中级人民法院（2001）合刑初字第68号刑事判决认定构成伪造印章罪、非法出具金融票证罪、挪用资金罪，对包括卜新光以新晖公司名义投资的"深坑村土地"使用权在内的、共计价值8106.05万元（其中土地使用权价值1950万元）的赃款、赃物判决予以追缴。卜新光以新晖公司出资购买的该土地部分使用权属其个人合法财产的理由不成立，人民法院生效刑事判决已将新晖公司投资的"深坑村土地"价值1950万元的使用权作为卜新光挪用资金罪的赃款、赃物的一部分予以追缴，卜新光无权对人民法院生效判决追缴的财产要求国家赔偿。

关于卜新光主张安徽省公安厅以"深坑村土地"抵偿其欠深发行800万元，造成直接财产损失316.6万元的主张。在卜新光涉嫌犯罪案发后，深发行起诉卜新光及安信证券部、安信公司800万元债券回购协议案，深圳市中级人民法院作出（1998）深中法经一初字第311号民事判决并已执行。该案与深圳市中级人民法院于2001年9月21日移送安徽省公安厅侦办的（2000）深中法经调初字第72号，深发行起诉卜新光及安信证券部、安信公司拆借2500万元的债务纠纷案，不是同一民事案件。安徽省公安厅在刑事判决生效后，将判决追缴的价值1950万元的"深坑村土地"使用权发还给其侦办的卜新光以安信证券部名义拆借深发行2500万元资金案的被害单位，具有事实依据，没有损害其利益。卜新光主张安徽省公安厅以"深坑村土地"抵偿其欠深发行800万元，与事实不符。卜新光要求安徽省公安厅赔偿违法返还"深坑村土地"造成其316.6万元损失无事实与法律依据。

综上，"深坑村土地"已经安徽省高级人民法院（2002）皖刑终字第34号刑事裁定予以追缴，赔偿请求人卜新光主张安徽省公安厅违法返还土地给其造成316.6万元的损失没有法律依据，其他请求没有事实根据，不符合国家赔偿法的规定，不予支持。

最高人民法院
关于发布第十批指导性案例的通知

2015年4月15日　　　　　　　　　　　　　　　　法〔2015〕85号

各省、自治区、直辖市高级人民法院，解放军军事法院，新疆维吾尔自治区高级人民法院生产建设兵团分院：

根据《最高人民法院关于案例指导工作的规定》第九条的规定，最高人民法院对《最高人民法院公报》刊发的对全国法院审判、执行工作具有指导意义的案例，进行了清理和编纂。经最高人民法院审判委员会讨论决定，现将经清理和编纂的北京百度网讯科技有限公司诉青岛奥商网络技术有限公司等不正当竞争纠纷案等八个案例（指导案例45～52号），作为第十批指导性案例发布，供在审判类似案件时参照。

指导案例 45 号

北京百度网讯科技有限公司诉青岛奥商网络技术有限公司等不正当竞争纠纷案

（最高人民法院审判委员会讨论通过　2015 年 4 月 15 日发布）

关键词　民事　不正当竞争　网络服务　诚信原则

裁判要点

从事互联网服务的经营者，在其他经营者网站的搜索结果页面强行弹出广告的行为，违反诚实信用原则和公认商业道德，妨碍其他经营者正当经营并损害其合法权益，可以依照《中华人民共和国反不正当竞争法》第二条的原则性规定认定为不正当竞争。

相关法条

《中华人民共和国反不正当竞争法》第二条

基本案情

原告北京百度网讯科技有限公司（以下简称百度公司）诉称：其拥有的 www.baidu.com 网站（以下简称百度网站）是中文搜索引擎网站。三被告青岛奥商网络技术有限公司（以下简称奥商网络公司）、中国联合网络通信有限公司青岛市分公司（以下简称联通青岛公司）、中国联合网络通信有限公司山东省分公司（以下简称联通山东公司）在山东省青岛地区，利用网通的互联网接入网络服务，在百度公司网站的搜索结果页面强行增加广告的行为，损害了百度公司的商誉和经济效益，违背了诚实信用原则，构成不正当竞争。请求判令：1. 奥商网络公司、联通青岛公司的行为构成对原告的不正当竞争行为，并停止该不正当竞争行为；第三人承担连带责任；2. 三被告在报上刊登声明以消除影响；3. 三被告共同赔偿原告经济损失 480 万元和因本案的合理支出 10 万元。

被告奥商网络公司辩称：其不存在不正当竞争行为，不应赔礼道歉和赔偿 480 万元。

被告联通青岛公司辩称：原告没有证据证明其实施了被指控行为，没有提交证据证明遭受的实际损失，原告与其不存在竞争关系，应当驳回原告全部诉讼请求。

被告联通山东公司辩称：原告没有证据证明其实施了被指控的不正当竞争或侵权行为，承担连带责任没有法律依据。

第三人青岛鹏飞国际航空旅游服务有限公司（以下简称鹏飞航空公司）述称：本案与第三人无关。

法院经审理查明：百度公司经营范围为互联网信息服务业务，核准经营网址为 www.baidu.com 的百度网站，主要向网络用户提供互联网信息搜索服务。奥商网络公司经营范围包括网络工程建设、网络技术应用服务、计算机软件设计开发等，其网站为 www.og.com.cn。该公司在上述网站"企业概况"中称其拥有 4 个网站：中国奥商网

（www.og.com.cn）、讴歌网络营销伴侣（www.og.net.cn）、青岛电话实名网（www.0532114.org）、半岛人才网（www.job17.com）。该公司在其网站介绍其"网络直通车"业务时称：无需安装任何插件，广告网页强制出现。介绍"搜索通"产品表现形式时，以图文方式列举了下列步骤：第一步在搜索引擎对话框中输入关键词；第二步优先出现网络直通车广告位（5秒钟展现）；第三步同时点击上面广告位直接进入宣传网站新窗口；第四步5秒后原窗口自动展示第一步请求的搜索结果。该网站还以其他形式介绍了上述服务。联通青岛公司的经营范围包括因特网接入服务和信息服务等，青岛信息港（域名为qd.sd.cn）为其所有的网站。"电话实名"系联通青岛公司与奥商公司共同合作的一项语音搜索业务，网址为www.0532114.org的"114电话实名语音搜索"网站表明该网站版权所有人为联通青岛公司，独家注册中心为奥商网络公司。联通山东公司经营范围包括因特网接入服务和信息服务业务。其网站（www.sdcnc.cn）显示，联通青岛公司是其下属分公司。鹏飞航空公司经营范围包括航空机票销售代理等。

2009年4月14日，百度公司发现通过山东省青岛市网通接入互联网，登录百度网站（www.baidu.com），在该网站显示对话框中：输入"鹏飞航空"，点击"百度一下"，弹出显示有"打折机票抢先拿就打114"的页面，迅速点击该页面，打开了显示地址为http：//air.qd.sd.cn/的页面；输入"青岛人才网"，点击"百度一下"，弹出显示有"找好工作到半岛人才网www.job17.com"的页面，迅速点击该页面中显示的"马上点击"，打开了显示地址为http：//www.job17.com/的页面；输入"电话实名"，点击"百度一下"，弹出显示有"查信息打114，语音搜索更好用"的页面，随后该页面转至相应的"电话实名"搜索结果页面。百度公司委托代理人利用公证处的计算机对登录百度搜索等网站操作过程予以公证，公证书记载了前述内容。经专家论证，所链接的网站（http：//air.qd.sd.cn/）与联通山东公司的下属网站青岛信息港（www.qd.sd.cn）具有相同域（qd.sd.cn），网站air.qd.sd.cn是联通山东公司下属网站青岛站点所属。

裁判结果

山东省青岛市中级人民法院于2009年9月2日作出（2009）青民三初字第110号民事判决：一、奥商网络公司、联通青岛公司于本判决生效之日起立即停止针对百度公司的不正当竞争行为，即不得利用技术手段，使通过联通青岛公司提供互联网接入服务的网络用户，在登录百度网站进行关键词搜索时，弹出奥商网络公司、联通青岛公司的广告页面；二、奥商网络公司、联通青岛公司于本判决生效之日起十日内赔偿百度公司经济损失二十万元；三、奥商网络公司、联通青岛公司于本判决生效之日起十日内在各网站首页位置上刊登声明以消除影响，声明刊登时间应为连续的十五天；四、驳回百度公司的其他诉讼请求。宣判后，联通青岛公司、奥商网络公司提起上诉。山东省高级人民法院于2010年3月20日作出（2010）鲁民三终字第5-2号民事判决，驳回上诉，维持原判。

裁判理由

法院生效裁判认为：本案百度公司起诉奥商网络公司、联通青岛公司、联通山东公司，要求其停止不正当竞争行为并承担相应的民事责任。据此，判断原告的主张能否成立应按以下步骤进行：一、本案被告是否实施了被指控的行为；二、如果实施了被指控行为，该行为是否构成不正当竞争；三、如果构成不正当竞争，如何承担民事责任。

一、关于被告是否实施了被指控的行为

域名是互联网络上识别和定位计算机的层次结构式的字符标识。根据查明的事实，www.job17.com 系奥商网络公司所属的半岛人才网站，"电话实名语音搜索"系联通青岛公司与奥商网络公司合作经营的业务。域名 qd.sd.cn 属于联通青岛公司所有，并将其作为"青岛信息港"的域名实际使用。air.qd.sd.cn 作为 qd.sd.cn 的子域，是其上级域名 qd.sd.cn 分配与管理的。联通青岛公司作为域名 qd.sd.cn 的持有人否认域名 air.qd.sd.cn 为其所有，但没有提供证据予以证明，应认定在公证保全时该子域名的使用人为联通青岛公司。

在互联网上登录搜索引擎网站进行关键词搜索时，正常出现的应该是搜索引擎网站搜索结果页面，不应弹出与搜索引擎网站无关的其他页面，但是在联通青岛公司所提供的网络接入服务网络区域内，却出现了与搜索结果无关的广告页面强行弹出的现象。这种广告页面的弹出并非接入互联网的公证处计算机本身安装程序所导致，联通青岛公司既没有证据证明在其他网络接入服务商网络区域内会出现同样情况，又没有对在其网络接入服务区域内出现的上述情况给予合理解释，可以认定在联通青岛公司提供互联网接入服务的区域内，对于网络服务对象针对百度网站所发出的搜索请求进行了人为干预，使干预者想要发布的广告页面在正常搜索结果页面出现前强行弹出。

关于上述干预行为的实施主体问题，从查明的事实来看，奥商网络公司在其主页中对其"网络直通车"业务的介绍表明，其中关于广告强行弹出的介绍与公证保全的形式完全一致，且公证保全中所出现的弹出广告页面"半岛人才网""114电话语音搜索"均是其正在经营的网站或业务。因此，奥商网络公司是该干预行为的受益者，在其没有提供证据证明存在其他主体为其实施上述广告行为的情况下，可以认定奥商网络公司是上述干预行为的实施主体。

关于联通青岛公司是否被控侵权行为的实施主体问题，奥商网络公司这种干预行为不是通过在客户端计算机安装插件、程序等方式实现，而是在特定网络接入服务区域内均可实现，因此这种行为如果没有网络接入服务商的配合则无法实现。联通青岛公司没有证据证明奥商网络公司是通过非法手段干预其互联网接入服务而实施上述行为。同时，联通青岛公司是域名 air.qd.sd.cn 的所有人，因持有或使用域名而侵害他人合法权益的责任，由域名持有者承担。联通青岛公司与奥商网络公司合作经营电话实名业务，即联通青岛公司也是上述行为的受益人。因此，可以认定联通青岛公司也是上述干预行为的实施主体。

关于联通山东公司是否实施了干预行为，因联通山东公司、联通青岛公司同属于中国联合网络通信有限公司分支机构，无证据证明两公司具有开办和被开办的关系，也无证据证明联通山东公司参与实施了干预行为，联通青岛公司作为民事主体有承担民事责任的资格，故对联通山东公司的诉讼请求，不予支持。百度公司将鹏飞航空公司作为本案第三人，但是在诉状及庭审过程中并未指出第三人有不正当竞争行为，也未要求第三人承担民事责任，故将鹏飞航空公司作为第三人属于列举当事人不当，不予支持。

二、关于被控侵权行为是否构成不正当竞争

《中华人民共和国反不正当竞争法》（简称《反不正当竞争法》）第二章第五条至第十五条，对不正当竞争行为进行了列举式规定，对于没有在具体条文中列举的行为，只有按照公认的商业道德和普遍认识能够认定违反该法第二条原则性规定时，才可以认定为不正当竞争行为。判断经营者的行为构成不正当竞争，应当考虑以下方面：一是行为实施者是反不正当竞争法意义上的经营者；二是经营者从事商业活动时，没有遵循自愿、平等、公平、诚实信用原则，违反了反不正当竞争法律规定和公认的商业道德；三是经营者的不正当竞争行为损害正当经营者的合法权益。

首先，根据《反不正当竞争法》第二条有关经营者的规定，经营者的确定并不要求原、被告属同一行业或服务类别，只要是从事商品经营或者营利性服务的市场主体，就可成为经营者。联通青岛公司、奥商网络公司与百度公司均属于从事互联网业务的市场主体，属于反不正当竞争法意义上的经营者。虽然联通青岛公司是互联网接入服务经营者，百度公司是搜索服务经营者，服务类别上不完全相同，但是联通青岛公司实施的在百度搜索结果出现之前弹出广告的商业行为，与百度公司的付费搜索模式存在竞争关系。

其次，在市场竞争中存在商业联系的经营者，违反诚信原则和公认商业道德，不正当地妨碍了其他经营者正当经营，并损害其他经营者合法权益的，可以依照《反不正当竞争法》第二条的原则性规定，认定为不正当竞争。尽管在互联网上发布广告、进行商业活动与传统商业模式有较大差异，但是从事互联网业务的经营者仍应当通过诚信经营、公平竞争来获得竞争优势，不能未经他人许可，利用他人的服务行为或市场份额来进行商业运作并从中获利。联通青岛公司与奥商网络公司实施的行为，是利用了百度网站搜索引擎在我国互联网用户中被广泛使用优势，利用技术手段，让使用联通青岛公司提供互联网接入服务的网络用户，在登录百度网站进行关键词搜索时，在正常搜索结果显示前强行弹出奥商公司发布的与搜索的关键词及内容有紧密关系的广告页面。这种行为诱使本可能通过百度公司搜索结果检索相应信息的网络用户点击该广告页面，影响了百度公司向网络用户提供付费搜索服务与推广服务，属于利用百度公司提供的搜索服务来为自己牟利。该行为既没有征得百度公司同意，又违背了使用其互联网接入服务用户的意志，容易导致上网用户误以为弹出的广告页面系百度公司所为，会使上网用户对百度公司提供服务的评价降低，对百度公司的商业信誉产生不利影响，损害了百度公司的合法权益，同时也违背了诚实信用和公认的商业道德，已构成不正当竞争。

三、关于民事责任的承担

由于联通青岛公司与奥商网络公司共同实施了不正当竞争行为，依照《中华人民共和国民法通则》第一百三十条的规定应当承担连带责任。依照《中华人民共和国民法通则》第一百三十四条、《反不正当竞争法》第二十条的规定，应当承担停止侵权、赔偿损失、消除影响的民事责任。首先，奥商网络公司、联通青岛公司应当立即停止不正当竞争行为，即不得利用技术手段使通过联通青岛公司提供互联网接入服务的网络用户，在登录百度网站进行关键词搜索时，弹出两被告的广告页面。其次，根据原告为本案支出的合理费用、被告不正当竞争行为的情节、持续时间等，酌定两被告共同赔偿经济损

失20万元。最后，互联网用户在登录百度进行搜索时，面对弹出的广告页面，通常会认为该行为系百度公司所为。因此两被告的行为给百度公司造成了一定负面影响，应当承担消除影响的民事责任。由于该行为发生在互联网上，且发生在联通青岛公司提供互联网接入服务的区域内，故确定两被告应在其各自网站的首页上刊登消除影响的声明。

指导案例46号

山东鲁锦实业有限公司诉鄄城县鲁锦工艺品有限责任公司、济宁礼之邦家纺有限公司侵害商标权及不正当竞争纠纷案

（最高人民法院审判委员会讨论通过 2015年4月15日发布）

关键词 民事 商标侵权 不正当竞争 商品通用名称

裁判要点

判断具有地域性特点的商品通用名称，应当注意从以下方面综合分析：（1）该名称在某一地区或领域约定俗成，长期普遍使用并为相关公众认可；（2）该名称所指代的商品生产工艺经某一地区或领域群众长期共同劳动实践而形成；（3）该名称所指代的商品生产原料在某一地区或领域普遍生产。

相关法条

《中华人民共和国商标法》第五十九条

基本案情

原告山东鲁锦实业有限公司（以下简称鲁锦公司）诉称：被告鄄城县鲁锦工艺品有限责任公司（以下简称鄄城鲁锦公司）、济宁礼之邦家纺有限公司（以下简称礼之邦公司）大量生产、销售标有"鲁锦"字样的鲁锦产品，侵犯其"鲁锦"注册商标专用权。鄄城鲁锦公司企业名称中含有原告的"鲁锦"注册商标字样，误导消费者，构成不正当竞争。"鲁锦"不是通用名称。请求判令二被告承担侵犯商标专用权和不正当竞争的法律责任。

被告鄄城鲁锦公司辩称：原告鲁锦公司注册成立前及鲁锦商标注册完成前，"鲁锦"已成为通用名称。按照有关规定，其属于"正当使用"，不构成商标侵权，也不构成不正当竞争。

被告礼之邦公司一审未作答辩，二审上诉称："鲁锦"是鲁西南一带民间纯棉手工纺织品的通用名称，不知道"鲁锦"是鲁锦公司的注册商标，接到诉状后已停止相关使用行为，故不应承担赔偿责任。

法院经审理查明：鲁锦公司的前身嘉祥县瑞锦民间工艺品厂于1999年12月21日取得注册号为1345914号的"鲁锦"文字商标，有效期为1999年12月21日至2009年12月20日，核定使用商品为第25类服装、鞋、帽类。鲁锦公司又于2001年11月

14日取得注册号为第1665032号的"Lj＋LUJIN"的组合商标，有效期为2001年11月14日至2011年11月13日，核定使用商品为第24类的"纺织物、棉织品、内衣用织物、纱布、纺织品、毛巾布、无纺布、浴巾、床单、纺织品家具罩等"。嘉祥县瑞锦民间工艺品厂于2001年2月9日更名为嘉祥县鲁锦实业有限公司，后于2007年6月11日更名为山东鲁锦实业有限公司。

鲁锦公司在获得"鲁锦"注册商标专用权后，在多家媒体多次宣传其产品及注册商标，并于2006年3月被"中华老字号"工作委员会接纳为会员单位。鲁锦公司经过多年努力及长期大量的广告宣传和市场推广，其"鲁锦"牌系列产品，特别是"鲁锦"牌服装在国内享有一定的知名度。2006年11月16日，"鲁锦"注册商标被审定为山东省著名商标。

2007年3月，鲁锦公司从礼之邦鲁锦专卖店购买到由鄄城鲁锦公司生产的同鲁锦公司注册商标所核定使用的商品相同或类似的商品，该商品上的标签（吊牌）、包装盒、包装袋及店堂门面上均带有"鲁锦"字样。在该店门面上"鲁锦"已被突出放大使用，其出具的发票上加盖的印章为礼之邦公司公章。

鄄城鲁锦公司于2003年3月3日成立，在产品上使用的商标是"精一坊文字＋图形"组合商标，该商标已申请注册，但尚未核准。2007年9月，鄄城鲁锦公司申请撤销鲁锦公司已注册的第1345914号"鲁锦"商标，国家工商总局商标评审委员会已受理但未作出裁定。

一审法院根据鲁锦公司的申请，依法对鄄城鲁锦公司、礼之邦公司进行了证据保全，发现二被告处存有大量同"鲁锦"注册商标核准使用的商品同类或者类似的商品，该商品上的标签（吊牌）、包装盒、包装袋、商品标价签以及被告店堂门面上均带有原告注册商标"鲁锦"字样。被控侵权商品的标签（吊牌）、包装盒、包装袋上已将"鲁锦"文字放大，作为商品的名称或者商品装潢醒目突出使用，且包装袋上未标识生产商及其地址。

另查明：鲁西南民间织锦是一种山东民间纯棉手工纺织品，因其纹彩绚丽、灿烂似锦而得名，在鲁西南地区已有上千年的历史，是历史悠久的齐鲁文化的一部分。从20世纪80年代中期开始，鲁西南织锦开始被开发利用。1986年1月8日，在济南举行了"鲁西南织锦与现代生活展览汇报会"。1986年8月20日，在北京民族文化宫举办了"鲁锦与现代生活展"。1986年前后，《人民日报》《经济参考》《农民日报》等报刊发表"鲁锦"的专题报道，中央电视台、山东电视台也拍摄了多部"鲁锦"的专题片。自此，"鲁锦"作为山东民间手工棉纺织品的通称被广泛使用。此后，鲁锦的研究、开发和生产逐渐普及并不断发展壮大。1987年11月15日，为促进鲁锦文化与现代生活的进一步结合，加拿大国际发展署（CIDA）与中华全国妇女联合会共同在鄄城县杨屯村举行了双边合作项目——鄄城杨屯妇女鲁锦纺织联社培训班。

山东省及济宁、菏泽等地方史志资料在谈及历史、地方特产或传统工艺时，对"鲁锦"也多有记载，均认为"鲁锦"是流行在鲁西南地区广大农村的一种以棉纱为主要原料的传统纺织产品，是山东的主要民间美术品种之一。相关工具书及出版物也对"鲁锦"多有介绍，均认为"鲁锦"是山东民间手工织花棉布，以棉花为主要原料，手工织线、染色、织造，俗称"土布"或"手织布"，因此布色彩斑斓，似锦似绣，故称为"鲁锦"。

1995年12月25日，山东省文物局作出《关于建设"中国鲁锦博物馆"的批复》，同意菏泽地区文化局在鄄城县成立"中国鲁锦博物馆"。2006年12月23日，山东省人民政府公布第一批省级非物质文化遗产，其中山东省文化厅、鄄城县、嘉祥县申报的"鲁锦民间手工技艺"被评定为非物质文化遗产。2008年6月7日，国务院国发〔2008〕19号文件确定由山东省鄄城县、嘉祥县申报的"鲁锦织造技艺"被列入第二批国家级非物质文化遗产名录。

裁判结果

山东省济宁市中级人民法院于2008年8月25日作出（2007）济民五初字第6号民事判决：一、鄄城鲁锦公司于判决生效之日立即停止在其生产、销售的第25类服装类系列商品上使用"鲁锦"作为其商品名称或者商品装潢，并于判决生效之日起30日内，消除其现存被控侵权产品上标明的"鲁锦"字样；礼之邦公司立即停止销售鄄城鲁锦公司生产的被控侵权商品。二、鄄城鲁锦公司于判决生效之日起15日内赔偿鲁锦公司经济损失25万元；礼之邦公司赔偿鲁锦公司经济损失1万元。三、鄄城鲁锦公司于判决生效之日起30日内变更企业名称，变更后的企业名称中不得包含"鲁锦"文字；礼之邦公司于判决生效之日立即消除店堂门面上的"鲁锦"字样。宣判后，鄄城鲁锦公司与礼之邦公司提出上诉。山东省高级人民法院于2009年8月5日作出（2009）鲁民三终字第34号民事判决：撤销山东省济宁市中级人民法院（2007）济民五初字第6号民事判决；驳回鲁锦公司的诉讼请求。

裁判理由

法院生效裁判认为：根据本案事实可以认定，在1999年鲁锦公司将"鲁锦"注册为商标之前，已是山东民间手工棉纺织品的通用名称，"鲁锦"织造技艺为非物质文化遗产。鄄城鲁锦公司、济宁礼之邦公司的行为不构成商标侵权，也非不正当竞争。

首先，"鲁锦"已成为具有地域性特点的棉纺织品的通用名称。商品通用名称是指行业规范或社会公众约定俗成的对某一商品的通常称谓。该通用名称可以是行业规范规定的称谓，也可以是公众约定俗成的简称。鲁锦指鲁西南民间纯棉手工织锦，其纹彩绚丽灿烂似锦，在鲁西南地区已有上千年的历史。"鲁锦"作为具有山东特色的手工纺织品的通用名称，为国家主流媒体、各类专业报纸以及山东省新闻媒体所公认，山东省、济宁、菏泽、嘉祥、鄄城的省市县三级史志资料均将"鲁锦"记载为传统鲁西南民间织锦的"新名"，有关工艺美术和艺术的工具书中也确认"鲁锦"就是产自山东的一种民间纯棉手工纺织品。"鲁锦"织造工艺历史悠久，在提到"鲁锦"时，人们想到的就是传统悠久的山东民间手工棉纺织品及其织造工艺。"鲁锦织造技艺"被确定为国家级非物质文化遗产。"鲁锦"代表的纯棉手工纺织生产工艺并非由某一自然人或企业法人发明而成，而是由山东地区特别是鲁西南地区人民群众长期劳动实践而形成。"鲁锦"代表的纯棉手工纺织品的生产原料亦非某一自然人或企业法人特定种植，而是山东不特定地区广泛种植的棉花。自20世纪80年代中期后，经过媒体的大量宣传，"鲁锦"已成为以棉花为主要原料、手工织线、染色、织造的山东地区民间手工纺织品的通称，且已在山东地区纺织行业领域内通用,并被相关社会公众所接受。综上,可以认定"鲁锦"是山东地区特别是鲁西南地区民间纯棉手工纺织品的通用名称。

关于鲁锦公司主张"鲁锦"这一名称不具有广泛性,在我国其他地方也出产老粗布,但不叫"鲁锦"。对此法院认为,对于具有地域性特点的商品通用名称,判断其广泛性应以特定产区及相关公众为标准,而不应以全国为标准。我国其他省份的手工棉纺织品不叫"鲁锦",并不影响"鲁锦"专指山东地区特有的民间手工棉纺织品这一事实。关于鲁锦公司主张"鲁锦"不具有科学性,棉织品应称为"棉"而不应称为"锦"。对此法院认为,名称的确定与其是否符合科学没有必然关系,对于已为相关公众接受、指代明确、约定俗成的名称,即使有不科学之处,也不影响其成为通用名称。关于鲁锦公司还主张"鲁锦"不具有普遍性,山东省内有些经营者、消费者将这种民间手工棉纺织品称为"粗布"或"老土布"。对此法院认为,"鲁锦"这一称谓是20世纪80年代中期确定的新名称,经过多年宣传与使用,现已为相关公众所知悉和接受。"粗布""老土布"等旧有名称的存在,不影响"鲁锦"通用名称的认定。

其次,注册商标中含有的本商品的通用名称,注册商标专用权人无权禁止他人正当使用。《中华人民共和国商标法实施条例》第四十九条规定:"注册商标中含有的本商品的通用名称、图形、型号,或者直接表示商品的质量、主要原料、功能、用途、重量、数量及其他特点,或者含有地名,注册商标专用权人无权禁止他人正当使用。"商标的作用主要为识别性,即消费者能够依不同的商标而区别相应的商品及服务的提供者。保护商标权的目的,就是防止对商品及服务的来源产生混淆。由于鲁锦公司"鲁锦"文字商标和"Lj+LUJIN"组合商标,与作为山东民间手工棉纺织品通用名称的"鲁锦"一致,其应具备的显著性区别特征因此趋于弱化。"鲁锦"虽不是鲁锦服装的通用名称,但却是山东民间手工棉纺织品的通用名称。商标注册人对商标中通用名称部分不享有专用权,不影响他人将"鲁锦"作为通用名称正当使用。鲁西南地区有不少以鲁锦为面料生产床上用品、工艺品、服饰的厂家,这些厂家均可以正当使用"鲁锦"名称,在其产品上叙述性标明其面料采用鲁锦。

本案中,鄄城鲁锦公司在其生产的涉案产品的包装盒、包装袋上使用"鲁锦"两字,虽然在商品上使用了鲁锦公司商标中含有的商品通用名称,但仅是为了表明其产品采用鲁锦面料,其生产技艺具备鲁锦特点,并不具有侵犯鲁锦公司"鲁锦"注册商标专用权的主观恶意,也并非作为商业标识使用,属于正当使用,故不应认定为侵犯"鲁锦"注册商标专用权的行为。基于同样的理由,鄄城鲁锦公司在其企业名称中使用"鲁锦"字样,也系正当使用,不构成不正当竞争。礼之邦公司作为鲁锦制品的专卖店,同样有权使用"鲁锦"字样,亦不构成对"鲁锦"注册商标专用权的侵犯。

此外,鲁锦公司的"鲁锦"文字商标和"Lj+LUJIN"的组合商标已经国家商标局核准注册并核定使用于第25类、第24类商品上,该注册商标专用权应依法受法律保护。虽然鄄城鲁锦公司对此商标提出撤销申请,但在国家商标局商标评审委员会未撤销前,仍应依法保护上述有效注册商标。鉴于"鲁锦"是注册商标,为规范市场秩序,保护公平竞争,鄄城鲁锦公司在今后使用"鲁锦"字样以标明其产品面料性质的同时,应合理避让鲁锦公司的注册商标专用权,应在其产品包装上突出使用自己的"精一坊"商标,以显著区别产品来源,方便消费者识别。

指导案例 47 号

意大利费列罗公司诉蒙特莎(张家港)食品有限公司、天津经济技术开发区正元行销有限公司不正当竞争纠纷案

(最高人民法院审判委员会讨论通过 2015 年 4 月 15 日发布)

关键词 民事 不正当竞争 知名商品 特有包装、装潢

裁判要点

1. 反不正当竞争法所称的知名商品,是指在中国境内具有一定的市场知名度,为相关公众所知悉的商品。在国际上已知名的商品,我国对其特有的名称、包装、装潢的保护,仍应以其在中国境内为相关公众所知悉为必要。故认定该知名商品,应当结合该商品在中国境内的销售时间、销售区域、销售额和销售对象,进行宣传的持续时间、程度和地域范围,作为知名商品受保护的情况等因素,并适当考虑该商品在国外已知名的情况,进行综合判断。

2. 反不正当竞争法所保护的知名商品特有的包装、装潢,是指能够区别商品来源的盛装或者保护商品的容器等包装,以及在商品或者其包装上附加的文字、图案、色彩及其排列组合所构成的装潢。

3. 对他人能够区别商品来源的知名商品特有的包装、装潢,进行足以引起市场混淆、误认的全面模仿,属于不正当竞争行为。

相关法条

《中华人民共和国反不正当竞争法》第五条第二项

基本案情

原告意大利费列罗公司(以下简称费列罗公司)诉称:被告蒙特莎(张家港)食品有限公司(以下简称蒙特莎公司)仿冒原告产品,擅自使用与原告知名商品特有的包装、装潢相同或近似的包装、装潢,使消费者产生混淆。被告蒙特莎公司的上述行为及被告天津经济技术开发区正元行销有限公司(以下简称正元公司)销售仿冒产品的行为已给原告造成重大经济损失。请求判令蒙特莎公司不得生产、销售,正元公司不得销售符合前述费列罗公司巧克力产品特有的任意一项或者几项组合的包装、装潢的产品或者任何与费列罗公司的上述包装、装潢相似的足以引起消费者误认的巧克力产品,并赔礼道歉、消除影响、承担诉讼费用,蒙特莎公司赔偿损失 300 万元。

被告蒙特莎公司辩称:原告涉案产品在中国境内市场并没有被相关公众所知悉,而蒙特莎公司生产的金莎巧克力产品在中国境内消费者中享有很高的知名度,属于知名商品。原告诉请中要求保护的包装、装潢是国内外同类巧克力产品的通用包装、装潢,不具有独创性和特异性。蒙特莎公司生产的金莎巧克力使用的包装、装潢是其和专业设计

人员合作开发的,并非仿冒他人已有的包装、装潢。普通消费者只需施加一般的注意,就不会混淆原、被告各自生产的巧克力产品。原告认为自己产品的包装涵盖了商标、外观设计、著作权等多项知识产权,但未明确指出被控侵权产品的包装、装潢具体侵犯了其何种权利,其起诉要求保护的客体模糊不清。故原告起诉无事实和法律依据,请求驳回原告的诉讼请求。

法院经审理查明:费列罗公司于1946年在意大利成立,1982年其生产的费列罗巧克力投放市场,曾在亚洲多个国家和地区的电视、报刊、杂志发布广告。在我国台湾和香港地区,费列罗巧克力取名"金莎"巧克力,并分别于1990年6月和1993年在我国台湾和香港地区注册"金莎"商标。1984年2月,费列罗巧克力通过中国粮油食品进出口总公司采取寄售方式进入了国内市场,主要在免税店和机场商店等当时政策所允许的场所销售,并延续到1993年前。1986年10月,费列罗公司在中国注册了"FERRERO ROCHER"和图形(椭圆花边图案)以及其组合的系列商标,并在中国境内销售的巧克力商品上使用。费列罗巧克力使用的包装、装潢的主要特征是:1.每一粒球状巧克力用金色纸质包装;2.在金色球状包装上配以印有"FERRERO ROCHER"商标的椭圆形金边标签作为装潢;3.每一粒金球状巧克力均有咖啡色纸质底托作为装潢;4.若干形状的塑料透明包装,以呈现金球状内包装;5.塑料透明包装上使用椭圆形金边图案作为装潢,椭圆形内配有产品图案和商标,并由商标处延伸出红金颜色的绶带状图案。费列罗巧克力产品的8粒装、16粒装、24粒装以及30粒装立体包装于1984年在世界知识产权组织申请为立体商标。费列罗公司自1993年开始,以广东、上海、北京地区为核心逐步加大费列罗巧克力在国内的报纸、期刊和室外广告的宣传力度,相继在一些大中城市设立专柜进行销售,并通过赞助一些商业和体育活动,提高其产品的知名度。2000年6月,其"FERRERO ROCHER"商标被国家工商行政管理部门列入全国重点商标保护名录。我国广东、河北等地工商行政管理部门曾多次查处仿冒费列罗巧克力包装、装潢的行为。

蒙特莎公司是1991年12月张家港市乳品一厂与比利时费塔代尔有限公司合资成立的生产、销售各种花色巧克力的中外合资企业。张家港市乳品一厂自1990年开始生产金莎巧克力,并于1990年4月23日申请注册"金莎"文字商标,1991年4月经国家工商行政管理局商标局核准注册。2002年,张家港市乳品一厂向蒙特莎公司转让"金莎"商标,于2002年11月25日提出申请,并于2004年4月21日经国家工商管理总局商标局核准转让。由此蒙特莎公司开始生产、销售金莎巧克力。蒙特莎公司生产、销售金莎巧克力产品,其除将"金莎"更换为"金莎TRESOR DORE"组合商标外,仍延续使用张家港市乳品一厂金莎巧克力产品使用的包装、装潢。被控侵权的金莎TRESOR DORE巧克力包装、装潢为:每粒金莎TRESOR DORE巧克力呈球状并均由金色锡纸包装;在每粒金球状包装顶部均配以印有"金莎TRESOR DORE"商标的椭圆形金边标签;每粒金球状巧克力均配有底面平滑无褶皱、侧面带波浪褶皱的呈碗状的咖啡色纸质底托;外包装为透明塑料纸或塑料盒;外包装正中处使用椭圆金边图案,内配产品图案及金莎TRESOR DORE商标,并由此延伸出红金色绶带。以上特征与费列罗公司起诉中请求保护的包装、装潢在整体印象和主要部分上相近似。正元公司为蒙特莎公司生产的金莎 TRESOR DORE 巧克力在天津市的经销商。2003 年 1 月，费列罗公司经天津市公证处公证，在天津市河东区正元公司处购买了被控侵权产品。

裁判结果

天津市第二中级人民法院于 2005 年 2 月 7 日作出（2003）二中民三初字第 63 号民事判决：判令驳回费列罗公司对蒙特莎公司、正元公司的诉讼请求。费列罗公司提起上诉，天津市高级人民法院于 2006 年 1 月 9 日作出（2005）津高民三终字第 36 号判决：1. 撤销一审判决；2. 蒙特莎公司立即停止使用金莎 TRESOR DORE 系列巧克力侵权包装、装潢；3. 蒙特莎公司赔偿费列罗公司人民币 700 000 元，于本判决生效后十五日内给付；4. 责令正元公司立即停止销售使用侵权包装、装潢的金莎 TRESOR DORE 系列巧克力；5. 驳回费列罗公司其他诉讼请求。蒙特莎公司不服二审判决，向最高人民法院提出再审申请。最高人民法院于 2008 年 3 月 24 日作出（2006）民三提字第 3 号民事判决：1. 维持天津市高级人民法院（2005）津高民三终字第 36 号民事判决第一项、第五项；2. 变更天津市高级人民法院（2005）津高民三终字第 36 号民事判决第二项为：蒙特莎公司立即停止在本案金莎 TRESOR DORE 系列巧克力商品上使用与费列罗系列巧克力商品特有的包装、装潢相近似的包装、装潢的不正当竞争行为；3. 变更天津市高级人民法院（2005）津高民三终字第 36 号民事判决第三项为：蒙特莎公司自本判决送达后十五日内，赔偿费列罗公司人民币 500 000 元；4. 变更天津市高级人民法院（2005）津高民三终字第 36 号民事判决第四项为：责令正元公司立即停止销售上述金莎 TREDOR DORE 系列巧克力商品。

裁判理由

最高人民法院认为：本案主要涉及费列罗巧克力是否为在先知名商品，费列罗巧克力使用的包装、装潢是否为特有的包装、装潢，以及蒙特莎公司生产的金莎 TRESOR DORE 巧克力使用包装、装潢是否构成不正当竞争行为等争议焦点问题。

一、关于费列罗巧克力是否为在先知名商品

根据中国粮油食品进出口总公司与费列罗公司签订的寄售合同、寄售合同确认书等证据，二审法院认定费列罗巧克力自 1984 年开始在中国境内销售无误。反不正当竞争法所指的知名商品，是在中国境内具有一定的市场知名度，为相关公众所知悉的商品。在国际已知名的商品，我国法律对其特有名称、包装、装潢的保护，仍应以在中国境内为相关公众所知悉为必要。其所主张的商品或者服务具有知名度，通常系由在中国境内生产、销售或者从事其他经营活动而产生。认定知名商品，应当考虑该商品的销售时间、销售区域、销售额和销售对象，进行宣传的持续时间、程度和地域范围，作为知名商品受保护的情况等因素，进行综合判断；也不排除适当考虑国外已知名的因素。本案二审判决中关于"对商品知名状况的评价应根据其在国内外特定市场的知名度综合判定，不能理解为仅指在中国境内知名的商品"的表述欠当，但根据费列罗巧克力进入中国市场的时间、销售情况以及费列罗公司进行的多种宣传活动，认定其属于在中国境内的相关市场中具有较高知名度的知名商品正确。蒙特莎公司关于费列罗巧克力在中国境内市场知名的时间晚于金莎 TRESOR DORE 巧克力的主张不能成立。此外，费列罗公司费列罗巧克力的包装、装潢使用在先，蒙特莎公司主张其使用的涉案包装、装潢为自主开发设计缺乏充分证据支持，二审判决认定蒙特莎公司擅自使用费列罗巧克力特有包装、装潢正确。

二、关于费列罗巧克力使用的包装、装潢是否具有特有性

盛装或者保护商品的容器等包装，以及在商品或者其包装上附加的文字、图案、色彩及其排列组合所构成的装潢，在其能够区别商品来源时，即属于反不正当竞争法保护的特有包装、装潢。费列罗公司请求保护的费列罗巧克力使用的包装、装潢系由一系列要素构成。如果仅仅以锡箔纸包裹球状巧克力，采用透明塑料外包装，呈现巧克力内包装等方式进行简单的组合，所形成的包装、装潢因无区别商品来源的显著特征而不具有特有性；而且这种组合中的各个要素也属于食品包装行业中通用的包装、装潢元素，不能被独占使用。但是，锡纸、纸托、塑料盒等包装材质与形状、颜色的排列组合有很大的选择空间；将商标标签附加在包装上，该标签的尺寸、图案、构图方法等亦有很大的设计自由度。在可以自由设计的范围内，将包装、装潢各要素独特排列组合，使其具有区别商品来源的显著特征，可以构成商品特有的包装、装潢。费列罗巧克力所使用的包装、装潢因其构成要素在文字、图形、色彩、形状、大小等方面的排列组合具有独特性，形成了显著的整体形象，且与商品的功能性无关，经过长时间使用和大量宣传，已足以使相关公众将上述包装、装潢的整体形象与费列罗公司的费列罗巧克力商品联系起来，具有识别其商品来源的作用，应当属于反不正当竞争法第五条第二项所保护的特有的包装、装潢。蒙特莎公司关于判定涉案包装、装潢为特有，会使巧克力行业的通用包装、装潢被费列罗公司排他性独占使用，垄断国内球形巧克力市场等理由，不能成立。

三、关于相关公众是否容易对费列罗巧克力与金莎 TRESOR DORE 巧克力引起混淆、误认

对商品包装、装潢的设计，不同经营者之间可以相互学习、借鉴，并在此基础上进行创新设计，形成有明显区别各自商品的包装、装潢。这种做法是市场经营和竞争的必然要求。就本案而言，蒙特莎公司可以充分利用巧克力包装、装潢设计中的通用要素，自由设计与他人在先使用的特有包装、装潢具有明显区别的包装、装潢。但是，对他人具有识别商品来源意义的特有包装、装潢，则不能作足以引起市场混淆、误认的全面模仿，否则就会构成不正当的市场竞争。我国反不正当竞争法中规定的混淆、误认，是指足以使相关公众对商品的来源产生误认，包括误认为与知名商品的经营者具有许可使用、关联企业关系等特定联系。本案中，由于费列罗巧克力使用的包装、装潢的整体形象具有区别商品来源的显著特征，蒙特莎公司在其巧克力商品上使用的包装、装潢与费列罗巧克力特有包装、装潢，又达到在视觉上非常近似的程度。即使双方商品存在价格、质量、口味、消费层次等方面的差异和厂商名称、商标不同等因素，也未免使相关公众易于误认金莎 TRESOR DORE 巧克力与费列罗巧克力存在某种经济上的联系。据此，再审申请人关于本案相似包装、装潢不会构成消费者混淆、误认的理由不能成立。

综上，蒙特莎公司在其生产的金莎 TRESOR DORE 巧克力商品上，擅自使用与费列罗公司的费列罗巧克力特有的包装、装潢相近似的包装、装潢，足以引起相关公众对商品来源的混淆、误认，构成不正当竞争。

指导案例 48 号

北京精雕科技有限公司诉上海奈凯电子科技有限公司侵害计算机软件著作权纠纷案

(最高人民法院审判委员会讨论通过　2015 年 4 月 15 日发布)

关键词　民事　侵害计算机软件著作权　捆绑销售　技术保护措施　权利滥用

裁判要点

计算机软件著作权人为实现软件与机器的捆绑销售,将软件运行的输出数据设定为特定文件格式,以限制其他竞争者的机器读取以该特定文件格式保存的数据,从而将其在软件上的竞争优势扩展到机器,不属于著作权法所规定的著作权人为保护其软件著作权而采取的技术措施。他人研发软件读取其设定的特定文件格式的,不构成侵害计算机软件著作权。

相关法条

《中华人民共和国著作权法》第四十八条第一款第六项

《计算机软件保护条例》第二条、第三条第一款第一项、第二十四条第一款第三项

基本案情

原告北京精雕科技有限公司(以下简称精雕公司)诉称:原告自主开发了精雕 CNC 雕刻系统,该系统由精雕雕刻 CAD/CAM 软件(JDPaint 软件)、精雕数控系统、机械本体三大部分组成。该系统的使用通过两台计算机完成,一台是加工编程计算机,另一台是数控控制计算机。两台计算机运行两个不同的程序需要相互交换数据,即通过数据文件进行。具体是:JDPaint 软件通过加工编程计算机运行生成 Eng 格式的数据文件,再由运行于数控控制计算机上的控制软件接收该数据文件,将其变成加工指令。原告对上述 JDPaint 软件享有著作权,该软件不公开对外销售,只配备在原告自主生产的数控雕刻机上使用。2006 年初,原告发现被告上海奈凯电子科技有限公司(以下简称奈凯公司)在其网站上大力宣传其开发的 NC-1000 雕铣机数控系统全面支持精雕各种版本的 Eng 文件。被告上述数控系统中的 Ncstudio 软件能够读取 JDPaint 软件输出的 Eng 格式数据文件,而原告对 Eng 格式采取了加密措施。被告非法破译 Eng 格式的加密措施,开发、销售能够读取 Eng 格式数据文件的数控系统,属于故意避开或者破坏原告为保护软件著作权而采取的技术措施的行为,构成对原告软件著作权的侵犯。被告的行为使得其他数控雕刻机能够非法接收 Eng 文件,导致原告精雕雕刻机销量减少,造成经济损失。故请求法院判令被告立即停止支持精雕 JDPaint 各种版本输出 Eng 格式的数控系统的开发、销售及其他侵权行为,公开赔礼道歉,并赔偿损失 485000 元。

奈凯公司辩称:其开发的 Ncstudio 软件能够读取 JDPaint 软件输出的 Eng 格式数据文件,但 Eng 数据文件及该文件所使用的 Eng 格式不属于计算机软件著作权的保护范围,故被告的行为不构成侵权。请求法院驳回原告的诉讼请求。

法院经审理查明：原告精雕公司分别于2001年、2004年取得国家版权局向其颁发的软著登字第0011393号、软著登字第025028号《计算机软件著作权登记证书》，登记其为精雕雕刻软件JDPaintV4.0、JDPaintV5.0（两软件以下简称JDPaint）的原始取得人。奈凯公司分别于2004年、2005年取得国家版权局向其颁发的软著登字第023060号、软著登字第041930号《计算机软件著作权登记证书》，登记其为软件奈凯数控系统V5.0、维宏数控运动控制系统V3.0（两软件以下简称Ncstudio）的原始取得人。

奈凯公司在其公司网站上宣称：2005年12月，奈凯公司推出NC－1000雕铣机控制系统，该数控系统全面支持精雕各种版本Eng文件，该功能是针对用户对精雕JDPaintV5.19这一排版软件的酷爱而研发的。

精雕公司的JDPaint软件输出的Eng文件是数据文件，采用Eng格式。奈凯公司的Ncstudio软件能够读取JDPaint软件输出的Eng文件，即Ncstudio软件与JDPaint软件所输出的Eng文件兼容。

裁判结果

上海市第一中级人民法院于2006年9月20日作出（2006）沪一中民五（知）初字第134号民事判决：驳回原告精雕公司的诉讼请求。宣判后，精雕公司提出上诉。上海市高级人民法院于2006年12月13日作出（2006）沪高民三（知）终字第110号民事判决：驳回上诉，维持原判。

裁判理由

法院生效裁判认为：本案应解决的争议焦点是：一、原告精雕公司的JDPaint软件输出的、采取加密措施的Eng格式数据文件，是否属于计算机软件著作权的保护范围；二、奈凯公司研发能够读取JDPaint软件输出的Eng格式文件的软件的行为，是否构成《中华人民共和国著作权法》（以下简称《著作权法》）第四十八条第一款第六项、《计算机软件保护条例》第二十四条第一款第三项规定的"故意避开或者破坏著作权人为保护其软件著作权而采取的技术措施"的行为。

关于第一点。《计算机软件保护条例》第二条规定："本条例所称计算机软件（下称软件），是指计算机程序及其有关文档。"第三条规定："本条例下列用语的含义：（一）计算机程序，是指为了得到某种结果而可以由计算机等具有信息处理能力的装置执行的代码化指令序列，或者可以被自动转换成代码化指令序列的符号化指令序列或者符号化语句序列。同一计算机程序的源程序和目标程序为同一作品。（二）文档，是指用来描述程序的内容、组成、设计、功能规格、开发情况、测试结果及使用方法的文字资料和图表等，如程序设计说明书、流程图、用户手册等……"第四条规定："受本条例保护的软件必须由开发者独立开发，并已固定在某种有形物体上。"根据上述规定，计算机软件著作权的保护范围是软件程序和文档。

本案中，Eng文件是JDPaint软件在加工编程计算机上运行所生成的数据文件，其所使用的输出格式即Eng格式是计算机JDPaint软件的目标程序经计算机执行产生的结果。该格式数据文件本身不是代码化指令序列、符号化指令序列、符号化语句序列，也无法通过计算机运行和执行，对Eng格式文件的破解行为本身也不会直接造成对JDPaint软件的非法复制。此外，该文件所记录的数据并非原告精雕公司的JDPaint软件所固有，而是软件使用者输入雕刻加工信息而生成的，这些数据不属于 JDPaint 软件的著作权人精雕公司所有。因此，Eng 格式数据文件中包含的数据和文件格式均不属于 JDPaint 软件的程序组成部分，不属于计算机软件著作权的保护范围。

关于第二点。根据《著作权法》第四十八条第一款第六项、《计算机软件保护条例》第二十四条第一款第三项的规定，故意避开或者破坏著作权人为保护其软件著作权而采取的技术措施的行为，是侵犯软件著作权的行为。上述规定体现了对恶意规避技术措施的限制，是对计算机软件著作权的保护。但是，上述限制"恶意规避技术措施"的规定不能被滥用。上述规定主要限制的是针对受保护的软件著作权实施的恶意技术规避行为。著作权人为输出的数据设定特定文件格式，并对该文件格式采取加密措施，限制其他品牌的机器读取以该文件格式保存的数据，从而保证捆绑自己计算机软件的机器拥有市场竞争优势的行为，不属于上述规定所指的著作权人为保护其软件著作权而采取技术措施的行为。他人研发能够读取著作权人设定的特定文件格式的软件的行为，不构成对软件著作权的侵犯。

根据本案事实，JDPaint 输出的 Eng 格式文件是在精雕公司的"精雕 CNC 雕刻系统"中两个计算机程序间完成数据交换的文件。从设计目的而言，精雕公司采用 Eng 格式而没有采用通用格式完成数据交换，并不在于对 JDPaint 软件进行加密保护，而是希望只有"精雕 CNC 雕刻系统"能接收此种格式，只有与"精雕 CNC 雕刻系统"相捆绑的雕刻机床才可以使用该软件。精雕公司对 JDPaint 输出文件采用 Eng 格式，旨在限定 JDPaint 软件只能在"精雕 CNC 雕刻系统"中使用，其根本目的和真实意图在于建立和巩固 JDPaint 软件与其雕刻机床之间的捆绑关系。这种行为不属于为保护软件著作权而采取的技术保护措施。如果将对软件著作权的保护扩展到与软件捆绑在一起的产品上，必然超出我国著作权法对计算机软件著作权的保护范围。精雕公司在本案中采取的技术措施，不是为保护 JDPaint 软件著作权而采取的技术措施，而是为获取著作权利益之外利益而采取的技术措施。因此，精雕公司采取的技术措施不属于《著作权法》《计算机软件保护条例》所规定著作权人为保护其软件著作权而采取的技术措施，奈凯公司开发能够读取 JDPaint 软件输出的 Eng 格式文件的软件的行为，并不属于故意避开和破坏著作权人为保护软件著作权而采取的技术措施的行为。

指导案例 49 号

石鸿林诉泰州华仁电子资讯有限公司侵害计算机软件著作权纠纷案

(最高人民法院审判委员会讨论通过　2015 年 4 月 15 日发布)

关键词　民事　侵害计算机软件著作权　举证责任　侵权对比缺陷性特征

裁判要点

在被告拒绝提供被控侵权软件的源程序或者目标程序，且由于技术上的限制，无法从被控侵权产品中直接读出目标程序的情形下，如果原、被告软件在设计缺陷方面基本相同，而被告又无正当理由拒绝提供其软件源程序或者目标程序以供直接比对，则考虑到原告的客观举证难度，可以判定原、被告计算机软件构成实质性相同，由被告承担侵权责任。

相关法条

《计算机软件保护条例》第三条第一款

基本案情

原告石鸿林诉称：被告泰州华仁电子资讯有限公司（以下简称华仁公司）未经许可，长期大量复制、发行、销售与石鸿林计算机软件"S 型线切割机床单片机控制器系统软件 V1.0"相同的软件，严重损害其合法权益。故诉请判令华仁公司停止侵权，公开赔礼道歉，并赔偿原告经济损失 10 万元、为制止侵权行为所支付的证据保全公证费、诉讼代理费 9200 元以及鉴定费用。

被告华仁公司辩称：其公司 HR－Z 型线切割机床控制器所采用的系统软件系其独立开发完成，与石鸿林 S 型线切割机床单片机控制系统应无相同可能，且其公司产品与石鸿林生产的 S 型线切割机床单片机控制器的硬件及键盘布局也完全不同，请求驳回石鸿林的诉讼请求。

法院经审理查明：2000 年 8 月 1 日，石鸿林开发完成 S 型线切割机床单片机控制器系统软件。

2005 年 4 月 18 日获得国家版权局软著登字第 035260 号计算机软件著作权登记证书，证书载明软件名称为 S 型线切割机床单片机控制器系统软件 V1.0（以下简称 S 系列软件），著作权人为石鸿林，权利取得方式为原始取得。2005 年 12 月 20 日，泰州市海陵区公证处出具 (2005) 泰海证民内字第 1146 号公证书一份，对石鸿林以 660 元价格向华仁公司购买 HR－Z 线切割机床数控控制器（以下简称 HR－Z 型控制器）一台和取得销售发票 (No：00550751) 的购买过程，制作了保全公证工作记录、拍摄了所购控制器及其使用说明书、外包装的照片 8 张，并对该控制器进行了封存。

一审中，法院委托江苏省科技咨询中心对下列事项进行比对鉴定：(1) 石鸿林本案中提供的软件源程序与其在国家版权局版权登记备案的软件源程序的同一性；（2）公证保全的华仁公司 HR-Z 型控制器系统软件与石鸿林获得版权登记的软件源程序代码相似性或者相同性。后江苏省科技咨询中心出具鉴定工作报告，因被告的软件主要固化在美国 ATMEL 公司的 AT89F51 和菲利普公司的 P89C58 两块芯片上，而代号为"AT89F51"的芯片是一块带自加密的微控制器，必须首先破解它的加密系统，才能读取固化其中的软件代码。而根据现有技术条件，无法解决芯片解密程序问题，因而根据现有鉴定材料难以作出客观、科学的鉴定结论。

二审中，法院根据原告石鸿林的申请，就以下事项组织技术鉴定：原告软件与被控侵权软件是否具有相同的软件缺陷及运行特征。经鉴定，中国版权保护中心版权鉴定委员会出具鉴定报告，结论为：通过运行原、被告软件，发现二者存在如下相同的缺陷情况：（1）二控制器连续加工程序段超过 2048 条后，均出现无法正常执行的情况；（2）在加工完整的一段程序后只让自动报警两声以下即按任意键关闭报警时，在下一次加工过程中加工回复线之前自动暂停后，二控制器均有偶然出现蜂鸣器响声 2 声的现象。

二审法院另查明：原、被告软件的使用说明书基本相同。两者对控制器功能的描述及技术指标基本相同；两者对使用操作的说明基本相同；两者在段落编排方式和多数语句的使用上基本相同。经二审法院多次释明，华仁公司始终拒绝提供被控侵权软件的源程序以供比对。

裁判结果

江苏省泰州市中级人民法院于 2006 年 12 月 8 日作出（2006）泰民三初字第 2 号民事判决：驳回原告石鸿林的诉讼请求。石鸿林提起上诉，江苏省高级人民法院于 2007 年 12 月 17 日作出（2007）苏民三终字第 0018 号民事判决：一、撤销江苏省泰州市中级人民法院（2006）泰民三初字第 2 号民事判决；二、华仁公司立即停止生产、销售侵犯石鸿林 S 型线切割机床单片机控制器系统软件 V1.0 著作权的产品；三、华仁公司于本判决生效之日起 10 日内赔偿石鸿林经济损失 79200 元；四、驳回石鸿林的其他诉讼请求。

裁判理由

法院生效裁判认为：根据现有证据，应当认定华仁公司侵犯了石鸿林 S 系列软件著作权。

一、本案的证明标准应根据当事人客观存在的举证难度合理确定

根据法律规定，当事人对自己提出的诉讼请求所依据的事实有责任提供证据加以证明。本案中，石鸿林主张华仁公司侵犯其 S 系列软件著作权，其须举证证明双方计算机软件之间构成相同或实质性相同。一般而言，石鸿林就此须举证证明两计算机软件的源程序或目标程序之间构成相同或实质性相同。但本案中，由于存在客观上的困难，石鸿林实际上无法提供被控侵权的 HR-Z 软件的源程序或目标程序，并进而直接证明两者的源程序或目标程序构成相同或实质性相同。1. 石鸿林无法直接获得被控侵权的计算机软件源程序或目标程序。由于被控侵权的 HR-Z 软件的源程序及目标程序处于华仁公司的实际掌握之中，因此在华仁公司拒绝提供的情况下，石鸿林实际无法提供 HR-Z 软件的源程序或目标程序以供直接对比。2. 现有技术手段无法从被控侵权的 HR-Z

型控制器中获得 HR-Z 软件源程序或目标程序。根据一审鉴定情况，HR-Z 软件的目标程序系加载于 HR-Z 型控制器中的内置芯片上，由于该芯片属于加密芯片，无法从芯片中读出 HR-Z 软件的目标程序，并进而反向编译出源程序。因此，依靠现有技术手段无法从 HR-Z 型控制器中获得 HR-Z 软件源程序或目标程序。

综上，本案在华仁公司无正当理由拒绝提供软件源程序以供直接比对，石鸿林确因客观困难无法直接举证证明其诉讼主张的情形下，应从公平和诚实信用原则出发，合理把握证明标准的尺度，对石鸿林提供的现有证据能否形成高度盖然性优势进行综合判断。

二、石鸿林提供的现有证据能够证明被控侵权的 HR-Z 软件与石鸿林的 S 系列软件构成实质相同，华仁公司应就此承担提供相反证据的义务

本案中的现有证据能够证明以下事实：

1. 二审鉴定结论显示：通过运行安装 HX-Z 软件的 HX-Z 型控制器和安装 HR-Z 软件的 HR-Z 型控制器，发现二者存在前述相同的系统软件缺陷情况。

2. 二审鉴定结论显示：通过运行安装 HX-Z 软件的 HX-Z 型控制器和安装 HR-Z 软件的 HR-Z 型控制器，发现二者在加电运行时存在相同的特征性情况。

3. HX-Z 和 HR-Z 型控制器的使用说明书基本相同。

4. HX-Z 和 HR-Z 型控制器的整体外观和布局基本相同，主要包括面板、键盘的总体布局基本相同等。

据此，鉴于 HX-Z 和 HR-Z 软件存在共同的系统软件缺陷，根据计算机软件设计的一般性原理，在独立完成设计的情况下，不同软件之间出现相同的软件缺陷几率极小，而如果软件之间存在共同的软件缺陷，则软件之间的源程序相同的概率较大。同时结合两者在加电运行时存在相同的特征性情况、HX-Z 和 HR-Z 型控制器的使用说明书基本相同、HX-Z 和 HR-Z 型控制器的整体外观和布局基本相同等相关事实，法院认为石鸿林提供的现有证据能够形成高度盖然性优势，足以使法院相信 HX-Z 和 HR-Z 软件构成实质相同。同时，由于 HX-Z 软件是石鸿林对其 S 系列软件的改版，且 HX-Z 软件与 S 系列软件实质相同。因此，被控侵权的 HR-Z 软件与石鸿林的 S 系列软件亦构成实质相同，即华仁公司侵犯了石鸿林享有的 S 系列软件著作权。

三、华仁公司未能提供相反证据证明其诉讼主张，应当承担举证不能的不利后果

本案中，在石鸿林提供了上述证据证明其诉讼主张的情形下，华仁公司并未能提供相反证据予以反证，依法应当承担举证不能的不利后果。经本院反复释明，华仁公司最终仍未提供被控侵权的 HR-Z 软件源程序以供比对。华仁公司虽提供了 DX-Z 线切割控制器微处理器固件程序系统 V3.0 的计算机软件著作权登记证书，但其既未证明该软件与被控侵权的 HR-Z 软件属于同一软件，又未证明被控侵权的 HR-Z 软件的完成时间早于石鸿林的 S 系列软件，或系其独立开发完成。尽管华仁公司还称，其二审中提供的 2004 年 5 月 19 日商业销售发票，可以证明其于 2004 年就开发完成了被控侵权软件。对此法院认为，该份发票上虽注明货物名称为 HR-Z 线切割控制器，但并不能当然推断出该控制器所使用的软件即为被控侵权的 HR-Z 软件，华仁公司也未就此进一步提供其他证据予以证实。同时结合该份发票并非正规的增值税发票、也未注明购货单位名称等一系列瑕疵，法院认为，华仁公司 2004 年就开发完成了被控侵权软件的诉讼主张缺乏事实依据，不予采纳。

综上，根据现有证据，同时在华仁公司持有被控侵权的 HR-Z 软件源程序且无正当理由拒不提供的情形下，应当认定被控侵权的 HR-Z 软件与石鸿林的 S 系列软件构成实质相同，华仁公司侵犯了石鸿林 S 系列软件著作权。

指导案例 50 号

李某、郭某阳诉郭某和、童某某继承纠纷案

（最高人民法院审判委员会讨论通过 2015 年 4 月 15 日发布）

关键词 民事 继承 人工授精 婚生子女

裁判要点

1. 夫妻关系存续期间，双方一致同意利用他人的精子进行人工授精并使女方受孕后，男方反悔，而女方坚持生出该子女的，不论该子女是否在夫妻关系存续期间出生，都应视为夫妻双方的婚生子女。

2. 如果夫妻一方所订立的遗嘱中没有为胎儿保留遗产份额，因违反《中华人民共和国继承法》第十九条规定，该部分遗嘱内容无效。分割遗产时，应当依照《中华人民共和国继承法》第二十八条规定，为胎儿保留继承份额。

相关法条

1. 《中华人民共和国民法通则》第五十七条
2. 《中华人民共和国继承法》第十九条、第二十八条

基本案情

原告李某诉称：位于江苏省南京市某住宅小区的 306 室房屋，是其与被继承人郭某顺的夫妻共同财产。郭某顺因病死亡后，其儿子郭某阳出生。郭某顺的遗产，应当由妻子李某、儿子郭某阳与郭某顺的父母即被告郭某和、童某某等法定继承人共同继承。请求法院在析产继承时，考虑郭某和、童某某有自己房产和退休工资，而李某无固定收入还要抚养幼子的情况，对李某和郭某阳给予照顾。

被告郭某和、童某某辩称：儿子郭某顺生前留下遗嘱，明确将 306 室赠予二被告，故对该房产不适用法定继承。李某所生的孩子与郭某顺不存在血缘关系，郭某顺在遗嘱中声明他不要这个人工授精生下的孩子，他在得知自己患癌症后，已向李某表示过不要这个孩子，是李某自己坚持要生下孩子。因此，应该由李某对孩子负责，不能将孩子列为郭某顺的继承人。

法院经审理查明：1998 年 3 月 3 日，原告李某与郭某顺登记结婚。2002 年，郭某顺以自己的名义购买了涉案建筑面积为 45.08 平方米的 306 室房屋，并办理了房屋产权登记。2004 年 1 月 30 日，李某和郭某顺共同与南京军区南京总医院生殖遗传中心签订

了人工授精协议书,对李某实施了人工授精,后李某怀孕。2004年4月,郭某顺因病住院,其在得知自己患了癌症后,向李某表示不要这个孩子,但李某不同意人工流产,坚持要生下孩子。5月20日,郭某顺在医院立下自书遗嘱,在遗嘱中声明他不要这个人工授精生下的孩子,并将306室房屋赠与其父母郭某和、童某某。郭某顺于5月23日病故。李某于当年10月22日产下一子,取名郭某阳。原告李某无业,每月领取最低生活保障金,另有不固定的打工收入,并持有夫妻关系存续期间的共同存款18705.4元。被告郭某和、童某某系郭某顺的父母,居住在同一个住宅小区的305室,均有退休工资。2001年3月,郭某顺为开店,曾向童某某借款8500元。

南京大陆房地产估价师事务所有限责任公司受法院委托,于2006年3月对涉案306室房屋进行了评估,经评估房产价值为19.3万元。

裁判结果

江苏省南京市秦淮区人民法院于2006年4月20日作出一审判决:涉案的306室房屋归原告李某所有;李某于本判决生效之日起30日内,给付原告郭某阳33442.4元,该款由郭某阳的法定代理人李某保管;李某于本判决生效之日起30日内,给付被告郭某和33442.4元、给付被告童某某41942.4元。一审宣判后,双方当事人均未提出上诉,判决已发生法律效力。

裁判理由

法院生效裁判认为:本案争议焦点主要有两方面:一是郭某阳是否为郭某顺和李某的婚生子女?二是在郭某顺留有遗嘱的情况下,对306室房屋应如何析产继承?

关于争议焦点一。《最高人民法院关于夫妻离婚后人工授精所生子女的法律地位如何确定的复函》中指出:"在夫妻关系存续期间,双方一致同意进行人工授精,所生子女应视为夫妻双方的婚生子女,父母子女之间权利义务关系适用《中华人民共和国婚姻法》的有关规定。"郭某顺因无生育能力,签字同意医院为其妻子即原告李某施行人工授精手术,该行为表明郭某顺具有通过人工授精方法获得其与李某共同子女的意思表示。只要在夫妻关系存续期间,夫妻双方同意通过人工授精生育子女,所生子女均应视为夫妻双方的婚生子女。《中华人民共和国民法通则》第五十七条规定:"民事法律行为从成立时起具有法律约束力。行为人非依法律规定或者取得对方同意,不得擅自变更或者解除。"因此,郭某顺在遗嘱中否认其与李某所怀胎儿的亲子关系,是无效民事行为,应当认定郭某阳是郭某顺和李某的婚生子女。

关于争议焦点二。《中华人民共和国继承法》(以下简称《继承法》)第五条规定:"继承开始后,按照法定继承办理;有遗嘱的,按照遗嘱继承或者遗赠办理;有遗赠扶养协议的,按照协议办理。"被继承人郭某顺死亡后,继承开始。鉴于郭某顺留有遗嘱,本案应当按照遗嘱继承办理。《继承法》第二十六条规定:"夫妻在婚姻关系存续期间所得的共同所有的财产,除有约定的以外,如果分割遗产,应当先将共同所有的财产的一半分出为配偶所有,其余的为被继承人的遗产。"最高人民法院《关于贯彻执行〈中华人民共和国继承法〉若干问题的意见》第38条规定:"遗嘱人以遗嘱处分了属于国家、集体或他人所有的财产,遗嘱的这部分,应认定无效。"登记在被继承人郭某顺名下的306室房屋,已查明是郭某顺与原告李某夫妻关系存续期间取得的夫妻共同财产。郭某顺死亡后，该房屋的一半应归李某所有，另一半才能作为郭某顺的遗产。郭某顺在遗嘱中，将306室全部房产处分归其父母，侵害了李某的房产权，遗嘱的这部分应属无效。此外，《继承法》第十九条规定："遗嘱应当对缺乏劳动能力又没有生活来源的继承人保留必要的遗产份额。"郭某顺在立遗嘱时，明知其妻子腹中的胎儿而没有在遗嘱中为胎儿保留必要的遗产份额，该部分遗嘱内容无效。《继承法》第二十八条规定："遗产分割时，应当保留胎儿的继承份额。"因此，在分割遗产时，应当为该胎儿保留继承份额。综上，在扣除应当归李某所有的财产和应当为胎儿保留的继承份额之后，郭某顺遗产的剩余部分才可以按遗嘱确定的分配原则处理。

指导案例51号

阿卜杜勒·瓦希德诉中国东方航空股份有限公司航空旅客运输合同纠纷案

（最高人民法院审判委员会讨论通过　2015年4月15日发布）

关键词　民事　航空旅客运输合同　航班延误　告知义务　赔偿责任

裁判要点

1. 对航空旅客运输实际承运人提起的诉讼，可以选择对实际承运人或缔约承运人提起诉讼，也可以同时对实际承运人和缔约承运人提起诉讼。被诉承运人申请追加另一方承运人参加诉讼的，法院可以根据案件的实际情况决定是否准许。

2. 当不可抗力造成航班延误，致使航空公司不能将换乘其他航班的旅客按时运抵目的地时，航空公司有义务及时向换乘的旅客明确告知到达目的地后是否提供转签服务，以及在不能提供转签服务时旅客如何办理旅行手续。航空公司未履行该项义务，给换乘旅客造成损失的，应当承担赔偿责任。

3. 航空公司在打折机票上注明"不得退票，不得转签"，只是限制购买打折机票的旅客由于自身原因而不得退票和转签，不能据此剥夺旅客在支付票款后享有的乘坐航班按时抵达目的地的权利。

相关法条

《中华人民共和国民法通则》第一百四十二条

《经1955年海牙议定书修订的1929年华沙统一国际航空运输一些规则的公约》第十九条、第二十条、第二十四条第一款

《统一非立约承运人所作国际航空运输的某些规则以补充华沙公约的公约》第七条

基本案情

2004年12月29日，ABDUL WAHEED（阿卜杜勒·瓦希德，以下简称阿卜杜勒）购买了一张由香港国泰航空公司（以下简称国泰航空公司）作为出票人的机票。机票列明的航程安排为：2004年12月31日上午11点，上海起飞至香港，同日16点香

港起飞至卡拉奇；2005年1月31日卡拉奇起飞至香港，同年2月1日香港起飞至上海。其中，上海与香港间的航程由中国东方航空股份有限公司（以下简称东方航空公司）实际承运，香港与卡拉奇间的航程由国泰航空公司实际承运。机票背面条款注明，该合同应遵守华沙公约所指定的有关责任的规则和限制。该机票为打折票，机票上注明"不得退票、不得转签"。

2004年12月30日下午15时起上海浦东机场下中雪，导致机场于该日22点至23点被迫关闭1小时，该日104个航班延误。31日，因飞机除冰、补班调配等原因，导致该日航班取消43架次、延误142架次，飞机出港正常率只有24.1%。东方航空公司的MU703航班也因为天气原因延误了3小时22分钟，导致阿卜杜勒及其家属到达香港机场后未能赶上国泰航空公司飞卡拉奇的衔接航班。东方航空公司工作人员告知阿卜杜勒只有两种处理方案：其一是阿卜杜勒等人在机场里等候3天，然后搭乘国泰航空公司的下一航班，3天费用自理；其二是阿卜杜勒等人出资，另行购买其他航空公司的机票至卡拉奇，费用为25000港元。阿卜杜勒当即表示无法接受该两种方案，其妻子杜琳打电话给东方航空公司，但该公司称有关工作人员已下班。杜琳对东方航空公司的处理无法接受，且因携带婴儿而焦虑、激动。最终由香港机场工作人员交涉，阿卜杜勒及家属共支付17000港元，购买了阿联酋航空公司的机票及行李票，搭乘该公司航班绕道迪拜，到达卡拉奇。为此，阿卜杜勒支出机票款4721港元、行李票款759港元，共计5480港元。

阿卜杜勒认为，东方航空公司的航班延误，又拒绝重新安排航程，给自己造成了经济损失，遂提出诉讼，要求判令东方航空公司赔偿机票款和行李票款，并定期对外公布航班的正常率、旅客投诉率。

东方航空公司辩称，航班延误的原因系天气条件恶劣，属不可抗力；其已将此事通知了阿卜杜勒，阿卜杜勒亦明知将错过香港的衔接航班，其无权要求东方航空公司改变航程。阿卜杜勒称，其明知会错过衔接航班仍选择登上飞往香港的航班，系因为东方航空公司对其承诺会予以妥善解决。

裁判结果

上海市浦东新区人民法院于2005年12月21日作出（2005）浦民一（民）初字第12164号民事判决：一、中国东方航空股份有限公司应在判决生效之日起十日内赔偿阿卜杜勒损失共计人民币5863.60元；二、驳回阿卜杜勒的其他诉讼请求。宣判后，中国东方航空股份有限公司提出上诉。上海市第一中级人民法院于2006年2月24日作出（2006）沪一中民一（民）终字第609号民事判决：驳回上诉，维持原判。

裁判理由

法院生效裁判认为：原告阿卜杜勒是巴基斯坦国公民，其购买的机票，出发地为我国上海，目的地为巴基斯坦卡拉奇。《中华人民共和国民法通则》第一百四十二条第一款规定："涉外民事关系的法律适用，依照本章的规定确定。"第二款规定："中华人民共和国缔结或者参加的国际条约同中华人民共和国的民事法律有不同规定的，适用国际条约的规定，但中华人民共和国声明保留的条款除外。"我国和巴基斯坦都是《经1955年海牙议定书修订的1929年华沙统一国际航空运输一些规则的公约》（以下简称《1955

年在海牙修改的华沙公约》)和1961年《统一非立约承运人所办国际航空运输的某些规则以补充华沙公约的公约》(以下简称《瓜达拉哈拉公约》)的缔约国,故这两个国际公约对本案适用。《1955年在海牙修改的华沙公约》第二十八条(1)款规定:"有关赔偿的诉讼,应该按原告的意愿,在一个缔约国的领土内,向承运人住所地或其总管理处所在地或签订契约的机构所在地法院提出,或向目的地法院提出。"第三十二条规定:"运输合同的任何条款和在损失发生以前的任何特别协议,如果运输合同各方借以违背本公约的规则,无论是选择所适用的法律或变更管辖权的规定,都不生效力。"据此,在阿卜杜勒持机票起诉的情形下,中华人民共和国上海市浦东新区人民法院有权对这起国际航空旅客运输合同纠纷进行管辖。

《瓜达拉哈拉公约》第一条第二款规定:"'缔约承运人'指与旅客或托运人,或与旅客或托运人的代理人订立一项适用华沙公约的运输合同的当事人。"第三款规定:"'实际承运人'指缔约承运人以外,根据缔约承运人的授权办理第二款所指的全部或部分运输的人,但对该部分运输此人并非华沙公约所指的连续承运人。在没有相反的证据时,上述授权被推定成立。"第七条规定:"对实际承运人所办运输的责任诉讼,可以由原告选择,对实际承运人或缔约承运人提起,或者同时或分别向他们提起。如果只对其中的一个承运人提起诉讼,则该承运人应有权要求另一承运人参加诉讼。这种参加诉讼的效力以及所适用的程序,根据受理案件的法院的法律决定。"阿卜杜勒所持机票,是由国泰航空公司出票,故国际航空旅客运输合同关系是在阿卜杜勒与国泰航空公司之间设立,国泰航空公司是缔约承运人。东方航空公司与阿卜杜勒之间不存在直接的国际航空旅客运输合同关系,也不是连续承运人,只是推定其根据国泰航空公司的授权,完成该机票确定的上海至香港间运输任务的实际承运人。阿卜杜勒有权选择国泰航空公司或东方航空公司或两者同时为被告提起诉讼;在阿卜杜勒只选择东方航空公司为被告提起的诉讼中,东方航空公司虽然有权要求国泰航空公司参加诉讼,但由于阿卜杜勒追究的航班延误责任发生在东方航空公司承运的上海至香港段航程中,与国泰航空公司无关,根据本案案情,衡量诉讼成本,无需追加国泰航空公司为本案的当事人共同参加诉讼。故东方航空公司虽然有权申请国泰航空公司参加诉讼,但这种申请能否被允许,应由受理案件的法院决定。一审法院认为国泰航空公司与阿卜杜勒要追究的航班延误责任无关,根据本案旅客维权的便捷性、担责可能性、诉讼的成本等情况,决定不追加香港国泰航空公司为本案的当事人,并无不当。

《1955年在海牙修改的华沙公约》第十九条规定:"承运人对旅客、行李或货物在航空运输过程中因延误而造成的损失应负责任。"第二十条(1)款规定:"承运人如果证明自己和他的代理人为了避免损失的发生,已经采取一切必要的措施,或不可能采取这种措施时,就不负责任。"2004年12月31日的MU703航班由于天气原因发生延误,对这种不可抗力造成的延误,东方航空公司不可能采取措施来避免发生,故其对延误本身无需承担责任。但还需证明其已经采取了一切必要的措施来避免延误给旅客造成的损失发生,否则即应对旅客因延误而遭受的损失承担责任。阿卜杜勒在浦东机场时由于预见到MU703航班的延误会使其错过国泰航空公司的衔接航班,曾多次向东方航空公司工作人员询问怎么办。东方航空公司应当知道国泰航空公司从香港飞往卡拉奇的衔接航班三天才有一次，更明知阿卜杜勒一行携带着婴儿，不便在中转机场长时间等候，有义务向阿卜杜勒一行提醒中转时可能发生的不利情形，劝告阿卜杜勒一行改日乘机。但东方航空公司没有这样做，却让阿卜杜勒填写《续航情况登记表》，并告知会帮助解决，使阿卜杜勒对该公司产生合理信赖，从而放心登机飞赴香港。鉴于阿卜杜勒一行是得到东方航空公司的帮助承诺后来到香港，但是东方航空公司不考虑阿卜杜勒一行携带婴儿要尽快飞往卡拉奇的合理需要，向阿卜杜勒告知了要么等待三天乘坐下一航班且三天中相关费用自理，要么自费购买其他航空公司机票的"帮助解决"方案。根据查明的事实，东方航空公司始终未能提供阿卜杜勒的妻子杜琳在登机前填写的《续航情况登记表》，无法证明阿卜杜勒系在明知飞往香港后会发生对己不利的情况仍选择登机，故法院认定"东方航空公司没有为避免损失采取了必要的措施"是正确的。东方航空公司没有采取一切必要的措施来避免因航班延误给旅客造成的损失发生，不应免责。阿卜杜勒迫于无奈自费购买其他航空公司的机票，对阿卜杜勒购票支出的5480港元损失，东方航空公司应承担赔偿责任。

在延误的航班到达香港机场后，东方航空公司拒绝为阿卜杜勒签转机票，其主张阿卜杜勒的机票系打折票，已经注明了"不得退票，不得转签"，其无须另行提醒和告知。法院认为，即使是航空公司在打折机票上注明"不得退票，不得转签"，只是限制购买打折机票的旅客由于自身原因而不得退票和转签；旅客购买了打折机票，航空公司可以相应地取消一些服务，但是旅客支付了足额票款，航空公司就要为旅客提供完整的运输服务，并不能剥夺旅客在支付了票款后享有的乘坐航班按时抵达目的地的权利。本案中的航班延误并非由阿卜杜勒自身的原因造成。阿卜杜勒乘坐延误的航班到达香港机场后肯定需要重新签转机票，东方航空公司既未能在始发机场告知阿卜杜勒在航班延误时机票仍不能签转的理由，在中转机场亦拒绝为其办理签转手续。因此，东方航空公司未能提供证据证明损失的产生系阿卜杜勒自身原因所致，也未能证明其为了避免损失扩大采取了必要的方式和妥善的补救措施，故判令东方航空公司承担赔偿责任。

指导案例 52 号

海南丰海粮油工业有限公司诉中国人民财产保险股份有限公司海南省分公司海上货物运输保险合同纠纷案

（最高人民法院审判委员会讨论通过　2015年4月15日发布）

关键词　民事　海事　海上货物运输保险合同　一切险　外来原因
裁判要点
海上货物运输保险合同中的"一切险"，除包括平安险和水渍险的各项责任外，还包括被保险货物在运输途中由于外来原因所致的全部或部分损失。在被保险人不存在故意或者过失的情况下，由于相关保险合同中除外责任条款所列明情形之外的其他原因，造成被保险货物损失的,可以认定属于导致被保险货物损失的"外来原因",保险人应当承担运输途中由该外来原因所致的一切损失。

相关法条

《中华人民共和国保险法》第三十条

基本案情

1995年11月28日,海南丰海粮油工业有限公司(以下简称丰海公司)在中国人民财产保险股份有限公司海南省分公司(以下简称海南人保)投保了由印度尼西亚籍"哈卡"轮(HAGAAG)所运载的自印度尼西亚杜迈港至中国洋浦港的4999.85吨桶装棕榈油,投保险别为一切险,货价为3574892.75美元,保险金额为3951258美元,保险费为18966美元。投保后,丰海公司依约向海南人保支付了保险费,海南人保向丰海公司发出了起运通知,签发了海洋货物运输保险单,并将海洋货物运输保险条款附于保单之后。根据保险条款规定,一切险的承保范围除包括平安险和水渍险的各项责任外,海南人保还"负责被保险货物在运输途中由于外来原因所致的全部或部分损失"。该条款还规定了5项除外责任。上述投保货物是由丰海公司以CNF价格向新加坡丰益私人有限公司(以下简称丰益公司)购买的。根据买卖合同约定,发货人丰益公司与船东代理梁国际代理有限公司(以下简称梁国际)签订一份租约。该租约约定由"哈卡"轮将丰海公司投保的货物5000吨棕榈油运至中国洋浦港,将另1000吨棕榈油运往香港。

1995年11月29日,"哈卡"轮的期租船人、该批货物的实际承运人印度尼西亚PT. SAMUDERA INDRA公司(以下简称PSI公司)签发了编号为DM/YPU/1490/95的已装船提单。该提单载明船舶为"哈卡"轮,装货港为印度尼西亚杜迈港,卸货港为中国洋浦港,货物唛头为BATCH NO.80211/95,装货数量为4999.85吨,清洁、运费已付。据查,发货人丰益公司将运费支付给梁国际,梁国际已将运费支付给PSI公司。1995年12月14日,丰海公司向其开证银行付款赎单,取得了上述投保货物的全套(3份)正本提单。1995年11月23日至29日,"哈卡"轮在杜迈港装载31623桶、净重5999.82吨四海牌棕榈油启航后,由于"哈卡"轮船东印度尼西亚PT. PERUSAHAAN PELAYARAN BAHTERA BINTANG SELATAN公司(以下简称BBS公司)与该轮的期租船人PSI公司之间因船舶租金发生纠纷,"哈卡"轮中止了提单约定的航程并对外封锁了该轮的动态情况。

为避免投保货物的损失,丰益公司、丰海公司、海南人保多次派代表参加"哈卡"轮船东与期租船人之间的协商,但由于船东以未收到租金为由不肯透露"哈卡"轮行踪,多方会谈未果。此后,丰益公司、丰海公司通过多种渠道交涉并多方查找"哈卡"轮行踪,海南人保亦通过其驻外机构协助查找"哈卡"轮。直至1996年4月,"哈卡"轮走私至中国汕尾被我海警查获。根据广州市人民检察院穗检刑免字(1996)64号《免予起诉决定书》的认定,1996年1月至3月,"哈卡"轮船长埃里斯·伦巴克根据BBS公司指令,指挥船员将其中11325桶、2100多吨棕榈油转载到属同一船公司的"依瓦那"和"萨拉哈"货船上运走销售,又让船员将船名"哈卡"轮涂改为"伊莉莎2"号(ELIZA Ⅱ)。1996年4月,更改为"伊莉莎2"号的货船载剩余货物20298桶棕榈油走私至中国汕尾，4月16日被我海警查获。上述20298桶棕榈油已被广东省检察机关作为走私货物没收上缴国库。1996年6月6日丰海公司向海南人保递交索赔报告书，8月20日丰海公司再次向海南人保提出书面索赔申请，海南人保明确表示拒赔。丰海公司遂诉至海口海事法院。

丰海公司是海南丰源贸易发展有限公司和新加坡海源国际有限公司于1995年8月14日开办的中外合资经营企业。该公司成立后，就与海南人保建立了业务关系。1995年10月1日至同年11月28日（本案保险单签发前）就发生了4笔进口棕榈油保险业务，其中3笔投保的险别为一切险，另1笔为"一切险附加战争险"。该4笔保险均发生索赔，其中有因为一切险范围内的货物短少、破漏发生的赔付。

裁判结果

海口海事法院于1996年12月25日作出（1996）海商初字第096号民事判决：一、海南人保应赔偿丰海公司保险价值损失3593858.75美元；二、驳回丰海公司的其他诉讼请求。宣判后，海南人保提出上诉。海南省高级人民法院于1997年10月27日作出（1997）琼经终字第44号民事判决：撤销一审判决，驳回丰海公司的诉讼请求。丰海公司向最高人民法院申请再审。最高人民法院于2003年8月11日以（2003）民四监字第35号民事裁定，决定对本案进行提审，并于2004年7月13日作出（2003）民四提字第5号民事判决：一、撤销海南省高级人民法院（1997）琼经终字第44号民事判决；二、维持海口海事法院（1996）海商初字第096号民事判决。

裁判理由

最高人民法院认为：本案为国际海上货物运输保险合同纠纷，被保险人、保险货物的目的港等均在中华人民共和国境内，原审以中华人民共和国法律作为解决本案纠纷的准据法正确，双方当事人亦无异议。

丰海公司与海南人保之间订立的保险合同合法有效，双方的权利义务应受保险单及所附保险条款的约束。本案保险标的已经发生实际全损，对此发货人丰益公司没有过错，亦无证据证明被保险人丰海公司存在故意或过失。保险标的的损失是由于"哈卡"轮船东BBS公司与期租船人之间的租金纠纷，将船载货物运走销售和走私行为造成的。本案争议的焦点在于如何理解涉案保险条款中一切险的责任范围。

二审审理中，海南省高级人民法院认为，根据保险单所附的保险条款和保险行业惯例，一切险的责任范围包括平安险、水渍险和普通附加险（即偷窃提货不着险、淡水雨淋险、短量险、沾污险、渗漏险、碰损破碎险、串味险、受潮受热险、钩损险、包装破损险和锈损险），中国人民银行《关于〈海洋运输货物保险"一切险"条款解释的请示〉的复函》亦作了相同的明确规定。可见，丰海公司投保货物的损失不属于一切险的责任范围。此外，鉴于海南人保与丰海公司有长期的保险业务关系，在本案纠纷发生前，双方曾多次签订保险合同，并且海南人保还作过一切险范围内的赔付，所以丰海公司对本案保险合同的主要内容、免责条款及一切险的责任范围应该是清楚的，故认定一审判决适用法律错误。

根据涉案"海洋运输货物保险条款"的规定，一切险除了包括平安险、水渍险的各项责任外，还负责被保险货物在运输过程中由于各种外来原因所造成的损失。同时保险条款中还明确列明了五种除外责任,即:①被保险人的故意行为或过失所造成的损失;②属于发货人责任所引起的损失;③在保险责任开始前,被保险货物已存在的品质不良或数量短差所造成的损失;④被保险货物的自然损耗、本质缺陷、特性以及市价跌落、运输迟延所引起的损失;⑤本公司海洋运输货物战争险条款和货物运输罢工险条款规定的责任范围和除外责任。从上述保险条款的规定看,海洋运输货物保险条款中的一切险条款具有如下特点:

1. 一切险并非列明风险,而是非列明风险。在海洋运输货物保险条款中,平安险、水渍险为列明的风险,而一切险则为平安险、水渍险再加上未列明的运输途中由于外来原因造成的保险标的的损失。

2. 保险标的的损失必须是外来原因造成的。被保险人在向保险人要求保险赔偿时,必须证明保险标的的损失是因为运输途中外来原因引起的。外来原因可以是自然原因,亦可以是人为的意外事故。但是一切险承保的风险具有不确定性,要求是不能确定的、意外的、无法列举的承保风险。对于那些预期的、确定的、正常的危险,则不属于外来原因的责任范围。

3. 外来原因应当限于运输途中发生的,排除了运输发生以前和运输结束后发生的事故。只要被保险人证明损失并非因其自身原因,而是由于运输途中的意外事故造成的,保险人就应当承担保险赔偿责任。

根据保险法的规定,保险合同中规定有关于保险人责任免除条款的,保险人在订立合同时应当向投保人明确说明,未明确说明的,该条款仍然不能产生效力。据此,保险条款中列明的除外责任虽然不在保险人赔偿之列,但是应当以签订保险合同时,保险人已将除外责任条款明确告知被保险人为前提。否则,该除外责任条款不能约束被保险人。

关于中国人民银行的复函意见。在保监委成立之前,中国人民银行系保险行业的行政主管机关。1997年5月1日,中国人民银行致中国人民保险公司《关于〈海洋运输货物保险"一切险"条款解释的请示〉的复函》中,认为一切险承保的范围是平安险、水渍险及被保险货物在运输途中由于外来原因所致的全部或部分损失。并且进一步提出:外来原因仅指偷窃、提货不着、淡水雨淋等。1998年11月27日,中国人民银行在对《中保财产保险有限公司关于海洋运输货物保险条款解释》的复函中,再次明确一切险的责任范围包括平安险、水渍险及被保险货物在运输途中由于外来原因所致的全部或部分损失。其中外来原因所致的全部或部分损失是指11种一般附加险。鉴于中国人民银行的上述复函不是法律法规,亦不属于行政规章。根据《中华人民共和国立法法》的规定,国务院各部、委员会、中国人民银行、国家审计署以及具有行政管理职能的直属机构,可以根据法律和国务院的行政法规、决定、命令,在本部门的权限范围内,制定规章;部门规章规定的事项应当属于执行法律或者国务院的行政法规、决定、命令的事项。因此,保险条款亦不在职能部门有权制定的规章范围之内,故中国人民银行对保险条款的解释不能作为约束被保险人的依据。另外,中国人民银行关于一切险的复函属于对保险合同条款的解释。而对于平等主体之间签订的保险合同,依法只有人民法院和仲裁机构才有权作出约束当事人的解释。为此,上述复函不能约束被保险人。要使该复函所做解释成为约束被保险人的合同条款,只能是将其作为保险合同的内容附在保险单中。之所以产生中国人民保险公司向主管机关请示一切险的责任范围,主管机关对此作出答复,恰恰说明对于一切险的理解存在争议。而依据保险法第三十一条的规定,对于保险合同的条款,保险人与投保人、被保险人或者受益人有争议时,人民法院或者仲裁机关应当作有利于被保险人和受益人的解释。作为行业主管机关作出对本行业有利的解释,不能适用于非本行业的合同当事人。

综上,应认定本案保险事故属一切险的责任范围。二审法院认为丰海公司投保货物的损失不属一切险的责任范围错误,应予纠正。丰海公司的再审申请理由依据充分,应予支持。

最高人民法院
关于发布第 11 批指导性案例的通知

2015 年 11 月 19 日　　　　　　　　　　　　法〔2015〕320 号

各省、自治区、直辖市高级人民法院,解放军军事法院,新疆维吾尔自治区高级人民法院生产建设兵团分院:

经最高人民法院审判委员会讨论决定,现将福建海峡银行股份有限公司福州五一支行诉长乐亚新污水处理有限公司、福州市政工程有限公司金融借款合同纠纷案等 4 个案例(指导案例 53~56 号),作为第 11 批指导性案例发布,供在审判类似案件时参照。

指导案例 53 号

福建海峡银行股份有限公司福州五一支行诉长乐亚新污水处理有限公司、福州市政工程有限公司金融借款合同纠纷案

(最高人民法院审判委员会讨论通过　2015 年 11 月 19 日发布)

关键词　民事　金融借款合同　收益权质押　出质登记　质权实现

裁判要点

1. 特许经营权的收益权可以质押,并可作为应收账款进行出质登记。
2. 特许经营权的收益权依其性质不宜折价、拍卖或变卖,质权人主张优先受偿权的,人民法院可以判令出质债权的债务人将收益权的应收账款优先支付质权人。

相关法条

《中华人民共和国物权法》第208条、第223条、第228条第1款

基本案情

原告福建海峡银行股份有限公司福州五一支行（以下简称海峡银行五一支行）诉称：原告与被告长乐亚新污水处理有限公司（以下简称长乐亚新公司）签订单位借款合同后向被告贷款3000万元。被告福州市政工程有限公司（以下简称福州市政公司）为上述借款提供连带责任保证。原告海峡银行五一支行、被告长乐亚新公司、福州市政公司、案外人长乐市建设局四方签订了《特许经营权质押担保协议》，福州市政公司以长乐市污水处理项目的特许经营权提供质押担保。因长乐亚新公司未能按期偿还贷款本金和利息，故诉请法院判令：长乐亚新公司偿还原告借款本金和利息；确认《特许经营权质押担保协议》合法有效，拍卖、变卖该协议项下的质物，原告有优先受偿权；将长乐市建设局支付给两被告的污水处理服务费优先用于清偿应偿还原告的所有款项；福州市政公司承担连带清偿责任。

被告长乐亚新公司和福州市政公司辩称：长乐市城区污水处理厂特许经营权，并非法定的可以质押的权利，且该特许经营权并未办理质押登记，故原告诉请拍卖、变卖长乐市城区污水处理厂特许经营权，于法无据。

法院经审理查明：2003年，长乐市建设局为让与方、福州市政公司为受让方、长乐市财政局为见证方，三方签订《长乐市城区污水处理厂特许建设经营合同》，约定：长乐市建设局授予福州市政公司负责投资、建设、运营和维护长乐市城区污水处理厂项目及其附属设施的特许权，并就合同双方权利义务进行了详细约定。2004年10月22日，长乐亚新公司成立。该公司系福州市政公司为履行《长乐市城区污水处理厂特许建设经营合同》而设立的项目公司。

2005年3月24日，福州市商业银行五一支行与长乐亚新公司签订《单位借款合同》，约定：长乐亚新公司向福州市商业银行五一支行借款3000万元；借款用途为长乐市城区污水处理厂BOT项目；借款期限为13年，自2005年3月25日至2018年3月25日；还就利息及逾期罚息的计算方式作了明确约定。福州市政公司为长乐亚新公司的上述借款承担连带责任保证。

同日，福州市商业银行五一支行与长乐亚新公司、福州市政公司、长乐市建设局共同签订《特许经营权质押担保协议》，约定：福州市政公司以《长乐市城区污水处理厂特许建设经营协议》授予的特许经营权为长乐亚新公司向福州市商业银行五一支行的借款提供质押担保，长乐市建设局同意该担保；福州市政公司同意将特许经营权收益优先用于清偿借款合同项下的长乐亚新公司的债务，长乐市建设局和福州市政公司同意将污水处理费优先用于清偿借款合同项下的长乐亚新公司的债务；福州市商业银行五一支行未受清偿的，有权依法通过拍卖等方式实现质押权利等。

上述合同签订后，福州市商业银行五一支行依约向长乐亚新公司发放贷款3000万元。长乐亚新公司于2007年10月21日起未依约按期足额还本付息。

另查明，福州市商业银行五一支行于2007年4月28日名称变更为福州市商业银行股份有限公司五一支行；2009年12月1日其名称再次变更为福建海峡银行股份有限公

司五一支行。

裁判结果

福建省福州市中级人民法院于 2013 年 5 月 16 日作出（2012）榕民初字第 661 号民事判决：一、长乐亚新污水处理有限公司应于本判决生效之日起十日内向福建海峡银行股份有限公司福州五一支行偿还借款本金 28714764.43 元及利息（暂计至 2012 年 8 月 21 日为 2142597.6 元，此后利息按《单位借款合同》的约定计至借款本息还清之日止）；二、长乐亚新污水处理有限公司应于本判决生效之日起十日内向福建海峡银行股份有限公司福州五一支行支付律师代理费人民币 123640 元；三、福建海峡银行股份有限公司福州五一支行于本判决生效之日起有权直接向长乐市建设局收取应由长乐市建设局支付给长乐亚新污水处理有限公司、福州市政工程有限公司的污水处理服务费，并对该污水处理服务费就本判决第一、二项所确定的债务行使优先受偿权；四、福州市政工程有限公司对本判决第一、二项确定的债务承担连带清偿责任；五、驳回福建海峡银行股份有限公司福州五一支行的其他诉讼请求。宣判后，两被告均提起上诉。福建省高级人民法院于 2013 年 9 月 17 日作出福建省高级人民法院（2013）闽民终字第 870 号民事判决，驳回上诉，维持原判。

裁判理由

法院生效裁判认为：被告长乐亚新公司未依约偿还原告借款本金及利息，已构成违约，应向原告偿还借款本金，并支付利息及实现债权的费用。福州市政公司作为连带责任保证人，应对讼争债务承担连带清偿责任。本案争议焦点主要涉及污水处理项目特许经营权质押是否有效以及该质权如何实现问题。

一、关于污水处理项目特许经营权能否出质问题

污水处理项目特许经营权是对污水处理厂进行运营和维护，并获得相应收益的权利。污水处理厂的运营和维护，属于经营者的义务，而其收益权，则属于经营者的权利。由于对污水处理厂的运营和维护，并不属于可转让的财产权利，故讼争的污水处理项目特许经营权质押，实质上系污水处理项目收益权的质押。

关于污水处理项目等特许经营的收益权能否出质问题，应当考虑以下方面：其一，本案讼争污水处理项目《特许经营权质押担保协议》签订于 2005 年，尽管当时法律、行政法规及相关司法解释并未规定污水处理项目收益权可质押，但污水处理项目收益权与公路收益权性质上相类似。《最高人民法院关于适用〈中华人民共和国担保法〉若干问题的解释》第九十七条规定，"以公路桥梁、公路隧道或者公路渡口等不动产收益权出质的，按照担保法第七十五条第（四）项的规定处理"，明确公路收益权属于依法可质押的其他权利，与其类似的污水处理收益权亦应允许出质。其二，国务院办公厅 2001 年 9 月 29 日转发的《国务院西部开发办〈关于西部大开发若干政策措施的实施意见〉》（国办发〔2001〕73 号）中提出，"对具有一定还贷能力的水利开发项目和城市环保项目（如城市污水处理和垃圾处理等），探索逐步开办以项目收益权或收费权为质押发放贷款的业务"，首次明确可试行将污水处理项目的收益权进行质押。其三，污水处理项目收益权虽系将来金钱债权，但其行使期间及收益金额均可确定，其属于确定的财产权利。其四，在《中华人民共和国物权法》（以下简称《物权法》）颁布实施后，因污水处理项目收益权系基于提供污水处理服务而产生的将来金钱债权,依其性质亦可纳入依法可出质的"应收账款"的范畴。因此,讼争污水处理项目收益权作为特定化的财产权利,可以允许其出质。

二、关于污水处理项目收益权质权的公示问题

对于污水处理项目收益权的质权公示问题,在《物权法》自 2007 年 10 月 1 日起施行后,因收益权已纳入该法第二百二十三条第六项的"应收账款"范畴,故应当在中国人民银行征信中心的应收账款质押登记公示系统进行出质登记,质权才能依法成立。由于本案的质押担保协议签订于 2005 年,在《物权法》施行之前,故不适用《物权法》关于应收账款的统一登记制度。因当时并未有统一的登记公示的规定,故参照当时公路收费权质押登记的规定,由其主管部门进行备案登记,有关利害关系人可通过其主管部门了解该收益权是否存在质押之情况,该权利即具备物权公示的效果。

本案中,长乐市建设局在《特许经营权质押担保协议》上盖章,且协议第七条明确约定"长乐市建设局同意为原告和福州市政公司办理质押登记出质登记手续",故可认定讼争污水处理项目的主管部门已知晓并认可该权利质押情况,有关利害关系人亦可通过长乐市建设局查询了解讼争污水处理厂的有关权利质押的情况。因此,本案讼争的权利质押已具备公示之要件,质权已设立。

三、关于污水处理项目收益权的质权实现方式问题

我国担保法和物权法均未具体规定权利质权的具体实现方式,仅就质权的实现作出一般性的规定,即质权人在行使质权时,可与出质人协议以质押财产折价,或就拍卖、变卖质押财产所得的价款优先受偿。但污水处理项目收益权属于将来金钱债权,质权人可请求法院判令其直接向出质人的债务人收取金钱并对该金钱行使优先受偿权,故无需采取折价或拍卖、变卖之方式。况且收益权均附有一定之负担,且其经营主体具有特定性,故依其性质亦不宜拍卖、变卖。因此,原告请求将《特许经营权质押担保协议》项下的质物予以拍卖、变卖并行使优先受偿权,不予支持。

根据协议约定,原告海峡银行五一支行有权直接向长乐市建设局收取污水处理服务费,并对所收取的污水处理服务费行使优先受偿权。由于被告仍应依约对污水处理厂进行正常运营和维护,若无法正常运营,则将影响到长乐市城区污水的处理,亦将影响原告对污水处理费的收取,故原告在向长乐市建设局收取污水处理服务费时,应当合理行使权利,为被告预留经营污水处理厂的必要合理费用。

(生效裁判审判人员:何忠、詹强华、朱宏海)

指导案例 54 号

中国农业发展银行安徽省分行诉张大标、安徽长江融资担保集团有限公司执行异议之诉纠纷案

（最高人民法院审判委员会讨论通过　2015 年 11 月 19 日发布）

关键词　民事　执行异议之诉　金钱质押　特定化　移交占有

裁判要点

当事人依约为出质的金钱开立保证金专门账户，且质权人取得对该专门账户的占有控制权，符合金钱特定化和移交占有的要求，即使该账户内资金余额发生浮动，也不影响该金钱质权的设立。

相关法条

《中华人民共和国物权法》第 212 条

基本案情

原告中国农业发展银行安徽省分行（以下简称农发行安徽分行）诉称：其与第三人安徽长江融资担保集团有限公司（以下简称长江担保公司）按照签订的《信贷担保业务合作协议》，就信贷担保业务按约进行了合作。长江担保公司在农发行安徽分行处开设的担保保证金专户内的资金实际是长江担保公司向其提供的质押担保，请求判令其对该账户内的资金享有质权。

被告张大标辩称：农发行安徽分行与第三人长江担保公司之间的《贷款担保业务合作协议》没有质押的意思表示；案涉账户资金本身是浮动的，不符合金钱特定化要求，农发行安徽分行对案涉保证金账户内的资金不享有质权。

第三人长江担保公司认可农发行安徽分行对账户资金享有质权的意见。

法院经审理查明：2009 年 4 月 7 日，农发行安徽分行与长江担保公司签订一份《贷款担保业务合作协议》。其中第三条"担保方式及担保责任"约定：甲方（长江担保公司）向乙方（农发行安徽分行）提供的保证担保为连带责任保证；保证担保的范围包括主债权及利息、违约金和实现债权的费用等。第四条"担保保证金（担保存款）"约定：甲方在乙方开立担保保证金专户，担保保证金专户行为农发行安徽分行营业部，账号尾号为 9511；甲方需将具体担保业务约定的保证金在保证合同签订前存入担保保证金专户，甲方需缴存的保证金不低于贷款额度的 10%；未经乙方同意，甲方不得动用担保保证金专户内的资金。第六条"贷款的催收、展期及担保责任的承担"约定：借款人逾期未能足额还款的，甲方在接到乙方书面通知后五日内按照第三条约定向乙方承担担保责任，并将相应款项划入乙方指定账户。第八条"违约责任"约定：甲方在乙方开立的担保专户的余额无论因何原因而小于约定的额度时，甲方应在接到乙方通知后三个工作日内补足，补足前乙方可以中止本协议项下业务。甲方违反本协议第六条的约定，

没有按时履行保证责任的,乙方有权从甲方在其开立的担保基金专户或其他任一账户中扣划相应的款项。2009年10月30日、2010年10月30日,农发行安徽分行与长江担保公司还分别签订与上述合作协议内容相似的两份《信贷担保业务合作协议》。

上述协议签订后,农发行安徽分行与长江担保公司就贷款担保业务进行合作,长江担保公司在农发行安徽分行处开立担保保证金账户,账号尾号为9511。长江担保公司按照协议约定缴存规定比例的担保保证金,并据此为相应额度的贷款提供了连带保证责任担保。自2009年4月3日至2012年12月31日,该账户共发生了107笔业务,其中贷方业务为长江担保公司缴存的保证金;借方业务主要涉及两大类,一类是贷款归还后长江担保公司申请农发行安徽分行退还的保证金,部分退至债务人的账户;另一类是贷款逾期后农发行安徽分行从该账户内扣划的保证金。

2011年12月19日,安徽省合肥市中级人民法院在审理张大标诉安徽省六本食品有限责任公司、长江担保公司等民间借贷纠纷一案过程中,根据张大标的申请,对长江担保公司上述保证金账户内的资金1495.7852万元进行保全。该案判决生效后,合肥市中级人民法院将上述保证金账户内的资金1338.313257万元划至该院账户。农发行安徽分行作为案外人提出执行异议,2012年11月2日被合肥市中级人民法院裁定驳回异议。随后,农发行安徽分行因与被告张大标、第三人长江担保公司发生执行异议纠纷,提起本案诉讼。

裁判结果

安徽省合肥市中级人民法院于2013年3月28日作出(2012)合民一初字第00505号民事判决:驳回农发行安徽分行的诉讼请求。宣判后,农发行安徽分行提出上诉。安徽省高级人民法院于2013年11月19日作出(2013)皖民二终字第00261号民事判决:一、撤销安徽省合肥市中级人民法院(2012)合民一初字第00505号民事判决;二、农发行安徽分行对长江担保公司账户(账号尾号9511)内的13383132.57元资金享有质权。

裁判理由

法院生效裁判认为:本案二审的争议焦点为农发行安徽分行对案涉账户内的资金是否享有质权。对此应当从农发行安徽分行与长江担保公司之间是否存在质押关系以及质权是否设立两个方面进行审查。

一、农发行安徽分行与长江担保公司是否存在质押关系

《中华人民共和国物权法》(以下简称《物权法》)第二百一十条规定:"设立质权,当事人应当采取书面形式订立质权合同。质权合同一般包括下列条款:(一)被担保债权的种类和数额;(二)债务人履行债务的期限;(三)质押财产的名称、数量、质量、状况;(四)担保的范围;(五)质押财产交付的时间。"本案中,农发行安徽分行与长江担保公司之间虽没有单独订立带有"质押"字样的合同,但依据该协议第四条、第六条、第八条约定的条款内容,农发行安徽分行与长江担保公司之间协商一致,对以下事项达成合意:长江担保公司为担保业务所缴存的保证金设立担保保证金专户,长江担保公司按照贷款额度的一定比例缴存保证金;农发行安徽分行作为开户行对长江担保公司存入该账户的保证金取得控制权,未经同意,长江担保公司不能自由使用该账户内的资金;长江担保公司未履行保证责任,农发行安徽分行有权从该账户中扣划相应的款项。该合意明确约定了所担保债权的种类和数量、债务履行期限、质物数量和移交时间、担保范围、质权行使条件,具备《物权法》第二百一十条规定的质押合同的一般条款,故应认定农发行安徽分行与长江担保公司之间订立了书面质押合同。

二、案涉质权是否设立

《物权法》第二百一十二条规定:"质权自出质人交付质押财产时设立。"《最高人民法院关于适用〈中华人民共和国担保法〉若干问题的解释》第八十五条规定,债务人或者第三人将其金钱以特户、封金、保证金等形式特定化后,移交债权人占有作为债权的担保,债务人不履行债务时,债权人可以以该金钱优先受偿。依照上述法律和司法解释规定,金钱作为一种特殊的动产,可以用于质押。金钱质押作为特殊的动产质押,不同于不动产抵押和权利质押,还应当符合金钱特定化和移交债权人占有两个要件,以使金钱既不与出质人其他财产相混同,又能独立于质权人的财产。

本案中,首先金钱以保证金形式特定化。长江担保公司于2009年4月3日在农发行安徽分行开户,且与《贷款担保业务合作协议》约定的账号一致,即双方当事人已经按照协议约定为出质金钱开立了担保保证金专户。保证金专户开立后,账户内转入的资金为长江担保公司根据每次担保贷款额度的一定比例向该账户缴存保证金;账户内转出的资金为农发行安徽分行对保证金的退还和扣划,该账户未作日常结算使用,故符合《最高人民法院关于适用〈中华人民共和国担保法〉若干问题的解释》第八十五条规定的金钱以特户等形式特定化的要求。其次,特定化金钱已移交债权人占有。占有是指对物进行控制和管理的事实状态。案涉保证金账户开立在农发行安徽分行,长江担保公司作为担保保证金专户内资金的所有权人,本应享有自由支取的权利,但《贷款担保业务合作协议》约定未经农发行安徽分行同意,长江担保公司不得动用担保保证金专户内的资金。同时,《贷款担保业务合作协议》约定在担保的贷款到期未获清偿时,农发行安徽分行有权直接扣划担保保证金专户内的资金,农发行安徽分行作为债权人取得了案涉保证金账户的控制权,实际控制和管理该账户,此种控制权移交符合出质金钱移交债权人占有的要求。据此,应当认定双方当事人已就案涉保证金账户内的资金设立质权。

关于账户资金浮动是否影响金钱特定化的问题。保证金以专门账户形式特定化并不等于固定化。案涉账户在使用过程中,随着担保业务的开展,保证金账户的资金余额是浮动的。担保公司开展新的贷款担保业务时,需要按照约定存入一定比例的保证金,必然导致账户资金的增加;在担保公司担保的贷款到期未获清偿时,扣划保证金账户内的资金,必然导致账户资金的减少。虽然账户内资金根据业务发生情况处于浮动状态,但均与保证金业务相对应,除缴存的保证金外,支出的款项均用于保证金的退还和扣划,未用于非保证金业务的日常结算。即农发行安徽分行可以控制该账户,长江担保公司对该账户内的资金使用受到限制,故该账户资金浮动仍符合金钱作为质权的特定化和移交占有的要求,不影响该金钱质权的设立。

(生效裁判审判人员:霍楠、徐旭红、卢玉河)

指导案例 55 号

柏万清诉成都难寻物品营销服务中心等
侵害实用新型专利权纠纷案

(最高人民法院审判委员会讨论通过　2015 年 11 月 19 日发布)

关键词　民事　侵害实用新型专利权　保护范围　技术术语侵权对比

裁判要点

专利权的保护范围应当清楚，如果实用新型专利权的权利要求书的表述存在明显瑕疵，结合涉案专利说明书、附图、本领域的公知常识及相关现有技术等，不能确定权利要求中技术术语的具体含义而导致专利权的保护范围明显不清，则因无法将其与被诉侵权技术方案进行有实质意义的侵权对比，从而不能认定被诉侵权技术方案构成侵权。

相关法条

《中华人民共和国专利法》第 26 条第 4 款、第 59 条第 1 款

基本案情

原告柏万清系专利号 200420091540.7、名称为"防电磁污染服"实用新型专利(以下简称涉案专利)的专利权人。涉案专利权利要求 1 的技术特征为：A. 一种防电磁污染服，包括上装和下装；B. 服装的面料里设有起屏蔽作用的金属网或膜；C. 起屏蔽作用的金属网或膜由导磁率高而无剩磁的金属细丝或者金属粉末构成。该专利说明书载明，该专利的目的是提供一种成本低、保护范围宽和效果好的防电磁污染服。其特征在于所述服装在面料里设有由导磁率高而无剩磁的金属细丝或者金属粉末构成的起屏蔽保护作用的金属网或膜。所述金属细丝可用市售 5 到 8 丝的铜丝等，所述金属粉末可用如软铁粉末等。附图 1、2 表明，防护服是在不改变已有服装样式和面料功能的基础上，通过在面料里织进导电金属细丝或者以喷、涂、扩散、浸泡和印染等任一方式的加工方法将导电金属粉末与面料复合，构成带网眼的网状结构即可。

2010 年 5 月 28 日，成都难寻物品营销服务中心销售了由上海添香实业有限公司生产的添香牌防辐射服上装，该产品售价 490 元，其技术特征是：a. 一种防电磁污染服上装；b. 服装的面料里设有起屏蔽作用的金属防护网；c. 起屏蔽作用的金属防护网由不锈钢金属纤维构成。7 月 19 日，柏万清以成都难寻物品营销服务中心销售、上海添香实业有限公司生产的添香牌防辐射服上装(以下简称被诉侵权产品)侵犯涉案专利权为由，向四川省成都市中级人民法院提起民事诉讼，请求判令成都难寻物品营销服务中心立即停止销售被控侵权产品；上海添香实业有限公司停止生产、销售被控侵权产品，并赔偿经济损失 100 万元。

裁判结果

四川省成都市中级人民法院于 2011 年 2 月 18 日作出(2010)成民初字第 597 号民事判决，驳回柏万清的诉讼请求。宣判后，柏万清提起上诉。四川省高级人民法院于

2011年10月24日作出（2011）川民终字第391号民事判决驳回柏万清上诉，维持原判。柏万清不服，向最高人民法院申请再审，最高人民法院于2012年12月28日裁定驳回其再审申请。

裁判理由

法院生效裁判认为：本案争议焦点是上海添香实业有限公司生产、成都难寻物品营销服务中心销售的被控侵权产品是否侵犯柏万清的"防电磁污染服"实用新型专利权。《中华人民共和国专利法》第二十六条第四款规定："权利要求书应当以说明书为依据，清楚、简要地限定要求专利保护的范围。"第五十九条第一款规定："发明或者实用新型专利权的保护范围以其权利要求的内容为准，说明书及附图可以用于解释权利要求的内容。"可见，准确界定专利权的保护范围，是认定被诉侵权技术方案是否构成侵权的前提条件。如果权利要求书的撰写存在明显瑕疵，结合涉案专利说明书、附图、本领域的公知常识以及相关现有技术等，仍然不能确定权利要求中技术术语的具体含义，无法准确确定专利权的保护范围的，则无法将被诉侵权技术方案与之进行有意义的侵权对比。因此，对于保护范围明显不清楚的专利权，不能认定被诉侵权技术方案构成侵权。

本案中，涉案专利权利要求1的技术特征C中的"导磁率高"的具体范围难以确定。首先，根据柏万清提供的证据，虽然磁导率有时也被称为导磁率，但磁导率有绝对磁导率与相对磁导率之分，根据具体条件的不同还涉及起始磁导率 μ_i、最大磁导率 μ_m 等概念。不同概念的含义不同，计算方式也不尽相同。磁导率并非常数，磁场强度 H 发生变化时，即可观察到磁导率的变化。但是在涉案专利说明书中，既没有记载导磁率在涉案专利技术方案中是指相对磁导率还是绝对磁导率或者其他概念，又没有记载导磁率高的具体范围，也没有记载包括磁场强度 H 等在内的计算导磁率的客观条件。本领域技术人员根据涉案专利说明书，难以确定涉案专利中所称的导磁率高的具体含义。其次，从柏万清提交的相关证据来看，虽能证明有些现有技术中确实采用了高磁导率、高导磁率等表述，但根据技术领域以及磁场强度的不同，所谓高导磁率的含义十分宽泛，从 80 Gs/Oe 至 83.5×10^4 Gs/Oe 均被柏万清称为高导磁率。柏万清提供的证据并不能证明在涉案专利所属技术领域中，本领域技术人员对于高导磁率的含义或者范围有着相对统一的认识。最后，柏万清主张根据具体使用环境的不同，本领域技术人员可以确定具体的安全下限，从而确定所需的导磁率。该主张实际上是将能够实现防辐射目的的所有情形均纳入涉案专利权的保护范围，保护范围过于宽泛，亦缺乏事实和法律依据。

综上所述，根据涉案专利说明书以及柏万清提供的有关证据，本领域技术人员难以确定权利要求1技术特征C中"导磁率高"的具体范围或者具体含义，不能准确确定权利要求1的保护范围，无法将被诉侵权产品与之进行有实质意义的侵权对比。因此，二审判决认定柏万清未能举证证明被诉侵权产品落入涉案专利权的保护范围，并无不当。

（生效裁判审判人员：周翔、罗霞、杜微科）

指导案例 56 号

韩凤彬诉内蒙古九郡药业有限责任公司等产品责任纠纷管辖权异议案

（最高人民法院审判委员会讨论通过　2015 年 11 月 19 日发布）

关键词　民事诉讼　管辖异议　再审期间

裁判要点

当事人在一审提交答辩状期间未提出管辖异议，在二审或者再审发回重审时提出管辖异议的，人民法院不予审查。

相关法条

《中华人民共和国民事诉讼法》第 127 条

基本案情

原告韩凤彬诉被告内蒙古九郡药业有限责任公司（以下简称九郡药业）、上海云洲商厦有限公司（以下简称云洲商厦）、上海广播电视台（以下简称上海电视台）、大连鸿雁大药房有限公司（以下简称鸿雁大药房）产品质量损害赔偿纠纷一案，辽宁省大连市中级人民法院于 2008 年 9 月 3 日作出（2007）大民权初字第 4 号民事判决。九郡药业、云洲商厦、上海电视台不服，向辽宁省高级人民法院提起上诉。该院于 2010 年 5 月 24 日作出（2008）辽民一终字第 400 号民事判决。该判决发生法律效力后，再审申请人九郡药业、云洲商厦向最高人民法院申请再审。

最高人民法院于同年 12 月 22 日作出（2010）民申字第 1019 号民事裁定，提审本案，并于 2011 年 8 月 3 日作出（2011）民提字第 117 号民事裁定，撤销一、二审民事判决，发回辽宁省大连市中级人民法院重审。在重审中，九郡药业和云洲商厦提出管辖异议。

裁判结果

辽宁省大连市中级人民法院于 2012 年 2 月 29 日作出（2011）大审民再初字第 7 号民事裁定，认为该院重审此案系接受最高人民法院指令，被告之一鸿雁大药房住所地在辽宁省大连市中山区，遂裁定驳回九郡药业和云洲商厦对管辖权提出的异议。九郡药业、云洲商厦提起上诉，辽宁省高级人民法院于 2012 年 5 月 7 日作出（2012）辽立一民再终字第 1 号民事裁定，认为原告韩凤彬在向大连市中级人民法院提起诉讼时，即将住所地在大连市的鸿雁大药房列为被告之一，且在原审过程中提交了在鸿雁大药房购药的相关证据并经庭审质证，鸿雁大药房属适格被告，大连市中级人民法院对该案有管辖权，遂裁定驳回上诉，维持原裁定。九郡药业、云洲商厦后分别向最高人民法院申请再审。最高人民法院于 2013 年 3 月 27 日作出（2013）民再申字第 27 号民事裁定，驳回九郡药业和云洲商厦的再审申请。

裁判理由

法院生效裁判认为：对于当事人提出管辖权异议的期间，《中华人民共和国民事诉讼法》（以下简称《民事诉讼法》）第一百二十七条明确规定：当事人对管辖权有异议的，应当在提交答辩状期间提出。当事人未提出管辖异议，并应诉答辩的，视为受诉人民法院有管辖权。由此可知，当事人在一审提交答辩状期间未提出管辖异议，在案件二审或者再审时才提出管辖权异议的，根据管辖恒定原则，案件管辖权已经确定，人民法院对此不予审查。本案中，九郡药业和云洲商厦是案件被通过审判监督程序裁定发回一审法院重审，在一审法院的重审中才就管辖权提出异议的。最初一审时原告韩凤彬的起诉状送达给九郡药业和云洲商厦，九郡药业和云洲商厦在答辩期内并没有对管辖权提出异议，说明其已接受了一审法院的管辖，管辖权已确定。而且案件经过一审、二审和再审，所经过的程序仍具有程序上的效力，不可逆转。本案是经审判监督程序发回一审法院重审的案件，虽然按照第一审程序审理，但是发回重审的案件并非一个初审案件，案件管辖权早已确定。就管辖而言，因民事诉讼程序的启动始于当事人的起诉，确定案件的管辖权，应以起诉时为标准，起诉时对案件有管辖权的法院，不因确定管辖的事实在诉讼过程中发生变化而影响其管辖权。当案件诉至人民法院，经人民法院立案受理，诉状送达给被告，被告在答辩期内未提出管辖异议，表明案件已确定了管辖法院，此后不因当事人住所地、经常居住地的变更或行政区域的变更而改变案件的管辖法院。在管辖权已确定的前提下，当事人无权再就管辖权提出异议。如果在重审中当事人仍可就管辖权提出异议，无疑会使已稳定的诉讼程序处于不确定的状态，破坏了诉讼程序的安定、有序，拖延诉讼，不仅降低诉讼效率，浪费司法资源，而且不利于纠纷的解决。因此，基于管辖恒定原则、诉讼程序的确定性以及公正和效率的要求，不能支持重审案件当事人再就管辖权提出的异议。据此，九郡药业和云洲商厦就本案管辖权提出异议，没有法律依据，原审裁定驳回其管辖异议并无不当。

综上，九郡药业和云洲商厦的再审申请不符合《民事诉讼法》第二百条第（六）项规定的应当再审情形，故依照该法第二百零四条第一款的规定，裁定驳回九郡药业和云洲商厦的再审申请。

（生效裁判审判人员：张志弘、宁晟、贾亚奇）

最高人民法院
关于发布第 12 批指导性案例的通知

2016 年 5 月 30 日　　　　　　　　　　　法〔2016〕172 号

各省、自治区、直辖市高级人民法院，解放军军事法院，新疆维吾尔自治区高级人民法院生产建设兵团分院：

经最高人民法院审判委员会讨论决定，现将温州银行股份有限公司宁波分行诉浙江创菱电器有限公司等金融借款合同纠纷案等四个案例（指导案例 57～60 号），作为第 12 批指导性案例发布，供在审判类似案件时参照。

指导案例 57 号

温州银行股份有限公司宁波分行诉浙江创菱电器有限公司等金融借款合同纠纷案

（最高人民法院审判委员会讨论通过　2016 年 5 月 20 日发布）

关键词　民事　金融借款合同　最高额担保

裁判要点

在有数份最高额担保合同情形下，具体贷款合同中选择性列明部分最高额担保合同，如债务发生在最高额担保合同约定的决算期内，且债权人未明示放弃担保权利，未列明的最高额担保合同的担保人也应当在最高债权限额内承担担保责任。

相关法条

《中华人民共和国担保法》第 14 条

基本案情

原告浙江省温州银行股份有限公司宁波分行（以下简称温州银行）诉称：其与被告宁波婷微电子科技有限公司（以下简称婷微电子公司）、岑建锋、宁波三好塑模制造有限公司（以下简称三好塑模公司）分别签订了"最高额保证合同"，约定三被告为浙江创菱电器有限公司（以下简称创菱电器公司）一定时期和最高额度内借款，提供连带责任担保。创菱电器公司从温州银行借款后，不能按期归还部分贷款，故诉请判令被告创菱电器公司归还原告借款本金 250 万元，支付利息、罚息和律师费用；岑建锋、三好塑模公司、婷微电子公司对上述债务承担连带保证责任。

被告创菱电器公司、岑建锋未作答辩。

被告三好塑模公司辩称：原告诉请的律师费不应支持。

被告婷微电子公司辩称：其与温州银行签订的最高额保证合同，并未被列入借款合同所约定的担保合同范围，故其不应承担保证责任。

法院经审理查明：2010年9月10日，温州银行与婷微电子公司、岑建锋分别签订了编号为温银9022010年高保字01003号、01004号的最高额保证合同，约定婷微电子公司、岑建锋自愿为创菱电器公司在2010年9月10日至2011年10月18日期间发生的余额不超过1100万元的债务本金及利息、罚息等提供连带责任保证担保。

2011年10月12日，温州银行与岑建锋、三好塑模公司分别签署了编号为温银9022011年高保字00808号、00809号最高额保证合同，岑建锋、三好塑模公司自愿为创菱电器公司在2010年9月10日至2011年10月18日期间发生的余额不超过550万元的债务本金及利息、罚息等提供连带责任保证担保。

2011年10月14日，温州银行与创菱电器公司签署了编号为温银9022011企贷字00542号借款合同，约定温州银行向创菱电器公司发放贷款500万元，到期日为2012年10月13日，并列明担保合同编号分别为温银9022011年高保字00808号、00809号。贷款发放后，创菱电器公司于2012年8月6日归还了借款本金250万元，婷微电子公司于2012年6月29日、10月31日、11月30日先后支付了贷款利息31115.3元、53693.71元、21312.59元。截至2013年4月24日，创菱电器公司尚欠借款本金250万元、利息141509.01元。另查明，温州银行为实现本案债权而发生律师费用95200元。

裁判结果

浙江省宁波市江东区人民法院于2013年12月12日作出（2013）甬东商初字第1261号民事判决：一、创菱电器公司于本判决生效之日起十日内归还温州银行借款本金250万元，支付利息141509.01元，并支付自2013年4月25日起至本判决确定的履行之日止按借款合同约定计算的利息、罚息；二、创菱电器公司于本判决生效之日起十日内赔偿温州银行为实现债权而发生的律师费用95200元；三、岑建锋、三好塑模公司、婷微电子公司对上述第一、二项款项承担连带清偿责任，其承担保证责任后，有权向创菱电器公司追偿。宣判后，婷微电子公司以其未被列入借款合同，不应承担保证责任为由，提起上诉。浙江省宁波市中级人民法院于2014年5月14日作出（2014）浙甬商终字第369号民事判决，驳回上诉，维持原判。

裁判理由

法院生效裁判认为：温州银行与创菱电器公司之间签订的编号为温银9022011企贷字00542号借款合同合法有效，温州银行发放贷款后，创菱电器公司未按约还本付息，已经构成违约。原告要求创菱电器公司归还贷款本金250万元，支付按合同约定方式计算的利息、罚息，并支付原告为实现债权而发生的律师费95200元，应予支持。岑建锋、三好塑模公司自愿为上述债务提供最高额保证担保，应承担连带清偿责任，其承担保证责任后，有权向创菱电器公司追偿。

本案的争议焦点为，婷微电子公司签订的温银9022010年高保字01003号最高额保证合同未被选择列入温银9022011企贷字00542号借款合同所约定的担保合同范围,婷微电子公司是否应当对温银9022011企贷字00542号借款合同项下债务承担保证责任。对此,法院经审理认为,婷微电子公司应当承担保证责任。理由如下:第一,民事权利的放弃必须采取明示的意思表示才能发生法律效力,默示的意思表示只有在法律有明确规定及当事人有特别约定的情况下才能发生法律效力,不宜在无明确约定或者法律无特别规定的情况下,推定当事人对权利进行放弃。具体到本案,温州银行与创菱电器公司签订的温银9022011企贷字00542号借款合同虽未将婷微电子公司签订的最高额保证合同列入,但原告未以明示方式放弃婷微电子公司提供的最高额保证,故婷微电子公司仍是该诉争借款合同的最高额保证人。第二,本案诉争借款合同签订时间及贷款发放时间均在婷微电子公司签订的编号温银9022010年高保字01003号最高额保证合同约定的决算期内(2010年9月10日至2011年10月18日),温州银行向婷微电子公司主张权利并未超过合同约定的保证期间,故婷微电子公司应依约在其承诺的最高债权限额内为创菱电器公司对温州银行的欠债承担连带保证责任。第三,最高额担保合同是债权人和担保人之间约定担保法律关系和相关权利义务关系的直接合同依据,不能以主合同内容取代从合同的内容。具体到本案,温州银行与婷微电子公司签订了最高额保证合同,双方的担保权利义务应以该合同为准,不受温州银行与创菱电器公司之间签订的温州银行非自然人借款合同约束或变更。第四,婷微电子公司曾于2012年6月、10月、11月三次归还过本案借款利息,上述行为也是婷微电子公司对本案借款履行保证责任的行为表征。综上,婷微电子公司应对创菱电器公司的上述债务承担连带清偿责任,其承担保证责任后,有权向创菱电器公司追偿。

(生效裁判审判人员:赵文君、徐梦梦、毛姣)

指导案例58号

成都同德福合川桃片有限公司诉重庆市合川区同德福桃片有限公司、余晓华侵害商标权及不正当竞争纠纷案

(最高人民法院审判委员会讨论通过 2016年5月20日发布)

关键词 民事 侵害商标权 不正当竞争 老字号 虚假宣传

裁判要点

1. 与"老字号"无历史渊源的个人或企业将"老字号"或与其近似的字号注册为商标后,以"老字号"的历史进行宣传的,应认定为虚假宣传,构成不正当竞争。

2. 与"老字号"具有历史渊源的个人或企业在未违反诚实信用原则的前提下,将"老字号"注册为个体工商户字号或企业名称,未引人误认且未突出使用该字号的,不

构成不正当竞争或侵犯注册商标专用权。

相关法条

《中华人民共和国商标法》第 57 条第 7 项

《中华人民共和国反不正当竞争法》第 2 条、第 9 条

基本案情

原告（反诉被告）成都同德福合川桃片食品有限公司（以下简称成都同德福公司）诉称，成都同德福公司为"同德福 TONGDEFU 及图"商标权人，余晓华先后成立的个体工商户和重庆市合川区同德福桃片有限公司（以下简称重庆同德福公司），在其字号及生产的桃片外包装上突出使用了"同德福"，侵害了原告享有的"同德福 TONG-DEFU 及图"注册商标专用权并构成不正当竞争。请求法院判令重庆同德福公司、余晓华停止使用并注销含有"同德福"字号的企业名称；停止侵犯原告商标专用权的行为，登报赔礼道歉、消除影响，赔偿原告经济、商誉损失 50 万元及合理开支5066.4 元。

被告（反诉原告）重庆同德福公司、余晓华共同答辩并反诉称，重庆同德福公司的前身为始创于 1898 年的同德福斋铺，虽然同德福斋铺因公私合营而停止生产，但未中断独特技艺的代代相传。"同德福"第四代传人余晓华继承祖业先后注册了个体工商户和公司，规范使用其企业名称及字号，重庆同德福公司、余晓华的注册行为是善意的，不构成侵权。成都同德福公司与老字号"同德福"并没有直接的历史渊源，但其将"同德福"商标与老字号"同德福"进行关联的宣传，属于虚假宣传。而且，成都同德福公司擅自使用"同德福"知名商品名称，构成不正当竞争。请求法院判令成都同德福公司停止虚假宣传，在全国性报纸上登报消除影响；停止对"同德福"知名商品特有名称的侵权行为。

法院经审理查明：开业于 1898 年的同德福斋铺，在 1916 年至 1956 年期间，先后由余鸿春、余复光、余永祚三代人经营。在 20 世纪 20 年代至 50 年代期间，"同德福"商号享有较高知名度。1956 年，由于公私合营，同德福斋铺停止经营。1998 年，合川市桃片厂温江分厂获准注册了第 1215206 号"同德福 TONGDEFU 及图"商标，核定使用范围为第 30 类，即糕点、桃片（糕点）、可可产品、人造咖啡。2000 年 11 月 7 日，前述商标的注册人名义经核准变更为成都同德福公司。成都同德福公司的多种产品外包装使用了"老字号""百年老牌"字样、"'同德福牌'桃片简介：'同德福牌'桃片创制于清乾隆年间（或 1840 年），有着悠久的历史文化"等字样。成都同德福公司网站中"公司简介"页面将《合川文史资料选辑（第二辑）》中关于同德福斋铺的历史用于其"同德福"牌合川桃片的宣传。

2002 年 1 月 4 日，余永祚之子余晓华注册个体工商户，字号名称为合川市老字号同德福桃片厂，经营范围为桃片、小食品自产自销。2007 年，其字号名称变更为重庆市合川区同德福桃片厂，后注销。2011 年 5 月 6 日，重庆同德福公司成立，法定代表人为余晓华，经营范围为糕点（烘烤类糕点、熟粉类糕点）生产，该公司是第 6626473 号"余复光 1898"图文商标、第 7587928 号"余晓华"图文商标的注册商标专用权人。重庆同德福公司的多种产品外包装使用了"老字号【同德福】商号，始创于清光绪二十

三年（1898年）历史悠久"等介绍同德福斋铺历史及获奖情况的内容，部分产品在该段文字后注明"以上文字内容摘自《合川县志》"；"【同德福】颂：同德福，在合川，驰名远，开百年，做桃片，四代传，品质高，价亦廉，讲诚信，无欺言，买卖公，热情谈"；"合川桃片""重庆市合川区同德福桃片有限公司"等字样。

裁判结果

重庆市第一中级人民法院于2013年7月3日作出（2013）渝一中法民初字第00273号民事判决：一、成都同德福公司立即停止涉案的虚假宣传行为。二、成都同德福公司就其虚假宣传行为于本判决生效之日起连续五日在其网站刊登声明消除影响。三、驳回成都同德福公司的全部诉讼请求。四、驳回重庆同德福公司、余晓华的其他反诉请求。一审宣判后，成都同德福公司不服，提起上诉。重庆市高级人民法院于2013年12月17日作出（2013）渝高法民终字00292号民事判决：驳回上诉，维持原判。

裁判理由

法院生效裁判认为：个体工商户余晓华及重庆同德福公司与成都同德福公司经营范围相似，存在竞争关系；其字号中包含"同德福"三个字与成都同德福公司的"同德福TONGDEFU及图"注册商标的文字部分相同，与该商标构成近似。其登记字号的行为是否构成不正当竞争关键在于该行为是否违反诚实信用原则。成都同德福公司的证据不足以证明"同德福TONGDEFU及图"商标已经具有相当知名度，即便他人将"同德福"登记为字号并规范使用，不会引起相关公众误认，因而不能说明余晓华将个体工商户字号注册为"同德福"具有"搭便车"的恶意。而且，在二十世纪二十年代至五十年代期间，"同德福"商号享有较高商誉。同德福斋铺先后由余鸿春、余复光、余永祚三代人经营，尤其是在余复光经营期间，同德福斋铺生产的桃片获得了较多荣誉。余晓华系余复光之孙、余永祚之子，基于同德福斋铺的商号曾经获得的知名度及其与同德福斋铺经营者之间的直系亲属关系，将个体工商户字号登记为"同德福"具有合理性。余晓华登记个体工商户字号的行为是善意的，并未违反诚实信用原则，不构成不正当竞争。基于经营的延续性，其变更个体工商户字号的行为以及重庆同德福公司登记公司名称的行为亦不构成不正当竞争。

从重庆同德福公司产品的外包装来看，重庆同德福公司使用的是企业全称，标注于外包装正面底部，"同德福"三字位于企业全称之中，与整体保持一致，没有以简称等形式单独突出使用，也没有为突出显示而采取任何变化，且整体文字大小、字形、颜色与其他部分相比不突出。因此，重庆同德福公司在产品外包装上标注企业名称的行为系规范使用，不构成突出使用字号，也不构成侵犯商标权。就重庆同德福公司标注"同德福颂"的行为而言，"同德福颂"四字相对于其具体内容（三十六字打油诗）字体略大，但视觉上形成一个整体。其具体内容系根据史料记载的同德福斋铺曾经在商品外包装上使用过的一段类似文字改编，意在表明"同德福"商号的历史和经营理念，并非为突出"同德福"三个字。且重庆同德福公司的产品外包装使用了多项商业标识，其中"合川桃片"集体商标特别突出，其自有商标也比较明显，并同时标注了"合川桃片"地理标志及重庆市非物质文化遗产，相对于这些标识来看，"同德福颂"及其具体内容仅属于普通描述性文字，明显不具有商业标识的形式，也不够突出醒目，客观上不容易使消费者对商品来源产生误认，亦不具备替代商标的功能。因此，重庆同德福公司标注"同德福颂"的行为不属于侵犯商标权意义上的"突出使用"，不构成侵犯商标权。

成都同德福公司的网站上登载的部分"同德福牌"桃片的历史及荣誉，与史料记载的同德福斋铺的历史及荣誉一致，且在其网站上标注了史料来源，但并未举证证明其与同德福斋铺存在何种联系。此外，成都同德福公司还在其产品外包装标明其为"百年老牌""老字号""始创于清朝乾隆年间"等字样，而其"同德福TONGDEFU及图"商标核准注册的时间是1998年，就其采取前述标注行为的依据，成都同德福公司亦未举证证明。成都同德福公司的前述行为与事实不符，容易使消费者对于其品牌的起源、历史及其与同德福斋铺的关系产生误解，进而取得竞争上的优势，构成虚假宣传，应承担相应的停止侵权、消除影响的民事责任。

（生效裁判审判人员：李剑、周露、宋黎黎）

指导案例59号

戴世华诉济南市公安消防支队消防验收纠纷案

（最高人民法院审判委员会讨论通过　2016年5月20日发布）

关键词　行政诉讼　受案范围　行政确认　消防验收　备案结果通知

裁判要点

建设工程消防验收备案结果通知含有消防竣工验收是否合格的评定，具有行政确认的性质，当事人对公安机关消防机构的消防验收备案结果通知行为提起行政诉讼的，人民法院应当依法予以受理。

相关法条

《中华人民共和国消防法》第4条、第13条

基本案情

原告戴世华诉称：原告所住单元一梯四户，其居住的801室坐东朝西，进户门朝外开启。距离原告门口0.35米处的南墙挂有高1.6米、宽0.7米、厚0.25米的消火栓。人员入室需后退避让，等门扇开启后再前行入室。原告的门扇开不到60至70度根本出不来。消防栓的设置和建设影响原告的生活。请求依法撤销被告济南市公安消防支队批准在其门前设置的消防栓通过验收的决定；依法判令被告责令报批单位依据国家标准限期整改。

被告济南市公安消防支队辩称：建设工程消防验收备案结果通知是按照建设工程消防验收评定标准完成工程检查，是检查记录的体现。如果备案结果合格，则表明建设工程是符合相关消防技术规范的；如果不合格，公安机关消防机构将依法采取措施，要求建设单位整改有关问题，其性质属于技术性验收，并不是一项独立、完整的具体行政行

为，不具有可诉性，不属于人民法院行政诉讼的受案范围，请求驳回原告的起诉。

法院经审理查明：针对戴世华居住的馆驿街以南棚户区改造工程1－8号楼及地下车库工程，济南市公安消防支队对其消防设施抽查后，于2011年11月21日作出济公消验备（2011）第0172号《建设工程消防验收备案结果通知》。

裁判结果

济南高新技术产业开发区人民法院于2012年11月13日作出（2012）高行初字第2号行政裁定，驳回原告戴世华的起诉。戴世华不服一审裁定提起上诉。济南市中级人民法院经审理，于2013年1月17日作出（2012）济行终字第223号行政裁定：一、撤销济南高新技术产业开发区人民法院作出的（2012）高行初字第2号行政裁定；二、本案由济南高新技术产业开发区人民法院继续审理。

裁判理由

法院生效裁判认为：关于行为的性质。《中华人民共和国消防法》（以下简称《消防法》）第四条规定："县级以上地方人民政府公安机关对本行政区域内的消防工作实施监督管理，并由本级人民政府公安机关消防机构负责实施。"《公安部建设工程消防监督管理规定》第三条第二款规定："公安机关消防机构依法实施建设工程消防设计审核、消防验收和备案、抽查，对建设工程进行消防监督。"第二十四条规定："对本规定第十三条、第十四条规定以外的建设工程，建设单位应当在取得施工许可、工程竣工验收合格之日起七日内，通过省级公安机关消防机构网站进行消防设计、竣工验收消防备案，或者到公安机关消防机构业务受理场所进行消防设计、竣工验收消防备案。"上述规定表明，建设工程消防验收备案就是特定的建设工程施工人向公安机关消防机构报告工程完成验收情况，消防机构予以登记备案，以供消防机构检查和监督，备案行为是公安机关消防机构对建设工程实施消防监督和管理的行为。消防机构实施的建设工程消防备案、抽查的行为具有行使行政职权的性质，体现出国家意志性、法律性、公益性、专属性和强制性，备案结果通知是备案行为的组成部分，是备案行为结果的具体表现形式，也具有上述行政职权的特性，应该纳入司法审查的范围。

关于行为的后果。《消防法》第十三条规定："按照国家工程建设消防技术标准需要进行消防设计的建设工程竣工，依照下列规定进行消防验收、备案：……（二）其他建设工程，建设单位在验收后应当报公安机关消防机构备案，公安机关消防机构应当进行抽查。依法应当进行消防验收的建设工程，未经消防验收或者消防验收不合格的，禁止投入使用；其他建设工程经依法抽查不合格的，应当停止使用。"公安部《建设工程消防监督管理规定》第二十五条规定："公安机关消防机构应当在已经备案的消防设计、竣工验收工程中，随机确定检查对象并向社会公告。对确定为检查对象的，公安机关消防机构应当在二十日内按照消防法规和国家工程建设消防技术标准完成图纸检查，或者按照建设工程消防验收评定标准完成工程检查，制作检查记录。检查结果应当向社会公告，检查不合格的，还应当书面通知建设单位。建设单位收到通知后，应当停止施工或者停止使用，组织整改后向公安机关消防机构申请复查。公安机关消防机构应当在收到书面申请之日起二十日内进行复查并出具书面复查意见。"上述规定表明，在竣工验收备案行为中，公安机关消防机构并非仅仅是简单地接受建设单位向其报送的相关资料，还要对备案资料进行审查，完成工程检查。消防机构实施的建设工程消防备案、抽查的行为能产生行政法上的拘束力。对建设单位而言，在工程竣工验收后应当到公安机关消防机构进行验收备案，否则，应当承担相应的行政责任，消防设施经依法抽查不合格的，应当停止使用，并组织整改；对公安机关消防机构而言，备案结果中有抽查是否合格的评定，实质上是一种行政确认行为，即公安机关消防机构对行政相对人的法律事实、法律关系予以认定、确认的行政行为，一旦消防设施被消防机构评定为合格，那就视为消防机构在事实上确认了消防工程质量合格，行政相对人也将受到该行为的拘束。

据此，法院认为作出建设工程消防验收备案通知，是对建设工程消防设施质量监督管理的最后环节，备案结果通知含有消防竣工验收是否合格的评定，具有行政确认的性质，是公安机关消防机构作出的具体行政行为。备案手续的完成能产生行政法上的拘束力。故备案行为是可诉的行政行为，人民法院可以对其进行司法审查。原审裁定认为建设工程消防验收备案结果通知性质属于技术性验收通知，不是具体行政行为，并据此驳回上诉人戴世华的起诉，确有不当。

（生效裁判审判人员：张极峰、孙继发、单蕾）

指导案例60号

盐城市奥康食品有限公司东台分公司诉盐城市东台工商行政管理局工商行政处罚案

（最高人民法院审判委员会讨论通过　2016年5月20日发布）

关键词　行政　行政处罚　食品安全标准　食品标签　食品说明书

裁判要点

1. 食品经营者在食品标签、食品说明书上特别强调添加、含有一种或多种有价值、有特性的配料、成分，应标示所强调配料、成分的添加量或含量，未标示的，属于违反《中华人民共和国食品安全法》的行为，工商行政管理部门依法对其实施行政处罚的，人民法院应予支持。

2. 所谓"强调"，是指通过名称、色差、字体、字号、图形、排列顺序、文字说明、同一内容反复出现或多个内容都指向同一事物等形式进行着重标识。所谓"有价值、有特性的配料"，是指不同于一般配料的特殊配料，对人体有较高的营养作用，其市场价格、营养成分往往高于其他配料。

相关法条

《中华人民共和国食品安全法》第20条、第42条第1款（该法于2015年4月24日修订，新法相关法条为第26条、第67条第1款）

基本案情

原告盐城市奥康食品有限公司东台分公司（以下简称奥康公司）诉称：2012年5月15日，被告盐城市东台工商行政管理局（以下简称东台工商局）作出东工商案字〔2012〕第00298号《行政处罚决定书》，认定原告销售的金龙鱼橄榄原香食用调和油没有标明橄榄油的含量，违反了GB7718－2004《预包装食品标签通则》的规定，责令其改正，并处以合计60000元的罚没款。原告认为，其经营的金龙鱼橄榄原香食用调和油标签上的"橄榄原香"是对产品物理属性的客观描述，并非对某种配料的强调，不需要标明含量或者添加量。橄榄油是和其他配料菜籽油、大豆油相同的普通食用油配料，并无特殊功效或价值，不是"有价值、有特性的配料"。本案应适用《中华人民共和国食品安全法》（以下简称《食品安全法》）规定的国务院卫生行政部门颁布的食品安全国家标准，而被告适用的GB7718－2004《预包装食品标签通则》并不是食品安全国家标准，适用法律错误。综上，请求法院判决撤销被告对其作出的涉案行政处罚决定书。

被告东台工商局辩称：原告奥康公司经营的金龙鱼牌橄榄原香食用调和油标签正面突出"橄榄"二字，配有橄榄图形，吊牌写明"添加了来自意大利的100%特级初榨橄榄油"，但未注明添加量，这就属于食品标签上特别强调添加某种有价值、有特性配料而未标示添加量的情形。GB7718－2004《预包装食品标签通则》作为食品标签强制性标准，在《食品安全法》生效后，即被视为食品安全标准之一，直至被GB7718－2011《预包装食品标签管理通则》替代。因此，其所作出的行政处罚决定定性准确，合理适当，程序合法，请求法院予以维持。

法院经审理查明：2011年9月1日至2012年2月29日，奥康公司购进净含量5升的金龙鱼牌橄榄原香食用调和油290瓶，加价销售给千家惠超市，获得销售收入34800元，净利润2836.9元。2012年2月21日，东台工商局行政执法人员在千家惠超市检查时，发现上述金龙鱼牌橄榄原香食用调和油未标示橄榄油的添加量。上述金龙鱼牌橄榄原香食用调和油名称为"橄榄原香食用调和油"，其标签上有"橄榄"二字，配有橄榄图形，标签侧面标示"配料：菜籽油、大豆油、橄榄油"等内容，吊牌上写明："金龙鱼橄榄原香食用调和油，添加了来自意大利的100%特级初榨橄榄油，洋溢着淡淡的橄榄果清香。除富含多种维生素、单不饱和脂肪酸等健康物质外，其橄榄原生精华含有多本酚等天然抗氧化成分，满足自然健康的高品质生活追求。"

东台工商局于2012年2月27日立案调查，并于5月9日向原告奥康公司送达行政处罚听证告知书。原告在法定期限内未提出陈述和申辩，也未要求举行听证。5月15日被告向原告送达东工商案字〔2012〕第298号行政处罚决定书，认定原告经营标签不符合《食品安全法》规定的食品，属于食品标签上特别强调添加某种有价值、有特性配料而未标示添加量的情形，依照《中华人民共和国行政处罚法》《食品安全法》规定，作出责令改正、没收违法所得2836.9元和罚款57163.1元，合计罚没款60000元的行政处罚。原告不服，申请行政复议，盐城市工商行政管理局复议维持该处罚决定。

裁判结果

江苏省东台市人民法院于2012年12月15日作出（2012）东行初字第0068号行政判决：维持东台工商局2012年5月15日作出的东工商案字〔2012〕第00298号《行政

处罚决定书》。宣判后，奥康公司向江苏省盐城市中级人民法院提起上诉。江苏省盐城市中级人民法院于2013年5月9日作出（2013）盐行终字第0032号行政判决，维持一审判决。

裁判理由

法院生效裁判认为：《食品安全法》第二十条第四项规定，食品安全标准应当包括对与食品安全、营养有关的标签、标识、说明书的要求。第二十二条规定，本法规定的食品安全国家标准公布前，食品生产经营者应当按照现行食用农产品质量安全标准、食品卫生标准、食品质量标准和有关食品的行业标准生产经营食品。GB7718-2004《预包装食品标签通则》由国家质量监督检验检疫总局和国家标准化管理委员会制定，于2005年10月1日实施；《食品安全法》于2009年6月1日实施，新版的GB7718-2011《预包装食品标签管理通则》是由国务院卫生行政部门制定，且明确是食品安全国家标准，于2012年4月20日实施。本案原告奥康公司违法行为发生在2011年9月至2012年2月，GB7718-2004《预包装食品标签通则》属于当时的食品安全国家标准之一。因此，被告东台工商局适用GB7718-2004《预包装食品标签通则》对原告作出行政处罚，并无不当。

GB7718-2004《预包装食品标签通则》规定："预包装食品标签的所有内容，不得以虚假、使消费者误解或欺骗性的文字、图形等方式介绍食品；也不得利用字号大小或色差误导消费者。""如果在食品标签或食品说明书上特别强调添加了某种或数种有价值、有特性的配料，应标示所强调配料的添加量。"这里所指的"强调"，是特别着重或着重提出，一般意义上，通过名称、色差、字体、字号、图形、排列顺序、文字说明、同一内容反复出现或多个内容都指向同一事物等形式表现，均可理解为对某事物的强调。"有价值、有特性的配料"，是指对人体有较高的营养作用，配料本身不同于一般配料的特殊配料。通常理解，此种配料的市场价格或营养成分应高于其他配料。本案中，原告奥康公司认为"橄榄原香"是对产品物理属性的客观描述，并非对某种配料的强调，但从原告销售的金龙鱼牌橄榄原香食用调和油的外包装来看，其标签上以图形、字体、文字说明等方式突出了"橄榄"二字，强调了该食用调和油添加了橄榄油的配料，且在吊牌（食品标签的组成部分）上有"添加了来自意大利的100%特级初榨橄榄油"等文字叙述，显而易见地向消费者强调该产品添加了橄榄油的配料，该做法本身实际上就是强调"橄榄"在该产品中的价值和特性。一般来说，橄榄油的市场价格或营养作用均高于一般的大豆油、菜籽油等，因此，如在食用调和油中添加了橄榄油，可以认定橄榄油是"有价值、有特性的配料"。因此，奥康公司未标示橄榄油的添加量，属于违反食品安全标准的行为。东台工商局所作行政处罚决定具有事实和法律依据，应予维持。

（生效裁判审判人员：刘红、王为华、周和）

最高人民法院
关于发布第 13 批指导性案例的通知

2016 年 6 月 30 日　　　　　　　　　　　　　　法〔2016〕214 号

各省、自治区、直辖市高级人民法院，解放军军事法院，新疆维吾尔自治区高级人民法院生产建设兵团分院：

经最高人民法院审判委员会讨论决定，现将马乐利用未公开信息交易案等四个案例作为第 13 批指导性案例发布（指导案例 61～64 号），供在审判类似案件时参照。

指导案例 61 号

马乐利用未公开信息交易案

（最高人民法院审判委员会讨论通过　2016 年 6 月 30 日发布）

关键词　刑事　利用未公开信息交易罪　援引法定刑　情节特别严重

裁判要点

刑法第一百八十条第四款规定的利用未公开信息交易罪援引法定刑的情形，应当是对第一款内幕交易、泄露内幕信息罪全部法定刑的引用，即利用未公开信息交易罪应有"情节严重""情节特别严重"两种情形和两个量刑档次。

相关法条

《中华人民共和国刑法》第 180 条

基本案情

2011 年 3 月 9 日至 2013 年 5 月 30 日期间，被告人马乐担任博时基金管理有限公司旗下的博时精选股票证券投资经理，全权负责投资基金投资股票市场，掌握了博时精选股票证券投资基金交易的标的股票、交易时间和交易数量等未公开信息。马乐在任职期间利用其掌控的上述未公开信息，从事与该信息相关的证券交易活动，操作自己控制的"金某""严某甲""严某乙"三个股票账户，通过临时购买的不记名神州行电话卡下单，先于（1～5 个交易日）、同期或稍晚于（1～2 个交易日）其管理的"博时精选"基金账户买卖相同股票 76 只，累计成交金额 10.5 亿余元，非法获利 18833374.74 元。2013 年 7 月 17 日，马乐主动到深圳市公安局投案，且到案之后能如实供述其所犯罪行，属自首；马乐认罪态度良好，违法所得能从扣押、冻结的财产中全额返还，判处的罚金亦能全额缴纳。

裁判结果

广东省深圳市中级人民法院（2014）深中法刑二初字第 27 号刑事判决认为，被告人马乐的行为已构成利用未公开信息交易罪。但刑法中并未对利用未公开信息交易罪规定"情节特别严重"的情形，因此只能认定马乐的行为属于"情节严重"。马乐自首，依法可以从轻处罚；马乐认罪态度良好，违法所得能全额返还，罚金亦能全额缴纳，确有悔罪表现；另经深圳市福田区司法局社区矫正和安置帮教科调查评估，对马乐宣告缓刑对其所居住的社区没有重大不良影响，符合适用缓刑的条件。遂以利用未公开信息交易罪判处马乐有期徒刑三年，缓刑五年，并处罚金人民币 1884 万元；违法所得人民币 18833374.74 元依法予以追缴，上缴国库。

宣判后，深圳市人民检察院提出抗诉认为，被告人马乐的行为应认定为犯罪情节特别严重，依照"情节特别严重"的量刑档次处罚。一审判决适用法律错误，量刑明显不当，应当依法改判。

广东省高级人民法院（2014）粤高法刑二终字第 137 号刑事裁定认为，刑法第一百八十条第四款规定，利用未公开信息交易，情节严重的，依照第一款的规定处罚，该条款并未对利用未公开信息交易罪规定有"情节特别严重"情形；而根据第一百八十条第一款的规定，情节严重的，处五年以下有期徒刑或者拘役，并处或者单处违法所得一倍以上五倍以下罚金，故马乐利用未公开信息交易，属于犯罪情节严重，应在该量刑幅度内判处刑罚。原审判决量刑适当，抗诉机关的抗诉理由不成立，不予采纳。遂裁定驳回抗诉，维持原判。

二审裁定生效后，广东省人民检察院提请最高人民检察院按照审判监督程序向最高人民法院提出抗诉。最高人民检察院抗诉提出，刑法第一百八十条第四款属于援引法定刑的情形，应当引用第一款处罚的全部规定；利用未公开信息交易罪与内幕交易、泄露内幕信息罪的违法与责任程度相当，法定刑亦应相当；马乐的行为应当认定为犯罪情节特别严重，对其适用缓刑明显不当。本案终审裁定以刑法第一百八十条第四款未对利用未公开信息交易罪规定有"情节特别严重"为由，降格评价马乐的犯罪行为，属于适用法律确有错误，导致量刑不当，应当依法纠正。

最高人民法院依法组成合议庭对该案直接进行再审，并公开开庭审理了本案。再审查明的事实与原审基本相同，原审认定被告人马乐非法获利数额为 18833374.74 元存在计算错误，实际为 19120246.98 元，依法应当予以更正。最高人民法院（2015）刑抗字第 1 号刑事判决认为，原审被告人马乐的行为已构成利用未公开信息交易罪。马乐利用未公开信息交易股票 76 只，累计成交额 10.5 亿余元，非法获利 1912 万余元，属于情节特别严重。鉴于马乐具有主动从境外回国投案自首法定从轻、减刑处罚情节；在未受控制的情况下，将股票兑成现金存在涉案三个账户中并主动向中国证券监督管理委员会说明情况，退还了全部违法所得，认罪悔罪态度好，赃款未挥霍，原判罚金刑得已全部履行等酌定从轻处罚情节，对马乐可予减轻处罚。第一审判决、第二审裁定认定事实清楚，证据确实、充分，定罪准确，但因对法律条文理解错误，导致量刑不当，应予纠正。依照《中华人民共和国刑法》第一百八十条第四款、第一款、第六十七条第一款、

第五十二条、第五十三条、第六十四条及《最高人民法院关于适用〈中华人民共和国刑事诉讼法〉的解释》第三百八十九条第（三）项的规定，判决如下：一、维持广东省高级人民法院（2014）粤高法刑二终字第137号刑事裁定和深圳市中级人民法院（2014）深中法刑二初字第27号刑事判决中对原审被告人马乐的定罪部分；二、撤销广东省高级人民法院（2014）粤高法刑二终字第137号刑事裁定和深圳市中级人民法院（2014）深中法刑二初字第27号刑事判决中对原审被告人马乐的量刑及追缴违法所得部分；三、原审被告人马乐犯利用未公开信息交易罪，判处有期徒刑三年，并处罚金人民币1913万元；四、违法所得人民币19120246.98元依法予以追缴，上缴国库。

裁判理由

法院生效裁判认为：本案事实清楚，定罪准确，争议的焦点在于如何正确理解刑法第一百八十条第四款对于第一款的援引以及如何把握利用未公开信息交易罪"情节特别严重"的认定标准。

一、对刑法第一百八十条第四款援引第一款量刑情节的理解和把握

刑法第一百八十条第一款对内幕交易、泄露内幕信息罪规定为："证券、期货交易内幕信息的知情人员或者非法获取证券、期货交易内幕信息的人员，在涉及证券的发行，证券、期货交易或者其他对证券、期货交易价格有重大影响的信息尚未公开前，买入或者卖出该证券，或者从事与该内幕信息有关的期货交易，或者泄露该信息，或者明示、暗示他人从事上述交易活动，情节严重的，处五年以下有期徒刑或者拘役，并处或者单处违法所得一倍以上五倍以下罚金；情节特别严重的，处五年以上十年以下有期徒刑，并处违法所得一倍以上五倍以下罚金。"第四款对利用未公开信息交易罪规定为："证券交易所、期货交易所、证券公司、期货经纪公司、基金管理公司、商业银行、保险公司等金融机构的从业人员以及有关监管部门或者行业协会的工作人员，利用因职务便利获取的内幕信息以外的其他未公开的信息，违反规定，从事与该信息相关的证券、期货交易活动，或者明示、暗示他人从事相关交易活动，情节严重的，依照第一款的规定处罚。"

对于第四款中"情节严重的，依照第一款的规定处罚"应如何理解，在司法实践中存在不同的认识。一种观点认为，第四款中只规定了"情节严重"的情形，而未规定"情节特别严重"的情形，因此，这里的"情节严重的，依照第一款的规定处罚"只能是依照第一款中"情节严重"的量刑档次予以处罚；另一种观点认为，第四款中的"情节严重"只是入罪条款，即达到了情节严重以上的情形，依据第一款的规定处罚。至于具体处罚，应看符合第一款中的"情节严重"还是"情节特别严重"的情形，分别情况依法判处。情节严重的，"处五年以下有期徒刑"，情节特别严重的，"处五年以上十年以下有期徒刑"。

最高人民法院认为，刑法第一百八十条第四款援引法定刑的情形，应当是对第一款全部法定刑的引用，即利用未公开信息交易罪应有"情节严重""情节特别严重"两种情形和两个量刑档次。这样理解的具体理由如下：

（一）符合刑法的立法目的。由于我国基金、证券、期货等领域中，利用未公开信息交易行为比较多发，行为人利用公众投入的巨额资金作后盾，以提前买入或者提前卖出的手段获得巨额非法利益，将风险与损失转嫁到其他投资者，不仅对其任职单位的财产利益造成损害，而且严重破坏了公开、公正、公平的证券市场原则，严重损害客户投资者或处于信息弱势的散户利益，严重损害金融行业信誉，影响投资者对金融机构的信任，进而对资产管理和基金、证券、期货市场的健康发展产生严重影响。为此，《中华人民共和国刑法修正案（七）》新增利用未公开信息交易罪，并将该罪与内幕交易、泄露内幕信息罪规定在同一法条中，说明两罪的违法与责任程度相当。利用未公开信息交易罪也应当适用"情节特别严重"。

（二）符合法条的文意。首先，刑法第一百八十条第四款中的"情节严重"是入罪条款。《最高人民检察院、公安部关于公安机关管辖的刑事案件立案追诉标准的规定（二）》，对利用未公开信息交易罪规定了追诉的情节标准，说明该罪需达到"情节严重"才能被追诉。利用未公开信息交易罪属情节犯，立法要明确其情节犯属性，就必须借助"情节严重"的表述，以避免"情节不严重"的行为入罪。其次，该款中"情节严重"并不兼具量刑条款的性质。刑法条文中大量存在"情节严重"兼具定罪条款及量刑条款性质的情形，但无一例外均在其后列明了具体的法定刑。刑法第一百八十条第四款中"情节严重"之后，并未列明具体的法定刑，而是参照内幕交易、泄露内幕信息罪的法定刑。因此，本款中的"情节严重"仅具有定罪条款的性质，而不具有量刑条款的性质。

（三）符合援引法定刑立法技术的理解。援引法定刑是指对某一犯罪并不规定独立的法定刑，而是援引其他犯罪的法定刑作为该犯罪的法定刑。刑法第一百八十条第四款援引法定刑的目的是为了避免法条文字表述重复，并不属于法律规定不明确的情形。

综上，刑法第一百八十条第四款虽然没有明确表述"情节特别严重"，但是根据本条款设立的立法目的、法条文意及立法技术，应当包含"情节特别严重"的情形和量刑档次。

二、利用未公开信息交易罪"情节特别严重"的认定标准

目前虽然没有关于利用未公开信息交易罪"情节特别严重"认定标准的专门规定，但鉴于刑法规定利用未公开信息交易罪是参照内幕交易、泄露内幕信息罪的规定处罚，最高人民法院、最高人民检察院《关于办理内幕交易、泄露内幕信息刑事案件具体应用法律若干问题的解释》将成交额 250 万元以上、获利 75 万元以上等情形认定为内幕交易、泄露内幕信息罪"情节特别严重"的标准，利用未公开信息交易罪也应当遵循相同的标准。马乐利用未公开信息进行交易活动，累计成交额达 10.5 亿余元，非法获利达 1912 万余元，已远远超过上述标准，且在案发时属全国查获的该类犯罪数额最大者，参照最高人民法院、最高人民检察院《关于办理内幕交易、泄露内幕信息刑事案件具体应用法律若干问题的解释》，马乐的犯罪情节应当属于"情节特别严重"。

（生效裁判审判人员：罗智勇、董朝阳、李剑弢）

指导案例 62 号

王新明合同诈骗案

(最高人民法院审判委员会讨论通过 2016 年 6 月 30 日发布)

关键词 刑事 合同诈骗 数额犯 既遂 未遂

裁判要点

在数额犯中,犯罪既遂部分与未遂部分分别对应不同法定刑幅度的,应当先决定对未遂部分是否减轻处罚,确定未遂部分对应的法定刑幅度,再与既遂部分对应的法定刑幅度进行比较,选择适用处罚较重的法定刑幅度,并酌情从重处罚;二者在同一量刑幅度的,以犯罪既遂酌情从重处罚。

相关法条

《中华人民共和国刑法》第 23 条

基本案情

2012 年 7 月 29 日,被告人王新明使用伪造的户口本、身份证,冒充房主即王新明之父的身份,在北京市石景山区链家房地产经纪有限公司古城公园店,以出售该区古城路 28 号楼一处房屋为由,与被害人徐某签订房屋买卖合同,约定购房款为 100 万元,并当场收取徐某定金 1 万元。同年 8 月 12 日,王新明又收取徐某支付的购房首付款 29 万元,并约定余款过户后给付。后双方在办理房产过户手续时,王新明虚假身份被石景山区住建委工作人员发现,余款未取得。2013 年 4 月 23 日,王新明被公安机关查获。次日,王新明的亲属将赃款退还被害人徐某,被害人徐某对王新明表示谅解。

裁判结果

北京市石景山区人民法院经审理于 2013 年 8 月 23 日作出(2013)石刑初字第 239 号刑事判决,认为被告人王新明的行为已构成合同诈骗罪,数额巨大,同时鉴于其如实供述犯罪事实,在亲属帮助下退赔全部赃款,取得了被害人的谅解,依法对其从轻处罚。公诉机关北京市石景山区人民检察院指控罪名成立,但认为数额特别巨大且系犯罪未遂有误,予以更正。遂认定被告人王新明犯合同诈骗罪,判处有期徒刑六年,并处罚金人民币六千元。宣判后,公诉机关提出抗诉,认为犯罪数额应为 100 万元,数额特别巨大,而原判未评价 70 万元未遂,仅依据既遂 30 万元认定犯罪数额巨大,系适用法律错误。北京市人民检察院第一分院的支持抗诉意见与此一致。王新明以原判量刑过重为由提出上诉,在法院审理过程中又申请撤回上诉。北京市第一中级人民法院经审理于 2013 年 12 月 2 日作出(2013)一中刑终字第 4134 号刑事裁定:准许上诉人王新明撤回上诉,维持原判。

裁判理由

法院生效裁判认为:王新明以非法占有为目的,冒用他人名义签订合同,其行为已构成合同诈骗罪。一审判决事实清楚，证据确实、充分，定性准确，审判程序合法，但未评价未遂70万元的犯罪事实不当，予以纠正。根据刑法及司法解释的有关规定，考虑王新明合同诈骗既遂30万元，未遂70万元但可对该部分减轻处罚，王新明如实供述犯罪事实，退赔全部赃款取得被害人的谅解等因素，原判量刑在法定刑幅度之内，且抗诉机关亦未对量刑提出异议，故应予维持。北京市石景山区人民检察院的抗诉意见及北京市人民检察院第一分院的支持抗诉意见，酌予采纳。鉴于二审期间王新明申请撤诉，撤回上诉的申请符合法律规定，故二审法院裁定依法准许撤回上诉，维持原判。

本案争议焦点是，在数额犯中犯罪既遂与未遂并存时如何量刑。最高人民法院、最高人民检察院《关于办理诈骗刑事案件具体应用法律若干问题的解释》第六条规定："诈骗既有既遂，又有未遂，分别达到不同量刑幅度的，依照处罚较重的规定处罚；达到同一量刑幅度的，以诈骗罪既遂处罚。"因此，对于数额犯中犯罪行为既遂与未遂并存且均构成犯罪的情况，在确定全案适用的法定刑幅度时，先就未遂部分进行是否减轻处罚的评价，确定未遂部分所对应的法定刑幅度，再与既遂部分对应的法定刑幅度比较，确定全案适用的法定刑幅度。如果既遂部分对应的法定刑幅度较重或者二者相同的，应当以既遂部分对应的法定刑幅度确定全案适用的法定刑幅度，将包括未遂部分在内的其他情节作为确定量刑起点的调节要素进而确定基准刑。如果未遂部分对应的法定刑幅度较重的，应当以未遂部分对应的法定刑幅度确定全案适用的法定刑幅度，将包括既遂部分在内的其他情节，连同未遂部分的未遂情节一并作为量刑起点的调节要素进而确定基准刑。

本案中，王新明的合同诈骗犯罪行为既遂部分为30万元，根据司法解释及北京市的具体执行标准，对应的法定刑幅度为有期徒刑三年以上十年以下；未遂部分为70万元，结合本案的具体情况，应当对该未遂部分减一档处罚，未遂部分法定刑幅度应为有期徒刑三年以上十年以下，与既遂部分30万元对应的法定刑幅度相同。因此，以合同诈骗既遂30万元的基本犯罪事实确定对王新明适用的法定刑幅度为有期徒刑三年以上十年以下，将未遂部分70万元的犯罪事实，连同其如实供述犯罪事实、退赔全部赃款、取得被害人谅解等一并作为量刑情节，故对王新明从轻处罚，判处有期徒刑六年，并处罚金人民币六万元。

（生效裁判审判人员：高嵩、吕晶、王岩）

指导案例 63 号

徐加富强制医疗案

(最高人民法院审判委员会讨论通过　2016 年 6 月 30 日发布)

关键词　刑事诉讼　强制医疗　有继续危害社会可能

裁判要点

审理强制医疗案件，对被申请人或者被告人是否"有继续危害社会可能"，应当综合被申请人或者被告人所患精神病的种类、症状，案件审理时其病情是否已经好转，以及其家属或者监护人有无严加看管和自行送医治疗的意愿和能力等情况予以判定。必要时，可以委托相关机构或者专家进行评估。

相关法条

《中华人民共和国刑法》第 18 条第 1 款

《中华人民共和国刑事诉讼法》第 284 条

基本案情

被申请人徐加富在 2007 年下半年开始出现精神异常，表现为凭空闻声，认为别人在议论他，有人要杀他，紧张害怕，夜晚不睡，随时携带刀自卫，外出躲避。因未接受治疗，病情加重。2012 年 11 月 18 日 4 时许，被申请人在其经常居住地听到有人开车来杀他，遂携带刀和榔头欲外出撞车自杀。其居住地的门卫张友发得知其出去要撞车自杀，未给其开门。被申请人见被害人手持一部手机，便认为被害人要叫人来对其加害。被申请人当即用携带的刀刺杀被害人身体，用榔头击打其的头部，致其当场死亡。经法医学鉴定，被害人系头部受到钝器打击，造成严重颅脑损伤死亡。

2012 年 12 月 10 日，被申请人被公安机关送往成都市第四人民医院住院治疗。2012 年 12 月 17 日，成都精卫司法鉴定所接受成都市公安局武侯区分局的委托，对被申请人进行精神疾病及刑事责任能力鉴定，同月 26 日该所出具成精司鉴所（2012）病鉴字第 105 号鉴定意见书，载明：1. 被鉴定人徐加富目前患有精神分裂症，幻觉妄想型；2. 被鉴定人徐加富 2012 年 11 月 18 日 4 时作案时无刑事责任能力。2013 年 1 月成都市第四人民医院对被申请人的病情作出证明，证实徐加富需要继续治疗。

裁判结果

四川省武侯区人民法院于 2013 年 1 月 24 日作出（2013）武侯刑强初字第 1 号强制医疗决定书：对被申请人徐加富实施强制医疗。

裁判理由

法院生效裁判认为：本案被申请人徐加富实施了故意杀人的暴力行为后，经鉴定属于依法不负刑事责任的精神疾病人，其妄想他人欲对其加害而必须携带刀等防卫工具外出的行为，在其病症未能减轻并需继续治疗的情况下，认定其放置社会有继续危害社会的可能。成都市武侯区人民检察院提出对被申请人强制医疗的申请成立,予以支持。诉讼代理人提出了被申请人是否有继续危害社会的可能应由医疗机构作出评估,本案没有医疗机构的评估报告,对被申请人的强制医疗的证据不充分的辩护意见。法院认为,在强制医疗中如何认定被申请人是否有继续危害社会的可能,需要根据以往被申请人的行为及本案的证据进行综合判断,而医疗机构对其评估也只是对其病情痊愈的评估,法律没有赋予医疗机构对患者是否有继续危害社会可能性方面的评估权利。本案被申请人的病症是被害幻觉妄想症,经常假想要被他人杀害,外出害怕被害必带刀等防卫工具。如果不加约束治疗,被申请人不可能不外出,其外出必携带刀的行为,具有危害社会的可能,故诉讼代理人的意见不予采纳。

(生效裁判审判人员:税长冰、蒋海宜、戴克果)

指导案例 64 号

刘超捷诉中国移动通信集团江苏有限公司徐州分公司电信服务合同纠纷案

(最高人民法院审判委员会讨论通过 2016 年 6 月 30 日发布)

关键词 民事 电信服务合同 告知义务 有效期限 违约

裁判要点

1. 经营者在格式合同中未明确规定对某项商品或服务的限制条件,且未能证明在订立合同时已将该限制条件明确告知消费者并获得消费者同意的,该限制条件对消费者不产生效力。

2. 电信服务企业在订立合同时未向消费者告知某项服务设定了有效期限限制,在合同履行中又以该项服务超过有效期限为由限制或停止对消费者服务的,构成违约,应当承担违约责任。

相关法条

《中华人民共和国合同法》第 39 条

基本案情

2009 年 11 月 24 日,原告刘超捷在被告中国移动通信集团江苏有限公司徐州分公司(以下简称移动徐州分公司)营业厅申请办理"神州行标准卡",手机号码为 1590520xxxx,付费方式为预付费。原告当场预付话费 50 元,并参与移动徐州分公司充 50 元送 50 元的活动。在业务受理单所附《中国移动通信客户入网服务协议》中,双方对各自的权利和义务进行了约定,其中第四项特殊情况的承担中的第 1 条为:在下列情况下,乙方有权暂停或限制甲方的移动通信服务,由此给甲方造成的损失,乙方不承担责任:(1)甲方银行账户被查封、冻结或余额不足等非乙方原因造成的结算时扣划不成功的；（2）甲方预付费使用完毕而未及时补交款项（包括预付费账户余额不足以扣划下一笔预付费用）的。

2010年7月5日，原告在中国移动官方网站网上营业厅通过银联卡网上充值50元。2010年11月7日，原告在使用该手机号码时发现该手机号码已被停机，原告到被告的营业厅查询，得知被告于2010年10月23日因话费有效期到期而暂停移动通信服务，此时账户余额为11.70元。原告认为被告单方终止服务构成合同违约，遂诉至法院。

裁判结果

徐州市泉山区人民法院于2011年6月16日作出（2011）泉商初字第240号民事判决：被告中国移动通信集团江苏有限公司徐州分公司于本判决生效之日起十日内取消对原告刘超捷的手机号码为1590520xxxx的话费有效期的限制，恢复该号码的移动通信服务。一审宣判后，被告提出上诉，二审期间申请撤回上诉，一审判决已发生法律效力。

裁判理由

法院生效裁判认为：电信用户的知情权是电信用户在接受电信服务时的一项基本权利，用户在办理电信业务时，电信业务的经营者必须向其明确说明该电信业务的内容，包括业务功能、费用收取办法及交费时间、障碍申告等。如果用户在不知悉该电信业务的真实情况下进行消费，就会剥夺用户对电信业务的选择权，达不到真正追求的电信消费目的。

依据《中华人民共和国合同法》第三十九条的规定，采用格式条款订立合同的，提供格式条款的一方应当遵循公平原则确定当事人之间的权利和义务，并采取合理的方式提请对方注意免除或者限制其责任的条款，按照对方的要求，对该条款予以说明。电信业务的经营者作为提供电信服务合同格式条款的一方，应当遵循公平原则确定与电信用户的权利义务内容，权利义务的内容必须符合维护电信用户和电信业务经营者的合法权益、促进电信业的健康发展的立法目的，并有效告知对方注意免除或者限制其责任的条款并向其释明。业务受理单、入网服务协议是电信服务合同的主要内容，确定了原被告双方的权利义务内容，入网服务协议第四项约定有权暂停或限制移动通信服务的情形，第五项约定有权解除协议、收回号码、终止提供服务的情形，均没有因有效期到期而中止、解除、终止合同的约定。而话费有效期限制直接影响到原告手机号码的正常使用，一旦有效期到期，将导致停机、号码被收回的后果，因此被告对此负有明确如实告知的义务，且在订立电信服务合同之前就应如实告知原告。如果在订立合同之前未告知，即使在缴费阶段告知，亦剥夺了当事人的选择权，有违公平和诚实信用原则。被告主张"通过单联发票、宣传册和短信的方式向原告告知了有效期"，但未能提供有效的证据予以证明。综上，本案被告既未在电信服务合同中约定有效期内容，亦未提供有效证据证实已将有效期限制明确告知原告，被告暂停服务、收回号码的行为构成违约，应当承担继续履行等违约责任，故对原告主张"取消被告对原告的话费有效期的限制，继续履行合同"的诉讼请求依法予以支持。

(生效裁判审判人员：王平、赵增尧、李丽)

最高人民法院
关于发布第 14 批指导性案例的通知

2016 年 9 月 19 日　　　　　　　　　法〔2016〕311 号

各省、自治区、直辖市高级人民法院，解放军军事法院，新疆维吾尔自治区高级人民法院生产建设兵团分院：

经最高人民法院审判委员会讨论决定，现将上海市虹口区久乐大厦小区业主大会诉上海环亚实业总公司业主共有权纠纷案等 5 件案例（指导案例 65～69 号），作为第 14 批指导性案例发布，供在审判类似案件时参照。

指导案例 65 号

上海市虹口区久乐大厦小区业主大会诉上海环亚实业总公司业主共有权纠纷案

（最高人民法院审判委员会讨论通过　2016 年 9 月 19 日发布）

关键词　民事　业主共有权　专项维修资金　法定义务　诉讼时效

裁判要点

专项维修资金是专门用于物业共用部位、共用设施设备保修期满后的维修和更新、改造的资金，属于全体业主共有。缴纳专项维修资金是业主为维护建筑物的长期安全使用而应承担的一项法定义务。业主拒绝缴纳专项维修资金，并以诉讼时效提出抗辩的，人民法院不予支持。

相关法条

《中华人民共和国民法通则》第 135 条

《中华人民共和国物权法》第 79 条、第 83 条第 2 款

《物业管理条例》第 7 条第 4 项、第 54 条第 1 款、第 2 款

基本案情

2004 年 3 月，被告上海环亚实业总公司（以下简称环亚公司）取得上海市虹口区久乐大厦底层、二层房屋的产权，底层建筑面积 691.36 平方米、二层建筑面积 910.39 平方米。环亚公司未支付过上述房屋的专项维修资金。2010 年 9 月，原告久乐大厦小

区业主大会(以下简称久乐业主大会)经征求业主表决意见,决定由久乐业主大会代表业主提起追讨维修资金的诉讼。久乐业主大会向法院起诉,要求环亚公司就其所有的久乐大厦底层、二层的房屋向原告缴纳专项维修资金57566.9元。被告环亚公司辩称,其于2004年获得房地产权证,至本案诉讼有6年之久,原告从未主张过维修资金,该请求已超过诉讼时效,不同意原告诉请。

裁判结果

上海市虹口区人民法院于2011年7月21日作出(2011)虹民三(民)初字第833号民事判决:被告环亚公司应向原告久乐业主大会缴纳久乐大厦底层、二层房屋的维修资金57566.9元。宣判后,环亚公司向上海市第二中级人民法院提起上诉。上海市第二中级人民法院于2011年9月21日作出(2011)沪二中民二(民)终字第1908号民事判决:驳回上诉,维持原判。

裁判理由

法院生效裁判认为:《中华人民共和国物权法》(以下简称《物权法》)第七十九条规定,"建筑物及其附属设施的维修资金,属于业主共有。经业主共同决定,可以用于电梯、水箱等共有部分的维修。"《物业管理条例》第五十四条第二款规定,"专项维修资金属于业主所有,专用于物业保修期满后物业共用部位、共用设施设备的维修和更新、改造,不得挪作他用"。《住宅专项维修资金管理办法》(建设部、财政部令第165号)(以下简称《办法》)第二条第二款规定,"本办法所称住宅专项维修资金,是指专项用于住宅共用部位、共用设施设备保修期满后的维修和更新、改造的资金。"依据上述规定,维修资金性质上属于专项基金,系为特定目的,即为住宅共用部位、共用设施设备保修期满后的维修和更新、改造而专设的资金。它在购房款、税费、物业费之外,单独筹集、专户存储、单独核算。由其专用性所决定,专项维修资金的缴纳并非源于特别的交易或法律关系,而是为了准备应急性地维修、更新或改造区分所有建筑物的共有部分。由于共有部分的维护关乎全体业主的共同或公共利益,所以维修资金具有公共性、公益性。

《物业管理条例》第七条第四项规定,"业主在物业管理活动中,应当履行按照国家有关规定交纳专项维修资金的义务。"第五十四条第一款规定,"住宅物业、住宅小区内的非住宅物业或者与单幢住宅楼结构相连的非住宅物业的业主,应当按照国家有关规定交纳专项维修资金。"依据上述规定,缴纳专项维修资金是为特定范围的公共利益,即建筑物的全体业主共同利益而特别确立的一项法定义务,这种义务的产生与存在仅仅取决于义务人是否属于区分所有建筑物范围内的住宅或非住宅所有权人。因此,缴纳专项维修资金的义务是一种旨在维护共同或公共利益的法定义务,其只存在补缴问题,不存在因时间经过而可以不缴的问题。

业主大会要求补缴维修资金的权利,是业主大会代表全体业主行使维护小区共同或公共利益之职责的管理权。如果允许某些业主不缴纳维修资金而可享有以其他业主的维修资金维护共有部分而带来的利益,其他业主就有可能在维护共有部分上支付超出自己份额的金钱,这违背了公平原则,并将对建筑物的长期安全使用,对全体业主的共有或公共利益造成损害。

基于专项维修资金的性质和业主缴纳专项维修资金义务的性质，被告环亚公司作为久乐大厦的业主，不依法自觉缴纳专项维修资金，并以业主大会起诉追讨专项维修资金已超过诉讼时效进行抗辩，该抗辩理由不能成立。原告根据被告所有的物业面积，按照同期其他业主缴纳专项维修资金的计算标准算出的被告应缴纳的数额合理，据此判决被告应当按照原告诉请支付专项维修资金。

（生效裁判审判人员：卢薇薇、陈文丽、成皿）

指导案例66号

雷某某诉宋某某离婚纠纷案

（最高人民法院审判委员会讨论通过　2016年9月19日发布）

关键词　民事　离婚　离婚时　擅自处分共同财产

裁判要点

一方在离婚诉讼期间或离婚诉讼前，隐藏、转移、变卖、毁损夫妻共同财产，或伪造债务企图侵占另一方财产的，离婚分割夫妻共同财产时，依照《中华人民共和国婚姻法》第四十七条的规定可以少分或不分财产。

相关法条

《中华人民共和国婚姻法》第47条

基本案情

原告雷某某（女）和被告宋某某于2003年5月19日登记结婚，双方均系再婚，婚后未生育子女。双方婚后因琐事感情失和，于2013年上半年产生矛盾，并于2014年2月分居。雷某某曾于2014年3月起诉要求与宋某某离婚，经法院驳回后，双方感情未见好转。2015年1月，雷某某再次诉至法院要求离婚，并依法分割夫妻共同财产。宋某某认为夫妻感情并未破裂、不同意离婚。

雷某某称宋某某名下在中国邮政储蓄银行的账户内有共同存款37万元，并提交存取款凭单、转账凭单作为证据。宋某某称该37万元，来源于婚前房屋拆迁补偿款及养老金，现尚剩余20万元左右（含养老金14322.48元），并提交账户记录、判决书、案款收据等证据。

宋某某称雷某某名下有共同存款25万元，要求依法分割。雷某某对此不予认可，一审庭审中其提交在中国工商银行尾号为4179账户自2014年1月26日起的交易明细，显示至2014年12月21日该账户余额为262.37元。二审审理期间，应宋某某的申请，法院调取了雷某某上述中国工商银行账号自2012年11月26日开户后的银行流水明细，显示雷某某于2013年4月30日通过ATM转账及卡取的方式将该账户内的195000元转至案外人雷某齐名下。宋某某认为该存款是其婚前房屋出租所得，应归双方共同所有，雷某某在离婚之前即将夫妻共同存款转移。雷某某提出该笔存款是其经营饭店所得收益，开始称该笔款已用于夫妻共同开销，后又称用于偿还其外甥女的借款，但雷某某对其主张均未提供相应证据证明。另，雷某某在庭审中曾同意各自名下存款归各自所有，其另行支付宋某某10万元存款，后雷某某反悔，不同意支付。

裁判结果

北京市朝阳区人民法院于2015年4月16日作出（2015）朝民初字第04854号民事判决：准予雷某某与宋某某离婚；雷某某名下中国工商银行尾号为4179账户内的存款归雷某某所有，宋某某名下中国邮政储蓄银行账号尾号为7101、9389及1156账户内的存款归宋某某所有，并对其他财产和债务问题进行了处理。宣判后，宋某某提出上诉，提出对夫妻共同财产雷某某名下存款分割等请求。北京市第三中级人民法院于2015年10月19日作出（2015）三中民终字第08205号民事判决：维持一审判决其他判项，撤销一审判决第三项，改判雷某某名下中国工商银行尾号为4179账户内的存款归雷某某所有，宋某某名下中国邮政储蓄银行尾号为7101账户、9389账户及1156账户内的存款归宋某某所有，雷某某于本判决生效之日起七日内支付宋某某12万元。

裁判理由

法院生效裁判认为：婚姻关系以夫妻感情为基础。宋某某、雷某某共同生活过程中因琐事产生矛盾，在法院判决不准离婚后，双方感情仍未好转，经法院调解不能和好，双方夫妻感情确已破裂，应当判决准予双方离婚。

本案二审期间双方争议的焦点在于雷某某是否转移夫妻共同财产和夫妻双方名下的存款应如何分割。《中华人民共和国婚姻法》第十七条第二款规定："夫妻对共同所有的财产，有平等的处理权。"第四十七条规定："离婚时，一方隐藏、转移、变卖、毁损夫妻共同财产，或伪造债务企图侵占另一方财产的，分割夫妻共同财产时，对隐藏、转移、变卖、毁损夫妻共同财产或伪造债务的一方，可以少分或不分。离婚后，另一方发现有上述行为的，可以向人民法院提起诉讼，请求再次分割夫妻共同财产。"这就是说，一方在离婚诉讼期间或离婚诉讼前，隐藏、转移、变卖、毁损夫妻共同财产，或伪造债务企图侵占另一方财产的，侵害了夫妻对共同财产的平等处理权，离婚分割夫妻共同财产时，应当依照《中华人民共和国婚姻法》第四十七条的规定少分或不分财产。

本案中，关于双方名下存款的分割，结合相关证据，宋某某婚前房屋拆迁款转化的存款，应归宋某某个人所有，宋某某婚后所得养老保险金，应属夫妻共同财产。雷某某名下中国工商银行尾号为4179账户内的存款为夫妻关系存续期间的收入，应作为夫妻共同财产予以分割。雷某某于2013年4月30日通过ATM转账及卡取的方式，将尾号为4179账户内的195000元转至案外人名下。雷某某始称该款用于家庭开销，后又称用于偿还外债，前后陈述明显矛盾，对其主张亦未提供证据证明，对钱款的去向不能作出合理的解释和说明。结合案件事实及相关证据，认定雷某某存在转移、隐藏夫妻共同财产的情节。根据上述法律规定，对雷某某名下中国工商银行尾号4179账户内的存款，雷某某可以少分。宋某某主张对雷某某名下存款进行分割，符合法律规定，予以支持。故判决宋某某婚后养老保险金14322.48元归宋某某所有，对于雷某某转移的19.5万元存款，由雷某某补偿宋某某12万元。

(生效裁判审判人员：李春香、赵霞、闫慧)

指导案例 67 号

汤长龙诉周士海股权转让纠纷案

(最高人民法院审判委员会讨论通过　2016 年 9 月 19 日发布)

关键词　民事　股权转让　分期付款　合同解除

裁判要点

有限责任公司的股权分期支付转让款中发生股权受让人延迟或者拒付等违约情形，股权转让人要求解除双方签订的股权转让合同的，不适用《中华人民共和国合同法》第一百六十七条关于分期付款买卖中出卖人在买受人未支付到期价款的金额达到合同全部价款的五分之一时即可解除合同的规定。

相关法条

《中华人民共和国合同法》第 94 条、第 167 条

基本案情

原告汤长龙与被告周士海于 2013 年 4 月 3 日签订《股权转让协议》及《股权转让资金分期付款协议》。双方约定：周士海将其持有的青岛变压器集团成都双星电器有限公司 6.35％股权转让给汤长龙。股权合计 710 万元，分四期付清，即 2013 年 4 月 3 日付 150 万元；2013 年 8 月 2 日付 150 万元；2013 年 12 月 2 日付 200 万元；2014 年 4 月 2 日付 210 万元。此协议双方签字生效，永不反悔。协议签订后，汤长龙于 2013 年 4 月 3 日依约向周士海支付第一期股权转让款 150 万元。因汤长龙逾期未支付约定的第二期股权转让款，周士海于同年 10 月 11 日，以公证方式向汤长龙送达了《关于解除协议的通知》，以汤长龙根本违约为由，提出解除双方签订的《股权转让资金分期付款协议》。次日，汤长龙即向周士海转账支付了第二期 150 万元股权转让款，并按照约定的时间和数额履行了后续第三、四期股权转让款的支付义务。周士海以其已经解除合同为由，如数退回汤长龙支付的 4 笔股权转让款。汤长龙遂向人民法院提起诉讼，要求确认周士海发出的解除协议通知无效，并责令其继续履行合同。

另查明，2013 年 11 月 7 日，青岛变压器集团成都双星电器有限公司的变更（备案）登记中，周士海所持有的 6.35％股权已经变更登记至汤长龙名下。

裁判结果

四川省成都市中级人民法院于 2014 年 4 月 15 日作出（2013）成民初字第 1815 号民事判决：驳回原告汤长龙的诉讼请求。汤长龙不服，提起上诉。四川省高级人民法院于 2014 年 12 月 19 日作出（2014）川民终字第 432 号民事判决：一、撤销原审判决；二、确认周士海要求解除双方签订的《股权转让资金分期付款协议》行为无效；三、汤长龙于本判决生效后十日内向周士海支付股权转让款 710 万元。周士海不服四川省高级

人民法院的判决，以二审法院适用法律错误为由，向最高人民法院申请再审。最高人民法院于2015年10月26日作出（2015）民申字第2532号民事裁定，驳回周士海的再审申请。

裁判理由

法院生效判决认为：本案争议的焦点问题是周士海是否享有《中华人民共和国合同法》（以下简称《合同法》）第一百六十七条规定的合同解除权。

一、《合同法》第一百六十七条第一款规定，"分期付款的买受人未支付到期价款的金额达到全部价款的五分之一的，出卖人可以要求买受人支付全部价款或解除合同"。第二款规定，"出卖人解除合同的，可以向买受人要求支付该标的物的使用费。"最高人民法院《关于审理买卖合同纠纷案件适用法律问题的解释》第三十八条规定，"合同法第一百六十七条第一款规定的'分期付款'，系指买受人将应付的总价款在一定期间内至少分三次向出卖人支付。分期付款买卖合同的约定违反合同法第一百六十七条第一款的规定，损害买受人利益，买受人主张该约定无效的，人民法院应予支持"。依据上述法律和司法解释的规定，分期付款买卖的主要特征为：一是买受人向出卖人支付总价款分三次以上，出卖人交付标的物之后买受人分两次以上向出卖人支付价款；二是多发、常见在经营者和消费者之间，一般是买受人作为消费者为满足生活消费而发生的交易；三是出卖人向买受人授予了一定信用，而作为授信人的出卖人在价款回收上存在一定风险，为保障出卖人剩余价款的回收，出卖人在一定条件下可以行使解除合同的权利。

本案系有限责任公司股东将股权转让给公司股东之外的其他人。尽管案涉股权的转让形式也是分期付款，但由于本案买卖的标的物是股权，因此具有与以消费为目的的一般买卖不同的特点：一是汤长龙受让股权是为参与公司经营管理并获取经济利益，并非满足生活消费；二是周士海作为有限责任公司的股权出让人，基于其所持股权一直存在于目标公司中的特点，其因分期回收股权转让款而承担的风险，与一般以消费为目的分期付款买卖中出卖人收回价款的风险并不同等；三是双方解除股权转让合同，也不存在向受让人要求支付标的物使用费的情况。综上特点，股权转让分期付款合同，与一般以消费为目的分期付款买卖合同有较大区别。对案涉《股权转让资金分期付款协议》不宜简单适用《合同法》第一百六十七条规定的合同解除权。

二、本案中，双方订立《股权转让资金分期付款协议》的合同目的能够实现。汤长龙和周士海订立《股权转让资金分期付款协议》的目的是转让周士海所持青岛变压器集团成都双星电器有限公司6.35％股权给汤长龙。根据汤长龙履行股权转让款的情况，除第2笔股权转让款150万元逾期支付两个月，其余3笔股权转让款均按约支付，周士海认为汤长龙逾期付款构成违约要求解除合同，退回了汤长龙所付710万元，不影响汤长龙按约支付剩余3笔股权转让款的事实的成立，且本案一、二审审理过程中，汤长龙明确表示愿意履行付款义务。因此，周士海签订案涉《股权转让资金分期付款协议》的合同目的能够得以实现。另查明，2013年11月7日，青岛变压器集团成都双星电器有限公司的变更（备案）登记中，周士海所持有的6.35％股权已经变更登记至汤长龙名下。

三、从诚实信用的角度，《合同法》第六十条规定，"当事人应当按照约定全面履行自己的义务。当事人应当遵循诚实信用原则,根据合同的性质、目的和交易习惯履行通知、协助、保密等义务"。鉴于双方在股权转让合同上明确约定"此协议一式两份,双方签字生效,永不反悔",因此周士海即使依据《合同法》第一百六十七条的规定,也应当首先选择要求汤长龙支付全部价款,而不是解除合同。

四、从维护交易安全的角度,一项有限责任公司的股权交易,关涉诸多方面,如其他股东对受让人汤长龙的接受和信任(过半数同意股权转让),记载到股东名册和在工商部门登记股权,社会成本和影响已经倾注其中。本案中,汤长龙受让股权后已实际参与公司经营管理、股权也已过户登记到其名下,如果不是汤长龙有根本违约行为,动辄撤销合同可能对公司经营管理的稳定产生不利影响。

综上所述,本案中,汤长龙主张的周士海依据《合同法》第一百六十七条之规定要求解除合同依据不足的理由,于法有据,应当予以支持。

(生效裁判审判人员:梁红亚、王玥、李莉)

指导案例 68 号

上海欧宝生物科技有限公司诉辽宁特莱维置业发展有限公司企业借贷纠纷案

(最高人民法院审判委员会讨论通过 2016 年 9 月 19 日发布)

关键词 民事诉讼 企业借贷 虚假诉讼

裁判要点

人民法院审理民事案件中发现存在虚假诉讼可能时,应当依职权调取相关证据,详细询问当事人,全面严格审查诉讼请求与相关证据之间是否存在矛盾,以及当事人诉讼中言行是否违背常理。经综合审查判断,当事人存在虚构事实、恶意串通、规避法律或国家政策以谋取非法利益,进行虚假民事诉讼情形的,应当依法予以制裁。

相关法条

《中华人民共和国民事诉讼法》第 112 条

基本案情

上海欧宝生物科技有限公司(以下简称欧宝公司)诉称:欧宝公司借款给辽宁特莱维置业发展有限公司(以下简称特莱维公司)8650 万元,用于开发辽宁省东港市特莱维国际花园房地产项目。借期届满时,特莱维公司拒不偿还。故请求法院判令特莱维公司返还借款本金 8650 万元及利息。

特莱维公司辩称:对欧宝公司起诉的事实予以认可,借款全部投入到特莱维国际花园房地产项目,房屋滞销,暂时无力偿还借款本息。

一审申诉人谢涛述称:特莱维公司与欧宝公司,通过虚构债务的方式,恶意侵害其合法权益，请求法院查明事实，依法制裁。

法院经审理查明：2007年7月至2009年3月，欧宝公司与特莱维公司先后签订9份《借款合同》，约定特莱维公司向欧宝公司共借款8650万元，约定利息为同年贷款利率的4倍。约定借款用途为：只限用于特莱维国际花园房地产项目。借款合同签订后，欧宝公司先后共汇款10笔，计8650万元，而特莱维公司却在收到汇款的当日或数日后立即将其中的6笔转出，共计转出7050万余元。其中5笔转往上海翰皇实业发展有限公司（以下简称翰皇公司），共计6400万余元。此外，欧宝公司在提起一审诉讼要求特莱维公司还款期间，仍向特莱维公司转款3笔，计360万元。

欧宝公司法定代表人为宗惠光，该公司股东曲叶丽持有73.75%的股权，姜雯琪持有2%的股权，宗惠光持有2%的股权。特莱维公司原法定代表人为王作新，翰皇公司持有该公司90%股权，王阳持有10%的股权，2010年8月16日法定代表人变更为姜雯琪。工商档案记载，该公司在变更登记时，领取执照人签字处由刘静君签字，而刘静君又是本案原一审诉讼期间欧宝公司的委托代理人，身份系欧宝公司的员工。翰皇公司2002年3月26日成立，法定代表人为王作新，前身为上海特莱维化妆品有限公司，王作新持有该公司67%的股权，曲叶丽持有33%的股权，同年10月28日，曲叶丽将其持有的股权转让给王阳。2004年10月10日该公司更名为翰皇公司，公司登记等手续委托宗惠光办理，2011年7月5日该公司注销。王作新与曲叶丽系夫妻关系。

本案原一审诉讼期间，欧宝公司于2010年6月22日向辽宁省高级人民法院（以下简称辽宁高院）提出财产保全申请，要求查封、扣押、冻结特莱维公司5850万元的财产，王阳以其所有的位于辽宁省沈阳市和平区澳门路、建筑面积均为236.4平方米的两处房产为欧宝公司担保。王作鹏以其所有的位于沈阳市皇姑区宁山中路的建筑面积为671.76平方米的房产为欧宝公司担保，沈阳沙琪化妆品有限公司（以下简称沙琪公司，股东为王振义和修桂芳）以其所有的位于沈阳市东陵区白塔镇小羊安村建筑面积分别为212平方米、946平方米的两处厂房及使用面积为4000平方米的一块土地为欧宝公司担保。

欧宝公司与特莱维公司的《开立单位银行结算账户申请书》记载地址均为东港市新兴路1号，委托经办人均为崔秀芳。再审期间谢涛向辽宁高院提供上海市第一中级人民法院（2008）沪一中民三（商）终字第426号民事判决书一份，该案系张娥珍、贾世克诉翰皇公司、欧宝公司特许经营合同纠纷案，判决所列翰皇公司的法定代表人为王作新，欧宝公司和翰皇公司的委托代理人均系翰皇公司员工宗惠光。

二审审理中另查明：

（一）关于欧宝公司和特莱维公司之间关系的事实

工商档案表明，沈阳特莱维化妆品连锁有限责任公司（以下简称沈阳特莱维）成立于2000年3月15日，该公司由欧宝公司控股（持股96.67%），设立时的经办人为宗惠光。公司登记的处所系向沈阳丹菲专业护肤中心承租而来，该中心负责人为王振义。2005年12月23日，特莱维公司原法定代表人王作新代表欧宝公司与案外人张娥珍签订连锁加盟（特许）合同。2007年2月28日，霍静代表特莱维公司与世安建设集团有限公司（以下简称世安公司）签订关于特莱维国际花园项目施工的《补充协议》。2010

年5月，魏亚丽经特莱维公司授权办理银行账户的开户，2011年9月又代表欧宝公司办理银行账户开户。两账户所留联系人均为魏亚丽，联系电话均为同一号码，与欧宝公司2010年6月10日提交辽宁高院的民事起诉状中所留特莱维公司联系电话相同。

2010年9月3日，欧宝公司向辽宁高院出具《回复函》称：同意提供位于上海市青浦区苏虹公路332号的面积12026.91平方米、价值2亿元的房产作为保全担保。欧宝公司庭审中承认，前述房产属于上海特莱维护肤品股份有限公司（以下简称上海特莱维）所有。上海特莱维成立于2002年12月9日，法定代表人为王作新，股东有王作新、翰皇公司的股东王阳、邹艳，欧宝公司的股东宗惠光、姜雯琪、王奇等人。王阳同时任上海特莱维董事，宗惠光任副董事长兼副总经理，王奇任副总经理，霍静任董事。

2011年4月20日，欧宝公司向辽宁高院申请执行（2010）辽民二初字第15号民事判决，该院当日立案执行。同年7月12日，欧宝公司向辽宁高院提交书面申请称："为尽快回笼资金，减少我公司损失，经与被执行人商定，我公司允许被执行人销售该项目的剩余房产，但必须由我公司指派财务人员收款，所销售的房款须存入我公司指定账户。" 2011年9月6日，辽宁高院向东港市房地产管理处发出《协助执行通知书》，以相关查封房产已经给付申请执行人抵债为由，要求该处将前述房产直接过户登记到案外买受人名下。

欧宝公司申请执行后，除谢涛外，特莱维公司的其他债权人世安公司、江西临川建筑安装工程总公司、东港市前阳建筑安装工程总公司也先后以提交执行异议等形式，向辽宁高院反映欧宝公司与特莱维公司虚构债权进行虚假诉讼。

翰皇公司的清算组成员由王作新、王阳、姜雯琪担任，王作新为负责人；清算组在成立之日起10日内通知了所有债权人，并于2011年5月14日在《上海商报》上刊登了注销公告。2012年6月25日，王作新将翰皇公司所持特莱维公司股权中的1600万元转让于王阳，200万元转让于邹艳，并于2012年7月9日办理了工商变更登记。

沙琪公司的股东王振义和修桂芳分别是王作新的父亲和母亲；欧宝公司的股东王阁系王作新的哥哥王作鹏之女；王作新与王阳系兄妹关系。

（二）关于欧宝公司与案涉公司之间资金往来的事实

欧宝公司尾号为8115的账户（以下简称欧宝公司8115账户）2006年1月4日至2011年9月29日的交易明细显示，自2006年3月8日起，欧宝公司开始与特莱维公司互有资金往来。其中，2006年3月8日欧宝公司该账户汇给特莱维公司尾号为4891账户（以下简称特莱维公司4891账户）300万元，备注用途为借款，2006年6月12日转给特莱维公司801万元。2007年8月16日至23日从特莱维公司账户转入欧宝公司8115账户近70笔款项，备注用途多为货款。该账户自2006年1月4日至2011年9月29日与沙琪公司、沈阳特莱维、翰皇公司、上海特莱维均有大笔资金往来，用途多为货款或借款。

欧宝公司在中国建设银行东港支行开立的账户（尾号0357）2010年8月31日至2011年11月9日的交易明细显示：该账户2010年9月15日、9月17日由欧宝公司以现金形式分别存入168万元、100万元；2010年9月30日支付东港市安邦房地产开发有限公司工程款100万元；2010年9月30日自特莱维公司账户（尾号0549）转入100

万元，2011年8月22日、8月30日、9月9日自特莱维公司账户分别转入欧宝公司该账户71.6985万元、51.4841万元、62.3495万元，2011年11月4日特莱维公司尾号为5555账户（以下简称特莱维公司5555账户）以法院扣款的名义转入该账户84.556787万元；2011年9月27日以"往来款"名义转入欧宝公司8115账户193.5万元，2011年11月9日转入欧宝公司尾号4548账户（以下简称欧宝公司4548账户）157.995万元。

欧宝公司设立在中国工商银行上海青浦支行的账户（尾号5617）显示，2012年7月12日该账户以"借款"名义转入特莱维公司50万元。

欧宝公司在中国建设银行沈阳马路湾支行的4548账户2013年10月7日至2015年2月7日期间的交易明细显示，自2014年1月20日起，特莱维公司以"还款"名义转入该账户的资金，大部又以"还款"名义转入王作鹏个人账户和上海特莱维的账户。

翰皇公司建设银行上海分行尾号为4917账户（以下简称翰皇公司4917账户）2006年1月5日至2009年1月14日的交易明细显示，特莱维公司4891账户2008年7月7日转入翰皇公司该账户605万元，同日翰皇公司又从该账户将同等数额的款项转入特莱维公司5555账户，但自翰皇公司打入特莱维公司账户的该笔款项计入了特莱维公司的借款数额，自特莱维公司打入翰皇公司的款项未计入该公司的还款数额。该账户同时间段还分别和欧宝公司、沙琪公司以"借款""往来款"的名义进行资金转入和转出。

特莱维公司5555账户2006年6月7日至2015年9月21日的交易明细显示，2009年7月2日自该账户以"转账支取"的名义汇入欧宝公司的账户（尾号0801）600万元；自2011年11月4日起至2014年12月31日止，该账户转入欧宝公司资金达30多笔，最多的为2012年12月20日汇入欧宝公司4548账户的一笔达1800万元。此外，该账户还有多笔大额资金在2009年11月13日至2010年7月19日期间以"借款"的名义转入沙琪公司账户。

沙琪公司在中国光大银行沈阳和平支行的账户（尾号6312）2009年11月13日至2011年6月27日的交易明细显示，特莱维公司转入沙琪公司的资金，有的以"往来款"或者"借款"的名义转回特莱维公司的其他账户。例如，2009年11月13日自特莱维公司5555账户以"借款"的名义转入沙琪公司3800万元，2009年12月4日又以"往来款"的名义转回特莱维公司另外设立的尾号为8361账户（以下简称特莱维公司8361账户）3800万元；2010年2月3日自特莱维公司8361账户以"往来款"的名义转入沙琪公司账户的4827万元，同月10日又以"借款"的名义转入特莱维公司5555账户500万元，以"汇兑"名义转入特莱维公司4891账户1930万元，2010年3月31日沙琪公司又以"往来款"的名义转入特莱维公司8361账户1000万元，同年4月12日以系统内划款的名义转回特莱维公司8361账户1806万元。特莱维公司转入沙琪公司账户的资金有部分流入了沈阳特莱维的账户。例如，2010年5月6日以"借款"的名义转入沈阳特莱维1000万元，同年7月29日以"转款"的名义转入沈阳特莱维2272万元。此外，欧宝公司也以"往来款"的名义转入该账户部分资金。

欧宝公司和特莱维公司均承认，欧宝公司4548账户和在中国建设银行东港支行的账户（尾号0357）由王作新控制。

裁判结果

辽宁高院 2011 年 3 月 21 日作出（2010）辽民二初字第 15 号民事判决：特莱维公司于判决生效后 10 日内偿还欧宝公司借款本金 8650 万元及借款实际发生之日起至判决确定给付之日止的中国人民银行同期贷款利息。该判决发生法律效力后，因案外人谢涛提出申诉，辽宁高院于 2012 年 1 月 4 日作出（2012）辽立二民监字第 8 号民事裁定再审本案。辽宁高院经再审于 2015 年 5 月 20 日作出（2012）辽审二民再字第 13 号民事判决，驳回欧宝公司的诉讼请求。欧宝公司提起上诉，最高人民法院第二巡回法庭经审理于 2015 年 10 月 27 日作出（2015）民二终字第 324 号民事判决，认定本案属于虚假民事诉讼，驳回上诉，维持原判。同时作出罚款决定，对参与虚假诉讼的欧宝公司和特莱维公司各罚款 50 万元。

裁判理由

法院生效裁判认为：人民法院保护合法的借贷关系，同时对于恶意串通进行虚假诉讼意图损害他人合法权益的行为，应当依法制裁。本案争议的焦点问题有两个，一是欧宝公司与特莱维公司之间是否存在关联关系；二是欧宝公司和特莱维公司就争议的 8650 万元是否存在真实的借款关系。

一、欧宝公司与特莱维公司是否存在关联关系的问题

《中华人民共和国公司法》第二百一十七条规定，关联关系，是指公司控股股东、实际控制人、董事、监事、高级管理人员与其直接或间接控制的企业之间的关系，以及可能导致公司利益转移的其他关系。可见，公司法所称的关联公司，既包括公司股东的相互交叉，也包括公司共同由第三人直接或者间接控制，或者股东之间、公司的实际控制人之间存在直系血亲、姻亲、共同投资等可能导致利益转移的其他关系。

本案中，曲叶丽为欧宝公司的控股股东，王作新是特莱维公司的原法定代表人，也是案涉合同签订时特莱维公司的控股股东翰皇公司的控股股东和法定代表人，王作新与曲叶丽系夫妻关系，说明欧宝公司与特莱维公司由夫妻二人控制。欧宝公司称两人已经离婚，却未提供民政部门的离婚登记或者人民法院的生效法律文书。虽然辽宁高院受理本案诉讼后，特莱维公司的法定代表人由王作新变更为姜雯琪，但王作新仍是特莱维公司的实际控制人。同时，欧宝公司股东兼法定代表人宗惠光、王奇等人，与特莱维公司的实际控制人王作新、法定代表人姜雯琪、目前的控股股东王阳共同投资设立了上海特莱维，说明欧宝公司的股东与特莱维公司的控股股东、实际控制人存在其他的共同利益关系。另外，沈阳特莱维是欧宝公司控股的公司，沙琪公司的股东是王作新的父亲和母亲。可见，欧宝公司与特莱维公司之间、前述两公司与沙琪公司、上海特莱维、沈阳特莱维之间均存在关联关系。

欧宝公司与特莱维公司及其他关联公司之间还存在人员混同的问题。首先，高管人员之间存在混同。姜雯琪既是欧宝公司的股东和董事，又是特莱维公司的法定代表人，同时还参与翰皇公司的清算。宗惠光既是欧宝公司的法定代表人，又是翰皇公司的工作人员，虽然欧宝公司称宗惠光自 2008 年 5 月即从翰皇公司辞职，但从上海市第一中级人民法院（2008）沪一中民三（商）终字第 426 号民事判决载明的事实看，该案 2008 年 8 月至 12 月审理期间，宗惠光仍以翰皇公司工作人员的身份参与诉讼。王奇既是欧宝公司的监事,又是上海特莱维的董事,还以该公司工作人员的身份代理相关行政诉讼。王阳既是特莱维公司的监事,又是上海特莱维的董事。王作新是特莱维公司原法定代表人、实际控制人,还曾先后代表欧宝公司、翰皇公司与案外第三人签订连锁加盟(特许)合同。其次,普通员工也存在混同。霍静是欧宝公司的工作人员,在本案中作为欧宝公司原一审诉讼的代理人,2007年2月23日代表特莱维公司与世安公司签订建设施工合同,又同时兼任上海特莱维的董事。崔秀芳是特莱维公司的会计,2010年1月7日代特莱维公司开立银行账户,2010年8月20日本案诉讼之后又代欧宝公司开立银行账户。欧宝公司当庭自述魏亚丽系特莱维公司的工作人员,2010年5月魏亚丽经特莱维公司授权办理银行账户开户,2011年9月诉讼之后又经欧宝公司授权办理该公司在中国建设银行沈阳马路湾支行的开户,且该银行账户的联系人为魏亚丽。刘静君是欧宝公司的工作人员,在本案原一审和执行程序中作为欧宝公司的代理人,2009年3月17日又代特莱维公司办理企业登记等相关事项。刘洋以特莱维公司员工名义代理本案诉讼,又受王作新的指派代理上海特莱维的相关诉讼。

上述事实充分说明,欧宝公司、特莱维公司以及其他关联公司的人员之间并未严格区分,上述人员实际上服从王作新一人的指挥,根据不同的工作任务,随时转换为不同关联公司的工作人员。欧宝公司在上诉状中称,在2007年借款之初就派相关人员进驻特莱维公司,监督该公司对投资款的使用并协助工作,但早在欧宝公司所称的向特莱维公司转入首笔借款之前5个月,霍静即参与该公司的合同签订业务。而且从这些所谓的"派驻人员"在特莱维公司所起的作用看,上述人员参与了该公司的合同签订、财务管理到诉讼代理的全面工作,而不仅是监督工作,欧宝公司的辩解,不足为信。辽宁高院关于欧宝公司和特莱维公司系由王作新、曲叶丽夫妇控制之关联公司的认定,依据充分。

二、欧宝公司和特莱维公司就争议的 8650 万元是否存在真实借款关系的问题

根据《最高人民法院关于适用〈中华人民共和国民事诉讼法〉的解释》第九十条规定,当事人对自己提出的诉讼请求所依据的事实或者反驳对方诉讼请求所依据的事实,应当提供证据加以证明;当事人未能提供证据或者证据不足以证明其事实主张的,由负有举证证明责任的当事人承担不利的后果。

第一百零八条规定:"对负有举证证明责任的当事人提供的证据,人民法院经审查并结合相关事实,确信待证事实的存在具有高度可能性的,应当认定该事实存在。对一方当事人为反驳负有举证责任的当事人所主张的事实而提供的证据,人民法院经审查并结合相关事实,认为待证事实真伪不明的,应当认定该事实不存在。"在当事人之间存在关联关系的情况下,为防止恶意串通提起虚假诉讼,损害他人合法权益,人民法院对其是否存在真实的借款法律关系,必须严格审查。

欧宝公司提起诉讼,要求特莱维公司偿还借款 8650 万元及利息,虽然提供了借款合同及转款凭证,但其自述及提交的证据和其他在案证据之间存在无法消除的矛盾,当事人在诉讼前后的诸多言行违背常理,主要表现为以下 7 个方面:

第一,从借款合意形成过程来看,借款合同存在虚假的可能。欧宝公司和特莱维公司对借款法律关系的要约与承诺的细节事实陈述不清,尤其是作为债权人欧宝公司的法定代表人、自称是合同经办人的宗惠光,对所有借款合同的签订时间、地点、每一合同的己方及对方经办人等细节,语焉不详。案涉借款每一笔均为大额借款,当事人对所有合同的签订细节、甚至大致情形均陈述不清,于理不合。

第二,从借款的时间上看,当事人提交的证据前后矛盾。欧宝公司的自述及其提交的借款合同表明,欧宝公司自2007年7月开始与特莱维公司发生借款关系。向本院提起上诉后,其提交的自行委托形成的审计报告又载明,自2006年12月份开始向特莱维公司借款,但从特莱维公司和欧宝公司的银行账户交易明细看,在2006年12月之前,仅欧宝公司8115账户就发生过两笔高达1100万元的转款,其中,2006年3月8日以"借款"名义转入特莱维公司账户300万元,同年6月12日转入801万元。

第三,从借款的数额上看,当事人的主张前后矛盾。欧宝公司起诉后,先主张自2007年7月起累计借款金额为5850万元,后在诉讼中又变更为8650万元,上诉时又称借款总额1.085亿元,主张的借款数额多次变化,但只能提供8650万元的借款合同。而谢涛当庭提交的银行转账凭证证明,在欧宝公司所称的1.085亿元借款之外,另有4400多万元的款项以"借款"名义打入特莱维公司账户。对此,欧宝公司自认,这些多出的款项是受王作新的请求帮忙转款,并非真实借款。该自认说明,欧宝公司在相关银行凭证上填写的款项用途极其随意。从本院调取的银行账户交易明细所载金额看,欧宝公司以借款名义转入特莱维公司账户的金额远远超出欧宝公司先后主张的上述金额。此外,还有其他多笔以"借款"名义转入特莱维公司账户的巨额资金,没有列入欧宝公司所主张的借款数额范围。

第四,从资金往来情况看,欧宝公司存在单向统计账户流出资金而不统计流入资金的问题。无论是案涉借款合同载明的借款期间,还是在此之前,甚至诉讼开始以后,欧宝公司和特莱维公司账户之间的资金往来,既有欧宝公司转入特莱维公司账户款项的情况,又有特莱维公司转入欧宝公司账户款项的情况,但欧宝公司只计算己方账户转出的借方金额,而对特莱维公司转入的贷方金额只字不提。

第五,从所有关联公司之间的转款情况看,存在双方或多方账户循环转款问题。如上所述,将欧宝公司、特莱维公司、翰皇公司、沙琪公司等公司之间的账户对照检查,存在特莱维公司将己方款项转入翰皇公司账户过桥欧宝公司账户后,又转回特莱维公司账户,造成虚增借款的现象。特莱维公司与其他关联公司之间的资金往来也存在此种情况。

第六,从借款的用途看,与合同约定相悖。借款合同第二条约定,借款限用于特莱维国际花园房地产项目,但是案涉款项转入特莱维公司账户后,该公司随即将大部分款项以"借款""还款"等名义分别转给翰皇公司和沙琪公司,最终又流向欧宝公司和欧宝公司控股的沈阳特莱维。至于欧宝公司辩称,特莱维公司将款项打入翰皇公司是偿还对翰皇公司借款的辩解,由于其提供的翰皇公司和特莱维公司之间的借款数额与两公司银行账户交易的实际数额互相矛盾,且从流向上看大部分又流回了欧宝公司或者其控股的公司,其辩解不足为凭。

第七,从欧宝公司和特莱维公司及其关联公司在诉讼和执行中的行为来看,与日常经验相悖。欧宝公司提起诉讼后,仍与特莱维公司互相转款;特莱维公司不断向欧宝公司账户转入巨额款项，但在诉讼和执行程序中却未就还款金额对欧宝公司的请求提出任何抗辩；欧宝公司向辽宁高院申请财产保全，特莱维公司的股东王阳却以其所有的房产为本应是利益对立方的欧宝公司提供担保；欧宝公司在原一审诉讼中另外提供担保的上海市青浦区房产的所有权，竟然属于王作新任法定代表人的上海特莱维；欧宝公司和特莱维公司当庭自认，欧宝公司开立在中国建设银行东港支行、中国建设银行沈阳马路湾支行的银行账户都由王作新控制。

对上述矛盾和违反常理之处，欧宝公司与特莱维公司均未作出合理解释。由此可见，欧宝公司没有提供足够的证据证明其就案涉争议款项与特莱维公司之间存在真实的借贷关系。且从调取的欧宝公司、特莱维公司及其关联公司账户的交易明细发现，欧宝公司、特莱维公司以及其他关联公司之间、同一公司的不同账户之间随意转款，款项用途随意填写。结合在案其他证据，法院确信，欧宝公司诉请之债权系截取其与特莱维公司之间的往来款项虚构而成，其以虚构债权为基础请求特莱维公司返还8650万元借款及利息的请求不应支持。据此，辽宁高院再审判决驳回其诉讼请求并无不当。

至于欧宝公司与特莱维公司提起本案诉讼是否存在恶意串通损害他人合法权益的问题。首先，无论欧宝公司，还是特莱维公司，对特莱维公司与一审申诉人谢涛及其他债权人的债权债务关系是明知的。从案涉判决执行的过程看，欧宝公司申请执行之后，对查封的房产不同意法院拍卖，而是继续允许该公司销售，特莱维公司每销售一套，欧宝公司即申请法院解封一套。在接受法院当庭询问时，欧宝公司对特莱维公司销售了多少查封房产，偿还了多少债务陈述不清，表明其提起本案诉讼并非为实现债权，而是通过司法程序进行保护性查封以阻止其他债权人对特莱维公司财产的受偿。虚构债权，恶意串通，损害他人合法权益的目的明显。其次，从欧宝公司与特莱维公司人员混同、银行账户同为王作新控制的事实可知，两公司同属一人，均已失去公司法人所具有的独立人格。《中华人民共和国民事诉讼法》第一百一十二条规定："当事人之间恶意串通，企图通过诉讼、调解等方式侵害他人合法权益的，人民法院应当驳回其请求，并根据情节轻重予以罚款、拘留；构成犯罪的，依法追究刑事责任。"一审申诉人谢涛认为欧宝公司与特莱维公司之间恶意串通提起虚假诉讼损害其合法权益的意见，以及对有关当事人和相关责任人进行制裁的请求，于法有据，应予支持。

（生效裁判审判人员：胡云腾、范向阳、汪国献）

指导案例 69 号

王明德诉乐山市人力资源和社会保障局工伤认定案

(最高人民法院审判委员会讨论通过　2016 年 9 月 19 日发布)

关键词　行政诉讼　工伤认定　程序性行政行为　受理

裁判要点

当事人认为行政机关作出的程序性行政行为侵犯其人身权、财产权等合法权益，对其权利义务产生明显的实际影响，且无法通过提起针对相关的实体性行政行为的诉讼获得救济，而对该程序性行政行为提起行政诉讼的，人民法院应当依法受理。

相关法条

《中华人民共和国行政诉讼法》第 12 条、第 13 条

基本案情

原告王明德系王雷兵之父。王雷兵是四川嘉宝资产管理集团有限公司峨眉山分公司职工。2013 年 3 月 18 日，王雷兵因交通事故死亡。由于王雷兵驾驶摩托车倒地翻覆的原因无法查实，四川省峨眉山市公安局交警大队于同年 4 月 1 日依据《道路交通事故处理程序规定》第五十条的规定，作出乐公交认定〔2013〕第 00035 号《道路交通事故证明》。该《道路交通事故证明》载明：2013 年 3 月 18 日，王雷兵驾驶无牌"卡迪王"二轮摩托车由峨眉山市大转盘至小转盘方向行驶。1 时 20 分许，当该车行至省道 S306 线 29.3KM 处驶入道路右侧与隔离带边缘相擦挂，翻覆于隔离带内，造成车辆受损、王雷兵当场死亡的交通事故。

2013 年 4 月 10 日，第三人四川嘉宝资产管理集团有限公司峨眉山分公司就其职工王雷兵因交通事故死亡，向被告乐山市人力资源和社会保障局申请工伤认定，并同时提交了峨眉山市公安局交警大队所作的《道路交通事故证明》等证据。被告以公安机关交通管理部门尚未对本案事故作出交通事故认定书为由，于当日作出乐人社工时〔2013〕05 号（峨眉山市）《工伤认定时限中止通知书》（以下简称《中止通知》），并向原告和第三人送达。

2013 年 6 月 24 日，原告通过国内特快专递邮件方式，向被告提交了《恢复工伤认定申请书》，要求被告恢复对王雷兵的工伤认定。因被告未恢复对王雷兵工伤认定程序，原告遂于同年 7 月 30 日向法院提起行政诉讼，请求判决撤销被告作出的《中止通知》。

裁判结果

四川省乐山市市中区人民法院于 2013 年 9 月 25 日作出（2013）乐中行初字第 36 号判决，撤销被告乐山市人力资源和社会保障局于 2013 年 4 月 10 日作出的乐人社工时〔2013〕05 号《中止通知》。一审宣判后，乐山市人力资源和社会保障局提起了上诉。乐山市中级人民法院二审审理过程中，乐山市人力资源和社会保障局递交撤回上诉申请

书。乐山市中级人民法院经审查认为，上诉人自愿申请撤回上诉，属其真实意思表示，符合法律规定，遂裁定准许乐山市人力资源和社会保障局撤回上诉。一审判决已发生法律效力。

裁判理由

法院生效裁判认为，本案争议的焦点有两个：一是《中止通知》是否属于可诉行政行为；二是《中止通知》是否应当予以撤销。

一、关于《中止通知》是否属于可诉行政行为问题

法院认为，被告作出《中止通知》，属于工伤认定程序中的程序性行政行为，如果该行为不涉及终局性问题，对相对人的权利义务没有实质影响的，属于不成熟的行政行为，不具有可诉性，相对人提起行政诉讼的，不属于人民法院受案范围。但如果该程序性行政行为具有终局性，对相对人权利义务产生实质影响，并且无法通过提起针对相关的实体性行政行为的诉讼获得救济的，则属于可诉行政行为，相对人提起行政诉讼的，属于人民法院行政诉讼受案范围。

虽然根据《中华人民共和国道路交通安全法》第七十三条的规定："公安机关交通管理部门应当根据交通事故现场勘验、检查、调查情况和有关的检验、鉴定结论，及时制作交通事故认定书，作为处理交通事故的证据。交通事故认定书应当载明交通事故的基本事实、成因和当事人的责任，并送达当事人。"但是，在现实道路交通事故中，也存在因道路交通事故成因确实无法查清，公安机关交通管理部门不能作出交通事故认定书的情况。对此，《道路交通事故处理程序规定》第五十条规定："道路交通事故成因无法查清的，公安机关交通管理部门应当出具道路交通事故证明，载明道路交通事故发生的时间、地点、当事人情况及调查得到的事实，分别送达当事人。"就本案而言，峨眉山市公安局交警大队就王雷兵因交通事故死亡，依据所调查的事故情况，只能依法作出《道路交通事故证明》，而无法作出《交通事故认定书》。因此，本案中《道路交通事故证明》已经是公安机关交通管理部门依据《道路交通事故处理程序规定》就事故作出的结论，也就是《工伤保险条例》第二十条第三款中规定的工伤认定决定需要的"司法机关或者有关行政主管部门的结论"。除非出现新事实或者法定理由，否则公安机关交通管理部门不会就本案涉及的交通事故作出其他结论。而本案被告在第三人申请认定工伤时已经提交了相关《道路交通事故证明》的情况下，仍然作出《中止通知》，并且一直到原告起诉之日，被告仍以工伤认定处于中止中为由，拒绝恢复对王雷兵死亡是否属于工伤的认定程序。由此可见，虽然被告作出《中止通知》是工伤认定中的一种程序性行为，但该行为将导致原告的合法权益长期，乃至永久得不到依法救济，直接影响了原告的合法权益，对其权利义务产生实质影响，并且原告也无法通过对相关实体性行政行为提起诉讼以获得救济。因此，被告作出《中止通知》，属于可诉行政行为，人民法院应当依法受理。

二、关于《中止通知》应否予以撤销问题

法院认为，《工伤保险条例》第二十条第三款规定："作出工伤认定决定需要以司法机关或者有关行政主管部门的结论为依据的，在司法机关或者有关行政主管部门尚未作出结论期间，作出工伤认定决定的时限中止。"如前所述，第三人在向被告就王雷兵死亡申请工伤认定时已经提交了《道路交通事故证明》。也就是说，第三人申请工伤认定时，并不存在《工伤保险条例》第二十条第三款所规定的依法可以作出中止决定的情形。因此，被告依据《工伤保险条例》第二十条规定，作出《中止通知》属于适用法律、法规错误，应当予以撤销。另外，需要指出的是，在人民法院撤销被告作出的《中止通知》判决生效后，被告对涉案职工认定工伤的程序即应予以恢复。

（生效裁判审判人员：黄英、李巨、彭东）

最高人民法院
关于发布第15批指导性案例的通知

2016年12月28日　　　　　　　　　　法〔2016〕449号

各省、自治区、直辖市高级人民法院，解放军军事法院，新疆维吾尔自治区高级人民法院生产建设兵团分院：

经最高人民法院审判委员会讨论决定，现将北京阳光一佰生物技术开发有限公司、习文有等生产、销售有毒、有害食品案等八个案例（指导案例70～77号），作为第15批指导性案例发布，供在审判类似案件时参照。

指导案例70号

北京阳光一佰生物技术开发有限公司、习文有等生产、销售有毒、有害食品案

（最高人民法院审判委员会讨论通过　2016年12月28日发布）

关键词　刑事　生产、销售有毒、有害食品罪　有毒有害的非食品原料

裁判要点

行为人在食品生产经营中添加的虽然不是国务院有关部门公布的《食品中可能违法添加的非食用物质名单》和《保健食品中可能非法添加的物质名单》中的物质，但如果该物质与上述名单中所列物质具有同等属性，并且根据检验报告和专家意见等相关材料能够确定该物质对人体具有同等危害的，应当认定为《中华人民共和国刑法》第一百四十四条规定的"有毒、有害的非食品原料"。

相关法条

《中华人民共和国刑法》第一百四十四条

基本案情

被告人习文有于 2001 年注册成立了北京阳光一佰生物技术开发有限公司（以下简称阳光一佰公司），系公司的实际生产经营负责人。2010 年以来，被告单位阳光一佰公司从被告人谭国民处以 600 元/公斤的价格购进生产保健食品的原料，该原料系被告人谭国民从被告人尹立新处以 2500 元/公斤的价格购进后进行加工，阳光一佰公司购进原料后加工制作成用于辅助降血糖的保健食品阳光一佰牌山芪参胶囊，以每盒 100 元左右的价格销售至扬州市广陵区金福海保健品店及全国多个地区。被告人杨立峰具体负责生产，被告人钟立檬、王海龙负责销售。2012 年 5 月至 9 月，销往上海、湖南、北京等地的山芪参胶囊分别被检测出含有盐酸丁二胍，食品药品监督管理部门将检测结果告知阳光一佰公司及习文有。被告人习文有在得知检测结果后随即告知被告人谭国民、尹立新，被告人习文有明知其所生产、销售的保健品中含有盐酸丁二胍后，仍然继续向被告人谭国民、尹立新购买原料，组织杨立峰、钟立檬、王海龙等人生产山芪参胶囊并销售。被告人谭国民、尹立新在得知检测结果后继续向被告人习文有销售该原料。

盐酸丁二胍是丁二胍的盐酸盐。目前盐酸丁二胍未获得国务院药品监督管理部门批准生产或进口，不得作为药物在我国生产、销售和使用。扬州大学医学院葛晓群教授出具的专家意见和南京医科大学司法鉴定所的鉴定意见证明：盐酸丁二胍具有降低血糖的作用，很早就撤出我国市场，长期使用添加盐酸丁二胍的保健食品可能对机体产生不良影响，甚至危及生命。

从 2012 年 8 月底至 2013 年 1 月案发，阳光一佰公司生产、销售金额达 800 余万元。其中，习文有、尹立新、谭国民参与生产、销售的含有盐酸丁二胍的山芪参胶囊金额达 800 余万元；杨立峰参与生产的含有盐酸丁二胍的山芪参胶囊金额达 800 余万元；钟立檬、王海龙参与销售的含有盐酸丁二胍的山芪参胶囊金额达 40 余万元。尹立新、谭国民与阳光一佰公司共同故意实施犯罪，系共同犯罪，尹立新、谭国民系提供有毒、有害原料用于生产、销售有毒、有害食品的帮助犯，其在共同犯罪中均系从犯。习文有与杨立峰、钟立檬、王海龙共同故意实施犯罪，系共同犯罪，杨立峰、钟立檬、王海龙系受习文有指使实施生产、销售有毒、有害食品的犯罪行为，均系从犯。习文有在共同犯罪中起主要作用，系主犯。杨立峰、谭国民犯罪后主动投案，并如实供述犯罪事实，系自首，当庭自愿认罪。习文有、尹立新、王海龙归案后如实供述犯罪事实，当庭自愿认罪。钟立檬归案后如实供述部分犯罪事实，当庭对部分犯罪事实自愿认罪。

裁判结果

江苏省扬州市广陵区人民法院于 2014 年 1 月 10 日作出（2013）扬广刑初字第 0330 号刑事判决：被告单位北京阳光一佰生物技术开发有限公司犯生产、销售有毒、有害食品罪，判处罚金人民币 1500 万元；被告人习文有犯生产、销售有毒、有害食品罪，判处有期徒刑十五年，剥夺政治权利三年，并处罚金人民币 900 万元；被告人尹立新犯生产、销售有毒、有害食品罪，判处有期徒刑十二年，剥夺政治权利二年，并处罚金人民币 100 万元；被告人谭国民犯生产、销售有毒、有害食品罪，判处有期徒刑十一年，剥夺政治权利二年，并处罚金人民币100万元；被告人杨立峰犯生产有毒、有害食品罪，判处有期徒刑五年，并处罚金人民币10万元；被告人钟立檬犯销售有毒、有害食品罪，判处有期徒刑四年，并处罚金人民币8万元；被告人王海龙犯销售有毒、有害食品罪，判处有期徒刑三年六个月，并处罚金人民币6万元；继续向被告单位北京阳光一佰生物技术开发有限公司追缴违法所得人民币800万元，向被告人尹立新追缴违法所得人民币67.15万元，向被告人谭国民追缴违法所得人民币132万元；扣押的含有盐酸丁二胍的山芪参胶囊、颗粒，予以没收。宣判后，被告单位和各被告人均提出上诉。江苏省扬州市中级人民法院于2014年6月13日作出（2014）扬刑二终字第0032号刑事裁定：驳回上诉、维持原判。

裁判理由

法院生效裁判认为：刑法第一百四十四条规定，"在生产、销售的食品中掺入有毒、有害的非食品原料的，或者销售明知掺有有毒、有害的非食品原料的食品的，处五年以下有期徒刑，并处罚金；对人体健康造成严重危害或者有其他严重情节的，处五年以上十年以下有期徒刑，并处罚金；致人死亡或者有其他特别严重情节的，依照本法第一百四十一条的规定处罚。"最高人民法院、最高人民检察院《关于办理危害食品安全刑事案件适用法律若干问题的解释》（以下简称《解释》）第二十条规定，"下列物质应当认定为'有毒、有害的非食品原料'：（一）法律、法规禁止在食品生产经营活动中添加、使用的物质；（二）国务院有关部门公布的《食品中可能违法添加的非食用物质名单》《保健食品中可能非法添加的物质名单》上的物质；（三）国务院有关部门公告禁止使用的农药、兽药以及其他有毒、有害物质；（四）其他危害人体健康的物质。"第二十一条规定，"'足以造成严重食物中毒事故或者其他严重食源性疾病''有毒、有害非食品原料'难以确定的，司法机关可以根据检验报告并结合专家意见等相关材料进行认定。必要时，人民法院可以依法通知有关专家出庭作出说明。"本案中，盐酸丁二胍系在我国未获得药品监督管理部门批准生产或进口，不得作为药品在我国生产、销售和使用的化学物质；其亦非食品添加剂。盐酸丁二胍也不属于上述《解释》第二十条第二、第三项规定的物质。根据扬州大学医学院葛晓群教授出具的专家意见和南京医科大学司法鉴定所的鉴定意见证明，盐酸丁二胍与《解释》第二十条第二项《保健食品中可能非法添加的物质名单》中的其他降糖类西药（盐酸二甲双胍、盐酸苯乙双胍）具有同等属性和同等危害。长期服用添加有盐酸丁二胍的"阳光一佰牌山芪参胶囊"有对人体产生毒副作用的风险，影响人体健康、甚至危害生命。因此，对盐酸丁二胍应当依照《解释》第二十条第四项、第二十一条的规定，认定为刑法第一百四十四条规定的"有毒、有害的非食品原料"。

被告单位阳光一佰公司、被告人习文有作为阳光一佰公司生产、销售山芪参胶囊的直接负责的主管人员，被告人杨立峰、钟立檬、王海龙作为阳光一佰公司生产、销售山芪参胶囊的直接责任人员，明知阳光一佰公司生产、销售的保健食品山芪参胶囊中含有国家禁止添加的盐酸丁二胍成分，仍然进行生产、销售；被告人尹立新、谭国民明知其提供的含有国家禁止添加的盐酸丁二胍的原料被被告人习文有用于生产保健食品山芪参胶囊并进行销售，仍然向习文有提供该种原料，因此，上述单位和被告人均依法构成生产、销售有毒、有害食品罪。其中，被告单位阳光一佰公司、被告人习文有、尹立新、谭国民的行为构成生产、销售有毒、有害食品罪。被告人杨立峰的行为构成生产有毒、有害食品罪；被告人钟立檬、王海龙的行为均已构成销售有毒、有害食品罪。根据被告单位及各被告人犯罪情节、犯罪数额，综合考虑各被告人在共同犯罪中的地位作用、自首、认罪态度等量刑情节，作出如上判决。

（生效裁判审判人员：汤咏梅、陈圣勇、汤军琪）

指导案例71号

毛建文拒不执行判决、裁定案

（最高人民法院审判委员会讨论通过 2016年12月28日发布）

关键词 刑事 拒不执行判决、裁定罪 起算时间

裁判要点

有能力执行而拒不执行判决、裁定的时间从判决、裁定发生法律效力时起算。具有执行内容的判决、裁定发生法律效力后，负有执行义务的人有隐藏、转移、故意毁损财产等拒不执行行为，致使判决、裁定无法执行，情节严重的，应当以拒不执行判决、裁定罪定罪处罚。

相关法条

《中华人民共和国刑法》第三百一十三条

基本案情

浙江省平阳县人民法院于2012年12月11日作出（2012）温平鳌商初字第595号民事判决，判令被告人毛建文于判决生效之日起15日内返还陈先银挂靠在其名下的温州宏源包装制品有限公司投资款20万元及利息。该判决于2013年1月6日生效。因毛建文未自觉履行生效法律文书确定的义务，陈先银于2013年2月16日向平阳县人民法院申请强制执行。立案后，平阳县人民法院在执行中查明，毛建文于2013年1月17日将其名下的浙CVU661小型普通客车以15万元的价格转卖，并将所得款项用于个人开销，拒不执行生效判决。毛建文于2013年11月30日被抓获归案后如实供述了上述事实。

裁判结果

浙江省平阳县人民法院于2014年6月17日作出（2014）温平刑初字第314号刑事判决：被告人毛建文犯拒不执行判决罪，判处有期徒刑十个月。宣判后，毛建文未提起上诉，公诉机关未提出抗诉，判决已发生法律效力。

裁判理由

法院生效裁判认为：被告人毛建文负有履行生效裁判确定的执行义务，在人民法院

具有执行内容的判决、裁定发生法律效力后，实施隐藏、转移财产等拒不执行行为，致使判决、裁定无法执行，情节严重，其行为已构成拒不执行判决罪。公诉机关指控的罪名成立。毛建文归案后如实供述了自己的罪行，可以从轻处罚。

　　本案的争议焦点为，拒不执行判决、裁定罪中规定的"有能力执行而拒不执行"的行为起算时间如何认定，即被告人毛建文拒不执行判决的行为是从相关民事判决发生法律效力时起算，还是从执行立案时起算。对此，法院认为，生效法律文书进入强制执行程序并不是构成拒不执行判决、裁定罪的要件和前提，毛建文拒不执行判决的行为应从相关民事判决于2013年1月6日发生法律效力时起算。主要理由如下：第一，符合立法原意。全国人民代表大会常务委员会对刑法第三百一十三条规定解释时指出，该条中的"人民法院的判决、裁定"，是指人民法院依法作出的具有执行内容并已发生法律效力的判决、裁定。这就是说，只有具有执行内容的判决、裁定发生法律效力后，才具有法律约束力和强制执行力，义务人才有及时、积极履行生效法律文书确定义务的责任。生效法律文书的强制执行力不是在进入强制执行程序后才产生的，而是自法律文书生效之日起即产生。第二，与民事诉讼法及其司法解释协调一致。《中华人民共和国民事诉讼法》第一百一十一条规定：诉讼参与人或者其他人拒不履行人民法院已经发生法律效力的判决、裁定的，人民法院可以根据情节轻重予以罚款、拘留；构成犯罪的，依法追究刑事责任。《最高人民法院关于适用〈中华人民共和国民事诉讼法〉的解释》第一百八十八条规定：民事诉讼法第一百一十一条第一款第六项规定的拒不履行人民法院已经发生法律效力的判决、裁定的行为，包括在法律文书发生法律效力后隐藏、转移、变卖、毁损财产或者无偿转让财产、以明显不合理的价格交易财产、放弃到期债权、无偿为他人提供担保等，致使人民法院无法执行的。由此可见，法律明确将拒不执行行为限定在法律文书发生法律效力后，并未将拒不执行的主体仅限定为进入强制执行程序后的被执行人或者协助执行义务人等，更未将拒不执行判决、裁定罪的调整范围仅限于生效法律文书进入强制执行程序后发生的行为。第三，符合立法目的。拒不执行判决、裁定罪的立法目的在于解决法院生效判决、裁定的"执行难"问题。将判决、裁定生效后立案执行前逃避履行义务的行为纳入拒不执行判决、裁定罪的调整范围，是法律设定该罪的应有之意。将判决、裁定生效之日确定为拒不执行判决、裁定罪中拒不执行行为的起算时间点，能有效地促使义务人在判决、裁定生效后即迫于刑罚的威慑力而主动履行生效裁判确定的义务，避免生效裁判沦为一纸空文，从而使社会公众真正尊重司法裁判，维护法律权威，从根本上解决"执行难"问题，实现拒不执行判决、裁定罪的立法目的。

　　　　　　　　　　　　（生效裁判审判人员：郭朝晖、曾洪宁、裴伦）

指导案例 72 号

汤龙、刘新龙、马忠太、王洪刚诉新疆鄂尔多斯彦海房地产开发有限公司商品房买卖合同纠纷案

（最高人民法院审判委员会讨论通过　2016 年 12 月 28 日发布）

关键词　民事　商品房买卖合同　借款合同　清偿债务　法律效力　审查

裁判要点

借款合同双方当事人经协商一致，终止借款合同关系，建立商品房买卖合同关系，将借款本金及利息转化为已付购房款并经对账清算的，不属于《中华人民共和国物权法》第一百八十六条规定禁止的情形，该商品房买卖合同的订立目的，亦不属于《最高人民法院关于审理民间借贷案件适用法律若干问题的规定》第二十四条规定的"作为民间借贷合同的担保"。在不存在《中华人民共和国合同法》第五十二条规定情形的情况下，该商品房买卖合同具有法律效力。但对转化为已付购房款的借款本金及利息数额，人民法院应当结合借款合同等证据予以审查，以防止当事人将超出法律规定保护限额的高额利息转化为已付购房款。

相关法条

《中华人民共和国物权法》第一百八十六条

《中华人民共和国合同法》第五十二条

基本案情

原告汤龙、刘新龙、马忠太、王洪刚诉称：根据双方合同约定，新疆鄂尔多斯彦海房地产开发有限公司（以下简称彦海公司）应于 2014 年 9 月 30 日向四人交付符合合同约定的房屋。但至今为止，彦海公司拒不履行房屋交付义务。故请求判令：一、彦海公司向汤龙、刘新龙、马忠太、王洪刚支付违约金 6000 万元；二、彦海公司承担汤龙、刘新龙、马忠太、王洪刚主张权利过程中的损失费用 41.63 万元；三、彦海公司承担本案的全部诉讼费用。

彦海公司辩称：汤龙、刘新龙、马忠太、王洪刚应分案起诉。四人与彦海公司没有购买和出售房屋的意思表示，双方之间房屋买卖合同名为买卖实为借贷，该商品房买卖合同系为借贷合同的担保，该约定违反了《中华人民共和国担保法》第四十条、《中华人民共和国物权法》第一百八十六条的规定无效。双方签订的商品房买卖合同存在显失公平、乘人之危的情况。四人要求的违约金及损失费用亦无事实依据。

法院经审理查明：汤龙、刘新龙、马忠太、王洪刚与彦海公司于 2013 年先后签订多份借款合同，通过实际出借并接受他人债权转让，取得对彦海公司合计 2.6 亿元借款的债权。为担保该借款合同履行，四人与彦海公司分别签订多份商品房预售合同，并向当地房屋产权交易管理中心办理了备案登记。该债权陆续到期后，因彦海公司未偿还借

款本息,双方经对账,确认彦海公司尚欠四人借款本息 361398017.78 元。双方随后重新签订商品房买卖合同,约定彦海公司将其名下房屋出售给四人,上述欠款本息转为已付购房款,剩余购房款 38601982.22 元,待办理完毕全部标的物产权转移登记后一次性支付给彦海公司。汤龙等四人提交与彦海公司对账表显示,双方之间的借款利息系分别按照月利率 3% 和 4%、逾期利率 10% 计算,并计算复利。

裁判结果

新疆维吾尔自治区高级人民法院于 2015 年 4 月 27 日作出(2015)新民一初字第 2 号民事判决,判令:一、彦海公司向汤龙、马忠太、刘新龙、王洪刚支付违约金 9275057.23 元;二、彦海公司向汤龙、马忠太、刘新龙、王洪刚支付律师费 416300 元;三、驳回汤龙、马忠太、刘新龙、王洪刚的其他诉讼请求。上述款项,应于判决生效后十日内一次性付清。宣判后,彦海公司以双方之间买卖合同系借款合同的担保,并非双方真实意思表示,且欠款金额包含高利等为由,提起上诉。最高人民法院于 2015 年 10 月 8 日作出(2015)民一终字第 180 号民事判决:一、撤销新疆维吾尔自治区高级人民法院(2015)新民一初字第 2 号民事判决;二、驳回汤龙、刘新龙、马忠太、王洪刚的诉讼请求。

裁判理由

法院生效裁判认为:本案争议的商品房买卖合同签订前,彦海公司与汤龙等四人之间确实存在借款合同关系,且为履行借款合同,双方签订了相应的商品房预售合同,并办理了预购商品房预告登记。但双方系争商品房买卖合同是在彦海公司未偿还借款本息的情况下,经重新协商并对账,将借款合同关系转变为商品房买卖合同关系,将借款本息转为已付购房款,并对房屋交付、尾款支付、违约责任等权利义务作出了约定。民事法律关系的产生、变更、消灭,除基于法律特别规定,需要通过法律关系参与主体的意思表示一致形成。民事交易活动中,当事人意思表示发生变化并不鲜见,该意思表示的变化,除为法律特别规定所禁止外,均应予以准许。本案双方经协商一致终止借款合同关系,建立商品房买卖合同关系,并非为双方之间的借款合同履行提供担保,而是借款合同到期彦海公司难以清偿债务时,通过将彦海公司所有的商品房出售给汤龙等四位债权人的方式,实现双方权利义务平衡的一种交易安排。该交易安排并未违反法律、行政法规的强制性规定,不属于《中华人民共和国物权法》第一百八十六条规定禁止的情形,亦不适用《最高人民法院关于审理民间借贷案件适用法律若干问题的规定》第二十四条规定。尊重当事人嗣后形成的变更法律关系性质的一致意思表示,是贯彻合同自由原则的题中应有之意。彦海公司所持本案商品房买卖合同无效的主张,不予采信。

但在确认商品房买卖合同合法有效的情况下,由于双方当事人均认可该合同项下已付购房款系由原借款本息转来,且彦海公司提出该欠款数额包含高额利息。在当事人请求司法确认和保护购房者合同权利时,人民法院对基于借款合同的实际履行而形成的借款本金及利息数额应当予以审查,以避免当事人通过签订商品房买卖合同等方式,将违法高息合法化。经审查,双方之间借款利息的计算方法,已经超出法律规定的民间借贷利率保护上限。对双方当事人包含高额利息的欠款数额,依法不能予以确认。由于法律保护的借款利率明显低于当事人对账确认的借款利率,故应当认为汤龙等四人作为购房人，尚未足额支付合同约定的购房款，彦海公司未按照约定时间交付房屋，不应视为违约。汤龙等四人以彦海公司逾期交付房屋构成违约为事实依据，要求彦海公司支付违约金及律师费，缺乏事实和法律依据。一审判决判令彦海公司承担支付违约金及律师费的违约责任错误，本院对此予以纠正。

（生效裁判审判人员：辛正郁、潘杰、沈丹丹）

指导案例 73 号

通州建总集团有限公司诉安徽天宇
化工有限公司别除权纠纷案

（最高人民法院审判委员会讨论通过　2016 年 12 月 28 日发布）

关键词　民事　别除权　优先受偿权　行使期限　起算点

裁判要点

符合《中华人民共和国破产法》第十八条规定的情形，建设工程施工合同视为解除的，承包人行使优先受偿权的期限应自合同解除之日起计算。

相关法条

《中华人民共和国合同法》第二百八十六条

《中华人民共和国破产法》第十八条

基本案情

2006 年 3 月，安徽天宇化工有限公司（以下简称安徽天宇公司）与通州建总集团有限公司（以下简称通州建总公司）签订了一份《建设工程施工合同》，安徽天宇公司将其厂区一期工程生产厂区的土建、安装工程发包给通州建总公司承建，合同约定，开工日期：暂定 2006 年 4 月 28 日（以实际开工报告为准），竣工日期：2007 年 3 月 1 日，合同工期总日历天数 300 天。发包方不按合同约定支付工程款，双方未达成延期付款协议，承包人可停止施工，由发包人承担违约责任。后双方又签订一份《合同补充协议》，对支付工程款又做了新的约定，并约定厂区工期为 113 天，生活区工期为 266 天。2006 年 5 月 23 日，监理公司下达开工令，通州建总公司遂组织施工，2007 年安徽天宇公司厂区的厂房等主体工程完工。后因安徽天宇公司未按合同约定支付工程款，致使工程停工，该工程至今未竣工。2011 年 7 月 30 日，双方在仲裁期间达成和解协议，约定如处置安徽天宇公司土地及建筑物偿债时，通州建总公司的工程款可优先受偿。后安徽天宇公司因不能清偿到期债务，江苏宏远建设集团有限公司向安徽省滁州市中级人民法院申请安徽天宇公司破产还债。安徽省滁州市中级人民法院于 2011 年 8 月 26 日作出（2011）滁民二破字第 00001 号民事裁定，裁定受理破产申请。2011 年 10 月 10 日，通州建总公司向安徽天宇公司破产管理人申报债权并主张对该工程享有优先受偿权。2013

年7月19日,安徽省滁州市中级人民法院作出(2011)滁民二破字第00001-2号民事裁定,宣告安徽天宇公司破产。通州建总公司于2013年8月27日提起诉讼,请求确认其债权享有优先受偿权。

裁判结果

安徽省滁州市中级人民法院于2014年2月28日作出(2013)滁民一初字第00122号民事判决:确认原告通州建总集团有限公司对申报的债权就其施工的被告安徽天宇化工有限公司生产厂区土建、安装工程享有优先受偿权。宣判后,安徽天宇化工有限公司提出上诉。安徽省高级人民法院于2014年7月14日作出(2014)皖民一终字第00054号民事判决,驳回上诉,维持原判。

裁判理由

法院生效裁判认为:本案双方当事人签订的建设工程施工合同虽约定了工程竣工时间,但涉案工程因安徽天宇公司未能按合同约定支付工程款导致停工。现没有证据证明在工程停工后至法院受理破产申请前,双方签订的建设施工合同已经解除或终止履行,也没有证据证明在法院受理破产申请后,破产管理人决定继续履行合同。根据《中华人民共和国破产法》第十八条"人民法院受理破产申请后,管理人对破产申请受理前成立而债务人和对方当事人均未履行完毕的合同有权决定解除或继续履行,并通知对方当事人。管理人自破产申请受理之日起二个月未通知对方当事人,或者自收到对方当事人催告之日起三十日内未答复的,视为解除合同"之规定,涉案建设工程施工合同在法院受理破产申请后已实际解除,本案建设工程无法正常竣工。按照最高人民法院全国民事审判工作会议纪要精神,因发包人的原因,合同解除或终止履行时已经超出合同约定的竣工日期的,承包人行使优先受偿权的期限自合同解除之日起计算,安徽天宇公司要求按合同约定的竣工日期起算优先受偿权行使时间的主张,缺乏依据,不予采信。2011年8月26日,法院裁定受理对安徽天宇公司的破产申请,2011年10月10日通州建总公司向安徽天宇公司的破产管理人申报债权并主张工程款优先受偿权,因此,通州建总公司主张优先受偿权的时间是2011年10月10日。安徽天宇公司认为通州建总公司行使优先受偿权的时间超过了破产管理之日六个月,与事实不符,不予支持。

(生效裁判审判人员:洪平、胡小恒、台旺)

指导案例 74 号

中国平安财产保险股份有限公司江苏分公司诉江苏镇江安装集团有限公司保险人代位求偿权纠纷案

(最高人民法院审判委员会讨论通过　2016 年 12 月 28 日发布)

关键词　民事　保险代位求偿权　财产保险合同　第三者对保险标的的损害　违约行为

裁判要点

因第三者的违约行为给被保险人的保险标的造成损害的，可以认定为属于《中华人民共和国保险法》第六十条第一款规定的"第三者对保险标的的损害"的情形。保险人由此依法向第三者行使代位求偿权的，人民法院应予支持。

相关法条

《中华人民共和国保险法》第六十条第一款

基本案情

2008 年 10 月 28 日，被保险人华东联合制罐有限公司（以下简称华东制罐公司）、华东联合制罐第二有限公司（以下简称华东制罐第二公司）与被告江苏镇江安装集团有限公司（以下简称镇江安装公司）签订《建设工程施工合同》，约定由镇江安装公司负责被保险人整厂机器设备迁建安装等工作。《建设工程施工合同》第二部分"通用条款"第 38 条约定："承包人按专用条款的约定分包所承包的部分工程，并与分包单位签订分包合同，未经发包人同意，承包人不得将承包工程的任何部分分包"；"工程分包不能解除承包人任何责任与义务。承包人应在分包场地派驻相应管理人员，保证本合同的履行。分包单位的任何违约行为或疏忽导致工程损害或给发包人造成其他损失，承包人承担连带责任"。《建设工程施工合同》第三部分"专用条款"第 14 条第（1）项约定"承包人不得将本工程进行分包施工"。"通用条款"第 40 条约定："工程开工前，发包人为建设工程和施工场地内的自有人员及第三人人员生命财产办理保险，支付保险费用"；"运至施工场地内用于工程的材料和待安装设备，由发包人办理保险，并支付保险费用"；"发包人可以将有关保险事项委托承包人办理，费用由发包人承担"；"承包人必须为从事危险作业的职工办理意外伤害保险，并为施工场地内自有人员生命财产和施工机械设备办理保险，支付保险费用"。

2008 年 11 月 16 日，镇江安装公司与镇江亚民大件起重有限公司（以下简称亚民运输公司）公司签订《工程分包合同》，将前述合同中的设备吊装、运输分包给亚民运输公司。2008 年 11 月 20 日，就上述整厂迁建设备安装工程，华东制罐公司、华东制罐第二公司向中国平安财产保险股份有限公司江苏分公司（以下简称平安财险公司）投保了安装工程一切险。投保单中记载被保险人为华东制罐公司及华东制罐第二公司，并明确记载承包人镇江安装公司不是被保险人。投保单"物质损失投保项目和投保金额"栏载明"安装项目投保金额为177465335.56元"。附加险中,还投保有"内陆运输扩展条款A",约定每次事故财产损失赔偿限额为200万元。投保期限从2008年11月20日起至2009年7月31日止。投保单附有被安装机器设备的清单,其中包括:SEQUA彩印机2台,合计原值为29894340.88元。投保单所附保险条款中,对"内陆运输扩展条款A"作如下说明:经双方同意,鉴于被保险人已按约定交付了附加的保险费,保险公司负责赔偿被保险人的保险财产在中华人民共和国境内供货地点到保险单中列明的工地,除水运和空运以外的内陆运输途中因自然灾害或意外事故引起的损失,但被保险财产在运输时必须有合格的包装及装载。

2008年12月19日10时30分许,亚民运输公司驾驶员姜玉才驾驶苏L06069、苏L003挂重型半挂车,从旧厂区承运彩印机至新厂区的途中,在转弯时车上钢丝绳断裂,造成彩印机侧翻滑落地面损坏。平安财险公司接险后,对受损标的确定了清单。经镇江市公安局交通巡逻警察支队现场查勘,认定姜玉才负事故全部责任。后华东制罐公司、华东制罐第二公司、平安财险公司、镇江安装公司及亚民运输公司共同委托泛华保险公估有限公司(以下简称泛华公估公司)对出险事故损失进行公估,并均同意认可泛华公估公司的最终理算结果。2010年3月9日,泛华公估公司出具了公估报告,结论:出险原因系设备运输途中翻落(意外事故);保单责任成立;定损金额总损1518431.32元、净损1498431.32元;理算金额1498431.32元。泛华公估公司收取了平安财险公司支付的47900元公估费用。

2009年12月2日,华东制罐公司及华东制罐第二公司向镇江安装公司发出《索赔函》,称"该事故导致的全部损失应由贵司与亚民运输公司共同承担。我方已经向投保的中国平安财产保险股份有限公司镇江中心支公司报险。一旦损失金额确定,投保公司核实并先行赔付后,对赔付限额内的权益,将由我方让渡给投保公司行使。对赔付不足部分,我方将另行向贵司与亚民运输公司主张"。

2010年5月12日,华东制罐公司、华东制罐第二公司向平安财险公司出具赔款收据及权益转让书,载明:已收到平安财险公司赔付的1498431.32元。同意将上述赔款部分保险标的的一切权益转让给平安财险公司,同意平安财险公司以平安财险公司的名义向责任方追偿。后平安财险公司诉至法院,请求判令镇江安装公司支付赔偿款和公估费。

裁判结果

江苏省镇江市京口区人民法院于2011年2月16日作出(2010)京商初字第1822号民事判决:一、江苏镇江安装集团有限公司于判决生效后10日内给付中国平安财产保险股份有限公司江苏分公司1498431.32元;二、驳回中国平安财产保险股份有限公司江苏分公司关于给付47900元公估费的诉讼请求。一审宣判后,江苏镇江安装集团有限公司向江苏省镇江市中级人民法院提起上诉。江苏省镇江市中级人民法院于2011年4月12日作出(2011)镇商终字第0133号民事判决:一、撤销镇江市京口区人民法院(2010)京商初字第1822号民事判决;二、驳回中国平安财产保险股份有限公司江苏分公司对江苏镇江安装集团有限公司的诉讼请求。二审宣判后,中国平安财产保险股份有限公司江苏分公司向江苏省高级人民法院申请再审。江苏省高级人民法院于 2014 年 5 月 30 日作出（2012）苏商再提字第 0035 号民事判决：一、撤销江苏省镇江市中级人民法院（2011）镇商终字第 0133 号民事判决；二、维持镇江市京口区人民法院（2010）京商初字第 1822 号民事判决。

裁判理由

法院生效裁判认为，本案的焦点问题是：1. 保险代位求偿权的适用范围是否限于侵权损害赔偿请求权；2. 镇江安装公司能否以华东制罐公司、华东制罐第二公司已购买相关财产损失险为由，拒绝保险人对其行使保险代位求偿权。

关于第一个争议焦点。《中华人民共和国保险法》（以下简称《保险法》）第六十条第一款规定："因第三者对保险标的的损害而造成保险事故的，保险人自向被保险人赔偿保险金之日起，在赔偿金额范围内代位行使被保险人对第三者请求赔偿的权利。"该款使用的是"因第三者对保险标的的损害而造成保险事故"的表述，并未限制规定为"因第三者对保险标的的侵权损害而造成保险事故"。将保险代位求偿权的权利范围理解为限于侵权损害赔偿请求权，没有法律依据。从立法目的看，规定保险代位求偿权制度，在于避免财产保险的被保险人因保险事故的发生，分别从保险人及第三者获得赔偿，取得超出实际损失的不当利益，并因此增加道德风险。将《保险法》第六十条第一款中的"损害"理解为仅指"侵权损害"，不符合保险代位求偿权制度设立的目的。故保险人行使代位求偿权，应以被保险人对第三者享有损害赔偿请求权为前提，这里的赔偿请求权既可因第三者对保险标的实施的侵权行为而产生，亦可基于第三者的违约行为等产生，不应仅限于侵权赔偿请求权。本案平安财险公司是基于镇江安装公司的违约行为而非侵权行为行使代位求偿权，镇江安装公司对保险事故的发生是否有过错，对案件的处理并无影响。并且，《建设工程施工合同》约定"承包人不得将本工程进行分包施工"。因此，镇江安装公司关于其对保险事故的发生没有过错因而不应承担责任的答辩意见，不能成立。平安财险公司向镇江安装公司主张权利，主体适格，并无不当。

关于第二个争议焦点。镇江安装公司提出，在发包人与其签订的建设工程施工合同通用条款第 40 条中约定，待安装设备由发包人办理保险，并支付保险费用。从该约定可以看出，就工厂搬迁及设备的拆解安装事项，发包人与镇江安装公司共同商定办理保险，虽然保险费用由发包人承担，但该约定在双方的合同条款中体现，即该费用系双方承担，或者说，镇江安装公司在总承包费用中已经就保险费用作出了让步。由发包人向平安财险公司投保的业务，承包人也应当是被保险人。关于镇江安装公司的上述抗辩意见，《保险法》第十二条第二款、第六款分别规定："财产保险的被保险人在保险事故发生时，对保险标的应当具有保险利益"；"保险利益是指投保人或者被保险人对保险标的具有的法律上承认的利益"。据此，不同主体对于同一保险标的可以具有不同的保险利益，可就同一保险标的的投保与其保险利益相对应的保险险种，成立不同的保险合同，并在各自的保险利益范围内获得保险保障，从而实现利用保险制度分散各自风险的目的。因发包人和承包人对保险标的具有不同的保险利益，只有分别投保与其保险利益相对应的财产保险类别，才能获得相应的保险保障，二者不能相互替代。

发包人华东制罐公司和华东制罐第二公司作为保险标的的所有权人，其投保的安装工程一切险是基于对保险标的享有的所有权保险利益而投保的险种，旨在分散保险标的的损坏或灭失风险，性质上属于财产损失保险；附加险中投保的"内陆运输扩展条款A"约定"保险公司负责赔偿被保险人的保险财产在中华人民共和国境内供货地点到保险单中列明的工地，除水运和空运以外的内陆运输途中因自然灾害或意外事故引起的损失"，该项附加险在性质上亦属财产损失保险。镇江安装公司并非案涉保险标的所有权人，不享有所有权保险利益，其作为承包人对案涉保险标的享有责任保险利益，欲将施工过程中可能产生的损害赔偿责任转由保险人承担，应当投保相关责任保险，而不能借由发包人投保的财产损失保险免除自己应负的赔偿责任。其次，发包人不认可承包人的被保险人地位，案涉《安装工程一切险投保单》中记载的被保险人为华东制罐公司及华东制罐第二公司，并明确记载承包人镇江安装公司不是被保险人。因此，镇江安装公司关于"由发包人向平安财险公司投保的业务，承包人也应当是被保险人"的答辩意见，不能成立。《建设工程施工合同》明确约定"运至施工场地内用于工程的材料和待安装设备，由发包人办理保险，并支付保险费用"及"工程分包不能解除承包人任何责任与义务，分包单位的任何违约行为或疏忽导致工程损害或给发包人造成其他损失，承包人承担连带责任"。由此可见，发包人从未作出在保险赔偿范围内免除承包人赔偿责任的意思表示，双方并未约定在保险赔偿范围内免除承包人的赔偿责任。再次，在保险事故发生后，被保险人积极向承包人索赔并向平安财险公司出具了权益转让书。根据以上情况，镇江安装公司以其对保险标的也具有保险利益，且保险标的所有权人华东制罐公司和华东制罐第二公司已投保财产损失保险为由，主张免除其依建设工程施工合同应对两制罐公司承担的违约损害赔偿责任，并进而拒绝平安财险公司行使代位求偿权，没有法律依据，不予支持。

综上理由作出如上判决。

（生效裁判审判人员：刘振、曹霞、马倩）

指导案例 75 号

中国生物多样性保护与绿色发展基金会诉宁夏瑞泰科技股份有限公司环境污染公益诉讼案

（最高人民法院审判委员会讨论通过　2016 年 12 月 28 日发布）

关键词　民事　环境污染公益诉讼　专门从事环境保护公益活动的社会组织

裁判要点

1. 社会组织的章程虽未载明维护环境公共利益，但工作内容属于保护环境要素及生态系统的，应认定符合《最高人民法院关于审理环境民事公益诉讼案件适用法律若干问题的解释》（以下简称《解释》）第四条关于"社会组织章程确定的宗旨和主要业务范围是维护社会公共利益"的规定。

2.《解释》第四条规定的"环境保护公益活动",既包括直接改善生态环境的行为,也包括与环境保护相关的有利于完善环境治理体系、提高环境治理能力、促进全社会形成环境保护广泛共识的活动。

3. 社会组织起诉的事项与其宗旨和业务范围具有对应关系,或者与其所保护的环境要素及生态系统具有一定联系的,应认定符合《解释》第四条关于"与其宗旨和业务范围具有关联性"的规定。

相关法条

《中华人民共和国环境保护法》第五十八条

基本案情

2015年8月13日,中国环境保护与绿色发展基金会(以下简称绿发会)向宁夏回族自治区中卫市中级人民法院提起诉讼称:宁夏瑞泰科技股份有限公司(以下简称瑞泰公司)在生产过程中违规将超标废水直接排入蒸发池,造成腾格里沙漠严重污染,截至起诉时仍然没有整改完毕。请求判令瑞泰公司:(一)停止非法污染环境行为;(二)对造成环境污染的危险予以消除;(三)恢复生态环境或者成立沙漠环境修复专项基金并委托具有资质的第三方进行修复;(四)针对第二项和第三项诉讼请求,由法院组织原告、技术专家、法律专家、人大代表、政协委员共同验收;(五)赔偿环境修复前生态功能损失;(六)在全国性媒体上公开赔礼道歉等。

绿发会向法院提交了基金会法人登记证书,显示绿发会是在中华人民共和国民政部登记的基金会法人。绿发会提交的2010至2014年度检查证明材料,显示其在提起本案公益诉讼前五年年检合格。绿发会亦提交了五年内未因从事业务活动违反法律、法规的规定而受到行政、刑事处罚的无违法记录声明。此外,绿发会章程规定,其宗旨为"广泛动员全社会关心和支持生物多样性保护和绿色发展事业,保护国家战略资源,促进生态文明建设和人与自然和谐,构建人类美好家园"。在案件的一审、二审及再审期间,绿发会向法院提交了其自1985年成立至今,一直实际从事包括举办环境保护研讨会、组织生态考察、开展环境保护宣传教育、提起环境民事公益诉讼等活动的相关证据材料。

裁判结果

宁夏回族自治区中卫市中级人民法院于2015年8月19日作出(2015)卫民公立字第6号民事裁定,以绿发会不能认定为《中华人民共和国环境保护法》(以下简称《环境保护法》)第五十八条规定的"专门从事环境保护公益活动"的社会组织为由,裁定对绿发会的起诉不予受理。绿发会不服,向宁夏回族自治区高级人民法院提起上诉。该院于2015年11月6日作出(2015)宁民公立终字第6号民事裁定,驳回上诉,维持原裁定。绿发会又向最高人民法院申请再审。最高人民法院于2016年1月22日作出(2015)民申字第3377号民事裁定,裁定提审本案;并于2016年1月28日作出(2016)最高法民再47号民事裁定,裁定本案由宁夏回族自治区中卫市中级人民法院立案受理。

裁判理由

法院生效裁判认为：本案系社会组织提起的环境污染公益诉讼。本案的争议焦点是绿发会应否认定为专门从事环境保护公益活动的社会组织。

《中华人民共和国民事诉讼法》第五十五条规定了环境民事公益诉讼制度，明确法律规定的机关和有关组织可以提起环境公益诉讼。《环境保护法》第五十八条规定："对污染环境、破坏生态，损害社会公共利益的行为，符合下列条件的社会组织可以向人民法院提起诉讼：（一）依法在设区的市级以上人民政府民政部门登记；（二）专门从事环境保护公益活动连续五年以上且无违法记录。符合前款规定的社会组织向人民法院提起诉讼，人民法院应当依法受理。"《解释》第四条进一步明确了对于社会组织"专门从事环境保护公益活动"的判断标准，即"社会组织章程确定的宗旨和主要业务范围是维护社会公共利益，且从事环境保护公益活动的，可以认定为《环境保护法》第五十八条规定的'专门从事环境保护公益活动'。社会组织提起的诉讼所涉及的社会公共利益，应与其宗旨和业务范围具有关联性"。有关本案绿发会是否可以作为"专门从事环境保护公益活动"的社会组织提起本案诉讼，应重点从其宗旨和业务范围是否包含维护环境公共利益，是否实际从事环境保护公益活动，以及所维护的环境公共利益是否与其宗旨和业务范围具有关联性等三个方面进行审查。

一、关于绿发会章程规定的宗旨和业务范围是否包含维护环境公共利益的问题。社会公众所享有的在健康、舒适、优美环境中生存和发展的共同利益，表现形式多样。对于社会组织宗旨和业务范围是否包含维护环境公共利益，应根据其内涵而非简单依据文字表述作出判断。社会组织章程即使未写明维护环境公共利益，但若其工作内容属于保护各种影响人类生存和发展的天然的和经过人工改造的自然因素的范畴，包括对大气、水、海洋、土地、矿藏、森林、草原、湿地、野生生物、自然遗迹、人文遗迹、自然保护区、风景名胜区、城市和乡村等环境要素及其生态系统的保护，均可以认定为宗旨和业务范围包含维护环境公共利益。

我国1992年签署的联合国《生物多样性公约》指出，生物多样性是指陆地、海洋和其他水生生态系统及其所构成的生态综合体，包括物种内部、物种之间和生态系统的多样性。《环境保护法》第三十条规定，"开发利用自然资源，应当合理开发，保护生物多样性，保障生态安全，依法制定有关生态保护和恢复治理方案并予以实施。引进外来物种以及研究、开发和利用生物技术，应当采取措施，防止对生物多样性的破坏。"可见，生物多样性保护是环境保护的重要内容，亦属维护环境公共利益的重要组成部分。

绿发会章程中明确规定，其宗旨为"广泛动员全社会关心和支持生物多样性保护和绿色发展事业，保护国家战略资源，促进生态文明建设和人与自然和谐，构建人类美好家园"，符合联合国《生物多样性公约》和《环境保护法》保护生物多样性的要求。同时，"促进生态文明建设""人与自然和谐""构建人类美好家园"等内容契合绿色发展理念，亦与环境保护密切相关，属于维护环境公共利益的范畴。故应认定绿发会的宗旨和业务范围包含维护环境公共利益内容。

二、关于绿发会是否实际从事环境保护公益活动的问题。环境保护公益活动，不仅包括植树造林、濒危物种保护、节能减排、环境修复等直接改善生态环境的行为，还包括与环境保护有关的宣传教育、研究培训、学术交流、法律援助、公益诉讼等有利于完善环境治理体系,提高环境治理能力,促进全社会形成环境保护广泛共识的活动。绿发会在本案一审、二审及再审期间提交的历史沿革、公益活动照片、环境公益诉讼立案受理通知书等相关证据材料,虽未经质证,但在立案审查阶段,足以显示绿发会自1985年成立以来长期实际从事包括举办环境保护研讨会、组织生态考察、开展环境保护宣传教育、提起环境民事公益诉讼等环境保护活动,符合《环境保护法》和《解释》的规定。同时,上述证据亦证明绿发会从事环境保护公益活动的时间已满五年,符合《环境保护法》第五十八条关于社会组织从事环境保护公益活动应连续五年以上的规定。

三、关于本案所涉及的社会公共利益与绿发会宗旨和业务范围是否具有关联性的问题。依据《解释》第四条的规定,社会组织提起的公益诉讼涉及的环境公共利益,应与社会组织的宗旨和业务范围具有一定关联。此项规定旨在促使社会组织所起诉的环境公共利益保护事项与其宗旨和业务范围具有对应或者关联关系,以保证社会组织具有相应的诉讼能力。因此,即使社会组织起诉事项与其宗旨和业务范围不具有对应关系,但若与其所保护的环境要素或者生态系统具有一定的联系,亦应基于关联性标准确认其主体资格。本案环境公益诉讼系针对腾格里沙漠污染提起。沙漠生物群落及其环境相互作用所形成的复杂而脆弱的沙漠生态系统,更加需要人类的珍惜利用和悉心呵护。绿发会起诉认为瑞泰公司将超标废水排入蒸发池,严重破坏了腾格里沙漠本已脆弱的生态系统,所涉及的环境公共利益之维护属于绿发会宗旨和业务范围。

此外,绿发会提交的基金会法人登记证书显示,绿发会是在中华人民共和国民政部登记的基金会法人。绿发会提交的2010至2014年度检查证明材料,显示其在提起本案公益诉讼前五年年检合格。绿发会还按照《解释》第五条的规定提交了其五年内未因从事业务活动违反法律、法规的规定而受到行政、刑事处罚的无违法记录声明。据此,绿发会亦符合《环境保护法》第五十八条,《解释》第二条、第三条、第五条对提起环境公益诉讼社会组织的其他要求,具备提起环境民事公益诉讼的主体资格。

(生效裁判审判人员:刘小飞、吴凯敏、叶阳)

指导案例 76 号

萍乡市亚鹏房地产开发有限公司诉萍乡市国土资源局不履行行政协议案

(最高人民法院审判委员会讨论通过 2016年12月28日发布)

关键词 行政 行政协议 合同解释 司法审查 法律效力

裁判要点

行政机关在职权范围内对行政协议约定的条款进行的解释,对协议双方具有法律约束力，人民法院经过审查，根据实际情况，可以作为审查行政协议的依据。

相关法条

《中华人民共和国行政诉讼法》第十二条

基本案情

2004年1月13日，江西省萍乡市土地收购储备中心受萍乡市肉类联合加工厂委托，经被告萍乡市国土资源局（以下简称市国土局）批准，在萍乡日报上刊登了国有土地使用权公开挂牌出让公告，定于2004年1月30日至2004年2月12日在土地交易大厅公开挂牌出让TG－0403号国有土地使用权，地块位于萍乡市安源区后埠街万公塘，土地出让面积为23173.3平方米，开发用地为商住综合用地，冷藏车间维持现状，容积率2.6，土地使用年限为50年。萍乡市亚鹏房地产开发有限公司（以下简称亚鹏公司）于2006年2月12日以投标竞拍方式并以人民币768万元取得了TG－0403号国有土地使用权，并于2006年2月21日与被告市国土局签订了《国有土地使用权出让合同》。合同约定出让宗地的用途为商住综合用地，冷藏车间维持现状。土地使用权出让金为每平方米331.42元，总额计人民币768万元。2006年3月2日，市国土局向亚鹏公司颁发了萍国用（2006）第43750号和萍国用（2006）第43751号两本国有土地使用证，其中萍国用（2006）第43750号土地证地类（用途）为工业，使用权类为出让，使用权面积为8359平方米，萍国字（2006）第43751号土地证地类为商住综合用地。对此，亚鹏公司认为约定的"冷藏车间维持现状"是维持冷藏库的使用功能，并非维持地类性质，要求将其中一证地类由"工业"更正为"商住综合"；但市国土局认为维持现状是指冷藏车间保留工业用地性质出让，且该公司也是按照冷藏车间为工业出让地缴纳的土地使用权出让金，故不同意更正土地用途。2012年7月30日，萍乡市规划局向萍乡市土地收购储备中心作出《关于要求解释〈关于萍乡市肉类联合加工厂地块的函〉》中有关问题的复函，主要内容是：我局在2003年10月8日出具规划条件中已明确了该地块用地性质为商住综合用地（冷藏车间约7300平方米，下同）但冷藏车间维持现状。根据该地块控规，其用地性质为居住（兼容商业），但由于地块内的食品冷藏车间是目前我市唯一的农产品储备保鲜库，也是我市重要的民生工程项目，因此，暂时保留地块内约7300平方米冷藏库的使用功能，未经政府或相关主管部门批准不得拆除。2013年2月21日，市国土局向亚鹏书面答复：一、根据市规划局出具的规划条件和宗地实际情况，同意贵公司申请TG－0403号地块中冷藏车间用地的土地用途由工业用地变更为商住用地。二、由于贵公司取得该宗地中冷藏车间用地使用权是按工业用地价格出让的，根据《中华人民共和国城市房地产管理法》之规定，贵公司申请TG－0403号地块中冷藏车间用地的土地用途由工业用地变更为商住用地，应补交土地出让金。补交的土地出让金可按该宗地出让时的综合用地（住宅、办公）评估价值减去的同等比例计算，即297.656万元×70％＝208.36万元。三、冷藏车间用地的土地用途调整后，其使用功能未经市政府批准不得改变。亚鹏公司于2013年3月10日向法院提起行政诉讼，要求判令被告将萍国用（2006）第43750号国有土地使用证上的地类用途由"工业"更正为商住综合用地（冷藏车间维持现状）。撤销被告"关于对市亚鹏房地产有限公司TG－0403号地块有关土地用途问题的答复"中第二项关于补交土地出让金208.36万元的决定。

裁判结果

江西省萍乡市安源区人民法院于 2014 年 4 月 23 日作出（2014）安行初字第 6 号行政判决：一、被告萍乡市国土资源局在本判决生效之日起九十天内对萍国用（2006）第 43750 号国有土地使用证上的 8359.1m² 的土地用途应依法予以更正。二、撤销被告萍乡市国土资源局于 2013 年 2 月 21 日作出的《关于对市亚鹏房地产开发有限公司 TG－0403 号地块有关土地用途的答复》中第二项补交土地出让金 208.36 万元的决定。宣判后，萍乡市国土资源局提出上诉。江西省萍乡市中级人民法院于 2014 年 8 月 15 日作出（2014）萍行终字第 10 号行政判决：驳回上诉，维持原判。

裁判理由

法院生效裁判认为：行政协议是行政机关为实现公共利益或者行政管理目标，在法定职责范围内与公民、法人或者其他组织协商订立的具有行政法上权利义务内容的协议，本案行政协议即是市国土局代表国家与亚鹏公司签订的国有土地使用权出让合同。行政协议强调诚实信用、平等自愿，一经签订，各方当事人必须严格遵守，行政机关无正当理由不得在约定之外附加另一方当事人义务或单方变更解除。本案中，TG－0403 号地块出让时对外公布的土地用途是"开发用地为商住综合用地，冷藏车间维持现状"，出让合同中约定为"出让宗地的用途为商住综合用地，冷藏车间维持现状"。但市国土局与亚鹏公司就该约定的理解产生分歧，而萍乡市规划局对原萍乡市肉类联合加工厂复函确认 TG－0403 号国有土地使用权面积 23173.3 平方米（含冷藏车间）的用地性质是商住综合用地。萍乡市规划局的解释与挂牌出让公告明确的用地性质一致，且该解释是萍乡市规划局在职权范围内作出的，符合法律规定和实际情况，有助于树立诚信政府形象，并无重大明显的违法情形，具有法律效力，并对市国土局关于土地使用性质的判断产生约束力。因此，对市国土局提出的冷藏车间占地为工业用地的主张不予支持。亚鹏公司要求市国土局对"萍国用（2006）第 43750 号"土地证（土地使用权面积 8359.1 平方米）地类更正为商住综合用地，具有正当理由，市国土局应予以更正。亚鹏公司作为土地受让方按约支付了全部价款，市国土局要求亚鹏公司如若变更土地用途则应补交土地出让金，缺乏事实依据和法律依据，且有违诚实信用原则。

（生效裁判审判人员：朱江红、李修贵、邹绍良）

指导案例 77 号

罗镕荣诉吉安市物价局物价行政处理案

(最高人民法院审判委员会讨论通过　2016 年 12 月 28 日发布)

关键词　行政诉讼　举报答复　受案范围　原告资格

裁判要点

1. 行政机关对与举报人有利害关系的举报仅作出告知性答复，未按法律规定对举报进行处理，不属于《最高人民法院关于执行〈中华人民共和国行政诉讼法〉若干问题的解释》第一条第六项规定的"对公民、法人或者其他组织权利义务不产生实际影响的行为"，因而具有可诉性，属于人民法院行政诉讼的受案范围。

2. 举报人就其自身合法权益受侵害向行政机关进行举报的，与行政机关的举报处理行为具有法律上的利害关系，具备行政诉讼原告主体资格。

相关法条

《中华人民共和国行政诉讼法》(2014 年 11 月 1 日修正) 第十二条、第二十五条

基本案情

原告罗镕荣诉称：2012 年 5 月 20 日，其在江西省吉安市吉州区井冈山大道电信营业厅办理手机号码时，吉安电信公司收取了原告 20 元卡费并出具了发票。原告认为吉安电信公司收取原告首次办理手机号码的卡费，违反了《集成电路卡应用和收费管理办法》中不得向用户单独收费的禁止性规定，故向被告吉安市物价局申诉举报，并提出了要求被告履行法定职责进行查处和作出书面答复等诉求。被告虽然出具了书面答复，但答复函中只写明被告调查时发现一个文件及该文件的部分内容。答复函中并没有对原告申诉举报信中的请求事项作出处理，被告的行为违反了《中华人民共和国价格法》《价格违法行为举报规定》等相关法律规定。请求法院确认被告在处理原告申诉举报事项中的行为违法，依法撤销被告的答复，判令被告依法查处原告申诉举报信所涉及的违法行为。

被告吉安市物价局辩称：原告的起诉不符合行政诉讼法的有关规定。行政诉讼是指公民、法人、其他组织对于行政机关的具体行政行为不服提起的诉讼。本案中，被告于 2012 年 7 月 3 日对原告作出的答复不是一种具体行政行为，不具有可诉性。被告对原告的答复符合《价格违法行为举报规定》的程序要求，答复内容也是告知原告，被告经过调查后查证的情况。请求法院依法驳回原告的诉讼请求。

法院经审理查明：2012 年 5 月 28 日，原告罗镕荣向被告吉安市物价局邮寄一份申诉举报函，对吉安电信公司向原告收取首次办理手机卡卡费 20 元进行举报，要求被告责令吉安电信公司退还非法收取原告的手机卡卡费 20 元，依法查处并没收所有电信用户首次办理手机卡被收取的卡费，依法奖励原告和书面答复原告相关处理结果。2012

年5月31日,被告收到原告的申诉举报函。2012年7月3日,被告作出《关于对罗镕荣2012年5月28日〈申诉书〉办理情况的答复》,并向原告邮寄送达。答复内容为:"2012年5月31日我局收到您反映吉安电信公司新办手机卡用户收取20元手机卡卡费的申诉书后,我局非常重视,及时进行调查,经调查核实:江西省通管局和江西省发改委联合下发的《关于江西电信全业务套餐资费优化方案的批复》(赣通局〔2012〕14号)规定:UIM卡收费上限标准:入网50元/张,补卡、换卡:30元/张。我局非常感谢您对物价工作的支持和帮助。"原告收到被告的答复后,以被告的答复违法为由诉至法院。

裁判结果

江西省吉安市吉州区人民法院于2012年11月1日作出(2012)吉行初字第13号判决:撤销吉安市物价局《关于对罗镕荣2012年5月28日〈申诉书〉办理情况的答复》,限其在十五日内重新作出书面答复。宣判后,当事人未上诉,判决已发生法律效力。

裁判理由

法院生效裁判认为:关于吉安市物价局举报答复行为的可诉性问题。根据《中华人民共和国行政诉讼法》(以下简称《行政诉讼法》,1989年4月4日通过)第十一条第一款第五项规定,申请行政机关履行保护人身权、财产权的法定职责,行政机关拒绝履行或者不予答复的,人民法院应受理当事人对此提起的诉讼。本案中,吉安市物价局依法应对罗镕荣举报的吉安市电信公司收取卡费行为是否违法进行调查认定,并告知调查结果,但其作出的举报答复将《关于江西电信全业务套餐资费优化方案的批复》(以下简称《批复》)中规定的UIM卡收费上限标准进行了罗列,未载明对举报事项的处理结果。此种以告知《批复》有关内容代替告知举报调查结果行为,未能依法履行保护举报人财产权的法定职责,本身就是对罗镕荣通过正当举报途径寻求救济的权利的一种侵犯,不属于《最高人民法院关于执行〈中华人民共和国行政诉讼法〉若干问题的解释》(以下简称《行政诉讼法解释》)第一条第六项规定的"对公民、法人或者其他组织权利义务不产生实际影响的行为"的范围,具有可诉性,属于人民法院行政诉讼的受案范围。

关于罗镕荣的原告资格问题。根据《行政诉讼法》第二条、第二十四条第一款及《行政诉讼法解释》第十二条规定,举报人就举报处理行为提起行政诉讼,必须与该行为具有法律上的利害关系。本案中,罗镕荣虽然要求吉安市物价局"依法查处并没收所有电信用户首次办理手机卡被收取的卡费",但仍是基于认为吉安电信公司收取卡费行为侵害其自身合法权益,向吉安市物价局进行举报,并持有收取费用的发票作为证据。因此,罗镕荣与举报处理行为具有法律上的利害关系,具有行政诉讼原告主体资格,依法可以提起行政诉讼。

关于举报答复合法性的问题。《价格违法行为举报规定》第十四条规定:"举报办结后,举报人要求答复且有联系方式的,价格主管部门应当在办结后五个工作日内将办理结果以书面或者口头方式告知举报人。"本案中,吉安市物价局作为价格主管部门,依法具有受理价格违法行为举报,并对价格是否违法进行审查,提出分类处理意见的法定职责。罗镕荣在申诉举报函中明确列举了三项举报请求,且要求吉安市物价局在查处结束后书面告知罗镕荣处理结果,该答复未依法载明吉安市物价局对被举报事项的处理结果,违反了《价格违法行为举报规定》第十四条的规定,不具有合法性,应予以纠正。

(生效裁判审判人员:胡建明、张冰华、刘桃生)

最高人民法院
关于发布第 16 批指导性案例的通知

2017 年 3 月 6 日　　　　　　　　　　　　　　　法〔2017〕53 号

各省、自治区、直辖市高级人民法院,解放军军事法院,新疆维吾尔自治区高级人民法院生产建设兵团分院:

经最高人民法院审判委员会讨论决定,现将北京奇虎科技有限公司诉腾讯科技(深圳)有限公司、深圳市腾讯计算机系统有限公司滥用市场支配地位纠纷案等十个案例(指导案例 78~87 号)作为第 16 批指导性案例发布,供在审判类似案件时参照。

指导案例 78 号

北京奇虎科技有限公司诉腾讯科技(深圳)有限公司、深圳市腾讯计算机系统有限公司滥用市场支配地位纠纷案

(最高人民法院审判委员会讨论通过　2017 年 3 月 6 日发布)

关键词　民事　滥用市场支配地位　垄断　相关市场

裁判要点

1. 在反垄断案件的审理中,界定相关市场通常是重要的分析步骤。但是,能否明确界定相关市场取决于案件具体情况。在滥用市场支配地位的案件中,界定相关市场是评估经营者的市场力量及被诉垄断行为对竞争影响的工具,其本身并非目的。如果通过排除或者妨碍竞争的直接证据,能够对经营者的市场地位及被诉垄断行为的市场影响进行评估,则不需要在每一个滥用市场支配地位的案件中,都明确而清楚地界定相关市场。

2. 假定垄断者测试(HMT)是普遍适用的界定相关市场的分析思路。在实际运用

时，假定垄断者测试可以通过价格上涨（SSNIP）或质量下降（SSNDQ）等方法进行。互联网即时通信服务的免费特征使用户具有较高的价格敏感度，采用价格上涨的测试方法将导致相关市场界定过宽，应当采用质量下降的假定垄断者测试进行定性分析。

3. 基于互联网即时通信服务低成本、高覆盖的特点，在界定其相关地域市场时，应当根据多数需求者选择商品的实际区域、法律法规的规定、境外竞争者的现状及进入相关地域市场的及时性等因素，进行综合评估。

4. 在互联网领域中，市场份额只是判断市场支配地位的一项比较粗糙且可能具有误导性的指标，其在认定市场支配力方面的地位和作用必须根据案件具体情况确定。

相关法条

《中华人民共和国反垄断法》第十七条、第十八条、第十九条

基本案情

北京奇虎科技有限公司（以下简称奇虎公司）、奇智软件（北京）有限公司于2010年10月29日发布扣扣保镖软件。2010年11月3日，腾讯科技（深圳）有限公司（以下简称腾讯公司）发布《致广大QQ用户的一封信》，在装有360软件的电脑上停止运行QQ软件。11月4日，奇虎公司宣布召回扣扣保镖软件。同日，360安全中心亦宣布，在国家有关部门的强力干预下，目前QQ和360软件已经实现了完全兼容。2010年9月，腾讯QQ即时通信软件与QQ软件管理一起打包安装，安装过程中并未提示用户将同时安装QQ软件管理。2010年9月21日，腾讯公司发出公告称，正在使用的QQ软件管理和QQ医生将自动升级为QQ电脑管家。奇虎公司诉至广东省高级人民法院，指控腾讯公司滥用其在即时通信软件及服务相关市场的市场支配地位。奇虎公司主张，腾讯公司和深圳市腾讯计算机系统有限公司（以下简称腾讯计算机公司）在即时通信软件及服务相关市场具有市场支配地位，两公司明示禁止其用户使用奇虎公司的360软件，否则停止QQ软件服务；拒绝向安装有360软件的用户提供相关的软件服务，强制用户删除360软件；采取技术手段，阻止安装了360浏览器的用户访问QQ空间，上述行为构成限制交易；腾讯公司和腾讯计算机公司将QQ软件管家与即时通信软件相捆绑，以升级QQ软件管家的名义安装QQ医生，构成捆绑销售。请求判令腾讯公司和腾讯计算机公司立即停止滥用市场支配地位的垄断行为，连带赔偿奇虎公司经济损失1.5亿元。

裁判结果

广东省高级人民法院于2013年3月20日作出（2011）粤高法民三初字第2号民事判决：驳回北京奇虎科技有限公司的诉讼请求。北京奇虎科技有限公司不服，提出上诉。最高人民法院于2014年10月8日作出（2013）民三终字第4号民事判决：驳回上诉、维持原判。

裁判理由

法院生效裁判认为：本案中涉及的争议焦点主要包括，一是如何界定本案中的相关市场，二是被上诉人是否具有市场支配地位，三是被上诉人是否构成反垄断法所禁止的滥用市场支配地位行为等几个方面。

一、如何界定本案中的相关市场

该争议焦点可以进一步细化为一些具体问题,择要概括如下:

首先,并非在任何滥用市场支配地位的案件中均必须明确而清楚地界定相关市场。竞争行为都是在一定的市场范围内发生和展开的,界定相关市场可以明确经营者之间竞争的市场范围及其面对的竞争约束。在滥用市场支配地位的案件中,合理地界定相关市场,对于正确认定经营者的市场地位、分析经营者的行为对市场竞争的影响、判断经营者行为是否违法,以及在违法情况下需承担的法律责任等关键问题,具有重要意义。因此,在反垄断案件的审理中,界定相关市场通常是重要的分析步骤。尽管如此,是否能够明确界定相关市场取决于案件具体情况,尤其是案件证据、相关数据的可获得性、相关领域竞争的复杂性等。在滥用市场支配地位案件的审理中,界定相关市场是评估经营者的市场力量及被诉垄断行为对竞争的影响的工具,其本身并非目的。即使不明确界定相关市场,也可以通过排除或者妨碍竞争的直接证据对被诉经营者的市场地位及被诉垄断行为可能的市场影响进行评估。因此,并非在每一个滥用市场支配地位的案件中均必须明确而清楚地界定相关市场。一审法院实际上已经对本案相关市场进行了界定,只是由于本案相关市场的边界具有模糊性,一审法院仅对其边界的可能性进行了分析而没有对相关市场的边界给出明确结论。有鉴于此,奇虎公司关于一审法院未对本案相关商品市场作出明确界定,属于本案基本事实认定不清的理由不能成立。

其次,关于"假定垄断者测试"方法可否适用于免费商品领域问题。法院生效裁判认为:第一,作为界定相关市场的一种分析思路,假定垄断者测试(HMT)具有普遍的适用性。实践中,假定垄断者测试的分析方法有多种,既可以通过数量不大但有意义且并非短暂的价格上涨(SSNIP)的方法进行,又可以通过数量不大但有意义且并非短暂的质量下降(SSNDQ)的方法进行。同时,作为一种分析思路或者思考方法,假定垄断者测试在实际运用时既可以通过定性分析的方法进行,又可以在条件允许的情况下通过定量分析的方法进行。第二,在实践中,选择何种方法进行假定垄断者测试取决于案件所涉市场竞争领域以及可获得的相关数据的具体情况。

如果特定市场领域的商品同质化特征比较明显,价格竞争是较为重要的竞争形式,则采用数量不大但有意义且并非短暂的价格上涨(SSNIP)的方法较为可行。但是如果在产品差异化非常明显且质量、服务、创新、消费者体验等非价格竞争成为重要竞争形式的领域,采用数量不大但有意义且并非短暂的价格上涨(SSNIP)的方法则存在较大困难。特别是,当特定领域商品的市场均衡价格为零时,运用 SSNIP 方法尤为困难。在运用 SSNIP 方法时,通常需要确定适当的基准价格,进行 5%-10% 幅度的价格上涨,然后确定需求者的反应。在基准价格为零的情况下,如果进行 5%-10% 幅度的价格增长,增长后其价格仍为零;如果将价格从零提升到一个较小的正价格,则相当于价格增长幅度的无限增大,意味着商品特性或者经营模式发生较大变化,因而难以进行 SSNIP 测试。第三,关于假定垄断者测试在本案中的可适用性问题。互联网服务提供商在互联网领域的竞争中更加注重质量、服务、创新等方面的竞争而不是价格竞争。在免费的互联网基础即时通信服务已经长期存在并成为通行商业模式的情况下,用户具有极高的价格敏感度,改变免费策略转而收取哪怕是较小数额的费用都可能导致用户的大量流失。同时，将价格由免费转变为收费也意味着商品特性和经营模式的重大变化，即由免费商品转变为收费商品，由间接盈利模式转变为直接盈利模式。在这种情况下，如果采取基于相对价格上涨的假定垄断者测试，很可能将不具有替代关系的商品纳入相关市场中，导致相关市场界定过宽。因此，基于相对价格上涨的假定垄断者测试并不完全适宜在本案中适用。尽管基于相对价格上涨的假定垄断者测试难以在本案中完全适用，但仍可以采取该方法的变通形式，例如基于质量下降的假定垄断者测试。由于质量下降程度较难评估以及相关数据难以获得，因此可以采用质量下降的假定垄断者测试进行定性分析而不是定量分析。

再次，关于本案相关市场是否应确定为互联网应用平台问题。上诉人认为，互联网应用平台与本案的相关市场界定无关；被上诉人则认为，互联网竞争实际上是平台的竞争，本案的相关市场范围远远超出了即时通信服务市场。法院生效裁判针对互联网领域平台竞争的特点，阐述了相关市场界定时应如何考虑平台竞争的特点及处理方式，认为：第一，互联网竞争一定程度地呈现出平台竞争的特征。被诉垄断行为发生时，互联网的平台竞争特征已经比较明显。互联网经营者通过特定的切入点进入互联网领域，在不同类型和需求的消费者之间发挥中介作用，以此创造价值。第二，判断本案相关商品市场是否应确定为互联网应用平台，其关键问题在于，网络平台之间为争夺用户注意力和广告主的相互竞争是否完全跨越了由产品或者服务特点所决定的界限，并给经营者施加了足够强大的竞争约束。这一问题的答案最终取决于实证检验。在缺乏确切的实证数据的情况下，至少注意如下方面：首先，互联网应用平台之间争夺用户注意力和广告主的竞争以其提供的关键核心产品或者服务为基础。其次，互联网应用平台的关键核心产品或者服务在属性、特征、功能、用途等方面上存在较大的不同。虽然广告主可能不关心这些产品或者服务的差异，只关心广告的价格和效果，因而可能将不同的互联网应用平台视为彼此可以替代，但是对于免费端的广大用户而言，其很难将不同平台提供的功能和用途完全不同的产品或者服务视为可以有效地相互替代。一个试图查找某个历史人物生平的用户通常会选择使用搜索引擎而不是即时通信，其几乎不会认为两者可以相互替代。再次，互联网应用平台关键核心产品或者服务的特性、功能、用途等差异决定了其所争夺的主要用户群体和广告主可能存在差异，因而在获取经济利益的模式、目标用户群、所提供的后续市场产品等方面存在较大区别。最后，本案中应该关注的是被上诉人是否利用了其在即时通信领域中可能的市场支配力量排除、限制互联网安全软件领域的竞争，将其在即时通信领域中可能存在的市场支配力量延伸到安全软件领域，这一竞争过程更多地发生在免费的用户端。鉴于上述理由，在本案相关市场界定阶段互联网平台竞争的特性不是主要考虑因素。第三，本案中对互联网企业平台竞争特征的考虑方式。相关市场界定的目的是为了明确经营者所面对的竞争约束，合理认定经营者的市场地位，并正确判断其行为对市场竞争的影响。即使不在相关市场界定阶段主要考虑互联网平台竞争的特性，但为了正确认定经营者的市场地位，仍然可以在识别经营者的市场地位和市场控制力时予以适当考虑。因此，对于本案，不在相关市场界定阶段主要考虑互联网平台竞争的特性并不意味着忽视这一特性，而是为了以更恰当的方式考虑这一特性。

最后，关于即时通信服务相关地域市场界定需要注意的问题。法院生效裁判认为：本案相关地域市场的界定，应从中国大陆地区的即时通信服务市场这一目标地域开始，对本案相关地域市场进行考察。因为基于互联网的即时通信服务可以低成本、低代价到达或者覆盖全球，并无额外的、值得关注的运输成本、价格成本或者技术障碍，所以在界定相关地域市场时，将主要考虑多数需求者选择商品的实际区域、法律法规的规定、境外竞争者的现状及其进入相关地域市场的及时性等因素。由于每一个因素均不是决定性的，因此需要根据上述因素进行综合评估。首先，中国大陆地区境内绝大多数用户均选择使用中国大陆地区范围内的经营者提供的即时通信服务。中国大陆地区境内用户对于国际即时通信产品并无较高的关注度。其次，我国有关互联网的行政法规规章等对经营即时通信服务规定了明确的要求和条件。我国对即时通信等增值电信业务实行行政许可制度，外国经营者通常不能直接进入我国大陆境内经营，需要以中外合资经营企业的方式进入并取得相应的行政许可。再次，位于境外的即时通信服务经营者的实际情况。在本案被诉垄断行为发生前，多数主要国际即时通信经营者例如MSN、雅虎、Skype、谷歌等均已经通过合资的方式进入中国大陆地区市场。因此，在被诉垄断行为发生时，尚未进入我国大陆境内的主要国际即时通信服务经营者已经很少。如果我国大陆境内的即时通信服务质量小幅下降，已没有多少境外即时通信服务经营者可供境内用户选择。最后，境外即时通信服务经营者在较短的时间内（例如一年）及时进入中国大陆地区并发展到足以制约境内经营者的规模存在较大困难。境外即时通信服务经营者首先需要通过合资方式建立企业、满足一系列许可条件并取得相应的行政许可，这在相当程度上延缓了境外经营者的进入时间。综上，本案相关地域市场应为中国大陆地区市场。

综合本案其他证据和实际情况，本案相关市场应界定为中国大陆地区即时通信服务市场，既包括个人电脑端即时通信服务，又包括移动端即时通信服务；既包括综合性即时通信服务，又包括文字、音频以及视频等非综合性即时通信服务。

二、被上诉人是否具有市场支配地位

对于经营者在相关市场中的市场份额在认定其市场支配力方面的地位和作用，法院生效裁判认为：市场份额在认定市场支配力方面的地位和作用必须根据案件具体情况确定。一般而言，市场份额越高，持续的时间越长，就越可能预示着市场支配地位的存在。尽管如此，市场份额只是判断市场支配地位的一项比较粗糙且可能具有误导性的指标。在市场进入比较容易，或者高市场份额源于经营者更高的市场效率或者提供了更优异的产品，或者市场外产品对经营者形成较强的竞争约束等情况下，高的市场份额并不能直接推断出市场支配地位的存在。特别是，互联网环境下的竞争存在高度动态的特征，相关市场的边界远不如传统领域那样清晰，在此情况下，更不能高估市场份额的指示作用，而应更多地关注市场进入、经营者的市场行为、对竞争的影响等有助于判断市场支配地位的具体事实和证据。

结合上述思路，法院生效裁判从市场份额、相关市场的竞争状况、被诉经营者控制商品价格、数量或者其他交易条件的能力、该经营者的财力和技术条件、其他经营者对该经营者在交易上的依赖程度、其他经营者进入相关市场的难易程度等方面，对被上诉人是否具有市场支配地位进行考量和分析。最终认定本案现有证据并不足以支持被上诉人具有市场支配地位的结论。

三、被上诉人是否构成反垄断法所禁止的滥用市场支配地位行为

法院生效裁判打破了传统的分析滥用市场支配地位行为的"三步法",采用了更为灵活的分析步骤和方法,认为:原则上,如果被诉经营者不具有市场支配地位,则无需对其是否滥用市场支配地位进行分析,可以直接认定其不构成反垄断法所禁止的滥用市场支配地位行为。不过,在相关市场边界较为模糊、被诉经营者是否具有市场支配地位不甚明确时,可以进一步分析被诉垄断行为对竞争的影响效果,以检验关于其是否具有市场支配地位的结论正确与否。此外,即使被诉经营者具有市场支配地位,判断其是否构成滥用市场支配地位,也需要综合评估该行为对消费者和竞争造成的消极效果和可能具有的积极效果,进而对该行为的合法性与否作出判断。本案主要涉及两个方面的问题:

一是关于被上诉人实施的"产品不兼容"行为(用户二选一)是否构成反垄断法禁止的限制交易行为。根据反垄断法第十七条的规定,具有市场支配地位的经营者,没有正当理由,限定交易相对人只能与其进行交易或者只能与其指定的经营者进行交易的,构成滥用市场支配地位。上诉人主张,被上诉人没有正当理由,强制用户停止使用并卸载上诉人的软件,构成反垄断法所禁止的滥用市场支配地位限制交易行为。对此,法院生效裁判认为,虽然被上诉人实施的"产品不兼容"行为对用户造成了不便,但是并未导致排除或者限制竞争的明显效果。这一方面说明被上诉人实施的"产品不兼容"行为不构成反垄断法所禁止的滥用市场支配地位行为,也从另一方面佐证了被上诉人不具有市场支配地位的结论。

二是被上诉人是否构成反垄断法所禁止的搭售行为。根据反垄断法第十七条的规定,具有市场支配地位的经营者,没有正当理由搭售商品,或者在交易时附加其他不合理的交易条件的,构成滥用市场支配地位。上诉人主张,被上诉人将QQ软件管家与即时通信软件捆绑搭售,并且以升级QQ软件管家的名义安装QQ医生,不符合交易惯例、消费习惯或者商品的功能,消费者选择权受到了限制,不具有正当理由;一审判决关于被诉搭售行为产生排除、限制竞争效果的举证责任分配错误。对此,法院生效裁判认为,上诉人关于被上诉人实施了滥用市场支配地位行为的上诉理由不能成立。

(生效裁判审判人员:王闯、王艳芳、朱理)

指导案例 79 号

吴小秦诉陕西广电网络传媒（集团）股份有限公司捆绑交易纠纷案

（最高人民法院审判委员会讨论通过　2017 年 3 月 6 日发布）

关键词　民事　捆绑交易　垄断　市场支配地位　搭售

裁判要点

1. 作为特定区域内唯一合法经营有线电视传输业务的经营者及电视节目集中播控者，在市场准入、市场份额、经营地位、经营规模等各要素上均具有优势，可以认定该经营者占有市场支配地位。

2. 经营者利用市场支配地位，将数字电视基本收视维护费和数字电视付费节目费捆绑在一起向消费者收取，侵害了消费者的消费选择权，不利于其他服务提供者进入数字电视服务市场。经营者即使存在两项服务分别收费的例外情形，也不足以否认其构成反垄断法所禁止的搭售。

相关法条

《中华人民共和国反垄断法》第十七条第一款第五项

基本案情

原告吴小秦诉称：2012 年 5 月 10 日，其前往陕西广电网络传媒（集团）股份有限公司（以下简称广电公司）缴纳数字电视基本收视维护费得知，该项费用由每月 25 元调至 30 元，吴小秦遂缴纳了 3 个月费用 90 元，其中数字电视基本收视维护费 75 元、数字电视节目费 15 元。之后，吴小秦获悉数字电视节目应由用户自由选择，自愿订购。吴小秦认为，广电公司属于公用企业，在数字电视市场内具有支配地位，其收取数字电视节目费的行为剥夺了自己的自主选择权，构成搭售，故诉至法院，请求判令：确认被告 2012 年 5 月 10 日收取其数字电视节目费 15 元的行为无效，被告返还原告 15 元。

广电公司辩称：广电公司作为陕西省内唯一电视节目集中播控者，向选择收看基本收视节目之外的消费者收取费用，符合反垄断法的规定；广电公司具备陕西省有线电视市场支配地位，鼓励用户选择有线电视套餐，但并未滥用市场支配地位，强行规定用户在基本收视业务之外必须消费的服务项目，用户有自主选择权；垄断行为的认定属于行政权力，而不是司法权力，原告没有请求认定垄断行为无效的权利；广电公司虽然推出了一系列满足用户进行个性化选择的电视套餐，但从没有进行强制搭售的行为，保证了绝大多数群众收看更多电视节目的选择权利；故请求驳回原告要求确认广电公司增加节目并收取费用无效的请求；愿意积极解决吴小秦的第二项诉讼请求。

法院经审理查明：2012 年 5 月 10 日，吴小秦前往广电公司缴纳数字电视基本收视维护费时获悉，数字电视基本收视维护费每月最低标准由 25 元上调至 30 元。吴小秦缴纳了2012年5月10日至8月9日的数字电视基本收视维护费90元。广电公司向吴小秦出具的收费专用发票载明：数字电视基本收视维护费75元及数字电视节目费15元。之后，吴小秦通过广电公司客户服务中心（服务电话96766）咨询，广电公司节目升级增加了不同收费节目，有不同的套餐，其中最低套餐基本收视费每年360元，用户每次最少应缴纳3个月费用。广电公司是经陕西省政府批准，陕西境内唯一合法经营有线电视传输业务的经营者和唯一电视节目集中播控者。广电公司承认其在有线电视传输业务中在陕西省占有支配地位。

另查，2004年12月2日国家发展改革委、国家广电总局印发的《有线电视基本收视维护费管理暂行办法》规定：有线电视基本收视维护费实行政府定价，收费标准由价格主管部门制定。2005年7月11日国家广电总局关于印发《推进试点单位有线电视数字化整体转换的若干意见（试行）》的通知规定，各试点单位在推进整体转换过程中，要重视付费频道等新业务的推广，供用户自由选择，自愿订购。陕西省物价局于2006年5月29日出台的《关于全省数字电视基本收视维护费标准的通知》规定：数字电视基本收视维护费收费标准为：以居民用户收看一台电视机使用一个接收终端为计费单位。全省县城以上城市居民用户每主终端每月25元；有线数字电视用户可根据实际情况自愿选择按月、按季或按年度缴纳基本收视维护费。国家发展改革委、国家广电总局于2009年8月25日出台的《关于加强有线电视收费管理等有关问题的通知》指出：有线电视基本收视维护费实行政府定价；有线电视增值业务服务和数字电视付费节目收费，由有线电视运营机构自行确定。

二审中，广电公司提供了四份收费专用发票复印件，证明在5月10日前后，广电公司的营业厅收取过25元的月服务费，因无原件，吴小秦不予质证。庭后广电公司提供了其中三张的原件，双方进行了核对与质证。该票据上均显示一年交费金额为300元，即每月25元。广电公司提供了五张票据的原件，包括一审提供过原件的三张，交易地点均为咸阳市。由此证明广电公司在5月10日前后，提供过每月25元的收费服务。

再审中，广电公司提交了其2016年网站收费套餐截图、关于印发《2016年大众业务实施办法（试行）的通知》、2016年部分客户收费发票。

裁判结果

陕西省西安市中级人民法院于2013年1月5日作出（2012）西民四初字第438号民事判决：1.确认陕西广电网络传媒（集团）股份有限公司2012年5月10日收取原告吴小秦数字电视节目费15元的行为无效；2.陕西广电网络传媒（集团）股份有限公司于本判决生效之日起十日内返还吴小秦15元。陕西广电网络传媒（集团）股份有限公司提起上诉，陕西省高级人民法院于2013年9月12日作出（2013）陕民三终字第38号民事判决：1.撤销一审判决；2.驳回吴小秦的诉讼请求。吴小秦不服二审判决，向最高人民法院提出再审申请。最高人民法院于2016年5月31日作出（2016）最高法民再98号民事判决：1.撤销陕西省高级人民法院（2013）陕民三终字第38号民事判决；2.维持陕西省西安市中级人民法院（2012）西民四初字第438号民事判决。

裁判理由

法院生效裁判认为：本案争议焦点包括，一是本案诉争行为是否违反了反垄断法第十七条第五项之规定，二是一审法院适用反垄断法是否适当。

一、关于本案诉争行为是否违反了反垄断法第十七条第五项之规定

反垄断法第十七条第五项规定，禁止具有市场支配地位的经营者没有正当理由搭售商品或者在交易时附加其他不合理的交易条件。本案中，广电公司在一审答辩中明确认可其"是经陕西省政府批准，陕西境内唯一合法经营有线电视传输业务的经营者。作为陕西省内唯一电视节目集中播控者，广电公司具备陕西省有线电视市场支配地位，鼓励用户选择更丰富的有线电视套餐，但并未滥用市场支配地位，也未强行规定用户在基本收视业务之外必须消费的服务项目。"二审中，广电公司虽对此不予认可，但并未举出其不具有市场支配地位的相应证据。再审审查过程中，广电公司对一、二审法院认定其具有市场支配地位的事实并未提出异议。鉴于广电公司作为陕西境内唯一合法经营有线电视传输业务的经营者，陕西省内唯一电视节目集中播控者，一、二审法院在查明事实的基础上认定在有线电视传输市场中，广电公司在市场准入、市场份额、经营地位、经营规模等各要素上均具有优势，占有支配地位，并无不当。

关于广电公司在向吴小秦提供服务时是否构成搭售的问题。反垄断法第十七条第五项规定禁止具有市场支配地位的经营者没有正当理由搭售商品。本案中，根据原审法院查明的事实，广电公司在提供服务时其工作人员告知吴小秦每月最低收费标准已从2012年3月起由25元上调为30元，每次最少缴纳一个季度，并未告知吴小秦可以单独缴纳数字电视基本收视维护费或者数字电视付费节目费。吴小秦通过广电公司客户服务中心（服务电话号码96766）咨询获悉，广电公司节目升级，增加了不同的收费节目，有不同的套餐，其中最低套餐基本收视费为每年360元，每月30元，用户每次最少应缴纳3个月费用。根据前述事实并结合广电公司给吴小秦开具的收费专用发票记载的收费项目——数字电视基本收视维护费75元及数字电视节目费15元的事实，可以认定广电公司实际上是将数字电视基本收视节目和数字电视付费节目捆绑在一起向吴小秦销售，并没有告知吴小秦是否可以单独选购数字电视基本收视服务的服务项目。此外，从广电公司客户服务中心（服务电话号码96766）的答复中亦可佐证广电公司在提供此服务时，是将数字电视基本收视维护费和数字电视付费节目费一起收取并提供。虽然广电公司在二审中提交了其向其他用户单独收取数字电视基本收视维护费的相关票据，但该证据仅能证明广电公司在收取该费用时存在客户服务中心说明的套餐之外的例外情形。再审中，广电公司并未对客户服务中心说明的套餐之外的例外情形作出合理解释，其提交的单独收取相关费用的票据亦发生在本案诉讼之后，不足以证明诉讼时的情形，对此不予采信。因此，存在客户服务中心说明的套餐之外的例外情形并不足以否认广电公司将数字电视基本收视维护费和数字电视付费节目费一起收取的普遍做法。二审法院认定广电公司不仅提供了组合服务，也提供了基本服务，证据不足，应予纠正。因此，现有证据不能证明普通消费者可以仅缴纳电视基本收视维护费或者数字电视付费节目费，即不能证明消费者选择权的存在。二审法院在不能证明是否有选择权的情况下直接认为本案属于未告知消费者有选择权而涉及侵犯消费者知情权的问题，进而在此基础上，认定为广电公司的销售行为未构成反垄断法所规制的没有正当理由的搭售，事实和法律依据不足，应予纠正。

根据本院查明的事实，数字电视基本收视维护费和数字电视付费节目费属于两项单独的服务。在原审诉讼及本院诉讼中，广电公司未证明将两项服务一起提供符合提供数字电视服务的交易习惯；同时，如将数字电视基本收视维护费和数字电视付费节目费分别收取，现亦无证据证明会损害该两种服务的性能和使用价值；广电公司更未对前述行为说明其正当理由，在此情形下，广电公司利用其市场支配地位，将数字电视基本收视维护费和数字电视付费节目费一起收取，客观上影响消费者选择其他服务提供者提供相关数字付费节目，同时也不利于其他服务提供者进入电视服务市场，对市场竞争具有不利的效果。因此一审法院认定其违反了反垄断法第十七条第五项之规定，并无不当。吴小秦部分再审申请理由成立，予以支持。

二、关于一审法院适用反垄断法是否适当

本案诉讼中，广电公司在答辩中认为本案的发生实质上是一个有关吴小秦基于消费者权益保护法所应当享受的权利是否被侵犯的纠纷，而与垄断行为无关，认为一审法院不应当依照反垄断法及相关规定，认为其处于市场支配地位，从而确认其收费行为无效。根据《最高人民法院关于适用〈中华人民共和国民事诉讼法〉的解释》第二百二十六条及第二百二十八条的规定，人民法院应当根据当事人的诉讼请求、答辩意见以及证据交换的情况，归纳争议焦点，并就归纳的争议焦点征求当事人的意见。在法庭审理时，应当围绕当事人争议的事实、证据和法律适用等焦点问题进行。根据查明的事实，吴小秦在其诉状中明确主张"被告收取原告数字电视节目费，实际上是为原告在提供上述服务范围外增加提供服务内容，对此原告应当具有自主选择权。被告属于公用企业或者其他依法具有独占地位的经营者，在数字电视市场内具有支配地位。被告的上述行为违反了反垄断法第十七条第一款第五项关于'禁止具有市场支配地位的经营者从事没有正当理由搭售商品，或者在交易时附加其他不合理的交易条件的滥用市场支配地位行为'，侵害了原告的合法权益。原告依照《最高人民法院关于审理因垄断行为引发的民事纠纷案件应用法律若干问题的规定》，提起民事诉讼，请求人民法院依法确认被告的捆绑交易行为无效，判令其返还原告15元。"在该诉状中，吴小秦并未主张其消费者权益受到损害，因此一审法院根据吴小秦的诉讼请求适用反垄断法进行审理，并无不当。

综上，广电公司在陕西省境内有线电视传输服务市场上具有市场支配地位，其将数字电视基本收视服务和数字电视付费节目服务捆绑在一起向吴小秦销售，违反了反垄断法第十七条第一款第五项之规定。吴小秦关于确认广电公司收取其数字电视节目费15元的行为无效和请求判令返还15元的再审请求成立。一审判决认定事实清楚，适用法律正确，应予维持，二审判决认定事实依据不足，适用法律有误，应予纠正。

（生效裁判审判人员：王艳芳、钱小红、杜微科）

指导案例 80 号

洪福远、邓春香诉贵州五福坊食品有限公司、贵州今彩民族文化研发有限公司著作权侵权纠纷案

（最高人民法院审判委员会讨论通过　2017 年 3 月 6 日发布）

关键词　民事　著作权侵权　民间文学艺术衍生作品

裁判要点

民间文学艺术衍生作品的表达系独立完成且有创作性的部分，符合著作权法保护的作品特征的，应当认定作者对其独创性部分享有著作权。

相关法条

《中华人民共和国著作权法》第三条

《中华人民共和国著作权法实施条例》第二条

基本案情

原告洪福远、邓春香诉称：原告洪福远创作完成的《和谐共生十二》作品，发表在 2009 年 8 月贵州人民出版社出版的《福远蜡染艺术》一书中。洪福远曾将该涉案作品的使用权（蜡染上使用除外）转让给原告邓春香，由邓春香维护著作财产权。被告贵州五福坊食品有限公司（以下简称五福坊公司）以促销为目的，擅自在其销售的商品上裁切性地使用了洪福远的上述画作。原告认为被告侵犯了洪福远的署名权和邓春香的著作财产权，请求法院判令：被告就侵犯著作财产权赔偿邓春香经济损失 20 万元；被告停止使用涉案图案，销毁涉案包装盒及产品册页；被告就侵犯洪福远著作人身权刊登声明赔礼道歉。

被告五福坊公司辩称：第一，原告起诉其拥有著作权的作品与贵州今彩民族文化研发有限公司（以下简称今彩公司）为五福坊公司设计的产品外包装上的部分图案，均借鉴了贵州黄平革家传统蜡染图案，被告使用今彩公司设计的产品外包装不构成侵权；第二，五福坊公司的产品外包装是委托本案第三人今彩公司设计的，五福坊公司在使用产品外包装时已尽到合理注意义务；第三，本案所涉作品在产品包装中位于右下角，整个作品面积只占产品外包装面积的二十分之一左右，对于产品销售的促进作用影响较小，原告起诉的赔偿数额 20 万元显然过高。原告的诉请没有事实和法律依据，故请求驳回原告的诉讼请求。

第三人今彩公司述称：其为五福坊公司进行广告设计、策划，2006 年 12 月创作完成"四季如意"的手绘原稿，直到 2011 年 10 月五福坊公司开发针对旅游市场的礼品，才重新截取该图案的一部分使用，图中的鸟纹、如意纹、铜鼓纹均源于贵州黄平革家蜡染的"原形"，原告作品中的鸟纹图案也源于贵州传统蜡染，原告方主张的作品不具有独创性，本案不存在侵权的事实基础，故原告的诉请不应支持。

法院经审理查明：原告洪福远从事蜡染艺术设计创作多年，先后被文化部授予"中国十大民间艺术家""非物质文化遗产保护工作先进个人"等荣誉称号。2009年8月其创作完成的《和谐共生十二》作品发表在贵州人民出版社出版的《福远蜡染艺术》一书中，该作品借鉴了传统蜡染艺术的自然纹样和几何纹样的特征，色彩以靛蓝为主，描绘了一幅花、鸟共生的和谐图景。但该作品对鸟的外形进行了补充，对鸟的眼睛、嘴巴丰富了线条，使得鸟图形更加传神，对鸟的脖子、羽毛融入了作者个人的独创，使得鸟图形更为生动，对中间的铜鼓纹花也融合了作者自己的构思而有别于传统的蜡染艺术图案。2010年8月1日，原告洪福远与原告邓春香签订《作品使用权转让合同》，合同约定洪福远将涉案作品的使用权（蜡染上使用除外）转让给邓春香，由邓春香维护受让权利范围内的著作财产权。

被告五福坊公司委托第三人今彩公司进行产品的品牌市场形象策划设计服务，包括进行产品包装及配套设计、产品手册以及促销宣传品的设计等。根据第三人今彩公司的设计服务，五福坊公司在其生产销售的产品贵州辣子鸡、贵州小米渣、贵州猪肉干的外包装礼盒的左上角、右下角使用了蜡染花鸟图案和如意图案边框。洪福远认为五福坊公司使用了其创作的《和谐共生十二》作品，一方面侵犯了洪福远的署名权，割裂了作者与作品的联系，另一方面侵犯了邓春香的著作财产权。经比对查明，五福坊公司生产销售的上述三种产品外包装礼盒和产品手册上使用的蜡染花鸟图案与洪福远创作的《和谐共生十二》作品，在鸟与花图形的结构造型、线条的取舍与排列上一致，只是图案的底色和线条的颜色存在差别。

裁判结果

贵州省贵阳市中级人民法院于2015年9月18日作出（2015）筑知民初字第17号民事判决：一、被告贵州五福坊食品有限公司于本判决生效之日起10日内赔偿原告邓春香经济损失10万元；二、被告贵州五福坊食品有限公司在本判决生效后，立即停止使用涉案《和谐共生十二》作品；三、被告贵州五福坊食品有限公司于本判决生效之日起5日内销毁涉案产品贵州辣子鸡、贵州小米渣、贵州猪肉干的包装盒及产品宣传册页；四、驳回原告洪福远和邓春香的其余诉讼请求。一审宣判后，各方当事人均未上诉，判决已发生法律效力。

裁判理由

法院生效裁判认为：本案的争议焦点一是本案所涉《和谐共生十二》作品是否受著作权法保护；二是案涉产品的包装图案是否侵犯原告的著作权；三是如何确定本案的责任主体；四是本案的侵权责任方式如何判定；五是本案的赔偿数额如何确定。

关于第一个争议焦点，本案所涉原告洪福远的《和谐共生十二》画作中两只鸟尾部重合，中间采用铜鼓纹花连接而展示对称的美感，而这些正是传统蜡染艺术的自然纹样和几何纹样的主题特征，根据本案现有证据，可以认定涉案作品显然借鉴了传统蜡染艺术的表达方式，创作灵感直接来源于黄平革家蜡染背扇图案。但涉案作品对鸟的外形进行了补充，对鸟的眼睛、嘴巴丰富了线条，对鸟的脖子、羽毛融入了作者个人的独创，使得鸟图形更为传神生动，对中间的铜鼓纹花也融合了作者的构思而有别于传统的蜡染艺术图案。根据著作权法实施条例第二条"著作权法所称作品，是指文学、艺术和科学领域内具有独创性并能以某种有形形式复制的智力成果"的规定，本案所涉原告洪福远创作的《和谐共生十二》画作属于传统蜡染艺术作品的衍生作品，是对传统蜡染艺术作品的传承与创新，符合著作权法保护的作品特征，在洪福远具有独创性的范围内受著作权法的保护。

关于第二个争议焦点，根据著作权法实施条例第四条第九项"美术作品，是指绘画、书法、雕塑等以线条、色彩或者其他方式构成的有审美意义的平面或者立体的造型艺术作品"的规定，绘画作品主要是以线条、色彩等方式构成的有审美意义的平面造型艺术作品。经过庭审比对，本案所涉产品贵州辣子鸡等包装礼盒和产品手册中使用的花鸟图案与涉案《和谐共生十二》画作，在鸟与花图形的结构造型、线条的取舍与排列上一致，只是图案的底色和线条的颜色存在差别，就比对的效果来看图案的底色和线条的颜色差别已然成为侵权的掩饰手段而已，并非独创性的智力劳动；第三人今彩公司主张其设计、使用在五福坊公司产品包装礼盒和产品手册中的作品创作于2006年，但其没有提交任何证据可以佐证，而洪福远的涉案作品于2009年发表在《福远蜡染艺术》一书中，且书中画作直接注明了作品创作日期为2003年，由此可以认定洪福远的涉案作品创作并发表在先。在五福坊公司生产、销售涉案产品之前，洪福远即发表了涉案《和谐共生十二》作品，五福坊公司有机会接触到原告的作品。据此，可以认定第三人今彩公司有抄袭洪福远涉案作品的故意，五福坊公司在生产、销售涉案产品包装礼盒和产品手册中部分使用原告的作品，侵犯了原告对涉案绘画美术作品的复制权。

关于第三个争议焦点，庭前准备过程中，经法院向洪福远释明是否追加今彩公司为被告参加诉讼，是否需要变更诉讼请求，原告以书面形式表示不同意追加今彩公司为被告，并认为五福坊公司与今彩公司属于另一法律关系，不宜与本案合并审理。事实上，五福坊公司与今彩公司签订了合同书，合同约定被告生产的所有产品的外包装、广告文案、宣传品等皆由今彩公司设计，合同也约定如今彩公司提交的设计内容有侵权行为，造成的后果由今彩公司全部承担。但五福坊公司作为产品包装的委托方，并未举证证明其已尽到了合理的注意义务，且也是侵权作品的最终使用者和实际受益者，根据著作权法第四十八条第二款第一项"有下列侵权行为的，应当根据情况，承担停止侵害、消除影响、赔礼道歉、赔偿损失等民事责任……（一）未经著作权人许可，复制、发行、表演、放映、广播、汇编、通过信息网络向公众传播其作品的，本法另有规定的除外"、《最高人民法院关于审理著作权民事纠纷案件适用法律若干问题的解释》（以下简称《著作权纠纷案件解释》）第十九条、第二十条第二款的规定，五福坊公司依法应承担本案侵权的民事责任。五福坊公司与第三人今彩公司之间属另一法律关系，不属于本案的审理范围，当事人可另行主张解决。

关于第四个争议焦点，根据著作权法第四十七条、第四十八条规定，侵犯著作权或与著作权有关的权利的，应当根据案件的实际情况，承担停止侵害、消除影响、赔礼道歉、赔偿损失等民事责任。本案中，第一，原告方的部分著作人身权和财产权受到侵害，客观上产生相应的经济损失，对于原告方的第一项赔偿损失的请求，依法应当获得相应的支持；第二，无论侵权人有无过错，为防止损失的扩大，责令侵权人立即停止正在实施的侵犯他人著作权的行为，以保护权利人的合法权益，也是法律实施的目的，对于原告方第二项要求被告停止使用涉案图案，销毁涉案包装盒及产品册页的诉请，依法应予支持；第三，五福坊公司事实上并无主观故意，也没有重大过失，只是没有尽到合理的审查义务而基于法律的规定承担侵权责任，洪福远也未举证证明被告侵权行为造成其声誉的损害，故对于洪福远要求五福坊公司在《贵州都市报》综合版面刊登声明赔礼道歉的第三项诉请，不予支持。

关于第五个争议焦点，本案中，原告方并未主张为制止侵权行为所支出的合理费用，也没有举证证明为制止侵权行为所支出的任何费用。庭审中，原告方没有提交任何证据以证明其实际损失的多少，也没有提交任何证据以证明五福坊公司因侵权行为的违法所得。事实上，原告方的实际损失本身难以确定，被告方因侵权行为的违法所得也难以查清。根据《著作权纠纷案件解释》第二十五条第一款、第二款"权利人的实际损失或者侵权人的违法所得无法确定的，人民法院根据当事人的请求或者依职权适用著作权法第四十八条第二款（现为第四十九条第二款）的规定确定赔偿数额。人民法院在确定赔偿数额时，应当考虑作品类型、合理使用费、侵权行为性质、后果等情节综合确定"的规定，结合本案的客观实际，主要考量以下5个方面对侵犯著作权赔偿数额的影响：第一，洪福远的涉案《和谐共生十二》作品属于贵州传统蜡染艺术作品的衍生作品，著作权作品的创作是在传统蜡染艺术作品基础上的传承与创新，涉案作品中鸟图形的轮廓与对称的美感来源于传统艺术作品，作者构思的创新有一定的限度和相对局限的空间；第二，贵州蜡染有一定的区域特征和地理标志意义，以花、鸟、虫、鱼等为创作缘起的蜡染艺术作品在某种意义上属于贵州元素或贵州符号，五福坊公司作为贵州的本土企业，其使用贵州蜡染艺术作品符合民间文学艺术作品作为非物质文化遗产固有的民族性、区域性的基本特征要求；第三，根据洪福远与邓春香签订的《作品使用权转让合同》，洪福远已经将其创作的涉案《和谐共生十二》作品的使用权（蜡染上使用除外）转让给邓春香，即涉案作品的大部分著作财产权转让给了传统民间艺术传承区域外的邓春香，由邓春香维护涉案作品著作财产权，基于本案著作人身权与财产权的权利主体在传统民间艺术传承区域范围内外客观分离的状况，传承区域范围内的企业侵权行为产生的后果与影响并不显著；第四，洪福远几十年来执着于民族蜡染艺术的探索与追求，在创作中将传统的民族蜡染与中国古典文化有机地糅和，从而使蜡染艺术升华到一定高度，对区域文化的发展起到一定的推动作用。尽管涉案作品的大部分著作财产权已经转让给了传统民间艺术传承区域外的邓春香，但洪福远的创作价值以及其在蜡染艺术业内的声誉应得到尊重；第五，五福坊公司涉案产品贵州辣子鸡、贵州小米渣、贵州猪肉干的生产经营规模、销售渠道等应予以参考，根据五福坊公司提交的五福坊公司与广州卓凡彩色印刷有限公司的采购合同，尽管上述证据不一定完全客观反映五福坊公司涉案产品的生产经营状况，但在原告方无任何相反证据的情形下，被告的证明主张在合理范围内应为法律所允许。综合考量上述因素，参照贵州省当前的经济发展水平和人们的生活水平，酌情确定由五福坊公司赔偿邓春香经济损失10万元。

（生效裁判审判人员：唐有临、刘永菊、袁波文）

指导案例 81 号

张晓燕诉雷献和、赵琪、山东爱书人音像图书有限公司著作权侵权纠纷案

（最高人民法院审判委员会讨论通过　2017 年 3 月 6 日发布）

关键词　民事　著作权侵权　影视作品　历史题材　实质相似

裁判要点

1. 根据同一历史题材创作的作品中的题材主线、整体线索脉络，是社会共同财富，属于思想范畴，不能为个别人垄断，任何人都有权对此类题材加以利用并创作作品。

2. 判断作品是否构成侵权，应当从被诉侵权作品作者是否接触过权利人作品、被诉侵权作品与权利人作品之间是否构成实质相似等方面进行。在判断是否构成实质相似时，应比较作者在作品表达中的取舍、选择、安排、设计等是否相同或相似，不应从思想、情感、创意、对象等方面进行比较。

3. 按照著作权法保护作品的规定，人民法院应保护作者具有独创性的表达，即思想或情感的表现形式。对创意、素材、公有领域信息、创作形式、必要场景，以及具有唯一性或有限性的表达形式，则不予保护。

相关法条

《中华人民共和国著作权法》第二条

《中华人民共和国著作权法实施条例》第二条

基本案情

原告张晓燕诉称：其于 1999 年 12 月开始改编创作《高原骑兵连》剧本，2000 年 8 月根据该剧本筹拍 20 集电视连续剧《高原骑兵连》（以下将该剧本及其电视剧简称"张剧"），2000 年 12 月该剧摄制完成，张晓燕系该剧著作权人。被告雷献和作为《高原骑兵连》的名誉片人参与了该剧的摄制。被告雷献和作为第一编剧和制片人、被告赵琪作为第二编剧拍摄了电视剧《最后的骑兵》（以下将该电视剧及其剧本简称"雷剧"）。2009 年 7 月 1 日，张晓燕从被告山东爱书人音像图书有限公司购得《最后的骑兵》DVD 光盘，发现与"张剧"有很多雷同之处，主要人物关系、故事情节及其他方面相同或近似，"雷剧"对"张剧"剧本及电视剧构成侵权。故请求法院判令：三被告停止侵权，雷献和在《齐鲁晚报》上公开发表致歉声明并赔偿张晓燕剧本稿酬损失、剧本出版发行及改编费损失共计 80 万元。

被告雷献和辩称："张剧"剧本根据张冠林的长篇小说《雪域河源》改编而成，"雷剧"最初由雷献和根据师永刚的长篇小说《天苍茫》改编，后由赵琪参照其小说《骑马挎枪走天涯》重写剧本定稿。2000 年上半年，张晓燕找到雷献和，提出合拍反映骑兵生活的电视剧。雷献和向张晓燕介绍了改编《天苍茫》的情况，建议合拍，张晓燕未同意。2000 年 8 月，雷献和与张晓燕签订了合作协议，约定拍摄制作由张晓燕负责，雷

献和负责军事保障，不参与艺术创作，雷献和没有看到张晓燕的剧本。"雷剧"和"张剧"创作播出的时间不同，"雷剧"不可能影响"张剧"的发行播出。

法院经审理查明："张剧""雷剧"、《骑马挎枪走天涯》《天苍茫》，均系以二十世纪八十年代中期精简整编中骑兵部队撤（缩）编为主线展开的军旅、历史题材作品。短篇小说《骑马挎枪走天涯》发表于《解放军文艺》1996年第12期总第512期；长篇小说《天苍茫》于2001年4月由解放军文艺出版社出版发行；"张剧"于2004年5月17日至5月21日由中央电视台第八套节目在上午时段以每天四集的速度播出；"雷剧"于2004年5月19日至29日由中央电视台第一套节目在晚上黄金时段以每天两集的速度播出。

《骑马挎枪走天涯》通过对骑兵连被撤销前后连长、指导员和一匹神骏的战马的描写，叙述了骑兵在历史上的辉煌、骑兵连被撤销、骑兵连官兵特别是骑兵连长对骑兵、战马的痴迷。《骑马挎枪走天涯》存在如下描述：神马（15号军马）出身来历中透着的神秘、连长与军马的水乳交融、指导员孔越华的人物形象、连长作诗、父亲当过骑兵团长、骑兵在未来战争中发挥的重要作用、连长为保留骑兵连所做的努力、骑兵连最后被撤销、结尾处连长与神马的悲壮。"雷剧"中天马的来历也透着神秘，除了连长常问天的父亲曾为骑兵师长外，上述情节内容与《骑马挎枪走天涯》基本相似。

《天苍茫》是讲述中国军队最后一支骑兵连充满传奇与神秘历史的书，书中展示草原与骑兵的生活，如马与人的情感、最后一匹野马的基因价值，以及研究马语的老人，神秘的预言者，最后的野马在香港赛马场胜出的传奇故事。《天苍茫》中连长成天的父亲是原骑兵师的师长，司令员是山南骑兵连的第一任连长、成天父亲的老部下，成天从小暗恋司令员女儿兰静，指导员王青衣与兰静相爱，并促进成天与基因学者刘可可的爱情。最后连长为救被困沼泽的研究人员牺牲。雷剧中高波将前指导员跑得又快又稳性子好的"大喇嘛"牵来交给常问天作为临时坐骑。结尾连长为完成抓捕任务而牺牲。"雷剧"中有关指导员孔越华与连长常问天之间关系的描述与《天苍茫》中指导员王青衣与连长成天关系的情节内容有相似之处。

法院依法委托中国版权保护中心版权鉴定委员会对张剧与雷剧进行鉴定，结论如下：1. 主要人物设置及关系部分相似；2. 主要线索脉络即骑兵部队缩编（撤销）存在相似之处；3. 存在部分相同或者近似的情节，但除一处语言表达基本相同之外，这些情节的具体表达基本不同。语言表达基本相同的情节是指双方作品中男主人公表达"愿做牧马人"的话语的情节。"张剧"电视剧第四集秦冬季说："草原为家，以马为伴，做个牧马人"；"雷剧"第十八集常问天说："以草原为家，以马为伴，你看过电影《牧马人》吗？做个自由的牧马人"。

裁判结果

山东省济南市中级人民法院于2011年7月13日作出（2010）济民三初字第84号民事判决：驳回张晓燕的全部诉讼请求。张晓燕不服，提起上诉。山东省高级人民法院于2012年6月14日作出（2011）鲁民三终字第194号民事判决：驳回上诉，维持原判。张晓燕不服，向最高人民法院申请再审。最高人民法院经审查，于2014年11月28日作出（2013）民申字第1049号民事裁定：驳回张晓燕的再审申请。

裁判理由

法院生效裁判认为：本案的争议焦点是"雷剧"的剧本及电视剧是否侵害"张剧"的剧本及电视剧的著作权。

判断作品是否构成侵权，应当从被诉侵权作品的作者是否"接触"过要求保护的权利人作品、被诉侵权作品与权利人的作品之间是否构成"实质相似"两个方面进行判断。本案各方当事人对雷献和接触"张剧"剧本及电视剧并无争议，本案的核心问题在于两部作品是否构成实质相似。

我国著作权法所保护的是作品中作者具有独创性的表达，即思想或情感的表现形式，不包括作品中所反映的思想或情感本身。这里指的思想，包括对物质存在、客观事实、人类情感、思维方法的认识，是被描述、被表现的对象，属于主观范畴。思想者借助物质媒介，将构思诉诸形式表现出来，将意象转化为形象、将抽象转化为具体、将主观转化为客观、将无形转化为有形，为他人感知的过程即为创作，创作形成的有独创性的表达属于受著作权法保护的作品。著作权法保护的表达不仅指文字、色彩、线条等符号的最终形式，当作品的内容被用于体现作者的思想、情感时，内容也属于受著作权法保护的表达，但创意、素材或公有领域的信息、创作形式、必要场景或表达唯一或有限则被排除在著作权法的保护范围之外。必要场景，指选择某一类主题进行创作时，不可避免而必须采取某些事件、角色、布局、场景，这种表现特定主题不可或缺的表达方式不受著作权法保护；表达唯一或有限，指一种思想只有唯一一种或有限的表达形式，这些表达视为思想，也不给予著作权保护。在判断"雷剧"与"张剧"是否构成实质相似时，应比较两部作品中对于思想和情感的表达，将两部作品表达中作者的取舍、选择、安排、设计是否相同或相似，而不是离开表达看思想、情感、创意、对象等其他方面。结合张晓燕的主张，从以下几个方面进行分析判断：

关于张晓燕提出"雷剧"与"张剧"题材主线相同的主张，因"雷剧"与《骑马挎枪走天涯》都通过紧扣"英雄末路、骑兵绝唱"这一主题和情境描述了"最后的骑兵"在撤编前后发生的故事，可以认定"雷剧"题材主线及整体线索脉络来自《骑马挎枪走天涯》。"张剧""雷剧"以及《骑马挎枪走天涯》《天苍茫》4部作品均系以二十世纪八十年代中期精简整编中骑兵部队撤（缩）编为主线展开的军旅历史题材作品，是社会的共同财富，不能为个别人所垄断，故4部作品的作者都有权以自己的方式对此类题材加以利用并创作作品。因此，即便"雷剧"与"张剧"题材主线存在一定的相似性，因题材主线不受著作权法保护，且"雷剧"的题材主线系来自最早发表的《骑马挎枪走天涯》，不能认定"雷剧"抄袭自"张剧"。

关于张晓燕提出"雷剧"与"张剧"人物设置与人物关系相同、相似的主张，鉴于前述4部作品均系以特定历史时期骑兵部队撤（缩）编为主线展开的军旅题材作品，除了《骑马挎枪走天涯》受短篇小说篇幅的限制，没有三角恋爱关系或军民关系外，其他3部作品中都包含三角恋爱关系、官兵上下关系、军民关系等人物设置和人物关系，这样的表现方式属于军旅题材作品不可避免地采取的必要场景，因表达方式有限，不受著作权法保护。

关于张晓燕提出"雷剧"与"张剧"语言表达及故事情节相同、相似的主张，从语言表达看,如"雷剧"中"做个自由的'牧马人'"与"张剧"中"做个牧马人"语言表达基本相同,但该语言表达属于特定语境下的惯常用语,非独创性表达。从故事情节看,用于体现作者的思想与情感的故事情节属于表达的范畴,具有独创性的故事情节应受著作权法保护,但是,故事情节中仅部分元素相同、相似并不能当然得出故事情节相同、相似的结论。前述4部作品相同、相似的部分多属于公有领域素材或缺乏独创性的素材,有的仅为故事情节中的部分元素相同,但情节所展开的具体内容和表达的意义并不相同。二审法院认定"雷剧"与"张剧"6处相同、相似的故事情节,其中老部下关系、临时指定马匹等在《天苍茫》中也有相似的情节内容,其他部分虽在情节设计方面存在相同、相似之处,但有的仅为情节表达中部分元素的相同、相似,情节内容相同、相似的部分少且微不足道。

整体而言,"雷剧"与"张剧"具体情节展开不同、描写的侧重点不同、主人公性格不同、结尾不同,二者相同、相似的故事情节在"雷剧"中所占比例极低,且在整个故事情节中处于次要位置,不构成"雷剧"中的主要部分,不会导致读者和观众对两部作品产生相同、相似的欣赏体验,不能得出两部作品实质相似的结论。根据《最高人民法院关于审理著作权民事纠纷案件适用法律若干问题的解释》第十五条"由不同作者就同一题材创作的作品,作品的表达系独立完成并且有创作性的,应当认定作者各自享有独立著作权"的规定,"雷剧"与"张剧"属于由不同作者就同一题材创作的作品,两剧都有独创性,各自享有独立著作权。

(生效裁判审判人员:于晓白、骆电、李嵘)

指导案例 82 号

王碎永诉深圳歌力思服饰股份有限公司、杭州银泰世纪百货有限公司侵害商标权纠纷案

(最高人民法院审判委员会讨论通过 2017年3月6日发布)

关键词 民事 侵害商标权 诚实信用 权利滥用

裁判要点

当事人违反诚实信用原则,损害他人合法权益,扰乱市场正当竞争秩序,恶意取得、行使商标权并主张他人侵权的,人民法院应当以构成权利滥用为由,判决对其诉讼请求不予支持。

相关法条

《中华人民共和国民事诉讼法》第十三条

《中华人民共和国商标法》第五十二条

基本案情

深圳歌力思服装实业有限公司成立于1999年6月8日。2008年12月18日，该公司通过受让方式取得第1348583号"歌力思"商标，该商标核定使用于第25类的服装等商品之上，核准注册于1999年12月。2009年11月19日，该商标经核准续展注册，有效期自2009年12月28日至2019年12月27日。深圳歌力思服装实业有限公司还是第4225104号"ELLASSAY"的商标注册人。该商标核定使用商品为第18类的（动物）皮；钱包；旅行包；文件夹（皮革制）；皮制带子；裘皮；伞；手杖；手提包；购物袋。注册有效期限自2008年4月14日至2018年4月13日。2011年11月4日，深圳歌力思服装实业有限公司更名为深圳歌力思服饰股份有限公司（以下简称歌力思公司，即本案一审被告人）。2012年3月1日，上述"歌力思"商标的注册人相应变更为歌力思公司。

一审原告人王碎永于2011年6月申请注册了第7925873号"歌力思"商标，该商标核定使用商品为第18类的钱包、手提包等。王碎永还曾于2004年7月7日申请注册第4157840号"歌力思及图"商标。后因北京市高级人民法院于2014年4月2日作出的二审判决认定，该商标损害了歌力思公司的关联企业歌力思投资管理有限公司的在先字号权，因此不应予以核准注册。

自2011年9月起，王碎永先后在杭州、南京、上海、福州等地的"ELLASSAY"专柜，通过公证程序购买了带有"品牌中文名：歌力思，品牌英文名：ELLASSAY"字样吊牌的皮包。2012年3月7日，王碎永以歌力思公司及杭州银泰世纪百货有限公司（以下简称杭州银泰公司）生产、销售上述皮包的行为构成对王碎永拥有的"歌力思"商标、"歌力思及图"商标权的侵害为由，提起诉讼。

裁判结果

杭州市中级人民法院于2013年2月1日作出（2012）浙杭知初字第362号民事判决，认为歌力思公司及杭州银泰公司生产、销售被诉侵权商品的行为侵害了王碎永的注册商标专用权，判决歌力思公司、杭州银泰公司承担停止侵权行为、赔偿王碎永经济损失及合理费用共计10万元及消除影响。歌力思公司不服，提起上诉。浙江省高级人民法院于2013年6月7日作出（2013）浙知终字第222号民事判决，驳回上诉、维持原判。歌力思公司及王碎永均不服，向最高人民法院申请再审。最高人民法院裁定提审本案，并于2014年8月14日作出（2014）民提字第24号判决，撤销一审、二审判决，驳回王碎永的全部诉讼请求。

裁判理由

法院生效裁判认为，诚实信用原则是一切市场活动参与者所应遵循的基本准则。一方面，它鼓励和支持人们通过诚实劳动积累社会财富和创造社会价值，并保护在此基础上形成的财产性权益，以及基于合法、正当的目的支配该财产性权益的自由和权利；另一方面，它又要求人们在市场活动中讲究信用、诚实不欺，在不损害他人合法利益、社会公共利益和市场秩序的前提下追求自己的利益。民事诉讼活动同样应当遵循诚实信用原则。一方面，它保障当事人有权在法律规定的范围内行使和处分自己的民事权利和诉讼权利；另一方面，它又要求当事人在不损害他人和社会公共利益的前提下，善意、审慎地行使自己的权利。任何违背法律目的和精神,以损害他人正当权益为目的,恶意取得并行使权利、扰乱市场正当竞争秩序的行为均属于权利滥用,其相关权利主张不应得到法律的保护和支持。

第4157840号"歌力思及图"商标迄今为止尚未被核准注册,王碎永无权据此对他人提起侵害商标权之诉。对于歌力思公司、杭州银泰公司的行为是否侵害王碎永的第7925873号"歌力思"商标权的问题,首先,歌力思公司拥有合法的在先权利基础。歌力思公司及其关联企业最早将"歌力思"作为企业字号使用的时间为1996年,最早在服装等商品上取得"歌力思"注册商标专用权的时间为1999年。经长期使用和广泛宣传,作为企业字号和注册商标的"歌力思"已经具有了较高的市场知名度,歌力思公司对前述商业标识享有合法的在先权利。其次,歌力思公司在本案中的使用行为系基于合法的权利基础,使用方式和行为性质均具有正当性。从销售场所来看,歌力思公司对被诉侵权商品的展示和销售行为均完成于杭州银泰公司的歌力思专柜,专柜通过标注歌力思公司的"ELLASSAY"商标等方式,明确表明了被诉侵权商品的提供者。在歌力思公司的字号、商标等商业标识已经具有较高的市场知名度,而王碎永未能举证证明其"歌力思"商标同样具有知名度的情况下,歌力思公司在其专柜中销售被诉侵权商品的行为,不会使普通消费者误认该商品来自于王碎永。从歌力思公司的具体使用方式来看,被诉侵权商品的外包装、商品内的显著部位均明确标注了"ELLASSAY"商标,而仅在商品吊牌之上使用了"品牌中文名:歌力思"的字样。由于"歌力思"本身就是歌力思公司的企业字号,且与其"ELLASSAY"商标具有互为指代关系,故歌力思公司在被诉侵权商品的吊牌上使用"歌力思"文字来指代商品生产者的做法并无明显不妥,不具有攀附王碎永"歌力思"商标知名度的主观意图,亦不会为普通消费者正确识别被诉侵权商品的来源制造障碍。在此基础上,杭州银泰公司销售被诉侵权商品的行为亦不为法律所禁止。最后,王碎永取得和行使"歌力思"商标权的行为难谓正当。"歌力思"商标由中文文字"歌力思"构成,与歌力思公司在先使用的企业字号及在先注册的"歌力思"商标的文字构成完全相同。"歌力思"本身为无固有含义的臆造词,具有较强的固有显著性,依常理判断,在完全没有接触或知悉的情况下,因巧合而出现雷同注册的可能性较低。作为地域接近、经营范围关联程度较高的商品经营者,王碎永对"歌力思"字号及商标完全不了解的可能性较低。在上述情形之下,王碎永仍在手提包、钱包等商品上申请注册"歌力思"商标,其行为难谓正当。王碎永以非善意取得的商标权对歌力思公司的正当使用行为提起的侵权之诉,构成权利滥用。

(生效裁判审判人员:王艳芳、朱理、佟姝)

指导案例 83 号

威海嘉易烤生活家电有限公司诉永康市金仕德工贸有限公司、浙江天猫网络有限公司侵害发明专利权纠纷案

(最高人民法院审判委员会讨论通过　2017 年 3 月 6 日发布)

关键词　民事　侵害发明专利权　有效通知　必要措施　网络服务提供者　连带责任

裁判要点

1. 网络用户利用网络服务实施侵权行为，被侵权人依据侵权责任法向网络服务提供者所发出的要求其采取必要措施的通知，包含被侵权人身份情况、权属凭证、侵权人网络地址、侵权事实初步证据等内容的，即属有效通知。网络服务提供者自行设定的投诉规则，不得影响权利人依法维护其自身合法权利。

2. 侵权责任法第三十六条第二款所规定的网络服务提供者接到通知后所应采取的必要措施包括但并不限于删除、屏蔽、断开链接。"必要措施"应遵循审慎、合理的原则，根据所侵害权利的性质、侵权的具体情形和技术条件等来加以综合确定。

相关法条

《中华人民共和国侵权责任法》第三十六条

基本案情

原告威海嘉易烤生活家电有限公司（以下简称嘉易烤公司）诉称：永康市金仕德工贸有限公司（以下简称金仕德公司）未经其许可，在天猫商城等网络平台上宣传并销售侵害其 ZL200980000002.8 号专利权的产品，构成专利侵权；浙江天猫网络有限公司（以下简称天猫公司）在嘉易烤公司投诉金仕德公司侵权行为的情况下，未采取有效措施，应与金仕德公司共同承担侵权责任。请求判令：1. 金仕德公司立即停止销售被诉侵权产品；2. 金仕德公司立即销毁库存的被诉侵权产品；3. 天猫公司撤销金仕德公司在天猫平台上所有的侵权产品链接；4. 金仕德公司、天猫公司连带赔偿嘉易烤公司 50 万元；5. 本案诉讼费用由金仕德公司、天猫公司承担。

金仕德公司答辩称：其只是卖家，并不是生产厂家，嘉易烤公司索赔数额过高。

天猫公司答辩称：1. 其作为交易平台，并不是生产销售侵权产品的主要经营方或者销售方；2. 涉案产品是否侵权不能确定；3. 涉案产品是否使用在先也不能确定；4. 在不能证明其为侵权方的情况下，由其连带赔偿 50 万元缺乏事实和法律依据，且其公司业已删除了涉案产品的链接，嘉易烤公司关于撤销金仕德公司在天猫平台上所有侵权产品链接的诉讼请求亦不能成立。

法院经审理查明：2009 年 1 月 16 日，嘉易烤公司及其法定代表人李斑熙共同向国

家知识产权局申请了名称为"红外线加热烹调装置"的发明专利,并于2014年11月5日获得授权,专利号为ZL200980000002.8。该发明专利的权利要求书记载:"1.一种红外线加热烹调装置,其特征在于,该红外线加热烹调装置包括:托架,在其上部中央设有轴孔,且在其一侧设有控制电源的开关;受红外线照射就会被加热的旋转盘,作为在其上面可以盛食物的圆盘形容器,在其下部中央设有可拆装的插入到上述轴孔中的突起;支架,在上述托架的一侧纵向设置;红外线照射部,其设在上述支架的上端,被施加电源就会朝上述旋转盘照射红外线;上述托架上还设有能够从内侧拉出的接油盘;在上述旋转盘的突起上设有轴向的排油孔。"2015年1月26日,涉案发明专利的专利权人变更为嘉易烤公司。涉案专利年费缴纳至2016年1月15日。

2015年1月29日,嘉易烤公司的委托代理机构北京商专律师事务所向北京市海诚公证处申请证据保全公证,其委托代理人王永先、时寅在公证处监督下,操作计算机登入天猫网(网址为http://www.tmall.com),在一家名为"益心康旗舰店"的网上店铺购买了售价为388元的3D烧烤炉,并拷贝了该网店经营者的营业执照信息。同年2月4日,时寅在公证处监督下接收了寄件人名称为"益心康旗舰店"的快递包裹一个,内有韩文包装的3D烧烤炉及赠品、手写收据联和中文使用说明书、保修卡。公证员对整个证据保全过程进行了公证并制作了(2015)京海诚内民证字第01494号公证书。同年2月10日,嘉易烤公司委托案外人张一军向淘宝网知识产权保护平台上传了包含专利侵权分析报告和技术特征比对表在内的投诉材料,但淘宝网最终没有审核通过。同年5月5日,天猫公司向浙江省杭州市钱塘公证处申请证据保全公证,由其代理人刁曼丽在公证处的监督下操作电脑,在天猫网益心康旗舰店搜索"益心康3D烧烤炉韩式家用不粘电烤炉无烟烤肉机电烤盘铁板烧烤肉锅",显示没有搜索到符合条件的商品。公证员对整个证据保全过程进行了公证并制作了(2015)浙杭钱证内字第10879号公证书。

一审庭审中,嘉易烤公司主张将涉案专利权利要求1作为本案要求保护的范围。经比对,嘉易烤公司认为除了开关位置的不同,被控侵权产品的技术特征完全落入了涉案专利权利要求1记载的保护范围,而开关位置的变化是业内普通技术人员不需要创造性劳动就可解决的,属于等同特征。两原审被告对比对结果不持异议。

另查明,嘉易烤公司为本案支出公证费4000元,代理服务费81000元。

裁判结果

浙江省金华市中级人民法院于2015年8月12日作出(2015)浙金知民初字第148号民事判决:一、金仕德公司立即停止销售侵犯专利号为ZL200980000002.8的发明专利权的产品的行为;二、金仕德公司于判决生效之日起十日内赔偿嘉易烤公司经济损失150000元(含嘉易烤公司为制止侵权而支出的合理费用);三、天猫公司对上述第二项中金仕德公司赔偿金额的50000元承担连带赔偿责任;四、驳回嘉易烤公司的其他诉讼请求。一审宣判后,天猫公司不服,提起上诉。浙江省高级人民法院于2015年11月17日作出(2015)浙知终字第186号民事判决:驳回上诉,维持原判。

裁判理由

法院生效裁判认为:各方当事人对于金仕德公司销售的被诉侵权产品落入嘉易烤公司涉案专利权利要求1的保护范围,均不持异议,原审判决认定金仕德公司涉案行为构成专利侵权正确。关于天猫公司在本案中是否构成共同侵权，侵权责任法第三十六条第二款规定，网络用户利用网络服务实施侵权行为的，被侵权人有权通知网络服务提供者采取删除、屏蔽、断开链接等必要措施。网络服务提供者接到通知后未及时采取必要措施的，对损害的扩大部分与该网络用户承担连带责任。上述规定系针对权利人发现网络用户利用网络服务提供者的服务实施侵权行为后"通知"网络服务提供者采取必要措施，以防止侵权后果不当扩大的情形，同时还明确界定了此种情形下网络服务提供者所应承担的义务范围及责任构成。本案中，天猫公司涉案被诉侵权行为是否构成侵权应结合对天猫公司的主体性质、嘉易烤公司"通知"的有效性以及天猫公司在接到嘉易烤公司的"通知"后是否应当采取措施及所采取的措施的必要性和及时性等加以综合考量。

首先，天猫公司依法持有增值电信业务经营许可证，系信息发布平台的服务提供商，其在本案中为金仕德公司经营的"益心康旗舰店"销售涉案被诉侵权产品提供网络技术服务，符合侵权责任法第三十六条第二款所规定网络服务提供者的主体条件。

其次，天猫公司在二审庭审中确认嘉易烤公司已于2015年2月10日委托案外人张一军向淘宝网知识产权保护平台上传了包含被投诉商品链接及专利侵权分析报告、技术特征比对表在内的投诉材料，且根据上述投诉材料可以确定被投诉主体及被投诉商品。

侵权责任法第三十六条第二款所涉及的"通知"是认定网络服务提供者是否存在过错及应否就危害结果的不当扩大承担连带责任的条件。"通知"是指被侵权人就他人利用网络服务商的服务实施侵权行为的事实向网络服务提供者所发出的要求其采取必要技术措施，以防止侵权行为进一步扩大的行为。"通知"既可以是口头的，也可以是书面的。通常，"通知"内容应当包括权利人身份情况、权属凭证、证明侵权事实的初步证据以及指向明确的被诉侵权人网络地址等材料。符合上述条件的，即应视为有效通知。嘉易烤公司涉案投诉通知符合侵权责任法规定的"通知"的基本要件，属有效通知。

再次，经查，天猫公司对嘉易烤公司投诉材料作出审核不通过的处理，其在回复中表明审核不通过原因是：烦请在实用新型、发明的侵权分析对比表表二中详细填写被投诉商品落入贵方提供的专利权利要求的技术点，建议采用图文结合的方式一一指出。(需注意，对比的对象为卖家发布的商品信息上的图片、文字)，并提供购买订单编号或双方会员名。

二审法院认为，发明或实用新型专利侵权的判断往往并非仅依赖表面或书面材料就可以作出，因此专利权人的投诉材料通常只需包括权利人身份、专利名称及专利号、被投诉商品及被投诉主体内容，以便投诉接受方转达被投诉主体。在本案中，嘉易烤公司的投诉材料已完全包含上述要素。至于侵权分析比对，天猫公司一方面认为其对卖家所售商品是否侵犯发明专利判断能力有限，另一方面却又要求投诉方"详细填写被投诉商品落入贵方提供的专利权利要求的技术点，建议采用图文结合的方式一一指出"，该院认为，考虑到互联网领域投诉数量巨大、投诉情况复杂的因素，天猫公司的上述要求基于其自身利益考量虽也具有一定的合理性，而且也有利于天猫公司对于被投诉行为的性质作出初步判断并采取相应的措施。但就权利人而言，天猫公司的前述要求并非权利人投诉通知有效的必要条件。况且，嘉易烤公司在本案的投诉材料中提供了多达5页的以图文并茂的方式表现的技术特征对比表，天猫公司仍以教条的、格式化的回复将技术特征对比作为审核不通过的原因之一，处置失当。至于天猫公司审核不通过并提出提供购买订单编号或双方会员名的要求，该院认为，本案中投诉方是否提供购买订单编号或双方会员名并不影响投诉行为的合法有效。而且，天猫公司所确定的投诉规制并不对权利人维权产生法律约束力，权利人只需在法律规定的框架内行使维权行为即可，投诉方完全可以根据自己的利益考量决定是否接受天猫公司所确定的投诉规制。更何况投诉方可能无需购买商品而通过其他证据加以证明，也可以根据他人的购买行为发现可能的侵权行为，甚至投诉方即使存在直接购买行为，但也可以基于某种经济利益或商业秘密的考量而拒绝提供。

最后，侵权责任法第三十六条第二款所规定的网络服务提供者接到通知后所应采取必要措施包括但并不限于删除、屏蔽、断开链接。"必要措施"应根据所侵害权利的性质、侵权的具体情形和技术条件等来加以综合确定。

本案中，在确定嘉易烤公司的投诉行为合法有效之后，需要判断天猫公司在接受投诉材料之后的处理是否审慎、合理。该院认为，本案系侵害发明专利权纠纷。天猫公司作为电子商务网络服务平台的提供者，基于其公司对于发明专利侵权判断的主观能力、侵权投诉胜诉概率以及利益平衡等因素的考量，并不必然要求天猫公司在接受投诉后对被投诉商品立即采取删除和屏蔽措施，对被诉商品采取的必要措施应当秉承审慎、合理原则，以免损害被投诉人的合法权益。但是将有效的投诉通知材料转达被投诉人并通知被投诉人申辩当属天猫公司应当采取的必要措施之一。否则权利人投诉行为将失去任何意义，权利人的维权行为也将难以实现。网络服务平台提供者应该保证有效投诉信息传递的顺畅，而不应成为投诉信息的黑洞。被投诉人对于其或生产或销售的商品是否侵权，以及是否应主动自行停止被投诉行为，自会作出相应的判断及应对。而天猫公司未履行上述基本义务的结果导致被投诉人未收到任何警示从而造成损害后果的扩大。至于天猫公司在嘉易烤公司起诉后即对被诉商品采取删除和屏蔽措施，当属审慎、合理。综上，天猫公司在接到嘉易烤公司的通知后未及时采取必要措施，对损害的扩大部分应与金仕德公司承担连带责任。天猫公司就此提出的上诉理由不能成立。关于天猫公司所应承担责任的份额，一审法院综合考虑侵权持续的时间及天猫公司应当知道侵权事实的时间，确定天猫公司对金仕德公司赔偿数额的 50000 元承担连带赔偿责任，并无不当。

（生效裁判审判人员：周平、陈宇、刘静）

指导案例 84 号

礼来公司诉常州华生制药有限公司侵害发明专利权纠纷案

(最高人民法院审判委员会讨论通过 2017 年 3 月 6 日发布)

关键词 民事 侵害发明专利权 药品制备方法发明专利 保护范围技术调查官 被诉侵权药品制备工艺查明

裁判要点

1. 药品制备方法专利侵权纠纷中,在无其他相反证据情形下,应当推定被诉侵权药品在药监部门的备案工艺为其实际制备工艺;有证据证明被诉侵权药品备案工艺不真实的,应当充分审查被诉侵权药品的技术来源、生产规程、批生产记录、备案文件等证据,依法确定被诉侵权药品的实际制备工艺。

2. 对于被诉侵权药品制备工艺等复杂的技术事实,可以综合运用技术调查官、专家辅助人、司法鉴定以及科技专家咨询等多种途径进行查明。

相关法条

《中华人民共和国专利法》(2008 年修正) 第五十九条第一款、第六十一条、第六十八条第一款(本案适用的是 2000 年修正的《中华人民共和国专利法》第五十六条第一款、第五十七条第二款、第六十二条第一款)

《中华人民共和国民事诉讼法》第七十八条、第七十九条

基本案情

2013 年 7 月 25 日,礼来公司(又称伊莱利利公司)向江苏省高级人民法院(以下简称江苏高院)诉称,礼来公司拥有涉案 91103346.7 号方法发明专利权,涉案专利方法制备的药物奥氮平为新产品。常州华生制药有限公司(以下简称华生公司)使用落入涉案专利权保护范围的制备方法生产药物奥氮平并面向市场销售,侵害了礼来公司的涉案方法发明专利权。为此,礼来公司提起本案诉讼,请求法院判令:1. 华生公司赔偿礼来公司经济损失人民币 151060000 元、礼来公司为制止侵权所支付的调查取证费和其他合理开支人民币 28800 元;2. 华生公司在其网站及《医药经济报》刊登声明,消除因其侵权行为给礼来公司造成的不良影响;3. 华生公司承担礼来公司因本案发生的律师费人民币 1500000 元;4. 华生公司承担本案的全部诉讼费用。

江苏高院一审查明:

涉案专利为英国利利工业公司 1991 年 4 月 24 日申请的名称为"制备一种噻吩并苯二氮杂化合物的方法"的第 91103346.7 号中国发明专利申请,授权公告日为 1995 年 2 月 19 日。2011 年 4 月 24 日涉案专利权期满终止。1998 年 3 月 17 日,涉案专利的专利权人变更为英国伊莱利利有限公司;2002 年 2 月 28 日专利权人变更为伊莱利利公司。

涉案专利授权公告的权利要求为:

1. 一种制备2-甲基-10-(4-甲基-1-哌嗪基)-4H-噻吩并[2, 3, -b]

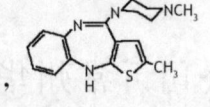

[1, 5]苯并二氮杂,或其酸加成盐的方法,
所述方法包括:
(a) 使N-甲基哌嗪与下式化合物反应,

式中Q是一个可以脱落的基团,或
(b) 使下式的化合物进行闭环反应

2001年7月,中国医学科学院药物研究所(简称医科院药物所)和华生公司向国家药品监督管理局(简称国家药监局)申请奥氮平及其片剂的新药证书。2003年5月9日,医科院药物所和华生公司获得国家药监局颁发的奥氮平原料药和奥氮平片《新药证书》,华生公司获得奥氮平和奥氮平片《药品注册批件》。新药申请资料中《原料药生产工艺的研究资料及文献资料》记载了制备工艺,即加入4-氨基-2-甲基-10-苄基-噻吩并苯并二氮杂,盐酸盐,甲基哌嗪及二甲基甲酰胺搅拌,得粗品,收率94.5%;加入2-甲基-10-苄基-(4-甲基-1-哌嗪基)-4H-噻吩并苯并二氮杂、冰醋酸、盐酸搅拌,然后用氢氧化钠中和后得粗品,收率73.2%;再经过两次精制,总收率为39.1%。从反应式分析,该过程就是以式四化合物与甲基哌嗪反应生成式五化合物,再对式五化合物脱苄基,得式一化合物。2003年8月,华生公司向青岛市第七人民医院推销其生产的"华生-奥氮平"5mg-新型抗精神病药,其产品宣传资料记载,奥氮平片主要成分为奥氮平,其化学名称为2-甲基-10-(4-甲基-1-哌嗪)-4H-噻吩并苯并二氮杂。

在另案审理中,根据江苏高院的委托,2011年8月25日,上海市科技咨询服务中心出具(2010)鉴字第19号《技术鉴定报告书》。该鉴定报告称,按华生公司备案的"原料药生产工艺的研究资料及文献资料"中记载的工艺进行实验操作,不能获得原料药奥氮平。鉴定结论为:华生公司备案资料中记载的生产原料药奥氮平的关键反应步骤缺乏真实性,该备案的生产工艺不可行。

经质证,伊莱利利公司认可该鉴定报告,华生公司对该鉴定报告亦不持异议,但是其坚持认为采取两步法是可以生产出奥氮平的,只是因为有些内容涉及商业秘密没有写入备案资料中,故专家依据备案资料生产不出来。

华生公司认为其未侵害涉案专利权,理由是:2003年至今,华生公司一直使用2008年补充报批的奥氮平备案生产工艺,该备案文件已于2010年9月8日获国家药监局批准,具备可行性。在礼来公司未提供任何证据证明华生公司的生产工艺的情况下,应以华生公司 2008 年奥氮平备案工艺作为认定侵权与否的比对工艺。

华生公司提交的 2010 年 9 月 8 日国家药监局《药品补充申请批件》中"申请内容"栏为:"(1)改变影响药品质量的生产工艺;(2)修改药品注册标准。""审批结论"栏为:"经审查,同意本品变更生产工艺并修订质量标准。变更后的生产工艺在不改变原合成路线的基础上,仅对其制备工艺中所用溶剂和试剂进行调整。质量标准所附执行,有效期 24 个月。"

上述 2010 年《药品补充申请批件》所附《奥氮平药品补充申请注册资料》中 5.1 原料药生产工艺的研究资料及文献资料章节中 5.1.1 说明内容为:"根据我公司奥氮平原料药的实际生产情况,在不改变原来申报生产工艺路线的基础上,对奥氮平的制备工艺过程做了部分调整变更,对工艺进行优化,使奥氮平各中间体的质量得到进一步的提高和保证,其制备过程中的相关杂质得到有效控制。……由于工艺路线没有变更,并且最后一步的结晶溶剂亦没有变更,故化合物的结构及晶型不会改变。"

最高人民法院二审审理过程中,为准确查明本案所涉技术事实,根据民事诉讼法第七十九条、《最高人民法院关于适用〈中华人民共和国民事诉讼法〉的解释》(以下简称《民事诉讼法解释》)第一百二十二条之规定,对礼来公司的专家辅助人出庭申请予以准许;根据《民事诉讼法解释》第一百一十七条之规定,对华生公司的证人出庭申请予以准许;根据民事诉讼法第七十八条、《民事诉讼法解释》第二百二十七条之规定,通知出具(2014)司鉴定第 02 号《技术鉴定报告》的江苏省科技咨询中心工作人员出庭;根据《最高人民法院关于知识产权法院技术调查官参与诉讼活动若干问题的暂行规定》第二条、第十条之规定,首次指派技术调查官出庭,就相关技术问题与各方当事人分别询问了专家辅助人、证人及鉴定人。

最高人民法院二审另查明:

1999 年 10 月 28 日,华生公司与医科院药物所签订《技术合同书》,约定医科院药物所将其研制开发的抗精神分裂药奥氮平及其制剂转让给华生公司,医科院药物所负责完成临床前报批资料并在北京申报临床;验收标准和方法按照新药审批标准,采用领取临床批件和新药证书方式验收;在其他条款中双方对新药证书和生产的报批作出了约定。

医科院药物所 1999 年 10 月填报的(京 99)药申临字第 82 号《新药临床研究申请表》中,"制备工艺"栏绘制的反应路线如下:

1999年11月9日,北京市卫生局针对医科院药物所的新药临床研究申请作出《新药研制现场考核报告表》,"现场考核结论"栏记载:"该所具备研制此原料的条件,原始记录、实验资料基本完整,内容真实。"

2001年6月,医科院药物所和华生公司共同向国家药监局提交《新药证书、生产申请表》((2001)京申产字第019号)。针对该申请,江苏省药监局2001年10月22日作出《新药研制现场考核报告表》,"现场考核结论"栏记载:"经现场考核,样品制备及检验原始记录基本完整,检验仪器条件基本具备,研制单位暂无原料药生产车间,现申请本品的新药证书。"

根据华生公司申请,江苏药监局2009年5月21日发函委托江苏省常州市食品药品监督管理局药品安全监管处对华生公司奥氮平生产现场进行检查和产品抽样,江苏药监局针对该检查和抽样出具了《药品注册生产现场检查报告》(受理号CXHB0800159),其中"检查结果"栏记载:"按照药品注册现场检查的有关要求,2009年7月7日对该品种的生产现场进行了第一次检查,该公司的机构和人员、生产和检验设施能满足该品种的生产要求,原辅材料等可溯源,主要原料均按规定量投料,生产过程按申报的工艺进行。2009年8月25日,按药品注册现场核查的有关要求,检查了70309001、70309002、70309003三批产品的批生产记录、检验记录、原料领用使用、库存情况记录等,已按抽样要求进行了抽样。""综合评定结论"栏记载:"根据综合评定,现场检查结论为:通过"。

国家药监局2010年9月8日颁发给华生公司的《药品补充申请批件》所附《奥氮平药品补充申请注册资料》中,5.1"原料药生产工艺的研究资料及文献资料"之5.1.2"工艺路线"中绘制的反应路线如下:

2015年3月5日,江苏省科技咨询中心受上海市方达(北京)律师事务所委托出具(2014)司鉴字第02号《技术鉴定报告》,其"鉴定结论"部分记载:"1.华生公司

2008年向国家药监局备案的奥氮平制备工艺是可行的。2. 对比华生公司2008年向国家药监局备案的奥氮平制备工艺与礼来公司第91103346.7号方法专利，两者起始原料均为仲胺化物，但制备工艺路径不同，具体表现在：（1）反应中产生的关键中间体不同；（2）反应步骤不同：华生公司的是四步法，礼来公司是二步法；（3）反应条件不同：取代反应中，华生公司采用二甲基甲酰胺为溶媒，礼来公司采用二甲基亚砜和甲苯的混合溶剂为溶媒。"

二审庭审中，礼来公司明确其在本案中要求保护涉案专利权利要求1中的方法（a）。

裁判结果

江苏省高级人民法院于2014年10月14日作出（2013）苏民初字第0002号民事判决：1. 常州华生制药有限公司赔偿礼来公司经济损失及为制止侵权支出的合理费用人民币计350万元；2. 驳回礼来公司的其他诉讼请求。案件受理费人民币809744元，由礼来公司负担161950元，常州华生制药有限公司负担647794元。礼来公司、常州华生制药有限公司均不服，提起上诉。最高人民法院2016年5月31日作出（2015）民三终字第1号民事判决：1. 撤销江苏省高级人民法院（2013）苏民初字第0002号民事判决；2. 驳回礼来公司的诉讼请求。一、二审案件受理费各人民币809744元，由礼来公司负担323897元，常州华生制药有限公司负担1295591元。

裁判理由

法院生效裁判认为，《最高人民法院关于审理侵犯专利权纠纷案件应用法律若干问题的解释》第七条规定："人民法院判定被诉侵权技术方案是否落入专利权的保护范围，应当审查权利人主张的权利要求所记载的全部技术特征。被诉侵权技术方案包含与权利要求记载的全部技术特征相同或者等同的技术特征的，人民法院应当认定其落入专利权的保护范围；被诉侵权技术方案的技术特征与权利要求记载的全部技术特征相比，缺少权利要求记载的一个以上的技术特征，或者有一个以上技术特征不相同也不等同的，人民法院应当认定其没有落入专利权的保护范围。"本案中，华生公司被诉生产销售的药品与涉案专利方法制备的产品相同，均为奥氮平，判定华生公司奥氮平制备工艺是否落入涉案专利权保护范围，涉及以下三个问题：

一、关于涉案专利权的保护范围

专利法第五十六条第一款规定："发明或者实用新型专利权的保护范围以其权利要求的内容为准，说明书及附图可以用于解释权利要求。"本案中，礼来公司要求保护涉案专利权利要求1中的方法（a），该权利要求采取开放式的撰写方式，其中仅限定了参加取代反应的三环还原物及N-甲基哌嗪以及发生取代的基团，其保护范围涵盖了所有采用所述三环还原物与N-甲基哌嗪在Q基团处发生取代反应而生成奥氮平的制备方法，无论采用何种反应起始物、溶剂、反应条件，均在其保护范围之内。基于此，判定华生公司奥氮平制备工艺是否落入涉案专利权保护范围，关键在于两个技术方案反应路线的比对，而具体的反应起始物、溶剂、反应条件等均不纳入侵权比对范围，否则会不当限缩涉案专利权的保护范围，损害礼来公司的合法权益。

二、关于华生公司实际使用的奥氮平制备工艺

专利法第五十七条第二款规定:"专利侵权纠纷涉及新产品制造方法的发明专利的,制造同样产品的单位或者个人应当提供其产品制造方法不同于专利方法的证明。"本案中,双方当事人对奥氮平为专利法中所称的新产品不持异议,华生公司应就其奥氮平制备工艺不同于涉案专利方法承担举证责任。具体而言,华生公司应当提供证据证明其实际使用的奥氮平制备工艺反应路线未落入涉案专利权保护范围,否则,将因其举证不能而承担推定礼来公司侵权指控成立的法律后果。

本案中,华生公司主张其自2003年至今一直使用2008年向国家药监局补充备案工艺生产奥氮平,并提交了其2003年和2008年奥氮平批生产记录(一审补充证据6)、2003年、2007年和2013年生产规程(一审补充证据7)、《药品补充申请批件》(一审补充证据12)等证据证明其实际使用的奥氮平制备工艺。如前所述,本案的侵权判定关键在于两个技术方案反应路线的比对,华生公司2008年补充备案工艺的反应路线可见于其向国家药监局提交的《奥氮平药品补充申请注册资料》,其中5.1"原料药生产工艺的研究资料及文献资料"之5.1.2"工艺路线"图显示该反应路线为:先将"仲胺化物"中的仲氨基用苄基保护起来,制得"苄基化物"(苄基化),再进行闭环反应,生成"苄基取代的噻吩并苯并二氮杂"三环化合物(还原化物)。"还原化物"中的氨基被N—甲基哌嗪取代,生成"缩合物",然后脱去苄基,制得奥氮平。本院认为,现有在案证据能够形成完整证据链,证明华生公司2003年至涉案专利权到期日期间一直使用其2008年补充备案工艺的反应路线生产奥氮平,主要理由如下:

首先,华生公司2008年向国家药监局提出奥氮平药品补充申请注册,在其提交的《奥氮平药品补充申请注册资料》中,明确记载了其奥氮平制备工艺的反应路线。针对该补充申请,江苏省药监部门于2009年7月7日和8月25日对华生公司进行了生产现场检查和产品抽样,并出具了《药品注册生产现场检查报告》(受理号CXHB0800159),该报告显示华生公司的"生产过程按申报的工艺进行",三批样品"已按抽样要求进行了抽样",现场检查结论为"通过"。也就是说,华生公司2008年补充备案工艺经过药监部门的现场检查,具备可行性。基于此,2010年9月8日,国家药监局向华生公司颁发了《药品补充申请批件》,同意华生公司奥氮平"变更生产工艺并修订质量标准"。对于华生公司2008年补充备案工艺的可行性,礼来公司专家辅助人在二审庭审中予以认可,江苏省科技咨询中心出具的(2014)司鉴字第02号《技术鉴定报告》在其鉴定结论部分也认为"华生公司2008年向国家药监局备案的奥氮平制备工艺是可行的"。因此,在无其他相反证据的情形下,应当推定华生公司2008年补充备案工艺即为其取得《药品补充申请批件》后实际使用的奥氮平制备工艺。

其次,一般而言,适用于大规模工业化生产的药品制备工艺步骤繁琐,操作复杂,其形成不可能是一蹴而就的。从研发阶段到实际生产阶段,其长期的技术积累过程通常是在保持基本反应路线稳定的情况下,针对实际生产中发现的缺陷不断优化调整反应条件和操作细节。华生公司的奥氮平制备工艺受让于医科院药物所,双方于1999年10月28日签订了《技术转让合同》。按照合同约定,医科院药物所负责完成临床前报批资料并在北京申报临床。在医科院药物所1999年10月填报的(京99)药申临字第82号

《新药临床研究申请表》中,"制备工艺"栏绘制的反应路线显示,其采用了与华生公司2008年补充备案工艺相同的反应路线。针对该新药临床研究申请,北京市卫生局1999年11月9日作出《新药研制现场考核报告表》,确认"原始记录、实验资料基本完整,内容真实。"在此基础上,医科院药物所和华生公司按照《技术转让合同》的约定,共同向国家药监局提交新药证书、生产申请表[(2001)京申产字第019号]。针对该申请,江苏省药监局2001年10月22日作出《新药研制现场考核报告表》,确认"样品制备及检验原始记录基本完整"。通过包括前述考核在内的一系列审查后,2003年5月9日,医科院药物所和华生公司获得国家药监局颁发的奥氮平原料药和奥氮平片《新药证书》。由此可见,华生公司自1999年即拥有了与其2008年补充备案工艺反应路线相同的奥氮平制备工艺,并以此申报新药注册,取得新药证书。因此,华生公司在2008补充备案工艺之前使用反应路线完全不同的其他制备工艺生产奥氮平的可能性不大。

最后,国家药监局2010年9月8日向华生公司颁发的《药品补充申请批件》"审批结论"栏记载:"变更后的生产工艺在不改变原合成路线的基础上,仅对其制备工艺中所用溶剂和试剂进行调整",即国家药监局确认华生公司2008年补充备案工艺与其之前的制备工艺反应路线相同。华生公司在一审中提交了其2003、2007和2013年的生产规程,2003、2008年的奥氮平批生产记录,华生公司主张上述证据涉及其商业秘密,一审法院组织双方当事人进行了不公开质证,确认其真实性和关联性。本院经审查,华生公司2003、2008年的奥氮平批生产记录是分别依据2003、2007年的生产规程进行实际生产所作的记录,上述生产规程和批生产记录均表明华生公司奥氮平制备工艺的基本反应路线与其2008年补充备案工艺的反应路线相同,只是在保持该基本反应路线不变的基础上对反应条件、溶剂等生产细节进行调整,不断优化,这样的技术积累过程是符合实际生产规律的。

综上,本院认为,华生公司2008年补充备案工艺真实可行,2003年至涉案专利权到期日期间华生公司一直使用2008年补充备案工艺的反应路线生产奥氮平。

三、关于礼来公司的侵权指控是否成立

对比华生公司奥氮平制备工艺的反应路线和涉案方法专利,二者的区别在于反应步骤不同,关键中间体不同。具体而言,华生公司奥氮平制备工艺使用的三环还原物的胺基是被苄基保护的,由此在取代反应之前必然存在苄基化反应步骤以生成苄基化的三环还原物,相应的在取代反应后也必然存在脱苄基反应步骤以获得奥氮平。而涉案专利的反应路线中并未对三环还原物中的胺基进行苄基保护,从而不存在相应的苄基化反应步骤和脱除苄基的反应步骤。

《最高人民法院关于审理专利纠纷案件适用法律问题的若干规定》第十七条第二款规定:"等同特征,是指与所记载的技术特征以基本相同的手段,实现基本相同的功能,达到基本相同的效果,并且本领域普通技术人员在被诉侵权行为发生时无需经过创造性劳动就能够联想到的特征。"本案中,就华生公司奥氮平制备工艺的反应路线和涉案方法专利的区别而言,首先,苄基保护的三环还原物中间体与未加苄基保护的三环还原物中间体为不同的化合物,两者在化学反应特性上存在差异,即在未加苄基保护的三环还原物中间体上,可脱落的Q基团和胺基均可与N—甲基哌嗪发生反应,而苄基保护的

三环还原物中间体由于其中的胺基被苄基保护，无法与 N—甲基哌嗪发生不期望的取代反应，取代反应只能发生在 Q 基团处；相应地，涉案专利的方法中不存在取代反应前后的加苄基和脱苄基反应步骤。因此，两个技术方案在反应中间物和反应步骤上的差异较大。其次，由于增加了加苄基和脱苄基步骤，华生公司的奥氮平制备工艺在终产物收率方面会有所减损，而涉案专利由于不存在加苄基保护步骤和脱苄基步骤，收率不会因此而下降。故两个技术方案的技术效果如收率高低等方面存在较大差异。最后，尽管对所述三环还原物中的胺基进行苄基保护以减少副反应是化学合成领域的公知常识，但是这种改变是实质性的，加苄基保护的三环还原物中间体的反应特性发生了改变，增加反应步骤也使收率下降。而且加苄基保护为公知常识仅说明华生公司的奥氮平制备工艺相对于涉案专利方法改进有限，但并不意味着两者所采用的技术手段是基本相同的。

综上，华生公司的奥氮平制备工艺在三环还原物中间体是否为苄基化中间体以及由此增加的苄基化反应步骤和脱苄基步骤方面，与涉案专利方法是不同的，相应的技术特征也不属于基本相同的技术手段，达到的技术效果存在较大差异，未构成等同特征。因此，华生公司奥氮平制备工艺未落入涉案专利权保护范围。

综上所述，华生公司奥氮平制备工艺未落入礼来公司所有的涉案专利权的保护范围，一审判决认定事实和适用法律存在错误，依法予以纠正。

（生效裁判审判人员：周翔、吴蓉、宋淑华）

指导案例 85 号

高仪股份公司诉浙江健龙卫浴有限公司侵害外观设计专利权纠纷案

（最高人民法院审判委员会讨论通过　2017 年 3 月 6 日发布）

关键词　民事　侵害外观设计专利　设计特征　功能性特征整体视觉效果

裁判要点

1. 授权外观设计的设计特征体现了其不同于现有设计的创新内容，也体现了设计人对现有设计的创造性贡献。如果被诉侵权设计未包含授权外观设计区别于现有设计的全部设计特征，一般可以推定被诉侵权设计与授权外观设计不近似。

2. 对设计特征的认定，应当由专利权人对其所主张的设计特征进行举证。人民法院在听取各方当事人质证意见基础上，对证据进行充分审查，依法确定授权外观设计的设计特征。

3. 对功能性设计特征的认定，取决于外观设计产品的一般消费者看来该设计是否仅仅由特定功能所决定，而不需要考虑该设计是否具有美感。功能性设计特征对于外观设计的整体视觉效果不具有显著影响。功能性与装饰性兼具的设计特征对整体视觉效果的影响需要考虑其装饰性的强弱，装饰性越强，对整体视觉效果的影响越大，反之则越小。

相关法条

《中华人民共和国专利法》第五十九条第二款

基本案情

高仪股份公司（以下简称高仪公司）为"手持淋浴喷头（No. A4284410X2）"外观设计专利的权利人，该外观设计专利现合法有效。2012年11月，高仪公司以浙江健龙卫浴有限公司（以下简称健龙公司）生产、销售和许诺销售的丽雅系列等卫浴产品侵害其"手持淋浴喷头"外观设计专利权为由提起诉讼，请求法院判令健龙公司立即停止被诉侵权行为，销毁库存的侵权产品及专用于生产侵权产品的模具，并赔偿高仪公司经济损失20万元。经一审庭审比对，健龙公司被诉侵权产品与高仪公司涉案外观设计专利的相同之处为：二者属于同类产品，从整体上看，二者均是由喷头头部和手柄两个部分组成，被诉侵权产品头部出水面的形状与涉案专利相同，均表现为出水孔呈放射状分布在两端圆、中间长方形的区域内，边缘呈圆弧状。两者的不同之处为：1. 被诉侵权产品的喷头头部四周为斜面，从背面向出水口倾斜，而涉案专利主视图及左视图中显示其喷头头部四周为圆弧面；2. 被诉侵权产品头部的出水面与面板间仅由一根线条分隔，涉案专利头部的出水面与面板间由两条线条构成的带状分隔；3. 被诉侵权产品头部出水面的出水孔分布方式与涉案专利略有不同；4. 涉案专利的手柄上有长椭圆形的开关设计，被诉侵权产品没有；5. 涉案专利中头部与手柄的连接虽然有一定的斜角，但角度很小，几乎为直线形连接，被诉侵权产品头部与手柄的连接产生的斜角角度较大；6. 从涉案专利的仰视图看，手柄底部为圆形，被诉侵权产品仰视的底部为曲面扇形，涉案专利手柄下端为圆柱体，向与头部连接处方向逐步收缩压扁呈扁椭圆体，被诉侵权产品的手柄下端为扇面柱体，且向与喷头连接处过渡均为扇面柱体，过渡中的手柄中段有弧度的突起；7. 被诉侵权产品的手柄底端有一条弧形的装饰线，将手柄底端与产品的背面连成一体，涉案专利的手柄底端没有这样的设计；8. 涉案专利头部和手柄的长度比例与被诉侵权产品有所差别，两者的头部与手柄的连接处弧面亦有差别。

裁判结果

浙江省台州市中级人民法院于2013年3月5日作出（2012）浙台知民初字第573号民事判决，驳回高仪公司诉讼请求。高仪公司不服，提起上诉。浙江省高级人民法院于2013年9月27日作出（2013）浙知终字第255号民事判决：1. 撤销浙江省台州市中级人民法院（2012）浙台知民初字第573号民事判决；2. 健龙公司立即停止制造、许诺销售、销售侵害高仪公司"手持淋浴喷头"外观设计专利权的产品的行为，销毁库存的侵权产品；3. 健龙公司赔偿高仪公司经济损失（含高仪公司为制止侵权行为所支出的合理费用）人民币10万元；4. 驳回高仪公司的其他诉讼请求。健龙公司不服，提起再审申请。最高人民法院于2015年8月11日作出（2015）民提字第23号民事判决：1. 撤销二审判决；2. 维持一审判决。

裁判理由

法院生效裁判认为，本案的争议焦点在于被诉侵权产品外观设计是否落入涉案外观设计专利权的保护范围。

专利法第五十九条第二款规定:"外观设计专利权的保护范围以表示在图片或者照片中的该产品的外观设计为准,简要说明可以用于解释图片或者照片所表示的该产品的外观设计。"《最高人民法院关于审理侵犯专利权纠纷案件应用法律若干问题的解释》(以下简称《侵犯专利权纠纷案件解释》)第八条规定:"在与外观设计专利产品相同或者相近种类产品上,采用与授权外观设计相同或者近似的外观设计的,人民法院应当认定被诉侵权设计落入专利法第五十九条第二款规定的外观设计专利权的保护范围";第十条规定:"人民法院应当以外观设计专利产品的一般消费者的知识水平和认知能力,判断外观设计是否相同或者近似。"本案中,被诉侵权产品与涉案外观设计专利产品相同,均为淋浴喷头类产品,因此,本案的关键问题是对于一般消费者而言,被诉侵权产品外观设计与涉案授权外观设计是否相同或者近似,具体涉及以下四个问题:

一、关于涉案授权外观设计的设计特征

外观设计专利制度的立法目的在于保护具有美感的创新性工业设计方案,一项外观设计应当具有区别于现有设计的可识别性创新设计才能获得专利授权,该创新设计即是授权外观设计的设计特征。通常情况下,外观设计的设计人都是以现有设计为基础进行创新。对于已有产品,获得专利权的外观设计一般会具有现有设计的部分内容,同时具有与现有设计不相同也不近似的设计内容,正是这部分设计内容使得该授权外观设计具有创新性,从而满足专利法第二十三条所规定的实质性授权条件:不属于现有设计也不存在抵触申请,并且与现有设计或者现有设计特征的组合相比具有明显区别。对于该部分设计内容的描述即构成授权外观设计的设计特征,其体现了授权外观设计不同于现有设计的创新内容,也体现了设计人对现有设计的创造性贡献。由于设计特征的存在,一般消费者容易将授权外观设计区别于现有设计,因此,其对外观设计产品的整体视觉效果具有显著影响,如果被诉侵权设计未包含授权外观设计区别于现有设计的全部设计特征,一般可以推定被诉侵权设计与授权外观设计不近似。

对于设计特征的认定,一般来说,专利权人可能将设计特征记载在简要说明中,也可能会在专利授权确权或者侵权程序中对设计特征作出相应陈述。根据"谁主张、谁举证"的证据规则,专利权人应当对其所主张的设计特征进行举证。另外,授权确权程序的目的在于对外观设计是否具有专利性进行审查,因此,该过程中有关审查文档的相关记载对确定设计特征有着重要的参考意义。理想状态下,对外观设计专利的授权确权,应当是在对整个现有设计检索后的基础上确定对比设计来评判其专利性,但是,由于检索数据库的限制、无效宣告请求人检索能力的局限等原因,授权确权程序中有关审查文档所确定的设计特征可能不是在穷尽整个现有设计的检索基础上得出的,因此,无论是专利权人举证证明的设计特征,还是通过授权确权有关审查文档记载确定的设计特征,如果第三人提出异议,都应当允许其提供反证予以推翻。人民法院在听取各方当事人质证意见的基础上,对证据进行充分审查,依法确定授权外观设计的设计特征。

本案中,专利权人高仪公司主张跑道状的出水面为涉案授权外观设计的设计特征,健龙公司对此不予认可。对此,法院生效裁判认为,首先,涉案授权外观设计没有简要说明记载其设计特征,高仪公司在二审诉讼中提交了12份淋浴喷头产品的外观设计专利文件，其中 7 份记载的公告日早于涉案专利的申请日，其所附图片表示的外观设计均未采用跑道状的出水面。在针对涉案授权外观设计的无效宣告请求审查程序中，专利复审委员会作出第 17086 号决定，认定涉案授权外观设计与最接近的对比设计证据 1 相比："从整体形状上看，与在先公开的设计相比，本专利喷头及其各面过渡的形状、喷头正面出水区域的设计以及喷头宽度与手柄直径的比例具有较大差别，上述差别均是一般消费者容易关注的设计内容"，即该决定认定喷头出水面形状的设计为涉案授权外观设计的设计特征之一。其次，健龙公司虽然不认可跑道状的出水面为涉案授权外观设计的设计特征，但是在本案一、二审诉讼中其均未提交相应证据证明跑道状的出水面为现有设计。本案再审审查阶段，健龙公司提交 200630113512.5 号淋浴喷头外观设计专利视图拟证明跑道状的出水面已被现有设计所公开，经审查，该外观设计专利公告日早于涉案授权外观设计申请日，可以作为涉案授权外观设计的现有设计，但是其主视图和使用状态参考图所显示的出水面两端呈矩形而非呈圆弧形，其出水面并非跑道状。因此，对于健龙公司关于跑道状出水面不是涉案授权外观设计的设计特征的再审申请理由，本院不予支持。

二、关于涉案授权外观设计产品正常使用时容易被直接观察到的部位

认定授权外观设计产品正常使用时容易被直接观察到的部位，应当以一般消费者的视角，根据产品用途，综合考虑产品的各种使用状态得出。本案中，首先，涉案授权外观设计是淋浴喷头产品外观设计，淋浴喷头产品由喷头、手柄构成，二者在整个产品结构中所占空间比例相差不大。淋浴喷头产品可以手持，也可以挂于墙上使用，在其正常使用状态下，对于一般消费者而言，喷头、手柄及其连接处均是容易被直接观察到的部位。其次，第 17086 号决定认定在先申请的设计证据 2 与涉案授权外观设计采用了同样的跑道状出水面，但是基于涉案授权外观设计的"喷头与手柄成一体，喷头及其与手柄连接的各面均为弧面且喷头前倾，此与在先申请的设计相比具有较大的差别，上述差别均是一般消费者容易关注的设计内容"，认定二者属于不相同且不相近似的外观设计。可见，淋浴喷头产品容易被直接观察到的部位并不仅限于其喷头头部出水面，在对淋浴喷头产品外观设计的整体视觉效果进行综合判断时，其喷头、手柄及其连接处均应作为容易被直接观察到的部位予以考虑。

三、关于涉案授权外观设计手柄上的推钮是否为功能性设计特征

外观设计的功能性设计特征是指那些在外观设计产品的一般消费者看来，由产品所要实现的特定功能唯一决定而不考虑美学因素的特征。通常情况下，设计人在进行产品外观设计时，会同时考虑功能因素和美学因素。在实现产品功能的前提下，遵循人文规律和法则对产品外观进行改进，即产品必须首先实现其功能，其次还要在视觉上具有美感。具体到一项外观设计的某一特征，大多数情况下均兼具功能性和装饰性，设计者会在能够实现特定功能的多种设计中选择一种其认为最具美感的设计，而仅由特定功能唯一决定的设计只有在少数特殊情况下存在。因此，外观设计的功能性设计特征包括两种：一是实现特定功能的唯一设计；二是实现特定功能的多种设计之一，但是该设计仅由所要实现的特定功能决定而与美学因素的考虑无关。对功能性设计特征的认定，不在于该设计是否因功能或技术条件的限制而不具有可选择性，而在于外观设计产品的一般消费者看来该设计是否仅仅由特定功能所决定,而不需要考虑该设计是否具有美感。一般而言,功能性设计特征对于外观设计的整体视觉效果不具有显著影响;而功能性与装饰性兼具的设计特征对整体视觉效果的影响需要考虑其装饰性的强弱,装饰性越强,对整体视觉效果的影响相对较大,反之则相对较小。

本案中,涉案授权外观设计与被诉侵权产品外观设计的区别之一在于后者缺乏前者在手柄位置上具有的一类跑道状推钮设计。推钮的功能是控制水流开关,是否设置推钮这一部件是由是否需要在淋浴喷头产品上实现控制水流开关的功能所决定的,但是,只要在淋浴喷头手柄位置设置推钮,该推钮的形状就可以有多种设计。当一般消费者看到淋浴喷头手柄上的推钮时,自然会关注其装饰性,考虑该推钮设计是否美观,而不是仅仅考虑该推钮是否能实现控制水流开关的功能。涉案授权外观设计的设计者选择将手柄位置的推钮设计为类跑道状,其目的也在于与其跑道状的出水面相协调,增加产品整体上的美感。因此,二审判决认定涉案授权外观设计中的推钮为功能性设计特征,适用法律错误,本院予以纠正。

四、关于被诉侵权产品外观设计与涉案授权外观设计是否构成相同或者近似

《侵犯专利权纠纷案件解释》第十一条规定,认定外观设计是否相同或者近似时,应当根据授权外观设计、被诉侵权设计的设计特征,以外观设计的整体视觉效果进行综合判断;对于主要由技术功能决定的设计特征,应当不予考虑。产品正常使用时容易被直接观察到的部位相对于其他部位、授权外观设计区别于现有设计的设计特征相对于授权外观设计的其他设计特征,通常对外观设计的整体视觉效果更具有影响。

本案中,被诉侵权产品外观设计与涉案授权外观设计相比,其出水孔分布在喷头正面跑道状的区域内,虽然出水孔的数量及其在出水面两端的分布与涉案授权外观设计存在些许差别,但是总体上,被诉侵权产品采用了与涉案授权外观设计高度近似的跑道状出水面设计。关于两者的区别设计特征,一审法院归纳了八个方面,对此双方当事人均无异议。对于这些区别设计特征,首先,如前所述,第17086号决定认定涉案外观设计专利的设计特征有三点:一是喷头及其各面过渡的形状,二是喷头出水面形状,三是喷头宽度与手柄直径的比例。除喷头出水面形状这一设计特征之外,喷头及其各面过渡的形状、喷头宽度与手柄直径的比例等设计特征也对产品整体视觉效果产生显著影响。虽然被诉侵权产品外观设计采用了与涉案授权外观设计高度近似的跑道状出水面,但是,在喷头及其各面过渡的形状这一设计特征上,涉案授权外观设计的喷头、手柄及其连接各面均呈圆弧过渡,而被诉侵权产品外观设计的喷头、手柄及其连接各面均为斜面过渡,从而使得二者在整体设计风格上呈现明显差异。另外,对于非设计特征之外的被诉侵权产品外观设计与涉案授权外观设计相比的区别设计特征,只要其足以使两者在整体视觉效果上产生明显差异,也应予以考虑。其次,淋浴喷头产品的喷头、手柄及其连接处均为其正常使用时容易被直接观察到的部位,在对整体视觉效果进行综合判断时,在上述部位上的设计均应予以重点考查。具体而言,涉案授权外观设计的手柄上设置有一类跑道状推钮,而被诉侵权产品无此设计,因该推钮并非功能性设计特征,推钮的有无这一区别设计特征会对产品的整体视觉效果产生影响;涉案授权外观设计的喷头与手柄连接产生的斜角角度较小,而被诉侵权产品的喷头与手柄连接产生的斜角角度较大,从而使得两者在左视图上呈现明显差异。正是由于被诉侵权产品外观设计未包含涉案授权外观设计的全部设计特征,以及被诉侵权产品外观设计与涉案授权外观设计在手柄、喷头与手柄连接处的设计等区别设计特征,使得两者在整体视觉效果上呈现明显差异,两者既不相同也不近似,被诉侵权产品外观设计未落入涉案外观设计专利权的保护范围。二审判决仅重点考虑了涉案授权外观设计跑道状出水面的设计特征,而对于涉案授权外观设计的其他设计特征,以及淋浴喷头产品正常使用时其他容易被直接观察到的部位上被诉侵权产品外观设计与涉案授权外观设计专利的区别设计特征未予考虑,认定两者构成近似,适用法律错误,本院予以纠正。

综上,健龙公司生产、许诺销售、销售的被诉侵权产品外观设计与高仪公司所有的涉案授权外观设计既不相同也不近似,未落入涉案外观设计专利权保护范围,健龙公司生产、许诺销售、销售被诉侵权产品的行为不构成对高仪公司涉案专利权的侵害。二审判决适用法律错误,本院依法应予纠正。

(生效裁判审判人员:周翔、吴蓉、宋淑华)

指导案例 86 号

天津天隆种业科技有限公司与江苏徐农种业科技有限公司侵害植物新品种权纠纷案

(最高人民法院审判委员会讨论通过 2017 年 3 月 6 日发布)

关键词 民事 侵害植物新品种权 相互授权许可

裁判要点

分别持有植物新品种父本与母本的双方当事人,因不能达成相互授权许可协议,导致植物新品种不能继续生产,损害双方各自利益,也不符合合作育种的目的。为维护社会公共利益,保障国家粮食安全,促进植物新品种转化实施,确保已广为种植的新品种继续生产,在衡量父本与母本对植物新品种生产具有基本相同价值基础上,人民法院可以直接判令双方当事人相互授权许可并相互免除相应的许可费。

相关法条

《中华人民共和国合同法》第五条

《中华人民共和国植物新品种保护条例》第二条、第六条、第三十九条

基本案情

天津天隆种业科技有限公司(以下简称天隆公司)与江苏徐农种业科技有限公司(以下简称徐农公司)相互以对方为被告,分别向法院提起两起植物新品种侵权诉讼。

北方杂交粳稻工程技术中心(与辽宁省稻作研究所为一套机构两块牌子)、徐州农科所共同培育成功的三系杂交粳稻 9 优 418 水稻品种,于 2000 年 11 月 10 日通过国家

农作物品种审定。9优418水稻品种来源于母本9201A、父本C418。2003年12月30日，辽宁省稻作研究所向国家农业部提出C418水稻品种植物新品种权申请，于2007年5月1日获得授权，并许可天隆公司独占实施C418植物新品种权。2003年9月25日，徐州农科所就其选育的徐9201A水稻品种向国家农业部申请植物新品种权保护，于2007年1月1日获得授权。2008年1月3日，徐州农科所许可徐农公司独占实施徐9201A植物新品种权。经审理查明，徐农公司和天隆公司生产9优418使用的配组完全相同，都使用父本C418和母本徐9201A。

2010年11月14日，一审法院根据天隆公司申请，委托农业部合肥测试中心对天隆公司公证保全的被控侵权品种与授权品种C418是否存在亲子关系进行DNA鉴定。检验结论：利用国家标准GB/T20396－2006中的48个水稻SSR标记，对9优418和C418的DNA进行标记分析，结果显示，在测试的所有标记中，9优418完全继承了C418的带型，可以认定9优418与C418存在亲子关系。

2010年8月5日，一审法院根据徐农公司申请，委托农业部合肥测试中心对徐农公司公证保全的被控侵权品种与C418和徐9201A是否存在亲子关系进行鉴定。检验结论：利用国家标准GB/T20396－2006中的48个水稻SSR标记，对被控侵权品种与C418和徐9201A的DNA进行标记分析，结果显示：在测试的所有标记中，被控侵权品种完全继承了C418和徐9201A的带型，可以认定被控侵权品种与C418和徐9201A存在亲子关系。

根据天隆公司提交的C418品种权申请请求书，其说明书内容包括：C418是北方杂粳中心国际首创"籼粳架桥"制恢技术，和利用籼粳中间材料构建籼粳有利基因集团培育出形态倾籼且有特异亲和力的粳型恢复系。C418具有较好的特异亲和性，这是通过"籼粳架桥"方法培育出来的恢复系所具有的一种性能，体现在杂种一代更好的协调籼粳两大基因组生态差异和遗传差异，因而较好地解决了通常籼粳杂种存在的结实率偏低，籽粒充实度差，对温度敏感、早衰等障碍。C418具有籼粳综合优良性状，所配制的杂交组合一般都表现较高的结实率和一定的耐寒性。

根据徐农公司和徐州农科所共同致函天津市种子管理站，称其自主选育的中粳不育系徐9201A于1996年通过，在审定之前命名为"9201A"，简称"9A"，审定时命名为"徐9201A"。以徐9201A为母本先后选配出9优138、9优418、9优24等三系杂交粳稻组合。在2000年填报全国农作物品种审定申请书时关于亲本的内容仍延用1995年配组时的品种来源9201A×C418。徐9201A于2003年7月申请农业部新品种权保护，在品种权申请请求书的品种说明中已注明徐9201A配组育成了9优138、9优418、9优24、9优686、9优88等杂交组合。徐9201A与9201A是同一个中粳稻不育系。天隆公司侵权使用9201A就是侵权使用徐9201A。

裁判结果

就天隆公司诉徐农公司一案，江苏省南京市中级人民法院于2011年8月31日作出(2009)宁民三初字第63号民事判决：一、徐农公司立即停止销售9优418杂交粳稻种子，未经权利人许可不得将植物新品种C418种子重复使用于生产9优418杂交粳稻种子；二、徐农公司于判决生效之日起十五日内赔偿天隆公司经济损失50万元；三、驳回天隆公司的其他诉讼请求。一审案件受理费 15294 元，由徐农公司负担。

就徐农公司诉天隆公司一案，江苏省南京市中级人民法院于 2011 年 9 月 8 日作出（2010）宁知民初字第 069 号民事判决：一、天隆公司于判决生效之日起立即停止对徐农公司涉案徐 9201A 植物新品种权之独占实施权的侵害；二、天隆公司于判决生效之日起 10 日内赔偿徐农公司经济损失 200 万元；三、驳回徐农公司的其他诉讼请求。

徐农公司、天隆公司不服一审判决，就上述两案分别提起上诉。江苏省高级人民法院于 2013 年 12 月 29 日合并作出（2011）苏知民终字第 0194 号、（2012）苏知民终字第 0055 号民事判决：一、撤销江苏省南京市中级人民法院（2009）宁民三初字第 63 号、（2010）宁知民初字第 069 号民事判决。二、天隆公司于本判决生效之日起十五日内补偿徐农公司 50 万元整。三、驳回天隆公司、徐农公司的其他诉讼请求。

裁判理由

法院生效裁判认为：在通常情况下，植物新品种权作为一种重要的知识产权应当受到尊重和保护。植物新品种保护条例第六条明确规定："完成育种的单位或者个人对其授权品种，享有排他的独占权。任何单位或者个人未经品种权所有人许可，不得为商业目的生产或者销售该授权品种的繁殖材料，不得为商业目的将该授权品种的繁殖材料重复使用于生产另一品种的繁殖材料"，但需要指出的是，该规定并不适用于本案情形。首先，9 优 418 的合作培育源于 20 世纪 90 年代国内杂交水稻科研大合作，本身系无偿配组。9 优 418 品种性状优良，在江苏、安徽、河南等地广泛种植，受到广大种植农户的普遍欢迎，已成为中粳杂交水稻的当家品种，而双方当事人相互指控对方侵权，本身也足以表明 9 优 418 品种具有较高的经济价值和市场前景，涉及到辽宁稻作所与徐州农科所合作双方以及本案双方当事人的重大经济利益。在二审期间，法院做了大量调解工作，希望双方当事人能够相互授权许可，使 9 优 418 这一优良品种能够继续获得生产，双方当事人也均同意就涉案品种权相互授权许可，但仅因一审判令天隆公司赔偿徐农公司 200 万元，徐农公司赔偿天隆公司 50 万元，就其中的 150 万元赔偿差额双方当事人不能达成妥协，故调解不成。天隆公司与徐农公司不能达成妥协，致使 9 优 418 品种不能继续生产，不能认为仅关涉双方的利益，实际上已经损害了国家粮食安全战略的实施，有损公共利益，且不符合当初辽宁稻作所与徐州农科所合作育种的根本目的，也不符合促进植物新品种转化实施的根本要求。从表面上看，双方当事人的行为系维护各自的知识产权，但实际结果是损害知识产权的运用和科技成果的转化。鉴于该两案已关涉国家粮食生产安全等公共利益，影响 9 优 418 这一优良品种的推广，双方当事人在行使涉案植物新品种独占实施许可权时均应当受到限制，即在生产 9 优 418 水稻品种时，均应当允许对方使用己方的亲本繁殖材料，这一结果显然有利于辽宁稻作所与徐州农科所合作双方及本案双方当事人的共同利益，也有利于广大种植农户的利益，故一审判令该两案双方当事人相互停止侵权并赔偿对方损失不当，应予纠正。其次，9 优 418 是三系杂交组合，综合双亲优良性状，杂种优势显著，其中母本不育系作用重要，而父本 C418 的选育也成功解决了三系杂交粳稻配套的重大问题，在 9 优 418 配组中父本与母本具有相同的地位及作用。法院判决，9 优 418 水稻品种的合作双方徐州农科所和辽宁省稻作研究所及其本案当事人徐农公司和天隆公司均有权使用对方获得授权的亲本繁殖材料，且应当相互免除许可使用费，但仅限于生产和销售9优418这一水稻品种，不得用于其他商业目的。因徐农公司为推广9优418品种付出了许多商业努力并进行种植技术攻关，而天隆公司是在9优418品种已获得市场广泛认可的情况下进入该生产领域，其明显减少了推广该品种的市场成本，为体现公平合理，法院同时判令天隆公司给予徐农公司50万元的经济补偿。最后，鉴于双方当事人各自生产9优418，事实上存在着一定的市场竞争和利益冲突，法院告诫双方当事人应当遵守我国反不正当竞争法的相关规定，诚实经营，有序竞争，确保质量，尤其应当清晰标注各自的商业标识，防止发生新的争议和纠纷，共同维护好9优418品种的良好声誉。

（生效裁判审判人员：宋健、顾韬、袁滔）

指导案例 87 号

郭明升、郭明锋、孙淑标假冒注册商标案

（最高人民法院审判委员会讨论通过 2017年3月6日发布）

关键词 刑事 假冒注册商标罪 非法经营数额 网络销售 刷信誉

裁判要点

假冒注册商标犯罪的非法经营数额、违法所得数额，应当综合被告人供述、证人证言、被害人陈述、网络销售电子数据、被告人银行账户往来记录、送货单、快递公司电脑系统记录、被告人等所作记账等证据认定。被告人辩解称网络销售记录存在刷信誉的不真实交易，但无证据证实的，对其辩解不予采纳。

相关法条

《中华人民共和国刑法》第二百一十三条

基本案情

公诉机关指控：2013年11月底至2014年6月期间，被告人郭明升为谋取非法利益，伙同被告人孙淑标、郭明锋在未经三星（中国）投资有限公司授权许可的情况下，从他人处批发假冒三星手机裸机及配件进行组装，利用其在淘宝网上开设的"三星数码专柜"网店进行"正品行货"宣传，并以明显低于市场价格公开对外销售，共计销售假冒的三星手机20000余部，销售金额2000余万元，非法获利200余万元，应当以假冒注册商标罪追究其刑事责任。被告人郭明升在共同犯罪中起主要作用，系主犯。被告人郭明锋、孙淑标在共同犯罪中起辅助作用，系从犯，应当从轻处罚。

被告人郭明升、孙淑标、郭明锋及其辩护人对其未经"SAMSUNG"商标注册人授权许可，组装假冒的三星手机，并通过淘宝网店进行销售的犯罪事实无异议，但对非法经营额、非法获利提出异议，辩解称其淘宝网店存在请人刷信誉的行为，真实交易量只有10000多部。

法院经审理查明："SAMSUNG"是三星电子株式会社在中国注册的商标，该商标有效期至2021年7月27日；三星（中国）投资有限公司是三星电子株式会社在中国投资设立，并经三星电子株式会社特别授权负责三星电子株式会社名下商标、专利、著作权等知识产权管理和法律事务的公司。2013年11月，被告人郭明升通过网络中介购买店主为"汪亮"、账号为play2011-1985的淘宝店铺，并改名为"三星数码专柜"，在未经三星（中国）投资公司授权许可的情况下，从深圳市华强北远望数码城、深圳福田区通天地手机市场批发假冒的三星I8552手机裸机及配件进行组装，并通过"三星数码专柜"在淘宝网上以"正品行货"进行宣传、销售。被告人郭明锋负责该网店的客服工作及客服人员的管理，被告人孙淑标负责假冒的三星I8552手机裸机及配件的进货、包装及联系快递公司发货。至2014年6月，该网店共计组装、销售假冒三星I8552手机20000余部，非法经营额2000余万元，非法获利200余万元。

裁判结果

江苏省宿迁市中级人民法院于2015年9月8日作出（2015）宿中知刑初字第0004号刑事判决，以被告人郭明升犯假冒注册商标罪，判处有期徒刑五年，并处罚金人民币160万元；被告人孙淑标犯假冒注册商标罪，判处有期徒刑三年，缓刑五年，并处罚金人民币20万元。被告人郭明锋犯假冒注册商标罪，判处有期徒刑三年，缓刑四年，并处罚金人民币20万元。宣判后，三被告人均没有提出上诉，该判决已经生效。

裁判理由

法院生效裁判认为，被告人郭明升、郭明锋、孙淑标在未经"SAMSUNG"商标注册人授权许可的情况下，购进假冒"SAMSUNG"注册商标的手机机头及配件，组装假冒"SAMSUNG"注册商标的手机，并通过网店对外以"正品行货"销售，属于未经注册商标所有人许可在同一种商品上使用与其相同的商标的行为，非法经营数额达2000余万元，非法获利200余万元，属情节特别严重，其行为构成假冒注册商标罪。被告人郭明升、郭明锋、孙淑标虽然辩解称其网店售销记录存在刷信誉的情况，对公诉机关指控的非法经营数额、非法获利提出异议，但三被告人在公安机关的多次供述，以及公安机关查获的送货单、支付宝向被告人郭明锋银行账户付款记录、郭明锋银行账户对外付款记录、"三星数码专柜"淘宝记录、快递公司电脑系统记录、公安机关现场扣押的笔记等证据之间能够互相印证，综合公诉机关提供的证据，可以认定公诉机关关于三被告人共计销售假冒的三星I8552手机20000余部，销售金额2000余万元，非法获利200余万元的指控能够成立，三被告人关于销售记录存在刷信誉行为的辩解无证据予以证实，不予采信。被告人郭明升、郭明锋、孙淑标，系共同犯罪，被告人郭明升起主要作用，是主犯；被告人郭明锋、孙淑标在共同犯罪中起辅助作用，是从犯，依法可以从轻处罚。故依法作出上述判决。

（生效裁判审判人员：程黎明、朱庚、白金）

最高人民法院
关于发布第 17 批指导性案例的通知

2017 年 11 月 15 日　　　　　　　　　　法〔2017〕332 号

各省、自治区、直辖市高级人民法院，解放军军事法院，新疆维吾尔自治区高级人民法院生产建设兵团分院：

经最高人民法院审判委员会讨论决定，现将张道文、陶仁等诉四川省简阳市人民政府侵犯客运人力三轮车经营权案等五个案例（指导案例 88～92 号），作为第 17 批指导性案例发布，供在审判类似案件时参照。

指导案例 88 号

张道文、陶仁等诉四川省简阳市人民政府侵犯客运人力三轮车经营权案

（最高人民法院审判委员会讨论通过　2017 年 11 月 15 日发布）

关键词　行政　行政许可　期限　告知义务　行政程序　确认违法判决

裁判要点

1. 行政许可具有法定期限，行政机关在作出行政许可时，应当明确告知行政许可的期限，行政相对人也有权利知道行政许可的期限。

2. 行政相对人仅以行政机关未告知期限为由，主张行政许可没有期限限制的，人民法院不予支持。

3. 行政机关在作出行政许可时没有告知期限，事后以期限届满为由终止行政相对人行政许可权益的，属于行政程序违法，人民法院应当依法判决撤销被诉行政行为。但如果判决撤销被诉行政行为，将会给社会公共利益和行政管理秩序带来明显不利影响的，人民法院应当判决确认被诉行政行为违法。

相关法条

《中华人民共和国行政诉讼法》第 89 条第 1 款第 2 项

基本案情

1994 年 12 月 12 日，四川省简阳市人民政府（以下简称"简阳市政府"）以通告的形式，对本市区范围内客运人力三轮车实行限额管理。1996 年 8 月，简阳市政府对人

力客运老年车改型为人力客运三轮车（240辆）的经营者每人收取了有偿使用费3500元。1996年11月，简阳市政府对原有的161辆客运人力三轮车经营者每人收取了有偿使用费2000元。从1996年11月开始，简阳市政府开始实行经营权的有偿使用，有关部门也对限额的401辆客运人力三轮车收取了相关的规费。1999年7月15日、7月28日，简阳市政府针对有偿使用期限已届满两年的客运人力三轮车，发布《关于整顿城区小型车辆营运秩序的公告》（以下简称《公告》）和《关于整顿城区小型车辆营运秩序的补充公告》（以下简称《补充公告》）。其中，《公告》要求"原已具有合法证照的客运人力三轮车经营者必须在1999年7月19日至7月20日到市交警大队办公室重新登记"，《补充公告》要求"经审查，取得经营权的登记者，每辆车按8000元的标准（符合《公告》第六条规定的每辆车按7200元的标准）交纳经营权有偿使用费"。张道文、陶仁等182名客运人力三轮车经营者认为简阳市政府作出的《公告》第六条和《补充公告》第二条的规定形成重复收费，侵犯其合法经营权，向四川省简阳市人民法院提起行政诉讼，要求判决撤销简阳市政府作出的上述《公告》和《补充公告》。

裁判结果

1999年11月9日，四川省简阳市人民法院依照《中华人民共和国行政诉讼法》第五十四条第一项之规定，以（1999）简阳行初字第36号判决维持市政府1999年7月15日、1999年7月28日作出的行政行为。张道文、陶仁等不服提起上诉。2000年3月2日，四川省资阳地区中级人民法院以（2000）资行终字第6号行政判决驳回上诉，维持原判。2001年6月13日，四川省高级人民法院以（2001）川行监字第1号行政裁定指令四川省资阳市（原资阳地区）中级人民法院进行再审。2001年11月3日，四川省资阳市中级人民法院以（2001）资行再终字第1号判决撤销原一审、二审判决，驳回原审原告的诉讼请求。张道文、陶仁等不服，向四川省高级人民法院提出申诉。2002年7月11日，四川省高级人民法院作出（2002）川行监字第4号驳回再审申请通知书。张道文、陶仁等不服，向最高人民法院申请再审。2016年3月23日，最高人民法院裁定提审本案。2017年5月3日，最高人民法院作出（2016）最高法行再81号行政判决：一、撤销四川省资阳市中级人民法院（2001）资行再终字第1号判决；二、确认四川省简阳市人民政府作出的《关于整顿城区小型车辆营运秩序的公告》和《关于整顿城区小型车辆营运秩序的补充公告》违法。

裁判理由

最高人民法院认为，本案涉及到以下三个主要问题：

关于被诉行政行为的合法性问题。从法律适用上看，《四川省道路运输管理条例》第4条规定"各级交通行政主管部门负责本行政区域内营业性车辆类型的调整、数量的投放"和第24条规定"经县级以上人民政府批准，客运经营权可以实行有偿使用。"四川省交通厅制定的《四川省小型车辆客运管理规定》（川交运〔1994〕359号）第八条规定："各市、地、州运管部门对小型客运车辆实行额度管理时，经当地政府批准可采用营运证有偿使用的办法，但有偿使用期限一次不得超过两年。"可见，四川省地方性法规已经明确对客运经营权可以实行有偿使用。四川省交通厅制定的规范性文件虽然早于地方性法规，但该规范性文件对营运证实行有期限有偿使用与地方性法规并不冲突。

基于行政执法和行政管理需要，客运经营权也需要设定一定的期限。从被诉的行政程序上看，程序明显不当。被诉行政行为的内容是对原已具有合法证照的客运人力三轮车经营者实行重新登记，经审查合格者支付有偿使用费，逾期未登记者自动弃权的措施。该被诉行为是对既有的已经取得合法证照的客运人力三轮车经营者收取有偿使用费，而上述客运人力三轮车经营者的权利是在1996年通过经营权许可取得的。前后两个行政行为之间存在承继和连接关系。对于1996年的经营权许可行为，行政机关作出行政许可等授益性行政行为时，应当明确告知行政许可的期限。行政机关在作出行政许可时，行政相对人也有权知晓行政许可的期限。行政机关在1996年实施人力客运三轮车经营权许可之时，未告知张道文、陶仁等人人力客运三轮车两年的经营权有偿使用期限。张道文、陶仁等人并不知道其经营权有偿使用的期限。简阳市政府1996年的经营权许可在程序上存在明显不当，直接导致与其存在前后承继关系的本案被诉行政行为的程序明显不当。

关于客运人力三轮车经营权的期限问题。申请人主张，因简阳市政府在1996年实施人力客运三轮车经营权许可时未告知许可期限，据此认为经营许可是无期限的。最高人民法院认为，简阳市政府实施人力客运三轮车经营权许可，目的在于规范人力客运三轮车经营秩序。人力客运三轮车是涉及到公共利益的公共资源配置方式，设定一定的期限是必要的。客观上，四川省交通厅制定的《四川省小型车辆客运管理规定》（川交运〔1994〕359号）也明确了许可期限。简阳市政府没有告知许可期限，存在程序上的瑕疵，但申请人仅以此认为行政许可没有期限限制，最高人民法院不予支持。

关于张道文、陶仁等人实际享受"惠民"政策的问题。简阳市政府根据当地实际存在的道路严重超负荷、空气和噪声污染严重、"脏、乱、差"、"挤、堵、窄"等问题进行整治，符合城市管理的需要，符合人民群众的意愿，其正当性应予肯定。简阳市政府为了解决因本案诉讼遗留的信访问题，先后作出两次"惠民"行动，为实质性化解本案争议作出了积极的努力，其后续行为也应予以肯定。本院对张道文、陶仁等人接受退市营运的运力配置方案并作出承诺的事实予以确认。但是，行政机关在作出行政行为时必须恪守依法行政的原则，确保行政权力依照法定程序行使。

最高人民法院认为，简阳市政府作出《公告》和《补充公告》在行政程序上存在瑕疵，属于明显不当。但是，虑及本案被诉行政行为作出之后，简阳市城区交通秩序得到好转，城市道路运行能力得到提高，城区市容市貌持续改善，以及通过两次"惠民"行动，绝大多数原401辆三轮车已经分批次完成置换，如果判决撤销被诉行政行为，将会给行政管理秩序和社会公共利益带来明显不利影响。最高人民法院根据《最高人民法院关于执行〈中华人民共和国行政诉讼法〉若干问题的解释》第五十八条有关情况判决的规定确认被诉行政行为违法。

（生效裁判审判人员：梁凤云、王海峰、仝蕾）

指导案例 89 号

"北雁云依"诉济南市公安局历下区分局
燕山派出所公安行政登记案

(最高人民法院审判委员会讨论通过 2017 年 11 月 15 日发布)

关键词 行政 公安行政登记 姓名权 公序良俗 正当理由

裁判要点

公民选取或创设姓氏应当符合中华传统文化和伦理观念。仅凭个人喜好和愿望在父姓、母姓之外选取其他姓氏或者创设新的姓氏,不属于《全国人民代表大会常务委员会关于〈中华人民共和国民法通则〉第九十九条第一款、〈中华人民共和国婚姻法〉第二十二条的解释》第二款第三项规定的"有不违反公序良俗的其他正当理由"。

相关法条

《中华人民共和国民法通则》第 99 条第 1 款

《中华人民共和国婚姻法》第 22 条

《全国人民代表大会常务委员会关于〈中华人民共和国民法通则〉第九十九条第一款、〈中华人民共和国婚姻法〉第二十二条的解释》

基本案情

原告"北雁云依"法定代理人吕晓峰诉称:其妻张瑞峥在医院产下一女取名"北雁云依",并办理了出生证明和计划生育服务手册新生儿落户备查登记。为女儿办理户口登记时,被告济南市公安局历下区分局燕山派出所(以下简称"燕山派出所")不予上户口。理由是孩子姓氏必须随父姓或母姓,即姓"吕"或姓"张"。根据《中华人民共和国婚姻法》(以下简称《婚姻法》)和《中华人民共和国民法通则》(以下简称《民法通则》)关于姓名权的规定,请求法院判令确认被告拒绝以"北雁云依"为姓名办理户口登记的行为违法。

被告燕山派出所辩称:依据法律和上级文件的规定不按"北雁云依"进行户口登记的行为是正确的。《民法通则》规定公民享有姓名权,但没有具体规定。而 2009 年 12 月 23 日最高人民法院举行新闻发布会,关于夫妻离异后子女更改姓氏问题的答复中称,《婚姻法》第二十二条是我国法律对子女姓氏问题作出的专门规定,该条规定子女可以随父姓,可以随母姓,没有规定可以随第三姓。行政机关应当依法行政,法律没有明确规定的行为,行政机关就不能实施,原告和行政机关都无权对法律作出扩大化解释,这就意味着子女只有随父姓或者随母姓两种选择。从另一个角度讲,法律确认姓名权是为了使公民能以文字符号即姓名明确区别于他人,实现自己的人格和权利。姓名权和其他权利一样,受到法律的限制而不可滥用。新生婴儿随父姓、随母姓是中华民族的传统习俗,这种习俗标志着血缘关系,随父姓或者随母姓,都是有血缘关系的,可以在很大程度上避免近亲结婚，但是姓第三姓，则与这种传统习俗、与姓的本意相违背。全国各地公安机关在执行《婚姻法》第二十二条关于子女姓氏的问题上，标准都是一致的，即子女应当随父姓或者随母姓。综上所述，拒绝原告法定代理人以"北雁云依"的姓名为原告申报户口登记的行为正确，恳请人民法院依法驳回原告的诉讼请求。

法院经审理查明：原告"北雁云依"出生于2009年1月25日，其父亲名为吕晓峰，母亲名为张瑞峥。因酷爱诗词歌赋和中国传统文化，吕晓峰、张瑞峥夫妇二人决定给爱女起名为"北雁云依"，并以"北雁云依"为名办理了新生儿出生证明和计划生育服务手册新生儿落户备查登记。2009年2月，吕晓峰前往燕山派出所为女儿申请办理户口登记，被民警告知拟被登记人员的姓氏应当随父姓或者母姓，即姓"吕"或者"张"，否则不符合办理出生登记条件。因吕晓峰坚持以"北雁云依"为姓名为女儿申请户口登记，被告燕山派出所遂依照《婚姻法》第二十二条之规定，于当日作出拒绝办理户口登记的具体行政行为。

该案经过两次公开开庭审理，原告"北雁云依"法定代理人吕晓峰在庭审中称：其为女儿选取的"北雁云依"之姓名，"北雁"是姓，"云依"是名。

因案件涉及法律适用问题，需送请有权机关作出解释或者确认，该案于2010年3月11日裁定中止审理，中止事由消除后，该案于2015年4月21日恢复审理。

裁判结果

济南市历下区人民法院于2015年4月25日作出（2010）历行初字第4号行政判决：驳回原告"北雁云依"要求确认被告燕山派出所拒绝以"北雁云依"为姓名办理户口登记行为违法的诉讼请求。

一审宣判并送达后，原被告双方均未提出上诉，本判决已发生法律效力。

裁判理由

法院生效裁判认为：2014年11月1日，第十二届全国人民代表大会常务委员会第十一次会议通过了《全国人民代表大会常务委员会关于〈中华人民共和国民法通则〉第九十九条第一款、〈中华人民共和国婚姻法〉第二十二条的解释》。该立法解释规定："公民依法享有姓名权。公民行使姓名权，还应当尊重社会公德，不得损害社会公共利益。公民原则上应当随父姓或者母姓。有下列情形之一的，可以在父姓和母姓之外选取姓氏：（一）选取其他直系长辈血亲的姓氏；（二）因由法定扶养人以外的人抚养而选取抚养人姓氏；（三）有不违反公序良俗的其他正当理由。少数民族公民的姓氏可以从本民族的文化传统和风俗习惯。"

本案不存在选取其他直系长辈血亲姓氏或者选取法定扶养人以外的抚养人姓氏的情形，案件的焦点就在于原告法定代理人吕晓峰提出的理由是否符合上述立法解释第二款第三项规定的"有不违反公序良俗的其他正当理由"。首先，从社会管理和发展的角度，子女承袭父母姓氏有利于提高社会管理效率，便于管理机关和其他社会成员对姓氏使用人的主要社会关系进行初步判断。倘若允许随意选取姓氏甚至恣意创造姓氏，则会增加社会管理成本，不利于社会和他人，不利于维护社会秩序和实现社会的良性管控，而且极易使社会管理出现混乱，增加社会管理的风险性和不确定性。其次，公民选取姓氏涉及公序良俗。在中华传统文化中，"姓名"中的"姓"，即姓氏，主要来源于客观上的承袭，系先祖所传，承载了对先祖的敬重、对家庭的热爱等，体现着血缘传承、伦理秩序和文化传统。而"名"则源于主观创造，为父母所授，承载了个人喜好、人格特征、长辈愿望等。公民对姓氏传承的重视和尊崇，不仅仅体现了血缘关系、亲属关系，更承载着丰富的文化传统、伦理观念、人文情怀，符合主流价值观念，是中华民族向心力、凝聚力的载体和镜像。公民原则上随父姓或者母姓，符合中华传统文化和伦理观念，符合绝大多数公民的意愿和实际做法。反之，如果任由公民仅凭个人意愿喜好，随意选取姓氏甚至自创姓氏，则会造成对文化传统和伦理观念的冲击，违背社会善良风俗和一般道德要求。再次，公民依法享有姓名权，公民行使姓名权属于民事活动，既应当依照《民法通则》第九十九条第一款和《婚姻法》第二十二条的规定，还应当遵守《民法通则》第七条的规定，即应当尊重社会公德，不得损害社会公共利益。通常情况下，在父姓和母姓之外选取姓氏的行为，主要存在于实际抚养关系发生变动、有利于未成年人身心健康、维护个人人格尊严等情形。本案中，原告"北雁云依"的父母自创"北雁"为姓氏、选取"北雁云依"为姓名给女儿办理户口登记的理由是"我女儿姓名'北雁云依'四字，取自四首著名的中国古典诗词，寓意父母对女儿的美好祝愿"。此理由仅凭个人喜好愿望并创设姓氏，具有明显的随意性，不符合立法解释第二款第三项的情形，不应给予支持。

（生效裁判审判人员：任军、白杨、钱昕）

指导案例 90 号

贝汇丰诉海宁市公安局交通警察大队道路交通管理行政处罚案

（最高人民法院审判委员会讨论通过　2017 年 11 月 15 日发布）

关键词　行政　行政处罚　机动车让行　正在通过人行横道

裁判要点

礼让行人是文明安全驾驶的基本要求。机动车驾驶人驾驶车辆行经人行横道，遇行人正在人行横道通行或者停留时，应当主动停车让行，除非行人明确示意机动车先通过。公安机关交通管理部门对不礼让行人的机动车驾驶人依法作出行政处罚的，人民法院应予支持。

相关法条

《中华人民共和国道路交通安全法》第 47 条第 1 款

基本案情

原告贝汇丰诉称：其驾驶浙 F1158J 汽车（以下简称"案涉车辆"）靠近人行横道时，行人已经停在了人行横道上，故不属于"正在通过人行横道"。而且，案涉车辆经过的西山路系海宁市主干道路，案发路段车流很大，路口也没有红绿灯，如果只要人行横道上有人，机动车就停车让行，会在很大程度上影响通行效率。所以，其可以在确保通行安全的情况下不停车让行而直接通过人行横道，故不应该被处罚。海宁市公安局交通警察大队（以下简称"海宁交警大队"）作出的编号为3304811102542425的公安交通管理简易程序处罚决定违法。贝汇丰请求：撤销海宁交警大队作出的行政处罚决定。

被告海宁交警大队辩称：行人已经先于原告驾驶的案涉车辆进入人行横道，而且正在通过，案涉车辆应当停车让行；如果行人已经停在人行横道上，机动车驾驶人可以示意行人快速通过，行人不走，机动车才可以通过；否则，构成违法。对贝汇丰作出的行政处罚决定事实清楚，证据确实充分，适用法律正确，程序合法，请求判决驳回贝汇丰的诉讼请求。

法院经审理查明：2015年1月31日，贝汇丰驾驶案涉车辆沿海宁市西山路行驶，遇行人正在通过人行横道，未停车让行。海宁交警大队执法交警当场将案涉车辆截停，核实了贝汇丰的驾驶员身份，适用简易程序向贝汇丰口头告知了违法行为的基本事实、拟作出的行政处罚、依据及其享有的权利等，并在听取贝汇丰的陈述和申辩后，当场制作并送达了公安交通管理简易程序处罚决定书，给予贝汇丰罚款100元，记3分。贝汇丰不服，于2015年2月13日向海宁市人民政府申请行政复议。3月27日，海宁市人民政府作出行政复议决定书，维持了海宁交警大队作出的处罚决定。贝汇丰收到行政复议决定书后于2015年4月14日起诉至海宁市人民法院。

裁判结果

浙江省海宁市人民法院于2015年6月11日作出（2015）嘉海行初字第6号行政判决：驳回贝汇丰的诉讼请求。宣判后，贝汇丰不服，提起上诉。浙江省嘉兴市中级人民法院于2015年9月10日作出（2015）浙嘉行终字第52号行政判决：驳回上诉，维持原判。

裁判理由

法院生效裁判认为：首先，人行横道是行车道上专供行人横过的通道，是法律为行人横过道路时设置的保护线，在没有设置红绿灯的道路路口，行人有从人行横道上优先通过的权利。机动车作为一种快速交通运输工具，在道路上行驶具有高度的危险性，与行人相比处于强势地位，因此必须对机动车在道路上行驶时给予一定的权利限制，以保护行人。其次，认定行人是否"正在通过人行横道"应当以特定时间段内行人一系列连续行为为标准，而不能以某个时间点行人的某个特定动作为标准，特别是在该特定动作不是行人在自由状态下自由地做出，而是由于外部的强力原因迫使其不得不做出的情况下。案发时，行人以较快的步频走上人行横道线，并以较快的速度接近案发路口的中央位置，当看到贝汇丰驾驶案涉车辆朝自己行走的方向驶来，行人放慢了脚步，以确认案涉车辆是否停下来，但并没有停止脚步，当看到案涉车辆没有明显减速且没有停下来的趋势时，才为了自身安全不得不停下脚步。如果此时案涉车辆有明显减速并停止行驶，则行人肯定会连续不停止地通过路口。可见，在案发时间段内行人的一系列连续行为充分说明行人"正在通过人行横道"。再次，机动车和行人穿过没有设置红绿灯的道路路口属于一个互动的过程，任何一方都无法事先准确判断对方是否会停止让行，因此处于强势地位的机动车在行经人行横道遇行人通过时应当主动停车让行,而不应利用自己的强势迫使行人停步让行,除非行人明确示意机动车先通过,这既是法律的明确规定,也是保障作为弱势一方的行人安全通过马路、减少交通事故、保障生命安全的现代文明社会的内在要求。综上,贝汇丰驾驶机动车行经人行横道时遇行人正在通过而未停车让行,违反了《中华人民共和国道路交通安全法》第四十七条的规定。海宁交警大队根据贝汇丰的违法事实,依据法律规定的程序在法定的处罚范围内给予相应的行政处罚,事实清楚,程序合法,处罚适当。

(生效裁判审判人员:樊钢剑、张波诚、张红)

指导案例 91 号

沙明保等诉马鞍山市花山区人民政府
房屋强制拆除行政赔偿案

(最高人民法院审判委员会讨论通过　2017 年 11 月 15 日发布)

关键词　行政　行政赔偿　强制拆除　举证责任　市场合理价值

裁判要点

在房屋强制拆除引发的行政赔偿案件中,原告提供了初步证据,但因行政机关的原因导致原告无法对房屋内物品损失举证,行政机关亦因未依法进行财产登记、公证等措施无法对房屋内物品损失举证的,人民法院对原告未超出市场价值的符合生活常理的房屋内物品的赔偿请求,应当予以支持。

相关法条

《中华人民共和国行政诉讼法》第 38 条第 2 款

基本案情

2011 年 12 月 5 日,安徽省人民政府作出皖政地〔2011〕769 号《关于马鞍山市 2011 年第 35 批次城市建设用地的批复》,批准征收马鞍山市花山区霍里街道范围内农民集体建设用地 10.04 公顷,用于城市建设。2011 年 12 月 23 日,马鞍山市人民政府作出 2011 年 37 号《马鞍山市人民政府征收土地方案公告》,将安徽省人民政府的批复内容予以公告,并载明征地方案由花山区人民政府实施。苏月华名下的花山区霍里镇丰收村丰收村民组 B11-3 房屋在本次征收范围内。苏月华于 2011 年 9 月 13 日去世,其生前将该房屋处置给四原告所有。原告古宏英系苏月华的女儿,原告沙明保、沙明虎、沙明莉系苏月华的外孙。在实施征迁过程中,征地单位分别制作了《马鞍山市国家建设用地征迁费用补偿表》、《马鞍山市征迁住房货币化安置(产权调换)备案表》,对苏月华户房屋及地上附着物予以登记补偿,原告古宏英的丈夫领取了安置补偿款。2012 年年初,被告组织相关部门将苏月华户房屋及地上附着物拆除。原告沙明保等四人认为马鞍山市花山区人民政府非法将上述房屋拆除，侵犯了其合法财产权，故提起诉讼，请求人民法院判令马鞍山市花山区人民政府赔偿房屋损失、装潢损失、房租损失共计282.7680万元；房屋内物品损失共计10万元，主要包括衣物、家具、家电、手机等5万元；实木雕花床5万元。

马鞍山市中级人民法院判决驳回原告沙明保等四人的赔偿请求。沙明保等四人不服，上诉称：1、2012年初，马鞍山市花山区人民政府对案涉农民集体土地进行征收，未征求公众意见，上诉人亦不知以何种标准予以补偿；2、2012年8月1日，马鞍山市花山区人民政府对上诉人的房屋进行拆除的行为违法，事前未达成协议，未告知何时拆迁，屋内财产未搬离、未清点，所造成的财产损失应由马鞍山市花山区人民政府承担举证责任；3、2012年8月27日，上诉人沙明保、沙明虎、沙明莉的父亲沙开金受胁迫在补偿表上签字，但其父沙开金对房屋并不享有权益且该补偿表系房屋被拆后所签。综上，请求二审法院撤销一审判决，支持其赔偿请求。

马鞍山市花山区人民政府未作书面答辩。

裁判结果

马鞍山市中级人民法院于2015年7月20日作出（2015）马行赔初字第00004号行政赔偿判决：驳回沙明保等四人的赔偿请求。宣判后，沙明保等四人提出上诉，安徽省高级人民法院于2015年11月24日作出（2015）皖行赔终字第00011号行政赔偿判决：撤销马鞍山市中级人民法院（2015）马行赔初字第00004号行政赔偿判决；判令马鞍山市花山区人民政府赔偿上诉人沙明保等四人房屋内物品损失8万元。

裁判理由

法院生效裁判认为：根据《中华人民共和国土地管理法实施条例》第四十五条的规定，土地行政主管部门责令限期交出土地，被征收人拒不交出的，申请人民法院强制执行。马鞍山市花山区人民政府提供的证据不能证明原告自愿交出了被征土地上的房屋，其在土地行政主管部门未作出责令交出土地决定亦未申请人民法院强制执行的情况下，对沙明保等四人的房屋组织实施拆除，行为违法。关于被拆房屋内物品损失问题，根据《中华人民共和国行政诉讼法》第三十八条第二款之规定，在行政赔偿、补偿的案件中，原告应当对行政行为造成的损害提供证据。因被告的原因导致原告无法举证的，由被告承担举证责任。马鞍山市花山区人民政府组织拆除上诉人的房屋时，未依法对屋内物品登记保全，未制作物品清单并交上诉人签字确认，致使上诉人无法对物品受损情况举证，故该损失是否存在、具体损失情况等，依法应由马鞍山市花山区人民政府承担举证责任。上诉人主张的屋内物品5万元包括衣物、家具、家电、手机等，均系日常生活必需品，符合一般家庭实际情况，且被上诉人亦未提供证据证明这些物品不存在，故对上诉人主张的屋内物品种类、数量及价值应予认定。上诉人主张实木雕花床价值为5万元，已超出市场正常价格范围，其又不能确定该床的材质、形成时间、与普通实木雕花床有何不同等，法院不予支持。但出于最大限度保护被侵权人的合法权益考虑，结合目前普通实木雕花床的市场价格，按"就高不就低"的原则，综合酌定该实木雕花床价值为3万元。综上，法院作出如上判决。

（生效裁判审判人员：王新林、宋鑫、阮秀芳）

指导案例 92 号

莱州市金海种业有限公司诉张掖市富凯农业科技有限责任公司侵犯植物新品种权纠纷案

（最高人民法院审判委员会讨论通过　2017年11月15日发布）

关键词　民事　侵犯植物新品种权　玉米品种鉴定　DNA 指纹检测　近似品种举证责任

裁判要点

依据中华人民共和国农业行业标准《玉米品种鉴定 DNA 指纹方法》NY/T1432－2007 检测及判定标准的规定，品种间差异位点数等于 1，判定为近似品种；品种间差异位点数大于等于 2，判定为不同品种。品种间差异位点数等于 1，不足以认定不是同一品种。对差异位点数在两个以下的，应当综合其他因素判定是否为不同品种，如可采取扩大检测位点进行加测，以及提交审定样品进行测定等，举证责任由被诉侵权一方承担。

相关法条

《中华人民共和国植物新品种保护条例》第 16 条、第 17 条

基本案情

2003 年 1 月 1 日，经农业部核准，"金海 5 号"被授予中华人民共和国植物新品种权，品种号为：CNA20010074.2，品种权人为莱州市金海农作物研究有限公司。2010 年 1 月 8 日，品种权人授权莱州市金海种业有限公司（以下简称"金海种业公司"）独家生产经营玉米杂交种"金海 5 号"，并授权金海种业公司对擅自生产销售该品种的侵权行为，可以以自己的名义独立提起诉讼。2011 年，张掖市富凯农业科技有限责任公司（以下简称"富凯公司"）在张掖市甘州区沙井镇古城村八社、十一社进行玉米制种。金海种业公司以富凯公司的制种行为侵害其"金海 5 号"玉米植物新品种权为由向张掖市中级人民法院（以下简称"张掖中院"）提起诉讼。张掖中院受理后，根据金海种业公司的申请，于 2011 年 9 月 13 日对沙井镇古城村八社、十一社种植的被控侵权玉米以活体玉米植株上随机提取玉米果穗，现场封存的方式进行证据保全，并委托北京市农科院玉米种子检测中心对被提取的样品与农业部植物新品种保护办公室植物新品种保藏中心保存的"金海 5 号"标准样品之间进行对比鉴定。该鉴定中心出具的检测报告结论为"无明显差异"。

张掖中院以构成侵权为由，判令富凯公司承担侵权责任。富凯公司不服，向甘肃省高级人民法院（以下简称"甘肃高院"）提出上诉，甘肃高院审理后以原审判决认定事实不清，裁定发回张掖中院重审。

案件发回重审后，张掖中院复函北京市农科院玉米种子检测中心，要求对"JA2011－098－006"号结论为"无明显差异"的检测报告给予补充鉴定或说明。该中心答复："待测样品与农业部品种保护的对照样品金海 5 号比较，在 40 个点位上，仅有 1 个差异位点，依据行业标准判定为近似，结论为待测样品与对照样品无明显差异。这一结论应解读为：依据 DNA 指纹检测标准，将差异至少两个位点作为判定两个样品不同的充分条件，而对差异位点在两个以下的，表明依据该标准判定两个样品不同的条件不充分，因此不能得出待测样品与对照样品不同的结论。"经质证，金海种业公司对该检测报告不持异议。富凯公司认为检验报告载明差异位点数为"1"，说明被告并未侵权，故该检测报告不能作为本案证据予以采信。

裁判结果

张掖市中级人民法院以（2012）张中民初字第 28 号民事判决，判令：驳回莱州市金海种业有限公司的诉讼请求。莱州市金海种业有限公司不服，提出上诉。甘肃省高级人民法院于 2014 年 9 月 17 日作出（2013）甘民三终字第 63 号民事判决：一、撤销张掖市中级人民法院（2012）张中民初字第 28 号民事判决。二、张掖市富凯农业科技有限责任公司立即停止侵犯莱州市金海种业有限公司植物新品种权的行为，并赔偿莱州市金海种业有限公司经济损失 50 万元。

裁判理由

法院生效判决认为：未经品种权人许可，为商业目的生产或销售授权品种的繁殖材料的，是侵犯植物新品种权的行为。而确定行为人生产、销售的植物新品种的繁殖材料是否是授权品种的繁殖材料，核心在于应用该繁殖材料培育的植物新品种的特征、特性，是否与授权品种的特征、特性相同。本案中，经人民法院委托鉴定，北京市农科院玉米种子检测中心出具的鉴定意见表明待测样品与授权样品"无明显差异"，但在 DNA 指纹图谱检测对比的 40 个位点上，有 1 个位点的差异。依据中华人民共和国农业行业标准《玉米品种鉴定 DNA 指纹方法 NY/T1432－2007 检测及判定标准》的规定：品种间差异位点数等于 1，判定为近似品种；品种间差异位点数大于等于 2，判定为不同品种。依据 DNA 指纹检测标准，将差异至少两个位点作为标准，来判定两个品种是否不同。品种间差异位点数等于 1，不足以认定不是同一品种。DNA 检测与 DUS（田间观察检测）没有位点的直接对应性。对差异位点数在两个以下的，应当综合其他因素进行判定，如可采取扩大检测位点进行加测以及提交审定样品进行测定等。此时的举证责任应由被诉侵权的一方承担。由于植物新品种授权所依据的方式是 DUS 检测，而不是实验室的 DNA 指纹鉴定，因此，张掖市富凯农业科技有限责任公司如果提交相反的证据证明通过 DUS 检测，被诉侵权繁殖材料的特征、特性与授权品种的特征、特性不相同，则可以推翻前述结论。根据已查明的事实，被上诉人富凯公司经释明后仍未能提供相反的证据，亦不具备 DUS 检测的条件。因此，依据《最高人民法院关于审理侵犯植物新品种权纠纷案件具体应用法律问题的若干规定》第二条第一款"未经品种权人许可，为商业目的生产或销售授权品种的繁殖材料，或者为商业目的将授权品种的繁殖材料重复使用于生产另一品种的繁殖材料的，人民法院应当认定为侵犯植物新品种权"的规定，应认定富凯公司的行为构成侵犯植物新品种权。

关于侵权责任问题。依据《最高人民法院关于审理侵犯植物新品种权纠纷案件具体应用法律问题的若干规定》第六条之规定，富凯公司应承担停止侵害、赔偿损失的民事责任。由于本案的侵权行为发生在三年前，双方当事人均未能就被侵权人因侵权所受损失或侵权人因侵权所获利润双方予以充分举证，法院查明的侵权品种种植亩数是1000亩，综合考虑侵权行为的时间、性质、情节等因素，酌定赔偿50万元，并判令停止侵权行为。

（生效裁判审判人员：康天翔、窦桂兰、李雪亮）

最高人民法院
关于发布第18批指导性案例的通知

2018年6月20日　　　　　　　　　法〔2018〕164号

各省、自治区、直辖市高级人民法院，解放军军事法院，新疆维吾尔自治区高级人民法院生产建设兵团分院：

经最高人民法院审判委员会讨论决定，现将于欢故意伤害案等四个案例（指导案例93～96号），作为第18批指导性案例发布，供在审判类似案件时参照。

指导案例93号

于欢故意伤害案

（最高人民法院审判委员会讨论通过　2018年6月20日发布）

关键词　刑事　故意伤害罪　非法限制人身自由　正当防卫　防卫过当

裁判要点

1. 对正在进行的非法限制他人人身自由的行为，应当认定为刑法第二十条第一款规定的"不法侵害"，可以进行正当防卫。

2. 对非法限制他人人身自由并伴有侮辱、轻微殴打的行为，不应当认定为刑法第二十条第三款规定的"严重危及人身安全的暴力犯罪"。

3. 判断防卫是否过当，应当综合考虑不法侵害的性质、手段、强度、危害程度，以及防卫行为的性质、时机、手段、强度、所处环境和损害后果等情节。对非法限制他人人身自由并伴有侮辱、轻微殴打，且并不十分紧迫的不法侵害，进行防卫致人死亡重伤的，应当认定为刑法第二十条第二款规定的"明显超过必要限度造成重大损害"。

4. 防卫过当案件，如系因被害人实施严重贬损他人人格尊严或者亵渎人伦的不法侵害引发的，量刑时对此应予充分考虑，以确保司法裁判既经得起法律检验，也符合社会公平正义观念。

相关法条

《中华人民共和国刑法》第二十条

基本案情

被告人于欢的母亲苏某在山东省冠县工业园区经营山东源大工贸有限公司（以下简称源大公司），于欢系该公司员工。2014年7月28日，苏某及其丈夫于某1向吴某、赵某1借款100万元，双方口头约定月息10%。至2015年10月20日，苏某共计还款154万元。其间，吴某、赵某1因苏某还款不及时，曾指使被害人郭某1等人采取在源大公司车棚内驻扎、在办公楼前支锅做饭等方式催债。2015年11月1日，苏某、于某1再向吴某、赵某1借款35万元。其中10万元，双方口头约定月息10%；另外25万元，通过签订房屋买卖合同，用于某1名下的一套住房作为抵押，双方约定如逾期还款，则将该住房过户给赵某1。2015年11月2日至2016年1月6日，苏某共计向赵某1还款29.8万元。吴某、赵某1认为该29.8万元属于偿还第一笔100万元借款的利息，而苏某夫妇认为是用于偿还第二笔借款。吴某、赵某1多次催促苏某夫妇继续还款或办理住房过户手续，但苏某夫妇未再还款，也未办理住房过户。

2016年4月1日，赵某1与被害人杜某2、郭某1等人将于某1上述住房的门锁更换并强行入住，苏某报警。赵某1出示房屋买卖合同，民警调解后离去。同月13日上午，吴某、赵某1与杜某2、郭某1、杜某7等人将上述住房内的物品搬出，苏某报警。民警处警时，吴某称系房屋买卖纠纷，民警告知双方协商或通过诉讼解决。民警离开后，吴某责骂苏某，并将苏某头部按入座便器接近水面位置。当日下午，赵某1等人将上述住房内物品搬至源大公司门口。其间，苏某、于某1多次拨打市长热线求助。当晚，于某1通过他人调解，与吴某达成口头协议，约定次日将住房过户给赵某1，此后再付30万元，借款本金及利息即全部结清。

4月14日，于某1、苏某未去办理住房过户手续。当日16时许，赵某1纠集郭某2、郭某1、苗某、张某3到源大公司讨债。为找到于某1、苏某，郭某1报警称源大公司私刻财务章。民警到达源大公司后，苏某与赵某1等人因还款纠纷发生争吵。民警告知双方协商解决或到法院起诉后离开。李某3接赵某1电话后，伙同么某、张某2和被害人严某、程某到达源大公司。赵某1等人先后在办公楼前呼喊，在财务室内、餐厅外盯守，在办公楼门厅外烧烤、饮酒，催促苏某还款。其间，赵某1、苗某离开。20时许，杜某2、杜某7赶到源大公司，与李某3等人一起饮酒。20时48分，苏某按郭某1要求到办公楼一楼接待室，于欢及公司员工张某1、马某陪同。21时53分，杜某2等人进入接待室讨债，将苏某、于欢的手机收走放在办公桌上。杜某2用污秽言语辱骂苏某、于欢及其家人，将烟头弹到苏某胸前衣服上，将裤子褪至大腿处裸露下体，朝坐在沙发上的苏某等人左右转动身体。在马某、李某3劝阻下，杜某2穿好裤子，又脱下于欢的鞋让苏某闻，被苏某打掉。杜某2还用手拍打于欢面颊，其他讨债人员实施了揪抓于欢头发或按压于欢肩部不准其起身等行为。22 时 07 分，公司员工刘某打电话报警。22 时 17 分，民警朱某带领辅警宋某、郭某 3 到达源大公司接待室了解情况，苏某和于欢指认杜某 2 殴打于欢，杜某 2 等人否认并称系讨债。22 时 22 分，朱某警告双方不能打架，然后带领辅警到院内寻找报警人，并给值班民警徐某打电话通报警情。于欢、苏某想随民警离开接待室，杜某 2 等人阻拦，并强迫于欢坐下，于欢拒绝。杜某 2 等人卡于欢颈部，将于欢推拉至接待室东南角。于欢持刃长 15.3 厘米的单刃尖刀，警告杜某 2 等人不要靠近。杜某 2 出言挑衅并逼近于欢，于欢遂捅刺杜某 2 腹部一刀，又捅刺围逼在其身边的程某胸部、严某腹部、郭某 1 背部各一刀。22 时 26 分，辅警闻声返回接待室。经辅警连续责令，于欢交出尖刀。杜某 2 等四人受伤后，被杜某 7 等人驾车送至冠县人民医院救治。次日 2 时 18 分，杜某 2 经抢救无效，因腹部损伤造成肝固有动脉裂伤及肝右叶创伤导致失血性休克死亡。严某、郭某 1 的损伤均构成重伤二级，程某的损伤构成轻伤二级。

裁判结果

山东省聊城市中级人民法院于 2017 年 2 月 17 日作出（2016）鲁 15 刑初 33 号刑事附带民事判决，认定被告人于欢犯故意伤害罪，判处无期徒刑，剥夺政治权利终身，并赔偿附带民事原告人经济损失。

宣判后，被告人于欢及部分原审附带民事诉讼原告人不服，分别提出上诉。山东省高级人民法院经审理于 2017 年 6 月 23 日作出（2017）鲁刑终 151 号刑事附带民事判决：驳回附带民事上诉，维持原判附带民事部分；撤销原判刑事部分，以故意伤害罪改判于欢有期徒刑五年。

裁判理由

法院生效裁判认为：被告人于欢持刀捅刺杜某 2 等四人，属于制止正在进行的不法侵害，其行为具有防卫性质；其防卫行为造成一人死亡、二人重伤、一人轻伤的严重后果，明显超过必要限度造成重大损害，构成故意伤害罪，依法应负刑事责任。鉴于于欢的行为属于防卫过当，于欢归案后如实供述主要罪行，且被害方有以恶劣手段侮辱于欢之母的严重过错等情节，对于欢依法应当减轻处罚。原判认定于欢犯故意伤害罪正确，审判程序合法，但认定事实不全面，部分刑事判项适用法律错误，量刑过重，遂依法改判于欢有期徒刑五年。

本案在法律适用方面的争议焦点主要有两个方面：一是于欢的捅刺行为性质，即是否具有防卫性、是否属于特殊防卫、是否属于防卫过当；二是如何定罪处罚。

一、关于于欢的捅刺行为性质

《中华人民共和国刑法》（以下简称《刑法》）第二十条第一款规定："为了使国家、公共利益、本人或者他人的人身、财产和其他权利免受正在进行的不法侵害，而采取的制止不法侵害的行为，对不法侵害人造成损害的，属于正当防卫，不负刑事责任。"由此可见，成立正当防卫必须同时具备以下五项条件：一是防卫起因，不法侵害现实存在。不法侵害是指违背法律的侵袭和损害，既包括犯罪行为，又包括一般违法行为；既包括侵害人身权利的行为，又包括侵犯财产及其他权利的行为。二是防卫时间，不法侵害正在进行。正在进行是指不法侵害已经开始并且尚未结束的这段时期。对尚未开始或已经结束的不法侵害,不能进行防卫,否则即是防卫不适时。三是防卫对象,即针对不法侵害者本人。正当防卫的对象只能是不法侵害人本人,不能对不法侵害人之外的人实施防卫行为。在共同实施不法侵害的场合,共同侵害具有整体性,可对每一个共同侵害人进行正当防卫。四是防卫意图,出于制止不法侵害的目的,有防卫认识和意志。五是防卫限度,尚未明显超过必要限度造成重大损害。这就是说正当防卫的成立条件包括客观条件、主观条件和限度条件。客观条件和主观条件是定性条件,确定了正当防卫"正"的性质和前提条件,不符合这些条件的不是正当防卫;限度条件是定量条件,确定了正当防卫"当"的要求和合理限度,不符合该条件的虽然仍有防卫性质,但不是正当防卫,属于防卫过当。防卫过当行为具有防卫的前提条件和制止不法侵害的目的,只是在制止不法侵害过程中,没有合理控制防卫行为的强度,明显超过正当防卫必要限度,并造成不应有的重大损害后果,从而转化为有害于社会的违法犯罪行为。根据本案认定的事实、证据和我国刑法有关规定,于欢的捅刺行为虽然具有防卫性,但属于防卫过当。

首先,于欢的捅刺行为具有防卫性。案发当时杜某2等人对于欢、苏某持续实施着限制人身自由的非法拘禁行为,并伴有侮辱人格和对于欢推搡、拍打等行为;民警到达现场后,于欢和苏某想随民警走出接待室时,杜某2等人阻止二人离开,并对于欢实施推拉、围堵等行为,在于欢持刀警告时仍出言挑衅并逼近,实施正当防卫所要求的不法侵害客观存在并正在进行;于欢是在人身自由受到违法侵害、人身安全面临现实威胁的情况下持刀捅刺,且捅刺的对象都是在其警告后仍向其靠近围逼的人。因此,可以认定其是为了使本人和其母亲的人身权利免受正在进行的不法侵害,而采取的制止不法侵害行为,具备正当防卫的客观和主观条件,具有防卫性质。

其次,于欢的捅刺行为不属于特殊防卫。《刑法》第二十条第三款规定:"对正在进行行凶、杀人、抢劫、强奸、绑架以及其他严重危及人身安全的暴力犯罪,采取防卫行为,造成不法侵害人伤亡的,不属于防卫过当,不负刑事责任。"根据这一规定,特殊防卫的适用前提条件是存在严重危及本人或他人人身安全的暴力犯罪。本案中,虽然杜某2等人对于欢母子实施了非法限制人身自由、侮辱、轻微殴打等人身侵害行为,但这些不法侵害不是严重危及人身安全的暴力犯罪。其一,杜某2等人实施的非法限制人身自由、侮辱等不法侵害行为,虽然侵犯了于欢母子的人身自由、人格尊严等合法权益,但并不具有严重危及于欢母子人身安全的性质;其二,杜某2等人按肩膀、推拉等强制或者殴打行为,虽然让于欢母子的人身安全、身体健康权遭受了侵害,但这种不法侵害只是轻微的暴力侵犯,既不是针对生命权的不法侵害,又不是发生严重侵害于欢母子身体健康权的情形,因而不属于严重危及人身安全的暴力犯罪。其三,苏某、于某1系主动通过他人协调、担保,向吴某借贷,自愿接受吴某所提10%的月息。既不存在苏某、于某1被强迫向吴某高息借贷的事实,又不存在吴某强迫苏某、于某1借贷的事实,与司法解释以借贷为名采用暴力、胁迫手段获取他人财物以抢劫罪论处的规定明显不符。可见杜某2等人实施的多种不法侵害行为,符合可以实施一般防卫行为的前提条件,但不具备实施特殊防卫的前提条件,故于欢的捅刺行为不属于特殊防卫。

最后,于欢的捅刺行为属于防卫过当。《刑法》第二十条第二款规定:"正当防卫明显超过必要限度造成重大损害的,应当负刑事责任,但是应当减轻或者免除处罚。"由此可见,防卫过当是在具备正当防卫客观和主观前提条件下,防卫反击明显超越必要限度,并造成致人重伤或死亡的过当结果。认定防卫是否"明显超过必要限度",应当从不法侵害的性质、手段、强度、危害程度,以及防卫行为的性质、时机、手段、强度、所处环境和损害后果等方面综合分析判定。本案中,杜某2一方虽然人数较多,但其实施不法侵害的意图是给苏某夫妇施加压力以催讨债务,在催债过程中未携带、使用任何器械;在民警朱某等进入接待室前,杜某2一方对于欢母子实施的是非法限制人身自由、侮辱和对于欢拍打面颊、揪抓头发等行为,其目的仍是逼迫苏某夫妇尽快还款;在民警进入接待室时,双方没有发生激烈对峙和肢体冲突,当民警警告不能打架后,杜某2一方并无打架的言行;在民警走出接待室寻找报警人期间,于欢和讨债人员均可透过接待室玻璃清晰看见停在院内的警车警灯闪烁,应当知道民警并未离开;在于欢持刀警告不要逼过来时,杜某2等人虽有出言挑衅并向于欢围逼的行为,但并未实施强烈的攻击行为。因此,于欢面临的不法侵害并不紧迫和严重,而其却持刃长15.3厘米的单刃尖刀连续捅刺四人,致一人死亡、二人重伤、一人轻伤,且其中一人系被背后捅伤,故应当认定于欢的防卫行为明显超过必要限度造成重大损害,属于防卫过当。

二、关于定罪量刑

首先,关于定罪。本案中,于欢连续捅刺四人,但捅刺对象都是当时围逼在其身边的人,未对离其较远的其他不法侵害人进行捅刺,对不法侵害人每人捅刺一刀,未对同一不法侵害人连续捅刺。可见,于欢的目的在于制止不法侵害并离开接待室,在案证据不能证实其具有追求或放任致人死亡危害结果发生的故意,故于欢的行为不构成故意杀人罪,但他为了追求防卫效果的实现,对致多人伤亡的过当结果的发生持听之任之的态度,已构成防卫过当情形下的故意伤害罪。认定于欢的行为构成故意伤害罪,既是严格司法的要求,又符合人民群众的公平正义观念。

其次,关于量刑。《刑法》第二十条第二款规定:"正当防卫明显超过必要限度造成重大损害的,应当负刑事责任,但是应当减轻或者免除处罚。"综合考虑本案防卫权益的性质、防卫方法、防卫强度、防卫起因、损害后果、过当程度、所处环境等情节,对于欢应当减轻处罚。

被害方对引发本案具有严重过错。本案案发前,吴某、赵某1指使杜某2等人实施过侮辱苏某、干扰源大公司生产经营等逼债行为,苏某多次报警,吴某等人的不法逼债行为并未收敛。案发当日,杜某2等人对于欢、苏某实施非法限制人身自由、侮辱及对于欢间有推搡、拍打、卡颈部等行为,于欢及其母亲苏某连日来多次遭受催逼、骚扰、侮辱,导致于欢实施防卫行为时难免带有恐惧、愤怒等因素。尤其是杜某2裸露下体侮辱苏某对引发本案有重大过错。案发当日,杜某2当着于欢之面公然以裸露下体的方式侮辱其母亲苏某。虽然距于欢实施防卫行为已间隔约二十分钟,但于欢捅刺杜某2等人时难免带有报复杜某2辱母的情绪,故杜某2裸露下体侮辱苏某的行为是引发本案的重要因素,在刑罚裁量上应当作为对于欢有利的情节重点考虑。

杜某2的辱母行为严重违法、亵渎人伦,应当受到惩罚和谴责,但于欢在民警尚在现场调查、警车仍在现场闪烁警灯的情形下,为离开接待室摆脱围堵而持刀连续捅刺四人，致一人死亡、二人重伤、一人轻伤，且其中一重伤者系于欢从背部捅刺，损害后果严重，且除杜某2以外，其他三人并未实施侮辱于欢母亲的行为，其防卫行为造成损害远远大于其保护的合法权益，防卫明显过当。于欢及其母亲的人身自由和人格尊严应当受到法律保护，但于欢的防卫行为明显超过必要限度并造成多人伤亡严重后果，超出法律所容许的限度，依法也应当承担刑事责任。

根据我国刑法规定，故意伤害致人死亡的，处十年以上有期徒刑、无期徒刑或者死刑；防卫过当的，应当减轻或者免除处罚。如上所述，于欢的防卫行为明显超过必要限度造成重大伤亡后果，减轻处罚依法应当在三至十年有期徒刑的法定刑幅度内量刑。鉴于于欢归案后如实供述主要罪行，且被害方有以恶劣手段侮辱于欢之母的严重过错等可以从轻处罚情节，综合考虑于欢犯罪的事实、性质、情节和危害后果，遂判处于欢有期徒刑五年。

（生效裁判审判人员：吴靖、刘振会、王文兴）

指导案例 94 号

重庆市涪陵志大物业管理有限公司诉重庆市涪陵区人力资源和社会保障局劳动和社会保障行政确认案

（最高人民法院审判委员会讨论通过　2018 年 6 月 20 日发布）

关键词　行政　行政确认　视同工伤　见义勇为

裁判要点

职工见义勇为，为制止违法犯罪行为而受到伤害的，属于《工伤保险条例》第十五条第一款第二项规定的为维护公共利益受到伤害的情形，应当视同工伤。

相关法条

《工伤保险条例》第十五条第一款第二项

基本案情

罗仁均系重庆市涪陵志大物业管理有限公司（以下简称涪陵志大物业公司）保安。2011 年 12 月 24 日，罗仁均在涪陵志大物业公司服务的圆梦园小区上班（24 小时值班）。8 时 30 分左右，在兴华中路宏富大厦附近有人对一过往行人实施抢劫，罗仁均听到呼喊声后立即拦住抢劫者的去路，要求其交出抢劫的物品，在与抢劫者搏斗的过程中，不慎从 22 步台阶上摔倒在巷道拐角的平台上受伤。罗仁均于 2012 年 6 月 12 日向被告重庆市涪陵区人力资源和社会保障局（以下简称涪陵区人社局）提出工伤认定申请。涪陵区人社局当日受理后，于 2012 年 6 月 13 日向罗仁均发出《认定工伤中止通知书》，要求罗仁均补充提交见义勇为的认定材料。2012 年 7 月 20 日，罗仁均补充了见义勇为相关材料。涪陵区人社局核实后，根据《工伤保险条例》第十四条第七项之规定，于 2012 年 8 月 9 日作出涪人社伤险认决字〔2012〕676 号《认定工伤决定书》，认定罗仁均所受之伤属于因工受伤。涪陵志大物业公司不服，向法院提起行政诉讼。

在诉讼过程中，涪陵区人社局作出《撤销工伤认定决定书》，并于 2013 年 6 月 25 日根据《工伤保险条例》第十五条第一款第二项之规定，作出涪人社伤险认决字〔2013〕524 号《认定工伤决定书》，认定罗仁均受伤属于视同因工受伤。涪陵志大物业公司仍然不服，于 2013 年 7 月 15 日向重庆市人力资源和社会保障局申请行政复议，重庆市人力资源和社会保障局于 2013 年 8 月 21 日作出渝人社复决字〔2013〕129 号《行政复议决定书》，予以维持。涪陵志大物业公司认为涪陵区人社局的认定决定适用法律错误，罗仁均所受伤依法不应认定为工伤。遂诉至法院，请求判决撤销《认定工伤决定书》，并责令被告重新作出认定。

另查明，重庆市涪陵区社会管理综合治理委员会对罗仁均的行为进行了表彰，并做出了涪综治委发〔2012〕5 号《关于表彰罗仁均同志见义勇为行为的通报》。

裁判结果

重庆市涪陵区人民法院于 2013 年 9 月 23 日作出（2013）涪法行初字第 00077 号行政判决，驳回重庆市涪陵志大物业管理有限公司要求撤销被告作出的涪人社伤险认决字〔2013〕524 号《认定工伤决定书》的诉讼请求。一审宣判后，双方当事人均未上诉，裁判现已发生法律效力。

裁判理由

法院生效裁判认为：被告涪陵区人社局是县级劳动行政主管部门，根据国务院《工伤保险条例》第五条第二款规定，具有受理本行政区域内的工伤认定申请，并根据事实和法律作出是否工伤认定的行政管理职权。被告根据第三人罗仁均提供的重庆市涪陵区社会管理综合治理委员会《关于表彰罗仁均同志见义勇为行为的通报》，认定罗仁均在见义勇为中受伤，事实清楚，证据充分。罗仁均不顾个人安危与违法犯罪行为作斗争，既保护了他人的个人财产和生命安全，也维护了社会治安秩序，弘扬了社会正气。法律对于见义勇为，应当予以大力提倡和鼓励。

《工伤保险条例》第十五条第一款第二项规定："职工在抢险救灾等维护国家利益、公共利益活动中受到伤害的，视同工伤。"据此，虽然职工不是在工作地点、因工作原因受到伤害，但其是在维护国家利益、公共利益活动中受到伤害的，也应当按照工伤处理。公民见义勇为，跟违法犯罪行为作斗争，与抢险救灾一样，同样属于维护社会公共利益的行为，应当予以大力提倡和鼓励。因见义勇为、制止违法犯罪行为而受到伤害的，应当适用《工伤保险条例》第十五条第一款第二项的规定，即视同工伤。

另外，《重庆市鼓励公民见义勇为条例》为重庆市地方性法规，其第十九条、第二十一条进一步明确规定，见义勇为受伤视同工伤，享受工伤待遇。该条例上述规定符合《工伤保险条例》的立法精神，有助于最大限度地保障劳动者的合法权益、最大限度地弘扬社会正气，在本案中应当予以适用。

综上，被告涪陵区人社局认定罗仁均受伤视同因工受伤，适用法律正确。

（生效裁判审判人员：刘芸、陈其娟、杨忠民）

指导案例 95 号

中国工商银行股份有限公司宣城龙首支行诉宣城柏冠贸易有限公司、江苏凯盛置业有限公司等金融借款合同纠纷案

（最高人民法院审判委员会讨论通过　2018 年 6 月 20 日发布）

关键词　民事　金融借款合同　担保　最高额抵押权

裁判要点

当事人另行达成协议将最高额抵押权设立前已经存在的债权转入该最高额抵押担保的债权范围，只要转入的债权数额仍在该最高额抵押担保的最高债权额限度内，即使未对该最高额抵押权办理变更登记手续，该最高额抵押权的效力仍然及于被转入的债权，但不得对第三人产生不利影响。

相关法条

《中华人民共和国物权法》第二百零三条、第二百零五条

基本案情

2012 年 4 月 20 日，中国工商银行股份有限公司宣城龙首支行（以下简称工行宣城龙首支行）与宣城柏冠贸易有限公司（以下简称柏冠公司）签订《小企业借款合同》，约定柏冠公司向工行宣城龙首支行借款 300 万元，借款期限为 7 个月，自实际提款日起算，2012 年 11 月 1 日还 100 万元，2012 年 11 月 17 日还 200 万元。涉案合同还对借款利率、保证金等作了约定。同年 4 月 24 日，工行宣城龙首支行向柏冠公司发放了上述借款。

2012 年 10 月 16 日，江苏凯盛置业有限公司（以下简称凯盛公司）股东会决议决定，同意将该公司位于江苏省宿迁市宿豫区江山大道 118 号—宿迁红星凯盛国际家居广场（房号：B-201，产权证号：宿豫字第 201104767）房产，抵押与工行宣城龙首支行，用于亿荣达公司商户柏冠公司、闽航公司、航嘉公司、金亿达公司四户企业在工行宣城龙首支行办理融资抵押，因此产生一切经济纠纷均由凯盛公司承担。同年 10 月 23 日，凯盛公司向工行宣城龙首支行出具一份房产抵押担保的承诺函，同意以上述房产为上述四户企业在工行宣城龙首支行融资提供抵押担保，并承诺如该四户企业不能按期履行工行宣城龙首支行的债务，上述抵押物在处置后的价值又不足以偿还全部债务，凯盛公司同意用其他财产偿还剩余债务。该承诺函及上述股东会决议均经凯盛公司全体股东签名及加盖凯盛公司公章。2012 年 10 月 24 日，工行宣城龙首支行与凯盛公司签订《最高额抵押合同》，约定凯盛公司以宿房权证宿豫字第 201104767 号房地产权证项下的商铺为自 2012 年 10 月 19 日至 2015 年 10 月 19 日期间，在 4000 万元的最高余额内，工行宣城龙首支行依据与柏冠公司、闽航公司、航嘉公司、金亿达公司签订的借款合同等主合同而享有对债务人的债权，无论该债权在上述期间届满时是否已到期，也无论该

债权是否在最高额抵押权设立之前已经产生，提供抵押担保，担保的范围包括主债权本金、利息、实现债权的费用等。同日，双方对该抵押房产依法办理了抵押登记，工行宣城龙首支行取得宿房他证宿豫第201204387号房地产他项权证。2012年11月3日，凯盛公司再次经过股东会决议，并同时向工行宣城龙首支行出具房产抵押承诺函，股东会决议与承诺函的内容及签名盖章均与前述相同。当日，凯盛公司与工行宣城龙首支行签订《补充协议》，明确双方签订的《最高额抵押合同》担保范围包括2012年4月20日工行宣城龙首支行与柏冠公司、闽航公司、航嘉公司和金亿达公司签订的四份贷款合同项下的债权。

柏冠公司未按期偿还涉案借款，工行宣城龙首支行诉至宣城市中级人民法院，请求判令柏冠公司偿还借款本息及实现债权的费用，并要求凯盛公司以其抵押的宿房权证宿豫字第201104767号房地产权证项下的房地产承担抵押担保责任。

裁判结果

宣城市中级人民法院于2013年11月10日作出（2013）宣中民二初字第00080号民事判决：一、柏冠公司于判决生效之日起五日内给付工行宣城龙首支行借款本金300万元及利息。……四、如柏冠公司未在判决确定的期限内履行上述第一项给付义务，工行宣城龙首支行以凯盛公司提供的宿房权证宿豫字第201104767号房地产权证项下的房产折价或者以拍卖、变卖该房产所得的价款优先受偿……。宣判后，凯盛公司以涉案《补充协议》约定的事项未办理最高额抵押权变更登记为由，向安徽省高级人民法院提起上诉。该院于2014年10月21日作出（2014）皖民二终字第00395号民事判决：驳回上诉，维持原判。

裁判理由

法院生效裁判认为：凯盛公司与工行宣城龙首支行于2012年10月24日签订《最高额抵押合同》，约定凯盛公司自愿以其名下的房产作为抵押物，自2012年10月19日至2015年10月19日期间，在4000万元的最高余额内，为柏冠公司在工行宣城龙首支行所借贷款本息提供最高额抵押担保，并办理了抵押登记，工行宣城龙首支行依法取得涉案房产的抵押权。2012年11月3日，凯盛公司与工行宣城龙首支行又签订《补充协议》，约定前述最高额抵押合同中述及抵押担保的主债权及于2012年4月20日工行宣城龙首支行与柏冠公司所签《小企业借款合同》项下的债权。该《补充协议》不仅有双方当事人的签字盖章，也与凯盛公司的股东会决议及其出具的房产抵押担保承诺函相印证，故该《补充协议》应系凯盛公司的真实意思表示，且所约定内容符合《中华人民共和国物权法》（以下简称《物权法》）第二百零三条第二款的规定，也不违反法律、行政法规的强制性规定，依法成立并有效，其作为原最高额抵押合同的组成部分，与原最高额抵押合同具有同等法律效力。由此，本案所涉2012年4月20日《小企业借款合同》项下的债权已转入前述最高额抵押权所担保的最高额为4000万元的主债权范围内。就该《补充协议》约定事项，是否需要对前述最高额抵押权办理相应的变更登记手续，《物权法》没有明确规定，应当结合最高额抵押权的特点及相关法律规定来判定。

根据《物权法》第二百零三条第一款的规定，最高额抵押权有两个显著特点：一是最高额抵押权所担保的债权额有一个确定的最高额度限制，但实际发生的债权额是不确定的；二是最高额抵押权是对一定期间内将要连续发生的债权提供担保。由此，最高额抵押权设立时所担保的具体债权一般尚未确定，基于尊重当事人意思自治原则，《物权法》第二百零三条第二款对前款作了但书规定，即允许经当事人同意，将最高额抵押权设立前已经存在的债权转入最高额抵押担保的债权范围，但此并非重新设立最高额抵押权，也非《物权法》第二百零五条规定的最高额抵押权变更的内容。同理，根据《房屋登记办法》第五十三条的规定，当事人将最高额抵押权设立前已存在债权转入最高额抵押担保的债权范围，不是最高抵押权设立登记的他项权利证书及房屋登记簿的必要记载事项，故亦非应当申请最高额抵押权变更登记的法定情形。

　　本案中，工行宣城龙首支行和凯盛公司仅是通过另行达成补充协议的方式，将上述最高额抵押权设立前已经存在的债权转入该最高额抵押权所担保的债权范围内，转入的涉案债权数额仍在该最高额抵押担保的 4000 万元最高债权额限度内，该转入的确定债权并非最高抵押权设立登记的他项权利证书及房屋登记簿的必要记载事项，在不会对其他抵押权人产生不利影响的前提下，对于该意思自治行为，应当予以尊重。此外，根据商事交易规则，法无禁止即可为，即在法律规定不明确时，不应强加给市场交易主体准用严格交易规则的义务。况且，就涉案 2012 年 4 月 20 日借款合同项下的债权转入最高额抵押担保的债权范围，凯盛公司不仅形成了股东会决议，出具了房产抵押担保承诺函，且和工行宣城龙首支行达成了《补充协议》，明确将已经存在的涉案借款转入前述最高额抵押权所担保的最高额为 4000 万元的主债权范围内。现凯盛公司上诉认为该《补充协议》约定事项必须办理最高额抵押权变更登记才能设立抵押权，不仅缺乏法律依据，也有悖诚实信用原则。

　　综上，工行宣城龙首支行和凯盛公司达成《补充协议》，将涉案 2012 年 4 月 20 日借款合同项下的债权转入前述最高额抵押权所担保的主债权范围内，虽未办理最高额抵押权变更登记，但最高额抵押权的效力仍然及于被转入的涉案借款合同项下的债权。

（生效裁判审判人员：陶恒河、王玉圣、马士鹏）

指导案例 96 号

宋文军诉西安市大华餐饮有限公司股东资格确认纠纷案

（最高人民法院审判委员会讨论通过　2018 年 6 月 20 日发布）

关键词　民事　股东资格确认　初始章程　股权转让限制　回购

裁判要点

　　国有企业改制为有限责任公司，其初始章程对股权转让进行限制，明确约定公司回购条款，只要不违反公司法等法律强制性规定，可认定为有效。有限责任公司按照初始章程约定，支付合理对价回购股东股权，且通过转让给其他股东等方式进行合理处置的，人民法院应予支持。

相关法条

《中华人民共和国公司法》第十一条、第二十五条第二款、第三十五条、第七十四条

基本案情

西安市大华餐饮有限责任公司（以下简称大华公司）成立于1990年4月5日。2004年5月，大华公司由国有企业改制为有限责任公司，宋文军系大华公司员工，出资2万元成为大华公司的自然人股东。大华公司章程第三章"注册资本和股份"第十四条规定"公司股权不向公司以外的任何团体和个人出售、转让。公司改制一年后，经董事会批准后可在公司内部赠予、转让和继承。持股人死亡或退休经董事会批准后方可继承、转让或由企业收购，持股人若辞职、调离或被辞退、解除劳动合同的，人走股留，所持股份由企业收购……"，第十三章"股东认为需要规定的其他事项"下第六十六条规定"本章程由全体股东共同认可，自公司设立之日起生效"。该公司章程经大华公司全体股东签名通过。2006年6月3日，宋文军向公司提出解除劳动合同，并申请退出其所持有的公司的2万元股份。2006年8月28日，经大华公司法定代表人赵来锁同意，宋文军领到退出股金款2万元整。2007年1月8日，大华公司召开2006年度股东大会，大会应到股东107人，实到股东104人，代表股权占公司股份总数的93%，会议审议通过了宋文军、王培青、杭春国三位股东退股的申请并决议"其股金暂由公司收购保管，不得参与红利分配"。后宋文军以大华公司的回购行为违反法律规定，未履行法定程序且公司法规定股东不得抽逃出资等，请求依法确认其具有大华公司的股东资格。

裁判结果

西安市碑林区人民法院于2014年6月10日作出（2014）碑民初字第01339号民事判决，判令：驳回原告宋文军要求确认其具有被告西安市大华餐饮有限责任公司股东资格之诉讼请求。一审宣判后，宋文军提出上诉。西安市中级人民法院于2014年10月10日作出了（2014）西中民四终字第00277号民事判决书，驳回上诉，维持原判。终审宣判后，宋文军仍不服，向陕西省高级人民法院申请再审。陕西省高级人民法院于2015年3月25日作出（2014）陕民二申字第00215号民事裁定，驳回宋文军的再审申请。

裁判理由

法院生效裁判认为：通过听取再审申请人宋文军的再审申请理由及被申请人大华公司的答辩意见，本案的焦点问题如下：1. 大华公司的公司章程中关于"人走股留"的规定，是否违反了《中华人民共和国公司法》（以下简称《公司法》）的禁止性规定，该章程是否有效；2. 大华公司回购宋文军股权是否违反《公司法》的相关规定，大华公司是否构成抽逃出资。

针对第一个焦点问题，首先，大华公司章程第十四条规定，"公司股权不向公司以外的任何团体和个人出售、转让。公司改制一年后，经董事会批准后可以公司内部赠与、转让和继承。持股人死亡或退休经董事会批准后方可继承、转让或由企业收购，持

股人若辞职、调离或被辞退、解除劳动合同的，人走股留，所持股份由企业收购"。依照《公司法》第二十五条第二款"股东应当在公司章程上签名、盖章"的规定，有限公司章程系公司设立时全体股东一致同意并对公司及全体股东产生约束力的规则性文件，宋文军在公司章程上签名的行为，应视为其对前述规定的认可和同意，该章程对大华公司及宋文军均产生约束力。其次，基于有限责任公司封闭性和人合性的特点，由公司章程对公司股东转让股权作出某些限制性规定，系公司自治的体现。在本案中，大华公司进行企业改制时，宋文军之所以成为大华公司的股东，其原因在于宋文军与大华公司具有劳动合同关系，如果宋文军与大华公司没有建立劳动关系，宋文军则没有成为大华公司股东的可能性。同理，大华公司章程将是否与公司具有劳动合同关系作为取得股东身份的依据继而作出"人走股留"的规定，符合有限责任公司封闭性和人合性的特点，亦系公司自治原则的体现，不违反公司法的禁止性规定。第三，大华公司章程第十四条关于股权转让的规定，属于对股东转让股权的限制性规定而非禁止性规定，宋文军依法转让股权的权利没有被公司章程所禁止，大华公司章程不存在侵害宋文军股权转让权利的情形。综上，本案一、二审法院均认定大华公司章程不违反《公司法》的禁止性规定，应为有效的结论正确，宋文军的这一再审申请理由不能成立。

针对第二个焦点问题，《公司法》第七十四条所规定的异议股东回购请求权具有法定的行使条件，即只有在"公司连续五年不向股东分配利润，而公司该五年连续盈利，并且符合本法规定的分配利润条件的；公司合并、分立、转让主要财产的；公司章程规定的营业期限届满或者章程规定的其他解散事由出现，股东会会议通过决议修改章程使公司存续的"三种情形下，异议股东有权要求公司回购其股权，对应的是公司是否应当履行回购异议股东股权的法定义务。而本案属于大华公司是否有权基于公司章程的约定及与宋文军的合意而回购宋文军股权，对应的是大华公司是否具有回购宋文军股权的权利，二者性质不同，《公司法》第七十四条不能适用于本案。在本案中，宋文军于2006年6月3日向大华公司提出解除劳动合同申请并于同日手书《退股申请》，提出"本人要求全额退股，年终盈利与亏损与我无关"，该《退股申请》应视为其真实意思表示。大华公司于2006年8月28日退还其全额股金款2万元，并于2007年1月8日召开股东大会审议通过了宋文军等三位股东的退股申请，大华公司基于宋文军的退股申请，依照公司章程的规定回购宋文军的股权，程序并无不当。另外，《公司法》所规定的抽逃出资专指公司股东抽逃其对于公司出资的行为，公司不能构成抽逃出资的主体，宋文军的这一再审申请理由不能成立。综上，裁定驳回再审申请人宋文军的再审申请。

（生效裁判审判人员：吴强、逄东、张洁）

最高人民法院
印发《关于在审判执行工作中切实规范自由裁量权行使保障法律统一适用的指导意见》的通知

2012年2月28日　　　　　　　　　　　　法发〔2012〕7号

各省、自治区、直辖市高级人民法院，解放军军事法院，新疆维吾尔自治区高级人民法院生产建设兵团分院：

现将《最高人民法院关于在审判执行工作中切实规范自由裁量权行使保障法律统一适用的指导意见》印发给你们，请认真贯彻落实。

附：

关于在审判执行工作中切实规范自由裁量权行使保障法律统一适用的指导意见

中国特色社会主义法律体系如期形成，标志着依法治国基本方略的贯彻实施进入了一个新阶段，人民法院依法履行职责、维护法制统一、建设社会主义法治国家的责任更加重大。我国正处在重要的社会转型期，审判工作中不断出现新情况、新问题；加之，我国地域辽阔、人口众多、民族多样性等诸多因素，造成经济社会发展不平衡。这就要求人民法院在强化法律统一适用的同时，正确运用司法政策，规范行使自由裁量权，充分发挥自由裁量权在保障法律正确实施，维护当事人合法权益，维护司法公正，提升司法公信力等方面的积极作用。现就人民法院在审判执行工作中切实规范自由裁量权行使，保障法律统一适用的若干问题，提出以下指导意见：

一、正确认识自由裁量权。自由裁量权是人民法院在审理案件过程中，根据法律规定和立法精神，秉持正确司法理念，运用科学方法，对案件事实认定、法律适用以及程序处理等问题进行分析和判断，并最终作出依法有据、公平公正、合情合理裁判的权力。

二、自由裁量权的行使条件。人民法院在审理案件过程中，对下列情形依法行使自由裁量权：

（一）法律规定由人民法院根据案件具体情况进行裁量的；

（二）法律规定由人民法院从几种法定情形中选择其一进行裁量，或者在法定的范围、幅度内进行裁量的；

（三）根据案件具体情况需要对法律精神、规则或者条文进行阐释的；

（四）根据案件具体情况需要对证据规则进行阐释或者对案件涉及的争议事实进行裁量认定的；

（五）根据案件具体情况需要行使自由裁量权的其他情形。

三、自由裁量权的行使原则。

（一）合法原则。要严格依据法律规定，遵循法定程序和正确裁判方法，符合法律、法规和司法解释的精神以及基本法理的要求，行使自由裁量权。不能违反法律明确、具体的规定。

（二）合理原则。要从维护社会公平正义的价值观出发，充分考虑公共政策、社会主流价值观念、社会发展的阶段性、社会公众的认同度等因素，坚持正确的裁判理念，努力增强行使自由裁量权的确定性和可预测性，确保裁判结果符合社会发展方向。

（三）公正原则。要秉持司法良知，恪守职业道德，坚持实体公正与程序公正并重。坚持法律面前人人平等，排除干扰，保持中立，避免偏颇。注重裁量结果与社会公众对公平正义普遍理解的契合性，确保裁判结果符合司法公平正义的要求。

（四）审慎原则。要严把案件事实关、程序关和法律适用关，在充分理解法律精神、依法认定案件事实的基础上，审慎衡量、仔细求证，同时注意司法行为的适当性和必要性，努力实现办案的法律效果和社会效果的有机统一。

四、正确运用证据规则。行使自由裁量权，要正确运用证据规则，从保护当事人合法权益、有利查明事实和程序正当的角度，合理分配举证责任，全面、客观、准确认定证据的证明力，严格依证据认定案件事实，努力实现法律事实与客观事实的统一。

五、正确运用法律适用方法。行使自由裁量权，要处理好上位法与下位法、新法与旧法、特别法与一般法的关系，正确选择所应适用的法律；难以确定如何适用法律的，应按照立法法的规定报请有关机关裁决，以维护社会主义法制的统一。对同一事项同一法律存在一般规定和特别规定的，应优先适用特别规定。要正确把握法律、法规和司法解释中除明确列举之外的概括性条款规定，确保适用结果符合立法原意。

六、正确运用法律解释方法。行使自由裁量权，要结合立法宗旨和立法原意、法律原则、国家政策、司法政策等因素，综合运用各种解释方法，对法律条文作出最能实现社会公平正义、最具现实合理性的解释。

七、正确运用利益衡量方法。行使自由裁量权，要综合考量案件所涉各种利益关系，对相互冲突的权利或利益进行权衡与取舍，正确处理好公共利益与个人利益、人身利益与财产利益、生存利益与商业利益的关系，保护合法利益，抑制非法利益，努力实现利益最大化、损害最小化。

八、强化诉讼程序规范。行使自由裁量权，要严格依照程序法的规定，充分保障各方当事人的诉讼权利。要充分尊重当事人的处分权，依法保障当事人的辩论权，对可能影响当事人实体性权利或程序性权利的自由裁量事项，应将其作为案件争议焦点，充分听取当事人的意见；要完善相对独立的量刑程序，将量刑纳入庭审过程；要充分保障当事人的知情权，并根据当事人的要求，向当事人释明行使自由裁量权的依据、考量因素等事项。

九、强化审判组织规范。要进一步强化合议庭审判职责，确保全体成员对案件审理、评议、裁判过程的平等参与，充分发挥自由裁量权行使的集体把关机制。自由裁量权的行使涉及对法律条文的阐释、对不确定概念的理解、对证据规则的把握以及其他可能影响当事人重大实体性权利或程序性权利事项，且有重大争议的，可报请审判委员会讨论决定，确保法律适用的统一。

十、强化裁判文书规范。要加强裁判文书中对案件事实认定理由的论证，使当事人和社会公众知悉法院对证据材料的认定及采信理由。要公开援引和适用的法律条文，并结合案件事实阐明法律适用的理由，充分论述自由裁量结果的正当性和合理性，提高司法裁判的公信力和权威性。

十一、强化审判管理。要加强院长、庭长对审判活动的管理。要将自由裁量权的行使纳入案件质量评查范围，建立健全长效机制，完善评查标准。对自由裁量内容不合法、违反法定程序、结果显失公正以及其他不当行使自由裁量权的情形，要结合审判质量考核的相关规定予以处理；裁判确有错误，符合再审条件的，要按照审判监督程序进行再审。

十二、合理规范审级监督。要正确处理依法改判与维护司法裁判稳定性的关系，不断总结和规范二审、再审纠错原则，努力实现裁判标准的统一。下级人民法院依法正当行使自由裁量权作出的裁判结果，上级人民法院应当依法予以维持；下级人民法院行使自由裁量权明显不当的，上级人民法院可以予以撤销或变更；原审人民法院行使自由裁量权显著不当的，要按照审判监督程序予以撤销或变更。

十三、加强司法解释。最高人民法院要针对审判实践中的新情况、新问题，及时开展有针对性的司法调研。通过司法解释或司法政策，细化立法中的原则性条款和幅度过宽条款，规范选择性条款和授权条款，统一法律适用标准。要进一步提高司法解释和司法政策的质量，及时清理已过时或与新法产生冲突的司法解释，避免引起歧义或规则冲突。

十四、加强案例指导。各级人民法院要及时收集、整理涉及自由裁量权行使的典型案例，逐级上报最高人民法院。最高人民法院在公布的指导性案例中，要有针对性地筛选出在诉讼程序展开、案件事实认定和法律适用中涉及自由裁量事项的案例，对考量因素和裁量标准进行类型化。上级人民法院要及时掌握辖区内自由裁量权的行使情况，不断总结审判经验，提高自由裁量权行使的质量。

十五、不断统一裁判标准。各级人民法院内部对同一类型案件行使自由裁量权的，要严格、准确适用法律、司法解释，参照指导性案例，努力做到类似案件类似处理。下级人民法院对所审理的案件，认为存在需要统一裁量标准的，要书面报告上级人民法院。在案件审理中，发现不同人民法院对同类案件的处理存在明显不同裁量标准的，要及时将情况逐级上报共同的上级人民法院予以协调解决。自由裁量权的行使涉及具有普遍法律适用意义的新型、疑难问题的，要逐级书面报告最高人民法院。

十六、加强法官职业保障。要严格执行宪法、法官法的规定，增强法官职业荣誉感，保障法官正当行使自由裁量权。要大力建设学习型法院，全面提升司法能力。要加强法制宣传，引导社会和公众正确认识自由裁量权在司法审判中的必要性、正当性，不断提高社会公众对依法行使自由裁量权的认同程度。

十七、防止权力滥用。要进一步拓展司法公开的广度和深度，自觉接受人大、政协、检察机关和社会各界的监督。要深入开展廉洁司法教育，建立健全执法过错责任追究和防止利益冲突等制度规定，积极推进人民法院廉政风险防控机制建设，切实加强对自由裁量权行使的监督，对滥用自由裁量权并构成违纪违法的人员，要依据有关法律法规及纪律规定进行严肃处理。

七、队伍建设

最高人民法院
关于深入贯彻落实《中华人民共和国人民陪审员法》的通知

2018年4月28日　　　　　　　　　　　　　法〔2018〕110号

各省、自治区、直辖市高级人民法院，新疆维吾尔自治区高级人民法院生产建设兵团分院：

2018年4月27日，第十三届全国人民代表大会常务委员会第二次会议已审议通过《中华人民共和国人民陪审员法》（以下简称《人民陪审员法》）并于同日公布施行。《人民陪审员法》的出台是中国特色社会主义法治建设的一件大事，也是保障公民民主权利、推进司法民主建设新的里程碑。为深入贯彻落实《人民陪审员法》，在人民法院审判工作中更好实现人民陪审员制度的功能效果，现将有关事宜通知如下：

一、充分认识贯彻落实《人民陪审员法》的重要意义

《人民陪审员法》全面总结了全国人大常委会《关于完善人民陪审员制度的决定》施行十三年来的实践经验，以单行法律形式将十八届三中、四中全会以来的改革试点经验固定下来，对人民陪审员的选任、参审、管理等方面作了进一步完善，标志着我国人民陪审员制度进入一个新的发展阶段。正确贯彻执行《人民陪审员法》，有利于完善中国特色社会主义司法制度，对于推进司法民主、促进司法公正、保障司法廉洁、提升司法公信，让人民群众在每一个司法案件中感受到公平正义，有着十分重要的意义。

各级人民法院要充分认识制定《人民陪审员法》的重要意义，高度重视《人民陪审员法》的贯彻落实，切实把学习、宣传、贯彻《人民陪审员法》作为一项重要工作提上议事日程。要紧紧依靠当地党委的坚强领导、人大及其常委会的有力监督、政府有关部门的大力配合以及社会各界的关心支持，以《人民陪审员法》的颁布为契机，完善工作机制，加大工作力度，扩大社会影响，努力开创人民陪审员工作的新局面。

各高级人民法院要切实担负起贯彻落实《人民陪审员法》的主体责任，结合本地实际,尽快研究制定贯彻落实《人民陪审员法》的一揽子工作方案和实施办法,加强组织协调,抓好工作部署,明确工作责任,强化指导监督,层层抓好落实。

二、加强《人民陪审员法》的学习宣传

各级人民法院要有计划、分批次开展形式多样的学习活动,首先抓好法院领导干部和广大法官的学习,先学一步,学深一层,全面、准确学习领会《人民陪审员法》的立法精神和主要内容,努力提高广大法官对《人民陪审员法》的理解和适用水平,增强广大法官指导人民陪审员有效参审的能力,确保《人民陪审员法》的各项规定深入人心,有效实施。

要采取措施,依托电视、报纸、广播、网络、手机、新闻发布会、座谈会、宣讲会等载体,通过官方网站、微博、微信等新媒体平台,采取进社区、进企业、访群众等多种方式,全方位、立体式广泛宣传《人民陪审员法》立法的重大意义、主要内容以及人民陪审员参审的典型案例和实际成效,充分发挥社会舆论的引导作用,进一步增强全社会对人民陪审员制度的认知、理解和支持,在全社会积极营造贯彻执行《人民陪审员法》的良好氛围。

三、积极配合司法行政机关做好人民陪审员选任

《人民陪审员法》实施后,人民陪审员选任工作将由司法行政机关牵头,基层人民法院、公安机关配合开展。各高级人民法院要积极协调配合同级司法行政机关,尽快研究出台关于本地区人民陪审员选任工作方案,精心组织,把握进度,严格把关。采取有效措施,指导辖区内各基层人民法院配合司法行政机关,如期完成第一批人民陪审员的选任工作。

各基层人民法院要积极配合司法行政机关做好人民陪审员随机抽选、资格审查等工作,并负责做好人民陪审员提请任命、就职宣誓等工作。各地人民陪审员选任情况由高级人民法院汇总后报最高人民法院政治部。

为确保审判活动的正常进行,《人民陪审员法》施行前已经任命的人民陪审员继续任职,任期届满后自动免除职务。对不符合《人民陪审员法》规定的选任条件的人民陪审员,应当提请同级人民代表大会常务委员会免除其人民陪审员职务。

《人民陪审员法》施行后,各基层人民法院首先要对留任的人民陪审员人数进行摸底统计,在此基础上,充分考虑到本院审判工作状况,以及满足上级人民法院从本院随机抽取人民陪审员等实际需要,按照人民陪审员名额不低于本院法官人数三倍的规定,及时提请同级人民代表大会常务委员会确定人民陪审员的名额,并通报同级司法行政机关,层报高级人民法院备案。今后,因审判活动需要,通过个人申请和组织推荐方式选任的人民陪审员数量不得超过人民陪审员名额数的五分之一。

四、严格执行人民陪审员参加审判活动的各项规定

《人民陪审员法》仅适用于法律施行后受理的第一审刑事、民事、行政案件,《人民陪审员法》施行前受理的第一审刑事、民事、行政案件,人民陪审员参加的审判活动继

续有效。

各高级人民法院要指导所辖法院合理确定人民陪审员的参审案件范围，正确把握事实审和法律审界限，防止片面追求陪审率，杜绝"驻庭陪审员""编外法官"等情况，努力实现从注重陪审案件"数量"向关注陪审案件"质量"转变。各级人民法院根据本辖区实际情况，合理确定人民陪审员年度参审案件数上限，及时以适当形式向社会公告，并层报高级人民法院备案。

各级人民法院要充分运用信息化手段，不断完善随机抽取人民陪审员参加案件审理的工作制度和技术保障机制，确保参加个案审理的人民陪审员均通过随机抽取方式确定，防止出现少数人民陪审员与法官组成固定合议庭审理案件的现象，让更多的人民陪审员有机会参与案件审理。

各级人民法院要强调法官对人民陪审员参审案件的指引、提示义务，增强指引意识，提高指引能力，规范指引方式，强化释明责任，对案件涉及的事实认定、证据规则、法律规定等事项，以及人民陪审员应当注意的案件焦点问题，法官应当及时予以指引、提示和释明，充分发挥人民陪审员在审判工作中的实质性作用。

五、加强人民陪审员的培训、管理、保障

各级人民法院要改进和加强人民陪审员的培训工作。根据人民陪审员参审职权变化和新的履职要求，对人民陪审员有计划地进行全员培训，加强对人民陪审员权利义务、诉讼程序、庭审技能等内容的培训，充分利用案例教学、现场观摩、专题报告等形式，切实提高人民陪审员的履职能力。

要把人民陪审员工作纳入到人民法院信息化建设的大格局中，加强信息化建设力度，实现最高人民法院人民陪审员信息管理系统与各级地方法院人民陪审员管理系统的互通互联，实现人民陪审员管理系统与本地审判管理系统信息的互通互联，积极推进人民陪审员信息管理与分析、陪审员履职管理、陪审员评价管理、陪审员监督管理和陪审员服务平台功能建设；积极运用手机APP、远程阅卷、电子签章等信息科技手段，实现选任、参审、管理的全程信息化，进一步提升人民陪审员管理的信息化水平，为人民陪审员参审提供便利。

各级人民法院要主动协调财政部门，将人民陪审员因参加审判活动应当享受的补助、人民法院落实人民陪审员选任、管理、培训等所必需的开支，列入人民法院业务经费予以足额保障。

六、认真做好经验总结和意见反馈工作

各级人民法院在学习、宣传、贯彻执行《人民陪审员法》的过程中，要不断总结经验，对遇到的新问题，要认真研究并提出具体意见，由高级人民法院汇总后，及时向最高人民法院报告。最高人民法院将适时对各高级人民法院贯彻落实《人民陪审员法》的情况进行专项督查，及时指导各地人民陪审员工作，确保《人民陪审员法》的正确实施。

最高人民法院
关于人民陪审员参加审判活动若干问题的规定

法释〔2010〕2号

（2009年11月23日最高人民法院审判委员会第1477次会议通过 2010年1月12日最高人民法院公告公布 自2010年1月14日起施行）

为依法保障和规范人民陪审员参加审判活动，根据《全国人民代表大会常务委员会关于完善人民陪审员制度的决定》等法律的规定，结合审判实际，制定本规定。

第一条 人民法院审判第一审刑事、民事、行政案件，属于下列情形之一的，由人民陪审员和法官共同组成合议庭进行，适用简易程序审理的案件和法律另有规定的案件除外：

（一）涉及群体利益的；

（二）涉及公共利益的；

（三）人民群众广泛关注的；

（四）其他社会影响较大的。

第二条 第一审刑事案件被告人、民事案件原告或者被告、行政案件原告申请由人民陪审员参加合议庭审判的，由人民陪审员和法官共同组成合议庭进行。

人民法院征得前款规定的当事人同意由人民陪审员和法官共同组成合议庭审判案件的，视为申请。

第三条 第一审人民法院决定适用普通程序审理案件后应当明确告知本规定第二条的当事人，在收到通知五日内有权申请由人民陪审员参加合议庭审判案件。

人民法院接到当事人在规定期限内提交的申请后，经审查符合本规定的，应当组成有人民陪审员参加的合议庭进行审判。

第四条 人民法院应当在开庭七日前采取电脑生成等方式，从人民陪审员名单中随机抽取确定人民陪审员。

第五条 特殊案件需要具有特定专业知识的人民陪审员参加审判的，人民法院可以在具有相应专业知识的人民陪审员范围内随机抽取。

第六条 人民陪审员确有正当理由不能参加审判活动，或者当事人申请其回避的理由经审查成立的，人民法院应当及时重新确定其他人选。

第七条 人民陪审员参加合议庭评议案件时，有权对事实认定、法律适用独立发表意见，并独立行使表决权。

人民陪审员评议案件时应当围绕事实认定、法律适用充分发表意见并说明理由。

第八条 合议庭评议案件时，先由承办法官介绍案件涉及的相关法律、审查判断证据的有关规则，后由人民陪审员及合议庭其他成员充分发表意见，审判长最后发表意见并总结合议庭意见。

第九条 人民陪审员同合议庭其他组成人员意见分歧，要求合议庭将案件提请院长决定是否提交审判委员会讨论决定的，应当说明理由；人民陪审员提出的要求及理由应当写入评议笔录。

第十条 人民陪审员应当认真阅读评议笔录，确认无误后签名；发现评议笔录与评议内容不一致的，应当要求更正后签名。

人民陪审员应当审核裁判文书文稿并签名。

最高人民法院
关于印发《最高人民法院关于人民陪审员管理办法（试行）》的通知

2005年1月6日　　　　　　　　　　　　　　法发〔2005〕1号

各省、自治区、直辖市高级人民法院，新疆维吾尔自治区高级人民法院生产建设兵团分院：

现将《最高人民法院关于人民陪审员管理办法（试行）》印发给你们，请认真组织学习、贯彻执行。执行中遇有问题，请及时报告最高人民法院。

附：

最高人民法院
关于人民陪审员管理办法（试行）

第一章 总 则

第一条 根据《全国人民代表大会常务委员会关于完善人民陪审员制度的决定》（以下简称《决定》）及《最高人民法院、司法部关于人民陪审员选任、培训、考核工作的实施意见》（以下简称《意见》），为做好人民陪审员的管理工作，保障人民陪审员制度的实施，制定本办法。

第二条 各级人民法院应设立人民陪审员工作指导小组，指导人民陪审员的管理工作。

人民陪审员管理工作包括人民陪审员人事管理工作和人民陪审员参加审判活动的日常管理工作。

第三条 人民陪审员人事管理工作由人民法院政工部门负责。

政工部门应设立非常设机构或指定专人负责人民陪审员的人事管理工作。

第四条 人民陪审员参加审判活动的日常管理工作由人民法院根据实际情况确定具体管理部门。

第二章 名额确定

第五条 基层人民法院根据本辖区案件数量及特点、人口数量、地域面积、民族状况等因素，并结合上级人民法院从本院随机抽取人民陪审员的需要，在不低于所在法院现任法官人数的二分之一，不高于所在法院现任法官人数的范围内提出人民陪审员名额的意见，提请同级人民代表大会常务委员会确定。

第六条 人民陪审员的名额意见在报请同级人民代表大会常务委员会确定之前，基层人民法院应当先报上一级人民法院审核，上一级人民法院可以对本辖区内人民陪审员名额进行适当调整。

高级人民法院应当将本辖区内各基层人民法院人民陪审员名额报最高人民法院备案。

第七条 人民陪审员的名额可以根据实际情况进行调整。调整应当按照确定人民陪审员名额的程序进行。

第三章 选　　任

第八条 选任人民陪审员应当在确定的名额范围内进行。

第九条 基层人民法院应当在人民陪审员选任工作开始前一个月向社会公告所需选任的人民陪审员的名额、选任条件、推荐（申请）期限、程序等相关事项，以便有关单位推荐人选和公民提出申请。

基层人民法院在必要时可动员公民本人提出申请或公民所在单位、户籍所在地或者经常居住地的基层组织推荐人民陪审员人选。

第十条 公民所在单位、户籍所在地或者经常居住地的基层组织需征得公民本人同意后，方可向当地基层人民法院推荐其担任人民陪审员。

公民个人可以向户籍所在地或者经常居住地的基层人民法院直接提出担任人民陪审员的申请。

第十一条 基层人民法院应当要求推荐人民陪审员的有关单位或者提出申请的公民，提供被推荐人或者申请人的有关身份证明材料复印件，填写并提交《人民陪审员人选推荐表》（附表一）或者《人民陪审员人选申请表》（附表二）一式三份。

《人民陪审员人选推荐表》和《人民陪审员人选申请表》应当以最高人民法院规定的样式、内容为准。

第十二条　基层人民法院应当对被推荐和本人申请担任人民陪审员的公民，依照《决定》第四条、第五条、第六条及《意见》第二条的规定进行审查。审查内容主要包含《人民陪审员人选推荐表》或《人民陪审员人选申请表》所填内容的真实性、被推荐人、申请人的任职资格、工作能力、日常表现等。

第十三条　基层人民法院应将审查后初步确定的人民陪审员人选名单及《人民陪审员人选推荐表》或者《人民陪审员人选申请表》送同级人民政府司法行政机关征求意见。

基层人民法院认为有必要对被推荐人、申请人的有关情况进行调查的，应当会同同级人民政府司法行政机关到公民所在单位、户籍所在地或者经常居住地的基层组织进行调查。

第十四条　基层人民法院根据审查结果及本院人民陪审员的名额确定人民陪审员的人选。

确定人民陪审员的人选，应当注意吸收社会不同行业、不同性别、不同年龄、不同民族的人员。

第十五条　公民不得同时在两个以上的基层人民法院担任人民陪审员。

第十六条　基层人民法院应将确定的人民陪审员人选报上一级人民法院审核。上一级人民法院主要审核人民陪审员的任职资格。

第十七条　经审核的人民陪审员人选，由基层人民法院院长提请同级人民代表大会常务委员会任命。

基层人民法院提请同级人民代表大会常务委员会任命人民陪审员，应提交以下材料：提请任命人民陪审员的议案、《人民陪审员人选推荐表》或《人民陪审员人选申请表》等有关材料以及同级人民代表大会常务委员会要求提供的其他材料。

第十八条　基层人民法院应当将任命的人民陪审员名单抄送同级人民政府司法行政机关，并逐级报高级人民法院备案，同时向社会公告。

基层人民法院应当及时将任命决定书面通知人民陪审员本人及其所在单位、户籍所在地或经常居住地的基层组织。

第十九条　基层人民法院应当为人民陪审员颁发《人民陪审员工作证》。

《人民陪审员工作证》由最高人民法院政治部制发统一样式，各地法院自行印制。

第四章　培　　训

第二十条　人民陪审员培训分为岗前培训和任职期间的审判业务专项培训。

初任人民陪审员上岗前应当接受履行职责所必备的审判业务知识和技能培训。包括法官职责和权利、法官职业道德、审判纪律、司法礼仪、法律基础知识和基本诉讼规则等内容。

人民陪审员任职期间应当根据陪审工作的实际需要接受审判业务专项培训。主要以掌握采信证据、认定事实、适用法律的一般规则和学习新法律法规为内容。

第二十一条　最高人民法院教育培训主管部门、国家法官学院负责制定统一的人民陪审员培训大纲和培训教材，提出明确的培训教学要求，定期对人民陪审员培训工作进行督促、检查。必要时，可举办人民陪审员培训示范班和人民陪审员师资培训班。

第二十二条　高级人民法院教育培训主管部门和法官教育培训机构负责本辖区人民陪审员培训规划和相关管理、协调工作，承担本辖区人民陪审员岗前培训工作任务。

第二十三条　有条件的中、基层人民法院教育培训主管部门和法官培训机构可受高级人民法院委托承担人民陪审员岗前培训任务。

中级人民法院负责审定辖区内人民陪审员任职期间的审判业务专项培训教学方案。

第二十四条　基层人民法院应当会同同级人民政府司法行政部门及时提出接受岗前培训的人员名单和培训意见，报上级人民法院教育培训主管部门和法官培训机构。

第二十五条　人民陪审员培训应当根据人民陪审员履行职责的实际需要，结合陪审实务进行，培训的具体内容应视不同培训对象的要求有所侧重。

第二十六条　人民陪审员培训以脱产集中培训与在职自学相结合的方式进行，也可结合实际采取分段培训、累计学时的方式。

培训形式除集中授课外，可采取庭审观摩、专题研讨等多种形式。

岗前培训的面授时间一般不少于24学时，任职期间的审判业务专项培训每年应不少于16学时。

第二十七条　人民法院应当提供人民陪审员参加培训的场所、培训设施和其他必要的培训条件。

第二十八条　人民法院应当为参加岗前培训合格的人民陪审员颁发《合格证书》。

国家法官学院举办的人民陪审员岗前培训的《合格证书》，由最高人民法院教育培训主管部门和国家法官学院验证、发放。

高级人民法院培训机构举办或委托中、基层人民法院培训机构举办的人民陪审员岗前培训的《合格证书》，由高级人民法院教育培训主管部门和教育培训机构验证、发放。

人民陪审员岗前培训《合格证书》，由最高人民法院政治部统一印制。

第五章　考核与表彰

第二十九条　基层人民法院会同同级人民政府司法行政机关对人民陪审员执行职务的情况进行考核。

对人民陪审员的考核实行平时考核和年终考核相结合。

第三十条　对人民陪审员的考核内容包括陪审工作实绩、思想品德、工作态度、审判纪律、审判作风和参加培训情况等方面。

中级人民法院、高级人民法院在其所在城市的基层人民法院人民陪审员名单中随机抽取人民陪审员参与本院审判工作的，应当将人民陪审员在本院执行职务的情况通报其所在的基层人民法院，作为对人民陪审员的考核依据之一。

第三十一条　考核结果作为对人民陪审员进行表彰和奖励的依据。

基层人民法院应及时将考核结果书面通知人民陪审员本人。人民陪审员对考核结果有异议，向基层人民法院申请复议的，基层人民法院应当受理。

第三十二条　对于在审判工作中有显著成绩或者有其他突出事迹的人民陪审员，由基层人民法院会同同级人民政府司法行政机关给予表彰和奖励。

第三十三条　基层人民法院应及时将对人民陪审员的表彰和奖励决定书面通知人民陪审员本人及其所在单位、户籍所在地或经常居住地的基层组织。

第六章　职务免除

第三十四条　人民陪审员有《决定》第十七条规定情形之一的，由基层人民法院会同同级人民政府司法行政机关进行查证。

经查证属实的，由基层人民法院院长提请同级人民代表大会常务委员会免除其人民陪审员的职务。

人民陪审员有《决定》第十七条第（一）、（二）、（三）项所列情形之一的，由所在基层人民法院人民陪审员人事管理部门按照规定进行查证。在查证过程中，发现人民陪审员有《决定》第十七条第（四）项所列情形的，应交由本院纪检、监察部门进行查证。

第三十五条　人民陪审员有《决定》第十七条第（四）项所列行为，尚不构成犯罪的，除依法免除其人民陪审员职务外，必要时基层人民法院可书面建议其所在单位依照有关规定给予处分。

第三十六条　人民陪审员的任期为五年。人民陪审员任期届满后，其职务自动免除。基层人民法院无须再提请同级人民代表大会常务委员会免除其人民陪审员职务。

第三十七条　人民陪审员被免除职务的，基层人民法院应书面通知被免职者本人及其所在单位、户籍所在地或经常居住地的基层组织。

基层人民法院应将免职名单抄送同级人民政府司法行政机关，并逐级报高级人民法院备案，同时向社会公告。

第七章　补助与经费

第三十八条　人民陪审员在执行职务期间应当享受的各项补助，人民法院应当按照规定及时支付。

第三十九条　人民陪审员因参加审判活动、培训而支出的公共交通、就餐等费用，由所在法院，参照当地差旅费支付标准给予补助。

无固定收入的人民陪审员参加审判活动、培训期间，由所在法院，参照当地职工上年度平均货币工资水平，按照实际工作日给予补助。

人民陪审员参加中级人民法院、高级人民法院审判活动的，由随机抽取人民陪审员参加审判活动的中级人民法院、高级人民法院按照前两款规定，给予人民陪审员各项补助。

第四十条　有工作单位的人民陪审员因参加培训、审判活动，被所在单位克扣或者变相克扣工资、奖金及其他福利待遇的，基层人民法院应及时向其所在单位，或所在单位的主管部门,或所在单位的上级部门提出纠正意见。

第四十一条 人民陪审员因参加培训、审判活动应当享受的补助,人民法院为实施人民陪审员制度所必需的开支,人民法院应当纳入当年的业务经费预算并及时向同级人民政府财政部门申报,由同级政府财政给予保障。

各级人民法院对于实施人民陪审员制度的各项经费应当单独列支、单独管理、专款专用,以保障人民陪审员制度的有效实行。

第八章 附 则

第四十二条 海事、兵团、铁路等法院人民陪审员管理办法另行制定。
第四十三条 本办法由最高人民法院负责解释。
第四十四条 本办法自公布之日起施行。

最高人民法院
印发《关于进一步加强和推进人民陪审工作的若干意见》的通知

2010年6月29日　　　　　　　　　　　　　　法发〔2010〕24号

各省、自治区、直辖市高级人民法院,新疆维吾尔自治区高级人民法院生产建设兵团分院:

现将《关于进一步加强和推进人民陪审工作的若干意见》印发给你们,请结合工作实际,认真贯彻执行。

附:

最高人民法院
关于进一步加强和推进人民陪审工作的若干意见

为深入贯彻落实《全国人民代表大会常务委员会关于完善人民陪审员制度的决定》(以下简称《决定》),进一步加强和推进人民陪审工作,不断完善人民陪审员制度,充分发挥人民法院在深入推进社会矛盾化解、社会管理创新、公正廉洁执法三项重点工作中的重要作用,依据《决定》和相关文件精神,结合人民陪审工作实际,现就今后一个时期加强和推进人民陪审工作提出如下意见。

一、不断深化认识，全面加强人民陪审工作

1. 加强和推进人民陪审工作有利于完善社会主义司法制度、弘扬司法民主。实行人民陪审员制度，是人民群众在司法领域依法参与管理国家事务的一种重要的、直接的形式，是健全社会主义民主政治制度的重要内容，是我国社会主义司法民主的重要体现，也是我党的群众路线在人民司法工作中的具体体现。深刻认识人民陪审员制度的积极意义，充分发挥广大人民陪审员在司法审判领域中联系群众、熟悉群众、代表群众等方面所具有的独特优势，让普通公民协助司法、见证司法、掌理司法，充分体现司法的民主功能，可以更集中地通达民情，反映民意，凝聚民智，在更大程度上实现人民民主。

2. 加强和推进人民陪审工作有利于保证司法的公正、廉洁。人民陪审员参与审判案件，注重从社会道德标准等方面对案件进行分析、判断，从而有效实现大众思维与法官职业思维的互补；人民陪审员的群众视角、不同职业背景和专长，有利于查清案件事实，正确适用法律，确保裁判公正。人民陪审员具有知民情、解民意的优势，并以群众熟悉、易懂的语言解读法律，有利于劝导说服当事人互谅互让、息诉解纷，进一步提高办案质量和效率。人民陪审员来自各界群众，他们参与审判，提高了审判活动的透明度，促进了司法公开，有利于进一步增强并发挥合议庭成员相互监督、相互制约的作用，共同抵御各种非法干预，有助于人民法院依法、独立、公正地行使审判权。

3. 加强和推进人民陪审工作有利于增强司法权威。实行人民陪审员制度，坚持司法工作的群众路线，使司法活动更加贴近社会生活、贴近人民群众、贴近时代要求，这是人民群众直接感受司法公正、司法走近人民的有效途径，有利于社会各界客观了解法院工作的真实情况，减少、消除社会上对法院审判案件可能产生的误解，进一步增强人民法院的司法权威，从而更好地实现案件裁判法律效果与社会效果的有机统一。

二、拓宽选任范围，严格任免程序

4. 各基层人民法院根据本辖区案件的数量及特点、人口数量、地域面积、民族状况，以及满足上级人民法院从本院随机抽取人民陪审员的需要等因素，按照人民陪审员选任名额不低于本院现任法官人数的二分之一的比例，并在经费保障、培训条件许可的前提下，适当扩大人民陪审员的选任数量，及时提请同级人民代表大会常务委员会任命。

5. 人民陪审员选任一般应当每五年选任一次，也可以根据当地审判工作需要，依照法定程序适当增补人民陪审员。开展增补工作的基层人民法院，应当及时将增补工作情况逐级层报高级人民法院备案。

6. 各基层人民法院应当建立人民陪审员以及候选人员信息库，并根据所在区域、行业、专长等要素归入不同类别，以适应陪审工作的需要。

7. 在选任人民陪审员工作中，应当注意兼顾社会各阶层人员的结构比例，注意吸收社会不同行业、不同职业、不同年龄、不同民族、不同性别的人员，以体现其来源的广泛性和代表性。

8. 各高级人民法院应当根据本辖区工作实际,建立切实可行的人民陪审员退出机制。由于职业或岗位发生变动或者身体健康等原因,无法继续履行陪审职务的,人民法院应当按照法定程序提请同级人民代表大会常务委员会免除其人民陪审员职务。

9. 人民陪审员在三年时间内,无正当理由拒绝参加陪审案件超过三次的,视为辞职。人民法院应当按程序办理相关手续。

三、依法履行职责,切实保障权利

10. 依照法律规定,应当由人民陪审员参与审判的案件,人民法院必须安排人民陪审员和法官共同组成合议庭审判,当事人无法定理由不得拒绝。

11. 第一审刑事案件被告人、民商事案件原告或者被告、行政案件原告申请由人民陪审员参加合议庭审判的,人民法院应当安排人民陪审员和法官共同组成合议庭审判。

人民法院征得前款规定的当事人同意由人民陪审员和法官共同组成合议庭审判案件的,视为申请。

12. 当事人一方申请适用陪审,另一方不同意的,人民法院不安排人民陪审员参加合议庭审判案件,但属于法律规定应当适用陪审的案件除外。

13. 人民法院应当为人民陪审员查阅案卷、参加审判活动提供工作便利和条件。接到陪审通知的人民陪审员,应当在案件开庭前完成阅卷工作。

14. 审判长应当指导、保障人民陪审员依法行使权利。案件审理中,经审判长同意,人民陪审员可以参与案件共同调查、在庭审中直接发问、独立进行案件调解等。

15. 合议庭应当保障人民陪审员在案件评议过程中自主、独立发表意见的权利。审判长和合议庭其他成员不得施加不当影响或阻碍。

16. 人民陪审员同合议庭其他组成人员意见分歧的,应当将其意见写入笔录,必要时,人民陪审员可以要求合议庭将案件提请院长决定是否提交审判委员会讨论决定,但应当说明理由。人民陪审员提出的要求及理由应当写入评议笔录。

17. 人民陪审员应邀列席参加审判委员会讨论其陪审的案件时,除不得行使表决权外,可以在审判委员会上发表意见。

四、完善随机抽取机制,规范陪审工作程序

18. 各基层人民法院应当按照科学、规范、方便操作的工作目标,进一步完善人民陪审员随机抽取参加案件审理的工作制度和保障机制,确保《决定》关于人民陪审工作的广泛性和群众性原则得到贯彻执行。

19. 参加案件审理的人民陪审员,应当采取随机抽取的方式来确定。人民法院应当在开庭前采取适当方式,从人民陪审员名单中随机抽取确定人民陪审员。如案件审理确有需要,可以在相关地域、行业、专业等类型的人民陪审员范围内随机抽取。

20. 中级人民法院、高级人民法院审判案件依法应当由人民陪审员参加合议庭审判的,在其所在地级市辖区内的基层人民法院人民陪审员名单中随机抽取确定。

21. 海事法院、林业法院、铁路法院、垦区法院、油田法院、矿区法院、开发区法院审判案件依法应当由人民陪审员参加合议庭审判的,可在其所在地级市辖区内的基层

人民法院或案件管辖区内的人民陪审员名单中随机抽取确定。

22. 人民陪审员兼具人民调解员身份的，不得参加陪审由其先行进行调解的案件。

23. 人民陪审员参加审判活动，应当遵守司法纪律和礼仪的各项规定和要求。

24. 人民陪审员的回避，参照有关法官回避的法律规定执行。

五、切实加强培训工作，全面提升陪审能力

25. 各高级人民法院应当及时提出本辖区人民陪审员培训工作的总体方案和实施意见，并报最高人民法院备案。

26. 人民陪审员经任命后，应当按照规定，在依法参加人民法院案件审判前接受岗前培训。岗前培训的内容、形式和方法，应当根据人民陪审员参加审判活动的实际需要进行设计和安排。岗前培训主要由各高级人民法院或由其授权的中级人民法院承担。

27. 岗前培训内容包括社会主义法治理念、法官职业道德、中国司法制度、审判纪律、司法礼仪、廉政规定以及法律基础知识、审判工作基本规则等。人民法院也可结合本地区案件特点与类型安排培训内容。

28. 人民法院应当根据审判工作的需要，有计划、有组织地对任职期间的人民陪审员进行政治理论和新颁法律法规、司法解释的培训。日常任职培训主要由人民陪审员所在的基层人民法院承担。

29. 任职培训的形式和方法应当根据人民陪审员的特点和实际情况确定，除了采取集中授课培训外，还可以采取有针对性的庭审观摩、案例教学、模拟演示、电化教学、巡回教学等方法，以及组织人民陪审员对热点、难点、重点案件进行专题研讨等。任职培训不得少于 20 个学时。

六、强化管理与考核，落实经费保障

30. 各级人民法院应当根据工作需要和现实条件设立人民陪审工作管理办公室，负责制定并落实人民陪审工作的各项管理制度和具体措施。

31. 基层人民法院应当对人民陪审员进行动态考核，建立健全考核管理制度，建立陪审工作绩效档案，着重就陪审案件的数量、出庭率、陪审能力、审判纪律、审判作风等内容进行考核，人民陪审员的廉洁自律、公正司法情况，纳入所在基层人民法院廉政监督工作范围。

32. 每年年终前，由人民陪审员所在基层人民法院将考核结果书面通知人民陪审员本人及其所在单位（或户籍所在地、经常居住地的基层组织），同时将有关考核情况报送当地同级人民代表大会内务司法委员会和司法行政机关。

33. 人民陪审员与参加合议庭的法官享有同等的权利，同时也应当履行同等的义务。人民陪审员在履行陪审职责期间，如出现滥用职权、玩忽职守、徇私舞弊等情形的，人民法院应当视其情节对其进行批评教育，情节严重的，依照法定程序免除其人民陪审员职务，建议所在单位或基层组织对其进行处理，构成犯罪的，依法追究其刑事责任。

34. 人民陪审员参与审判活动所支出的必要费用纳入人民法院办案（业务）经费开

支范围。各级人民法院应当积极与同级财政部门等相关部门共同研究落实现有政策规定的内容,加大经费投入,规范使用范围。

35. 各高级人民法院研究确定本辖区人民陪审员参加审判活动的补助标准和补助方式。

36. 人民陪审员参加中级人民法院、高级人民法院以及其他法院审判活动的,由相关法院按照规定给予补助。

七、加强组织领导,抓好制度落实

37. 各级人民法院应当将人民陪审工作列入重要议事日程,积极创造有利条件,采取切实有效措施,确保《决定》和最高人民法院的有关规定落实到位。实施人民陪审员制度,各级人民法院应当在党委领导、人大监督、政府支持下积极稳妥地推行。积极主动地向党委、人大汇报重大问题和进展情况,加强与司法行政机关、财政部门的沟通和协调。

38. 上级人民法院应当主动出面帮助下级人民法院多做工作,协调、督促相关部门切实解决人民陪审工作中遇到的各种困难和问题。

39. 各级人民法院应当加强对人民陪审员制度的宣传工作,采取切实有效的措施,广泛利用报纸、广播、电视、网络等各种媒体,充分发挥社会舆论的引导作用,大力宣传人民陪审员制度的重要意义,总结宣传优秀人民陪审员的经验、做法。改进宣传方法,注重宣传人民陪审员的典型案例和显著效果,争取社会各界对人民陪审工作的充分认同,在全社会积极营造支持人民陪审员依法履行审判职责、关注法院审判工作的良好氛围。

最高人民法院
关于印发《关于海事法院人民陪审员选任工作的意见(试行)》的通知

2011年8月31日　　　　　　　　　　法〔2011〕267号

各省、自治区、直辖市高级人民法院及各海事法院:

现将最高人民法院《关于海事法院人民陪审员选任工作的意见(试行)》印发给你们,请结合工作实际,认真贯彻执行。

附：

关于海事法院人民陪审员选任工作的意见（试行）

根据《全国人民代表大会常务委员会关于完善人民陪审员制度的决定》以及相关文件精神，结合海事法院的特殊情况，现就海事法院人民陪审员的选任、使用等问题规定如下：

一、海事法院本部的人民陪审员人选在其所在城市符合担任人民陪审员条件的公民中产生，一般应由海事法院所在城市的相关基层人民法院同级人民代表大会常务委员会确定名额并任命。

海事法院派出法庭的人民陪审员人选在其所在城市符合担任人民陪审员条件的公民中产生，由海事法院与派出法庭所在城市相关基层人民法院协商同意后，一般应由海事法院派出法庭所在城市的相关基层人民法院同级人民代表大会常务委员会确定名额并任命。

二、海事法院案件管辖地域范围内的公民所在单位、户籍所在地或者经常居住地的基层组织在征得公民本人同意后，可向海事法院或派出法庭推荐其担任人民陪审员。

海事法院案件管辖地域范围内的公民个人可以向海事法院或派出法庭提出担任人民陪审员的申请。

三、海事法院负责对推荐或申请的人民陪审员名单及其材料进行预审查，其后，将相关材料以及预审查意见一并移交海事法院或派出法庭所在城市的相关基层人民法院，并由其所在城市相关基层人民法院会同同级人民政府司法行政机关对推荐或申请的人民陪审员候选人进行审查，由相关基层人民法院院长提出人民陪审员人选，提请同级人民代表大会常务委员会任命。

四、海事法院及其派出法庭应当按照最高人民法院《关于进一步加强和推进人民陪审工作的若干意见》（法发〔2010〕24号）的有关规定，从人民陪审员名单中随机抽取确定人民陪审员。

最高人民法院 司法部
关于印发《人民陪审员制度改革试点方案》的通知

2015年4月24日　　　　　　　　　　　　　　法〔2015〕100号

北京、河北、黑龙江、江苏、福建、山东、河南、广西、重庆、陕西高级人民法院、司法厅（局）：

为贯彻党的十八届三中、四中全会关于人民陪审员制度改革的部署，进一步推进司法民主，完善人民陪审员制度，保障人民群众有序参与司法，提升人民陪审员制度公信度，促进司法公正，最高人民法院、司法部制定了《人民陪审员制度改革试点方案》，已经中央全面深化改革领导小组第11次会议通过。十二届全国人大常委会第十四次会议作出《关于授权在部分地区开展人民陪审员制度改革试点工作的决定》，确保改革于法有据。现将《人民陪审员制度改革试点方案》印发给你们，请认真组织实施。实施过程中遇到的问题请及时报告最高人民法院和司法部。

附：

人民陪审员制度改革试点方案

为贯彻落实党的十八届三中、四中全会关于完善人民陪审员制度的改革部署，现就人民陪审员制度改革试点提出方案如下：

一、基本原则和改革目标

人民陪审员制度是中国特色社会主义司法制度的重要组成部分。要通过改革人民陪审员制度，推进司法民主，促进司法公正，保障人民群众有序参与司法，提升人民陪审员制度公信度和司法公信力，让人民群众在每一个司法案件中感受到公平正义。

（一）坚持正确政治方向。改革应当始终坚持党的领导、人民当家作主和依法治国的有机统一，坚定不移地走中国特色社会主义法治道路，在人民司法工作中坚持群众路线，提高人民陪审员制度公信度。

（二）坚持依法有序推进。人民陪审员制度改革应当于法有据，改革条件还不成熟、需要先行先试的，要按照法定程序由立法机关作出授权，实践证明行之有效的改革措施要及时上升为法律，确保改革在法律框架下有序推进。

（三）坚持中央顶层设计与地方探索相结合。人民陪审员制度改革既涉及司法制度和诉讼程序的原则性问题，也涉及一些司法实务中的操作性问题，要坚持在中央顶层设计的框架内，鼓励地方积极探索，总结经验。

（四）坚持从本国国情出发与吸收借鉴域外经验相结合。人民陪审员制度改革要立足我国国情，从中国特色社会主义司法制度和经济社会发展的实际出发，也要吸收借鉴其他国家和地区的有益经验。

二、主要内容

（一）改革人民陪审员选任条件。拥护中华人民共和国宪法、品行良好、公道正派、身体健康、具有选举权和被选举权的年满28周岁的公民，原则上都具备担任人民陪审员的资格。担任人民陪审员一般应当具有高中以上文化学历，但是农村地区和贫困偏远地区公道正派、德高望重者不受此限。

人民代表大会常务委员会组成人员，人民法院、人民检察院、公安机关、国家安全机关、司法行政机关的工作人员和执业律师不能担任人民陪审员。因犯罪受过刑事处罚的或者被开除公职的，以及不能正确理解和表达意思的人员，不得担任人民陪审员。

人民陪审员的选任应当注意吸收普通群众，兼顾社会各阶层人员的结构比例，注意吸收社会不同行业、不同职业、不同年龄、不同民族、不同性别的人员，实现人民陪审员的广泛性和代表性。

（二）完善人民陪审员选任程序。增加选任的广泛性和随机性，建立和完善人民陪审员随机抽选机制，提高选任工作透明度和公信度。

基层和中级人民法院每五年从符合条件的当地选民（或者当地常住居民）名单中随机抽选当地法院法官员额数5倍以上的人员作为人民陪审员候选人，制作人民陪审员候选人名册，建立人民陪审员候选人信息库。

基层和中级人民法院会同同级司法行政机关对人民陪审员候选人进行资格审查，征求候选人意见，从审核过的名单中随机抽选不低于当地法院法官员额数3~5倍的人员作为人民陪审员，建立人民陪审员名册，提请同级人大常委会任命。

对于可以实行陪审制审理的案件，人民法院要及时告知当事人有申请人民陪审员参与庭审的权利。当事人有权申请人民陪审员回避，是否回避由人民法院依法决定。

（三）扩大人民陪审员参审范围。合理界定并适当扩大人民陪审员参审案件范围，充分发扬司法民主，提高司法公信力。

涉及群体利益、社会公共利益的，人民群众广泛关注或者其他社会影响较大的第一审刑事、民事、行政案件，以及可能判处十年以上有期徒刑、无期徒刑的第一审刑事案件，原则上实行人民陪审制审理。

第一审刑事案件被告人、民事案件当事人、行政案件原告申请由人民陪审员参加合议庭审判的，可以实行人民陪审制审理。

（四）完善人民陪审员参审案件机制。改变人民陪审员陪而不审、审而不议等现象，合理确定每个人民陪审员每年参与审理案件的数量比例，防止"驻庭陪审、编外法官"等情形，保障人民陪审员参审权利和效果。

探索重大案件由 3 名以上人民陪审员参加合议庭机制。健全人民陪审员提前阅卷机制，人民法院应当在开庭前安排人民陪审员阅卷，为人民陪审员查阅案卷、参加审判活动提供便利。保障人民陪审员在庭审过程中依法行使权利，经审判长同意，人民陪审员有权参与案件共同调查、在庭审中直接发问、开展调解工作等。

完善人民陪审员参加合议庭评议程序。人民陪审员的意见应当写入合议笔录，规范人民陪审员及合议庭其他成员发表意见顺序和表决程序，保障人民陪审员评议时充分发表意见，严格落实人民陪审员合议庭笔录和裁判文书签名确认制度。

（五）探索人民陪审员参审案件职权改革。开展试点，积累经验，逐步探索实行人民陪审员不再审理法律适用问题，只参与审理事实认定问题，充分发挥人民陪审员富有社会阅历、了解社情民意的优势，提高人民法院裁判的社会认可度。

人民陪审员在案件评议过程中独立就案件事实认定问题发表意见，不再对法律适用问题发表意见。审判长应将案件事实争议焦点告知人民陪审员，引导人民陪审员围绕案件事实认定问题发表意见，并对与事实认定有关的证据资格、证据证明力、诉讼程序等问题及注意事项进行必要的说明，但不得妨碍人民陪审员对案件事实的独立判断。

人民陪审员和法官共同对案件事实认定负责，如果意见分歧，应当按多数人意见对案件事实作出认定，但是少数人意见应当写入笔录。如果法官与人民陪审员多数意见存在重大分歧，且认为人民陪审员多数意见对事实的认定违反了证据规则，可能导致适用法律错误或者造成错案的，可以将案件提交院长决定是否由审判委员会讨论。

（六）完善人民陪审员的退出和惩戒机制。坚持权利义务相统一原则，保障公民陪审权利，明确公民陪审义务。

建立人民陪审员职责豁免机制，因年龄、职业、生活、疾病等因素导致履行人民陪审员职责存在明显困难的可以免除其陪审义务。

公民经选任为人民陪审员的，无正当理由不得拒绝履行陪审职责。建立对人民陪审员无正当理由拒绝履行陪审职责，有损害陪审公信或司法公正等行为的惩戒制度。明确人民陪审员退出情形，完善人民陪审员退出机制。

（七）完善人民陪审员履职保障制度。建立人民陪审员宣誓制度，制定人民陪审员权利义务清单。

加强对人民陪审员个人信息和人身安全的法律保护，对危害人民陪审员制度的行为建立相应的处罚规则，维护人民陪审制度权威性。

人民法院及各相关单位应当为人民陪审员履职提供相应便利和保障。人民法院应当会同司法行政机关加强和改进对人民陪审员的培训和管理，充分调动人民陪审员履职积极性，提高履职实效性。人民陪审员所在单位不得因人民陪审员履行陪审职责而对其实施解雇以及减少工资或薪酬待遇等不利措施。人民陪审员制度实施所需经费列入人民法院、司法行政机关业务费预算予以保障。

三、方案实施

（一）立法机关授权。建议全国人大常委会 2015 年 4 月授权最高人民法院，自 2015 年 5 月起在部分地区开展人民陪审员制度改革试点工作，试点期限原则上二年，最低不少于一年。

（二）积极开展试点。2015年5月，最高人民法院根据试点方案和全国人大常委会的授权，研究制定试点实施方案，并选择北京、河北、黑龙江、江苏、福建、山东、河南、广西、重庆、陕西10省、自治区、直辖市开展人民陪审员制度改革试点。

（三）推动相关法律修改完善。2016年5月，最高人民法院总结经验，全面评估改革方案的实际效果，积极推动相关法律修改完善。

四、组织保障

人民陪审员制度改革由最高人民法院和全国人大内务司法委员会牵头负责，中央政法委、全国人大常委会法工委、最高人民检察院、司法部、财政部等部门积极配合。各部门要高度重视这项改革工作，加强工作协调和督促检查，加大人财物等保障力度，有力推进改革工作顺利开展。最高人民法院要加强对试点情况的跟踪和指导，认真研究改革试点中存在的突出问题，及时进行修改完善相关制度设计。

最高人民法院　司法部
关于印发《人民陪审员制度改革试点 工作实施办法》的通知

2015年5月20日　　　　　　　　　　　法〔2015〕132号

北京、河北、黑龙江、江苏、福建、山东、河南、广西、重庆、陕西高级人民法院、司法厅（局）：

为贯彻落实党的十八届三中、四中全会关于人民陪审员制度改革的部署，确保人民陪审员制度改革试点工作稳妥有序推进，根据最高人民法院与司法部联合印发的《人民陪审员制度改革试点方案》（法〔2015〕100号），结合工作实际，制定《人民陪审员制度改革试点工作实施办法》。现将文件印发给你们，请认真组织实施。实施过程中遇到的问题请及时报告最高人民法院和司法部。

附：

人民陪审员制度改革试点工作实施办法

为推进司法民主，促进司法公正，保障人民群众有序参与司法，提升人民陪审员制度公信度和司法公信力，根据中央全面深化改革领导小组第十一次全体会议审议通过的

《人民陪审员制度改革试点方案》和第十二届全国人民代表大会常务委员会第十四次会议审议通过的《关于授权在部分地区开展人民陪审员制度改革试点工作的决定》，结合审判工作实际，制定本办法。

第一条 公民担任人民陪审员，应当具备下列条件：

（一）拥护中华人民共和国宪法；

（二）具有选举权和被选举权；

（三）年满二十八周岁；

（四）品行良好、公道正派；

（五）身体健康。

担任人民陪审员，一般应当具有高中以上文化学历，但农村地区和贫困偏远地区德高望重者不受此限。

第二条 人民陪审员依法享有参加审判活动、独立发表意见、获得履职保障等权利。

人民陪审员应当忠实履行陪审义务，保守国家秘密和审判工作秘密，秉公判断，不得徇私枉法。

第三条 下列人员不能担任人民陪审员：

（一）人民代表大会常务委员会组成人员，人民法院、人民检察院、公安机关、国家安全机关、司法行政机关的工作人员；

（二）执业律师、基层法律服务工作者等从事法律服务工作的人员；

（三）因其他原因不适宜担任人民陪审员的人员。

第四条 下列人员不得担任人民陪审员：

（一）因犯罪受过刑事处罚的；

（二）被开除公职的；

（三）被人民法院纳入失信被执行人名单的；

（四）因受惩戒被免除人民陪审员职务的。

第五条 基层人民法院根据本辖区案件数量和陪审工作实际，确定不低于本院法官员额数3倍的人民陪审员名额，陪审案件数量较多的法院也可以将人民陪审员名额设定为本院法官员额数的5倍以上。中级人民法院根据陪审案件数量等实际情况，合理确定本院人民陪审员名额。

试点期间，尚未开展法官员额制改革的，法官员额数暂按中央政法专项编制的39％计算。

试点工作开始前已经选任的人民陪审员，应当计入人民陪审员名额。

第六条 人民法院每五年从符合条件的选民或者常住居民名单中，随机抽选本院法官员额数5倍以上的人员作为人民陪审员候选人，建立人民陪审员候选人信息库。

当地选民名单是指人民法院辖区同级人大常委会选举时确认的选民名单。当地常住居民名单是指人民法院辖区同级户口登记机关登记的常住人口名单。直辖市中级人民法院可以参考案件管辖范围确定相对应的当地选民和常住人口范围。

第七条 人民法院会同同级司法行政机关对人民陪审员候选人进行资格审查，征求候选人意见。必要时，人民法院可以会同同级司法行政机关以适当方式听取公民所在单位、户籍所在地或者经常居住地的基层组织的意见。

第八条　人民法院会同同级司法行政机关，从通过资格审查的候选人名单中以随机抽选的方式确定人民陪审员人选，由院长提请人民代表大会常务委员会任命。人民法院应当将任命决定通知人民陪审员本人，将任命名单抄送同级司法行政机关，并逐级报高级人民法院备案，同时向社会公告。相关司法行政机关应当将任命名单逐级报省级司法行政机关备案。

第九条　人民法院应当建立人民陪审员信息库，制作人民陪审员名册，并抄送同级司法行政机关。

人民法院可以根据人民陪审员专业背景情况，结合本院审理案件的主要类型，建立专业人民陪审员信息库。

第十条　人民陪审员选任工作每五年进行一次。因人民陪审员退出等原因导致人民陪审员人数低于人民法院法官员额数3倍的，或者因审判工作实际需要的，可以适当增补人民陪审员。增补程序参照选任程序进行。

第十一条　经选任为人民陪审员的应当进行集中公开宣誓。

第十二条　人民法院受理的第一审案件，除法律规定由法官独任审理或者由法官组成合议庭审理的以外，均可以适用人民陪审制审理。

有下列情形之一的第一审案件，原则上应当由人民陪审员和法官共同组成合议庭审理：

（一）涉及群体利益、社会公共利益、人民群众广泛关注或者其他社会影响较大的刑事、行政、民事案件。

（二）可能判处十年以上有期徒刑、无期徒刑的刑事案件；

（三）涉及征地拆迁、环境保护、食品药品安全的重大案件。

前款所列案件中，因涉及个人隐私、商业秘密或者其他原因，当事人申请不适用人民陪审制审理的，人民法院可以决定不适用人民陪审制审理。

第十三条　第一审刑事案件被告人、民事案件当事人和行政案件原告有权申请人民陪审员参加合议庭审判。人民法院接到申请后，经审查决定适用人民陪审制审理案件的，应当组成有人民陪审员参加的合议庭进行审判。

第十四条　人民法院应当结合本辖区实际情况，合理确定人民陪审员每人每年参与审理案件的数量上限，并向社会公告。

第十五条　适用人民陪审制审理第一审重大刑事、行政、民事案件的，人民陪审员在合议庭中的人数原则上应当在2人以上。

第十六条　参与合议庭审理案件的人民陪审员，应当在开庭前通过随机抽选的方式确定。

人民法院可以根据案件审理需要，从人民陪审员名册中随机抽选一定数量的候补人民陪审员，并确定递补顺序。

第十七条　当事人有权申请人民陪审员回避。人民陪审员的回避，参照有关法官回避的规定执行。

人民陪审员回避事由经审查成立的，人民法院应当及时从候补人员中确定递补人选。

第十八条 人民法院应当在开庭前，将相关权利和义务告知人民陪审员，并为其阅卷提供便利条件。

第十九条 在庭审过程中，人民陪审员有权依法参加案件调查和案件调解工作。经审判长同意，人民陪审员可以在休庭时组织双方当事人进行调解。

第二十条 适用人民陪审制审理案件的，庭审完毕后，审判长应当及时组织合议庭评议案件。当即评议确有困难的，应当将推迟评议的理由记录在卷。

第二十一条 合议庭评议时，审判长应当提请人民陪审员围绕案件事实认定问题发表意见，并对与事实认定有关的证据资格、证据规则、诉讼程序等问题及注意事项进行必要的说明，但不得妨碍人民陪审员对案件事实的独立判断。

第二十二条 人民陪审员应当全程参与合议庭评议，并就案件事实认定问题独立发表意见并进行表决。人民陪审员可以对案件的法律适用问题发表意见，但不参与表决。

第二十三条 合议庭评议案件前，审判长应当归纳并介绍需要通过评议讨论决定的案件事实问题，必要时可以以书面形式列出案件事实问题清单。

合议庭评议案件时，一般先由人民陪审员发表意见。

人民陪审员和法官共同对案件事实认定负责，如果意见分歧，应当按多数人意见对案件事实作出认定，但是少数人意见应当写入笔录。如果法官与人民陪审员多数意见存在重大分歧，且认为人民陪审员多数意见对事实的认定违反了证据规则，可能导致适用法律错误或者造成错案的，可以将案件提交院长决定是否由审判委员会讨论。提交审判委员会讨论决定的案件，审判委员会的决定理由应当在裁判文书中写明。

第二十四条 人民陪审员应当认真阅读评议笔录，确认无误后签名。人民陪审员应当审核裁判文书文稿中的事实认定结论部分并签名。

第二十五条 人民陪审员参与合议庭审理案件的，应当作为合议庭成员在裁判文书上署名。

第二十六条 人民陪审员有下列情形之一，经所在法院会同同级司法行政机关查证属实的，应当由法院院长提请同级人民代表大会常务委员会免除其人民陪审员职务：

（一）因年龄、疾病、职业、生活等原因难以履行陪审职责，向人民法院申请辞去人民陪审员职务的；

（二）被依法剥夺选举权和被选举权的；

（三）因犯罪受到刑事处罚、被开除公职或者被纳入失信被执行人名单的；

（四）担任本办法第三条所列职务的；

（五）其他不宜担任人民陪审员的情形。

人民陪审员被免除职务的，人民法院应当将免职决定通知被免职者本人，将免职名单抄送同级司法行政机关，并逐级报高级人民法院备案，同时向社会公告。相关司法行政机关应当将免职名单逐级报省级司法行政机关备案。

第二十七条 人民陪审员有下列情形之一，经所在法院会同同级司法行政机关查证属实的，除按程序免除其人民陪审员职务外，可以采取在辖区范围内公开通报、纳入个人诚信系统不良记录等措施进行惩戒；构成犯罪的，依法移送有关部门追究刑事责任：

（一）在人民陪审员资格审查中提供虚假材料的；

（二）一年内拒绝履行陪审职责达三次的；

（三）泄露国家秘密和审判工作秘密的；

（四）利用陪审职务便利索取或者收受贿赂的；

（五）充当诉讼掮客，为当事人介绍律师和评估、鉴定等中介机构的；

（六）滥用职权、徇私舞弊的；

（七）有其他损害陪审公信或司法公正行为的。

第二十八条 人民陪审员的选任、培训、考核和奖惩等日常管理工作，由人民法院会同同级司法行政机关负责。

人民法院和同级司法行政机关应当根据试点期间的履职要求，改进人民陪审员培训形式和重点内容。具体培训制度由相关高级人民法院会同省级司法行政机关另行制定。

人民法院应当会同同级司法行政机关完善配套机制，搭建技术平台，为完善人民陪审员的信息管理、随机抽选、均衡参审和意见反馈系统提供技术支持。

第二十九条 人民陪审员制度实施所需经费列入人民法院、司法行政机关业务费预算予以保障。

人民陪审员因参加培训或者审判活动，被其所在单位解雇、减少工资或薪酬待遇的，由人民法院会同司法行政机关向其所在单位或者其所在单位的上级主管部门提出纠正意见。

人民法院和司法行政机关不得向社会公开人民陪审员的住所及其他个人信息。人民陪审员人身、财产安全受到威胁时，可以请求人民法院或者司法行政机关采取适当保护措施。

对破坏人民陪审员制度的行为，构成犯罪的，依法移送有关部门追究刑事责任。

第三十条 港澳台居民担任人民陪审员的选任条件和程序另行规定。

第三十一条 试点法院会同同级司法行政机关，根据《人民陪审员制度改革试点方案》和本办法，结合工作实际，制定具体工作方案和相关制度规定。具体工作方案由相关高级人民法院、省级司法行政机关统一汇总后于2015年5月30日前报最高人民法院、司法部备案。

试点法院会同同级司法行政机关，在制定实施方案、修订现有规范、做好机制衔接的前提下，从2015年5月全面开始试点，试点时间两年。2016年4月前，试点法院、司法行政机关应当将中期报告逐级层报最高人民法院、司法部。

第三十二条 本办法仅适用于北京、河北、黑龙江、江苏、福建、山东、河南、广西、重庆、陕西等10个省（自治区、直辖市）的试点法院（具体名单附后）。

第三十三条 本办法由最高人民法院、司法部负责解释。

第三十四条 本办法应当报全国人民代表大会常务委员会备案，自发布之日起实施；之前有关人民陪审员制度的规定与本办法不一致的，按照本办法执行。

最高人民法院　司法部
关于印发《中华人民共和国人民陪审员宣誓规定（试行）》的通知

2015年5月20日　　　　　　　　　　　　　　法〔2015〕132号

北京、河北、黑龙江、江苏、福建、山东、河南、广西、重庆、陕西高级人民法院、司法厅（局）：

为贯彻落实党的十八届三中、四中全会关于人民陪审员制度改革的部署，确保人民陪审员制度改革试点工作稳妥有序推进，根据最高人民法院与司法部联合印发的《人民陪审员制度改革试点方案》（法〔2015〕100号），结合工作实际，制定《中华人民共和国人民陪审员宣誓规定（试行）》。现将文件印发给你们，请认真组织实施。实施过程中遇到的问题请及时报告最高人民法院和司法部。

附：

中华人民共和国人民陪审员宣誓规定（试行）

第一条　为推进司法民主，增强人民陪审员履行职务的使命感、责任感和荣誉感，制定本规定。

第二条　人民陪审员经人民代表大会常务委员会任命后，应当公开进行宣誓。

第三条　人民陪审员宣誓仪式由人民法院会同同级司法行政机关组织实施。

第四条　人民陪审员宣誓誓词为：我是中华人民共和国人民陪审员，我宣誓：忠于国家，忠于人民，忠于宪法和法律，依法参加审判活动，忠实履行陪审职责，廉洁诚信，秉公判断，维护社会公平正义！

第五条　领誓人由人民法院院长或其委托的资深法官担任。

第六条　宣誓场地须悬挂国旗；宣誓开始时奏（唱）《中华人民共和国国歌》，宣誓人面向国旗，立正站姿，举起右手，握拳过肩；领誓人持相同站姿位于宣誓人前方，逐句领读誓词，宣誓人齐声复诵；誓词宣读完毕，在领誓人读出"宣誓人"后，报出自己姓名。

第七条　本规定由最高人民法院、司法部负责解释。

第八条　本规定自发布之日起施行。

最高人民法院
关于印发《法官考评委员会暂行组织办法》和《初任审判员助理审判员考试暂行办法》的通知

1996年6月26日　　　　　　　　　　　　　法发〔1996〕20号

各省、自治区、直辖市高级人民法院，解放军军事法院：

根据《中华人民共和国法官法》的有关规定，制定了《法官考评委员会暂行组织办法》和《初任审判员、助理审判员考试暂行办法》，现印发给你们，请认真贯彻执行。

附：

法官考评委员会暂行组织办法

第一章　总　　则

第一条　根据《中华人民共和国法官法》的有关规定，制定本办法。

第二条　法官考评委员会是人民法院依法设置的指导对法官的培训、考核、评议工作的机构。

最高人民法院法官考评委员会是初任审判员、助理审判员全国统一考试的主管机构。

第三条　最高人民法院、地方各级人民法院和军事法院等专门人民法院分别设立法官考评委员会。

第二章　职　　责

第四条　法官考评委员会履行以下职责：

（一）审查对法官的理论、业务培训规划，指导法官培训工作；

（二）审查本院法官年度考核方案，指导考核工作；

（三）依据法官等级编制、评定、晋升的有关规定，履行职责；

（四）最高人民法院法官考评委员会组织初任审判员、助理审判员的全国统一考试工作。

地方各级人民法院、专门人民法院法官考评委员会协助最高人民法院法官考评委员会负责本地区的考试工作。

（五）其他应当由法官考评委员会议定的事项。

第三章 组织机构

第五条 法官考评委员会由本院院长、副院长以及有关部门的主要负责人组成。

第六条 法官考评委员会设主任一人，副主任一至三人。主任由本院院长担任；副主任由主任提名，法官考评委员会通过。

第七条 各级人民法院法官考评委员会组成人数为五人、七人或九人。

第八条 法官考评委员会实行民主集中制。根据需要，适时召开会议。

第九条 法官考评委员会由主任或受委托的副主任主持。决定事项须经全体委员的半数以上同意。

第十条 法官考评委员会的办事机构为本院人事管理部门。

第十一条 各级人民法院法官考评委员会在初任审判员、助理审判员全国统一考核期间设考试办公室。

第四章 附 则

第十二条 本办法由最高人民法院负责解释。

第十三条 本办法自颁布之日起施行。

最高人民法院
关于印发《人民法院审判长选任办法（试行）》的通知

2000年7月28日　　　　　　　　　　　　　　法发〔2000〕16号

全国地方各级人民法院、各级军事法院、各铁路运输中级法院和基层法院、各海事法院，新疆生产建设兵团各级法院：

为了提高法官队伍的素质，充分发挥合议庭的职能作用，确保司法公正，提高审判效率，最高人民法院决定在各级人民法院推行审判长选任工作。现将最高人民法院审判委员会第1123次会议通过的《人民法院审判长选任办法（试行）》印发给你们，请遵照执行。现将有关事项通知如下：

一、各级人民法院要把审判长选任工作作为近期法院改革的重点，切实抓紧、抓好，达到去年年底召开的全国高级法院院长会议提出的要求。在选任工作中要注意发现问题，及时总结经验，大胆探索创新。上级人民法院要加强对下级人民法院的审判长选任工作的指导，注意解决工作中存在的问题。

二、各级人民法院要根据本办法，结合本地实际情况，制定选任工作的具体实施细则。尤其是要科学合理地确定审判长的配备数额，确定考试、考核、评查内容，健全审判长的管理与监督制度，确保审判长选任工作达到预期目标。

三、各级人民法院要把审判长选任工作与法院机构改革、人员调整、清理清退不适合法院工作的人员等工作紧密结合起来，通过选任审判长，优化法官队伍。同时，应结合选任工作开展法官定编、设置法官助理、实行书记员单独序列等改革工作的试点，积累经验，为进一步改革法院人事管理体制创造条件。

四、各级人民法院应当结合审判长的选任工作，制定、完善审判委员会和合议庭工作规则，推进法院审判组织的制度化建设；同时注意理顺审判业务庭与合议庭、庭长与审判长、审判长与合议庭组成人员之间的关系，维护良好的工作秩序，促进审判工作的开展。

五、各级人民法院应当积极与地方党委、政府沟通，争取他们的理解和支持，根据本地区实际情况，解决审判长特殊津贴问题。

特此通知。在执行中有何问题，请及时向最高人民法院报告。

附：

人民法院审判长选任办法（试行）

（2000年7月11日最高人民法院审判委员会第1123次会议通过）

为了提高法官队伍的素质，充分发挥合议庭的职能作用，确保司法公正，提高审判效率，根据《中华人民共和国人民法院组织法》、《中华人民共和国法官法》和有关法律规定的精神，结合审判实践，制定本办法。

一、选任工作原则

（一）依法实施；

（二）德才兼备；

（三）公开、平等、竞争、择优；

（四）动态管理，优胜劣汰；

（五）坚持民主集中制。

二、审判长的配备

各级人民法院审判长的配备数额，应当根据审判工作的需要，参考本院合议庭的数量确定。最高人民法院审判长的配备数额，由最高人民法院确定。地方人民法院审判长的配备数额，由高级人民法院确定。

审判长一般由审判员担任。优秀的助理审判员被选为审判长的，应当依法提请任命为审判员。

院长、副院长、审判委员会委员、庭长、副庭长参加合议庭审理案件时，依照法律规定担任审判长。

三、审判长的条件

担任审判长，应当具备以下条件：

（一）遵守宪法和法律，严守审判纪律，秉公执法，清正廉洁，有良好的职业道德。

（二）身体健康，能够胜任审判工作。

（三）最高人民法院、高级人民法院的审判长应当具有高等院校法律本科以上学历；中级人民法院的审判长一般应当具有高等院校法律本科以上学历；基层人民法院的审判长应当具有高等院校法律专科以上学历。

（四）最高人民法院和高级人民法院的审判长必须担任法官职务从事审判工作 5 年以上；中级人民法院的审判长必须担任法官职务从事审判工作 4 年以上；基层人民法院的审判长必须担任法官职务从事审判工作 3 年以上。

（五）有比较丰富的审判实践经验，能够运用所掌握的法律专业知识解决审判工作中的实际问题；能够熟练主持庭审活动；并有较强的语言表达能力和文字表达能力，能够规范、熟练制作诉讼文书。

经济、文化欠发达地区的人民法院，经本院审判委员会研究决定并报上一级人民法院批准，可以适当放宽审判长的学历条件和从事审判工作年限。

四、选任程序

选任审判长，遵循以下程序：

（一）公布待任审判长名额及要求；

（二）由符合条件的法官提出书面申请或由庭长、主管院长从符合条件的法官中推荐人选；

（三）根据选任条件对自荐和推荐人员进行资格初审，确定预选人员名单，并予以公示；

（四）对预选人员进行审判业务考试、考核；

（五）审判委员会综合考虑选任条件和考试、考核结果，确定任用名单并由院长公布。

五、职　责

审判长的职责是：

（一）担任案件承办人，或指定合议庭其他成员担任案件承办人；

（二）组织合议庭成员和有关人员做好庭审准备及相关工作；

（三）主持庭审活动；

（四）主持合议庭对案件进行评议，作出裁判；

（五）对重大疑难案件和合议庭意见有重大分歧的案件，依照规定程序报请院长提交审判委员会讨论决定；

（六）依照规定权限审核、签发诉讼文书；

（七）依法完成其他审判工作。

六、管理与监督

对审判长实行动态管理。

建立案件评查制度，对合议庭审理的案件进行重点评查和抽样评查，评查结果作为对审判长考核的重要内容。

对审判长实行年度考核。在全面考核的基础上，突出对审判工作实绩的考核。年度考核不合格的，应当免去审判长职务。

七、免职与惩戒

审判长在任职期间有下列情形之一的，应当免去审判长职务：

（一）违法审判的；

（二）受党纪、政纪处分的；

（三）因身体状况难以继续担任审判长的；

（四）本人提出辞职并被批准的；

（五）调离审判工作岗位的；

（六）依法被免除法官职务的；

（七）其他不宜担任审判长的。

审判长由于违法审判被免去职务的，应当根据《人民法院审判人员违法审判责任追究办法（试行）》、《人民法院审判纪律处分办法（试行）》追究责任。

免去审判长职务，由庭长报请院长提请审判委员会作出决定并由院长公布。

八、待　遇

审判长可以享受特殊津贴。

九、附　则

各高级人民法院应当根据本办法有关规定，结合本地区的实际情况，制定具体实施细则。

最高人民法院
关于贯彻落实《中华人民共和国法官法》的通知

2001年7月11日　　　　　　　　　　法发〔2001〕11号

各省、自治区、直辖市高级人民法院，解放军军事法院，新疆维吾尔自治区高级人民法院生产建设兵团分院：

《全国人民代表大会常务委员会关于修改〈中华人民共和国法官法〉的决定》于2001年6月30日经第九届全国人民代表大会常务委员会第二十二次会议讨论通过，并自2002年1月1日起施行。为了保证新法官法的贯彻实施，现就有关问题通知如下：

第一，认真做好新法官法的学习、宣传工作

修改后的《中华人民共和国法官法》，总结了1995年以来人民法院建设的经验，在法官的任职条件、任免程序、任职回避和对任命法官的监督、法官员额比例的确定等方面作了进一步的修改和完善，对建立具有中国特色的法官制度，保障法官依法履行职责，提高法官队伍的整体素质，实现对法官的科学管理，具有十分重要的意义。各级人民法院的领导要高度重视新法官法的学习和宣传工作，要结合人民法院的实际情况，制定出学习新法官法的具体计划和措施，学习好、领会好新的立法精神，为贯彻实施新法官法打下良好的基础。

第二，严格掌握法官的任职条件

新法官法实施后，各级人民法院任命法官，必须严格执行新法官法所规定的学历条件和法律工作年限。关于"对确有困难的地方，在一定期限内放宽学历条件"的规定，最高人民法院将在调查研究的基础上提出正式意见。最高人民法院在没有提出正式意见之前，各级人民法院不得自行降低条件任命法官，各高级人民法院可以结合本地区的实际情况提出意见，供最高人民法院参考。

上级人民法院要按照干部管理权限，积极主动的做好下级人民法院院长、副院长人选的考核工作，对不符合法官条件的，要主动向地方党委提出意见，切实履行协管工作的职责。

在2002年1月1日新法官法正式实施前，各级人民法院仍可按照现行法官法规定的法官条件和程序任命或提请任命法官。任命或提请任命法官时，不得降低条件，违反程序。

第三，严格执行国家司法考试制度

自2002年1月1日起，各级人民法院补充法官人选，必须从通过国家司法考试合格的人员中择优选拔，并进行面试和考核。在任命法官时，各级人民法院可进行业务考试，择优选任。人民法院补充法官以外的其他工作人员，必须从通过国家政法部门省一级统一考试合格的人员中择优选拔。此外，各级人民法院初任审判员、助理审判员，或直接任命为副庭长、庭长、审判委员会委员的，必须通过国家司法考试。

鉴于新法官法已经规定设立国家司法考试制度，最高人民法院法官考评委员会今年不再组织初任审判员、助理审判员全国统一考试。

第四，加强对法官任命工作的检查监督

各级人民法院要严格按照新法官法规定的条件和程序选任法官。最高人民法院将严格按照新法官法的规定，检查监督地方人民法院依法选任法官的工作。上一级人民法院要对下级人民法院的法官选任工作进行定期检查，发现问题要积极提出建议，并督促改正。

最高人民法院已经决定，今年下半年要在全国范围内，对1995年7月1日以来，违法选任或违法提请任命法官的情况进行一次全面检查。凡没有通过初任审判员、助理审判员全国统一考试或不具备大专文化程度被任命为审判员、助理审判员的，各级人民法院要坚决免除或提请人大免除其法官职务。各高级人民法院要切实负责，组织专人，严格执法、执纪，对违法现象决不手软，决不迁就，确保此项工作不走过场。各级人民法院要将这次检查与"一教育三整顿"活动结合起来，作为整顿纪律、整顿作风的具体内容，抓到实处，落到实处。最高人民法院将派出检查组抽查检查工作的落实情况，对不按要求完成工作的高级人民法院，要予以通报批评，对违反法官法规定，仍违法提请任命审判员或任命助理审判员的法院领导，要按照党纪政纪予以严肃处理。这项工作，要在2001年12月底之前完成，各高级人民法院负责向最高人民法院作出书面报告。

第五，作好法官队伍的培训工作

最高人民法院将根据新法官法的要求，对法官队伍中未达到大学本科文化程度的人员进行培训，具体培训计划另行规定，高级人民法院要摸清本地区法官队伍的现状，研究、制定下一步培训工作计划，在培训师资、场地、教材等方面作好准备。

学习、宣传、贯彻新法官法，是一项关系社会主义法制建设的重要工作，各级人民法院要积极向地方党委、人大汇报工作情况，争取党委和人大的支持。同时，各级人民法院在贯彻执行新法官法过程中，要不断总结经验，对遇到的新问题，要认真研究，提出意见，及时向最高人民法院请示汇报，以确保新法官法的正确实施。

最高人民法院
关于人民法院事业单位的工作人员
能否任命或提请任命法官职务的批复

2002年1月17日　　　　　　　　　　　　　　法〔2002〕4号

海南省高级人民法院：

你院关于"业大、法学研究所等事业编制的干部，通过了初任审判员、助理审判员考试，且符合《法官法》规定的任职条件，可否任命或提请任命法官职务"的请示收悉。经我院研究，现答复如下：

根据《中华人民共和国法官法》等有关规定，人民法院属于事业单位编制的工作人员不能任命或提请任命法官职务。

最高人民法院　司法部
关于印发《关于规范法官和律师相互关系
维护司法公正的若干规定》的通知

2004年3月19日　　　　　　　　　　　　　　法发〔2004〕9号

各省、自治区、直辖市高级人民法院、司法厅（局），解放军军事法院、解放军总政治部司法局，新疆维吾尔自治区高级人民法院生产建设兵团分院、新疆维吾尔自治区生产建设兵团司法局：

现将《最高人民法院、司法部关于规范法官和律师相互关系维护司法公正的若干规定》印发给你们，请认真组织学习、贯彻执行。执行中如遇有问题，请及时报告最高人民法院、司法部。

附：

最高人民法院 司法部
关于规范法官和律师相互关系维护司法公正的若干规定

为了加强对法官和律师在诉讼活动中的职业纪律约束，规范法官和律师的相互关系，维护司法公正，根据《中华人民共和国法官法》、《中华人民共和国律师法》等有关法律、法规，制定本规定。

第一条 法官和律师在诉讼活动中应当忠实于宪法和法律，依法履行职责，共同维护法律尊严和司法权威。

第二条 法官应当严格依法办案，不受当事人及其委托的律师利用各种关系、以不正当方式对案件审判进行的干涉或者施加的影响。

律师在代理案件之前及其代理过程中，不得向当事人宣称自己与受理案件法院的法官具有亲朋、同学、师生、曾经同事等关系，并不得利用这种关系或者以法律禁止的其他形式干涉或者影响案件的审判。

第三条 法官不得私自单方面会见当事人及其委托的律师。

律师不得违反规定单方面会见法官。

第四条 法官应当严格执行回避制度，如果与本案当事人委托的律师有亲朋、同学、师生、曾经同事等关系，可能影响案件公正处理的，应当自行申请回避，是否回避由本院院长或者审判委员会决定。

律师因法定事由或者根据相关规定不得担任诉讼代理人或者辩护人的，应当谢绝当事人的委托，或者解除委托代理合同。

第五条 法官应当严格执行公开审判制度，依法告知当事人及其委托的律师本案审判的相关情况，但是不得泄露审判秘密。

律师不得以各种非法手段打听案情，不得违法误导当事人的诉讼行为。

第六条 法官不得为当事人推荐、介绍律师作为其代理人、辩护人，或者暗示更换承办律师，或者为律师介绍代理、辩护等法律服务业务，并且不得违反规定向当事人及其委托的律师提供咨询意见或者法律意见。

律师不得明示或者暗示法官为其介绍代理、辩护等法律服务业务。

第七条 法官不得向当事人及其委托律师索取或者收取礼品、金钱、有价证券等；不得借婚丧喜庆事宜向律师索取或者收取礼品、礼金；不得接受当事人及其委托律师的宴请；不得要求或者接受当事人及其委托律师出资装修住宅、购买商品或者进行各种娱乐、旅游活动；不得要求或者接受当事人及其委托的律师报销任何费用；不得向当事人及其委托的律师借用交通工具、通讯工具或者其他物品。

当事人委托的律师不得借法官或者其近亲属婚丧喜庆事宜馈赠礼品、金钱、有价证券等；不得向法官请客送礼、行贿或者指使、诱导当事人送礼、行贿；不得为法官装修住宅、购买商品或者出资邀请法官进行娱乐、旅游活动；不得为法官报销任何费用；不得向法官出借交通工具、通讯工具或者其他物品。

第八条 法官不得要求或者暗示律师向当事人索取财物或者其他利益。

当事人委托的律师不得假借法官的名义或者以联络、酬谢法官为由，向当事人索取财物或者其他利益。

第九条 法官应当严格遵守法律规定的审理期限，合理安排审判事务，遵守开庭时间。

律师应当严格遵守法律规定的提交诉讼文书的期限及其他相关程序性规定，遵守开庭时间。

法官和律师均不得借故延迟开庭。法官确有正当理由不能按期开庭，或者律师确有正当理由不能按期出庭的，人民法院应当在不影响案件审理期限的情况下，另行安排开庭时间，并及时通知当事人及其委托的律师。

第十条 法官在庭审过程中，应当严格按照法律规定的诉讼程序进行审判活动，尊重律师的执业权利，认真听取诉讼双方的意见。

律师应当自觉遵守法庭规则，尊重法官权威，依法履行辩护、代理职责。

第十一条 法官和律师在诉讼活动中应当严格遵守司法礼仪，保持良好的仪表，举止文明。

第十二条 律师对于法官有违反本规定行为的，可以自行或者通过司法行政部门、律师协会向有关人民法院反映情况，或者署名举报，提出追究违纪法官党纪、政纪或者法律责任的意见。

法官对于律师有违反本规定行为的，可以直接或者通过人民法院向有关司法行政部门、律师协会反映情况，或者提出给予行业处分、行政处罚直至追究法律责任的司法建议。

第十三条 当事人、案外人发现法官或者律师有违反本规定行为的，可以向有关人民法院、司法行政部门、纪检监察部门、律师协会反映情况或者署名举报。

第十四条 人民法院、司法行政部门、律师协会对于法官、律师违反本规定的，应当视其情节，按照有关法律、法规或者规定给予处理；构成犯罪的，依法追究刑事责任。

第十五条 对法官和律师在案件执行过程中的纪律约束，按照本规定执行。

对人民法院其他工作人员和律师辅助人员的纪律约束，参照本规定的有关内容执行。

第十六条 本规定由最高人民法院、司法部负责解释。

第十七条 本规定自公布之日起实施。

最高人民法院
关于现职法官不得担任仲裁员的通知

2004 年 7 月 13 日　　　　　　　　　　　　　　法〔2004〕129 号

各省、自治区、直辖市高级人民法院，解放军军事法院，新疆维吾尔自治区高级人民法院生产建设兵团分院：

最近，最高人民法院就全国人大代表关于法官可否被仲裁委员会聘任，担任仲裁员的询问答复了全国人大代表。现将有关精神通知如下：

根据《中华人民共和国法官法》、《中华人民共和国仲裁法》的有关规定，法官担任仲裁员，从事案件的仲裁工作，不符合有关法律规定，超出了人民法院和法官的职权范围，不利于依法公正保护诉讼当事人的合法权益。因此，法官不得担任仲裁员；已经被仲裁委员会聘任，担任仲裁员的法官应当在本通知下发后一个月内辞去仲裁员职务，解除聘任关系。

特此通知。

最高人民法院
关于如何理解法官法第十七条"原任职法院"问题的答复

2007 年 4 月 16 日　　　　　　　　　　　　　　法〔2007〕62 号

上海市高级人民法院：

你院《关于〈法官法〉第十七条"原任职法院"等问题如何理解的请示》（沪高法〔2006〕392 号）收悉。经研究，答复如下：

《中华人民共和国法官法》第十七条第二款规定的"原任职法院"，包括该法官曾经担任过审判职务的所有法院。

此复。

最高人民法院
关于印发《人民法院工作人员处分条例》的通知

2009年12月31日　　　　　　　　　　　　　　法发〔2009〕61号

全国地方各级人民法院、各级军事法院、各铁路运输中级法院和基层法院、各海事法院、新疆生产建设兵团各级法院：

现将《人民法院工作人员处分条例》印发给你们，请认真贯彻执行。执行中有何问题请及时向我院报告。

附：

人民法院工作人员处分条例

第一章　总　　则

第一节　目的、依据、原则和适用范围

第一条　为了规范人民法院工作人员行为，促进人民法院工作人员依法履行职责，确保公正、高效、廉洁司法，根据《中华人民共和国公务员法》和《中华人民共和国法官法》，制定本条例。

第二条　人民法院工作人员因违反法律、法规或者本条例规定，应当承担纪律责任的，依照本条例给予处分。

第三条　人民法院工作人员依法履行职务的行为受法律保护。非因法定事由、非经法定程序，不受处分。

第四条　给予人民法院工作人员处分，应当坚持以下原则：
（一）实事求是，客观公正；
（二）纪律面前人人平等；
（三）处分与违纪行为相适应；
（四）惩处与教育相结合。

第五条　人民法院工作人员违纪违法涉嫌犯罪的，应当移送司法机关处理。

第二节 处分的种类和适用

第六条 处分的种类为：警告、记过、记大过、降级、撤职、开除。

第七条 受处分的期间为：

（一）警告，六个月；

（二）记过，十二个月；

（三）记大过，十八个月；

（四）降级、撤职，二十四个月。

第八条 受处分期间不得晋升职务、级别，其中，受记过、记大过、降级、撤职处分的，不得晋升工资档次；受撤职处分的，应当按照规定降低级别。

第九条 受开除处分的，自处分决定生效之日起，解除与人民法院的人事关系，不得再担任公务员职务。

第十条 同时有两种以上需要给予处分的行为的，应当分别确定其处分种类。应当给予的处分种类不同的，执行其中最重的处分；应当给予撤职以下多个相同种类处分的，执行该处分，并在一个处分期以上、多个处分期之和以下，决定应当执行的处分期。

在受处分期间受到新的处分的，其处分期为原处分期尚未执行的期限与新处分期限之和。

处分期最长不超过四十八个月。

第十一条 二人以上共同违纪违法，需要给予处分的，根据各自应当承担的纪律责任分别给予处分。

人民法院领导班子、有关机构或者审判组织集体作出违纪违法决定或者实施违纪违法行为，依照前款规定处理。

第十二条 有下列情形之一的，应当在本条例分则规定的处分幅度以内从重处分：

（一）在共同违纪违法行为中起主要作用的；

（二）隐匿、伪造、销毁证据的；

（三）串供或者阻止他人揭发检举、提供证据材料的；

（四）包庇同案人员的；

（五）法律、法规和本条例分则中规定的其他从重情节。

第十三条 有下列情形之一的，应当在本条例分则规定的处分幅度以内从轻处分：

（一）主动交待违纪违法行为的；

（二）主动采取措施，有效避免或者挽回损失的；

（三）检举他人重大违纪违法行为，情况属实的；

（四）法律、法规和本条例分则中规定的其他从轻情节。

第十四条 主动交待违纪违法行为，并主动采取措施有效避免或者挽回损失的，应当在本条例分则规定的处分幅度以外降低一个档次给予减轻处分。

应当给予警告处分，又有减轻处分情形的，免予处分。

第十五条 违纪违法行为情节轻微，经过批评教育后改正的，可以免予处分。

第十六条 在人民法院作出处分决定前,已经被依法判处刑罚、罢免、免职或者已经辞去领导职务,依照本条例需要给予处分的,应当根据其违纪违法事实给予处分。

被依法判处刑罚的,一律给予开除处分。

第十七条 人民法院工作人员退休之后违纪违法,或者在任职期间违纪违法、在处分决定作出前已经退休的,不再给予纪律处分;但是,应当给予降级、撤职、开除处分的,应当按照规定相应降低或者取消其享受的待遇。

第十八条 对违纪违法取得的财物和用于违纪违法的财物,应当没收、追缴或者责令退赔。没收、追缴的财物,一律上缴国库。

对违纪违法获得的职务、职称、学历、学位、奖励、资格等,应当建议有关单位、部门按规定予以纠正或者撤销。

第三节 处分的解除、变更和撤销

第十九条 受开除以外处分的,在受处分期间有悔改表现,并且没有再发生违纪违法行为的,处分期满后应当解除处分。

解除处分后,晋升工资档次、级别、职务不再受原处分的影响。但是,解除降级、撤职处分的,不视为恢复原级别、原职务。

第二十条 有下列情形之一的,应当变更或者撤销处分决定:

(一)适用法律、法规或者本条例规定错误的;

(二)对违纪违法行为的事实、情节认定有误的;

(三)处分所依据的违纪违法事实证据不足的;

(四)调查处理违反法定程序,影响案件公正处理的;

(五)作出处分决定超越职权或者滥用职权的;

(六)有其他处分不当情形的。

第二十一条 处分决定被变更,需要调整被处分人员的职务、级别或者工资档次的,应当按照规定予以调整;处分决定被撤销的,应当恢复其级别、工资档次,按照原职务安排相应的职务,并在适当范围内为其恢复名誉。因变更而减轻处分或者被撤销处分人员的工资福利受到损失的,应当予以补偿。

第二章 分 则

第一节 违反政治纪律的行为

第二十二条 散布有损国家声誉的言论,参加旨在反对国家的集会、游行、示威等活动的,给予记大过处分;情节较重的,给予降级或者撤职处分;情节严重的,给予开除处分。

因不明真相被裹挟参加上述活动,经批评教育后确有悔改表现的,可以减轻或者免予处分。

第二十三条 参加非法组织或者参加罢工的,给予记大过处分;情节较重的,给予降级或者撤职处分；情节严重的，给予开除处分。

因不明真相被裹挟参加上述活动，经批评教育后确有悔改表现的，可以减轻或者免予处分。

第二十四条 违反国家的民族宗教政策，造成不良后果的，给予记大过处分；情节较重的，给予降级或者撤职处分；情节严重的，给予开除处分。

因不明真相被裹挟参加上述活动，经批评教育后确有悔改表现的，可以减轻或者免予处分。

第二十五条 在对外交往中损害国家荣誉和利益的，给予记大过处分；情节较重的，给予降级或者撤职处分；情节严重的，给予开除处分。

第二十六条 非法出境，或者违反规定滞留境外不归的，给予记大过处分；情节较重的，给予降级或者撤职处分；情节严重的，给予开除处分。

第二十七条 未经批准获取境外永久居留资格，或者取得外国国籍的，给予记大过处分；情节较重的，给予降级或者撤职处分；情节严重的，给予开除处分。

第二十八条 有其他违反政治纪律行为的，给予警告、记过或者记大过处分；情节较重的，给予降级或者撤职处分；情节严重的，给予开除处分。

第二节 违反办案纪律的行为

第二十九条 违反规定，擅自对应当受理的案件不予受理，或者对不应当受理的案件违法受理的，给予警告、记过或者记大过处分；情节较重的，给予降级或者撤职处分；情节严重的，给予开除处分。

第三十条 违反规定应当回避而不回避，造成不良后果的，给予警告、记过或者记大过处分；情节较重的，给予降级或者撤职处分；情节严重的，给予开除处分。

明知诉讼代理人、辩护人不符合担任代理人、辩护人的规定，仍准许其担任代理人、辩护人，造成不良后果的，给予警告、记过或者记大过处分；情节较重的，给予降级处分；情节严重的，给予撤职处分。

第三十一条 违反规定会见案件当事人及其辩护人、代理人、请托人的，给予警告处分；造成不良后果的，给予记过或者记大过处分。

第三十二条 违反规定为案件当事人推荐、介绍律师或者代理人，或者为律师或者其他人员介绍案件的，给予警告处分；造成不良后果的，给予记过或者记大过处分。

第三十三条 违反规定插手、干预、过问案件，或者为案件当事人通风报信、说情打招呼的，给予警告、记过或者记大过处分；情节较重的，给予降级或者撤职处分；情节严重的，给予开除处分。

第三十四条 依照规定应当调查收集相关证据而故意不予收集，造成不良后果的，给予警告、记过或者记大过处分；情节较重的，给予降级或者撤职处分；情节严重的，给予开除处分。

第三十五条 依照规定应当采取鉴定、勘验、证据保全等措施而故意不采取，造成不良后果的，给予警告、记过或者记大过处分；情节较重的，给予降级或者撤职处分；情节严重的，给予开除处分。

第三十六条 依照规定应当采取财产保全措施或者执行措施而故意不采取，或者依法应当委托有关机构审计、鉴定、评估、拍卖而故意不委托，造成不良后果的，给予警告、记过或者记大过处分；情节较重的，给予降级或者撤职处分；情节严重的，给予开除处分。

第三十七条 违反规定采取或者解除财产保全措施，造成不良后果的，给予警告、记过或者记大过处分；情节较重的，给予降级或者撤职处分；情节严重的，给予开除处分。

第三十八条 故意违反规定选定审计、鉴定、评估、拍卖等中介机构，或者串通、指使相关中介机构在审计、鉴定、评估、拍卖等活动中徇私舞弊、弄虚作假的，给予警告、记过或者记大过处分；情节较重的，给予降级或者撤职处分；情节严重的，给予开除处分。

第三十九条 故意违反规定采取强制措施的，给予警告、记过或者记大过处分；情节较重的，给予降级或者撤职处分；情节严重的，给予开除处分。

第四十条 故意毁弃、篡改、隐匿、伪造、偷换证据或者其他诉讼材料的，给予记大过处分；情节较重的，给予降级或者撤职处分；情节严重的，给予开除处分。

指使、帮助他人作伪证或者阻止他人作证的，给予降级或者撤职处分；情节严重的，给予开除处分。

第四十一条 故意向合议庭、审判委员会隐瞒主要证据、重要情节或者提供虚假情况的，给予警告、记过或者记大过处分；情节较重的，给予降级或者撤职处分；情节严重的，给予开除处分。

第四十二条 故意泄露合议庭、审判委员会评议、讨论案件的具体情况或者其他审判执行工作秘密的，给予记过或者记大过处分；情节较重的，给予降级或者撤职处分；情节严重的，给予开除处分。

第四十三条 故意违背事实和法律枉法裁判的，给予降级或者撤职处分；情节严重的，给予开除处分。

第四十四条 因徇私而违反规定迫使当事人违背真实意愿撤诉、接受调解、达成执行和解协议并损害其利益的，给予警告、记过或者记大过处分；情节较重的，给予降级或者撤职处分；情节严重的，给予开除处分。

第四十五条 故意违反规定采取执行措施，造成案件当事人、案外人或者第三人财产损失的，给予记大过处分；情节较重的，给予降级或者撤职处分；情节严重的，给予开除处分。

第四十六条 故意违反规定对具备执行条件的案件暂缓执行、中止执行、终结执行或者不依法恢复执行，造成不良后果的，给予记大过处分；情节较重的，给予降级或者撤职处分；情节严重的，给予开除处分。

第四十七条 故意违反规定拖延办案的，给予警告、记过或者记大过处分；情节较重的，给予降级或者撤职处分；情节严重的，给予开除处分。

第四十八条 故意拖延或者拒不执行合议庭决议、审判委员会决定以及上级人民法院判决、裁定、决定、命令的，给予警告、记过或者记大过处分；情节较重的，给予降级或者撤职处分；情节严重的，给予开除处分。

第四十九条 私放被羁押人员的，给予记大过处分；情节较重的，给予降级或者撤职处分；情节严重的，给予开除处分。

第五十条 违反规定私自办理案件的，给予警告、记过或者记大过处分；情节较重的，给予降级或者撤职处分；情节严重的，给予开除处分。

内外勾结制造假案的，给予降级、撤职或者开除处分。

第五十一条 伪造诉讼、执行文书，或者故意违背合议庭决议、审判委员会决定制作诉讼、执行文书的，给予记大过处分；情节较重的，给予降级或者撤职处分；情节严重的，给予开除处分。

送达诉讼、执行文书故意不依照规定，造成不良后果的，给予警告、记过或者记大过处分。

第五十二条 违反规定将案卷或者其他诉讼材料借给他人的，给予警告处分；造成不良后果的，给予记过或者记大过处分。

第五十三条 对外地人民法院依法委托的事项拒不办理或者故意拖延办理，造成不良后果的，给予警告、记过或者记大过处分；情节严重的，给予降级或者撤职处分。

阻挠、干扰外地人民法院依法在本地调查取证或者采取相关财产保全措施、执行措施、强制措施的，给予警告、记过或者记大过处分；情节较重的，给予降级或者撤职处分；情节严重的，给予开除处分。

第五十四条 有其他违反办案纪律行为的，给予警告、记过或者记大过处分；情节较重的，给予降级或者撤职处分；情节严重的，给予开除处分。

第三节　违反廉政纪律的行为

第五十五条 利用职务便利，采取侵吞、窃取、骗取等手段非法占有诉讼费、执行款物、罚没款物、案件暂存款、赃款赃物及其孳息等涉案财物或者其他公共财物的，给予记大过处分；情节较重的，给予降级或者撤职处分；情节严重的，给予开除处分。

第五十六条 利用司法职权或者其他职务便利，索取他人财物及其他财产性利益的，或者非法收受他人财物及其他财产性利益，为他人谋取利益的，给予记大过处分；情节较重的，给予降级或者撤职处分；情节严重的，给予开除处分。

利用司法职权或者其他职务便利为他人谋取利益，以低价购买、高价出售、收受干股、合作投资、委托理财、赌博等形式非法收受他人财物，或者以特定关系人"挂名"领取薪酬或者收受财物等形式，非法收受他人财物，或者违反规定收受各种名义的回扣、手续费归个人所有的，依照前款规定处分。

第五十七条 行贿或者介绍贿赂的，给予记过或者记大过处分；情节较重的，给予降级或者撤职处分；情节严重的，给予开除处分。

向审判、执行人员行贿或者介绍贿赂的，依照前款规定从重处分。

第五十八条 挪用诉讼费、执行款物、罚没款物、案件暂存款、赃款赃物及其孳息等涉案财物或者其他公共财物的，给予记过或者记大过处分；情节较重的，给予降级或者撤职处分；情节严重的，给予开除处分。

第五十九条 接受案件当事人、相关中介机构及其委托人的财物、宴请或者其他利益的，给予警告、记过或者记大过处分；情节较重的，给予降级或者撤职处分；情节严重的，给予开除处分。

违反规定向案件当事人、相关中介机构及其委托人借钱、借物的，给予警告、记过或者记大过处分。

第六十条 以单位名义集体截留、使用、私分诉讼费、执行款物、罚没款物、案件暂存款、赃款赃物及其孳息等涉案财物或者其他公共财物的，给予警告、记过或者记大过处分；情节较重的，给予降级或者撤职处分；情节严重的，给予开除处分。

第六十一条 利用司法职权，以单位名义向公民、法人或者其他组织索要赞助或者摊派、收取财物的，给予记过或者记大过处分；情节较重的，给予降级或者撤职处分；情节严重的，给予开除处分。

第六十二条 故意违反规定设置收费项目、扩大收费范围、提高收费标准的，给予警告、记过或者记大过处分；情节较重的，给予降级或者撤职处分；情节严重的，给予开除处分。

第六十三条 违反规定从事或者参与营利性活动，在企业或者其他营利性组织中兼职的，给予记过或者记大过处分；情节较重的，给予降级或者撤职处分；情节严重的，给予开除处分。

第六十四条 利用司法职权或者其他职务便利，为特定关系人谋取不正当利益，或者放任其特定关系人、身边工作人员利用本人职权谋取不正当利益的，给予记过或者记大过处分；情节较重的，给予降级或者撤职处分；情节严重的，给予开除处分。

第六十五条 有其他违反廉政纪律行为的，给予警告、记过或者记大过处分；情节较重的，给予降级或者撤职处分；情节严重的，给予开除处分。

第四节 违反组织人事纪律的行为

第六十六条 违反议事规则，个人或者少数人决定重大事项，或者改变集体作出的重大决定，造成决策错误的，给予警告、记过或者记大过处分；情节较重的，给予降级或者撤职处分；情节严重的，给予开除处分。

第六十七条 故意拖延或者拒不执行上级依法作出的决定、决议的，给予警告、记过或者记大过处分；情节较重的，给予降级或者撤职处分；情节严重的，给予开除处分。

第六十八条 对职责范围内发生的重大事故、事件不按规定报告、处理的，给予记过或者记大过处分；情节较重的，给予降级或者撤职处分；情节严重的，给予开除处分。

第六十九条 对职责范围内发生的违纪违法问题隐瞒不报、压案不查、包庇袒护的，或者对上级交办的违纪违法案件故意拖延或者拒不办理的，给予记大过处分；情节较重的，给予降级或者撤职处分；情节严重的，给予开除处分。

第七十条 压制批评，打击报复，扣压、销毁举报信件，或者向被举报人透露举报情况的，给予记过或者记大过处分；情节较重的，给予降级或者撤职处分；情节严重的，给予开除处分。

第七十一条 在人员录用、招聘、考核、晋升职务、晋升级别、职称评定以及岗位调整等工作中徇私舞弊、弄虚作假的，给予警告、记过或者记大过处分；情节较重的，给予降级或者撤职处分；情节严重的，给予开除处分。

第七十二条 弄虚作假，骗取荣誉，或者谎报学历、学位、职称的，给予警告、记过或者记大过处分；情节较重的，给予降级或者撤职处分；情节严重的，给予开除处分。

第七十三条 拒不执行机关的交流决定，或者在离任、辞职、被辞退时，拒不办理公务交接手续或者拒不接受审计的，给予警告、记过或者记大过处分；情节较重的，给予降级或者撤职处分；情节严重的，给予开除处分。

第七十四条 旷工或者因公外出、请假期满无正当理由逾期不归，造成不良后果的，给予警告、记过或者记大过处分；情节较重的，给予降级或者撤职处分；情节严重的，给予开除处分。

第七十五条 以不正当方式谋求本人或者特定关系人用公款出国，或者擅自延长在国外、境外期限，或者擅自变更路线，造成不良后果的，给予警告、记过或者记大过处分；情节较重的，给予降级或者撤职处分；情节严重的，给予开除处分。

第七十六条 有其他违反组织人事纪律行为的，给予警告、记过或者记大过处分；情节较重的，给予降级或者撤职处分；情节严重的，给予开除处分。

第五节 违反财经纪律的行为

第七十七条 违反规定进行物资采购或者工程项目招投标，造成不良后果的，给予警告、记过或者记大过处分；情节较重的，给予降级或者撤职处分；情节严重的，给予开除处分。

第七十八条 违反规定擅自开设银行账户或者私设"小金库"的，给予警告处分；情节较重的，给予记过或者记大过处分；情节严重的，给予降级或者撤职处分。

第七十九条 伪造、变造、隐匿、毁弃财务账册、会计凭证、财务会计报告的，给予警告、记过或者记大过处分；情节较重的，给予降级或者撤职处分；情节严重的，给予开除处分。

第八十条 违反规定挥霍浪费国家资财的，给予警告处分；情节较重的，给予记过或者记大过处分；情节严重的，给予降级或者撤职处分。

第八十一条 有其他违反财经纪律行为的，给予警告、记过或者记大过处分；情节较重的，给予降级或者撤职处分；情节严重的，给予开除处分。

第六节 失职行为

第八十二条 因过失导致依法应当受理的案件未予受理，或者不应当受理的案件被违法受理，造成不良后果的，给予警告、记过或者记大过处分。

第八十三条 因过失导致错误裁判、错误采取财产保全措施、强制措施、执行措施，或者应当采取财产保全措施、强制措施、执行措施而未采取，造成不良后果的，给予警告、记过或者记大过处分；造成严重后果的，给予降级、撤职或者开除处分。

第八十四条 因过失导致所办案件严重超出规定办理期限，造成严重后果的，给予警告、记过或者记大过处分。

第八十五条 因过失导致被羁押人员脱逃、自伤、自杀或者行凶伤人的，给予记过或者记大过处分；造成严重后果的，给予降级、撤职或者开除处分。

第八十六条 因过失导致诉讼、执行文书内容错误，造成严重后果的，给予警告、记过或者记大过处分。

第八十七条 因过失导致国家秘密、审判执行工作秘密及其他工作秘密、履行职务掌握的商业秘密或者个人隐私被泄露，造成不良后果的，给予警告、记过或者记大过处分；情节较重的，给予降级或者撤职处分；情节严重的，给予开除处分。

第八十八条 因过失导致案卷或者证据材料损毁、丢失的，给予警告、记过或者记大过处分；造成严重后果的，给予降级或者撤职处分。

第八十九条 因过失导致职责范围内发生刑事案件、重大治安案件、重大社会群体性事件或者重大人员伤亡事故的，使公共财产、国家和人民利益遭受重大损失的，给予记过或者记大过处分；情节较重的，给予降级或者撤职处分；情节严重的，给予开除处分。

第九十条 有其他失职行为造成不良后果的，给予警告、记过或者记大过处分；情节较重的，给予降级或者撤职处分；情节严重的，给予开除处分。

第七节 违反管理秩序和社会道德的行为

第九十一条 因工作作风懈怠、工作态度恶劣，造成不良后果的，给予警告、记过或者记大过处分。

第九十二条 故意泄露国家秘密、工作秘密，或者故意泄露因履行职责掌握的商业秘密、个人隐私的，给予记过或者记大过处分；情节较重的，给予降级或者撤职处分；情节严重的，给予开除处分。

第九十三条 弄虚作假，误导、欺骗领导和公众，造成不良后果的，给予警告、记过或者记大过处分；情节较重的，给予降级或者撤职处分；情节严重的，给予开除处分。

第九十四条 因酗酒影响正常工作或者造成其他不良后果的，给予警告、记过或者记大过处分；情节较重的，给予降级、撤职处分；情节严重的，给予开除处分。

第九十五条 违反规定保管、使用枪支、弹药、警械等特殊物品，造成不良后果的，给予警告、记过或者记大过处分；情节较重的，给予降级或者撤职处分；情节严重的，给予开除处分。

第九十六条 违反公务车管理使用规定，发生严重交通事故或者造成其他不良后果的，给予警告、记过或者记大过处分；情节较重的，给予降级或者撤职处分；情节严重的，给予开除处分。

第九十七条 妨碍执行公务或者违反规定干预执行公务的，给予记过或者记大过处分；情节较重的，给予降级或者撤职处分；情节严重的，给予开除处分。

第九十八条 以殴打、辱骂、体罚、非法拘禁或者诽谤、诬告等方式侵犯他人人身权利的,给予记过或者记大过处分;情节较重的,给予降级或者撤职处分;情节严重的,给予开除处分。

体罚、虐待被羁押人员,或者殴打、辱骂诉讼参与人、涉诉上访人的,依照前款规定从重处分。

第九十九条 与他人通奸,造成不良影响的,给予警告、记过或者记大过处分;情节较重的,给予降级或者撤职处分;情节严重的,给予开除处分。

与所承办案件的当事人或者当事人亲属发生不正当两性关系的,依照前款规定从重处分。

第一百条 重婚或者包养情人的,给予撤职或者开除处分。

第一百零一条 拒不承担赡养、抚养、扶养义务,或者虐待、遗弃家庭成员的,给予警告、记过或者记大过处分;情节较重的,给予降级或者撤职处分;情节严重的,给予开除处分。

第一百零二条 吸食、注射毒品或者参与嫖娼、卖淫、色情淫乱活动的,给予撤职或者开除处分。

第一百零三条 参与赌博的,给予警告或者记过处分;情节较重的,给予记大过或者降级处分;情节严重的,给予撤职或者开除处分。

为赌博活动提供场所或者其他便利条件的,给予警告、记过或者记大过处分;情节较重的,给予降级、撤职处分;情节严重的,给予开除处分。

在工作时间赌博的,给予记过、记大过或者降级处分;屡教不改的,给予撤职或者开除处分。

挪用公款赌博的,给予撤职或者开除处分。

第一百零四条 参与迷信活动,造成不良影响的,给予警告、记过或者记大过处分。

组织迷信活动的,给予降级处分;情节较重的,给予撤职处分;情节严重的,给予开除处分。

第一百零五条 违反规定超计划生育的,给予降级处分;情节较重的,给予撤职处分;情节严重的,给予开除处分。

第一百零六条 有其他违反管理秩序和社会道德行为的,给予警告、记过或者记大过处分;情节较重的,给予降级或者撤职处分;情节严重的,给予开除处分。

第三章 附 则

第一百零七条 本条例所称"人民法院工作人员"是指人民法院行政编制内的工作人员。

人民法院事业编制工作人员参照本条例执行。

人民法院聘用人员不适用本条例。

第一百零八条 本条例所称"特定关系人",是指与人民法院工作人员具有近亲属、情人以及其他密切关系的人。

第一百零九条 本条例所称"以上"、"以下",包含本数。

第一百一十条 本条例由最高人民法院负责解释。

第一百一十一条 本条例自发布之日起施行。最高人民法院此前颁布的《关于人民法院工作人员纪律处分的若干规定(试行)》、《人民法院审判纪律处分办法(试行)》、《人民法院执行工作纪律处分办法(试行)》、最高人民法院《关于严格执行〈中华人民共和国法官法〉有关惩戒制度若干规定》同时废止。

最高人民法院印发《法官行为规范》的通知

2010年12月6日　　　　　　　　　　　　　　法发〔2010〕54号

各省、自治区、直辖市高级人民法院,解放军军事法院,新疆维吾尔自治区高级人民法院生产建设兵团分院:

现将《法官行为规范》印发给你们,请认真贯彻执行。最高人民法院2005年11月4日发布的《法官行为规范(试行)》同时废止。

附:

法官行为规范

(最高人民法院2005年11月4日发布试行
2010年12月6日修订后发布正式施行)

为大力弘扬"公正、廉洁、为民"的司法核心价值观,规范法官基本行为,树立良好的司法职业形象,根据《中华人民共和国法官法》和《中华人民共和国公务员法》等法律,制定本规范。

一、一般规定

第一条 忠诚坚定。坚持党的事业至上、人民利益至上、宪法法律至上,在思想上和行动上与党中央保持一致,不得有违背党和国家基本政策以及社会主义司法制度的言行。

第二条 公正司法。坚持以事实为根据、以法律为准绳,平等对待各方当事人,确保实体公正、程序公正和形象公正,努力实现办案法律效果和社会效果的有机统一,不得滥用职权、枉法裁判。

第三条 高效办案。树立效率意识，科学合理安排工作，在法定期限内及时履行职责，努力提高办案效率，不得无故拖延、贻误工作、浪费司法资源。

第四条 清正廉洁。遵守各项廉政规定，不得利用法官职务和身份谋取不正当利益，不得为当事人介绍代理人、辩护人以及中介机构，不得为律师、其他人员介绍案源或者给予其他不当协助。

第五条 一心为民。落实司法为民的各项规定和要求，做到听民声、察民情、知民意，坚持能动司法，树立服务意识，做好诉讼指导、风险提示、法律释明等便民服务，避免"冷硬横推"等不良作风。

第六条 严守纪律。遵守各项纪律规定，不得泄露在审判工作中获取的国家秘密、商业秘密、个人隐私等，不得过问、干预和影响他人正在审理的案件，不得随意发表有损生效裁判严肃性和权威性的言论。

第七条 敬业奉献。热爱人民司法事业，增强职业使命感和荣誉感，加强业务学习，提高司法能力，恪尽职守，任劳任怨，无私奉献，不得麻痹懈怠、玩忽职守。

第八条 加强修养。坚持学习，不断提高自身素质；遵守司法礼仪，执行着装规定，言语文明，举止得体，不得浓妆艳抹，不得佩带与法官身份不相称的饰物，不得参加有损司法职业形象的活动。

二、立 案

第九条 基本要求

（一）保障当事人依法行使诉权，特别关注妇女、儿童、老年人、残疾人等群体的诉讼需求；

（二）便利人民群众诉讼，减少当事人诉累；

（三）确保立案质量，提高立案效率。

第十条 当事人来法院起诉

（一）加强诉讼引导，提供诉讼指导材料；

（二）符合起诉条件的，在法定时间内及时立案；

（三）不符合起诉条件的，不予受理并告知理由，当事人坚持起诉的，裁定不予受理；

（四）已经立案的，不得强迫当事人撤诉；

（五）当事人自愿放弃起诉的，除法律另有规定外，应当准许。

第十一条 当事人口头起诉

（一）告知应当递交书面诉状；

（二）当事人不能书写诉状且委托他人代写有困难的，要求其明确诉讼请求、如实提供案件情况和联络方式，记入笔录并向其宣读，确认无误后交其签名或者捺印。

第十二条 当事人要求上门立案或者远程立案

（一）当事人因肢体残疾行动不便或者身患重病卧床不起等原因，确实无法到法院起诉且没有能力委托代理人的，可以根据实际情况上门接收起诉材料；

（二）当事人所在地离受案法院距离远且案件事实清楚、法律关系明确、争议不大的，可以通过网络或者邮寄的方式接收起诉材料；

（三）对不符合上述条件的当事人，应当告知其到法院起诉。

第十三条　当事人到人民法庭起诉

人民法庭有权受理的，应当接受起诉材料，不得要求当事人到所在基层人民法院立案庭起诉。

第十四条　案件不属于法院主管或者本院管辖

（一）告知当事人不属于法院主管或者本院没有管辖权的理由；

（二）根据案件实际情况，指明主管机关或者有管辖权的法院；

（三）当事人坚持起诉的，裁定不予受理，不得违反管辖规定受理案件。

第十五条　依法应当公诉的案件提起自诉

（一）应当在接受后移送主管机关处理，并且通知当事人；

（二）情况紧急的，应当先采取紧急措施，然后移送主管机关并告知当事人。

第十六条　诉状内容和形式不符合规定

（一）告知按照有关规定进行更正，做到一次讲清要求；

（二）不得因法定起诉要件以外的瑕疵拒绝立案。

第十七条　起诉材料中证据不足

原则上不能以支持诉讼请求的证据不充分为由拒绝立案。

第十八条　遇到疑难复杂情况，不能当场决定是否立案

（一）收下材料并出具收据，告知等待审查结果；

（二）及时审查并在法定期限内将结果通知当事人。

第十九条　发现涉及群体的、矛盾易激化的纠纷

及时向领导汇报并和有关部门联系，积极做好疏导工作，防止矛盾激化。

第二十条　当事人在立案后询问证据是否有效、能否胜诉等实体问题

（一）不得向其提供倾向性意见；

（二）告知此类问题只有经过审理才能确定，要相信法院会公正裁判。

第二十一条　当事人在立案后询问案件处理流程或时间

告知案件处理流程和法定期限，不得以与立案工作无关为由拒绝回答。

第二十二条　当事人预交诉讼费

（一）严格按规定确定数额，不得额外收取或者随意降低；

（二）需要到指定银行交费的，及时告知账号及地点；

（三）确需人民法庭自行收取的，应当按规定出具收据。

第二十三条　当事人未及时交纳诉讼费

（一）符合司法救助条件的，告知可以申请缓交或者减免诉讼费；

（二）不符合司法救助条件的，可以书面形式通知其在规定期限内交费，并告知无正当理由逾期不交诉讼费的，将按撤诉处理。

第二十四条　当事人申请诉前财产保全、证据保全等措施

（一）严格审查申请的条件和理由，及时依法作出裁定；

（二）裁定采取保全等措施的，及时依法执行；不符合申请条件的，耐心解释原因；

（三）不得滥用诉前财产保全、证据保全等措施。

第二十五条 当事人自行委托或者申请法院委托司法鉴定

（一）当事人协商一致自行委托的，应当认真审查鉴定情况，对程序合法、结论公正的鉴定意见应当采信；对不符合要求的鉴定意见可以要求重新鉴定，并说明理由；

（二）当事人申请法院委托的，应当及时做出是否准许的决定，并答复当事人；准许进行司法鉴定的，应当按照规定委托鉴定机构及时进行鉴定。

三、庭 审

第二十六条 基本要求

（一）规范庭审言行，树立良好形象；

（二）增强庭审驾驭能力，确保审判质量；

（三）严格遵循庭审程序，平等保护当事人诉讼权利；

（四）维护庭审秩序，保障审判活动顺利进行。

第二十七条 开庭前的准备

（一）在法定期限内及时通知诉讼各方开庭时间和地点；

（二）公开审理的，应当在法定期限内及时公告；

（三）当事人申请不公开审理的，应当及时审查，符合法定条件的，应当准许；不符合法定条件的，应当公开审理并解释理由；

（四）需要进行庭前证据交换的，应当及时提醒，并主动告知举证时限；

（五）当事人申请法院调取证据的，如确属当事人无法收集的证据，应当及时调查收集，不得拖延；证据调取不到的，应当主动告知原因；如属于当事人可以自行收集的证据，应当告知其自行收集；

（六）自觉遵守关于回避的法律规定和相关制度，对当事人提出的申请回避请求不予同意的，应当向当事人说明理由；

（七）审理当事人情绪激烈、矛盾容易激化的案件，应当在庭前做好工作预案，防止发生恶性事件。

第二十八条 原定开庭时间需要更改

（一）不得无故更改开庭时间；

（二）因特殊情况确需延期的，应当立即通知当事人及其他诉讼参加人；

（三）无法通知的，应当安排人员在原定庭审时间和地点向当事人及其他诉讼参加人解释。

第二十九条 出庭时注意事项

（一）准时出庭，不迟到，不早退，不缺席；

（二）在进入法庭前必须更换好法官服或者法袍，并保持整洁和庄重，严禁着便装出庭；合议庭成员出庭的着装应当保持统一；

（三）设立法官通道的，应当走法官通道；

（四）一般在当事人、代理人、辩护人、公诉人等入庭后进入法庭，但前述人员迟到、拒不到庭的除外；

（五）不得与诉讼各方随意打招呼，不得与一方有特别亲密的言行；

（六）严禁酒后出庭。

第三十条 庭审中的言行

（一）坐姿端正，杜绝各种不雅动作；

（二）集中精力，专注庭审，不做与庭审活动无关的事；

（三）不得在审判席上吸烟、闲聊或者打瞌睡，不得接打电话，不得随意离开审判席；

（四）平等对待与庭审活动有关的人员，不与诉讼中的任何一方有亲近的表示；

（五）礼貌示意当事人及其他诉讼参加人发言；

（六）不得用带有倾向性的语言进行提问，不得与当事人及其他诉讼参加人争吵；

（七）严格按照规定使用法槌，敲击法槌的轻重应当以旁听区能够听见为宜。

第三十一条 对诉讼各方陈述、辩论时间的分配与控制

（一）根据案情和审理需要，公平、合理地分配诉讼各方在庭审中的陈述及辩论时间；

（二）不得随意打断当事人、代理人、辩护人等的陈述；

（三）当事人、代理人、辩护人发表意见重复或与案件无关的，要适当提醒制止，不得以生硬言辞进行指责。

第三十二条 当事人使用方言或者少数民族语言

（一）诉讼一方只能讲方言的，应当准许；他方表示不通晓的，可以由懂方言的人用普通话进行复述，复述应当准确无误；

（二）使用少数民族语言陈述，他方表示不通晓的，应当为其配备翻译。

第三十三条 当事人情绪激动，在法庭上喊冤或者鸣不平

（一）重申当事人必须遵守法庭纪律，法庭将会依法给其陈述时间；

（二）当事人不听劝阻的，应当及时制止；

（三）制止无效的，依照有关规定作出适当处置。

第三十四条 诉讼各方发生争执或者进行人身攻击

（一）及时制止，并对各方进行批评教育，不得偏袒一方；

（二）告诫各方必须围绕案件依序陈述；

（三）对不听劝阻的，依照有关规定作出适当处置。

第三十五条 当事人在庭审笔录上签字

（一）应当告知当事人庭审笔录的法律效力，将庭审笔录交其阅读；无阅读能力的，应当向其宣读，确认无误后再签字、捺印；

（二）当事人指出记录有遗漏或者差错的，经核实后要当场补正并要求当事人在补正处签字、捺印；无遗漏或者差错不应当补正的，应当将其申请记录在案；

（三）未经当事人阅读核对，不得要求其签字、捺印；

（四）当事人放弃阅读核对的，应当要求其签字、捺印；当事人不阅读又不签字、捺印，应当将情况记录在案。

第三十六条 宣判时注意事项

（一）宣告判决，一律公开进行；

（二）宣判时，合议庭成员或者独任法官应当起立，宣读裁判文书声音要洪亮、清晰、准确无误；

（三）当庭宣判的，应当宣告裁判事项，简要说明裁判理由并告知裁判文书送达的法定期限；

（四）定期宣判的，应当在宣判后立即送达裁判文书；

（五）宣判后，对诉讼各方不能赞赏或者指责，对诉讼各方提出的质疑，应当耐心做好解释工作。

第三十七条 案件不能在审限内结案

（一）需要延长审限的，按照规定履行审批手续；

（二）应当在审限届满或者转换程序前的合理时间内，及时将不能审结的原因告知当事人及其他诉讼参加人。

第三十八条 人民检察院提起抗诉

（一）依法立案并按照有关规定进行审理；

（二）应当为检察人员和辩护人、诉讼代理人查阅案卷、复印卷宗材料等提供必要的条件和方便。

四、诉讼调解

第三十九条 基本要求

（一）树立调解理念，增强调解意识，坚持"调解优先、调判结合"，充分发挥调解在解决纠纷中的作用；

（二）切实遵循合法、自愿原则，防止不当调解、片面追求调解率；

（三）讲究方式方法，提高调解能力，努力实现案结事了。

第四十条 在调解过程中与当事人接触

（一）应当征询各方当事人的调解意愿；

（二）根据案件的具体情况，可以分别与各方当事人做调解工作；

（三）在与一方当事人接触时，应当保持公平，避免他方当事人对法官的中立性产生合理怀疑。

第四十一条 只有当事人的代理人参加调解

（一）认真审查代理人是否有特别授权，有特别授权的，可以由其直接参加调解；

（二）未经特别授权的，可以参与调解，达成调解协议的，应当由当事人签字或者盖章，也可以由当事人补办特别授权追认手续，必要时，可以要求当事人亲自参加调解。

第四十二条 一方当事人表示不愿意调解

（一）有调解可能的，应当采用多种方式，积极引导调解；

（二）当事人坚持不愿调解的，不得强迫调解。

第四十三条 调解协议损害他人利益

（一）告知参与调解的当事人应当对涉及到他人权利、义务的约定进行修正；

（二）发现调解协议有损他人利益的，不得确认该调解协议内容的效力。

第四十四条 调解过程中当事人要求对责任问题表态

应当根据案件事实、法律规定以及调解的实际需要进行表态，注意方式方法，努力促成当事人达成调解协议。

第四十五条 当事人对调解方案有分歧

（一）继续做好协调工作，尽量缩小当事人之间的分歧，以便当事人重新选择，争取调解结案；

（二）分歧较大且确实难以调解的，应当及时依法裁判。

五、文书制作

第四十六条 基本要求

（一）严格遵守格式和规范，提高裁判文书制作能力，确保裁判文书质量，维护裁判文书的严肃性和权威性；

（二）普通程序案件的裁判文书应当内容全面、说理透彻、逻辑严密、用语规范、文字精练；

（三）简易程序案件的裁判文书应当简练、准确、规范；

（四）组成合议庭审理的案件的裁判文书要反映多数人的意见。

第四十七条 裁判文书质量责任的承担

（一）案件承办法官或者独任法官对裁判文书质量负主要责任，其他合议庭成员对裁判文书负有次要责任；

（二）对裁判文书负责审核、签发的法官，应当做到严格审查、认真把关。

第四十八条 对审判程序及审判全过程的叙述

（一）准确叙述当事人的名称、案由、立案时间、开庭审理时间、诉讼参加人到庭等情况；

（二）简易程序转为普通程序的，应当写明转换程序的时间和理由；

（三）追加、变更当事人的，应当写明追加、变更的时间、理由等情况；

（四）应当如实叙述审理管辖异议、委托司法鉴定、评估、审计、延期审理等环节的流程等一些重要事项。

第四十九条 对诉讼各方诉状、答辩状的归纳

（一）简要、准确归纳诉讼各方的诉、辩主张；

（二）应当公平、合理分配篇幅。

第五十条 对当事人质证过程和争议焦点的叙述

（一）简述开庭前证据交换和庭审质证阶段各方当事人质证过程；

（二）准确概括各方当事人争议的焦点；

（三）案件事实、法律关系较复杂的，应当在准确归纳争议焦点的基础上分段、分节叙述。

第五十一条 普通程序案件的裁判文书对事实认定部分的叙述

（一）表述客观，逻辑严密，用词准确，避免使用明显的褒贬词汇；

（二）准确分析说明各方当事人提交证据采信与否的理由以及被采信的证据能够证明的事实；

（三）对证明责任、证据的证明力以及证明标准等问题应当进行合理解释。

第五十二条 对普通程序案件定性及审理结果的分析论证

（一）应当进行准确、客观、简练的说理，对答辩意见、辩护意见、代理意见等是否采纳要阐述理由；

（二）审理刑事案件，应当根据法律、司法解释的有关规定并结合案件具体事实做出有罪或者无罪的判决，确定有罪的，对法定、酌定的从重、从轻、减轻、免除处罚情节等进行分析认定；

（三）审理民事案件，应当根据法律、法规、司法解释的有关规定，结合个案具体情况，理清案件法律关系，对当事人之间的权利义务关系、责任承担及责任大小等进行详细的归纳评判；

（四）审理行政案件，应当根据法律、法规、司法解释的有关规定，结合案件事实，就行政机关及其工作人员所作的具体行政行为是否合法，原告的合法权益是否被侵害，与被诉具体行政行为之间是否存在因果关系等进行分析论证。

第五十三条 法律条文的引用

（一）在裁判理由部分应当引用法律条款原文，必须引用到法律的条、款、项；

（二）说理中涉及多个争议问题的，应当一论一引；

（三）在判决主文理由部分最终援引法律依据时，只引用法律条款序号。

第五十四条 裁判文书宣告或者送达后发现文字差错

（一）对一般文字差错或者病句，应当及时向当事人说明情况并收回裁判文书，以校对章补正或者重新制作裁判文书；

（二）对重要文字差错或者病句，能立即收回的，当场及时收回并重新制作；无法立即收回的，应当制作裁定予以补正。

六、执　行

第五十五条 基本要求

（一）依法及时有效执行，确保生效法律文书的严肃性和权威性，维护当事人的合法权益；

（二）坚持文明执行，严格依法采取执行措施，坚决避免不作为和乱作为；

（三）讲求方式方法，注重执行的法律效果和社会效果。

第五十六条 被执行人以特别授权为由要求执行人员找其代理人协商执行事宜

（一）应当从有利于执行考虑，决定是否与被执行人的代理人联系；

（二）确有必要与被执行人本人联系的，应当告知被执行人有义务配合法院执行工作，不得推托。

第五十七条 申请执行人来电或者来访查询案件执行情况

（一）认真做好记录，及时说明执行进展情况；

(二)申请执行人要求查阅有关案卷材料的,应当准许,但法律规定应予保密的除外。

第五十八条 有关当事人要求退还材料原件

应当在核对当事人提交的副本后将原件退还,并由该当事人签字或者盖章后归档备查。

第五十九条 被执行财产的查找

(一)申请执行人向法院提供被执行财产线索的,应当及时进行调查,依法采取相应的执行措施,并将有关情况告知申请执行人;

(二)应当积极依职权查找被执行人财产,并及时依法采取相应执行措施。

第六十条 执行当事人请求和解

(一)及时将和解请求向对方当事人转达,并以适当方式客观说明执行的难度和风险,促成执行当事人达成和解;

(二)当事人拒绝和解的,应当继续依法执行;

(三)申请执行人和被执行人达成和解的,应当制作书面和解协议并归档,或者将口头达成的和解协议内容记入笔录,并由双方当事人签字或者盖章。

第六十一条 执行中的暂缓、中止、终结

(一)严格依照法定条件和程序采取暂缓、中止、终结执行措施;

(二)告知申请执行人暂缓、中止、终结执行所依据的事实和相关法律规定,并耐心做好解释工作;

(三)告知申请执行人暂缓、中止执行后恢复执行的条件和程序;

(四)暂缓、中止、终结执行确有错误的,应当及时依法纠正。

第六十二条 被执行人对受委托法院执行管辖提出异议

(一)审查案件是否符合委托执行条件,不符合条件的,及时向领导汇报,采取适当方式纠正;

(二)符合委托执行条件的,告知被执行人受委托法院受理执行的依据并依法执行。

第六十三条 案外人对执行提出异议

(一)要求案外人提供有关异议的证据材料,并及时进行审查;

(二)根据具体情况,可以对执行财产采取限制性措施,暂不处分;

(三)异议成立的,采取适当方式纠正;异议不成立的,依法予以驳回。

第六十四条 对被执行人财产采取查封、扣押、冻结、拍卖、变卖等措施

(一)严格依照规定办理手续,不得超标的、超金额查封、扣押、冻结被执行人财产;

(二)对采取措施的财产要认真制作清单,记录好种类、数量,并由当事人签字或者盖章予以确认;

(三)严格按照拍卖、变卖的有关规定,依法委托评估、拍卖机构,不得损害当事人合法利益。

第六十五条 执行款的收取

(一)执行款应当直接划入执行款专用账户;

（二）被执行人即时交付现金或者票据的，应当会同被执行人将现金或者票据交法院财务部门，并及时向被执行人出具收据；

（三）异地执行、搜查扣押、小额标的执行或者因情况紧急确需执行人员直接代收现金或者票据的，应当即时向交款人出具收据，并及时移交法院财务部门；

（四）严禁违规向申请执行人和被执行人收取费用。

第六十六条　执行款的划付

（一）应当在规定期限内办理执行费用和执行款的结算手续，并及时通知申请执行人办理取款手续；

（二）需要延期划付的，应当在期限届满前书面说明原因，并报有关领导审查批准；

（三）申请执行人委托或者指定他人代为收款的，应当审查其委托手续是否齐全、有效，并要求收款人出具合法有效的收款凭证。

第六十七条　被执行人以生效法律文书在实体或者程序上存在错误而不履行

（一）生效法律文书确有错误的，告知当事人可以依法按照审判监督程序申请再审或者申请有关法院补正，并及时向领导报告；

（二）生效法律文书没有错误的，要及时做好解释工作并继续执行。

第六十八条　有关部门和人员不协助执行

（一）应当告知其相关法律规定，做好说服教育工作；

（二）仍拒不协助的，依法采取有关强制措施。

七、涉诉信访处理

第六十九条　基本要求

（一）高度重视并认真做好涉诉信访工作，切实保护信访人合法权益；

（二）及时处理信访事项，努力做到来访有接待、来信有着落、申诉有回复；

（三）依法文明接待，维护人民法院良好形象。

第七十条　对来信的处理

（一）及时审阅并按规定登记，不得私自扣押或者拖延不办；

（二）需要回复和退回有关材料的，应当及时回复、退回；

（三）需要向有关部门和下级法院转办的，应当及时转办。

第七十一条　对来访的接待

（一）及时接待，耐心听取来访人的意见并做好记录；

（二）能当场解答的，应当立即给予答复，不能当场解答的，收取材料并告知按约定期限等待处理结果。

第七十二条　来访人系老弱病残孕者

（一）优先接待；

（二）来访人申请救助的，可以根据情况帮助联系社会救助站；

（三）在接待时来访人出现意外情况的，应当立即采取适当救护措施。

第七十三条　集体来访

（一）向领导报告，及时安排接待并联系有关部门共同处理；

（二）视情况告知选派 1 至 5 名代表说明来访目的和理由；
（三）稳定来访人情绪，并做好劝导工作。

第七十四条 信访事项不属于法院职权范围

告知法院无权处理并解释原因，根据信访事项内容指明有权处理机关。

第七十五条 信访事项涉及国家秘密、商业秘密或者个人隐私

（一）妥善保管涉及秘密和个人隐私的材料；
（二）自觉遵守有关规定，不披露、不使用在信访工作中获得的国家秘密、商业秘密或者个人隐私。

第七十六条 信访人反映辖区法院裁判不公、执行不力、审判作风等问题

（一）认真记录信访人所反映的情况；
（二）对法院裁判不服的，告知其可以依法上诉、申诉或者申请再审；
（三）反映其他问题的，及时将材料转交法院有关部门处理。

第七十七条 信访人反复来信来访催促办理结果

（一）告知规定的办理期限，劝其耐心等待处理结果；
（二）情况紧急的，及时告知承办人或者承办部门；
（三）超过办理期限的，应当告知超期的理由。

第七十八条 信访人对处理结果不满，要求重新处理

（一）处理确实不当的，及时报告领导，按规定进行纠正；
（二）处理结果正确的，应当做好相关解释工作，详细说明处理程序和依据。

第七十九条 来访人表示不解决问题就要滞留法院或者采取其他极端方式

（一）及时进行规劝和教育，避免使用不当言行刺激来访人；
（二）立即向领导报告，积极采取适当措施，防止意外发生。

八、业外活动

第八十条 基本要求

（一）遵守社会公德，遵纪守法；
（二）加强修养，严格自律；
（三）约束业外言行，杜绝与法官形象不相称的、可能影响公正履行职责的不良嗜好和行为，自觉维护法官形象。

第八十一条 受邀请参加座谈、研讨活动

（一）对与案件有利害关系的机关、企事业单位、律师事务所、中介机构等的邀请应当谢绝；
（二）对与案件无利害关系的党、政、军机关、学术团体、群众组织的邀请，经向单位请示获准后方可参加。

第八十二条 受邀请参加各类社团组织或者联谊活动

（一）确需参加在各级民政部门登记注册的社团组织的，及时报告并由所在法院按照法官管理权限审批；
（二）不参加营利性社团组织；

（三）不接受有违清正廉洁要求的吃请、礼品和礼金。

第八十三条 从事写作、授课等活动

（一）在不影响审判工作的前提下，可以利用业余时间从事写作、授课等活动；

（二）在写作、授课过程中，应当避免对具体案件和有关当事人进行评论，不披露或者使用在工作中获得的国家秘密、商业秘密、个人隐私及其他非公开信息；

（三）对于参加司法职务外活动获得的合法报酬，应当依法纳税。

第八十四条 接受新闻媒体与法院工作有关的采访

（一）接受新闻媒体采访必须经组织安排或者批准；

（二）在接受采访时，不发表有损司法公正的言论，不对正在审理中的案件和有关当事人进行评论，不披露在工作中获得的国家秘密、商业秘密、个人隐私及其他非公开信息。

第八十五条 本人或者亲友与他人发生矛盾

（一）保持冷静、克制，通过正当、合法途径解决；

（二）不得利用法官身份寻求特殊照顾，不得妨碍有关部门对问题的解决。

第八十六条 本人及家庭成员遇到纠纷需通过诉讼方式解决

（一）对本人的案件或者以直系亲属代理人身份参加的案件，应当依照有关法律规定，平等地参与诉讼；

（二）在诉讼过程中不以法官身份获取特殊照顾，不利用职权收集所需证据；

（三）对非直系亲属的其他家庭成员的诉讼案件，一般应当让其自行委托诉讼代理人，法官本人不宜作为诉讼代理人参与诉讼。

第八十七条 出入社交场所注意事项

（一）参加社交活动要自觉维护法官形象；

（二）严禁乘警车、穿制服出入营业性娱乐场所。

第八十八条 家人或者朋友约请参与封建迷信活动

（一）不得参加邪教组织或者参与封建迷信活动；

（二）向家人和朋友宣传科学，引导他们相信科学、反对封建迷信；

（三）对利用封建迷信活动违法犯罪的，应当立即向有关组织和公安部门反映。

第八十九条 因私出国（境）探亲、旅游

（一）如实向组织申报所去的国家、地区及返回的时间，经组织同意后方可出行；

（二）准时返回工作岗位；

（三）遵守当地法律，尊重当地民风民俗和宗教习惯；

（四）注意个人形象，维护国家尊严。

九、监督和惩戒

第九十条 各级人民法院要严格要求并督促本院法官遵守本规范，具体由各级法院的政治部门和纪检监察部门负责。

第九十一条 上级人民法院指导、监督下级人民法院对本规范的贯彻执行，最高人民法院指导和监督地方各级人民法院对本规范的贯彻执行。

第九十二条　地方各级人民法院应当结合本院实际，研究制定具体的实施细则或实施办法，切实加强本规范的培训与考核。

第九十三条　各级人民法院广大法官要自觉遵守和执行本规范，对违反本规范的人员，情节较轻且没有危害后果的，进行诫勉谈话和批评教育；构成违纪的，根据人民法院有关纪律处分的规定进行处理；构成违法的，根据法律规定严肃处理。

十、附　则

第九十四条　人民陪审员以及人民法院其他工作人员参照本规范执行，法官退休后应当参照本规范有关要求约束言行。

第九十五条　本规范由最高人民法院负责解释。

第九十六条　本规范自发布之日起施行，最高人民法院2005年11月4日发布的《法官行为规范（试行）》同时废止。

最高人民法院
关于印发《中华人民共和国法官职业道德基本准则》的通知

2010年12月6日　　　　　　　　　　　　法发〔2010〕53号

各省、自治区、直辖市高级人民法院，解放军军事法院，新疆维吾尔自治区高级人民法院生产建设兵团分院：

现将修订后的《中华人民共和国法官职业道德基本准则》重新印发，请认真贯彻执行。

附：

中华人民共和国法官职业道德基本准则

(2001年10月18日最高人民法院发布
2010年12月6日修订后重新发布)

第一章 总 则

第一条 为加强法官职业道德建设，保证法官正确履行法律赋予的职责，根据《中华人民共和国法官法》和其他相关规定，制定本准则。

第二条 法官职业道德的核心是公正、廉洁、为民。基本要求是忠诚司法事业、保证司法公正、确保司法廉洁、坚持司法为民、维护司法形象。

第三条 法官应当自觉遵守法官职业道德，在本职工作和业外活动中严格要求自己，维护人民法院形象和司法公信力。

第二章 忠诚司法事业

第四条 牢固树立社会主义法治理念，忠于党、忠于国家、忠于人民、忠于法律，做中国特色社会主义事业建设者和捍卫者。

第五条 坚持和维护中国特色社会主义司法制度，认真贯彻落实依法治国基本方略，尊崇和信仰法律，模范遵守法律，严格执行法律，自觉维护法律的权威和尊严。

第六条 热爱司法事业，珍惜法官荣誉，坚持职业操守，恪守法官良知，牢固树立司法核心价值观，以维护社会公平正义为己任，认真履行法官职责。

第七条 维护国家利益，遵守政治纪律，保守国家秘密和审判工作秘密，不从事或参与有损国家利益和司法权威的活动，不发表有损国家利益和司法权威的言论。

第三章 保证司法公正

第八条 坚持和维护人民法院依法独立行使审判权的原则，客观公正审理案件，在审判活动中独立思考、自主判断，敢于坚持原则，不受任何行政机关、社会团体和个人的干涉，不受权势、人情等因素的影响。

第九条 坚持以事实为根据，以法律为准绳，努力查明案件事实，准确把握法律精神，正确适用法律，合理行使裁量权，避免主观臆断、超越职权、滥用职权，确保案件裁判结果公平公正。

第十条 牢固树立程序意识，坚持实体公正与程序公正并重，严格按照法定程序执法办案，充分保障当事人和其他诉讼参与人的诉讼权利，避免执法办案中的随意行为。

第十一条 严格遵守法定办案时限，提高审判执行效率，及时化解纠纷，注重节约司法资源，杜绝玩忽职守、拖延办案等行为。

第十二条 认真贯彻司法公开原则，尊重人民群众的知情权，自觉接受法律监督和社会监督，同时避免司法审判受到外界的不当影响。

第十三条 自觉遵守司法回避制度，审理案件保持中立公正的立场，平等对待当事人和其他诉讼参与人，不偏袒或歧视任何一方当事人，不私自单独会见当事人及其代理人、辩护人。

第十四条 尊重其他法官对审判职权的依法行使，除履行工作职责或者通过正当程序外，不过问、不干预、不评论其他法官正在审理的案件。

第四章　确保司法廉洁

第十五条 树立正确的权力观、地位观、利益观，坚持自重、自省、自警、自励，坚守廉洁底线，依法正确行使审判权、执行权，杜绝以权谋私、贪赃枉法行为。

第十六条 严格遵守廉洁司法规定，不接受案件当事人及相关人员的请客送礼，不利用职务便利或者法官身份谋取不正当利益，不违反规定与当事人或者其他诉讼参与人进行不正当交往，不在执法办案中徇私舞弊。

第十七条 不从事或者参与营利性的经营活动，不在企业及其他营利性组织中兼任法律顾问等职务，不就未决案件或者再审案件给当事人及其他诉讼参与人提供咨询意见。

第十八条 妥善处理个人和家庭事务，不利用法官身份寻求特殊利益。按规定如实报告个人有关事项，教育督促家庭成员不利用法官的职权、地位谋取不正当利益。

第五章　坚持司法为民

第十九条 牢固树立以人为本、司法为民的理念，强化群众观念，重视群众诉求，关注群众感受，自觉维护人民群众的合法权益。

第二十条 注重发挥司法的能动作用，积极寻求有利于案结事了的纠纷解决办法，努力实现法律效果与社会效果的统一。

第二十一条 认真执行司法便民规定，努力为当事人和其他诉讼参与人提供必要的诉讼便利，尽可能降低其诉讼成本。

第二十二条 尊重当事人和其他诉讼参与人的人格尊严，避免盛气凌人、"冷硬横推"等不良作风；尊重律师，依法保障律师参与诉讼活动的权利。

第六章　维护司法形象

第二十三条 坚持学习，精研业务，忠于职守，秉公办案，惩恶扬善，弘扬正义，保持昂扬的精神状态和良好的职业操守。

第二十四条 坚持文明司法,遵守司法礼仪,在履行职责过程中行为规范、着装得体、语言文明、态度平和,保持良好的职业修养和司法作风。

第二十五条 加强自身修养,培育高尚道德操守和健康生活情趣,杜绝与法官职业形象不相称、与法官职业道德相违背的不良嗜好和行为,遵守社会公德和家庭美德,维护良好的个人声誉。

第二十六条 法官退休后应当遵守国家相关规定,不利用自己的原有身份和便利条件过问、干预执法办案,避免因个人不当言行对法官职业形象造成不良影响。

第七章 附 则

第二十七条 人民陪审员依法履行审判职责期间,应当遵守本准则。人民法院其他工作人员参照执行本准则。

第二十八条 各级人民法院负责督促实施本准则,对于违反本准则的行为,视情节后果予以诫勉谈话、批评通报;情节严重构成违纪违法的,依照相关纪律和法律规定予以严肃处理。

第二十九条 本准则由最高人民法院负责解释。

第三十条 本准则自发布之日起施行。最高人民法院 2001 年 10 月 18 日发布的《中华人民共和国法官职业道德基本准则》同时废止。

最高人民法院
印发《关于对配偶子女从事律师职业的法院领导干部和审判执行岗位法官实行任职回避的规定(试行)》的通知

2011 年 2 月 10 日　　　　　　　　　　　　　　　法发〔2011〕5 号

各省、自治区、直辖市高级人民法院,解放军军事法院,新疆维吾尔自治区高级人民法院生产建设兵团分院:

现将最高人民法院《关于对配偶子女从事律师职业的法院领导干部和审判执行岗位法官实行任职回避的规定(试行)》印发给你们,请认真执行。

附：

关于对配偶子女从事律师职业的法院领导干部和审判执行岗位法官实行任职回避的规定（试行）

为维护司法公正和司法廉洁，防止法院领导干部及法官私人利益与公共利益发生冲突，依照《中华人民共和国公务员法》、《中华人民共和国法官法》和《中国共产党党员领导干部廉洁从政若干准则》，制定本规定。

第一条 人民法院领导干部和审判、执行岗位法官，其配偶、子女在其任职法院辖区内从事律师职业的，应当实行任职回避。

本规定所称法院领导干部，是指各级人民法院的领导班子成员及审判委员会专职委员。

本规定所称审判、执行岗位法官，是指各级人民法院未担任院级领导职务的审判委员会委员以及在立案、审判、执行、审判监督、国家赔偿等部门从事审判、执行工作的法官和执行员。

本规定所称从事律师职业，是指开办律师事务所、以律师身份为案件当事人提供诉讼代理或者其他有偿法律服务。

第二条 人民法院在选拔任用干部时，不得将具备任职回避条件的人员作为法院领导干部和审判、执行岗位法官的拟任人选。

第三条 人民法院在补充审判、执行岗位工作人员时，不得补充具备任职回避条件的人员。

人民法院在补充非审判、执行岗位工作人员时，应当向拟补充的人员释明本规定的相关内容。

第四条 在本规定施行前具备任职回避条件的法院领导干部和审判、执行岗位法官，应当自本规定施行之日起六个月内主动提出任职回避申请；相关人民法院应当自本规定施行之日起十二个月内，按照有关程序为其办理职务变动或者岗位调整的手续。

第五条 在本规定施行前不具备任职回避条件，但在本规定施行后具备任职回避条件的法院领导干部和审判、执行岗位法官，应当自任职回避条件具备之日起一个月内主动提出任职回避申请；相关人民法院应当自申请期限届满之日起六个月内，按照有关程序为其办理职务变动或者岗位调整的手续。

第六条 具备任职回避条件的法院领导干部和审判、执行岗位法官在前述规定期限内没有主动提出任职回避申请的，相关人民法院应当自申请期限届满之日起六个月内，按照有关程序免去其所任领导职务或者将其调离审判执行岗位。

第七条 应当实行任职回避的法院领导干部和审判、执行岗位法官的任免权限不在人民法院的，相关人民法院可向具有干部任免权的机关提出为其办理职务调动或者免职手续的建议。

第八条 因配偶、子女从事律师职业而辞去现任职务或者退出审判、执行岗位的法院领导干部和法官,应当尽可能按原职级待遇重新安排工作岗位,但在重新安排工作时,不得违反本规定第二条、第三条的要求。

第九条 具备任职回避条件的法院领导干部及审判、执行岗位法官具有下列情形之一的,应当酌情给予批评教育、组织处理或者纪律处分:

(一)隐瞒配偶、子女从事律师职业情况的;
(二)采取弄虚作假手段规避任职回避的;
(三)拒不服从组织调整或者拒不办理公务交接的;
(四)具有其他违反任职回避规定行为的。

第十条 法院领导干部和审判、执行岗位法官的配偶、子女不在本规定所限地域范围内从事律师职业的,该法院领导干部和审判、执行岗位法官不实行任职回避,但其配偶、子女采取暗中代理等方式在本规定所限地域范围内从事律师职业的,应当责令其辞去领导职务或者将其调离审判、执行岗位;其本人知情的,还应当同时给予其相应的纪律处分。

第十一条 本规定由最高人民法院负责解释。

第十二条 本规定自发布之日起施行。

最高人民法院
印发《关于落实任职回避制度的实施方案》的通知

2011年5月9日 　　　　　　　　　　法〔2011〕166号

各省、自治区、直辖市高级人民法院,解放军军事法院,新疆维吾尔自治区高级人民法院生产建设兵团分院:

现将最高人民法院《关于落实任职回避制度的实施方案》印发给你们,请尽快转发所辖中级、基层人民法院,并组织辖区各级人民法院认真贯彻执行。

附：

最高人民法院
关于落实任职回避制度的实施方案

为了确保最高人民法院《关于对配偶子女从事律师职业的法院领导干部和审判执行岗位法官实行任职回避的规定（试行）》（简称任职回避制度）落实到位，特制定实施方案如下：

一、落实任职回避制度的目的意义

认真落实任职回避制度，不仅有利于促进司法廉洁，防止法院领导干部及法官私人利益与公共利益的冲突，消除人民群众对司法公正的疑虑，从源头上减少人情案、关系案、金钱案的发生，而且有利于推动人民法院反腐倡廉制度的执行力建设，彰显人民法院防治司法腐败、维护司法公正的决心和信心，提高人民法院司法公信力。

二、落实任职回避制度的方法步骤

（一）宣传动员。各级人民法院要通过开会动员、座谈讨论以及个别谈心等形式，组织动员广大干警认真学习有关任职回避制度的相关文件及指导手册，充分认识颁布施行任职回避制度的重要意义，把广大干警的思想统一到最高人民法院的决策部署上来，从而不断增强严格执行任职回避制度的自觉性和主动性。

（二）个人申报。凡配偶子女从事律师业务的法院在编工作人员（包括在非审判执行岗位工作的工作人员），均应于2011年5月31日前主动填写《法院工作人员配偶子女从事律师业务情况申报表》（附件1），并报所在法院组织人事部门。

（三）审核公示。各级人民法院组织人事部门要指定专人对个人申报情况进行汇总登记、初步审核，并在本院公示（公示时间不得少于五个工作日）。对初步审核发现的问题和公示期间收到的举报，组织人事部门要进行核查，必要时还可会同纪检监察部门共同核查。

（四）汇总上报。各级人民法院组织人事部门应结合个人申报和组织核查情况，列出《本院及辖区法院拟实行任职回避的人员名册》（附件2），于2011年6月30日前逐级层报至最高人民法院政治部。

（五）提出申请。凡配偶子女从事律师职业的法院领导干部和审判执行岗位法官应于2011年8月10日前，主动向所在法院组织人事部门填报《任职回避申请书》（附件3）或者《关于无需任职回避的情况说明》（附件4）。

（六）岗位调整。各级人民法院应当按照先易后难的原则，分期分批地为任职回避人员办理职务变动或岗位调整手续。从2011年8月开始，各高级人民法院组织人事部门每月应向最高人民法院政治部报送《本院及辖区法院落实任职回避制度工作月报表》

（附件5），直到本院及辖区法院应回避人员全部实现了任职回避为止。

三、落实任职回避制度的工作要求

（一）加强组织领导。各级人民法院应当成立由本院党组书记或者副书记任组长的任职回避落实工作领导小组和由本院分管组织人事工作的院领导任主任的领导小组办公室（没有任职回避人员或任职回避人员极少的基层法院除外），切实加强对本院及辖区法院落实任职回避工作的组织领导。要将任职回避制度的落实

工作纳入党风廉政建设责任制的责任范围，形成一级抓一级、层层有人抓的工作局面。对于工作中遇到的相关政策性问题，要及时向上级法院请示汇报。

（二）做好思想工作。各级人民法院领导干部要认真做好任职回避人员及其亲属的思想工作，帮助他们不断加深对实行任职回避制度必要性的认识，争取他们对实行任职回避制度的理解和认同。符合任职回避条件的法院领导干部要率先垂范，带头执行任职回避制度的相关规定，为其他任职回避人员做出表率。

（三）妥善安排岗位。各级人民法院的主要领导同志及组织人事部门要主动与地方党委、人大及有关部门进行联系沟通，尽力为任职回避人员重新上岗作出妥善安排。在为任职回避人员重新安排工作岗位时，要尊重任职回避人员的个人意愿，并在客观条件允许的情况下尽量做到组织安排和个人意愿相统一。

（四）确保工作进度。各级人民法院在落实任职回避制度的工作中要注意把握工作节奏和工作进度，各阶段的工作都要尽可能在规定时限内提前完成，以争取工作的主动权。为了确保符合任职回避条件的人员在2012年2月10日前全部实现任职回避，各级人民法院在今年年底前至少应将本院80%以上的任职回避人员调整安排到位。

（五）严肃组织纪律。各级人民法院要将任职回避制度的落实工作纳入年度工作的总体部署，作为年终考核的重要内容和评先评优的重要依据。上级法院要切实加强对下级法院落实任职回避制度的工作的指导和检查。对于工作不力、敷衍塞责、无故拖延的单位要通报批评；对具有隐瞒不报、弄虚作假、规避任职回避等行为的人员要及时查处；对于符合任职回避条件而拒不执行这一制度的人员应当按照有关程序免去其所任领导职务或者将其调离审判执行岗位。

附件：1.《法院工作人员配偶子女从事律师业务情况申报表》（略）

2.《本院及辖区法院拟实行任职回避的人员名册》（略）

3.《任职回避申请书》（略）

4.《关于无需任职回避的情况说明》（略）

5.《本院及辖区法院落实任职回避制度工作月报表》（略）

最高人民法院
关于印发《人民法院司法警察条例》的通知

2012年10月29日　　　　　　　　　　法发〔2012〕23号

各省、自治区、直辖市高级人民法院，新疆维吾尔自治区高级人民法院生产建设兵团分院：

《人民法院司法警察条例》已经最高人民法院审判委员会讨论通过。现予颁布，自2012年12月1日起施行。

附：

人民法院司法警察条例

第一章　总　　则

第一条　为加强人民法院司法警察队伍建设和科学管理，保障司法警察依法行使职权，根据《中华人民共和国公务员法》、《中华人民共和国人民法院组织法》、《中华人民共和国人民警察法》等法律，制定本条例。

第二条　人民法院司法警察是中华人民共和国人民警察的警种之一。

第三条　人民法院司法警察的任务是预防、制止和惩治妨碍审判活动的违法犯罪行为，维护审判秩序，保障审判工作顺利进行。

第四条　最高人民法院领导地方各级人民法院和专门法院司法警察工作，上级人民法院领导下级人民法院司法警察工作。

第五条　人民法院司法警察必须以宪法和法律为活动准则，全心全意为人民服务，忠于职守，清正廉洁，服从命令，严格执法。

第六条　人民法院司法警察依法执行职务，受法律保护。

第二章　职　　权

第七条　人民法院司法警察的职责：

（一）维护审判秩序；

（二）对进入审判区域的人员进行安全检查；

（三）刑事审判中押解、看管被告人或者罪犯，传带证人、鉴定人和传递证据；

（四）在生效法律文书的强制执行中，配合实施执行措施，必要时依法采取强制措施；

（五）执行死刑；

（六）协助机关安全和涉诉信访应急处置工作；

（七）执行拘传、拘留等强制措施；

（八）法律、法规规定的其他职责。

第八条 在法庭审判过程中，人民法院司法警察应当按照审判长或者独任审判员的指令，对违反法庭规则，哄闹、冲击法庭，侮辱、诽谤、威胁、殴打司法工作人员、诉讼参与人或者其他人员等扰乱法庭秩序的，依法予以强行带离，执行罚款或者居留。

出现危及法庭内人员人身安全、被告人或者罪犯脱逃等紧急情况时，人民法院司法警察应当先行采取必要措施。

第九条 对以暴力、威胁或者其他方法阻碍司法工作人员执行职务的，人民法院司法警察应当及时予以控制，根据需要进行询问、提取或者固定相关证据，依法执行罚款、拘留等强制措施。

第十条 对不宜进入审判区域而强行进入的，人民法院司法警察应当依法强行带离；对涉嫌违法犯罪的，人民法院司法警察应当予以控制，并视情节及时移送公安机关。

第十一条 在生效法律文书的强制执行中，人民法院司法警察可以依法配合实施搜查、查封、扣押、强制迁出等执行行为。

第十二条 人民法院司法警察在履行职责过程中，遇当事人或者其他人员实施自杀、自伤等行为时，应当及时采取措施予以制止和协助救治，必要时应当对其采取约束性保护措施，并视情形移送公安机关。

第十三条 对严重扰乱人民法院工作秩序、危害人民法院工作人员人身安全及法院机关财产安全的，人民法院司法警察应当采取训诫、制止、控制等处置措施，保存相关证据，对涉嫌违法犯罪的，及时移送公安机关。

第十四条 遇有脱逃、拦劫囚车、抢夺枪支或者其他暴力行为的紧急情况，人民法院司法警察可以依照国家有关规定适用警械；使用警械不能制止或者不使用武器制止可能发生严重后果的，可以依照国家有关规定使用武器。

第三章 组织管理

第十五条 人民法院司法警察依法实行警衔制度。人民法院授予警衔的人员应当使用国家专项编制，具有司法警察职务，并履行司法警察职责。

第十六条 人民法院司法警察的编制、建制，由最高人民法院规定。

第十七条 人民法院司法警察实行编队管理。最高人民法院设立司法警察局，高级人民法院设立司法警察总队，中级人民法院设立司法警察支队，基层人民法院设立司法警察大队。

第十八条 人民法院司法警察接受所在人民法院院长和上级人民法院司法警察部门的领导,接受所在人民法院司法警察部门的管理。

第十九条 各级人民法院司法警察部门管理本级司法警察工作的主要职责:

(一)组织落实司法警察的条例、条令及其他相关文件;

(二)制定实施司法警察工作的规章制度和细则;

(三)组织司法警察履行职责;

(四)组织司法警察教育训练工作;

(五)协助管理司法警察警衔;

(六)管理司法警察装备;

(七)完成院长交办的其他任务。

第二十条 上级人民法院司法警察部门管理下级人民法院司法警察工作的主要职责:

(一)研究、制定司法警察工作的规划和规章制度;

(二)指导、监督、考评司法警察工作;

(三)制定司法警察教育训练计划;

(四)承担司法警察部门主要负责人的任免职备案工作;

(五)管理司法警察警衔;

(六)协调跨地区的重大警务活动;

(七)承担其他需要管理的事项。

第二十一条 人民法院录用的司法警察,应当符合国家规定的条件。

人民法院录用司法警察,应当按照国家规定,公开考试,严格考核,择优选用。

新录用的司法警察试用期为一年,试用期满经考核合格的,正式任职并评定、授予相应警衔;不合格的,取消录用资格。

第二十二条 调任、转任到人民法院担任司法警察职务的,应当符合担任人民法院司法警察的条件和拟任职位所要求的资格条件。

第二十三条 人民法院对司法警察的调配,应当征求本院司法警察部门的意见;司法警察部门主要负责人的任免,应当报上级人民法院司法警察部门备案。

第二十四条 人民法院司法警察应当经过司法警察专业培训,考试考核合格方可任职或者晋升职务、授予或者晋升警衔。

第二十五条 人民法院司法警察实行警察职务序列,分为警官职务序列、警员职务序列和警务技术职务序列。

第二十六条 人民法院司法警察应当按照规定着装,佩戴警用标志,保持警容严整,举止端庄。

人民法院司法警察在执行职务时,应当携带人民警察证。

第二十七条 人民法院司法警察的奖惩按照国家相关法律和有关规定及最高人民法院的有关规定办理。

第四章　警务保障

第二十八条　人民法院司法警察必须执行上级的决定和命令。

人民法院司法警察认为决定和命令有错误的，可以按照规定提出意见，但不得中止或者改变决定和命令的执行；提出的意见不被采纳时，必须服从决定和命令；执行决定和命令的后果由作出决定和命令的上级负责。

人民法院司法警察对超越法律、法规规定的人民法院司法警察职责范围的指令，有权拒绝执行，并同时向上级机关报告。

对审判长、独任审判员指令的执行，依照前款规定。

第二十九条　人民法院司法警察的警用标志、制式服装、武器和警械，由公安部统一监制，最高人民法院会同公安部管理，其他个人和组织不得非法制造、贩卖。

人民法院司法警察的警用标志、制式服装、武器、警械、人民警察证为司法警察专用，其他个人和组织不得持有和使用。

第三十条　人民法院司法警察工作和训练所需经费应当得到保证，并列入人民法院财务预算。

第三十一条　人民法院应当加强司法警察装备现代化建设，有计划地改善司法警察工作必须的指挥、通信、武器、警械、防护、交通、救援等装备设施。

第三十二条　人民法院司法警察实行国家公务员工资制度，并享受国家规定的警衔津贴和其他津贴、补贴、抚恤以及社会保险等福利待遇。

第五章　附　　则

第三十三条　本条例由最高人民法院负责解释。

第三十四条　本条例自2012年12月1日起施行。1997年5月4日公布的《人民法院司法警察暂行条例》同时废止。

最高人民法院
印发《关于进一步改进司法作风的六项措施》的通知

2012年12月13日　　　　　　　　　　　　　法发〔2012〕25号

各省、自治区、直辖市高级人民法院，解放军军事法院，新疆维吾尔自治区高级人民法院生产建设兵团分院：

《最高人民法院关于进一步改进司法作风的六项措施》已经最高人民法院党组会议讨论通过，现印发给你们，请各地结合实际，认真贯彻执行。

附：

最高人民法院
关于进一步改进司法作风的六项措施

为认真贯彻落实中共中央关于改进工作作风、密切联系群众的八项规定精神，进一步改进司法作风，进一步提高司法公信力，按照宪法法律规定，结合人民法院工作实际，制定一以下措施：

一、坚持司法为民，密切联系群众。 各级法院要建立完善院领导定期接待群众来访制度，积极倾听群众意见，依法解决群众合理诉求。建立完善案件信息查询机制，切实方便当事人及时有效查询相关案件信息。进一步加强立案信访窗口、诉讼服务中心等窗口建设，坚决杜绝"冷横硬推"、"门难进、脸难看、话难听、事难办"的衙门作风。结合工作实际，加大巡回审判力度，建立完善专门法庭，方便群众诉讼。

二、推进司法公开，接受群众监督。 中级以上法院要建立新闻发布例会制度，及时向社会发布重要司法信息。对人民群众高度关注、社会影响较大的案件，及时依法公布相关情况，切实回应群众关切。进一步完善裁判文书上网、庭审网络直播制度，建立健全法院开放日制度，主动接受群众监督。

三、加强民意沟通，扩大司法民主。 进一步加强与各级人大代表、政协委员、各民主党派、无党派人士的沟通联络。高度重视特邀咨询员、特约监督员工作，充分发挥特约人员的咨询监督作用。建立健全微博发布管理制度，有条件的法院要适时开通工作微博，加强与网民的沟通互动。建立完善法院民意沟通信箱，对收到的各类信件要安排专人整理归纳，落实承办部门，及时向群众反馈。进一步加强人民陪审员工作，完善人民陪审员参与审判工作机制。

四、精简会议活动，切实改进会风。 进一步控制会议数量，严格限制参会人数，切实提高会议实效，开短会，讲短话。对确需召开的会议，原则上采取电视电话会议的形式。会议活动要厉行节约，不得赠送礼品、纪念品，严格禁止借召开会议之机到风景名胜区公费旅游，严格禁止在高档酒店召开会议，严格控制研讨会、论坛、庆祝会、纪念会、表彰会、博览会等。

五、精简文件简报，切实改进文风。 进一步精简文件、简报数量。减少各种资料汇编的印制，严禁以培训班、会议的名义印制各种资料汇编。提倡行短文，严格控制文件字数，反对奢华文风。大力推动办公自动化建设，倡导无纸化办公，可以通过传真下发的材料不再印制纸质文件。

六、改进调研工作，增强调研实效。 各级法院领导每年要安排一定时间深入基层调研。调研活动要轻车简从、减少陪同、简化接待，不用警车开道，原则上在法院机关食堂就餐。严禁在调研过程中收受各种礼品、纪念品、土特产等。进一步提高调研工作质效，突出调研重点，抓好调研成果的转化。切实规范对各级法院领导调研活动的新闻报道，对一般性调研活动不作宣传报道；对确需宣传报道的重大调研活动，要注重根据工作需要和新闻价值，合理安排报道篇幅。

最高人民法院
关于印发修订后的《人民法院监察工作条例》的通知

2013年1月31日　　　　　　　　　　　　　　　　法发〔2013〕3号

全国地方各级人民法院、各级军事法院、各铁路运输中级法院和基层法院、各海事法院，新疆生产建设兵团各级法院：

现将修订后的《人民法院监察工作条例》印发给你们，请认真贯彻执行。

附：

人民法院监察工作条例

（2008年6月5日印发　2013年1月31日修订）

第一章　总　　则

第一条　为了加强人民法院监察工作，严肃人民法院纪律，促进廉政建设，维护司法公正，根据《中华人民共和国公务员法》、《中华人民共和国法官法》等法律，参照《中华人民共和国行政监察法》，制订本条例。

第二条　人民法院监察部门，是人民法院行使监察职能的专门机构，依照法律和本条例对人民法院及其法官和其他工作人员实施监察。

第三条　人民法院监察部门依照法律和本条例行使职权，不受行政机关、社会团体、个人及人民法院内设其他部门的干涉。

第四条　人民法院监察工作必须坚持实事求是，重证据，重调查研究，在适用法律和纪律上人人平等。

第五条　人民法院监察工作应当实行教育与惩处相结合，严格执行纪律与维护法官和其他工作人员合法权益相结合，监督检查与完善制度、改进工作相结合。

第六条　人民法院监察工作应当坚持依靠群众，监察部门建立举报制度，公民、法人和其他组织对于人民法院及其法官和其他工作人员的违纪违法行为，有权向监察部门提出控告或者检举。

第二章 监察部门和监察人员

第七条 最高人民法院、高级人民法院应当设立监察局。中级人民法院应当设立监察处。

60人以上的基层人民法院应当设立监察科，30人以上不足60人的基层人民法院应当设专职监察员，不足30人的基层人民法院应当设兼职监察员。

第八条 最高人民法院监察局在最高人民法院院长的领导下主管全国法院的监察工作。

地方各级人民法院监察部门、基层人民法院专职或者兼职监察员在本院院长和上级法院监察部门的领导下开展工作，监察业务以上级法院监察部门领导为主。

第九条 最高人民法院、高级人民法院监察局设局长一名，设副局长一至三名；中级、基层人民法院监察处（科）设处（科）长一名，副处（科）长一至二名。

各级人民法院监察部门负责人一般应当从法官或者具有法官任职资格的人员中选任。

地方各级人民法院监察部门负责人、基层人民法院专职或者兼职监察员的任免，在提请决定前，需经上一级人民法院监察部门同意。

第十条 最高人民法院和高级人民法院监察局根据工作需要设立内设机构，负责信访举报、案件查处、监督检查、审务督察、综合调研等工作。中级人民法院可以根据工作需要参照设立。

第十一条 最高人民法院监察局可以设局级监察专员，高级人民法院监察局以及直辖市、副省级城市中级人民法院监察处可以设处级监察专员，其他中级人民法院监察处可以设科级监察专员。

基层人民法院专职监察员应当按照本院中层正职配备，兼职监察员应当由院级副职领导兼任。

各级人民法院应当尽可能选派法官或者具有法官任职资格的人员担任监察专员、专职监察员。

各级人民法院应当在本院审判执行等部门选任专职或者兼职廉政监察员。专职廉政监察员应当由具有部门同级正职或者副职非领导职务的资深法官和其他熟悉部门业务的人员担任，兼职廉政监察员应当由部门副职领导兼任。

专职或者兼职廉政监察员在所在部门主要负责人和本院监察部门的领导下开展工作。

第十二条 监察人员必须忠于职守，秉公执纪，遵纪守法，保守秘密。

第十三条 监察人员滥用职权、徇私舞弊、玩忽职守、泄露秘密的，应当给予纪律处分；构成犯罪的，移送有关机关依法处理。

第三章 监察部门的职责

第十四条 人民法院监察部门的主要职责是：
（一）检查人民法院及其法官和其他工作人员遵守和执行国家法律、法规的情况；
（二）制定和完善人民法院廉政制度，检查人民法院及其法官和其他工作人员执行廉政制度的情况；
（三）受理对人民法院及其法官和其他工作人员违纪违法行为的控告、检举；
（四）调查处理人民法院及其法官和其他工作人员违反审判纪律、执行纪律及其他纪律的行为；
（五）受理法官和其他工作人员不服纪律处分的复议和申诉；
（六）组织协调、检查指导、督察纠正人民法院及其法官和其他工作人员损害群众利益和损害司法公信的不正之风；
（七）组织协调、检查指导预防腐败工作，开展对法官和其他工作人员司法廉洁和遵纪守法的教育。

第十五条 最高人民法院监察局对下列单位、部门和人员实施监察：
（一）本院各部门及其法官和其他工作人员；
（二）高级人民法院及其院长、副院长、副院级领导干部、监察局局长。

第十六条 高级人民法院监察局和中级人民法院监察处对下列单位、部门和人员实施监察：
（一）本院各部门及其法官和其他工作人员；
（二）下一级人民法院及其院长、副院长、副院级领导干部、监察部门主要负责人或者专职监察员。

第十七条 基层人民法院监察科或者专职、兼职监察员对本院各部门及其法官和其他工作人员实施监察。

第十八条 上级人民法院监察部门可以办理下一级人民法院监察部门管辖范围内的监察事项；必要时可以办理所辖各级人民法院监察部门管辖范围内的监察事项。

第四章 监察部门的权限

第十九条 监察部门履行职责，有权要求被监察的单位、部门和人员提供与监察事项有关的文件、资料、案卷材料、财务账目及其他有关材料，进行查阅或者复制；有权要求被监察的单位、部门和人员就监察事项涉及的问题作出解释或者说明；有权责令被监察的单位、部门和人员停止违反法律、法规和纪律的行为。

第二十条 监察部门在调查违反法律、法规和纪律的行为时，可以根据实际情况采取下列措施：
（一）暂予扣留、封存案件涉嫌的有关单位、部门和人员可以证明违反法律、法规和纪律行为的文件、资料、财务账目、案件材料及其他有关材料；

（二）责令案件涉嫌的有关单位、部门和人员在调查期间不得变卖、转移、毁损与案件有关的财物；

（三）经上一级人民法院监察部门批准，可以责令有违反纪律嫌疑的人员在指定的时间、地点就调查事项涉及的问题作出解释和说明，但是不得对其实行拘禁或者变相拘禁；

（四）建议暂停有严重违纪嫌疑的人员执行公务；

（五）经批准，查询案件涉嫌单位和涉嫌人员在银行或者其他金融机构的存款，必要时可以依法采取保全措施，冻结涉嫌人员在银行或者其他金融机构的存款；

（六）向监察事项涉及的单位、部门和人员进行查询；

（七）列席被监察单位、部门与监察事项有关的会议。

采取前款（一）、（一）、（二）、（四）、（五）项措施时，应当制作监察通知书送达有关单位、部门和人员，并对有关财物开列清单。

第二十一条　监察部门根据检查、调查结果，遇有下列情形之一的，可以提出监察建议：

（一）拒不执行法律、法规或者违反法律、法规以及人民法院纪律，应当予以纠正的；

（二）违反人民法院纪律，应当给予警告、记过、记大过、降级、撤职、开除处分的；

（三）录用、任免、奖惩决定明显不适当，应当予以纠正的；

（四）需要完善制度、堵塞漏洞的；

（五）其他需要提出监察建议的。

第二十二条　监察建议应当以人民法院名义下达，并书面送达有关单位、部门和人员。

重要的监察建议应当报上一级人民法院监察部门备案。

有关单位、部门和人员对监察建议应当采纳；对监察建议有异议的，应当自收到监察建议之日起三十日内书面向作出监察建议的人民法院提出。监察部门应当自收到异议之日起三十日内回复。

第二十三条　根据检查、调查结果，对于违反人民法院纪律，应当给予违纪人员纪律处分的，监察部门应当依照纪律处分程序提出纪律处分意见或者提出监察建议。

第五章　监察程序

第二十四条　监察部门按照下列程序进行检查：

（一）根据本院院长或者上级人民法院监察部门的指示或者要求，确定检查事项；

（二）制定检查方案并组织实施，必要时，可组织本院有关部门或者下级人民法院参加检查；

（三）向本院院长或者上级人民法院监察部门报告检查情况；

（四）根据检查结果，提出纪律处分意见或者监察建议。

第二十五条　监察部门按照管辖范围，根据检查发现的问题，或者控告检举的违纪线索，或者有关机关、部门移送的违纪线索，经初步核实，认为有关人员构成违纪应当给予纪律处分的，应当报本院院长批准后立案并组织调查。

重要案件的立案，应当报上一级人民法院监察部门备案。

第二十六条　人民法院监察部门在查办违纪案件时，应当组成案件调查组和审理组，分别进行案件调查和案件审理。参加案件调查的人员，不得参加案件审理。

监察部门人员不足以组成案件调查组和审理组的，可以由监察部门报经本院分管院领导同意后从本院其他部门或者下级人民法院监察部门抽调人员参加案件调查和案件审理。

第二十七条　监察部门对违纪案件调查时，应当全面收集证据，听取被调查人的陈述和辩解。

第二十八条　监察人员与所办理的监察事项有利害关系，或者有其他关系可能影响公正处理案件的，该监察人员应当回避。

第二十九条　监察部门立案调查的案件，应当自立案之日起六个月内结案，因特殊原因需要延长期限的，可以适当延长，但应当报上一级人民法院监察部门备案，说明情况和原因。

第三十条　对于立案调查的案件，经调查认定违纪事实不存在，或者情节轻微、不需要给予纪律处分的，应当按照批准立案的程序予以销案，并告知被调查人。

第三十一条　对于可能给予纪律处分的案件，调查组结束调查后应当交由审理组审理。

第三十二条　审理案件采取听证或者书面审理的方式进行。书面审理案件，应当询问被调查人、听取其陈述和辩解，必要时，也可以与证人核对证言。

第三十三条　对违纪人员的纪律处分按照下列规定进行：

（一）对本院审判委员会委员、庭长、副庭长、审判员、助理审判员和其他工作人员，下一级人民法院院长、副院长、副院级领导干部、监察部门主要负责人、专职监察员，拟给予警告、记过、记大过处分的，由监察部门提出处分意见，报本院院长批准后下达纪律处分决定；拟给予降级、撤职、开除处分的，由监察部门提出处分意见，经本院院长办公会议批准后下达纪律处分决定。纪律处分决定以人民法院名义下达，加盖人民法院印章。

（二）给予违纪人员撤职、开除处分，需要先由本院或者下一级人民法院提请同级人民代表大会罢免职务，或者提请同级人民代表大会常务委员会免去职务或者撤销职务的，应由人民代表大会或者其常委会罢免、免职或者撤销职务后，再执行处分决定。

第三十四条　对违反纪律的人员作出纪律处分后，有关法院人事部门应当办理处分手续，纪律处分决定等有关材料应当归入受处分人员的档案。

第三十五条　对纪律处分决定不服的，受处分人员自收到纪律处分决定之日起三十日内可以向作出纪律处分决定的人民法院申请复议，复议的人民法院应当在三十日内作出复议决定；对复议决定仍不服的，可以在接到复议决定三十日内向作出复议决定的上一级人民法院申诉，上一级人民法院应当在六十日内作出处理决定。

复议和申诉期间,不停止原决定的执行。

第三十六条 上一级人民法院对不服纪律处分决定的申诉,经复查认为原决定不当的,或者上级人民法院认为下级人民法院所作纪律处分决定不当的,可以建议作出原纪律处分决定的人民法院予以变更或者撤销;也可以按照纪律处分程序直接作出变更或者撤销的决定。

上级人民法院的处理决定为最终决定。

第三十七条 对法官纪律处分的权限和程序另有规定的,按照有关规定办理。

第三十八条 对于举报人故意捏造事实,诬告陷害法院工作人员的,建议有关单位给予处理;构成犯罪的,依法移送有关机关追究刑事责任。

第三十九条 被监察的单位、部门和人员违反本条例,有下列行为之一的,由监察部门责令改正,拒不改正的,对责任人依纪给予纪律处分:

(一) 隐瞒事实真相,出具伪证或者隐匿、转移、篡改、毁灭证据的;

(二) 故意拖延或者拒绝提供与监察事项有关的文件、资料、财务账目及其他有关材料和其他必要情况的;

(三) 在调查期间变卖、转移涉嫌财物的;

(四) 拒绝就监察部门所提问题作出解释或者说明的;

(五) 拒不执行纪律处分决定或者无正当理由拒不采纳监察建议的;

(六) 有其他违反本条例规定的行为,情节严重的。

第六章 附 则

第四十条 本条例由最高人民法院负责解释。

第四十一条 本条例自印发之日起施行。

最高人民法院
关于新形势下进一步加强人民法院纪律作风建设的指导意见

2014年1月2日　　　　　　　　　　法发〔2014〕1号

全国地方各级人民法院,各级军事法院,新疆生产建设兵团各级法院:

近年来,全国各级人民法院及其广大干警忠实履行宪法和法律赋予的职责,为维护公平正义、促进社会和谐、保障群众权益、推动改革发展做了大量卓有成效的工作。但是,我们也要清醒地看到,人民法院队伍在思想政治、司法能力、纪律作风等方面还不同程度地存在一些问题,特别是在纪律作风方面,少数干警背离宗旨、脱离群众,纪律松弛、精神懈怠，情趣低下、贪图享受，个别干警甚至徇私舞弊、贪赃枉法、腐化堕落，严重影响了法院形象和司法公信力，人民群众对此反映强烈。为此，各级人民法院要结合开展党的群众路线教育实践活动，按照中央《建立健全惩治和预防腐败体系2013－2017年工作规划》和中央教育实践活动领导小组《关于开展"四风"突出问题专项整治和加强制度建设的通知》提出的各项要求，持之以恒地推动中央八项规定精神在各级人民法院的贯彻落实，坚决整治法院队伍在纪律作风方面存在的突出问题，以铁的纪律培育好的作风、树立好的形象，以清正廉洁保障公正司法、维护公平正义。

一、坚持从严教育，筑牢拒腐防变思想防线

1. 加强思想理论建设。要组织广大干警认真学习中国特色社会主义理论体系和习近平总书记关于法治建设、纪律作风建设的一系列重要论述，引导广大干警进一步认清加强纪律作风建设的重要性和紧迫性，从而进一步增强转变司法作风、坚持廉洁司法的自觉性。

2. 抓好党性党风教育。要深入开展理想信念教育和革命传统教育，组织广大党员干警重温党的优良传统和作风，引导广大干警牢固树立宗旨意识和群众观念，继承发扬艰苦奋斗、勤俭节约的优良作风，自觉抵御剥削阶级腐朽落后思想文化和生活方式的侵蚀影响，始终保持共产党人的浩然正气、昂扬锐气和蓬勃朝气。

3. 打牢道德修养基础。要广泛开展法官职业操守和社会伦理教育，大力弘扬"忠诚、为民、公正、廉洁"的政法干警核心价值观，引导广大干警始终保持高尚的精神追求、严谨的职业操守、良好的生活习惯和健康的生活方式，自觉维护法律尊严和法官荣誉。

4. 发挥案例警示作用。要善于用发生在干警身边的违纪违法典型案例来教育广大干警，充分发挥案例教育的警示震慑作用，引导广大干警牢固树立"法律红线不能触碰、制度底线不可逾越"的观念，自觉遵守国家法律和人民法院的各项纪律规定，坚决守住做人、处事、用权、交友的底线。

5. 改进思想教育方式。要高度关注广大干警的思想动态，及时发现在少数干警身上出现的苗头性、倾向性、潜在性问题，有针对性地开展纪律作风教育。要大力倡导积极的思想斗争，引导广大干警大胆开展批评与自我批评，同时要通过个别谈心、提醒劝诫等教育方式，帮助具有小毛病的干警及时纠正错误、改进不足，防止小毛病发展为大问题。

二、坚持从严管理，解决"四风"方面突出问题

6. 落实管理责任。要把强化队伍管理作为人民法院各级领导班子和领导干部重要政治责任，督促各级领导班子和领导干部认真履行"一岗双责"，坚决纠正少数法院"重业务建设、轻队伍管理"的不良现象。上级法院要加强对下级法院领导班子及其成员落实"一岗双责"情况的督查、考核，对未认真履行管理职责的要严肃追责，并在一定范围内予以通报。

7. 转变管理理念。要树立"严管厚爱"的管理理念，把对干警的关爱融入到严格

的管理之中。要善于用制度管人、管事、管权,把制度的要求逐步转化为广大干警的行为准则和自觉行动。要坚持抓早抓小,注意从小事抓起,切实做到"防微杜渐""防患于未然"。

8. 完善管理制度。要完善改进会风文风和规范表彰的管理制度,彻底清除文山会海,健全考核评价体系。要完善厉行节约反对浪费的管理制度,坚决刹住公款吃喝、公款送礼、公费旅游等不正之风。要完善防范廉政风险的管理制度,为抵御诉讼掮客的拉拢腐蚀、清除权钱交易的司法潜规则提供更加完备的制度保障。

9. 加强专项整治。要针对管理方面的顽症痼疾,组织开展各种专项整治活动。要坚决整治"冷硬横推"的司法不正之风,切实解决少数法院"门难进、脸难看、事难办"等问题。要坚决整治"吃拿卡要"的司法不正之风,切实解决少数法院违规收费和少数干警违法收受财物、违规接受吃请等突出问题。要坚决整治"庸懒散奢"的司法不正之风,切实解决少数法院内部管理松懈、违规配置使用公车、违规建造楼堂馆所等突出问题。

10. 增强制度刚性。要严格执行"五个严禁"、任职回避、防止内部干扰、防止利益冲突等内部管理制度,认真落实纠正节日不正之风的"十个不准"规定。要通过明察暗访等方式,对已有制度的执行情况开展经常性的检查,及时发现制度执行中的问题,督促整改落实。要进一步健全强化管理的铁规铁律,对有令不行、有禁不止的行为,要发现一起、查处一起,确保制度刚性运行。

三、坚持从严监督,促进公正高效廉洁司法

11. 强化对法院领导干部的监督。要通过对法院领导干部的重点监督,督促法院领导干部自觉遵守党组决策程序和审判委员会议事规则,带头执行廉政制度和办案纪律,正确行使手中的权力。要综合运用司法巡查、谈话函询、离任审计、举报核查、派员参加下级法院党组民主生活会、组织下级法院主要负责人述职述廉等方式,切实加强对下级法院领导班子及其成员的协管监督。

12. 强化对审判执行岗位的监督。要针对各审判执行岗位权力运行的不同规律和特点,综合运用办案信息公开、办案流程控制、案件质量评查、执法过错追究等措施,对审判执行活动实行全方位、全过程的监督。要进一步规范廉政监察员的选任条件,创新廉政监察员的履职方式,充分发挥廉政监察员在办案一线的日常监督作用。

13. 强化对干警业内活动的监督。要以制约和监督司法权运行为核心,进一步完善"合理分权、公开示权、有效控权"的廉政风险防控机制,并把现代信息技术手段融入到廉政风险防控的制度设计和管理流程之中,全面打造"事前预警、事中监控、事后查究"的监督防线,促进公正高效廉洁司法。

14. 强化对干警业外活动的监督。要进一步完善审务督察制度,不断加大对法院干警业外活动的监督力度,及时查纠法院干警在业外活动中的违纪违规行为。要扩大监督视野,拓展监督渠道,积极探索对法院干警业外活动实施监督的有效方式,督促广大干警管好自己的"生活圈""社交圈""娱乐圈",自觉做倡导社会道德风尚的引领者、遵守社会公序良俗的示范者。

15. 强化对权力运行的外部监督。要全力打造"审判流程公开、裁判文书公开、执行信息公开"三大平台,进一步健全主动接受案件当事人监督和主动接受社会公众监督的制度,建立对社会舆情的收集、预警、核查、回应机制,将审判权和执行权的运行置于社会的广泛监督之下,紧紧依靠人民群众和社会各界的力量来推进人民法院纪律作风建设。

四、坚持从严查处,保持惩治腐败高压态势

16. 加大查处案件的工作力度。要充分认识干警违纪违法给人民法院和司法公信力带来的严重危害,对干警队伍中的违纪违法行为保持"零容忍"的态度,切实做到"有案必查""有腐必惩"。对严重违纪违法和造成恶劣社会影响的少数"害群之马",要坚决清除出法院队伍;对具有广泛教育意义的典型案件,要及时进行通报,以便实现"惩处一人、震慑一批、教育一片"的办案效果。

17. 完善举报线索督办机制。要继续推动四级法院举报受理网站的联网对接工作,逐步建立对重要举报信息的跟踪督办机制,实现上级法院对下级法院受理核查群众举报工作的实时指导监督。对因违纪违法而受到举报投诉的干警,要在查明问题后及时依法依纪进行处理,以彰显法纪的严肃性;对因秉公办案而遭遇诬告陷害的干警,要在查明情况后及时加以澄清,以保护干警的个人名誉和工作积极性。

18. 主动发现违纪违法案件线索。要加强人民法院各内部监督部门之间的协调配合,在纪律作风建设中形成监督合力,同时要注意从审级监督、审判管理、案件评查、司法巡查、审务督察、舆情监测等工作中发现违纪违法的案件线索,进一步增强对违纪违法行为的发现能力。

19. 改革案件查处工作机制。要探索建立"上下联动"的查案工作机制,通过上级法院组织协调辖区下级法院集中办案、交叉办案等方式,提高对违纪违法行为的查办能力。要健全惩戒违纪违法人员的信息报送机制,加强上级法院对辖区下级法院纪律惩戒工作的审核把关,坚决纠正个别法院在纪律惩戒工作中存在的"失之于软"现象。

20. 激励各级人民法院主动查案。要建立激励各级人民法院主动查处违纪违法案件的考核评价机制,对平时注重管理、主动发现违纪违法线索并主动查处的单位,不得在绩效考评中简单地予以"一票否决";对平时疏于管理、出了问题又瞒案不报、压案不查的单位,不仅要"一票否决",还要根据有关规定追究直接责任人和单位负责人的责任。

最高人民法院
关于印发《人民法院督促检查工作规定》的通知

2014年6月4日　　　　　　　　　　法发〔2009〕31号

各省、自治区、直辖市高级人民法院，解放军军事法院，新疆维吾尔自治区高级人民法院生产建设兵团分院：

现将修订后的《人民法院督促检查工作规定》予以印发，请结合工作实际认真执行，执行中发现的问题请及时报告最高人民法院。

附：

人民法院督促检查工作规定

第一章　总　　则

第一条　为进一步加强和改进人民法院督促检查（以下简称督查）工作，明确督查工作任务，规范督查工作流程，提高督查工作效率，制定本规定。

第二条　人民法院督查工作是指对人民法院重大决策部署、重要专项工作，上级或同级党委和人大常委会等有关机关及其领导、上级人民法院及其领导或本院领导批示交办的事项进行督查。

第三条　督查工作应当围绕中心、服务大局，突出重点、统筹兼顾，开拓创新、求真务实，依章办事、保守秘密，做到科学督查、高效督查、廉洁督查。

第二章　组织机构、人员和职责

第四条　最高人民法院和高级人民法院应当设立专门的督查工作机构或部门，负责督查督办下级人民法院和本院各单位承担的督查事项。

高级人民法院督查部门负责人一般应当选配处级干部担任。

有条件的中级人民法院、基层人民法院可以设立专门的督查工作机构；没有条件的，应当视情配备专职或兼职督查工作人员。

第五条　督查部门职责主要包括：

（一）督查督办。对人民法院重大决策部署、重要专项工作及领导批示交办事项进行督查督办。

（二）报告通报。及时向有关机关及其领导报告督查事项的贯彻落实情况；定期汇总通报各承办单位落实督查事项的情况。

（三）协助调查。协助本院领导解决执行决策部署中存在的问题；经授权参与对某些重要问题的调查处理。

（四）综合分析。综合分析督查工作中具有普遍性、倾向性的问题，提出解决问题的意见和建议。

（五）考核评比。组织实施对下级人民法院和本院各单位完成督查任务情况的考核评比。

第六条 最高人民法院和高级人民法院内设各单位应当确定一名负责人分管督查工作，负责对本单位承担的督查事项进行指导协调和跟踪落实；确定一名人员为兼职督查工作联络员，负责配合本单位承办人及督查部门落实督查事项。

第七条 各级人民法院应当由政治素质强、业务水平高、工作作风实、纪律观念严的人员从事督查工作。督查工作人员一般应当具有审判职称。

第三章　督查内容和方式

第八条 督查工作内容主要包括：

（一）上级人民法院或本院文件中，要求报告贯彻落实情况或需要督查的事项；每年度向人民代表大会所作《人民法院工作报告》中需要督查的事项。

（二）人民法院召开的各类工作会议、本院党组会议、院长办公会议以及院领导主持召开的专题工作会议决定事项中，要求报告贯彻落实情况或需要督查的事项。

（三）人民法院开展重要专项工作中需要督查的事项。

（四）上级或同级党委和人大常委会等有关机关及其领导批示交办的需要督查的事项。

（五）上级人民法院及其领导或本院领导批示交办的需要督查的事项。

（六）其他需要督查的事项。

第九条 开展督查工作一般采取发函督办、网上督办、召开协调会、电话督办等方式进行。

对重大事项的督查或经催办仍未报告办理情况的，督查部门可以派员实地督查，或者视情组织有关单位进行专门研究，必要时组成专门督查组进行联合督查。

第四章　督查程序

第十条 督查工作一般包括立项登记、拟办送审、交办、办理、反馈、催办、报告、回访复核、结项归档等程序。

第十一条 立项登记

对上级或同级党委、人大常委会等有关机关及其领导、上级人民法院及其领导批示交办的事项，应当报经本院领导批准后由督查部门立项登记；对本院领导批示交办的事项直接送督查部门立项登记；对贯彻重大决策部署、开展重要专项工作的情况进行督查，可以由督查部门提出立项报告，报经主管领导批准后立项登记。

登记内容包括立项编号、内容提要、批示领导、批示时间、批示内容、交办单位、交办时间、承办单位、协办单位、办理时限、催办记录、办理结果、办结时间等情况。

第十二条　拟办送审

督查部门应当根据来文内容和业务分工提出拟办意见，报送有关领导审定。

第十三条　交办

交办督查事项一般采用督办函的形式。督办函应当明确交办事项的由来、要求、反馈进展情况或办理结果的时限，并附督查事项有关材料。对于紧急事项可以直接电话交办，并做好电话记录，事后及时补发督办函。

督查部门一般应当在1个工作日内将督办函及有关材料转送承办单位；由督查部门自行办理的，应当在1个工作日内确定承办人。

对于任务有交叉或者涉及几个单位的会办事项，交办时应当确定主办单位和协办单位。双方意见不一致时，督查部门应当视情及时进行协调。

第十四条　办理

承办单位接到督查任务后，应当认真及时办理。对于会办事项，主办单位应当主动与协办单位联系、协商，协办单位应当积极配合。

第十五条　反馈

承办单位应当按照督办函确定的时限反馈办理结果或进展情况；因特殊情况不能按时办结的，应当反馈进展情况，并说明原因，视情适当延长办结时限。

对于会办事项，协办单位应当积极向主办单位反馈办理情况，由主办单位统一反馈办理结果。

下级人民法院向上级人民法院反馈情况应当加盖院印，本院各单位向督查部门反馈情况应当经单位领导签批或加盖单位印章。对于紧急事项，可以先行电话反馈，事后补充书面材料。

督查部门对于承办单位反馈的办理情况应当认真审核，必要时可转请本院有关单位审核；对于不符合要求的，应当退回承办单位重新查报。

第十六条　催办

督查部门应当适时掌握督查事项的办理情况，对限时未结或未能及时反馈办理情况的，应当及时催办。

已经督查部门催办的，承办单位应当于1周内反馈办理情况。

第十七条　报告

督查部门应当及时形成督查工作报告，或者转本院有关单位形成督查工作报告，或者督促承办单位及时形成办理情况报告，报送有关机关或领导。报告应当实事求是，观点明确，文字简练，用语规范。

有关机关或领导要求听取专题汇报的，由督查部门联系落实。

第十八条　回访复核

对于领导同志关心、社会关注、群众关切的重要督查事项，督查部门应当及时开展实地回访复核工作，确保问题得到妥善解决。

对于领导同志考察调研时重要讲话和指示精神的贯彻落实情况，督查部门应当及时进行回访，督促推动工作落实，并向领导同志报告反馈有关情况。

第十九条　结项归档

督查任务完成后，应当及时结项登记；需要督促其他单位继续办理的，应当重新立项。

督查任务结项后应当按照档案管理和公文处理有关规定，及时立卷归档。

第五章　附　则

第二十条　本规定由最高人民法院办公厅负责解释。各高级人民法院可根据实际情况制定实施办法，并报最高人民法院办公厅备案。

第二十一条　本规定自 2014 年 7 月 1 日起施行，《人民法院督促检查工作规定》（法发〔2009〕31 号）同时废止。

最高人民法院
印发《关于人民法院在审判执行活动中主动接受案件当事人监督的若干规定》的通知

2014 年 7 月 15 日　　　　　　　　　　　　　法发〔2014〕13 号

各省、自治区、直辖市高级人民法院，解放军军事法院，新疆维吾尔自治区高级人民法院生产建设兵团分院：

现将《关于人民法院在审判执行活动中主动接受案件当事人监督的若干规定》予以印发，请结合实际，认真遵照执行。

附：

最高人民法院
关于人民法院在审判执行活动中主动接受案件当事人监督的若干规定

为规范人民法院在审判执行活动中主动接受案件当事人监督的工作，促进公正、高效、廉洁、文明司法，根据《中华人民共和国法官法》，制定本规定。

第一条 人民法院及其案件承办部门和办案人员在审判执行活动中应当严格执行廉政纪律，不断改进司法作风，主动接受案件当事人监督。

第二条 人民法院应当在本院诉讼服务大厅、立案大厅、派出人民法庭等场所公布人民法院的纪律作风规定、举报受理电话和举报受理网址。

第三条 在案件立案、审理程序中，人民法院应当通过适当方式，及时将立案审查结果、诉讼保全及程序变更等关键节点信息主动告知案件当事人。

第四条 在案件执行程序中，人民法院应当通过适当方式，及时将执行立案、变更与追加被执行人、执行措施实施、执行财产查控、执行财产处置、终结本次执行、终结本次执行案件的恢复执行、终结执行等关键节点信息主动告知案件当事人。

第五条 案件当事人需要向人民法院了解办案进度的，人民法院案件承办部门及办案人员应当告知。

第六条 人民法院案件承办部门应当在向案件当事人送达相关案件受理法律文书时，向案件当事人发送廉政监督卡。案件当事人也可以根据需要到人民法院诉讼服务大厅、立案大厅、派出人民法庭直接领取廉政监督卡。

廉政监督卡应当按照最高人民法院规定的格式进行制作。

第七条 案件当事人可以在案件办理期间或者案件办结之后，将填有本人意见的廉政监督卡直接寄交人民法院监察部门。

人民法院监察部门应当对案件当事人反映的廉政监督意见进行统一处置和管理。

第八条 人民法院应当按照本院每年办案总数的一定比例，从当年审结或者执结的案件中随机抽取部分案件进行廉政回访，主动听取案件当事人对办案人员执行纪律作风规定情况的评价意见。

第九条 人民法院除随机抽取案件进行廉政回访外，还应当对当年审结或者执结的下列案件进行廉政回访：

（一）社会广泛关注的案件；

（二）案件当事人反映存在违反廉政作风规定的案件；

（三）其他有必要进行回访的案件。

第十条 廉政回访可以采取约谈回访、上门回访、电话回访、信函回访等方式进行。对案件当事人在回访中反映的意见应当记录在案。

第十一条　廉政回访工作由人民法院监察部门会同案件承办部门共同组织实施。

第十二条　人民法院监察部门对案件当事人在廉政监督卡和廉政回访中提出的意见，应当按照下列方式进行处置：

（一）对提出的批评意见，转案件承办部门查明情况后酌情对被监督人进行批评教育；

（二）对提出的表扬意见，转案件承办部门查明情况后酌情对被监督人进行表扬奖励；

（三）对反映的违纪违法线索，会同案件承办部门廉政监察员进行核查处理；

（四）对反映的办案程序、法律适用及事实认定等方面问题，依照相关规定分别移送案件承办部门、审判监督部门或者审判管理部门处理。

第十三条　人民法院案件承办部门对案件当事人反映的批评意见进行处置后，应当适时向案件当事人反馈处置情况。

人民法院监察部门在对案件当事人反映的违纪违法线索进行处置后，应当适时向案件当事人反馈处置情况。

因案件当事人反映问题不实而给被反映人造成不良影响的，人民法院监察部门和案件承办部门应当通过适当方式为被反映人澄清事实。

第十四条　人民法院监察部门应当定期对案件当事人在廉政监督卡和廉政回访中提出的意见进行梳理分析，并结合分析发现的普遍性问题向本院党组提出进一步改进工作的意见建议。

第十五条　人民法院监察部门应当对本院各部门及其工作人员落实本规定的情况进行检查督促。人民法院政工部门应当将本院各部门及其工作人员落实本规定的情况纳入考核范围。

第十六条　尚未设立监察部门的人民法院，由本院政工部门承担本规定赋予监察部门的各项职责。

第十七条　本规定所称案件当事人，包括刑事案件中的被告人、被害人、自诉人、附带民事诉讼的原告人和被告人；民事、行政案件中的原告、被告及第三人；执行案件中的申请执行人、被执行人、案外人。

受案件当事人的委托，辩护人、诉讼代理人可以代表案件当事人接收、填写廉政监督卡或者接受廉政回访。

第十八条　人民法院在办理死刑复核案件、国家赔偿案件中主动接受案件当事人监督的工作另行规定。

第十九条　各高级人民法院可以依照本规定制定本院及辖区法院主动接受案件当事人监督工作的实施细则。

第二十条　本规定自发布之日起实施，由最高人民法院负责解释。

最高人民法院
关于进一步加强人民法院思想政治建设的意见

2014年9月3日　　　　　　　　　　　　　　法发〔2014〕17号

各省、自治区、直辖市高级人民法院，解放军军事法院，新疆维吾尔自治区高级人民法院生产建设兵团分院：

思想政治建设是我们党的优良传统和政治优势。人民法院的思想政治建设，关系人民法院的前进方向、工作全局和长远发展，是人民法院工作的生命线。当前，人民法院处在发展和改革关键时期，面临繁重艰巨的任务和前所未有的考验。加强思想政治建设是坚持人民法院工作正确方向的必然要求，是建设高素质法院队伍的关键环节，是圆满完成执法办案任务的重要保障，是顺利推进司法体制改革的现实需要。为深入贯彻落实党的十八大精神和习近平总书记系列重要讲话精神，努力建设一支信念坚定、执法为民、敢于担当、清正廉洁的法院队伍，根据中央有关要求，结合当前形势任务，现就进一步加强人民法院思想政治建设提出如下意见。

一、进一步加强理论武装工作，坚定干警理想信念

（一）坚持用中国特色社会主义理论体系武装头脑。深入开展马克思列宁主义、毛泽东思想、邓小平理论、"三个代表"重要思想、科学发展观的学习教育，引导干警系统掌握马克思主义立场观点方法，深刻认识共产党执政规律、社会主义建设规律、人类社会发展规律，进一步坚定理想和信仰。深入学习贯彻习近平总书记系列重要讲话，深刻理解实现中华民族伟大复兴中国梦的深刻内涵，进一步增强道路自信、理论自信、制度自信。深入开展党史国史、社会主义发展史和形势政策教育，引导干警从不同社会制度、不同发展道路的比较中鉴别优劣、看清趋势，深化对中国特色社会主义的政治认同、思想认同和感情认同。

（二）不断深化社会主义法治理念教育。把学习领会习近平总书记关于法治建设重要论述作为社会主义法治理念教育的重点内容突出出来，深入抓好党的十八届三中全会精神学习教育，深刻认识社会主义法治的目标方向、价值取向和实现途径，增强建设社会主义法治国家的信心，坚持和维护中国特色社会主义司法制度。引导干警深刻认识坚持党的领导是中国特色社会主义司法制度的本质特征和政治优势，坚决抵制西方"宪政民主""司法独立"等错误观点的影响，坚决清除把党的领导同依法治国对立起来的错误认识，始终永葆忠于党、忠于国家、忠于人民、忠于法律的政治本色。运用典型案例开展"以案析理"，引导干警充分认识服务大局、司法为民是中国特色社会主义司法制度的必然要求，牢固树立"努力让人民群众在每一个司法案件中都感受到公平正义"的

工作目标，做到法律效果与社会效果相统一。

（三）强化政治纪律和组织纪律教育。严肃党的政治纪律，认真贯彻党的路线方针政策，自觉维护中央权威和党的团结统一，在思想上、政治上、行动上同党中央保持高度一致。引导干警增强政治敏锐性和政治鉴别力，在重大原则问题上站稳政治立场、保持清醒头脑，坚决拥护中央决策，不得发表同中央精神不一致的言论，不听信或传播政治谣言。引导干警增强爱党、忧党、护党、兴党的政治责任感，对于否定党的领导、攻击社会主义制度的错误观点，敢于表明立场，旗帜鲜明地予以批驳。教育干警强化组织纪律观念，严格遵守组织原则，执行请示报告制度，自觉做到懂规矩、守纪律，认真贯彻落实中央和最高人民法院决策部署，坚决反对有令不行、有禁不止的行为。加强对干警微博、微信等社交帐户的管理，严禁传播有害政治性信息和敏感工作信息。举办研讨会、座谈会、培训班、论坛、讲座要严格审查把关，不给错误思潮提供传播渠道和平台。

（四）加强理论学习的组织实施。坚持和完善党组中心组学习制度，制定年度学习计划，明确学习要求，保证学习时间。把集体学习研讨作为中心组学习的主要形式，紧贴中央精神和法院工作重大问题确定重点题目，研究提出解决问题的思路对策，每年集体学习研讨时间累计不少于12天。深入抓好法院各级领导干部在职自学和自主选学，采取专题辅导、研讨交流、个人自学、知识竞赛等形式搞好干警经常性理论学习。发挥各级法官培训机构的主渠道作用，把思想政治培训作为各类培训班次的必修内容。以领导干部、青年干警、预备法官、新招录人员为对象的培训班次，思想政治培训内容所占比重不低于30％。结合学习中央重要精神、开展重大主题活动，适时开展思想政治建设专题轮训。弘扬理论联系实际学风，坚持学以致用、用以促学，形成高质量学习成果，推动法院工作发展。

二、培育和践行社会主义核心价值观，引领干警价值追求

（五）认真抓好社会主义核心价值观学习教育。深入学习领会习近平总书记关于社会主义核心价值观的重要论述和中央《关于培育和践行社会主义核心价值观的意见》，引导干警深刻理解核心价值观的科学内涵和本质要求，充分认识培育和践行核心价值观对于实现中华民族伟大复兴中国梦的重大意义。结合法院审判职能，加强对核心价值观的研究和宣传，深入解读核心价值观对法院工作和法院干警的实践要求。把核心价值观学习教育纳入党组中心组学习计划，纳入法官培训内容，纳入经常性思想教育，广泛开展主题征文、全员读书、演讲比赛、专题报告等活动，促使干警把社会主义核心价值观内化为自己的价值理念和精神追求。

（六）加强司法良知教育和法官职业道德建设。按照社会主义核心价值观的要求，培育干警司法良知，推进法官职业道德建设，引导干警坚定维护公平正义的价值追求，以严格执法、公正廉洁为最高准则，以徇私枉法、不公不廉为最大耻辱。把司法良知和法官职业道德教育作为法官培训的重要内容，特别是作为预备法官、新招录干警的必修课程抓好专题培训。加强法官职业道德的实践养成，引导干警从审理每个具体案件做起，坚持以事实为根据、以法律为准绳，不偏不倚，不枉不纵。树立模范践行法官职业

道德的先进典型，采取诫勉谈话、道德评议、纪律处分等形式，对违背法官职业道德的行为给予惩戒。运用枉法裁判导致严重后果的典型案例搞好警示教育，强化干警职业道德意识。

（七）引导干警自觉践行社会主义核心价值观。把社会主义核心价值观贯彻到执法办案实践中，充分发挥法律的规范、引导、保障作用，以人民法院的全部工作促进国家富强、民主、文明、和谐，促进社会自由、平等、公正、法治，促进公民爱国、敬业、诚信、友善。引导干警立足审判岗位践行社会主义核心价值观，信仰法治、坚守法治，恪守法官职业道德，严格公正文明司法，维护社会公平正义，以实际行动推进核心价值观建设。加强干警道德品行教育，引导干警自觉遵守社会公德和家庭美德，坚决抵制享乐主义、奢靡之风的影响，追求高尚道德情操，自觉远离低级趣味，树立法院干警良好社会形象，在践行核心价值观中发挥表率作用。

（八）营造弘扬社会主义核心价值观的浓厚氛围。充分运用法院系统各类媒体，加强社会主义核心价值观的宣传教育，用积极向上的主流思想舆论引导干警价值理念。加强和改进先进典型宣传表彰工作，丰富典型的类型和层次，创新典型宣传方式和载体，用不同类型的先进典型把核心价值观具体化、形象化、人格化。以社会主义核心价值观统领法院文化建设，积极创作体现核心价值理念、引领干警价值追求的法院文化作品，广泛开展弘扬主旋律、传播正能量的法院文化活动。坚持在重要场所和重要活动中升挂国旗、奏唱国歌，广泛开展法官宣誓等仪式教育。

三、加强经常性思想教育，引导干警热爱司法事业

（九）打牢干警热爱司法事业的思想基础。组织干警深入学习领会中央关于全面推进依法治国的决策部署，充分认识法治中国建设的美好前景和人民法院肩负的使命责任，引导干警把个人理想和职业追求融入建设法治中国的伟大事业。结合执法办案实践，引导干警充分认识人民法院维护社会大局稳定、促进社会公平正义、保障人民安居乐业的神圣使命，充分认识司法审判是维护公平正义最后一道防线，进一步增强对审判工作的价值认同、感情认同，坚定献身司法事业的理想追求。广泛开展向"最美基层法官"等先进典型学习活动，引导干警正确认识和对待苦与乐、得与失、名与利、荣与辱，无怨无悔坚守审判岗位。

（十）及时解决干警现实思想问题。建立领导干部与一线干警沟通交流机制，定期听取干警意见建议，了解干警关心关注的现实问题。针对干警倾向性思想问题，加大正面教育力度，做好加油鼓劲、凝心聚力的工作，引导干警树立远大理想，强化奉献精神，端正价值追求，热爱审判事业，纠正攀比收入、计较得失、牢骚抱怨、叫苦叫累等现象。建立和落实谈心、走访制度，做好一人一事的思想引导工作。领导干部要同分管部门负责人或本部门干警每年至少谈心一次。在干警遇到岗位调整、工作挫折、家庭困难、生病住院、意外变故等情况时，及时进行谈心引导和走访慰问。开展心理健康教育和心理调适能力培训，有针对性地做好心理疏导工作，帮助干警化解不良情绪、缓解心理压力。

（十一）激发干警爱岗敬业积极性。从政治上、工作上、生活上关心爱护基层干警，

尊重和保障干警主体地位，增强干警主人翁意识，坚持用事业留人、用感情留人、用适当的待遇留人。坚持公道正派选任干部，形成正确用人导向，让事业心强、实绩突出的干部有发展前途。发挥表彰奖励的激励功能，认真做好审判业务专家、模范法官、优秀法官、办案标兵等评选表彰工作，激励干警立足本职岗位创造辉煌人生。关心爱护先进典型，为他们成长进步创造有利条件，同等条件优先提拔使用。认真做好"荣誉天平奖章"颁发工作，激发干警职业荣誉感。充分发挥组织优势，帮助干警解决住房、家属就业、子女入园入学等实际困难。认真落实体检、休假、疗养制度，对困难干警做好慰问帮扶工作。旗帜鲜明地支持干警抵制干扰、公正司法，为敢于坚持原则的干警撑腰。建立健全保障干警人格尊严、人身安全的制度措施，依法制止和惩处侮辱、诬陷、恐吓、伤害干警的行为。

四、做好司法改革中的思想政治工作，保障改革顺利实施

（十二）教育引导干警理解支持司法改革。深入学习领会习近平总书记关于全面深化改革的重要论述和《中共中央关于全面深化改革若干重大问题的决定》，认真学习贯彻中央关于司法体制改革的决策部署，引导干警从全面推进依法治国的战略高度认识和理解司法体制改革，充分认识司法体制改革对破解制约公正司法的体制机制性障碍、建设公正高效权威的社会主义司法制度的重大意义，正确理解司法体制改革的目标和方向，切实把思想认识统一到中央决策部署上来，正确理解改革，坚定改革信心，坚决拥护和支持改革。

（十三）教育引导干警积极参与司法改革。把思想政治工作贯穿司法体制改革全过程，澄清模糊认识，消除疑虑担忧，最大限度凝聚正能量，确保人心不散、秩序不乱、工作不断，确保改革措施顺利实施。加强干警思想形势分析，准确掌握干警思想反映，有针对性地做好教育引导工作，解决好干警现实思想问题。加强司法改革的政策宣传和舆论引导，避免干警对改革政策的误读误传或盲目猜测。坚持和贯彻群众路线，充分听取干警意见建议，公开、公平、公正组织实施改革，避免因暗箱操作影响干警参与和支持改革的积极性。

（十四）教育引导干警正确对待利益得失。针对深化改革引发的利益格局调整，教育引导干警强化大局意识，服从改革需要，防止仅仅关注个人利益得失、忽视改革目标实现的狭隘思想。引导干警正确认识我国国情，防止对提高收入待遇产生不切实际的期待要求。引导干警正确对待司法人员分类管理带来的收入待遇差距，保持淡定平和心态，防止盲目攀比、斤斤计较。引导干警正确反映利益诉求，充分相信和依靠组织，自觉服从组织安排，防止散布不当言论或采取个人极端行为。

五、发挥思想教育引领作用，促进司法作风建设

（十五）巩固和扩大党的群众路线教育实践活动成果。深入学习领会习近平总书记关于教育实践活动和作风建设的重要论述，牢固树立作风建设永远在路上的理念，防止过关思想和松劲情绪，坚持不懈推进司法作风建设。深化党的群众路线和人民法院性质宗旨教育，引导干警解决好"权从何来、为谁司法"的根本问题，克服高高在上的官僚

思想和衙门作风,进一步强化司法为民的宗旨意识。加强基层服务型党组织建设,组织干警广泛开展法制宣传、法律咨询、志愿服务、结对帮扶等活动,推广"群众说事、法官说法"等司法便民工作机制,深入基层联系服务群众。持续深入整治"六难三案"问题,严格考核检查,强化监督问责,坚决纠正庸懒散拖、"为官不为"等现象。把教育实践活动中的有效做法制度化,健全完善作风建设长效机制,防止司法作风问题反弹。

(十六)进一步强化干警法纪观念。组织干警认真学习党内监督条例、纪律处分条例、党员领导干部廉洁从政若干准则等党内法规,认真学习党的十八大以来中央颁布的各项纪律规定,引导干警加强党性修养,增强法纪意识,坚决守住"党性关、纪律关、法律关、权力关、廉政关"。深入开展审判工作纪律教育,组织干警认真学习法官法、法院工作人员处分条例、法官职业道德准则、法官行为规范、文明用语规范等制度规定,坚持严格公正文明司法,坚决克服执法办案中的冷硬横推、吃拿卡要等行为。深入开展廉洁司法纪律教育,组织干警认真学习"五个严禁"、防止内部人员干扰办案、防止利益冲突、自觉接受当事人监督等制度规定,强化底线思维和自律意识,防止和克服侥幸心理,坚决守住廉洁司法的底线。

(十七)及时纠正司法作风苗头性问题。牢固树立"严管就是厚爱"理念,坚持原则,敢抓敢管,切实纠正队伍管理失之于宽、失之于软的倾向。了解掌握干警执法办案和业外活动情况,关注干警生活圈、交往圈、娱乐圈,经常分析队伍纪律作风状况。充分发挥廉政监察员和各级人民法院举报网站的作用,加大对审判执行工作的监督力度。建立健全干部监督管理谈话制度,发现苗头性、倾向性问题,及时进行批评教育,做到早发现、早提醒、早纠正。严格执行作风建设制度规定,严肃查处干警违纪违规行为,及时通报典型案例,经常开展警示教育,促进形成风清气正的环境氛围。

六、进一步加强思想政治建设的组织领导

(十八)强化各级人民法院党组的带头作用和主体责任。把思想政治建设摆在法院党组班子自身建设首要位置,严格落实党组中心组学习制度,认真贯彻民主集中制,增强党内生活的政治性和原则性,在坚定理想信念、遵守党的纪律、公正廉洁用权、敢于担当、甘于奉献等方面为干警做表率。法院党组要切实负起领导法院队伍思想政治建设的主体责任,党组书记要履行第一责任人的职责,每位党组成员都有抓思想政治建设的责任。要把思想政治建设列入党组重要议事日程,坚持与审判业务工作同研究、同部署、同检查、同考评。建立干警思想形势分析制度,定期听取思想政治建设情况汇报,及时研究解决相关问题。

(十九)构建齐抓共管的思想政治工作格局。各级人民法院政治部、机关党委要按照职责分工,认真做好思想政治建设的谋划研究、部署推进、组织协调、督促指导等工作。每个机关部门都有抓好自身思想政治建设的责任,部门负责人要切实履行"一岗双责"。把思想政治工作与干部管理、审判管理、纪检监察、后勤保障、信息化建设等工作有机结合起来,使各项工作都发挥引领干警思想的功能。完善法院基层党组织设置,配齐配强基层党组织书记,定期开展集中培训。加强政工干部、党务干部和廉政监察员队伍建设,既保持稳定又合理流动。坚持以党建带工建、带团建、带妇建,充分发挥群众组织联系干警、凝聚干警的作用。最高人民法院每五年表彰一次全国法院系统优秀共产党员、优秀党务工作者和先进基层党组织，充分发挥先进典型在思想政治建设中的示范作用。

（二十）健全完善思想政治工作机制。建立思想政治建设述职报告制度，基层党支部书记每年向机关党委作专项述职，机关党委书记向院党组报告工作。健全思想政治建设考评激励机制，将思想政治建设情况纳入综合绩效考评指标体系，把考评结果作为评先评优的重要依据。完善法院系统思想政治建设条线指导机制，加强跟踪指导和督促检查，适时开展专项活动。健全思想政治建设研讨交流机制，开展理论研究，加强信息交流，总结推广经验，促进法院系统思想政治建设整体发展。

（二十一）创新思想政治工作方法载体。充分发挥干警主体作用，广泛开展参与式、互动式、体验式教育，举办法官论坛、知识竞赛、演讲比赛、文艺演出等活动，组织干警与先进典型、道德模范、基层群众互动交流，到爱国主义教育基地、革命传统教育基地、廉政教育基地参观学习，赴边远艰苦地区开展社会实践。发挥信息网络、新媒体的思想教育功能，开设思想教育主题网站、专题网页，丰富网上教育资源，采取"网上支部""网络课堂"等形式开展思想教育。组建法院微博群、微信群，实时对干警进行思想引导，增强思想教育的吸引力、时代感和实效性。

最高人民法院
关于聘任最高人民法院特邀咨询员的决定

2015年1月26日　　　　　　　　　　　　　　法〔2015〕26号

为进一步提高人民法院科学决策、民主决策、依法决策水平，推动人民法院工作科学发展，努力实现让人民群众在每一个司法案件中感受到公平正义的目标，根据《最高人民法院特邀咨询员工作条例》有关规定，最高人民法院决定聘任（以姓氏笔划为序）于宁、马怀德、甘培忠、左海聪、卢建平、冉崇伟、付子堂、吕忠梅（女）、朱慈蕴（女）、刘斌、刘春田、刘敬东、汤维建、孙南申、孙晓梅（女）、李扬、李林、李浩、李瑞丰、杨震、肖建国、何家弘、汪建成、张平（女）、张恒山、张晓山、陈云英（女）、陈伟兰（女）、林维、周光权、胡苇（女）、胡建淼、姚辉、莫洪宪（女）、贾宇、郭军（女）、黄进、章百家、谢朝华、蔡继明为最高人民法院第四届特邀咨询员，聘期五年（2015年—2019年）。

最高人民法院
印发《关于建立法律实习生制度的规定》的通知

2015年7月29日　　　　　　　　　　　　　　　　法〔2015〕230号

各省、自治区、直辖市高级人民法院,解放军军事法院,新疆维吾尔自治区高级人民法院生产建设兵团分院:

现将《最高人民法院关于建立法律实习生制度的规定》予以印发,请结合工作实际,认真贯彻执行。

附:

最高人民法院
关于建立法律实习生制度的规定

为深入贯彻落实党的十八大和十八届三中、四中全会精神,加强与法律院校交流合作,创新法治人才培养机制,弘扬法治精神、传播法治文化,最高人民法院经研究,决定建立人民法院法律实习生制度。有关规定如下:

一、人民法院根据工作实际,定期接收法律院校学生实习。实习人员由法律院校统一组织和推荐,实习安排应向社会公布。

二、参加实习人员应具备良好的法律素养和专业知识,并具备一定的社会实践能力。实习活动必须严格遵守法律规定和人民法院规章制度及工作纪律。实习期限一般为3至6个月。

三、实习安排应满足实习学生全面了解审判工作,提高在实践中认识问题、分析问题和解决问题能力的要求。实习内容应包括人民司法传统教育、社会主义法治教育,刑事、民事、行政诉讼、国家赔偿等审判业务实践。

四、实习活动实行导师制。人民法院应指定经验丰富的法官或其他工作人员担任指导老师。实习人员在实习期间担任实习法官助理或实习书记员,在指导老师帮助下参与案件审理、案件记录、起草法律文书以及专题调研等辅助工作。

五、实习管理由人民法院组织人事部门、用人部门与法律院校共同负责,实习人员的思想教育和学习交流等活动由人民法院共青团组织具体负责。

六、人民法院应加强与法律院校沟通协调,及时听取意见和建议,不断完善工作机制,尽量为实习人员提供工作及生活便利。

七、实习人员在实习期间,应严格遵守人民法院审判、廉政、保密等各项规章制度和工作纪律。对于违反纪律要求的,视情批评教育,情节严重的取消实习资格,根据有关规定追究责任。

八、实习活动结束时,人民法院应会同法律院校对实习活动进行总结,根据实习人员的表现情况出具实习表现材料。对实习期间表现优秀的人员应予表扬。

最高人民法院
印发《关于建立法律研修学者制度的规定》的通知

2015年7月31日　　　　　　　　　　　　　　法〔2015〕231号

本院各单位:

《最高人民法院关于建立法律研修学者制度的规定》已经院党组研究通过,现予印发,请结合工作实际,认真贯彻执行。

附:

最高人民法院
关于建立法律研修学者制度的规定

为加强与法律院校、研究机构的交流合作,积极推动我国应用法学理论研究发展,现就建立法律研修学者制度规定如下:

一、最高人民法院定期开展接收全国法律院校、研究机构专家学者参加法律研修工作。法律研修活动组织工作面向社会公开进行。

二、法律研修内容主要包括人民法院刑事、民事、行政诉讼、国家赔偿及司法改革等工作的重点理论课题,法律研修课题与接收研修人员方案一并公布。

三、法律研修学者应经法律院校、研究机构推荐或同意,具有副高以上职称,综合素质好、法学功底深厚、科研能力强,有志于推动完善中国特色社会主义司法制度建设。

四、参加法律研修申请由个人根据公布的研修要求提出,经相关专家评议后,按程序批准。法律研修期限一般为1年,集中研习时间不少于60天。

五、法律研修活动根据课题内容具体安排。法律研修成果须经有关专家进行中期评估和期终评议,优秀研究成果予以奖励。

六、法律研修学者管理由最高人民法院组织人事部门和安排研修工作有关部门共同负责；法律研修期间的业务指导由最高人民法院研究室等部门具体负责。

七、法律研修学者应严格遵守法律规定和人民法院各项规章制度和工作纪律。违反纪律要求的，视情节取消研修资格，并按规定追究责任。

八、最高人民法院切实加强与法律院校、科研机构沟通联系，不断完善工作机制，认真总结经验，为法律研修学者提供工作便利，积极促进研修成果转化。

最高人民法院
关于印发《人民法院落实〈领导干部干预司法活动、插手具体案件处理的记录、通报和责任追究规定〉的实施办法》的通知

2015年8月19日　　　　　　　　　　法发〔2015〕10号

各省、自治区、直辖市高级人民法院，解放军军事法院，新疆维吾尔自治区高级人民法院生产建设兵团分院：

现将《人民法院落实〈领导干部干预司法活动、插手具体案件处理的记录、通报和责任追究规定〉的实施办法》予以印发，自2015年8月20日起施行。请认真贯彻执行，并做好实施细则备案和执行情况定期报送工作，执行中发现的问题请及时报告最高人民法院。

附：

人民法院落实《领导干部干预司法活动、插手具体案件处理的记录、通报和责任追究规定》的实施办法

为落实中共中央办公厅、国务院办公厅《领导干部干预司法活动、插手具体案件处理的记录、通报和责任追究规定》（中办发〔2015〕23号，以下简称《规定》），保障人民法院依法独立公正行使审判权，结合法院工作实际，制定本办法。

第一条　人民法院依照宪法和法律规定独立公正行使审判权，不受行政机关、社会团体和个人的干涉，不得执行任何组织、个人违反法定职责或者法定程序、有碍司法公正的要求。

第二条　人民法院以外的组织、个人在诉讼程序之外递转的涉及具体案件的函文、信件或者口头意见，人民法院工作人员均应当全面、如实、及时地予以记录，并留存相

关材料，做到全程留痕、永久存储、有据可查。

领导干部以个人或者组织名义向人民法院提出案件处理要求的，或者领导干部身边工作人员、亲属干预司法活动、插手具体案件处理的，人民法院均应当记录，并留存相关材料。

第三条　人民法院应当依托信息技术，在案件信息管理系统中设立外部人员过问信息专库，明确录入、存储、报送、查看和处理相关信息的流程和权限。外部人员过问信息录入案件信息管理系统时，应当同步录入外部人员过问信息专库。人民法院专门审判管理机构负责专库的维护和管理工作。

第四条　人民法院工作人员根据本办法第二条履行记录义务时，应当如实记录相关人员的姓名、所在单位与职务、来文来函的时间、内容和形式等情况；对于利用手机短信、微博客、微信、电子邮件等网络信息方式过问具体案件的，还应当记录信息存储介质情况；对于以口头方式过问具体案件的，还应当记录发生场所、在场人员等情况，其他在场的人民法院工作人员应当签字确认。

上述记录及相关函文、信件、视听资料、电子数据等，应当一并录入、分类存储。书面材料一律附随案件卷宗归档备查，其他材料归档时应当注明去向。

第五条　党政机关、行业协会商会、社会公益组织和依法承担行政职能的事业单位，受人民法院委托或者许可，依照工作程序就涉及国家利益、社会公共利益的案件提出的参考意见，可以不录入外部人员过问信息专库，但相关材料应当存入案件正卷备查。

第六条　人民法院应当每季度对外部人员过问信息专库中涉及领导干部过问的内容进行汇总分析，报送同级党委政法委和上一级人民法院；记录内容涉及同级党委或者党委政法委主要领导干部的，应当报送上一级党委政法委和上一级人民法院。人民法院认为领导干部干预司法活动、插手具体案件处理情节严重，可能造成冤假错案或者其他严重后果的，应当立即报告，并层报最高人民法院。

各高级人民法院应当加强辖区内法院贯彻实施《规定》情况的督促检查工作，将《规定》和本办法执行情况及时报告最高人民法院，并每半年向各省、自治区、直辖市党委政法委报送一次。

第七条　人民法院报送外部过问案件情况时，应当将领导干部的下述行为列为特别报告事项：

（一）在审判、执行等环节为案件当事人请托说情的；

（二）要求人民法院工作人员私下会见、联系案件当事人或者其辩护人、诉讼代理人、近亲属以及其他与案件有利害关系的人的；

（三）授意、纵容身边工作人员或者亲属为案件当事人请托说情的；

（四）以听取汇报、开协调会、发文件、打电话等形式，超越职权对案件处理提出倾向性意见或者具体要求的；

（五）要求人民法院立案、不予立案、拖延立案或者人为控制立案的；

（六）要求人民法院采取中止审理、延长审限、不计入审限等措施拖延结案或者压缩办案时间结案的；

（七）要求人民法院对保全标的物、执行标的物采取、暂缓或者解除扣押、查封和冻结措施的；

（八）要求人民法院选择特定鉴定机构、资产评估机构、拍卖机构或者破产企业资产管理人的；

（九）要求人民法院将执行案款优先发放给特定申请执行人的；

（十）要求人民法院对案件拖延执行或者作中止执行、终结执行处理的；

（十一）要求人民法院将刑事涉案财物发还特定被害人或者移交特定机关的；

（十二）要求人民法院对当事人采取强制措施，或者要求对被依法采取强制措施的当事人解除、变更强制措施的；

（十三）要求人民法院在减刑、假释案件审理过程中对罪犯从严或者从宽处理的；

（十四）批转案件当事人或者其辩护人、诉讼代理人、近亲属以及其他与案件有利害关系的人单方提交的涉案材料或者专家意见书的；

（十五）其它有必要作为特别报告事项的行为。

第八条 人民法院工作人员不记录或者不如实记录领导干部干预司法活动、插手具体案件处理情况的，应当予以警告、通报批评；有两次以上不记录或者不如实记录情形的，应当依照《人民法院工作人员处分条例》第五十四条规定给予纪律处分。主管领导授意不记录或者不如实记录的，应当依照《人民法院工作人员处分条例》第七十六条规定给予纪律处分。

第九条 人民法院工作人员因严格执行《规定》和本办法，而在考评、晋升、履职等方面遭遇特定组织、个人的刁难、打击和报复时，可以向上一级人民法院提出控告。相关人民法院应当及时向同级党委政法委报告，必要时可以层报最高人民法院。

第十条 本办法所称领导干部，是指在各级党的机关、人大机关、行政机关、政协机关、检察机关、军事机关以及公司、企业、事业单位、社会团体中具有国家工作人员身份的领导干部，也包括离退休领导干部。

本办法所称人民法院工作人员，是指各级人民法院中依法履行审判、审判辅助、司法行政职能，在编在职的除工勤人员以外的人员。人民法院聘用人员参照适用。

人民法院领导干部过问案件、打探案情、请托说情的，适用《司法机关内部人员过问案件的记录和责任追究规定》及其实施办法。

第十一条 本办法由最高人民法院负责解释。各高级人民法院可以依照本办法制定实施细则，并报最高人民法院备案。

第十二条 本办法自2015年8月20日起施行。

最高人民法院
关于印发《人民法院落实〈司法机关内部人员过问案件的记录和责任追究规定〉的实施办法》的通知

2015年8月19日　　　　　　　　　　　　法发〔2015〕11号

各省、自治区、直辖市高级人民法院，解放军军事法院，新疆维吾尔自治区高级人民法院生产建设兵团分院：

现将《人民法院落实〈司法机关内部人员过问案件的记录和责任追究规定〉的实施办法》予以印发，自2015年8月20日起施行。请认真贯彻执行，并做好实施细则备案和执行情况定期报送工作，执行中发现的问题请及时报告最高人民法院。

附：

人民法院落实《司法机关内部人员过问案件的记录和责任追究规定》的实施办法

第一条 为落实中央政法委印发的《司法机关内部人员过问案件的记录和责任追究规定》，确保公正廉洁司法，结合人民法院工作实际，制定本办法。

第二条 人民法院工作人员遇有案件当事人及其关系人请托过问案件、说情打招呼或者打探案情的，应当予以拒绝。

第三条 人民法院工作人员遇有案件当事人及其关系人当面请托不按正当渠道转递涉案材料等要求的，应当告知其直接递交办案单位和办案人员，或者通过人民法院诉讼服务大厅等正当渠道递交。

对于案件当事人及其关系人通过非正当渠道邮寄的涉案材料，收件的人民法院工作人员应当视情退回或者销毁，不得转交办案单位或者办案人员。

第四条 人民法院工作人员遇有案件当事人及其关系人请托打听案件办理进展情况的，应当告知其直接向办案单位和办案人员询问，或者通过人民法院司法信息公开平台或者诉讼服务平台等正当渠道进行查询。案件当事人及其关系人反映询问、查询无结果的，可以建议案件当事人及其关系人向人民法院监察部门投诉。

第五条 人民法院工作人员因履行法定职责需要过问案件或者批转、转递涉案材料的，应当依照法定程序或相关工作程序进行，并且做到全程留痕，永久保存。

人民法院工作人员非因履行法定职责或者非经法定程序或相关工作程序，不得向办案单位和办案人员过问正在办理的案件，不得向办案单位和办案人员批转、转递涉案材料。

第六条 人民法院领导干部和上级人民法院工作人员因履行法定职责，需要对正在办理的案件提出监督、指导意见的，应当依照法定程序或相关工作程序以书面形式提出，口头提出的，应当由办案人员如实记录在案。

第七条 人民法院办案人员应当将人民法院领导干部和上级人民法院工作人员因履行法定职责提出监督、指导意见的批示、函文、记录等资料存入案卷备查。

第八条 其他司法机关工作人员因履行法定职责，需要了解人民法院正在办理的案件有关情况的，人民法院办案人员应当要求对方出具法律文书或者公函等证明文件，将接洽情况记录在案，并存入案卷备查。对方未出具法律文书或者公函等证明文件的，可以拒绝提供情况。

第九条 人民法院应当在案件信息管理系统中设立司法机关内部人员过问案件信息专库，明确录入、存储、报送、查看和处理相关信息的责任权限和工作流程。人民法院监察部门负责专库的维护和管理工作。

第十条 人民法院办案人员在办案工作中遇有司法机关内部人员在法定程序或相关工作程序之外过问案件情况的，应当及时将过问人的姓名、单位、职务以及过问案件的情况全面、如实地录入司法机关内部人员过问案件信息专库，并留存相关资料，做到有据可查。

第十一条 人民法院监察部门应当每季度对司法机关内部人员过问案件信息专库中录入的内容进行汇总分析。若发现司法机关内部人员违反规定过问案件的问题线索，应当按照以下方式进行处置：

（一）涉及本院监察部门管辖对象的问题线索，由本院监察部门直接调查处理；

（二）涉及上级人民法院监察部门管辖对象的问题线索，直接呈报有管辖权的上级人民法院监察部门调查处理；

（三）涉及下级人民法院监察部门管辖对象的问题线索，可以逐级移交有管辖权的人民法院监察部门调查处理，也可以直接进行调查处理；

（四）涉及其他司法机关人员的问题线索，直接移送涉及人员所在司法机关纪检监察部门调查处理。

人民法院纪检监察部门接到其他人民法院或者其他司法机关纪检监察部门移送的问题线索后，应当及时调查处理，并将调查处理结果通报移送问题线索的纪检监察部门。

第十二条 人民法院工作人员具有下列情形之一的，属于违反规定过问案件的行为，应当依照《人民法院工作人员处分条例》第三十三条规定给予纪律处分；涉嫌犯罪的，移送司法机关处理：

（一）为案件当事人及其关系人请托说情、打探案情、通风报信的；

（二）邀请办案人员私下会见案件当事人及其关系人的；

（三）不依照正当程序为案件当事人及其关系人批转、转递涉案材料的；

（四）非因履行职责或者非经正当程序过问他人正在办理的案件的；

（五）其他违反规定过问案件的行为。

第十三条　人民法院监察部门在报经本院主要领导批准后，可以将本院和辖区人民法院查处人民法院工作人员违反规定过问案件行为的情况在人民法院内部进行通报，必要时也可以向社会公开。

第十四条　人民法院办案人员具有下列情形之一的，属于违反办案纪律的行为，初次发生的，应当予以警告、通报批评；发生两次以上的，应当依照《人民法院工作人员处分条例》第五十四条规定给予纪律处分：

（一）对人民法院领导干部和上级人民法院工作人员口头提出的监督、指导意见不记录或者不如实记录的；

（二）对人民法院领导干部和上级人民法院工作人员提出监督、指导意见的批示、函文、记录等资料不装入案卷备查的；

（三）对其他司法机关工作人员了解案件情况的接洽情况不记录、不如实记录或者不将记录及法律文书、联系公函等证明文件存入案卷的；

（四）对司法机关内部人员在法定程序或者相关工作程序之外过问案件的情况不录入，或者不如实录入司法机关内部人员过问案件信息专库的。

第十五条　人民法院监察部门对司法机关内部人员过问案件的问题线索不按规定及时处置或者调查处理的，应当由上级人民法院监察部门依照《人民法院工作人员处分条例》第六十九条规定给予纪律处分；涉嫌犯罪的，移送司法机关处理。

第十六条　人民法院领导干部授意人民法院监察部门对司法机关内部人员违反规定过问案件的问题线索不移送、不查处，或者授意下属不按规定对司法机关内部人员违规过问案件情况进行记录、存卷、入库的，应当分别依照《人民法院工作人员处分条例》第六十九条、第七十六条规定给予纪律处分。

第十七条　人民法院办案人员如实记录司法机关内部人员过问案件情况的行为，受法律和组织保护。

非因法定事由，非经法定程序，人民法院办案人员不得被免职、调离、辞退或者给予降级、撤职、开除等处分。

第十八条　人民法院工作人员对如实记录司法机关内部人员过问案件情况的办案人员进行打击报复或者具有辱骂、殴打、诬告等行为的，应当分别依照《人民法院工作人员处分条例》第七十条、第九十八条规定给予纪律处分；涉嫌犯罪的，移送司法机关处理。

第十九条　人民法院工作人员执行本办法的情况，应当纳入考核评价体系，作为评价其是否遵守法律、依法办事、廉洁自律以及评先评优、晋职晋级的重要依据。

第二十条　因监管、惩治不力，导致职责范围内多次发生人民法院工作人员违反规定过问案件问题的，应当追究单位负责人的党风廉政建设主体责任和纪检监察部门的监督责任。

第二十一条　人民法院的党员干部违反本办法并同时违反《中国共产党纪律处分条例》的，应当在给予政纪处分的同时，给予相应的党纪处分。

第二十二条　本办法所称案件当事人及其关系人是指案件当事人或其辩护人、诉讼代理人、近亲属以及其他与案件或案件当事人有利害关系的人员;本办法所称人民法院领导干部是指各级人民法院及其直属单位内设机构副职以上领导干部;本办法所称人民法院工作人员,是指人民法院在编人员;本办法所称人民法院办案人员是指参与案件办理、评议、审核、审议的人民法院的院长、副院长、审委会委员、庭长、副庭长、合议庭成员、独任法官、审判辅助人员等人员。

人民法院退休离职人员、人民陪审员、聘用人员违反本办法的,参照本办法进行处理。

第二十三条 本办法由最高人民法院负责解释。

第二十四条 本办法自 2015 年 8 月 20 日起施行。最高人民法院此前颁布的《关于在审判工作中防止法院内部人员干扰办案的若干规定》同时废止。

最高人民法院
关于印发《人民法院落实〈保护司法人员依法履行法定职责规定〉的实施办法》的通知

2017 年 2 月 7 日　　　　　　　　　　　　法发〔2017〕4 号

各省、自治区、直辖市高级人民法院,解放军军事法院,新疆维吾尔自治区高级人民法院生产建设兵团分院:

现将《人民法院落实〈保护司法人员依法履行法定职责规定〉的实施办法》印发给你们,请结合实际认真贯彻执行。实施中有何问题与建议,请及时报告最高人民法院。

附:

人民法院落实《保护司法人员依法履行法定职责规定》的实施办法

为落实中共中央办公厅、国务院办公厅印发的《保护司法人员依法履行法定职责规定》,健全完善法官、审判辅助人员依法履行法定职责保护机制,确保人民法院依法独立公正行使审判权,结合法院工作实际,制定本办法。

第一条 法官依法办理案件不受行政机关、社会团体和个人的干涉,有权拒绝执行任何单位、个人违反法定职责或者法定程序、有碍司法公正的要求。对于任何单位、个人在诉讼程序之外递转的涉及具体案件的函文、信件或者口头意见,法官应当按照《领导干部干预司法活动、插手具体案件处理的记录、通报和责任追究规定》《司法机关内

部人员过问案件的记录和责任追究规定》及其实施办法予以记录

第二条 对于任何单位、个人安排法官从事招商引资、行政执法、治安巡逻、交通疏导、卫生整治、行风评议等超出法定职责范围事务的要求，人民法院应当拒绝，并不得以任何名义安排法官从事上述活动。

严禁人民法院工作人员参与地方招商、联合执法，严禁提前介入土地征收、房屋拆迁等具体行政管理活动，杜绝参加地方牵头组织的各类"拆迁领导小组""项目指挥部"等临时机构。

第三条 法官依法履行法定职责受法律保护，有权就参与审理案件的证据采信、事实认定、法律适用、裁判结果、诉讼程序等问题独立发表意见。

除参加专业法官会议外，法官有权拒绝就尚未进入诉讼程序的案件或者本人未参与审理的案件发表意见。

第四条 法官履行法定职责的行为，非经法官惩戒委员会听证和审议，不受错案责任追究。涉及错案责任的认定标准、追究范围、承担方式和惩戒程序等内容，由最高人民法院根据《关于完善人民法院司法责任制的若干意见》《关于建立法官、检察官惩戒制度的意见（试行）》及相关工作办法另行规定。

非因法定事由，非经法定程序，不得将法官调离、免职、辞退或者作出降级、撤职等处分，也不得以办案数量排名、末位淘汰等方式和接待信访不力等理由调整法官工作岗位。法官非因法定事由，非经法定程序被调离、免职、辞退或者受到降级、撤职等处分的，其所在人民法院应当及时予以纠正，或者建议有关机关予以纠正；有关机关不予纠正的，应当报告上一级人民法院商请有关机关纠正。

第五条 法官惩戒委员会的审查意见应当送达当事法官和有关人民法院。对法官作出调离、免职、辞退等处理，或者给予降级、撤职等处分的，应当按照法定程序进行。处理、处分决定应当以书面形式通知当事法官，并列明理由和依据。

法官对涉及本人的惩戒意见不服的，可以向作出审查意见的法官惩戒委员会提出异议，申请复核；对涉及本人的处理、处分决定不服的，自收到处理、处分决定之日起三十日内可以向作出决定的人民法院申请复议，并有权向上一级人民法院申诉。法官不因申请复核、复议或者提出申诉而被加重处罚。

法官惩戒委员会应当对当事法官提出的异议及其理由进行审查，作出决定，并书面回复当事法官。受理复议、申诉的人民法院应当全面听取当事法官的陈述、辩解；原处理、处分确有错误的，应当及时予以纠正。

第六条 对法官作出错误处理、处分决定的，在错误被纠正后，当事法官所在人民法院应当及时恢复其职务、岗位、等级和薪酬待遇，积极为其恢复名誉、消除不良影响，视情对造成的经济损失给予赔偿或者补偿，并商请有关机关依法追究诬告陷害者或者滥用职权者的责任。

法官因接受调查暂缓等级晋升，后经有关部门认定不应当追究法律和纪律责任的，其等级晋升时间自暂缓之日起计算。

第七条 国家机关及其工作人员有下列行为之一的，法官有权提出控告：

（一）干预司法活动，妨碍公正司法的；

（二）要求法官从事超出法定职责范围事务的；

（三）限制或者压制法官独立、充分表达对参与审理案件的意见的；

（四）超越职权或者滥用职权，将法官调离、免职、辞退或者作出降级、撤职等处分的；

（五）对法官的依法履职保障诉求敷衍推诿、故意拖延不作为的；

（六）玩忽职守，处置不力，导致依法履职的法官或其近亲属的人身、财产权益受到侵害的；

（七）侵犯法官的休息权、休假权的；

（八）侵犯法官控告、申诉权利的；

（九）其他侵犯法官法定权利的行为。

人民法院及其工作人员侵犯法官法定权利，法官向所在人民法院或者上级人民法院提出控告的，接受控告的人民法院应当在其权限范围内及时作出处理，并将处理结果以书面形式通知本人；超出职责权限的，应当及时移送有关国家机关处理。

人民法院以外的国家机关及其工作人员侵犯法官法定权利的，法官可以向国家权力机关、行政机关、监察机关、检察机关提出控告，其所在人民法院有协助控告及提供帮助的义务，并应当派员向有关机关反映情况、提出意见。

第八条 各级人民法院应当健全完善法官考评委员会工作机制，由法官考评委员会组织、领导对法官的考核、评议工作。法官考评委员会由本院院长、相关院领导、相关部门负责人和若干法官代表组成。主任由院长担任，法官代表由全体法官推选产生。

对法官审判绩效的考核、评价，必须由法官考评委员会作出，考核结果应当公示。法官对考核结果如有异议，可以申请复议。

对法官审判绩效的考核办法和评价标准，应当合理设置权重比例，注重审判工作实绩，充分考虑地域、审级、专业、部门、岗位之间的差异，但不能超出法官的法定职责和职业伦理。考核结果和业绩评价应当作为法官等级晋升、岗位调整和绩效考核奖金分配的重要依据。

上述考核的指导意见由最高人民法院统一制定，各级人民法院结合辖区实际进一步细化，并报上一级人民法院备案。

第九条 各级人民法院应当设立法官权益保障委员会。法官权益保障委员会由本院院长、相关院领导、相关部门负责人和若干法官代表组成。主任由院长担任，法官代表由全体法官推选产生。法官权益保障委员会的职能是：

（一）集中受理法官与依法履职保护相关的诉求和控告；

（二）组织对法官或其近亲属可能面临的侵害风险进行评估，并采取相应措施；

（三）组织对本人或其近亲属的人身、财产、住所安全受到威胁的法官提供援助；

（四）组织对本人或其近亲属的人身、财产权益受到侵害的法官给予救助；

（五）帮助法官依法追究侵犯其法定权利者的责任；

（六）统筹安排为受到错误处理、处分的法官恢复名誉、消除不良影响、给予赔偿或者补偿；

（七）指导法官正确有效维护自身合法权益，组织开展相关培训和心理疏导工作；

（八）督促对本院安全检查设施、防护隔离系统、安全保障设备、安全保卫机制建设情况开展检查；

（九）统筹指导本院司法警察部门、机关安全保卫部门做好庭审秩序维护、机关安全保卫、法官人身保护和各类应急处置工作；

（十）与公安机关、新闻主管、网络监管等部门建立与法官依法履职保护相关的预警、应急和联动机制；

（十一）其他与法官和审判辅助人员依法履职保护相关的事务。

各级人民法院法官权益保障委员会的具体工作由本院人事管理部门承担。

上级人民法院法官权益保障委员会监督指导辖区内人民法院法官权益保障委员会的工作。本级人民法院法官权益保障委员会对法官依法履职保障不力的，法官可以向上一级人民法院法官权益保障委员会提出控告。

第十条 各级人民法院的立案信访、诉讼服务、审判区域应当与法官办公区域相对隔离，并配备一键报警装置，便于及时处置突发事件。

各级人民法院应当严格执行《人民法院安全保卫工作人员和装备配置标准》和《人民法院司法警察不同执勤岗位警用装备配备标准》，普遍设立安全检查岗，配备相应安全设备，强化安全检查人员的责任意识、规范意识和操作水平。

人民法院应当为法官、审判辅助人员配备具有录音功能的办公电话和具有录像功能的记录设备，方便及时记录、存储具有干预、过问、威胁、侮辱等性质的信息。

人民法院应当为法官、审判辅助人员提供配备录音录像设施的专门会见、接待场所。法官在审判法庭外会见、接待当事人及其代理人的，可以要求在专门场所进行，并有权拒绝当事人及其代理人单方面会见、接待的要求。

第十一条 各级人民法院应当依法维护庭审秩序。对于实施违反法庭规则行为，扰乱法庭秩序的人，根据情节轻重，依法采取警告制止、训诫、责令具结悔过、责令退出法庭、强行带出法庭、罚款、拘留等措施；对于严重扰乱法庭秩序，构成扰乱法庭秩序罪等犯罪的，依法追究刑事责任。

对于在审判法庭之外的人民法院其他区域，有下列行为之一的人，应当及时采取训诫、制止、控制、带离现场等处置措施，收缴、保存相关证据，及时移送公安机关处理；构成非法携带枪支、弹药、管制刀具、危险物品危及公共安全罪、妨害公务罪、寻衅滋事罪、故意毁坏财物罪等犯罪的，依法追究刑事责任：

（一）非法携带管制器具或者危险物质，逃避、抗拒安全检查的；

（二）未经允许，强行进入法官办公区域或者审判区域的；

（三）大声喧哗、哄闹，不听劝阻，严重扰乱办公秩序的；

（四）侮辱、诽谤、威胁、殴打人民法院工作人员或者诉讼参与人的；

（五）损毁法院建筑、办公设施或者车辆的；

（六）抢夺、损毁诉讼文书、证据的；

（七）工作时间之外滞留，不听劝阻，拒绝离开的；

（八）故意将年老、年幼、体弱、患有严重疾病、肢体残疾等生活不能自理的人弃留的；

（九）以自杀、自残等方式威胁人民法院工作人员的；

（十）其他危害人民法院机关安全或者扰乱办公秩序的行为。

对于在人民法院周边实施静坐围堵、散发材料、呼喊口号、打立横幅等行为的人，人民法院应当商请公安机关依法处理；对危害人民法院工作人员人身安全的，可以由机关安全保卫部门会同司法警察做好相关应急处置工作，并及时商请公安机关依法处理；构成聚众冲击国家机关罪、聚众扰乱社会秩序罪、聚众扰乱交通秩序罪、聚众扰乱公共场所秩序罪、妨害公务罪等犯罪的，依法追究刑事责任。

第十二条 对于泄露、传播依法不应当公开的法官或其近亲属信息，以及偷窥、偷拍、窃听、散布法官或其近亲属隐私的行为人，人民法院应当商请公安机关依法处理；构成侵犯公民个人信息罪等犯罪的，依法追究刑事责任。

人民法院应当充分发挥诉讼服务中心、12368诉讼服务平台和诉讼服务网站等平台查询信息、答复咨询、联系法官的作用，避免因信息过度公开影响法官的审判工作和日常生活。通过审判流程信息公开平台对外公开法官姓名、照片、职务、等级、办公电话和工作邮箱之外信息的，应当征得法官本人同意。

第十三条 法官因依法履职遭受不实举报、诬告陷害，或者被利用信息网络等方式实施侮辱诽谤，致使名誉受到损害的，其所在人民法院应当通过官方网站、微博、微信公众号或者新闻发布会等形式及时澄清事实，消除不良影响，维护法官良好声誉，并会同有关部门依法追究相关单位或者个人的责任。

第十四条 人民法院对于干扰阻碍司法活动，恐吓威胁、报复陷害、侮辱诽谤、暴力侵害法官及其近亲属的违法犯罪行为，应当依法从严惩处。

法官因依法履行法定职责，本人或其近亲属遭遇恐吓威胁、滋事骚扰、跟踪尾随，或者人身、财产、住所受到侵害、毁损的，其所在人民法院应当及时采取保护措施，并商请公安机关依法处理；对构成故意杀人罪、故意伤害罪、寻衅滋事罪、故意毁坏财物罪、非法侵入住宅罪等犯罪的，依法追究刑事责任；行为人是精神病人的，依法决定强制医疗。

第十五条 人民法院审理恐怖活动犯罪、黑社会性质组织犯罪、重大毒品犯罪、邪教组织犯罪等危险性高的案件，应当对法官及其近亲属采取出庭保护、禁止特定人员接触和其他必要保护措施。对法官近亲属还可以采取隐匿身份的保护措施。办理危险性较高的其他案件，经法官本人申请，应当对法官及其近亲属采取上述保护措施。

第十六条 各级人民法院应当配合有关部门，按时足额发放法官的基本工资、津贴补贴。绩效考核奖金的发放，应当遵循审判实绩导向，坚持公开、公平、公正的原则，不得与法官等级、行政职级挂钩，注重向一线人员倾斜。

第十七条 各级人民法院应当为法官提供心理咨询和疏导服务，普遍建立和认真落实法官年度体检制度，保证法官每年接受一次全面身体检查，配合有关部门完善法官的医疗保障制度和抚恤优待办法，为法官的人身、财产、医疗等权益提供与其职业风险相匹配的保障。

第十八条 各级人民法院应当围绕审判工作需要，综合采取集中脱产培训、网络视频教学、巡回授课等方式，保障全体法官定期参加各类业务培训，着力提升其庭审驾驭能力、法律适用能力、裁判文书制作能力和信息化应用能力。每名法官每年至少应当参加一次脱产业务培训。

第十九条 各级人民法院应当依法保障法官的休息权和休假权，认真落实年度休假等制度，切实保障法官必要的休假时间，并将法官休假落实情况纳入各部门绩效考评范围，不得以任何方式变相阻碍法官休假。

各级人民法院应当根据审判规律和法院实际，合理测算法官工作饱和度，科学确定法官工作量，适时调整法官员额配置或者增补审判辅助人员，不得强制要求法官在法定工作日之外加班。

第二十条 上级人民法院从下级人民法院遴选法官的，应当配合有关部门健全完善配套保障措施，确保异地遴选的法官能够安心履职。

第二十一条 对审判辅助人员依法履行法定职责的保护，参照适用本办法。

第二十二条 军事法院法官依法履行法定职责的保护，军事法规有规定的，从其规定。

第二十三条 本办法由最高人民法院负责解释。

第二十四条 本办法自发布之日起施行。

最高人民法院
关于严格贯彻执行《关于进一步规范司法人员与当事人、律师、特殊关系人、中介组织接触交往行为的若干规定》的通知

2015 年 9 月 21 日　　　　　　　　　　　　　　法〔2015〕264 号

各省、自治区、直辖市高级人民法院、解放军军事法院、新疆维吾尔自治区高级人民法院生产建设兵团分院：

《最高人民法院、最高人民检察院、公安部、国家安全部、司法部关于进一步规范司法人员与当事人、律师、特殊关系人、中介组织接触交往行为的若干规定》已经中央领导同志批准，于 9 月 6 日对社会公开公布。现印送给你们，请结合工作实际，严格贯彻执行。

附：

最高人民法院　最高人民检察院　公安部等
关于进一步规范司法人员与当事人、
律师特殊关系人、中介组织接触
交往行为的若干规定

(2015年9月6日)

第一条　为规范司法人员与当事人、律师、特殊关系人、中介组织的接触、交往行为，保证公正司法，根据有关法律和纪律规定，结合司法工作实际，制定本规定。

第二条　司法人员与当事人、律师、特殊关系人、中介组织接触、交往，应当符合法律纪律规定，防止当事人、律师、特殊关系人、中介组织以不正当方式对案件办理进行干涉或者施加影响。

第三条　各级司法机关应当建立公正、高效、廉洁的办案机制，确保司法人员与当事人、律师、特殊关系人、中介组织无不正当接触、交往行为，切实防止利益输送，保障案件当事人的合法权益，维护国家法律统一正确实施，维护社会公平正义。

第四条　审判人员、检察人员、侦查人员在诉讼活动中，有法律规定的回避情形的，应当自行回避，当事人及其法定代理人也有权要求他们回避。

审判人员、检察人员、侦查人员的回避，应当依法按程序批准后执行。

第五条　严禁司法人员与当事人、律师、特殊关系人、中介组织有下列接触交往行为：

（一）泄露司法机关办案工作秘密或者其他依法依规不得泄露的情况；

（二）为当事人推荐、介绍诉讼代理人、辩护人，或者为律师、中介组织介绍案件，要求、建议或者暗示当事人更换符合代理条件的律师；

（三）接受当事人、律师、特殊关系人、中介组织请客送礼或者其他利益；

（四）向当事人、律师、特殊关系人、中介组织借款、租借房屋，借用交通工具、通讯工具或者其他物品；

（五）在委托评估、拍卖等活动中徇私舞弊，与相关中介组织和人员恶意串通、弄虚作假、违规操作等行为；

（六）司法人员与当事人、律师、特殊关系人、中介组织的其他不正当接触交往行为。

第六条　司法人员在案件办理过程中，应当在工作场所、工作时间接待当事人、律师、特殊关系人、中介组织。因办案需要，确需与当事人、律师、特殊关系人、中介组织在非工作场所、非工作时间接触的，应依照相关规定办理审批手续并获批准。

第七条　司法人员在案件办理过程中因不明情况或者其他原因在非工作时间或非工

作场所接触当事人、律师、特殊关系人、中介组织的，应当在三日内向本单位纪检监察部门报告有关情况。

第八条 司法人员从司法机关离任后，不得担任原任职单位办理案件的诉讼代理人或者辩护人，但是作为当事人的监护人或者近亲属代理诉讼或者进行辩护的除外。

第九条 司法人员有违反本规定行为的，当事人、律师、特殊关系人、中介组织和其他任何组织和个人可以向有关司法机关反映情况或者举报。

第十条 对反映或者举报司法人员违反本规定的线索，司法机关纪检监察部门应当及时受理，全面、如实记录，认真进行核查。对实名举报的，自受理之日起一个月内进行核查并将查核结果向举报人反馈。

不属于本单位纪检监察部门管辖的司法人员违反本规定的，将有关线索移送有管辖权的纪检监察部门处理。

第十一条 司法人员违反本规定，依照《中国共产党纪律处分条例》、《行政机关公务员处分条例》、《人民法院工作人员处分条例》、《检察人员纪律处分条例（试行）》、《公安机关人民警察纪律条令》等规定给予纪律处分，并按程序报经批准后予以通报，必要时可以向社会公开；造成冤假错案或者其他严重后果，构成犯罪的，依法追究刑事责任。

第十二条 司法机关应当将司法人员执行本规定的情况记入个人廉政档案。单位组织人事部门将执行本规定情况作为司法人员年度考核和晋职晋级的重要依据。

第十三条 司法机关应当每季度对司法人员与当事人、律师、特殊关系人、中介组织的不正当接触、交往情况进行汇总分析，报告同级党委政法委和上级司法机关。

第十四条 本规定所称"司法人员"，是指在法院、检察院、公安机关、国家安全机关、司法行政机关依法履行审判、执行、检察、侦查、监管职责的人员。

本规定所称"特殊关系人"，是指当事人的父母、配偶、子女、同胞兄弟姊妹和与案件有利害关系或可能影响案件公正处理的其他人。

本规定所称"中介组织"，是指依法通过专业知识和技术服务，向委托人提供代理性、信息技术服务性等中介服务的机构，主要包括受案件当事人委托从事审计、评估、拍卖、变卖、检验或者破产管理等服务的中介机构。公证机构、司法鉴定机构参照"中介组织"适用本规定。

第十五条 本规定自印发之日起施行。

最高人民法院
关于在人民法院工作中培育和践行社会主义核心价值观的若干意见

2015年10月12日　　　　　　　　　　　　法发〔2015〕14号

为贯彻落实中共中央《关于培育和践行社会主义核心价值观的意见》和习近平总书记关于培育和践行社会主义核心价值观的系统论述，在人民法院工作中加强培育和践行社会主义核心价值观，努力实现富强、民主、文明、和谐的价值目标，努力追求自由、平等、公正、法治的价值取向，努力践行爱国、敬业、诚信、友善的价值准则，大力加强法官职业道德建设，保证法官正确履行宪法法律职责，促进全社会不断提高社会主义核心价值观的建设水平，根据《中华人民共和国宪法》《中华人民共和国法官法》和有关规定，制定本意见。

在人民法院培育和践行社会主义核心价值观，必须高举中国特色社会主义伟大旗帜，必须始终坚持党的领导。党的领导是中国特色社会主义法治最本质的特征和最根本的政治保证，也是培育和践行社会主义核心价值观的根本保证。广大法官和法院其他工作人员要在思想上、行动上与以习近平同志为总书记的党中央保持高度一致，确保党中央的各项方针政策在审判、执行及其他工作中得到不折不扣的贯彻执行。人民法院的全部工作都要始终坚持党的领导，致力于巩固党的执政地位，全体党员特别是领导干部都要在培育和践行社会主义核心价值观中发挥模范带头作用。

一、坚持司法为民。牢固树立人民性是人民司法根本属性的理念，努力实现司法工作服务人民、依靠人民、造福人民和保护人民的宗旨。人民群众是审判执行工作质量、效率、效果的直接受益者和最终评判者，司法公信力及其尊严权威归根结底是人民群众的口碑。要把公正高效审理执行好各类案件，最大限度地化解各类社会矛盾，依法保障好人民群众的合法权益作为人民司法的工作目标和根本任务。要按照"人民群众对美好生活的向往就是我们的奋斗目标"的要求，畅通人民群众依法维权渠道，积极回应人民群众对公正司法的关切和期待，为人民群众参与诉讼提供优质高效的司法服务。要通过完善诉讼服务中心、信访大厅、巡回审判、网络平台和服务热线等便民、利民的措施或设施，让司法便利群众、接近群众，让群众走进司法。要不断总结、推广司法为民的各种好经验、好做法，充分运用现代信息技术，在法律和政策的范围内把司法的便民、利民、亲民体现到审判执行工作的每一个环节中去。

二、忠于宪法法律。宪法法律是党的主张和人民共同意志的体现，是全体公民、一切政党和所有社会组织共同遵守的基本行为准则，是中华民族在建设中国特色社会主义法治国家的伟大实践中共同创造的制度成果和精神财富，也是人民法院行使权力、履行职责的根本依据。忠于宪法法律是忠于党和人民的重要方面，捍卫宪法法律尊严是维护党和人民权威的集中体现。全体法官和法院其他工作人员要衷心拥护、发自内心地信仰宪法法律，带头遵守和服从宪法法律，严格、正确、公正地实施宪法法律。要充分发挥司法在促进法治国家建设和法治社会发展中的重要作用，审判执行各类案件，制定司法政策，出台司法解释，发布指导性案例等司法活动，都必须忠于宪法法律的内容和精神，严格实施宪法法律的规定和要求，坚决维护宪法法律的尊严和权威，坚决落实党中央关于依宪治国和依法治国的决策部署。

三、**尊重保障人权**。坚决落实宪法法律关于尊重和保障人权的各项规定，始终把尊重和保障人权作为人民法院的基本职责和任务。要最大限度地发挥司法的人权保障功能，坚持保障个人人权与集体人权、公民政治权利与经济社会文化权利、多数人权利与少数人权利的统一，更加重视运用司法手段保障公民的发展权和环境权益。在审判执行工作中，对人民法院依法应当受理的案件，要做到有案必立、有诉必理，切实保障当事人的诉权。要依法保障当事人和其他诉讼参与人对诉讼活动的知情权、陈述权、辩护权、代理权、申请权、申诉权等各项诉讼权利，不得滥用司法权力限制、剥夺或变相限制、剥夺。要加强对妇女、未成年人、老年人人权的司法保护，积极创造条件不断加大人权司法救济力度。要坚决落实罪刑法定、疑罪从无、非法证据排除等法律原则和制度，健全冤假错案有效防范、及时纠正机制，努力提高司法保障人权的效果和水平。

四、**坚持平等保护**。高度重视人民群众追求平等的热切期盼，认真研判不平等现象及其潜藏的社会风险，依法审理好当事人针对违法不平等对待提起的诉讼案件，敢于对违背法律和没有法律依据的各类不平等现象和做法亮剑说不，积极化解因社会不平等引发的矛盾冲突，促进社会稳定和谐，促进平等在发展中不断实现。要切实保障法律面前人人平等原则在司法活动中得到贯彻落实，努力为所有当事人创造平等的诉权实现条件和诉权实现机制。在刑事、民事、行政等诉讼活动中，要保障任何公民不因民族、种族、性别、职业、家庭出身、宗教信仰、教育程度、财产状况、居住期限等不同而在法律面前受到不平等对待。在刑罚执行、决定减刑、假释、暂予监外执行等工作中，要坚持严格依法办事，决不允许任何人享有法外特权。在涉外案件审判执行中，要平等保护中外当事人合法权益。

五、**捍卫公平正义**。公正是法治的生命线，是司法公信和司法权威的基石。要以严格司法规范司法行为，审慎行使自由裁量权，确保公正司法。要坚持实体公正与程序公正并重，处理各类诉讼案件，要坚决做到认定事实清楚，适用法律正确，裁判结果公正，审判程序合法，裁判说理充分，法律文书规范。要以司法公开倒逼和促进司法公正，让司法公正以人们看得见的方式实现，切实增强司法裁判的可接受性和被认同性，努力让人民群众在每一个司法案件中感受到公平正义。要充分发挥司法公正对社会公正的引领作用，坚决避免因司法不公贻害社会公正，保障在全社会实现公平正义。要依法惩治藐视法庭权威、妨害人民法院公正司法、维护社会公平正义的审判执行活动的行为，加大打击拒不履行生效裁判违法犯罪行为的力度，让公正裁判得到执行，让胜诉当事人享受到公平正义的成果。

六、**弘扬法治精神**。在全社会弘扬法治精神是全面推进依法治国的重要内容，审判执行工作是弘扬法治精神的重要途径,要把办案过程作为宣传法治理念、弘扬法治精神的过程。要通过严格、公正司法引导各类主体遵守经济、社会秩序和法律规则,促进全社会形成尊法、学法、用法、守法、信法的良好风尚。要严肃制裁各类破坏法律规则的行为,用活生生的案例培养讲规则、守规则、信规则和按规则办事的社会习惯,切实树立法律的尊严和权威。要为公众旁听法院审判、了解法院工作、参与司法活动、接受法治教育创造机会和条件,使公民走进法院、旁听审判、参与司法成为法治社会的一道亮丽风景。要通过公开统计数据、直播庭审活动、公布裁判文书、发布典型案例等方式大力宣传社会主义法治成就,弘扬社会主义法治精神,培育社会主义法治文化,推动形成人人依法行使权利、依法维护权利、自觉履行义务和守法光荣、违法可耻的社会氛围。

七、维护公共利益。公共利益关系人民群众的切身利益、共同福祉和整体利益。重视保护公共利益、不断增进公共利益是社会主义制度的本质特征和巨大优越性,倡导个人利益服从公共利益是社会主义道德的重要内容。要充分发挥司法职能,落实宪法法律维护公共利益的规定,依法严惩严重危害国家主权和领土完整的危害国家安全犯罪,保卫国家主权和领土完整。依法严惩严重危害公共安全和社会稳定的暴力、恐怖活动犯罪、黑社会性质组织犯罪和严重危害社会治安的犯罪,保证各族人民安居乐业。要依法严惩破坏土地矿产资源、污染生态环境、危害食品药品安全、制售假冒伪劣产品、侵占国有资产等侵害人民群众合法权益或损害社会公共利益的违法犯罪案件,切实维护人民群众的生态环境权益和共同的切身利益。要充分发挥司法职能,正确处理公共利益和个人权利之间的关系,促进全社会形成自觉维护公共利益的社会主义法律意识和道德风尚。

八、推进廉政建设。司法廉洁是廉政建设的重要方面和有力抓手。全体法官和法院其他工作人员要坚定理想信念,坚持职业操守,珍惜司法荣誉,恪守清正廉洁,以司法廉洁保障司法公正,树立司法权威,提高司法公信,促进政治清明,净化社会风气,引领社会风尚。要清醒认识到审判、执行权已成为诉讼掮客围猎的重点领域,必须坚守廉洁自律底线,彻底破除各种腐败潜规则,坚决杜绝关系案、人情案、金钱案,切实维护司法的声誉与形象。要坚决杜绝与当事人、律师、特殊关系人、中介组织的不正当接触、交往和利益输送行为,严格执行法官任职回避、过问案件全程留痕、防止利益冲突等制度规定。要以司法公开促进司法廉洁,让司法腐败在阳光下无处藏身。要严格落实"五个严禁"规定,依法严惩法院干警违法犯罪行为,坚决清除队伍中的害群之马,坚决落实对违法犯罪被开除公职司法人员终身禁业的要求,对司法腐败坚持零容忍,从制度上保障司法清正廉洁。

九、鼓励诚实守信。诚实守信是人类社会普遍崇尚的基本价值,诚实信用原则被公认为民商事活动的根本原则,要通过倡导诉讼诚信促进诚信社会建设。在审判、执行活动中,司法人员除了要查明案件的实体争议和纠纷的是非曲直外,还要对当事人在纠纷发生和诉讼过程中的诚实守信情况进行审查并作为裁判的重要依据。要依法保护、鼓励诚实守信的当事人,不让讲诚信的当事人在诉讼中吃亏;要依法制裁、谴责不讲诚信的当事人,决不让奸猾失信之人通过诉讼占便宜。要坚决防止、依法惩处各种出于非法目的,虚构事实提起诉讼或滥用诉讼权利,故意逃避法律义务,损害国家利益、公共利益或他人合法权益的恶意诉讼和虚假诉讼等行为，严肃处理伪造证据、当庭撒谎和滥诉、缠诉等行为。要通过维护和奖掖诚信诉讼，树立国家司法的权威，提高司法的公信力。

十、尊重意思自治。意思自治是民事主体依法享有的基本权利，也是从事民事活动必须遵循的基本原则。意思自治是民事主体行使自由权利的集中体现，对意思自治的尊重就是对民事主体享有的自由权利的尊重。人民法院要通过审判执行活动，引领、指导、支持、保护自然人和各类社会组织在市场经济活动和社会生活中正确行使意思自治权利，严格要求各类民事主体对意思自治支配下的行为及其后果负责，严肃惩治各种非法干预他人行使意思自治权利的行为。在处理相关案件中，要按照意思自治、法律规定、交易习惯和公序良俗等不同效力和习惯顺序进行裁判，保障当事人在意思自治下作出的对实体权益的合法处分权和对程序权利的合法选择权，在坚持严格司法和保障程序公正的范围内，积极引导、鼓励当事人在诉讼程序和执行程序中自愿选择调解、和解等体现当事人自主解决纠纷的方式。

十一、维护公序良俗。公共秩序和善良风俗是法治国家与法治社会建设的重要内容，也是衡量社会主义法治与德治建设水准的重要标志。倡导、培育和维护公序良俗，谴责、制裁、摒除各类缺德行为或丑恶现象，是人民法院肩负的重要职责。要深刻理解、准确把握公共秩序和善良风俗的时代内涵和建设重点，针对当前存在的见死不救、遇难不助、损人利己、不孝不仁等突出问题，大力倡导"与人为善""以和为贵""宽容互让""尊老爱幼""助人为乐""见义勇为"等高尚行为。要充分发挥调解、和解、协调等方式在纠纷解决中的重要作用，努力营造人与人之间相互尊重、相互理解、和谐相处、友善相待的社会氛围。要通过具体案件的处理引领良好的社会风尚，使讲仁爱、重民本、守诚信、崇正义、尚和合、求大同等中华优秀传统文化在新的历史条件下得到弘扬和传承，促使道德和法律共同发挥作用，实现依法治国与以德治国整体推进。

各级人民法院要立足本地本院工作实际，坚持因地制宜，坚持以法为媒，不断创新形式，扎扎实实地培育和践行社会主义核心价值观。要结合开展"三严三实"教育实践活动和向邹碧华同志学习活动，抓住理想信念这个核心，抓住世界观、人生观、价值观这个总开关，将培育和践行社会主义核心价值观坚定不移、深入持久地开展下去，务求取得实实在在的成效。

最高人民法院
关于新形势下加强人民法院文化建设的指导意见

2015年11月21日　　　　　　　　　　　　　　法发〔2015〕15号

2010年以来，全国各级人民法院认真贯彻落实党中央关于社会主义文化建设的总体部署，按照《最高人民法院关于进一步加强人民法院文化建设的意见》要求，大力推进法院文化建设，取得了显著成效，促进了人民法院工作科学发展。党的十八大以来，围绕实现中华民族伟大复兴和建设社会主义文化强国的宏伟目标，党中央对文化建设作出一系列新的部署要求，习近平总书记对文化建设作出一系列重要论述，党的十八届三中、四中、五中全会都对文化建设提出了明确要求。根据中央关于文化建设的新精神新要求，结合人民法院面临的新形势新任务，现就进一步加强人民法院文化建设提出如下指导意见。

一、加强法院文化建设的总体思路和原则要求

（一）正确认识当前法院文化建设形势。当前，"四个全面"战略布局特别是全面依法治国深入推进，人民法院处在发展和改革的关键时期，执法办案、司法改革任务繁重艰巨，法院队伍建设面临许多新情况新问题，司法领域意识形态斗争形势复杂，更加需要法院文化的思想引领、精神激励和文化滋养。经过全国各级法院共同努力，法院文化建设工作机制逐步健全，文化阵地和基础设施逐步完善，文化活动和载体不断丰富，形成许多优秀成果和宝贵经验，已从自发阶段进入自觉阶段，为向更高水平发展打下了良好基础。同时，法院文化建设中也存在功能定位不够准确、与审判工作联系不紧、发挥干警主体作用不够、法院文艺创作相对薄弱、信息化应用水平相对滞后、面向社会的传播力和影响力不强、服务国家法治建设不够有力等问题。为适应全面依法治国和人民法院发展改革的形势任务要求，需要深化和拓展取得的成果，加强和改进薄弱环节，进一步推进法院文化建设深入发展。

（二）加强法院文化建设的总体思路。高举中国特色社会主义伟大旗帜，以邓小平理论、"三个代表"重要思想、科学发展观为指导，深入学习贯彻习近平总书记系列重要讲话精神，坚持社会主义先进文化前进方向，以社会主义核心价值观和社会主义法治理念为引领，以司法为民、公正司法为灵魂和主线，以服务审判、服务干警、服务法治建设为目标，以培育法治信仰、弘扬法治精神为核心，坚持创新、协调、绿色、开放、共享的发展理念，全面深入推进法院文化建设，实现法院文化对内功能与对外功能协调发展，为人民法院发展改革和全面推进依法治国提供强大的价值引导力、文化凝聚力和精神推动力。

（三）加强法院文化建设的原则要求。

——坚持干警主体地位。树立以干警为中心的文化理念，坚持文化建设为了干警、依靠干警，准确把握干警精神文化需求，激励干警全员参与，增强干警文化自觉，使文化建设符合干警意愿、体现干警智慧、促进干警全面发展，让干警在文化建设中有更多获得感。

——强化引领激励功能。注重以文育人、以文铸魂，坚持以科学的理论武装人，以高尚的精神塑造人，以正确的舆论引导人，以优秀的作品鼓舞人，着力在坚定理想信念、坚定法治信仰、强化法治精神、塑造高尚人格上下功夫，自觉抵制各种错误思潮和观点的影响。

——注重渗透结合融入。把文化建设渗透到法院工作各个方面，与执法办案、审判管理、队伍建设、机关党建、廉政建设等工作有机结合、融合发展，把文化建设成效体现在提升队伍素质、提升审判质量、提升司法公信力上。

——法院内外共建共享。坚持以开放的理念发展法院文化，增强"请进来"和"走出去"意识，争取文化主管部门指导支持，借力社会文化资源提高法院文化建设水平，依托大众传媒和公共文化服务平台，增强法院文化面向社会的传播力影响力，服务国家法治建设。

二、培育和弘扬社会主义核心价值观

（四）深化核心价值观宣传教育。全面准确把握社会主义核心价值观的基本内涵和实践要求，结合法院实际进行科学阐释和解读，增强干警对社会主义核心价值观的理解和认同。布设法院文化环境、开展法院文化活动要突出社会主义核心价值观的思想内涵，形成鲜明导向和浓厚氛围，引导广大干警自觉做社会主义核心价值观的传播者、引领者、实践者。运用法院系统媒体及社会媒体，结合审判工作实践，大力传播社会主义核心价值观，做到全媒体宣传、全栏目融入、全方位覆盖。推进"用公开促公正、建设核心价值"主题教育常态化，持续深化核心价值观教育。

（五）强化核心价值观培育养成。大力弘扬以爱国主义为核心的民族精神和以改革开放为核心的时代精神，结合重大节日和重大主题活动，组织庄重严肃的典礼仪式和有教育意义的法院文化活动。规范和普及奏唱国歌和升国旗活动，增强干警国家意识和爱国情感。把法院文化活动与党史国情教育、革命传统教育、形势政策教育紧密结合起来，引导干警坚定理想信念。深化人民司法优良传统教育，培育和传承优良院风院训。广泛开展群众性精神文明创建活动，推动各级法院争创文明单位。组织干警参加学雷锋志愿服务，弘扬奉献、友爱、互助、进步的志愿精神，开展争创"青年文明号"活动。弘扬中华优秀传统文化，吸收借鉴地方特色文化，推广道德讲堂活动，强化干警道德教育。宣传表彰道德高尚的优秀干警，推荐参加各地道德模范评选。

（六）发挥审判职能促进核心价值观建设。认真贯彻落实《在人民法院工作中培育和践行社会主义核心价值观的若干意见》，充分发挥司法裁判对社会价值的规范、指导、评价、引领作用。坚持严格公正司法，明辨是非，惩恶扬善，真正使符合社会主义核心价值观的行为受到保护,使违背社会主义核心价值观的行为受到制裁。充分发挥调解、和解、协调等方式在解决纠纷中的重要作用,弘扬讲仁爱、重民本、守诚信、崇正义、尚和合、求大同的优秀传统文化,营造友善和睦的社会氛围。通过司法裁判鼓励诚信、制裁失信,引导人们自觉履行法定义务和社会责任,促进社会诚信体系建设。

三、发挥法院文化功能推进司法为民、公正司法

(七)坚定干警法治信仰。用法院文化引领干警价值追求,强化信仰法治、坚守法治的职业理想。采取多种文化形式和文化载体,引导干警强化对中国特色社会主义司法制度的高度认同,强化对公平正义的执着追求,强化对法治原则的坚定恪守,强化对司法事业的忠诚热爱,正确认识和积极支持司法改革,努力为建设中国特色社会主义法治国家而奋斗。制定人民法院落实宪法宣誓制度实施办法,认真组织实施宪法宣誓。明确法院文化环境布设要求,突出社会主义核心价值观、社会主义法治理念、人民法院工作目标和工作主题、宪法宣誓誓词等内容。完善"天平奖章"颁发办法,充分发挥职业荣誉激励作用。加强先进典型宣传表彰,深入开展向邹碧华等先进典型学习活动,弘扬先进典型信仰法治、坚守法治的崇高精神。

(八)强化干警职业操守。用法院文化提升干警职业道德素养,树立刚正不阿、执法如山、公正廉洁的法官形象。深入开展法官职业道德和司法良知教育,引导广大法官坚持以事实为依据、以法律为准绳,严格司法、公正司法,不偏不倚、不枉不纵,努力让人民群众在每一个司法案件中感受到公平正义。深入开展法官行为规范、人民法院司法责任制等制度规定的宣传教育,明确行为规范和权力边界,强化干警依法依规履行职责的自觉性。结合各地实际制定司法礼仪规程和文明用语规范,开展司法礼仪培训和日常检查,强化文明司法的日常养成。深入宣传、认真落实对领导干部干预司法和司法机关内部人员过问案件进行记录和问责的两个规定,形成支持法官坚持原则、公正司法的文化生态。

(九)提升干警司法能力。认真开展新法律法规和司法解释学习培训,组织干警加强法律条文和司法案例研究。围绕审判工作重点难点热点问题,举办法官论坛、法官沙龙、司法讲堂活动,深入开展研讨交流。开展示范庭审、精品案例、优秀裁判文书评选,激励干警提高审判业务能力,使庭审过程、裁判文书成为体现和传播法院文化的重要载体。充分发挥中国审判理论研究会、"一带一路"司法研究中心、中华司法研究会等组织的作用,加强应用法学理论、专业审判理论和司法文化研究。各级法院要从审判实践出发,因地制宜确定研究内容、组织课题攻关。加强各级法院与高等院校的合作,为干警提供更多学习深造机会,邀请法学专家讲授法学前沿知识。进一步提高审判业务类刊物办刊质量,更好地总结审判经验、交流研究成果。组织出版少数民族双语法官培训教材和法律词典,适应双语法官学习培训需要。

(十)促进干警廉洁司法。认真开展中国共产党廉洁自律准则、纪律处分条例和人民法院廉政制度规定的宣传教育,深入推进廉政文化创建活动,引导干警树立廉洁价值理念,坚守廉洁司法底线。坚持开展廉洁司法年度集中教育活动,运用反面典型案例强化警示教育。在法院机关内网创建廉政网页、开通廉政短信平台,采取知识竞赛、主题

征文、格言征集、专题展览等形式开展廉政文化活动，形成以廉为荣、以贪为耻的文化氛围。开展家庭助廉、亲情促廉活动，增强干警拒腐防变的意识和能力。

四、发挥法院文化功能促进干警全面发展

（十一）营造浓厚学习氛围。大力倡导终身学习、全员学习理念，深入推进创建学习型法院、学习型党组织活动。加强各级法院图书馆、阅览室建设，按照审判工作需要和干警学习需求科学配备图书期刊，增强数字化服务能力，进一步提高服务效能。条件具备的地方可争取文化主管部门支持，协调公共图书馆在法院设立分馆或流通点，借力公共文化服务体系服务干警学习需求。民族地区法院图书馆要配备少数民族语言文字的法律图书。广泛开展院长荐书、专题阅读、读书交流，深入推进法院干警全员读书活动。组织干警搭建团队学习平台，健全团队学习机制。

（十二）丰富干警精神生活。根据干警需求成立业余文艺团队，加强工作指导，经常开展活动，为干警提高文化艺术修养创造条件。结合重大节日、重大活动、法院成立纪念日，组织开展文艺汇演、歌咏比赛、主题演讲、诗文朗诵等干警欢迎的文化活动，有条件的法院可举办主题文化节，增强队伍生机活力和凝聚力。适应干警精神文化需求，开展文化建设办实事活动。邀请相关专家举行文化艺术讲座，组织干警观看优秀电影作品、参观文化艺术展览，陶冶干警思想情操。

（十三）促进干警身心健康。结合法院实际开展群众性体育活动，促进干警增强体质、保持健康。完善室内外运动健身场所，为干警锻炼身体提供必要的服务保障，适时举行运动会、单项体育比赛及其他健身活动。认真落实体检、休假、疗养制度，建立干警健康档案，开展健康干预和健康促进活动。加强干警心理健康教育，有条件的法院可购买社会服务、配备必要设备，为干警提供心理健康服务。采取举办健康讲座、推送保健信息、印发宣传手册等形式，普及保健防病急救知识，提高干警健康意识和保健能力。

五、发挥法院文化功能服务国家法治建设

（十四）加强司法新闻宣传，提升全社会法治意识。推进法院系统传统媒体与新兴媒体融合发展，实现法院系统新闻出版单位转型升级，增强法院媒体的传播力、公信力和影响力。充分运用法院内外各类媒体，积极宣传人民法院的司法理念、司法政策和审判实践，面向社会传播法治精神和法律知识。坚持和完善新闻发布制度，加强司法解释、司法政策的宣传解读，及时发布典型案例和社会关注案件审理情况。加强各级法院同当地新闻宣传部门的合作，推动在各级主流媒体普遍设立法治宣传专栏。广泛开展"宪法日""法院开放日"和法律进社区、进乡村等主题活动。编写出版通俗易懂的法治宣传图书，组织制作法治宣传公益广告。认真组织实施法律研修学者和法律实习生制度，让更多法学专业师生参与法院实际工作，增进对法院的深度认知和理解认同。

（十五）繁荣发展法院文艺，唱响法治建设主旋律。认真学习贯彻习近平总书记在文艺工作座谈会上的重要讲话精神和《中共中央关于繁荣发展社会主义文艺的意见》，坚持以人民为中心的创作导向，让中国精神成为法院文艺的灵魂，努力创作反映时代精神和法治精神的优秀文艺作品。注重从干警中发现和培养文化人才,鼓励干警立足审判实践创作文艺作品。充分发挥中国法官协会法院文化分会和最高人民法院影视中心的作用,推动法院文艺创作和文化交流。组织实施法院文艺作品创作工程,有条件的法院要加强与文化主管部门和文艺创作单位的合作,从审判实践中汲取素材、提炼主题,努力创作思想性与艺术性相统一的精品力作。加大法院题材文艺作品传播推广力度,分类开展全国法院优秀文艺作品评选推介工作,推动在主流媒体刊载播映、在公共文化场所演出、在网络平台传播。人民法院出版社要积极策划相关出版选题,努力推出高质量的法院文艺作品。

(十六)推进文化基础设施建设,传播弘扬法治文明。以各级法院公共区域和诉讼服务中心、立案大厅为重点,完善法院文化环境和诉讼服务设施建设,突出司法为民、公正司法的主题,使法院成为体现和传播法治文明的文化殿堂。强化国家法官学院的文化传播功能,将其建设成为高层次审判人才培训基地、法学理论与实践研究相结合的教学科研基地、司法案例研究基地和国际司法交流中心。建设中国一流、世界领先的中国法院博物馆,充分发挥法治教育基地、司法文化交流基地、人民司法研究基地、中华司法研究基地功能。建设中华法治名人堂,传承和弘扬中华司法文明。有条件的高级人民法院可因地制宜建设地方性法院博物馆。加强全国法院革命传统教育基地建设,丰富展览内容,优化布展形式,增强吸引力和影响力。完善各级法院院史展示内容,深入挖掘重要史实、重要案件、重大荣誉、重大典型的思想文化内涵。积极争取地方主管部门支持,利用不同历史时期司法机关旧址、法律名人故居,建设具有地方特色的法治教育基地。

六、提高法院文化建设信息化水平

(十七)推进法院文化网络平台建设。利用建设人民法院信息化3.0版的有利时机,加大网上法院文化阵地建设力度,进一步推进法院文化网上传播。依托联通四级法院的人民法院内网门户网站,探索建立中国法院文化网,搭建全国法院文化成果交流共享的网络平台。完善各级法院内网和政务网站建设,增强法治宣传、文化传播功能,使其成为展示法院形象的文化名片、传播法治精神的重要平台。开通最高人民法院英文网站,面向国际社会传播中国法院声音、讲好中国法治故事。进一步办好各级法院官方微博、微信和中国法院网、中国法院手机电视、"中国法治"客户端,充分运用新媒体增强法院文化传播力。加强法院官方微博、微信和干警微信公众号的管理引导,防止传播不实信息和不当言论。

(十八)运用网络平台开展文化工作。运用网络技术创新文化工作载体,通过法院内网开展知识竞赛、研讨交流、在线学习、问卷调查、心理咨询服务、文化才艺展示等活动。优化各级法院内网"法院文化"栏目,开设图书推荐、读书交流、影视评论、书画作品、诗文创作等专栏,活跃干警文化生活。推动法院自办刊物在内网发行传播,将院史馆、主题展览、宣传橱窗、法治教育基地、廉政教育基地展示内容数字化,积极建设网上院史馆、网上教育基地。在最高人民法院网站设立人民法院英模馆,集中展示全国法院系统重大典型的事迹和风采,在各地法院网站设立先进典型展示馆、优秀干警光荣榜。

(十九)依托网络平台实现资源共享。通过中国法官培训网、中国法院云端课堂等平台,汇集整合法官培训优质资源,供各级法院干警在线学习培训。遴选高质量的地方法院自办刊物,通过中国法院文化网扩大传播范围,让各个法院相互借鉴、各地干警都能阅读。利用中国法院文化网集中展示全国法院各类优秀文化作品,促进文化作品传播,实现文化成果共享。充分发挥国家图书馆人民法院分馆的作用,积极推进各级法院数字图书馆建设,增加图书容量,完善服务功能,更好地适应干警学习需求。

七、加强对法院文化建设的组织领导

(二十)坚持把法院文化建设摆在重要位置来抓。各级法院党组要牢固树立文化育人、文化兴院的责任意识,把法院文化建设摆上重要议事日程,纳入法院工作总体规划,深入研究新情况新特点和面临的问题,加强组织领导和工作指导。按照全面推进依法治国和人民法院发展改革的形势任务要求,制定和完善法院文化建设工作规划,加强顶层设计,狠抓工作落实。加强同各地宣传文化主管部门的沟通协调,把法院文化建设纳入当地文化建设总体格局,积极争取工作指导和政策支持。把法院文化建设经费纳入年度经费预算,加大投入力度,保障实际需要。

(二十一)构建共同推进法院文化建设的工作格局。建立健全法院党组统一领导、政工部门组织协调、机关各部门和直属单位共同参与的工作机制,构建"大文化"工作格局。各级法院政治部(处)负责法院文化建设的谋划部署、督促指导和重大活动的组织实施,机关党委(党总支)牵头抓好本院机关文化建设工作。充分发挥理论研究、新闻出版、教育培训、纪检监察、信息化建设等部门的职能作用和资源优势,在规划设计、工作实施、督促指导中加强统筹协调,搞好政策衔接和工作衔接。机关工会、团委、青联、妇委会、法官协会等群团组织要结合各自职能,积极配合做好文化建设工作。

(二十二)加强法院文化建设条线指导工作。加大上级法院对下级法院工作指导力度,健全考评激励机制,加强工作交流,促进法院文化建设上下联动、整体推进。充分发挥全国和省级法院文化建设示范单位的作用,及时总结推广好的经验做法。评选推广全国法院文化建设品牌项目,各高级人民法院制定符合本地实际的法院文化建设指导标准,促进法院文化建设水平整体提升。对于文化建设基础薄弱、发展滞后的中级和基层法院,上级法院要加强督促指导,给予必要支持。组织开展法院文化建设课题研究,探索把握工作特点规律,努力形成高质量研究成果,指导法院文化建设深入发展。

最高人民法院 最高人民检察院印发《关于建立法官、检察官惩戒制度的意见（试行）》的通知

2016年10月12日   法发〔2016〕24号

各省、自治区、直辖市高级人民法院、人民检察院，新疆维吾尔自治区高级人民法院生产建设兵团分院、新疆生产建设兵团人民检察院：

现将《关于建立法官、检察官惩戒制度的意见（试行）》印发给你们，请结合实际认真贯彻执行。实施中有何问题和建议，请及时报告最高人民法院、最高人民检察院。

附：

关于建立法官、检察官惩戒制度的意见（试行）

为促进法官、检察官依法行使职权，落实法官、检察官办案责任制，建立法官、检察官惩戒制度，根据党的十八届三中、四中、五中全会精神和相关法律规定，制定本意见。

一、法官、检察官惩戒工作，应当坚持党管干部原则，尊重司法规律，体现司法职业特点，坚持实事求是、客观公正，坚持责任与过错相适应，坚持惩戒与教育相结合。

二、法官、检察官在审判、检察工作中违反法律法规，实施违反审判、检察职责的行为，应当依照相关规定予以惩戒。

认定法官、检察官是否违反审判、检察职责，适用《关于完善人民法院司法责任制的若干意见》《关于完善人民检察院司法责任制的若干意见》的有关规定。

三、法官、检察官惩戒工作由人民法院、人民检察院与法官、检察官惩戒委员会分工负责。

人民法院、人民检察院负责对法官、检察官涉嫌违反审判、检察职责行为进行调查核实，并根据法官、检察官惩戒委员会的意见作出处理决定。

四、在省（自治区、直辖市）一级设立法官、检察官惩戒委员会。

惩戒委员会由政治素质高、专业能力强、职业操守好的人员组成，包括来自人大代表、政协委员、法学专家、律师的代表以及法官、检察官代表。法官、检察官代表应不低于全体委员的50%，从辖区内不同层级人民法院、人民检察院选任。

惩戒委员会主任由惩戒委员会全体委员从实践经验丰富、德高望重的资深法律界人

士中推选，经省（自治区、直辖市）党委对人选把关后产生。

法官惩戒工作办公室设在高级人民法院，检察官惩戒工作办公室设在省级人民检察院。

五、惩戒委员会的工作职责：

（一）制定和修订惩戒委员会章程；

（二）根据人民法院、人民检察院调查的情况，依照程序审查认定法官、检察官是否违反审判、检察职责，提出构成故意违反职责、存在重大过失、存在一般过失或者没有违反职责的意见；

（三）受理法官、检察官对审查意见的异议申请，作出决定；

（四）审议决定法官、检察官惩戒工作的其他相关事项。

惩戒委员会不直接受理对法官、检察官的举报、投诉。如收到对法官、检察官的举报、投诉材料，应当根据受理权限，转交有关部门按规定处理。

六、人民法院、人民检察院在司法管理、诉讼监督和司法监督工作中，发现法官、检察官有涉嫌违反审判、检察职责的行为，需要认定是否构成故意或者重大过失的，应当在查明事实的基础上，提请惩戒委员会审议。

除前款规定应报请惩戒委员会审议情形外，法官、检察官的其他违法违纪行为，由有关部门调查核实，依照法律及有关纪律规定处理。

七、惩戒委员会审议惩戒事项时，有关人民法院、人民检察院应当向惩戒委员会提供当事法官、检察官涉嫌违反审判、检察职责的事实和证据，并就其违法审判、检察行为和主观过错进行举证。当事法官、检察官有权进行陈述、举证、辩解。

八、惩戒委员会经过审议，应当根据查明的事实、情节和相关规定，经全体委员的三分之二以上的多数通过，对当事法官、检察官构成故意违反职责、存在重大过失、存在一般过失或者没有违反职责提出审查意见。

惩戒委员会的审查意见应当送达当事法官、检察官和有关人民法院、人民检察院。

九、当事法官、检察官或者有关人民法院、人民检察院对审查意见有异议的，可以向法官、检察官惩戒委员会提出。

法官、检察官惩戒委员会应当对异议及其理由进行审查，作出决定，并回复当事法官、检察官或者有关人民法院、人民检察院。

十、法官、检察官违反审判、检察职责的行为属实，惩戒委员会认为构成故意或者因重大过失导致案件错误并造成严重后果的，人民法院、人民检察院应当依照有关规定作出惩戒决定，并给予相应处理。

（一）应当给予停职、延期晋升、免职、责令辞职、辞退等处理的，按照干部管理权限和程序依法办理；

（二）应当给予纪律处分的，依照有关规定和程序办理。

法官、检察官违反审判、检察职责的行为涉嫌犯罪的，应当将违法线索移送有关司法机关处理。

免除法官、检察官职务，应当按法定程序提请人民代表大会常务委员会作出决定。

十一、当事法官、检察官对惩戒决定不服的，可以向作出决定的人民法院、人民检察院申请复议,并有权向上一级人民法院、人民检察院申诉。

十二、本意见所称法官、检察官,是指实行法官、检察官员额制后进入员额的法官、检察官。

对司法辅助人员违法违纪行为的责任追究,依照有关法律和人民法院、人民检察院的有关规定办理。

十三、最高人民法院、最高人民检察院根据本意见,结合实际,分别制定法官、检察官惩戒工作办法。

八、司法服务与保障

最高人民法院
关于充分发挥审判职能作用,保障和促进全民所有制工业企业转换经营机制的通知

1993年8月6日　　　　　　　　　　　　法发〔1993〕13号

各省、自治区、直辖市高级人民法院:

党的十四大提出,转换国有企业特别是大中型企业的经营机制,把企业推向市场,增强它们的活力,提高它们的素质,是建立社会主义市场经济体制的中心环节,也是巩固社会主义制度和发挥社会主义优越性的关键所在。1992年7月23日国务院发布的《全民所有制工业企业转换经营机制条例》第二十二条规定:"企业经营权受法律保护,任何部门、单位和个人不得干预和侵犯。对于非法干预和侵犯企业经营权的行为,企业有权向政府和政府有关部门申诉、举报,或者向人民法院起诉。"任建新院长在第十六次全国法院工作会议上也要求各级人民法院切实保护企业的经营自主权,保障企业经营自主权落到实处,促进国有企业特别是大中型企业经营机制的转换。为了充分发挥审判职能作用,更好地保障和促进全民所有制企业转换经营机制,特作如下通知:

一、各级人民法院要组织审判干部结合学习十四大文件和八届人大一次会议有关文件,认真学习《全民所有制工业企业转换经营机制条例》和中发〔1992〕12号文件,解放思想、提高认识,通过审判活动,积极保障和促进企业转换经营机制。

二、对哄抢、挪用、贪污、盗窃企业财产,制造事故、破坏生产等犯罪案件,起诉到人民法院的,必须抓紧审理,依法判决,以维护企业的合法权益和生产秩序。

三、对侵犯企业生产经营决策权、产品销售权、投资决策权等案件,要依法受理,切实保障企业的经营自主权。

四、对企业在改革中发生的承包经营合同纠纷,试行股份制中发生的纠纷,企业联营、兼并中发生的纠纷等,起诉到人民法院的,要依法立案,及时审理。

五、对符合国家产业政策导向,企业决定在本行业内或者跨行业调整生产经营范围,请求工商行政管理机关办理变更登记,而工商行政管理机关拒绝变更或者不予答

复，企业依法提起行政诉讼的，人民法院应当积极受理，正确作出裁决。

六、对企业与职工之间发生的劳动争议纠纷，企业或者职工不服劳动争议仲裁委员会的裁决，在法定期间向人民法院起诉的，人民法院应当依法收案，及时审结。

最高人民法院
印发《关于充分发挥审判职能作用为经济发展提供司法保障和法律服务的意见》的通知

2000年3月1日　　　　　　　　　　　　　　　法发〔2000〕6号

全国地方各级人民法院、各级军事法院、各铁路运输中级法院和基层法院、各海事法院，新疆生产建设兵团各级法院：

现将《最高人民法院关于充分发挥审判职能作用为经济发展提供司法保障和法律服务的意见》印发给你们，请认真组织学习，贯彻执行。

附：

最高人民法院
关于充分发挥审判职能作用为经济发展提供司法保障和法律服务的意见

在世纪之交重要时刻召开的党的十五届四中全会和中央经济工作会议，就2000年和今后一个时期改革发展中事关国家前途命运的若干重大问题，作出了战略部署。全国各级人民法院必须遵照江泽民总书记"严肃执法，热情服务"的指示，认清形势，明确任务；抓住机遇，开拓进取；坚定信心，团结奋斗，为改革开放和社会主义现代化建设，提供公正、高效、优质的司法保障和法律服务。

一、人民法院面临的形势和任务

党的十五届四中全会和中央经济工作会议提出了继续实行积极的财政政策，发挥货币政策的作用，扩大内需，加快国有企业改革，加大农业结构调整力度，实施西部地区大开发战略，积极扩大出口和利用外资，加快实施科教兴国等经济发展战略。随着这些重大决策的实施，人民法院受理案件的数量在今后较长时期内将保持较大幅度的增长，新类型案件将不断出现，执法环境中会发生一些难以预料的新情况、新问题。对此，各级人民法院必须有清醒的认识。为适应经济和社会发展的深刻变化，人民法院必须加快审判方式、审判组织、审判管理、内设机构和人事制度等方面的改革，向改革要效率，以改革促公正，优质高效地完成各项审判和执行工作任务。

我国加入世贸组织的前景已经明朗。加入世贸组织标志着我国对外开放进一步扩大，更加深入、更加全面地参与国际竞争。我国在行使发展中国家权利的同时，将履行世贸组织成员的义务，接受国际经济贸易规则和国际惯例的约束。人民法院面对这一重大变化和新的挑战，要特别注重了解和掌握世贸组织的各种运作规则，分析和研究今后涉外经济纠纷案件的热点和难点，并相应制定司法对策，加强专家型法官的培训，等等。这些重要任务已经紧迫而现实地摆到了各级人民法院的面前，我们必须在思想上、工作上、组织上做好足够的准备。

在化解人民内部矛盾和维护社会稳定方面，人民法院审判和执行工作面临许多新的复杂因素。在深化国有企业改革和农村改革，进行产业结构性调整过程中，仍将存在下岗职工生活困难，农民负担过重、收入减少等社会问题，加之社会保障机制尚未完善地建立起来，管理工作中官僚主义和贪污、受贿等腐败现象的破坏性影响，可能会引发新的人民内部矛盾，其中有些将会对社会稳定造成严重干扰。发挥司法手段的特殊作用，积极稳妥地审理和执行好涉及人民内部矛盾特别是事关社会安定的群体性案件，保护人民群众的合法权益，有效地消除社会不稳定因素，是人民法院义不容辞的重大政治任务，是人民法院为经济和社会发展提供的最经常、最大量、最基础的司法保障和法律服务。

国际人权斗争的新动向成为人民法院工作必须关注的新课题。以美国为首的西方国家，惯于把他们的人权标准作为经济交往的先决条件强加于人，干涉别国内政。我国加入世贸组织以后与西方国家经济交往将进一步扩大和增加，涉外民商事案件和刑事犯罪案件会出现许多新的变化，其中有些可能成为西方人权干涉的新借口。人民法院审理这些案件要始终注意妥善处理发展国际经济合作与维护国家政治安全、经济安全的关系，做到程序规范、实体公正、审限严格、执行有力，这对于我国进一步树立良好的国际形象和改善投资环境，进一步提高人权司法保障水平，都将产生重大作用和影响，其政治意义和经济意义都不容忽视。

在世纪之交，人民法院要及时抓住难得的历史机遇，勇于接受来自各方面的严峻挑战，通过大力推进法院改革，着力解决法官素质、司法水平与形势任务需要不相适应的问题，积极克服各种困难，把有中国特色社会主义的人民司法事业胜利向前推进。

二、人民法院为经济发展服务必须坚持的基本原则

改革开放以来，全国各级人民法院在为改革、发展、稳定大局服务过程中，积累了丰富的经验，形成了必须坚持的几项基本原则。

第一，必须坚持司法公正。司法公正是审判工作本质性规定，是依法治国基本方略的重要内容，是社会主义市场经济对司法工作最根本的要求，是人民法院工作的核心和永恒的主题。坚持司法公正的原则，就是要求在党的领导和人大监督下，依法独立公正地行使审判权和执行权，无论在程序还是在实体方面，都要做到公开、公正、公平。随着社会主义市场经济的发展和加入世贸组织，经济主体多元化、经济行为多样化和经济利益独立化将进一步发展，这就要求人民法院在审判和执行工作中，必须始终坚持司法公正原则，维护国家法律的统一和尊严。无论对原告还是被告，无论对国有企业还是其他企业，无论对本地当事人还是外地当事人，无论对中方当事人还是外方当事人，都要坚持在适用法律上人人平等，依法严格公正地审判和执行案件。

第二，必须坚持提高诉讼效率，降低诉讼成本。适应市场经济规律的要求，在保证办案质量的前提下，切实贯彻诉讼经济的原则，不仅能减少办案本身的投入，而且能使因纠纷而影响流转使用的资金、物资尽快正常周转利用，受牵扯的人力尽快得以解脱，更有效地发挥审判工作为经济发展服务的职能。为此，要进一步落实便利群众、便利诉讼原则，依法做好委托调查、委托执行、委托宣判等工作，依法适用督促程序，积极扩展适用简易程序的范围，尽力减轻当事人的诉累，减轻法院的办案压力；全面贯彻调解原则，充分尊重当事人的处分权，缩短诉讼周期，尽量减少对当事人商业信誉和经济权益的负面影响；切实加强审判管理，提高办案质量和效率，最大限度降低诉讼和执行成本；在进行审判方式改革中，既要贯彻公开原则，使诉讼参与人依法行使诉讼权利，保证办案质量，又要体现效率原则，防止形式主义和繁琐哲学，积极探索和建立符合我国国情的诉讼机制。

第三，必须坚持立足审判、严肃执法，自觉履行人民法院的职能。人民法院作为国家审判机关，履行保障和服务经济发展的职能，主要是通过依法独立公正地行使审判权和执行权来实现的。人民法院还要完成法律赋予的通过全部诉讼活动教育公民遵守社会主义法律的任务。因此，各级人民法院必须严肃执法并注重办案的社会效果，同时还必须以对国家、对人民高度负责的精神，通过依法受理案件、加大执行力度、积极开展司法建议活动、利用多种形式开展以案讲法、积极参与社会治安综合治理、加强对基层调解组织的业务指导等形式，并大胆探索其他有效办法，积极主动地为改革、发展、稳定提供多层面、多方位的优质高效的法律服务。

第四，必须坚持紧紧围绕大局全面开展各项审判工作。为改革开放和经济建设的大局服务，是人民法院必须始终坚持的指导思想和政治方向。各级人民法院都必须正确认识和处理审判工作与党和国家工作大局的关系，善于从政治上、全局上观察形势，根据中央的部署，确定好每个时期审判工作的重点，提出正确的对策和措施并切实贯彻实施；必须正确认识和处理学习理论和执行法律的关系，坚持用邓小平民主与法制建设的理论指导审判实践；必须正确认识和处理执行法律与执行政策的关系，善于在党的路线、方针、政策和"三个有利于"的总标准指导下，正确适用法律审判案件。

第五，必须坚持依靠党的领导、接受人大监督。按照宪法和法律的规定，人民法院居于社会矛盾和纠纷案件终局裁判的位置。由于人民法院受理的案件不少是涉及经济转轨和改革发展进程中出现的问题，许多案件还是体制性深层次矛盾的反映，这些案件的处理结果，对于推进改革开放、保障经济发展、维护社会稳定，关系极大，必须依靠党委的领导、协调和人大的监督、支持，以及政府有关部门的配合才能依法妥善解决。执法环境和执法条件，也必须依靠党的领导、人大监督和政府支持才能得到进一步改善。只有自觉接受党的领导和人大的监督，人民法院的审判和执行工作才能沿着正确的方向顺利发展。

三、审判工作为经济发展服务的重点与措施

党的十五届四中全会和中央经济工作会议确定的主要任务,与人民法院的审判工作有密切的关系。人民法院紧紧围绕这些主要任务开展审判工作,就是为党和国家工作的大局服务。今后一个时期,各级人民法院要着重从以下几个方面强化审判工作。

(一)充分发挥审判职能,保障国有企业改革顺利进行,促进公有制为主体的多种所有制经济共同发展

1. 依法打击各类破坏经济秩序的犯罪。要坚决依法惩处走私贩私、制售假冒伪劣产品、侵犯企业知识产权及商业秘密等犯罪,制裁各种不正当竞争行为,维护国有企业改革和发展所必需的正常经济秩序。要严厉打击哄抢、盗窃、破坏或者故意毁坏国有企业生产资料、设备的犯罪,特别是要打击针对国有企业的集团盗窃犯罪,保护国有企业资产。要结合反腐败斗争依法严惩贪污、挪用、诈骗、侵占国有企业资金的犯罪,保护国有资产不受侵犯。要严厉打击采取报复手段,杀伤国有企业领导者、职工或其他侵害国有企业领导、职工人身权的犯罪,为国有企业生产经营创造良好的治安环境。在审理这些犯罪案件时,既要抓好大案要案的审理,又要严格区分罪与非罪的界限;既要依法严惩犯罪分子,又要保护勇于改革的企业工作人员,支持他们依法经营;既要坚持刑事制裁,又要做好赃款赃物的追缴返还工作,减少国有企业的财产损失。

2. 依法调节各类经济、民事、行政关系。要依法审理好企业改组、联合、兼并、租赁、承包、参股控股、放开搞活国有中小企业中发生的纠纷案件,保障国有企业顺利完成战略性改组。对涉及国有大中型企业兼并破产和关闭的案件,要严格按照有关法律、政策和司法解释,妥善处理;对涉及产权变动的企业并购等资产重组案件,要严格依法规范资产评估,既要防止国有资产流失,防止逃废悬空银行债务及国家税款,又要促进企业增资减债和实现资产重组。要依法审理好国有企业在建立和完善现代企业制度中出现的纠纷案件,依法维护企业的经营自主权,维护国家对国有资产的管理。要依法审理好涉及国有企业股权、债权、债务等方面的案件,保障和促进企业增强直接投资、融资力度,维护国有经济的控制力和银行及其他债权人的合法权益。要注重对劳动和社会保障方面案件的审理,依法保护劳动者的合法权益,促进劳动制度的改革,同时支持企业加强和改善管理。要依法审理好涉及国有企业的行政案件,坚决制止各种对企业乱收费、乱罚款、乱摊派以及其他有损企业合法权益的行为,同时支持国家行政机关依法行政。对涉及国有大中型企业重点项目和重点工程建设争议数额大、对生产发展影响大的案件,要快立快审,及时审结。在审理案件中发现企业有不规范、不合法的经营活动,要积极提出司法建议。

3. 依法平等保护各类诉讼主体的合法权益,促进市场经济的健康发展。公有制为主体,多种所有制经济共同发展,是我国社会主义初级阶段的基本经济制度。实行公有制实现形式多样化和多种经济成分共同发展,是社会主义市场经济发展的需要,是进一步解放和发展生产力的需要,也是经济体制改革的重大任务。为此,要依法提供法律保障和法律服务。人民法院在依法保障国有企业改革和发展的同时,必须注意在审判和执行工作中严格坚持公正原则,无论是对公有制经济还是非公有制经济的市场主体,在适

用法律上一律平等。只有这样,才能依法维护好市场经济秩序,促进社会主义市场经济的健康发展。

(二)为农业结构调整和农村经济发展提供司法保障

1. 审理好农业承包合同纠纷案件。以市场为导向的农业结构调整,涉及种植方式、面积、品种和加工深度的变化,这就势必会因变更部分农村承包合同的内容而引起一些纠纷。人民法院在处理这些案件时,首先,要坚决贯彻党的十五届三中全会通过的《中共中央关于农业和农村工作若干重大问题的决定》精神,落实"赋予农民长期而有保护的土地使用权"的政策,切实保护农户的土地承包权、生产自主权和经营收益权。其次,要按照最高人民法院颁发的《关于审理农业承包合同纠纷案件若干问题的规定(试行)》,积极受理并处理好这类案件。第三,要按照中央经济工作会议确定的调整农业结构的要求,在审理有关案件中,依法引导农民自觉履行调整任务。要严格依法审理因随意提高土地承包费、撕毁合同、一地多包、收回土地高价发包、缩短承包期等行为引起的纠纷案件,坚决纠正各种违法行为。

2. 审理好农副产品购销合同纠纷案件。要维护合同的法律效力,依法制裁违约和其他侵犯农民合法权益的行为。尤其是在审理涉及粮食流通案件时,要坚决依法保障中央制定的按保护价敞开收购农民余粮、粮食收储企业实行顺价销售和粮食收购资金封闭运行三项政策的贯彻落实,坚决依法制裁各种干扰破坏这三项政策的违法行为,确保粮食流通体制改革的顺利进行。

3. 依法打击和制裁各种破坏农业设施的犯罪和侵害农民利益的行为。要依法严厉打击破坏农用设备和农业基础设施的犯罪活动;及时审理生产销售假冒伪劣种子、化肥、农药等坑农害农案件,依法严厉制裁涉案的生产者和销售者,构成犯罪的要依法追究刑事责任;通过审判活动坚决制止各种名目的乱收费、乱摊派、乱罚款等违法行为,依法减轻农民负担,为实行农村"税费改革"提供良好的司法环境。同时,通过审理涉农案件,依法保障谁投资、谁所有、谁管理、谁受益原则的落实,保护集体和农户以多种形式兴修和经营农业基础设施的积极性。

(三)依法规范金融秩序,防范和化解金融风险,确保国民经济的平稳运行

要依法严厉打击非法集资和金融诈骗,以及利用计算机网络等智能手段针对银行和其他金融单位进行的犯罪活动。要按照中央治理整顿金融秩序的部署,认真审理好贷款纠纷案件。要切实执行修订后的刑法,依法适用新增设的罪名,坚决打击各种扰乱、破坏金融市场秩序和财会管理秩序的犯罪。在审理金融纠纷案件中,严格审查确定借贷双方的责任,坚决依法制止那些企图通过诉讼逃债、消债等规避法律的行为,维护信贷秩序。企业实行债权转股权,这既是促进企业扭亏脱困和调整结构的重要手段,也是减少银行不良债权的重要措施。人民法院在审理这方面案件时务必坚持标准,认真把关,对弄虚作假、乘机逃废债务的,要追究当事人和责任人的法律责任。要根据中央和国务院的有关政策规定,审慎处理好涉及农村合作基金会的案件,对于以农村合作基金会为债务人的纠纷及农村合作基金会与农户间的纠纷,一般应当首先由清理部门按照国家有关政策处理。

（四）依法保护知识产权，为科技创新，全面落实"科教兴国"战略，提供有效的司法保障

1. 依法促进科学技术进步，加速科学技术成果推广、应用。无论是企业法人、机关法人、事业法人、社会团体法人或其他组织，只要具有科研能力或拥有科技成果，都可以订立技术合同。同样，公民不受其职业、职务、年龄等限制，只要具备履行技术合同的能力，都可以订立技术合同。在审理技术合同纠纷案件时，只要合同当事人具备履约能力，就不能以合同主体不适格而认定合同无效。对于那些妨碍技术进步的合同，要依法认定无效。同时，要依法制止非法垄断技术。通过审理案件，依法保护公民、法人和其他组织进行科学研究和发明创造的积极性。

2. 依法保护当事人合法技术权益。人民法院在处理技术合同纠纷当事人权益问题上，既要依法保护其财产权利，又要依法保护其人身权利。对于完成职务技术成果的个人，依法保障其在有关技术成果文件上署名的权利和取得荣誉证书、获得奖励的权利；对于当事人按照平等互利原则约定转让专利和非专利技术权利的，要依法保护。

3. 依法制裁各类侵犯知识产权行为。对那些侵犯专利权、商标权、著作权、发明权、商业秘密等严重扰乱技术市场，给知识产权人造成损失的，要依法严肃制裁；对构成犯罪的，要依法追究刑事责任。为强化对知识产权的司法保护力度，人民法院要对知识产权案件的审判组织、案件管辖、举证方式、案件执行等各个方面进行大胆探索，开拓创新，提高知识产权审判工作的水平。

（五）做好各项准备工作，用司法手段保障西部大开发战略的贯彻实施

1. 西部地区法院要从组织上、物质上加强自身建设。实施西部大开发战略，国家将在资金、项目、人才等方面出台新政策。随着人、财、物流动和经济活动的增加，诉至法院的各类案件会上升。西部地区和相关地区的人民法院要做好相应的准备。一是要采取各种形式加强对西部地区法院审判人员的培训，进一步提高他们的政治、业务素质；二是结合落实干部交流制度，最高人民法院要会同国家有关部门，尽快制定出东部与西部地区法院干部对口交流办法。东部地区各省、市，每年都要有计划地选派一定数量审判骨干到西部地区法院工作和锻炼；西部地区法院也要选派一些青年法官到东部地区法院学习提高，然后再回到原来的审判岗位；三是采取多种形式，加强西部地区法院物质装备建设。最高人民法院将与有关部门会商，对西部贫困地区法院的装备建设予以支持。

2. 大力加强西部地区法院审判力量，确保审理好涉及大开发的各类案件。西部大开发启动之后，一方面，原来在东部地区较多发生的新类型案件在西部地区将逐渐出现；另一方面，随着西部地区将成为中外投资热点，东西部互涉案件和涉外案件将会增加。处理好这些案件，促进西部大开发，将成为今后东西部法院共同面临的重要任务。东西部地区法院对互涉的案件，要加强有关的信息通报，以依法及时、公正地审理。东部地区法院在这方面要作出表率。要增强审理涉外案件的能力。东部地区法院在对口支援西部地区法院过程中，要派人有重点地帮助西部地区法院建立起实力较强的审理涉外案件的合议庭，并传授审判经验、提供相关案例。在审判工作中要坚持执行法律与执行政策的统一。对涉及西部开发的民事、经济纠纷案件，法律有明确规定的要严格依法审

理；法律和政策都没有规定的，要根据"三个有利于"原则精神妥善处理。要识大体、顾大局，对西部开发有重大影响的案件、集团诉讼案件等，必须尽快妥善处理，绝不能因为案件处理不当，影响西部大开发的进程和社会稳定。

四、加强涉外案件的审理工作

我国对外开放格局从沿海地区向广大中西部地区的逐步推进，以及我国加入世贸组织后发生的变化和影响，对人民法院的涉外审判工作将提出更高、更新的要求。对此，要做好充分准备，采取切实可行的对策。

（一）拓宽眼界，树立涉外审判的全局意识

在涉外审判工作中要树立全局意识，具有宽广的世界眼光。树立全局意识是要求我们在审判活动中既要做到严肃执法，又要力求执法的良好效果。涉外审判既有国内影响，也有国际影响；既有法律效果，又有社会效果。具有宽广的世界眼光是要求我们用马克思主义的立场、观点和方法分析问题，正确认识人民法院做好涉外审判工作对于我国进一步扩大开放的重大意义和作用，正确认识在涉外审判中坚持主体平等的司法观念的必要性和紧迫性。我国加入世贸组织后，既要享受权利，也要承担和履行相应义务。依照国际经济交往中普遍适用的平等互利原则，对在我国从事经贸活动的外国企业，在经济交往或参与诉讼中，都要与国内企业和组织依法平等对待。

（二）加强学习，准确适用国际贸易法律规范

我国政府参加或承认的国际性法律规范，除声明保留的内容之外，无论是多边的还是双边的条约或协议，都是人民法院审理相关涉外案件的法律依据。世界贸易组织是当今世界制定国际贸易规则、解决多边贸易争端的最重要场所，其多年来制定的包括互惠互利、互相约束机制的一系列决议、规章、程序、办法，已成为国际社会通行的贸易规则。对于这些国际贸易法律规范，我们要加紧研究，尽快熟悉，并且能够熟练地运用于审判实践。

涉外审判主要集中于民商事领域。民商事纠纷主要是当事人的利益冲突。人民法院审理这些案件，要从解决当事人之间利益失衡入手，妥善解决争端，采取惩罚性措施应十分慎重。从事涉外审判的法官既要有法律家的素养，也要有政治家的眼光；既要有正确适用法律的能力，也要有依法治国和放眼世界的胸襟。

（三）深入研究，增强在涉外审判上的前瞻性

针对我国加入世界贸易组织后面临的新形势，人民法院要注意把握动向，深入研究各种新情况和新变化，增强涉外审判的预见性。例如，世界贸易组织和其前身关贸总协定制定的与贸易有关的知识产权保护的协定，对我国今后审理涉外知识产权纠纷案件会有多大影响和作用，我们应尽早进行研究。外国企业和跨国公司将更多地进入我国市场，在依法保护其合法权益的同时，也可能出现技术和市场垄断以及不正当竞争，我们应做好相应的司法准备。涉外破产案件在我国已有发生，在审理涉外破产案件中，虽然在总体上已经做到对中外债权人的平等保护，但还有许多问题，包括清算组的组成、债权人会议程序、资产的评估等，还缺乏更多的经验，必须加紧实践和研究。人民法院决不能由于准备工作滞后而使国家利益遭到重大损失，影响我国司法公正的国际形象。

五、执行工作为经济发展服务的重点与措施

做好执行工作是人民法院为经济发展提供法律保障和服务的重要内容。在落实中央十五届四中全会和中央经济工作会议确定的各项重大任务中，我们必须进一步全面贯彻中发〔1999〕11号文件，深化改革，完善措施，知难而进，努力使法院执行工作在保障和服务经济建设中发挥更大的作用。

（一）做好涉及国有企业案件执行工作，是为经济发展服务的重点

对涉及国有企业的执行案件，既要坚持严格执法，又要讲究执行方法和执行效果。执行工作思路要由单一的强制执行向各种执行方式相结合转变。对涉及国有企业债权的执行，要加大力度，依法保障国有企业债权的实现。对涉及国有企业债务的执行，要根据法律和政策加强与有关部门的协调配合，尤其要抓住国有商业银行设立金融资产管理公司，剥离不良贷款，由该公司经营管理其不良资产的机会，依法解决沉积在法院执行程序中的涉及国有企业的金融债权。被执行人的产品科技含量高、附加值高、有市场，能回笼资金，但因债务缠身融资无望，无法扩大生产的，在做好申请执行人工作后，可以采用转让无形资产、劳务抵债等方式，以使被执行企业重获生机。被执行人的产品有一定市场，符合产业政策，有发展潜力的，可以采取"放水养鱼"的方式，以一定的资产作抵押，中止执行，待其经营好转后，再行收回债权。被执行人破产、关闭的，应加大对其债权的执行力度，减少破产费用，尽力提高清偿率，减少债权人损失。

在做好涉及国有企业案件执行工作同时，要做好其他各种民事主体合法权益的保护，以增强整个国民经济效益。

（二）坚决抵制和克服地方和部门保护主义，是做好执行工作，为经济建设服务的重要条件

地方和部门保护主义是造成"执行难"的重要原因，是严格执法的重大障碍，必须坚决抵制和克服。人民法院作为国家审判机关绝不能搞地方和部门保护主义。要坚决反对司法权地方化倾向。对与法律相悖，给人民法院执行设置障碍的规定或文件，要及时向党委、人大、政府提出建议，予以撤销或废止。对顶着不办的，要及时报告上级党委和上级人民法院，直至报告中央政法委和最高人民法院。要及时向纪检监察机关提供搞地方和部门保护主义的典型事例，以便调查处理。

（三）实行执行工作统一管理和协调，是做好执行工作，为经济建设服务的机制保障

各级人民法院要顾全大局，坚决排除干扰，抓紧建立和完善由高级人民法院统一管理和协调的执行工作机制。要严格按照有关文件精神配备合格的执行人员，特别要选好配强执行机构，尤其是高级人民法院执行机构负责人。要积极争取专项资金和办案经费，同时要克服困难，拿出一部分现有经费，给执行庭配备必要的交通、通讯工具及警械等装备，以保证执行工作的实际需要。

（四）坚持依法、公正、文明执行，是做好执行工作，为经济建设服务的根本要求

司法公正不仅要求审判过程中的程序公正和实体公正，还要求执行过程中的程序公正和实体公正。要像抓裁判公正一样抓执行公正，并抓好执行公开。既要严格依照诉讼

法规定的程序文明执行，又要严格依照实体法的规定对当事人的财产权益作出正确的处置。通过对案件的有效执行，落实裁判文书所确定的权利义务，及时消解社会经济关系中的梗阻状态，依法保护当事人的合法权益，坚决维护国家的司法权威。

各级人民法院的执行工作人员，要严格遵守各项执行纪律，以法服人，以理服人，使执行工作得到广大群众包括被执行人的理解和支持。

六、加强监督指导和司法解释工作

为充分发挥人民法院审判职能作用，积极有效地保障中央关于经济发展各项重大部署和重大决策的落实，必须大力加强对审判工作和执行工作的监督、指导，切实做好司法解释工作。

（一）转变作风，严格制度，提高监督指导水平

最高人民法院对地方各级人民法院、专门人民法院，上级人民法院对下级人民法院，都要依照宪法和法律的规定，加大监督指导的力度。对刑事案件监督的重点要放在区分罪与非罪上；对民事、经济案件监督的重点要放在确定民事责任的承担上。对程序不公、实体不公和执行不公的，上级人民法院要坚决依法纠正。上级人民法院要把解决下级人民法院在审判工作和执行工作中遇到的新情况、新问题和新类型案件的适用法律问题，列为监督指导的重要内容。

必须坚定不移、坚持不懈地贯彻加强基层工作的方针。中级以上人民法院要切实转变作风，经常深入基层人民法院调查研究，千方百计地打牢法院工作的基础。我国幅员辽阔，人口众多，发展不平衡，各地情况差别很大，在对法院工作的监督、指导上，必须充分发挥各高级人民法院的积极性和职能作用。今后，最高人民法院在制定重要司法解释和规范性文件时，要根据需要组织相关高级人民法院开展联合调研和起草工作。高级人民法院要继续采用多种行之有效的形式，大力加强对辖区法院的审判监督和综合性业务指导。

（二）加强司法解释工作，保证法律的正确实施

党的十五届四中全会和中央经济工作会议精神的全面贯彻落实，必将使我国改革开放和现代化建设事业呈现崭新的局面。针对社会法律关系的不断变化，往往不能被现行法律内容所包含的实际情况，最高人民法院要充分运用法律赋予的司法解释权，在加强调查研究基础上，提高司法解释的时效性和适用性，以使人民法院能充分利用现有法律资源，为经济发展提供及时有效的服务。

要抓紧研究加入世界贸易组织亟待解决的法律适用问题，例如反倾销、反垄断争端，投资、金融、保险、证券、知识产权、消费者权益保护等法律法规的适用，均应从司法解释方面加紧做好工作。要针对刑法、合同法等法律实施中遇到新情况、新问题，加强刑事和民事、经济司法解释工作。要适应刑事、民事、经济和行政审判方式改革，以及执行工作改革不断深化的需要，加强程序法的司法解释。

七、加强人民法院队伍建设

为经济发展提供优质高效的司法保障和法律服务，关键在人，关键在队伍。今年和

今后一个时期，要认真贯彻《人民法院五年改革纲要》，紧紧围绕经济发展对法院工作的需要，在法院队伍建设方面重点抓好以下几项工作：

第一，着眼于培育高素质法官队伍，进行用人制度的改革。要严把"进口"，疏通"出口"，引进竞争激励机制。招录人员，必须经过严格的笔试、面试和审查，择优录用；对初任法官或者晋升到高一级别法官的，也必须经过严格的考核，择优晋升。大力推行选任审判长和独任法官的改革，并且对选任的优秀人才落实相应待遇。对不适应审判工作要求的人员进行培训或分流做辅助性的工作。对素质低下、操守不良的人员，按有关规定予以清理；在有利于发挥审判专业特长的前提下实行轮岗交流制度；逐步进行上级人民法院法官从下级人民法院法官中选拔和面向社会招录高素质法官的制度。

第二，强化法官自律机制，加强思想政治工作和管理监督。法官是一个必须靠高度自律约束的特殊群体，在品行操守和学识能力方面应有更高的标准。造就一大批有高尚品格的高素质法官，是树立司法权威、确保司法公正的基本保证。法院的思想政治工作和管理监督必须从这个高起点上展开。为此，要继续贯彻从严治院的方针，严格执行《人民法院审判人员违法审判责任追究办法（试行）》和《人民法院审判纪律处分办法（试行）》，切实落实党风廉政建设责任制，对发生的各种枉法裁判和违反审判纪律的问题要一查到底、严肃处理；要进一步完善法院接受人大监督、政协民主监督、检察机关法律监督和新闻舆论等社会监督的各项制度和措施，拓宽主动接受监督的渠道。完善外部监督与内部监督的衔接，用外部监督启动内部监督、促进内部监督。要在继承和发扬优良传统的基础上，认真研究新形势下人民法院思想政治工作的特点和规律，积极开辟新途径，探索新办法，把对法官的严格管理、严格监督与发挥政治优势、加强思想政治工作紧密结合起来，通过加强对党的基本理论、基本路线和基本方针的学习，开展向英模人物学习和多种形式的争先创优活动，在广大法官中形成自我教育、自我约束、自觉向上的价值追求，解决好为谁执法、为谁服务、为谁掌权的根本问题，以造就一支具有高尚职业道德、严格自律能力和很高司法水平的法官队伍。

第三，抓好法官教育培训工作，做好为经济发展服务的知识准备。深化国企改革和农村改革，实施西部大开发战略，加入世贸组织，向法院的教育培训工作提出了紧迫和繁重的任务。各级人民法院态度要坚决，行动要迅速，尽早着手工作。高级和中级人民法院要把培养懂得市场经济知识、熟悉涉外法律的法官作为一件大事，抓紧进行涉外民商事法律和外语技能方面的培训。要全面推行人民法院教育培训工作改革，抓紧培养一批高素质的审判业务带头人和专家型法官。

第四，抓住关键，搞好各级人民法院领导班子建设。加强队伍建设，关键是搞好各级人民法院的领导班子建设。要以"三讲"教育及"回头看"为契机，切实解决法院领导干部和领导班子在党性、党风方面存在的突出问题，落实整改措施，把各级人民法院的领导班子建设好。各级人民法院的领导干部要以身作则，严于律己，发挥带头作用，用过硬的班子带出一支政治坚定、业务精通、公正清廉、作风优良、纪律严明的人民法院队伍，以全新的精神风貌迎接全新的挑战，为实现党的十五届四中全会和中央经济工作会议部署的各项重大任务，做出应有的贡献。

最高人民法院
关于充分发挥审判职能切实维护企业和社会稳定的通知

2002年6月21日　　　　　　　　　　　　　法〔2002〕132号

各省、自治区、直辖市高级人民法院，解放军军事法院，新疆维吾尔自治区高级人民法院生产建设兵团分院：

近一个时期以来，一些地方不断发生企业职工聚集和群体性上访事件，严重影响了企业正常的生产经营秩序和当地社会稳定。随着国有企业改革的深化和经济结构的调整，企业体制上的深层次矛盾和企业内部的利益冲突趋于激烈，由此引发的各种矛盾和纠纷会进一步增多。值得重视的是，企业内部的利益冲突越来越多地通过各类诉讼的形式反映到人民法院的各项审判工作上来。人民法院审判和执行涉及企业的案件，也受到社会公众的广泛关注，处理不慎，极易引发群体性事件。充分发挥审判职能作用，妥善处理涉及企业的各种矛盾和纠纷，维护企业正常生产经营秩序和广大职工的合法权益，保持企业和社会的稳定，是当前和今后一个时期内人民法院审判工作的重要任务。为此，特通知如下：

一、进一步强化大局意识，充分发挥审判工作维护企业和社会稳定的作用

在社会主义市场经济体制中，企业是主要的市场主体。只有企业搞活，市场才能搞活；只有企业发展，经济才能发展；只有企业稳定，社会才能稳定。国有企业改革是建立社会主义市场经济体制的中心环节。当前，国有企业的改革正处于攻坚阶段。随着国有企业改组、改造步伐加快和所有制结构、产业结构调整力度加大，下岗人员大量增加，加上社会保障制度还不完善，国有企业内部一些深层次的矛盾逐渐显露出来，利益冲突趋于激烈，呈现矛盾突出、纠纷增多的特点。与此同时，非国有企业在迅速发展过程中也出现了不少新的情况和问题。特别是一些外商投资企业、私营企业及个体经济组织，违反劳动、安全和社会保险法规，侵害职工合法权益的现象大量存在，有的还相当严重，由劳资纠纷引发的群体性、突发性和恶性事件频繁发生。这些问题如果不能得到及时妥善的处理，不仅使企业的内部改革和生产经营受到严重干扰，而且会给国家改革、发展、稳定的大局造成不利影响。人民法院是国家的审判机关，在保障国企改革、维护企业稳定方面起着不可替代的重要作用。各级法院要从坚持邓小平理论和实践江泽民同志"三个代表"要求的高度，深刻认识保障国企改革、维护企业稳定的重要意义，进一步强化大局意识、责任意识和保障意识，及时依法公正审理关系企业改革、发展和稳定的各类案件，充分发挥法律对企业改革涉及到的各种利益关系所具有的规范、引导、调节和保障等作用,既要有力保障企业内部改革,又要切实维护职工合法权益,确保审判案件取得良好的法律效果和社会效果。在严格依法办案的同时,要注意做好各方面工作,防止在审判过程中矛盾激化或者事态扩大。特别是对于群体性纠纷,思想上要高度重视,工作上要精心组织,通过案件审理,化解矛盾,理顺关系,安定人心,维护秩序,为改革、发展和稳定提供有力的司法保障和服务。

二、继续深入开展"严打"整治斗争,为企业创造良好的治安环境

营造并保持一个长期稳定的社会治安环境,对于保障国有企业改革和各类企业的发展具有重要意义。开展"严打"整治斗争以来,刑事案件上升的趋势得到一定程度的遏制,但治安形势依然严峻。各级法院要继续积极有效地深入开展"严打"整治斗争,抓紧抓好重大刑事案件的审判工作。对于国内外敌对势力、恐怖势力、宗教极端势力、民族分裂势力和"法轮功"等邪教组织利用企业中出现的困难和存在的一些不稳定因素借机进行破坏捣乱的犯罪案件,严重滋扰企业治安和生产经营秩序的黑社会性质组织犯罪和流氓恶势力犯罪案件,因不满国有企业改革而采取暴力手段报复社会、杀害企业管理人员和职工等犯罪案件,哄抢、盗窃企业财产以及破坏和故意毁坏企业生产资料、设备等犯罪案件,要抓紧及时审理,依法从重从快严惩犯罪分子。

三、继续从严惩处各种经济犯罪,保障社会主义市场经济秩序

各级法院要继续积极参与整顿和规范市场经济秩序工作,依法从严打击破坏社会主义市场经济秩序的各种严重犯罪。对于生产、销售伪劣商品,侵犯商标权、专利权、著作权和商业秘密,损害商业信誉和商品声誉,串通投标,合同诈骗等侵犯企业合法权益的犯罪活动和走私、虚开增值税专用发票、偷税抗税、金融诈骗、非法经营等破坏市场经济秩序的犯罪活动,一定要依法从严惩治,维护企业正当权益和市场管理秩序。同时,对于企业及企业人员虚报、抽逃注册资本,非法吸收公众存款,擅自发行或欺诈发行股票、债券,内幕交易,编造、传播虚假信息,提供虚假财务报告和证明文件,操纵交易价格,扰乱证券市场,严重损害股东和投资者利益的犯罪,也要坚决依法从严惩处。

四、继续依法严惩各种腐败犯罪,保护国有资产和企业职工利益

依法审理好发生在党政领导机关、行政执法机关、司法机关和经济管理部门以及县处级以上领导干部、国有企业领导人员中的腐败犯罪案件,是当前反腐败斗争的重点,也是维护企业稳定的要求。对于发生在国有企业中的贪污、贿赂、挪用公款、私分国有资产、非法经营同类营业、为亲友非法牟利等的犯罪案件,特别是利用国有企业改组、联合、兼并、租赁、承包和实行股份制改造之机,侵吞、私分、挪用国有资产的犯罪案件,贪污、挪用、集体私分各种社会保障基金的职务犯罪案件,以及涉及产权变动的企业并购过程中收受贿赂、徇私舞弊、故意低估国有资产,造成国有资产流失的犯罪案件,要坚决依法从严惩处。对于国家机关工作人员利用职务便利,索取、收受非国有企业财物的,也要依法从严惩处。要把反腐败斗争与当前正在进行的"严打"整治和整顿

规范市场经济秩序紧密结合起来，对于那些为各种犯罪活动充当"后台"和"保护伞"，以及对造成重大责任事故、重大劳动安全事故、工程重大安全事故负有责任的腐败渎职犯罪分子，要坚决依法从严惩处。

五、搞好民商事、行政审判和执行工作，为企业改革和发展创造良好的法制环境

要依法审理好企业改组、联合、兼并、租赁、承包、参股中发生的纠纷案件，保障国有企业顺利完成战略性改组。对涉及国有大中型企业兼并、破产和关闭的案件，要严格按照有关法律、法规、规章、政策和司法解释，妥善处理；对涉及产权变动的企业并购等资产重组案件，要严格依法规范资产评估，既要防止国有资产流失，防止悬空逃废银行债务及国家税款，又要促进企业增资减债和实现资产重组。要依法审理好国有企业在建立和完善现代企业制度中出现的纠纷案件，依法维护企业的经营自主权，维护国家对国有资产的管理。要依法审理好涉及国有企业股权、债权、债务等方面的案件，保障和促进企业增强直接投资、融资力度，维护国有经济的控制力和银行及其他债权人的合法权益。要及时妥善审理劳动争议案件，依法保护劳动者的合法权益，促进劳动制度的改革，同时支持企业加强和改善管理。要运用审判手段及时、公正地排解企业经济交往过程中发生的纠纷，保护参与公平竞争和从事合法经营的企业，维护市场经济秩序和交易安全。要依法审理好涉及国有企业的行政案件，坚决制止各种对企业乱收费、乱罚款、乱摊派以及其他有损企业合法权益的行为，同时支持国家行政机关依法行政。对涉及国有大中型企业重点项目和重点工程建设争议数额大、对生产发展影响大的案件，要快立快审，及时审结。各级法院对于关系企业稳定的民商事案件，要依法及时审理。特别要依法从严制裁借企业改制之机逃废债务的违法行为，保护受害企业的合法权益。

各级法院对于行政机关在整顿和规范市场秩序中依法作出的具体行政行为，要依法予以维持。对于行政机关违法行政侵犯企业经营自主权的具体行政行为，人民法院应当判决予以撤销。对于行政机关不履行法定职责，致使企业合法权益得不到保护，人民法院应当判决行政机关依法履行法定职责。

要抓好涉及企业利益尤其是困难企业利益的执行工作，消除因执行不力而产生的不稳定因素。切实解决企业债务的执行问题，克服地方保护主义，采取有力措施解决异地执行的难题。执行法院既要注意防范因执行不力产生的社会不稳定因素，又要注意防范因乱执行而产生的社会不稳定因素。对于涉及企业稳定的执行案件，应当在依法执行的前提下，讲究执行艺术和执行方法，注意执行工作的法律效果和社会效果的统一。

六、做好群众上访的接待工作，妥善处理群体性上访事件

各级法院要高度重视新形势下的人民内部矛盾问题，把正确处理人民内部矛盾作为维护企业稳定的政治任务切实抓紧抓好。要把信访工作摆到与审判工作同等重要的位置上来抓，精心做好群众来信来访工作，及时化解矛盾。对上访人员尤其是群体上访的企业下岗职工，要进行耐心地教育疏导，认真了解他们的困难，积极帮助解决实际问题，防止矛盾激化。要拓宽渠道，加强横向联系，对于疑难信访案件，要主动与有关部门联系，提出协商、协办意见。要正确引导、依法保障来访人员行使权利，注意做好当事人

息诉服判工作,加强法制宣传和说服教育工作,及时化解当事人的对抗情绪。对于裁判确有错误的案件,要及时立案审查,依法定程序纠正错误,维护当事人的合法权益。对于原裁判正确,当事人无申诉理由却长期"缠诉"的,要在积极争取有关部门支持的基础上,采取有效措施予以解决,维护人民法院的正常工作秩序。

七、结合审判工作,积极参与维护企业和社会稳定的综合治理

各级法院要不断总结涉及企业职工多人利益的案件的审判工作经验,以司法建议等形式就维护企业稳定问题向当地有关部门献计献策。要结合保护合法经营企业和企业职工合法权益的典型案例,采取多种形式大力宣传法律,维护党和政府以及司法机关的权威,使广大群众不断提高运用法律手段维护自身合法权益的意识和能力。

八、加强领导,明确责任,把维护企业和社会稳定的工作落到实处

今年是我国加入世界贸易组织的第一年,党的十六大即将召开,做好各项审判工作,切实维护企业和社会稳定具有特别重要的意义。各级法院领导要切实加强对于维护稳定工作的领导,在已有维护稳定领导小组的基础上,结合审判业务分工,组建得力的办事机构,健全各项制度,明确职责范围,做好落实工作。要结合审判工作和当地实际,定期分析形势,摸清影响和可能影响企业和社会稳定的问题和案件,制订切实可行的对策措施,并抓紧落实到位,确保取得实效。各级法院要坚持重大事项及时逐级报告制度,发现影响企业和社会稳定的苗头和信息,要立即向当地党委报告和有关部门反映。对于审判工作中发生和发现影响稳定的事件,要在迅速采取控制措施的同时,及时逐级上报,不得拖延或者隐瞒。要特别注意防止由于审判工作的失误,致使发生影响企业和社会稳定的重大事件。

各级法院接到本通知后,要结合当地实际,抓紧提出贯彻措施,并将贯彻落实的情况书面报告我院。

最高人民法院
关于进一步加强各项审判工作为整顿和规范市场经济秩序提供有力司法保障的通知

2003年5月6日　　　　　　　　　　　　　　　法〔2003〕57号

各省、自治区、直辖市高级人民法院,解放军军事法院,新疆维吾尔自治区高级人民法院生产建设兵团分院:

根据党中央关于今年的工作部署和十届全国人大一次会议精神,国务院确定将继续大力整顿和规范市场经济秩序作为一项重要工作,并于最近召开了全国整顿和规范市场

经济秩序工作会议,在总结前一阶段工作的基础上,提出了今后五年的工作目标和今年的工作重点。充分发挥审判机关的职能作用,依法严惩严重破坏市场经济秩序的犯罪分子,依法保护公民、法人和其他组织的合法权益,保障各级人民政府及其有关行政执法部门依法行政,为整顿和规范市场经济秩序提供有力的司法保障,是当前和今后一个时期人民法院的一项十分重要的任务。为此,特通知如下:

一、充分认识整顿和规范市场经济秩序的重大意义

整顿和规范市场经济秩序,是建立和完善社会主义市场经济体制的一项重要内容,事关社会主义现代化建设的全局,符合最广大人民的根本利益。2001年4月以来,在全国范围内开展的整顿和规范市场经济秩序工作,已经取得了阶段性成果,经济秩序混乱的状况初步改观,广大人民群众基本上是满意的。两年来,全国各级法院全面加强了各项审判工作,有力地保障和有效地促进了整顿和规范市场经济秩序工作的深入进行。但是,当前市场经济秩序混乱的现象还大量存在,一些深层次矛盾和问题还没有根本解决,继续整顿和规范市场经济秩序的任务仍很艰巨。假冒伪劣、偷税骗汇、商业欺诈、违规失信等经济违法犯罪活动,严重损害人民群众的切身利益,甚至危害到人民群众生命安全,阻碍扩大内需和经济发展,损害我国的国际形象和对外开放,败坏社会信用,毒化社会风气。因此,继续大力整顿规范市场经济秩序,不仅是保证当前经济正常运行、巩固和发展国民经济良好势头的迫切需要,也是建立和完善社会主义市场经济体制、全面推进社会文明进步而采取的重大举措,不仅有重大的经济意义,而且有重大的政治意义。各级法院一定要从贯彻党的十六大精神和"三个代表"重要思想的高度,充分认识整顿和规范市场经济秩序工作的重要性、紧迫性、经常性和长期性,统一思想,加强领导,组织和动员全体法官和其他工作人员,继续发扬不怕疲劳连续作战的传统和作风,以饱满的政治热情和高度的政治责任感,积极投入到整顿和规范市场经济秩序的审判工作中,与有关部门和其他司法机关密切配合,保证起诉到法院的各类案件依法及时审结,保障和促进这项工作的顺利进行。

二、继续依法从严惩处严重破坏市场经济秩序的犯罪

依法严惩各种破坏市场经济秩序的犯罪,是整顿和规范市场经济秩序的一个十分重要的内容,是审判机关应当依法履行的法律职责。在市场经济领域的违法犯罪活动仍然大量存在的情况下,必须进一步加大刑罚打击的力度。只有始终保持高压态势,才能为治本和规范工作创造良好的环境和条件。各级法院要坚定不移地贯彻对严重破坏社会主义经济的犯罪分子依法从严惩处的方针,对起诉到法院的严重破坏市场经济秩序的犯罪案件,严格依照刑法、全国人大常委会有关修改刑法的决定和修正案的规定及最高人民法院的司法解释定罪判刑。今年要重点打击制售假冒伪劣食品、药品、农资犯罪,走私、偷税抗税和骗税犯罪,侵犯知识产权犯罪,非法传销和变相传销犯罪,合同诈骗和金融诈骗犯罪等。各地法院要根据当地的实际,突出打击重点,注重实际效果。要把犯罪数额巨大、情节恶劣、危害严重、群众反映强烈,给国家和人民利益造成重大损失的大案要案作为重中之重,依法抓紧审理,坚决从严判处。当前,要重点打击利用非典型

肺炎防治工作实施破坏市场经济秩序的各种犯罪，对于借机生产、销售伪劣的传染病防治、防护用品，制售假药、劣药以及不符合保障人体健康标准的医疗器械、医用卫生材料，假借防治传染病发布虚假广告推销商品、诈骗财物，借机垄断货源、囤积居奇、哄抬物价，以及其他严重破坏市场经济秩序构成犯罪的，要坚决、及时依照刑法规定定罪处罚。

三、严格依法办案，注意体现政策，确保审判的法律效果和社会效果

各级法院审判破坏市场经济秩序的犯罪案件，一要坚决，二要慎重，务必搞准。首先要严格区分罪与非罪的界限，坚决排除地方和部门保护主义的干扰，既要防止以罚代刑，放纵犯罪，又要防止把一般行政违法行为和民事侵权行为当作犯罪处罚。其次要严格依法办案，切实把好事实证据关、适用法律关和审判程序关，确保案件质量，提高审判效率。再次要严格财产刑的适用和执行，法律规定应当并处罚金或者没收财产的，要坚决判处罚金或者没收财产；法律规定可以并处罚金或者没收财产的，一般也要判处罚金或者没收财产。当前，各级法院应当特别注意采取措施改变目前财产刑的执行不了和执行不力的问题，切实加大财产刑执行力度，最大限度发挥其在惩罚和预防犯罪中的效用。最后要严格贯彻罪刑法定、罪刑相适应的原则和惩办与宽大相结合的刑事政策。罪该从严的要坚决依法从严判处，罪该从宽的也要依法从宽。对于在整顿和规范市场经济秩序中，向司法机关投案自首或者有检举揭发等立功表现，以及具有其他法定从轻、减轻或者免除处罚情节的犯罪分子，应当依法从轻、减轻或者免除处罚，以分化和瓦解犯罪分子。

四、充分发挥民商事审判、行政审判和执行工作在整顿和规范市场经济秩序中的保障作用

人民法院的民商事审判、行政审判和执行工作，依法直接调整经济和社会关系，与整顿和规范市场经济秩序密切相关。要依法及时审理民商案件，通过依法调整公民、法人和其他组织之间的财产、信用和契约关系，制裁侵犯知识产权、欺诈经营和恶意拖欠甚至逃废债务等违法违约行为，有力保障公平竞争和市场秩序，维护公民、法人和其他组织的合法权益和市场交易安全。在民事诉讼过程中发现涉嫌经济犯罪的，要严格按照《最高人民法院关于在审理经济纠纷案件中涉及经济犯罪嫌疑若干问题的规定》办理，及时将犯罪嫌疑线索、材料移送有关公安机关或检察机关查处。在审理行政案件时，要注意支持和保障行政机关依法行使职权，行政机关在整顿和规范市场经济秩序中依法作出的具体行政行为，要依法支持和维护。同时也要注意保护市场主体的合法权益，对公民、法人或者其他组织诉行政机关不履行保护公平竞争法定职责以及要求主管行政机关对制假售假者依法追究法律责任而提起的行政诉讼，人民法院应当及时受理，公正审判。要采取有力措施，切实加强执行工作。已经生效的法院裁判和其他法律文书要坚决依法执行，保证被法律确认的财产权利真正及时落实到权利主体手上，切实维护市场主体的合法权益和市场经济的秩序。

五、结合审判积极参与对市场经济秩序的综合治理

整顿和规范市场经济秩序是一项综合性的系统工程,既要治标,又要治本。人民法院的审判活动在治标和治本上都能发挥重要的作用。各级法院在办案的同时,要注意发现在管理制度和环节上存在漏洞和隐患,及时提出司法建议,提醒和督促有关部门和单位健全制度,加强管理,防止发生犯罪和出现纠纷。要把依法审理整顿和规范市场经济秩序有关案件,与向全社会进行社会主义市场经济法制宣传教育有机结合起来。要注意选择具有教育意义的典型案件到案发当地或者发案单位公开宣判,并通过新闻媒体,采取就案说法等各种形式,广泛宣传法律,教育广大群众,提高全民族运用法律保障和维护自身合法权益的意识和能力。要注意通过审判活动,大力加强依法治国和以德治国的宣传,增强全民法治观念和诚信观念,在全社会形成自觉守法和诚实守信的社会主义商业道德风尚。各级法院要积极配合最高法院搞好大要案件督办和通过中央新闻媒体公布判决结果的工作,对于最高人民法院督办的破坏市场经济秩序大要案件,要严格按照最高人民法院有关通知的要求,加强沟通联络,及时报送信息。案件一旦起诉到法院,即将起诉书层报最高人民法院。案件开庭或者宣判前,要向最高人民法院通报情况,被确定为最高人民法院组织宣传报道的案件,有关法院应当积极做好有关配合工作。各高级法院要进一步加强对辖区内有关督办案件的指导,要掌握审理进度,做到心中有数,确定专门的联络员负责督促和报告,每个月末将案件进展情况及时报最高人民法院。

最高人民法院
关于加大对涉及重大公共安全事故等案件的审判力度全力维护社会稳定的通知

2004年6月4日 　　　　　　　　　　法〔2004〕107号

各省、自治区、直辖市高级人民法院,解放军军事法院,新疆维吾尔自治区高级人民法院生产建设兵团分院:

一段时间以来,各地连续发生一些重大公共安全事故,特别是火灾、公众聚集场所人员死亡、危险化学品泄露、爆炸、道路交通等事故,以及假冒伪劣商品损害人民群众生命健康的案件,给人民群众生命财产安全造成了重大损失,影响了社会秩序。对于已经发生的重大公共安全事故和安全生产工作中存在的隐患,国家有关部门采取积极的应对措施予以处理和防范。一些构成犯罪的案件或者民事、行政案件已诉至人民法院,进入司法程序处理。为切实做好此类案件的审判工作,依法维护公共安全,维护公民、法人和其他组织的合法权益,现就有关问题通知如下:

一、各级人民法院要从维护社会稳定的高度,认识审理好涉及重大公共安全事故等案件的重要性和迫切性。公共安全关系到广大人民群众的根本利益,关系到改革发展稳定的大局。依法保障广大人民群众的生命财产安全,是各级人民法院践行"三个代表"重要思想,落实司法为民要求的重要内容。各级人民法院要充分认识确保社会公共领域安全的严峻性,增强做好这项工作的责任感、紧迫感;充分认识新形势下保障公共安全的长期性、艰巨性和复杂性,牢固树立常抓不懈的思想,进一步加大对相关案件的审理力度,严惩各类危害公共安全、危害人民群众生命健康和财产安全的违法犯罪活动,切实维护社会稳定,依法促进经济社会全面协调发展。

二、深入研究涉及重大公共安全事故案件的法律适用问题,保护人民群众生命健康和财产安全。涉及重大公共安全事故的案件牵涉面广,法律关系复杂,为社会广泛关注。有关人民法院应当依照法律和司法解释的有关规定,抓紧研究相关的法律适用问题,确保案件审判取得法律效果与社会效果的有机统一。特别是对于发生在学校、地铁、商场、工矿企业、建设工地、化学危险品仓库、加油站、餐饮娱乐场所、大型社会活动和人员密集公共场所的安全责任事故案件;生产、销售伪劣商品损害人民群众生命健康和财产安全的案件;在传染病防治工作中发生的案件;违反国家规定,严重扰乱市场经济秩序的案件;以及因相关责任人玩忽职守、失职渎职、责任不落实导致重特大事故构成犯罪的案件,要抓紧制定相应的审判工作预案,坚决依法严惩危害国家和人民利益的犯罪行为,有效遏制此类犯罪案件的发生;及时处理有关损害赔偿的民事责任问题,使受害人及时、有效地得到司法救济。

三、切实抓好大案要案的审判工作,把加强司法审判与加强司法宣传结合起来。对于已经起诉到法院的涉及重大公共安全事故的案件,受案法院要将其作为当前审判工作的一项重点任务,主要领导要切实负起领导责任,抽调精干审判力量,严把案件的事实关、证据关、程序关和适用法律关,保证此类案件的依法及时审结。要精心做好此类案件的开庭审判工作,确保定案事实清楚、证据确实充分、审判程序合法、裁判公正及时。各级人民法院在办理相关案件的过程中,要把加强司法审判与加强司法宣传结合起来,通过公开审判、公开宣判、庭审直播等形式,扩大审判的社会效果,教育、帮助生产单位、有关部门和人民群众增强公共安全意识和生产安全意识,提高安全防范能力,充分发挥审判一案、教育一片的法制宣传作用,以有效地预防和遏制类似案件的发生。

四、加强司法建议工作,促进依法行政和重大公共安全事故应急处理机制的健全。各级人民法院在审判工作中,要注重认真分析此类案件的特点,归纳总结重大公共安全事故发生的原因,查找问题、发现隐患,有针对性地向有关部门提出司法建议,防范和化解各类风险,促进行政机关依法行政,堵塞公共安全管理方面的漏洞,促进经济社会的协调健康发展。

以上通知,请认真遵照执行。对于在审判工作中遇到的新情况,新问题,要积极争取党委、人大和政府的支持,并及时向上级人民法院报告,以确保各项审判职能作用的充分发挥,为全面建设小康社会提供更加有力的司法保障。

最高人民法院
关于加强涉农案件审判工作为农村经济发展提供司法保障的通知

2004年6月28日　　　　　　　　　　法〔2004〕124号

各省、自治区、直辖市高级人民法院，解放军军事法院，新疆维吾尔自治区高级人民法院生产建设兵团分院：

党的十六大以来，党中央从保障国民经济健康持续快速发展，推进全面建设小康社会步伐的战略大局出发，相继制定出台了一系列推动农业发展、维护农村稳定、促进农民增收的重大政策措施。为了充分发挥审判职能作用，依法保护农民的合法权益，促进农业和农村经济结构战略性调整，切实维护农村的社会稳定，现就进一步加强涉农案件审判工作的有关问题通知如下：

一、充分认识加强涉农案件审判工作的重要意义。各级人民法院要采取多种形式，组织审判人员认真学习《中共中央关于完善社会主义市场经济体制若干问题的决定》、《中共中央、国务院关于促进农民增加收入若干政策的意见》等十六大以来的有关文件，深刻领会党中央有关政策的精神实质，充分认识"三农"问题在全面建设小康社会进程中的重要意义；要从贯彻"三个代表"重要思想，落实"司法为民"要求的高度，提高对加强涉农案件审判工作重要性的认识；要在认真调查研究的基础上，结合本地的实际情况，制订切实可行的措施，全面发挥人民法院的各项职能作用，为促进农村经济发展提供有力的司法保障。

二、加大对妨碍农业发展、破坏农村稳定、损害农民合法权益犯罪活动的惩处力度。依法严惩生产、销售伪劣农药、化肥、种子以及其他农用物资等严重侵害农民利益的刑事犯罪，尽最大可能挽回农民的损失，保障农民的合法权益，保证农业生产的顺利进行；对利用职权截留国家财政补贴、农业投入和救济款物、侵占挪用农村集体财产等犯罪，要依法从严惩处；对横行乡里、欺压百姓，带有黑社会性质组织特点的犯罪活动，要坚决依法惩处，维护农村正常的经济和社会生活秩序，保护广大农民的人身权利、民主权利和生命、财产安全。

三、进一步加强对涉民事、行政案件的审判工作。各级人民法院处理各类涉农民事、行政纠纷案件，要坚决贯彻依法保护农民合法权益的指导思想。对各类侵犯土地承包经营权纠纷案件，农民请求赔偿损失的，应当依法予以支持；对因非法截留、扣缴农民承包收益发生的纠纷，农民要求返还承包经营收益的，要依法予以支持；对因承包经营权流转而发生的纠纷，属于违反自愿原则、强迫农民流转承包经营权的合同，应当依法确认无效；对因伪劣农用物资造成损失的损害赔偿纠纷，农民要求赔偿损失的，人民法院应当依法支持；对因农副产品销售而发生的拖欠货款纠纷，农民要求对方支付欠款并承担违约责任以及拖欠农民工工资的案件，要依法及时受理、及时审判。

四、做好涉农案件的执行工作和涉诉信访工作。各级人民法院要认真做好涉农案件的执行工作和涉诉信访工作。对跨辖区的涉农案件，可以委托执行，接受委托的人民法院要积极采取措施执行；对于受地方保护主义影响而难以执行的案件，可指定执行或者提级执行，使胜诉农民的合法权益尽快得以实现。对被执行人为农民的非诉执行案件，要依法严格审查，不符合强制执行法定条件的，应当裁定不予执行；对农村的涉诉信访，要切实贯彻全国法院涉诉信访工作会议的精神，严格依法慎重处理；对案件尚在审理过程中的，应当告知上访人员继续参加诉讼，并督促受案人民法院依法及时审理；对符合再审条件的，应当依法及时启动再审程序；对无理缠诉的上访老户，要在当地党委领导、人大监督和政府的支持、配合下，做好服判息诉工作。

五、充分发挥基层人民法院及其派出人民法庭在审理涉农案件中的重要作用。绝大多数涉农案件发生在基层，基层人民法院及其派出人民法庭要将涉农案件的审判工作列入重要的议事日程，并结合本地实际情况做出统筹安排。在审判涉农案件的过程中，要切实加强诉讼指导和诉讼风险提示工作，帮助农民当事人正确行使诉讼权利；要切实注意加强诉讼调解工作，按照能调则调、该判则判、判调结合的原则，提高调解工作水平，尽量通过耐心细致的思想工作化解纠纷，促使当事人互谅互让，在平等自愿基础上达成调解协议；要充分发挥民事简易程序及时、简便、快捷解决纠纷的功能，以降低诉讼成本，及时保护农民的合法权益；要注意发挥农村基层人民调解组织在调处涉农民事案件中的作用，在加强对基层人民调解组织工作指导的同时，对涉及人民调解协议的涉农民事案件，要按照最高人民法院《关于审理涉及人民调解协议的民事案件的若干规定》，维护该调解协议的效力；对群体性纠纷案件，要积极向党委汇报，在当地党委的领导，人大监督和政府的支持下，妥善做好当事人的思想工作，防止矛盾激化，尽量把矛盾化解在当地、化解在基层。

各级人民法院一定要注意深入调查研究，及时总结审判经验。上级人民法院要加强对下级人民法院涉农案件审判工作的指导。对审判实践中出现的带有普遍性的新情况、新问题，要认真研究，妥善处理，必要时应当逐级层报我院。

最高人民法院
关于充分发挥审判职能作用积极参与整顿和规范市场经济秩序工作的通知

2005年5月14日　　　　　　　　　　　　　　　法〔2005〕58号

各省、自治区、直辖市高级人民法院，解放军军事法院，新疆维吾尔自治区高级人民法院生产建设兵团分院：

3月31日，国务院召开全国整顿和规范市场经济秩序电视电话会议，总结了2004年全国整顿和规范市场经济秩序工作情况，对2005年全国整顿和规范市场经济秩序工作进行了部署，要求突出重点，落实责任，进一步推动整顿和规范市场经济秩序工作深入扎实开展。为充分发挥审判职能作用，配合做好全国整顿和规范市场经济秩序工作，特通知如下：

一、提高思想认识，切实加强组织领导

去年全国整顿和规范市场经济秩序工作，巩固和深化了整规工作的阶段性成果，市场经济秩序继续向好的方向发展。各级人民法院依法严惩各种严重破坏市场经济秩序犯罪活动，有力地打击了违法犯罪分子的嚣张气焰，遏制了违法犯罪行为蔓延的势头，继续为市场经济秩序的根本好转提供有力司法保障。但是，当前整规工作面临的形势和任务依然严峻，市场经济秩序距离人民群众的要求还有很大差距。制售假冒伪劣药品、有毒有害食品的重大案件时有发生，侵权盗版行为仍较严重，各种形式的商业欺诈屡禁不止，涉税犯罪、非法吸收公众存款、证券等金融领域犯罪、非法传销行为在有的地方仍然猖獗。各级人民法院对此必须保持清醒的头脑，始终高度重视整顿和规范市场经济秩序工作，从实践"三个代表"重要思想、落实司法为民要求的高度，以对国家和人民高度负责的态度，增强政治责任感和使命感，制定有效措施，进一步加强整顿和规范市场经济秩序审判工作的组织领导，保证起诉到法院的各类相关案件的质量和效率，密切配合有关部门开展专项整治行动，把保障和促进整顿和规范市场经济秩序工作的顺利进行，作为建立和完善社会主义市场经济体制、构建社会主义和谐社会的一项重要任务，切实抓紧抓好。

二、突出打击重点，继续抓好大要案刑事审判

2005年全国整顿和规范市场经济秩序工作，要继续围绕人民群众反映强烈的突出问题展开，以抓好食品药品安全专项整治，开展保护知识产权和打击商业欺诈专项行动为重点。为此，各级人民法院今年要将生产、销售伪劣食品、药品犯罪、侵犯知识产权

犯罪、虚假广告犯罪、非法行医犯罪、商业欺诈犯罪作为突出的打击重点，坚决、及时依法从严惩处。同时，各地法院要结合本地实际，对起诉到法院的走私、偷骗税、非法传销、非法集资等其他严重破坏市场经济秩序的犯罪案件，继续保持高压态势，依法从严惩处。对于犯罪数额巨大、群众反映强烈，给国家和人民利益造成重大损失的大案要案，高级人民法院要加强督导，一审法院要确保起诉后及时审判，依法应当重判的要坚决重判。要将有国家工作人员参与或者包庇纵容的大案要案作为重中之重，深挖经济犯罪的"后台"和"保护伞"，依法从严惩治腐败犯罪。通过公正高效审判经济犯罪大要案，震慑严重破坏市场经济秩序的违法犯罪分子，推动整顿和规范市场经济秩序工作的深入开展，维护人民群众的合法权益。

三、全面发挥职能作用，有力推进综合整治

各级人民法院在加强刑事审判和加大刑罚打击力度的同时，要注重发挥民商事审判、行政审判和执行工作直接调整经济和社会生活的职能，为整顿和规范市场经济秩序提供全方位的司法保障。通过民商事审判有效调整平等主体之间的财产、信用和契约关系，制裁侵犯知识产权、欺诈经营和恶意拖欠甚至逃废债务等民事违法行为，保障市场经济秩序的有序运转。在民事诉讼过程中发现涉嫌经济犯罪的，要严格按照《最高人民法院关于在审理经济纠纷案件中涉及经济犯罪嫌疑若干问题的规定》办理，及时将犯罪嫌疑线索、材料移送有关公安机关或检察机关查处。通过行政审判依法支持整顿规范市场经济秩序的行政行为，遏制地方保护、地区封锁和部门行业垄断，为整顿和规范市场经济秩序提供有效的法律服务。坚决执行法院生效裁判和其它法律文书，保证被法律确认的财产权利真正及时落实到权利主体手上，切实维护市场主体的合法权益和市场经济秩序。各级人民法院在做好审判工作的同时，对于办案和调研中发现在管理制度和环节上存在的漏洞和隐患，要及时提出司法建议，促使有关部门和发案单位总结教训，建章立制，加强管理，预防犯罪。

四、深入开展调查研究，及时解决法律适用难题

良好的市场经济秩序不仅要靠打击和整顿，更要靠规范和建设。各级人民法院要加强整顿和规范市场经济秩序的调查研究工作，不断总结审判经验，及时研究解决工作中存在的问题，准确把握法律、政策界限，严把案件审理的事实关、证据关、法律适用关和审判程序关，确保办案质量。继续坚决贯彻依法从严惩处方针，严格执行惩办与宽大相结合的刑事政策，以取得良好的法律效果和社会效果。最高人民法院今年已将金融犯罪、侵犯知识产权犯罪的法律适用问题作为重点调研课题，对非法采供血和非法行医有关适用法律的司法解释也在抓紧起草，争取尽快出台。各地人民法院要积极配合、主动开展上述课题的调查研究工作，并对审判实践中遇到的新情况、新问题适时提出对策和建议，从而不断提高整顿和规范市场经济秩序审判工作水平，维护执法的统一性和严肃性。

五、加强公开审判和法制宣传，保持打击声势和力度

近年来，各级人民法院在审理好与整顿和规范市场经济秩序有关案件的同时，注重选择典型案件通过新闻媒体开展法制宣传，实践证明这是震慑犯罪、教育群众、扩大审判效果的有效方式，取得了良好的社会效果。各级人民法院要积极配合抓好食品药品安全专项整治、开展保护知识产权和打击商业欺诈专项行动等三项整规重点工作，围绕打击重点，继续与新闻宣传部门配合做好宣传报道，采取曝光典型案件、揭露犯罪手法、以案释法等多种方式，利用新闻媒体宣告人民法院的严正判决，始终保持对经济犯罪的高压态势，提高公众的诚信意识和法制意识，营造整顿和规范市场经济秩序的良好社会氛围。

最高人民法院
印发《最高人民法院关于人民法院为建设社会主义新农村提供司法保障的意见》的通知

2006 年 8 月 21 日　　　　　　　　　　　　　　法发〔2006〕17 号

全国地方各级人民法院、各级军事法院、各铁路运输中级法院和基层法院、各海事法院，新疆生产建设兵团各级法院：

现将《最高人民法院关于人民法院为建设社会主义新农村提供司法保障的意见》印发给你们，请在审判工作中结合实际执行。各级人民法院要以维护农村社会稳定、促进农村经济发展、维护农民合法权益为目标，依法调整和妥善化解农村经济社会发展过程中出现的各种矛盾纠纷。上级人民法院应当加强对下级人民法院涉农案件审判工作的指导，将其作为一项重要任务，下大力气抓紧抓好，常抓不懈。对带有普遍性的新情况、新问题，要认真研究、妥善处理，必要时应当逐级层报。

附：

最高人民法院
关于人民法院为建设社会主义新农村提供司法保障的意见

为了贯彻落实中共十六届五中全会的战略部署，更好地发挥人民法院审判职能作用，现就进一步做好涉农案件审判工作，为建设社会主义新农村提供强有力的司法保障,提出以下意见。

一、充分认识进一步做好涉农案件审判工作的重要意义

1. 各级人民法院要采取多种形式,组织审判人员和其他工作人员认真学习党的十六大和十六届三中、四中、五中全会文件以及《中共中央国务院关于推进社会主义新农村建设的若干意见》,深刻领会党和国家有关政策措施的丰富内涵和精神实质,充分认识建设社会主义新农村的必要性和紧迫性,以及在我国现代化进程中的重大历史意义。要从贯彻"三个代表"重要思想,树立科学发展观,坚持社会主义法治理念,坚持"公正司法,一心为民"工作指导方针的高度,进一步提高对加强涉农案件审判工作重要性的认识。要结合本地实际情况,制定切实可行的具体措施,为在建设社会主义新农村进程中全面发挥人民法院各项审判职能作用建立制度保障机制。

二、加强涉农案件的立案、审判和执行工作

2. 对符合立案条件的各类涉农纠纷案件,要依法及时立案,尽量做到当日立案,及时移送。切实贯彻落实最高人民法院《关于全面加强人民法庭工作的决定》中有关"人民法庭直接受理案件"的规定,真正从制度和机制上为方便广大农民群众诉讼提供保障。

3. 落实诉讼风险提示工作,加大司法救助力度,对符合缓、减、免交诉讼费用条件并提出相应申请的农民当事人,应当准许其缓、减、免交诉讼费用。

4. 对下列危害农村社会稳定、破坏农业生产、损害农民利益、危害农村民主管理的犯罪,要坚决依法惩处,全力维护农业生产发展和农村社会稳定:

(1) 生产、销售假冒伪劣农药、兽药、化肥、种子等农业生产资料犯罪;

(2) 利用职权截留、挪用、侵占国家涉农财政补贴、农业生产投入、农村社会保障资金、征地补偿资金和用于救灾、抢险、防汛、优抚、扶贫等各项农业救济款物,侵占农村集体和个人财产的犯罪;

(3) 黑社会性质组织犯罪及黑恶势力团伙犯罪;

(4) 非法转让、倒卖土地使用权,非法占用耕地,非法批准征用、占用土地的犯罪;

(5) 利用"六合彩"等方式的赌博犯罪;

(6) 破坏选举犯罪;

(7) 破坏农田水利、电力等生产生活设施的犯罪;

(8) 其他严重危害农业生产、农村社会治安或者侵害农民权益的犯罪。

5. 针对农民当事人的实际情况,切实加强诉讼指导工作,为涉农案件当事人正确行使诉讼权利、合理实施诉讼行为提供帮助。

6. 在审理各类农村土地承包纠纷过程中,严格执行《农村土地承包法》、最高人民法院《关于审理涉及农村土地承包纠纷案件适用法律问题的解释》等相关法律、司法解释的规定,依法维护包括农民工在内的农民各项土地承包经营权益。

7. 案件事实清楚,法律关系明确,农民一方当事人申请财产保全但提供担保确有困难且不采取保全措施可能导致申请人利益受损的,人民法院可以免除申请人的担保义务,裁定采取财产保全措施。

8. 在审理下列民事案件过程中,对符合先予执行法定条件的,人民法院应当及时裁定先予执行:

(1) 因假冒伪劣农用物资造成损失,农民要求赔偿损失的损害赔偿纠纷;

(2) 因拖欠农民当事人农副产品货款产生的支付欠款纠纷;

(3) 拖欠农民工工资或者劳务报酬纠纷以及有财产给付内容的涉及农民工的劳动争议纠纷;

(4) 涉农人身伤害损害赔偿纠纷;

(5) 其他符合先予执行法定条件的情形。

发包人与承包人存在结算争议,但拖欠农民工工资或者劳务报酬的事实清楚,经承包人申请并依法提供担保,人民法院可以就工程款中涉及农民工工资或者劳务报酬部分裁定先予执行。但应采取一定措施确保工资、报酬发放到位。

9. 因农业生产季节性强等特殊情况需要快审、快结的案件,人民法院应当尽快审理,及时裁判。确有必要的,可以裁定先予执行。

10. 依法慎重、妥善处理涉及农村集体土地征用的民事纠纷,切实保障被征地农民的合法权益。对群体性纠纷以及其他涉及面广、影响力大的案件,要做好耐心细致的思想工作,防止矛盾激化,在当地党委领导、人大监督和政府的支持下,力争把矛盾化解在当地、化解在基层。

11. 在审理婚姻家庭、继承、赡养、抚养以及相邻关系等普通涉农民事纠纷过程中,要切实保护妇女、老人和未成年人的合法权益,协调好各种利益关系和社会关系,促进家庭和睦、邻里和谐、乡风文明,弘扬社会主义道德风尚。

12. 在审理各类涉农民事纠纷案件时,应当充分发挥诉讼调解的作用,将诉讼调解贯穿案件审理的全过程。要加大调解力度,按照"能调则调,当判则判,调判结合,案结事了"的原则,努力提高调解工作的效率和水平,尽量促成当事人达成调解,做到消除矛盾、减少对抗、定纷止争,实现法律效果与社会效果的有机统一,避免机械办案。

13. 充分发挥行政审判职能,正确、及时审理行政乱收费乱摊派、土地确权、集体土地征收、土地征收中的房屋拆迁及安置补偿、行政赔偿等涉农行政案件,依法保护行政相对人的合法权益,维护和监督行政机关依法行使行政职权。

14. 认真做好涉农案件的执行工作,保障胜诉农民的合法权益尽快得以实现。农民当事人申请执行的,不预收申请执行费用,该笔费用在执行财产清偿债务后予以扣取。被执行人也是农民当事人且经济困难的,人民法院可以根据其申请适当减免。

15. 要加强和充实涉农案件的审判力量,指定业务水平高、经验丰富、责任心强的审判人员负责审理涉农案件,必要时可以设立专门合议庭或配备专门人员审理该类案件。

三、加强涉农案件的审判监督和涉诉信访工作

16. 对案件尚在审理过程中的上访人员,应当告知其继续参加诉讼,并督促相关人

民法院依法及时审判。

17. 对符合法定再审条件的申诉或当事人申请再审案件，要依法及时启动再审程序。进入再审程序后，应当依法及时审结。

18. 上访老户无理缠诉的，要在当地党委领导、人大监督和政府、村民自治组织的支持、配合下，做好服判息诉工作。

四、继续发挥基层人民法院及其派出人民法庭的重要作用

19. 充分发挥民事简易程序及时、简便、快捷的制度功能，提高审判效率，降低当事人的诉讼成本，最大限度保护当事人的合法权益。

20. 按照最高人民法院《关于全面加强人民法庭工作的决定》要求，尽快完成人民法庭的各项建设任务，为人民法庭工作面向农村、面向基层、面向群众奠定坚实基础。

21. 高度重视深入实际、深入基层、深入群众的现实意义，与时俱进地发扬和丰富"马锡五审判方式"的便民精神。大力加强巡回审判工作，特别是对交通不便的地方，以及农忙时节，要尽量下到当地，就地办案，力争起到审理一案、教育一片的效果。

五、加强对人民调解组织的指导和支持

22. 大力支持人民调解工作，切实加强和改进对农村基层人民调解组织的工作指导，提高指导水平，并积极探索委托人民调解的有效途径。密切协助和配合司法行政机关，因地制宜采取多种形式加强对人民调解员的业务培训工作和送法下乡等法制宣传教育工作。

23. 根据当地具体情况，可以安排人民调解员参加庭审前的辅助性工作，也可以通过规定程序任命有经验的人民调解员担任人民陪审员。

24. 对涉及人民调解协议的涉农民事案件，应当严格按照最高人民法院《关于审理涉及人民调解协议的民事案件的若干规定》，确认该调解协议的效力。

25. 密切配合有关部门，拓宽涉农民事纠纷解决途径，探索和建立多元化的文明、和谐的替代性纠纷解决机制。

最高人民法院
印发《最高人民法院关于为构建社会主义和谐社会提供司法保障的若干意见》的通知

2007年1月15日　　　　　　　　　　　　　法发〔2007〕2号

全国地方各级人民法院、各级军事法院、各铁路运输中级法院和基层法院、各海事法院，新疆生产建设兵团各级法院：

在全面建设小康社会、构建社会主义和谐社会的进程中，人民法院肩负着重大的历史使命。为了更好地贯彻党中央的战略部署，充分发挥人民法院的职能作用，为构建社会主义和谐社会提供有力的司法保障，最高人民法院制定了《最高人民法院关于为构建社会主义和谐社会提供司法保障的若干意见》，现印发给你们，请在审判工作中结合实际，认真贯彻执行。

附：

最高人民法院
关于为构建社会主义和谐社会
提供司法保障的若干意见

党的十六届六中全会作出了《关于构建社会主义和谐社会若干重大问题的决定》，这是以胡锦涛同志为总书记的党中央，为全面建设小康社会、加快推进社会主义现代化事业作出的重大战略部署。为了更好地贯彻落实决定，充分发挥人民法院的职能作用，为构建社会主义和谐社会提供有力的司法保障，特提出如下意见。

一、为构建社会主义和谐社会提供司法保障是人民法院的重大历史使命

1. 社会主义和谐社会是民主法治、公平正义、诚信友爱、充满活力、安定有序、人与自然和谐相处的社会。和谐社会的这些基本特征与人民法院工作密切相关。人民法院的根本职责就是化解社会矛盾，维护社会稳定，保障经济发展，促进社会和谐，实现公平正义。人民法院既是和谐社会的建设力量，更是和谐社会的保障力量，在构建社会主义和谐社会的进程中肩负着重大历史使命。

2. 构建社会主义和谐社会的战略部署，给人民法院提出了更高更新的要求，增加了更多更难的任务，赋予了更大更重的责任。由于社会深刻变化，大量尖锐、复杂的社会矛盾衍生为刑事犯罪、民事纠纷和行政争议进入司法领域，大量改革过程中触及的深层次矛盾和问题需要通过司法程序来解决。人民法院为和谐社会提供司法保障的过程，就是不断发挥职能作用，化解矛盾，促进和谐的过程。人民法院要完成所肩负的重任，就必须转变思想观念，提高工作标准，着眼于社会和谐，致力于社会和谐，把为和谐社会提供司法保障作为人民法院的长期历史任务和面临的重大现实课题抓紧抓好。

二、指导思想、目标任务和基本原则

3. 为构建社会主义和谐社会提供司法保障，必须坚持以邓小平理论和"三个代表"重要思想为指导，全面落实科学发展观，坚持"公正司法，一心为民"指导方针和"公正与效率"工作主题，以化解社会矛盾为切入点，以确保社会稳定为着力点，以维护群众利益为出发点，以维护司法公正为立足点，加强司法保障，通过依法充分有效地发挥职能作用，最大限度地增加和谐因素，最大限度地减少不和谐因素，努力为社会主义和谐社会提供安定有序的社会环境和公正高效权威的法治环境。

4. 为构建社会主义和谐社会提供司法保障的主要目标和任务是：到二〇二〇年，社会主义审判制度和工作机制更加完善，司法活动更加公正高效权威；维护公平正义和促进社会经济协调发展的司法功能更加健全；化解社会矛盾的司法手段更加多样，司法方式更加便捷；司法对人权的保护更加充分，人民群众的诉讼权利得到切实尊重和保障；司法的公开性和透明度明显增强，司法民主建设基本到位；法官队伍素质显著提高，法官职业化基本实现；保障能力和水平显著增强，和谐社会的司法需求得到进一步满足。

5. 为构建社会主义和谐社会提供司法保障，必须坚持以下原则：一是坚持公正司法。始终把公正司法作为人民法院一切工作的灵魂和生命，作为提供保障的根本任务，坚持审判独立和中立，坚持平等保护，通过依法公正高效权威的司法，最大限度地维护和实现社会公平正义。二是坚持一心为民。始终把维护最广大人民的根本利益作为人民法院一切工作的出发点和落脚点，作为提供保障的根本内容，按照司法为民的要求，妥善处理好涉及人民群众最关心、最直接、最现实的利益问题。三是坚持服务大局。始终把维护改革发展稳定大局作为人民法院一切工作的中心任务，作为提供保障的根本途径，充分发挥职能作用，创造良好的法治环境。四是坚持党的领导。始终把党的领导作为人民法院一切工作的政治要求，作为提供保障的根本保证，自觉接受人大及其常委会的监督，保持法院队伍永远忠于党、忠于国家、忠于人民、忠于法律的政治本色。

三、化解社会矛盾，促进社会和谐

6. 正确处理婚姻家庭案件和社区邻里纠纷案件，促进婚姻家庭和社区邻里关系和谐。在处理婚姻家庭纠纷案件时，倡导婚姻自由、男女平等、尊老爱幼、相互扶助的传统美德，依法制裁家庭暴力，遗弃、虐待老人和儿童，不尽赡养、抚养义务等违法行为。在处理社区邻里纠纷时，倡导互相尊重、相互帮扶、爱护环境、举止文明的道德风尚，依法制裁破坏环境、损坏公物等违法行为。

7. 妥善审理涉农案件，维护农村社会和谐。加强涉农案件的立案、审判和执行工作,进一步方便农民群众诉讼;依法审理各类农村土地承包纠纷案件,维护农民的各项土地承包经营权益;依法审理乱收费、乱摊派、土地征收、安置补偿等涉农行政案件,保护农民群众的合法权益;依法惩处生产、销售假冒伪劣农药、兽药、化肥、种子等坑害农民利益的犯罪以及破坏选举等危害农村民主管理的犯罪,维护农村正常的经济和社会生活秩序。

8. 妥善审理劳动争议案件,维护劳动关系和谐。积极受理企业拖欠、克扣工资等侵犯劳动者合法权益的案件,规范企业的用工行为,促进劳动力市场的发育和完善。加强对进城务工人员合法权益的保护,确保他们及时获得应有的劳动报酬。

9. 妥善审理行政案件和国家赔偿案件,促进行政机关、司法机关与公民、法人和其他组织关系和谐。充分发挥行政诉讼在化解行政争议中的重要作用,坚持依法受理行政案件,畅通救济渠道,引导当事人通过法定的诉讼程序表达诉求,防止矛盾激化;依法审理群体性行政案件,妥善协调好行政主体与行政相对人的关系,支持和保障行政机关依法行使职权,保护公民、法人和其他组织的合法权益。依法审理国家赔偿案件,对受到国家机关违法侵害的公民给予救济和补偿,监督和促进国家机关依法行使职权。

10. 妥善审理环境侵权案件,促进人与自然和谐。加大涉及资源、环境方面纠纷案件的审理力度,依法严厉惩处重大环境污染事故、非法采矿、盗伐林木、非法占用农用地、非法捕猎等污染环境、破坏资源的违法犯罪行为,推动社会循环经济体系、资源开发利用补偿机制和生态环境恢复补偿机制的建立和完善。

四、调节经济关系,保障社会发展

11. 妥善审理涉及国有企业改革的案件,促进基本经济制度完善。审慎处理国有企业改制过程中发生的民事纠纷,保护债权人和企业职工的合法权益;妥善审理国有企业破产案件,减少破产费用,降低破产成本,积极清收破产企业的债权,提高债权清偿率;积极预防和妥善处置因企业破产引发的群体性事件,做到慎重立案,精心审理,稳妥执行,维护企业和社会稳定。

12. 妥善审理金融纠纷案件,保障金融安全。严格金融机构破产案件的受理条件,保证金融机构破产程序与行政撤销、关闭、整顿程序的有效衔接;慎重处理不良金融债权处置案件,保证不良债权处置交易的安全和顺畅,加强对不良债权转让合同的效力审查,防止国有资产的流失。

13. 妥善审理商事纠纷案件,促进社会诚信体系建立。加强合同纠纷案件的审理,坚持契约自由、诚实信用原则,鼓励诚信交易,制裁违约侵权行为,保障交易安全;加强涉及资本市场纠纷案件的审理,建立和完善证券侵权民事责任制度,依法保护投资者特别是中小投资者的合法权益,规范证券市场秩序,保障证券市场的平稳运行。

14. 妥善审理知识产权纠纷案件,保障全社会的创造活力和创新能力。加大科技成果权和著作权的保护力度,制止盗版、侵犯专利权等侵权行为,激励创新,促进科学技术和文学艺术的繁荣,推动知识经济的快速发展;依法制止侵犯注册商标专用权和不正当竞争行为,促进品牌创新,维护商业道德,引导建立公平有序的市场竞争秩序;依法受理涉及网络的知识产权纠纷案件,加强网络环境下的知识产权保护;依法加强对侵犯知识产权行为的刑事处罚和民事制裁,最大限度地保护权利人的合法权益。

15. 妥善审理涉外涉港澳台案件和海事海商案件,提高中国司法的国际公信力。坚持平等保护、法制统一、审判独立和透明度原则,正确行使司法管辖权,准确适用中国法、外国法、国际公约和国际惯例,平等保护中外当事人的合法权益;加强对涉外商事海事仲裁的司法监督,依法促进仲裁事业的健康发展。

五、坚持宽严相济,确保社会稳定

16. 依法严厉打击严重刑事犯罪,维护国家安全和社会稳定。依法严惩危害国家安全犯罪、恐怖犯罪和黑社会性质组织犯罪;依法严惩爆炸、杀人、抢劫、绑架等严重危害社会治安、严重影响群众安全的犯罪,抢夺、盗窃等多发性侵犯财产犯罪,毒品犯罪,拐卖妇女儿童犯罪,依法惩治生产活动中的重大责任犯罪,保障社会安定和人民群众安居乐业;依法打击制售假冒伪劣商品犯罪,保护人民群众生命健康;依法惩治走私、金融诈骗、洗钱、非法吸收公众存款、伪造货币、骗取进出口退税、虚开增值税专用发票、偷税抗税等犯罪,维护社会主义市场经济秩序;依法从严惩处贪污、贿赂、渎职等职务犯罪,依法惩治商业贿赂犯罪,促进反腐败斗争深入开展。

17. 加强刑事司法领域的人权保障。依法尊重被告人的人格尊严,保障被告人依法享有的诉讼权利,充分听取被告人及其辩护人的意见,保证被告人受到合法、公正、文明的审判;坚持实体处理的正确性与诉讼程序的正当性的统一,既坚持重证据、不轻信口供原则,切实做到认定案件事实清楚、证据确实充分,又坚持罪刑法定和罪刑相适应原则,切实做到定罪准确,量刑适当,确保无罪的人不受刑事追究。

18. 当宽则宽,最大限度地减少社会对立面。重视依法适用非监禁刑罚,对轻微犯罪等,主观恶性、人身危险性不大,有悔改表现,被告人认罪悔罪取得被害人谅解的,尽可能地给他们改过自新的机会,依法从轻、减轻处罚,对具备条件的依法适用缓刑、管制、单处罚金等非监禁刑罚,并配合做好社区矫正工作;重视运用非刑罚处罚方式,对于犯罪情节轻微,不需要判处刑罚的,予以训诫或者具结悔过、赔礼道歉、赔偿损失,或者建议由主管部门予以行政处罚或行政处分。严格执行"保留死刑、严格控制死刑"的政策,对于具有法定从轻、减轻情节的,依法从轻或者减轻处罚,一般不判处死刑立即执行;对于因婚姻家庭、邻里纠纷等民间矛盾激化引发的案件,因被害方的过错行为引发的案件,案发后真诚悔罪并积极赔偿被害人损失的案件,应慎用死刑立即执行。

19. 积极参与社会治安综合治理。对构成犯罪的未成年人,坚持教育、感化、挽救的方针,寓教于审,惩教结合,争取更好的矫治效果,有效防止重新犯罪,促使其早日回归社会;严格依法办理减刑、假释案件,根据犯罪分子的犯罪情况和悔罪表现确实不致再危害社会的,可以适当扩大假释的适用,促进罪犯的改造与自新;针对审判中发现的治安隐患和管理漏洞,积极提出司法建议;结合审判工作,开展法制宣传教育活动,全面提高全社会的法治意识。

六、加强制度建设,完善保障机制

20. 强化诉讼调解,完善多元化纠纷解决机制。坚持"能调则调、当判则判、调判结合、案结事了"原则,加大通过调解方式解决纠纷的比重,引导当事人在自愿互让的基础上,达成协议,减少当事人之间的对抗;拓宽诉讼调解的适用范围,尝试刑事自诉案件和其他轻微刑事案件调解解决的新模式,加大刑事附带民事案件调解力度,探索行政诉讼和解制度,推行执行中的和解;加强对人民调解委员会的指导,支持人民调解委员会在调解纠纷、化解矛盾中发挥重要作用。

21. 完善司法救助制度,彰显司法人文关怀。充分关注贫困群众的司法需求,完善对经济困难的当事人缓、减、免交诉讼费的具体条件与标准,对追索抚养费、赡养费、人身伤害赔偿金、劳动报酬且经济上确有困难的当事人,以及农民工、下岗职工、孤寡老人、残疾人等特殊困难群体,积极采取缓、减、免交诉讼费的措施,确保符合救助条件的当事人打得起官司;研究建立刑事被害人国家救助制度;对于被告人是盲、聋、哑人或者限制行为能力的人,开庭审理时不满18周岁的未成年人,可能被判处死刑的人,没有委托辩护人的,人民法院应为其指定辩护人。

22. 健全巡回审判,落实当事人权利义务告知制度,方便群众诉讼。巩固和完善人民法庭直接立案的工作机制;根据当地人口分布和案件数量,在人民法庭所在地之外设立固定的巡回审理点,派人定期到巡回审理点审理案件;在农村地区实行流动办案,就地立案、就地审理、即时调解、适时宣判;采取灵活多样的形式,解决民间纠纷,把矛盾化解在基层。落实当事人权利义务告知制度,加强对贫困群众或文化水平较低当事人的口头告知,防止告知过程中的"形式主义"和"表面文章"。

23. 扩大简易程序适用范围,提高司法效率。进一步规范简易程序的适用,实现案件的繁简分流;研究和探索速裁程序制度、诉辩交易制度,尝试小额诉讼案件的快速处理机制。

24. 完善执行工作机制,加强和改进执行工作。建立统一管理、统一协调、高效运行的执行工作机制,抵制地方保护主义和部门保护主义的干扰;推行执行公开,拓展执行方法,完善执行措施,最大限度实现胜诉当事人的权益;加强国家执行威慑机制建设,促使当事人自动履行生效裁判;建立特困群众执行救助基金,为他们实现债权提供便利和帮助;科学界定执行权界限,规范执行行为,加强执行管理,切实做到依法执行,文明执行。

25. 加强司法民主建设,增加司法透明度。健全公开审判制度,做到立案公开、庭审公开、裁判结果公开、执行过程公开;自觉接受社会监督,定期邀请人大代表、政协委员旁听庭审,认真听取他们的意见和建议;完善人民陪审员制度,发挥人民陪审员在司法调解和判决中的作用;尊重律师在诉讼中的地位,确保律师在阅卷、庭审过程中的正当权利。

26. 健全涉诉信访工作机制,完善申诉与申请再审制度。建立全国法院涉诉信访案件处理的统一协调机制和信息管理系统,明确上下级法院之间接待处理涉诉信访的分工与职责,防止互相推诿或重复审查;推行再审审查听证制度,增加申诉和申请再审审查的透明度，提高申诉复查效率；引导当事人审慎行使申诉和申请再审权利，依法表达诉求；通过明确的程序安排，规范申诉和申请再审的审查行为；对符合再审条件的坚决依法再审，确保申请再审案件及时公正处理。

七、加强队伍建设，提高保障能力

27. 加强领导班子建设。把政治立场坚定、熟悉法律业务、清正廉洁、符合法官法规定条件的人才选拔到人民法院的领导岗位；建立符合审判规律的领导机制和工作机制，实现审判职责与行政管理职责的有机平衡；不断提高领导干部的领导水平和司法能力，做到能审判，善协调，会管理；做好领导班子后备干部人选的培养选拔工作，形成更加合理的后备干部队伍。

28. 加快法官队伍职业化建设。严格法官职业准入，提高法官遴选质量，积极推行上级法院法官从下级法院优秀法官中选拔的制度；强化法官职业意识，坚持用邓小平理论和"三个代表"重要思想为指导，以科学发展观为统领，牢固树立正确的人生观、世界观和价值观；提高法官职业技能，不断提高法官驾驭审判活动的水平、司法保障的能力；树立法官职业形象，努力加强法官作风建设，不断培养法官的职业素质；加强法官职业保障，推动适合法官职业特点的任用、晋升、奖励、抚恤、医疗保障和工资、福利、津贴制度的建立和完善。

29. 加强基层基础工作。落实从优待基层、从优待一线的政策，在人财物方面，向基层人民法院包括人民法庭倾斜，向中西部地区倾斜；采取有效措施逐步解决法官编制不足问题；结合国家司法考试制度改革，推进法院人员分类管理，缓解因西部地区法官"断层"而形成的队伍压力；重点加强对基层人民法院尤其是西部基层人民法院院长和法官的培训；配合财政部门制定和完善基层人民法院公用经费保障标准，积极争取中央和省级财政加大对贫困地区法院经费转移支付的力度，抓紧完成中西部地区人民法庭建设的任务。

30. 加强司法廉政建设。依法接受人大及其常委会的工作监督，人民检察院的法律监督和社会各界的民主监督；建立科学的内部权力运行机制，充分发挥诉讼体制自身的监督制约作用；健全完善"不愿为"的自律机制、"不敢为"的惩戒机制、"不能为"的防范机制、"不必为"的保障机制；重点查处利用审判权、执行权贪赃枉法的人和事，坚决清除法官队伍中的害群之马，维护司法廉洁。

八、紧紧依靠党的领导，确保人民法院工作的正确方向

31. 进一步增强自觉接受和依靠党的领导的观念，始终在政治上、思想上、行动上与党中央保持高度一致，自觉维护中央权威，确保中央政令在人民法院的畅通；坚持党的领导与依法行使职权的统一，坚持执行党的政策与执行法律的统一，确保人民法院工作始终沿着正确的政治方向前进。

为构建社会主义和谐社会提供司法保障，人民法院任重道远。我们要不辱使命，扎实工作，求真务实，开拓创新，为构建社会主义和谐社会而努力奋斗。

最高人民法院
关于进一步加强司法建议工作为构建社会主义和谐社会提供司法服务的通知

2007年3月1日　　　　　　　　　　　　　法发〔2007〕10号

全国地方各级人民法院、各级军事法院、各铁路运输中级法院和基层法院、各海事法院，新疆生产建设兵团各级法院：

近年来，全国各级人民法院坚持以科学发展观为指导，践行"公正司法，一心为民"的工作方针，努力为党和国家的工作大局服务，充分发挥人民法院在构建和谐社会中的职能作用，坚持审判的法律效果与社会效果相统一，积极就审判工作中发现的问题向有关单位提出司法建议。实践表明，司法建议作为化解矛盾纠纷、提高社会管理水平的司法服务手段，是人民法院审判职能的延伸，对于促进社会安定与和谐，增强全社会法律意识，建设法治社会，发挥了重要作用。但是，也应当看到，目前司法建议工作在各地法院开展得并不平衡，还存在一些问题。有些法院对司法建议工作认识不到位，工作开展不积极；有的司法建议格式不够规范，内容不够全面；有缺乏跟踪和督促，司法建议落不到实处，影响了司法建议作用的充分发挥。为进一步加强人民法院司法建议工作，努力为构建社会主义和谐社会提供优质司法服务，特作如下通知：

一、加强学习，充分认识司法建议工作在构建社会主义和谐社会中的重要作用

党的十六届六中全会明确提出构建社会主义和谐社会是新时期的一项重大战略任务。人民法院作为国家审判机关，应当努力为此提供司法保障和司法服务，积极开展司法建议工作就是其中的一项重要内容。各级人民法院在审判活动中，发现有关单位在工作方法、管理体制、规章制度等方面存在重大问题，及时提出司法建议，有利于促进机关单位加强管理、堵塞漏洞、防范再犯、改进工作；有利于延伸司法审判职能，实现审判的法律效果与社会效果的统一；有利于维护社会稳定，促进和谐发展。各级人民法院应当进一步提高认识，高度重视这项工作。

二、注意规范，保证司法建议的质量和效果

（一）规范司法建议的程序，保证司法建议的严肃性

各级人民法院在审判工作中发现普遍性或需要提请注意的问题，应当及时向有关单位提出司法建议，不能一判了之。做好司法建议工作，要注意提出建议的程序，保证及时、准确、合法。司法建议一般应由审判庭或有关职能部门提出，报院长或者分管副院长批准同意后，向有关单位送达。必要时，可抄送有关单位的主管部门或上级领导

机关。

(二) 规范司法建议的内容,保证司法建议的针对性

要认真组织和撰写司法建议的内容,注意发现深层次存在的问题,结合审判案件的具体情况,有针对性地提出意见和建议。对发现的问题要认真研究,叙述清楚,分析产生问题的原因;要根据相关法律法规和政策依据,充分阐明提出建议的理由和根据。同时注意措词得当、方法适当、切实可行,易被有关部门或人员采纳。

(三) 规范司法建议的格式,保证司法建议的规范性

制作司法建议,要注意司法建议文书的格式规范。最高人民法院曾司法建议文书颁布过相关样式,规定了制作的格式规范和具体要求。各级人民法院在制作司法建议过程中,要严格按照有关样式的要求进行,避免随意性和简单化,切实把司法建议文书制作成严谨、规范的法律文书。

(四) 规范司法建议的督促落实,保证司法建议的实效性

做好司法建议工作,要注意抓好对建议的督促落实,跟踪了解建议的效果,提高工作的实效性。司法建议的承办人员,要及时了解相关单位对建议的采纳、落实情况,必要时可以要求有关单位对处理结果予以反馈。对未引起重视的,要采取适当方式加以督促,也可以向其主管部门或上级领导机关提出意见,力求将建议事项落到实处。

三、完善机制,实现司法建议工作的制度化

各级人民法院要高度重视司法建议工作,把司法建议工作作为人民法院的一项重要任务,切实抓紧抓好。要进一步完善机制,逐步实现工作的制度化和规范化,建立起司法建议工作的长效机制。要通过多种渠道和形式加强对司法建议工作的宣传,取得全社会的理解和支持,扩大司法建议工作的社会效果。对于工作中遇到的困难和问题,要认真研究解决的途径和方法,及时向上级人民法院报告。要建立健全监督考核机制,将司法建议工作的开展情况作为一项重要内容,纳入年度工作考核体系。对开展司法建议工作突出的有关单位和个人,要给予表彰和奖励。

最高人民法院
关于依法做好抗震救灾期间审判工作切实维护灾区社会稳定的通知

2008年5月26日　　　　　　　　　　　　　　法〔2008〕152号

各省、自治区、直辖市高级人民法院,解放军军事法院,新疆维吾尔自治区高级人民法院生产建设兵团分院:

四川汶川发生特大地震灾害后,在党中央和国务院的坚强领导和周密部署下,抗震

救灾取得阶段性成果，灾后重建工作有序展开。当前，抗震救灾工作正处于关键时刻，全国各级人民法院要坚持在党的领导下，充分发挥人民法院的审判职能作用，立足于维护社会稳定，化解矛盾，促进和谐，为抗震救灾和灾后重建工作提供有力的司法保障，为夺取抗震救灾全面胜利，确保灾后重建工作顺利进行做出新的更大的贡献。为做好当前的审判工作，切实维护灾区社会稳定，现将有关事项通知如下：

一、各级人民法院要深刻领会党中央、国务院关于继续做好抗震救灾工作的一系列部署和胡锦涛总书记的重要指示精神，认真贯彻落实中央政法委员会关于全力以赴做好抗震救灾和社会稳定工作的具体要求，继续把抗震救灾作为当前最重要最紧迫的任务。对于涉及四川汶川特大地震灾害案件的审判和执行工作，应从大局出发，有利于维护社会稳定，有利于维护最广大人民的根本利益，有利于巩固抗震救灾的成果和灾后重建工作的顺利进行。要认真学习和准确适用《防震减灾法》、《突发事件应对法》等处理涉灾案件的相关法律、行政法规和司法解释，要结合当前抗震救灾工作的实际，加强统筹协调，为抗震救灾和灾后重建提供有力的司法保障，切实维护灾区治安秩序，增强灾区群众的安全感。

二、依法严惩危害抗震救灾和灾后重建的各种犯罪活动，坚决维护灾区社会稳定。人民法院要认真落实党中央、国务院关于维护灾区稳定、保障灾区人民群众生命财产安全的各项指示精神，严厉打击故意破坏灾区稳定、损害抗震救灾成果、不利于灾后重建工作顺利进行、影响灾区人民群众重建家园信心和决心的违法犯罪行为。严格贯彻宽严相济的刑事政策，注意区分性质不同的违法犯罪行为，彰显司法权威，以人民群众看得见、感受得到的方式为灾区的生产生活提供有力的司法保障。

对抗震救灾和灾后重建期间发生的以下犯罪行为应依法从重处罚：

（一）盗窃、抢夺、抢劫、故意毁坏用于抗震救灾的物资、设备设施，以及以赈灾募捐名义进行诈骗、敛取钱财，拐卖灾区孤残儿童、妇女等犯罪行为。

（二）为牟取暴利，囤积居奇、哄抬物价、非法经营、强迫交易等严重扰乱灾区市场秩序，影响灾区人民群众正常生产生活的犯罪行为。

（三）故意编造、传播、散布不利于灾区稳定的虚假、恐怖信息，严重影响抗震救灾和灾后重建工作开展的妨害公务、聚众扰乱社会秩序、公共场所秩序、交通秩序、聚众冲击国家机关等犯罪行为。

（四）在灾区生产、销售或者以赈灾名义故意向灾区提供伪劣产品、有毒有害食品、假药劣药等犯罪行为。

（五）国家工作人员贪污、挪用抗震救灾款物、滥用职权或玩忽职守危害抗震救灾和灾后重建工作顺利进行，严重损害党和国家形象的犯罪行为。

（六）破坏电力、交通、通讯等公共设施的犯罪行为。

（七）妨害传染病防治等危害公共卫生的犯罪行为。

坚持特殊时期、特殊案件、特殊办理的方针，对那些严重危害抗震救灾和灾后重建工作进行的犯罪行为，要在法定期限内快审、快判，力争在最短的时间内使灾区人民群众感受到人民法院维护灾区稳定和打击犯罪的决心与力度，震慑潜在的犯罪分子，预防其他犯罪的发生。

三、各级人民法院特别是灾区人民法院要坚持在党委、政府的统一领导下，及时化解抗震救灾和灾后重建过程中的各种矛盾纠纷，鼓励、支持人民调解等组织化解纠纷，积极支持行政机关运用行政手段解决纠纷。对于起诉到人民法院的民事等案件，要区分不同情况办理：对于涉及灾区群众基本生活保障、恢复生活生产的案件，要依法快立、快审、快执；对于可能影响抗震救灾和灾后重建工作顺利进行、群体性以及社会比较敏感的案件，要积极与有关部门进行协调，慎重审查立案。在审理过程中，特别要注意进行诉前调解，多做当事人的调解、协调工作，尽可能通过调解或者和解撤诉的方式化解纠纷，切实做到"案结事了"。在审判和执行过程中，要特别注意保护灾区的未成年人、孤寡老人、因地震伤残人员的合法民事权益。要积极主动地推出便民利民措施，加大司法救助的力度，扩大对地震灾区群众司法救助范围，建立抗震救灾司法救助绿色通道，简化受理手续，努力做到应助尽助。

四、对于有的灾区人民法院审判人员一时不能补充到位的，高级人民法院要统一协调，根据诉讼法的有关规定，加大移送管辖、指定管辖、提级管辖的力度，将灾区人民法院已经受理或者有待受理的适合交由其他人民法院管辖的案件，移交或指定其他人民法院管辖，或者由上级人民法院直接提审、执行。

五、各级人民法院在抗震救灾期间，要结合相关案件的审判工作，加强法制宣传，耐心做好灾区群众特别是遇难者家属的心理安抚、思想疏导工作，协助安置好灾区群众。要努力扩大审判的社会效果，为抗震救灾和灾后重建工作营造良好的法制氛围。要与有关部门一起全面排查、及时化解灾后重建过程中的矛盾纠纷。

各高级人民法院，特别是灾情比较严重地区的高级人民法院，要加强对有关案件审判、执行工作的调研。受理或者审判的重要、敏感案件及相关情况、问题，应当及时报告最高人民法院。

最高人民法院
印发《关于为推进农村改革发展提供司法保障和法律服务的若干意见》的通知

2008年12月3日　　　　　　　　　　　　　　法发〔2008〕36号

各省、自治区、直辖市高级人民法院，解放军军事法院，新疆维吾尔自治区高级人民法院生产建设兵团分院：

现将最高人民法院《关于为推进农村改革发展提供司法保障和法律服务的若干意见》印发给你们，请认真贯彻执行。

附:

最高人民法院
关于为推进农村改革发展提供司法保障和法律服务的若干意见

党的十七届三中全会作出了《中共中央关于推进农村改革发展若干重大问题的决定》(以下简称《决定》)。为了贯彻落实十七届三中全会的战略部署,更加充分地发挥人民法院审判职能作用,为推进农村改革发展提供强有力的司法保障和法律服务,现提出以下意见。

一、深刻认识贯彻落实十七届三中全会精神的重要意义

(一)十七届三中全会精神是党的农村政策的理论创新和制度创新

党的十七届三中全会深刻总结了30年农村改革发展的伟大实践和基本经验,深入分析了当前农村改革发展面临的矛盾和问题,从加强农村制度建设、积极发展现代农业、加快发展农村公共事业三个方面全面部署了新形势下推进农村改革发展的主要任务。《决定》适应农村改革发展的新形势,顺应各族人民特别是亿万农民过上美好新生活的新期待,在认识上有新突破,在理论上有新发展,在政策上有新举措,具有很强的战略性、指导性、针对性,是今后一个时期推动农村改革发展的行动纲领。农村改革发展的新形势对人民法院工作提出了新目标、新任务、新要求。各级人民法院一定要站在政治和全局的高度,深刻领会全会精神,认真抓好贯彻落实。

(二)贯彻落实十七届三中全会精神是人民法院深入学习实践科学发展观的重要体现

推进农村改革发展事关我国经济社会全面协调可持续发展的全局。将人民法院工作置于党和国家工作大局,为推进农村改革发展提供强有力的司法保障和法律服务,是当前乃至今后人民法院深入学习实践科学发展观活动的重要内容,也是人民法院工作实现科学发展的重要契机。各级人民法院应当以高度的政治责任感和使命感,将贯彻落实十七届三中全会精神,作为实现人民法院工作科学发展的重要结合点,改进人民法院工作的着力点。要把为推进农村改革发展提供司法保障与深入学习实践科学发展观活动紧密联系起来,让全社会切实感受到人民法院学习实践活动所取得的丰硕成果。要紧紧抓住这条主线,认真提升司法工作能力,积极主动地开展司法服务,在实现人民法院工作科学发展的同时,努力为农村改革发展提供强有力的司法保障和法律服务。

二、充分发挥审判职能,确保农村改革创新的大力推进和农村制度建设的进一步加强

(一)着力稳定和完善农村基本经营制度

1. 加大农村土地承包纠纷案件的审判力度,依法充分保障土地承包经营各项权益,保持土地承包关系稳定和长久不变。土地承包经营各项权益既是广大农民的极为重要的民事权利，更是关系社会主义新农村建设，构建农村社会保障制度体系的基础条件。土地承包经营权的维护离不开承包关系的稳定，承包关系的稳定和长久不变是维护农民土地承包经营权益的法律前提和制度保障。要以维护农民土地承包经营各项权益和保持土地承包关系稳定和长久不变为核心，以稳定和完善农村基本经营制度，推进农村改革发展为最终目标，切实加强人民法院的审判和执行工作。

2. 注意保护农业经营体制机制创新，推动农业经营方式转变。家庭承包经营向采用先进科技和市场手段的方向转变，统一经营向多层次、多形式经营服务体系的方向发展，是农业经营体制机制创新和农业经营方式转变的趋势和必然。要按照有利于提高农业市场集约化和组织化的原则开展审判工作，为集体经济发展和农民专业合作社的加快发展保驾护航。

（二）努力维护严格规范的农村土地管理制度

1. 坚持最严格的耕地保护制度和最严格的节约用地制度，确保国家粮食安全。土地制度是农村的基础制度，是"三农问题"的重中之重。耕地保护事关国家粮食安全，对国民经济具有极为重要的意义。在处理涉及耕地尤其是基本农田的各类案件过程中，要综合发挥刑事、民事、行政审判等全方位审判职能作用，加大对侵占耕地刑事犯罪和违法行为的打击和制裁力度，维护和支持行政机关依法行政，确保实现"用途管制、节约利用、严格管理"的耕地保护目标，坚决守住十八亿亩耕地红线。

2. 维护土地承包经营权各项权能，保障农民对承包土地的各项法定权利。要把《物权法》、《农村土地承包法》等法律规定的农民对承包土地享有的占有、使用、收益权能落到实处，实施全方位的司法保护。要格外注意对农村外出务工经商人员土地承包经营各项权益的保护，防止其成为失地农民并引发社会问题。

3. 切实保护和规范土地承包经营权流转，促进流转市场的建立健全。在审理土地承包经营权流转案件中，要严格执行《物权法》、《农村土地承包法》以及最高人民法院《关于审理涉及农村土地承包纠纷案件适用法律问题的解释》等法律、司法解释的规定，对改变土地集体所有性质、改变土地用途、损害农民土地承包权益的流转行为，要依法确认无效。对非法干预土地承包经营权流转的行为，应依法予以纠正。要按照十七届三中全会精神和相关法律的规定，准确界定土地承包经营权流转形式。以股份合作形式流转土地承包经营权的，要着重审查入股行为是否符合农民意愿，严防因股份合作导致农民丧失土地承包经营权。

4. 依法保障农户宅基地用益物权，促进宅基地制度的严格管理与完善。宅基地使用权承载着广大农民居者有其屋的社会功能，是农村土地管理制度的重要内容。对违反法律、行政法规以及相关国家政策的宅基地转让行为，以及其他变相导致农民丧失宅基地使用权的行为，应当依法确认无效。要着眼于宅基地制度的严格管理和完善，着眼于农户宅基地用益物权的维护与保障，做好相关案件的审判和执行工作。

5. 依法妥善处理农村集体土地征用案件，切实保障被征地农民的合法权益。要按照法律规定的征地用途和目的，将是否按照同地同价原则，及时足额对农村集体组织和农民予以合理补偿，将是否解决好被征地农民就业、住房和社会保障等，作为认定征地行为合法性的重要依据。要按照最高人民法院《关于审理涉及农村土地承包纠纷案件适用法律问题的解释》等相关规定，妥善处理好征地补偿费用分配等纠纷。案件涉及农村集体成员资格界定标准的，要在现行法律规定框架内，最大限度地保护农民特别是妇女、儿童的合法权益。

6. 妥善处理好与集体经营性建设用地相关的案件，促进城乡统一的建设用地市场的形成。要在符合土地利用规划的前提下，依法确认集体经营性建设用地与国有土地享有平等权利。在审理涉及集体经营性建设用地的纠纷案件过程中，既要严格执行法律、行政法规，又要处理好法律、行政法规与政策和体制机制创新之间的关系。要密切关注相关法律、行政法规和政策措施的完善配套情况，不能因审判工作影响农村土地管理制度改革的规范推进。

（三）审理好涉及农业投资和种粮补贴发放相关案件，确保农业支持保护制度的落实和完善

1. 严惩涉及农业投资经济犯罪行为，为农业投资的有效利用提供保障。按照《决定》精神，各级财政对农业投入增长幅度将高于经常性收入增长幅度，国家对农村基础设施建设和社会事业发展的投入也将大幅度增加。确保农业投资的有效利用，对落实十七届三中全会精神至关重要。要着重审理好农业投资使用过程中发生的案件，对侵占、挪用、贪污农业投资的犯罪行为，依法坚决予以严厉打击。

2. 加大对涉及种粮补贴违法犯罪行为的惩处力度，确保种粮补贴发放的及时到位。落实好农业补贴各项制度，对支持增粮增收和保护农民种粮积极性具有重要意义。随着农民种粮补贴的逐年较大幅度增加，要加大对截留、挤占等妨害种粮补贴制度违法犯罪行为的打击力度，切实保障种粮补贴真正惠及农民、惠及农业。

（四）依法妥善处理农村金融案件，促进现代农村金融制度建立

农村金融是现代农村经济的核心，也是制约农村改革发展的瓶颈。要以防范和化解农村金融风险、稳定农村金融市场，拓宽农村融资渠道、规范和引导更多信贷资金和社会资金投向农村为目标，依法妥善处理好涉及农村金融的各类案件。要充分运用法律、行政法规以及司法解释的相关规定，平等保护当事人合法权益，促进农村信贷担保机制建立健全、民间借贷健康发展，严厉打击挪用农村信贷资金、非法吸收公众存款以及各类危害农村金融秩序的犯罪活动，推动农村金融市场的健康稳定发展，促进现代农村金融制度的建立。

（五）维护农民工合法权益，推进城乡经济社会发展一体化

全面落实有关法律、行政法规和司法解释的相关规定，充分及时保护农民工的合法权益。在审理涉及农民工维权的案件时，要准确把握相关法律、行政法规和司法解释的规定精神，处理好农民工合法权益保护与企业健康发展之间的关系，努力实现法律效果和社会效果的有机统一。对案件事实清楚，法律关系明确的拖欠农民工工资或者劳务报酬纠纷以及有财产给付内容的涉及农民工的劳动争议纠纷，要着力提高司法保护的效率，在确保公正的前提下，务必做到快审快结和及时执行。符合先予执行法定条件的，应当及时裁定先予执行。要坚持依法平等保护原则，在劳动条件、安全生产、劳动报酬，以及工伤、医疗、养老保险等各个方面，引导和树立城乡平等的社会观念，为建立城乡统一的人力资源市场，推进城乡经济社会发展一体化作出积极努力。

（六）保障农民民主权利，促进农村民主管理制度的健全

1. 切实保障农民的知情权、参与权、表达权和监督权。要综合运用各种司法审判手段，保障农民依法行使各项民主权利。在审理涉及村民自治决议的案件中，只要不违反法律、行政法规的强制性规定，就应当尊重和维护村民自治决议的效力。村民自治决议违反法律、行政法规，侵害农民合法权益的，要依法予以撤销。要通过对农民民主权利和其他合法权益的依法保护，依法促进村民自治范围的不断扩大，推动村民自治制度的健康有序发展。

2. 加强农村法制宣传教育，推进农村依法治理。要通过审判活动等各种有效形式，加强法制宣传教育，弘扬法治精神、强化法律意识、提高法律素养，不断提高农村法治和水平。要以热点、难点问题和典型案件的审理、执行为载体，把法制宣传教育同农业、农村、农民的具体情况紧密联系起来，增强群众知法、信法、守法的积极性、主动性、针对性和实效性，尽最大努力发挥人民法院在推进农村依法治理过程中的重要作用。

三、加强对现代农业的保护力度，促进农业综合生产能力的提高

（一）进一步加强和维护农业市场秩序，促进农业结构战略性调整

1. 切实保护农产品生产各要素配置市场的秩序，确保农产品质量安全。要进一步加大对污染农产品产地，生产销售违禁、劣质或不符合国家强制性技术标准或者安全标准的农业投入品等违法犯罪行为打击和制裁力度，规范农资市场秩序，从源头确保农产品质量安全。

2. 进一步规范农作物及林木种子市场，维护种子管理制度，保护农民切身利益。要通过审判工作，进一步维护国家的种子生产和经营许可制度，严厉打击破坏种子管理制度的刑事犯罪行为。在审理种子生产、加工、销售等环节发生的民事、行政案件时，应当着力保护农民、农户的切身权益，严厉制裁危害种子市场秩序的行为。

3. 加强农产品生产、加工、包装、运输、销售等各环节纠纷案件的审判，维护健康的农产品交易秩序。要严格执行《产品质量法》、《消费者权益保护法》以及其他法律、行政法规的相关规定，通过案件的审判，明确农产品流转过程中各方当事人的权利和义务，既要保护农产品消费者的人身安全和财产权益，也要坚持各负其责的原则，明确农产品收购者、运输者、加工者、销售者的各自责任，推动农产品质量安全体系的进一步完善。

（二）加大农业知识产权保护力度，为农业科技创新提供司法保障

1. 继续加强农业科技创新成果的知识产权保护工作，促进农业科技创新。农业科技进步是农业发展的根本出路，是实现国家粮食安全的重要途径，同时也是知识产权司法保护的重要内容。要进一步加强涉农知识产权案件的审判工作，加大对涉农知识产权、特别是具有自主知识产权的重大农业科技成果和植物新品种的保护力度，依法严厉打击各种涉农知识产权犯罪，依法制裁各种涉农知识产权侵权和违约行为。

2. 严格执行相关法律及司法解释的规定，加强涉农技术合同纠纷案件的审判工作。要依法保护相关各方的合法权益，通过司法手段，促进农业技术成果转化市场的建立和

完善，形成遵循市场规律和诚信原则的市场机制和氛围。

3. 依法保护国家农业科技成果转化资金的有效利用，促进农业科技成果的转化。对侵吞、窃取、骗取或者以其他手段非法占有农业科技成果转化资金或者国家工作人员在审批农业科技成果转化资金过程中弄虚作假、玩忽职守、以权谋私等违法犯罪行为，应依法坚决予以惩治。

（三）重点保护农业基础设施和环境工程，促进农村基础设施和环境生态建设稳步发展

1. 严厉打击破坏农业基础设施和环境工程的犯罪行为，保护农业基础设施和环境安全。以农田水利为重点的农业基础设施，是建立现代农业、改善农民生活条件、推进生态文明建设的重要物质基础。要进一步打击破坏农田水利工程、防洪工程、水源建设工程、水源灌溉工程及饮水安全工程的犯罪行为，严厉打击妨碍、破坏农村能源工程、环境保护工程的犯罪行为，保护农业基础设施工程的安全。

2. 进一步加强涉及农业基础设施建设工程案件的审判工作，维护农业基础设施建设工程市场秩序。要依法采取多种措施，避免案件审理影响建设工程的进行，依法加大对小型农田水利设施、小流域综合治理等建设项目投资者利益的保障力度，注重保护农民参与农业基础设施建设的积极性和主动性。

（四）加大对农村新兴市场主体的保护力度，促进新型农业社会化服务体系的建立和完善

要加大对农民专业合作社、专业服务公司等新型农村市场主体的保护力度，进一步提高对相关新类型案件的审判能力和审判水平，依法维护农民合作组织的合法权益。通过司法判决的示范效应，培植农村新型市场主体的发展，开辟农民参与市场的新方式和新途径，提高农民通过多种形式参与市场竞争的能力，促进农业社会化服务体系的建立和完善。

（五）坚持环境保护的基本国策，促进农业可持续发展

严格执行国家关于环境保护的法律、行政法规，实现农业环境保护的制度化、法治化。对违反法律、行政法规破坏农业资源、生态资源、生物资源等违法犯罪行为，应坚决依法予以惩处。对因破坏环境的违法犯罪行为受到损害的农民、农户或者农民合作组织，应坚决支持其依法请求损害赔偿的权利。要进一步推进农村环境保护的审判工作，促进可持续发展战略的实现。通过刑事、民事、行政等审判手段，树立并强化各项环保法律制度的权威，推进生态效益补偿制度、农村生态保护制度的全面建立，积极维护国家可持续发展战略的稳步推进。

四、积极稳妥开展工作，通过司法手段促进农村社会全面进步

（一）积极探索涉农案件的审判特点，促进社会主义新农村文化建设

1. 充分认识加强农村社会主义道德建设的重要性。道德建设是国家发展、社会和谐、人民幸福的重要因素。人民法院要成为道德建设的重要推动者和保障者，要切实发挥司法裁判对农村社会思想道德和价值取向的引导作用，弘扬社会主义核心价值观念，不断提高农民思想道德素质，大力倡导健康文明法治的良好风尚。在审理婚姻家庭、继

承、赡养、抚养以及相邻关系等普通涉农民事纠纷过程中,要准确理解和适用《婚姻法》、《继承法》等法律和相关司法解释,通过司法手段,倡导崇尚科学、诚信守法、抵制迷信、移风易俗的社会主义道德规范,促进农村形成男女平等、尊老爱幼、家庭和睦、邻里和谐、勤劳致富、扶贫济困的社会风尚。

2. 注重对风俗习惯中的积极因素进行广泛深入的收集整理与研究,使其转化为有效的司法裁判资源。要重视善良民俗习惯在有效化解社会矛盾纠纷,促进新农村和谐稳定中的积极作用。坚持合法性、合理性、正当性、普遍性原则,认真考虑农民一般道德评价标准、法律认知程度和是非判断的基本准则,将农村善良风俗习惯作为法律规范的有益补充,积极稳妥地审理、执行好相关案件,确保涉农审判、执行工作法律效果与社会效果有机统一。

(二)妥善处理涉农医疗案件,促进农村医疗卫生事业发展

依法打击农村医疗服务体系中的腐败犯罪行为,保护农村医疗卫生事业健康发展。发展农村医疗卫生事业是切实保障农民权益、着力改善农村民生、促进社会公平的关键步骤和内在要求。要严格落实国家关于农村医疗卫生事业规划、拨款、监管等方面的制度规定,坚决依法惩治侵占、挪用、贪污国家农村医疗卫生事业投入资金、破坏农村合作医疗制度、农村基本药物配送制度和药品供应保障制度的犯罪行为。应稳妥处理涉农医疗纠纷案件,既要注意保护农民患者的合法权益,也要充分考虑农村医疗卫生事业发展的现状,促进农村医疗卫生体系的建立和发展。

(三)切实保障国家防灾救灾资金的使用,加强农村防灾救灾能力建设

国家防灾救灾资金的有效使用,是加强农村防灾救灾能力建设的重要保障。要全面加强对涉农防灾救灾资金案件的审判力度,对影响大、范围广、后果严重的犯罪行为,必须严厉惩治,通过对国家防灾救灾资金使用管理制度的维护,促进农村防灾救灾能力的不断强化。

(四)拓宽农村社情民意表达机制,促进农村社会管理不断强化

1. 妥善处理涉法信访事宜,全力支持和积极参与党委领导、政府主导的维护农民权益机制。对案件尚在审理过程中的上访人员,应当告知其继续参加诉讼,并督促相关人民法院依法及时审判。对不服生效裁判上访的人员,应当告知其通过再审程序进行救济。进一步加强对涉农申诉案件的审理工作,严格依照修订后的《民事诉讼法》,保护当事人申请再审的权利。进入再审程序后,应当依法及时审结。对无理缠诉的,要在当地党委领导、人大监督和政府、村民自治组织的支持、配合下,做好服判息诉工作。

2. 对利用宗教、宗族势力等干扰农村改革和发展事务的苗头要保持高度警惕。对涉及邪教组织以及黑社会性质组织犯罪及黑恶势力犯罪,要依法严厉打击。要结合人民法院工作实际,积极协同地方政府探索和建立健全农村应急管理机制,切实提高对危机事件的处置能力和水平。

五、继续强化制度落实措施,确保司法保障和法律服务水平的不断提升

(一)着力推进多元纠纷解决机制建立,多层次化解矛盾纠纷

1. 大力加强对人民调解的支持和指导力度。按照最高人民法院《关于审理涉及人

民调解协议的民事案件的若干规定》，优质高效审理涉及人民调解协议的民事案件。积极适应农村改革发展的新形势，努力提高对人民调解组织的指导水平，实现手段和方法的创新。要善于根据农村矛盾纠纷的性质、复杂程度和农民当事人的具体情况，充分发挥人民调解组织的独特作用，指导人民调解组织运用法、理、情相结合的方法开展调解工作，努力提高人民调解效果，促进农村社会和谐安宁。

2. 推动建立多元纠纷解决机制，及时化解矛盾纷争。要积极探索稳步推进农村多元纠纷解决机制，积极引导当事人利用仲裁、调解等方式解决纠纷，切实减少纠纷解决的层次和环节，减少化解矛盾的成本支出。注重与基层政府、村民自治组织等多元纠纷解决主体的联动协作，构建纠纷解决的全覆盖网络，争取将矛盾化解在诉前，消除在萌芽状态。

3. 继续加强诉讼调解，努力实现案结事了。要坚持"能调则调，当判则判，调判结合，案结事了"的民事审判指导原则，加大通过调解方式解决纠纷的比重，引导当事人在自愿互让的基础上，达成协议，减少当事人之间的对抗。要拓宽诉讼调解的适用范围，尝试刑事自诉案件和其他轻微刑事案件调解解决的新模式，加大刑事附带民事案件调解力度，探索行政诉讼和解制度，推行执行中的和解。

（二）加大司法救助范围和力度，彰显人文关怀

要充分关注农村贫困群众的司法需求，完善对经济困难的当事人缓、减、免交诉讼费的具体条件与标准，对追索抚养费、赡养费、人身损害赔偿金、劳动报酬且经济上确有困难的农民当事人，特别是特殊困难群体，积极采取缓、减、免交诉讼费的措施，确保符合救助条件的农民当事人打得起官司。

（三）切实提高司法效率，方便群众诉讼

要充分发挥民事简易程序及时、简便、快捷解决纠纷的功能，依法扩大简易程序的适用范围，实现案件的繁简分流，降低诉讼成本，及时保护农民的合法权益。加快研究和探索速裁程序制度，尝试小额诉讼案件的快速处理机制。对于人烟稀少、地域辽阔、交通不便的偏远农村，特别是少数民族地区，应当结合当地具体情况实行就地立案、就地审理、即时调解、适时宣判。要落实当事人权利义务告知和诉讼风险提示制度，着力加强对农村贫困群众或文化水平较低的当事人的诉讼引导和帮助。

（四）坚持"三个面向"，做好人民法庭工作

人民法庭工作是人民法院基层基础工作的重中之重，必须充分发挥人民法庭前沿阵地作用。要按照"面向农村、面向基层、面向群众"的要求，切实开展好人民法庭工作。要通过案件审判质量、效率考评体系和法庭综合监督评价体系，建立起规范、系统、科学的目标管理运行机制。要着力解决好农村人民法庭的人员配备、职级待遇、经费和物质装备保障等工作，确保人民法院基层基础工作的顺利开展。要继续巩固和完善人民法庭直接立案的工作机制，根据当地人口分布和案件数量，在人民法庭所在地之外设立固定收案点。要坚持和完善人民法庭巡回审理制度，不断提高巡回审理的效果和水平。要改进人民法庭审判作风，注重审判文明。要从解决好广大农民最关心、最直接、最现实的利益问题入手，努力化解纷争，切实体现司法为民。

（五）不断规范人民陪审员制度，切实完善管理机制

要认真贯彻全国人大常委会《关于完善人民陪审员制度的决定》，充分发挥和切实加强基层法院尤其是人民法庭人民陪审员的作用。要扩大吸收威信高、品质好、有本领、讲奉献的农村基层干部、退伍军人、返乡创业的经商务工人员充实到人民陪审员队伍。要切实加强农村人民陪审员的培训和管理，大力宣传人民陪审员制度。要确保农村人民陪审员依法参加审判活动，最大程度地发挥其作用。要通过人民陪审员制度的完善和发展，凸显司法民主，不断提高人民司法在广大农村的公信力，增进司法裁判的社会效果。

各级人民法院在贯彻落实十七届三中全会精神中，要深入学习实践科学发展观，积极践行"三个至上"的重要指导思想，不断增强凝聚力，提升战斗力，以高昂的斗志，饱满的热情，公正高效的司法，为推进农村改革发展提供强有力的司法保障和法律服务。

最高人民法院
印发《关于为维护国家金融安全和经济全面协调可持续发展提供司法保障和法律服务的若干意见》的通知

2008年12月3日　　　　　　　　　　　　　　　法发〔2008〕38号

各省、自治区、直辖市高级人民法院，解放军军事法院，新疆维吾尔自治区高级人民法院生产建设兵团分院：

现将最高人民法院《关于为维护国家金融安全和经济全面协调可持续发展提供司法保障和法律服务的若干意见》印发给你们，请认真贯彻执行。

附：

最高人民法院
关于为维护国家金融安全和经济全面协调可持续发展提供司法保障和法律服务的若干意见

金融是现代经济的核心，在国家实行宏观经济调控，促进国民经济发展和维护社会稳定方面具有重要的作用。2007年8月美国"次贷危机"所引发的国际金融市场动荡和世界经济衰退，正日益对我国金融市场和经济增长产生较大的影响。为此，国务院强

力推出了一系列扩大内需的措施,将积极的财政政策与适度宽松的货币政策相结合,通过扩大内需来抵消出口的减弱,通过大规模的公共投资来振兴日趋放缓的经济。这一系列举措不仅是我国维护金融稳定和经济全面协调可持续发展的迫切需要,也是我国为遏制世界经济衰退所采取的重要战略措施。同时,我国改革开放三十年来的经济运行也出现了很多需要高度重视的新情况、新问题。国际、国内宏观经济环境变化所引发的矛盾和纠纷在司法领域已经出现明显反映。人民法院的各项审判工作与国民经济发展、社会稳定大局密切相关,在当前国际、国内宏观经济环境变化、社会矛盾增多的情况下,为维护国家金融安全和经济平稳较快发展提供司法保障和法律服务,是当前和今后一个时期人民法院贯彻党的十七届三中全会精神,学习实践科学发展观,坚持"三个至上"指导思想的重要任务。各级人民法院必须进一步增强政治责任感,增强对宏观经济形势变化在司法领域引发的各种新情况和新问题的敏感性,服从和服务于国家对防范金融风险、维护金融安全和保持国民经济稳定的大局,认真履行宪法和法律赋予的职责,充分发挥人民法院审判职能作用,牢牢把握应对宏观经济环境带来的新情况、新问题的主动权,为维护国家金融安全和促进经济全面协调可持续发展提供有力的司法保障和优质的法律服务。

一、依法保障金融债权,努力维护国家金融安全

金融是国家经济的命脉,国有银行是金融的重心。各级人民法院必须充分认识当前国际金融局势的复杂性以及国内经济发展面临的困难,自觉服从于国家经济发展的大局,担负起保护金融债权、维护国家金融安全的职责,支持金融监管机构有效行使管理职能,保障国家经济宏观调控目标的顺利实施。

要最大限度保障国有金融债权。为了减少和处置国有商业银行不良资产,确保国有商业银行的竞争实力和兑付能力,中央和国务院实施金融不良债权剥离和处置战略。自1999年下半年迄今,中、农、工、建四家国有银行共剥离金融不良资产总额超过两万亿元,最近中国农业银行为加快改制,又剥离8000多亿金融不良资产。全国各级人民法院要继续按照《关于审理涉及金融资产管理公司收购、管理、处置国有银行不良贷款形成的案件适用法律若干问题的规定》等司法解释和司法政策的规定和精神审理相关案件,为国家金融债权清收提供司法保障。同时,各级人民法院要在法律和司法解释范围内,在合同效力、诉讼时效等重要方面,最大限度地保护国有金融债权。

要努力防止国有资产流失。在处理金融不良债权转让纠纷案件时,要注意防止国有资产流失。数以万亿的国有金融债权的剥离与处置,绝不仅是银行、金融资产管理公司与受让人之间简单的债权转让关系,而是巨额国有资产的流动与利益再分配问题。这种流动能否在公开公平公正的程序下进行,事关全体国民和国家的利益,事关我国金融体制改革乃至国有资产管理体制改革目标能否顺利实现。各级人民法院在相关案件审理过程中,要合理分配举证责任并对相关证据进行审查。审查的重点应当围绕诸如转让标的、转让程序、受让人资格等国家相关主管部门对金融不良债权转让所制定的各种限制性和禁止性规定,防止追偿诉讼成为少数违法者牟取暴利的工具,保障国有资产安全。

要依法制裁逃废银行债务行为。在审理金融纠纷案件中,要严格审查确定借贷双方的责任，坚决依法制止那些企图通过诉讼逃债、消债等规避法律的行为。对弄虚作假、乘机逃废债务的，要追究当事人和责任人相应的法律责任，维护信贷秩序。对于一些企业破产案件中所存在"假破产、真逃债"现象，各级人民法院要采取积极有效的措施，坚决抵制地方保护主义干扰，依法加大对"逃废债"行为的制裁，努力杜绝假借破产名义逃废、悬空债务的现象。

二、制裁金融违法违规行为，大力整顿规范金融秩序

维护良好金融运行秩序和环境，促进金融协调发展，是振兴经济和维护金融安全的重要方面。各级人民法院要配合金融监管部门，严厉打击和制裁各种扰乱金融秩序的违法、违规行为，为规范金融秩序，防范金融风险，维护社会稳定提供强有力的法律保障。

要严厉打击金融犯罪活动。各级人民法院要充分发挥刑事审判职能，严厉打击金融领域的犯罪行为。要依法及时审结破坏金融市场经济秩序的犯罪案件，努力挽回国家经济损失。要根据国务院《关于行政执法机关移送涉嫌犯罪案件的规定》精神，调整和充实审判力量，与有关部门密切配合，贯彻依法从严惩处的方针，促进整顿和规范市场经济秩序工作的深入进行。

要依法制裁金融违规行为。要防止一些民间机构和企业，通过高利率变相吸收公众存款、非法集资等扰乱国家正常金融秩序行为。对以不特定多数人为集资对象、以高利为诱饵，非法吸收公众存款的刑事犯罪行为，要依法予以打击。在审理和执行借款、民间借贷案件过程中，发现存在非法集资嫌疑和犯罪线索的，要积极与相关职能部门沟通，及时移送案件或者犯罪线索；要运用多种手段加强集资款的清收追讨，依法及时保护债权人合法权益。要做好处理突发事件的预案，防范少数不法人员煽动、组织群体性事件而引发新的社会矛盾。

要保障证券市场的稳定运行。证券市场的稳定运行和健康发展，直接关系到金融秩序和社会的稳定。当前，一些证券机构、上市公司、投资机构操纵股价、内幕交易、虚假陈述等违法行为时有发生，各级人民法院要从保护证券市场投资人合法权益，维护证券市场的公开公平公正的交易秩序出发，积极探索，妥善地处理好此类案件。要妥善审理公司股票债券交易纠纷、国债交易纠纷、企业债券发行纠纷、证券代销和包销协议纠纷、证券回购合同纠纷、上市公司收购纠纷等，保障证券交易的安全进行。

要加强与金融监管部门的协调配合，注意防范系统性风险。各级人民法院在公司案件审理过程中，发现上市公司、中介机构存在不实披露或不合理估价等情形的，应当及时向金融监管部门通报相关情况，提高上市公司和会计等中介机构信息披露的透明度，增加会计机构对复杂金融产品信息的披露，强化中介机构对有价证券的合理估价。在审理民间借贷、涉及资金链断裂企业债务纠纷案件时，对涉嫌非法吸收存款等违法行为，或者发现有引发系统性风险可能的，要及时向公安、检察、金融监管、工商等部门通报情况，统筹协调相关案件的处理和风险防范。

三、依法保障企业发展，全力维护社会和谐稳定

各级人民法院要进一步深刻认识保障企业发展，促进国企改革、维护企业稳定的重要意义。只有企业搞活，市场才能搞活；只有企业发展，经济才能发展；只有企业稳定，社会才能进一步稳定。要及时依法公正审理关系企业改革、发展和稳定的各类案件。积极探索为企业改革和发展服务的新途径，引导企业依法管理，增强企业的法律意识和自我保护意识，为企业改革和发展创造良好的法治环境。

要依法审理好企业债务纠纷案件。当前，在审理企业债务纠纷案件中，要特别注意企业因资金链断裂而引发的纠纷，在工作方法上要体现原则性和灵活性的统一。对因资金短缺但仍处于正常经营状态、有发展前景的负债企业，要慎用财产保全措施，对债权人要多做耐心细致的调解工作，通过设置担保等灵活多样的方法促成债权人给予债务企业合理的宽限期，帮助债务人渡过暂时的财务危机。对多个债权人在不同法院同时申请执行同一债务企业的案件，上级人民法院要加强协调，统一执行工作措施，并同时注意做好执行和解工作，尽可能维持有发展前景的困难企业、劳动密集型中小企业的生存，避免因执行工作简单化而激化社会矛盾，防止因对被执行企业可供执行财产的分配问题产生新的矛盾和冲突。

要依法审理好公司清算案件。要按照公司法及其司法解释的规定，积极稳妥受理公司清算案件，平等维护债权人和股东合法权益，强化投资者的清算义务，依法追究怠于履行清算义务侵害债权人利益的投资者的民事责任，保障市场主体退出过程规范有序，促进市场法治环境的不断优化。

要依法受理、审理好企业破产案件。要充分发挥企业破产法公平保护各方利益主体，实现资源优化配置的作用。对于已经符合企业破产法规定的破产原因的企业，要根据当事人的申请依法及时启动强制清算程序和企业破产程序。对于有挽救希望的企业，鼓励运用破产重整、和解制度，尽可能维持有发展前景企业的生存，避免因企业倒闭破产带来大量职工下岗、银行债权落空、影响社会稳定等社会连锁反应。对于因产业结构转变且经营前景暗淡而必须破产的企业，要在保障公开、公正、合法的基础上，提高审判效率，降低破产成本。对拖欠职工工资、社会保险等问题较多、历史包袱沉重、挽救无望的企业，要根据新破产法的规定，优先保护职工债权。要支持管理人对破产企业债权的清收，追回破产企业转移、隐匿的资产，努力提高债权清偿率。

四、依法规范经济秩序，促进经济全面协调可持续发展

依法规范经济秩序的根本目的在于完善社会主义市场经济体制，促进国民经济全面协调可持续发展。各级人民法院要通过切实有效地开展好各类案件的审判工作，保障经济体制改革，维护和健全市场经济秩序。

要强化各种诉讼救济措施。要积极回应对司法工作的新要求新期待，及时受理宏观经济环境变化引发的各类纠纷，最大限度发挥诉讼程序机制对各类社会矛盾的化解能力，全力维护社会稳定。对于有转移财产、逃避债务意图的企业，要加大诉讼保全力度。对债权人提出的诉前或诉中保全措施的申请，要在最短时间内完成审查程序，尽快实施冻结、查封、扣押措施，有效控制被诉企业财产，防止债务企业涉诉后转移有效资产等严重侵害债权人和职工利益的行为。对于可能逃匿的债务企业的股东和高管人员，要根据当事人的申请，依法及时采取边控等措施进行有效控制，防止因债务人逃匿而影响案件的审理和对债务企业财产的有效控制。

要保护国有资产不受侵犯。要严厉打击哄抢、盗窃、破坏或者故意毁坏国有企业生产资料、设备的犯罪，特别要打击针对国有企业的盗窃犯罪，保护国有企业资产。要依法严惩贪污、贿赂等职务犯罪，侵占、挪用、诈骗国有企业资金财物的犯罪，充分运用财产刑等刑罚手段，最大限度地为国家挽回经济损失，保护国有资产不受侵犯，维护正常的公私财物所有权关系。

要依法保护非公有制经济发展。个体、私营等非公有制经济是促进社会生产力发展的重要力量。我国物权法明确规定国家坚持和完善公有制为主体、多种所有制经济共同发展的基本经济制度，保障公有制经济的巩固和发展，鼓励、支持和引导非公有制经济的发展，保护国家的、集体的、私人的合法权益。各级人民法院要根据物权法等法律规定和精神，通过司法手段积极促进非公有制经济同国有经济的合资合作，推动非公有制经济进入法律法规未禁入的基础设施、公用事业及其他行业和领域，保护非公有制企业在投融资、税收、土地使用和对外贸易等方面，与其他企业享受同等待遇，确保非公有制经济健康发展，促进社会进步。

要依法维护国外投资者合法权益。在我国改革开放程度不断加大的前提下，人民法院面临的各类涉外案件审判任务也将随之增多。各级人民法院要认真研究涉外案件中的专业问题、商业惯例、海运规则以及外国法律和国际公约的适用等问题。要平等保护中外当事人的合法权益，维护我国政府和企业的国际信誉和对外开放形象，促进对外开放的深入进行。同时，也要建立应对内资企业和外商投资企业非法撤资逃债应急审理机制，做好人员控制、财产和证据保全、稳定职工和债权人等工作预案，依法追究投资者出资瑕疵责任和清算责任，维护债权人合法权益。

要依法保障房地产市场健康发展。房地产市场的发展不仅关系到我国城市化、工业化的进程，而且关系到金融安全和群众安居乐业等国计民生问题。各级人民法院要注意审查按揭贷款合同的真实性，依法制裁开发商以虚假按揭贷款合同套取银行资金等违法行为；依法优先保护建筑市场劳动者权益，制裁恶意拖欠劳务工资现象；制裁开发商恶意拖欠工程款等违约行为，保障房地产市场的健康发展。

五、促进政府依法行政，确保法律政策统一实施

维护金融安全和促进经济全面协调可持续发展，要求政府进一步转变经济管理职能，各级人民法院要通过开展卓有成效的行政审判工作，加强对行政执法活动的监督，推进依法行政。

要依法遏制地方保护、地区封锁和部门行业垄断。地方保护、地区封锁和部门行业垄断，严重阻碍全国统一公平竞争的社会主义大市场的形成，是造成市场经济秩序混乱的一个重要原因。各级人民法院应当充分发挥行政、民事审判作用，坚决遏制地方保护、地区封锁和部门行业垄断，对于涉及整治地方保护、地区封锁和部门行业垄断中发生的行政案件，要依法支持行政机关的整治行为；对于公平竞争权受到地方保护、地区封锁和部门行业垄断侵害的公民、法人和其他组织提起的行政、民事诉讼，应当依法保护其公平竞争权。

要加大征地、拆迁等行政案件的审理力度。在国家推行四万亿拉动内需的激励经济振兴措施、加强基础设施建设的过程中，不可避免地要进行农村土地征收和城市房屋拆迁。各级人民法院要认真做好征地、拆迁行政诉讼案件的审理工作，既要支持政府合理的征地、拆迁行政行为，保障社会公共设施的改造与完善，又要防止借征地、拆迁之机，损害群众及企业合法权益的情形发生，防止因案件审理不当而形成大规模的群体性事件，影响社会稳定。

要依法促使行政机关履行法定职责。行政机关不履行法定职责，该审批的不予审批，该制止的不予制止，该处罚的不予处罚，是有法不依、执法不严和违法不究的重要表现。各级人民法院应当积极受理和依法审判各类行政不作为案件，依法促使被诉行政机关履行法定职责。对公民、法人或者其他组织诉行政机关不履行保护公平竞争法律职责，以及要求主管行政机关对制假售假者依法追究法律责任，因主管行政机关不作为而提起的行政诉讼，应依法及时审理，公正审判；给公民、法人或者其他组织造成损失的，应当依法判决行政机关予以赔偿。

六、加强知识产权保护，落实国家知识产权战略

提高自主创新能力、建设创新型国家是促进国民经济又好又快发展的首要任务，人民法院在实施国家知识产权战略进程中责任重大。各级人民法院要按照《国家知识产权战略纲要》提出的"发挥司法保护知识产权的主导作用"的要求，切实依法加大对知识产权侵权行为的惩处力度，有效遏制侵权行为，维护公平竞争的市场秩序和公众合法权益。

要充分认识科教兴国的重大战略意义。依靠科技进步和创新，形成一批具有自主知识产权的关键技术和名牌产品，是保障国民经济全面协调可持续发展的重要保证。人民法院要进一步充分认识科教兴国的重大战略意义，尊重知识、尊重人才，加大对知识产权的司法保护力度。随着我国全面推进工业结构优化升级，各类新技术的引进与运用必将大大加快，各类企业尤其是大中型国有企业将更多地承担技术方案的产业化和实施者的角色，这有利于解决大量劳动力的就业问题，能够促进区域经济的发展，创造巨额的社会财富。因此，人民法院要进一步加强对技术方案形成阶段及技术方案产业化阶段的司法保护，切实依法保护企业的知识产权，促进社会财富的增长。

要依法保护科技创新活动。随着信息技术、生物技术等高新技术的发展，与高新技术发展和应用相关的案件以及新类型案件不断出现，我国知识产权审判涉及的范围已包括技术合同、商业秘密、商标、专利、著作权、计算机软件、计算机网络、数据库、域名、不正当竞争、垄断、植物新品种和其他科技成果权等各个领域。各级人民法院要严格认真按照《国家知识产权战略纲要》要求，充分发挥司法保护知识产权的主导作用，依照法律、法规和司法解释的规定，在案件管辖、诉前申请采取临时措施的审查、中止诉讼的程序、知识产权权利范围的确定和侵权认定方面，建立和完善知识产权审判制度

和司法原则。要依法保护科技人员和作者等享有的智力成果权，采取责令停止侵权、排除妨害、消除危险和赔偿损失等各种司法救济手段以及民事制裁措施，制止、制裁侵权、假冒、盗版行为。通过对这些纠纷的处理，切实保护知识产权人的合法权益，促进知识与文化的传播，维护社会公众利益，保护科技创新活动，防止滥用知识产权的行为发生。

七、加大案件执行力度，为政府和企业排忧解难

各级人民法院必须进一步全面贯彻中发〔1999〕11号文件，按照党的十六大提出的"切实解决执行难"的要求，深化改革，完善措施，知难而进，努力使法院执行工作在保障金融安全和服务经济全面协调可持续发展中发挥更大的作用。

要继续开展未结金融案件的专项集中执行活动。各级人民法院要在最高人民法院的指导和部署下，通过集中时间、集中力量、统一调度、强化力度以及成立专门的执行组织等多种方式，结合集中清理执行积案活动，有计划地对金融案件进行专项执行，为国家和企业解难，并增强全社会的金融法制观念和风险意识。

要探索新的执行方法并加大金融案件执行力度。各级人民法院要努力探索并运用新的执行措施和方法，不断加大金融案件的执行力度，确保金融案件的顺利执行。要继续运用被实践证明行之有效的诸如以资产使用权抵债、资产抵债返租、企业整体承包经营、债权转股权以及托管等方式，大力解决难以执行的金融纠纷案件。同时，要对欠债不还的被执行人予以适度披露，积极配合建立社会信用体系。

建立系列案件审判执行统一协调机制。对于众多债权人向同一债务企业集中发动的系列诉讼案件，受理案件的不同地区、不同审级法院之间以及同一法院的不同审判部门之间要加强信息沟通，在上级法院的统一指导下集中协调、集中判决，协调执行，避免各地法院针对同一债务企业的同类案件出现裁判标准不统一，以及针对同一债务企业的多个案件在执行中出现矛盾和冲突的现象，依法平等保护各地债权人的合法权益。

要坚决抵制、克服地方和部门保护主义。地方和部门保护主义是造成"执行难"的重要原因，必须坚决抵制和克服。人民法院作为国家审判机关绝不能搞地方和部门保护主义。对与法律相悖，给人民法院执行设置障碍的规定或文件，要及时向党委、人大、政府提出建议，予以撤销或废止。要及时向纪检监察机关提供地方和部门保护主义的典型事例，以便调查处理。

八、认真开展调查研究，及时总结审判经验

各级人民法院在为维护国家金融安全和经济全面协调可持续发展提供司法保障和法律服务的过程中，要及时掌握宏观经济环境变化引发的新情况和新问题。

要加强审判调研工作，及时总结审判经验。要提高对各类敏感问题发展趋势的预测能力和有效解决疑难复杂问题的能力，密切关注因宏观经济环境变化而在司法领域出现的各种新情况和新问题，深入开展前瞻性调查研究，及时向有关部门提出应对措施和建议。要加强对审判工作中法律适用疑难问题的调查研究，根据客观形势的新变化，从促进经济发展和社会全面进步出发，及时总结审判经验，提出相应的对策。在时机成熟

时，制定相应的司法政策和司法解释。

要加强司法宣传工作，发挥审判工作的社会导向作用。对近期内审结的涉及扰乱国民经济和社会稳定的有影响的案件，要及时通过召开新闻发布会、发布典型案例、组织专题或系列报道等多种形式进行广泛宣传，教育和引导各类市场主体增强依法经营和风险防范意识，努力营造公平有序的社会主义市场经济秩序。

建立涉及社会稳定案件和大要案报告制度。对于众多债权人向同一债务企业集中发动的系列诉讼案件、企业破产清算案件、集团诉讼案件、群体性案件等可能存在影响社会和谐稳定因素的案件，各级人民法院立案、审判、执行及相关业务部门要及时向本院院长、审判委员会报告；特别重大的案件要及时向上级人民法院报告。

在国际金融和世界经济形势日趋严峻的情形下，我国的经济体制改革将进入向更加广阔的领域纵深发展的新阶段。人民法院为维护国家金融安全和经济全面协调可持续发展提供司法保障和法律服务的范围之广阔，任务之艰巨，将大大超过以往任何时期。各级人民法院要进一步深入学习党的十七大和十七届三中全会精神，坚持深入学习实践科学发展观，积极践行"三个至上"指导思想，进一步增强政治意识、大局意识、法律意识，充分发挥审判职能作用，公正高效司法，共同为维护我国金融安全，保障我国经济社会全面协调可持续发展，为构建社会主义和谐社会不断做出新的更大的贡献。

最高人民法院
关于认真贯彻中央经济工作会议精神，为经济平稳较快发展提供有力司法保障的通知

2008 年 12 月 12 日 　　　　　　　　　　　　　　法发〔2008〕41 号

各省、自治区、直辖市高级人民法院，解放军军事法院，新疆维吾尔自治区高级人民法院生产建设兵团分院：

这次中央经济工作会议，全面分析了当前国际国内形势，明确提出了明年经济工作的总体要求和重点任务，指出了明年经济工作需要把握的重大原则，对于统一思想、树立信心、战胜困难具有十分重要的意义。认真贯彻落实中央经济工作会议精神，为经济平稳较快发展提供有力的司法保障，是当前和今后一个时期人民法院工作的重要任务。为此，通知如下：

一、紧紧围绕明年的经济工作任务，进一步明确人民法院的工作思路和工作重点。各级人民法院要把贯彻落实党的十七届三中全会和中央经济工作会议精神作为谋划明年工作的中心任务，认真贯彻执行最高人民法院制定的关于为推进农村改革发展、维护国家金融安全和经济平稳较快发展提供司法保障和法律服务的两个指导性意见，紧密结合本地工作实际，理清明年工作思路和工作重点，为加强和改善宏观调控，实现经济平稳

较快发展，促进社会和谐稳定提供强有力的司法保障和法律服务。

二、密切关注经济社会的新变化，实现适用法律与执行政策的有机统一。各级人民法院要提高对各类敏感问题发展趋势的预测能力和疑难复杂问题的处置能力，密切关注经济社会环境的新情况新变化，深入开展前瞻性调查研究，及时总结审判经验，研究制定司法政策和指导意见。要加强对大要案处置工作的监督指导力度，对群体性案件、集团诉讼案件、破产案件等可能存在影响社会和谐稳定因素的案件，要及时研究、依法妥善处置，努力提高对下业务监督和指导能力。

三、密切关注社会治安可能出现的新情况，进一步发挥好人民法院惩罚犯罪、化解矛盾的职能作用。要充分发挥刑事审判职能，依法打击惩罚危害国家安全犯罪、恐怖犯罪、暴力犯罪和黑社会性质组织犯罪，严惩各类经济犯罪，积极开展打黑除恶、禁毒禁赌、治理商业贿赂等专项行动，营造安全稳定的发展环境；充分发挥民事审判职能，依法调节经济社会关系，化解社会矛盾纠纷，维护社会主义市场经济秩序，营造安定和谐的社会环境；充分发挥行政审判职能，支持、监督行政机关依法行政，保护人民合法权益，促进宏观经济调控政策的实施，服务法治政府建设，营造便捷高效的服务环境；充分发挥审判监督职能和强制执行职能，做好涉诉信访工作，维护国家法制的统一、尊严、权威，营造公平正义的法治环境。

四、密切关注涉及群众利益的热点、难点问题，不断提升司法保障和法律服务水平。要进一步强化调解、促进和解，健全多元矛盾纠纷解决机制，不断提升人民法院化解矛盾纠纷的能力；要切实提高司法效率，充分发挥简易程序的功能，加快研究和探索速裁机制，及时化解矛盾纠纷；要加大司法救助力度，完善经济困难当事人缓减免交诉讼费的条件、标准和办理程序，努力满足社会的司法需求；要加强司法建议工作，对审判工作中发现的新情况新问题，及时向有关部门提出应对措施和建议；要加强司法宣传工作，对涉及扰乱国民经济和社会稳定秩序的案件，要在审结后通过及时召开新闻发布会、发布典型案例、组织专题或系列报道等方式，进行广泛宣传，教育和引导各类市场主体增强依法经营和风险防范意识，发挥审判工作的社会导向作用。

五、密切关注人民法院工作面临的新考验，努力实现人民法院自身的科学发展。要按照"从严治院、公信立院、科技强院"的工作方针，进一步加强人民法院的自身建设。要坚持不懈地加强反腐倡廉教育，提高广大干警廉洁自律、拒腐防变的意识和能力；要大力加强基层基础建设，切实增强基层实力，激发基层活力，提高基层效率，筑牢维护社会和谐稳定的第一道防线；要扎实推进司法管理工作，建立科学合理简便有效的司法考评体系；要扎实推进司法理论研究，努力培养一支高素质的理论研究队伍，促进司法理论与实践的共同发展；要扎实推进司法能力建设，增强法官解决实际问题、化解矛盾纠纷的能力。

最高人民法院
印发《关于为加快经济发展方式转变提供司法保障和服务的若干意见》的通知

2010年6月29日　　　　　　　　　　　　法发〔2010〕18号

各省、自治区、直辖市高级人民法院，解放军军事法院，新疆维吾尔自治区高级人民法院生产建设兵团分院：

现将《关于为加快经济发展方式转变提供司法保障和服务的若干意见》印发给你们，请各地结合工作实际，认真贯彻执行。

附：

最高人民法院
关于为加快经济发展方式转变提供司法保障和服务的若干意见

党的十七大提出了加快经济发展方式转变的重大战略任务。加快经济发展方式转变，是当前党和国家经济工作的重点，是深入贯彻科学发展观的重要目标和战略举措。为充分发挥人民法院的审判职能作用，确保党中央关于加快经济发展方式转变、保持经济平稳较快发展的战略部署和政策措施的贯彻落实，特制定本意见。

一、加快经济发展方式转变是我国经济领域的一场深刻变革，是关系改革开放、社会主义现代化建设全局和我国经济发展方向的重大战略部署，是适应实现全面建设小康社会奋斗目标、满足人民群众过上更好生活新期待的必然要求。各级人民法院要正确认识我国加快经济发展方式转变的重大意义，把思想和行动统一到党中央对形势的分析判断和决策部署上来，进一步增强为加快经济发展方式转变提供司法保障和服务的责任感和使命感，采取切实可行的应对措施，充分发挥审判职能作用，积极有效地为加快经济发展方式转变提供司法保障和服务。

二、人民法院要认真研究加快经济发展方式转变对审判工作提出的新问题、新任务、新要求，为切实加快经济发展方式转变提供有效的司法保障和服务。从长远看，加快经济发展方式转变，必然极大地促进我国经济平稳较快发展，更好地满足人民群众日益增长的物质文化需求，有助于减少社会矛盾纠纷，有助于减轻人民法院审判工作的压力。但从近期看，加快经济发展方式转变有可能引发一些新的矛盾纠纷，如淘汰落后企业和产能，公司清算、企业破产、兼并和重组等情形将增多；加快城乡结构调整，土地征收、房屋拆迁等情形将增多，由上述活动引发的矛盾纠纷相当部分会进入诉讼程序，这就使得人民法院的审判工作面临着新的挑战。因此，各级人民法院必须坚持能动司法，见事早、行动快、积极应对、妥善施策。要准确把握司法政策导向，依法保障、引导、支持有利于加快经济发展方式转变的经济活动和经济行为，保证加快经济发展方式转变工作早见成效。依法积极引导落后企业、高耗能高污染企业退出市场，对不利于加快经济发展方式转变的经济活动和经济行为依法不予支持。

三、妥善审理与经济结构调整相关案件，保障和服务经济结构优化和调整。依法审理各类投资纠纷案件，促进社会投资主体多元化，加强对中小投资者合法权益的平等保护，鼓励和引导资本向新能源、新材料、节能环保、生物医药、信息网络和高端制造产业转移；依法平等保护民营企业和国有企业合法权益，妥善审理相关案件，慎重采用财产保全和强制执行措施，促进民营企业和国有企业共同发展；依法支持合法的新型担保方式，正确认定此类合同的效力，促进解决中小企业融资难的问题；依法妥善审理涉及中小企业的案件，促进中小企业健康发展。准确把握民事纠纷与经济犯罪的界限，依法稳妥处理相关刑事案件。

四、妥善审理消费者权益纠纷案件，保障和服务形成消费、投资、出口协调拉动的经济增长格局。要准确把握审理消费者权益纠纷案件的司法原则，既要依法维护经营者正当利益，也要注重保护消费者的合法权益，推动建立公正、有序、诚信的消费环境；正确认定消费合同效力，依法认定损害消费者权益的"霸王条款"无效，维护消费者的合法权益；妥善审理房地产开发和房屋买卖、租赁纠纷案件，规范房地产交易秩序；妥善审理个人住房、汽车、教育等消费信贷纠纷案件，引导建立健康、协调、有序的消费信贷秩序。依法惩处生产销售有毒有害食品、假药劣药、假冒农资等严重破坏市场经济秩序的犯罪行为。

五、妥善审理城乡结构调整中引发的各类案件，保障和服务城镇化建设。正确审理土地征收、房屋拆迁等民事、行政案件，加大对失地农民和被拆迁人合法利益的保护力度，依法支持符合规划的城镇化建设；依法处理农民以土地补偿金入股引发的矛盾纠纷，依法保护农民的投资权益；依法严厉打击侵吞、挪用土地征收补偿金、房屋拆迁补偿金等违法犯罪行为，规范和维护土地征收和房屋拆迁秩序。

六、妥善审理服务领域的各类纠纷案件，保障和服务现代服务业的发展。依法审理教育、旅游、电信、物流、信息、研发、工业设计、商务、节能环保服务等服务合同纠纷案件，既要支持和保障面向生产、服务民生的现代服务业的自身发展，又要及时纠正服务提供者的不当行为，规范和引导服务提供者不断完善经营管理、提高服务水平。加强与服务业主管部门、行业协会的信息交流，及时通报案件审理中发现的服务行业发展存在的问题，提出司法建议。

七、妥善审理金融纠纷案件，保障和服务现代金融业的发展。依法审理借贷纠纷案件，切实保护银行等金融机构的合法债权，防范逃废银行债务行为，维护金融秩序和金融安全；依法审理存款纠纷案件，切实维护存款人储蓄的安全和利益；做好金融票据纠纷案件审判工作，依法维护金融信用秩序和交易安全；依法审理保险纠纷案件，依法支持被保险人、保险受益人得到及时的保险赔付,维护保险行业的健康发展;依法审理证券纠纷案件,充分保护股东权益,促进证券市场的有序发展;妥善审理非金融借贷纠纷案件,正确认定非金融借贷合同效力,依法打击各种以合法形式掩盖的非法集资等违法犯罪活动,维护金融安全和社会稳定;依法保护合法的民间借贷和企业融资行为,维护债权人合法权益,拓宽企业融资渠道。在经济发达地区可以设立金融法庭,专门审理相关金融案件。

八、妥善处理相关破产、强制清算案件,保障实现淘汰落后、过剩产能,推动实现产业转型升级的经济发展目标。依法受理企业破产案件和强制清算案件,积极引导市场主体依法有序退出市场;依法受理符合条件的企业重整、和解申请,运用企业重整、和解制度,帮助和支持那些资金周转遇到暂时困难但符合国家经济和产业结构调整要求、有发展前景的企业恢复生机重返市场。

九、妥善处理劳动争议和社会保险案件,切实保障民生。依法审理劳动者与用人单位在订立、履行、变更、解除或者终止劳动合同过程中产生的各类纠纷,切实保障劳动者的劳动报酬权益;依法审理劳动保障、工伤认定、社会保险等劳动行政案件,支持和监督劳动保障行政部门依法行使行政职权,切实保障劳动者的合法权益;积极引导企业切实承担社会责任,加大对劳动者权益的保护力度,引导劳动者树立诚信工作、共同发展的理念,促进企业与劳动者的互利共存,共赢发展。

十、妥善审理农业发展中出现的各类纠纷案件,鼓励和支持农村新兴产业发展,保障和服务农村经济发展方式转变。及时审理农村第二、三产业和农民外出务工、返乡创业中出现的各类纠纷案件,切实保障农民合法权益;依法审理土地承包经营权转让、转包、租赁等合同纠纷案件,保护土地承包经营权流转秩序;支持和促进农村金融服务体系建设,拓宽农村融资渠道。

十一、妥善审理各类知识产权案件,保障和服务推动自主创新。加强对重点领域知识产权的司法保护,促进战略性产业发展;加强对驰名商标、农产品地理标志以及战略性新兴产业和现代服务业商标权的保护,促进自主品牌的形成和品牌经济的发展;加大对关键核心技术自主知识产权的保护力度,促进新能源、新医药、新材料、环保等高新技术产业发展,维护企业的核心竞争力;妥善审理反垄断和不正当竞争案件,制止科技开发和技术转让中的垄断行为,防止滥用知识产权限制创新,维护公平竞争的市场秩序;加强对新闻出版、广播影视、文学艺术、文化娱乐、广告设计、工艺美术、计算机软件、信息网络等领域的著作权保护,依法惩处假冒商标、专利和侵犯著作权等侵犯知识产权的犯罪行为,促进文化创新,繁荣文化市场。

十二、妥善审理各类涉外商事、海事、海商纠纷案件,保障和服务对外经济发展方式转变。依法审理外商投资纠纷案件,维护稳定、公平的外商投资环境,积极引导外资投资方向,不断提高利用外资质量,促进利用外资在推动科技创新、产业升级和区域协调发展等方面发挥积极作用;及时审理外国仲裁裁决、判决的承认与执行案件,维护仲裁的一裁终局性,准确理解国际公约、双边或多边条约规定,慎重适用公共秩序条款,促进对外司法合作与协助;依法准确适用外国法、国际条约和国际惯例,妥善审理涉外贸易、运输纠纷案件,平等保护中外当事人的诉讼权利和实体权益,促进进出口贸易稳步增长,维护我国经济安全。高度重视涉台和涉港澳案件审判工作,切实提高审判质量和效率。

十三、妥善审理各类环境保护纠纷案件,保障和服务推进节能减排和环境保护。依法受理各类因环境污染引起的损害赔偿纠纷案件,正确适用环境侵权案件举证责任分配规则,准确认定环境污染与损害后果之间的因果关系,确保环境侵权受害人得到及时全面的赔偿;及时审理环保行政诉讼案件,加大对环保非诉行政案件的审查执行工作力度,支持和监督环保行政执法机关依法履行环保职能;依法受理环境保护行政部门代表国家提起的环境污染损害赔偿纠纷案件,严厉打击一切破坏环境的行为;妥善处理土地、矿产等自然资源开发利用中出现的矛盾纠纷,依法保障权利人的合法权益,支持对废弃矿地的合理开发利用,促进资源型企业的转型升级。严格执行环境资源保护法律法规,依法保障和促进循环经济和节能环保产业的发展,坚决制裁污染环境、破坏林业资源、草原资源、生物资源等违法犯罪行为,促进社会经济可持续发展。在环境保护纠纷案件数量较多的法院可以设立环保法庭,实行环境保护案件专业化审判,提高环境保护司法水平。

十四、全面贯彻宽严相济刑事政策,依法打击严重危害社会治安和人民群众利益的犯罪,维护社会安定。依法惩处经济领域内犯罪,维护社会主义经济秩序。妥善处理群体性事件引发的犯罪案件。积极参与特殊人群的帮教管理和社会治安综合治理,构建长效工作机制,落实社会治安综合治理各项措施,支持和配合有关部门开展社会治安防控体系建设和基层平安创建活动,预防和减少犯罪,维护社会秩序。

十五、高度重视运用调解方式有效化解经济发展方式转变过程中引发的各类矛盾纠纷。认真贯彻"调解优先、调判结合"司法工作原则,积极推动构建司法调解、人民调解与行政调解"三位一体"的大调解格局,加大调解力度,充分发挥社会各界在矛盾纠纷化解中的积极作用,形成全社会解决矛盾纠纷的最大合力,尽力将矛盾化解在基层、化解在萌芽状态,避免因处置不当引发群体性事件。

十六、高度重视和妥善处理因加快经济发展方式转变引发的各类相关涉诉信访案件,及时发现和解决执法办案中的薄弱环节,不断提高执法办案水平。加强立案信访窗口建设,完善诉讼服务等司法便民服务体系,健全民意沟通表达机制,推进诉讼与非诉讼相衔接的矛盾纠纷解决机制,全面完成涉诉信访积案清理工作任务,努力为加快经济发展方式转变营造公正高效的司法环境和稳定和谐的社会环境。

十七、各级人民法院要及时向当地党委、人大汇报有关情况,做好与政府的沟通工作。要与有关部门适时交流有关信息,实现信息资源共享,并建立相应的协调机制,确保各项为加快经济发展方式转变提供司法保障和服务的应对措施有效落实。近年来,全国人大代表和政协委员对人民法院在经济形势变化情形下如何履行审判职能提出了很多很好的建议和提案,各级人民法院要高度重视,及时反馈办理情况,提高办理工作的满意率。要加强与人大代表、政协委员,各民主党派、工商联、无党派人士,专家学者、律师、人民群众等各方面的联系,真心实意地听取他们对人民法院工作的意见建议。充分发挥特邀咨询员和特约监督员的作用,为人民法院工作提供决策咨询和监督意见,提高科学、民主决策水平。认真落实接受新闻媒体舆论监督的规定,虚心听取媒体和网民意见，不断改进工作。

十八、切实加强相关司法调研工作，牢牢把握为加快经济发展方式转变提供司法保障和服务的前瞻性和主动权。各级人民法院领导干部和相关干警要深入基层、深入实际、深入农村、深入企业，加强与企业的联系和沟通，及时了解人民群众对司法工作的新要求和新期待；充分利用司法统计数据，及时发现因加快经济发展方式转变引发的新情况和新问题；加强对经济发展方式转变中可能涉及的法律问题的分析和研判，在各级党委的领导和有关部门的配合下，及时提出为加快经济发展方式转变提供司法保障和服务的各项司法应对措施和司法建议；及时总结和推广各地的好经验和好做法，不断提高为加快经济发展方式转变提供司法保障和服务的工作实效。

新时期人民法院审判工作任务艰巨，责任重大。各级人民法院要在党的坚强领导下，以科学发展观统领审判工作，坚持"三个至上"工作指导思想，坚持"为大局服务，为人民司法"工作主题，强化能动司法理念，践行司法为民宗旨，深入推进社会矛盾化解、社会管理创新、公正廉洁执法三项重点工作，为促进经济发展方式加快转变，实现我国经济平稳较快发展提供更加有力的司法保障和服务。

最高人民法院
关于印发《人民法院为实施"十二五"规划纲要提供司法保障的意见》的通知

2011年7月1日　　　　　　　　　　　　　　　法发〔2011〕10号

各省、自治区、直辖市高级人民法院，解放军军事法院，新疆维吾尔自治区高级人民法院生产建设兵团分院：

现将《人民法院为实施"十二五"规划纲要提供司法保障的意见》印发给你们，请结合实际工作，认真贯彻执行。

附：

人民法院为实施"十二五"规划纲要提供司法保障的意见

十一届全国人大四次会议审议通过了《国民经济和社会发展第十二个五年规划纲要》（以下简称"十二五"规划纲要）。认真学习贯彻"十二五"规划纲要精神，充分发挥审判职能作用，努力为经济社会又好又快发展提供更加有力的司法保障，是人民法院的重大政治任务。为增强人民法院保障"十二五"规划纲要实施的针对性和有效性，确保"十二五"规划纲要的各项要求在人民法院得到贯彻执行，特制定以下意见。

一、统一思想认识，切实增强为实施"十二五"规划纲要提供司法保障的责任感和使命感

1. 深刻认识"十二五"规划纲要的重大意义。"十二五"时期是全面建设小康社会的关键时期，是深化改革开放、加快转变经济发展方式的攻坚时期。"十二五"规划纲要深入分析了今后一个时期我国经济社会发展的国内外环境，明确了我国下一个五年经济社会发展的指导思想、主要目标和政策导向，勾画了未来五年我国国民经济和社会发展的宏伟蓝图，对于继续抓住和用好我国发展的重要战略机遇期，促进经济社会又好又快发展，夺取全面建设小康社会新胜利，具有十分重大而深远的意义。

2. 准确把握"十二五"时期人民法院工作面临的形势任务。"十一五"时期，全国各级人民法院狠抓执法办案第一要务，充分发挥审判职能作用，全力服务党和国家工作大局，为维护国家安全稳定、促进经济平稳较快发展；保障人民群众合法权益做出了突出贡献。"十二五"时期，世情国情将继续发生深刻变化，我国经济社会发展呈现新的阶段性特征，人民法院维护社会稳定、化解社会矛盾、调节经济关系、促进科学发展、保障人民权益的任务更加繁重，责任更加重大；同时，人民法院加强自身建设、提高司法能力的要求也更加紧迫。各级人民法院对此要保持清醒的头脑，切实采取有力措施，积极加强司法应对。

3. 切实增强保障"十二五"规划纲要实施的责任感和使命感。面对实施"十二五"规划纲要对人民法院工作提出的新要求，人民法院必须统一思想，进一步增强责任感和紧迫感，牢固树立政治意识、大局意识、法治意识、责任意识，进一步坚定做好人民法院工作的决心和信心，认真贯彻落实"十二五"规划纲要的各项部署，准确把握科学发展这个主题和加快转变经济发展方式这条主线，准确把握大局工作对人民法院提出的新要求，准确把握人民法院服务大局的结合点和切入点，大力推进社会矛盾化解、社会管理创新、公正廉洁执法三项重点工作，更加充分有效地发挥审判职能作用，为促进"十二五"时期经济社会又好又快发展提供更加有力的司法保障。

二、坚持能动司法，为加快转变经济发展方式提供优质司法服务

4. 积极服务经济结构战略性调整。坚持能动司法理念，高度关注经济社会发展的司法需求，加强对新情况、新问题的调查研究，适时出台司法解释和指导性意见，为经济结构战略性调整提供及时、有效的司法服务。要依法审理金融、商贸、物流等方面的纠纷案件，稳妥处理企业破产和公司清算案件，更加注重维护企业生产经营秩序，促进现代产业体系发展完善。

5. 积极服务国家扩大内需和对外开放战略。适应国家构建扩大内需长效机制和提高对外开放水平的新形势，依法审理消费、投资、外贸、海商海事等领域的纠纷案件，更加注重对市场秩序的维护，更加注重对市场主体的平等保护，更加注重对市场规则的尊重，促进形成消费、投资、出口协调拉动经济增长的新局面。认真做好涉港澳台司法

工作，不断深化涉港澳台司法协助，注重提升涉港澳台司法交流水平，推动形成稳定有效的机制化交流平台。

6. 积极服务科技进步和自主创新。根据科技进步的新趋势和经济发展方式转变的新需求，深入贯彻实施国家知识产权战略，充分发挥司法保护知识产权的主导作用。大力加强知识产权司法保护体系建设，以依法加大知识产权司法保护力度为重点，加强对关键核心技术、基础前沿领域、文化创意产业和自主创新品牌的知识产权保护，推动自主创新能力和国家核心竞争力显著提高，充分发挥科技进步和创新对加快转变经济发展方式的支撑作用。

7. 积极服务资源节约型、环境友好型社会建设。深入贯彻节约资源和保护环境基本国策，依法审理各类公害污染案件，依法打击严重破坏生态环境的犯罪，积极探索环境保护公益诉讼制度，促进节能减排，提高生态文明水平，促进经济社会与人口资源环境协调发展。

三、依法惩治刑事犯罪，切实维护国家安全和社会稳定

8. 依法审理各类刑事案件。依法严惩各种颠覆、渗透、分裂等危害国家安全的犯罪，恐怖组织、黑社会性质组织、故意杀人、强奸、绑架、拐卖妇女儿童、"两抢一盗"、涉枪涉爆等严重影响群众安全感的犯罪，贪污、贿赂等腐败犯罪，渎职侵权犯罪，为"十二五"规划纲要顺利实施创造安全稳定的社会环境。

9. 认真贯彻宽严相济刑事政策。严格执行《关于贯彻宽严相济刑事政策的若干意见》，根据犯罪的具体情况，实行区别对待，做到该宽则宽，当严则严，宽严相济，罚当其罪。认真落实《关于办理死刑案件审查判断证据若干问题的规定》和《关于办理刑事案件排除非法证据若干问题的规定》，提高刑事案件特别是死刑案件办案质量，确保每一起案件都经得起法律和历史的检验。扎实推进量刑规范化工作，增强量刑的公开性和透明度，实现量刑公正和均衡。

10. 大力加强和创新社会管理。按照最大限度激发社会活力、最大限度增加和谐因素、最大限度减少不和谐因素的总要求，以解决影响社会和谐稳定突出问题为突破口，通过协调社会关系、规范社会行为、化解社会矛盾和深入细致的群众工作，为党和国家事业发展营造更加良好的社会环境。积极参与特殊人群帮教管理、重点地区综合整治、网络虚拟社会管理、社区矫正等工作，妥善处理各类群体性事件和个人极端事件，建立社会稳定风险评估机制，从源头上预防和减少矛盾发生，确保社会既充满活力又和谐稳定。

四、依法保障和改善民生，维护人民群众的根本利益

11. 严格贯彻党的群众路线。始终坚持以人为本、司法为民理念，牢固树立群众观点，始终站稳群众立场，积极回应群众关切。开展群众观点大讨论，联系工作和思想实际，有针对性地开展自查自纠，让群众观点深入人心，并真正转化为司法为民、便民、利民的实际行动。积极向群众学习，努力提高新形势下做群众工作的能力和水平，以扎实有效的工作赢得人民群众的支持和信任。

12. 妥善审理与人民群众切身利益密切相关案件。按照"改善民生、建立健全基本公共服务体系"的要求，依法保障和改善民生，妥善审理劳动就业、社会保障、医疗卫生、教育、住房、消费等领域的纠纷案件，妥善审理婚姻家庭、人身损害赔偿等案件，切实维护人民群众根本利益。严惩危害食品药品安全、制售假冒伪劣商品犯罪，严厉打击电信网络诈骗、集资诈骗、重大责任事故等犯罪活动，保障群众生命健康和财产安全。

13. 积极服务国家强农惠农战略。认真研究加快社会主义新农村建设过程中涉及"三农"工作的法律问题，妥善化解农产品买卖、农民工追索劳动报酬、农村土地承包、非法占用耕地等矛盾纠纷，积极参与农资打假专项治理活动，切实保护农民权益，促进农业发展，维护农村稳定。

14. 认真做好行政审判和国家赔偿工作。保护人民群众诉权，畅通行政诉讼渠道，依法审查被诉行政行为的合法性，维护和监督行政机关依法行政。要大力推进重大行政诉讼案件行政机关负责人出庭应诉制度，促进行政争议的实质性解决。严格贯彻《国有土地上房屋征收与补偿条例》，审慎处理在推进城镇化等过程中发生的土地征收、房屋拆迁等行政争议，保护行政相对人合法权益，依法支持地方经济社会发展。认真执行修改后的《国家赔偿法》，探索建立国家赔偿工作科学发展长效机制，坚持实事求是、依法纠错、依法赔偿，切实保障赔偿请求人的合法权益。

15. 积极推动从根本上解决执行难问题。不断完善具有中国特色的执行工作格局，细化执行联动和威慑机制，推进基层协助执行网络建设。扎实开展创建"无执行积案先进法院"活动，适时组织开展刑事财产刑执行案件、涉特殊主体执行案件专项清理及反规避执行专项活动。扎实开展执行工作信息化建设，完善执行案件信息管理系统，努力提高执行工作水平。积极推进强制执行单行立法，为从根本上解决执行难问题提供有力的制度保障。

16. 大力加强司法便民工作。认真贯彻执行《关于进一步加强人民法院"立案信访窗口"建设的若干意见（试行）》，深入推进立案信访窗口标准化、规范化建设。按照《关于部分基层人民法院开展小额速裁试点工作的指导意见》，积极推进小额速裁试点工作。大力推广巡回审判，在相关案件集中的地方设立专业法庭或合议庭，积极探索网上立案、送达、庭审、评议等做法，进一步合理配置审判资源，便利人民群众诉讼。加强司法救助工作，确保经济困难的群众打得起官司。

17. 认真做好涉诉信访工作。认真贯彻最高人民法院关于涉诉信访工作的"四个必须"和"五项制度"，着力解决涉诉群众的合理诉求。认真开展涉诉信访积案清理工作，在确保质量的前提下，加快工作进度，抓好结案验收。坚持领导干部亲自接访、法官带案下访、巡回接访等做法，切实解决群众信访中反映的问题。强化一审、二审责任，做好初信初访工作，从源头上预防和减少信访案件。

五、坚持严格公正司法，确保宪法和法律正确实施

18. 充分认识中国特色社会主义法律体系形成后人民法院推进法律实施的重大责任。中国特色社会主义法律体系如期形成、各方面总体上实现有法可依后，有法必依、执法必严、违法必究的问题就更为突出、更加紧迫，人民法院通过执法办案保障宪法和法律正确实施的任务更加繁重，责任更加重大。人民法院必须充分认识担负的重大历史使命，更加注重正确适用法律，更加注重维护宪法和法律的权威，努力推进依法治国、建设社会主义法治国家的历史进程。

19. 严格遵守和执行各项法律。坚持依法独立公正行使审判权，一切审判、执行工作都必须依法进行，不受任何行政机关、社会团体和个人的干涉，努力树立和维护司法权威。坚持实体公正与程序公正并重，严把案件事实关、证据关、程序关和法律适用关，切实维护司法公正。坚持案件质量和效率兼顾，在确保质量的前提下，尽力缩短办案周期，提高审判效率。

20. 积极推动中国特色社会主义法律体系发展完善。积极参与立法工作，紧密结合人民法院工作实际，适时提出立法建议，认真做好立法草案的调研、论证等工作。坚持中国特色社会主义理论体系，大力加强审判理论研究和应用研究，为行政强制法、刑事诉讼法、民事诉讼法等法律的制定、修改提供理论和实践依据。注重完善司法解释工作，认真做好前期审批、调研论证等工作，注意司法解释的针对性、连续性和协调性，推进司法解释的民主化和科学化。

六、坚持"调解优先、调判结合"，大力推进社会矛盾化解

21. 正确理解和贯彻"调解优先、调判结合"工作原则。准确把握调解和判决的关系，坚持以有利于解决纠纷、有利于化解矛盾、有利于实现案结事了为标准，根据每起案件的具体情况，合理选择处理案件的方式。坚持合法自愿原则进行调解，坚决避免违背当事人意愿强调硬调等做法。对依法不能调解、根据案情不宜调解或以判决方式更有利于解决问题的，依法及时判决。

22. 创新和完善诉讼调解工作机制。强化"调解优先"理念，把调解贯穿于立案、审判、执行各个环节，贯穿于一审、二审、再审、申诉、信访全过程，建立覆盖刑事、民事、行政、执行等各领域的全程调解（协调、和解）机制。规范调解行为，提高调解质量，用调解案件的自动履行率检验调解效果，进一步完善能够真实反映调解工作质量的考评机制，真正使调解方式发挥应有的作用。

23. 创新和完善"大调解"工作机制。继续推进诉讼与非诉讼相衔接的矛盾纠纷解决机制建设，动员社会力量化解矛盾纠纷，积极推动建立党委领导、政府主导、各方参与，人民调解、行政调解、司法调解各司其职、相互协调的"大调解"工作格局。完善人民调解协议司法确认机制，加强与人民调解组织的协调配合，促使其更好地发挥作用。加强与有关行政机关和行业组织的联系，帮助他们提高调解能力和水平。规范对仲裁裁决的司法审查标准，支持仲裁机构开展工作，发挥其在解决争端中的重要作用。

七、深化司法改革，健全完善更加科学的司法体制和工作机制

24. 全面落实各项司法改革任务。坚持"把握方向、立足国情、依法推进、确保公正"原则，坚定不移地推进司法体制和工作机制改革，努力建设与中国特色社会主义法律体系相适应的司法制度，为人民法院依法独立公正行使审判权提供制度保障。加快推

进死刑复核程序、司法保障制度等中央确定的改革任务，积极推进建立审务督查制度、法官廉政档案制度等"三五"改革纲要确定的任务，抓好各项改革成果的落实，确保发挥应有的作用。

25. 深入推进司法公开、司法民主和监督制约。大力推行"阳光司法"，深入推进审判工作白皮书和法院工作年度报告制度，继续组织开展向"司法公开示范法院"学习活动，不断扩大司法公开的广度和深度。进一步完善人民陪审员制度，加强对陪审员的管理和培训，拓展陪审案件范围，更好地发挥人民陪审员的作用。加强审判监督等人民法院内部监督，自觉接受人大监督、政协民主监督，确保人民法院依法履职、公正司法。认真贯彻"两高"会签的《关于对民事审判活动和行政诉讼实行法律监督的若干意见（试行）》和《关于在部分地方开展民事执行活动法律监督试点工作的通知》，自觉接受检察机关对民事、行政案件及执行活动的法律监督。

26. 大力推进审判管理创新。深入贯彻2010年全国大法官审判管理专题研讨班和全国法院审判管理工作座谈会精神，认真执行最高人民法院《关于加强人民法院审判管理工作的若干意见》，进一步深化审判管理改革，逐步建立科学、完备、有效的审判管理体系。完善人民法院内部层级管理体系，推动各级人民法院逐步建立专门的审判管理机构。强化对审判流程节点的监控和管理，确保案件审理依法、公正、高效运行。建立健全案件质量评查长效机制和审判运行态势监控机制，充分发挥案件质量评估指标体系在审判管理中的作用，实现审判管理的科学化。完善案件信息管理系统，逐步建立覆盖全国法院的审判管理网络、全国法院案件信息数据库和案件信息查询系统，提高审判水平。

八、狠抓队伍建设，全面提升法院队伍整体素质

27. 大力开展创先争优活动和主题教育实践活动。以扎实开展创先争优活动和"发扬传统、坚定信念、执法为民"主题教育实践活动、"人民法官为人民"主题实践活动为载体，坚持抓党建带队建，加强社会主义法治理念和司法核心价值观教育，深化革命传统教育、理想信念教育和司法为民宗旨教育，努力推动提升队伍素质、提升审判质量、提升司法公信力。

28. 加强司法能力建设。进一步完善竞争性选拔干部机制，推进法院人员管理的科学化、规范化，激发队伍活力。加强法院领导班子建设，加大法院领导干部交流力度，突出培养高素质法院领导人才。以《人民法院审判理念读本》为教材，深化审判理念教育，正确指导审判实践。认真贯彻"一个目标、两个转变、三个倡导"教育培训工作方针，加强法官教育培训工作，努力提升法官司法能力。实施分类培训战略，最大限度地适应人民法院不断增长的培训需求。加强对西部和民族地区法院教育培训工作的支持，积极研究建立双语法官培训基地，加大双语法官培养力度。根据警务工作需要，争取有关方面支持，增加司法警察编制，提升司法警察队伍素质，加强司法警察队伍正规化管理和职能履行规范化建设，提高司法警察职级待遇，稳定司法警察队伍，提高警务保障能力。

29. 大力改进司法作风。狠抓司法作风建设，努力培养广大法官认真负责、严谨细致、公正司法、高效办案、勤于学习、乐于奉献的良好作风。建立加强司法作风建设长效机制，完善各项管理制度，以制度规范行为，以制度管人管事。密切联系人民群众，畅通社情民意反映渠道，及时听取群众对法院工作的意见和建议，积极开展人民满意法院、法官创建活动。坚持求真务实，着眼于解决实际问题，坚决克服形式主义。

30. 大力加强法院文化建设。积极开展"公正、廉洁、为民"司法核心价值观研究、教育和实践，将其作为法官共同的理想信念、价值追求和行为准则。加强职业道德建设，认真贯彻执行《法官职业道德基本准则》、《法官行为规范》和《人民法院文明用语基本规范》，培养和树立司法公正、清正廉洁、一心为民、规范文明的法官职业形象。加强学习型法院建设，注重人文关怀，营造崇尚学习、积极进取、特色鲜明的法院文化氛围。

31. 不断提高人民法院反腐倡廉建设科学化水平。以理想信念教育、革命传统教育、先进示范教育、反面警示教育和岗位廉政教育为主要抓手，深入开展司法廉洁教育。狠抓司法巡查、审务督查和廉政监察员等监督制度的落实，切实加强对审判权、执行权和司法管理权的监督。积极推进人民法院反腐倡廉建设制度和机制创新，构建符合审判工作规律的廉政风险防范机制。认真落实"四个一律"要求和"五个严禁"等规定，严肃查处各类违纪违法案件，始终保持惩治腐败的高压态势。

九、坚持抓基层打基础，全面加强基层工作和建设

32. 切实加强对基层工作的指导。以2011年10月份全国人大常委会专题审议最高人民法院关于加强基层建设的报告为契机，认真贯彻全国人大常委会决议，大力加强和改进基层工作。中级以上人民法院要完善宏观指导、分类指导机制，切实提升自身工作水平，努力掌握司法工作规律，增强监督指导的针对性、实效性和权威性。要加强工作检查，确保各项监督指导措施落到实处，取得实效。

33. 切实解决基层法院的实际困难。认真贯彻《关于新形势下进一步加强人民法院基层基础建设的若干意见》，努力解决案多人少矛盾和法官短缺问题，推动建立适应审判工作发展要求的编制增补机制。认真执行中央关于解决提前离岗离职问题的政策规定，杜绝审判资源浪费。积极会同国家有关部门，研究完善司法考试政策。继续推进法院经费保障体制改革，建立法院经费正常增长机制。继续做好边远、民族地区及其他群众诉讼不便地区人民法庭的恢复或新建工作。大力实施"天平工程"，全面推进人民法院信息化建设，妥善处理好认识与发展、建设与应用、硬件与软件、审判管理与其他管理、技术完善与制度建设五个关系，提高信息化建设和应用水平。

34. 切实解决基层法院干警工作生活中的实际问题。建立健全法官职业保障制度和激励机制，以中央司法体制和工作机制改革为契机，积极推动建立并实施法官职务序列及其配套政策，适当提高基层法官职数比例。积极探索建立适合审判工作特点的法官工资、退休和其他津补贴制度。关心基层干警生活，落实带薪休假、定期体检等制度，倡导健康生活情趣，培养理性心态，确保干警身心健康。完善法官择优遴选制度和有利于基层干警成长的干部选拔机制，努力拓展基层干警职业发展空间。加强人民法院安保工作，完善应急处置工作机制，加强司法宣传和舆情引导工作，为人民法院开展工作营造良好的外部环境。

十、坚持党的领导，为做好人民法院工作提供坚强政治保障

35. 自觉接受党的领导。认真贯彻党的路线、方针、政策，确保人民法院工作在党的领导下实现科学发展。凡属重大工作部署、重要人事安排、重要改革事项，都要及时向党委报告，取得党组织的支持和帮助。紧紧依靠党的领导解决制约人民法院发展的体制性、机制性和保障性问题，为从根本上解决人民法院工作面临的各类困难提供有力的政治保证。

36. 加强人民法院党的建设。要按照"抓党建带队建促审判"的总体工作思路，全面加强法院党组自身建设，真正把党组建设成为讲政治、顾大局、富有凝聚力和战斗力的领导核心。要坚持把支部建在庭上，健全基层党的组织，创新党建工作机制，加强党建指导工作，努力构建条块结合、上下联动、整体推进的法院系统党建工作格局。要紧密结合审判执行工作抓党建，充分发挥基层党组织的战斗堡垒作用和共产党员的先锋模范作用。

37. 始终坚持党管干部原则。改进和加强协管工作，确保把各级人民法院领导班子配齐配强。改进和加强干部选拔培养，按照德才兼备、以德为先的原则和法官法的规定，把政治坚定、品德优良、熟悉法律、作风扎实的优秀干部选拔到法院领导岗位上来。改进和加强对干部包括领导干部的经常性考查，激励大家立足本职，做好工作，更好地为大局服务、为人民司法。

全国各级人民法院要按照意见要求，认真总结多年来为经济社会发展服务的经验，找准存在的问题与不足，按照新的形势任务的要求，研究制定措施，狠抓工作落实，更好地发挥审判职能作用，为实现"十二五"规划确定的目标任务提供更加有力的司法保障。

最高人民法院
印发《关于充分发挥审判职能作用加强和创新社会管理的若干意见》的通知

2011年10月27日　　　　　　　　　　　　　法发〔2011〕16号

各省、自治区、直辖市高级人民法院，解放军军事法院，新疆维吾尔自治区高级人民法院生产建设兵团分院：

现将《最高人民法院关于充分发挥审判职能作用加强和创新社会管理的若干意见》印发给你们，请结合工作实际，认真贯彻执行。

附：

关于充分发挥审判职能作用加强和创新社会管理的若干意见

社会管理是中国特色社会主义事业总体布局中社会建设的重要组成部分。经过长期探索和实践，我国已初步形成党委领导、政府负责、社会协同、公众参与的社会管理格局。加强和创新社会管理，是以胡锦涛同志为总书记的党中央正确把握国内外形势新变化新特点，从党和国家事业发展全局出发确定的一项重大战略任务。今年以来，中央就加强和创新社会管理，建设中国特色社会主义社会管理体系，作出一系列重大部署。认真贯彻落实中央各项部署要求，积极参与社会管理，不断推进中国特色社会主义社会管理体系发展完善，是人民法院当前和今后一个时期的重大任务。为充分发挥人民法院的审判职能作用，积极参与加强和创新社会管理，特提出如下意见。

一、充分认识加强和创新社会管理的重要性和紧迫性

1. 准确把握人民法院加强和创新社会管理的重大意义。当前，我国既处于发展的重要战略机遇期，又处于社会矛盾凸显期，社会管理的理念思路、体制机制、法律政策、方法手段等面临严峻挑战。加强和创新社会管理，事关党的执政地位巩固，事关国家长治久安，事关人民安居乐业，对于继续抓住和用好我国发展重要战略机遇期，推进党和国家事业发展，实现全面建设小康社会宏伟目标具有重大战略意义。人民法院作为中国特色社会主义事业的建设者、捍卫者，必须把思想认识统一到中央的决策部署上来，从全局和战略的高度，进一步深化对加强和创新社会管理重要性和紧迫性的认识，切实增强责任感和使命感，以扎实有效的工作措施，把加强和创新社会管理作为一项重大而紧迫的任务抓紧抓好。

2. 准确把握人民法院在加强和创新社会管理中的重要地位和作用。人民法院承担着依法审理各类案件、妥善化解矛盾纠纷、维护群众合法权益、捍卫社会公平正义、促进社会和谐稳定等重要职能，是加强社会管理、参与社会建设的重要力量。人民法院的每一项审判工作，都是社会管理的重要内容；人民法院审理每一起案件，都与社会管理密切相关。各级人民法院要准确把握在加强和创新社会管理中的功能定位，教育干警克服"社会管理与己无关"的错误认识，紧密联系法院工作实际，切实找准加强和创新社会管理的结合点、切入点，不断提高通过司法手段加强和创新社会管理的能力和水平，充分发挥人民法院在社会管理中的重要作用。

3. 准确把握人民法院加强和创新社会管理的根本出发点和落脚点。加强和创新社会管理，必须准确把握工作的出发点和落脚点。全心全意为人民服务是我们党的根本宗旨，也是社会管理工作的根本出发点和落脚点。人民法院加强和创新社会管理，必须认真贯彻党的群众路线，牢固树立群众观点，始终坚持人民法院的人民性，着力实现司法为民的新发展。要从思想上进一步解决"为谁掌权、为谁执法、为谁服务"的根本问题，牢固树立以民为本的思想；要在司法活动中充分保障当事人的诉讼权利，切实维护人民群众的合法权益；要根据人民群众的新要求不断推出司法便民新举措，方便群众诉讼，减轻群众负担；要尊重人民主体地位，推进司法民主，弘扬司法文明，依法保障人民群众对司法工作的知情权、参与权、表达权、监督权。

4. 准确把握人民法院加强和创新社会管理面临的困难和问题。多年来，人民法院通过加强执法办案等工作，为推动社会管理格局的形成和发展做出了突出贡献。在世情、国情、党情发生深刻变化，社会管理领域新情况、新问题不断出现的形势下，人民法院参与社会管理的任务更加艰巨，责任更加重大。各级人民法院要准确把握加强和创新社会管理面临的形势任务，牢记使命，依法履职，认真研究解决人民法院参与社会管理遇到的困难和问题，努力为完善党委领导、政府负责、社会协同、公众参与的社会管理格局，建设中国特色社会主义社会管理体系做出新的贡献。

二、狠抓执法办案工作，充分发挥人民法院在加强和创新社会管理中的重要作用

5. 依法妥善审理、执行各类案件。公正审理、执行各类案件，是人民法院参与社会管理的基本途径。人民法院加强和创新社会管理，必须始终抓好执法办案第一要务。要认真总结并大力发扬近年来坚持能动司法的经验做法，进一步完善司法政策，强化司法措施，搞好司法服务。要依法妥善审理加快转变经济发展方式过程中出现的各类案件，特别是金融、投资、商贸、物流、消费、企业改制、节能减排、环境保护等方面的案件，为保持经济长期平稳较快发展提供有力司法保障。要依法妥善审理涉及中小企业的民间借贷纠纷案件，积极引导民间借贷规范发展，依法打击非法集资等违法犯罪行为，妥善处理企业之间互相担保、企业资金链断裂引发的各类矛盾纠纷，有效维护正常的金融秩序，切实保障人民群众的合法权益。要依法妥善审理知识产权案件，加大知识产权司法保护力度，深入推进实施国家知识产权战略，以公正的司法保护自主创新，激发社会创造活力，推动建设创新型国家。要依法妥善审理因人民内部矛盾引发的各类民事和行政案件，特别是农村土地征用、城镇房屋拆迁、"三农"问题、教育医疗、社会保障、安全生产、城市管理等方面的案件，切实保障人民群众的合法权益。要依法妥善审理群众普遍关注、社会反映强烈的涉及社会公德的案件，准确预判案件裁判的结果对社会公共道德建设的影响，有效发挥司法裁判的教育、示范功能，引领良好社会风尚，培育良好社会心态，提升社会道德水平。要严格贯彻宽严相济刑事政策，依法惩治各类刑事犯罪，维护国家安全和社会稳定。要科学构建综合治理执行难的工作格局，加大执行力度，完善执行联动机制，积极推动从根本上解决执行难问题。

6. 认真贯彻"调解优先、调判结合"工作原则。调解是化解社会矛盾、促进社会和谐的有效方式，具有广泛的社会基础，符合中国国情，符合中国文化传统，符合社会管理的客观规律。要坚定不移地把"调解优先、调判结合"工作原则贯穿人民法院加强和创新社会管理的全过程，积极推动完善人民调解、行政调解、司法调解相互衔接配合的大调解工作体系。要正确处理调解和判决的关系，坚持以有利于解决纠纷、有利于化解矛盾、有利于实现案结事了为标准，根据每起案件的具体情况，合理选择处理案件的方式。要坚持自愿合法原则，规范调解行为，提高调解质量，用调解案件的自动履行率检验调解效果，进一步完善能够真实反映调解工作质量的考评机制，真正使调解方式发挥应有的作用。

7. 认真做好涉诉信访工作。妥善处理涉诉信访案件，切实解决群众信访中反映的问题，是加强和创新社会管理的重要任务。要从实现好、维护好、发展好最广大人民根本利益出发，下大力气解决涉诉群众的合法合理要求。要严格贯彻"四个必须"，即必须强化群众观念、坚持源头治理、建立长效机制、工作重心下移；大力推行"五项制度"，即评估预防制度、涉诉信访通报制度、约期接谈制度、多元化解制度和信访案件终结制度，进一步加强解决涉诉信访问题长效机制建设，切实增强审判、执行人员化解矛盾纠纷、促进案结事了的意识，抓好一审、二审、再审和执行工作，做好初信初访工作，实行责任倒查制度，真正从源头上预防和减少涉诉信访案件。

三、拓展服务职能，大力推进中国特色社会主义社会管理体系建设

8. 积极参与社会管理制度建设。制度是加强和创新社会管理的基础和保障。人民法院在通过执法办案参与社会管理的同时，要注重发挥司法的能动作用，积极推进社会管理制度体系不断完善。要大力加强司法建议工作，对在审判、执行、信访等工作中发现的社会管理方面的问题，及时向党委、人大、政府及有关部门提出有价值的建议，帮助完善有关制度，堵塞管理漏洞，推进社会管理创新。要深入调查研究，广泛听取群众意见，及时发现社会管理领域存在的苗头性、倾向性、普遍性问题，通过出台司法解释或指导性意见、参与法律法规立改废等途径，促进社会诚信、流动人口管理、非公有制经济组织和社会组织监管等各项社会管理制度的不断完善，推动社会管理实现科学化、法治化、规范化。

9. 积极参与特殊人群关怀帮扶体系建设。要与有关部门密切配合，积极推进社区矫正制度的健全完善，积极参与对刑释解教人员、社区服刑人员的帮教管理，促进解决他们在就学、就业、社会保障等方面的实际困难，帮助他们顺利回归社会。要坚持"教育、感化、挽救"方针和"教育为主、惩罚为辅"原则，进一步加强少年司法工作，推进独立建制的少年审判庭建设，加强对未成年被告人的法庭教育，协助管教所或者社区矫正部门做好未成年罪犯的帮扶、矫治、管理工作，推动完善未成年人司法保护制度，维护未成年人合法权益。

10. 积极参与立体化治安防控体系建设。要积极参与重点地区、重点场所的社会治安综合治理，依法严厉打击黑恶势力、暴力恐怖、两抢一盗、拐卖妇女儿童、危害食品药品安全等严重影响群众安全感的犯罪活动。要积极参与校园及周边地区综合治理，依法严厉打击针对师生、学校的犯罪活动，维护正常的教学秩序。要积极参与信息网络服务管理，建立网络舆论引导机制，健全舆情研判、监控报告机制，加大网络正面宣传力度，积极做好突发事件网上舆论引导，及时发布权威信息，依法严厉打击利用或针对信息网络的犯罪活动，推动形成健康向上的网络文化，为网络信息传播的规范有序和安全运行提供有力保障。要注重通过人民法院的全部活动教育公民自觉遵守宪法和法律，引导群众依法理性表达诉求，推动形成全社会学法尊法守法用法的良好法治环境。

四、加强统筹协调,落实人民法院加强和创新社会管理的各项要求和措施

11. 推进能力建设。加强队伍建设,全面提升队伍整体素质,是人民法院加强和创新社会管理的基础性工程。要针对当前队伍建设中存在的突出问题,以创先争优活动、"发扬传统、坚定信念、执法为民"主题教育实践活动、"人民法官为人民"主题实践活动以及社会主义法治理念再学习再教育活动为载体,深入开展"忠诚、为民、公正、廉洁"政法核心价值观教育,提升司法能力,改进司法作风,确保司法廉洁。要围绕人民法院在加强和创新社会管理中遇到的问题和困难为重点加强理论研究,不断深化对人民法院参与社会管理工作规律的认识和把握,为人民法院加强和创新社会管理提供智力支持。要通过落实"一个目标、两个转变、三个倡导"的教育培训方针,引导广大法官适应社会发展需要,深刻把握人民法院加强和创新社会管理面临的形势任务,不断提高执法办案和其他工作水平,在加强和创新社会管理中发挥更大作用。

12. 强化基层建设。基层基础建设是整个社会管理的根基,人民法院的基层建设对于人民法院加强和创新社会管理具有重大影响。各级法院要继续坚持重心下移,进一步加强对基层法院参与社会管理的监督指导,帮助基层做好上级部署与本地实际的结合文章,及时总结推广基层法院加强和创新社会管理的成功经验,加强对基层干警参与社会管理能力的培养,提高基层法院参与社会管理的水平。要全面落实全国人大常委会关于人民法院基层建设专项报告的审议意见以及最高人民法院《关于进一步加强新形势下人民法院基层基础建设的若干意见》,积极争取党委、人大、政府及有关部门的关心支持,深入研究、认真解决一些法院面临的案多人少、法官断层、经费不足、装备落后、债务负担较重等实际困难和问题,加快实施"天平工程",为基层法院参与社会管理创造有利条件。

13. 完善工作机制。人民法院加强和创新社会管理,必须以科学、有效的工作机制为保障。各级法院要以创新的精神推进社会管理,在坚持依法办事的前提下,积极探索新路子,勇于实践新举措。要认真落实中央关于深化司法体制改革的意见和《人民法院第三个五年改革纲要(2009~2013)》,按照加强和创新社会管理的要求,积极完善相关制度机制。特别是要重点完善司法公开、司法民主、监督制约等制度机制,以公开、公正、廉洁、文明的司法活动,提高人民法院参与社会管理工作的效果。要不断健全社会稳定风险评估机制,在审判、执行社会影响较大的案件以及出台重大司法政策时,要事先进行充分调研论证,及时进行风险评估,并根据评估结果采取应对措施,针对可能发生的问题制订工作预案,切实防止引发影响社会稳定的问题。要认真贯彻《关于加强人民法院审判管理工作的若干意见》,继续加强审判管理工作,深化审判管理改革,完善审判管理体系,努力实现审判管理的规范化、科学化和信息化。

14. 加强组织领导。各级人民法院要把加强和创新社会管理工作列入党组重要议事日程,摆到更加突出的位置,加强领导和协调,定期分析社会管理形势,及时研究解决社会管理中涉及人民法院工作的突出问题。要明确本地法院负责社会管理有关工作的机构和人员,确保各项工作有人组织、有人协调、有人落实。各级法院领导干部要带头学习社会管理知识,掌握相关理论和方法,加强对新形势下社会管理重大问题的调查研究，不断提升参与社会管理的能力和水平。要把加强和创新社会管理工作作为对法院领导班子和领导干部综合考核评价的重要内容，明确目标责任，层层分解任务，加强督促检查，科学进行考评，并将考评结果与业绩评定、职务晋升、奖励惩处挂钩，确保工作效果。要充分运用各类媒体，积极宣传各级人民法院加强和创新社会管理的好经验、好做法、好典型，为人民法院参与社会管理工作营造良好的舆论环境。

地方各级人民法院要按照本意见要求，认真总结多年来参与社会管理的成功经验，找准加强和创新社会管理存在的问题与不足，按照新形势、新任务的要求，找准结合点和切入点，及时研究新办法，采取新措施，加强与其他部门的协调配合，切实抓好工作落实，更好地发挥审判职能作用，推动中国特色社会主义社会管理体系建设，为"十二五"时期经济社会又好又快发展、为夺取全面建设小康社会新胜利做出新的更大的贡献。

最高人民法院
印发《关于人民法院为防范化解金融风险和推进金融改革发展提供司法保障的指导意见》的通知

2012年2月10日　　　　　　　　　　　　　　法发〔2012〕3号

各省、自治区、直辖市高级人民法院，解放军军事法院，新疆维吾尔自治区高级人民法院生产建设兵团分院：

现将最高人民法院《关于人民法院为防范化解金融风险和推进金融改革发展提供司法保障的指导意见》印发给你们，请认真贯彻执行。

附：

关于人民法院为防范化解金融风险和推进金融改革发展提供司法保障的指导意见

随着经济发展方式转变和结构调整，我国经济社会发展对金融改革和发展提出了更高的要求。国际金融危机使世界经济金融格局发生深刻变化，我国经济和金融开放程度不断提高，金融风险隐患也在积聚。中央经济工作会议和第四次全国金融工作会议提出了今后一个时期我国金融工作的总体要求，突出强调要显著增强我国金融业综合实力、国际竞争力和抗风险能力，全面推动金融改革、开放和发展。规范金融秩序，防范金融风险，推动金融改革，支持金融创新，维护金融安全，不仅是今后一个时期金融改革发展的主要任务，也是人民法院为国家全面推进金融改革发展提供司法保障的重要方面。各级人民法院要充分认为为防范化解金融风险和推进金融改革发展提供司法保障的重要性和紧迫性，充分发挥审判职能作用，深化能动司法，把握好"稳中求进"的工作总基调，为全面推进金融改革发展，保障实体经济平稳健康发展提供有力的司法保障。

一、制裁金融违法犯罪，积极防范化解金融风险

金融风险突发性强、波及面广、危害性大，积极防范化解金融风险是金融工作的生命线。各级人民法院必须充分认识当前国际金融局势的复杂性以及国内金融领域的突出问题和潜在风险，通过审判工作严厉打击金融犯罪活动，制裁金融违法行为，防范化解金融风险，保障国家金融改革发展任务的顺利进行。

1. 依法惩治金融犯罪活动。各级人民法院要充分发挥刑事审判职能，依法惩治金融领域的犯罪行为。要依法审理贷款、票据、信用证、信用卡、有价证券、保险合同方面的金融诈骗案件，加大对操纵市场、欺诈上市、内幕交易、虚假披露等行为的刑事打击力度，切实维护金融秩序。要通过对非法集资案件的审判，依法惩治集资诈骗、非法吸收或变相吸收公众存款、传销等经济犯罪行为，以及插手民间借贷金融活动的黑社会性质组织犯罪及其他暴力性犯罪，维护金融秩序和人民群众的财产安全。要依法审判洗钱、伪造货币、贩运伪造的货币、逃汇套汇、伪造变造金融凭证等刑事案件，努力挽回经济损失。

2. 依法制裁金融违法行为。各级人民法院在审理金融民商事纠纷案件中，要注意其中的高利贷、非法集资、非法借贷拆借、非法外汇买卖、非法典当、非法发行证券等金融违法行为；发现犯罪线索的，依法及时移送有关侦查机关。对于可能影响社会稳定的金融纠纷案件，要及时与政府和有关部门沟通协调，积极配合做好处理突发事件的预案，防范少数不法人员煽动、组织群体性和突发性事件而引发新的社会矛盾。

3. 支持清理整顿交易场所。各级人民法院要根据国务院《关于清理整顿各类交易场所切实防范金融风险的决定》（国发〔2011〕38号）精神，高度重视各类交易场所违法交易活动中蕴藏的金融风险，对于"清理整顿各类交易场所部际联席会议"所提出的工作部署和政策界限，要予以充分尊重，积极支持政府部门推进清理整顿交易场所和规范金融市场秩序的工作。要审慎受理和审理相关纠纷案件，防范系统性和区域性金融风险，维护社会稳定。

4. 切实防范系统金融风险。各级人民法院要妥善审理因民间借贷、企业资金链断裂、中小企业倒闭、证券市场操纵和虚假披露等引发的纠纷案件，发现有引发全局性、系统性风险可能的，及时向公安、检察、金融监管、工商等部门通报情况。要正确适用司法强制措施，与政府相关部门一道统筹协调相关案件的处理，防止金融风险扩散蔓延。要加强对融资性担保公司、典当行、小额贷款公司、理财咨询公司等市场主体融资交易的调研和妥善审理相关纠纷案件，规范融资担保和典当等融资行为，切实防范融资担保风险向金融风险的转化。要依法审理地方政府举债融资活动中出现的违规担保纠纷，依法规范借贷和担保各方行为，避免财政金融风险传递波及。要加强与银行、证券、保险等金融监管部门的协调配合，确有必要时，可建立相应的金融风险防范协同联动机制。

二、依法规范金融秩序，推动金融市场协调发展

金融市场的稳定运行和健康发展，直接关涉金融秩序和社会政治的稳定。各级人民法院要通过切实有效地开展好各类金融案件的审判工作，促进多层次金融市场体系建设，维护金融市场秩序，推动金融市场全面协调发展。

5. 保障信贷市场规范健康发展。各级人民法院要根据《最高人民法院关于依法妥善审理民间借贷纠纷案件，促进经济发展维护社会稳定的通知》的精神，妥善审理民间借贷等金融案件，保障民间借贷对正规金融的积极补充作用。要依法认定民间借贷合同的效力，保护合法的民间借贷法律关系，提高资金使用效率，推动中小微企业"融资难、融资贵"问题的解决。要依法保护合法的借贷利息，遏制民间融资中的高利贷化和投机化倾向，规范和引导民间融资健康发展。要高度重视和妥善审理涉及地下钱庄纠纷案件，严厉制裁地下钱庄违法行为，遏制资金游离于金融监管之外，维护安全稳定的信贷市场秩序。

6. 保障证券期货市场稳定发展。各级人民法院要从保护证券期货市场投资人合法权益、维护市场公开公平公正的交易秩序出发，积极研究和妥善审理因证券机构、上市公司、投资机构内幕交易、操纵市场、欺诈上市、虚假披露等违法违规行为引发的民商事纠纷案件，消除危害我国证券期货市场秩序和社会稳定的严重隐患。要妥善审理公司股票债券交易纠纷、国债交易纠纷、企业债券发行纠纷、证券代销和包销协议纠纷、证券回购合同纠纷、期货纠纷、上市公司收购纠纷等，保障证券期货等交易的安全进行。

7. 依法保障保险市场健康发展。各级人民法院要妥善审理因销售误导和理赔等引发的保险纠纷案件，规范保险市场秩序，推动保险服务水平的提高。要在保险合同纠纷案件审理中，注意协调依法保护投保人利益和平等保护市场各类主体、尊重保险的精算基础和保护特定被保险人利益、维护安全交易秩序和尊重便捷保险交易规则、防范道德风险和鼓励保险产品创新等多种关系，要积极支持保险行业协会等调处各类保险纠纷，维护保险业对经济社会发展的"助推器"和"稳定器"功能，促进保险业的健康持续发展。

8. 促进金融中介机构规范发展。各级人民法院在金融纠纷案件审理过程中，发现中介机构存在不实披露或不合理估价等违法违规情形的，应当及时向金融监管部门通报相关情况，提高中介机构信息披露的透明度，加大会计机构对复杂金融产品信息的披露，强化中介机构对金融产品的合理估价。要妥善审理违法违规提供金融中介服务的纠纷案件，正确认定投资咨询机构、保荐机构、信用评级机构、保险公估机构、财务顾问、会计师事务所、律师事务所等中介机构的民事责任，努力推动各类投资中介机构规范健康发展。

9. 完善金融企业市场退出机制。各级人民法院要妥善审理金融企业的重整和破产案件，规范金融企业和投资者的行为，建立合理的金融企业市场退出机制，维护金融市场稳健运行，夯实金融市场规范发展的基础，为金融企业破产立法奠定扎实的实证基础。要以优化证券市场优胜劣汰机制为导向，根据国家关于稳步推进上市公司退市制度改革的部署，加强对上市公司破产案件的受理和审理的调研工作，不断提高审判能力，最大限度地保障投资者合法权益，保障上市公司破产重整过程规范有序，促进证券市场法制环境的不断优化。

三、依法保障金融债权，努力维护国家金融安全

金融安全关乎国家安全和社会和谐稳定。保障金融债权的实现程度，是衡量金融安全水平的重要因素。各级人民法院要自觉服从和服务于国家经济发展的大局，依法支持金融监管机构有效行使管理职能，担负起保护金融债权、维护国家金融安全的职责。

10. 妥善审理金融不良债权案件。金融不良债权的处置事关国家利益和金融改革，各级人民法院要继续按照《关于审理涉及金融资产管理公司收购、管理、处置国有银行不良贷款形成的案件适用法律若干问题的规定》和《关于审理涉及金融不良债权转让案件工作座谈会纪要》等司法解释和司法政策的规定和精神审理相关案件，保障国家金融债权顺利清收，防止追偿诉讼成为少数违法者牟取暴利的工具，依法维护国有资产安全。

11. 依法制裁逃废金融债务行为。在审理金融纠纷案件中，要坚持标准，认真把关，坚决依法制止那些企图通过诉讼逃债、消债等规避法律的行为。对弄虚作假、乘机逃废债务的，要严格追究当事人和相关责任人的法律责任，维护信贷秩序和金融安全。针对一些企业改制、破产活动中所存在的"假改制，真逃债"、"假破产、真逃债"的现象，各级人民法院要在党委的领导下，密切配合各级政府部门，采取一系列积极有效的措施，依法加大对"逃废金融债务"行为的制裁，协同构筑"金融安全区"，最大限度地保障国有金融债权。

12. 继续加大金融案件执行力度。各级人民法院要在最高人民法院的指导和部署下，继续通过集中时间、集中力量、统一调度、强化力度等多种方式，有计划地开展金融案件专项执行活动。在必要时，要在各级党委领导下，各级政府支持下，通过执行联动机制，加大金融案件的执行力度，确保金融案件的顺利执行。要妥善运用诸如以资产使用权抵债、资产抵债返租、企业整体承包经营、债权转股权以及托管等执行方式，努力解决难以执行的金融纠纷案件。

四、依法保障金融改革，积极推进金融自主创新

随着金融改革的日益深入和金融创新的不断发展，金融改革和创新业务引发的纠纷案件显著增多，呈现出案件类型多样化、法律关系复杂化、利益主体多元化等特点。人民法院要妥善处理鼓励金融改革创新和防范化解金融风险之间的关系，依法保护各类金融主体的合法权益。

13. 妥善审理金融创新涉诉案件，推动金融产品创新。各级人民法院要关注和有效应对金融创新业务涉诉问题，加强对因股权出质、浮动抵押、保理、"银证通"清算、抵押贷款资产证券化信托、黄金期货交易委托理财、代客境外理财产品（QDII）、外汇贷款利率、货币掉期合约、外汇汇率锁定合约、信用证议付、独立保函等引发的新型案

件的调研，上级人民法院要及时总结审判经验，加强对下级人民法院的审判指导。人民法院在审查金融创新产品合法性时，对于法律、行政法规没有规定或者规定不明确的，应当遵循商事交易的特点、理念和惯例，坚持维护社会公共利益原则，充分听取金融监管机构的意见，不宜以法律法规没有明确规定为由，简单否定金融创新成果的合法性，为金融创新活动提供必要的成长空间。

14. 妥善审理金融知识产权案件，保障金融自主创新。随着金融机构在金融创新领域中投入的不断加大，知识产权已经成为有效提升银行竞争力的重要手段。各级人民法院要加强对金融业务电子化和网络化进程中基础性金融技术知识产权的司法保护，加大对商业银行、保险公司、证券公司自主开放的软件和数据库的保护力度。要加强对知识产权担保、信托、保险、证券化等新情况、新问题的调研。在案件审理中注意金融法律和知识产权法律适用的衔接与协调，要通过对金融知识产权案件审理，切实保护金融知识产权人的合法权益，激励和保护金融创新，维护金融业公平竞争秩序。

15. 依法妥善运用各种司法措施，保护金融信息安全。各级人民法院要从防范系统性金融风险和保障国家金融安全的高度，认识依法保护金融信息安全的重要性和紧迫性，妥善运用各种司法措施，保障国家金融网络安全和金融信息安全。要依法打击攻击金融网络、盗取金融信息、危害金融安全的违法犯罪行为，依法审理金融电子化产品运用中引发的侵害金融债权纠纷案件，保护金融债权人合法的财产和信息安全，维护国家金融网络安全和信息安全。

五、深化能动司法理念，全面提升金融审判水平

化解金融纠纷的创新性和前沿性，要求人民法院必须大力开展调查研究，发挥司法建议功能，延伸能动司法效果，构建专业审判机制，拓展金融解纷资源，不断提高金融审判水平。

16. 发挥司法建议功能，延伸能动司法效果。各级人民法院要关注金融纠纷的市场和法律风险，加强各种信息的搜集、分析、研判，充分发挥司法建议的预警作用。要通过对审理案件过程中发现的问题，有针对性地提出对策建议，有效帮助金融机构完善产品设计。要通过行政审判，探索符合金融领域规律的审查标准和方式，促进政府依法行政和有效防范化解金融风险。要充分发挥金融商事审判的延伸服务功能，对金融机构自身管理方面存在的缺陷，要及时发现，及时反馈，为金融监管部门和金融机构查堵漏洞、防范风险提出司法建议。

17. 加强监督指导工作，回应金融案件审判需求。各级人民法院要在审判工作中密切关注因金融改革和创新而出现的各种新情况和新问题，深入开展前瞻性调查研究，及时总结审判经验。要发挥指导性案例以及其他典型案件的规范指引作用，通过多种信息披露形式展示指导性案例和其他典型案例的处理模式和思路，引导金融市场主体预防避免类似金融纠纷。最高人民法院将加紧制定物权法担保物权、保险法、融资租赁、证券市场虚假陈述、质押式国债回购、票据贴现回购、国家资本金、银行卡以及利息裁判标准等方面的司法解释和指导意见，以有效回应金融审判实践的需求。

18. 构建专业审判机制，拓展金融解纷资源。各级人民法院要积极培育和利用专业资源，探索构建高效的专业审判模式。要大力培养专家型法官，加强与专业研究机构、高校的合作与资源共享，努力打造金融专家法官队伍。要针对金融案件专业性强的特点，积极借助外部智力资源，建立专家咨询、专家研讨机制，努力提高金融案件审判的专业化水平。要尝试专家陪审机制，通过聘请金融法律专家作为专家陪审员，充分发挥金融专业人士在专业性强、案件类型新、社会影响大的金融案件审判中的作用。

19. 探索集中审理制度，完善统一协调机制。对于众多债权人向同一金融机构集中提起的系列诉讼案件、金融机构破产案件、集团诉讼案件、群体性案件等，可能引发区域性或系统性金融风险和存在影响社会和谐稳定因素的特殊类型民商事金融案件，相关的不同地区、不同审级法院之间应加强信息沟通，在上级法院的统一指导下探索集中受理、诉讼保全、集中协调、集中审理、集中判决、协调执行，以防范金融风险扩散，避免各地法院针对同一金融机构的同类案件出现裁判标准不统一，以及针对同一金融机构的多个案件在执行中出现矛盾和冲突的现象，依法平等保护各地债权人的合法权益。

20. 加强司法宣传工作，发挥审判导向作用。各级人民法院要加强金融法制宣传工作，及时通过召开新闻发布会、组织专题或系列报道等多种形式，教育和引导各类金融主体增强依法经营和风险防范意识，倡导守法诚信的金融市场风尚，努力营造公平规范有序的金融市场交易秩序。

我国金融发展已经处于一个新的历史起点，人民法院为防范化解金融风险和推进金融改革发展提供司法保障的范围之广阔，任务之艰巨，将大大超过以往任何时期。各级人民法院要把中央经济工作会议和第四次全国金融工作会议的精神，切实贯彻到金融案件的审判和执行实践中，进一步增强大局意识和风险意识，坚持"为大局服务，为人民司法"工作主题，践行社会主义法治理念，充分发挥审判职能作用，共同为防范化解金融风险，维护金融秩序稳定，推动金融市场协调发展，保障金融改革创新，保障国家金融安全做出新的更大的贡献。

最高人民法院
印发《关于充分发挥审判职能作用为深化科技体制改革和加快国家创新体系建设提供司法保障的意见》的通知

2012年7月19日　　　　　　　　　　　　法发〔2012〕15号

各省、自治区、直辖市高级人民法院，解放军军事法院，新疆维吾尔自治区高级人民法院生产建设兵团分院：

现将《最高人民法院关于充分发挥审判职能作用为深化科技体制改革和加快国家创

新体系建设提供司法保障的意见》印发给你们,请结合审判工作实际,认真贯彻执行。

附:

关于充分发挥审判职能作用为深化科技体制改革和加快国家创新体系建设提供司法保障的意见

为深入贯彻全国科技创新会议精神和党中央、国务院《关于深化科技体制改革 加快国家创新体系建设的意见》,充分发挥人民法院在深化科技体制改革和加快国家创新体系建设中的审判职能作用,制定本意见。

一、进一步提高认识,切实增强为深化科技体制改革和加快国家创新体系建设提供司法保障的责任感和使命感

(一)深刻认识深化科技体制改革和加快国家创新体系建设的重要性和紧迫性。科学技术是第一生产力,是经济社会发展的重要动力源泉。党和国家历来高度重视科技工作,改革开放30多年来,我国整体科技实力和科技竞争力明显提升,在促进经济社会发展和保障国家安全中发挥了重要支撑引领作用。当前,我国正处在全面建设小康社会的关键时期和深化改革开放、加快转变经济发展方式的攻坚时期。科技在经济社会发展中的作用日益凸显,国际科技竞争与合作不断加强,新科技革命和全球产业变革步伐加快,我国科技发展面临重要战略机遇和严峻挑战。抓住机遇大幅提升自主创新能力,激发社会创造活力,真正实现创新驱动发展,迫切需要进一步深化科技体制改革,加快国家创新体系建设。深化科技体制改革和加快国家创新体系建设与人民法院知识产权审判及其他有关审判工作关系密切,各级人民法院要牢固树立机遇意识、忧患意识、责任意识,立足审判职能,找准人民法院服务大局的结合点和切入点,进一步增强工作的针对性和有效性,能动司法,积极作为,切实增强服务深化科技体制改革和加快国家创新体系建设的责任感和使命感。

(二)充分发挥各项审判职能作用,推动科技事业又好又快发展。深化科技体制改革和加快国家创新体系建设,要求突出企业技术创新主体作用,强化产学研用紧密结合,促进科技资源开放共享,各类创新主体协同合作。面对新形势新要求,人民法院要以激励创新源泉、增强创新活力、发展创新文化为导向,高度重视与科技成果孕育、创造相关的案件审理,遏制侵犯科技成果权的违法犯罪行为,有效激励自主创新和技术跨越;高度重视与科技成果流转、转化相关的案件审理,规范和引导技术创新活动,积极推动科技与经济社会发展紧密结合;高度重视综合采取各种有力措施,积极营造有利于科技创新的司法环境,促进智力成果创造、运用和管理水平的提高,为深化科技体制改革和加快国家创新体系建设提供有力的司法保障。

二、加大智力成果保护力度，有效激励自主创新和技术跨越

（三）切实贯彻加强保护、分门别类和宽严适度的知识产权司法政策，合理界定专利权保护范围和强度。根据原始创新、集成创新和引进消化吸收再创新的实际和特点，进一步完善专利等科技成果司法保护体系和裁判标准，积极促进关键领域的原创性重大突破以及战略性高技术领域跨越式发展，不断适应科技领域日益活跃的创新实际，不断强化法律适用标准的与时俱进。结合专利创新程度和产业政策，进一步强化司法裁判对科技创新活动的导向作用，有针对性地加大对关键领域和核心技术的保护力度。对于创新程度高、对技术革新具有突破和带动作用的首创发明，给予相对较高的保护强度和较宽的保护范围，促进原始创新能力明显提高。适度从严把握等同侵权的适用条件，避免不适当地扩张专利权保护范围，防止压缩创新空间和损害公共利益，促进集成创新、引进消化吸收再创新能力大幅增强。进一步完善权利要求解释规则，合理划定民事权利与公有领域的法律界限，既保护权利人的正当权益，鼓励发明创造，又防止其不适当地侵入公有领域，妨碍科技创新。

（四）合理调整专利授权确权司法审查标准，积极鼓励发明创造。妥善审理专利授权确权纠纷案件，依法履行对专利授权确权行为的司法审查职责，强化对实质性授权条件的审查判断，为科技创新营造良好的司法环境。根据不同技术领域的特点、具体产业政策的要求和我国科技发展的实际，细化和完善专利授权确权司法审查标准，促使专利审查规则和授权行为的规范化、科学化，不断提高专利授权质量。完善司法审查程序和证据规则，改进裁判方式，尽可能避免循环诉讼和程序往复，促进行政争议的实质性解决，尽快稳定权利状态，提高司法审查、授权确权的质量和效率。充分考虑专利文件撰写的客观局限，在专利申请文件公开的范围内，尽可能保证确有创造性的发明创造取得专利权，实现专利申请人所获得的权利与其技术贡献相匹配，最大限度地提升科技支撑引领经济社会发展的能力。

（五）加强工业设计司法保护，推动经济和产业格局优化。依法审理涉及发明、实用新型、外观设计、集成电路布图设计等各类科技成果权的纠纷案件，积极推进我国工业设计和制造水平的深刻变革。综合利用各种法律手段，加大工业设计保护力度，激发设计人员的创作热情，促进实用与美感兼具、创新与文化融合的工业设计不断涌现，提升我国在国际分工和产业链中的地位。贯彻新专利法提高外观设计授权标准的立法精神，根据一般消费者的知识水平和认知能力，适当考虑外观设计的设计空间，细化和完善司法审查标准，提高外观设计授权质量，推动产品设计多样化。加强对具有独创性的集成电路布图设计的保护，依法打击非法复制和商业利用集成电路布图设计的行为，鼓励集成电路技术创新。

（六）依法明晰技术成果归属，激发创造热情。依法审理技术成果权属、发明人资格纠纷案件，准确界定职务成果与非职务成果的法律界限，既要根据意思自治原则，依法支持发明人依合同约定取得技术成果权，又要准确把握职务技术成果的认定标准，防止职务成果非职务化。依法审理职务发明人奖励、报酬纠纷案件，结合科技创新质量和实际贡献，保障发明人获得相应奖励和报酬的权利，既要激励企业职工从事技术创新的

积极性,又要鼓励企业加大研发投入,增强社会创造活力。

(七)妥善处理专利与标准的关系,合理平衡各方利益。对于涉及国家、行业或者地方标准的专利侵权纠纷案件,要结合行业特点、标准性质、制定程序等,根据公平合理无歧视的原则,合理确定当事人的法律责任,推动专利信息事先披露、许可费支付等标准制定程序和规则的完善。合理规范和平衡专利权人与社会公众之间的利益关系,规范公众可以获得实施许可的方式、条件和程序,既要鼓励专利的标准化,发挥标准对技术创新的推动作用,又要防止标准对技术创新的阻碍,实现标准和技术创新的互相促进和良性循环,共同提高创新主体的核心竞争力。

(八)依法制止科技领域的不正当竞争和垄断行为,营造公平有序的创新环境。针对高新技术领域市场竞争激烈、新类型不正当竞争行为频发的新情况新特点,妥善运用反不正当竞争法的原则条款,以诚实信用原则和公认的商业道德为基本标准,有效遏制各种搭车模仿、阻碍创新的新类型不正当竞争行为,为形成公平诚信的竞争秩序提供及时有力的司法规范和引导。加强高科技领域垄断纠纷案件的审理,积极探索和总结法律适用的新问题,有效遏制垄断行为,打破行业壁垒和部门分割,保障各类企业公平获得创新资源,实现创新资源的合理配置和高效利用,促进技术创新和产业发展。

(九)加强商业秘密司法保护,维护合法正当的创新秩序。结合商业秘密保护的实际,针对商业秘密纠纷案件举证难、保密难等特点,尽可能降低商业秘密权利人的维权难度,合理分配当事人的举证责任,有效遏制侵犯商业秘密行为。依法认定商业秘密的构成要件,促使企业增强对商业秘密的保护意识,规范和完善保密措施。妥善处理商业秘密保护与科技人才合理流动的关系,既要保护企业的商业秘密,又要保障科技人才的合理流动,鼓励科研院所、高等院校与企业创新人才双向交流。

(十)加大农业科技成果保护力度,促进农业科技创新。依法审理各类涉农科技纠纷案件,严厉打击制售假冒伪劣品种、侵犯植物新品种权等侵犯农业科技成果的行为,最大程度地激励农业技术创新,促进农业生物技术、先进制造技术、精准农业技术等方面重大自主创新成果的创造,积极推动突破农业技术瓶颈和抢占现代农业科技制高点。切实从我国农业科技整体水平出发,依法确认育种者免责、农民免责,合理平衡权利人与社会公众的利益关系,加快农业技术转移和成果转化,推动现代农业经营方式转变,促进涉农新型产业的发展。

(十一)加强科技领域的商标权司法保护,促进企业提高品牌战略的创新能力。依法审理商标权纠纷案件,增强科技型企业的商标意识,支持和引导科技型企业实施商标品牌战略,促使其在经营中积极、规范使用自主商标,提高企业的市场竞争力和创新能力。严厉制裁商标假冒、恶意模仿等侵权行为,维护知名品牌市场价值,发挥知名品牌凝聚创新要素和整合创新资源的品牌效应,促使拥有知名品牌的企业发挥骨干创新主体的引领作用。

(十二)加大涉科技领域和商业领域的著作权保护力度,推进科技创新、文化创新和新兴产业发展。针对科技创新带来的著作权保护领域和保护需求的新变化,根据文化创新的需要和商业领域著作权保护的新特点,加强相关著作权保护力度,积极促进文化创新、商业模式创新和文化创意产业发展,推进文化与科技、产业相互激励和深度融合。大力加强软件、数据库、动漫、网络、文化创意等新兴文化产业和高新科技领域的著作权保护,准确把握新科技环境下著作权司法标准,实现激励创作、促进产业发展和保障创新成果惠及民生的协调统一。积极应对数字化、网络化、智能化带来的著作权保护新问题,在保护著作权益的同时,注重促进工业化和信息化的融合,提高科技对文化事业和文化产业发展的支撑能力。

（十三）充分发挥涉科技领域的司法审查职能,积极营造促进科技创新的执法环境。依法审理涉科技领域的行政案件,支持和监督行政机关依法制裁侵犯科技成果权的行为,促进行政执法的法治化和规范化。依法受理行政机关申请的强制执行案件,经审查符合执行条件的,应及时裁定并予以执行,促进行政机关营造有利于知识产权保护和国家创新体系建设的行政管理秩序。

（十四）充分发挥刑罚功能,严惩侵犯知识产权犯罪。对侵犯商标权、著作权、商业秘密及假冒专利等知识产权犯罪行为,进一步完善定罪量刑标准,规范缓刑适用,根据犯罪情况和危害后果,依法从严惩处。在依法判处主刑的同时,加大罚金刑的适用与执行力度,并通过采取销毁侵权产品以及追缴、退赔违法所得等措施,剥夺侵权人的再犯罪能力和条件。

三、依法促进创新要素合理配置,积极推动科技与经济社会发展紧密结合

（十五）妥善处理技术合同纠纷,促进科技成果转化。依法审理科技创新中产生的各类技术合同纠纷案件,认真贯彻合同法,尊重当事人意思自治,审慎把握合同无效和合同解除的事由,加强保护守约方合法权益,合理认定技术成果开发、转让、许可、质押、技术咨询和中介等环节形成的利益分配及责任承担,引导和支持企业加强技术研发能力建设,推动产学研用紧密结合,培育和规范知识产权服务市场,促进技术成果迅速转化为现实生产力和市场竞争力。

（十六）妥善处理科技领域的劳动、人事纠纷,保障科技人才合理流动。坚持依法保障劳动者合法权益与用人单位生存发展并重理念,依法审理科研人才与用人单位的劳动、人事纠纷案件,切实保障科研院所、高等院校等单位的科研人才在订立、履行、变更、解除或者终止劳动、聘用合同过程中的合法权益,保障科研人才向企业研发机构的合理流动,推动建立开放、竞争、流动的单位用人机制。

（十七）妥善处理科技领域的企业改制、破产纠纷,优化创新主体运作机制。依法审理科技型企业纠纷案件,促进技术开发类科研机构向企业化转制,引导科技型企业不断完善公司治理结构和建立现代企业制度。依法审理涉及以技术成果投资的股权、期权纠纷案件,合理平衡创业投资机构与企业等创新主体的利益关系,引导创业投资机构投资科技型中小企业,促进社会投资主体多元化。依法受理企业破产案件和强制清算案件,妥善处理淘汰落后技术和过剩产能中的企业破产纠纷,保障市场主体依法有序退出市场。

（十八）妥善处理科技领域的金融纠纷,促进对科技创新的金融支持。依法审理借款纠纷案件,保护合法的民间借贷和企业融资行为,拓宽金融为企业科技创新融资的渠道,引导银行等金融机构加大对科技型中小企业的金融支持。依法审理担保物权纠纷案

件，依法认定企业以知识产权和股权质押等方式作出的担保，促进解决科技型中小企业融资难的问题。

（十九）妥善处理科技领域的涉外纠纷，促进科技国际合作与交流。依法平等保护中外当事人的合法权益，积极营造更加公平、透明、稳定、可预期的贸易投资环境和发展环境，积极促进创新主体充分利用国际国内创新资源，提高科技发展的科学化水平和国际化程度。依法审理企业在参股并购、联合开发、专利交叉许可以及外商来华设立研发机构中的纠纷案件，促进对国际科技资源的引进，推动全方位、多层次、高水平的科技国际合作。

四、加强统筹协调，完善工作措施，进一步提高司法保障能力

（二十）加大调解力度，不断完善多元纠纷解决机制。坚持以"调解优先、调判结合"为原则，以"案结事了"为目标，根据科技创新的特点和实际，积极引导当事人选择委托调解、专家调解、行业调解等方式解决科技领域的各类纠纷。从有利于科技成果转化出发，着眼于当事人市场利益的包容共存，努力促成当事人和解。对于相关科技行业亟需明确行为规则的典型案件，依法及时裁判，明确法律标准，充分发挥司法裁判的指引和导向功能。

（二十一）积极完善知识产权审判体制和工作机制，不断满足科技创新对知识产权司法保护的新需求。适应科技体制改革和国家创新体系建设对于知识产权审判专业化程度要求越来越高的新形势，进一步推进由知识产权审判庭集中审理知识产权民事、行政和刑事案件的试点工作，加强对试点工作的指导和总结，不断推动试点工作规范化。根据科技创新对知识产权司法保护的新需求，统筹规划知识产权审判管辖布局。在科技成果司法保护需求强烈的国家自主创新示范区、国家高新技术产业开发区、国家高技术产业基地等区域，适当增加具有审理专利、植物新品种、集成电路布图设计等技术类案件管辖权的第一审法院，在具有特色创新资源的区域适当增加具有审理一般知识产权案件管辖权的基层法院，保障创新资源密集的区域率先实现创新驱动发展。

（二十二）加强能动司法，积极促进智力成果创造、运用和管理水平提高。在加强知识产权司法保护的同时，积极推动知识产权创造、运用和管理。密切关注科技体制改革和国家创新体系建设带来的新情况新问题，及时发布司法解释和司法政策，增强司法服务的针对性和前瞻性。及时总结成熟可行的司法经验，向立法机关和国家有关部门提出立法建议，推动激励创新的法律体系不断完善。高度重视通过审判工作发现影响和制约科技创新的普遍性、苗头性问题，及时向政府、企业、科研机构等有关方面提出司法建议，促进加强管理、健全制度。大力加强对关键技术领域科技创新可能产生重大影响的诉讼态势分析，及时向有关方面发出工作预警，形成保护创新的合力。加强宣传和舆论引导，充分发挥人民法院的法制宣传教育职能，不断增强全社会的创新意识，进一步形成尊重劳动、尊重知识、尊重人才、尊重创造的创新文化氛围。

最高人民法院
关于充分发挥审判职能作用
积极推进深化平安中国建设工作的通知

2013年6月28日　　　　　　　　　　　　法〔2013〕150号

各省、自治区、直辖市高级人民法院，解放军军事法院，新疆维吾尔自治区高级人民法院生产建设兵团分院：

中央政法委、中央综治委日前召开了深化平安中国建设工作会议，习近平总书记就建设平安中国作出重要批示。各级人民法院要认真学习领会习近平总书记的重要批示，切实贯彻落实深化平安中国建设工作会议精神和工作部署，通过充分发挥审判职能作用，积极推进平安中国建设，在更高起点上为深化平安中国建设作出新的贡献。为学习、贯彻、落实好习近平总书记的重要批示和深化平安中国建设工作会议的精神，特作如下通知：

一、认真学习、深刻领会习近平总书记的重要批示，准确把握平安中国建设的方向、目标和路径

习近平总书记的重要批示，明确提出平安中国建设要以"满足人民群众对平安中国建设的要求"为努力方向，以"确保人民安居乐业、社会安定有序、国家长治久安"为直接目标，以"坚持源头治理、系统治理、综合治理、依法治理，努力解决深层次问题"为基本路径。各级人民法院要组织干警认真学习、深刻领会习近平总书记的重要批示及其重大意义，准确把握平安中国建设工作的方向、目标和要求，牢固树立"大平安"理念，全面落实党中央确定的经济、政治、文化、社会、生态文明建设的总体布局和全面建成小康社会的一系列重大战略部署，把人民法院的工作置于平安中国建设和全面建设小康社会的全局中来谋划，为人民群众安居乐业和维护社会公平正义提供有力司法保障。

深化平安中国建设要重在贯彻落实方面扎扎实实下功夫。各级人民法院要紧密结合司法工作实际，准确把握深化平安中国建设工作中的着力点和结合点。要通过践行司法为民、加强公正司法、推进司法改革、狠抓队伍建设、加强法院管理、夯实基层基础等工作，建立健全平安中国建设的长效机制和工作措施。要通过充分发挥审判职能作用，积极主动服务党和国家工作大局，进一步创新便民利民的审判方式和工作方法，真正把平安中国建设工作落到实处、抓出成效，让人民群众切身感受到人民法院为公正司法、维护公平、保障人权和提升司法公信力所作的巨大努力，在更高起点上为全面推进平安中国建设作出新的贡献。

二、统一思想、提高认识，准确把握人民法院在深化平安中国建设中的重大职责和任务

建设平安中国，是全面建成小康社会的新要求，是人民群众过上幸福美好生活的迫切需要，是实现社会安定有序、国家长治久安的重要保障。各级人民法院要统一思想、提高认识，从事关中国特色社会主义事业发展全局和人民法院审判事业科学发展大局的高度，深刻认识人民法院积极参与平安中国建设的重要性、必要性和紧迫性，切实增强人民法院在深化平安中国建设中的政治责任感和历史使命感，进一步明确人民法院积极参与平安中国建设的重大职责和任务。

更加注重维护人民群众的安全感。要以人民群众对政治稳定、公共安全的需求为导向，以提升人民群众安全感和满意度为目标，依法打击组织策划煽动境内外敌对势力、进行危害国家安全、制造社会动乱的刑事犯罪活动，依法从严打击黑恶势力犯罪、涉枪涉爆犯罪、严重暴力犯罪、"两抢一盗"犯罪、侵犯妇女儿童人身权利犯罪、电信诈骗犯罪、非法集资犯罪、食品药品犯罪、环境污染犯罪、网络犯罪等破坏平安建设大局的严重刑事犯罪活动，坚决遏制严重刑事犯罪高发态势，努力营造良好的社会治安环境和经济发展环境，确保国家经济、政治、公共、文化、生态、网络安全。

更加注重化解社会矛盾。要通过公正审判，妥善处理民事经济纠纷以及行政诉讼案件，做好征地拆迁、劳资纠纷、环境污染、医疗纠纷、民间借贷纠纷等重点领域案件的审理，有效化解矛盾纠纷。要在司法裁判中切实做到厘清责任、明辨是非、化解矛盾、定分止争，最大限度地预防和减少群体性事件的发生。要自觉运用司法建议等手段，为平安建设献计献策，积极促进社会管理综合治理工作的深化和完善，努力实现好、维护好、发展好人民群众的根本利益，为经济社会发展创造和谐稳定的社会环境，为加快转变经济发展方式、建设法治政府提供有力的司法保障。

三、坚定信念、锐意进取，努力取得人民法院积极推进平安中国建设工作的新成效

各级人民法院要密切关注形势发展变化和人民群众的新要求、新期待，及时制定相应工作对策，切实采取有效工作措施，充分发挥审判职能作用，更好地推进平安中国建设。

要在维护社会稳定上取得新成效，进一步增强人民群众安全感。要通过审理好严重影响平安建设的刑事犯罪，消除危害社会治安的隐患；要做好对特殊人群的犯罪预防、矫治和帮教管理工作，促进立体化社会治安防控体系建设；要妥善化解经济活动中的矛盾纠纷，规范市场经济秩序；要依法保障"三农"工作健康发展，维护农村稳定，努力创造让人民群众安居乐业的社会环境。

要在维护人权保障民生上取得新成效，进一步保障人民群众合法权益。要通过依法及时审理好涉及民生和人民群众切身利益的各类案件，提升人民群众对日常生产生活良好社会秩序的满意度；要加强司法便民利民工作，在立案、审判、执行、信访各个环节进一步采取措施，完善立案信访窗口和便民诉讼网络，方便群众诉讼；要扎实开展诉前调解、小额诉讼等工作，尽快为群众解决矛盾纠纷；要加强司法救助工作，使经济上确有困难、诉讼能力不强的群众能够依法维护自身权益，努力树立人民法院为民司法、公正司法的良好形象。

要在保障和促进诚信建设上取得新成效，进一步推进精神文明建设。大力弘扬优秀传统文化、推动社会诚信建设，共建平安和谐的精神家园；充分发挥司法裁判的教育、评价、指引和宣示等功能，积极引导人民群众自觉遵守宪法和法律，切实增强法律意识、规则意识；要注重以司法诚信促进社会诚信建设，通过制裁违约欺诈和失信行为，引导公民知荣辱、明善恶、重品行，努力促进社会征信体系的完善。

要在普及宣传法律知识上取得新成效，大力弘扬法治精神和法治意识。进一步加大法制宣传和法院文化建设力度，推动形成学法尊法守法用法的社会风气；要通过公开审判、巡回审判、判后答疑、以案释法等各种行之有效的方式，大力开展对当事人和公众的以案说法、以判释法工作，引导群众养成办事依法、遇事找法、解决问题用法、化解矛盾靠法的良好习惯；要强化舆论引导，善用新媒体，积极宣传党和国家依法治国的基本方略，宣传人民法院司法为民、公正司法的生动实践，及时回应人民群众对人民法院工作的关切；要加强法院文化建设，探索法院文化走向社会的方法和路径，增强法院文化的辐射面和影响力，引导人们依法表达诉求、理性对待司法，努力为人民法院工作营造良好的社会环境。

各级人民法院要紧密结合学习习近平总书记重要批示和贯彻落实深化平安中国建设工作会议精神，充分发挥审判职能作用，为深化平安中国建设作出人民法院应有的不懈努力。各地学习、贯彻、落实习近平总书记重要批示和贯彻落实深化平安中国建设工作会议精神的情况，在 7 月 30 日之前报最高人民法院办公厅。

最高人民法院
关于进一步发挥职能作用维护国防利益和军人军属合法权益的意见

2014 年 10 月 29 日　　　　　　　　　　　　　法〔2014〕271 号

人民法院作为国家司法机关，肩负着为经济社会发展和国家安全提供司法保障的历史重任。近年来，各级人民法院始终把涉军维权工作作为重要政治任务常抓不懈，紧贴部队官兵维权需要，积极履职尽能，不断探索创新，开展了多种形式的司法拥军活动，有力服务和保障了国防和军队建设。为落实中央政法委有关加强维护国防利益和军人军属合法权益工作的精神，进一步发挥人民法院职能作用，加强新形势下涉军维权工作力度，维护国防利益和军人军属合法权益，全面推进人民法院涉军维权工作，结合审判工作实际，提出如下意见：

一、深化思想认识，切实增强做好涉军维权工作的责任感使命感

1. 人民法院要站在党和国家工作全局高度，充分认识涉军维权工作的重要意义。建设强大国防和军队是实现国家长治久安的坚强后盾，是促进经济社会发展的安全保障。侵害国防利益、损害部队战斗力的案件，严重影响部队的安全稳定，危害国防安全和军事斗争准备。依法妥善审理涉军案件，严厉惩处侵害国防利益和军人军属合法权益的违法犯罪活动，优先化解各类涉军纠纷，为国防和军队建设提供司法保障，是人民法院开展涉军维权工作的主要途径，是落实党和国家拥军优属政策法规的实际举措，是服务国家安全稳定大局的重要内容。

2. 各级人民法院和广大干警，要深入学习贯彻党的十八大和十八届二中、三中、四中全会精神和习近平总书记系列重要讲话精神，依法公正及时审理涉军案件，切实维护国防利益和军人军属合法权益，充分发挥司法职能，为促进部队全面建设、提升部队战斗力提供有力司法保障，努力为实现强军目标作出积极贡献。

二、充分发挥人民法院职能作用，依法做好涉军案件审理工作

3. 依法做好涉军案件的受理工作。按照《最高人民法院关于进一步加强人民法院涉军案件审判工作的通知》《最高人民法院、最高人民检察院、公安部、国家安全部、司法部、解放军总政治部关于印发〈办理军队和地方互涉刑事案件规定〉的通知》《最高人民法院关于军事法院管辖民事案件若干问题的规定》等要求，准确确定涉军案件的受理和管辖范围。有需求、有条件的人民法院应在立案大厅设立涉军案件立案窗口，加强诉讼引导。要结合本地区特点，创新司法服务，为军人军属提供必要的诉讼指导，充分保障军人军属的诉讼权利。要通过诉前调解等方式，积极引导当事人理性对待诉讼，合理选择纠纷解决方式，提高部队和军人军属依法解决纠纷的能力。对符合立案条件的，要做到尽快受理，并及时将诉讼材料移送涉军案件审判组织。对边海防和驻地偏远的部队及军人军属，可以通过上门、远程、信函、传真等多种方式立案。

4. 依法对涉军案件当事人实施司法救助和法律援助。对经济确有困难的军人、军属请求给付赡养费、抚养费、抚育费、抚恤金、社会保险金、经济补偿金、人身损害赔偿金等案件，要积极落实司法救助政策，依法准许其免交、减交、缓交诉讼费用。对需要法律援助的军人、军属，要主动协调有关法律援助机构，及时提供法律援助。

5. 依法审理好各类涉军案件。依法严厉打击破坏武器装备、军事设施、军事通信，聚众冲击军事禁区，聚众扰乱军事管理区秩序等侵害国防利益的犯罪，切实维护军事安全；依法严惩冒充军人招摇撞骗，伪造、变造、买卖或者盗窃、抢夺部队公文、证件、印章，非法生产、买卖部队制式服装，伪造、盗窃、买卖或者非法提供、使用武装部队专用标志等涉军造假犯罪，维护军队声誉、形象；依法惩处侵害军人军属人身财产权益的犯罪活动，有效保障军人军属合法权益。依法妥善处理涉及国防工程建设、军事设施保护、军用土地权属、军事禁区管理等涉军民事案件，保障部队正常的战备、训练和工作秩序；依法稳妥处理涉及军人军属的各类民事纠纷，维护好军人军属合法权益；依法审慎解决可能导致群体性事件以及因历史遗留问题引发的重大纠纷案件，维护军队的良好声誉。依法为军队核心产业、军工企业的科学发展提供司法支持，保障优势资源真正依法依规应用于充实核心国防力量。

6. 切实保障诉讼绿色通道畅通。要坚持按照优先立案、优先审结、优先执行的原则，确保涉军案件得到优质高效的审理和执行。对依法适用简易程序、小额诉讼程序审理的案件，要加大审判力度，缩短办案周期；严格执行审限制度，无法定事由不得擅自延长审限；对确因军事需要不能在法定期限内参加诉讼的官兵，依法采取中止诉讼等方式保障其诉讼权利。对涉军案件中涉及损害国防利益的事实和相关程序性事项，人民法院应当依职权主动调查取证；对军队一方当事人确有困难，无法自行收集的证据，人民法院可依职权调取证据。要积极开展巡回审判，结合本地涉军案件的实际和特点，通过建立驻军巡回办案点、开设"假日法庭"、实施远程视频开庭等方式，方便当事人诉讼，及时就地调处涉军纠纷。

7. 深入扎实做好涉军纠纷调解工作。要把维护军政、军民、军地团结作为涉军纠纷案件审判工作重要的价值取向，切实将调解优先原则贯彻于涉军案件审判工作全过程。要坚持预防为主、关口前移，强化涉军矛盾纠纷排查调处工作，充分运用诉讼与非诉讼相衔接的纠纷解决机制，努力把涉军纠纷化解在诉讼之前；要在认真做好地方当事人调解工作的同时，通过部队做好军队一方当事人的思想工作，引导军地双方当事人达成共识、消除纷争；要着眼于纠纷的实质性解决，充分运用军地资源，积极选聘军人、复退转业军人、军属担任人民陪审员、特约调解员等，做好纠纷调处工作，创新调解方式方法；对重大涉军案件，要积极协调人民武装部、团以上部队政治机关等形成合力，共同做好调解工作，最大限度地实现法律效果、社会效果和政治效果的统一；对达成调解协议的案件，要督促和引导当事人按照协议约定自觉履行。

8. 切实加强涉军案件裁判执行工作。人民法院在向军队一方当事人送达生效裁判文书时，应当释明有关法律规定，指导其及时申请执行，督促其及时履行生效裁判确定的义务。在执行中，对军队一方为申请执行人的，应当依法加大执行力度，对执行确有困难的，必要时可及时提请上级人民法院提级执行或者指令其他人民法院执行；对军队一方为被执行人的，可通过部队组织督促被执行人履行法定义务，必要时可以委托部队所在地有管辖权的军事法院执行。有需求、有条件的人民法院，可以通过设立专门的涉军案件执行机构、确定相对固定的执行人员等方式，提高案件执行效率，保障案件执行效果。

9. 加强涉军司法服务。各地人民法院要结合本地区实际，创新和丰富宣传教育的手段载体，选择危害国防利益和军人军属合法权益的典型案例，开展法制宣传教育，增强广大人民群众的国防法制观念，广泛宣传涉军案件审判执行工作的先进事迹、做法经验，不断扩大涉军案件审判执行工作的社会影响，营造拥军优属的社会氛围。要结合部队工作需要和特点，通过积极开展庭审观摩进军营、法律咨询进军营、法律培训进军营等活动，增强官兵依法办事意识和解决涉法涉诉问题的能力，促进部队依法治军。要不断创新司法拥军的内容和形式，通过发送司法建议、开设涉军纠纷法律咨询电话、网站专栏、电子邮箱、微博微信，向部队、军人军属发放"维权服务联系卡"，设置驻军部队司法信箱等方式，为部队和军人军属依法维权提供司法服务。

三、健全完善审判工作机制，努力提高涉军维权工作质量和效果

10. 完善工作机制。各级人民法院要加强对涉军审判工作的组织领导，完善相关业务庭和各职能部门的沟通协调机制，建立健全研究解决涉军审判重大问题的工作制度。要结合审判工作实际，健全涉军审判工作的组织机构，明确岗位职责，配备政治素养好、业务能力强的审判人员。各级人民法院要定期向上级人民法院书面报告辖区内涉军审判工作情况，重大问题随时报告。针对涉军案件出现的新情况、新问题，要适时开展检查调研，提出针对性的措施办法。规范涉军案件登记管理，完善涉军案件统计制度，提高审判工作效率。

11. 密切军地协作。各级人民法院要坚持依法独立行使审判权与积极服务国防和军队建设相统一、公平公正执法与保护国防利益相统一，把党和国家的拥军优属政策和各项法律规定贯彻落实到审判活动全过程。要重视加强与部队的联系沟通，下级法院因审理案件需要与军队联系沟通存在困难的，应当及时向上级法院报告，由上级法院提供协调和帮助。要认真落实军地联席会议、涉军案件信息通报、重大涉军案件督办等制度，充分听取军事法院、部队有关涉军案件审判工作的意见建议，尊重军事活动的特点规律，合理组织开展审判活动。要加强与部队政治部门、军事法院、省军区系统的协调配合，发挥部队思想政治工作优势，做好当事人思想工作和调解工作，争取对涉军案件审判工作的理解支持。

12. 探索建立和完善涉军案件统计制度。设计科学、运行顺畅的台账及统计制度，是加强涉军案件审判管理和决策分析的前提基础。各级人民法院要在立案、审判、执行等案件审理流程中，加强对涉军案件的管理和统计，适时开展专项司法统计分析，积极探索借助信息网络平台建设，促进涉军案件审判管理的规范化、信息化。

13. 加强工作考评，落实奖惩制度。各级人民法院要把年度综治考评作为推动涉军案件审判工作落实的重要手段，坚持高标准、严要求，搞好组织实施。要加强对涉军案件审判工作的考核评比，发挥考评的激励督导作用，要将涉军案件审判工作情况列入年终考核内容，纳入部门岗位责任目标管理，作为评先创优、选拔使用的重要政治指标。对工作不力造成不良后果的部门和法院，要及时督办问责，适时给予通报批评，情节严重的取消评先评优资格。要适时对涉军案件审判工作成绩突出的单位和个人进行通报表扬，及时依法依纪追究因工作懈怠造成严重后果者的责任。

四、进一步加强组织领导，推动涉军维权工作再上新台阶

14. 搞好统筹和组织协调。各级人民法院要在党委政法委统一领导和支持下，依法履行审判职能，科学统筹审判工作与支持国防和军队建设的关系，自觉将涉军案件审判纳入司法拥军范畴，作为维护国防利益和军人军属合法权益的重要手段。要根据涉军案件特点，科学制定审判流程管理和案件质量工作细则，合理安排涉军案件的立案、分案、排期、开庭、结案等环节，在事关案件审判的全局性、普遍性问题上，及时把关定向。要积极参与和支持各地涉军维权工作领导小组工作，与其他职能部门紧密配合，积极开展跨区域协作，依法妥善处理工作中遇到的困难和问题，保障涉军案件审判工作顺

利进行。

15. 全力支持军事法院做好涉军维权工作。近年来，在党中央、中央军委的坚强领导下，军事法院充分发挥职能作用，依法组织开展涉军维权工作，积极回应官兵维权需求。随着官兵法律需求的不断增长，军事法院涉军维权工作任务日益繁重。地方各级人民法院要把支持军事法院开展涉军维权工作作为重要任务，发挥本部门本地区工作优势，在重大疑难案件处理、涉军案件执行、法官学习培训、司法实践锻炼、审判业务交流等方面及时提供支持和帮助。要有序推进军地法院之间内部网络建设，加大设备和技术投入，尽快落实网络互联互通，实现信息资源共享。要支持军事法院开展国防和军队建设重大涉法问题调查研究，积极提供人才服务、资料互通、法理研究等方面的帮助，合力推动工作发展。

16. 强化审判工作物质保障。各级人民法院要从涉军维权工作实际需要出发，按照办公有场所、办案有装备、办事有经费的要求，不断提升物质保障水平。要将经费保障纳入年度预算，建立与工作任务相适应的增长机制，为顺利开展工作创造条件。

最高人民法院
关于充分发挥审判职能作用推动国家新型城镇化发展的意见

2014年11月14日　　　　　　　　　　　　法发〔2014〕20号

新型城镇化是促进社会全面进步的必然要求，是"十二五"时期国民经济和社会发展的重大战略部署。为深入贯彻落实党的十八大、十八届三中、四中全会和中央城镇化工作会议精神，充分发挥审判职能作用，推动国家新型城镇化发展，提出以下意见。

一、提高思想认识，增强保障新型城镇化的责任感和使命感

1. 充分认识推进新型城镇化的重要意义。城镇化是现代化的必由之路，是解决农业农村农民问题的重要途径，是推动区域协调发展的有力支撑，是扩大内需和促进产业升级的重要抓手。当前，我国正处于经济转型升级和加快推进现代化的重要时期，也是城镇化深入发展的关键时期。积极稳妥扎实有序推进新型城镇化，对全面建成小康社会、加快社会主义现代化建设进程、实现中华民族伟大复兴的中国梦，具有重大现实意义和深远历史意义。

2. 切实增强发挥审判职能作用，保障新型城镇化的责任感。推进新型城镇化，涉及政治、经济、社会、文化、生态文明建设等方方面面，审判工作必将面临更多的新情况、新任务和新要求。要深刻认识新型城镇化对经济社会发展的重大意义，深刻把握中央关于推进新型城镇化的各项决策部署，把审判工作置于经济社会发展大局之中，不断增强责任意识和服务意识，充分发挥审判职能作用，运用法治思维和法治方式有效化解矛盾纠纷，及时妥善处理好新型城镇化进程中出现的各种利益冲突，为国家新型城镇化战略的推进以及经济社会和谐发展提供有力的司法保障。

二、保障农业转移人口合法权益，助力全体居民公平共享现代化建设成果

3. 依法保障农业转移人口的基本公共服务权利。要密切关注国家相关政策的调整，坚持依法、平等、循序渐进的原则，妥善审理涉及教育培训、就业创业、社会保障、公共卫生等基本公共服务方面的民事、行政纠纷案件，充分发挥司法引导作用，促进在城镇就业居住但未落户的农业转移人口平等享受城镇基本公共服务问题的逐步解决，真正实现农业转移人口融入企业、子女融入学校、家庭融入社区、群体融入社会。

4. 依法促进农业转移人口住房保障渠道的拓宽。妥善审理涉及基本住房保障的民事、行政纠纷案件，尤其是要慎重处理因集体经济组织利用农村集体建设用地建设公共租赁住房、开发区和产业园区建设公共租赁住房、企业建设农民工集体宿舍引发的相关权益纠纷，要加强对有关法律规定的理解和把握，准确研判国家政策导向，并注重加强与有关行政主管部门的沟通，通过多种方式有效化解矛盾纠纷。

三、服务产业转型升级，增强新型城镇化产业支撑力

5. 依法保护投资者权益，服务经济结构优化调整。在审理各类投资纠纷案件时，要平等保护投资者合法权益，促进社会投资主体多元化，充分发挥司法裁判的指引作用，鼓励资本向新能源、新材料、节能环保、生物医药、信息网络和高端制造产业转移，支持和引导战略性新兴产业的大力发展，增强经济活力。

6. 营造良好的融资创业环境。妥善审理非金融借贷纠纷案件，正确认定非金融借贷合同效力，既要维护金融安全和社会稳定，又要保护合法的民间借贷和企业融资行为，维护债权人合法权益，拓宽企业尤其是中小微企业的融资渠道，促进企业健康发展。

7. 依法保障现代服务业发展。对于旅游、电信、物流、信息、研发、工业设计、商务、节能环保等服务合同纠纷案件，要合理平衡服务提供者与消费者利益，既要支持和保障面向生产、服务民生的现代服务业的自身发展，又要及时纠正服务提供者的不当行为，规范和引导服务提供者不断完善经营管理、提高服务水平。加强与服务业主管部门、行业协会的信息交流，及时通报案件审理中发现的服务行业发展存在的问题，提出司法建议。

8. 促进劳动力市场的规范健康发展。妥善审理产业转型升级过程中劳动者与用人单位之间的劳动争议纠纷，依法保障劳动者合法权益，规范劳动用工制度。要注重通过调解、和解等方法解决纠纷，力促用人单位与劳动者实现互利共赢。

四、推动新型城镇建设，提高城镇综合承载力

9. 为新型城镇建设依法有序开展创造良好法治环境。妥善处理城镇化建设过程中因城市功能区、市政公用设施、交通路网等基础设施建设以及棚户区改造、危旧住房和

非成套住房改造、新居住区等居民区建设等引发的土地征收、城市房屋拆迁和城乡拆违等民事、行政案件,要高度关注"农转非""村改居""撤组转户"之后剩余集体土地的征收与补偿工作,既要严格执行土地征收和房屋拆迁补偿安置标准,保护被拆迁人合法权益,又要依法支持城镇建设,为城镇建设的有序、高效推进提供优质的司法保障。

10. 依法服务新型城镇建设的推进,促进城市载体服务功能提升。妥善化解在城市功能区、市政公用设施、交通路网等基础设施建设中发生的建设工程、劳动争议等矛盾纠纷,依法平等保护各方当事人合法权益,维护安全规范的建筑市场、劳动市场等市场秩序,保障城市基础设施建设,增强对人口聚集和服务的支撑能力。

五、强化生态环保案件审判工作,推动城乡绿色发展

11. 加大对城乡生态环境的司法保护力度。高度关注资源开发、土壤污染、空气污染、水资源污染、噪声污染防治等环境保护问题,强化环境资源案件审判工作,依法制裁污染、危害环境的违法行为。妥善审理城镇化进程中出现的环境侵权纠纷案件,正确适用举证责任分配规则,准确认定环境污染与损害后果之间的因果关系。积极完善环境公益诉讼制度,探索建立妥善处理重大环境污染索赔案件工作机制,依法维护受害人的合法权益,保护生态环境安全。

12. 推动形成生态环保良好社会氛围。在环境资源审判中积极贯彻落实公众参与原则,完善人民陪审员参加环境资源案件审判等制度,并通过执法办案、法制宣传等多种方式,大力宣传节约资源和保护环境的基本国策,大力宣传国土资源开发、资源集约利用、发展循环经济等方面的政策法律,引导人民群众增强生态意识、节约意识、环保意识,推动形成环境保护人人有责的良好社会氛围。

六、服务城乡发展一体化,增强农村发展活力

13. 依法保障平等就业、同工同酬制度的落实。进一步发挥审判职能,在劳动条件、安全生产、劳动报酬,以及工伤、医疗、养老保险等各个方面,严格按照新工伤保险条例及其司法解释等有关劳动保障的法律、行政法规的规定审理案件,助力城乡劳动者一律平等目标的逐步实现,保障全体劳动者参与新型城镇化建设的合法权益,推动建立城乡统一的人力资源市场。

14. 促进城乡统一的建设用地市场的形成。要在符合土地利用规划和用途管制的前提下,依法平等保护集体经营性建设用地与国有土地享有平等的权利。在审理涉及集体经营性建设用地的纠纷案件过程中,既要严格执行法律、行政法规,又要处理好法律、行政法规与政策和体制机制创新之间的关系。

15. 维护农业基础设施工程建设市场秩序。进一步加强涉及农业基础设施建设工程案件的审判,依法加大对小型农田水利设施、小流域综合治理等建设项目投资者利益的保障力度,注重保护农民参与农业基础设施建设的积极性和主动性。

16. 慎重处理涉农土地纠纷,切实保障农民的合法权益。在审理农村土地征地补偿、农村集体土地使用权流转等民事纠纷案件时,要尊重当事人意思自治,着重引导各方主体通过自愿协商达成权利义务平衡的协议;涉及农村集体成员资格界定标准的,要在现行法律规定框架内，最大限度地保护农民特别是农村老人、妇女、儿童的合法权益。要严格遵照国家法律法规规定，依法公平认定当事人的权利义务范围；作出司法裁判要合法合理，并要考虑个案的示范效应，避免因个案裁判而引发群体性事件。

17. 加强耕地的司法保护力度，切实保障粮食安全。要妥善审理涉及耕地尤其是基本农田的纠纷案件，坚持最严格的耕地保护制度和最严格的节约用地制度，确保实现"用途管制、节约利用、严格管理"的耕地保护目标，坚决守住耕地保护红线，确保国家粮食安全。

18. 促进现代农业产业化发展。要密切关注和全面掌握国家政策精神，统筹协调维护土地承包经营权与促进土地承包经营权流转之间的关系，妥善审理因土地承包经营权流转、互利互换而引发的纠纷，按照既有利于土地承包经营权有序流转和规范流转，也有利于农民土地承包各项合法权益充分保障的原则，鼓励和支持土地向专业大户、家庭农场、农民合作社流转。依法妥善审理现代农业发展中出现的各类新型纠纷案件，保障设施农业、生态农业、观光农业建设，促进绿色、优质、安全的现代都市型农业加快发展。

19. 保障农产品流通体系的完善。加强农产品生产、加工、包装、运输、销售等各环节纠纷案件的审判，明确农产品流转过程中各方当事人的权利义务，既要保护农产品消费者的人身安全和财产权益，也要坚持各负其责的原则，明确农产品收购者、运输者、加工者、销售者的各自责任，推动安全、高效、便捷的农产品流通体系的建设。

20. 助推美丽乡村建设。对农村民事、行政纠纷，要善于发挥乡村干部、司法协理员等多种社会力量，尽量多做调解工作，力促案结事了人和；要妥善化解农村道路联网、农村电气化、农村环境整治等矛盾纠纷，引导农民追求科学健康文明低碳的生产生活方式。

七、完善工作机制，增强司法保障的针对性和实效性

21. 健全完善运行高效的审判工作制度。深入推进司法公开，不断完善各类涉新型城镇化建设纠纷快速化解机制，依法及时保护人民群众的合法利益诉求。对涉及新型城镇化建设重点项目的诉讼案件，在现行法律框架范围内，要开辟高效快捷的诉讼通道，最大限度确保新型城镇化建设的顺利推进。

22. 依法参与社会治理。对新型城镇化建设过程中发生的矛盾纠纷，要按照"不缺位、不越位、不错位"的原则，加强与其他国家机关、基层组织和群众自治组织的沟通与协作，依法支持其调处社会矛盾纠纷，依法指导人民调解委员会调解民间纠纷，对当事人经人民调解达成调解协议并共同提出司法确认申请的，要依法做好司法确认工作。要高度重视并认真研判有关新型城镇化建设纠纷案件审判中发现的新情况、新问题，及时向地方党委、人大报送专项报告，向政府及其他相关部门提出司法建议。

23. 落实司法为民便民利民措施。深化诉讼服务机制，继续推行巡回审判、社区法庭、假日法庭、街道诉讼服务站等便民举措。运用信息技术，大力完善司法便民利民举措，全力搭建涵盖立案、审判、执行的全方位便民服务平台。做好程序告知和举证指导，对诉讼能力较弱的当事人提供必要的帮助，最大限度地及时化解城镇化进程中引发的矛盾纠纷，消弭社会不和谐因素。加大司法救助力度，对经济确有困难的当事人给予必要的帮助。积极探索"进城务工人员权益保护""涉及农村农民权益争议调解"等专项工作机制，综合运用多元纠纷解决机制、审判绿色通道、司法救助等机制，有效维护农民的合法权益。

最高人民法院
关于依法平等保护非公有制经济
促进非公有制经济健康发展的意见

2014年12月17日　　　　　　　　　　　法发〔2014〕27号

非公有制经济作为社会主义市场经济的重要组成部分，与公有制经济共同构成我国经济社会发展的重要基础。改革开放以来，非公有制经济不断发展壮大，在支撑增长、促进创新、扩大就业、增加税收等方面都发挥了重要作用，成为促进经济社会发展的重要力量。支持非公有制经济健康发展是坚持和完善我国基本经济制度的必然要求，也是人民法院为经济社会发展提供司法保障的重要方面。各级人民法院要充分发挥司法审判的职能作用，为非公有制经济健康发展提供有力的司法保障。

一、提高认识，切实增强依法保障非公有制经济健康发展的主动性和责任感

1. 贯彻党的十八届三中全会精神，正确认识非公有制经济的重要地位。公有制为主体、多种所有制经济共同发展的基本经济制度，是中国特色社会主义制度的重要支柱，也是社会主义市场经济体制的根基。党的十八届三中全会进一步明确了非公有制经济在社会主义市场经济中的重要地位，提出必须毫不动摇鼓励、支持、引导非公有制经济发展，激发非公有制经济活力和创造力。各级人民法院要深入学习贯彻十八届三中全会精神，依法支持、保障、促进非公有制经济的健康发展。

2. 贯彻党的十八届四中全会精神，依法平等保护各种所有制经济共同发展。法律面前人人平等是我国宪法确立的基本原则。非公有制经济与公有制经济一样，是社会主义市场经济的重要组成部分，都是我国经济社会发展的重要基础。党的十八届四中全会决定指出，平等是社会主义法律的基本属性。人民法院在依法保障公有制经济发展，不断增强国有经济活力、控制力和影响力的同时，要依法平等保护非公有制经济的合法权益，坚持各类市场主体的诉讼地位平等、法律适用平等、法律责任平等，为各种所有制经济提供平等司法保障。

3. 及时审理执行相关案件，有效化解非公有制经济发展中的各类纠纷。当前，非公有制经济发展迅速，投资经营过程不可避免会产生一些纠纷，这些纠纷将有相当部分通过诉讼程序进入人民法院。各级人民法院要充分考虑非公有制经济的特点，依法公正

高效审理执行相关案件,及时化解非公有制经济投资经营中的各类纠纷。

二、加强民商事审判工作,依法维护公开平等的市场交易秩序

4. 正确认定民商事合同效力,保障非公有制经济的合法交易。要处理好意思自治与行政审批的关系,对法律、行政法规规定应当办理批准、登记等手续生效的合同,应当允许当事人在判决前补办批准、登记手续,尽量促使合同合法有效。要正确理解和适用合同法第五十二条关于无效合同的规定,严格限制认定合同无效的范围。对故意不履行报批手续、恶意违约的当事人,依法严格追究其法律责任,保护守信方的合法权益。要依法审理涉及非公有制经济主体的金融借款、融资租赁、民间借贷等案件,依法支持非公有制经济主体多渠道融资。要根据物权法定原则的最新发展,正确认定新型担保合同的法律效力,助力提升非公有制经济主体的融资担保能力。

5. 妥善审理权属及劳动争议纠纷案件,保护非公有制经济的合法权利。充分发挥民商事审判职能,理顺产权关系,既要依法保护公有制经济,有效防止国有资产流失,也要防止超越法律规定和合同约定,不当损害非公有制经济主体的正当权利。对产权有争议的挂靠企业,要在认真查明投资事实的基础上明确所有权,防止非法侵占非公有制经济主体财产。要严格按照有关法律、法规和政策,审理企业改制纠纷案件,准确界定产权关系,保护非公有制经济主体的合法权益。妥善审理涉及境外投资案件,保障非公有制企业实施"走出去"战略,扩大对外投资。妥善审理涉及非公有制企业的劳动争议案件,依法维护劳动者的合法权益,支持非公有制企业依法管理。

6. 妥善审理破产、清算案件,促进生产要素的优化组合和非公有制经济的转型升级。依法受理企业破产案件和强制清算案件,积极引导非公有制经济主体依法有序退出市场,实现优胜劣汰。充分发挥破产重整程序的特殊功能,帮助非公有制企业压缩和合并过剩产能,推动企业业务流程再造和技术升级改造,优化资金、技术、人才等生产要素配置,帮助和支持符合国家产业政策要求的企业恢复生机,重返市场。要依法保障非公有制经济参与各类企业的破产重组,通过生产要素的优化组合,实现经济效率的整体提升。

7. 妥善审理各类知识产权案件,保障和推动非公有制经济的自主创新。充分运用知识产权司法保护手段,加大对各种侵犯知识产权行为的惩治力度。妥善审理技术改造升级过程中引发的技术开发、技术转让、技术咨询和技术服务合同纠纷案件,鼓励非公有制经济主体通过技术进步和科技创新实现产业升级,提升核心竞争力。及时受理反不正当竞争纠纷案件,依法制裁各种形式的不正当竞争行为,保障非公有制经济主体平等地参与市场竞争。加强反垄断案件的审理,依法制止占有市场支配地位的垄断者滥用垄断地位,严格追究违法垄断行为的法律责任,为各种所有制经济主体提供竞争高效公平的市场环境。

三、严格执行刑事法律和相关司法解释,确保非公有制经济主体受到平等刑事保护

8. 平等适用刑法,依法维护非公有制经济主体合法权益。对非法侵害非公有制经济主体合法权益,构成犯罪的,要依法追究刑事责任;对犯罪分子非法占有、处置非公有制经济主体的财产,要依法予以追缴或者责令退赔;犯罪分子非法毁坏非公有制经济主体财产,非公有制经济主体提起附带民事诉讼的,依法予以支持。非公有制经济主体或者其工作人员实施诈骗、非法集资、行贿等行为,构成犯罪的,要依法追究刑事责任。

9. 坚持罪刑法定,确保无罪的非公有制经济主体不受刑事追究。准确把握立法精神,正确适用法律和司法解释,严格区分罪与非罪、犯罪与行政违法、犯罪与民商事纠纷。对非公有制经济主体在生产、经营、融资活动中的创新性行为,要依法审慎对待,只要不违反法律和司法解释的规定,不得以违法论处。违反有关规定,但尚不符合犯罪构成条件的,不得以犯罪论处。在合同签订、履行过程中产生的争议,如无确实、充分的证据证明行为人有非法占有的目的,不得以合同诈骗罪论处。

10. 严格办案程序,切实保障非公有制经济主体的诉讼权利。对于确已涉嫌犯罪的,要根据所涉犯罪的性质、危害程度等具体案件情况,依法慎重决定是否适用强制措施以及适用强制措施的种类,是否采取查封、扣押、冻结、处理涉案财物措施以及查封、扣押、冻结、处理涉案财物的范围,最大限度减少对涉案非公有制经济主体正常生产经营活动的影响。要坚持证据裁判原则,对非公有制经济主体或者其工作人员涉嫌犯罪的案件,经审理认为事实、证据存在疑问,不能排除合理怀疑的,应当依法宣告无罪。

四、切实发挥行政审判职能,依法维护非公有制经济主体行政相对人合法权益

11. 监督和促进行政机关依法行使职权,依法纠正违法行政行为。非公有制经济主体起诉认为行政机关作出的行政行为逾越法定权限、违背法定程序,侵犯其合法权益,其主张事实依据充分的,人民法院应依法纠正相关行政行为。要正确审理涉及税收、工商管理、质量监督、物价、海关监管、经营自主权等行政案件,依法纠正对非公有制经济主体乱收费、乱罚款、乱摊派等违法干预非公有制企业自主经营的行为。对非公有制经济主体实施的行政强制措施和行政处罚,要与违法行为的性质、情节及危害后果相适应,显失公正的,人民法院要依法撤销或者变更。行政机关违法侵权并给非公有制经济主体造成损失的,要依法承担赔偿责任。

12. 坚持审判中立,确保非公有制经济与行政机关同受法律保护和约束。促进行政机关转变职能,维护行政机关与非公有制经济主体在行政管理过程中依法达成的行政合同的有效性和稳定性。审理好政府招商引资合同案件,监督政府机关诚实守信地履行政府文件和合同所约定的义务。妥善审理政府采购过程中发生的政府采购合同案件和其他行政诉讼案件,落实非公有制经济主体的平等待遇,促进公平竞争。依法保护非公有制经济主体由于对行政机关的信赖而形成的利益,维护行政行为的稳定性。行政机关为公共利益的需要,依法变更或者撤回已经生效的行政许可、行政审批,或者提前解除国有土地出让等自然资源有偿使用合同的,人民法院应依法支持非公有制经济主体关于补偿财产损失的合理诉求。

13. 维护非公有制经济主体的合法权益和经营自主权,推动建立公平公正的市场竞争秩序。人民法院审理行政案件,要正确处理好权利与权力的关系,对非公有制经济主体要坚持"法无禁止即可为"的原则,对行政权力要坚持"法无授权不可为"的原则。正确处理政府与市场的关系,完善产权保护制度,尊重非公有制经济主体经营自主权。要通过裁判推动社会主义市场经济体制进一步完善,依法支持行政机关规范和整顿市场经济秩序,依法打击制售假冒伪劣商品,支持行政机关对违法侵权行为进行治理整顿,切实维护非公有制经济主体的商标、专利等知识产权。加大对行政机关不作为、不依法履行法定职责行政案件的审理力度,帮助防范少数行政机关懒政、惰政。

14. 依法受理和审理政府信息公开案件,推动建立公开透明的市场环境。依法受理和审理非公有制经济主体提起的政府信息公开行政案件,推动政府信息的主动公开和依申请公开。非公有制经济主体因为自身生产和科研等特殊需要,申请获取不涉及国家秘密、商业秘密、个人隐私的政府信息,人民法院应予支持。非公有制经济主体请求撤销行政机关以未经事先公布的规范性文件为依据作出的行政行为,事实依据充分的,人民法院应予支持。非公有制经济主体要求行政机关提供在履行职责过程中制作或者获取的本地区、本行业企业生产经营信息,人民法院亦应依法予以支持。

五、加强执行工作,依法保障非公有制经济主体合法权益

15. 坚持平等原则,确保非公有制经济合法权益及时实现。对非公有制经济主体与国有经济、集体经济主体同等对待,不得因申请执行人和被执行人的所有制性质不同而在执行力度、执行标准上有所不同,树立市场诚信,公正高效地保护守信方当事人的合法权益。要紧紧围绕依法突出执行工作强制性、全力推进执行工作信息化、大力加强执行工作规范化的总体思路,充分发挥执行联动机制、公布失信被执行人名单等制度的作用,确保生效法律文书确定的非公有制经济主体的债权及时得以实现。

16. 采取有效措施,积极破解执行难问题。以执行工作信息化建设为依托,逐步实现执行信息查询和共享,力求破解被执行人难找、被执行财产难查问题;将失信被执行人名单信息向社会公布,同时向相关单位定向通报,及时予以相应的信用惩戒,挤压被执行人的生存空间,迫使其自动履行;对规避执行和拒不执行生效裁判文书的坚决予以打击;对不积极协助法院执行甚至阻碍执行的要及时向有关单位及其上级主管部门进行反映并依法追究其法律责任;因地方保护主义和部门保护主义的干扰无法及时执结的,要采取协调、督促、提级执行等方式,努力使非公有制经济主体申请执行人的债权及时得到实现。

17. 保护申请执行人的合法权益,切实维护非公有制经济的正常生产经营。在采取诉讼保全和查封、冻结、扣押、拘留等强制执行措施时,要注意考量非公有制经济主体规模相对较小、抗风险能力相对较低的客观实际,对因宏观经济形势变化、产业政策调整所引起的涉诉纠纷或者因生产经营出现暂时性困难无法及时履行债务的被执行人,严格把握财产保全、证据保全的适用条件,依法慎用拘留、查封、冻结等强制措施,尽量减少对企业正常生产经营活动可能造成的不当影响,维持非公有制经济主体的经营稳定。

六、完善审判工作机制，不断提高司法保障水平

18. 改进司法工作作风，切实保障非公有制经济主体的诉讼权利。要依法保障非公有制经济主体的诉权，对符合法律规定应当受理的案件要及时立案，并尽快做出裁判。依法适用督促程序，进一步落实便利诉讼原则，不断扩展适用简易程序的范围，减轻当事人诉累。完善诉讼代理人出庭制度，为非公有制企业参加诉讼提供便利。规范庭审程序，平等地听取包括非公有制经济主体在内的各方当事人的意见，依法全面审查各方当事人提供的证据。依法纠正确有错误的裁判，维护当事人的合法权益。支持和推动非公有企业人士担任人民陪审员，妥善审理涉非公有企业的各类案件。充分发挥商会、行业协会等组织的作用，建立适合于非公有制经济特点的多元纠纷解决机制，构建诉调对接工作平台，促进非公有制经济主体纠纷的及时有效化解。

19. 加大司法公开力度，不断提升信息化服务水平。要加快推进人民法院信息化建设，全面提升司法公开水平。要充分发挥"中国审判流程信息公开网"等载体作用，向包括非公有制经济主体在内的社会公众依法全面公开审判执行活动。借助失信被执行人数据库平台，会同有关部门和社会组织共同开展诚信建设。大力推进裁判文书上网，加强裁判文书对案件事实认定和法律适用理由的论证，增强各类所有制主体对其经营行为及其法律后果的可预测性。要通过公开审判、以案说法、发布重要新闻和典型案例等形式，宣传涉及非公有制经济的法律法规，提高非公有制企业的法律意识。

20. 加强司法建议工作，积极为非公有制企业提供司法服务。要加强调查研究，及时总结经验，结合审判工作实际，对非公有制经济主体在经济发展新常态中加快转型升级和"走出去"过程中遇到的法律风险和法律问题进行深入研究，及时向工商联、相关行业商协会、有关政府部门发出司法建议。要牢固树立服务意识，充分发挥司法裁判的规范、指引作用，促进非公有制企业切实增强法治观念和依法经营意识，不断完善生产经营管理制度，提升行业管理水平，增强国际竞争力和影响力，保障非公有制经济健康顺利发展。

最高人民法院
关于人民法院为"一带一路"建设提供司法服务和保障的若干意见

2015年6月16日　　　　　　　　　　　　　　法发〔2015〕9号

"一带一路"（丝绸之路经济带和21世纪海上丝绸之路），是以习近平同志为总书记的党中央，主动应对全球形势深刻变化、统筹国内国际两个大局作出的重大战略决策。为充分发挥人民法院审判职能作用，有效服务和保障"一带一路"建设的顺利实施，提

出以下指导意见。

一、统一思想，提高认识，切实增强为"一带一路"建设提供司法服务和保障的责任感与使命感

1. 深刻认识"一带一路"建设的重大意义和人民法院肩负的重要使命。"一带一路"传承和发扬古代丝绸之路"和平合作、开放包容、互学互鉴、互利共赢"精神，高举和平、发展、合作、共赢旗帜，秉持亲诚惠容的外交理念，遵循共商、共建、共享原则，旨在凝聚各国共识和力量，实现政策沟通、道路联通、贸易畅通、货币流通、民心相通的"五通"蓝图，打造政治互信、经济融合、文化包容的利益共同体、命运共同体和责任共同体。"一带一路"建设的实施，将对开创我国全方位对外开放新格局、推动经济增长、促进和平发展产生现实而深远的影响。在"一带一路"建设中，法治是重要保障，司法的作用不可或缺。各级人民法院要深入学习贯彻党和国家关于"一带一路"建设的重大决策以及习近平总书记的系列重要论述，充分认识肩负的神圣职责，自觉担当时代使命，主动服务和融入"一带一路"建设进程。

2. 准确把握"一带一路"建设司法服务和保障的内涵与基本要求。要积极回应"一带一路"建设中外市场主体的司法关切和需求，大力加强涉外刑事、涉外民商事、海事海商、国际商事海事仲裁司法审查和涉自贸区相关案件的审判工作，为"一带一路"建设营造良好法治环境。要全面贯彻法律平等原则，坚持平等保护中外当事人的合法权益，有效维护公平竞争、诚实守信、和谐共赢的区域大合作环境。要全面统筹协调，找准人民法院工作与"一带一路"建设的结合点和着力点，研究规律性，突出前瞻性，富于创新性，全面提升人民法院涉外审判工作水平。要立足我国实际，坚定不移走中国特色社会主义法治道路，积极开展与沿线各国的司法国际合作交流，夯实"一带一路"建设的法治基础。

二、充分发挥审判职能作用，提升"一带一路"建设司法服务和保障的国际公信力

3. 充分发挥刑事审判职能作用，为"一带一路"建设营造和谐稳定的社会环境。要加强刑事审判工作，深化与"一带一路"沿线国家刑事司法合作，严厉打击暴力恐怖势力、民族分裂势力、宗教极端势力，严厉惩处海盗、贩毒、走私、洗钱、电信诈骗、网络犯罪、拐卖人口等跨国犯罪。要妥善审理国际投资、国际贸易、跨国金融、港口、航运、仓储、物流等领域刑事案件，坚持罪刑法定，严格办案程序，把握好刑事政策尺度和罪与非罪界限，确保每一起案件都经得起法律和历史的检验。

4. 公正高效审理涉"一带一路"建设相关案件，营造公平公正的营商投资环境。要密切关注新亚欧大陆桥经济走廊建设等国际经济合作，依法及时审理相关的基础设施建设、经贸往来、产业投资、能源资源合作、金融服务、生态环境、知识产权、货物运输、劳务合作等涉外民商事案件，依法积极保障"走出去""引进来"战略实施。要密切关注重点港口、航运枢纽等海上战略通道建设，依法及时妥善审理相关的港口建设、航运金融、海上货物运输、海洋生态保护等海事海商案件，依法促进海洋强国战略。要正确理解和把握自贸区建设有关"准入前国民待遇"和"负面清单"的相关规定和政策,处理好当事人意思自治与行政审批的关系,及时修订和调整相关司法政策,严格限制认定合同无效的范围,促进对外开放。要严格贯彻对中外当事人平等保护原则,坚持各类市场主体的诉讼地位平等、法律适用平等、法律责任平等。

5. 依法行使司法管辖权,为中外市场主体提供及时、有效的司法救济。要充分尊重"一带一路"建设中外市场主体协议选择司法管辖的权利,通过与沿线各国友好协商及深入开展司法合作,减少涉外司法管辖的国际冲突,妥善解决国际间平行诉讼问题。要遵循国际条约和国际惯例,科学合理地确定涉沿线国家案件的连结因素,依法行使司法管辖权,既要维护我国司法管辖权,同时也要尊重沿线各国的司法管辖权,充分保障"一带一路"建设中外市场主体的诉讼权利。要严格落实《最高人民法院关于人民法院登记立案若干问题的规定》,对依法应当受理的涉"一带一路"建设相关案件,一律接收诉状,当场登记立案,依法尽快做出裁判,及时解决纠纷。要进一步完善境外当事人身份查明、境外证据审查、境外证人作证等制度,最大限度方便中外当事人诉讼。

6. 加强与"一带一路"沿线各国的国际司法协助,切实保障中外当事人合法权益。要积极探讨加强区域司法协助,配合有关部门适时推出新型司法协助协定范本,推动缔结双边或者多边司法协助协定,促进沿线各国司法判决的相互承认与执行。要在沿线一些国家尚未与我国缔结司法协助协定的情况下,根据国际司法合作交流意向、对方国家承诺将给予我国司法互惠等情况,可以考虑由我国法院先行给予对方国家当事人司法协助,积极促成形成互惠关系,积极倡导并逐步扩大国际司法协助范围。要严格依照我国与沿线国家缔结或者共同参加的国际条约,积极办理司法文书送达、调查取证、承认与执行外国法院判决等司法协助请求,为中外当事人合法权益提供高效、快捷的司法救济。

7. 依法准确适用国际条约和惯例,准确查明和适用外国法律,增强裁判的国际公信力。要不断提高适用国际条约和惯例的司法能力,在依法应当适用国际条约和惯例的案件中,准确适用国际条约和惯例。要深入研究沿线各国与我国缔结或共同参加的贸易、投资、金融、海运等国际条约,严格依照《维也纳条约法公约》的规定,根据条约用语通常所具有的含义按其上下文并参照条约的目的及宗旨进行善意解释,增强案件审判中国际条约和惯例适用的统一性、稳定性和可预见性。要依照《涉外民事关系法律适用法》等冲突规范的规定,全面综合考虑法律关系的主体、客体、内容、法律事实等涉外因素,充分尊重当事人选择准据法的权利,积极查明和准确适用外国法,消除沿线各国中外当事人国际商事往来中的法律疑虑。要注意沿线不同国家当事人文化、法律背景的差异,适用公正、自由、平等、诚信、理性、秩序以及合同严守、禁止反言等国际公认的法律价值理念和法律原则,通俗、简洁、全面、严谨地论证说理,增强裁判的说服力。

8. 依法加强涉沿线国家当事人的仲裁裁决司法审查工作,促进国际商事海事仲裁在"一带一路"建设中发挥重要作用。要正确理解和适用《承认及执行外国仲裁裁决公约》(以下简称《纽约公约》),依法及时承认和执行与"一带一路"建设相关的外国商事海事仲裁裁决,推动与尚未参加《纽约公约》的沿线国家之间相互承认和执行仲裁裁决。要探索完善撤销、不予执行我国涉外、涉港澳台仲裁裁决以及拒绝承认和执行外国仲裁裁决的司法审查程序制度，统一司法尺度，支持仲裁发展。实行商事海事仲裁司法审查案件统一归口的工作机制，确保商事海事仲裁司法审查标准统一。要探索司法支持贸易、投资等国际争端解决机制充分发挥作用的方法与途径，保障沿线各国双边投资保护协定、自由贸易区协定等协定义务的履行，支持"一带一路"建设相关纠纷的仲裁解决。

三、建立完善工作机制，为"一带一路"建设营造良好的法治环境

9. 深化改革、强化公开，不断提升涉外案件的国际影响力和公信力。要积极探索主审法官、合议庭办案责任制，探索将相关新类型案件集中到涉外审判部门审理，进一步发挥专业化审判的优势。要根据第四次全国涉外商事海事审判工作会议精神，及时总结海事审判管辖制度改革试点经验，推广将与海事密切关联的部分海事行政案件纳入海事法院专门管辖等，从体制机制方面有效保护海洋经济和海洋生态文明，不断巩固我国亚太地区海事司法中心地位。要强化司法公开，充分发挥涉外司法的国际窗口作用，不断满足中外当事人的知情权。要研究制定人民法院接受外国公民申请旁听案件庭审的具体办法，为外国公民旁听案件提供便利条件，积极邀请沿线各国驻华使节、国际合作交流人员旁听典型案件庭审，回应国际社会关切。

10. 建立常态化调研指导机制，增强工作的系统性与针对性。要将"一带一路"建设司法保障作为一项常规性工作抓紧抓实，坚持近期问题与长期应对相结合，坚持司法专门保障与国家整体推进相结合，坚持司法职能与中央战略规划、地方实际相结合，及时研究"一带一路"建设中的司法需求和司法政策。要深入分析研判"一带一路"建设各类相关案件的特点和规律，加强司法解释和案例指导，规范自由裁量，统一法律适用，及时为市场活动提供指引。要建立健全涉"一带一路"相关案件的专项统计分析制度，发布典型案例，及时向有关部门和社会发出司法建议和司法信息，有效预防法律风险。要与国家和地方相关部门建立沟通联系机制，深入研究国际法规则和沿线国家法律法规，提出前瞻性应对策略，增强推进"一带一路"建设的整体合力。

11. 支持发展多元化纠纷解决机制，依法及时化解涉"一带一路"建设的相关争议争端。要充分尊重当事人根据"一带一路"沿线各国政治、法律、文化、宗教等因素作出的自愿选择，支持中外当事人通过调解、仲裁等非诉讼方式解决纠纷。要进一步推动完善商事调解、仲裁调解、人民调解、行政调解、行业调解、司法调解联动工作体系，发挥各种纠纷解决方式在解决涉"一带一路"建设争议争端中的优势，不断满足中外当事人纠纷解决的多元需求。

12. 拓展国际司法交流宣传机制，增进沿线各国的法治认同。要充分发挥上海合作组织最高法院院长会议、中国—东盟大法官论坛、亚太首席大法官会议、金砖国家大法官会议等现有多边合作机制，办好区域国际司法论坛，共同研讨解决"一带一路"建设中的相关问题，与沿线各国携手打造稳定透明、公平公正的"一带一路"国际法治环境。要推动建立新机制，进一步加强我国与沿线国家司法机构之间的交流与合作，建立外国法查明工作平台，支持国内相关单位与"一带一路"沿线国家高等院校、科研机构之间积极开展法学交流活动，增进国际社会对中国司法的了解，促进各国法治互信。

13. 积极参与相关国际规则制定，不断提升我国司法的国际话语权。要进一步拓宽国际司法交流渠道，密切关注亚洲投资银行、丝路基金建设的进展，及时研究相关的国际金融法、国际贸易法、国际投资法、国际海事规则等国际法的发展趋势，积极参与和推动相关领域国际规则制定。

四、加强工作指导、组织保障和信息化建设，不断提高司法服务和保障"一带一路"建设的能力与水平

14. 加强经验总结和工作指导，确保"一带一路"建设的司法服务和保障工作扎实有序推进。要充分发挥地方各级人民法院积极性，鼓励地方法院立足本地实际，发挥各自优势，积极探索，创造有益经验，促进服务和保障工作深入开展。要根据"一带一路"建设的推进重点，加强重点示范，发挥其示范引领作用。要注意总结司法保障工作的经验做法，推广可复制、可借鉴的先进经验和典型案（事）例。要加强宏观指导，强化分工落实，抓好督促检查和案件评估，不断增强"一带一路"建设司法保障能力。

15. 加强专业人才培养，不断提升与"一带一路"建设相适应的司法能力。要制定培养规划，加强专题专项培训，加快建立专门的审判队伍。要加强业务能力培训，强化"一带一路"建设相关知识的学习，增强司法综合素质。要拓展法官国际视野，鼓励法官参加国际交流，提高法官应对处理国际事务的能力，努力造就一批能够站在国际法律理论前沿、在国际民商事海事审判领域具有国际影响的法官。

16. 加强信息化建设，全面提高"一带一路"建设司法服务和保障工作的实效和水平。要围绕公开、透明、便捷、高效、共享、互通的原则，加强"一带一路"建设司法保障信息化建设的顶层设计，坚持创新驱动，推进信息技术与审判业务深度融合，信息技术与司法公开深度融合，信息技术与司法便民深度融合，构建符合信息时代特征的网络法院、阳光法院和智慧法院。要高度重视相关工作的舆论引导和宣传工作，建设最高人民法院和涉外商事海事审判英文网站，充分运用新媒体技术，对"一带一路"建设司法服务和保障进行宣传，打造对外交流宣传平台，通过多种方式向国际社会提供及时、全面、详实的涉"一带一路"建设的法治信息，全面展示我国司法建设和法治建设的成就。

最高人民法院
关于全面推进涉外商事海事审判精品战略为构建开放型经济体制和建设海洋强国提供有力司法保障的意见

2015年7月14日　　　　　　　　　　　　　　　法〔2015〕205号

涉外商事海事审判工作是人民法院民商事审判工作的重要组成部分,对于构建开放型经济新体制、增强国家核心竞争力,建设海洋强国、维护国家海洋权益,营造良好投资贸易环境,提升法治软实力,深化司法体制改革,全面推进依法治国具有重要作用。为深入实施涉外商事海事审判精品战略,充分发挥涉外商事海事审判职能作用,全面提高涉外商事海事审判的司法公信力,制定本意见。

一、认识和明确涉外商事海事审判精品战略的意义和奋斗目标

1. 深刻认识涉外商事海事审判精品战略的重大现实意义。为全面提升涉外商事海事审判的司法公信力,促进涉外商事海事审判科学长远发展,最高人民法院提出实施涉外商事海事审判精品战略的部署。当前,国际经济政治格局深刻调整,开放型经济和海洋经济深入发展,依法治国全面推进,涉外商事海事审判工作要承担争当司法公信的排头兵、司法改革的先行者、涉外法律工作的主力军的新使命。各级人民法院要充分认识实施涉外商事海事审判精品战略的重要性,增强大局意识、责任意识,切实提高工作的使命感和紧迫感。

2. 准确把握涉外商事海事审判精品战略的内涵。实施涉外商事海事审判精品战略是实现涉外商事海事审判科学发展的总体要求,强调以精取胜,注重品牌效应,实现案件办理精品化、人员素质精英化、法官视野国际化、体制机制创新化,着力提高我国涉外商事海事司法的公信力。

办案精品化。精品战略,首先要办精品案件。要实现程序规范化。牢固树立程序正义理念,管辖、送达、庭审以及合议等各个环节都要严守法定程序,充分保障当事人的合法诉讼权利。要强化庭审功能,推行当庭宣判。要提高裁判文书质量,规范裁判文书格式,增强论证说理。要统一法律适用标准,进一步加强司法解释和案例指导工作,规范自由裁量权,确保裁判尺度统一。

队伍精英化。实施精品战略,关键在人。要加强政治思想建设,始终将政治思想建设摆在首位,不断提高分辨大是大非问题的能力。要加强党风廉政建设和反腐败工作,切实改进司法作风,确保涉外商事海事审判队伍清正廉洁。要加强理想信念和职业道德教育,牢固树立职业尊荣感。要提升涉外商事海事审判队伍的正规化、专业化、职业化水平，着力培养一批既熟悉中国法律和相关国际条约、国际惯例，又掌握国际经贸航运知识，并具有丰富审判经验和较高外语水平的专家型、复合型法律人才。

视野国际化。开阔的国际视野是做好涉外商事海事审判工作的必然要求。要恪守条约义务，正确理解、准确适用国际条约、国际惯例，准确适用中外法律，平等保护中外当事人合法权益，以公正高效的审判赢得我国司法的国际公信力。要积极参与国际规则制定，高度重视协助相关部门进行条约谈判工作，在国际投资、贸易、航运规则的形成中充分发出中国司法的声音。要加强国际交流与合作，勇于登上国际司法舞台，充分利用各种机会，了解国外同行的成果经验，掌握国际司法的发展趋势，宣传、展示我国司法的立场和成就。

制度创新化。制度创新是实现精品战略的不竭动力。要主动服务司法体制改革。涉外商事海事审判工作要充分利用司法改革"天然试验田"的优势，继续发挥改革的示范和引领作用，争做司法体制改革的排头兵，根据中央统一部署，争取先行先试，进一步完善审判工作体制机制。完善海事法院管理体制及审判机制，拓展海事法院管辖范围。完善涉外商事案件管辖制度，完善国际、国内仲裁司法审查机制。

二、狠抓执法办案第一要务，全面提升审判工作质效

3. 树立程序正义理念。要更新审限观念，尽管涉外商事案件没有审限的硬性要求，但为提高审判效率，要积极采取措施，尽量缩短涉外商事案件的审理周期。对于不涉及域外送达、域外取证、公证认证以及外国法查明等情况的案件，要设置符合实际的内部审理时限，强化审限管理，避免案件久拖不决。要规范涉外送达工作。严格适用公告送达、邮寄送达的条件，在未穷尽其他送达途径前不得直接进行公告送达，切实保护域外当事人的程序权利。要慎重采用限制出境措施，严格适用条件，完善报批、审核和备案制度，规范操作，避免因措施不当引发外交纠纷。

4. 确立庭审中心主义。要做好庭前准备工作。认真审核外方当事人主体资格证明、授权委托书等需要履行公证认证手续的证据材料。对疑难复杂案件，应通过组织证据交换等方式明晰案件争议焦点，通过合议庭成员共同阅卷、召集庭前会议等方式做好审理前的准备工作。要高度重视庭审工作，切实提高庭审质量。法官应注意庭审言行举止，遵守司法礼仪；要平等保护中、外当事人的合法权益，落实好辩论原则、处分原则等民事诉讼基本原则；根据相关法律、司法解释规定，当事人可以选择涉外民事关系的法律适用的，要对法律适用问题征询当事人意见，并当庭作出归纳、阐释；对于当事人调查、收集证据或进行鉴定的申请，应当按照相关法律、司法解释的规定及时回应；对于缺席审理的案件，仍应调查主要事实，避免法庭调查流于形式；应制作全面、真实、准确、清晰地反映庭审全过程的庭审笔录。探索推进当庭宣判，逐步提高当庭宣判比例。

5. 积极拓展外国法的查明途径。着力打造外国法查明平台，进一步重视发挥"由中外法律专家提供"这一查明外国法途径的作用，加强与国内外法学科研机构的联系，开辟挑选中外法律专家的渠道。要有重点地结合主要投资贸易国家、地区开展查明外国法的基础性、前瞻性工作，逐步推动将外国法查明工作纳入统一平台体系中实施，并进一步发挥服务、保障作用。

6. 规范裁判文书制作。要规范裁判文书格式，重视程序性格式文书的规范制作，制定探索裁判文书的规范。要提高裁判文书制作水平，在准据法适用、证据认证、事实查明和争议焦点归纳、分析等文书的关键内容上下功夫，做到表述清晰、说理充分、逻辑严密、语言精练。

7. 深化司法公开。通过在各级人民法院门户网站提供诉讼指南、案件信息查询等方式，方便中外当事人诉讼，并通过发布审判白皮书、典型案例、召开新闻发布会等方式，提高涉外商事海事司法透明度。要加大庭审公开工作，创新公开方式，以视频、图文、微博等方式适时公开庭审过程。要做好裁判文书上网工作，进一步强化"中国涉外商事海事审判网"的裁判文书公开职能。要借助网络、媒体等平台及时发布审判动态信息，加强与公众之间的互动，增强社会认同感。

三、强化对下指导工作，统一司法裁判尺度

8. 推广庭审示范工作。利用信息化技术将各级人民法院程序规范、驾驭娴熟、作风良好、质效双优的优秀庭审视频上传到网络平台，供辖区内法院学习参考。各级人民法院可以通过交流观摩、邀请社会各界相关人士观摩庭审等形式，积极开展公开示范性庭审活动，提高庭审质量。

9. 推行案件质量评查制度。上级法院要定期对辖区内法院案件质量进行评查调研，肯定成绩，发现不足，通过座谈会集中反馈、下发评查报告等形式加强审判业务指导。

10. 完善上下级法院沟通联系的工作机制。要坚持重要信息和重大案件报告制度。对工作中的重要举措、重大、敏感和新类型案件的审理情况应及时报送上级法院。要建立上下级法院之间有效、畅通、及时的沟通机制，做好改判、发回重审案件的沟通、定期评析、交流等制度，统一裁判尺度。

11. 定期开展优秀裁判文书评选工作。要规范裁判文书格式，强调论证说理，定期开展优秀裁判文书评选工作。要推选出一批格式规范、说理透彻、逻辑严密、文字精练、适用法律准确的精品裁判文书，并汇编成册，发挥示范效应。

12. 加强司法解释和指导性意见制定工作。要针对疑难、复杂问题及时调研，注重挖掘法官群体司法智慧，总结既往司法裁判思路，借鉴国际先进立法、司法经验，及时制定司法解释、指导性意见，保障司法的公正性、法律适用准确性和统一性。

13. 加强案例指导工作。要积极推荐指导性案例。要筛选出部分典型案例，在人民法院公报、《涉外商事海事审判指导》、最高人民法院案例指导专刊及有关网站上发布。要定期发布年度十大涉外商事海事典型案例。要充分发挥指导性案例针对性强、法律论证充分、及时反映新情况、新问题的作用，与司法解释相互配合，为开拓办案思路、衡量价值判断和统一裁判标准提供具体指引。

四、加强调查研究，主动服务大局

14. 善用法治思维主动研判大局。寻找构建创新型经济新体制、建设海洋强国与涉外商事海事审判的连接点，围绕"走出去"企业法律风险防范、我国海洋权益保护、国际海事司法中心建设、海洋生态文明司法保障、自贸区法治保障、"一带一路"法治保

障、"两岸四地"经贸合作司法保障机制、边境贸易与区域经济合作司法保障、涉外民商事司法环境优化等新问题、新情况开展前瞻性、预判性调研，及时形成调研成果，通过制定司法解释、个案指导、向有关部门出具司法建议或立法建议、配合有关部门工作等多种方式，主动服务国家改革开放战略和建设海洋强国战略。

15. 密切关注相关改革措施对涉外商事海事审判工作的影响。当前，我国正处在全面深化改革的关键时期，要密切关注相关领域的改革对涉外商事海事审判产生的影响，适时调整裁判思路，适时出台或修改司法解释、指导性意见，保障相关改革的顺利进行。如密切关注国家行政审批制度改革尤其是外商投资审批制度改革对外商投资企业股权转让、并购纠纷处理思路的影响；外汇管理体制改革、金融业开放对跨境融资、对外担保以及国际金融衍生交易行为等法律行为效力认定思路的影响；深入研究因对赌条款、协议控制、多层级离岸公司控制权等国际资本运作产生的相关纠纷；及时研究制定海洋生态环境损害赔偿认定规则等。

16. 建立精品调研报告定期评选制度。最高人民法院、高级人民法院要建立精品调研报告定期评选制度，将优秀调研成果集结成册，并在条件成熟时，转化为司法解释、指导性意见和会议纪要等规范性文件。

五、加强队伍建设，增强司法能力

17. 强化法官的法治理念和法治思维。统筹国际国内两个大局，高度重视和创造性运用法治理念和法治思维方式，全面把握法律思维中规则思维、权利义务思维、程序性思维、价值权衡思维和建设性思维等特点，树立平等保护中外当事人的理念，依法处理好当前和长远、局部和全局、个体和普遍利益的关系，努力实现自由与秩序、公平与效率、安全与限制、平等与差别、生存与发展等不同价值追求的耦合与共赢。

18. 高度重视专门审判机构建设。各级人民法院要以专业化为目标，科学设置涉外商事审判机构，高级人民法院和中级人民法院应当成立专门的涉外商事审判庭；获得一审涉外商事案件管辖权的基层人民法院原则上也应成立专门的涉外商事审判庭，暂时不能单设审判庭的，必须成立涉外商事审判专业合议庭，保障涉外商事审判工作的顺利开展。

19. 建立人才培养的长效机制。要形成定期更新知识的长效培训和学习机制，高级人民法院、中级人民法院应确保每年一次对辖区范围内的涉外商事海事法官培训，培训要讲求实用性和针对性。加强与商务部门、海事部门等相关部门的合作、交流和信息共享，探索建立与高校、科研机构以专题授课、举办沙龙等形式进行前沿问题探讨的交流机制，拓展审判视野，提高理论和实务水平。鼓励法官到港澳台或国外学习、培训。

20. 鼓励法官积极参与国际交流与合作。鼓励、推荐法官参与国际公约、双边或多边条约的磋商谈判，参与各种国际贸易规则的起草，增加我国在国际经济关系中的话语权。

六、深化司法改革，完善涉外商事海事审判制度机制

21. 全面贯彻涉外商事案件集中管辖制度。各级人民法院要在立案、审判、执行等

工作中正确把握涉外商事案件的标准。涉外商事案件的判断要从法律关系主体、标的物以及产生、变更或消灭民事关系的法律事实等三个方面是否具有涉外因素进行考察，只要其中之一具有涉外因素，即为涉外商事案件。要防止仅根据主体是否涉外为标准来识别涉外商事案件，从而使相当一部分涉外商事案件游离于涉外商事集中管辖制度之外。对于涉外商事案件管辖权异议、申请承认与执行外国仲裁裁决或法院民商事判决的案件，应当集中由涉外商事审判庭统一审查，避免分散审查。

22. 积极探索涉外商事审判庭审理部分新类型案件。各级人民法院要从涉外商事审判集中对口服务开放型经济、科学整合审判资源以及有利于裁判权统一行使的全局出发，研究探索由涉外商事审判庭集中受理除涉外商事案件外的另两类相关案件：与涉外商事案件在法律适用上基本趋同的国内商事案件，如国内信用证纠纷案件、国内银行保函纠纷案件、国内仲裁司法审查案件等；与开放型经济发展密切关联的其他商事案件，如涉外商投资企业商事纠纷案件、涉自贸区商事纠纷案件、边贸纠纷案件等。

23. 合理调整涉外商事案件集中管辖的格局。随着我国外向型经济的发展，最高人民法院研究将第一审涉外商事案件管辖权原则上下放至所有中级人民法院，并制定相应的级别管辖标准；逐步确立新类型案件、特殊类型案件、有普遍法律适用意义的疑难案件指定管辖、提级管辖制度。今后一段时期，高级人民法院辖区内已有较多基层人民法院具有第一审涉外商事案件管辖权的，原则上不再新增指定辖区内的其他基层人民法院。对于年均收结案量长期不足的基层人民法院，高级人民法院可以适时提出调整建议。

24. 推动完善海事案件专门管辖制度。要尽快调研启动修改现行海事法院收案范围的规定，将涉海涉船涉货民商事纠纷案件和海事行政案件统一纳入海事法院专门管辖范围。要密切关注海盗、走私、污染等海上违法犯罪状况和国家海洋维权形势，深入研究将海事刑事案件统一纳入海事法院专门管辖范围的必要性与可行性。当事人不得通过协议方式、地方法院不得改变案由排除海事法院专门管辖制度；地方法院不得以所谓"查封"船舶之名规避《海事诉讼特别程序法》的规定，受理当事人在诉讼前或者诉讼中提出的扣押船舶申请；地方法院为执行生效法律文书需要扣押和拍卖船舶的，应当委托船籍港所在地或者船舶所在地的海事法院执行。

25. 探索建立商事仲裁案件集中审查机制。为适应民事诉讼法修订后国内仲裁裁决与涉外仲裁裁决的司法审查标准逐步趋同的新形势，发挥涉外商事审判庭长期办理仲裁司法审查案件的专业优势，应当将国内外仲裁司法审查案件统一归口到涉外商事审判庭审理，以解决当前各地人民法院存在的对仲裁司法审查案件重视不够、法院各部门之间审查职能交叉重合、审查程序缺乏规范、审查标准不统一、专业培训不足和该类案件的整体质量不高等问题。建立商事仲裁案件集中审查机制有利于优化审判资源配置，统一司法裁判尺度；有利于促进仲裁事业发展，推动仲裁制度完善；有利于促进我国早日形成国际影响力大、国际竞争力强的商事仲裁中心。

26. 进一步完善司法协助机制。要与外事、司法、行政等相关部门加强联络，探索建立域外送达、域外调查取证的信息网络平台，实现域外送达、域外调查取证工作各个环节的信息共享，加强信息反馈、分析和经验交流，提高域外送达、域外调查取证工作的效率和透明度。

七、切实加强组织领导，做好新闻宣传加强舆论引导工作

27. 切实加强涉外商事海事审判精品战略的组织领导。各高级人民法院负责涉外商事海事审判工作的主管副院长要担任本地部署实施精品战略的第一责任人，要成立专门工作指导小组，进行长期指导。各地要因地制宜、合理定位。开放型经济发达的沿海省份法院，要加快实施精品战略，努力在全国发挥引领与示范作用；中西部省份法院要注意学习沿海省份法院的先进经验，稳步推进精品战略；边境地区法院要结合边贸和区域经济合作实际，突出实施精品战略的特色。要调研制定涉外商事海事审判精品战略的评价技术规范，科学建立收结案绩效、精品文书、调研成果和司法公开等工作的评价指标体系。要加强督促检查工作。上级法院要坚持每年对下开展精品战略实施情况的检查评估与指导整改工作，形成激励和倒逼机制，将精品战略落实到实处。

28. 积极引导涉外商事海事审判的新闻宣传和国际舆论。各级人民法院要充分认识涉外商事海事审判工作在对外宣传中的重要意义和窗口作用，要以信息化建设为依托，以媒体融合发展为契机，积极回应人民群众和国际社会对人民法院工作的关切和对公平正义的期待，自觉接受新闻媒体和社会各界监督，借助国际上有影响力、有传播力的媒体及时、准确地传递涉外商事海事审判工作信息，向国际社会充分展现我国司法的良好形象。

本意见自公布之日起实施。各高级人民法院可以结合本地工作实际制定落实措施报最高人民法院备案。

最高人民法院
关于充分发挥审判职能作用切实维护
公共安全的若干意见

2015年9月16日　　　　　　　　　　　　　　法发〔2015〕12号

为充分发挥人民法院职能作用，切实维护公共安全，保障人民群众合法权益，营造和谐稳定的社会环境，提出以下意见。

一、提高思想认识，切实增强维护公共安全的责任感和使命感

1. 充分认识维护公共安全的重大意义。公共安全是人民安居乐业、社会安定有序、国家长治久安的重要保障。党的十八大以来，以习近平同志为总书记的党中央高度重视公共安全问题，把维护公共安全摆在了更加突出的位置，作出了一系列重要部署。在中共中央政治局第二十三次集体学习时，习近平总书记发表重要讲话，深刻阐述了维护公

共安全的重要意义，科学分析了公共安全形势，明确指出了当前维护公共安全需要重点做好的各项工作任务。各级人民法院和广大干警要站在为"四个全面"战略布局提供有效司法服务和保障的高度，自觉把维护公共安全放在维护最广大人民根本利益的高度上来认识，坚持居安思危、未雨绸缪，不断增强维护公共安全的责任感和使命感。

2. 准确把握发挥审判职能作用维护公共安全的基本要求。要坚持立足本职。人民法院的主要职能是审判案件，案件是社会矛盾的集中反映，也是凸显社会安全的风险点，要通过依法公正高效审判，实现惩治犯罪、化解矛盾、防范风险；要坚持问题导向。坚持从人民群众反映最强烈、现实社会最突出的问题入手，扎实做好有关农产品质量安全、食品药品安全、生产安全、环境安全、网络安全等案件的审判工作，根据不同时期、不同地方公共安全的形势和特点，有针对性地强化相关案件审判工作；要延伸审判职能。综合运用庭审直播、案例发布等方式，增强案件裁判的法律和社会效果，开展法制宣传和公共安全教育，推动健全多元化纠纷解决体系，积极参与社会治安综合治理，推进社会治安综合防控体系建设，着力解决影响社会安定的深层次问题。

二、依法严惩严重刑事犯罪，有效维护社会稳定

3. 依法严惩暴力恐怖犯罪活动。暴力恐怖犯罪严重危害广大人民群众的生命财产安全，严重危害社会和谐稳定。对暴力恐怖犯罪活动，要坚持严打方针不动摇，对首要分子、骨干成员、罪行重大者，该判处重刑乃至死刑的应当依法判处；要立足打早打小打苗头，对已经构成犯罪的一律依法追究刑事责任，对因被及时发现、采取预防措施而没有造成实际损害的暴恐分子，只要符合犯罪构成条件的，该依法重判的也要依法重判；要注意区别对待，对自动投案、检举揭发，特别是主动交代、协助抓捕幕后指使的，要体现政策依法从宽处理。要通过依法裁判，树立法治威严，坚决打掉暴恐分子的嚣张气焰，有效维护人民权益和社会安宁。

4. 依法严惩严重危害社会治安犯罪。依法严惩故意杀人、故意伤害、抢劫、绑架、爆炸等严重暴力犯罪，严惩盗窃、抢夺、诈骗等多发侵财性犯罪，切实增强人民群众安全感。依法严惩黑恶势力犯罪，坚决打掉其赖以生存、坐大的保护伞和经济基础，有效维护社会秩序。依法惩治组织、利用邪教破坏国家法律实施，进行杀人、强奸、诈骗的犯罪，努力消除邪教危害。依法严惩拐卖妇女、儿童和性侵儿童犯罪，加大对收买被拐卖的妇女、儿童犯罪的惩治力度，强化对妇女、儿童的司法保护。依法严惩毒品犯罪以及因吸毒诱发的故意杀人、故意伤害、抢劫、盗窃、以危险方法危害公共安全等次生犯罪，坚决遏制毒品蔓延势头。

5. 强化涉众型犯罪案件的审判工作。针对社会公众实施的非法吸收公众存款、集资诈骗、电信诈骗、操纵证券、期货市场及组织、领导传销等涉众型犯罪，影响面广、危害性大、关注度高，要精心组织好相关案件的审判工作。要加大对此类犯罪的惩治力度，对犯罪数额特别巨大、犯罪情节特别恶劣、危害后果特别严重的，依法判处重刑。要高度重视犯罪分子的违法所得追缴和涉案财物的依法处置工作，最大限度维护人民群众的合法权益，稳定社会秩序。要强化司法公开力度，及时披露有关信息，回应社会关切。

三、依法惩治危害安全生产犯罪，促进安全生产形势根本好转

6. 加大对危害安全生产犯罪的惩治力度。坚持发展是第一要务，安全是第一保障。针对近年来非法、违法生产，忽视生产安全的现象十分突出，造成群死群伤的重特大生产安全责任事故屡有发生的严峻形势，充分发挥刑罚的惩罚和预防功能，加大对各类危害安全生产犯罪的惩治力度，用严肃、严格、严厉的责任追究和法律惩罚，推动安全生产责任制的有效落实，促进安全生产形势根本好转，确保人民生命财产安全。

7. 准确把握打击重点。结合当前形势并针对犯罪原因，既要重点惩治发生在危险化学品、民爆器材、烟花爆竹、电梯、煤矿、非煤矿山、油气运送管道、建筑施工、消防、粉尘涉爆等重点行业领域企业，以及港口、码头、人员密集场所等重点部位的危害安全生产犯罪，更要从严惩治发生在这些犯罪背后的国家机关工作人员贪污贿赂和渎职犯罪。既要依法追究直接造成损害的从事生产、作业的责任人员，更要依法从严惩治对生产、作业负有组织、指挥或者管理职责的负责人、管理人、实际控制人、投资人。既要加大对各类安全生产犯罪的惩治力度，更要从严惩治因安全生产条件不符合国家规定被处罚而又违规生产，关闭或者故意破坏安全警示设备，事故发生后不积极抢救人员或者毁灭、伪造、隐藏影响事故调查证据，通过行贿非法获取相关生产经营资质等情节的危害安全生产的犯罪。

8. 依法妥善审理与重大责任事故有关的赔偿案件。对当事人因重大责任事故遭受人身、财产损失而提起诉讼要求赔偿的，应当依法及时受理，保障当事人诉权。对两人以上实施危及他人人身、财产安全的行为，其中一人或者数人的行为造成他人损害，能够确定具体责任人的，由责任人承担赔偿责任，不能确定具体责任人的，由行为人承担连带责任。被告人因重大责任事故既承担刑事、行政责任，又承担民事责任的，其财产应当优先承担民事责任。原告因重大责任事故遭受损失而无法及时履行赡养、抚养等义务，申请先予执行的，应当依法支持。

四、做好涉民生案件审判工作，切实保障人民群众合法权益

9. 妥善审理涉农案件。依法严惩针对农村留守老人、妇女、儿童实施的抢劫、盗窃、强奸、猥亵、拐卖等犯罪，确保农村社会秩序稳定和农民生命财产安全。依法严惩向农村地区贩卖毒品犯罪，坚决遏制毒品向农村地区蔓延的势头。依法严惩生产、销售伪劣农药、化肥、种子以及其他农用物资等坑农、害农犯罪，保证农业生产顺利进行。依法审理、执行好涉及"三农"的民事、行政案件，切实维护农民合法权益。

10. 依法惩治危害食品药品安全犯罪。食品药品安全形势不容乐观，重大、恶性食品药品安全犯罪案件时有发生，党中央高度关注，人民群众反映强烈。要以"零容忍"的态度，坚持最严厉的处罚、最严肃的问责，依法严惩生产、销售有毒、有害食品、不符合卫生标准的食品，以及生产、销售假药、劣药等犯罪。要充分认识此类犯罪的严重社会危害，严格缓刑、免刑等非监禁刑的适用。要采取有效措施依法追缴违法犯罪所得，充分适用财产刑，坚决让犯罪分子在经济上无利可图、得不偿失。要依法适用禁止令，有效防范犯罪分子再次危害社会。

11. 强化生态环境司法保护。保护生态环境,建设美丽中国,事关广大人民群众的生命健康,事关中华民族的永续发展,是实现中华民族伟大复兴中国梦的重要内容。全面加强环境资源审判工作,扎实推进生态环境建设,回应民众关切,增进人民福祉。依法惩治污染环境、乱砍滥伐、非法猎杀野生动物、乱采滥挖矿产等破坏环境资源犯罪。依法公正审理环境侵权案件,落实全面赔偿规定,探索建立环境修复、惩罚性赔偿等制度,依法严肃追究违法者的法律责任。充分保障环境公益诉讼原告诉权,及时受理、依法审理环境公益诉讼案件;会同检察机关积极稳妥地开展检察机关提起公益诉讼的试点工作,有效维护国家利益和社会公共利益。

12. 从严惩治危害民生的职务犯罪。对于制售伪劣食品药品、破坏环境资源所涉及的国家工作人员渎职犯罪,发生在社会保障、征地拆迁、灾后重建、企业改制、医疗、教育、就业等领域严重损害群众利益、社会影响恶劣、群众反映强烈的国家工作人员贪污贿赂犯罪、渎职犯罪,发生在事关民生和公共安全的重点领域、重点行业的严重商业贿赂犯罪等,要依法从严惩处。

五、依法惩治信息网络犯罪,维护社会秩序

13. 依法惩治利用网络实施的各类犯罪。网络空间是现实社会的延伸,网络秩序是公共秩序的有机组成部分。要针对近年来利用信息网络实施的各类违法犯罪活动日益突出,危害十分严重的实际,坚决依法打击网上造谣、传谣行为,惩治利用网络实施的盗窃、诈骗、敲诈勒索、寻衅滋事、贩卖毒品、传播淫秽信息等犯罪,切实维护网络秩序,净化网络空间,决不允许网络成为法外之地。

14. 依法惩治网络攻击破坏犯罪。信息时代,网络已深度融入经济社会的各个方面,网络安全已成为公共安全的重要组成部分,与广大人民群众的信息安全、财产安全乃至人身安全密切相关。要依法打击非法侵入、破坏计算机信息系统以及制作、销售、使用"伪基站"设备等犯罪活动,从严惩治针对基础信息网络、重要行业和领域的重要信息系统、军事网络、重要政务网络、用户数量众多的商业网络的攻击破坏活动,从严惩治利用攻击破坏非法获取国家秘密、商业秘密、公民个人信息等犯罪活动。

六、积极参与社会治安综合治理,促进健全公共安全体系

15. 积极参与社会治安防控体系建设。按照系统治理、依法治理、综合治理、源头治理的总体思路,扎实做好审判环节的社会治安综合治理工作。积极参与禁毒、打拐、打黑除恶、治爆缉枪、打击"两抢一盗"等专项整治活动。充分运用传统媒体和微信、微博、新闻客户端等新媒体,通过公开审判、以案说法、发布典型案例等形式,强化法制宣传,震慑违法犯罪。加强未成年人刑事审判工作,会同有关部门做好刑满释放人员、社区矫正对象等特殊人群的帮教管理,预防再次犯罪,消除社会治安隐患。

16. 加强司法建议、司法调研工作。针对审判执行工作中发现的管理漏洞、治安隐患,要及时向有关单位或职能部门提出完善规章制度、强化日常管控、加强源头治理的意见和建议,推动公共安全体系的健全完善。不断加强人民法院信息化建设,推进信息技术与审判业务深度融合,充分利用信息技术手段和审判信息大数据,强化司法统计和

调研工作,准确研判公共安全形势,为建立健全公共安全形势分析制度,及时消除公共安全隐患提供决策参考。

17. 做好人民法院自身安全工作。人民法院安全工作事关涉诉群众和法院干警的切身利益,是公共安全的重要组成部分。要始终坚持司法为民,切实改进工作作风,强化司法便民利民,决不允许因自身工作问题引发群体性、突发性和个人极端事件。要不断提高安全防范意识,认真汲取各类公共安全事件的教训,深入研判法院安全工作面临的新情况、新问题,严格落实安全管理各项制度,健全完善法院安全人防、物防、技防网络,确保人民法院人员安全、场所安全、信息安全。

最高人民法院
关于为京津冀协同发展提供司法服务和保障的意见

2016年2月3日　　　　　　　　　　　　　　　　法发〔2016〕5号

为全面贯彻落实《中共中央关于制定国民经济和社会发展第十三个五年规划的建议》和《京津冀协同发展规划纲要》的战略部署,充分发挥人民法院审判职能,为京津冀协同发展提供优质高效的司法服务和保障,制定如下指导意见。

一、充分认识京津冀协同发展战略的重大意义,准确把握司法服务和保障的基本要求

1. 充分认识京津冀协同发展国家战略的重大意义,增强人民法院司法服务和保障的责任感与使命感。京津冀协同发展,是一项重大国家战略,对于协调推进"四个全面"战略布局,实现"两个一百年"奋斗目标和中华民族伟大复兴的中国梦,具有重大现实意义和深远历史意义。为京津冀协同发展提供优质高效的司法服务和保障,是人民法院肩负的重大政治责任和光荣历史使命。京津冀三地法院要统一思想,提高认识,切实增强司法服务和保障的自觉性、主动性。

2. 准确把握服务和保障京津冀协同发展的基本要求,找准切入点、结合点、着力点。要按照《京津冀协同发展规划纲要》确定的目标、方向、思路和重点,特别是围绕有序疏解北京非首都功能,优化提升首都核心功能,推动交通一体化、生态环境保护、产业升级转移三大重点领域率先取得突破,大力促进创新驱动发展,统筹推进协同发展相关任务,持续深化体制机制改革等具体目标,充分发挥人民法院审判职能作用,依法妥善审理、执行各类案件,为京津冀协同发展提供有力司法保障。

3. 积极适应京津冀协同发展的司法需求,切实增强司法服务和保障的能力、水平和实效。坚持党的领导,紧紧依靠京津冀党委、政府,积极运用社会纠纷多元化解机制，共同化解矛盾，维护稳定，促进发展。坚持能动司法、协同司法，创新司法理念，不断改革和完善适应京津冀协同发展的司法体制机制。增强大局意识，在协同发展中谋划人民法院工作，对京津冀协同发展中涉及到的司法问题，提前预判，早做研究，及时应对，妥善处理，努力实现法律效果与社会效果的有机统一。

二、依法履行人民法院审判职能，促进京津冀地区创新、协调、绿色、开放、共享发展

4. 依法惩罚京津冀地区破坏社会稳定、经济发展、金融安全、生态保护的各种犯罪。依法惩罚阻挠破坏承接非首都功能重大项目建设的犯罪，确保重点建设项目的顺利开展；依法惩罚破坏市场秩序、侵犯知识产权和侵吞、挪用企业资金等经济犯罪，保障产业转移升级；依法惩罚非法吸收公众存款、集资诈骗、电信诈骗、操纵证券期货市场等金融领域犯罪，维护投资环境和金融秩序；依法惩罚破坏资源、污染环境犯罪和环境资源监管失职渎职犯罪，促进京津冀地区绿色发展。

5. 依法审理涉及疏解北京非首都功能的民商事案件。围绕疏解北京非首都功能，及时审理因部分企业搬迁和区域性物流基地、区域性专业市场外迁引发的租赁合同、补偿安置、劳动争议纠纷等案件，依法审理因产业结构调整升级、淘汰落后产能引发的企业重组、破产、强制清算、股东权益纠纷等案件，促进京津冀产业优化升级和产业园区建设。

6. 依法审理涉及公共服务、扶贫脱贫的民生案件。围绕疏解公共服务功能，妥善审理京津冀公共服务领域的教育、医疗卫生、文化、社会保障等涉民生案件，保障人民群众生命健康权益，促进就业创业、教育公平和社会保障体系建设。重视对京津冀地区实施精准扶贫、精准脱贫所涉案件的审理，促使贫困地区生产生活条件明显改善，推进实现共享发展。

7. 依法保障京津冀地区金融创新、金融安全。密切关注金融政策、新型融资方式对京津冀社会经济发展的影响，依法审理民间借贷、互联网金融等区域性金融案件，保护金融债权和金融消费者权益，促进缓解中小微企业融资难、融资贵难题，维护金融创新与金融安全，推进金融创新运营示范区的健康发展。注意从司法角度发现和防范区域性、系统性金融风险，及时向有关部门提出司法建议。

8. 进一步加大京津冀知识产权司法保护的力度。加强对京津冀高科技、新能源、新领域、知名品牌以及文化创新产业的司法保护，发挥知识产权司法对激发社会创新动力、创造潜力和创业活力的独特保护、促进作用，营造有利于新兴产业孵化发展、知名品牌的培育和保护以及文化艺术保护、传承、创新的良好法治环境。依法审理好涉及专利、商标和著作权等知识产权案件，保护创新成果，推动科技创新，促进经济转型升级。

9. 依法审理矿产资源、污染环境等环境资源类民商事案件和行政案件。大力推进环境公益诉讼，妥善处理好环境公共利益与私人利益、发展经济与保护环境、开发资源与节约资源之间的关系。坚持预防性和恢复性司法理念，依法引入第三方治理环境污染的损害赔偿责任承担方式，确保环境恢复效果，推动京津冀生态文明建设、低碳循环经济和资源节约高效利用，促进人与自然和谐共生。

10. 依法审理海事案件和海洋环境污染等案件。充分发挥天津海事法院专业性及跨区域管辖的独特优势，通过依法履行审判职责，促进京津冀地区对外开放、自贸区建设，推动海运、物流、仓储等行业发展，保护海洋生态环境，保障互利共赢开放战略和海洋强国战略实施，切实维护国家主权、安全和发展利益。

11. 依法审理京津冀协同发展中的行政案件。通过审理因京津冀交通一体化建设、城市功能区建设、市政公用设施、交通路网等基础设施建设以及住房改造、新居住区建设等引发的工商、税务、土地、城建、交通、环保、劳动保障等方面的行政案件，依法维护行政相对人合法权益，监督和支持行政机关依法行政。

12. 依法执行涉及京津冀协同发展中的重点项目和重点工程案件。充分运用法律规定的各种执行措施，上下联动，多方协同，保障各项工作具体落实。积极开展涉金融执行积案清理，推进金融创新运营示范区的良性发展。加大对涉民生案件执行力度，提高司法救助数额和比例，增强执行案件办理的法律效果与社会效果。

三、建立健全京津冀法院工作联络机制，提升司法服务保障的能力和水平

13. 建立京津冀三地法院联席会议机制。由最高人民法院召集，京津冀三地法院参加。联席会议下设日常工作机构，负责三地法院日常沟通、协调、会商、联动等工作。联席会议重点研究和解决京津冀协同发展中的重大司法事项、司法需求、司法政策和重大疑难法律适用问题，促进司法裁判尺度的统一。

14. 加强京津冀三地法院在信息化软件开发、平台建设和大数据应用等方面的合作。实现三地平台共建、信息互通、资源共享、业务协同。推进京津冀三地诉讼服务和诉讼标准一体化，立案信息共享，建立统一协调的诉讼服务机制。实现京津冀三地法院视频衔接，为远程开庭、执行联动、远程接访等业务提供技术保障。

15. 进一步推动并不断完善京津冀法院执行联动协作。推动三地各级法院执行系统的纵向贯通，执行联动单位的横向联网，实现三地执行指挥中心和财产网络查控系统有效对接和三地法院执行办案的"同城效应"。在执行委托、执行协调、执行协助等方面加强配合，以有效遏制跨区域转移财产、规避执行行为，最大限度地实现资源共享，优势互补，互惠共赢。

16. 积极探索特定类型案件集中管辖或专门管辖。结合京津冀三地法院自身审判特点，对专业性较强的案件实行由特定法院集中管辖，充分发挥三地审判优势资源，推动专业化审判，提高审判质量，统一裁判标准。积极探索知识产权案件、海事海商案件、生态环境保护案件集中管辖或专门管辖制度。进一步推进京津冀设立跨行政区划法院集中审理跨区划重大民事案件、行政案件试点工作。充分运用指定管辖、异地管辖、提级管辖制度，积极破解司法难题。

17. 建立健全京津冀三地法院人员培训和法官任职交流机制。积极推进三地法官统一培训、学习和交流，实现人员资源互通互融。探索实行三地法官异地挂职、任职交流，努力实现三地法官司法能力共同提升。

18. 建立京津冀三地法院常态化调研协调机制。共同调研京津冀协同发展中的法

律、司法问题,增强司法工作的系统性、针对性和及时性。通过调研工作,加强与京津冀地区政府法制部门、行政执法机关、信访部门的联系,及时通报涉诉信访情况和存在的问题,充分调动各方面的积极性,有效化解社会矛盾纠纷。

最高人民法院 国家旅游局
关于进一步发挥审判职能作用促进旅游业健康发展的通知

2016年2月23日　　　　　　　　　　　　　法〔2016〕61号

各省、自治区、直辖市高级人民法院、旅游委(局),新疆维吾尔自治区高级人民法院生产建设兵团分院、新疆生产建设兵团旅游局:

为在新形势下进一步发挥人民法院和旅游主管部门职能作用,维护旅游者和旅游经营者合法权益,更好地规范旅游市场秩序,保障和促进旅游业持续健康发展,现通知如下:

一、要充分认识及时妥善化解旅游纠纷的重要性。"十三五"规划建议提出"大力发展旅游业"。旅游业是现代服务业的重要组成部分,旅游业的健康可持续发展,是人民群众消费升级和产业结构创新的必然要求,对于扩大劳动者就业、增加人民群众收入和提高生活质量,具有重要作用。近年来,随着人民生活水平的提高,旅游市场发展迅速,起诉到人民法院的旅游纠纷案件也呈持续增长态势。《中共中央关于全面推进依法治国若干重大问题的决定》提出"完善调解、仲裁、行政裁决、行政复议、诉讼等有机衔接、相互协调的多元化纠纷解决机制"。充分发挥人民法院和旅游主管部门在审判和行政调解、行政执法等方面的职能作用,积极形成合力,及时、有效解决旅游纠纷,对保护旅游者权益、保障旅游活动顺利进行、化解群体性矛盾具有重要意义。

二、人民法院要不断夯实基层基础,有针对性地加强旅游景区等游客相对集中区域派出法庭建设和巡回审判工作。已经设立旅游派出法庭的地方,要切实增强审判力量,继续做好相关案件审理和纠纷化解工作;客流量持续较大、旅游纠纷发生较频繁的地区、旅游景区,可以在派驻人员有编制、建设用地能落实、建设资金有保障的情况下,按照《最高人民法院关于进一步加强新形势下人民法庭工作的若干意见》(法发〔2014〕21号)规定要求,增设相应的派出法庭;暂时不具备增设派出法庭条件,但人民群众具有一定司法需求的,要加强巡回审判工作力度,根据实际需要在旅游景区设立巡回审判点,推广车载法庭等巡回审判模式。旅游纠纷具有涉及面广、异地发生、标的额小等特点,要积极运用小额诉讼等程序规定,依法快立、快审、快结,确保旅游纠纷的及时化解。

三、各级旅游主管部门要积极支持人民法院审理旅游纠纷案件。旅游投诉受理机构接到投诉，应当依法及时做出行政调解或者移交有关部门处理。对调解不成的，引导当事人向人民法院起诉，形成"诉调对接"。要认真做好旅游纠纷数量、类型、争议焦点等数据搜集统计工作，为人民法院更好开展就地化解矛盾纠纷提供支撑。根据旅游投诉监测情况，掌握本地旅游纠纷发生较集中的旅行社、旅游景区、旅游集散中心等情况，协助人民法院做好派出法庭或巡回审判点的选址工作。根据旅游目的地实际情况和人民法院旅游纠纷审判工作需要，为人民法院调查取证、调解、审判、执行等工作提供必要协助。

四、建立人民法院与旅游主管部门解决旅游纠纷的沟通交流机制。各级人民法院要充分发挥审判优势和调解经验，积极与旅游主管部门建立旅游纠纷案例定期通报等制度，及时沟通、交流旅游派出法庭、巡回审判点建设事项，共同研究旅游纠纷的新情况、新问题，努力实现信息共享。要提高处理旅游纠纷的能力水平，共同构建规范有序、和谐稳定的旅游市场，为促进旅游业持续健康发展做出积极贡献。

特此通知。

最高人民法院
关于为长江经济带发展提供司法服务和保障的意见

2016年2月24日　　　　　　　　　　　　　法发〔2016〕8号

为深入贯彻落实党的十八届三中、四中、五中全会精神，协调推进"四个全面"战略布局，主动适应经济社会发展新形势新常态，充分发挥人民法院审判职能作用，公正高效服务和保障长江经济带发展国家战略，依据中共中央《关于制定国民经济和社会发展第十三个五年规划的建议》和国务院《关于依托黄金水道推动长江经济带发展的指导意见》，制定如下意见。

一、切实提高思想认识，增强为长江经济带发展国家战略提供司法服务和保障的责任感与使命感

1. 深刻认识长江经济带发展国家战略的重大意义和人民法院的历史使命。长江经济带发展是党中央、国务院在新的历史时期审时度势，谋划中国经济发展新格局作出的既有利于当前又惠及长远的一项重大国家区域发展战略，对于今后一个时期拓展区域发展空间、引领沿江沿线经济社会的发展，推进"十三五"规划战略布局，实现全面建成小康社会"第一个百年目标"具有重大的现实意义和深远的历史影响。各级人民法院要充分认识肩负的神圣职责和重要使命，切实增强为长江经济带发展提供司法服务和保障的自觉性、主动性。

2. 准确把握长江经济带发展的战略定位和基本内涵。牢固树立和贯彻落实五大发展理念,坚持生态优先、绿色发展,围绕中共中央《关于制定国民经济和社会发展第十三个五年规划的建议》提出的改善长江流域生态环境、高起点建设综合立体交通走廊、引导产业优化布局和分工协作的总体要求,充分发挥审判职能,公正高效审理相关案件,为把长江经济带发展成为生态文明建设的先行示范带、创新驱动带、协调发展带提供有力的司法保障。

3. 充分满足长江经济带发展的司法需求,结合审判实践和地方实际,找准为长江经济带发展提供司法服务和保障的切入点和契合面。从需求导向出发,在绿色发展、创新发展、协调发展大局中谋划法院工作。按照中共中央《关于制定国民经济和社会发展第十三个五年规划的建议》和国务院《关于依托黄金水道推动长江经济带发展的指导意见》确定的思路、方向和重点,坚持能动司法,创新司法理念,积极探索区域内司法体制机制创新,优化区域内司法资源配置,对新情况、新问题加强预判,及早研究,统筹应对,全方位提升服务和保障长江经济带发展的能力和水平。

二、充分发挥审判职能作用,为长江经济带发展提供公正高效的司法服务和保障

4. 依法惩处相关刑事犯罪,为长江经济带发展提供稳定的社会环境。大力加强涉及环境资源保护刑事案件的审判。依法惩治污染环境、河道非法采砂、滥伐盗伐林木、非法采矿及破坏性采矿、非法捕捞水产品、滥捕野生动物等违法犯罪行为。严厉惩治环境监管失职犯罪、造成环境污染严重后果的重大安全责任事故犯罪,为长江经济带绿色生态廊道筑牢司法保护屏障。依法惩治各类侵犯知识产权犯罪,保护创新发展。严惩各类干扰产业项目转移建设施工、毁坏财产等暴力犯罪案件,有效服务区域内产业优化布局和产业分工协作,促进区域经济的协调发展。

5. 保障长江经济带的生态安全和绿色发展,依法审理环境资源保护民事案件。充分利用海事法院跨行政区划管辖的优势,妥善审理长江流域环境污染、生态破坏案件。加强对陆源及船舶排放、泄漏、倾倒油类、污水或者其他有害物质造成水域污染的损害责任纠纷案件的审理。大力推进水资源环境公益诉讼,探索建立长江流域水资源环境公益诉讼集中管辖制度。依法保障法定机关和有关组织的水资源环境公益诉权。

6. 推进平安黄金水道建设,依法审理各类海事侵权案件。妥善审理发生在长江水域的船舶碰撞、触碰案件,船舶运输特别是危险品运输作业中侵害他人人身权益和财产权益案件,船舶产品质量责任纠纷案件,港口作业事故责任纠纷案件等,规范裁判标准,引导各类市场主体展开有序良性竞争,指引港口、航运、造船企业切实增强安全意识、质量意识,为平安黄金水道建设提供有力司法支撑。

7. 打造涉外商事海事审判精品,提升涉外商事海事审判国际公信力和制度性话语权,增强为区域内企业全面参与全球经济合作和竞争保驾护航的能力和水平。妥善审理涉外商事海事纠纷,特别是国际经济合作和长江经济带投资领域发生的各种纠纷案件。准确适用国际条约,尊重国际惯例,加强外国法的查明和适用,严格适用国际公约承认与执行国际商事海事仲裁裁决,平等保护中外当事人的合法权益,营造长江经济带法治化、国际化、便利化的营商环境,为促进区域内更高层次的全面开放新格局提供有力的司法支持。

8. 依法审理相关水路货物运输、港口码头建设、船舶建造、仓储物流、货运代理、船员劳务等海商案件，维护区域内诚实守信、开放统一的市场。加强涉长江口造船基地建设相关案件的审理，促进现代化船舶产业链的健康有序发展。对于铁水、公水、空铁、水陆空等多式联运合同纠纷案件，通过准确查明案件事实，正确适用相关法律，促进安全便捷、绿色低碳、高起点综合立体交通走廊建设。推动长江经济带和"一带一路"建设的有机衔接。

9. 切实维护区域内金融安全与稳定，加强对船舶融资、港航金融保险等类型案件的审理。密切关注国内经济下行压力持续加大、产能过剩行业关停并转、"僵尸企业"清理整顿过程中对造船、港口、航运等行业的影响，注意及早发现区域性、系统性金融风险。适时提出相关司法建议。稳妥处理包括外商投资企业在内的相关企业的解散和清算案件。依法支持银行保险等金融机构为长江经济带发展推出的创新性金融产品，助推区域内航运金融中心的建设和发展，有效缓解区域内港航企业融资难问题。

10. 加强知识产权司法保护力度，激发创新动力、创造潜力、创业活力。加大对有利于节约能源资源、有利于保护生态环境和有利于长江经济带协调发展的高新技术、新产业和新商业模式相关知识产权的保护力度，激励创新、鼓励创业、保护创造。促进品牌培育创新并形成品牌竞争新优势，营造公平诚信的市场竞争环境，为把长江经济带建设成为我国创新驱动带提供有力司法保障。

11. 加强行政案件审判，监督支持行政机关依法行政。特别要加强对行政机关不履行环境违法违规行为查处职责案件的审理，督促行政机关尽责履职。依法审理区域内与重大生态工程修复、产业优化布局、分工协作有关的不动产征收、拆迁、改建、港口岸线行政确权等行政案件，为相关工程建设创建良好的法治环境。充分发挥海事法院跨行政区划管辖海事行政案件的职能，依法审查长江沿线海事行政机关作出的许可、确权、处罚、征收、检查等海事行政行为以及海事行政机关的不作为，对主要证据不足，适用法律、法规错误，违反法定程序，超越、滥用职权或明显不当的海事行政行为要依法予以撤销或者确认违法，维护行政相对人合法权益。

三、创新司法体制机制，最大限度实现长江经济带区域内司法资源的优化配置

12. 创新审判体制机制，以更科学的审判体制机制服务和保障长江经济带发展。认真总结海事审判跨行政区划管辖的实践经验，坚持改革创新，探索建立契合长江经济带区域发展大局的审判体制机制。加强区域内各地方法院之间、海事法院之间、地方法院和海事法院之间的工作协调机制，对于区域内重大共性司法政策和司法事项，以及重大疑难复杂法律适用问题，由最高人民法院召集，相关法院参加，共同协商研究解决。

13. 多渠道深层次推进司法公开，构建开放、动态、透明、便民的阳光司法机制，提升人民群众对司法的获得感。深入推进审判流程公开，充分发挥诉讼电子档案促进审判管理公开、便利当事人诉讼查询的功能。加强裁判文书说理。确保裁判文书上网常态化，方便全民检阅，实现看得见的公正司法。继续坚持海事审判白皮书年度发布制度，方便社会公众全面系统了解海事审判工作。

14. 大力推进区域内信息化建设。加强上下游、左右岸、干支流各法院之间的互联互通，推动区域内法院在云计算和大数据应用方面的合作，实现区域内法院信息资源共享。探索打造区域内法院"一站式"网上诉讼服务平台，便利沿江沿线当事人诉讼。注重审判管理方式的信息化创新，通过便利的信息管理系统、人性化的管理手段，最大限度提高审判质效，为公正高效服务长江经济带发展提供科技支撑。

15. 推动建立区域内法院执行协作机制。构建长江经济带执行指挥系统协作机制，逐步实现一体化执行指挥体系。执行法院可以委托异地法院协助查询、冻结、查封、调查或者送达法律文书等有关事项。船舶扣押、拍卖统一由海事法院办理。推动海事法院与长江经济带区域内有关海事行政机关、金融监管机构、有关财产登记机关之间的协作配合。

16. 多元化解，繁简分流，破解难题，高效服务和保障长江经济带发展。加强和各类调解组织、社团行业组织、行政执法机关、信访部门的工作联系，做好诉讼与非诉讼机制之间的有机衔接。对于因生态环境治理与经济社会发展之间的暂时矛盾引发的群体性纠纷，要积极依靠当地党委、政府，统筹社会各方力量，通过多方合力实现矛盾化解。探索推动群体性船员劳务纠纷案件、群体性水上人身伤亡案件的诉调对接，防范社会矛盾激化。依法支持仲裁机构在解决纠纷方面发挥更大作用。大力推进海事海商小额诉讼案件的审理，依法实行一审终审，快捷有效维护当事人合法权益。

最高人民法院
关于充分发挥审判职能作用为推进生态文明建设与绿色发展提供司法服务和保障的意见

2016年5月26日　　　　　　　　　　　　　法发〔2016〕12号

为深入贯彻落实党的十八大和十八届三中、四中、五中全会精神，促进"十三五"规划纲要的全面实施，充分发挥人民法院审判职能作用，为加快推进生态文明建设与绿色发展提供公正、高效的司法服务和保障，制定如下意见。

一、准确把握人民法院服务、保障生态文明建设与绿色发展的基本理念和总体要求

1. 充分认识新形势下服务和保障生态文明建设与绿色发展的重要意义。党的十八大以来，党中央把生态文明建设摆上更加重要的战略地位。《关于加快推进生态文明建设的意见》《生态文明体制改革总体方案》两份纲领性文件相继出台后，十八届五中全会以及"十三五"规划纲要确立创新、协调、绿色、开放、共享的新发展理念，提出生态环境质量总体改善的奋斗目标，并作出一系列重大决策部署，为生态文明的法治建设指明了方向、目标和路径。环境资源审判是国家环境治理体系的重要环节，在生态文明建设与绿色发展中发挥着重要作用。各级人民法院要深入学习贯彻习近平总书记关于加强生态文明建设与绿色发展的新理念、新思路、新论断，准确把握服务和保障生态文明建设与绿色发展的目标任务，充分发挥环境资源审判在救济环境权益、制约公共权力、终结矛盾纠纷和形成公共政策等方面的功能作用，推动生态环境质量不断改善，促进经济社会可持续发展，维护环境正义和代际公平。

2. 以新发展理念统筹推进环境资源审判工作。各级人民法院要深入贯彻落实新发展理念，将绿色发展理念作为环境资源审判的行动指南。严格执行环境资源法律制度，结合主体功能区制度分类施策，处理好保护环境与发展经济的关系。依法保护人民群众环境权益，协调环境公共利益和个体利益，保障人民群众在健康、舒适、优美环境中生存和发展的权利。加大预防原则的适用力度，依法及时采取行为保全、先予执行措施，预防环境损害的发生和扩大。落实以生态环境修复为中心的损害救济制度，统筹适用刑事、民事、行政责任，最大限度修复生态环境。坚持专业审判与公众参与相结合，全面推行人民陪审员参与案件审理，加大司法公开和宣传力度，引导公众有序参与环境治理。

3. 着力提升环境资源审判服务和保障的能力水平。各级人民法院要紧紧围绕"努力让人民群众在每一个司法案件中感受到公平正义"的工作目标，牢牢坚持司法为民、公正司法工作主线，切实贯彻节约资源和保护环境的基本国策，以现代环境司法理念为引领，创新体制机制，探索裁判规则，加强理论研究，建设专业队伍，进一步推进环境资源审判专门化，不断提升服务和保障生态文明建设与绿色发展的能力水平。要通过司法裁判，大力弘扬社会主义核心价值观，落实最严格的源头保护、损害赔偿和责任追究制度，增强自然人、法人和其他组织的环保意识，促进绿色发展，建设美丽中国。

二、依法审理涉环境污染防治和生态保护案件，切实维护人民群众的环境权益

4. 依法审理大气污染防治相关案件。依法惩处违反污染物排放标准排污造成大气严重污染的犯罪行为。妥善审理大气污染防治相关行政案件，督促、保障政府部门充分履行源头治理和全程治理职责，有效防治工业污染、机动车船污染、扬尘污染、农业污染及其他污染。妥善审理大气污染防治相关民商事案件，充分发挥市场机制调节作用，保障大气环境服务业的健康发展，促进污染治理设施投资、建设、运行一体化经营。

5. 依法审理水污染防治相关案件。依法惩处向水体排放油类、酸碱液体、剧毒废液、放射性固体废物等禁止排放的污染物以及超标排放废水造成水体严重污染的犯罪行为。妥善审理因造纸、印染、化工等严重污染水体企业的关闭或搬迁改造，以及因污水处理费、排污费、水资源费等费用征收引发的行政案件，推动污染企业的达标治理或者依法退出，依法落实环境税费政策。妥善审理环保设备融资租赁纠纷，以及股权、项目收益权、特许经营权、排污权等权利质押融资担保纠纷，鼓励社会资本对水环境保护的投入，促进水污染防治的多元融资。

6. 依法审理土壤污染防治相关案件。依法惩处非法排放有毒有害污染物、违法违规存放危险化学品、非法处置危险废物等造成土壤严重污染的犯罪行为。妥善审理因拆除有色金属冶炼、石油加工、焦化、制革等污染设施，以及因处置工业废物、回收储运废弃农膜等引发的行政案件,保障土壤污染的源头预防。妥善审理土壤污染防治相关民商事案件,充分关注土壤污染历史成因复杂和修复周期长、成本高的特点,探索土壤污染民事责任主体范围、因果关系以及修复标准等方面的认定规则,加大对污染土壤行为的追责力度,维护食品安全、生活环境安全和农业可持续发展。

7. 依法审理海洋生态环境保护案件。依法惩处非法向海洋排放各类污染物及破坏红树林、滩涂、珊瑚礁等造成海洋生态环境严重破坏的犯罪行为。妥善审理涉及海洋动植物物种引进、海岛资源开发、海水养殖场建设、海洋海岸工程建设审批引发的行政案件,以及因海洋污染和生态破坏引发的侵权纠纷案件。妥善审理海洋环境监督管理部门代表国家对破坏海洋生态、海洋水产资源、海洋保护区等造成重大损失行为提起的诉讼,防治海洋环境污染,保护海洋生物多样性。

8. 依法审理重点区域生态环境保护案件。依法惩处严重破坏京津冀、长江经济带、三江源等重点区域生态环境的犯罪行为。妥善审理因建设国家公园和森林公园,推行统一环境准入和退出机制引发的行政案件,保障重点区域实现扩大环境容量和生态空间的重要目标。妥善审理因长江防护林体系建设、水土流失及岩溶地区石漠化治理、河湖湿地生态保护修复等引发的行政案件,保障长江流域重大生态修复工程的顺利实施。注重强化排污者主体责任,保障污染联防联控机制建设,促进重点区域环境质量持续改善。

9. 依法审理其他污染防治和生态保护案件。依法惩处制污排污,走私废物,以及非法捕猎、杀害珍稀、濒危野生动物等严重污染环境和破坏生态的犯罪行为,惩处环境监管失职、渎职犯罪行为。妥善审理涉及环境影响评价、污染物排放许可、禁牧轮休和封禁保护沙化土地的行政案件,推动排污许可"一证式"管理改革,落实环境保护目标责任制。妥善审理各类污染环境、破坏生态导致的损害赔偿民事案件,协调环境公共利益和个体利益的冲突,实现当事人权利救济和生态环境保护的有机统一。

三、依法审理涉自然资源开发利用案件,保障自然资源和生态环境安全

10. 依法审理涉土地资源案件。依法惩处非法占用基本农田、农用地、林地等犯罪行为,严守生态红线。妥善审理推进工业化、城镇化过程中产生的土地确权、房地征收等行政案件,依法落实主体功能区规划,合理控制国土开发空间和强度,推动以人为本、绿色低碳的新型城镇建设。妥善审理涉土地流转民商事案件,依法鼓励创新农村土地流转形式,保障农村土地经营权抵押等各项改革试点顺利进行,推动建立城乡统一的建设用地市场。

11. 依法审理涉矿产资源案件。依法惩处非法采矿、破坏性采矿等犯罪行为,保障国家矿产资源安全。妥善审理涉及矿业权审批、颁证等行政案件,保障矿产资源集约利用和有序开发。妥善审理涉矿业权民商事案件,准确区分民商事审判和行政监管界限,依法认定矿业权出让、转让、出租、承包、抵押合同的效力,正确处理越界勘查、开采引发的纠纷。

12. 依法审理涉林业资源案件。依法惩处盗伐、滥伐林木等犯罪行为,保障国家林业资源安全。妥善审理因林权登记颁证、林地开垦、林地用途改变等引发的行政案件,保障林权改革顺利进行。关注林地所有权、林地使用权、林木所有权、林木使用权经常发生分离的特点，区分因历史、政策、乡规民约或者其他原因导致的权利冲突，坚持尊重林权人意思自治和尊重行政机关认定的统一，妥善处理林权确权和林权流转中发生的各类纠纷。

13. 依法审理其他资源相关案件。妥善审理涉及草原、河流、湖泊、滩涂、海洋等资源开发利用的权属、合同和侵权纠纷案件，依法惩处相关刑事犯罪行为。注重保障资源合理开发利用与促进资源节约、环境保护相协调，特别是审理重点生态功能区、生态环境敏感区和脆弱区，以及自然保护区、风景名胜区等区域内开发利用自然资源引发的相关案件时，将保护生态环境和自然资源作为裁判的重要因素综合考量。

四、积极探索气候变化司法应对举措，推动构建国家气候变化应对治理体系

14. 依法审理碳排放相关案件。深入研究碳排放交易中的法律问题，妥善审理碳排放交易纠纷，推动建设全国统一的碳排放交易市场。依法审理涉及电力、钢铁、建材、化工等重点碳排放行业，以及涉及工业、能源、建筑、交通等碳排放重点领域的相关案件，妥当适用国家节能减排相关法律、行政法规、规章及环境标准，促进低碳发展。在审理相关案件时区分合规排放与超出排污标准、污染物总量控制指标和排污许可证要求排放等不同情形，依法确定责任主体及责任范围。

15. 依法审理节约能源相关案件。加强对合同能源管理、合同节水管理等节能服务产业的司法保障，培育成熟、规范的合同能源管理市场，推进农业、工业、城镇节水改造，以及矿山企业技术和工艺改造等重点领域的能源节约。妥善审理节能、节水、节地、节材、节矿、污泥无害化处理和资源化利用等领域的专利、技术转让等知识产权纠纷，鼓励企业科技创新，促进清洁能源和能源节约新技术的开发利用。

16. 依法审理绿色金融、生物多样性保护相关案件。深入研究绿色税收以及绿色信贷、绿色债券、绿色保险、绿色发展基金等涉及绿色金融发展的特殊法律问题，研究排污权、用能权、用水权等市场交易机制和规则，妥善审理相关案件，充分发挥金融手段及市场机制在实现绿色发展、减缓和适应气候变化中的重要作用。妥善审理涉及植物新品种、生物遗传资源和基因等知识产权纠纷，有效保护生物多样性。

五、依法审理各类生态环境损害赔偿诉讼案件，有效维护环境公共利益和国家所有者权益

17. 依法审理社会组织提起的环境民事公益诉讼案件。依法及时受理符合法定条件的环境民事公益诉讼案件，积极构建有利于社会组织提起诉讼的程序和配套机制。妥善处理司法保护和其他路径保护的关系，尊重行政机关的首次判断权和自由裁量权，为行政机关发挥职能作用创造有利条件。在尊重审判规律的前提下，依法适度强化能动司法，创新审理方法和裁判方式，探索符合需要的证据保全、先予执行、执行监督等特殊规则，发挥公益诉讼的评价指引和政策形成功能。

18. 依法审理检察机关提起的环境公益诉讼案件。遵循职权法定原则，依法及时受理检察机关根据全国人大常委会授权决定试点提起的环境民事、行政公益诉讼案件。主动适应改革需要，坚持以民事诉讼法和行政诉讼法作为基本依据，结合检察机关提起公益诉讼特点，在法律框架范围内创新、完善具体的审判工作方式方法。坚持正当程序的基本规则，依法保障举证、辩论等诉讼权利的充分行使，平等保护各方当事人的合法权益。

19. 积极探索省级政府提起生态环境损害赔偿诉讼案件的审理规则。按照《生态环境损害赔偿制度改革试点方案》，试点地方省级政府经国务院授权后，作为本行政区域内生态环境损害赔偿权利人，可以对违反法律法规造成生态环境损害的单位或者个人提起民事诉讼。认真研究此类基于国家自然资源所有权提起的生态环境损害赔偿诉讼案件的特点和规律，根据赔偿义务人主观过错、经营状况等因素试行分期赔付，探索多样化责任承担方式。试点地方省级政府提起生态环境损害赔偿诉讼，不影响社会组织依法提起环境民事公益诉讼，也不影响人身和财产权受到损害的自然人、法人和其他组织提起私益诉讼。准确界定基于同一侵权行为发生的三类诉讼之间的关系，做好诉讼请求、事实认定、责任承担以及判决执行等方面的协调、对接。

六、构建协同审判机制，充分发挥环境资源审判整体合力

20. 探索构建环境资源案件的协同审判机制。环境资源审判面对环境和资源两类案件，跨越刑事、民事、行政三大诉讼门类，点多面广，类型多元，数量众多。各级人民法院要根据环境资源保护利用的现实需要和当地的案件特点，积极探索构建刑事、民事、行政审判和立案、执行等业务部门既分工负责又紧密配合的协同审判工作机制。科学界定各审判业务部门审理环境资源案件的职责分工，妥当确定环境资源专门审判机构的职责范围，充分发挥其专门化研究、协调和指导作用，大力强化环境资源立案、审判和执行机构之间，刑事、民事和行政三大审判之间的相互配合，形成环境资源审判的整体合力。

21. 发挥环境资源行政审判监督和预防功能。充分认识行政审判对于合理开发利用自然资源、预防环境污染和生态破坏方面的重要作用。注重通过审理建设项目环境影响评价审批等相关行政案件，督促行政机关依法及时履行行政监管职责，支持行政机关依法查处建设项目未评先批、未批先建等违法行为，防止存在重大生态环境风险的项目开工建设。通过审理信息公开相关行政案件，保障人民群众的知情权和监督权，提高人民群众参与环境保护的积极性，使公众参与原则落到实处。

22. 发挥环境资源刑事审判惩治和教育功能。坚持罪刑法定原则，注重惩治和预防相结合，全面贯彻宽严相济的刑事政策。依法从严惩处破坏环境资源造成严重后果以及主观恶性大的犯罪行为，有效威慑潜在的污染行为人，教育广大人民群众自觉保护生态环境，防范和减少环境污染、生态破坏犯罪的发生。依法追究国家机关工作人员在环境保护监管活动中玩忽职守、滥用职权等犯罪行为，督促环境监管人员积极履行监管职责。

23. 发挥环境资源民事审判救济和修复功能。充分发挥行为保全和先予执行的预防、减损功能。坚持损害担责、全面赔偿原则，依法追究污染环境、破坏生态的法律责任。妥善审理各类环境资源纠纷案件，依法救济自然人、法人和其他组织的人身权、财产权及各项环境权益。落实生态环境修复制度，探索适用惩罚性赔偿责任，确保责任人依法承担生态环境修复费用和生态环境服务功能的损失，维护环境公共利益，让人民群众有更多的获得感。

24. 发挥环境资源立案执行服务和保障功能。全面落实立案登记制改革要求，畅通立案渠道，切实保障诉权。做好与行政机关的协调配合，确保被执行人应承担的行政责任和民事责任落实到位。遵循恢复性司法要求，积极探索限期履行、劳务代偿、第三方治理等生态环境修复责任承担方式。依法审查环境资源行政非诉案件，对于符合法定条件的，及时作出强制执行裁定。切实发挥执行联动机制的威慑作用，健全完善环境资源案件失信被执行人惩戒机制。

七、强化组织保障措施，不断提升人民法院司法公信力

25. 加强组织领导和监督指导。各级人民法院要切实加强对环境资源审判工作的组织领导和监督指导，认真谋划，周密部署。对社会关注度高、法律适用难度大的公益诉讼案件、群体性案件和新类型案件，加强信息沟通，确保依法妥善审理。加快推进全国法院环境资源案件信息采集和分析系统的开发建设，充分利用大数据、云计算等信息技术，深度挖掘、释放海量案例资源和数据优势，为加强监督指导、统一裁判标准、提升司法公信提供有力技术支持。

26. 加强审判体制和机制建设。按照审判专业化和内设机构改革的要求，立足本地经济社会发展、生态环境保护需要和案件数量、类型特点等实际情况，探索建立专门机构，明晰职责分工，打造既精通法律又熟悉环境知识的专业化审判团队。对于环境公益诉讼以及跨行政区划的环境污染、生态破坏等案件，探索实行跨行政区划集中管辖。探索将环境资源民事、行政乃至刑事案件统一由一个审判机构审理的"二合一"或者"三合一"归口审理模式。积极创新审判执行方式，探索建立符合生态环境保护需要的特别诉讼规则。充分发挥环境资源审判智库作用，坚持问题导向，重视理论与实践相结合，不断创新、发展环境资源审判理论。

27. 加强司法公开和国际交流合作。完善司法便民和司法救助措施，开展巡回审判工作，满足人民群众对环境资源司法的多元需求。邀请人大代表、政协委员、社会公众、新闻媒体旁听重大案件庭审，加大裁判文书上网公开力度。充分运用新媒体、自媒体及时发布重大司法信息，定期发布环境资源审判白皮书。围绕国家"一带一路"战略、自贸区建设以及气候变化应对等工作，深入研究司法措施和裁判规则，保障国际环境公约的实施，维护国家环境利益和生态环境安全。不断拓展国际交流方式和合作渠道，依托信息技术推进信息共享，加强国际环境法、比较环境法研究和环境资源司法案例的交流，展示中国环境保护和环境司法的发展成就。

最高人民法院
关于依法审理和执行民商事案件保障民间投资健康发展的通知

2016年9月2日　　　　　　　　　　　　法〔2016〕334号

各省、自治区、直辖市高级人民法院，解放军军事法院，新疆维吾尔自治区高级人民法院生产建设兵团分院：

公有制经济和非公有制经济都是社会主义市场经济的重要组成部分，都是我国经济社会发展的重要基础。促进民间投资健康发展，既利当前又惠长远，对稳增长、保就业具有重要意义，也是推进供给侧结构性改革的重要内容。各级人民法院要牢固树立为大局服务、为人民司法的意识，深刻认识开展好当前形势下涉民间投资民事商事审判工作的重要意义。为切实抓好涉民间投资民事商事审判工作，根据相关法律和国家政策规定，现就司法实践中应当注意的问题通知如下：

一、积极贯彻落实中央精神，依法保障民间投资健康发展

非公有制经济是稳定经济的重要基础，是国家税收的重要来源，是技术创新的重要主体，是金融发展的重要依托，是经济持续健康发展的重要力量。党的十八届三中、四中、五中全会对完善产权保护制度、平等保护各种所有制经济提出了明确要求。习近平总书记强调，国家保护各种所有制经济产权和合法利益，坚持权利平等、机会平等、规则平等，激发非公有制经济活力和创造力。依法平等保护非公有制经济，促进民间投资健康发展，是推进供给侧结构性改革的重要内容。各级人民法院要深入贯彻落实中央精神，充分发挥民事商事审判职能作用，坚持保护产权、契约自由、平等保护、权利义务责任相统一、诚实守信、程序公正与实体公正相统一六大原则，依法化解民间投资中的各类矛盾纠纷，保障民间投资健康发展，服务"创新、协调、绿色、开放、共享"五大发展。

二、统一严格执法，依法平等保护非公有制经济

法律面前人人平等是我国宪法确立的基本原则。各级人民法院审理民事商事案件时，要依法平等保护非公有制经济的合法权益，坚持各类市场主体的诉讼地位平等、法律适用平等、法律责任平等，为各种所有制经济提供平等司法保障。坚持诉讼地位平等，公有制经济主体与非公有制经济主体享有相同的诉讼权利，承担相同的诉讼义务。坚持法律适用平等，公有制经济主体与非公有制经济主体适用相同的交易规则，平等使用生产要素、公平参与市场竞争。坚持法律责任平等，公有制经济主体和非公有制经济

主体都必须遵守法律，违反法律应依法承担法律责任。

三、依法妥善审理合同纠纷案件，保护合法交易

及时审理与民间投资相关的买卖、借款、建筑、加工承揽等合同纠纷案件，正确划分当事人合同责任，保护各类投资主体的合法权利。正确处理意思自治与行政审批的关系，对法律、行政法规规定应当办理批准、登记等手续生效的合同，应当根据《最高人民法院关于适用〈中华人民共和国合同法〉若干问题的解释（一）》，尽量促使合同合法有效。要正确理解、识别和适用合同法第五十二条第（五）项中的"违反法律、行政法规的强制性规定"，注意区分效力性强制规定和管理性强制规定，严格限制认定无效的范围。当事人一方要求解除合同的，应当严格依照合同法第九十三条、第九十四条，审查合同是否具备解除条件，防止不诚信一方当事人通过解除合同逃避债务。

四、依法妥善审理权益纠纷案件，保护合法投资利益

充分发挥民事商事审判职能，理顺产权关系，既要依法保护公有制经济，有效防止国有资产流失，也要防止超越法律规定和合同约定，不当损害非公有制经济主体的正当权利。对产权有争议的挂靠企业，要在认真查明投资事实的基础上明确所有权，防止非法侵占非公有制经济主体财产。严格按照有关法律、法规和政策，审理企业改制纠纷案件，准确界定产权关系，保护非公有制经济主体的合法权益。妥善审理涉及境外投资案件，保障非公有制经济主体实施"走出去"战略，扩大对外投资。严格按照《最高人民法院关于适用〈中华人民共和国公司法〉若干问题的规定（三）》，妥善审理各类股东资格纠纷案件，依法维护实际出资的非公有制经济股东的合法权益。依法审理股东的知情权、利润分配请求权、请求确认董事会、股东会或者股东大会决议无效或撤销董事会、股东会或者股东大会决议等纠纷案件，维护各类投资主体的股东权益。通过股权转让纠纷案件的审理，畅通股权转让渠道，依法保障各类投资主体退出公司的权利。在审理公司债权人请求公司偿还债务的纠纷案件时，依法区分公司财产与股东个人财产、家庭共有财产，正确认定公司的责任财产，防止在没有法律依据的情况下将股东个人财产和家庭共有财产用于偿还公司债务，切实维护非公有制经济股东的合法权益。

五、依法妥善审理知识产权案件，加大知识产权保护力度

充分运用知识产权司法保护手段，加大对各种侵犯知识产权行为的惩治力度。妥善审理技术改造升级过程中引发的技术开发、技术转让、技术咨询和技术服务合同纠纷案件，鼓励非公有制经济主体通过技术进步和科技创新实现产业升级，提升核心竞争力。及时受理反不正当竞争纠纷案件，依法制裁各种形式的不正当竞争行为，保障非公有制经济主体平等地参与市场竞争。加强反垄断案件的审理，依法制止占有市场支配地位的垄断者滥用垄断地位，严格追究违法垄断行为的法律责任，为各种所有制经济主体提供竞争高效公平的市场环境。

六、依法妥善审理融资纠纷案件,缓解融资难、融资贵问题

依法审理涉及非公有制经济主体的金融借款、融资租赁、民间借贷等案件,依法支持非公有制经济主体多渠道融资。根据物权法定原则的最新发展,正确认定新型担保合同的法律效力,助力提升非公有制经济主体的融资担保能力。正确理解和适用《最高人民法院关于审理民间借贷案件适用法律若干问题的规定》,在统一规范的金融体制改革范围内,依法保护民间金融创新,促进民间资本的市场化有序流动,缓解中小微企业融资困难的问题。严格执行借贷利率的司法保护标准,对商业银行、典当公司、小额贷款公司等以利息以外的不合理收费变相收取的高息不予支持。要区分正常的借贷行为与利用借贷资金从事违法犯罪的行为,既要依法打击和处理非法集资犯罪,又要保护合法的借贷行为,依法维护合同当事人的合法权益。在案件审理过程中,发现有高利率导致的洗钱、暴力追债、恶意追债等犯罪嫌疑的,要及时将相关材料移交公安机关,推动形成合法有序的民间借贷市场。

七、依法妥善审理劳动纠纷案件,降低企业用工成本

继续坚持依法保障劳动者合法权益与企业生存发展并重的理念,坚持保护劳动者权益和企业生存发展的有机统一,努力找准利益平衡点,把保护劳动者眼前利益、现实利益同保护劳动者长远利益、根本利益结合起来。要根据企业能否适应市场需要的具体情况,有针对性地开展好劳动争议案件的审理,优化劳动力要素配置。对暂时存在资金困难但有发展潜力的企业,特别是中小微企业,尽量通过和解、调解等方式,鼓励劳动者与企业共渡难关;对因产能过剩被倒逼退出市场的企业,要防止用人单位对劳动者权益的恶意侵害,加大审判和财产保全、先予执行力度,最大限度保护劳动者权益;对地区、行业影响较大的产业结构调整,要提前制定劳动争议处置预案,形成多层次、全方位的协同联动机制和纠纷化解合力。要保护企业的各种合法用工形式,平衡劳动者和企业之间的利益,降低企业用工成本,提高企业的产业竞争力。要依法保护劳动者创业权利,注重引导劳动者转变就业观念,促进形成以创业带就业的新机制。

八、依法审慎采取强制措施,保护企业正常生产经营

平等对待各种所有制经济主体,不因申请执行人和被执行人的所有制性质不同而在执行力度、执行标准上有所不同,公正高效地保护守信方当事人的合法权益。要以执行工作信息化建设为依托,逐步实现执行信息查询和共享,力求破解被执行人难找、被执行财产难查问题。在采取财产保全和查封、扣押、冻结、拘留等强制执行措施时,要注意考量非公有制经济主体规模相对较小、抗风险能力相对较低的客观实际,对因宏观经济形势变化、产业政策调整所引起的涉诉纠纷或者因生产经营出现暂时性困难无法及时履行债务的被执行人,严格把握财产保全、证据保全的适用条件,依法慎用拘留、查封、冻结等强制措施,尽量减少对企业正常生产经营活动可能造成的不当影响,维持非公有制经济主体的经营稳定。确需采取查封、扣押、冻结等强制措施的,要严格按照法定程序进行,尽可能为企业预留必要的流动资产和往来账户,最大限度降低对企业正常生产经营活动的不利影响。

最高人民法院
关于充分发挥审判职能作用切实加强产权司法保护的意见

2016年11月28日　　　　　　　　　　法发〔2016〕27号

产权制度是社会主义市场经济的基石，保护产权是坚持社会主义基本经济制度的必然要求。党的十八大以来，以习近平同志为核心的党中央高度重视产权保护工作。党的十八届三中、四中、五中全会明确提出，国家保护各种所有制经济产权和合法利益，强调要健全以公平为核心原则的产权保护制度，推进产权保护法治化。2016年11月4日，中共中央、国务院印发《关于完善产权保护制度依法保护产权的意见》，对完善产权保护制度、推进产权保护法治化有关工作进行了全面部署。为充分发挥审判职能作用，切实加强产权司法保护，增强人民群众财产财富安全感，促进经济社会持续健康发展，制定如下意见。

一、坚持产权司法保护的基本原则

1. 坚持平等保护。坚持各种所有制经济权利平等、机会平等、规则平等，对各类产权主体的诉讼地位和法律适用一视同仁，确保公有制经济和非公有制经济财产权不可侵犯。注重对非公有制产权的平等保护。妥善审理各类涉外案件，平等保护中外当事人的诉讼权利和实体权益。

2. 坚持全面保护。既要保护物权、债权、股权，也要保护知识产权及其他各种无形财产权。通过刑事、民事、行政等各种审判及执行活动，依法明确产权归属，制裁各类侵犯产权的违法犯罪行为，特别是利用公权力侵犯私有产权的违法犯罪行为。

3. 坚持依法保护。结合各个时期经济发展的形势和政策，准确把握立法精神，严格公正司法，妥善处理涉及产权保护的各类案件。结合案件审判和司法调研，促进社会主义市场经济法律制度不断健全，推动完善产权保护制度。

二、准确把握、严格执行产权保护的司法政策

4. 依法惩治各类侵犯产权犯罪，平等保护各种所有制经济产权。依法惩治侵吞、瓜分、贱卖国有、集体资产的犯罪，促进资产监督管理制度不断健全。加大对非公有财产的刑法保护力度，依法惩治侵犯非公有制企业产权以及侵犯非公有制经济投资者、管理者、从业人员财产权益的犯罪。对非法占有、处置、毁坏财产的，不论是公有财产还是私有财产，均依法及时追缴发还被害人，或者责令退赔。

5. 客观看待企业经营的不规范问题，对定罪依据不足的依法宣告无罪。对改革开放以来各类企业特别是民营企业因经营不规范所引发的问题，要以历史和发展的眼光客观看待，严格遵循罪刑法定、疑罪从无、从旧兼从轻等原则，依法公正处理。对虽属违法违规、但不构成犯罪，或者罪与非罪不清的，应当宣告无罪。对在生产、经营、融资等活动中的经济行为，除法律、行政法规明确禁止的，不得以犯罪论处。

6. 严格区分经济纠纷与刑事犯罪，坚决防止把经济纠纷当作犯罪处理。充分考虑非公有制经济特点，严格把握刑事犯罪的认定标准，严格区分正当融资与非法集资、合同纠纷与合同诈骗、民营企业参与国有企业兼并重组中涉及的经济纠纷与恶意侵占国有资产等的界限，坚决防止把经济纠纷认定为刑事犯罪，坚决防止利用刑事手段干预经济纠纷。对于各类经济纠纷，特别是民营企业与国有企业之间的纠纷，不论实际损失多大，都要始终坚持依法办案，排除各种干扰，确保公正审判。

7. 依法慎用强制措施和查封、扣押、冻结措施，最大限度降低对企业正常生产经营活动的不利影响。对涉案企业和人员，应当综合考虑行为性质、危害程度以及配合诉讼的态度等情况，依法慎重决定是否适用强制措施和查封、扣押、冻结措施。在刑事审判中，对已被逮捕的被告人，符合取保候审、监视居住条件的，应当变更强制措施。在刑事、民事、行政审判中，确需采取查封、扣押、冻结措施的，除依法需责令关闭的企业外，在条件允许的情况下可以为企业预留必要的流动资金和往来账户。不得查封、扣押、冻结与案件无关的财产。

8. 严格规范涉案财产的处置，依法维护涉案企业和人员的合法权益。严格区分违法所得和合法财产，对于经过审理不能确认为违法所得的，不得判决追缴或者责令退赔。严格区分个人财产和企业法人财产，处理股东、企业经营管理者等自然人犯罪不得任意牵连企业法人财产，处理企业犯罪不得任意牵连股东、企业经营管理者个人合法财产。严格区分涉案人员个人财产和家庭成员财产，处理涉案人员犯罪不得牵连其家庭成员合法财产。按照公开公正和规范高效的要求，严格执行、不断完善涉案财物保管、鉴定、估价、拍卖、变卖制度。

9. 依法公正审理行政协议案件，促进法治政府和政务诚信建设。对因招商引资、政府与社会资本合作等活动引发的纠纷，要认真审查协议不能履行的原因和违约责任，切实维护行政相对人的合法权益。对政府违反承诺，特别是仅因政府换届、领导人员更替等原因违约毁约的，要坚决依法支持行政相对人的合理诉求。对确因国家利益、公共利益或者其他法定事由改变政府承诺的，要依法判令补偿财产损失。

10. 依法公正审理财产征收征用案件，维护被征收征用者的合法权益。准确把握立法精神，合理把握征收征用适用的公共利益范围，坚决防止公共利益扩大化。遵循及时合理补偿原则，对土地征收和房屋拆迁补偿标准明显偏低的，要综合运用多种方式进行公平合理补偿，充分保护被征收征用者的合法权益。

11. 依法制裁知识产权违法犯罪，加大知识产权保护力度。按照"司法主导、严格保护、分类施策、比例协调"的知识产权司法保护基本政策，加大保护力度，推进知识产权强国建设。积极参与相关法律修订工作，推动完善知识产权侵权损害赔偿制度。适时发布司法解释和指导性案例，通过排除侵权证据妨碍、合理分配当事人的举证责任等途径，依法推进惩罚性赔偿制度的适用。依法审理商标侵权，加强品牌商誉保护。依法审理反不正当竞争纠纷案件，破除行业垄断和市场分割。依法惩治知识产权犯罪，加大对链条式、产业化知识产权犯罪惩治力度。

12. 依法处理历史形成的产权申诉案件，坚决落实有错必纠的要求。建立专门工作机制，抓紧甄别纠正一批社会反映强烈的产权纠纷申诉案件。对涉及重大财产处置的产权纠纷申诉案件、民营企业和投资人犯罪的申诉案件，经审查确属事实不清、证据不足、适用法律错误的，依法及时予以纠正并赔偿当事人损失。严格落实司法责任制，对存在违法审判情形的依法依纪严肃追究，同时完善审判管理，从源头上、制度上有效防范冤错案件的发生。

13. 提高审判执行效率，切实防止因诉讼拖延影响企业生产经营。强化审限监管，严格审限延长、扣除、中止等情形的审批，不断提高审限内结案率，切实解决"隐性"超审限问题。持续开展长期未结诉讼案件和久押不决刑事案件专项清理工作，建立定期通报和督办机制。进一步完善繁简分流审判机制，对符合条件的案件依法适用简易程序、速裁程序。加大执行力度，提升执行速度，及时有效维护胜诉当事人的合法权益。

三、加强产权司法保护的机制建设

14. 坚持党的领导，积极参与产权保护协调工作机制。要主动向党委汇报加强产权司法保护的各项工作部署，积极参与党委牵头，人大、政府、司法机关共同参加的产权保护协调工作机制，形成工作合力。认真听取人大代表、政协委员和专家学者的意见建议，加强与工商联、行业协会的沟通，确保产权司法保护各项举措落到实处、收到实效。

15. 优化资源配置，提升涉产权保护案件审判的专业性和公信力。对法律适用难度较大的涉产权民刑交叉、民行交叉案件，统筹审判资源，组成民刑、民行综合合议庭，确保理清法律关系、准确适用法律。充分发挥北京、上海、广州知识产权法院的示范、引领作用，加快知识产权派出法庭建设，探索设立知识产权上诉法院，完善知识产权审判工作体制机制。推动知识产权民事、行政和刑事案件审判"三合一"，提高知识产权司法保护的整体效能。落实京津冀知识产权技术类案件集中管辖，合理布局全国法院知识产权案件管辖，提升知识产权司法保护水平。

16. 做好司法调研，不断完善产权保护司法政策。推进信息技术与审判业务深度融合，充分利用大数据、云计算等信息技术，准确研判涉产权案件的审判形势。深入调研涉产权审判执行工作中的疑难问题，及时总结司法审判经验，切实加强产权保护司法政策研究，不断健全产权司法保护规则。通过制定司法解释、发布指导性案例等方式，统一涉产权案件的司法尺度、裁判标准。

17. 强化法治宣传，推动形成保护产权的良好社会氛围。利用裁判文书上网、庭审直播等司法公开平台，结合案件审判，大力宣传党和国家平等保护各种所有制经济产权的方针政策和法律法规，使平等保护、全面保护、依法保护观念深入人心，营造公平、公正、透明、稳定的法治环境。总结宣传一批依法有效保护产权的好做法、好经验、好案例，推动形成保护产权的良好社会氛围。

最高人民法院
印发《关于依法妥善处理历史形成的产权案件工作实施意见》的通知

2016 年 11 月 28 日 法发〔2016〕28 号

各省、自治区、直辖市高级人民法院，解放军军事法院，新疆维吾尔自治区高级人民法院生产建设兵团分院：

现将《最高人民法院关于依法妥善处理历史形成的产权案件工作实施意见》印发给你们，请各地结合实际，认真贯彻执行。

附：

最高人民法院
关于依法妥善处理历史形成的产权案件工作实施意见

为贯彻落实《中共中央、国务院关于完善产权保护制度依法保护产权的意见》（以下简称《意见》），充分发挥人民法院审判职能，依法妥善处理历史形成的产权案件，现提出如下实施意见。

一、充分认识依法妥善处理历史形成的产权案件的重要意义

1. 依法妥善处理历史形成的产权案件，是全面贯彻落实中央完善产权保护制度、依法保护产权决策部署的重大举措。加强产权保护，是坚持社会主义基本经济制度的必然要求，是全面建成小康社会的必然要求，是夯实党长期执政社会基础的必然要求，也是维护国家长治久安的必然要求。依法妥善处理历史形成的产权案件，是中央加强产权保护决策部署的重要内容和重大举措，对于完善现代产权制度、推进产权保护法治化，对于增强人民群众财产财富安全感、增强社会信心、形成良好预期，对于营造公平公正透明稳定的法治环境、激发各类经济主体创业创新动力，对于维护社会公平正义、促进经济社会持续健康发展，都具有十分重要意义。

2. 依法妥善处理历史形成的产权案件，是人民法院肩负的一项重大而紧迫的政治任务。以习近平同志为核心的党中央高度重视产权保护。党的十八届三中、四中、五中、六中全会均有明确要求。今年党中央、国务院就完善产权制度依法保护产权专门作

出系统的决策部署,并就中央有关部门贯彻实施作出明确分工,将依法妥善处理历史形成的产权案件确定为人民法院的工作任务。各级人民法院要讲政治、讲大局,切实把思想和行动统一到中央的决策部署上来,站在统筹推进"五位一体"总体布局和协调推进"四个全面"战略布局的高度,增强责任感和使命感,以敢于担当的精神和攻坚克难的勇气,充分发挥审判职能作用,坚决完成好此项重大政治任务。

3. 依法妥善处理历史形成的产权案件,是一项法律性、政策性很强的审判工作。历史形成的产权案件往往时间跨度较长、形成原因复杂。妥善处理此类案件既有严格的法律性,又有严肃的政策性;既要取得好的法律效果,又要取得好的社会效果和政治效果,充分体现政策导向。各级人民法院要坚持司法为民,公正司法,严格按照中央的统一要求,抓紧甄别纠正社会反映强烈的产权纠纷申诉案件,剖析侵害产权的案件,总结宣传依法有效保护产权的好案例,不断丰富和积累产权保护司法经验,着力提高产权保护精准度,努力推进产权保护的法治化。

二、明确目标任务和总体要求

4. 明确办案范围。对于改革开放以来作出的涉及重大财产处置的产权纠纷以及民营企业和投资人违法犯罪的生效裁判,当事人、案外人提出申诉的,人民法院要及时审查,认真甄别;确有错误的,坚决依法纠正。

5. 突出工作重点。着重抓好重大典型案件的甄别、纠正和宣传工作。注重查清案件事实和焦点问题,厘清相关法律政策问题,摸清案件背景和社会反应,准确适用法律和有关政策规定,作出妥善处理。对重点案件要逐案制定包括立案、再审、执行、善后在内的一揽子工作方案。

三、正确把握工作原则

6. 坚持实事求是原则。尊重历史,实事求是,以发展眼光客观看待和依法妥善处理改革开放以来各类企业特别是民营企业经营过程中存在的不规范问题。

7. 坚持平等保护原则。为各类产权主体提供平等的司法保护,坚持法律面前人人平等,畅通产权申诉案件的立案渠道,规范适用再审审理程序,确保诉讼地位平等、诉讼权利平等、法律适用平等。

8. 坚持依法纠错原则。坚持以事实为根据,以法律为准绳,严格遵循法不溯及既往、罪刑法定、在新旧法之间从旧兼从轻等原则,严守法定程序。对符合再审条件的申诉案件,依法启动再审程序;对确有错误的生效裁判,坚决予以纠正,维护公平正义,提升司法公信。

9. 坚持纠防结合原则。通过对产权错案冤案的甄别和纠正,强化审判监督司法救济、倒逼防错和统一法律适用功能;落实司法责任制,加强源头预防。

四、严格甄别纠正工作程序

10. 保障诉讼权利。畅通申诉渠道,做好诉讼服务。充分尊重、依法保障当事人的申请权、申诉权、知情权、陈述权、辩护辩论权和处分权。

11. 强化程序监督。对产权申诉案件,要加强审级监督,上级法院可以提审和改判的,不宜指令再审和发回重审,强化对下级法院办理产权案件的监督和指导,防止程序空转。重视检察监督,依法办理检察机关提起的抗诉和检察建议案件。

12. 维护程序公正。落实接谈要求,完善询问方式,充分听取申诉人的意见。突出庭审功能,注重裁判说理,强化司法公开。加强司法救助与法律援助,为确有困难的涉诉民营企业及投资人减轻负担。

五、审慎把握司法政策

13. 准确把握罪与非罪的法律政策界限。严格区分经济纠纷与经济犯罪特别是合同纠纷与合同诈骗的界限、企业正当融资与非法集资的界限、民营企业参与国有企业兼并重组中涉及的经济纠纷与恶意侵占国有资产的界限。准确把握经济违法行为入刑标准,准确认定经济纠纷和经济犯罪的性质,坚决纠正将经济纠纷当作犯罪处理的错误生效裁判。对于在生产、经营、融资等活动中的经济行为,当时法律、行政法规没有明确禁止而以犯罪论处的,或者虽属违法违规但不构成犯罪而以犯罪论处的,均应依法纠正。

14. 坚决纠正以刑事执法介入民事纠纷而导致的错案。对于以刑事手段迫使当事人作出意思表示,导致生效民事裁判错误的,要坚决予以纠正。对于涉及犯罪的民营企业投资人,在当事人被采取强制措施或服刑期间,依法保障其行使财产权利等民事权利。对于民营企业投资人因被限制人身自由而严重影响行使民事诉讼权利,被解除人身自由限制后,针对民事案件事实提供了新的证据,可能推翻生效裁判的,人民法院应当依职权调查核实;符合再审条件的,应当依法启动再审。

15. 依法妥善处理因产权混同引发的申诉案件。在甄别和再审产权案件时,要严格区分个人财产和企业法人财产,对股东、企业经营管理者等自然人违法的案件,要注意审查在处置其个人财产时是否存在随意牵连企业法人财产的问题;对企业违法的案件,在处置企业法人财产时是否存在随意牵连股东、企业经营管理者个人合法财产的问题。要严格区分违法所得和合法财产、涉案人员个人财产和家庭成员财产,要注意审查在处置违法所得时是否存在牵连合法财产和涉案人员家庭成员合法财产的问题,以及是否存在违法处理涉案财物的问题,尤其要注意审查是否侵害了当事人及其近亲属、股东、债权人等相关方的合法权益。对确属因生效裁判错误而损害当事人财产权的,要依法纠正并赔偿当事人损失。

16. 依法妥善处理与政府行为有关的产权申诉案件。甄别和再审产权案件时,对于在招商引资、政府与社会资本合作等活动中与投资主体依法签订的各类合同,因政府换届、领导人员更替而违约毁约侵犯投资主体合法权益的,或者因法定事由改变政府承诺和合同约定,对投资主体受到的财产损失没有依法补偿的,人民法院应当依法再审和改判。对于政府在土地、房屋等财产征收、征用过程中,没有按照补偿范围、形式和标准给予被征收征用者公平合理补偿的错误裁判,人民法院应当依法审查,启动再审。在再审审查和审理中,要注意运用行政和解协调机制、民事调解方式,妥善解决财产纷争。

17. 依法妥善处理涉案财产处置申诉案件。对于因错误实施保全措施、错误采取执行措施、错误处置执行标的物,致使当事人或利害关系人、案外人等财产权利受到侵害的，应当及时解除或变更强制措施、执行回转、返还财产。执行过程中，对执行标的异议所作裁定不服的，当事人、案外人可以通过执行异议之诉或者审判监督程序等法定途径予以救济；造成损害的，受害人有权依照法律规定申请国家赔偿。

18. 依法审理涉及产权保护的国家赔偿案件。对于因产权申诉案件引发的国家赔偿，应当认真审查，符合立案条件的应当依法立案，符合赔偿条件的应当依法赔偿。坚持法定赔偿原则，加大赔偿决定执行力度。

六、狠抓工作落实

19. 坚持党的领导。完善产权保护制度，依法保护产权是党中央、国务院作出的一项重大决策部署，各级人民法院要自觉把产权司法保护工作置于党的统一领导之下，坚持依法独立行使审判权。对于产权保护中的重大事项，要及时向当地党委报告，在党委的统筹协调下，协同有关部门形成处理产权申诉案件的合力。

20. 建立协调机制。各高级人民法院要加强对涉产权错案冤案甄别纠正工作的组织领导，成立专门工作小组，加强统筹协调，提出工作方案，研究解决突出问题，建立健全敏感案件应急预案，加强对下工作指导，及时报告工作进展情况。工作小组办公室统一归口设置在审判监督庭。

21. 做好宣传引导。突出宣传重点和政策导向，加强信息公开，及时回应社会关切。要向社会适时公布产权保护的典型案例。加强法律解读和政策引导，积极弘扬产权保护法治理念，营造良好的产权保护司法环境和舆论氛围。

22. 严格执纪问责。在甄别和纠正产权申诉案件过程中，要认真落实《领导干部干预司法活动、插手具体案件处理的记录、通报和责任追究规定》《最高人民法院关于完善司法责任制的若干意见》等制度，进一步完善办案质量终身负责制和错案责任倒查问责制，从源头上有效预防错案冤案的发生。

最高人民法院
关于为自由贸易试验区建设提供司法保障的意见

2016年12月30日　　　　　　　　　　　　　　法发〔2016〕34号

为充分发挥人民法院的审判职能作用，保障我国自由贸易试验区（以下简称自贸试验区）的建设，根据全国人民代表大会常务委员会相关决定，结合审判实践，对人民法院涉自贸试验区案件的审判工作提出以下意见：

一、提高认识，切实增强为自贸试验区建设提供司法保障的责任感和使命感

1. 深刻认识自贸试验区建设的重大意义。自贸试验区是我国改革开放的试验田，是我国构建开放型经济新体制的重要窗口。自贸试验区的建设,对完善我国经济体制机制是有力的推动,在法律实施方面有重大影响。各级人民法院应当积极做好司法应对,从全面推进依法治国的高度树立大局意识,严格依法办事,公正、高效审理各类涉自贸试验区的案件,平等保护中外当事人合法权利,为自贸试验区的建设提供优质高效的司法保障。

2. 依法保障自贸试验区建设的制度创新。自贸试验区的建设肩负着为我国全面深化改革和扩大开放探索新途径、积累新经验的历史使命,也是对凡属重大改革都要于法有据的中央决策的积极尝试。各级人民法院应探索为自贸试验区提供司法保障的改革举措,同时,要确保这些改革举措的探索在法律框架内进行。在准确适用法律的基础上,注重及时调整裁判尺度,积极支持政府职能转变,尊重合同当事人的意思自治,维护交易安全。

积极参与自贸试验区的治理体系和治理能力现代化建设。在自贸试验区进行的政府职能转变、投资领域开放、贸易发展方式转变、金融领域开放创新、完善法治保障等各项工作中,各级人民法院要结合自身的司法实践,积极配合各项改革措施的实施,主动完善工作机制,创新工作方法,为营造公正、公开、透明的法治环境和法治化、国际化、便利化的营商环境作出积极贡献。

二、充分发挥审判职能作用,为促进自贸试验区健康发展提供司法保障

3. 积极行使刑事审判职能,依法打击涉自贸试验区的刑事犯罪。打击破坏自贸试验区建设、滥用自贸试验区特殊市场监管条件进行的犯罪,维护自贸试验区社会稳定及市场秩序。重视解决侵犯知识产权跨境犯罪问题。依法惩治涉自贸试验区的走私、非法集资、逃汇、洗钱等犯罪行为。同时注意区分虚报注册资本罪、虚假出资罪、抽逃出资罪以及非法经营罪的罪与非罪的界限。

4. 加强涉自贸试验区的民事审判工作,依法保护当事人的民事权益。加强劳动保护,正确处理用人单位与劳动者的劳动争议,促进自贸试验区内企业用工制度的健康发展。保护消费者权益,维护消费者个人信息的安全,严格对服务领域合同格式条款的审查,惩治利用虚假广告侵害消费者的行为。保护生态环境,积极审理有关机关和组织对损害社会公共利益或者具有重大风险的污染环境、破坏生态行为提起的诉讼。

正确处理在自贸试验区较为常见的"民宅商用""一址多照"问题。正确理解和适用《中华人民共和国物权法》第七十七条规定的将住宅改变为经营性用房的限制条件,保障人民群众正常的生活秩序。对多个公司使用同一地址作为住所地登记的,在审理相关案件时要注意是否存在财产混同、人格混同等情况,依法维护债权人利益。

加强对自贸试验区内知识产权的司法保护。鼓励自主创新,提高侵权成本。完善有关加工贸易的司法政策,促进加工贸易的转型升级。准确区分正常的贴牌加工行为与加工方擅自加工、超范围超数量加工及销售产品的行为。妥善处理商标产品的平行进口问题,合理平衡消费者权益、商标权人利益和国家贸易政策。鼓励以知识产权为标的的投资行为,推动商业模式创新,简化维权程序,提升维权质效。鼓励知识产权质押融资活动,促进知识产权的流转利用。

加强海事审判。规范航运市场建设，支持自贸试验区航运服务业开放、提升国际航运服务能级和增强国际航运服务功能。关注与船舶登记制度改革及其他与航运有关的新类型案件，研究新型海事法律关系的法律适用和专门管辖问题。及时通过典型案件的审理确认有关规则，引导行业行为，促进行业发展。

5. 积极行使行政审判职能，支持和监督政府在自贸试验区依法行政。支持和监督市场监管部门创新服务模式，依法行政。以审判活动促进和规范政府信息公开。通过外商投资项目备案的企业，其签订的合同违反自贸试验区行业准入要求，导致事实上或法律上不能履行，当事人请求继续履行的，人民法院不予支持。

对在案件审理过程中发现的与自贸试验区市场规则有关的制度缺陷及行政行为不规范等问题，人民法院应及时向行政管理部门反馈意见，或者提出司法建议，促进自贸试验区法治建设的完善。

三、依法支持自贸试验区企业的创新做法，鼓励其探索新的经营模式

6. 鼓励自贸试验区内融资租赁业的创新发展。积极支持自贸试验区内的融资租赁企业在核准的经营范围内依法开展融资业务。充分尊重中外当事人对融资租赁合同纠纷有关管辖和法律适用的约定。正确认定融资租赁合同效力，不应仅以未履行相关程序等事由认定融资租赁合同无效。

7. 支持自贸试验区发展跨境电子商务服务。合理认定消费者与跨境电商企业之间的合同性质。合同约定消费者个人承担关税和邮寄风险的，可认定消费者和跨境电商企业之间成立委托合同关系。电商企业批量进口、分批销售，消费者主张其与电商企业之间成立买卖合同关系的，人民法院应予支持。电商企业以其提供的合同文本与消费者订立仲裁条款，应专门提示，消费者同意的，应认定双方达成了仲裁合意。

四、重视自贸试验区的特点，探索审判程序的改革与创新

8. 完善司法审查、司法确认制度，支持自贸试验区的多元化纠纷解决机制。鼓励运用仲裁、调解等多元化机制解决自贸试验区民商事纠纷，进一步探索和完善诉讼与非诉讼相衔接的矛盾纠纷解决机制。支持仲裁机构、人民调解委员会、商事和行业调解组织的创新发展，为多元化解决自贸试验区民商事纠纷提供司法便利。

加强自贸试验区内法院机构及审判组织建设。自贸试验区所在地基层人民法院可以根据受理案件的数量、种类、性质等实际情况设立专门的法庭或合议庭，审理涉自贸试验区的案件，积累审判经验，统一裁判尺度。鼓励各级人民法院在总结审判经验的基础上形成符合地域特点的审判机制。

9. 正确认定仲裁协议效力，规范仲裁案件的司法审查。在自贸试验区内注册的外商独资企业相互之间约定商事争议提交域外仲裁的，不应仅以其争议不具有涉外因素为由认定相关仲裁协议无效。

一方或者双方均为在自贸试验区内注册的外商投资企业，约定将商事争议提交域外仲裁，发生纠纷后，当事人将争议提交域外仲裁，相关裁决做出后，其又以仲裁协议无效为由主张拒绝承认、认可或执行的，人民法院不予支持；另一方当事人在仲裁程序中

未对仲裁协议效力提出异议，相关裁决作出后，又以有关争议不具有涉外因素为由主张仲裁协议无效，并以此主张拒绝承认、认可或执行的，人民法院不予支持。

在自贸试验区内注册的企业相互之间约定在内地特定地点、按照特定仲裁规则、由特定人员对有关争议进行仲裁的，可以认定该仲裁协议有效。人民法院认为该仲裁协议无效的，应报请上一级法院进行审查。上级法院同意下级法院意见的，应将其审查意见层报最高人民法院，待最高人民法院答复后作出裁定。

10. 探索审判程序创新，公正高效审理涉自贸试验区案件。管辖自贸试验区内一审民商事案件的人民法院，在审理涉自贸试验区案件时，当事人一方或双方为港澳台民事主体的，可以探索选任港澳台居民作为人民陪审员参加合议庭。

人民法院审理涉自贸试验区的涉外、涉港澳台一审民商事案件，事实简单、法律关系明确的，可以探索适用简易程序。

妥善处理以"区内注册、区外经营"的企业为当事人的案件中存在的送达难问题。对在自贸试验区内注册的法人和其他组织，以其注册地为人民法院诉讼文书的送达地址，可以邮寄送达。境外民事主体在自贸试验区设立企业或办事处作为业务代办人的，可以向其业务代办人送达。境外民事主体概括指定其分支机构工作人员或者境内律师事务所律师作为特定时间、特定区域或者特定业务的诉讼代理人的，可以向其送达诉讼文书。

11. 建立合理的外国法查明机制。人民法院审理的涉自贸试验区的涉外民商事案件，当事人约定适用外国法律，在人民法院指定的合理期限内无正当理由未提供该外国法律或者该国法律没有规定的，适用中华人民共和国法律；人民法院了解查明途径的，可以告知当事人。当事人不能提供、按照我国参加的国际条约规定的途径亦不能查明的外国法律，可在一审开庭审理之前由当事人共同指定专家提供。根据冲突法规范应当适用外国法的，人民法院应当依职权查明外国法。

12. 审理好涉自贸试验区案件，总结可复制经验。各高级人民法院应当充分重视涉自贸试验区案件的审理，加强前瞻性研究工作。各地人民法院对在审理与自贸试验区相关的案件中发现的热点、难点问题，应当及时研究总结，形成应对意见，并及时向最高人民法院提出建议。

最高人民法院
印发《关于为改善营商环境提供司法保障的若干意见》的通知

2017年8月7日　　　　　　　　　　　　　　法发〔2017〕23号

各省、自治区、直辖市高级人民法院，解放军军事法院，新疆维吾尔自治区高级人民法院生产建设兵团分院：

现将《最高人民法院关于为改善营商环境提供司法保障的若干意见》印发给你们，请认真贯彻执行。

附：

最高人民法院
关于为改善营商环境提供司法保障的若干意见

为改善投资和市场环境，营造稳定公平透明、可预期的营商环境，加快建设开放型经济新体制提供更加有力的司法服务和保障，结合人民法院审判执行工作实际，制定本意见。

一、依法平等保护各类市场主体，推动完善社会主义市场经济主体法律制度

1. 坚持平等保护原则，充分保障各类市场主体的合法权益。全面贯彻平等保护不同所有制主体、不同地区市场主体、不同行业利益主体的工作要求，坚持各类市场主体法律地位平等、权利保护平等和发展机会平等的原则，依法化解各类矛盾纠纷，推动形成平等有序、充满活力的法治化营商环境。严格落实《最高人民法院关于依法平等保护非公有制经济促进非公有制经济健康发展的意见》，为非公有制经济健康发展提供良好的司法环境。

2. 根据《中华人民共和国民法总则》法人制度的规定，进一步完善法人规则体系。针对《中华人民共和国民法总则》法人制度部分的变化，及时总结具体适用过程中存在的问题，区分情况加以研究解决，推动社会主义市场经济法人制度的进一步完善。

3. 加强中小股东保护，推动完善公司治理结构。适时出台公司法相关司法解释，正确处理公司决议效力、股东知情权、利润分配权、优先购买权和股东代表诉讼等纠纷案件，依法加强股东权利保护，促进公司治理规范化，提升我国保护中小股东权益的国际形象，增强社会投资的积极性。

二、准确把握市场准入标准，服务开放型经济新体制建设

4. 做好与商事制度改革的相互衔接，推动形成更加有利于大众创业、万众创新的营商氛围。妥善应对商事登记制度改革对司法审判工作的影响，切实推动解决注册资本认缴登记制改革后的法律适用问题。利用大数据和现代信息技术，积极推动建立全国统一的各类财产权属登记平台和金融交易登记平台，让市场交易更加便利、透明。

5. 准确把握外商投资负面清单制度，促进外资的有效利用。在处理外商投资企业纠纷的案件中，依法落实外商投资管理体制改革的各项举措，准确把握外商投资负面清单制度的内容以及清单变化情况，妥善处理在逐步放开外商投资领域时产生的涉及外资准入限制和股比限制的法律适用问题，形成更加开放、公平、便利的投资环境。

6. 依法审理各类涉外商事海事案件，服务和保障"一带一路"等国家重大战略的实施。充分发挥审判职能作用，依法行使司法管辖权，公正高效审理各类涉外商事海事案件，平等保护中外当事人程序权利和实体权益。按照《最高人民法院关于人民法院为"一带一路"建设提供司法服务和保障的若干意见》，加强与"一带一路"沿线国家的国际司法协助，完善相关工作机制，及时化解争议纠纷，为"一带一路"建设营造良好法治环境。

7. 加强涉自贸试验区民商事审判工作，为开放型经济新体制建设提供司法保障。落实《最高人民法院关于为自由贸易试验区建设提供司法保障的意见》，积极配合自贸试验区政府职能转变、投资领域开放、贸易发展方式转变、金融领域开放创新等各项改革措施，公正高效审理各类涉自贸试验区案件，依法保障自贸试验区建设的制度创新。对案件审理过程中发现与自贸试验区市场规则有关的制度缺陷问题，及时提出司法建议，持续推进自贸试验区法治建设。

8. 适时提出立法、修法建议和制定、修订司法解释，为外商投资提供良好的法制保障。清理涉及外商投资的司法解释及政策文件，对于已与国家对外开放基本政策、原则不符的司法解释及政策文件，及时修订或废止。对于需要通过制定相关法律法规予以解决的问题，及时提出立法、修法建议；对于需要出台司法解释解决的问题，及时出台司法解释。

三、保障市场交易公平公正，切实维护市场交易主体合法权益

9. 加大产权保护力度，夯实良好营商环境的制度基础。严格落实《中共中央、国务院关于完善产权保护制度依法保护产权的意见》及《最高人民法院关于充分发挥审判职能作用切实加强产权司法保护的意见》，完善各类市场交易规则，妥善处理涉产权保护案件，推动建立健全产权保护法律制度体系。深入研究和合理保护新型权利类型，科学界定产权保护边界，妥善调处权利冲突，切实实现产权保护法治化。

10. 依法审理各类合同案件，尊重契约自由，维护契约正义。尊重和保护市场主体的意思自治，合理判断各类交易模式和交易结构创新的合同效力，促进市场在资源配置

中起决定性作用，提升市场经济活力。严格按照法律和司法解释规定，认定合同性质、效力、可撤销、可解除等情形，维护契约正义。通过裁判案件以及适时发布指导性案例等形式，向各类市场主体宣示正当的权利行使规则和违反义务的法律后果，强化市场主体的契约意识、规则意识和责任意识。妥善处理民行、民刑交叉问题，厘清法律适用边界，建立相应机制，准确把握裁判尺度。

11. 妥善审理各类金融案件，为优化营商环境提供金融司法支持。依法审理金融借款、担保、票据、证券、期货、保险、信托、民间借贷等案件，保护合法交易，平衡各方利益。以服务实体经济为宗旨，引导和规范各类金融行为。慎重审查各类金融创新的交易模式、合同效力，加快研究出台相应的司法解释和司法政策。严厉打击各类金融违法犯罪行为，维护金融秩序。加强对金融消费者的保护，切实维护其合法权益。加强金融审判机构和队伍的专业化建设，持续提升金融审判专业化水平。

12. 严格依法审理各类知识产权案件，加大知识产权保护力度，提升知识产权保护水平。严格落实《中国知识产权司法保护纲要（2016—2020）》，持续推进知识产权审判工作。加强对新兴领域和业态知识产权保护的法律问题研究，适时出台司法解释和司法政策，推动知识产权保护法律法规和制度体系的健全完善。加强知识产权法院体系建设，充分发挥审判机构专门化、审判人员专职化和审判工作专业化的制度优势。进一步发挥知识产权司法监督职能，加大对知识产权授权确权行政行为司法审查的深度和广度，推动完善知识产权诉讼中的权利效力审查机制，合理强化特定情形下民事诉讼对民行交叉纠纷解决的引导作用，促进知识产权行政纠纷的实质性解决。综合运用民事、行政和刑事手段从严惩处各类知识产权侵权违法犯罪行为，依法让侵权者付出相应代价。

13. 推动建立统一开放的社会主义市场体系，促进市场有序竞争。严格依据相关竞争法律法规，规制各类垄断行为和不正当竞争行为，妥善处理破坏市场竞争规则的案件，充分发挥司法裁判对公平竞争市场环境的维护和指引作用。进一步规范行政机关的行政许可和审批行为，并通过建立完善与行政区划适当分离的司法管辖制度等方式，打破部门垄断和地方保护，推动形成权责明确、公平公正、透明高效、法治保障的市场监管格局，为维护公平有序的市场竞争环境提供司法保障。

14. 加强执行工作，充分保障胜诉当事人合法权益的实现。全面构建综合治理执行难工作格局，按照《关于落实"用两到三年时间基本解决执行难问题"的工作纲要》要求，完善执行法律规范体系，加强执行信息化建设，加大执行力度，规范执行行为，切实增强执行威慑，优化执行效果。严格依据刑法及司法解释的规定，依法追究拒不执行人民法院判决、裁定的被执行人、协助执行义务人、担保人的刑事责任。

四、加强破产制度机制建设，完善社会主义市场主体救治和退出机制

15. 完善破产程序启动机制和破产企业识别机制，切实解决破产案件立案难问题。按照法律及司法解释的相关规定，及时受理符合立案条件的破产案件，不得在法定条件之外设置附加条件。全力推进执行案件移送破产审查工作，实现"能够执行的依法执行，整体执行不能符合破产法定条件的依法破产"的良性工作格局。积极探索根据破产案件的难易程度进行繁简分流，推动建立简捷高效的快速审理机制，尝试将部分事实清楚、债权债务关系清晰或者"无产可破"的案件,纳入快速审理范围。

16. 推动完善破产重整、和解制度,促进有价值的危困企业再生。引导破产程序各方充分认识破产重整、和解制度在挽救危困企业方面的重要作用。坚持市场化导向开展破产重整工作,更加重视营业整合和资产重组,严格依法适用强制批准权,以实现重整制度的核心价值和制度目标。积极推动构建庭外兼并重组与庭内破产程序的相互衔接机制,加强对预重整制度的探索研究。研究制定关于破产重整制度的司法解释。

17. 严厉打击各类"逃废债"行为,切实维护市场主体合法权益。严厉打击恶意逃废债务行为,依法适用破产程序中的关联企业合并破产、行使破产撤销权和取回权等手段,查找和追回债务人财产。加大对隐匿、故意销毁会计凭证、会计账簿、财务会计报告等犯罪行为的刑事处罚力度。

18. 协调完善破产配套制度,提升破产法治水平。推动设立破产费用专项基金,为"无产可破"案件提供费用支持。将破产审判工作纳入社会信用体系整体建设,对失信主体加大惩戒力度。推动制定针对破产企业豁免债务、财产处置等环节的税收优惠法律法规,切实减轻破产企业税费负担。协调解决重整或和解成功企业的信用修复问题,促进企业重返市场。推进府院联动破产工作统一协调机制,统筹推进破产程序中的业务协调、信息提供、维护稳定等工作。积极协调政府运用财政奖补资金或设立专项基金,妥善处理职工安置和利益保障问题。

19. 加强破产审判组织和破产管理人队伍的专业化建设,促进破产审判整体工作水平的持续提升。持续推进破产审判庭室的设立与建设工作,提升破产审判组织和人员的专业化水平。研究制定关于破产管理人的相关司法解释,加快破产管理人职业化建设。切实完善破产审判绩效考核等相关配套机制,提高破产审判工作效能。

五、推动社会信用体系建设,为持续优化营商环境提供信用保障

20. 充分运用信息化手段,促进社会信用体系建设的持续完善。探索社会信用体系建设与人民法院审判执行工作的深度融合路径,推动建立健全与市场主体信用信息相关的司法大数据的归集共享和使用机制,加大守信联合激励和失信联合惩戒工作力度。

21. 严厉惩处虚假诉讼行为,推进诉讼诚信建设。严格依照法律规定,追究虚假诉讼、妨害作证等行为人的刑事法律责任。适时出台相关司法解释,明确虚假诉讼罪的定罪量刑标准。完善对提供虚假证据、故意逾期举证等不诚信诉讼行为的规制机制,严厉制裁诉讼失信行为。

22. 强化对失信被执行人的信用惩戒力度,推动完善失信惩戒机制。按照中共中央办公厅、国务院办公厅印发的《关于加快推进失信被执行人信用监督、警示和惩戒机制建设的意见》要求,持续完善公布失信被执行人名单信息、限制被执行人高消费等制度规范,严厉惩戒被执行人失信行为。推动完善让失信主体"一处失信、处处受限"的信用惩戒大格局,促进社会诚信建设,实现长效治理。

最高人民法院
关于全面加强长江流域生态文明建设与绿色发展司法保障的意见

2017年12月1日　　　　　　　　　　　　　　　法发〔2017〕30号

为深入贯彻落实党的十九大精神，在习近平新时代中国特色社会主义思想引领下，促进"十三五"规划和《长江经济带发展规划纲要》的全面实施，充分发挥环境资源审判职能作用，为长江流域生态文明建设与绿色发展提供有力司法服务和保障，现就全面加强长江流域环境资源审判工作，提出如下意见。

一、充分认识全面加强长江流域生态文明建设与绿色发展司法保障的重要意义

1. 全面加强长江流域环境资源审判工作是落实《长江经济带发展规划纲要》、实现长江经济带发展国家战略的重要司法保障。长江经济带发展战略是党中央主动适应把握引领经济发展新常态、科学谋划中国经济新棋局，作出的既利当代又惠长远的重要决策部署，对统筹推进"五位一体"总体布局、协调推进"四个全面"战略布局和实现中华民族伟大复兴的中国梦，具有重大的现实意义和深远的历史意义。各级人民法院要充分认识为长江流域生态文明建设与绿色发展提供司法保障的重要意义，按照"生态优先、流域互动、集约发展"的思路，大力发挥环境资源审判职能作用，推动构建环境更优美、交通更顺畅、经济更协调、市场更统一、机制更科学的黄金经济带。

2. 全面加强长江流域环境资源审判工作是贯彻习近平总书记关于推动长江经济带发展重要讲话精神的内在要求。长江是中华民族的生命河，也是中华民族发展的重要支撑。习近平总书记指出，长江流域经济是我国经济重心、活力所在，推动长江经济带发展必须坚持生态优先、绿色发展，把修复长江生态环境摆在压倒性位置，共抓大保护、不搞大开发。各级人民法院要深入学习领会习近平总书记重要讲话精神，准确把握长江经济带发展的战略定位和基本内涵，将加强环境资源审判工作作为服务和保障长江经济带发展的重要抓手，推动长江流域生态环境质量不断改善，助力长江经济带绿色发展。

3. 全面加强长江流域环境资源审判工作是积极回应长江经济带发展需求、保障流域生态环境安全的客观需要。长江流域以水为纽带形成的环境要素丰富，是我国重要的生态安全屏障，也是长江经济带发展的重要依托和支撑，长江经济带发展离不开可持续的生态环境和可承载的自然资源作为保障。各级人民法院要始终坚持人与自然和谐共生的基本理念，坚持节约资源和保护环境的基本国策，充分认识长江流域生态环境安全对长江经济带发展的重要意义，依法维护长江流域的生态环境安全，为建设天蓝地绿水清的长江经济带生态走廊提供有力司法保障。

二、准确把握全面加强长江流域生态文明建设与绿色发展司法保障的基本理念

4. 遵循自然规律。人与自然是生命共同体，人类必须尊重自然、顺应自然、保护自然。要正确认识和把握长江流域以水为核心的生态特征，遵循自然生态规律和河流演变规律。要遵循流域的自然统一性，协调好江河湖泊、上中下游、干支流、左右岸、水中岸上的关系，保护和改善流域生态服务功能。要遵循流域的要素复合性，根据环境资源承载能力、现有开发密度和发展潜力，在流域整体范围内统筹协调多元环境要素。要遵循流域的功能整体性，维护好流域的生活、生产和生态功能，尤其是要维护流域生态系统的相对稳定和完整。

5. 坚持保护优先。长江拥有独特的生态系统，是国家重要的生态宝库。要从经济社会发展全局出发，准确理解生态环境保护与经济社会发展的辩证关系，牢固树立和践行绿水青山就是金山银山的发展理念，坚持节约优先、保护优先、自然恢复为主的方针，把保护和修复长江生态环境摆在首要位置。充分发挥环境资源审判职能作用，保护和改善水环境，保护和修复水生态，保护和合理使用水资源，有序利用长江岸线资源。

6. 促进绿色发展。要准确把握长江经济带发展的战略定位和基本内涵，牢固树立和贯彻落实生态优先、绿色发展的理念。要充分发挥审判职能作用，落实将重大生态修复工程作为推动长江经济带发展项目优先选项的要求，保障重大生态修复工程的顺利实施。要围绕改善流域生态环境、建设立体交通走廊、优化产业布局和构建对外开放新格局的总体要求，为把长江经济带建设成为生态文明建设的先行示范带、创新驱动带和协调发展带提供司法服务和保障。

7. 注重区域协同。长江流域江河湖泊、干支流、上中下游、左右岸区域之间联动性及互补性强，流域的自然生态系统特征明显。要把长江流域生态环境保护作为一项系统工程，树立生态环境协同保护的理念，统筹推进山水林田湖草系统治理。要打破行政区划的界限和壁垒，推动全流域联动，构建区域互动合作的司法保障新机制，统筹考虑污染产生地、污染防治地、生态受益地、生态保护地的利益平衡。

三、立足流域水生态核心，依法审理水环境与水资源案件

8. 依法审理水污染防治案件，推动水污染防控和治理。依法审理工业污染、船舶污染等点源污染案件，农业污染、城市径流污染等面源污染案件以及流域跨界水污染案件，坚持最严格的水污染损害赔偿和生态补偿、修复标准，将生态环境损害及修复情况作为刑事处罚的重要量刑情节，支持和监督行政机关依法履行水污染防治的监管职责。加强对航电枢纽、船闸、港口、码头、出海口建设和使用过程中引发的水污染案件的审理，保障长江干支流水体生态环境安全。加强对扬州江都水利枢纽和丹江口水库等饮用水水源地的司法保护，及时受理和审理水源地的水污染案件，坚决支持行政机关依法取缔饮用水水源保护区的排污口，保障饮用水水源地的水质安全。

9. 依法审理水资源开发利用案件，促进长江水资源可持续利用。依法审理调水纠纷案件，妥善处理好水源区、调水工程途经地以及受水区之间的利益平衡，促进水资源调度和配置的安全顺畅。依法审理水电基地和输送通道建设中的环境污染和损害赔偿案件,统筹保护上游地区水电开发利用和下游地区的供水、通航、灌溉、养殖等权益。依法审理能源纠纷案件,支持水能等清洁能源的开发利用。加强对长江流域节能服务产业的司法保障,支持培育全流域合同能源管理市场。

10. 依法审理水权交易纠纷案件,促进水资源高效利用与节约保护。积极稳妥审理区域水权交易、取水权交易和灌溉用水户水权交易纠纷案件,合理界定水资源使用权,引导通过水权交易平台进行水权交易,充分尊重交易各方的协商定价或者竞价结果,保护水资源使用权有序流转。

11. 依法审理涉航道、河道案件,保障长江水域水运安全。依法打击侵占河道、乱占滥用河道等非法行为,恢复河道水域岸线生态功能和河道通航功能。依法打击河道非法采砂,充分考虑生态环境的破坏程度,以非法采矿罪进行处罚。依法审理违反长江航运秩序、破坏航道及航道设施案件,全面保护长江航道安全。依法审理因航道河道监管引发的行政案件,支持和监督监管机关依法维护航道、河道秩序。

12. 依法审理涉河湖水域岸线保护案件,强化河湖水域岸线生态功能。依法打击非法围湖造地和围垦河道等侵占水域空间的行为,保护河湖水域和岸线资源等水生态系统。妥善审理涉及岸线取水、排污、工程建设等案件,促进岸线资源有偿使用,强化岸线保护和节约集约利用。加强沿江风景名胜和自然人文景观资源司法保护,促进岸线资源合理开发,维护岸线原始风貌。

13. 依法审理涉蓄洪区、洲滩开发利用案件,维护蓄洪区及洲滩的安全。妥善审理流域蓄洪区的开发利用与建设保护案件,保障蓄洪区的堤防安全和蓄洪区内的人民群众生命财产安全。妥善审理流域洲滩开发、利用与保护案件,促进洲滩开发利用,维护洲滩生态环境及人民群众生命财产安全。

14. 依法审理涉江河湖泊治理案件,推进全流域水资源保护和水污染治理。依法审理涉江河湖泊治理刑事案件,依法打击侵害自然河湖、湿地等水源涵养空间的行为;依法审理涉江河湖泊治理民事案件,促进水环境保护和水生态修复,保障人民群众涉水产权益;依法审理涉江河湖泊治理的行政及非诉行政执行案件,推动、规范和保障河长制的执行,促进水环境治理。

15. 依法审理涉长江防护林和天然林草资源案件,促进长江岸线水土保持和水源涵养。依法打击盗伐、滥伐长江防护林的犯罪行为,维护长江岸线的生态安全。妥善审理林业资源确权、承包和流转案件,依法维护林农的合法权益,保障长江防护林、生态林和公益林的生态功能。妥善审理因长江防护林体系建设引发的行政案件,保障长江防护林体系建设的顺利实施。

16. 依法审理涉湿地生态系统保护案件,促进湿地生态保护与修复。依法打击侵占、破坏湿地的行为,强化高原湿地生态系统的司法保护,提高自然湿地面积和保护率。充分发挥保全和先予执行措施,加大破坏湿地环境及自然资源的生态修复责任。充分利用长江湿地保护基金,及时督促、跟踪、评估恢复原状责任的执行。妥善审理湿地资源确权、开发许可过程中引发的行政案件,推进鄱阳湖、洞庭湖、太湖、巢湖等全流域湿地生态保护与修复。

17. 依法审理其他涉水刑事、行政案件,维护水环境和水生态安全。依法审理其他危害水环境和水资源的刑事案件以及各类涉水资源和水环境的行政许可、规划和项目审批、政府信息公开等行政案件，支持和监督行政机关依法履职，促进水资源的合理开发、利用和保护，维护流域水环境和水生态安全。

四、立足上中下游生态环境特点，依法审理各区段重点案件

18. 长江上游各级人民法院要重点把握上游地区水源涵养和水土保持的功能定位。依法审理重点生态功能区、生态环境脆弱区及自然保护区等重点区域的环境污染、生态破坏及自然资源开发利用案件，将构建生态功能保障基线、环境质量安全底线、自然资源利用上线三大红线作为重要因素加以考量。

依法审理三江源国家公园的环境污染和自然资源破坏案件，坚决打击在三江源国家公园内的采矿、砍伐、狩猎、捕捞、取土、取水以及擅自采集国家和省级重点保护野生动植物等违法行为，促进三江源地区自然资源的持久保育和永续利用。妥善处理江河源头和生态核心区内工矿企业和居民搬迁引发的纠纷，引导工矿企业和居民有序迁出。妥善审理因建设国家公园、自然保护区，推行统一环境准入和退出机制引发的行政案件，保障重点区域实现扩大环境容量和生态空间的重要目标。

加大对三峡库区环境资源案件的审理力度，积极探索三峡库区环境资源案件的跨行政区划集中管辖，保障三峡生态经济合作区的建设。依法审理金沙江、乌江、嘉陵江、三峡库区等重点区域水土流失治理和地质灾害防治案件，维护人民群众生命财产安全。

19. 长江中下游各级人民法院要依法审理工业污染、城镇和农村污染案件，保障江河湖泊生态环境安全。依法审理长江中下游城市群重化工、重金属、工业固体废弃物等工业污染案件，做到及时立案、审理和执行，充分利用保全措施，避免无法修复的损害发生。妥善审理因造纸、印染、化工、有色金属等严重污染水体企业的关闭或者搬迁改造，以及因污水处理费、水资源费等税费征收引发的行政案件，推动污染企业的达标治理或者依法退出。

依法审理涉城镇污水、垃圾处理案件，推动长江干支流沿线城镇污水、垃圾全收集全处理。依法审理农村农业禽畜、水产养殖污染物排放和农村生活垃圾排放案件，防治农业面源污染，推进农村人居环境综合整治，防止农村水源污染。依法审理工业和农业生产引发的土壤污染案件，防止有毒有害污染物、危险化学品、危险废物等通过地下水循环系统进入长江水体。

加强对洞庭湖、鄱阳湖、太湖、巢湖等淡水湖水污染防控的司法保护，依法打击破坏淡水湖生态环境的行为；加强对鄱阳湖、洞庭湖生态经济区的司法保护，保障鄱阳湖、洞庭湖生态经济区的建设。加强对流域渔业资源的保护，依法打击在禁渔区、禁渔期或者使用禁用的工具、方法捕捞水产品的行为，妥善审理涉及渔业承包、养殖、销售案件，促进渔业资源的可持续利用。

20. 沿江海事法院要充分利用跨行政区划管辖的优势，妥善审理长江流域环境污染、生态破坏案件。依法审理长江水域的船舶碰撞、触碰案件，加强对船舶排放、泄漏、倾倒油类、污水或者其他有害物质造成水域污染案件的审理，保护长江水域生态环境安全。

五、立足绿色发展要求，依法审理其他环境资源案件

21. 依法审理大气污染防治案件。以二氧化硫、氮氧化物、pm2.5等主要大气污染物综合防治为重点，依法惩处污染环境的犯罪行为，妥善审理相关行政案件，支持和监督行政机关履行源头治理和全程治理职责，推动四川盆地、中下游地区的区域性雾霾、酸雨态势扭转，促进沿江城市和重点区域空气质量改善，打赢蓝天保卫战。

22. 依法审理生物多样性保护案件。依法打击非法猎捕、杀害珍贵、濒危野生动物，非法狩猎及野生动植物制品非法交易行为，加大对大熊猫、红豆杉、扬子鳄等长江流域特有濒危野生动植物的保护力度。妥善审理涉及植物新品种、生物遗传资源和基因案件，有效保护长江流域生物基因资源库。加强长江物种及其栖息繁衍场所保护，妥善审理工业污染对水生和河岸生物多样性及物种栖息地破坏案件。依法打击走私国家禁止进口的动植物的行为，严防外来物种入侵。

23. 依法审理环境公益诉讼和省级政府提起的生态环境损害赔偿诉讼案件。依法受理和审理社会组织提起的环境民事公益诉讼案件以及检察机关提起的环境行政、民事公益诉讼案件，强化公众参与长江流域生态环境保护，充分落实修复理念和补偿机制，形成公益诉讼对于长江流域生态环境保护的评价指引和政策形成功能，切实维护长江流域生态环境安全。推动建立长江流域环境公益诉讼专项资金管理使用制度，保障长江流域环境公益诉讼健康发展。总结长江流域试点地区审判经验，依法审理省级政府提起的生态环境损害赔偿诉讼案件，依法追究责任主体的生态环境损害赔偿责任。

24. 积极稳妥审理生态补偿案件。科学界定生态保护者与受益者权利义务，推动形成生态损害赔偿、受益者付费、保护者得到合理补偿的工作机制。妥善处理流域内因补偿主体、补偿数额、资金监管等产生的纠纷，激发全流域各区段生态环境保护的内在动力。推动建立独立公正的生态环境损害评估制度。

25. 积极稳妥审理绿色金融等新类型案件。深入研究绿色金融发展中的特殊法律问题，妥善审理涉绿色信贷、绿色债券、绿色发展基金、绿色保险、碳金融等新类型案件，支持绿色产业发展，保障绿色金融体系构建。依法保护有偿取得的排污权及其使用、转让和抵押等权利。充分运用碳排放权交易注册登记系统，准确判断排放配额的权利主体，合理确定交易各方的权利义务。依法保护用能权交易主体在合法交易场所买卖用能权指标的行为，参照试点地区制定的交易管理办法、交易规则及争议解决机制，妥善审理用能权纠纷案件。

26. 依法办理环境行政非诉执行案件。积极探索符合长江流域生态文明建设与绿色发展需要的行政非诉案件执行的新方法新思路，依法审查环境行政非诉执行案件，按照"裁执分离"的模式，加大对环境行政非诉案件的执行力度，支持行政机关依法处罚环境违法行为。

六、健全体制机制，适应长江流域生态文明建设与绿色发展司法保障的新要求

27. 优化审判机制。推进流域内环境公益诉讼、跨行政区划环境污染、生态破坏案件的集中管辖机制。推进流域内环境资源刑事、民事、行政案件的"三合一"或者"二合一"归口审理模式。推进构建重大环境资源行政案件在跨行政区划法院审理的专门管辖机制。

28. 构建协同机制。构建刑事、民事、行政审判和立案、执行等部门的协同审判机制。构建长江流域环境资源审判协作平台，形成全流域法院之间委托送达、委托取证、委托执行和信息共享机制。构建区域内上下级法院之间的信息报送机制。

29. 完善联动机制。加强与流域内政府法制部门、行政执法机关、流域管理机构之间的协调联动，积极搭建长江流域环境资源信息共享平台。通过建立和完善信息共享、联席会议以及突发环境事件的应急响应等联动机制，形成合力，共同维护长江经济带的生态安全。

最高人民法院关于充分发挥审判职能作用为企业家创新创业营造良好法治环境的通知

2017年12月29日　　　　　　　　　　法〔2018〕1号

各省、自治区、直辖市高级人民法院，解放军军事法院，新疆维吾尔自治区高级人民法院生产建设兵团分院：

2017年9月8日，中共中央、国务院印发《关于营造企业家健康成长环境弘扬优秀企业家精神更好发挥企业家作用的意见》（以下简称《意见》），这是推进供给侧结构性改革、实施创新发展战略、促进经济持续平稳健康发展的重要举措。为深入贯彻党的十九大精神和《意见》的要求，充分发挥审判职能作用，依法平等保护企业家合法权益，为企业家创新创业营造良好法治环境，现通知如下。

一、深刻认识依法平等保护企业家合法权益的重大意义。企业家是经济活动的重要主体。改革开放以来，一大批优秀企业家在市场竞争中迅速成长，为积累社会财富、创造就业岗位、促进经济社会发展、增强综合国力做出了重要贡献。人民法院充分发挥审判职能作用，依法平等保护企业家合法权益，为企业家创新创业营造良好法治环境，对于增强企业家人身及财产财富安全感，稳定社会预期，使企业家安心经营、放心投资、专心创业，充分发挥企业家在建设现代化经济体系、促进经济持续平稳健康发展中的作用具有重大意义。

二、依法保护企业家的人身自由和财产权利。严格执行刑事法律和司法解释，坚决防止利用刑事手段干预经济纠纷。坚持罪刑法定原则，对企业家在生产、经营、融资活动中的创新创业行为，只要不违反刑事法律的规定，不得以犯罪论处。严格非法经营罪、合同诈骗罪的构成要件，防止随意扩大适用。对于在合同签订、履行过程中产生的民事争议，如无确实充分的证据证明符合犯罪构成的，不得作为刑事案件处理。严格区分企业家违法所得和合法财产，没有充分证据证明为违法所得的，不得判决追缴或者责令退赔。严格区分企业家个人财产和企业法人财产，在处理企业犯罪时不得牵连企业家个人合法财产和家庭成员财产。

三、依法保护诚实守信企业家的合法权益。妥善认定政府与企业签订的合同效力，对有关政府违反承诺，特别是仅因政府换届、领导人员更替等原因违约、毁约的，依法支持企业的合理诉求。妥善审理因政府规划调整、政策变化引发的民商事、行政纠纷案件，对于确因政府规划调整、政策变化导致当事人签订的民商事合同不能履行的，依法支持当事人解除合同的请求。对于当事人请求返还已经支付的国有土体使用权出让金、投资款、租金或者承担损害赔偿责任的，依法予以支持。对企业家财产被征收征用的，要综合运用多种方式进行公平合理的补偿。

四、依法保护企业家的知识产权。完善符合知识产权案件特点的诉讼证据规则，着力破解知识产权权利人"举证难"问题。推进知识产权民事、刑事、行政案件审判三合一，增强知识产权司法保护的整体效能。建立以知识产权市场价值为指引，补偿为主、惩罚为辅的侵权损害司法认定机制，提高知识产权侵权赔偿标准。探索建立知识产权惩罚性赔偿制度，着力解决实践中存在的侵权成本低、企业家维权成本高的问题。坚持依法维护劳动者合法权益与促进企业生存发展并重的原则，依法保护用人单位的商业秘密等合法权益。

五、依法保护企业家的自主经营权。加强金融审判工作，促进金融服务实体经济。对商业银行、典当公司、小额贷款公司等金融机构以不合理收费变相收取高息的，参照民间借贷利率标准处理，降低企业融资成本。加强破产案件审理，对于暂时经营困难但是适应市场需要具有发展潜力和经营价值的企业，综合运用重整、和解等手段，促进生产要素的优化组合和企业转型升级。对违法违规向企业收费或者以各种监督检查的名义非法干预企业自主经营权的，依法予以纠正。严格依法采取财产保全、行为保全等强制措施，防止当事人恶意利用保全手段，侵害企业正常生产经营。对资金暂时周转困难、尚有经营发展前景的负债企业，慎用冻结、划拨流动资金等手段。加强对虚假诉讼和恶意诉讼的审查力度，对于恶意利用诉讼打击竞争企业，破坏企业家信誉的，要区分情况依法处理。

六、努力实现企业家的胜诉权益。综合运用各种强制执行措施，加快企业债权实现。强化对失信被执行人的信用惩戒力度，推动完善让失信主体"一处失信、处处受限"的信用惩戒大格局。同时，营造鼓励创新、宽容失败的社会氛围。对已经履行生效裁判文书义务或者申请人滥用失信被执行人名单的，要及时恢复企业家信用。对经营失败无偿债能力但无故意规避执行情形的企业家，要及时从失信被执行人名单中删除。

七、切实纠正涉企业家产权冤错案件。进一步加大涉企业家产权冤错案件的甄别纠正工作力度，对于涉企业家产权错案冤案，要依法及时再审，尽快纠正。准确适用国家赔偿法，及时启动国家赔偿程序，公正高效审理涉及企业家的国家赔偿案件，加大赔偿决定执行力度，依法保障企业家的合法权益。

八、不断完善保障企业家合法权益的司法政策。进一步加快"智慧法院"建设，充分利用信息技术，深入调研涉企业家案件的审判执行疑难问题，及时总结审判经验，健全裁判规则。加大制定司法解释、发布指导性案例工作力度,统一司法尺度和裁判标准。在制定有关司法政策、司法解释过程中要充分听取企业家的意见、建议。

九、推动形成依法保障企业家合法权益的良好社会氛围。进一步通过公开开庭等生动直观的形式,大力宣传党和国家依法平等保护企业家合法权益弘扬优秀企业家精神的方针政策。持续强化以案释法工作,及时公布一批依法保护企业家合法权益的典型案例和好做法、好经验,推动形成企业家健康成长良好法治环境和社会氛围。

十、增强企业家依法维护权益、依法经营的意识。加大对企业家的法治宣传和培训力度,提高企业家依法维护自身合法权益的意识和能力。依法打击破坏市场秩序、不正当竞争等违法行为,积极引导企业家在经营活动中遵纪守法、诚实守信、公平竞争、恪尽责任,弘扬优秀企业家精神。

各级人民法院要加强组织领导,制定工作方案,切实将依法保障企业家合法权益的工作落到实处。在审判执行工作中遇到新情况新问题的,请及时层报最高人民法院。

最高人民法院
关于认真学习贯彻《中共中央 国务院关于实施乡村振兴战略的意见》的通知

2018年2月24日 　　　　　　　　　　　　法〔2018〕52号

各省、自治区、直辖市高级人民法院,解放军军事法院,新疆维吾尔自治区高级人民法院生产建设兵团分院:

日前,中共中央、国务院下发了《关于实施乡村振兴战略的意见》(中发〔2018〕1号,以下简称《意见》)。为了贯彻落实中央战略部署,更加充分地发挥人民法院职能作用,为实施乡村振兴战略提供有力的司法服务和司法保障,现就有关问题通知如下:

一、充分认识乡村振兴战略的重大意义,积极贯彻落实中央精神,依法保障乡村振兴战略的实施。实施乡村振兴战略,是党的十九大作出的重大决策部署,是决胜全面建成小康社会、全面建设社会主义现代化国家的重大历史任务,是解决人民日益增长的美好生活需要和不平衡不充分的发展之间矛盾的客观需要,是实现"两个一百年"奋斗目标的必然要求,是新时代"三农"工作的总抓手。《意见》对实施乡村振兴战略作出顶层设计,把农业农村优先发展作为现代化建设的一个重大原则,把振兴乡村作为实现中华民族伟大复兴的一个重大任务,对新时代做好"三农"工作具有十分重要的指导意义。各级人民法院要站在政治和全局的高度,充分认识做好人民法院工作保障乡村振兴战略实施的重要意义,深刻领会中央精神,以习近平新时代中国特色社会主义思想为指导,充分发挥职能作用,依法妥善处理乡村振兴战略实施过程中的各类矛盾纠纷,为推动农业全面升级、农村全面进步、农民全面发展,书写好中华民族伟大复兴的"三农"

新篇章提供有力的司法服务和司法保障。

二、妥善审理乡村振兴战略实施过程中的各类案件，为乡村振兴发展提供良好的法治环境。妥善审理涉及农村承包地、宅基地"三权分置"案件，完善农村基本经营制度，促进农村土地制度改革；妥善审理破坏农村社会秩序、扰乱农业市场秩序、危害农村投融资环境、妨碍农业基础设施建设等刑事案件，依法打击制裁犯罪行为，为乡村全面振兴营造安全有序的环境；妥善审理涉及农村产权保护、基础设施建设、基本公共服务、投资融资权益、农村科技创新、劳动就业保护等民事商事案件，依法维护农民权利，推进农村供给侧结构性改革，营造良好农村营商环境，夯实乡村振兴要素基础，提高农业现代化程度；妥善审理涉及农地征收征用、乡村规划建设、农村经济管理等行政案件，为建设法治乡村保驾护航。

三、综合运用审判执行手段，提升乡村绿色发展的制度化、法治化水平，以绿色发展引领乡村振兴。加强对农村地区环境资源国家利益、公共利益、集体利益和农户合法权益的保护，集中力量解决当前农村面临的突出环境问题；通过刑事、民事、行政等审判手段，维护各项环境资源法律制度的权威，推进农村生态保护制度、生态补偿机制的全面建立；依法监督行政机关行使职权，坚决惩处破坏农业资源、生态资源、生物资源等违法犯罪行为，着力保护农民、农户、农村集体经济组织、农村合作经济组织因环境资源违法行为受到损害的权利；依法保障农村绿色生态经济发展，牢固树立绿水青山就是金山银山的理念，大力强化农村环境资源审判执行工作，打造人与自然和谐共生发展新格局。

四、通过司法审判弘扬社会主义核心价值观，传承发展提升农村优秀传统文化，不断提高乡村社会文明程度。弘扬中华优秀传统文化和家庭美德，引导家庭成员树立行为准则，促进农村家德家风建设；坚决扫黑除恶，严厉打击农村黑恶势力、宗族恶势力，醇化村风民风社风；弘扬守望相助、邻里和睦的乡邻美德，维护熟人社会中的情感和道德纽带；弘扬诚实守信、严守合同的契约精神，改善农村营商环境；坚持实质化解行政争议，监督行政机关在农村公共文化建设、移风易俗行动中依法行使职权，以自身文明执法作表率，推动乡风文明新气象的形成。注重法治教育和宣传，通过巡回审判、发布典型案例、法治主题宣传、乡村法治宣传栏等宣传法治，引领农村尊法、守法风尚。

五、落实各项司法为民便民利民措施，及时回应人民群众的合法利益诉求。综合运用互联网、电话语音系统、手机短信平台、微信公众号等现代信息网络技术手段，搭建涵盖立案、审判、执行的全方位便民服务平台；充分发挥民事简易程序的功能，完善案件繁简分流机制，进一步提高审判质效；深化诉讼服务机制，通过巡回审判、社区法庭、假日法庭、街道诉讼服务站等方式，为当事人诉讼提供便利；坚持"三个面向"和"两便"原则，充分发挥人民法庭靠近乡村、贴近百姓的优势，健全点、线、面结合的便捷高效司法服务网络；采取多种措施加大涉农案件执行力度，确保农民合法权益及时得到实现；加大司法救助力度，对经济确有困难的当事人给予必要帮助。

六、依托乡村治理新体系，多渠道化解社会矛盾纠纷。对乡村振兴战略实施中发生的矛盾纠纷，要始终坚持党的领导，按照"不缺位、不越位、不错位"的原则，紧紧依靠各级党委、政府，加强基层人民法院特别是人民法庭与其他基层政权组织和群众自治组织的沟通与协作，充分发挥乡村干部、司法协理员、人民调解员等多种力量，重视乡规民约、善良民俗习惯的积极作用，运用社会矛盾纠纷多元化解机制，依托自治、法治、德治相结合的乡村治理体系，增强推进乡村振兴战略实施的整体合力，共同化解矛盾纠纷。要高度重视并认真研判有关案件审判中出现的新情况、新问题，及时向地方党委、人大报送专项报告，向政府及其他相关部门提出司法建议。

最高人民法院
关于深入学习贯彻习近平生态文明思想为新时代生态环境保护提供司法服务和保障的意见

2018年5月30日　　　　　　　　　　　　　　法发〔2018〕7号

为深入学习贯彻习近平新时代中国特色社会主义思想特别是习近平生态文明思想和党的十九大精神，充分发挥人民法院审判职能作用，为新时代生态环境保护提供更加有力的司法服务和保障，制定如下意见。

一、坚持以习近平生态文明思想指导环境资源审判工作

1. 切实提高政治站位，把习近平生态文明思想贯彻到环境资源审判工作全过程。习近平生态文明思想是习近平新时代中国特色社会主义思想的重要组成部分，指明了新时代推进生态文明建设的方向。加强生态环境保护是建成富强民主文明和谐美丽的社会主义现代化强国的必然要求。各级人民法院要深入学习贯彻习近平生态文明思想，准确把握服务保障新时代生态环境保护的目标任务，切实提高政治站位，增强责任感使命感。要把习近平生态文明思想体现和贯彻到环境资源审判工作全过程，围绕大局、完善思路、谋划发展，全面加强新时代生态环境保护司法服务和保障。

2. 以习近平生态文明思想为指引，树立新时代环境资源司法理念。坚持以人民为中心，不断满足人民群众日益增长的对优美生态环境和公正环境资源司法保障的需求，切实保障人民群众在健康、舒适、优美生态环境中生存发展的权利。坚持人与自然和谐共生，落实节约优先、保护优先、自然恢复为主的方针，通过有效法律手段把生产生活规制在资源环境承载能力范围内，推动实现经济全面发展、社会全面进步、生态全面优化。坚持绿水青山就是金山银山，统筹协调经济社会可持续发展与生态环境保护的关系，找准环境保护、经济发展与人民群众环境权益之间的平衡点，推动经济高质量发展和生态环境高水平保护。坚持山水林田湖草系统保护，统筹考虑自然生态各要素保护需要，探索创新审判执行方式，推动生态环境整体保护、系统修复、区域统筹、综合治理。

3. 用最严格的制度、最严密的法治保护生态环境。用最严格的制度、最严密的法治保护生态环境是习近平生态文明思想的重要内容。各级人民法院要深入学习贯彻习近平生态文明思想对于加强生态环境保护制度建设和法治保障的要求，紧紧围绕"努力让人民群众在每一个司法案件中感受到公平正义"的工作目标，切实贯彻节约资源和保护环境的基本国策，创新体制机制，完善裁判规则，通过专业化的环境资源审判落实最严格的源头保护、损害赔偿和责任追究制度，不断提升新时代生态环境保护的司法服务和保障水平。

二、服务保障污染防治和生态安全保护

4. 助力打好污染防治攻坚战。依法审理大气污染纠纷案件，严惩超标排污造成大气严重污染的违法行为，加大京津冀及周边、长三角、汾渭平原等重点区域的大气污染纠纷案件审理力度，为打赢蓝天保卫战提供坚强司法后盾。依法审理水污染纠纷案件，加大长江、黄河、鄱阳湖、洞庭湖、太湖等重点水域的水污染纠纷案件审理力度，严惩污染饮用水水源地违法行为，推动城市黑臭水体治理，维护水环境和水生态安全。依法审理土壤污染纠纷案件，准确界定土壤污染责任主体，探索多样化责任承担方式，妥善确定污染地治理、修复和再利用方案，维护食品安全和生活环境安全。严厉打击非法转移、倾倒、利用和处置固体废物和垃圾等违法犯罪行为，妥善处理因垃圾焚烧、填埋引发的群体性纠纷，维护优美生活环境。依法审理噪声、振动等引发的环境污染案件，合理认定侵权责任构成要件，保障人民群众宁静生活的权益。

5. 依法保护海洋自然资源与生态环境。依法惩处非法向海洋排放污染物及破坏红树林、珊瑚礁等海洋生态环境的犯罪行为，依法审理涉及海岸工程建设项目、海洋工程建设项目、船舶及有关作业活动污染环境等案件，保护海洋生态环境安全。妥善审理涉及海洋动植物物种引进、海岛资源开发、海水养殖场建设各类案件，以及行政主管部门针对破坏海洋生态、海洋水产资源、海洋保护区等行为提起的海洋生态环境损害赔偿案件，保护海洋生态环境和自然资源。

6. 全面服务美丽乡村建设。贯彻乡村振兴战略，加大涉及农村人居环境整治案件审理力度。依法严惩污染乡村环境、河道非法采砂、盗伐滥伐林木、非法采矿及破坏性采矿、非法捕捞水产品等违法犯罪行为，探索将环境资源生态价值损失纳入定罪量刑情节。依法审理农业面源污染防治案件，推动生活垃圾、生活污水、畜禽养殖、农业种植等多种污染源集中处置和无害化治理，注重源头预防，改善农村生产、生活、生态环境。妥善审理因退耕还林还草还湿、退牧还草、禁牧轮休、草畜平衡，江河湖海限捕、禁捕等引发的权属、合同、侵权等纠纷案件，推动构建多元化生态补偿机制。依法审理发展乡村生态旅游过程中的合同及侵权纠纷案件，促进优质农业生态产品和服务供给，助力生态宜居的美丽乡村建设。

7. 不断提升生物多样性保护水平。依法惩治非法猎捕、杀害珍贵、濒危野生动物，非法狩猎及非法交易野生动植物制品等违法犯罪行为，维护物种多样性。严厉打击走私国家禁止进口动植物及其制品的违法犯罪行为，防控外来生物入侵。妥善审理环境污染及过度开发利用破坏生物多样性及种群关键栖息地案件，维护生态系统多样性。妥善审理生物多样性保护与生物遗传资源案件，推进濒危野生植物资源原生境保护，有效保护我国生物基因资源库。积极研究生物资源产权保护、有偿使用、综合利用以及生物技术等相关法律问题，推动完善生物多样性保护法律体系。

8. 从严保障生态安全战略布局。配合"两屏三带"国家生态安全战略布局，严守生态保护红线、环境质量底线、资源利用上线，依法审理涉及水源涵养、水土保持、防风固沙、生物多样性维护等重点生态功能区域以及水土流失敏感区、沙漠化敏感区、石漠化敏感区、冻融侵蚀敏感区等生态环境敏感脆弱区域各类案件，坚持源头严防、过程严控、后果严惩，注重生态保护修复，构筑生态安全屏障。

三、服务保障经济高质量发展

9. 推动构建绿色产业结构。妥善审理经济结构和能源政策调整、产能过剩引发的企业改制、整合、破产等案件，依法支持和保障节能环保产业、清洁生产产业、清洁能源产业发展。妥善审理节能、节水、节材和资源综合利用等领域的专利、技术合同、不正当竞争、反垄断等知识产权纠纷，推动市场主体创新发展，促进传统企业向绿色产业转型升级。加强对涉及绿色信贷、绿色债券、绿色保险等金融工具的法律风险和规制研究，为绿色发展领域新类型案件的审理做好知识储备。通过具体案件的审理推动市场主体创新发展，保障重大生态修复工程的实施，增强优质生态产品生产能力，保障经济效益、社会效益、生态效益同步提升。

10. 推动形成绿色生产方式。妥善审理涉及土地、矿产、林业等自然资源开发利用案件，促进生产领域资源物耗减量化及清洁生产，形成全面节约、循环利用的绿色生产方式。依法审理合同能源管理、合同节水管理等节能服务相关案件，推进农业、工业、城镇节水改造，以及矿山企业技术和工艺改造等重点领域的能源节约，提高能源资源利用效率。深入研究用能权、用水权、排污权、碳排放权交易的法律属性、初始分配和交易规则，推动环境资源交易市场制度完善。

11. 推动形成绿色生活方式。妥善审理涉及共享经济、绿色建筑、新能源、新业态等领域环境资源相关案件，推动生产、流通、回收等环节绿色化。加大环境司法宣传力度，发挥典型案件的示范引领作用，培育社会公众的生态环境保护意识，推动全社会形成简约适度、绿色低碳的生活方式。

12. 推动企业积极承担生态环境保护社会责任。妥善处理列入重点生态功能区产业准入负面清单的企业关停并转过程中引发的破产、整合、职工安置等纠纷。鼓励企业开展技术创新和改造，督促上市公司、发债企业、重点排污企业等依法公开环境信息，将环境保护、环境管理要求纳入经营决策机制，自觉履行生态环境保护的主体责任。推动绿色公平营商环境建设，激发企业家诚信经营、节约资源、保护环境的积极性，引导企业积极承担生态环境保护社会责任及生产者延伸责任。

四、服务保障生态文明体制改革

13. 依法审理自然资源资产产权纠纷案件。贯彻生态环境监管体制改革要求，遵循资源公有、物权法定和统一确权登记原则，妥善审理涉及水流、森林、山岭、草原、荒地、滩涂等自然生态空间确权登记案件，依法保障国有资产统一监管机构加强国有自然资源产权保护。妥善审理矿业权审批及颁证、房地征收等行政案件，依法促进落实主体功能区规划，合理控制国土开发空间和强度，促进资源集约利用和有序开发。依法审理涉及海域使用权、矿业权、取水权、养殖权、捕捞权、林业权等自然资源用益物权纠纷，妥善处理司法裁判与行政监管的关系，维护资源开发利用秩序。妥善审理涉及自然资源开发利用的股权转让、承包、合作、出租、抵押等案件，促进自然资源有序利用和流转。

14. 加强环境公益诉讼审判工作。贯彻落实民事诉讼法、行政诉讼法、环境保护法要求，充分发挥环境公益诉讼制度维护国家利益、社会公共利益和公众环境权益功能，督促依法行政，推动完善环境治理体系。依法审理社会组织提起的环境公益诉讼案件，畅通诉讼渠道，保障社会组织公益诉权，完善审理程序和配套机制，引导社会公众有序参与生态环境保护。全面加强检察公益诉讼审判工作，在遵循民事诉讼、行政诉讼基本制度基础上不断完善审理程序和裁判规则，促进依法行政、严格执法，提升国家利益和社会公共利益司法保障水平。推动建立公益诉讼资金的管理、使用、审计监督等制度，确保资金用于受损生态环境修复治理。

15. 推进生态环境损害赔偿制度改革。贯彻落实中共中央办公厅、国务院办公厅《生态环境损害赔偿制度改革方案》要求，全面加强生态环境损害赔偿案件审判工作。完善赔偿协议司法确认程序，探索赔偿协议审查与公告制度，保障公众知情权。制定生态环境损害赔偿诉讼与环境公益诉讼衔接规则，推动健全生态环境损害司法鉴定和评估机制。根据赔偿义务人主观过错、经营状况等因素试行分期赔付，探索多样化责任承担方式，研究符合生态环境损害赔偿需要的诉前证据保全、先予执行、执行监督、生态环境修复效果评估等制度，确保生态环境得到及时有效修复。

16. 突出重点区域生态环境治理。加强长江经济带生态环境司法保障，坚持共抓大保护、不搞大开发，把修复长江生态环境摆在压倒性位置，充分运用司法手段修复受损生态环境，推动长江流域生态环境质量不断改善，助力长江经济带高质量发展。加强雄安新区规划建设和京津冀协同发展司法保障，妥善审理雄安新区建设中出现的环境资源纠纷案件。加强国家生态文明试验区建设司法保障，精准服务经济绿色发展，探索积累可复制可推广的有益经验。加强国家公园试点司法保障，妥善处理在统一环境准入和退出过程中引发的纠纷，推动构建以国家公园为主体的自然保护地体系，强化大面积自然生态系统原真性、整体性保护。加强国土空间主体功能区规划执行司法保障，立足优化开发、重点开发、限制开发、禁止开发的不同功能定位，确定相应的案件处理思路，推动实现人口与经济合理分布并与环境承载能力相适应。

五、健全完善环境资源审判体制机制

17. 完善环境资源专门化审判机制。坚持专业化发展道路，具备条件的高、中级人民法院可以在规定的内设机构总数内，通过单独设置的方式设立环境资源审判机构；尚不具备条件的，可以通过加挂牌子或者在相关审判庭内设立专业化合议庭或专门审判团队负责环境资源审判工作。继续深化法院组织体系改革，探索设立环境资源专业性法院。持续推进环境资源管辖制度改革，探索将跨省级行政区划等重大环境资源案件纳入跨行政区划集中管辖范围，推进跨区域司法协作、全流域协同治理。

18. 推动环境资源刑事、民事、行政案件由专门审判机构或者专业审判团队审理。充分发挥环境资源刑事、民事、行政审判合力，探索将环境污染和生态破坏相关刑事案件、环境资源民事案件、以生态环境和自然资源行政主管部门为被告的部分行政案件、环境公益诉讼案件以及生态环境损害赔偿案件等由环境资源专门审判机构或者专业审判团队审理的"二合一"或者"三合一"工作模式，妥善协调当事人应承担的刑事、民事、行政法律责任，促进生态环境的一体保护和修复。

19. 完善环境资源纠纷多元共治体系。保障人民群众对生态环境保护案件的知情权与参与权，贯彻落实人民陪审员法，对于重大环境资源案件和公益诉讼案件依法组成七人合议庭审理，尊重人民陪审员就事实认定问题的表决权。推动完善环境资源纠纷多元化解决机制，发挥行政调解、人民调解、行业调解、仲裁等非诉讼纠纷解决机制的作用。加强与公安机关、检察机关以及环境资源保护行政主管部门之间的证据提取、信息共享和工作协调，推动构建党委领导、政府负责、社会协同、公众参与、法治保障的现代化环境治理体系，协同打好污染防治攻坚战和生态文明建设持久战。

20. 加强环境资源审判国际司法交流合作。树立人类命运共同体理念，推动和引导应对气候变化、节能减排、生物多样性保护等领域国际司法交流合作。拓展环境资源法官国际交流、培训及互访渠道，定期举办环境司法国际论坛，加强环境资源法律比较研究和司法案例信息共享，展示中国生态环境保护和环境司法的发展成就，广泛传播中国环境资源司法理念。积极参与全球环境治理，促进形成公平合理、合作共赢的世界环境保护和可持续发展的司法解决方案，为全球生态文明建设作出积极贡献。

21. 建设专业化环境资源审判队伍。深入学习贯彻习近平新时代中国特色社会主义思想特别是习近平生态文明思想，牢固树立"四个意识"，坚定"四个自信"，着力强化环境资源审判队伍思想政治建设。坚持反腐败无禁区，根据环境资源案件涉及利益重大、主体多元、矛盾尖锐的特点，督促教育干警时刻保持高度警惕、警钟长鸣，严守廉政底线。适应新时代要求，加强环境资源审判专业培训和业务交流，努力打造一支政治强、本领高、作风硬、敢担当的专业化环境资源审判队伍。

九、其　他

（一）改革纲要

最高人民法院
关于印发《人民法院五年改革纲要》的通知

1999年10月20日　　　　　　　　　　　　　　法发〔1999〕28号

全国地方各级人民法院、各级军事法院、各铁路运输中级法院和基层法院、各海事法院，新疆生产建设兵团各级法院：

现将《人民法院五年改革纲要》印发给你们，请认真贯彻执行。对执行中遇到的问题，请及时报告我院。

附：

人民法院五年改革纲要

（1999年10月20日）

中国共产党第十五次全国代表大会确定了依法治国的基本方略，明确提出了推进司法改革的任务。第九届全国人民代表大会第二次会议又将依法治国的基本方略载入宪法。人民法院的改革是我国司法改革的重要组成部分，必须积极、稳妥推进，使人民法院在依法治国，建设社会主义法治国家的历史进程中发挥应有的重要作用。

一、抓住机遇，推进人民法院改革

1. 人民法院的改革势在必行。随着社会主义市场经济体制的逐步建立，我国经济体制改革、民主与法制建设和社会主义精神文明建设取得了令人瞩目的成就。同时，由于社会关系变化，利益格局调整，社会矛盾交织，使人民法院审判工作面临前所未有的复杂局面，人民法院的管理体制和审判工作机制，受到了严峻的挑战。

——司法活动中的地方保护主义产生、蔓延，严重危害我国社会主义法制的统一和权威。

——现行的法官管理体制导致法官整体素质难以适应审判工作专业化要求，难以抵制拜金主义、享乐主义、特权观念等腐朽思想的侵蚀，人民群众对少数司法人员腐败现象和裁判不公反映强烈，直接损害了党和国家的威信。

——审判工作的行政管理模式，不适应审判工作的特点和规律，严重影响人民法院职能作用的充分发挥。

——人民法院特别是基层人民法院经费困难，装备落后，物质保障不力，严重制约审判工作的发展。

面对挑战，人民法院不改革没有出路。只有通过改革，逐步建立依法独立公正审判的机制，才能适应社会主义市场经济发展和民主法制建设的需要。

2. 人民法院改革面临良好的机遇。

——改革开放和社会主义现代化建设的发展，为人民法院改革提供了良好的政治条件。九届全国人大二次会议通过的宪法修正案，将党的十五大提出的依法治国基本方略载入国家根本大法；会议《关于最高人民法院的工作报告的决议》提出了要发挥人民法院在依法治国、建设社会主义法治国家中重要作用的要求，为人民法院改革奠定了宪法和法律基础。

——社会主义市场经济体制的逐步建立，客观上要求人民法院平等地保护当事人的合法权益，公正、及时地处理当事人之间的纠纷，打击各种侵害市场主体合法权益的违法犯罪活动，改革与社会主义初级阶段经济建设和社会发展不相适应的司法观念、管理模式与运行方式。

——全社会对改革、发展、稳定三者关系认识的逐步深化，人民群众法律意识的增强，理论界对司法改革进行了大量有益的探讨，法院改革已逐渐成为全社会共识，为人民法院改革创造了良好的社会条件。

——人民法院已经进行的改革为今后改革的深入积累了经验。近年来，全国法院为坚持严肃执法，确保司法公正，实施了一系列改革措施。各级人民法院全面落实公开审判制度，进行审判方式改革；强化合议庭和独任审判员的职责，规范审判委员会活动；逐步实行立审分立、审执分立、审监分立的制度。根据法官法的规定，在法官考试、任免和交流等方面，进行了成功的实践和探索。这些改革措施和已经取得的阶段性成果，为今后推进人民法院改革创造了有利的条件。

纵观形势，人民法院改革面临不可多得的历史机遇。我们必须站在时代的高度，立足于现实，着眼于长远发展，进一步解放思想，抓住机遇，开拓进取，满怀信心地把人民法院改革推向深入。

3. 人民法院改革，要以邓小平理论为指导，以党的十五大提出的依法治国，建设社会主义法治国家的基本方略和推进司法改革的要求为依据，坚持解放思想、实事求是的思想路线。

4. 人民法院的改革，必须始终坚持以下原则：

——坚持党的领导；

——坚持人民民主专政的国体和人民代表大会制度的政体；

——坚持依法独立审判；

——坚持国家法制统一；

——坚持从中国的国情出发，借鉴国外在法院和法官管理方面的有益经验。

5. 人民法院改革的总体目标是：紧密围绕社会主义市场经济的发展和建立社会主义法治国家的需要，依据宪法和法律规定的基本原则，健全人民法院的组织体系；进一步完善独立、公正、公开、高效、廉洁、运行良好的审判工作机制；在科学的法官管理制度下，造就一支高素质的法官队伍；建立保障人民法院充分履行审判职能的经费管理体制；真正建立起具有中国特色的社会主义司法制度。

6. 为实现人民法院改革的总体目标，从1999年起至2003年，人民法院改革的基本任务和必须实现的具体目标是：以落实公开审判原则为主要内容，进一步深化审判方式改革；以强化合议庭和法官职责为重点，建立符合审判工作特点和规律的审判管理机制；以加强审判工作为中心，改革法院内设机构，使审判人员和司法行政人员的力量得到合理配备；坚持党管干部的原则，进一步深化法院人事管理制度的改革，建立一支政治强、业务精、作风好的法官队伍；加强法院办公现代化建设，提高审判工作效率和管理水平；健全各项监督机制，保障司法人员的公正、廉洁；对法院的组织体系、法院干部管理体制、法院经费管理体制等改革进行积极探索，为实现人民法院改革总体目标奠定基础。

二、人民法院五年改革的基本内容

（一）进一步深化审判方式改革

7. 1999年底前，全国各级人民法院根据明确职责、分工合理、运转高效的原则，全面实行立审分立、审执分立、审监分立。人民法庭的立审分立，结合实际情况进行。

8. 建立科学的案件审理流程管理制度，由专门机构根据各类案件在审理流程中的不同环节，对立案、送达、开庭、结案等不同审理阶段进行跟踪管理，保证案件审理工作的公正、高效。

9. 2000年底前，最高人民法院制定有关再审案件的立案标准。

10. 进一步完善质证和认证制度。

——规范质证制度。质证是法官正确认证的前提，任何证据未经法庭质证，不得作为定案的根据。

——探索公开认证的条件和方法，完善认证制度。

——在总结经验的基础上，2000年底前，对证据适用规则作出规定。

11. 采取有效措施，解决好证人尤其是关键证人出庭的问题。同时，总结审判经验，对证人出庭作证的义务、人身安全、物质保证、法律责任等问题进行研究，适时向全国人大常委会提出制定证人法的议案。

12. 严格执行最高人民法院1999年3月8日发布的《关于严格执行公开审判制度的若干规定》，全面落实公开审判制度。人民法院开庭审判的案件，应当逐步提高当庭宣判率。

13. 加快裁判文书的改革步伐，提高裁判文书的质量。改革的重点是加强对质证中有争议证据的分析、认证，增强判决的说理性；通过裁判文书，不仅记录裁判过程，而且公开裁判理由，使裁判文书成为向社会公众展示司法公正形象的载体，进行法制教育的生动教材。

14. 2000年起，经最高人民法院审判委员会讨论、决定的适用法律问题的典型案件予以公布，供下级法院审判类似案件时参考。

15. 严格执行刑事诉讼法有关审判程序的规定，继续深化刑事审判方式改革。

——依法保证被告人有权获得辩护。对于按照普通程序审理的案件，被告人确因经济困难或者其他原因没有委托辩护人的，人民法院要根据最高人民法院、司法部《关于刑事法律援助工作的联合通知》规定，积极落实指定承担法律援助义务的律师为其提供辩护的工作，以确保审判质量。

——对第二审案件除依法可以不开庭审理的以外，应当做到开庭审理，公开宣判；对于死刑二审案件，上诉人对第一审认定的事实、证据提出异议，或提出新的事实、证据，或社会影响较大的，应当依法开庭审理。

——对于刑事再审案件，要在总结试点经验的基础上，制定刑事再审案件开庭审理的规定。

——审判长要努力提高驾驭、指挥庭审能力，注重发挥控辩双方在法庭上的诉辩作用，通过证人出庭作证，出示证据，质证，指控与辩护等活动，查清案件事实。

——在充分保护被害人合法权利的前提下，严格对自诉案件的立案审查；在强调自诉案件当事人举证责任的同时，做好指导当事人举证和必要的调查取证工作。

16. 民事、经济审判方式改革要进一步完善举证制度，除继续坚持主张权利的当事人承担举证责任的原则外，建立举证时限制度，重大、复杂、疑难案件庭前交换证据制度，完善人民法院收集证据制度，进一步规范当事人举证、质证活动。

17. 完善行政审判方式。紧紧围绕被诉具体行政行为的合法性进行审查，彻底改变既审查具体行政行为又审查原告行为，甚至只审原告行为的做法；完善行政诉讼的举证、质证、认证规则，建立符合行政诉讼特点的证据制度；根据行政审判实践的发展，进一步完善裁判形式。

（二）建立符合审判工作规律的审判组织形式

18. 强化合议庭和法官职责，推行审判长和独任审判员选任制度，充分发挥审判长和独任审判员在庭审过程中的指挥、协调作用。2000年底前，对法官担任审判长和独任审判员的条件和责任做出明确规定，建立审判长、独任审判员的审查、考核、选任制度。审判长和独任审判员依审判职责签发裁判文书。

19. 在法律规定范围内，多适用简易程序审理案件。在条件成熟时，向立法机关提出修改刑事诉讼法和民事诉讼法的建议，扩大人民法院适用简易程序审理案件的范围。

20. 在审判长选任制度全面推行的基础上，做到除合议庭依法提请院长提交审判委员会讨论决定的重大、疑难案件外，其他案件一律由合议庭审理并作出裁判，院、庭长不得个人改变合议庭的决定。

21. 推行院长、副院长和庭长、副庭长参加合议庭担任审判长审理案件的做法。各级人民法院应结合本院的实际情况，对院长、副院长、庭长、副庭长担任审判长审理案件提出明确要求。

22. 规范审判委员会的工作职责。审判委员会作为法院内部最高审判组织，在强化合议庭职责，不断提高审理案件质量的基础上，逐步做到只讨论合议庭提请院长提交的少数重大、疑难、复杂案件的法律适用问题，总结审判经验，以充分发挥其对审判工作中带有根本性、全局性问题进行研究和作出权威性指导的作用。

23. 完善人民陪审员制度。对担任人民陪审员的条件、产生程序、参加审判案件的范围、权利义务、经费保障等问题，在总结经验、充分论证的基础上，向全国人大常委会提出完善我国人民陪审员制度的建议，使人民陪审员制度真正得到落实和加强（1999年5月8日，经肖扬院长签署，最高人民法院向全国人民代表大会常务委员会提交了《关于提请审议〈关于完善人民陪审员制度的决定（草案）〉的议案》）。

（三）科学设置法院内设机构

24. 进一步明确审判部门的职责范围和分工，改变目前职能交叉、分工不明的状况。2000年底前，最高人民法院对审判庭、室的职责范围作出明确规定。

25. 充实审判部门，精减、合并、统一设立各级人民法院的司法行政管理部门；对各级人民法院审判部门与司法行政管理部门的人员比例作出规定；对司法行政管理部门的富余人员做好分流工作。

26. 落实中发〔1999〕11号文件转发的《中共最高人民法院党组关于解决人民法院"执行难"问题的报告》的精神，改革人民法院的执行机构和执行工作体制。

——1999年底前，各省、自治区、直辖市高级人民法院对辖区的人民法院执行工作实行统一管理和协调体制。高级人民法院执行机构负责同辖区外的高级人民法院执行机构协调处理执行争议案件。

——加强执行队伍建设。继续进行执行队伍整顿工作，尽快将不适应执行工作的人员调离执行工作岗位；确保按不少于全体干警现有编制总数15％的比例配备合格的执行人员。加强对执行队伍的科学管理，严肃执行纪律，抓紧业务培训，提高执法水平。尽快在全国建成一支政治坚定、清正廉洁、纪律严明、业务精通、作风过硬、训练有素的执行队伍。

——经过试点，在条件成熟时，在全国建立起对各级人民法院执行机构统一领导，监督、配合得力，运转高效的执行工作体制。

——在总结执行工作经验的基础上，起草强制执行法，尽早提交全国人大常委会审议。

27. 根据便于当事人进行诉讼，便于人民法院审判案件的原则，按照规范化、规模化的要求合理设置人民法庭。各地应在调查研究的基础上，根据本地区的实际情况，实事求是地制定人民法庭建设的发展目标和方案。

——人民法庭至少配备3名法官，1名书记员；有条件的地方可以配备法警。在经济发达，道路交通状况较好的地区，应当有计划地撤并部分法庭，建立或者重组具有一定规模的人民法庭。

——1999年底之前完成对现存各种"专业法庭"和不符合条件、不利于依法独立公正地行使审判权的人民法庭的清理、调整和撤并工作。

——2000年底前，撤销城市市辖区内的人民法庭。

28. 规范司法警察统一领导的管理体制。认真执行《人民法院司法警察暂行条例》中规定的"双重领导、编队管理"的规定，加强统一管理、调动；探索改革司法警察的任用制度，试行部分司法警察聘任制，理顺司法警察的进出渠道。

29. 改革、理顺人民法院司法鉴定、信息工作体制。集中人力、资金、技术，以高级人民法院为重点，建立司法鉴定机构，最高人民法院成立人民法院司法鉴定中心，逐步促成建立统一的司法鉴定体系；统一设置通讯、统计等信息机构。

（四）深化法院人事管理制度改革

30. 严格执行中共中央《关于进一步加强政法干部队伍建设的决定》，上级人民法院党组要积极、主动与地方党委配合，加大对下级法院领导班子成员的协管力度，充分发挥各级人民法院党组管理干部的职能。

31. 对1988年以来在一些地区试行的地方法院领导班子成员以上级人民法院党组为主管理，地方党委协助管理的做法进行总结，肯定试点取得的成果，认真研究试点中存在的问题，提出解决的办法。

32. 改革法官来源渠道。逐步建立上级人民法院的法官从下级人民法院的优秀法官中选任以及从律师和高层次的法律人才中选任法官的制度。对经公开招考合格的法律院校的毕业生和其他人员，应首先充实到中级人民法院和基层人民法院。高级人民法院和最高人民法院的审判庭5年之后从下级人民法院和社会的高层次法律人才中选任法官。使法官来源和选任真正形成良性循环，保证实现法官队伍高素质的要求。

33. 随着审判长选任工作的开展，结合人民法院组织法的修改，高级人民法院可以对法官配备法官助理和取消助理审判员工作进行试点，摸索经验。

34. 对各级人民法院法官的定编工作进行研究，在保证审判质量和效率的前提下，有计划有步骤地确定法官编制。

——选择不同地域、不同级别的部分法院进行法官定编工作的试点。

——最高人民法院在总结试点法院经验、进行深入调查研究的基础上，2001年商中央组织、人事部门提出法官编制的具体方案。

35. 进一步加强和完善法官交流和轮岗制度。

——法官交流原则上在法院系统内异地进行或者在上下级法院之间进行。轮换岗位要以不影响法官专业化为前提，以不影响审判工作为原则。

——对法院领导干部实行任职回避、交流制度。各地法院院长实行与长期生活的地区异地任职的办法；副院长实行分管工作轮换制；相近审判庭庭长岗位实行定期轮换。

通过实行法官交流、轮岗制度，形成法官的良性互动和人员的合理配置。

36. 加强对法官的培训工作。最高人民法院、各高级人民法院在 2001 年前，分别对中级以上人民法院正副院长、正副庭长和基层人民法院的正副院长、正副庭长轮训一遍。两年之内各高级人民法院应对法律业大分校进行职能转变，并在其基础上设立法官学院或者其他法官培训机构。2001 年后，法官每 3 年必须在国家法官学院或者其他法官培训机构集中时间脱产培训；新任命的法官，必须脱产培训，学习专门法律知识、审判业务技能。

37. 建立书记员单独职务序列。在总结试点经验的基础上，最高人民法院会同有关部门在 2000 年制定人民法院书记员管理办法，在 2001 年后全面建立这项制度。

（五）加强法院办公现代化建设，进一步提高司法效率和法院管理水平

38. 各级人民法院要把加强办公现代化和其他物质装备建设，提高法院管理水平，作为改善执法条件、提高审判质量和效率、实现司法公正的重要方面，认真抓紧抓好。

——适应审判方式改革的需要，进一步抓好审判法庭建设。尽快解决审判法庭不足和设施不配套的问题，审判法庭要配备安全检查、法庭文字录入、录音、录像、投影、闭路电视监控系统等相应的技术设备。

——2001 年底前，基本实现计算机等现代化技术手段在庭审记录、诉讼文书制作、法院人事管理、档案管理、统计数据信息处理等方面的应用。加快计算机信息网络和通信建设，统一网络应用软件。用 3 年时间实现最高人民法院与高、中级人民法院之间的计算机联网，力争 5 年内建立全国法院计算机网络系统，将案件的管理、信息和统计数据收集、传输等纳入网络系统，提高人民法院各项管理工作的科技含量。

39. 2000 年底前，最高人民法院完成对各类案件的司法统计指标体系的改革工作。进一步探索建立符合人民法院审判工作管理需要的，具有快速反应和宏观分析能力的现代司法统计工作和管理体系。

（六）加强制度建设、健全监督机制，保障司法公正廉洁

40. 建立有效的内部制约机制。

——严格审判监督制度，进一步加强上级人民法院对下级人民法院审判监督的权威性、准确性、有效性。

——全面贯彻执行《人民法院审判人员违法审判责任追究办法（试行）》和《人民法院审判纪律处分办法（试行）》，切实加强对审判工作的纪律监督，严肃查处各种利用审判职权违法违纪的行为。

——进一步完善督导员制度。1999 年底前，各高级人民法院要建立督导员制度，充分发挥督导员在法院工作中督办、检查、调查、指导的职责作用。通过修改《人民法院组织法》，使人民法院督导员的工作法制化，从制度上落实审判纪律，进一步强化法官职业道德观念。

——完善并强化审判监督工作机制，2000 年制定关于加强审判监督工作的若干规定。

41. 1999 年底前，制定有关人民法院审判人员在诉讼过程中与当事人、辩护人、律师的关系的规定。

42. 制定人民法院接受社会监督的规范性意见，使人民法院接受监督制度化、程序化、法律化。

——全面贯彻执行《关于人民法院接受人民代表大会及其常务委员会监督的若干意见》。

——进一步规范人民法院接受人民检察院的法律监督工作，尤其是民事、经济、行政抗诉案件的审理。

——会同有关部门制定人民法院审判工作接受新闻监督的规定。

（七）积极探索人民法院深层次的改革

43. 从维护国家法制统一、实现司法公正的要求出发，积极探索人民法院组织体系改革。2001年向全国人大常委会提出修改人民法院组织法的提案，逐步建立起符合我国政体，确保法院依法独立公正地行使审判权的人民法院组织体系。

——对设立海事高级法院进行研究。

——对铁路、农垦、林业、油田、港口等法院的产生、法律地位和管理体制、管辖范围进行研究。逐步改变铁路、农垦、林业、油田、港口等法院由行政主管部门或者企业领导、管理的现状。

44. 根据维护法律权威和司法统一的要求，积极探索人民法院干部管理体制改革，更好地实现党的领导和人大的监督。

45. 在全面落实"收支两条线"规定的基础上，探索建立法院经费保障体系，保证履行审判职能所必需的经费。

三、加强领导，逐步实现改革目标

46. 各级人民法院必须加强组织领导，坚定不移地落实本纲要提出的各项改革任务。要按照纲要确定的改革措施和目标，结合本地实际情况，分别制定本部门、地区的具体实施方案。2001年进行人民法院改革中期评估；2003年进行纲要实施情况总结。

47. 各级人民法院在结合本地情况制定改革的具体实施方案时，要广泛听取各界群众和有关方面的意见，坚持从群众中来，到群众中去，广开言路，择善而从。

48. 立足当前，考虑长远，确定近期的改革重点。要将纲要确定的，不需要通过立法、修改法律便可进行的改革措施，尤其是审判方式、法院内设机构、审判组织、书记员单独职务序列等项改革纳入近期的改革目标，尽快启动，抓紧落实。

49. 人民法院改革是从司法观念、工作方法、管理机制到司法制度的全面改革，是一项关系审判工作全局的重要工作。各级人民法院在积极实施纲要确定的改革措施的同时，对于一些重大的、深层次的改革问题，要积极开展理论研究和宣传工作，为人民法院改革总体目标的实现做充分的理论和舆论准备，奠定坚实基础。

50. 在改革进程中，最高人民法院根据国家的经济体制改革和政治体制改革的进展，以及人民法院改革中面临的新情况、新问题，对改革的目标和内容作出适当的修改、补充和完善，以适应形势发展变化的需要。

《人民法院五年改革纲要》作为组织和动员全国各级人民法院推进司法改革的行动规划，明确了人民法院改革的方向，具有重要意义。实现纲要确定的各项改革目标，将使人民法院呈现出新的面貌,有力推进依法治国方略的实施。各级人民法院要在以江泽民同志为核心的党中央的领导下,高举邓小平理论伟大旗帜,进一步振奋精神,扎实工作,开拓进取,大胆创新,勇于实践,为全面实现纲要提出的各项改革任务,建设社会主义法治国家而努力奋斗!

最高人民法院关于印发《人民法院第二个五年改革纲要(2004—2008)》的通知

2005年10月26日　　　　　　　　　　　　法发〔2005〕18号

全国地方各级人民法院、各级军事法院、各铁路运输中级法院和基层法院,各海事法院,新疆生产建设兵团各级法院:

现将我院制定的《人民法院第二个五年改革纲要(2004—2008)》印发给你们,望认真组织贯彻落实。

附:

人民法院第二个五年改革纲要(2004—2008)

1999年,最高人民法院根据党的十五大关于推进司法改革的要求,制定并发布了《人民法院五年改革纲要》,对1999—2003年全国法院的司法改革作了统一部署。5年多来,全国各级人民法院以公正与效率为主题,以改革为动力,认真贯彻落实《人民法院五年改革纲要》,基本完成了各项改革任务,初步建立了适合我国国情的审判方式,为司法公正提供了一定制度保障;基本理顺了我国的审判机构,完善了刑事、民事、行政三大审判体系,使法院组织制度更加合理化;扩大了合议庭和独任法官的审判权限,为实现审与判的有机统一打下了基础;实施了法院执行工作新机制,在一定程度上缓解了执行难问题,并为深化体制改革进行了有益的探索;确立了法官职业化建设的目标,合理配置司法人力资源,使人民法院的整体司法能力明显提高;加速了司法装备现代化建设,全国大部分法院的基本建设和物质保障有了较大改善。

2002年,党的十六大提出了积极、稳妥地推进司法体制改革的要求,特别是2004年底,党中央对今后一段时期的司法体制和工作机制改革作了全面部署。目前,相对滞后的司法体制和工作机制已经不能适应人民群众对司法公平正义日益增长的需求,人民法院的司法改革既面临着不可多得的历史机遇,又面临着多方面的严峻挑战,而这些挑战为司法体制改革提出了更高的要求。为了贯彻落实党中央部署的司法体制和工作机制改革任务，进一步深化人民法院各项改革，完善人民法院的组织制度和运行机制，增强司法能力，提高司法水平，保障在全社会实现公平和正义，现制定《人民法院第二个五年改革纲要（2004-2008）》。

2004 年至 2008 年人民法院司法改革的基本任务和目标是：改革和完善诉讼程序制度，实现司法公正，提高司法效率，维护司法权威；改革和完善执行体制和工作机制，健全执行机构，完善执行程序，优化执行环境，进一步解决"执行难"；改革和完善审判组织和审判机构，实现审与判的有机统一；改革和完善司法审判管理和司法政务管理制度，为人民法院履行审判职责提供充分支持和服务；改革和完善司法人事管理制度，加强法官职业保障，推进法官职业化建设进程；改革和加强人民法院内部监督和接受外部监督的各项制度，完善对审判权、执行权、管理权运行的监督机制，保持司法廉洁；不断推进人民法院体制和工作机制改革，建立符合社会主义法治国家要求的现代司法制度。

推进人民法院司法改革，必须坚持以下基本原则：坚持党的领导，全面贯彻党的路线、方针、政策，从有利于巩固党的执政地位，提高党的执政能力的高度把握法院司法改革的政治方向；坚持人民代表大会制度，自觉接受人民代表大会及其常务委员会的监督，保持我国司法制度的社会主义民主特征；坚持以宪法和法律为依据，维护法制统一，保障人民法院依法独立行使审判权，维护司法权威；坚持公正司法、一心为民的指导方针，实现司法公正，方便群众诉讼，尊重和保障人权；坚持科学发展观，遵循司法客观规律，体现审判工作的公开性、独立性、中立性、程序性、终局性等本质特征；坚持从中国的国情出发，借鉴国外司法改革的有益成果。

2004 年至 2008 年人民法院司法改革的主要内容是：

一、改革和完善诉讼程序制度

1. 改革和完善死刑案件的审判程序。人民法院依照第一审程序审理可能判处死刑的案件，除了被告人认罪或者控辩双方对证据没有争议的外，证人和鉴定人应当出庭。2006 年以后，人民法院依照第二审程序审理的死刑案件，均应当开庭审理，相关证人和鉴定人应当出庭。

2. 改革和完善死刑复核程序。落实有关法律的规定和中央关于司法体制改革的部署，由最高人民法院统一行使死刑核准权，并制定死刑复核程序的司法解释。

3. 改革刑事证据制度，制定刑事证据规则，依法排除用刑讯逼供等非法方法获得的言辞证据，强化证人、鉴定人出庭，进一步落实保障人权和无罪推定原则，并适时提出刑事证据方面的立法建议。

4. 改革民事案件管辖制度。改变单纯以诉讼标的金额确定级别管辖的标准，改革跨地区民事案件的管辖方式，建立诉讼标的金额与当事人所属地区相结合的一审案件管辖制度，加强提级管辖、指定管辖等规定的适用。逐步做到高级人民法院不审理不具有普遍法律适用意义的第一审案件。

5. 改革和完善行政案件管辖制度，从制度上排除干预行政审判的各种因素。改革和完善行政诉讼程序,为行政诉讼法的修改积累经验,并适时提出立法建议。

6. 继续探索民事诉讼程序的简化形式,在民事简易程序的基础上建立速裁程序制度,规范审理小额债务案件的组织机构、运行程序、审判方式、裁判文书样式等。

7. 加强和完善诉讼调解制度,重视对人民调解的指导工作,依法支持和监督仲裁活动。与其他部门和组织共同探索新的纠纷解决方法,促进建立健全多元化的纠纷解决机制。

8. 改革和完善庭前程序。明确庭前程序与庭审程序的不同功能,规范程序事项裁决、庭前调解、审前会议、证据交换、证据的技术审核等活动,明确办理庭前程序事务的职能机构和人员分工。

9. 改革民事、行政案件审判监督制度,保护当事人合法权利,维护司法既判力。探索建立再审之诉制度,明确申请再审的条件和期限、案件管辖、再审程序等事项,从制度上保证当事人能够平等行使诉讼权利。

10. 进一步落实依法公开审判原则,采取司法公开的新措施,确定案件运转过程中相关环节的公开范围和方式,为社会全面了解法院的职能、活动提供各种渠道,提高人民法院审判工作、执行工作和其他工作的透明度。

二、改革和完善审判指导制度与法律统一适用机制

11. 贯彻罪刑相适应原则,制定故意杀人、抢劫、故意伤害、毒品等犯罪适用死刑的指导意见,确保死刑正确适用。研究制定关于其他犯罪的量刑指导意见,并健全和完善相对独立的量刑程序。

12. 改革下级人民法院就法律适用疑难问题向上级人民法院请示的做法。对于具有普遍法律适用意义的案件,下级人民法院可以根据当事人的申请或者依职权报请上级人民法院审理。上级人民法院经审查认为符合条件的,可以直接审理。

13. 建立和完善案例指导制度,重视指导性案例在统一法律适用标准、指导下级法院审判工作、丰富和发展法学理论等方面的作用。最高人民法院制定关于案例指导制度的规范性文件,规定指导性案例的编选标准、编选程序、发布方式、指导规则等。

14. 改革和完善最高人民法院制定司法解释的程序,进一步提高司法解释的质量。最高人民法院对司法解释的立项、起草、审查、协调、公布、备案等事项实行统一组织、统一协调,并定期对司法解释进行清理、修改、废止和编纂。规范最高人民法院将司法解释报送全国人民代表大会常务委员会备案的制度。

15. 建立法院之间、法院内部审判机构之间和审判组织之间法律观点和认识的协调机制,统一司法尺度。进一步建立健全确保人民法院统一、平等、公正适用法律的其他有效方式。

三、改革和完善执行体制与工作机制

16. 进一步改革和完善人民法院执行体制。最高人民法院执行机构监督和指导全国法院的执行工作。省、自治区、直辖市高级人民法院执行机构统一管理、统一协调本地区的执行工作。

17. 深化执行权运行机制改革。各级人民法院执行机构负责民事、行政案件判决裁定和其他法定执行依据的执行事项，以及刑事案件判决裁定中关于财产部分的执行事项（含财产刑）。对执行过程中需要通过审理程序解决的实体争议事项，应当由执行机构以外的审判组织审理，必要时可以设立专门的审判机构。建立执行案件当事人和案外人对于执行机构就重要程序事项所作决定申请复议等救济途径。

18. 改革和完善执行程序，加强执行司法解释工作，积极推进强制执行立法进程，规范各类执行主体的行为。

19. 建立全国法院执行案件信息管理系统，参与社会信用体系建设，建立执行督促机制，促使被执行人自动履行义务。通过公开执行信息，加强对执行工作的管理与监督，确保执行公正。

20. 改革和完善执行管辖制度，以提高执行效率，节约执行成本，排除各种干扰，确保胜诉的当事人的合法权益及时得以实现。

21. 探索执行工作新方法。与有关部门配合，对不履行执行依据所确定的义务的被执行人实行财产申报、强制审计、限制出境、公布被执行人名单等措施。

22. 改革和完善审理拒不执行人民法院判决、裁定刑事案件的程序制度，并加大对不履行生效裁判、妨碍执行行为的司法制裁力度。

四、改革和完善审判组织与审判机构

23. 改革人民法院审判委员会制度。最高人民法院审判委员会设刑事专业委员会和民事行政专业委员会；高级人民法院、中级人民法院可以根据需要在审判委员会中设刑事专业委员会和民事行政专业委员会。改革审判委员会的成员结构，确保高水平的资深法官能够进入审判委员会。改革审判委员会审理案件的程序和方式，将审判委员会的活动由会议制改为审理制；改革审判委员会的表决机制；健全审判委员会的办事机构。

24. 审判委员会委员可以自行组成或者与其他法官组成合议庭，审理重大、疑难、复杂或者具有普遍法律适用意义的案件。

25. 进一步强化院长、副院长、庭长、副庭长的审判职责，明确其审判管理职责和政务管理职责，探索建立新型管理模式，实现司法政务管理的集中化和专门化。

26. 建立法官依法独立判案责任制，强化合议庭和独任法官的审判职责。院长、副院长、庭长、副庭长应当参加合议庭审理案件。逐步实现合议庭、独任法官负责制。

27. 全面贯彻全国人民代表大会常务委员会《关于完善人民陪审员制度的决定》，健全人民陪审员管理制度，制定关于保障人民陪审员公正行使审判权的司法解释，充分发挥人民陪审员制度的功能。

28. 改革和完善人民法庭工作机制，落实人民法庭直接受理案件、进行诉讼调解、适用简易程序、执行简单案件等方面的制度，密切人民法庭与社会的联系，加强人民法庭的管理和物质保障，提高人民法庭的司法水平。

五、改革和完善司法审判管理与司法政务管理制度

29. 建立健全审判管理组织制度，明确审判管理职责，建立并细化与案件审理、审判权行使直接相关事项的管理办法，改善管理方式，建立案件审判、审判管理、司法政务管理、司法人事管理之间的协调机制，提高审判工作的质量与效率。

30. 健全和完善科学的审判流程管理制度，逐步做到同一级别的法院实行统一的审判流程管理模式。在考虑案件类型、难易程度等因素的前提下建立和完善随机分案制度。

31. 贯彻落实全国人民代表大会常务委员会《关于司法鉴定管理问题的决定》，改革和完善人民法院的司法技术管理工作。最高人民法院、高级人民法院和中级人民法院可以根据法律规定和实际需要配备法医等司法技术人员，发挥其司法辅助功能。

32. 改革司法统计制度，建立能够客观、真实反映各级人民法院审判工作情况并适应司法管理需要的司法统计指标体系。扩大公开数据的范围，加强统计信息的分析和利用。

33. 改革庭审活动记录方式，加强信息技术在法庭记录中的应用，充分发挥庭审记录在诉讼活动和管理工作过程中的作用。有条件的法院可以使用录音、录像或者其他技术手段记录法庭活动。

六、改革和完善司法人事管理制度

34. 推进人民法院工作人员的分类管理，制定法官、法官助理、书记员、执行员、司法警察、司法行政人员、司法技术人员等分类管理办法，加强法官队伍职业化建设和其他各类人员的专业化建设。建立符合审判工作规律和法官职业特点的法官职务序列。在总结试点经验的基础上，逐步建立法官助理制度。

35. 落实法官法的规定，与有关部门协商，推动建立适合法官职业特点的任职制度。在保证法官素质的前提下，适当延长专业水平较高的资深法官的退休年龄。

36. 根据人民法院的管辖级别、管辖地域、案件数量、保障条件等因素，研究制定各级人民法院的法官员额比例方案，并逐步落实。

37. 改革法官遴选程序，建立符合法官职业特点的选任机制。探索在一定地域范围内实行法官统一招录并统一分配到基层人民法院任职的制度。逐步推行上级人民法院法官主要从下级人民法院优秀法官中选任以及从其他优秀法律人才中选任的制度。

38. 加强不同地区法院之间和上下级法院法官的交流任职工作，推进人民法院内部各相近业务部门之间的法官交流和轮岗制度。

39. 建立法官任职前的培训制度，改革在职法官培训制度。初任法官任职前须参加国家法官学院或者其委托的培训机构组织的职业培训。改革法官培训的内容、方式和管理制度，研究开发适合法官职业特点的培训课程和培训教材，改革法官培训机构的师资选配方式。

40. 落实法官法的规定，推动适合法官职业特点的任用、晋升、奖励、抚恤、医疗保障和工资、福利、津贴制度的建立和完善。在确定法官员额的基础上，逐步提高法官待遇。

七、改革和完善人民法院内部监督与接受外部监督的制度

41. 建立科学、统一的审判质量和效率评估体系。在确保法官依法独立判案的前提下，确立科学的评估标准，完善评估机制。

42. 改革法官考评制度和人民法院其他工作人员考核制度，发挥法官考评委员会的作用。根据法官职业特点和不同审判业务岗位的具体要求，科学设计考评项目，完善考评方法，统一法官绩效考评的标准和程序，并对法官考评结果进行合理利用。建立人民法院其他工作的评价机制。

43. 建立健全符合法官职业特点的法官惩戒制度，制定法官惩戒程序规则，规范法官惩戒的条件、案件审理程序以及救济途径等，保障受到投诉或查处法官的正当权利。

44. 完善人民法院自觉接受权力机关监督的方式、程序，健全接受人大代表、政协委员的批评、建议的制度，完善人大代表、政协委员旁听法院审判以及人民法院与人大代表、政协委员联络等制度。

45. 落实人民检察院检察长或者检察长委托的副检察长列席同级人民法院审判委员会的制度。

46. 规范人民法院与新闻媒体的关系，建立既能让社会全面了解法院工作、又能有效维护人民法院依法独立审判的新机制。人民法院建立和完善新闻发言人制度，及时向社会和媒体通报人民法院审判工作和其他各项工作情况，自觉接受人民群众监督。

八、继续探索人民法院体制改革

47. 继续探索人民法院的设置、人财物管理体制改革，为人民法院依法公正、独立行使审判权提供组织保障和物质保障。

48. 改革和完善人民法院经费保障体制，探索建立人民法院的业务经费由国家财政统一保障、分别列入中央财政和省级财政的体制。研究制定基层人民法院的经费基本保障标准。

49. 配合有关部门改革现行铁路、林业、石油、农垦、矿山等部门、企业管理法院人财物的体制。

50. 完善审理未成年人刑事案件和涉及未成年人权益保护的民事、行政案件的组织机构，在具备条件的大城市开展设立少年法院的试点工作，以适应未成年人司法工作的特殊需要，推动建立和完善中国特色少年司法制度。

人民法院的司法改革是一个不断解放思想、更新观念和不断推动理论创新与制度创新的过程。为此，各级人民法院要按照本纲要的要求，深入研究和把握司法客观规律，深刻理解和牢固树立现代司法理念，以改革的思维推进司法改革；要进一步加强组织领导工作，完善协调机制，健全相关制度，周密组织，妥善安排，认真落实；要及时总结经验，加强理论指导，加强对具体改革方案的论证，把实现"公正与效率"这一主题作为检验改革效果的基本标准，确保改革顺利和健康发展；要坚持依法改革，通过改革促进我国法律制度的不断发展与完善，切实防止自发改革和违法改革。为确保本纲要的正确、统一、有序实施，最高人民法院将就各项改革措施制定具体的实施方案，自上而下，统一实施。各级人民法院要坚持以邓小平理论和"三个代表"重要思想为指导，树立和落实科学发展观，认真贯彻落实中央关于司法体制改革的精神，正确理解本纲要确立的改革指导思想、基本原则、基本目标、主要任务和基本要求，狠抓落实，务求实效，不断将人民法院的司法改革工作和其他各项工作稳步推向前进，为建设我国社会主义现代司法制度，构建社会主义和谐社会而努力奋斗。

最高人民法院关于印发《人民法院第三个五年改革纲要（2009—2013）》的通知

2009年3月17日　　　　　　　　　　　法发〔2009〕14号

各省、自治区、直辖市高级人民法院，解放军军事法院，新疆维吾尔自治区高级人民法院生产建设兵团分院：

《人民法院第三个五年改革纲要（2009—2013）》已经中央批准，现印发给你们，请认真贯彻执行。贯彻执行中的重大事项，请及时报告我院。

附：

人民法院第三个五年改革纲要（2009—2013）

为贯彻党的十七大精神，落实中央关于深化司法体制和工作机制改革的总体要求，维护社会公平正义，满足人民群众对司法工作的新要求、新期待，实现人民法院科学发展，现制定《人民法院第三个五年改革纲要（2009—2013）》。

一、深化人民法院司法改革的指导思想、目标和原则

（一）深化人民法院司法体制和工作机制改革的指导思想

深化人民法院司法体制和工作机制改革的指导思想是：高举中国特色社会主义伟大旗帜，坚持以邓小平理论和"三个代表"重要思想为指导，深入贯彻落实科学发展观，牢固树立社会主义法治理念，贯彻从严治院、公信立院、科技强院的工作方针，从满足人民群众司法需求出发，以维护人民利益为根本，以促进社会和谐为主线，以加强权力制约和监督为重点，从人民群众不满意的实际问题入手，紧紧抓住影响和制约司法公正、司法效率、司法能力、司法权威的关键环节，进一步解决人民群众最关心、最期待改进的司法问题和制约人民法院科学发展的体制性、机制性、保障性障碍，充分发挥中

国特色社会主义司法制度的优越性，为社会主义市场经济体制的顺利运行，为中国特色社会主义事业提供坚强可靠的司法保障和和谐稳定的社会环境。

（二）深化人民法院司法体制和工作机制改革的目标

深化人民法院司法体制和工作机制改革的目标是：进一步优化人民法院职权配置，落实宽严相济刑事政策，加强队伍建设，改革经费保障体制，健全司法为民工作机制，着力解决人民群众日益增长的司法需求与人民法院司法能力相对不足的矛盾，推进中国特色社会主义审判制度的自我完善和发展，建设公正高效权威的社会主义司法制度。

（三）深化人民法院司法体制和工作机制改革的原则

深化人民法院司法体制和工作机制改革的原则：一是始终坚持党的领导。司法体制和工作机制改革是我国政治体制改革的重要组成部分，具有很强的政治性、政策性、法律性，必须在党的统一领导下，科学决策、民主决策、依法决策，积极稳妥，循序渐进，自上而下，总体规划，分步推进；必须牢牢把握司法改革导向，确保人民法院司法改革的正确政治方向。二是始终坚持中国特色社会主义方向。司法体制和工作机制改革必须符合人民民主专政的国体和人民代表大会制度的政体，必须以马克思主义法制思想和社会主义法治理念为指导，必须走中国特色社会主义政治发展、法治建设道路，必须体现党的事业至上、人民利益至上、宪法法律至上的要求，确保有利于经济社会又好又快发展，有利于维护国家安全和社会稳定，有利于社会主义司法制度的自我完善和发展，有利于加强和改进党对人民法院工作的领导。三是始终坚持从我国国情出发。司法体制和工作机制改革必须立足于我国仍处于并长期处于社会主义初级阶段的基本国情和发展阶段性特征，既认真研究和吸收借鉴人类法治文明有益成果，又不照抄照搬外国的司法制度和司法体制；既与时俱进，又不超越现阶段实际提出过高要求。四是始终坚持群众路线。司法体制和工作机制改革必须充分听取人民群众的意见，充分体现人民群众的意愿，着眼于解决人民群众不满意的问题，自觉接受人民群众的监督和检验，真正做到改革为了人民、依靠人民、惠及人民。五是始终坚持统筹协调。司法体制和工作机制改革必须立足于提高人民法院履行法律赋予的职责使命的能力，统筹协调中央和地方、当前和长远的关系，统筹协调上下级法院之间、人民法院与其他政法部门之间的关系，确保各项改革措施既适应我国经济社会发展、民主政治建设、公民法律素养的要求，又适应人民法院和法院干警的职业特点，积极推进人民法院事业科学发展。六是始终坚持依法推进改革。司法体制和工作机制改革的各项措施要以宪法和法律为依据，自觉接受人大监督，维护人民法院的宪法地位和司法权威，凡与现行法律相冲突的，应在修改相关法律法规后实施，确保人民法院各项改革措施完全符合宪法精神和法律的规定。七是始终坚持遵循司法工作的客观规律。司法体制和工作机制改革必须结合审判和执行工作自身特有的规律，注重探索司法规律在特定国情、特定环境下的具体应用和体现。坚持以科学发展观统领司法改革全局，建立符合司法规律的科学的审判制度和有效的执行工作机制，完善司法管理体制，努力提高人民法院的司法能力，确保人民法院各项改革措施适应我国经济社会发展和社会主义民主政治建设的要求。

二、2009—2013年人民法院司法改革的主要任务

（一）优化人民法院职权配置

1. 改革和完善人民法院司法职权运行机制。以审判和执行工作为中心，优化审判业务部门之间、综合管理部门之间、审判业务部门与综合管理部门之间、上下级法院之间的职权配置，形成更加合理的职权结构和组织体系。

2. 改革和完善刑事审判制度。规范自由裁量权，将量刑纳入法庭审理程序，研究制定《人民法院量刑程序指导意见》。完善刑事诉讼第一审程序和第二审程序，落实检察机关和律师在刑事审判中的职能作用的有关规定，切实提高审判质量和效率。建立减刑、假释审理程序的公开制度，严格重大刑事罪犯减刑、假释的适用条件，加强同步监督。配合有关部门促进重大、疑难、复杂案件的审理期限的立法完善；完善保外就医、暂予监外执行、服刑地变更的适用条件和裁定程序；完善刑事附带民事审判制度，规范财产刑和刑事附带民事诉讼裁判的执行工作机制，强化诉讼调解，促进裁判执行；完善刑事证据制度，制定刑事证据审查规则，统一证据采信标准；建立健全证人、鉴定人出庭制度和保护制度，明确侦查人员出庭作证的范围和程序。

3. 改革和完善民事、行政审判制度。进一步完善民事诉讼证据规则。明确军事法院受理军内民事案件的具体条件。建立健全符合知识产权案件特点的审判体制和工作机制，在直辖市和知识产权案件较多的大中城市，探索设置统一受理知识产权案件的综合审判庭。推进行政诉讼法的修改进程，促进行政诉讼审判体制和管辖制度的改革和完善。完善民事、行政诉讼简易程序，明确适用简易程序的案件范围，制定简易程序审理规则。建立新型、疑难、群体性、敏感性民事案件审判信息沟通协调机制，保证裁判标准统一。

4. 改革和完善再审制度。完善刑事审判监督程序，规范按照审判监督程序提出的刑事抗诉案件的审判程序，完善刑事申诉案件立案与再审的职能分工和工作流程。完善民事再审程序，依法保护当事人的申请再审权，正确处理依法纠错与维护司法既判力的关系，切实解决人民群众申诉难和申请再审难问题。

5. 改革和完善审判组织。完善审判委员会讨论案件的范围和程序，规范审判委员会的职责和管理工作。落实人民检察院检察长、受检察长委托的副检察长列席同级人民法院审判委员会的规定。完善合议庭制度，加强合议庭和主审法官的职责。进一步完善人民陪审员制度，扩大人民陪审员的选任范围和参与审判活动的范围，规范人民陪审员参与审理案件的活动，健全相关管理制度，落实保障措施。

6. 改革和完善民事、行政案件的执行体制。严格规范执行程序和执行行为，提高执行工作效率。规范人民法院统一的执行工作体制。完善高级人民法院对本辖区内执行工作统一管理、统一协调的工作机制。完善执行异议和异议之诉制度。贯彻审执分立原则，建立执行裁决权和执行实施权分权制约的执行体制，当事人提起的执行异议之诉由作出生效裁判的原审判庭审理。规范诉讼中财产控制措施的工作分工，完善评估、拍卖、变卖程序，健全执行程序中的财产调查、控制、处分和分配制度，制裁规避执行行为。配合有关部门建立健全执行威慑机制，依法明确有关部门和单位协助执行的法律义

务；推动建立党委政法委组织协调、人民法院主办、有关部门联动、社会各界参与的执行工作长效机制。

7. 改革和完善上下级人民法院之间的关系。加强和完善上级人民法院对下级人民法院的监督指导工作机制，明确上级人民法院对下级人民法院进行司法业务管理、司法人事管理和司法行政管理方面的范围与程序，构建科学的审级关系。规范发回重审制度，明确发回重审的条件，建立发回重审案件的沟通协调机制。规范下级人民法院向上级人民法院请示报告制度。完善委托宣判、委托送达、委托执行工作机制。

8. 改革和完善审判管理制度。健全权责明确、相互配合、高效运转的审判管理工作机制。研究制定符合审判工作规律的案件质量评查标准和适用于全国同一级法院的统一的审判流程管理办法。规范审判管理部门的职能和工作程序。

9. 改革和完善人民法院接受外部制约与监督机制。完善人民法院自觉接受党委对法院领导班子及其成员、党组织、党员干部进行监督的工作机制。健全依法向人大报告工作并接受监督的工作机制。规范人民法院接受检察机关法律监督的内容、方式和程序。规范人民法院接受新闻舆论监督的工作机制。

10. 加强司法职业保障制度建设。加强人民法院依法独立公正行使审判权的保障机制建设。研究建立对非法干预人民法院依法独立办案行为的责任追究制度。研究建立违反法定程序过问案件的备案登记报告制度。加大对不当干预人民法院审判和执行工作的纪检监察力度。完善惩戒妨碍人民法院执行公务、拒不执行人民法院作出的生效裁判等违法犯罪行为的法律规定。完善最高人民法院就司法解释工作与相关部门的协调制度和人大备案制度，保证司法解释的统一和权威。

（二）落实宽严相济刑事政策

11. 建立和完善依法从严惩处的审判制度与工作机制。适应新形势下依法打击严重犯罪的需要，适时制定从严惩处严重犯罪的司法政策，完善有关犯罪的定罪量刑标准。完善死刑复核程序，提高死刑案件复核的质量和效率。配合有关部门研究建立犯罪人员的犯罪登记制度，完善从严惩处严重犯罪的诉讼制度；建立严格的死刑缓期执行和无期徒刑执行制度，明确死刑缓期执行和无期徒刑减为有期徒刑后罪犯应当实际执行的刑期。

12. 建立和完善依法从宽处理的审判制度与工作机制。完善未成年人案件审判制度和机构设置，推行适合未成年人生理特点和心理特征的案件审理方式及刑罚执行方式的改革。探索建立被告人附条件的认罪从轻处罚制度。配合有关部门有条件地建立未成年人轻罪犯罪记录消灭制度，明确其条件、期限、程序和法律后果；研究建立老年人犯罪适度从宽处理的司法机制，明确其条件、范围和程序；研究建立刑事自诉案件和轻微刑事犯罪案件的刑事和解制度，明确其范围和效力；完善在法定刑以下判处刑罚的核准制度；研究建立轻微刑事案件的快速审理制度，扩大简易程序适用范围；依法扩大缓刑制度的适用范围，适当减少监禁刑的适用，明确适用非监禁刑案件的范围。

13. 建立健全贯彻宽严相济刑事政策的司法协调制度与保障制度。配合有关部门建立刑事审判与行政执法、执纪的有效衔接机制。建立体现宽严相济、促进社会和谐稳定的办案质量考评制度和奖惩机制，改进办案考核考评指标体系，完善人民法院错案认定标准和违法审判责任追究制度。

（三）加强人民法院队伍建设

14. 完善法官招录培养体制。配合有关部门完善法官招录办法。最高人民法院、高级人民法院和中级人民法院遴选或招考法官，原则上从具有相关基层工作经验的法官或其他优秀的法律人才中择优录用。建立选任法官的综合素质全面考察标准。通过定向选拔、委托培养、定期工作、定向流动等法官招录办法改革，切实解决中西部少数民族地区和欠发达地区基层人民法院法官短缺与法官断层问题。建立和完善军事法院法官转任地方人民法院法官制度。

15. 完善法官培训机制。加强法官的思想政治教育，形成社会主义法治理念教育的长效机制。建立符合法官职业特点的在职培训制度。推行法官全员定期集中培训制度。完善初任法官任前培训制度和晋升晋级培训制度，切实增强人民法院服务党和国家工作大局与维护人民群众利益的司法能力。加大对少数民族法官的培训力度，尤其是加强对少数民族法官的双语培训，尽快培养一批适应少数民族地区审判工作需要的双语法官。

16. 完善法官行为规范。严格执行"五个严禁"规定，落实监督责任，确保司法廉洁。建立健全审判人员与执行人员违法审判、违法执行的责任追究制度和领导干部失职责任追究制度。研究建立审务督察制度，加强督察督办工作，强化对法官违反司法行为规范的惩戒措施。

17. 完善人民法院反腐倡廉长效工作机制。构建符合法官职业特点的职权明确、考核到位、追究有力的责任体系，推进从源头上防治司法腐败的体制机制改革。完善和落实党风廉政建设责任制和责任追究制度，加强人民法院惩治和预防腐败体系建设，建立与社会主义审判制度相适应的人民法院纪检监察工作体制机制。完善巡视制度，研究建立在各业务庭室派驻廉政监察员制度。建立法官廉政档案制度，研究建立确保司法廉洁的廉政激励机制。健全举报网络，加强内外监督机制之间的信息沟通和相互衔接工作，全面推进人民法院党风廉政建设。

18. 完善人民法院人事管理制度和机构设置。建立健全人民法院科学的选拔任用机制和有效的干部监督管理机制，增强人事管理的透明度和公开性。完善法官及其辅助人员分类管理的制度。改革人民法院司法警察体制，明确司法警察的法律地位、作用、职责和职权，优化司法警察的职能设置，规范人员管理体制和工作机制，建立健全适合审判工作特点的警务保障体系。完善司法技术辅助机构的设置。

19. 完善人民法院编制与职务序列制度。配合有关部门制定与人民法院工作性质和地区特点相适应的政法专项编制标准，研究建立适应性更强的编制制度，逐步实施法官员额制度；研究制定与法官职业特点相适应的职数比例和职务序列的意见，适当提高基层人民法庭法官职级。

20. 改革和完善法官工资福利和任职保障制度。完善法官激励机制。配合有关部门制定与法官职业特点相适应、与法官等级相匹配的工资政策，研究制定有利于稳定基层法官队伍的工资制度，完善法官定期增资制度；统筹解决法官岗位津贴、办案津贴和加班补助；提高法官岗位津贴、审判津贴在法官工资收入中的比例；适当提高法官因公牺牲、伤残的抚恤标准，制定患重病法官的生活补助办法；针对实践中存在的提前离岗、离职等现象，修改完善符合法官职业特点的一线办案法官退休制度；完善法官人身安全保障、任职保障等职业保障制度。

21. 改革和完善人民法院队伍管理制度。配合有关部门完善人民法院主要负责人跨地区跨部门交流任职制度。建立人民法院领导班子成员和中层领导定期轮岗制度。建立健全院长、庭长的"一岗双责"制度，落实院长、庭长一手抓审判、一手抓队伍的双重职责。建立法官流动和交流制度。建立健全以案件审判质量和效率考核为主要内容的审判质量效率监督控制体系，以法官、法官助理、书记员和其他行政人员的绩效和分类管理为主要内容的岗位目标考核管理体系，以综合服务部门保障的能力和水平为主要内容的司法政务保障体系。

（四）加强人民法院经费保障

22. 改革和完善人民法院经费保障体制。配合有关部门改革现行行政经费保障体制，建立"明确责任、分类负担、收支脱钩、全额保障"的经费保障体制；人民法院经费划分为人员经费、公用经费、业务装备经费和基础设施建设经费四大类，根据不同地区和人民法院的工作特点，确定各级财政负担级次和比例，实现人民法院经费由财政全额负担，落实"收支两条线"规定，杜绝"收支挂钩"；根据中央确立的分项目、分区域、分部门的经费分类保障政策，配合有关部门制定适应人民法院实际情况的经费分类保障实施办法；改革和完善人民法院经费管理制度，提高管理能力和水平。

23. 建立人民法院公用经费正常增长机制。配合有关部门完善和落实基层人民法院公用经费保障标准；建立基层人民法院公用经费正常增长机制，高级人民法院配合本级财政部门根据本地区经济社会发展、财力增长水平和人民法院审判工作实际需要，适时调整基层人民法院公用经费标准；研究制定人民法院业务装备标准，确定业务装备配备总体规划和年度计划，落实装备经费。加强人民法院基础设施建设，研究制定和完善人民法院各类基础设施建设标准，确定各类基础设施建设投资由中央、省级和同级财政负担的比例。配合有关部门逐步化解基本建设债务。

24. 加强人民法院信息化建设。促进信息化在人民法院行政管理、法官培训、案件信息管理、执行管理、信访管理等方面的应用。尽快完成覆盖全国各级人民法院的审判业务信息网络建设。研究制定关于改革庭审活动记录方式的实施意见。研究开发全国法院统一适用的案件管理流程软件和司法政务管理软件。加快建立信息安全基础设施。推进人民法院与其他国家机关之间电子政务协同办公的应用。构建全国法院案件信息数据库，加快案件信息查询系统建设。

（五）健全司法为民工作机制

25. 加强和完善审判与执行公开制度。继续推进审判和执行公开制度改革，增强裁判文书的说理性，提高司法的透明度，大力推动司法民主化进程。完善庭审旁听制度，规范庭审直播和转播。完善公开听证制度。研究建立裁判文书网上发布制度和执行案件信息的网上查询制度。

26. 建立健全多元纠纷解决机制。按照"党委领导、政府支持、多方参与、司法推动"的多元纠纷解决机制的要求，配合有关部门大力发展替代性纠纷解决机制，扩大调解主体范围，完善调解机制，为人民群众提供更多可供选择的纠纷解决方式。加强诉前调解与诉讼调解之间的有效衔接，完善多元纠纷解决方式之间的协调机制，健全诉讼与非诉讼相衔接的矛盾纠纷调处机制。

27. 建立健全民意沟通表达机制。健全科学、畅通、有效、透明、简便的民意沟通表达长效机制，充分保障人民群众的知情权、参与权、表达权和监督权。完善人民法院与人大代表、政协委员、民主党派和无党派人士、广大人民群众、律师、专家学者等的沟通联络机制。进一步完善人民法院领导干部定期深入基层倾听民意的机制，及时了解人民群众的司法需求。研究建立人民法院网络民意表达和民意调查制度，方便广大人民群众通过网络渠道直接向人民法院提出意见或建议。建立健全案件反馈和回访制度，及时了解人民群众对审判和执行工作的意见或建议。完善对人民群众意见的分析处理和反馈制度。完善社会舆情汇集工作机制，妥善解决司法工作中涉及民生的热点问题。

28. 完善涉诉信访工作机制。建立涉诉信访综合治理工作机制。推进涉诉信访法治化、规范化。建立"诉"与"访"分离制度。完善涉诉信访工作责任制，实行责任倒查制度。研究建立涉诉信访终结机制，规范涉诉信访秩序。完善涉诉信访工作信息反馈机制。规范人民法院的院长、庭长接访和走访、下访制度。

29. 建立健全司法为民长效机制。健全诉讼服务机构，加强诉讼引导、诉前调解、风险告知、诉讼救助、案件查询、诉讼材料收转、信访接待、文书查阅等工作，切实方便人民群众诉讼。探索推行远程立案、网上立案查询、巡回审判、速裁法庭、远程审理等便民利民措施。建立健全基层司法服务网络，推行基层人民法院及人民法庭聘请乡村、社区一些德高望重、热心服务、能力较强的人民群众担任司法调解员，或邀请人民调解员、司法行政部门、行业组织等协助化解社会矛盾纠纷。

30. 改革和完善司法救助制度。建立刑事被害人救助制度，对因受犯罪侵害而陷入生活困境的受害群众，实行国家救助，研究制定人民法院救助细则。配合有关部门推进国家赔偿制度的完善，规范赔偿程序，加强赔偿执行，增强赔偿实效；完善执行救济程序，建立执行救助基金。

三、深化人民法院司法体制和工作机制改革的工作要求

（一）加强领导，明确责任

深化人民法院司法体制和工作机制改革，是深入学习实践科学发展观的重大举措，是当前和今后一个时期全国各级人民法院的重要政治任务。各级人民法院一定要把此项工作列入重要议事日程，切实加强组织领导，主要领导亲自挂帅，分管领导狠抓落实，并尽快建立联络员制度和项目责任制，每个环节都要明确责任单位、责任人员、时间进度和工作要求，集中力量攻坚克难。最高人民法院司法改革工作领导小组负责各项改革任务的统一部署和组织实施，及时掌握情况，适时协调指导，加强督促检查和评估总结工作。最高人民法院有关部门是落实各项改革任务的直接责任者，各项改革任务的牵头部门具体负责该项目的贯彻实施，与协办部门抓紧制定落实改革意见的实施方案。各协办部门要指派专人负责协作配合，及时完成牵头部门安排的改革工作事项。各牵头部门要及时向最高人民法院司法改革工作领导小组办公室通报贯彻落实情况以及需要研究协调的重大问题。地方各级人民法院要尽快确定有关部门和专人负责，切实抓好各项改革

任务的落实和组织实施工作，务必取得新成效。对于涉及不同部门的改革项目，人民法院各相关部门都应当积极参与，通力协作，保证各项改革任务顺利完成。

（二）精心部署，集思广益

深化人民法院司法体制和工作机制改革涉及方方面面，具有很强的联动性，必须集思广益，精心设计，周密部署，统筹协调，把各项改革措施落实到位。各级人民法院在研究制定具体实施方案时，要早谋划、早动手，切实搞好相互衔接和协调工作，争取党委、人大、政府、政协、政法各单位和社会各界的大力支持。人民法院司法改革工作涉及其他部门工作时，要广泛听取意见，充分协商沟通。有重大分歧的，应当及时向同级党委和人大请示汇报，共同研究解决遇到的问题。各级人民法院要自觉接受党委的领导、人大的监督和人民群众的评判，主动征求社会各界的意见和建议，摸准情况，吃透问题，对症下药，确保司法改革工作在广泛的社会和群众基础上扎实推进，尽快在各个方面取得实质性进展。

（三）强化措施，务求实效

深化人民法院司法体制和工作机制改革要求高，任务重，责任大，难题多，必须大力加强监督和指导工作。地方各级人民法院要按照中央的总体部署和最高人民法院的统一要求，根据本地区的实际情况，统筹兼顾，因地制宜，分类实施，狠抓落实，确保取得实际效果。最高人民法院和高级人民法院负责对下级人民法院的司法改革工作进行监督与指导，健全情况通报、请示报告、督促检查制度，做好检查评估、经验总结、督促协调、信息反馈等工作，统一调度，重点督查，保证全国法院司法改革工作始终有序进行。上级人民法院要大力支持下级人民法院的司法改革工作，及时了解各个项目的进展情况，全面把握改革动态，有效解决发现的新问题。基层人民法院和中级人民法院制定的落实本纲要的具体工作方案，应当报请高级人民法院批准后方可实施。地方各级人民法院对于在实施司法改革工作方案过程中发现的新情况新问题，应当及时逐级上报最高人民法院。高级人民法院可以结合最高人民法院的部署和本地实际情况选择一些改革项目进行试点，待实践证明相对成熟并取得实际成效后再全面推广。改革试点方案须报最高人民法院审批同意，重大改革试点方案须经由最高人民法院报中央审批同意后方可实施。各级人民法院要进一步加强司法改革工作的调查研究和理论创新，坚持用科学的理论和科学的方法指导司法改革实践，确保人民法院司法改革工作取得良好的法律效果、政治效果和社会效果，为促进经济又好又快发展、保障社会公平正义、维护社会和谐稳定做出新贡献。

最高人民法院
关于全面深化人民法院改革的意见
——人民法院第四个五年改革纲要
(2014—2018)

2015年2月4日　　　　　　　　　　　　　　法发〔2015〕3号

党的十八大从发展社会主义民主政治、加快建设社会主义法治国家的高度,作出了进一步深化司法体制改革的重要战略部署。党的十八届三中全会通过的《中共中央关于全面深化改革若干重大问题的决定》,确定了推进法治中国建设、深化司法体制改革的主要任务。党的十八届四中全会通过的《中共中央关于全面推进依法治国若干重大问题的决定》,将建设中国特色社会主义法治体系、建设社会主义法治国家作为全面推进依法治国的总目标,从科学立法、严格执法、公正司法、全民守法等方面提出了一系列重大改革举措。人民法院司法改革正面临前所未有的重大历史机遇。为贯彻党的十八大和十八届三中、四中全会精神,进一步深化人民法院各项改革,现制定《关于全面深化人民法院改革的意见》,并将之作为《人民法院第四个五年改革纲要·(2014——2018)》贯彻实施。

一、全面深化人民法院改革的总体思路

全面深化人民法院改革的总体思路是:紧紧围绕让人民群众在每一个司法案件中感受到公平正义的目标,始终坚持司法为民、公正司法工作主线,着力解决影响司法公正、制约司法能力的深层次问题,确保人民法院依法独立公正行使审判权,不断提高司法公信力,促进国家治理体系和治理能力现代化,到2018年初步建成具有中国特色的社会主义审判权力运行体系,使之成为中国特色社会主义法治体系的重要组成部分,为实现"两个一百年"奋斗目标、实现中华民族伟大复兴的中国梦提供强有力的司法保障。

二、全面深化人民法院改革的基本原则

全面深化人民法院改革应当遵循以下基本原则:

——坚持党的领导,确保正确政治方向。人民法院深化司法改革,应当始终坚持党的领导,充分发挥党总揽全局、协调各方的领导核心作用,真正实现党的领导、人民当家作主、依法治国的有机统一,确保司法改革始终坚持正确的政治方向。

——尊重司法规律,体现司法权力属性。人民法院深化司法改革,应当严格遵循审判权作为判断权和裁量权的权力运行规律,彰显审判权的中央事权属性,突出审判在诉

讼制度中的中心地位，使改革成果能够充分体现审判权的独立性、中立性、程序性和终局性特征。

——依法推动改革，确保改革稳妥有序。人民法院深化司法改革，应当坚持以宪法法律为依据，立足中国国情，依法有序推进，实现重大改革于法有据，推动将符合司法规律和公正司法要求的改革举措及时上升为法律。

——坚持整体推进，强调重点领域突破。人民法院深化司法改革，应当着力解决影响司法公正、制约司法能力的深层次问题，破解体制性、机制性、保障性障碍，同时要分清主次、突出重点，以问题为导向，确保改革整体推进。

——加强顶层设计，鼓励地方探索实践。人民法院深化司法改革，应当加强顶层设计，做好重大改革项目的统筹规划，注重改革措施的系统性、整体性和协同性，同时要尊重地方首创精神，鼓励下级法院在中央统一安排部署下先行先试，及时总结试点经验，推动制度创新。

三、全面深化人民法院改革的主要任务

（一）建立与行政区划适当分离的司法管辖制度

建立中国特色社会主义审判权力运行体系，必须从维护国家法制统一、体现司法公正的要求出发，探索建立确保人民法院依法独立公正行使审判权的司法管辖制度。到2017年底，初步形成科学合理、衔接有序、确保公正的司法管辖制度。

1. 设立最高人民法院巡回法庭。最高人民法院设立巡回法庭，审理跨行政区划的重大民商事、行政等案件，确保国家法律统一正确实施。调整跨行政区划重大民商事、行政案件的级别管辖制度，实现与最高人民法院案件管辖范围的有序衔接。

2. 探索设立跨行政区划的法院。以科学、精简、高效和有利于实现司法公正为原则，探索设立跨行政区划法院，构建普通类型案件在行政区划法院受理、特殊类型案件在跨行政区划法院受理的诉讼格局。将铁路运输法院改造为跨行政区划法院，主要审理跨行政区划案件、重大行政案件、环境资源保护、企业破产、食品药品安全等易受地方因素影响的案件、跨行政区划人民检察院提起公诉的案件和原铁路运输法院受理的刑事、民事案件。

3. 推动设立知识产权法院。根据知识产权案件的特点和审判需要，建立和完善符合知识产权案件审判规律的专门程序、管辖制度和审理规则。

4. 改革行政案件管辖制度。通过提级管辖和指定管辖，逐步实现易受地方因素影响的行政案件由中级以上人民法院管辖。规范行政案件申请再审的条件和程序。

5. 改革海事案件管辖制度。进一步理顺海事审判体制。科学确定海事法院管辖范围，建立更加符合海事案件审判规律的工作机制。

6. 改革环境资源案件管辖制度。推动环境资源审判机构建设。进一步完善环境资源类案件的管辖制度。

7. 健全公益诉讼管辖制度。探索建立与检察机关提起的公益诉讼相衔接的案件管辖制度。

8. 继续推动法院管理体制改革。将林业法院、农垦法院统一纳入国家司法管理体系，理顺案件管辖机制，改革部门、企业管理法院的体制。

9. 改革军事司法体制机制。完善统一领导的军事审判制度，维护国防利益，保障军人合法权益，依法打击违法犯罪。

（二）建立以审判为中心的诉讼制度

建立中国特色社会主义审判权力运行体系，必须尊重司法规律，确保庭审在保护诉权、认定证据、查明事实、公正裁判中发挥决定性作用，实现诉讼证据质证在法庭、案件事实查明在法庭、诉辩意见发表在法庭、裁判理由形成在法庭。到2016年底，推动建立以审判为中心的诉讼制度，促使侦查、审查起诉活动始终围绕审判程序进行。

10. 全面贯彻证据裁判原则。强化庭审中心意识，落实直接言词原则，严格落实证人、鉴定人出庭制度，发挥庭审对侦查、起诉程序的制约和引导作用。坚决贯彻疑罪从无原则，严格实行非法证据排除规则，进一步明确非法证据的范围和排除程序。

11. 强化人权司法保障机制。彰显现代司法文明，禁止让刑事在押被告人或上诉人穿着识别服、马甲、囚服等具有监管机构标识的服装出庭受审。强化诉讼过程中当事人和其他诉讼参与人的知情权、陈述权、辩护辩论权、申请权、申诉权的制度保障。完善律师执业权利保障机制，强化控辩对等诉讼理念，禁止对律师进行歧视性安检，为律师依法履职提供便利。依法保障律师履行辩护代理职责，落实律师在庭审中发问、质证、辩论等诉讼权利。完善对限制人身自由司法措施和侦查手段的司法监督，加强对刑讯逼供和非法取证的源头预防，健全冤假错案的有效防范、及时纠正机制。

12. 健全轻微刑事案件快速办理机制。在立法机关的授权和监督下，有序推进刑事案件速裁程序改革。

13. 完善刑事诉讼中认罪认罚从宽制度。明确被告人自愿认罪、自愿接受处罚、积极退赃退赔案件的诉讼程序、处罚标准和处理方式，构建被告人认罪案件和不认罪案件的分流机制，优化配置司法资源。

14. 完善民事诉讼证明规则。强化民事诉讼证明中当事人的主导地位，依法确定当事人证明责任。明确人民法院依职权调查收集证据的条件、范围和程序。严格落实证人、鉴定人出庭制度。发挥庭审质证、认证在认定案件事实中的核心作用。严格高度盖然性原则的适用标准，进一步明确法官行使自由裁量权的条件和范围。一切证据必须经过庭审质证后才能作为裁判的依据，当事人双方争议较大的重要证据都必须在裁判文书中阐明采纳与否的理由。

15. 建立庭审全程录音录像机制。加强科技法庭建设，推动庭审全程同步录音录像。建立庭审录音录像的管理、使用、储存制度。规范以图文、视频等方式直播庭审的范围和程序。

16. 规范处理涉案财物的司法程序。明确人民法院处理涉案财物的标准、范围和程序。进一步规范在刑事、民事和行政诉讼中查封、扣押、冻结和处理涉案财物的司法程序。推动建立涉案财物集中管理信息平台，完善涉案财物信息公开机制。

（三）优化人民法院内部职权配置

建立中国特色社会主义审判权力运行体系，必须优化人民法院内部职权配置，健全立案、审判、执行、审判监督各环节之间的相互制约和相互衔接机制，充分发挥一审、二审和再审的不同职能，确保审级独立。到 2016 年底，形成定位科学、职能明确、运行有效的法院职权配置模式。

17. 改革案件受理制度。变立案审查制为立案登记制，对人民法院依法应该受理的案件，做到有案必立、有诉必理，保障当事人诉权。加大立案信息的网上公开力度。推动完善诉讼收费制度。

18. 完善分案制度。在加强专业化合议庭建设基础上，实行随机分案为主、指定分案为辅的案件分配制度。建立分案情况内部公示制度。对于变更审判组织或承办法官的，应当说明理由并公示。

19. 完善审级制度。进一步改革民商事案件级别管辖制度，科学确定基层人民法院的案件管辖范围，逐步改变主要以诉讼标的额确定案件级别管辖的做法。完善提级管辖制度，明确一审案件管辖权由下级法院向上级法院转移的条件、范围和程序。推动实现一审重在解决事实认定和法律适用，二审重在解决事实和法律争议、实现二审终审，再审重在依法纠错、维护裁判权威。

20. 强化审级监督。严格规范上级法院发回重审和指令再审的条件和次数，完善发回重审和指令再审文书的公开释明机制和案件信息反馈机制。人民法院办理二审、提审、申请再审及申诉案件，应当在裁判文书中指出一审或原审存在的问题，并阐明裁判理由。人民法院办理已经立案受理的申诉案件，应当向当事人出具法定形式的结案文书；符合公开条件的，一律在中国裁判文书网公布。

21. 完善案件质量评估体系。建立科学合理的案件质量评估体系。废止违反司法规律的考评指标和措施，取消任何形式的排名排序做法。强化法定期限内立案和正常审限内结案，建立长期未结案通报机制，坚决停止人为控制收结案的错误做法。依托审判流程公开、裁判文书公开和执行信息公开三大平台，发挥案件质量评估体系对人民法院公正司法的服务、研判和导向作用。

22. 深化司法统计改革。以"大数据、大格局、大服务"理念为指导，改革司法统计管理体制，打造分类科学、信息全面的司法统计标准体系，逐步构建符合审判实际和司法规律的实证分析模型，建立全国法院裁判文书库和全国法院司法信息大数据中心。

23. 完善法律统一适用机制。完善最高人民法院的审判指导方式，加强司法解释等审判指导方式的规范性、及时性、针对性和有效性。改革和完善指导性案例的筛选、评估和发布机制。健全完善确保人民法院统一适用法律的工作机制。

24. 深化执行体制改革。推动实行审判权和执行权相分离的体制改革试点。建立失信被执行人信用监督、威慑和惩戒法律制度。加大司法拍卖方式改革力度，重点推行网络司法拍卖模式。完善财产刑执行制度，推动将财产刑执行纳入统一的刑罚执行体制。

25. 推动完善司法救助制度。明确司法救助的条件、标准和范围，规范司法救助的受理、审查和决定程序，严格资金的管理使用。推动国家司法救助立法，切实发挥司法救助在帮扶群众、化解矛盾中的积极作用。

26. 深化司法领域区际国际合作。推动完善司法协助体制，扩大区际、国际司法协助覆盖面。推动制定刑事司法协助法。

（四）健全审判权力运行机制

建立中国特色社会主义审判权力运行体系，必须严格遵循司法规律，完善以审判权为核心、以审判监督权和审判管理权为保障的审判权力运行机制，落实审判责任制，做到让审理者裁判，由裁判者负责。到 2015 年底，健全完善权责明晰、权责统一、监督有序、配套齐全的审判权力运行机制。

27. 健全主审法官、合议庭办案机制。选拔政治素质好、办案能力强、专业水平高、司法经验丰富的审判人员担任主审法官。独任制审判以主审法官为中心，配备必要数量的审判辅助人员。合议制审判由主审法官担任审判长。合议庭成员都是主审法官的，原则上由承办案件的主审法官担任审判长。完善院、庭长、审判委员会委员担任审判长参加合议庭审理案件的工作机制。改革完善合议庭工作机制，明确合议庭作为审判组织的职能范围，完善合议庭成员在交叉阅卷、庭审、合议等环节中的共同参与和制约监督机制。改革裁判文书签发机制。

28. 完善主审法官、合议庭办案责任制。按照权责利相统一的原则，明确主审法官、合议庭及其成员的办案责任与免责条件，实现评价机制、问责机制、惩戒机制、退出机制与保障机制的有效衔接。主审法官作为审判长参与合议时，与其他合议庭成员权力平等，但负有主持庭审活动、控制审判流程、组织案件合议、避免程序瑕疵等岗位责任。科学界定合议庭成员的责任，既要确保其独立发表意见，也要明确其个人意见、履职行为在案件处理结果中的责任。

29. 健全院、庭长审判管理机制。明确院、庭长与其职务相适应的审判管理职责。规范案件审理程序变更、审限变更的审查报批制度。健全诉讼卷宗分类归档、网上办案、审判流程管控、裁判文书上网工作的内部督导机制。

30. 健全院、庭长审判监督机制。明确院、庭长与其职务相适应的审判监督职责，健全内部制约监督机制。完善主审法官会议、专业法官会议机制。规范院、庭长对重大、疑难、复杂案件的监督机制，建立院、庭长在监督活动中形成的全部文书入卷存档制度。依托现代信息化手段，建立主审法官、合议庭行使审判权与院、庭长行使监督权的全程留痕、相互监督、相互制约机制，确保监督不缺位、监督不越位、监督必留痕、失职必担责。

31. 健全审判管理制度。发挥审判管理在提升审判质效、规范司法行为、严格诉讼程序、统一裁判尺度等方面的保障、促进和服务作用，强化审判流程节点管控，进一步改善案件质量评估工作。

32. 改革审判委员会工作机制。合理定位审判委员会职能，强化审判委员会总结审判经验、讨论决定审判工作重大事项的宏观指导职能。建立审判委员会讨论事项的先行过滤机制，规范审判委员会讨论案件的范围。除法律规定的情形和涉及国家外交、安全和社会稳定的重大复杂案件外，审判委员会主要讨论案件的法律适用问题。完善审判委员会议事规则，建立审判委员会会议材料、会议记录的签名确认制度。建立审判委员会决议事项的督办、回复和公示制度。建立审判委员会委员履职考评和内部公示机制。

33. 推动人民陪审员制度改革。落实人民陪审员"倍增计划"，拓宽人民陪审员选任渠道和范围，保障人民群众参与司法，确保基层群众所占比例不低于新增人民陪审员三分之二。进一步规范人民陪审员的选任条件,改革选任方式,完善退出机制。明确人民陪审员参审案件职权,完善随机抽取机制。改革陪审方式,逐步实行人民陪审员不再审理法律适用问题,只参与审理事实认定问题。加强人民陪审员依法履职的经费保障。建立人民陪审员动态管理机制。

34. 推动裁判文书说理改革。根据不同审级和案件类型,实现裁判文书的繁简分流。加强对当事人争议较大、法律关系复杂、社会关注度较高的一审案件,以及所有的二审案件、再审案件、审判委员会讨论决定案件裁判文书的说理性。对事实清楚、权利义务关系明确、当事人争议不大的一审民商事案件和事实清楚、证据确实充分、被告人认罪的一审轻微刑事案件,使用简化的裁判文书,通过填充要素、简化格式,提高裁判效率。重视律师辩护代理意见,对于律师依法提出的辩护代理意见未予采纳的,应当在裁判文书中说明理由。完善裁判文书说理的刚性约束机制和激励机制,建立裁判文书说理的评价体系,将裁判文书的说理水平作为法官业绩评价和晋级、选升的重要因素。

35. 完善司法廉政监督机制。改进和加强司法巡查、审务督察和廉政监察员工作。建立上级纪委和上级法院为主、下级法院协同配合的违纪案件查处机制,实现纪检监察程序与法官惩戒程序的有序衔接。建立法院内部人员过问案件的记录制度和责任追究制度。依法规范法院人员与当事人、律师、特殊关系人、中介组织的接触、交往行为。

36. 改革涉诉信访制度。完善诉访分离工作机制,明确诉访分离的标准、范围和程序。健全涉诉信访终结机制,依法规范涉诉信访秩序。建立就地接访督导机制,创新网络办理信访机制。推动建立申诉案件律师代理制度。探索建立社会第三方参与机制,增强涉诉信访矛盾多元化解合力。

(五)构建开放、动态、透明、便民的阳光司法机制

建立中国特色社会主义审判权力运行体系,必须依托现代信息技术,构建开放、动态、透明、便民的阳光司法机制,增进公众对司法的了解、信赖和监督。到2015年底,形成体系完备、信息齐全、使用便捷的人民法院审判流程公开、裁判文书公开和执行信息公开三大平台,建立覆盖全面、系统科学、便民利民的司法为民机制。

37. 完善庭审公开制度。建立庭审公告和旁听席位信息的公示与预约制度。对于依法应当公开审理,且受社会关注的案件,人民法院应当在已有条件范围内,优先安排与申请旁听者数量相适应的法庭开庭。有条件的审判法庭应当设立媒体旁听席,优先满足新闻媒体的旁听需要。

38. 完善审判流程公开平台。推动全国法院政务网站建设。建立全国法院统一的诉讼公告网上办理平台和诉讼公告网站。继续加强中国审判流程信息公开网网站建设,完善审判信息数据及时汇总和即时更新机制。加快建设诉讼档案电子化工程。推动实现全国法院在同一平台公开审判流程信息,方便当事人自案件受理之日起,在线获取审判流程节点信息。

39. 完善裁判文书公开平台。加强中国裁判文书网网站建设,完善其查询检索、信息聚合功能,方便公众有效获取、查阅、复制裁判文书。严格按照"以公开为原则,不公开为例外"的要求,实现四级人民法院依法应当公开的生效裁判文书统一在中国裁判文书网公布。

40. 完善执行信息公开平台。整合各类执行信息，推动实现全国法院在同一平台统一公开执行信息，方便当事人在线了解执行工作进展。加强失信被执行人名单信息公布力度，充分发挥其信用惩戒作用，促使被执行人自动履行生效法律文书。完善被执行人信息公开系统建设，方便公众了解执行工作，主动接受社会监督。

41. 完善减刑、假释、暂予监外执行公开制度。完善减刑、假释、暂予监外执行的适用条件和案件办理程序，确保相关案件公开、公正处理。会同刑罚执行机关、检察机关推动网上协同办案平台建设，对执法办案和考核奖惩中的重要事项、重点环节，实行网上录入、信息共享、全程留痕，从制度和技术上确保监督到位。建立减刑、假释、暂予监外执行信息网，实现三类案件的立案公示、庭审公告、文书公布统一在网上公开。

42. 建立司法公开督导制度。强化公众对司法公开工作的监督，健全对违反司法公开规定行为的投诉机制和救济渠道。充分发挥司法公开三大平台的监督功能，使公众通过平台提出的意见和建议成为人民法院审判管理、审判监督和改进工作的重要参考依据。

43. 完善诉讼服务中心制度。加强诉讼服务中心规范化建设，完善诉讼服务大厅、网上诉讼服务平台、12368司法服务热线。建立网上预约立案、送达、公告、申诉等工作机制。推动远程调解、信访等视频应用，进一步拓展司法为民的广度和深度。

44. 完善人民法庭制度。优化人民法庭的区域布局和人员比例。积极推进以中心法庭为主、社区法庭和巡回审判点为辅的法庭布局形式。根据辖区实际情况，完善人民法庭便民立案机制。优化人民法庭人员构成。有序推进人民法庭之间、人民法庭和基层人民法院其他庭室之间的人员交流。

45. 推动送达制度改革。推动建立当事人确认送达地址并承担相应法律后果的约束机制，探索推广信息化条件下的电子送达方式，提高送达效率。

46. 健全多元化纠纷解决机制。继续推进调解、仲裁、行政裁决、行政复议等纠纷解决机制与诉讼的有机衔接、相互协调，引导当事人选择适当的纠纷解决方式。推动在征地拆迁、环境保护、劳动保障、医疗卫生、交通事故、物业管理、保险纠纷等领域加强行业性、专业性纠纷解决组织建设，推动仲裁制度和行政裁决制度的完善。建立人民调解、行政调解、行业调解、商事调解、司法调解联动工作体系。推动多元化纠纷解决机制立法进程，构建系统、科学的多元化纠纷解决体系。

47. 推动实行普法责任制。强化法院普法意识，充分发挥庭审公开、文书说理、案例发布的普法功能，推动人民法院行使审判职能与履行普法责任的高度统一。

（六）推进法院人员的正规化、专业化、职业化建设

建立中国特色社会主义审判权力运行体系，必须坚持以审判为中心、以法官为重心，全面推进法院人员的正规化、专业化、职业化建设，努力提升职业素养和专业水平。到2017年底，初步建立分类科学、分工明确、结构合理和符合司法职业特点的法院人员管理制度。

48. 推动法院人员分类管理制度改革。建立符合职业特点的法官单独职务序列。健全法官助理、书记员、执行员等审判辅助人员管理制度。科学确定法官与审判辅助人员的数量比例，建立审判辅助人员的正常增补机制，切实减轻法官事务性工作负担。拓宽

审判辅助人员的来源渠道，探索以购买社会化服务的方式，优化审判辅助人员结构。探索推动司法警察管理体制改革。完善司法行政人员管理制度。

49. 建立法官员额制度。根据法院辖区经济社会发展状况、人口数量（含暂住人口）、案件数量、案件类型等基础数据，结合法院审级职能、法官工作量、审判辅助人员配置、办案保障条件等因素，科学确定四级法院的法官员额。根据案件数量、人员结构的变化情况，完善法官员额的动态调节机制。科学设置法官员额制改革过渡方案，综合考虑审判业绩、业务能力、理论水平和法律工作经历等因素，确保优秀法官留在审判一线。

50. 改革法官选任制度。针对不同层级的法院，设置不同的法官任职条件。在国家和省一级分别设立由法官代表和社会有关人员参与的法官遴选委员会，制定公开、公平、公正的选任程序，确保品行端正、经验丰富、专业水平较高的优秀法律人才成为法官人选，实现法官遴选机制与法定任免机制的有效衔接。健全初任法官由高级人民法院统一招录，一律在基层人民法院任职机制。配合法律职业人员统一职前培训制度改革，健全预备法官训练制度。适当提高初任法官的任职年龄。建立上级法院法官原则上从下一级法院遴选产生的工作机制。完善将优秀律师、法律学者，以及在立法、检察、执法等部门任职的专业法律人才选任为法官的制度。健全法院和法学院校、法学研究机构人员双向交流机制，实施高校和法院人员互聘计划。

51. 完善法官业绩评价体系。建立科学合理、客观公正、符合规律的法官业绩评价机制，完善评价标准，将评价结果作为法官等级晋升、择优遴选的重要依据。建立不适任法官的退出机制，完善相关配套措施。

52. 完善法官在职培训机制。严格以实际需求为导向，坚持分类、分级、全员培训，着力提升法官的庭审驾驭能力、法律适用能力和裁判文书写作能力。改进法官教育培训的计划生成、组织调训、跟踪管理和质量评估机制，健全教学师资库、案例库、精品课件库。加强法官培训机构和现场教学基地建设。建立中国法官教育培训网，依托信息化手段，大力推广网络教学，实现精品教学课件由法院人员免费在线共享。大力加强基层人民法院法官和少数民族双语法官的培训工作。

53. 完善法官工资制度。落实法官法规定，研究建立与法官单独职务序列配套的工资制度。

（七）确保人民法院依法独立公正行使审判权

建立中国特色社会主义审判权力运行体系，必须坚持在党的领导下，推动完善确保人民法院依法独立公正行使审判权的各项制度，优化司法环境，树立司法权威，强化职业保障，提高司法公信力。到2018年底，推动形成信赖司法、尊重司法、支持司法的制度环境和社会氛围。

54. 推动省级以下法院人员统一管理改革。配合中央有关部门，推动建立省级以下地方法院人员编制统一管理制度。推动建立省级以下地方法院法官统一由省级提名、管理并按法定程序任免的机制。

55. 建立防止干预司法活动的工作机制。配合中央有关部门，推动建立领导干部干预审判执行活动、插手具体案件处理的记录、通报和责任追究制度。按照案件全程留痕要求，明确审判组织的记录义务和责任，对于领导干部干预司法活动、插手具体案件的批示、函文、记录等信息，建立依法提取、介质存储、专库录入、入卷存查机制，相关信息均应当存入案件正卷，供当事人及其代理人查询。

56. 健全法官履行法定职责保护机制。合理确定法官、审判辅助人员的工作职责、工作流程和工作标准。明确不同主体、不同类型过错的甄别标准和免责事由，确保法官依法履职行为不受追究。非因法定事由，未经法定程序，不得将法官调离、辞退或者作出免职、降级等处分。完善法官申诉控告制度，建立法官合法权益因依法履职受到侵害的救济机制，健全不实举报澄清机制。在国家和省一级分别设立由法官代表和社会有关人员参与的法官惩戒委员会，制定公开、公正的法官惩戒程序，既确保法官的违纪违法行为及时得到应有惩戒，又保障其辩解、举证、申请复议和申诉的权利。

57. 完善司法权威保障机制。推动完善拒不执行判决、裁定、藐视法庭权威等犯罪行为的追诉机制。推动相关法律修改，依法惩治当庭损毁证据材料、庭审记录、法律文书和法庭设施等严重蔑视法庭权威的行为，以及在法庭之外威胁、侮辱、跟踪、骚扰法院人员或其近亲属等违法犯罪行为。

58. 强化诉讼诚信保障机制。建立诉讼诚信记录和惩戒制度。依法惩治虚假诉讼、恶意诉讼、无理缠诉行为，将上述三类行为信息纳入社会征信系统。探索建立虚假诉讼、恶意诉讼受害人损害赔偿之诉。

59. 优化行政审判外部环境。健全行政机关负责人依法出庭应诉制度，引导、规范行政机关参加诉讼活动。规范司法建议的制作和发送，促进依法行政水平提升。

60. 完善法官宣誓制度。完善法官宣誓制度，经各级人大及其常委会选举或任命的法官，正式就职时应当公开向宪法宣誓。

61. 完善司法荣誉制度。明确授予法官、审判辅助人员不同类别荣誉的标准、条件和程序，提升法院人员的司法职业尊荣感和归属感。

62. 理顺法院司法行政事务管理关系。科学设置人民法院的司法行政事务管理机构，规范和统一管理职责，探索实行法院司法行政事务管理权和审判权的相对分离。改进上下级法院司法行政事务管理机制，明确上级法院司法行政事务管理部门对下级法院司法行政事务的监管职能。

63. 推动人民法院财物管理体制改革。配合中央有关部门，推动省级以下地方法院经费统一管理机制改革。完善人民法院预算保障体系、国库收付体系和财务管理体系，推动人民法院经费管理与保障的长效机制建设。严格"收支两条线"管理，地方各级人民法院收取的诉讼费、罚金、没收的财物，以及追缴的赃款赃物等，统一上缴省级国库。加强"两庭"等场所建设。建立人民法院装备标准体系。

64. 推动人民法院内设机构改革。按照科学、精简、高效的工作要求，推进扁平化管理，逐步建立以服务审判工作为重心的法院内设机构设置模式。

65. 推动人民法院信息化建设。加快"天平工程"建设，着力整合现有资源，推动以服务法院工作和公众需求的各类信息化应用。最高人民法院和高级人民法院主要业务信息化覆盖率达到100%，中级人民法院和基层人民法院分别达到95%和85%以上。

四、全面深化人民法院改革的工作要求

全面深化人民法院改革，任务艰巨、责任重大、时间紧迫。各级人民法院要认真贯彻中央决策部署，加强组织领导，完善工作机制，有重点、有步骤、有秩序地抓好落实和推动工作，确保改革措施取得实际效果，改革成果惠及全体人民。

最高人民法院司法改革领导小组是人民法院司法改革的议事、协调和指导机构，不定期召开小组会议，研究确定改革要点、审议改革方案、听取进度汇报、讨论决定重大问题。

最高人民法院建立情况通报、督导检查、评估总结制度，及时掌握改革动态，加强督促指导，纠正错误做法，总结成功经验，做到每项改革任务都有布置、有督促、有检查，确保各项任务不折不扣完成。

各高级人民法院应当成立司法改革领导小组，监督指导、统筹协调辖区内法院的司法改革工作。各级人民法院要建立健全司法改革事务报批备案和请示报告制度，及时总结改革经验、报告工作进展、反映问题困难。各高级人民法院拟就部分改革项目开展试点的，试点方案须报最高人民法院审批同意，重大改革试点方案须经最高人民法院报中央审批同意方可实施。

（二）司法解释及废止目录

最高人民法院
印发《最高人民法院关于司法解释工作的规定》的通知

2007年3月9日　　　　　　　　　　　　　　　　法发〔2007〕12号

本院各单位：

《最高人民法院关于司法解释工作的规定》已于2006年12月11日经最高人民法院审判委员会第1408次会议通过，现印发给你们，请遵照执行。

附：

最高人民法院
关于司法解释工作的规定

一、一般规定

第一条　为进一步规范和完善司法解释工作，根据《中华人民共和国人民法院组织法》、《中华人民共和国各级人民代表大会常务委员会监督法》和《全国人民代表大会常务委员会关于加强法律解释工作的决议》等有关规定，制定本规定。

第二条　人民法院在审判工作中具体应用法律的问题，由最高人民法院作出司法解释。

第三条　司法解释应当根据法律和有关立法精神，结合审判工作实际需要制定。

第四条　最高人民法院发布的司法解释，应当经审判委员会讨论通过。

第五条　最高人民法院发布的司法解释，具有法律效力。

第六条　司法解释的形式分为"解释"、"规定"、"批复"和"决定"四种。

对在审判工作中如何具体应用某一法律或者对某一类案件、某一类问题如何应用法律制定的司法解释，采用"解释"的形式。

根据立法精神对审判工作中需要制定的规范、意见等司法解释，采用"规定"的形式。

对高级人民法院、解放军军事法院就审判工作中具体应用法律问题的请示制定的司法解释，采用"批复"的形式。

修改或者废止司法解释，采用"决定"的形式。

第七条 最高人民法院与最高人民检察院共同制定司法解释的工作，应当按照法律规定和双方协商一致的意见办理。

第八条 司法解释立项、审核、协调等工作由最高人民法院研究室统一负责。

二、立　项

第九条 制定司法解释，应当立项。

第十条 最高人民法院制定司法解释的立项来源：

（一）最高人民法院审判委员会提出制定司法解释的要求；

（二）最高人民法院各审判业务部门提出制定司法解释的建议；

（三）各高级人民法院、解放军军事法院提出制定司法解释的建议或者对法律应用问题的请示；

（四）全国人大代表、全国政协委员提出制定司法解释的议案、提案；

（五）有关国家机关、社会团体或者其他组织以及公民提出制定司法解释的建议；

（六）最高人民法院认为需要制定司法解释的其他情形。

基层人民法院和中级人民法院认为需要制定司法解释的，应当层报高级人民法院，由高级人民法院审查决定是否向最高人民法院提出制定司法解释的建议或者对法律应用问题进行请示。

第十一条 最高人民法院审判委员会要求制定司法解释的，由研究室直接立项。

对其他制定司法解释的立项来源，由研究室审查是否立项。

第十二条 最高人民法院各审判业务部门拟制定"解释"、"规定"类司法解释的，应当于每年年底前提出下一年度的立项建议送研究室。

研究室汇总立项建议，草拟司法解释年度立项计划，经分管院领导审批后提交审判委员会讨论决定。

因特殊情况，需要增加或者调整司法解释立项的，有关部门提出建议，由研究室报分管院领导审批后报常务副院长或者院长决定。

第十三条 最高人民法院各审判业务部门拟对高级人民法院、解放军军事法院的请示制定批复的，应当及时提出立项建议，送研究室审查立项。

第十四条 司法解释立项计划应当包括以下内容：立项来源，立项的必要性，需要解释的主要事项，司法解释起草计划，承办部门以及其他必要事项。

第十五条 司法解释应当按照审判委员会讨论通过的立项计划完成。未能按照立项计划完成的，起草部门应当及时写出书面说明，由研究室报分管院领导审批后提交审判委员会决定是否继续立项。

三、起草与报送

第十六条 司法解释起草工作由最高人民法院各审判业务部门负责。

涉及不同审判业务部门职能范围的综合性司法解释，由最高人民法院研究室负责起草或者组织、协调相关部门起草。

第十七条 起草司法解释，应当深入调查研究，认真总结审判实践经验，广泛征求意见。

涉及人民群众切身利益或者重大疑难问题的司法解释，经分管院领导审批后报常务副院长或者院长决定，可以向社会公开征求意见。

第十八条 司法解释送审稿应当送全国人民代表大会相关专门委员会或者全国人民代表大会常务委员会相关工作部门征求意见。

第十九条 司法解释送审稿在提交审判委员会讨论前，起草部门应当将送审稿及其说明送研究室审核。

司法解释送审稿及其说明包括：立项计划、调研情况报告、征求意见情况、分管副院长对是否送审的审查意见、主要争议问题和相关法律、法规、司法解释以及其他相关材料。

第二十条 研究室主要审核以下内容：

（一）是否符合宪法、法律规定；

（二）是否超出司法解释权限；

（三）是否与相关司法解释重复、冲突；

（四）是否按照规定程序进行；

（五）提交的材料是否符合要求；

（六）是否充分、客观反映有关方面的主要意见；

（七）主要争议问题与解决方案是否明确；

（八）其他应当审核的内容。

研究室应当在一个月内提出审核意见。

第二十一条 研究室认为司法解释送审稿需要进一步修改、论证或者协调的，应当会同起草部门进行修改、论证或者协调。

第二十二条 研究室对司法解释送审稿审核形成草案后，由起草部门报分管院领导和常务副院长审批后提交审判委员会讨论。

四、讨 论

第二十三条 最高人民法院审判委员会应当在司法解释草案报送之次日起三个月内进行讨论。逾期未讨论的，审判委员会办公室可以报常务副院长批准延长。

第二十四条 司法解释草案经审判委员会讨论通过的，由院长或者常务副院长签发。

司法解释草案经审判委员会讨论原则通过的，由起草部门会同研究室根据审判委员会讨论决定进行修改，报分管副院长审核后，由院长或者常务副院长签发。

审判委员会讨论认为制定司法解释的条件尚不成熟的，可以决定进一步论证、暂缓讨论或撤销立项。

五、发布、施行与备案

第二十五条 司法解释以最高人民法院公告形式发布。

司法解释应当在《最高人民法院公报》和《人民法院报》刊登。

司法解释自公告发布之日起施行，但司法解释另有规定的除外。

第二十六条 司法解释应当自发布之日起三十日内报全国人民代表大会常务委员会备案。

备案报送工作由办公厅负责，其他相关工作由研究室负责。

第二十七条 司法解释施行后，人民法院作为裁判依据的，应当在司法文书中援引。

人民法院同时引用法律和司法解释作为裁判依据的，应当先援引法律，后援引司法解释。

第二十八条 最高人民法院对地方各级人民法院和专门人民法院在审判工作中适用司法解释的情况进行监督。上级人民法院对下级人民法院在审判工作中适用司法解释的情况进行监督。

六、编纂、修改、废止

第二十九条 司法解释的编纂由审判委员会决定，具体工作由研究室负责，各审判业务部门参加。

第三十条 司法解释需要修改、废止的，参照司法解释制定程序的相关规定办理，由审判委员会讨论决定。

第三十一条 本规定自2007年4月1日起施行。1997年7月1日发布的《最高人民法院关于司法解释工作的若干规定》同时废止。

最高人民法院办公厅
关于规范司法解释施行日期有关问题的通知

2007年8月23日　　　　　　　　　　　　法办〔2007〕396号

本院各单位：

为进一步规范我院司法解释的制定、发布工作，避免社会公众对司法解释施行日期产生误解，确保司法解释的正确适用，根据《最高人民法院关于司法解释工作的规定》第二十五条规定，现将我院制定、发布司法解释确定其施行日期的有关事项通知如下：

一、今后各部门起草的司法解释对施行日期没有特别要求的，司法解释条文中不再规定"本解释（规定）自公布之日起施行"的条款，施行时间一律以发布司法解释的最高人民法院公告中明确的日期为准。

二、司法解释对施行日期有特别要求的，应当在司法解释条文中规定相应条款，明确具体施行时间，我院公告的施行日期应当与司法解释的规定相一致。

特此通知。

最高人民法院 最高人民检察院
关于地方人民法院、人民检察院不得制定司法解释性质文件的通知

2012年1月18日　　　　　　　　　　　　　法发〔2012〕2号

各省、自治区、直辖市高级人民法院、人民检察院，解放军军事法院、军事检察院，新疆维吾尔自治区高级人民法院生产建设兵团分院、新疆生产建设兵团人民检察院：

中国特色社会主义法律体系如期形成，在我国社会主义民主法制建设史上具有里程碑意义，标志着依法治国基本方略的贯彻实施进入了一个新阶段。有法必依、执法必严、违法必究问题在法律实施工作中更为突出、更加紧迫。为了维护国家法制统一，正确实施法律，促进公正司法，按照2011年全国人大常委会工作报告和立法工作计划关于督促和指导最高人民法院、最高人民检察院开展司法解释集中清理工作的总体部署和要求，现就地方人民法院、人民检察院不得制定司法解释性质文件的有关问题通知如下：

一、根据全国人大常委会《关于加强法律解释工作的决议》的有关规定，人民法院在审判工作中具体应用法律的问题，由最高人民法院作出解释；人民检察院在检察工作中具体应用法律的问题，由最高人民检察院作出解释。自本通知下发之日起，地方人民法院、人民检察院一律不得制定在本辖区普遍适用的、涉及具体应用法律问题的"指导意见"、"规定"等司法解释性质文件，制定的其他规范性文件不得在法律文书中援引。

二、地方人民法院、人民检察院对于制定的带有司法解释性质的文件，应当自行清理。凡是与法律、法规及司法解释的规定相抵触以及不适应经济社会发展要求的司法解释性质文件，应当予以废止；对于司法实践中迫切需要、符合法律精神又无相应的司法解释规定的，参照本通知第三条的规定办理。

地方人民法院、人民检察院应当自本通知下发之日起，分别对单独制定的司法解释性质文件进行清理；对法、检两家制定或者与其他部门联合制定的，由原牵头部门负责清理并做好沟通协调工作；对不属于地方人民法院、人民检察院牵头制定的，要主动会同相关牵头部门研究处理。

清理工作应当于2012年3月底以前完成,由高级人民法院、省级人民检察院分别向最高人民法院、最高人民检察院报告清理结果。

三、地方人民法院、人民检察院在总结审判工作、检察工作经验过程中,认为需要制定司法解释的,按照《最高人民法院关于司法解释工作的规定》(法发〔2007〕12号)和《最高人民检察院司法解释工作规定》(高检发研字〔2006〕4号)的要求,通过高级人民法院、省级人民检察院向最高人民法院、最高人民检察院提出制定司法解释的建议或者对法律应用问题进行请示。

四、在执行本通知过程中遇到的具体情况和问题,高级人民法院、省级人民检察院应当及时向最高人民法院、最高人民检察院报告。

特此通知。

最高人民法院办公厅
关于规范司法解释发布、施行日期问题的通知

2015年9月2日　　　　　　　　　　法办〔2015〕116号

本院各单位:

为进一步规范和统一我院司法解释的发布、施行日期,保证司法解释的正确适用,根据《最高人民法院关于司法解释工作的规定》,现将有关事项明确如下:

1. 司法解释的施行日期是司法解释的实质性内容,应在司法解释主文中以"自×年×月×日起施行"形式予以明确;

2. 司法解释承办单位应当与院新闻部门沟通确定在媒体公布的日期,文件印制的落款日期和印发日期一般为在媒体公布的前一日;

3. 司法解释除因工作需要当日公布当日施行外,一般应当在公布之后的确定日期施行;

4. 司法解释发布后应当及时向全国人大常委会办公厅报送备案,由办公厅在发布后3日内报出。

特此通知。

最高人民法院
关于废止1993年底以前发布的部分司法解释的通知

1994年7月27日　　　　　　　　　　　　　法发〔1994〕16号

各省、自治区、直辖市高级人民法院，解放军军事法院：

  根据任建新院长在第十六次全国法院工作会议报告中提出的"抓紧对过去的司法解释进行清理，对其中不适应加快改革开放和经济建设要求的，分别不同情况，进行修改、补充或者废止"的要求，我院自1993年起，本着由近及远、分期分批、抓紧进行的原则，对1979年至1993年间发布的司法解释进行了全面清理。现将经我院审判委员会讨论通过的第一批予以废止的司法解释目录印发给你们。这批予以废止的司法解释共11件，其中刑事审判方面2件，经济审判方面2件，行政审判方面4件，海事审判方面3件。予以废止的这些司法解释从即日起不再适用（有的早已自行失效）。但过去适用上述司法解释对有关案件作出的判决、裁定仍然有效。清理司法解释工作尚在进行中，需要废止的司法解释，以后还将陆续分批通知你们。最高人民法院与有关部门联合发布的司法解释性文件需要废止的，我院将与有关部门联合发文予以废止。有些司法解释只有部分内容不适应当前审判实践需要的，我院将在全面清理的基础上，组织有关部门研究修改，各地有什么意见请及时报我院。

  附：最高人民法院予以废止的1993年底以前发布的司法解释目录（第一批）

附：

最高人民法院
予以废止的 1993 年底以前发布的
司法解释目录（第一批）

（最高人民法院审判委员会第 667 次会议讨论通过）

序号	分类	司法解释名称	发文日期、文号	废止理由
1	刑事	最高人民法院关于办理共同盗窃犯罪案件如何适用法律问题的意见	1991 年 4 月 12 日 法（研）发〔1991〕11 号	已被 1992 年 12 月 11 日最高人民法院最高人民检察院发布的《关于办理盗窃案件具体应用法律的若干问题的解释》代替。
2		最高人民法院关于严厉打击偷渡犯罪活动的通知	1993 年 9 月 24 日 法发〔1993〕24 号	1994 年 3 月 5 日全国人民代表大会常务委员会已经通过并公布了《关于严惩组织运送他人偷越国（边）境犯罪的补充规定》，原依据刑法有关规定作出的上述司法解释不再适用。
3	经济	最高人民法院关于因口头协议纠纷提起的诉讼管辖问题的批复	1990 年 3 月 16 日	1991 年 4 月 9 日全国人民代表大会通过并公布了《中华人民共和国民事诉讼法》，上述批复有关内容与之抵触或者重复，不再适用。
4		最高人民法院关于工商行政管理机关对无效经济合同引起的财产争议处理后当事人向人民法院起诉是否受理的批复	1990 年 11 月 3 日 法（经）复〔1990〕16 号	已被 1992 年 4 月 1 日最高人民法院发布的《关于不服工商行政管理机关的确认经济合同无效及财产损失的处理决定的案件应属行政案件的复函》代替。
5	行政	人民法院审理治安行政案件具体应用法律的若干问题的暂行规定	1986 年 10 月 24 日 法（研）发〔1986〕31 号	1989 年 4 月 4 日全国人民代表大会已经通过并公布了《中华人民共和国行政诉讼法》，上述司法解释与之抵触，不再适用。
6		最高人民法院关于如何适用土地管理法第十三条和森林法第十四条的批复	1987 年 7 月 31 日 法（经）复字〔1987〕28 号	1989 年 4 月 4 日全国人民代表大会通过并公布了《中华人民共和国行政诉讼法》，上述批复与之抵触，不再适用。
7		最高人民法院关于铁路运输法院是否受理治安行政案件的批复	1987 年 9 月 11 日 法（研）复〔1987〕34 号	1989 年 4 月 4 日全国人民代表大会已经通过并公布了《中华人民共和国行政诉讼法》，上述批复与之抵触，不再适用。

序号	分类	司法解释名称	发文日期、文号	废止理由
8		最高人民法院关于《人民法院审理治安行政案件具体应用法律的若干问题的暂行规定》是否适用于审理其他行政案件的批复	1988年1月13日法(研)复〔1988〕9号	1989年4月4日全国人民代表大会已经通过并公布了《中华人民共和国行政诉讼法》，上述批复与之抵触，不再适用。
9	海事	最高人民法院在扣船规定出台前关于扣船程序的批复	1981年10月24日〔81〕法(交)字第3号	已被1994年7月6日最高人民法院发布的《关于海事法院诉讼前扣押船舶的规定》代替。
10		最高人民法院关于诉讼前扣押船舶的具体规定(1986年1月31日最高人民法院审判委员会通过)		已被1994年7月6日最高人民法院发布的《关于海事法院诉讼前扣押船舶的规定》代替。
11		最高人民法院关于强制变卖被扣押船舶清偿债务的具体规定	1987年8月29日法(经)发〔1987〕22号	已被1994年7月6日最高人民法院发布的《关于海事法院拍卖被扣押船舶清偿债务的规定》代替。

最高人民法院　最高人民检察院
关于废止1993年底以前联合发布的部分司法解释的通知

1994年8月29日

法　发〔1994〕21号
高检会〔1994〕37号

各省、自治区、直辖市高级人民法院，人民检察院，解放军军事法院、军事检察院：

　　自1993年起，最高人民法院、最高人民检察院共同对1979年至1993年两院联合发布的司法解释进行了全面清理。现将经最高人民法院审判委员会、最高人民检察院检察委员会讨论通过的第一批予以废止的司法解释目录印发给你们。这批予以废止的4件司法解释从本通知发布之日起不再适用（有的早已自行失效）。在此之前适用上述司法解释对有关案件作出的判决、裁定不再变动。清理司法解释工作尚在进行中，应当废止的联合发布的司法解释，今后还将陆续分批通知你们。有些司法解释只有部分内容不适应当前司法实践需要的，我们将在全面清理的基础上研究修改，各地有什么意见请及时报告我们。

附：

最高人民法院　最高人民检察院
予以废止的1993年底以前联合发布的司法解释目录（第一批）

序号	司法解释名称	发布日期、文号	废止理由
1	最高人民法院　最高人民检察院关于办理淫秽物品刑事案件具体应用法律的规定	1990年7月6日法（研）发〔1990〕11号	1990年12月28日全国人大常委会已通过《关于惩治走私、制作、贩卖、传播淫秽物品的犯罪分子的决定》，原依据刑法有关规定作出的上述解释不再适用。
2	最高人民法院　最高人民检察院关于非法种植罂粟构成犯罪的以制造毒品罪论处的规定	1990年7月9日法（研）发〔1990〕14号	1990年12月28日全国人大常委会已通过《关于禁毒的决定》，原依据刑法有关规定作出的上述解释不再适用。
3	最高人民法院　最高人民检察院关于依法严惩盗窃通讯设备犯罪的规定	1990年7月10日法（研）发〔1990〕15号	已被1992年12月11日最高人民法院、最高人民检察院发布的《关于办理盗窃案件具体应用法律的若干问题的解释》代替。
4	最高人民法院　最高人民检察院关于修改盗窃犯罪数额标准的通知	1991年12月30日法（研）发〔1991〕47号	已被1992年12月11日最高人民法院、最高人民检察院发布的《关于办理盗窃案件具体应用法律的若干问题的解释》代替。

最高人民法院予以废止的1999年底以前发布的有关司法解释目录（第三批）

法释〔2000〕20号

（2000年6月16日最高人民法院审判委员会第1119次会议通过　2000年7月13日最高人民法院公布　自2000年7月25日起不再适用）

序号分类	司法解释名称	发文日期、文号	废止理由
1	最高人民法院关于华侨买卖国内房屋问题的批复	1982年8月19日〔79〕民他字第40号	1999年3月15日全国人民代表大会已经通过并公布了《中华人民共和国合同法》，该司法解释与之抵触，不再适用。
2	最高人民法院关于王正贵与林作信、江妙法房屋买卖关系如何确认的批复	1982年12月18日〔82〕民他字第1号	同上。
3	最高人民法院关于租赁契约在履行期间发生争执新订立协议在办理公证时一方反悔并拒绝签字、领受公证书，应如何处理问题的批复	1987年1月19日〔1986〕民他字第122号	同上。
4	最高人民法院关于强锡麟捐赠给国家的财产应如何处理的批复	1988年3月12日〔87〕民他字第66号	1999年3月15日全国人民代表大会已经通过并公布了《中华人民共和国合同法》，该司法解释的有关内容已被合同法相关内容所替代。
5	最高人民法院关于公产房屋的买卖及买卖协议签订后一方是否可以翻悔问题的复函	1990年2月17日〔89〕民他字第50号	1999年3月15日全国人民代表大会已经通过并公布了《中华人民共和国合同法》，该司法解释与之抵触，不再适用。
6	最高人民法院关于贯彻执行《经济合同法》若干问题的意见	1984年9月17日〔1984〕法办字第128号	1999年3月15日全国人民代表大会已经通过并公布了《中华人民共和国合同法》，原依据《中华人民共和国经济合同法》有关规定作出的该司法解释不再适用。

序号 分类	司法解释名称	发文日期、文号	废止理由
7	最高人民法院关于在审理经济合同纠纷案件中具体适用《经济合同法》的若干问题的解答	1987年7月21日 法〔经〕发〔1987〕20号	同上。
8	最高人民法院关于适用《涉外经济合同法》若干问题的解答	1987年10月19日 法〔经〕发〔1987〕27号	1999年3月15日全国人民代表大会已经通过并公布了《中华人民共和国合同法》，原依据《中华人民共和国涉外经济合同法》有关规定作出的该司法解释不再适用。
9	最高人民法院关于对无法定和约定期限的工矿产品内在质量提出异议应如何确定期限问题的复函	1993年9月13日 法经〔1993〕195号	1999年3月15日全国人民代表大会已经通过并公布《中华人民共和国合同法》，该批复与之抵触，不再适用。
10	最高人民法院关于审理科技纠纷案件的若干问题的规定	1995年4月2日 法发〔1995〕6号	1999年3月15日全国人民代表大会已经通过并公布了《中华人民共和国合同法》，原依据《中华人民共和国技术合同法》有关规定作出的该司法解释不再适用。

最高人民法院
予以废止的2000年底以前发布的有关司法解释目录（第四批）

法释〔2001〕32号

（2001年12月24日最高人民法院审判委员会第1202次会议通过 2001年12月27日最高人民法院公告公布 自2001年12月28日起不再适用）

序号	司法解释名称	发文日期、文号	废止理由
1	最高人民法院关于波侨财产遗赠中国人应否有效问题的批复	1951年6月14日 东法编字第2842号	已被1985年4月10日全国人民代表大会已经通过并公布的《中华人民共和国继承法》代替。
2	最高人民法院关于处理外侨案件如当地无外事处可就近与省市人民政府外事处联系处理的通报	1951年9月26日 法督（一）字第5号	情况已改变，实际上已经失效。

序号	司法解释名称	发文日期、文号	废止理由
3	最高人民法院中南分院转知苏联废除苏联公民与外国人结婚的禁令	1954年6月14日〔54〕办秘发字第87号	调整对象已消失，实际上已经失效。
4	最高人民法院关于波兰法院对双方都居住在波兰的中国侨民的离婚判决在中国是否有法律效力问题的复函	1957年5月4日法行字第8490号	已被1991年8月13日最高人民法院发布的法（民）发〔1991〕21号《最高人民法院关于中国公民申请承认外国法院离婚判决程序问题的规定》代替。
5	最高人民法院关于中国籍的朝鲜族公民申请离婚应如何处理问题的批复	1962年8月22日〔62〕法行字第160号	已被1994年2月1日国务院发布的《婚姻登记管理条例》代替。
6	最高人民法院关于离婚判决可以直接寄给在香港的当事人的批复	1963年2月25日〔63〕法研字第21号	已被1999年3月29日最高人民法院发布的法释〔1999〕9号《最高人民法院关于内地与香港特别行政区法院相互委托送达民商事司法文书的安排》的司法解释代替。
7	最高人民法院关于我国公民要求与已回国的日本人离婚问题的复函	1964年7月7日〔64〕法研字第64号	已被1994年2月1日国务院发布《婚姻登记管理条例》代替。
8	最高人民法院关于李淑芬与黄正宽离婚一案的批复	1964年11月16日〔64〕民他字第60号	主要内容与1994年2月1日国务院发布《婚姻登记管理条例》不相符。
9	最高人民法院关于朱玉琴与山田良离婚问题的批复	1978年7月28日〔78〕法民字第18号	与1992年3月4日最高人民法院、外交部、司法部发布的外发〔1992〕8号《关于执行〈关于向国外送达民事或商事司法文书和司法外文书公约〉有关程序的通知》不相符。
10	最高人民法院关于审理涉外海上交通事故案件的几个问题的通知	1983年12月30日〔83〕法经字第8号	已被1999年12月25日全国人民代表大会已经通过并公布的《中华人民共和国海事诉讼特别程序法》代替。
11	最高人民法院关于开展专利审判工作的几个问题的通知	1985年2月16日法（经）〔1985〕3号	已被2000年8月25日全国人民代表大会常务委员会已经修正并公布的《中华人民共和国专利法》和1997年3月14日全国人民代表大会修订并公布的《中华人民共和国刑法》代替。

序号	司法解释名称	发文日期、文号	废止理由
12	最高人民法院关于驻外使馆参赞能否以外交代表身份为本国国民在我国的民事诉讼中聘请中国律师代理诉讼问题的批复	1985年3月28日〔1985〕民他字第5号	已被1992年7月14日最高人民法院发布的法发〔1992〕22号《最高人民法院关于适用〈民事诉讼法〉若干问题的意见》代替。
13	最高人民法院关于外籍当事人委托居住我国境内的外国人或本国驻我国领事馆人员为诉讼代理人,可否允许问题的批复第一条	1985年6月8日〔85〕民他字第3号	已被1992年7月14日最高人民法院发布的法发〔1992〕22号《最高人民法院关于适用〈民事诉讼法〉若干问题的意见》代替。
14	最高人民法院关于商标侵权如何计算损失赔偿额和侵权期间问题的批复	1985年11月6日法经复〔1985〕53号	与2001年10月27日全国人民代表大会常务委员会修正并公布的《中华人民共和国商标法》不相符。
15	最高人民法院关于专利侵权纠纷案件地域管辖问题的通知	1987年6月29日发布	已被2001年6月22日最高人民法院发布的法释〔2001〕21号《最高人民法院关于审理专利纠纷案件适用法律问题的若干规定》的司法解释代替。
16	最高人民法院关于著作权(版权)归主办单位所有的作品是否侵犯个人版权的批复	1987年12月31日〔1987〕民他字第24号	已被2001年10月27日全国人民代表大会已经修正并公布的《中华人民共和国著作权法》代替。
17	最高人民法院关于外国法院离婚判决中的中国当事人向人民法院申请承认该外国法院离婚判决的效力问题的批复	1990年8月28日法民复字〔1990〕12号	已被1991年8月13日最高人民法院发布的法(民)发〔1991〕21号《最高人民法院关于中国公民申请承认外国法院离婚判决程序问题的规定》代替。
18	最高人民法院关于审理专利纠纷案件若干问题的解答	1992年2月9日法发〔1992〕3号	已被2001年6月22日最高人民法院发布的法释〔2001〕21号《最高人民法院关于审理专利纠纷案件适用法律问题的若干规定》的司法解释代替。
19	最高法院关于学习宣传和贯彻执行《中华人民共和国海商法》的通知	1992年11月18日法发〔1992〕37号	适用期已过,实际上已经失效。
20	最高人民法院关于水路货物逾期运到,因货物价格下降所造成的经济损失应否赔偿的复函	1995年12月7日〔1995〕交他字第7号	原依据的《中华人民共和国经济合同法》和《水路货物运输规则》、《水路货物运输合同实施细则》有关规定作出的该司法解释不再适用。

最高人民法院
予以废止的 2000 年底以前发布的
有关司法解释目录（第五批）

法释〔2002〕6 号

（2002 年 2 月 22 日最高人民法院审判委员会第 1214 次会议通过
2002 年 3 月 6 日最高人民法院公告公布 自 2002 年 3 月 10 日起不再适用）

序号	司法解释名称	发文日期、文号	废止理由
1	最高人民法院关于申请执行仲裁裁决应向何地法院提出的批复	1985 年 1 月 17 日 法（研）复〔1985〕5 号	已被 1991 年 4 月 9 日全国人民代表大会通过的《中华人民共和国民事诉讼法》代替。
2	最高人民法院关于上级人民法院发现下级人民法院对没有严重妨害民事诉讼行为的当事人采取的强制措施能否纠正问题的批复	1986 年 4 月 2 日 法（研）复〔1986〕14 号	已被 1992 年 7 月 14 日最高人民法院发布的法发〔1992〕22 号《最高人民法院关于适用〈中华人民共和国民事诉讼法〉若干问题的意见》代替。
3	最高人民法院关于人民法院对申请强制执行仲裁机构的调解书应如何处理问题的通知	1986 年 8 月 20 日 法（经）复〔1986〕26 号	原依据的《中华人民共和国经济合同法》和《中华人民共和国民事诉讼法（试行）》有关规定作出的该司法解释不再适用并且其内容已被 1994 年 8 月 31 日全国人民代表大会常务委员会通过的《中华人民共和国仲裁法》代替。
4	最高人民法院关于在审理经济纠纷案件中认真办好外地法院委托事项的通知	1988 年 1 月 20 日 法（经）发〔1988〕2 号	已被 1993 年 9 月 25 日最高人民法院发布的法发〔1993〕26 号《最高人民法院关于人民法院相互办理委托事项的规定》代替。
5	最高人民法院关于经济纠纷案件复查期间执行问题的批复	1989 年 8 月 8 日 法（经）复〔1989〕6 号	已被 1991 年 4 月 9 日全国人民代表大会通过的《中华人民共和国民事诉讼法》代替。
6	最高人民法院关于在经济纠纷案件执行过程中当事人自愿达成和解后一方当事人不履行或者翻悔可否按原生效法律文书执行问题的批复	1989 年 9 月 16 日 法（经）复〔1989〕9 号	已被 1998 年 7 月 8 日最高人民法院发布的法释〔1998〕15 号《最高人民法院关于执行工作的若干问题的规定（试行）》代替。

序号	司法解释名称	发文日期、文号	废止理由
7	最高人民法院关于被执行人未按民事调解书指定期间给付金钱的义务是否应当支付延期履行的债务利息的复函	1992年5月4日 法函〔1992〕58号	已被1992年7月14日最高人民法院发布的法发〔1992〕22号《最高人民法院关于适用〈中华人民共和国民事诉讼法〉若干问题的意见》代替。
8	最高人民法院经济审判庭关于在财产保全时为被申请人提供担保的当事人应否在判决书或调解书中明确其承担的义务及在执行程序中可否直接执行担保人财产的复函	1994年4月11日 法经〔1994〕90号	已被1998年7月8日最高人民法院发布的法释〔1998〕15号《最高人民法院关于执行工作的若干问题的规定（试行）》代替。
9	最高人民法院关于海事法院诉讼前扣押船舶的规定	1994年7月6日 法发〔1994〕14号	已被1999年12月25日全国人民代表大会常务委员会通过的《中华人民共和国海事诉讼特别程序法》代替。
10	最高人民法院关于对银行贷款抵押财产执行问题的复函	1994年12月16日 法经〔1994〕334号	已被1998年7月8日最高人民法院发布的法释〔1998〕15号《最高人民法院关于执行工作的若干问题的规定（试行）》代替。
11	最高人民法院关于信用社非法转移人民法院冻结款项应如何承担法律责任的复函	1995年5月5日 法函〔1995〕51号	已被1998年7月8日最高人民法院发布的法释〔1998〕15号《最高人民法院关于执行工作的若干问题的规定（试行）》代替。
12	最高人民法院关于企业法人的一个分支机构已无财产法院能否执行该企业法人其他分支机构财产问题的复函	1995年12月6日 法函〔1995〕158号	已被1998年7月8日最高人民法院发布的法释〔1998〕15号《最高人民法院关于执行工作的若干问题的规定（试行）》代替。
13	最高人民法院关于处理行政机关申请人民法院强制执行案件分工问题的通知	1996年4月29日 法发〔1996〕12号	已被1998年8月18日最高人民法院发布的法〔1998〕77号《最高人民法院关于办理行政机关申请强制执行案件有关问题的通知》代替。
14	最高人民法院关于信用社擅自解冻被执行人存款造成款项流失能否要求该信用社承担相应的偿付责任问题的复函	1996年6月6日 法函〔1996〕96号	已被1998年7月8日最高人民法院发布的法释〔1998〕15号《最高人民法院关于执行工作的若干问题的规定（试行）》代替。
15	最高人民法院关于不宜冻结证券交易账户的函	1997年8月1日 法函〔1997〕91号	已被1997年12月2日最高人民法院法发〔1997〕27号《关于冻结、划拨证券或期货交易所、证券登记结算机构、证券经营或期货经纪机构清算账户资金等问题的通知》代替。

序号	司法解释名称	发文日期、文号	废止理由
16	最高人民法院执行工作办公室关于不宜冻结、划拨证券经营机构在其交易资金结算账户上的存款问题的函	1997年9月3日 法明传〔1997〕324号	已被1997年12月2日最高人民法院法发〔1997〕27号《关于冻结、划拨证券或期货交易所、证券登记结算机构、证券经营或期货经纪机构清算账户资金等问题的通知》代替。

最高人民法院
予以废止的2000年底以前发布的有关司法解释目录（第六批）

法释〔2002〕13号

（2002年2月22日最高人民法院审判委员会第1214次会议通过 2002年5月23日最高人民法院公告公布 自2002年5月29日起不再适用）

序号	司法解释名称	发文日期、文号	废止理由
1	最高人民法院关于办理出国手续不属法院工作范围及有关法律文书转递问题的批复	1978年5月24日〔78〕法民字第12号	已被1991年4月9日全国人民代表大会通过的《中华人民共和国民事诉讼法》代替。
2	最高人民法院关于邮电部门造成电报稽延、错误是否承担赔偿责任问题的批复	1986年12月30日 法（经）复〔1986〕38号	已被1999年6月9日最高人民法院发布的法释〔1999〕11号《最高人民法院关于人民法院是否受理因邮电部门电报稽延纠纷提起诉讼问题的批复》代替。
3	最高人民法院关于人民法院应否受理财政支农周转金借款合同纠纷案件的问题的批复	1987年8月3日 法（研）复〔1987〕29号	已被1993年8月28日最高人民法院发布的法复〔1993〕7号《最高人民法院关于人民法院应否受理财政、扶贫办等非金融行政机构借款合同纠纷的批复》代替。
4	最高人民法院关于行政单位或企业单位开办的企业倒闭后债务由谁承担的批复	1987年8月29日 法（研）复〔1987〕33号	已被1994年3月30日最高人民法院发布的法复〔1994〕4号《最高人民法院关于企业开办的其他企业被撤销或者歇业后民事责任承担问题的批复》代替。

序号	司法解释名称	发文日期、文号	废止理由
5	最高人民法院印发《关于强制变卖被扣押船舶清偿债务的具体规定》的通知	1987年8月29日 法（经）发〔1987〕22号	已被1999年12月25日全国人民代表大会常务委员会通过的《中华人民共和国海事诉讼特别程序法》代替。
6	最高人民法院关于保险货物发生损失引起运输合同赔偿纠纷如何适用法律问题的批复	1989年5月30日 法（交）复〔1989〕3号	原依据的《中华人民共和国经济合同法》已失效。
7	最高人民法院关于经工商行政管理部门查处后人民法院对购销伪劣假冒商品合同纠纷是否受理的问题的函	1989年5月30日 〔89〕法经函字第15号	已被1991年4月9日全国人民代表大会通过的《中华人民共和国民事诉讼法》代替。
8	最高人民法院民事审判庭关于民事制裁复议程序几个问题的复函	1990年4月13日 〔89〕民他字第47号	已被1991年4月9日全国人民代表大会通过的《中华人民共和国民事诉讼法》和1992年7月14日最高人民法院发布的法发〔1992〕22号《最高人民法院关于适用〈中华人民共和国民事诉讼法〉若干问题的意见》代替。
9	最高人民法院关于在经济审判中适用国务院国发〔1990〕68号文件有关问题的通知	1991年3月16日 法（经）发〔1991〕10号	情况已变化，实际上已失效。
10	最高人民法院关于适用《关于修改〈中华人民共和国经济合同法〉的决定》有关问题的通知	1993年11月27日 法发〔1993〕39号	原依据的《中华人民共和国经济合同法》已失效。
11	最高人民法院关于逾期付款的违约金应依何种标准计算问题的复函	1994年3月12日 法函〔1994〕10号	已被1999年2月16日最高人民法院发布的法释〔1999〕8号《最高人民法院关于逾期付款违约金应当按照何种标准计算问题的批复》代替。
12	最高人民法院关于海事法院诉讼前扣押船舶的规定	1994年7月6日 法发〔1994〕14号	已被1999年12月25日全国人民代表大会常务委员会通过的《中华人民共和国海事诉讼特别程序法》代替。
13	最高人民法院关于逾期付款违约金应当依据何种标准计算问题的批复	1996年5月16日 法复〔1996〕7号	已被1999年2月16日最高人民法院发布的法释〔1999〕8号《最高人民法院关于逾期付款违约金应当按照何种标准计算问题的批复》代替。

序号	司法解释名称	发文日期、文号	废止理由
14	最高人民法院关于对公民在羁押期内被同监室人犯殴打致死公安机关应否承担责任问题的答复	1998年1月19日〔1997〕行他字第9号	已被2001年6月26日最高人民法院发布的法释〔2001〕23号《最高人民法院关于公安机关不履行法定行政职责是否承担行政赔偿责任问题的批复》代替。

最高人民法院关于废止2007年底以前发布的有关司法解释（第七批）的决定

法释〔2008〕15号

（2008年12月8日最高人民法院审判委员会第1457次会议通过 2008年12月18日最高人民法院公告公布 自2008年12月24日起施行）

为进一步加强民事审判工作，依法保护当事人的合法权益，根据有关法律规定和审判实际需要，决定废止2007年底以前发布的27件司法解释（第七批）。废止的司法解释从公布之日起不再适用，但过去适用下列司法解释对有关案件作出的判决、裁定仍然有效。

附：

予以废止的2007年底以前发布的有关司法解释目录（第七批）

序号	司法解释名称	发文日期或者文号	废止理由
1	最高人民法院关于国家经租的房屋不允许继承问题的批复	1964年9月18日	情况已变化，不再适用。
2	最高人民法院关于城市居民和资本家的城市房屋是否准许买卖的复函	〔1965〕法研字第173号	情况已变化，不再适用。
3	最高人民法院关于国营企业购买私房已经使用多年经补办批准手续后可承认买卖关系有效的批复	〔1985〕法民字第14号	情况已变化，不再适用。

序号	司法解释名称	发文日期或者文号	废止理由
4	最高人民法院关于吴天爵等与新宾镇集体饮食服务店房产纠纷案的批复	法（民）复〔1985〕17号	情况已变化，不再适用。
5	最高人民法院关于房屋抵押不能改为房屋典当处理的批复	1985年4月27日	情况已变化，不再适用。
6	最高人民法院关于解放前劳动人民之间宅基地租赁契约是否承认和保护问题的批复	1985年11月21日	情况已变化，不再适用。
7	最高人民法院关于毕云亭房屋被入股后，久不主张权利应如何处理的批复	〔1985〕法民字第18号	情况已变化，不再适用。
8	最高人民法院关于李斯棣等人为房屋产权申诉案的批复	〔1986〕民他字第7号	情况已变化，不再适用。
9	最高人民法院关于公民对宅基地只有使用权没有所有权的批复	〔1986〕民他字第33号	已被物权法取代。
10	最高人民法院关于如何具体适用最高人民法院《关于贯彻执行民事政策法律若干问题的意见》第五十六条规定的批复	〔1987〕民他字第42号	与物权法规定冲突。
11	最高人民法院关于曹根田与张仁吉房屋买卖关系是否有效的批复	1987年12月10日	情况已变化，不再适用。
12	最高人民法院关于原孙兆骧购置的房产应如何确认产权和继承的批复	〔1988〕民他字第27号	情况已变化，不再适用。
13	最高人民法院关于土改时献产且产权早已转移的房屋，现在要求返还不应支持的复函	〔1989〕民他字第5号	情况已变化，不再适用。
14	最高人民法院关于土改中地主的房产，已确权部分归地主所有，未确权又未分配的部分应属公产的批复	〔1989〕民他字第13号	情况已变化，不再适用。
15	最高人民法院关于肖至柔、肖荣沈诉泰和县螺溪乡郭瓦、集丰两村委会房屋产权纠纷案的函	1990年6月19日	情况已变化，不再适用。
16	最高人民法院关于杜月丑房屋申诉案处理问题的函	1990年11月7日	情况已变化，不再适用。
17	最高人民法院关于陈伯恩与泉州制药厂房产纠纷上诉案的复函	〔1991〕民他字第55号	情况已变化，不再适用。
18	最高人民法院关于地主在土改时隐瞒未报的房屋应如何处理问题的函复	1992年3月26日	情况已变化，不再适用。

序号	司法解释名称	发文日期或者文号	废止理由
19	最高人民法院关于适用《中华人民共和国民事诉讼法》若干问题的意见第136条、第205条、第206条、第240条至第253条、第299条	法发〔1992〕22号	民事诉讼法已经修改。
20	最高人民法院关于同一土地登记在两个土地证上应如何确认权属的复函	1992年7月9日	情况已变化，不再适用。
21	最高人民法院关于淄博食品厂诉张店区车站办事处财产交换一案请示的函	1994年9月6日	情况已变化，不再适用。
22	最高人民法院关于国营企业购买私房已经使用多年何时补办批准手续方可承认买卖关系有效的复函	〔1994〕法民字第28号	情况已变化，不再适用。
23	最高人民法院关于审理农业承包合同纠纷案件若干问题的规定（试行）	法释〔1999〕15号	已被物权法及新的司法解释所取代。
24	最高人民法院关于贯彻执行《中华人民共和国民法通则》若干问题的意见（试行）第88条、第94条、第115条、第117条、第118条、第177条	1988年1月26日最高人民法院审判委员会讨论通过	与物权法有关规定冲突。
25	最高人民法院关于审理融资租赁合同纠纷案件若干问题的规定第10条	法发〔1996〕19号	与物权法相关规定冲突。
26	最高人民法院关于以侵犯姓名权的手段侵犯宪法保护的公民受教育的基本权利是否应承担民事责任的批复	法释〔2001〕25号	已停止适用。
27	最高人民法院关于审理出口退税托管账户质押贷款案件有关问题的规定第2条	法释〔2004〕18号	与物权法有关规定冲突。

最高人民法院 最高人民检察院
关于废止部分司法解释和规范性文件的决定

法释〔2010〕17号

(2010年11月8日最高人民法院审判委员会第1500次会议、
2010年5月31日最高人民检察院第11届检察委员会
第36次会议通过 2010年12月13日最高人民法院、
最高人民检察院公告公布 自2010年12月22日起施行)

为适应形势发展变化,保证国家法律统一正确适用,最高人民法院、最高人民检察院会同有关部门,对2008年底以前制发的司法解释和规范性文件进行了集中清理。现决定将已实际废止或者不再适用的37件司法解释和规范性文件予以明令废止。

附:

最高人民法院 最高人民检察院决定废止的部分司法解释和规范性文件目录(37件)

序号	司法解释和规范性文件名称	发文日期、文号	废止理由
1	最高人民法院、最高人民检察院、司法部关于判处徒刑的反革命分子准许上诉的通知	1955年12月29日 〔55〕法行字第17379号 〔55〕高检四字第1315号 〔55〕司普字第2789号	刑事诉讼法对刑事案件的上诉问题已作出明确规定。
2	最高人民检察院、最高人民法院、内务部、司法部、公安部对少年犯收押界限、捕押手续和清理等问题的联合通知	1956年2月7日 〔56〕高检五字第3号 〔56〕法行字第748号 内城〔56〕字第36号 〔56〕司普字第130号 〔56〕公劳联字第2号	该通知所依据的1954年9月《中华人民共和国劳动改造条例》已被2001年10月《国务院关于废止2000年底以前发布的部分行政法规的决定》废止。
3	最高人民法院、最高人民检察院关于死缓减刑等有关问题的联合批复	1956年11月6日 研字第11375号 四字第1591号	该批复的内容与刑法、刑事诉讼法及相关司法解释的规定不一致。

序号	司法解释和规范性文件名称	发文日期、文号	废止理由
4	最高人民法院、最高人民检察院关于死缓减刑等问题的联合批复	1956年11月20日 〔56〕法研字第11848号 〔56〕高检四字第1601号	该批复的内容与刑法的相关规定不一致。
5	最高人民检察院、最高人民法院、公安部关于执行全国人民代表大会常务委员会"关于对反革命分子的管制一律由人民法院判决的决定"中若干具体问题的联合指示	1957年2月6日 〔57〕法行字第2088号 〔57〕四字第191号 〔57〕公治字第15号	刑法、刑事诉讼法对管制刑的相关问题已作出明确规定，且该指示所依据的《全国人民代表大会常务委员会关于对反革命分子的管制一律由人民法院判决的决定》已被1987年11月《全国人大常委会关于批准法制工作委员会关于对1978年底以前颁布的法律进行清理的情况和意见的报告的决定》宣布失效。
6	最高人民法院、最高人民检察院关于基层人民法院判处死刑缓期二年执行已经高级人民法院核准的案件人民检察院发现在认定事实适用法律上有错误应由哪一级人民检察院向哪一级人民法院提出抗议问题的联合批复	1957年2月22日 法研字第3685号 〔57〕高检四字第275号	刑法、刑事诉讼法及相关司法解释对死刑案件的审判和审判监督程序已作出明确规定，且该批复的部分内容与相关规定不一致。
7	最高人民检察院、最高人民法院、公安部关于简化管制法律手续问题的指示	1957年10月26日 公发酉字第177号	刑法、刑事诉讼法对管制刑的相关问题已作出明确规定，且该指示的部分内容与相关规定不一致。
8	最高人民法院、最高人民检察院、公安部关于对少年儿童一般犯罪不予逮捕判刑的联合通知	1960年4月21日 〔60〕法行字第87号 〔60〕高检二字第48号 〔60〕公劳联字第5号	刑法及相关司法解释、规范性文件已对办理未成年人犯罪案件的有关问题作出明确规定。
9	最高人民法院、最高人民检察院、公安部关于公、检、法三机关受理普通刑事案件的职责范围的试行规定	1962年11月30日 〔62〕法行字第261号 高检发〔62〕17号 公发〔62〕122号	刑法、刑事诉讼法及相关司法解释、规范性文件对刑事案件的职能管辖问题已作出明确规定。
10	最高人民法院、最高人民检察院、公安部关于死缓罪犯减刑的处理程序问题的联合批复	1963年4月16日 〔63〕法研字第37号 高检发〔63〕11号 〔63〕公发（厅）245号	刑法、刑事诉讼法及相关司法解释对死缓罪犯的减刑问题已作出明确规定。
11	最高人民法院、最高人民检察院、公安部关于死缓罪犯执行死刑、再缓期一年、减刑的处理程序问题的联合批复	1963年7月22日 〔63〕法研字第93号 高检发〔63〕24号 〔63〕公发（厅）523号	刑法、刑事诉讼法对死缓罪犯缓期二年执行期满后的处理问题已作出明确规定，且该批复的部分内容与相关规定不一致。

序号	司法解释和规范性文件名称	发文日期、文号	废止理由
12	最高人民法院、最高人民检察院、公安部关于劳改犯再犯罪的刑期执行问题的联合批复	1963年7月26日 〔63〕法研字第101号 高检法发〔63〕25号 〔63〕公发（劳）538号	刑法对判决宣告后发现漏罪、新罪如何确定刑罚的问题已作出明确规定。
13	最高人民法院、最高人民检察院、公安部关于过去对劳改犯再犯罪判处的刑期超过二十年是否改判的联合批复	1963年12月6日 〔63〕法研字第166号 高检发〔63〕37号 〔63〕公发（劳）字920号	该批复的内容与刑法的相关规定不一致。
14	最高人民法院、最高人民检察院、公安部关于甘肃省公安厅劳改局请示对群众要求保释劳改犯人问题的批复	1964年1月7日 〔64〕法研字第1号 〔64〕高检发字第1号 〔64〕公发（劳）28号	刑法、刑事诉讼法对罪犯在刑罚执行过程中减刑、假释、暂予监外执行的条件、程序问题已作出明确规定。
15	最高人民法院、最高人民检察院、公安部关于死缓罪犯减刑问题的联合批复	1964年4月7日 〔64〕法研字第30号 〔64〕高检发字第9号 〔64〕公发（劳）字第217号	刑法及相关司法解释、规范性文件对死缓罪犯的减刑问题已作出明确规定。
16	最高人民法院、最高人民检察院、公安部关于死缓和无期徒刑减为有期徒刑的刑期计算问题的联合批复	1964年5月30日 〔64〕法研字第53号 〔64〕高检发字第20号 〔64〕公发（劳）字第323号	刑法及相关司法解释、规范性文件对判处死缓和无期徒刑后在刑罚执行期间的减刑刑期计算问题已作出明确规定。
17	最高人民法院、最高人民检察院、公安部关于管制适用的对象和管制的法律手续问题的联合通知	1964年8月28日 〔64〕法研字第55号 〔64〕高检发字第27号 〔64〕公发（厅）579号	该通知的内容与刑法、刑事诉讼法的有关规定不一致。
18	最高人民法院、最高人民检察院、公安部、财政部关于没收和处理赃款赃物若干问题的暂行规定	1965年12月1日 〔65〕法研字40号 〔65〕高检法13号 〔65〕公发（审）691号 〔65〕财预168号	刑法、刑事诉讼法及相关司法解释、规范性文件对没收和处理赃款赃物的问题已作出明确规定。
19	最高人民法院、最高人民检察院、公安部关于死缓犯和无期徒刑犯减刑问题的联合通知	1979年10月10日 〔79〕法研字第22号 〔79〕高检三字39号 公发〔1979〕148号	刑法、刑事诉讼法及相关司法解释对判处死缓和无期徒刑后在刑罚执行期间的减刑条件、幅度、程序等问题已作出明确规定。
20	最高人民法院、最高人民检察院、公安部关于无期徒刑减为有期徒刑的罪犯假释问题的批复	1979年11月23日 〔79〕法研字第23号 〔79〕高检三字第42号 公劳〔79〕1329号	刑法及相关司法解释、规范性文件对无期徒刑罪犯的减刑、假释问题已作出明确规定。

序号	司法解释和规范性文件名称	发文日期、文号	废止理由
21	最高人民法院、最高人民检察院、公安部关于执行刑事诉讼法规定的案件管辖范围的通知	1979年12月15日 〔79〕法研字第28号 〔79〕高检经字6号 公发〔1979〕177号	刑法、刑事诉讼法及相关司法解释、规范性文件对刑事案件的职能管辖问题已作出明确规定。
22	最高人民法院、最高人民检察院、公安部关于执行刑法、刑事诉讼法中几个问题的联合通知	1979年12月17日 〔79〕法研字第29号 〔79〕高检一文字66号 公发〔79〕179号	该通知的内容已被刑事诉讼法施行后,最高人民法院、最高人民检察院、公安部出台的有关司法解释、规范性文件的相关规定所替代。
23	最高人民法院、最高人民检察院、公安部关于已减为有期徒刑的原死缓犯和无期徒刑犯减刑问题的批复	1979年12月31日 〔79〕法研字第31号 〔79〕高检三字45号 公发〔1979〕188号	该批复所依据的1979年10月《最高人民法院、最高人民检察院、公安部关于死缓犯和无期徒刑犯减刑问题的联合通知》此次同时废止。
24	最高人民法院、最高人民检察院、公安部关于侦查羁押期限从何时起算问题的联合通知	1981年3月18日 〔81〕法研字第5号 〔81〕高检发（研）10号 〔81〕公发（研）36号	该通知的内容与1996年修订的刑事诉讼法的相关规定不一致。
25	最高人民法院、最高人民检察院、公安部关于重婚案件管辖问题的通知	1983年7月26日 〔83〕法研字第14号	该通知的内容与1997年修订的刑法及相关司法解释的规定不一致。
26	最高人民法院、最高人民检察院、公安部关于判处无期徒刑、死刑的第一审普通刑事案件管辖问题的通知	1983年8月16日 〔83〕法研字第15号	该通知的内容与1996年修订的刑事诉讼法的有关规定不一致。
27	最高人民法院、最高人民检察院、公安部关于当前处理自首和有关问题具体应用法律的解答	1984年4月16日 〔84〕法研字第6号	该解答的内容已被1998年5月《最高人民法院关于处理自首和立功具体应用法律若干问题的解释》及相关规范性文件所替代。
28	最高人民法院、最高人民检察院关于当前办理流氓案件中具体应用法律的若干问题的解答	1984年11月2日 〔84〕法研字第13号	1979年刑法规定的流氓罪已被1997年修订的刑法取消。
29	最高人民法院、最高人民检察院关于当前办理盗窃案件中具体应用法律的若干问题的解答	1984年11月2日 〔84〕法研字第14号	该解答的基本内容已被1992年12月《最高人民法院、最高人民检察院关于办理盗窃案件具体应用法律的若干问题的解释》和1998年3月《最高人民法院关于审理盗窃案件具体应用法律若干问题的解释》所替代。

序号	司法解释和规范性文件名称	发文日期、文号	废止理由
30	司法部、最高人民法院、最高人民检察院、公安部关于新疆生产建设兵团劳改机关在押死缓犯执行死刑的处理程序问题的联合批复	1985年9月21日〔85〕司发劳改字第383号	该批复的内容与最高人民法院2007年1月1日起施行的《关于统一行使死刑案件核准权有关问题的决定》的规定不一致。
31	最高人民法院、最高人民检察院、公安部、司法部关于律师参加诉讼的几项补充规定	1986年6月26日〔86〕司发公字第196号	该规定所依据和补充的1981年4月《最高人民法院、最高人民检察院、公安部、司法部关于律师参加诉讼的几项具体规定的联合通知》已被司法部2002年8月《关于废止2000年底以前发布的部分规章规范性文件的规定》废止。
32	最高人民法院、最高人民检察院关于依法严肃惩处国家机关企业事业单位走私犯罪活动的通知	1986年6月27日法（研）发〔1986〕19号	1997年修订的刑法及相关司法解释对单位走私犯罪的定罪量刑问题已作出明确规定。
33	最高人民法院、最高人民检察院"关于挪用公款归个人使用或者进行非法活动以贪污论处的问题"的修改补充意见	1987年3月14日法（研）发〔1987〕6号	该意见施行后，有关立法和1997年修订的刑法已规定独立的挪用公款罪。
34	最高人民法院、最高人民检察院关于依法严惩非法出版犯罪活动的通知	1987年11月27日法（研）发〔1987〕33号	该通知涉及的投机倒把罪、制作、贩卖淫书淫画罪已被1997年修订的刑法取消。
35	最高人民法院、最高人民检察院关于公开审理再审案件的通知	1988年4月30日法（刑二）发〔1988〕10号	1998年6月《最高人民法院关于执行〈中华人民共和国刑事诉讼法〉若干问题的解释》对刑事再审案件的审理程序已作出明确规定。
36	最高人民法院、最高人民检察院关于当前处理企业事业单位、机关、团体投机倒把犯罪案件的规定	1989年3月15日法（研）发〔1989〕5号	该规定涉及的投机倒把罪已被1997年修订的刑法取消。
37	最高人民法院、最高人民检察院、公安部关于严厉打击非法出版犯罪活动的通知	1991年1月30日法（研）发〔1991〕5号	该通知所依据的1987年11月《最高人民法院、最高人民检察院关于依法严惩非法出版犯罪活动的通知》此次同时废止。

最高人民法院 最高人民检察院
关于废止 1979 年底以前制发的部分司法解释和司法解释性质文件的决定

法释〔2012〕12 号

(2012 年 6 月 25 日最高人民法院审判委员会第 1550 次会议、
2011 年 12 月 29 日最高人民检察院第十一届检察委员会
第 69 次会议通过 2012 年 8 月 21 日最高人民法院、
最高人民检察院公告公布 自 2012 年 9 月 29 日起施行)

为适应形势发展变化,保证国家法律统一正确适用,根据有关法律规定和审判、检察工作实际需要,最高人民法院、最高人民检察院会同有关部门,对 1979 年底以前联合制发的司法解释和司法解释性质文件进行了集中清理。现决定废止 1979 年底以前制发的 13 件司法解释和司法解释性质文件。废止的司法解释和司法解释性质文件从本决定施行之日起不再适用,但过去依据下列司法解释和司法解释性质文件对有关案件作出的判决、裁定仍然有效。

附件:决定废止的 1979 年底以前制发的部分司法解释和司法解释性质文件目录(13 件)

序号	司法解释和司法解释性质文件名称	发文日期、文号	废止理由
1	最高人民法院、最高人民检察院、公安部、司法部关于外籍案犯刑期计算问题的通知	1956 年 6 月 6 日 〔56〕法行字第 5427 号 〔56〕高检 3 字第 341 号 〔56〕公一甲字第 282 号 〔56〕司普字第 682 号	刑法对刑期计算问题已有规定。
2	最高人民法院、最高人民检察院有关没收反革命分子财产问题的联合批复	1957 年 3 月 11 日 〔57〕法研字第 4904 号 〔57〕高检四字第 348 号	形势已变化。

序号	司法解释和司法解释性质文件名称	发文日期、文号	废止理由
3	最高人民法院、最高人民检察院、公安部、司法部转发上海市关于人犯羁押、换押、接见、送达执行书等若干问题的通知	1957年5月16日 〔57〕法行字第9108号 〔57〕高检五字第182号 〔57〕公劳联字第12号 〔57〕司普字第715号	刑法、刑事诉讼法、监狱法及相关司法解释对通知中所涉及的法律问题已有新规定。
4	最高人民法院、最高人民检察院关于死刑缓期执行期满后减刑的刑期计算问题的联合通知	1958年1月14日 〔58〕法研字第5号 〔58〕高检四字第2号	通知中有关无期徒刑减为有期徒刑的刑期计算以及死刑缓期执行的考验期规定与刑法相关规定相抵触。
5	最高人民法院、最高人民检察院、公安部有关特赦罪犯的刑期计算等问题的意见	1959年10月17日 法酉17号	形势已经变化。
6	最高人民法院、最高人民检察院、公安部关于清理在押的死缓罪犯的联合通知	1962年7月26日 〔62〕法行字第112号 〔62〕高检发第11号 〔62〕公劳字第14号	形势已经变化。
7	最高人民法院、最高人民检察院、公安部关于监外执行的罪犯重新犯罪是否需要履行逮捕手续问题的批复	1963年7月29日 〔63〕法研字94号 〔63〕高检二字49号 〔63〕公发（劳）539号	根据刑事诉讼法及相关司法解释的规定，监外执行的条件已经消失的，应收监执行，并对新罪进行立案侦查。批复涉及的问题已有法可依。
8	最高人民法院、最高人民检察院、公安部关于徒刑缓刑、假释、监外执行等罪犯的恋爱与结婚问题的联合批复	1963年8月31日 〔63〕法研字第102号 高检发〔63〕28号 〔63〕公发（劳）600号	相关刑事法律及司法解释已有规定。
9	最高人民法院、最高人民检察院、公安部关于处理三类分子两性关系案件的联合批复	1964年9月24日 〔64〕法研字88号 〔64〕高检发字第42号 〔64〕公发（治）623号	形势已经变化。

序号	司法解释和司法解释性质文件名称	发文日期、文号	废止理由
10	最高人民法院、最高人民检察院、公安部转发湖南省政法三机关关于不准检查处女膜的通知	1965年3月11日 〔65〕法研字4号 〔65〕高检发2号 〔65〕公发（治）159号	流氓罪已取消，调整对象已不存在。另根据刑事诉讼法第105条的规定，对被害人不得强制进行人身检查。通知精神已经被现行刑事诉讼法所吸收。
11	最高人民法院、最高人民检察院、公安部关于清理老弱病残犯和精神病犯的联合通知	1979年4月16日 〔79〕法办研字第6号 〔79〕高检三字第19号 公发〔1979〕61号	该通知具有时效性，现已过时效，不再适用。
12	最高人民法院、最高人民检察院、公安部、铁道部关于铁路系统案件的批捕起诉、审判问题的通知	1979年12月6日 〔79〕法办字第78号 高检一文字〔79〕61号 公发〔79〕175号 〔79〕铁公安字1885号	刑事诉讼法关于普通管辖与专门管辖的分工已有明确规定。
13	最高人民法院、最高人民检察院、公安部关于反革命挂钩案件的罪名、罪证问题的通知	1979年12月26日 〔79〕法研字第30号 〔79〕高检一文字第67号 公发〔1979〕181号	反革命罪已被取消，形势已变化。

最高人民法院
关于废止 1979 年底以前发布的部分司法解释和司法解释性质文件（第八批）的决定

法释〔2012〕13 号

（2012 年 6 月 25 日最高人民法院审判委员会第 1550 次会议通过 2012 年 8 月 21 日最高人民法院公告公布 自 2012 年 9 月 29 日起施行）

为适应形势发展变化，保证国家法律统一正确适用，根据有关法律规定和审判实际需要，最高人民法院会同有关部门，对 1979 年底以前发布的司法解释和司法解释性质文件进行了集中清理。现决定废止 1979 年底以前发布的 144 件司法解释和司法解释性质文件。废止的司法解释和司法解释性质文件从本决定施行之日起不再适用，但过去依据下列司法解释和司法解释性质文件对有关案件作出的判决、裁定仍然有效。

附件：予以废止的 1979 年底以前发布的司法解释和司法解释性质文件目录（第八批）

序号	司法解释和司法解释性质文件名称	发文日期、文号	废止理由
1	最高人民法院关于少数民族与汉族通婚问题的复示	1951 年 1 月 22 日	已被婚姻法代替。
2	最高人民法院、司法部关于现役革命军人与退役革命残废军人离婚案件的处理办法及开展爱国拥军教育的指示	1951 年 4 月 25 日	已被婚姻法代替。
3	最高人民法院、司法部关于婚姻案件中聘金或聘礼处理原则问题的函	1951 年 8 月 10 日 法编字第 9577 号	已被婚姻法代替。
4	最高人民法院华东分院关于父母子女间的法律关系可否声请脱离问题的批复	1951 年 11 月 2 日	已被婚姻法、继承法代替。
5	最高人民法院、司法部、内务部纠正几个有关处理婚姻案件程序的错误的指示	1952 年 12 月 25 日 法编字第 23 号	社会形势发生变化，不再适用。
6	最高人民法院、司法部关于几个有关婚姻的具体问题的解答	1953 年 2 月 11 日 法行字第 216 号	社会形势发生变化，不再适用。
7	最高人民法院、司法部关于"五代内"的解释的复函	1953 年 3 月 7 日	现行法律无"五代内"的规定，不再适用。

序号	司法解释和司法解释性质文件名称	发文日期、文号	废止理由
8	最高人民法院中南分院关于"公公与媳妇""继母与儿子"等可否结婚问题的复函	1953年7月14日〔53〕法行字第487号	社会形势发生变化，不再适用。
9	最高人民法院关于夫妻一方患精神病另一方提请离婚可否批准问题的批复	1953年10月10日法行字第7757号	已被婚姻法代替。
10	最高人民法院关于已出五代的辈分不同的旁系血亲请求结婚问题的批复	1954年3月26日法行字第2706号	已被婚姻法代替。
11	最高人民法院关于女方因通奸怀孕男方能否提出离婚问题的批复	1955年5月18日法行字第388号	已被婚姻法代替。
12	最高人民法院、内务部、解放军总政治部联合通知之附件一：关于多年无音讯之现役革命军人家属待遇及婚姻问题处理办法	1955年6月15日法行字第9017号	社会形势发生变化，不再适用。
13	最高人民法院关于在刑事判决中不宜援引宪法作论罪科刑的依据的复函	1955年7月30日	定罪科刑以刑法为依据，复函不再适用。
14	最高人民法院关于男女双方已办理结婚登记后一方反悔不愿同居应如何处理问题的复函	1955年9月29日法行字第14234号	已被婚姻法代替。
15	最高人民法院关于麻疯病患者犯罪是否负刑事责任问题的复函	1955年10月15日法研字第15066号	刑法关于刑事责任能力已有规定，复函不再适用。
16	最高人民法院关于怀孕女犯保外如何计算刑期问题的批复	1956年1月26日法研字第730号	刑事诉讼法及相关司法解释已有规定。
17	最高人民法院关于处理精神病患者犯罪问题的复函	1956年6月2日法研字第5674号	复函已被刑法的相关规定代替。
18	最高人民法院、司法部转发中国人民解放军总政治部组织部"关于现役军官婚姻问题的规定"	1956年6月25日〔56〕法行字第6415号	已被婚姻法代替。
19	最高人民法院、公安部关于罪犯在劳改中坦白缴出黄金、白银等财物处理问题的联合批复	1956年9月21日〔56〕法刑字第9415号	关于没收财产及其执行，刑法以及刑事诉讼法已有规定。
20	最高人民法院、公安部、司法部关于处理劳改犯配偶提出离婚案件应征询劳改犯意见的联合通知	1956年9月22日〔56〕法行字第9404号	已被婚姻法代替。
21	最高人民法院关于延吉县人民法院请示朝鲜公民贩运鸦片等案件的审判权问题的复函	1956年10月11日法研字第10178号	已被民事诉讼法、刑事诉讼法代替。

序号	司法解释和司法解释性质文件名称	发文日期、文号	废止理由
22	最高人民法院关于处理劳动教养人员离婚问题的复函	1956年10月17日 法研字第10377号	已被婚姻法代替。
23	最高人民法院关于审批减刑、假释案件时是否审阅原卷问题的批复	1956年10月22日 法研字第10622号	关于减刑、假释的司法解释已有规定。
24	最高人民法院关于提审案件审级问题的复函	1956年10月26日	民事诉讼法第一百八十六条和刑事诉讼法第二百零六条对提审案件审级问题已作出规定。
25	最高人民法院关于判处徒刑宣告缓刑和判处徒刑回村执行可否与剥夺政治权利同时并科及剥夺政治权利的期间应自何时起算等问题的函	1956年11月15日 法研字第11974号	刑法及相关司法解释已有规定。
26	最高人民法院关于被剥夺政治权利的留场人员表现良好可否缩短剥夺政治权利期限问题的复函	1956年11月16日 法研字第11772号	关于减刑、假释的司法解释已有规定。
27	最高人民法院关于宣告假释或缓刑的罪犯另犯新罪应由哪一个法院撤销假释或缓刑等问题的批复	1956年11月24日 法研字第12058号	刑事诉讼法及相关司法解释已有规定。
28	最高人民法院关于上诉审人民法院终审判决不准离婚经过一定时期后当事人一方又向第一审人民法院起诉如何处理的批复	1956年12月1日 法研字第12182号	已被民事诉讼法代替。
29	最高人民法院关于一方居住内地一方居住香港的离婚案件如何征求意见问题的复函	1956年12月6日 法行字第12538号	已被民事诉讼法代替。
30	最高人民法院关于引用法律、法令等所列条、款、项、目顺序的通知	1956年12月22日 法行字第13032号	立法法对此已有规定。
31	最高人民法院关于对人民法庭的判决不服而提起上诉的函	1956年12月24日 法研字第13122号	已被民事诉讼法代替。
32	最高人民法院关于合伙经营的企业与独资经营的企业均负有债务、独资企业无力偿还时拍卖合伙企业的财产应否首先清偿合伙企业所负债务问题的批复	1957年1月22日 法研字第1480号	已被合伙企业法代替。
33	最高人民法院关于判处死刑缓期两年的犯人缓刑期满后可否再缓一年的复函	1957年1月23日 法研字第1885号	刑事诉讼法已有规定。

序号	司法解释和司法解释性质文件名称	发文日期、文号	废止理由
34	最高人民法院关于由院长参加审判的案件实行审判监督程序问题的复函	1957年1月26日 法研字第2085号	人民法院组织法、民事诉讼法和刑事诉讼法已有规定。
35	最高人民法院关于离婚案件的一方当事人在上诉期间与第三者结婚是否违法和人民法院主持成立的调解可否提起上诉两个问题的批复	1957年2月21日 〔57〕法研字第3580号	已被民事诉讼法代替。
36	最高人民法院关于由院长提交审判委员会处理而审判委员会作出决议另行组织合议庭再审的案件的处理程序问题的复函	1957年3月19日 法研字第5637号	民事诉讼法以及适用民事诉讼法审判监督程序的司法解释、关于执行刑事诉讼法司法解释等已有规定。
37	最高人民法院有关遗嘱继承的两个具体问题的复函	1957年3月26日 法行字第6027号	已被继承法代替。
38	最高人民法院关于离婚案件管辖问题的批复	1957年3月26日 法行字第5931号	已被民事诉讼法代替。
39	最高人民法院关于现役革命军人婚约经双方协议取消时是否须再经人民法院裁判问题的批复	1957年4月11日 法研字第6865号	已被民事诉讼法代替。
40	最高人民法院关于上诉审法院主持成立的调解的效力等问题的批复	1957年5月13日 法研字第8232号	已被民事诉讼法代替。
41	最高人民法院关于与案件有直接利害关系的人能否当证人等问题的复函	1957年6月22日 法研字第12573号	已被刑事诉讼法、民事诉讼法、行政诉讼法以及最高人民法院关于民事诉讼证据的解释代替。
42	最高人民法院关于担保人是否应代债务人偿还欠款问题的批复	1957年6月25日 法研字第12837号	已被担保法代替。
43	最高人民法院对于判处有期徒刑的罪犯在判决发生法律效力前的羁押时间已经超过徒刑期限的，不再发生宣告缓刑问题的复函	1957年7月1日 法研字第12340号	刑法及第八修正案关于缓刑的适用条件已有规定，复函与现行法律规定相冲突。
44	最高人民法院关于原审法院在未发生女方怀孕时判决离婚宣判后女方发现怀孕提起上诉应如何处理问题的复函	1957年7月19日 法研字第14931号	已被婚姻法、民事诉讼法代替。
45	最高人民法院关于经审判委员会讨论的案件在判决书上如何署名问题的复函	1957年7月23日 法研字第15280号	人民法院组织法对审判委员会的法律地位已有规定，且刑事诉讼法第一百六十四条、民事诉讼法第一百三十八条对判决书上的署名问题也有规定。

序号	司法解释和司法解释性质文件名称	发文日期、文号	废止理由
46	最高人民法院关于劳改犯配偶提出离婚的案件管辖问题的复函	1957年7月24日 法研字第14963号	已被民事诉讼法代替。
47	最高人民法院关于少数民族的配偶因他方患麻疯病一方请求离婚应如何处理问题的批复	1957年7月25日	已被婚姻法代替。
48	最高人民法院、司法部关于死刑缓期后减刑的刑期计算问题的联合指示	1957年8月6日〔57〕法研字第0161号	已过适用期，实际上已失效。
49	最高人民法院关于自诉人提起上诉的案件可以直接改判加重刑罚问题的批复	1957年8月13日 法研字第16952号	刑事诉讼法及相关司法解释对上诉不加刑的含义及其适用范围已有规定。
50	最高人民法院关于女方产后三个月婴儿死亡男方可否提出离婚问题的复函	1957年8月17日〔1957〕法研字第17334号	已被婚姻法代替。
51	最高人民法院关于人民法院将案件移送人民检察院处理时应用公函的批复	1957年8月23日 法研字第17890号	刑事诉讼法已有规定。
52	最高人民法院关于剥夺政治权利的刑罚可否减刑问题的复函	1957年8月27日 法研字第18306号	刑法及相关司法解释已有规定，复函不再适用。
53	最高人民法院关于一个刑事被告人可以同时委托两个辩护人和发回更审案件检察人员以何种身份出庭问题的批复	1957年9月4日 法研字第19534号	刑事诉讼法已有规定，批复不再适用。
54	最高人民法院关于被告人是精神病患者又无诉讼代理人的离婚案件可由法院指定诉讼代理人进行诉讼不宜缺席审判的批复	1957年9月20日 法研字第19881号	已被婚姻法、民事诉讼法代替。
55	最高人民法院关于对委托辩护人及个人阴私案件可否准许被告近亲属旁听等问题的复函	1957年9月20日 法研字第19882号	刑事诉讼法及相关司法解释已有规定。
56	最高人民法院关于行政拘留日期应否折抵刑期等问题的批复	1957年9月30日〔1957〕法研字第20358号	已被刑法及相关司法解释代替。
57	最高人民法院关于依法不公开审理的案件其判决仍应向社会公开的批复	1957年10月8日 法研字第20865号	民事诉讼法第一百三十四条、刑事诉讼法第一百六十三条以及《最高人民法院关于司法公开的六项规定》第五项已有规定。

序号	司法解释和司法解释性质文件名称	发文日期、文号	废止理由
58	最高人民法院关于回族男方与汉族女方离婚后对子女抚养问题发生争执如何处理的复函	1957年12月26日 法研字第24120号	已被婚姻法代替。
59	最高人民法院关于审判委员会决定再审撤销原判的裁定由谁署名及再审案件进行再审时原来充任当事人的辩护人或代理人的律师是否继续出庭等问题的复函	1957年12月26日 法研字第24125号	已被刑事诉讼法、民事诉讼法、行政诉讼法代替。
60	最高人民法院关于已出嫁女儿赡养父母和媳妇赡养婆婆问题的批复	1958年1月27日 法研字第8号	已被婚姻法代替。
61	最高人民法院关于如何认定重婚行为问题的批复	1958年1月27日 法研字第11号	刑法第二百五十八条对重婚罪的构成要件已有规定，批复不再适用。
62	最高人民法院关于离婚案件当事人一方收到判决书，须待对方收到判决书，过了上诉期限，判决发生法律效力后，才可另行结婚问题的复函	1958年2月12日 法研字第22号	已被民事诉讼法代替。
63	最高人民法院关于女方小产后男方能否提出离婚问题的批复	1958年2月16日〔57〕联办研字第273号	已被婚姻法代替。
64	最高人民法院关于被假释的犯人在假释期间可否结婚问题的复函	1958年3月4日 法研字第32—1号	已被婚姻法代替。
65	最高人民法院关于与军人配偶通奸的案件为什么只对与军人配偶通奸的一方判罪问题的复函	1958年3月21日 法研字第47号	刑法第259条已有规定。
66	最高人民法院关于处理领取了结婚证而未同居的离婚案件问题的批复	1958年3月21日 法研字第48号	已被婚姻法代替。
67	最高人民法院关于受当事人委托的律师如何参加上诉审和监督审为当事人进行辩护、代理问题的复函	1958年3月26日 法研字第36号	已被刑事诉讼法、民事诉讼法、行政诉讼法代替。
68	最高人民法院关于离婚案件当事人对已经发生法律效力的判决提出申诉后可否通知他方当事人暂勿结婚问题的复函（节录）	1958年4月5日 法研字第56号	已被民事诉讼法代替。
69	最高人民法院关于管制期间可否折抵徒刑刑期问题的复函	1958年4月7日 法研字第58号	根据刑法的规定，管制期间折抵徒刑刑期的问题已不存在，复函已不再适用。

序号	司法解释和司法解释性质文件名称	发文日期、文号	废止理由
70	最高人民法院关于我国公民与苏联公民离婚诉讼应由我国法院受理问题的复函	1958年5月4日 法研字第79号	已被民事诉讼法代替。
71	最高人民法院关于剥夺政治权利期限的减免问题的复函	1959年6月4日 法研字第10号	刑法及相关司法解释已有规定。
72	最高人民法院关于死缓案件的刑期计算问题的批复	1959年8月5日 法研字第41号	批复内容与刑法第五十一条规定相冲突。
73	最高人民法院关于无期徒刑减为有期徒刑和死刑缓期执行直接减为有期徒刑的刑期计算问题的复函	1960年2月18日 法研字第25号	刑法对无期徒刑减为有期徒刑和死缓减为有期徒刑已有规定。
74	最高人民法院关于对印尼归国华侨要求公证请示的复函	1961年4月6日	已被公证法第十一条规定代替。
75	最高人民法院关于认真贯彻执行人民陪审员制度的复函	1961年8月3日 法研字第19号	《全国人大常委会关于完善人民陪审员制度的决定》、《最高人民法院关于人民陪审员参加审判活动若干问题的规定》已有规定。
76	最高人民法院关于劳改犯留场就业人员自留人员婚姻案件管辖问题的批复	1961年8月19日 〔61〕法司字第12号	已被民事诉讼法代替。
77	最高人民法院关于人民武装警察部队成员的婚姻问题是否应按照现役军人婚姻问题处理的批复	1962年1月25日	已被婚姻法代替。
78	最高人民法院关于委托外地法院调查案情和传讯当事人应注意的问题的函	1962年2月12日 〔62〕法行字第21号	《最高人民法院关于执行中华人民共和国刑事诉讼法若干问题的解释》第一百零六条、《最高人民法院关于适用〈中华人民共和国民事诉讼法〉若干问题的意见》第八十六条以及《最高人民法院关于人民法院相互办理委托事项的规定》对委托外地法院调查案情、传讯当事人、送达审判文书等问题已有规定。
79	最高人民法院关于原审法院管辖区域变更后判决改判问题的批复	1962年3月19日	最高人民法院无新规定覆盖其适用范围,但这一批复适用情形极为少见,废止后对司法活动影响甚微。

序号	司法解释和司法解释性质文件名称	发文日期、文号	废止理由
80	最高人民法院关于我国公民与外国公民离婚后的子女抚养费问题的批复	1962年3月24日	已被婚姻法代替。
81	最高人民法院关于处理劳改犯减刑假释案件应制作裁定书的复函	1962年7月16日 法研字第34号	刑事诉讼法对此问题已有规定。
82	最高人民法院关于异父母兄妹结婚问题的复函	1962年7月26日	已被婚姻法代替。
83	最高人民法院关于保外就医犯人能否结婚的复函	1962年9月1日	已被婚姻法代替。
84	最高人民法院关于几个继承问题的批复	1962年9月13日 法研字第61号	已被继承法代替。
85	最高人民法院关于"改判"与"减刑"含义的复函	1962年11月3日 法研字第86号	刑法、刑事诉讼法对相关问题已有规定。
86	最高人民法院关于劳改犯外逃时间的刑期计算和办理法律手续问题的通知	1962年11月26日	刑法、刑事诉讼法已有规定。
87	最高人民法院关于劳改犯留场就业人员婚姻案件管辖问题的批复	1962年11月28日 法研字第93号	已被民事诉讼法代替。
88	最高人民法院关于职工因交通事故死亡抚恤问题的复函	1962年12月24日	已被侵权责任法代替。
89	最高人民法院对于曾判处过再缓一年的死缓罪犯是否可以再一次判处再缓一年的问题的批复	1963年2月25日 〔63〕法研字第22号	刑法及刑事诉讼法对死缓执行的后果已有规定，批复不再适用。
90	最高人民法院、公安部关于无期徒刑罪犯服刑多久才能考虑减刑问题的联合通知	1963年3月21日 〔63〕法研字第31号	批复已被刑法第七十八条以及《最高人民法院关于办理减刑、假释案件具体应用法律若干问题的规定》代替。
91	最高人民法院关于交通肇事抚恤问题的批复	1963年4月28日 法研字第42号	已被侵权责任法代替。
92	最高人民法院关于判处有期徒刑二十年的罪犯重新犯罪的处理问题的批复	1963年5月17日 〔63〕法研字第56号	刑法第六十九条、第七十一条对数罪并罚已有规定，批复不再适用。
93	最高人民法院关于判处徒刑监外执行等问题的批复	1963年6月15日 〔63〕法研字第70号	该批复所涉及的调整对象已经不存在，形势已发生变化，批复已失效。
94	最高人民法院、公安部关于管制分子执行期满解除管制程序的通知	1963年6月27日 〔63〕法研字第83号	刑事诉讼法已有规定。

序号	司法解释和司法解释性质文件名称	发文日期、文号	废止理由
95	最高人民法院关于旅居国外华侨委托他人出售国内房屋的公证认证手续问题的复函	1963年6月28日	已被公证法代替。
96	最高人民法院关于犯人在公安机关刑事拘留期间是否可以折抵刑期问题的批复	1963年7月4日〔63〕法研字第85号	已被刑法的相关条文（第四十一条、第四十四条、第四十七条）代替。
97	最高人民法院、公安部、外交部复关于今后办理外侨各种证明的问题	1963年8月13日〔63〕法司字第171号	已被公证法代替。
98	最高人民法院关于离婚案件中自留地、自留畜的处理问题的批复	1963年10月21日〔63〕法研字第140号	已被婚姻法代替。
99	最高人民法院关于自留人员离婚案件管辖问题的批复	1963年10月21日〔63〕法行字第142号	已被民事诉讼法代替。
100	最高人民法院、公安部、内务部、劳动部关于刑满释放解除教养后能否回原单位就业及其批准权限问题的批复	1963年11月4日〔63〕法研字第151号	社会形势发生变化，不再适用。
101	最高人民法院关于被假释或提前释放的罪犯又犯新罪如何处理问题的批复	1963年12月6日〔63〕法研字第170号	刑法第八十六条关于假释的撤销及处理已有规定。
102	最高人民法院关于离婚案件中对财产处理如何强制执行问题的批复	1963年12月9日〔63〕法研字第175号	社会形势发生变化，不再适用。
103	最高人民法院关于旅蒙华侨持我国法院离婚调解书向我国使馆申请结婚登记问题的复函	1963年12月9日	已被婚姻法、民事诉讼法代替。
104	最高人民法院关于民事案件在开庭审理前试行调解时不必邀请人民陪审员参加的批复	1964年1月18日〔64〕法研字第3号	已被民事诉讼法代替。
105	最高人民法院关于女方提出离婚后就离开原籍的离婚案件管辖问题的复函	1964年1月18日〔64〕法研字第5号	已被民事诉讼法代替。
106	最高人民法院关于训诫问题的批复	1964年1月18日法研〔1964〕8号	已被刑法第三十七条非刑罚性处罚措施的规定代替。
107	最高人民法院关于劳改犯减刑后又改判应如何确定执行刑期问题的批复	1964年2月20日法研〔1964〕16号	刑法及相关司法解释关于减刑的刑期计算已有规定，批复不再适用。

序号	司法解释和司法解释性质文件名称	发文日期、文号	废止理由
108	最高人民法院关于劳教分子和在押未决犯等五种人员的离婚和其他民事案件管辖问题的批复	1964年5月15日	已被民事诉讼法代替。
109	最高人民法院关于判处有期徒刑宣告缓刑的期限如何起算等问题的批复	1964年8月13日〔64〕法研字第70号	刑法第七十三条对缓刑的期限确定已有规定。
110	最高人民法院关于立"嗣书"继承，不予承认问题的批复	1964年9月16日	已被继承法代替。
111	最高人民法院关于判处徒刑宣告缓刑上诉后维持原判的案件其缓刑考验期应从何时起算问题的批复	1964年9月19日〔64〕法研字第84号	刑法第七十三条明确规定缓刑考验期从确定之日起计算，批复被代替。
112	最高人民法院、公安部、外交部关于严格涉外公证手续的通知	1964年9月23日〔64〕法司字第217号	人民法院不再开展公证业务，通知内容已被公证法第七、九、十一条规定代替。
113	最高人民法院关于外流妇女重婚案件和外流妇女重婚后的离婚案件管辖问题的批复	1964年10月23日〔64〕法研字第91号	社会形势发生变化，不再适用。
114	最高人民法院办公厅关于证物技术鉴定使用问题的函	1964年12月11日	刑事诉讼法相关条文及《全国人大常委会关于司法鉴定管理问题的决定》对鉴定问题已有规定，此函不再适用。
115	最高人民法院关于流窜盗窃犯屡拘、屡逃其屡次被拘留时间是否可以折抵刑期问题的批复	1964年12月17日法研〔1964〕100号	关于刑期折抵刑法已有规定，批复不再适用。
116	最高人民法院关于采用其他方法处理的轻微伤害案件是否要制作调解书或判决书的问题的批复	1965年5月5日〔65〕法研字第11号	已被刑法代替。
117	最高人民法院办公厅关于国家行政机关工作人员判处徒刑宣告缓刑后其职务和待遇问题的复函	1965年6月11日〔65〕法研字第20号	《人事部关于国家机关、事业单位工作人员受行政刑事处罚工资处理意见的复函》〔人函（1999）177号〕已有规定。
118	最高人民法院关于长期参加边疆国防建设工人的配偶提出离婚不按军婚处理的批复	1965年12月6日〔65〕法研字第42号	社会形势发生变化，不再适用。

序号	司法解释和司法解释性质文件名称	发文日期、文号	废止理由
119	最高人民法院印发《关于处理中朝两国公民离婚案件座谈会纪要》的通知	1966年5月12日〔66〕法民字第8号	已被民事诉讼法、婚姻法代替。
120	最高人民法院关于办理学历证明书的通知	1974年1月18日〔74〕法办司字第3号	已被公证法代替。
121	最高人民法院关于对非婚生子女解释的复函	1974年5月17日	已被婚姻法代替。
122	最高人民法院办公室、外交部领事司关于公证文件中对中国血统外国籍人的提法事	1974年6月14日〔74〕法办司字第13号	人民法院不再开展公证业务,通知内容已被公证法相关规定代替。
123	最高人民法院关于失主向罪犯追索被盗被骗财物应如何处理的问题的复函	1974年6月29日	《最高人民法院关于刑事附带民事诉讼范围问题的规定》已有规定,复函不再适用。
124	最高人民法院、公安部关于张贴布告问题的补充通知	1974年7月20日	形势已经变化,不再适用。
125	最高人民法院关于来华治病的华侨和外籍人要求出具延期治疗证明问题的批复	1975年1月24日〔75〕法办司字第5号	社会形势发生变化,不再适用。
126	最高人民法院关于处理破坏军婚案件中几个问题的批复	1977年6月13日	已被婚姻法代替。
127	最高人民法院、公安部关于加强对监外就医、监外执行、假释、缓刑犯人管理工作的联合通知	〔77〕法办研字第4号	刑事诉讼法已有规定。
128	最高人民法院关于同父母兄妹可否结婚问题的批复	1977年9月24日	已被婚姻法代替。
129	最高人民法院关于罪犯在公安机关收容审查期间可否折抵刑期的批复	1978年7月11日〔78〕法办研字第14号	刑事诉讼法已取消收容审查,批复不再适用。
130	最高人民法院关于处理精神病患者犯罪问题的批复	1978年8月4日〔78〕法办研字第17号	已被刑法第十八条代替。
131	最高人民法院关于发给国外当事人的法律文书可交给其国内代理人的批复	1978年8月14日〔78〕法民字第12号	已被民事诉讼法代替。

序号	司法解释和司法解释性质文件名称	发文日期、文号	废止理由
132	最高人民法院关于罪犯在逮捕前被"隔离审查"的日期可否折抵刑期的复函	1978年10月11日〔78〕法办研字第25号	隔离审查属违法行为，不得适用，复函实际上已失效。
133	最高人民法院关于罪犯被捕前在看守所隔离审查日期可不折抵刑期的批复	1978年10月21日	隔离审查属违法行为，不得适用，批复实际上已失效。
134	最高人民法院关于保外候审期间可否折抵刑期的批复	1978年11月17日〔78〕法办研字第28号	刑法关于刑期折抵已有规定，批复不再适用。
135	最高人民法院、公安部、外交部关于办理出生、结婚和亲属关系证明书的通知	1978年11月22日〔78〕法司字第193号	已被公证法代替。
136	最高人民法院关于平反纠正冤假错案应制作何种法律文书的复函	1978年12月13日〔78〕法办研字第31号	调整对象已不存在。
137	最高人民法院关于罪犯在公安机关收容审查单项折抵刑期两个具体问题的批复	1979年1月19日	刑事诉讼法已取消收容审查，批复不再适用。
138	最高人民法院关于北京市高级人民法院办理学历证明工作证明请示的批复	1979年5月8日	已被公证法代替。
139	最高人民法院关于办理过继和收养关系公证的通知	1979年6月5日	已被公证法、收养法代替。
140	最高人民法院关于罪犯被收容审查日期折抵刑期问题的批复	1979年6月11日〔79〕法办研字第15号	刑事诉讼法已取消收容审查，批复不再适用。
141	最高人民法院关于留场（厂）就业人员重新犯罪后在劳改机关禁闭审查日期应否折抵刑期的批复	1979年9月24日	禁闭审查属违法行为，劳改机关不得适用，批复不再适用。
142	最高人民法院关于来信来访中不服人民法院判决的申诉案件应按审级处理的通知	1979年9月29日〔79〕法办字第65号	刑事诉讼法及相关司法解释已有规定。
143	最高人民法院关于子女对继母有无赡养义务的请示的批复	1979年11月2日	已被婚姻法代替。
144	最高人民法院、公安部关于人民法院决定逮捕人犯由公安机关执行的具体办法的通知	1979年11月19日〔79〕法研字第24号	刑事诉讼法关于逮捕的适用条件及适用程序已有规定，批复不再适用。

最高人民法院 最高人民检察院关于废止1980年1月1日至1997年6月30日期间制发的部分司法解释和司法解释性质文件的决定

法释〔2013〕1号

(2012年11月19日最高人民法院审判委员会第1560次会议、2012年12月19日最高人民检察院第十一届检察委员会第83次会议通过 2013年1月4日最高人民法院、最高人民检察院公告公布 自2013年1月18日起施行)

为适应形势发展变化，保证国家法律统一正确适用，根据有关法律规定和审判、检察工作实际需要，最高人民法院、最高人民检察院会同有关部门，对1980年1月1日至1997年6月30日期间联合制发的司法解释和司法解释性质文件进行了集中清理。现决定废止1980年1月1日至1997年6月30日期间制发的44件司法解释和司法解释性质文件。废止的司法解释和司法解释性质文件从本决定施行之日起不再适用，但过去依据下列司法解释和司法解释性质文件对有关案件作出的判决、裁定仍然有效。

附：

决定废止的1980年1月1日至1997年6月30日期间制发的部分司法解释和司法解释性质文件目录（44件）

序号	司法解释和司法解释性质文件名称	发文日期、文号	废止理由
1	最高人民法院、最高人民检察院关于转发《全国人民代表大会常务委员会（80）人大常委会字第10号通知》的通知	1980年3月11日 〔80〕法办字第10号 高检办字〔1980〕第5号	通知已过适用期。
2	最高人民法院、最高人民检察院、公安部关于执行人大常委会《关于刑事诉讼法实施问题的决定》的几点具体意见的通知	1980年4月3日 〔80〕法研字第11号 高检研字〔1980〕第4号 〔80〕公发（研）65号	通知已过适用期。
3	最高人民法院、最高人民检察院、公安部、司法部关于民航系统的案件由地方公安机关、人民检察院和人民法院受理的通知	1980年5月14日 〔80〕法研字第16号 高检办字〔1980〕13号 〔80〕公发（经）92号 〔80〕司发普字第86号	刑事诉讼法、民事诉讼法及相关司法解释已有明确规定。
4	最高人民法院、最高人民检察院、公安部、交通部关于交通部直属港航系统的案件批捕、起诉、审判问题的通知	1980年7月22日 〔80〕法交字第1号 高检刑字〔1980〕第42号 〔80〕公发（交）128号 〔80〕交公安字1515号	刑事诉讼法及相关司法解释对相关问题已有规定。
5	最高人民法院、最高人民检察院、公安部关于被判刑劳改的罪犯在交付执行时应附送结案登记表，在执行期间的变动情况应通知有关单位的通知	1980年8月26日 〔80〕法研字第24号 高检监字〔1980〕第14号 〔80〕公发（劳）147号	通知内容已被监狱法、看守所条例等规定吸收。
6	最高人民法院、最高人民检察院、公安部对于未逮捕的罪犯可根据判决书等文书收监执行	1980年12月11日 〔80〕法研字第30号 高检刑字〔1980〕第66号 〔80〕公发（审）212号	批复内容已被刑事诉讼法及相关司法解释吸收。

序号	司法解释和司法解释性质文件名称	发文日期、文号	废止理由
7	最高人民法院、最高人民检察院、司法部、公安部关于罪犯减刑、假释和又犯罪等案件的管辖和处理程序问题的通知	1980年12月26日 〔80〕法研字第29号 高检监字〔1980〕第17号 〔80〕司法普302号 〔80〕公发（劳）219号	刑事诉讼法、刑法已有新规定。
8	最高人民法院、最高人民检察院、公安部关于一九八〇年底未审结的案件时限计算问题的通知	1981年2月3日 〔81〕法研字第4号 〔81〕高检发（刑）8号 〔81〕公发（研）第15号	通知已过适用期。
9	最高人民检察院、最高人民法院关于继续受理铁路运输系统案件的通知	1981年3月2日 〔81〕高检发（刑）9号 〔81〕法交字第1号	社会形势发生变化，不再适用。
10	最高人民法院、最高人民检察院关于共同犯罪案件中对检察院没有起诉，法院认为需要追究刑事责任的同案人应如何处理问题的联合批复	1981年7月21日 〔81〕法研字第17号 〔81〕高检发（研）28号	批复与刑事诉讼法的规定相冲突。
11	最高人民法院、最高人民检察院关于审理强奸案件应慎重处理被害人出庭问题的通知	1982年11月1日 〔82〕法研字第15号	通知内容已经不适用。
12	最高人民法院、最高人民检察院、公安部关于判处无期徒刑、死刑的第一审普通刑事案件由中级人民法院管辖的通知	1983年12月2日 〔83〕法研字第23号	社会形势发生变化，不再适用。
13	最高人民法院、最高人民检察院、公安部关于依法惩处利用摘除节育环进行违法犯罪活动的分子的联合通知	1983年12月10日 〔83〕法研字第25号	社会形势发生变化，不再适用。
14	最高人民法院、最高人民检察院、公安部、司法部关于正确处理死刑罪犯遗书遗物等问题的通知	1984年1月11日 〔84〕法研字第1号	刑事诉讼法及相关司法解释已有规定。
15	最高人民法院、最高人民检察院、公安部印发《关于当前办理拐卖人口案件中具体应用法律的若干问题的解答》的通知	1984年3月31日 〔84〕法研字第3号	刑法及相关司法解释已有规定。
16	最高人民法院、最高人民检察院、公安部印发《关于当前办理强奸案件中具体应用法律的若干问题的解答》的通知	1984年4月26日 〔84〕法研字第7号	刑法及相关司法解释已有新规定。

序号	司法解释和司法解释性质文件名称	发文日期、文号	废止理由
17	最高人民法院、最高人民检察院、公安部、司法部关于抓紧从严打击制造、贩卖假药、毒品和有毒食品等严重危害人民生命健康的犯罪活动的通知	1985年7月12日 法（研）发〔1985〕15号	通知已无指导意义。
18	最高人民法院、最高人民检察院印发《关于当前办理经济犯罪案件中具体应用法律的若干问题的解答（试行）》的通知	1985年7月18日 〔85〕高检会（研）3号	刑法及相关司法解释已有新规定。
19	最高人民法院、最高人民检察院、公安部关于及时查处在经济纠纷案件中发现的经济犯罪的通知	1985年8月19日 法（研）发〔1985〕17号	制定依据已失效。
20	最高人民法院、最高人民检察院关于处理海南岛倒买倒卖汽车和倒买倒卖外汇等犯罪案件注意事项的通知	1985年10月22日 法（刑一）通〔1985〕4号	制定依据已被修改或废止。
21	最高人民法院、最高人民检察院、公安部对于惩处倒卖车、船票的犯罪分子如何适用法律条款的问题的批复	1986年3月18日 法（研）复〔1986〕9号	制定依据已被修改，刑法有新规定。
22	最高人民法院、最高人民检察院关于当前办理盗窃案件中适用法律问题的补充通知	1986年9月17日 法（研）发〔1986〕26号	刑法已有新规定。
23	最高人民法院、最高人民检察院、公安部关于在审理经济纠纷案件中发现经济犯罪必须及时移送的通知	1987年3月11日 法（研）发〔1987〕7号	通知精神已被刑事诉讼法及相关司法解释所吸收。
24	最高人民法院、最高人民检察院关于严格依法处理道路交通肇事案件的通知	1987年8月12日 法（研）发〔1987〕21号	刑法、刑事诉讼法及相关司法解释已有新规定。
25	最高人民法院、最高人民检察院印发《关于办理盗伐、滥伐林木案件应用法律的几个问题的解释》的通知	1987年9月5日 法（研）发〔1987〕23号	刑法及相关司法解释已有新规定。
26	最高人民法院、最高人民检察院关于正确执行两个《补充规定》的通知	1988年1月27日 高法明电〔1988〕7号	制定依据已被废止，通知不再适用。
27	最高人民法院、最高人民检察院关于如何适用刑法第一百五十三条的批复	1988年3月16日 〔88〕高检会（研）字第3号	刑法及相关司法解释已有明确规定。

序号	司法解释和司法解释性质文件名称	发文日期、文号	废止理由
28	最高人民法院、最高人民检察院、公安部关于坚决制止将已决犯、未决犯游街示众的通知	1988年6月1日 高法明电〔1988〕46号	通知中的相关内容已在1992年11月14日《最高人民法院、最高人民检察院、公安部关于依法文明管理看守所在押人犯的通知》中作出明确规定。
29	最高人民法院、最高人民检察院关于摘要转发《依法查处非法出版犯罪活动工作座谈会纪要》的通知	1988年11月11日 法（研）发〔1988〕28号	刑法及相关司法解释已有新规定。
30	最高人民法院、最高人民检察院关于税务人员参与偷税犯罪的案件如何适用法律的批复	1988年12月3日 法（研）发〔1988〕29号	刑法已有新规定。
31	最高人民法院、最高人民检察院关于印发《关于办理反革命暴乱和政治动乱中犯罪案件具体应用法律的若干问题的意见》的通知	1989年8月1日 法（研）发〔1989〕19号	制定依据已被修改或废止。
32	最高人民法院、最高人民检察院关于印发《关于贪污、受贿、投机倒把等犯罪分子必须在限期内自首坦白的通告》的通知	1989年8月15日 法（研）发〔1989〕21号	通知已过适用期。
33	最高人民法院、最高人民检察院印发《关于执行〈关于惩治贪污罪贿赂罪的补充规定〉若干问题的解答》的通知	1989年11月6日 法（研）发〔1989〕35号	制定依据已被废止，刑法对贪污、贿赂罪已有新规定。
34	最高人民法院、最高人民检察院、公安部、司法部关于办理少年刑事案件建立互相配套工作体系的通知	1991年6月1日 法（研）发〔1991〕17号	通知精神已被刑事诉讼法及相关司法解释吸收和代替。
35	最高人民检察院、最高人民法院关于盗窃、贪污粮食数额如何计算问题的意见	1991年7月27日 高检会〔1991〕15号	相关司法解释已有新规定。
36	最高人民法院、最高人民检察院关于盗伐、滥伐林木案件几个问题的解答	1991年10月17日 法（研）发〔1991〕31号	制定依据已被修改，刑法及相关司法解释已有新规定。
37	最高人民法院、最高人民检察院印发《关于办理偷税、抗税刑事案件具体应用法律的若干问题的解释》的通知	1992年3月16日 法发〔1992〕12号 高检会〔1992〕5号	制定依据已被修改，刑法及相关司法解释已有新规定。

序号	司法解释和司法解释性质文件名称	发文日期、文号	废止理由
38	最高人民检察院、最高人民法院、公安部、安全部、司法部、外交部关于对驻华使、领馆探视被羁押本国公民的安排机关进行调整的通知	1992年8月26日 高检会〔1992〕25号	1995年6月20日《外交部、最高人民法院、最高人民检察院、安全部、司法部关于处理涉外案件若干问题的规定》对相关问题已作出明确规定。
39	最高人民法院、最高人民检察院印发《关于执行〈全国人民代表大会常务委员会关于严惩拐卖、绑架妇女、儿童的犯罪分子的决定〉的若干问题的解答》的通知	1992年12月11日 法发〔1992〕41号 高检会〔1992〕35号	制定依据已被刑法吸收，刑法对相关问题已有规定。
40	最高人民法院、最高人民检察院印发《关于执行〈全国人民代表大会常务委员会关于严禁卖淫嫖娼的决定〉的若干问题的解答》的通知	1992年12月11日 法发〔1992〕42号 高检会〔1992〕36号	制定依据已被刑法吸收，刑法对相关问题已有规定。
41	最高人民法院、最高人民检察院印发《关于办理盗窃案件具体应用法律若干问题的解释》的通知	1992年12月11日 法发〔1992〕43号 高检会〔1992〕37号	刑法及相关司法解释已有新规定。
42	最高人民法院、最高人民检察院关于依法严惩破坏计划生育犯罪活动的通知	1993年11月12日 法发〔1993〕36号	通知依据已被修改，刑法及相关司法解释已有新规定。
43	最高人民法院、最高人民检察院印发《关于办理伪造、倒卖、盗窃发票刑事案件适用法律的规定》的通知	1994年6月3日 法发〔1994〕12号 高检会〔1994〕25号	制定依据已被废止，刑法已取消投机倒把罪、伪造税票罪。
44	最高人民法院、最高人民检察院印发《关于办理人民法院、人民检察院共同赔偿案件若干问题的解释》的通知	1997年6月27日 法发〔1997〕16号 高检会〔1997〕1号	通知内容与2010年4月修改的国家赔偿法有关规定相冲突。

最高人民法院
关于废止 1980 年 1 月 1 日至 1997 年 6 月 30 日期间发布的部分司法解释和司法解释性质文件（第九批）的决定

法释〔2013〕2 号

（2012 年 11 月 19 日最高人民法院审判委员会第 1560 次会议通过 2013 年 1 月 14 日最高人民法院公告公布 自 2013 年 1 月 18 日起施行）

为适应形势发展变化，保证国家法律统一正确适用，根据有关法律规定和审判实际需要，最高人民法院会同有关部门，对 1980 年 1 月 1 日至 1997 年 6 月 30 日期间发布的司法解释和司法解释性质文件进行了集中清理。现决定废止 1980 年 1 月 1 日至 1997 年 6 月 30 日期间发布的 429 件司法解释和司法解释性质文件。废止的司法解释和司法解释性质文件从本决定施行之日起不再适用，但过去依据下列司法解释和司法解释性质文件对有关案件作出的判决、裁定仍然有效。

附：

予以废止的 1980 年 1 月 1 日至 1997 年 6 月 30 日期间发布的部分司法解释和司法解释性质文件目录（第九批）

序号	司法解释和司法解释性质文件名称	发文日期、文号	废止理由
1	最高人民法院关于适用法律类推的案件报送核准问题的通知	1980 年 1 月 14 日	刑法已取消法律类推，通知不再适用。
2	最高人民法院、公安部关于判处死刑、死缓、无期徒刑、有期徒刑、拘役的罪犯交付执行问题的通知	1980 年 2 月 23 日〔80〕法研字第 8 号	刑事诉讼法、监狱法及相关司法解释已有明确规定。
3	最高人民法院关于公开审判正在服刑的罪犯又犯罪的案件可否组织劳改犯参加旁听问题的批复	1980 年 6 月 16 日〔80〕研字第 20 号	依据已被《人民法院法庭规则》代替。

序号	司法解释和司法解释性质文件名称	发文日期、文号	废止理由
4	最高人民法院、中国人民银行转发上海市高级人民法院《关于人民法院执行民事判决向银行调取当事人存款问题的通知》	1980年6月16日	已被《最高人民法院关于人民法院执行工作若干问题的规定（试行）》代替。
5	最高人民法院关于刑事诉讼附带民事诉讼问题的批复	1980年7月16日〔80〕法研字第23号	刑事诉讼法及相关司法解释已有明确规定。
6	最高人民法院关于我国公民同居住在越南的配偶离婚问题的批复	1980年7月25日〔80〕法民字第6号	已被民事诉讼法代替。
7	最高人民法院关于地主家庭出身的能否回赎土改前典当给劳动人民的房屋的请示的复函	1981年6月22日	调整对象已消失，实际已失效。
8	最高人民法院关于受理现役军人提出离婚案件应参照执行中国人民解放军总政治部《关于军队贯彻执行中华人民共和国婚姻法的暂行规定》的复函	1981年7月28日	社会形势发生变化，不再适用。
9	最高人民法院关于扣船法律程序的请示报告的批复	1981年10月24日〔81〕法交字第3号	已被海事诉讼特别程序法代替。
10	最高人民法院、司法部、民政部、全国总工会、共青团中央、全国妇联关于深入宣传婚姻法的通知	1981年11月30日	婚姻法已于2001年修订，该通知已经失效。
11	最高人民法院关于办理宽大释放法律手续的通知	1982年3月10日〔1982〕法刑字第1号	社会形势发生变化，不再适用。
12	最高人民法院关于坚决执行全国人大常委会《关于严惩严重破坏经济的罪犯的决定》的通知	1982年3月15日〔82〕法研字第1号	全国人大常委会《关于严惩严重破坏经济的罪犯的决定》已废止，通知已失效。
13	最高人民法院关于为实施《中华人民共和国经济合同法》和《中华人民共和国民事诉讼法（试行）》做好准备工作的通知	1982年3月16日〔82〕法研字第2号	社会形势发生变化，不再适用。
14	最高人民法院关于人民法院公开审判刑事案件一般不要对被告人使用械具的通知	1982年5月20日〔82〕法研字第3号	通知精神已被《人民法院司法警察看管规则》吸收。
15	最高人民法院研究室关于类推程序问题的电话答复	1982年9月11日	刑法已经取消类推制度。

序号	司法解释和司法解释性质文件名称	发文日期、文号	废止理由
16	最高人民法院关于如何确认和公证事实婚姻问题的复函	1982年10月5日〔82〕法研字第10号	社会形势发生变化，不再适用。
17	最高人民法院研究室关于刑事诉讼法实施前遗留案件的审理程序问题的电话答复	1982年10月21日	社会形势发生变化，不再适用。
18	最高人民法院刑一庭对《关于对黄炳光等六名被告人贩运伪造的外汇兑换券一案的请示》的电话答复	1983年3月17日	已取消兑换券，批复已无实际指导意义。
19	最高人民法院研究室关于怀孕妇女被监视居住如何计算刑期问题的电话答复	1983年4月20日	刑事诉讼法已有明确规定。
20	最高人民法院关于助理审判员可否作为合议庭成员并担任审判长问题的批复	1983年5月25日〔83〕法研字第12号	已被刑事诉讼法及相关司法解释代替。
21	最高人民法院研究室关于复查实施"两法"前判处的案件是否需组成合议庭的电话答复	1983年7月20日	答复已过时效。
22	最高人民法院研究室关于服刑期间发现的漏罪应否适用《关于严惩严重危害社会治安的犯罪分子的决定》问题的电话答复	1983年9月15日	答复依据已被废止，不再适用。
23	最高人民法院关于人民法院审判严重刑事犯罪案件中具体应用法律的若干问题的答复	1983年9月20日〔83〕法研字第18号	答复依据已被废止，不再适用。
24	最高人民法院关于立案后有关涉外诉讼文书及送达问题的批复	1983年12月15日	已被《最高人民法院关于涉外民事或商事案件司法文书送达问题若干规定》代替。
25	最高人民法院、中国人民银行关于查询、冻结和扣划企业事业单位、机关、团体的银行存款的联合通知	1983年12月20日〔83〕法研字第30号	已被《中国人民银行、最高人民法院、最高人民检察院、公安部关于查询、冻结、扣划企业事业单位、机关、团体银行存款的通知》代替。
26	最高人民法院印发《关于驻外使领馆处理华侨婚姻问题的若干规定》的通知	1983年12月27日〔83〕法研字第26号	《关于驻外使领馆处理华侨婚姻问题的若干规定》部分内容与婚姻法相冲突，通知不再适用。

序号	司法解释和司法解释性质文件名称	发文日期、文号	废止理由
27	最高人民法院关于人民法院审判严重刑事犯罪案件中具体应用法律的若干问题的答复（二）	1983年12月30日〔83〕法研字第27号	答复依据已被废止，不再适用。
28	最高人民法院关于统一报送死刑备案材料的通知	1984年4月9日	调整对象已不存在，通知不再适用。
29	最高人民法院关于一方为外国人与我国境内的配偶达成离婚协议我国法院可否制发调解书问题的批复	1984年4月9日〔84〕法民字第4号	已被民事诉讼法代替。
30	最高人民法院关于原在内地登记结婚，现双方均居住香港，他们发生离婚诉讼，内地人民法院可否按《关于驻外使领馆处理华侨婚姻的若干规定》的通知办理的批复	1984年4月14日〔84〕法民字第3号	已被民事诉讼法代替。
31	最高人民法院关于《城市私有房屋管理条例》公布前机关、团体、部队、企业、事业单位购买或租用房屋是否有效问题的答复	1984年4月17日〔84〕法研字第5号	社会形势发生变化，不再适用。
32	最高人民法院关于给在台湾的当事人送达法律文书的批复	1984年8月29日	已被《最高人民法院关于涉台民事诉讼文书送达的若干规定》代替。
33	最高人民法院研究室关于死缓犯人与其他罪犯又共同犯罪审理程序问题的电话答复	1984年9月5日	答复依据已被修改，不再适用。
34	最高人民法院研究室关于已满14岁不满16岁的人犯强奸罪是否应负刑事责任问题的电话答复	1984年11月8日	与刑法规定相冲突。
35	最高人民法院关于审理劳改罪犯减刑、假释案件可否由审判员独任审理的批复	1984年11月24日〔84〕法研字第18号	已被刑法、刑事诉讼法以及相关司法解释代替。
36	最高人民法院关于房屋典当回赎问题的批复	1984年12月2日	社会形势发生变化，不再适用。
37	最高人民法院关于港澳同胞持有"英国属土公民护照"或澳葡当局所发身份证在内地人民法院起诉应诉的民事案件是否作为涉外案件问题的批复	1984年12月6日	社会形势发生变化，不再适用。
38	最高人民法院关于依法监视居住期间可否折抵刑期问题的批复	1984年12月18日〔84〕法研字第16号	刑事诉讼法已有明确规定。

序号	司法解释和司法解释性质文件名称	发文日期、文号	废止理由
39	最高人民法院、公安部、商业部、城乡建设环境保护部关于转发陕西省西安市《关于办理离婚、房产案件中有关户粮分立、迁转和房产变动问题的联合通知》的通知	1985年3月21日	社会形势发生变化，不再适用。
40	最高人民法院关于指定重庆市中级人民法院办理部分专利纠纷案件的批复	1985年3月27日 法（经）复〔1985〕18号	调整对象发生变化，不再适用。
41	最高人民法院关于外国驻华使馆的职员能否以外交代表身份为本国国民在我国聘请中国律师代理民事诉讼的批复	1985年3月28日	已被《最高人民法院关于适用〈中华人民共和国民事诉讼法〉若干问题的意见》代替。
42	最高人民法院研究室关于按照审判监督程序决定再审的案件是否应先撤销原判决问题的电话答复	1985年3月30日	刑事诉讼法及相关司法解释已有明确规定。
43	最高人民法院关于民事上诉案件受理费的几个问题的批复	1985年4月4日 法（研）复〔1985〕21号	已被《诉讼费用交纳办法》代替。
44	最高人民法院研究室关于成年人犯罪造成经济损害其父母有无赔偿义务问题的电话答复	1985年4月10日	已被刑事诉讼法及相关司法解释代替。
45	最高人民法院研究室关于判处无期徒刑的罪犯在服刑期间又犯新罪是否要再判处刑罚问题的电话答复	1985年5月8日	刑事诉讼法、刑法及相关司法解释已有明确规定。
46	最高人民法院关于缓刑考验期内表现好的罪犯可否缩减其缓刑考验期限的批复	1985年5月9日 法（研）复〔1985〕27号	《最高人民法院关于办理减刑、假释案件具体应用法律若干问题的规定》已有明确规定。
47	最高人民法院切实执行《关于统一报送死刑备案材料的通知》的通知	1985年6月8日	调整对象已不存在，通知不再适用。
48	最高人民法院关于男女登记离婚后一方翻悔，向人民法院提起诉讼，人民法院是否应当受理的批复	1985年6月15日 法（民）复〔1985〕35号	已被民事诉讼法代替。
49	最高人民法院研究室关于盗窃分子内外勾结盗窃中外合资企业财产的案件是否属于涉外案件的复函	1985年7月2日	刑事诉讼法及相关司法解释已有明确规定。
50	最高人民法院研究室关于变造国家货币的行为应如何定罪问题的电话答复	1985年8月2日	刑法第173条已规定变造货币罪，答复不再适用。

序号	司法解释和司法解释性质文件名称	发文日期、文号	废止理由
51	最高人民法院研究室关于押在看守所的死缓犯抗拒改造情节恶劣应当执行死刑的如何报送核准问题的电话答复	1985年8月7日	刑事诉讼法及相关司法解释已有明确规定。
52	最高人民法院关于台湾同胞为追索建国前公民之间债务的起诉，人民法院是否受理问题的批复	1985年8月8日	社会形势发生变化，不再适用。
53	最高人民法院研究室关于对未成年犯能否附加剥夺政治权利问题的电话答复	1985年8月16日	刑法已有明确规定。
54	最高人民法院关于人民法院审判严重刑事犯罪案件中具体应用法律的若干问题的答复（三）	1985年8月21日 法（研）发〔1985〕18号	答复依据已被废止，不再适用。
55	最高人民法院关于人民法院依法执行行政机关的行政处罚决定应用何种法律文书的问题的批复	1985年9月14日 法（经）复〔1985〕49号	《最高人民法院关于人民法院执行工作若干问题的规定（试行）》已有明确规定。
56	最高人民法院研究室关于赌博案件两个问题的电话答复	1985年9月16日	刑法已有新规定，答复不再适用。
57	最高人民法院研究室关于再审改判宣告缓刑的案件其缓刑考验期限从何时起计算的电话答复	1985年10月12日	刑法已有明确规定。
58	最高人民法院研究室关于对被告人已死亡的再审案件的第一审判决其近亲属能否径行提出上诉问题的电话答复	1985年10月18日	刑事诉讼法已有明确规定。
59	最高人民法院关于侵犯商标专用权如何计算损失赔偿额和侵权期间问题的批复	1985年11月6日 法（经）复〔1985〕53号	已被商标法代替。
60	最高人民法院研究室关于少管人员释放后犯罪的能否适用《关于处理逃跑或者重新犯罪的劳改犯和劳教人员的决定》问题的电话答复	1985年11月9日	答复依据已被废止，不再适用。
61	最高人民法院研究室关于对缓刑犯减刑应由哪级单位申报的电话答复	1985年11月12日	刑事诉讼法及相关司法解释已有明确规定。
62	最高人民法院关于加强经济审判工作的通知	1985年12月9日	该通知规定的经济案件受案范围及所依据的相关文件内容已不适用，实际已失效。

序号	司法解释和司法解释性质文件名称	发文日期、文号	废止理由
63	最高人民法院关于对窝藏、包庇罪中"事前通谋的,以共同犯罪论处"如何理解的电话答复	1985年12月28日	已被刑法规定代替。
64	最高人民法院关于广东省高级人民法院与香港最高人民法院相互协助送达民商事诉讼文书初步协议的批复	1986年1月3日 法(经)复〔1986〕1号	已被《最高人民法院关于内地与香港特别行政区法院相互委托送达民商事司法文书的安排》代替。
65	最高人民法院关于房屋租赁纠纷如何确定管辖问题的批复	1986年1月7日 法(经)复〔1986〕2号	已被《最高人民法院关于适用〈中华人民共和国民事诉讼法〉若干问题的意见》代替。
66	最高人民法院关于审理土改中地主、富农被遗漏房屋产权案件有关政策问题的批复	1986年1月27日 法(民)复〔1986〕5号	调整对象已消失,实际已失效。
67	最高人民法院关于涉外海事诉讼管辖的具体规定	1986年1月31日	已被海事诉讼特别程序法、《最高人民法院关于适用〈中华人民共和国海事诉讼特别程序法〉若干问题的解释》代替。
68	最高人民法院研究室关于判处有期徒刑宣告缓刑有关问题的电话答复	1986年2月17日	刑法已有明确规定。
69	最高人民法院研究室关于死刑复核案件发回重审问题的电话答复	1986年2月26日	刑事诉讼法及相关司法解释已有明确规定。
70	最高人民法院关于原判决未涉及房屋所有权问题后当事人发生争议的可到有管辖权的人民法院起诉的函	1986年6月19日 〔85〕民监字第1253号	已被民事诉讼法代替。
71	最高人民法院关于民事诉讼收费几个问题的批复	1986年6月21日 法(司)复〔1986〕22号	已被《诉讼费用交纳办法》代替。
72	最高人民法院研究室关于管辖不当的案件再审时应否依照第一审程序审判问题的电话答复	1986年6月24日	刑事诉讼法已有明确规定。
73	最高人民法院研究室关于第二审人民法院对上诉案件维持原判刑期撤销缓刑是否违反"上诉不加刑"原则的电话答复	1986年7月21日	刑事诉讼法及相关司法解释已有明确规定。
74	最高人民法院关于在审理经济纠纷案件中发现经济犯罪问题后移送有关部门,是否退还预收的案件受理费的批复	1986年8月28日 法(司)复〔1986〕29号	已被《诉讼费用交纳办法》代替。

序号	司法解释和司法解释性质文件名称	发文日期、文号	废止理由
75	最高人民法院研究室关于当事人对工商行政管理部门确认经济合同无效不服向人民法院起诉应否受理问题的电话答复	1986年9月23日	已被合同法代替。
76	最高人民法院研究室关于第二审以调解方式结案的自诉案件应采用何种法律文书撤销原审判决问题的电话答复	1986年9月25日	刑事诉讼法及相关司法解释已有明确规定。
77	最高人民法院关于男女双方登记离婚后因对财产、子女抚养发生纠纷当事人向人民法院起诉的法院应予受理的批复	1986年10月3日〔1986〕民他字第45号	已被婚姻法司法解释规定代替。
78	最高人民法院研究室关于管制刑期能否折抵有期徒刑刑期问题的电话答复	1986年10月6日	刑法已有明确规定。
79	最高人民法院研究室关于数罪中有判处两个以上剥夺政治权利附加刑的应如何并罚问题的电话答复	1986年10月20日	刑法已有明确规定。
80	最高人民法院研究室关于奸污女知青案件有关问题的电话答复	1986年10月21日	社会形势发生变化，不再适用。
81	最高人民法院关于人民法院制作法律文书应如何引用法律规范性文件问题的答复	1986年10月28日法（研）复〔1986〕31号	已被《最高人民法院关于裁判文书引用法律、法规等规范性法律文件的规定》代替。
82	最高人民法院研究室关于劳改犯在劳改期间又犯新罪法院对新罪判决后其前罪的残刑从何时计算问题的电话答复	1986年11月5日	刑法已有明确规定。
83	最高人民法院关于执行《国营企业实行劳动合同制暂行规定》和《国营企业辞退违纪职工暂行规定》的有关问题的批复	1986年11月8日法（研）复〔1986〕32号	已被劳动法、劳动合同法、劳动争议调解仲裁法及相关司法解释代替。
84	最高人民法院关于我在港澳以私人企业名义注册登记的银行在经济特区设立的分行能否享有贷款优先清偿权的批复	1986年11月28日法（经）复〔1986〕34号	所依据的民事诉讼法（试行）已被废止，不再适用。
85	最高人民法院研究室关于公诉刑事案件中只有附带民事诉讼原告人提起上诉判决的刑事部分是否生效问题的电话答复	1986年12月9日	刑事诉讼法及相关司法解释已有明确规定。
86	最高人民法院研究室关于处理重婚案件的程序问题的电话答复	1986年12月11日	刑事诉讼法及相关司法解释已有明确规定。

序号	司法解释和司法解释性质文件名称	发文日期、文号	废止理由
87	最高人民法院研究室关于自诉刑事案件立案程序问题的电话答复	1986年12月12日	刑事诉讼法及相关司法解释已有明确规定。
88	最高人民法院研究室关于刑事附带民事诉讼民事部分是否适用民事诉讼法问题的电话答复	1986年12月31日	刑事诉讼法及相关司法解释已有明确规定。
89	最高人民法院研究室关于刑事被告人上诉后脱逃在程序上应如何处理问题的电话答复	1987年1月6日	刑事诉讼法已有明确规定。
90	最高人民法院关于在离婚诉讼中发现双方隐瞒近亲关系骗取结婚登记且生活多年生有子女应按婚姻法第二十五条处理的批复	1987年1月14日〔1986〕民他字第36号	与婚姻法第10条规定相冲突。
91	最高人民法院研究室关于未构成犯罪的案件判决书主文如何表述问题的电话答复	1987年2月12日	刑事诉讼法及相关司法解释已有明确规定。
92	最高人民法院研究室关于再审案件两个问题的电话答复	1987年2月15日	刑事诉讼法及相关司法解释已有明确规定。
93	最高人民法院对在管制期间的反革命分子犯一般刑事罪的论罪与刑罚执行问题的批复	1987年2月16日	反革命罪名已被取消,批复不再适用。
94	最高人民法院刑二庭关于起义投诚人员案复查改判后判决书主文如何写的电话答复	1987年3月11日	社会形势发生变化,不再适用。
95	最高人民法院关于无期徒刑、死刑的第一审普通刑事案件应由中级人民法院管辖的通知	1987年3月26日 法(研)通〔1987〕1号	刑事诉讼法已有明确规定。
96	最高人民法院关于地方各级法院不宜制定司法解释性质文件问题的批复	1987年3月31日〔1987〕民他字第10号	已被《最高人民法院、最高人民检察院关于地方人民法院、人民检察院不得制定司法解释性质文件的通知》代替。
97	最高人民法院关于对判处死刑缓期二年执行期满后,尚未裁定减刑前又犯新罪的罪犯能否执行死刑问题的批复	1987年5月12日 法(研)复〔1987〕15号	刑法、刑事诉讼法已有明确规定。
98	最高人民法院研究室关于再审改判的刑事案件是否要撤销原驳回申诉通知书的电话答复	1987年5月12日	刑事诉讼法及相关司法解释已有明确规定。

序号	司法解释和司法解释性质文件名称	发文日期、文号	废止理由
99	最高人民法院关于人民法院在审判工作中能否采用人类白细胞抗原作亲子鉴定问题的批复	1987年6月15日 法（研）复〔1987〕20号	目前已不使用此种鉴定方式。
100	最高人民法院关于对数罪中有判处无期徒刑以上刑罚的案件如何实行数罪并罚的通知	1987年6月26日 法（刑一）发〔1987〕16号	刑事诉讼法已有明确规定。
101	最高人民法院研究室关于附带民事诉讼案件中律师诉讼权利问题的电话答复	1987年7月8日	刑事诉讼法、律师法及相关司法解释已有明确规定。
102	最高人民法院关于当事人对工商行政管理局无效经济合同确认书中认定的事实和财产后果的处理不服，向人民法院起诉，人民法院可否受理的批复	1987年7月11日〔87〕法经字第17号	调整对象发生变化，不再适用。
103	最高人民法院关于《贩卖毒品死刑案件的量刑标准》的答复	1987年7月15日	刑法第347条已有新规定。
104	最高人民法院关于调整武汉、上海海事法院管辖区域的通知	1987年7月28日 法（司）函〔1987〕39号	已被《最高人民法院关于调整大连、武汉、北海海事法院管辖区域和案件范围的通知》代替。
105	最高人民法院刑事审判第一庭关于给检察院及时送达二审判决书的通知	1987年8月31日 法刑一〔87〕通字第1号	刑事诉讼法已有明确规定。
106	最高人民法院关于地方人民政府规定可向人民法院起诉的行政案件法院应否受理问题的批复	1987年10月9日	行政诉讼法已有明确规定。
107	最高人民法院关于各级人民法院处理刑事案件申诉的暂行规定	1987年10月10日 法（刑二）发〔1987〕25号	刑事诉讼法及相关司法解释已有明确规定。
108	最高人民法院关于刑事自诉案件的自诉人可否委托近亲属担任代理人的批复	1987年10月12日 法（研）复〔1987〕41号	刑事诉讼法已有明确规定。
109	最高人民法院关于审理专利申请权纠纷案件若干问题的通知	1987年10月19日	已被《最高人民法院关于审理专利纠纷案件适用法律问题的若干规定》代替。
110	最高人民法院、城乡建设环境保护部关于复查历史案件中处理私人房产有关事项的通知	1987年10月22日 法（研）发〔1987〕30号	社会形势发生变化，不再适用。

序号	司法解释和司法解释性质文件名称	发文日期、文号	废止理由
111	最高人民法院经济审判庭关于执行程序中如何变更主体问题的电话答复	1987年10月28日	《最高人民法院关于人民法院执行工作若干问题的规定（试行）》已有明确规定。
112	最高人民法院关于审理涉港澳经济纠纷案件若干问题的解答	1987年10月19日 法（经）发〔1987〕28号	该文件依据的民事诉讼法（试行）已被废止。
113	最高人民法院研究室关于刑事附带民事诉讼问题的电话答复	1987年11月4日	刑事诉讼法及相关司法解释已有明确规定。
114	最高人民法院刑事审判第二庭关于给检察院及时送达按审判监督程序再审判处的一二审判决书（或裁定书）的通知	1987年11月11日 法刑二〔87〕通字第1号	已被刑事诉讼法代替。
115	最高人民法院关于山西省雁北地区瓷厂诉河南省方城县酒厂购销酒瓶合同纠纷案管辖问题的批复	1987年11月19日	已被民事诉讼法代替。
116	关于最高人民法院交通运输审判庭的职责范围和启用印章的通知	1987年11月24日 法（交）函〔1987〕102号	社会形势发生变化，不再适用。
117	最高人民法院研究室关于人民法院可否受理企业内部承包合同纠纷案件问题的电话答复	1987年12月1日	已被合同法、民事诉讼法代替。
118	最高人民法院研究室关于案件管辖问题的电话答复	1987年12月11日	社会形势发生变化，不再适用。
119	最高人民法院研究室关于对死缓复核的法律文书中应否写上被告人的法定代理人问题的电话答复	1987年12月19日	刑法已有新规定，答复不再适用。
120	最高人民法院印发《八省市法院审判贪污、受贿、走私案件情况座谈会纪要》的通知	1987年12月31日 法（办）发〔1987〕38号	通知已过时效。
121	最高人民法院研究室关于毒品犯罪问题的电话答复	1988年1月3日	答复依据已被废止，不再适用。
122	最高人民法院研究室关于重大盗窃犯罪数额标准问题的电话答复	1988年1月6日	与刑法规定相冲突。
123	最高人民法院关于如何核定案件受理费问题的批复	1988年1月6日 法（司）复〔1988〕2号	已被《诉讼费用交纳办法》代替。

序号	司法解释和司法解释性质文件名称	发文日期、文号	废止理由
124	最高人民法院办公厅转发国家商检局、公安部《关于严厉打击不法分子伪造变造买卖商检单证行为的通知》的通知	1988年1月20日 法办〔1988〕2号	通知依据已被修改，不再适用。
125	最高人民法院关于继父母与继子女形成的权利义务关系能否解除的批复	1988年1月22日	已被继承法代替。
126	最高人民法院关于执行中外司法协助协定的通知	1988年2月1日 法（办）发〔1988〕3号	社会形势发生变化，不再适用。
127	最高人民法院关于执行中法司法协助协定的通知	1988年2月9日 法（办）发〔1988〕4号	社会形势发生变化，不再适用。
128	最高人民法院关于严厉打击危害公共安全犯罪活动的紧急通知	1988年2月9日 高法明电〔1988〕10号	通知依据已被废止，不再适用。
129	最高人民法院关于海关扣留走私罪嫌疑人的时间可否折抵刑期的批复	1988年2月9日 法（研）复〔1988〕12号	批复依据已被修正，不再适用。
130	最高人民法院关于办理服刑中的罪犯减刑、假释的几点注意事项的通知	1988年2月28日 法（办）发〔1988〕5号	通知依据已被修正，不再适用。
131	最高人民法院研究室关于盗窃有价证券数额计算问题的电话答复	1988年3月14日	《最高人民法院关于审理盗窃案件具体应用法律若干问题的解释》已有明确规定。
132	最高人民法院关于高级人民法院对不同意判处死刑的复核案件提审后改判的判决应是终审判决的批复	1988年3月24日	已被《最高人民法院关于高级人民法院将死刑案件改判为死刑缓期二年执行的判决书表述问题的批复》代替。
133	最高人民法院研究室关于人民法院在审理经济合同纠纷案件时发现当事人有与本案有关的违法行为需要给予制裁问题的电话答复	1988年4月2日	已被合同法代替。
134	最高人民法院研究室关于需由外地银行协助扣划被执行人存款是否必须委托被执行人所在地人民法院向被执行人的开户银行发出协助执行通知问题的电话答复	1988年4月11日	已被《中国人民银行、最高人民法院、最高人民检察院、公安部关于查询、冻结、扣划企业事业单位、机关、团体银行存款的通知》代替。

序号	司法解释和司法解释性质文件名称	发文日期、文号	废止理由
135	最高人民法院关于济南铁路分局诉天津铁路分局沧州站、沧州水产公司经济侵权纠纷一案管辖权问题请示的批复	1988年4月28日	已被民事诉讼法和《最高人民法院关于适用〈中华人民共和国民事诉讼法〉若干问题的意见》代替。
136	最高人民法院关于暂由广东省高级人民法院受理应由海南省高级人民法院管辖的案件的批复	1988年5月6日法（司）复〔1988〕21号	社会形势发生变化，不再适用。
137	最高人民法院关于由别人代为起草而以个人名义发表的会议讲话作品其著作权（版权）应归个人所有的批复	1988年6月9日〔1988〕民他字第21号	已被《最高人民法院关于审理著作权民事纠纷案件适用法律若干问题的解释》代替。
138	最高人民法院关于因政府行政管理方面的决定引起的房产纠纷不应由人民法院受理的函	1988年6月9日〔1988〕民监字第531号	与行政诉讼法及相关司法解释规定相冲突。
139	最高人民法院关于对尚未到期的财产收益可否采取诉讼保全措施的批复	1988年7月8日法（研）复〔1988〕49号	已被《关于依法制裁规避执行行为的若干意见》代替。
140	最高人民法院研究室关于中级人民法院判处"无期徒刑的罪犯又犯脱逃罪可否由劳改场所所在地基层人民法院管辖问题"的电话答复	1988年7月20日	刑事诉讼法及相关司法解释已有明确规定。
141	最高人民法院研究室关于基层人民法院判处有期徒刑已发生法律效力的案件上级人民法院发现应当判处无期徒刑或者死刑应当如何纠正问题的电话答复	1988年8月23日	已被刑事诉讼法及相关司法解释代替。
142	最高人民法院关于处理私房社会主义改造中房屋典当回赎案件中的两个问题的批复	1988年9月8日	社会形势发生变化，不再适用。
143	最高人民法院经济审判庭关于执行仲裁机构裁决过程中被执行单位被撤销需要变更被执行单位的应如何处理问题的电话答复	1988年9月20日	已被《最高人民法院关于人民法院执行工作若干问题的规定（试行）》代替。
144	最高人民法院关于严惩严重经济犯罪分子及时审理经济犯罪案件的通知	1988年9月26日高法明电〔1988〕67号	通知已过时效。

序号	司法解释和司法解释性质文件名称	发文日期、文号	废止理由
145	最高人民法院研究室关于被告及其主管部门均已撤销其债务由谁承担问题的电话答复	1988年10月12日	已被《最高人民法院关于企业开办的其他企业被撤销或者歇业后民事责任承担问题的批复》和公司法代替。
146	最高人民法院关于雇工合同"工伤概不负责"是否有效的批复	1988年10月14日〔88〕民他字第1号	已被合同法、劳动法、劳动合同法及相关司法解释代替。
147	最高人民法院研究室关于人民法院能否对抗拒改造的罪犯判处继续劳动改造的电话答复	1988年10月21日	社会形势发生变化,不再适用。
148	最高人民法院研究室关于吸食他人精液的行为应如何定性问题的复函	1988年11月24日	流氓罪已取消,复函已失效。
149	最高人民法院关于甘肃省金昌市工业品综合批发公司诉辽宁省抚顺市电视机联销公司电视机合同纠纷案管辖问题的批复	1988年12月7日法(经)复〔1988〕64号	已被民事诉讼法代替。
150	最高人民法院关于水路货物运输中索赔期问题的复函	1988年12月8日〔88〕法交函字第11号	所依据《水路货物运输规则》已被《国内水路货物运输规则》废止,不再适用。
151	最高人民法院关于因党委发文调整引起的房产纠纷不属法院主管范围的批复	1989年1月3日〔88〕民他字第62号	已被民事诉讼法及相关司法解释代替。
152	最高人民法院、中国人民银行关于法院对行政机关依法申请强制执行需要银行协助执行的案件应如何办理问题的联合通知	1989年1月11日法(行)发〔1989〕2号	原依据的民事诉讼法(试行)有关规定已废止,不再适用。
153	最高人民法院关于通过外交途径向日本国民送达传票期限的通知	1989年1月16日	已被《最高人民法院关于涉外民事或商事案件司法文书送达问题若干规定》代替。
154	最高人民法院关于新法规定当事人可以起诉而旧法规没有规定可以起诉而当事人起诉的,人民法院可否受理的函	1989年1月23日法(行)函〔1989〕11号	已被行政诉讼法代替。
155	最高人民法院研究室关于盗窃不能随即兑现的金融债券、有奖债券的计算问题的电话答复	1989年1月24日	已被《最高人民法院关于审理盗窃案件具体应用法律若干问题的解释》代替。

序号	司法解释和司法解释性质文件名称	发文日期、文号	废止理由
156	最高人民法院关于建立经济纠纷大案要案报告制度的通知	1989年1月31日 法经函〔1989〕第4号	社会形势发生变化，不再适用。
157	最高人民法院关于印发《全国法院减刑、假释工作座谈会纪要》的通知	1989年2月14日 法（办）发〔1989〕3号	刑法、刑事诉讼法及相关司法解释已有明确规定。
158	最高人民法院研究室关于人民法院可否直接受理拖欠、抗交农业税案件的电话答复	1989年2月28日	社会形势发生变化，不再适用。
159	最高人民法院研究室关于回大陆探亲的台胞在大陆受到刑事侵害的案件应当由哪级人民法院管辖问题的电话答复	1989年3月22日	刑事诉讼法及相关司法解释已有明确规定。
160	最高人民法院研究室关于盗窃民用爆炸物如何定性的电话答复	1989年4月7日	依据已被废止，不再适用。
161	最高人民法院关于死亡人的名誉权应受法律保护的函	1989年4月12日 〔1988〕民他字第52号	已被《最高人民法院关于确定民事侵权精神损害赔偿责任若干问题的解释》代替。
162	最高人民法院研究室关于适用两高《关于修改盗窃犯罪数额标准的通知》问题的电话答复	1989年5月4日	刑法及《最高人民法院关于审理盗窃案件具体应用法律若干问题的解释》已有明确规定。
163	最高人民法院研究室关于对原审被告人已死亡的原第一审案件能否按第二审程序再审问题的电话答复	1989年5月26日	已被刑事诉讼法代替。
164	最高人民法院刑二庭关于办理减刑假释工作有关问题的电话答复	1989年5月29日	依据已被修正，刑法及相关司法解释已有明确规定。
165	最高人民法院关于取保候审的被告人逃匿如何追究保证人责任问题的批复	1989年7月3日 法（研）复〔1989〕4号	已被刑事诉讼法及相关司法解释代替。
166	最高人民法院关于财产犯罪的受害者能否向已经过司法机关处理的人提起损害赔偿的民事诉讼的函	1989年7月10日	已被侵权责任法代替。
167	最高人民法院关于各级人民法院处理民事和经济纠纷案件申诉的暂行规定	1989年7月21日 法（申）发〔1989〕17号	已被《最高人民法院关于受理审查民事申请再审案件的若干意见》代替。

序号	司法解释和司法解释性质文件名称	发文日期、文号	废止理由
168	最高人民法院对劳动部《关于人民法院审理劳动争议案件几个问题的函》的答复	1989年8月10日 法(经)函〔1989〕53号	劳动法、劳动合同法及劳动争议调解仲裁法及相关司法解释已有明确规定。
169	最高人民法院关于对一方当事人下落不明未满两年的离婚案件是否受理和公告送达问题的批复	1989年8月22日 〔1989〕法民字第20号	批复所引法律依据已不存在,所涉相关问题民事诉讼法已有明确规定。
170	最高人民法院研究室关于再审共同犯罪的刑事申诉案件可否仅就其中应改判的原审被告人单独进行改判问题的电话答复	1989年9月22日	已被刑事诉讼法及相关司法解释代替。
171	最高人民法院研究室关于如何适用全国人大常委会《关于惩治泄露国家秘密犯罪的补充规定》问题的电话答复	1989年9月30日	《关于惩治泄露国家秘密犯罪的补充规定》已被废止,答复不再适用。
172	最高人民法院关于未成年人盗窃财物被劳动教养,受害人要求其监护人承担赔偿责任,人民法院能否作为民事赔偿案件受理问题的函	1989年10月5日	已被刑事诉讼法及相关司法解释代替。
173	最高人民法院行政审判庭关于行政机关对业已进入诉讼程序的行政行为作出的复议决定应如何处理问题的电话答复	1989年10月10日	已被行政诉讼法代替。
174	最高人民法院关于印发全国部分省、市法院刑事审判工作会议纪要的通知	1989年10月14日	通知内容已失效。
175	最高人民法院研究室关于缓刑考验期满三年内又犯应判处有期徒刑以上刑罚之罪的是否构成累犯的电话答复	1989年10月25日	刑法已有明确规定。
176	最高人民法院关于一审判决宣告无罪的公诉案件如何适用法律问题的批复	1989年11月4日 法(研)复〔1989〕9号	依据已被修改,刑法、刑事诉讼法已有明确规定。
177	最高人民法院关于配合公安机关开展除"六害"工作的通知	1989年11月13日 法(办)发〔1989〕34号	社会形势发生变化,不再适用。
178	最高人民法院关于《中华人民共和国行政诉讼法》实施前行政审判试点工作中几个问题的答复	1989年11月20日	只适用于特定时期,已失效。
179	最高人民法院刑二庭关于对监外执行犯符合减刑条件的如何办理裁定减刑问题的电话答复	1989年11月30日	与刑事诉讼法及相关司法解释的内容相冲突。

序号	司法解释和司法解释性质文件名称	发文日期、文号	废止理由
180	最高人民法院行政审判庭关于工商行政管理机关的处罚决定所依据的法规没有规定可以起诉被处罚的个体工商户不服依据《城乡个体户管理暂行条例》向法院起诉应否受理问题的电话答复	1989年12月22日	已被行政诉讼法代替。
181	最高人民法院刑二庭对江苏省高级人民法院《关于审理减刑假释案件有关问题的几点意见》有关问题的电话通知	1990年1月10日	刑法及相关司法解释已有明确规定。
182	最高人民法院办公厅印发《关于刑事再审案件开庭审理程序的意见》（试行）的通知	1990年1月12日 法办〔1990〕2号	已被《最高人民法院关于再审案件开庭审理程序的具体规定》代替。
183	最高人民法院关于扣押船舶收费标准的具体意见	1990年1月13日 法（交）发〔1990〕2号	已被《诉讼费用交纳办法》代替。
184	最高人民法院关于人民法院离退休审判人员不得担任参与自己审理过的案件一方当事人的委托代理人的批复	1990年1月16日 法（民）复〔1990〕1号	已被《最高人民法院关于审判人员在诉讼活动中执行回避制度若干问题的规定》代替。
185	最高人民法院研究室关于未成年死缓罪犯在执行期间又犯新罪的管辖及处理问题的电话答复	1990年2月6日	刑法已有新规定，答复不再适用。
186	最高人民法院研究室关于因同一犯罪事实两次被收容审查应如何折抵刑期问题的电话答复	1990年2月6日	收容审查制度已被取消，答复不再适用。
187	最高人民法院研究室关于对被害人在追诉时效期限内一直自诉现超过追诉时效期限的案件能否受理问题的电话答复	1990年2月8日	刑法已有明确规定。
188	最高人民法院关于已分家独自生活的被赡养人致人损害时不能由赡养人承担民事责任问题的批复	1990年2月10日 〔89〕法民字第32号	已被侵权责任法代替。
189	最高人民法院研究室关于以人质勒索他人巨额财物案件如何定罪处罚问题的复函	1990年2月17日	依据已被修改，不再适用。
190	最高人民法院行政审判庭关于铁路系统治安案件处罚权问题的电话答复	1990年3月20日	原依据的治安管理处罚条例已不适用。

序号	司法解释和司法解释性质文件名称	发文日期、文号	废止理由
191	最高人民法院研究室关于监外执行的罪犯重新犯罪的时间是否计入服刑期问题的答复	1990年3月30日	原依据的劳动改造条例已失效,不再适用。
192	最高人民法院关于广泛开展宣传《婚姻法》活动的通知	1990年4月14日 高法明电〔1990〕50号	实际已失效。
193	最高人民法院研究室关于盗窃未遂案件定罪问题的电话答复	1990年4月20日	刑法已有明确规定。
194	最高人民法院研究室关于如何理解和掌握"在法定刑以下减轻"处罚问题的电话答复	1990年4月27日	已被刑法代替。
195	最高人民法院行政审判庭关于高速公路交通警察支队"二裁"的案件人民法院可否受理问题的电话答复	1990年5月7日	原依据的道路交通管理条例已不适用。
196	最高人民法院研究室关于如何处理没收毒品问题的电话答复	1990年5月9日	刑事诉讼法及相关司法解释已有明确规定。
197	最高人民法院研究室关于已满14岁不满16岁的人多次盗窃数额能否累计计算问题的电话答复	1990年5月19日	刑法有新规定,答复不再适用。
198	最高人民法院关于邓瑞莲诉何汉思离婚管辖问题的复函	1990年5月28日〔1990〕民他字第21号	依据已失效,复函不再适用。
199	最高人民法院关于高级人民法院将死刑案件改判为死刑缓期二年执行的判决书表述问题的批复	1990年5月30日法(研)复〔1990〕4号	依据已修改,不再适用。
200	最高人民法院研究室关于被告人在第二审期间脱逃案件可否中止审理问题的电话答复	1990年6月5日	与刑事诉讼法的规定相冲突。
201	最高人民法院关于已提出上诉的共同犯罪案件,在第一审判决宣告时其中被判较短有期徒刑或拘役的被告人的刑期已满,是否立即将其解除羁押的批复	1990年6月5日法(研)复〔1990〕6号	刑事诉讼法及相关司法解释已有明确规定。

序号	司法解释和司法解释性质文件名称	发文日期、文号	废止理由
202	最高人民法院关于判处死缓的刑事附带民事案件被告人不上诉而附带民事原告人上诉审理时应适用何种程序的批复	1990年6月5日 法（研）复〔1990〕7号	刑事诉讼法及《最高人民法院关于对被判处死刑的被告人未提出上诉、共同犯罪的部分被告人或者附带民事诉讼原告人提出上诉的案件应适用何种程序审理的批复》已有明确规定。
203	最高人民法院关于执行《全国人民代表大会常务委员会关于处理逃跑或者重新犯罪的劳改犯和劳教人员的决定》中几个问题的批复	1990年6月11日 法（研）复〔1990〕8号	《全国人民代表大会常务委员会关于处理逃跑或者重新犯罪的劳改犯和劳教人员的决定》已被废止，批复已失效。
204	最高人民法院关于印发《关于铁路运输法院对经济纠纷案件管辖范围的规定》的通知	1990年6月16日 法（交）发〔1990〕8号	已被民事诉讼法代替。
205	最高人民法院关于专利纠纷案件管辖问题的复函	1990年6月26日 法（经）函〔1990〕第49号	已被《最高人民法院关于审理专利纠纷案件适用法律问题的若干规定》、《最高人民法院关于审理技术合同纠纷案件适用法律若干问题的解释》以及民事诉讼法代替。
206	最高人民法院关于15岁的未成年人过失致人重伤是否应负刑事责任的批复	1990年7月8日 法（研）复〔1990〕5号	刑法已有明确规定。
207	最高人民法院研究室关于期间问题的电话答复	1990年7月11日	已被刑事诉讼法及相关司法解释代替。
208	最高人民法院关于对在国外居住未加入外国籍的当事人的离婚案件应参照涉外民事诉讼程序的规定审理的函	1990年7月26日 〔90〕民他字第12号	已被涉外民事关系法律适用法代替。
209	最高人民法院关于经济纠纷案件当事人向受诉法院提出管辖权异议的期限问题的批复	1990年8月5日 法（经）复〔1990〕10号	已被民事诉讼法代替。
210	最高人民法院研究室关于被告人及其近亲属辩护人同时提起上诉时裁判文书上其近亲属及辩护人是否列为上诉人问题的电话答复	1990年8月17日	答复已无实际指导意义。
211	最高人民法院研究室关于贪污盗窃粮票油票等计划供应票证应如何处理问题的电话答复	1990年8月31日	调整对象已不存在。

序号	司法解释和司法解释性质文件名称	发文日期、文号	废止理由
212	最高人民法院研究室关于联防队员是否构成刑讯逼供罪主体的复函	1990年9月26日	刑法已有明确规定。
213	最高人民法院关于如何确定刑满释放日期的批复	1990年9月27日 法（研）复〔1990〕14号	刑法及刑事诉讼法已有明确规定。
214	最高人民法院关于认真学习、宣传和贯彻执行著作权法的通知	1990年10月9日	著作权法已修改，通知已失效。
215	最高人民法院关于全民所有制工业企业承包经营合同、租赁经营合同纠纷当事人不服工商行政管理机关终局裁决向人民法院起诉是否受理问题的复函	1990年10月11日 法（经）函〔1990〕75号	与仲裁法规定相冲突。
216	最高人民法院研究室关于乡镇村民小组长能否成为报复陷害罪主体问题的复函	1990年10月12日	刑法及相关解释已有明确规定。
217	最高人民法院研究室关于上诉审认为原审将反革命罪错定为普通刑事犯罪的案件在程序上应当如何处理问题的电话答复	1990年11月13日	刑事诉讼法已有明确规定，另反革命罪已取消，答复不再适用。
218	最高人民法院关于申请执行工商仲裁机构法律文书中的被执行人已撤销如何处理问题的批复	1990年11月14日 法（经）复〔1990〕17号	社会形势发生变化，不再适用。
219	最高人民法院关于工商行政管理部门在无效经济合同确认书中对经济纠纷做出处理后人民法院是否接受申请据以执行问题的批复	1990年11月17日 法（经）复〔1990〕18号	调整对象已不存在，不再适用。
220	最高人民法院研究室关于是否允许不上诉的被告人委托律师作第二审辩护问题的电话答复	1990年11月25日	刑事诉讼法及相关司法解释已有明确规定。
221	最高人民法院研究室关于共同犯罪上诉案件中发现原审法院对部分被告人量刑畸重对未成年被告人的审理严重违反诉讼程序应当如何适用法律程序问题的电话答复	1990年11月25日	刑事诉讼法已有明确规定。
222	最高人民法院研究室关于对武警部队犯罪人员是否不宜判处缓刑问题的电话答复	1990年11月25日	刑法已有明确规定。

序号	司法解释和司法解释性质文件名称	发文日期、文号	废止理由
223	最高人民法院研究室关于偷开汽车长期作为盗窃犯罪工具使用应如何处理问题的电话答复	1990年11月25日	已被《最高人民法院关于审理盗窃案件具体应用法律若干问题的解释》代替。
224	最高人民法院研究室关于对涂改挖补未到期的国库券违法者应如何处置问题的复函	1991年1月3日	依据已被修改,刑法已有明确规定。
225	最高人民法院关于严格执行《全国人民代表大会常务委员会关于禁毒的决定》严惩毒品犯罪分子的通知	1991年1月3日 法(研)发〔1991〕1号	《全国人民代表大会常务委员会关于禁毒的决定》已被刑法代替,通知不再适用。
226	最高人民法院关于正确执行《全国人民代表大会常务委员会关于惩治走私、制作、贩卖、传播淫秽物品的犯罪分子的决定》的通知	1991年1月7日 高法明电〔1991〕1号	《全国人民代表大会常务委员会关于惩治走私、制作、贩卖、传播淫秽物品的犯罪分子的决定》已被刑法代替,通知不再适用。
227	最高人民法院研究室关于刑事被告人协助司法机关抓获其他罪犯如何认定立功问题的电话答复	1991年1月12日	《最高人民法院关于处理自首和立功具体应用法律若干问题的解释》已有明确规定。
228	最高人民法院关于办理少年刑事案件的若干规定(试行)	1991年1月26日 法(研)发〔1991〕3号	刑事诉讼法及相关司法解释已有明确规定。
229	最高人民法院关于原属于夫妻一方婚前个人的房产婚后夫妻双方长期共同生活使用的应视为夫妻共同财产的函	1991年1月28日 〔90〕民他字第53号	与婚姻法规定相冲突。
230	最高人民法院研究室关于已满14岁不满16岁的未成年人过失杀人是否应负刑事责任问题的复函	1991年2月9日	刑法已有明确规定。
231	最高人民法院关于上诉人在第二审人民法院审理期间死亡如何处理的批复	1991年2月11日	所依据的民事诉讼法(试行)已失效,批复不再适用。
232	最高人民法院研究室关于对未被抗诉的被告人可否加重刑罚问题的电话答复	1991年2月14日	刑事诉讼法及相关司法解释已有明确规定。
233	最高人民法院研究室关于设置圈套诱骗他人参赌获取钱财的案件应如何定罪问题的电话答复	1991年3月12日	刑法已有明确规定。
234	最高人民法院研究室关于死缓犯执行期起算问题的电话答复	1991年3月14日	刑法已有明确规定。

序号	司法解释和司法解释性质文件名称	发文日期、文号	废止理由
235	最高人民法院关于指令再审的民事案件应依法作出新判决的批复	1991年3月21日 法(民)复〔1991〕1号	所依据的民事诉讼法(试行)已失效,批复不再适用。
236	最高人民法院关于青海进出口商品检验局与付元宗劳动争议案人民法院是否受理的复函	1991年3月21日 〔1991〕民他字第2号	已被劳动合同法代替。
237	最高人民法院、国家教育委员会、共青团中央委员会、中华全国总工会、中华全国妇女联合会关于审理少年刑事案件聘请特邀陪审员的联合通知	1991年4月6日 法研字〔1991〕12号	《全国人民代表大会常务委员会关于完善人民陪审员制度的决定》已有新规定,通知不再适用。
238	最高人民法院研究室关于已满14岁不满16岁的人所犯罪行特别严重能否判处无期徒刑问题的电话答复	1991年4月17日	刑法已有明确规定。
239	最高人民法院研究室关于中级人民法院审判第一审刑事案件能否由审判员三人、陪审员二人组成合议庭问题的电话答复	1991年5月6日	刑事诉讼法及《全国人民代表大会常务委员会关于完善人民陪审员制度的决定》已有明确规定。
240	最高人民法院行政审判庭关于收容审查法律依据问题的电话答复	1991年5月22日	与刑事诉讼法规定相冲突。
241	最高人民法院关于学习、宣传、贯彻民事诉讼法的通知	1991年5月24日 法(办)发〔1991〕15号	社会形势发生变化,不再适用。
242	最高人民法院研究室关于盗窃未遂行为人为抗拒逮捕而当场使用暴力可否按抢劫罪处罚问题的电话答复	1991年6月28日	刑法及相关司法解释已有明确规定。
243	最高人民法院关于对侵占铁路运输用地管辖问题的函	1991年7月10日 法(交)函〔1991〕68号	已被《最高人民法院关于铁路运输法院案件管辖范围的若干规定》代替。
244	最高人民法院关于审判人员在审理民事、经济纠纷案件中徇私舞弊枉法裁判构成犯罪的应当依照刑法第188条规定追究刑事责任的批复	1991年7月17日 法(研)复〔1991〕3号	刑法规定了民事枉法裁判罪,批复不再适用。
245	最高人民法院研究室关于如何认定被告人犯罪时年龄问题的电话答复	1991年7月22日	两高三部《关于办理死刑案件审查判断证据若干问题的规定》及相关司法解释已有明确规定。
246	最高人民法院研究室关于发回重审的刑事案件应否另行组成合议庭进行审判问题的电话答复	1991年9月4日	已被刑事诉讼法代替。

序号	司法解释和司法解释性质文件名称	发文日期、文号	废止理由
247	最高人民法院关于国内船舶发生海损事故造成的营运损失应列入海损赔偿范围的复函	1991年9月13日 法（交）函〔1991〕104号	已被侵权责任法代替。
248	最高人民法院经济审判庭关于因法院审判人员工作失误给当事人造成经济损失如何处理问题的复函	1991年9月16日 法经〔1991〕123号	《最高人民法院关于人民法院执行工作若干问题的规定（试行）》已有明确规定。
249	最高人民法院研究室关于治安联防队员在执行任务中受到不法侵害对侵害人能否按"妨碍公务"处理问题的复函	1991年9月22日	刑法已有明确规定。
250	最高人民法院关于正确执行《全国人民代表大会常务委员会关于严惩拐卖绑架妇女儿童的犯罪分子的决定》和《全国人民代表大会常务委员会关于严禁卖淫嫖娼的决定》的通知	1991年9月23日 法明传〔1991〕200号	两个《决定》已被刑法吸收，通知不再适用。
251	最高人民法院经济审判庭关于严格依法正确适用财产保全措施的通知	1991年9月27日 法经〔1991〕122号	已被《最高人民法院关于人民法院执行工作若干问题的规定（试行）》代替。
252	最高人民法院关于实施《食品卫生法（试行）》中卫生防疫部门能否采用"查封"措施的答复	1991年10月9日 法（行）函〔1991〕108号	原依据的食品卫生法（试行）已失效，答复不再适用。
253	最高人民法院印发《关于办理减刑、假释案件具体应用法律若干问题的规定》的通知	1991年10月10日 法（刑二）发〔1991〕28号	制定依据已经修改，刑法、刑事诉讼法及相关司法解释已有明确规定。
254	最高人民法院关于积极开展反盗窃斗争的通知	1991年10月11日 法（研）发〔1991〕29号	社会形势发生变化，不再适用。
255	最高人民法院研究室关于未成年人犯罪案件法定代理人出庭及上诉问题的电话答复	1991年10月19日	已被刑事诉讼法及相关司法解释代替。
256	最高人民法院关于河北省定州市药材站与沈阳市北方医药采购供应站购销合同和借款合同纠纷一案指定管辖问题的复函	1991年11月2日 法（经）函〔1991〕135号	已被民事诉讼法代替。
257	最高人民法院关于湖北省沙市电冰箱总厂与广东省汕尾市物资总公司物资串换合同纠纷案和广东省奥海进出口公司深圳分公司以物资串换合同当事人双方为共同被告的代理进口合同纠纷案管辖权争议问题的复函	1991年11月4日 法（经）函〔1991〕134号	已被民事诉讼法代替。

序号	司法解释和司法解释性质文件名称	发文日期、文号	废止理由
258	最高人民法院关于贯彻执行《中华人民共和国企业破产法（试行）》若干问题的意见	1991年11月7日 法（经）发〔1991〕35号	原依据的企业破产法（试行）已废止，意见不再适用。
259	最高人民法院研究室关于不满16岁的人犯脱逃是否构成脱逃罪问题的电话答复	1991年11月13日	刑法已有明确规定。
260	最高人民法院研究室关于隔离审查日期可否折抵刑期问题的电话答复	1991年12月17日	社会形势发生变化，不再适用。
261	最高人民法院关于十二省、自治区法院审理毒品犯罪案件工作会议纪要	1991年12月17日 法（刑一）发〔1991〕38号	社会形势发生变化，不再适用。
262	最高人民法院研究室关于人民法院对已羁押的刑事被告人在判处无期徒刑有期徒刑或拘役的同时可否决定暂予监外执行问题的电话答复	1991年12月19日	刑事诉讼法已有明确规定。
263	最高人民法院关于将刑事案件判决书抄送当事人所在单位的通知	1991年12月20日 法（研）发〔1991〕43号	刑事诉讼法及相关司法解释已有明确规定。
264	最高人民法院关于因科技拨款有偿使用合同纠纷提起的诉讼人民法院应予受理的复函	1991年12月20日 法（经）函〔1991〕151号	已被合同法及民事诉讼法代替。
265	最高人民法院研究室关于正确理解和执行全国人大常委会《关于禁毒的决定》第十三条规定的电话答复	1992年1月11日	《关于禁毒的决定》已被刑法规定代替，答复不再适用。
266	最高人民法院研究室关于被假释的罪犯在考验期内可否缩短其考验期限的电话答复	1992年1月11日	已被《最高人民法院关于办理减刑、假释案件具体应用法律若干问题的规定》代替。
267	最高人民法院关于公诉案件被害人委托代理人以及代理人应享何种诉讼权利问题的批复	1992年1月22日 法复〔1992〕1号	刑事诉讼法、律师法及相关司法解释已有明确规定。
268	最高人民法院研究室关于对共同犯罪案件中已死亡的原审被告人定罪量刑确有错误是再审具体改判还是以裁定形式终止再审问题的电话答复	1992年1月27日	刑事诉讼法及相关司法解释已有明确规定。
269	最高人民法院研究室关于律师参与第二审和死刑复核诉讼活动的几个问题的电话答复	1992年1月27日	刑事诉讼法已有明确规定。

序号	司法解释和司法解释性质文件名称	发文日期、文号	废止理由
270	最高人民法院研究室关于审理人民检察院按照审判监督程序提出抗诉的案件有关程序问题的电话答复	1992年1月29日	刑事诉讼法及相关司法解释已有明确规定。
271	最高人民法院研究室对《关于严禁卖淫嫖娼的决定》施行后《关于严惩严重危害社会治安的犯罪分子的决定》第一条第（6）项的规定是否适用问题的电话答复	1992年2月1日	依据已废止，答复不再适用。
272	最高人民法院研究室关于盗窃装配过程中物品案件如何计算盗窃数额的电话答复	1992年2月2日	《最高人民法院关于审理盗窃案件具体应用法律若干问题的解释》已有明确规定。
273	最高人民法院研究室关于适用"两高"《关于修改盗窃犯罪数额标准的通知》问题的电话答复	1992年2月2日	刑法及相关司法解释已有明确规定。
274	最高人民法院关于新疆生产建设兵团农七师131团农牧副产品经营部与芜湖市金宝炒货商店购销合同纠纷一案指定管辖问题的复函	1992年2月20日 法函〔1992〕19号	已被民事诉讼法代替。
275	最高人民法院研究室关于容留不满14岁的幼女卖淫的应如何定罪处罚问题的电话答复	1992年3月5日	刑法已有明确规定。
276	最高人民法院经济审判庭关于中国有色金属材料总公司经营部与兰州铝厂补偿贸易合同纠纷一案指定管辖问题复查结果的报告	1992年3月11日 法经〔1992〕32号	已被《最高人民法院关于适用〈中华人民共和国民事诉讼法〉若干问题的意见》代替。
277	最高人民法院关于不服工商行政管理机关的确认经济合同无效及财产损失的处理决定的案件应属行政案件的答复	1992年4月1日	原依据的经济合同法已失效，答复不再适用。
278	最高人民法院关于被判处死刑的被告人在上诉期满后又提出撤回上诉的应当如何处理问题的批复	1992年4月8日 法复〔1992〕2号	批复与刑事诉讼法及相关司法解释规定相冲突。
279	最高人民法院研究室关于基层人民法院判处有期徒刑已发生法律效力的案件中级人民法院发现确有错误需要改判无期徒刑的案件如何适用审判程序问题的电话答复	1992年4月8日	答复已无实际指导意义。

序号	司法解释和司法解释性质文件名称	发文日期、文号	废止理由
280	最高人民法院研究室关于如何计算盗窃正在使用中的通讯线路价值问题的电话答复	1992年4月22日	刑法及相关司法解释已有明确规定。
281	最高人民法院研究室关于适用全国人大常委会《关于严禁卖淫嫖娼的决定》问题的电话答复	1992年5月9日	《关于严禁卖淫嫖娼的决定》已被刑法代替，答复不再适用。
282	最高人民法院研究室关于假释缓刑罪犯在假释缓刑考验期内有违法行为尚未构成犯罪是否能送劳动教养问题的复函	1992年5月16日	刑法已有明确规定。
283	最高人民法院印发《关于审理涉外海上人身伤亡案件损害赔偿的具体规定（试行）》的通知	1992年5月16日 法发〔1992〕16号	已被海商法和《最高人民法院关于审理人身损害赔偿案件适用法律若干问题的解释》代替。
284	最高人民法院关于已满十四岁不满十六岁的人犯走私、贩卖、运输、制造毒品罪应当如何适用法律问题的批复	1992年5月18日 法复〔1992〕3号	刑法已有明确规定。
285	最高人民法院关于办理淫秽物品刑事案件中适用法律的两个问题的批复	1992年5月27日 法复〔1992〕4号	批复依据的《全国人大常委会关于惩治走私、制作、贩卖、传播淫秽物品的犯罪分子的决定》已被刑法代替，批复不再适用。
286	最高人民法院研究室关于对刑法、全国人大常委会的决定和司法解释中有关规定应如何理解问题的电话答复	1992年6月6日	刑法及相关司法解释已有明确规定。
287	最高人民法院研究室关于盗窃黄金矿石和汞膏金应如何计价问题的电话答复	1992年6月19日	《最高人民法院关于审理盗窃案件具体应用法律若干问题的解释》已有明确规定。
288	最高人民法院关于中级人民法院判处死刑被告人不上诉高级人民法院复核同意报请最高人民法院核准的案件是否制作裁定书问题的批复	1992年7月21日 法复〔1992〕5号	已被刑事诉讼法及相关司法解释代替。
289	最高人民法院研究室关于按照审判监督程序再审的刑事案件可否退回检察院补充侦查问题的电话答复	1992年8月1日	与刑事诉讼法及相关司法解释规定相冲突。
290	最高人民法院关于严厉打击生产和经销假冒伪劣商品的犯罪活动的通知	1992年8月3日 高法明电〔1992〕7号	依据已被修改或废止，不再适用。

序号	司法解释和司法解释性质文件名称	发文日期、文号	废止理由
291	最高人民法院研究室关于罪犯在死刑缓期执行期间因有漏罪被判决后仍决定死刑缓期执行的是否需要重新核准死缓期间从何时起计算问题的电话答复	1992年8月29日	已被刑法、刑事诉讼法代替。
292	最高人民法院关于严惩走私犯罪活动的通知	1992年9月25日 法发〔1992〕28号	依据已被修改或废止，通知不再适用。
293	最高人民法院经济审判庭关于银行应否支付企业存款被冻结期间利息问题的复函	1992年9月25日 法经〔1992〕152号	《中国人民银行、最高人民法院、最高人民检察院、公安部关于查询、冻结、扣划企业事业单位、机关、团体银行存款的通知》已有规定。
294	最高人民法院关于军事法院审理军内经济纠纷案件的复函	1992年10月4日 法函〔1992〕130号	已被《最高人民法院关于军事法院管辖民事案件若干问题的规定》代替。
295	最高人民法院研究室关于刑事附带民事诉讼民事部分发回重审刑事部分指令再审原审人民法院应当如何审理问题的电话答复	1992年10月17日	已被刑事诉讼法及相关司法解释代替。
296	最高人民法院研究室关于自诉刑事案件原告人长期不能到庭诉讼应如何处理问题的电话答复	1992年10月23日	刑事诉讼法已有明确规定。
297	最高人民法院关于伪造货币、有价证券犯罪案件立案标准（试行）	1992年11月19日	设置立案标准的依据已被修改，不再适用。
298	最高人民法院、公安部关于处理道路交通事故案件有关问题的通知	1992年12月1日 法发〔1992〕39号	通知依据的《道路交通事故处理办法》已被废止，通知不再适用。
299	最高人民法院关于严厉打击"车匪路霸"犯罪活动的通知	1993年1月13日	刑法及相关司法解释已有明确规定。
300	最高人民法院关于经工商行政管理机关确认经济合同无效，并对财产纠纷作出处理决定后，当事人一方逾期既不起诉又不履行的，对方当事人可否申请人民法院强制执行问题的复函	1993年1月17日 法函〔1993〕2号	原依据的经济合同法已失效，复函不再适用。
301	最高人民法院关于未成年的劳教人员解除劳动教养后三年内犯罪是否适用《全国人民代表大会常务委员会关于处理逃跑或者重新犯罪的劳改犯和劳教人员的决定》的批复	1993年3月6日 法复〔1993〕2号	依据已被废止，不再适用。

序号	司法解释和司法解释性质文件名称	发文日期、文号	废止理由
302	最高人民法院关于及时审理因农民负担过重引起的案件的通知	1993年4月7日 法发〔1993〕6号	社会形势发生变化，不再适用。
303	最高人民法院印发《关于办理假释案件几个问题的意见（试行）》的通知	1993年4月10日 法〔1993〕28号	依据已被修改，通知不再适用。
304	最高人民法院关于人民法院对集体企业退休职工为追索退休金而提起的诉讼应否受理问题的复函	1993年4月15日	劳动法、《最高人民法院关于审理劳动争议案件适用法律若干问题的解释》已有明确规定。
305	最高人民法院关于印发《全国经济审判工作座谈会纪要》的通知	1993年5月6日 法发〔1993〕8号	社会形势发生变化，不再适用。
306	最高人民法院经济审判庭关于人民法院在依法执行过程中变卖被执行人房产等财物应否交纳税收费用的复函	1993年5月28日 法经〔1993〕91号	契税暂行条例及细则已有明确规定。
307	最高人民法院关于人民法院批准当事人申请缓交诉讼费用后对有关问题应如何处理的函复	1993年6月3日 法函〔1993〕50号	已被《诉讼费用交纳办法》代替。
308	最高人民法院关于适用《全国人大常委会关于处理逃跑或者重新犯罪的劳改犯和劳教人员的决定》的几个问题的批复	1993年7月24日 法复〔1993〕4号	《全国人大常委会关于处理逃跑或者重新犯罪的劳改犯和劳教人员的决定》已被废止，批复不再适用。
309	最高人民法院关于高级人民法院指令基层人民法院再审的裁定中应否撤销中级人民法院驳回再审申请的通知问题的复函	1993年7月26日 〔93〕民他字第12号	已被民事诉讼法代替。
310	最高人民法院关于执行《全国人民代表大会常务委员会关于惩治生产、销售伪劣商品犯罪的决定》的通知	1993年8月3日 法发〔1993〕12号	《全国人民代表大会常务委员会关于惩治生产、销售伪劣商品犯罪的决定》已被废止，通知不再适用。
311	最高人民法院关于破坏生产单位正在使用的电动机是否构成破坏电力设备罪问题的批复	1993年8月4日 法明传〔1993〕241号	依据已被修改，批复不再适用。
312	最高人民法院研究室关于一人犯数罪可否分别判处死刑、死缓再决定执行刑罚问题的答复	1993年8月7日	与刑法规定相冲突。
313	最高人民法院研究室关于以死缓复核、审判监督程序发回重审的共同犯罪案件应适用哪种程序重审问题的答复	1993年8月7日 法明传〔1993〕245号	已被刑事诉讼法及相关司法解释代替。

序号	司法解释和司法解释性质文件名称	发文日期、文号	废止理由
314	最高人民法院关于上诉审在原判认定的事实和决定执行的刑罚不变的基础上改变原判认定罪名问题的批复	1993年8月12日 法复〔1993〕6号	与刑事诉讼法及相关司法解释规定相冲突。
315	最高人民法院研究室关于检察机关在侦查、起诉阶段超过办案期限的案件法院能否开庭审理问题的答复	1993年8月18日 法明传〔1993〕253号	刑事诉讼法及相关司法解释已有明确规定。
316	最高人民法院关于如何处理经乡(镇)人民政府调处的民间纠纷的通知	1993年9月3日	已被人民调解法代替。
317	最高人民法院关于运输货物误交付法律责任问题的复函	1993年9月6日 法交〔1993〕14号	已被《最高人民法院关于审理铁路运输损害赔偿案件若干问题的解释》代替。
318	最高人民法院民事审判庭关于中国音乐著作权协会与音乐著作权人之间几个法律问题的复函	1993年9月14日 法民〔1993〕第35号	已被著作权法及著作权集体管理条例代替。
319	最高人民法院关于人民法院受理破产案件后对以破产案件的债务人为被执行人的执行案件均应中止执行给四川省高级人民法院的批复	1993年9月17日 法复〔1993〕9号	依据已被废止,批复不再适用。
320	最高人民法院印发《关于刑事自诉案件审查立案的规定》的通知	1993年9月24日 法发〔1993〕25号	刑事诉讼法及相关司法解释已有明确规定。
321	最高人民法院印发关于执行《中华人民共和国铁路法》中刑事罚则若干问题的解释的通知	1993年10月11日 法发〔1993〕28号	刑法已有明确规定。
322	最高人民法院关于劳动争议案件受理问题的通知	1993年10月20日 法发〔1993〕29号	社会形势发生变化,不再适用。
323	最高人民法院关于适用《关于修改〈中华人民共和国经济合同法〉的决定》有关问题的通知	1993年11月27日	原依据的经济合同法已失效,通知不再适用。
324	最高人民法院关于贪污挪用公款所生利息应否计入贪污挪用公款犯罪数额问题的批复	1993年12月15日 法复〔1993〕11号	《最高人民法院关于审理挪用公款案件具体应用法律若干问题的解释》已有明确规定。
325	最高人民法院关于办理非法制造、买卖、运输、私藏钢珠枪犯罪案件适用法律问题的通知	1993年12月17日 法发〔1993〕43号	刑法及相关司法解释已有明确规定。

序号	司法解释和司法解释性质文件名称	发文日期、文号	废止理由
326	最高人民法院关于深入贯彻执行《中华人民共和国著作权法》几个问题的通知	1993年12月24日 法发〔1993〕44号	通知第2条第2款的规定与涉外民事关系法律适用法第七章的规定相冲突，第3条规定已被计算机软件保护条例代替。
327	最高人民法院研究室关于故意伤害（轻伤）案件由公安机关作撤案处理后法院能否再作为自诉案件受理问题的答复	1994年1月27日	刑事诉讼法及相关司法解释已有明确规定。
328	最高人民法院研究室关于第二审法院对有余刑又犯新罪的被告人未实行并罚的第一审判决如何纠正问题的答复	1994年1月29日	刑事诉讼法已有明确规定。
329	最高人民法院研究室关于适用刑法第五十九条第二款减轻处罚能否判处刑法分则条文没有规定的刑罚问题的答复	1994年2月5日	刑法已有明确规定。
330	最高人民法院研究室关于对惯窃罪犯可否适用《关于严惩严重破坏经济的罪犯的决定》第一条第（一）项问题的答复	1994年2月9日	《关于严惩严重破坏经济的罪犯的决定》已被废止，答复不再适用。
331	最高人民法院研究室关于上级人民法院发现下级人民法院已经发生法律效力的判决确有错误提审时应适用何种程序问题的答复	1994年3月4日	刑事诉讼法已有明确规定。
332	最高人民法院关于专利侵权案件中如何确定地域管辖的请示的复函	1994年3月8日 法经〔1994〕51号	已被《最高人民法院关于审理专利纠纷案件适用法律问题的若干规定》代替。
333	最高人民法院印发《关于审理刑事案件程序的具体规定》的通知	1994年3月21日 法发〔1994〕4号	刑事诉讼法及相关司法解释已有明确规定。
334	最高人民法院研究室关于对《关于严禁卖淫嫖娼的决定》施行前后均有组织他人卖淫行为的如何适用法律问题的答复	1994年3月26日	《关于严禁卖淫嫖娼的决定》已被刑法代替，答复不再适用。
335	最高人民法院关于适用新的《婚姻登记管理条例》的通知	1994年4月4日 法发〔1994〕6号	社会形势发生变化，不再适用。
336	最高人民法院关于对拐卖、绑架妇女（幼女）过程中又奸淫被害人的行为应当如何定罪问题的批复	1994年4月8日 法复〔1994〕6号	刑法已有明确规定。

序号	司法解释和司法解释性质文件名称	发文日期、文号	废止理由
337	最高人民法院关于海源县土畜产公司诉丰宁满族自治县公安局赔偿一案应否受理的复函	1994年5月11日	与国家赔偿法规定相冲突。
338	最高人民法院关于在附加剥夺政治权利执行期间重新犯罪的被告人是否适用数罪并罚问题的批复	1994年5月16日 法复〔1994〕8号	刑法已有明确规定。
339	最高人民法院研究室关于服刑罪犯保外就医期限届满后未归监又重新犯罪应如何计算前罪余刑问题的答复	1994年6月18日	刑事诉讼法及刑法已有明确规定。
340	最高人民法院研究室关于盗窃内部股权证持有卡违法销售应如何认定盗窃数额问题的答复	1994年6月30日	已被《最高人民法院关于审理盗窃案件具体应用法律若干问题的解释》代替。
341	最高人民法院关于在劳动争议仲裁程序中能否适用先予执行的函	1994年8月10日	已被劳动争议调解仲裁法代替。
342	最高人民法院关于诉讼费问题两个请示的复函	1994年8月23日 法函〔1994〕48号	已被《诉讼费用交纳办法》代替。
343	最高人民法院研究室关于刑事案件审理终结后被害人或其近亲属提起的民事赔偿诉讼应由哪个审判庭审理问题的答复	1994年9月5日	已被刑事诉讼法及相关司法解释代替。
344	最高人民法院关于严厉打击破坏森林资源违法犯罪活动的通知	1994年9月12日	通知已过时效。
345	最高人民法院关于办理严重扰乱法庭秩序案件具体适用法律问题的批复	1994年9月26日 法复〔1994〕5号	依据已修改,不再适用。
346	最高人民法院关于进一步加强知识产权司法保护的通知	1994年9月29日 法〔1994〕111号	已被著作权法、专利法、商标法以及刑法代替。
347	最高人民法院印发《关于办理伪造国家货币、贩运伪造的国家货币、走私伪造的货币犯罪案件具体应用法律的若干问题的解释》的通知	1994年10月14日 法发〔1994〕20号	解释依据已被修改或废止,通知不再适用。
348	最高人民法院关于《婚姻登记管理条例》施行后发生的以夫妻名义非法同居的重婚案件是否以重婚罪定罪处罚的批复	1994年12月14日 法复〔1994〕10号	婚姻登记管理条例已废止,刑法已有明确规定。
349	最高人民法院关于报送死刑备案材料的通知	1994年12月14日 法〔1994〕144号	死刑核准权自2007年1月1日起统一收归最高人民法院行使,通知不再适用。

序号	司法解释和司法解释性质文件名称	发文日期、文号	废止理由
350	最高人民法院印发《关于执行〈全国人民代表大会常务委员会关于禁毒的决定〉的若干问题的解释》的通知	1994年12月20日 法发〔1994〕30号	《全国人民代表大会常务委员会关于禁毒的决定》已被刑法代替，通知不再适用。
351	最高人民法院关于《江苏省高级人民法院一审经济纠纷案件级别管辖的规定》的复函	1994年12月21日 法经〔1994〕331号	已被《最高人民法院关于调整高级人民法院和中级人民法院管辖第一审民商事案件标准的通知》代替。
352	最高人民法院印发《关于适用〈全国人民代表大会常务委员会关于惩治侵犯著作权的犯罪的决定〉若干问题的解释》的通知	1995年1月16日 法发〔1995〕1号	《全国人民代表大会常务委员会关于惩治侵犯著作权的犯罪的决定》已被废止，通知不再适用。
353	最高人民法院关于土地被征用所得的补偿费和安置补助费应归被征地单位所有的复函	1995年1月16日 法经〔1995〕13号	已被国有土地上房屋征收与补偿条例代替。
354	最高人民法院关于铁路路外人身伤亡损害赔偿案件管辖问题的复函	1995年1月25日 法函〔1995〕6号	与《最高人民法院关于审理铁路运输人身损害赔偿纠纷案件适用法律若干问题的解释》相冲突。
355	最高人民法院关于经济纠纷案件级别管辖的复函	1995年2月16日 法经〔1995〕40号	已被《最高人民法院关于调整高级人民法院和中级人民法院管辖第一审民商事案件标准的通知》代替。
356	最高人民法院关于经济纠纷案件级别管辖的复函	1995年2月16日 法经〔1995〕46号	已被《最高人民法院关于调整高级人民法院和中级人民法院管辖第一审民商事案件标准的通知》代替。
357	最高人民法院关于下级法院能否对上级法院生效裁判作出中止执行裁定的复函	1995年3月8日 法经〔1995〕63号	与民事诉讼法规定相冲突。
358	最高人民法院研究室关于适用《中华人民共和国监狱法》对被判处无期徒刑罪犯减刑程序问题的答复	1995年3月24日 法明传〔1995〕92号	已被刑事诉讼法及相关司法解释代替。
359	最高人民法院关于经济纠纷案件级别管辖的复函	1995年3月25日 法经〔1995〕105号	已被《最高人民法院关于调整高级人民法院和中级人民法院管辖第一审民商事案件标准的通知》代替。
360	最高人民法院关于经济纠纷案件级别管辖的复函	1995年3月25日 法经〔1995〕106号	已被《最高人民法院关于调整高级人民法院和中级人民法院管辖第一审民商事案件标准的通知》代替。

序号	司法解释和司法解释性质文件名称	发文日期、文号	废止理由
361	最高人民法院关于经济纠纷案件级别管辖的复函	1995年5月18日 法函〔1995〕59号	已被《最高人民法院关于调整高级人民法院和中级人民法院管辖第一审民商事案件标准的通知》代替。
362	最高人民法院关于经济纠纷案件级别管辖的复函	1995年5月18日 法函〔1995〕60号	已被《最高人民法院关于调整高级人民法院和中级人民法院管辖第一审民商事案件标准的通知》代替。
363	最高人民法院研究室关于赃款赃物随案移送和处理问题的答复	1995年5月19日 法明传〔1995〕191号	刑事诉讼法及相关司法解释已有明确规定。
364	最高人民法院研究室关于执行《监狱法》第三十三条有关程序问题的答复	1995年6月5日 法明传〔1995〕216号	已被刑事诉讼法及相关司法解释代替。
365	最高人民法院关于经济纠纷案件依照诉讼标的金额确定级别管辖的规定的复函	1995年6月8日 法函〔1995〕68号	已被《最高人民法院关于调整高级人民法院和中级人民法院管辖第一审民商事案件标准的通知》代替。
366	最高人民法院关于对宁夏回族自治区各级人民法院第一审经济纠纷案件级别管辖的规定请示的复函	1995年6月8日 法函〔1995〕69号	已被《最高人民法院关于调整高级人民法院和中级人民法院管辖第一审民商事案件标准的通知》代替。
367	最高人民法院研究室关于公安机关未移送而由检察机关直接逮捕公诉的交通肇事案件法院应否受理问题的答复	1995年6月8日 法明传〔1995〕217号	与刑事诉讼法规定相冲突。
368	最高人民法院研究室关于办理减刑、假释和刑事申诉案件有关程序问题的答复	1995年6月8日 法明传〔1995〕220号	刑法、刑事诉讼法及相关司法解释已有明确规定。
369	最高人民法院关于依法严惩出口骗税犯罪的通知	1995年6月9日 法发〔1995〕13号	依据已被修改,通知不再适用。
370	最高人民法院关于当事人就级别管辖提出异议应如何处理问题的函	1995年7月3日 法函〔1995〕95号	已被《最高人民法院关于审理民事级别管辖异议案件若干问题的规定》代替。
371	最高人民法院关于审理生产、销售伪劣产品刑事案件如何认定"违法所得数额"的批复	1995年7月5日 法复〔1995〕3号	《全国人民代表大会常务委员会关于惩治生产、销售伪劣商品犯罪的决定》已被废止,批复不再适用。

序号	司法解释和司法解释性质文件名称	发文日期、文号	废止理由
372	最高人民法院关于不服专利管理机关对专利申请权纠纷、专利侵权纠纷的处理决定提起诉讼，人民法院应作何种案件受理问题的答复	1995年7月7日 法函〔1995〕93号	已被专利法代替。
373	最高人民法院关于提高广东省各基层人民法院管辖的第一审经济纠纷案件标的额问题的复函	1995年8月1日 法函〔1995〕103号	已被《最高人民法院关于调整高级人民法院和中级人民法院管辖第一审民商事案件标准的通知》代替。
374	最高人民法院研究室关于如何理解刑法第六十一条中刑罚执行完毕问题的答复	1995年8月3日 法研〔1995〕16号	依据已修改，刑法已有明确规定。
375	最高人民法院关于能否向境外当事人的诉讼代理人直接送达法律文书问题的答复	1995年8月3日 法函〔1995〕104号	依据已被修改，答复不再适用。
376	最高人民法院关于人民法院可以对商业银行在人民银行的存款依法采取强制措施的批复	1995年8月10日 法复〔1995〕4号	已被《最高人民法院关于人民法院执行工作若干问题的规定（试行）》代替。
377	最高人民法院对有关不动产的非诉行政案件执行管辖问题的答复	1995年8月24日 法行〔1995〕13号	已被《最高人民法院关于执行〈中华人民共和国行政诉讼法〉若干问题的解释》代替。
378	最高人民法院研究室关于先将牲畜毒死又低价收购出售牟利的行为如何定罪问题的答复	1995年9月1日	依据已被修改或废止，刑法已有明确规定。
379	最高人民法院关于对非法复制移动电话码号案件如何定性问题的批复	1995年9月13日 法复〔1995〕6号	《最高人民法院关于审理盗窃案件具体应用法律若干问题的解释》已有明确规定。
380	最高人民法院印发《关于办理非法制造、买卖、运输非军用枪支、弹药刑事案件适用法律问题的解释》的通知	1995年9月20日 法发〔1995〕20号	刑法及《最高人民法院关于修改〈最高人民法院关于审理非法制造、买卖、运输枪支、弹药、爆炸物等刑事案件具体应用法律若干问题的解释〉的决定》已有明确规定。
381	最高人民法院关于口头购销合同纠纷案件管辖权如何确定问题的复函	1995年9月21日 法函〔1995〕124号	已被民事诉讼法代替。

序号	司法解释和司法解释性质文件名称	发文日期、文号	废止理由
382	最高人民法院关于上一级人民检察院对基层人民法院已发生法律效力的民事判决、裁定向中级人民法院提出抗诉，中级人民法院可否交基层人民法院再审的复函	1995年10月9日〔1995〕法民字第24号	已被民事诉讼法代替。
383	最高人民法院关于对征收水资源费法律适用问题的答复	1995年10月20日法函〔1995〕132号	与水法规定相冲突。
384	最高人民法院关于当事人不服公安机关收审向人民法院提起上诉应如何处理的答复	1995年10月24日	与刑事诉讼法规定相冲突。
385	最高人民法院关于办理毒品刑事案件适用法律几个问题的答复	1995年11月9日法函〔1995〕140号	《最高人民法院印发〈全国部分法院审理毒品犯罪案件工作座谈会纪要〉的通知》等司法解释性质文件中已有明确规定。
386	最高人民法院关于对上海市高级人民法院级别管辖的请示的复函	1995年11月22日法函〔1995〕147号	已被《最高人民法院关于调整高级人民法院和中级人民法院管辖第一审民商事案件标准的通知》代替。
387	最高人民法院关于涉及农村合作基金会的经济纠纷案件人民法院应予受理的通知	1995年12月7日法〔1995〕153号	依据已被修改，通知不再适用。
388	最高人民法院关于工商行政管理检查所是否具有行政主体资格问题的答复	1995年12月18日法函〔1995〕174号	原依据的投机倒把行政处罚暂行条例已失效，答复不再适用。
389	最高人民法院印发《关于办理违反公司法受贿、侵占、挪用等刑事案件适用法律若干问题的解释》的通知	1995年12月25日法发〔1995〕23号	依据已废止，通知不再适用。
390	最高人民法院印发《关于审理房地产管理法施行前房地产开发经营案件若干问题的解答》的通知	1995年12月27日法发〔1996〕2号	社会形势发生变化，不再适用。
391	最高人民法院关于坚决打击骗取出口退税严厉惩治金融和财税领域犯罪活动的通知	1996年2月17日法发〔1996〕5号	依据已被刑法代替，通知不再适用。
392	最高人民法院关于第一审人民法院判处被告人死刑缓期二年执行人民检察院提出抗诉的，二审人民法院可否直接改判死刑立即执行的答复	1996年3月19日法函〔1996〕39号	与刑事诉讼法规定相冲突。

序号	司法解释和司法解释性质文件名称	发文日期、文号	废止理由
393	最高人民法院关于决定对罪犯暂予监外执行应采用何种法律文书问题的答复	1996年3月22日 法函〔1996〕41号	已被刑事诉讼法及相关司法解释代替。
394	最高人民法院关于邮政工作人员窃取汇款通知单伪造取款凭证的行为应如何定罪问题的答复	1996年4月2日 法函〔1996〕55号	刑法已有明确规定。
395	最高人民法院关于会计师事务所为企业出具虚假验资证明应如何处理的问题的答复	1996年4月4日 法函〔1996〕56号	已被《最高人民法院关于审理涉及会计师事务所在审计业务活动中民事侵权赔偿案件的若干规定》代替。
396	最高人民法院关于对云南省各级人民法院第一审经济纠纷案件级别管辖规定请示的复函	1996年4月11日 法函〔1996〕59号	已被《最高人民法院关于调整高级人民法院和中级人民法院管辖第一审民商事案件标准的通知》代替。
397	最高人民法院关于鉴证机关对经济合同鉴证错误给当事人造成损失，应当承担赔偿责任的答复	1996年4月19日	所依据的《国家工商行政管理局关于经济合同签证的暂行规定》和《合同鉴证办法》均已废止，答复不再适用。
398	最高人民法院关于当事人对已经发生法律效力的判决、裁定申请再审是否必须提交审判委员会讨论决定立案问题的复函	1996年4月24日 法函〔1996〕68号	已被民事诉讼法代替。
399	最高人民法院关于几种案件诉讼收费问题的复函	1996年4月25日 法函〔1996〕70号	已被《诉讼费用交纳办法》代替。
400	最高人民法院关于印发《人民法院赔偿委员会审理赔偿案件程序的暂行规定》的通知	1996年5月6日 法发〔1996〕14号	已被《最高人民法院关于人民法院赔偿委员会审理国家赔偿案件程序的规定》代替。
401	最高人民法院关于认真贯彻实施《农业法》加强涉农案件审判工作的通知	1996年5月20日 法发〔1996〕18号	社会形势发生变化，不再适用。
402	最高人民法院关于对甘肃省各级人民法院第一审经济纠纷案件级别管辖规定请示的复函	1996年5月22日 法函〔1996〕84号	已被《最高人民法院关于调整高级人民法院和中级人民法院管辖第一审民商事案件标准的通知》代替。
403	最高人民法院关于取保候审、监视居住期间是否折抵刑期问题的答复	1996年6月7日	刑事诉讼法已有明确规定。

序号	司法解释和司法解释性质文件名称	发文日期、文号	废止理由
404	最高人民法院关于对为他人代开增值税专用发票的行为如何定性问题的答复	1996年6月7日 法函〔1996〕98号	依据已被刑法代替，答复不再适用。
405	最高人民法院印发《关于对贪污、受贿、挪用公款犯罪分子依法正确适用缓刑的若干规定》的通知	1996年6月26日 法发〔1996〕21号	刑法已有明确规定。
406	最高人民法院关于进一步加强对生产、销售伪劣种子、化肥等纠纷案件审理的通知	1996年7月12日 法发〔1996〕22号	刑法及相关司法解释已有明确规定。
407	最高人民法院印发《关于审理非法进口废物刑事案件适用法律若干问题的解释》的通知	1996年7月31日 法发〔1996〕24号	依据已废止，通知不再适用。
408	最高人民法院研究室关于被判处无期徒刑的罪犯未交付执行即保外就医后依法减刑程序问题的答复	1996年8月7日 法明传〔1996〕318号	刑法、刑事诉讼法及相关司法解释已有明确规定。
409	最高人民法院关于检察机关对先予执行的民事裁定提出抗诉人民法院应当如何审理的批复	1996年8月8日 法复〔1996〕13号	已被民事诉讼法代替。
410	最高人民法院关于在破产程序中当事人或人民检察院对人民法院作出的债权人优先受偿的裁定申请再审或抗诉应如何处理问题的批复	1996年8月13日 法复〔1996〕14号	已被民事诉讼法代替。
411	最高人民法院行政审判庭关于贯彻最高人民法院法发〔1996〕12号文件，做好非诉行政执行案件的审查工作的通知	1996年9月2日〔1996〕法行字第12号	已被《最高人民法院关于执行〈中华人民共和国行政诉讼法〉若干问题的解释》代替。
412	最高人民法院关于在确定经济纠纷案件管辖中如何确定购销合同履行地的规定	1996年9月12日 法发〔1996〕28号	与民事诉讼法规定相冲突。
413	最高人民法院行政审判庭关于中央直属火电厂的循环冷却水是否征收水资源费的答复意见	1996年10月9日〔1996〕法行字第13号	与水法规定相冲突。
414	最高人民法院关于当事人就案件级别管辖权向上级法院提出异议上级法院发函通知移送，而下级法院拒不移送，也不作出实体判决应如何处理问题的复函	1996年10月9日 法函〔1996〕150号	已被《最高人民法院关于审理民事级别管辖异议案件若干问题的规定》代替。
415	最高人民法院关于人民法院审理企业破产案件若干问题的紧急通知	1996年11月15日	情况已变化，实际已失效。

序号	司法解释和司法解释性质文件名称	发文日期、文号	废止理由
416	最高人民法院关于长城万事达信用卡透支利息不应计算复利的批复	1996年11月29日 法复〔1996〕18号	依据的行政规章已失效，批复不再适用。
417	最高人民法院关于齐鲁制药厂诉美国安泰国际贸易公司合资合同纠纷一案中仲裁条款效力问题的答复	1996年12月12日 法函〔1996〕176号	与《最高人民法院关于适用〈中华人民共和国仲裁法〉若干问题的解释》相冲突。
418	最高人民法院关于涉蒙经济合同未直接约定仲裁条款如何认定案件管辖权的复函	1996年12月14日 法函〔1996〕177号	已被《最高人民法院关于适用〈中华人民共和国仲裁法〉若干问题的解释》代替。
419	最高人民法院印发《关于审理诈骗案件具体应用法律的若干问题的解释》的通知	1996年12月16日 法发〔1996〕32号	依据已被修改，刑法及相关司法解释已有明确规定。
420	最高人民法院关于证券经营机构之间以及证券经营机构与证券交易场所之间因股票发行或者交易引起的争议人民法院能否受理的复函	1996年12月18日 法函〔1996〕180号	已被仲裁法代替。
421	最高人民法院印发《关于执行〈中华人民共和国刑事诉讼法〉若干问题的解释（试行）》的通知	1996年12月20日 法发〔1996〕33号	已被刑事诉讼法及相关司法解释代替。
422	最高人民法院知识产权审判庭关于不属于外观设计专利的保护对象，但又授予外观设计专利的产品是否保护的请示的答复	1997年2月17日	已被专利法以及《最高人民法院关于审理侵犯专利权纠纷案件应用法律若干问题的解释》代替。
423	最高人民法院关于当前人民法院审理企业破产案件应当注意的几个问题的通知	1997年3月6日 法发〔1997〕2号	情况已变化，实际已失效。
424	最高人民法院关于公安部规章和国务院行政法规如何适用问题的复函	1997年3月7日 〔1996〕法行字第19号	原依据的《道路交通事故处理办法》已废止，复函不再适用。
425	最高人民法院行政审判庭关于对云南省高级人民法院适用公安部《交通管理处罚程序补充规定》法律效力的请示的答复	1997年4月10日 〔1997〕法行字第7号	原依据的《交通管理处罚程序补充规定》已废止，答复不再适用。
426	最高人民法院关于认真抓好禁毒专项斗争中审判工作的通知	1997年4月25日 法发〔1997〕9号	通知已过时效。
427	最高人民法院关于涉及中银信托投资公司案件的诉讼时效问题的通知	1997年6月7日 法明传〔1997〕202号	社会形势发生变化，不再适用。

序号	司法解释和司法解释性质文件名称	发文日期、文号	废止理由
428	最高人民法院关于调整部分高级人民法院一审经济纠纷案件争议金额管辖标准的通知	1997年6月9日 法发〔1997〕14号	已被《最高人民法院关于调整高级人民法院和中级人民法院管辖第一审民商事案件标准的通知》代替。
429	最高人民法院关于对北京市高级人民法院有关案件级别管辖规定的请示的答复	1997年6月13日 法函〔1997〕79号	已被《最高人民法院关于调整高级人民法院和中级人民法院管辖第一审民商事案件标准的通知》代替。

最高人民法院关于废止1997年7月1日至2011年12月31日期间发布的部分司法解释和司法解释性质文件（第十批）的决定

法释〔2013〕7号

（2013年2月18日最高人民法院审判委员会第1569次会议通过 2013年2月26日最高人民法院公告公布 自2013年4月8日起施行）

为适应形势发展变化，保证国家法律统一正确适用，根据有关法律规定和审判实际，最高人民法院会同有关部门，对1997年7月1日至2011年12月31日期间发布的司法解释和司法解释性质文件进行了集中清理。现决定废止1997年7月1日至2011年12月31日期间发布的81件司法解释和司法解释性质文件。废止的司法解释和司法解释性质文件从本决定施行之日起不再适用，但过去依据下列司法解释、司法解释性质文件对有关案件作出的判决、裁定仍然有效。

附：

予以废止的1997年7月1日至2011年12月31日期间发布的部分司法解释和司法解释性质文件目录（第十批）

序号	司法解释和司法解释性质文件名称	发文日期、文号	废止理由
1	最高人民法院关于严厉打击走私犯罪的通知	1997年7月23日 法发〔1997〕17号	社会形势发生变化，不再适用。
2	最高人民法院关于依法不再核准类推案件的通知	1997年9月22日 法发〔1997〕23号	社会形势发生变化，不再适用。
3	最高人民法院关于办理减刑、假释案件具体应用法律若干问题的规定	1997年10月29日 法释〔1997〕6号	已被《最高人民法院关于办理减刑、假释案件具体应用法律若干问题的规定》代替。
4	最高人民法院关于公路运输和航空运输案件受理问题的通知	1997年11月12日 法发〔1997〕26号	情况已变化，实际已失效。
5	最高人民法院关于电话费逾期未交违约金如何计算问题的复函	1998年1月12日	已被《最高人民法院关于修改〈最高人民法院关于逾期付款违约金应当按照何种标准计算问题的批复〉的批复》代替。
6	最高人民法院关于严厉打击有关非法出版物犯罪活动的通知	1998年3月27日 法发〔1998〕4号	情况已变化，实际已失效。
7	最高人民法院关于审理拒不执行判决、裁定案件具体应用法律若干问题的解释	1998年4月17日 法释〔1998〕6号	已被《最高人民法院、最高人民检察院、公安部关于依法严惩查处拒不执行判决裁定和暴力抗拒法院执行犯罪行为有关问题的通知》代替。
8	最高人民法院关于发回重审后原审时未上诉一方当事人提出上诉应否交纳案件受理费问题的批复	1998年4月23日 法〔1998〕41号	已被《诉讼费用交纳办法》代替。
9	最高人民法院关于深入开展严厉打击走私犯罪专项斗争的通知	1998年7月27日 法发〔1998〕11号	社会形势发生变化，不再适用。
10	最高人民法院关于严厉打击骗购外汇和非法买卖外汇犯罪活动的通知	1998年10月5日 法〔1998〕109号	社会形势发生变化，不再适用。
11	最高人民法院关于人民法院决定暂予监外执行有关问题的批复	1999年1月15日 法释〔1999〕1号	已被刑事诉讼法代替。

序号	司法解释和司法解释性质文件名称	发文日期、文号	废止理由
12	最高人民法院关于对执行死刑前发现重大情况需要改判的案件如何适用程序问题的批复	1999年1月29日 法释〔1999〕2号	已被刑事诉讼法及相关司法解释代替。
13	最高人民法院行政审判庭关于拆迁强制执行的有关问题的答复意见	1999年2月14日 〔1998〕行他字第13号	情况已变化,实际已失效。
14	最高人民法院关于实行刑事再审案件备案制度的通知	1999年3月1日 法〔1999〕21号	社会形势发生变化,不再适用。
15	最高人民法院关于各高级人民法院受理第一审民事、经济纠纷案件问题的通知	1999年4月9日 法发〔1999〕11号	已被《最高人民法院关于调整高级人民法院和中级人民法院管辖第一审民商事案件标准的通知》代替。
16	最高人民法院批准各高级人民法院辖区内各级人民法院受理第一审民事、经济纠纷案件级别管辖标准	1999年8月1日	已被《最高人民法院关于调整高级人民法院和中级人民法院管辖第一审民商事案件标准的通知》代替。
17	最高人民法院关于我国仲裁机构作出的仲裁裁决能否部分撤销问题的批复	1999年8月25日 法释〔1999〕16号	已被《最高人民法院关于适用〈中华人民共和国仲裁法〉若干问题的解释》代替。
18	最高人民法院关于严格诉讼费用管理的通知	1999年9月20日 法〔1999〕191号	已被《诉讼费用交纳办法》代替。
19	最高人民法院行政审判庭关于人民法院在审理药品管理行政案件中,涉及行使药品监督职权时应当适用《药品管理法》的有关规定的答复	1999年12月8日 〔1999〕行他字第23号	情况已变化,实际已失效。
20	最高人民法院关于依法严厉打击破坏森林资源犯罪活动的通知	1999年12月28日 法〔1999〕247号	社会形势发生变化,不再适用。
21	最高人民法院关于刑事赔偿和非刑事司法赔偿案件案由的暂行规定(试行)	2000年1月11日	已被《最高人民法院关于国家赔偿案件立案、案由有关问题的通知》废止。
22	最高人民法院关于审理强奸案件有关问题的解释	2000年2月16日 法释〔2000〕4号	依据已被修改,不再适用。
23	最高人民法院关于在享受本人工龄和已亡配偶生前工龄优惠后所购公房是否属夫妻共同财产的函的复函	2000年2月17日 〔2000〕法民字第4号	与现行房改政策不一致。
24	最高人民法院关于加强和改进委托执行工作的若干规定	2000年3月8日 法释〔2000〕9号	已被《最高人民法院关于委托执行若干问题的规定》代替。

序号	司法解释和司法解释性质文件名称	发文日期、文号	废止理由
25	最高人民法院关于印发全国法院审理毒品犯罪案件工作座谈会纪要的通知	2000年4月4日 法〔2000〕42号	已被《最高人民法院印发全国部分法院审理毒品犯罪案件工作座谈会纪要的通知》代替。
26	最高人民法院关于跨省、自治区、直辖市委托执行工作有关问题的通知	2000年5月12日 法〔2000〕54号	已被《最高人民法院关于委托执行若干问题的规定》代替。
27	最高人民法院研究室关于参与过第二审程序审理的审判人员在该案又进入第二审程序时是否应当回避问题的答复	2000年6月1日 法研〔2000〕38号	已被《最高人民法院关于审判人员在诉讼活动中执行回避制度若干问题的规定》代替。
28	最高人民法院关于执行《关于审判人员严格执行回避制度的若干规定》时间效力问题的通知	2000年6月15日 法〔2000〕94号	已被《最高人民法院关于审判人员在诉讼活动中执行回避制度若干问题的规定》废止。
29	最高人民法院关于适用《关于审判人员严格执行回避制度的若干规定》第四条有关问题的答复	2000年6月20日 法〔2000〕95号	依据已被废止，不再适用。
30	最高人民法院关于企业被人民法院依法宣告破产后在破产程序终结前经人民法院允许从事经营活动所签合同是否有效问题的批复	2000年12月1日 法释〔2000〕43号	与企业破产法规定相冲突。
31	最高人民法院办公厅关于对合同标的为外币的案件在收取诉讼费用时不得收取外币等问题的通知	2000年12月25日 法办〔2000〕326号	已被《诉讼费用交纳办法》代替。
32	最高人民法院关于审理触电人身损害赔偿案件若干问题的解释	2001年1月10日 法释〔2001〕3号	与《最高人民法院关于审理人身损害赔偿案件适用法律若干问题的解释》相冲突。
33	最高人民法院关于情节严重的传销或者变相传销行为如何定性问题的批复	2001年4月10日 法释〔2001〕11号	与刑法的规定相冲突。
34	最高人民法院关于工伤认定法律适用的请示的答复	2001年6月15日 法行〔2000〕26号	情况已变化，实际已失效。
35	最高人民法院关于军事法院试行审理军内民事案件问题的复函	2001年6月26日 法函〔2001〕33号	已被《最高人民法院关于军事法院管辖民事案件若干问题的规定》代替。
36	最高人民法院对执行《关于审理非法制造、买卖、运输枪支、弹药、爆炸物等刑事案件具体应用法律若干问题的解释》有关问题的通知	2001年9月17日 法〔2001〕129号	依据已被修正，不再适用。

序号	司法解释和司法解释性质文件名称	发文日期、文号	废止理由
37	最高人民法院关于涉证券民事赔偿案件暂不予受理的通知	2001年9月21日 法明传〔2001〕406号	已被《最高人民法院关于审理证券市场因虚假陈述引发的民事赔偿案件的若干规定》代替。
38	最高人民法院关于如何认定挪用公款归个人使用有关问题的解释	2001年10月17日 法释〔2001〕29号	与《全国人大常委会关于〈中华人民共和国刑法〉第三百八十四条第一款的解释》相冲突。
39	最高人民法院关于严格依法及时交付罪犯执行刑罚问题的通知	2001年10月24日 法〔2001〕155号	社会形势发生变化,不再适用。
40	最高人民法院研究室关于监视居住期间可否折抵刑期问题的答复	2001年11月30日	与刑事诉讼法的规定相冲突。
41	最高人民法院行政审判庭关于对如何适用《城市房屋拆迁管理条例》第十五条规定的答复	2001年12月29日〔2001〕行他字第12号	情况已变化,实际已失效。
42	最高人民法院关于严格执行高级人民法院受理第一审民商事纠纷案件级别管辖标准问题的通知	2002年2月1日 法〔2002〕23号	已被《最高人民法院关于调整高级人民法院和中级人民法院管辖第一审民商事案件标准的通知》代替。
43	最高人民法院关于审理非法生产、买卖武装部队车辆号牌等刑事案件具体应用法律若干问题的解释	2002年4月10日 法释〔2002〕9号	已被《最高人民法院、最高人民检察院关于办理妨害武装部队制式服装、车辆号牌管理秩序等刑事案件具体应用法律若干问题的解释》代替。
44	最高人民法院关于对采用破坏性手段盗窃正在使用的油田输油管道中油品的行为如何适用法律问题的批复	2002年4月10日 法释〔2002〕10号	已被《最高人民法院、最高人民检察院关于办理盗窃油气、破坏油气设备等刑事案件具体应用法律若干问题的解释》代替。
45	最高人民法院关于企业离退休人员的养老保险统筹金应当列入破产财产分配方案问题的批复	2002年4月18日 法释〔2002〕12号	已被企业破产法代替。
46	最高人民法院关于国内船员劳务合同纠纷案件是否应劳动仲裁前置的请示的复函	2002年6月10日〔2002〕民四他字第16号	已被《最高人民法院关于适用〈中华人民共和国海事诉讼特别程序法〉若干问题的解释》代替。
47	最高人民法院研究室关于氯胺酮能否认定为毒品问题的答复	2002年6月28日	《最高人民法院、最高人民检察院、公安部办理毒品犯罪案件适用法律若干问题的意见》已有明确规定。

序号	司法解释和司法解释性质文件名称	发文日期、文号	废止理由
48	最高人民法院关于苏州龙宝生物工程实业公司与苏州朗力福保健品有限公司请求确认不侵犯专利权纠纷案的批复	2002年7月12日〔2001〕民三他字第4号	已被《最高人民法院关于审理侵犯专利权纠纷案件应用法律若干问题的解释》代替。
49	最高人民法院关于死刑缓期执行的期间如何确定问题的批复	2002年11月5日法释〔2002〕34号	与《最高人民法院关于刑事案件终审判决和裁定何时发生法律效力问题的批复》相冲突。
50	最高人民法院关于参照《医疗事故处理条例》审理医疗纠纷民事案件的通知	2003年1月6日法〔2003〕20号	与侵权责任法等法律规定相冲突。
51	最高人民法院关于行为人不明知是不满十四周岁的幼女双方自愿发生性关系是否构成强奸罪问题的批复	2003年1月17日法释〔2003〕4号	与刑法的规定相冲突。
52	最高人民法院关于土地转让方未按规定完成土地的开发投资即签订土地使用权转让合同的效力问题的答复	2003年6月9日法函〔2003〕34号	与物权法关于不动产转让合同效力的规定相冲突。
53	最高人民法院关于在防治传染性非典型肺炎期间依法做好人民法院相关审判、执行工作的通知	2003年6月11日法〔2003〕72号	情况已变化,实际已失效。
54	最高人民法院关于江苏省高级人民法院《关于提高诉讼费收费标准的请示》的答复	2003年8月6日法〔2003〕136号	已被《诉讼费用交纳办法》代替。
55	最高人民法院关于道路运输市场管理的地方性法规与部门规章规定不一致的法律适用问题的答复	2003年8月15日〔2003〕行他字第4号	情况已变化,实际已失效。
56	最高人民法院研究室关于如何理解犯罪嫌疑人自动投案的有关问题的答复	2003年8月27日法研〔2003〕132号	已被《最高人民法院关于处理自首和立功若干具体问题的意见》代替。
57	最高人民法院关于离婚后财产纠纷案件收费标准的请示的复函	2003年9月10日〔2003〕民立他字第10号	已被《诉讼费用交纳办法》代替。
58	最高人民法院研究室关于第二审人民法院是否应当为不满十八周岁的未成年被告人指定辩护律师问题的答复	2003年9月23日	刑事诉讼法及相关司法解释已有明确规定。
59	最高人民法院审判监督庭印发《关于审理民事、行政抗诉案件几个具体程序问题的意见》的通知	2003年10月15日法审〔2003〕11号	已被《最高人民法院关于适用〈中华人民共和国民事诉讼法〉审判监督程序若干问题的解释》代替。

序号	司法解释和司法解释性质文件名称	发文日期、文号	废止理由
60	最高人民法院关于报送按照审判监督程序改判死刑被告人在死缓考验期内故意犯罪应当执行死刑的复核案件的通知	2003年11月26日 法〔2003〕177号	已被刑事诉讼法代替。
61	最高人民法院关于可否将航道养护费的缴付请求列入船舶优先权问题的批复	2003年12月8日 法释〔2003〕18号	调整对象已消失，实际已失效。
62	最高人民法院关于诉前责令停止侵犯专利权、商标权、著作权行为案件编号和收取案件受理费问题的批复	2004年2月16日 法〔2004〕17号	已被《诉讼费用缴纳办法》代替。
63	最高人民法院关于未经消防验收合格而订立的房屋租赁合同如何认定其效力的函复	2004年3月4日 〔2003〕民一他字第11号	与《最高人民法院关于审理城镇房屋租赁合同纠纷案件具体应用法律问题的解释》规定相冲突。
64	最高人民法院关于审理人民法院国家赔偿确认案件若干问题的规定（试行）	2004年8月10日 法释〔2004〕10号	与《全国人民代表大会常务委员会关于修改〈中华人民共和国国家赔偿法〉的决定》相冲突。
65	最高人民法院关于贯彻执行《关于审理人民法院国家赔偿确认案件若干问题的规定（试行）》的通知	2004年8月16日 法发〔2004〕19号	与《全国人民代表大会常务委员会关于修改〈中华人民共和国国家赔偿法〉的决定》相冲突。
66	最高人民法院关于对江苏省高级人民法院《关于江苏振泰机械织造公司与泰兴市同心纺织机械有限公司侵犯商标专用权、企业名称权纠纷一案的请示报告》的复函	2005年2月17日 〔2004〕民三他字第10号函	已被《最高人民法院关于审理注册商标、企业名称与在先权利冲突的民事纠纷案件若干问题的规定》代替。
67	最高人民法院关于印发《关于证券监督管理机构申请人民法院冻结资金账户、证券账户的若干规定》的通知	2005年4月29日 法〔2005〕55号	通知内容已被证券法、行政强制法代替。
68	最高人民法院关于证券监督管理机构申请人民法院冻结资金帐户、证券帐户的若干规定	2005年4月29日 法释〔2005〕2号	已被证券法、行政强制法代替。
69	最高人民法院对《山东省高级人民法院关于济宁之窗信息有限公司网络链接行为是否侵犯录音制品制作者权、信息网络传播权及赔偿数额如何计算问题的请示》的答复	2005年6月2日 〔2005〕民三他字第2号	与侵权责任法规定相冲突。

序号	司法解释和司法解释性质文件名称	发文日期、文号	废止理由
70	最高人民法院关于贯彻落实《全国人民代表大会常务委员会关于司法鉴定管理问题的决定》做好过渡期相关工作的通知	2005年7月14日 法发〔2005〕12号	社会形势发生变化，不再适用。
71	最高人民法院行政审判庭关于《中华人民共和国水法》第四十八条如何适用问题的电话答复	2005年8月12日	情况已变化，实际已失效。
72	最高人民法院行政审判庭关于如何适用《工伤保险条例》第五十三条有关问题的答复	2005年8月15日〔2005〕行他字第19号	与工伤保险条例规定相冲突。
73	最高人民法院行政审判庭关于农村集体土地征用后地上房屋拆迁补偿有关问题的答复	2005年10月12日 法〔2005〕行他字第5号	情况已变化，实际已失效。
74	最高人民法院关于进一步做好死刑第二审案件开庭审理工作的通知	2005年12月7日 法〔2005〕214号	已被刑事诉讼法及相关司法解释代替。
75	最高人民法院关于陈大顺减刑一案的答复	2006年12月7日〔2006〕刑监他字第5号	已被《最高人民法院关于办理减刑假释案件具体应用法律若干问题的规定》代替。
76	最高人民法院关于审理涉外民事或商事合同纠纷案件法律适用若干问题的规定	2007年7月23日 法释〔2007〕14号	与涉外民事关系法律适用法相冲突。
77	最高人民法院关于印发《民事案件案由规定》的通知	2008年2月4日 法发〔2008〕11号	已被《最高人民法院关于修改〈民事案件案由规定〉的决定》代替。
78	最高人民法院关于原审人民法院在民事诉讼法修改决定施行前已经受理施行后尚未办结的申请再审案件应如何处理的通知	2008年11月25日 法〔2008〕320号	通知已过时效。
79	最高人民法院、中央社会治安综合治理委员会办公室关于印发《2009年省、自治区、直辖市法院执行工作纳入社会治安综合治理目标责任考核办法》的通知	2010年1月4日 法发〔2010〕2号	通知已过时效。
80	最高人民法院关于认真做好人民法院2010年禁毒综合治理工作的通知	2010年4月6日 法〔2010〕149号	社会形势发生变化，不再适用。

序号	司法解释和司法解释性质文件名称	发文日期、文号	废止理由
81	最高人民法院关于充分发挥刑事审判职能作用依法严惩侵犯知识产权和制售假冒伪劣商品犯罪的通知	2010年11月25日 法〔2010〕431号	社会形势发生变化，不再适用。

最高人民法院 最高人民检察院关于废止1997年7月1日至2011年12月31日期间制发的部分司法解释和司法解释性质文件的决定

法释〔2013〕6号

(2013年2月18日最高人民法院审判委员会第1569次会议、2013年2月1日最高人民检察院第十一届检察委员会第85次会议通过 2013年3月1日最高人民法院、最高人民检察院公告公布 自2013年4月8日起施行)

为适应形势发展变化，保证国家法律统一正确适用，根据有关法律规定和审判、检察工作实际，最高人民法院、最高人民检察院会同有关部门，对1997年7月1日至2011年12月31日期间联合制发的司法解释和司法解释性质文件进行了集中清理。现决定废止1997年7月1日至2011年12月31日期间制发的4件司法解释和司法解释性质文件。废止的司法解释和司法解释性质文件从本决定施行之日起不再适用，但过去依据下列司法解释和司法解释性质文件对有关案件作出的判决、裁定仍然有效。

附：

决定废止的1997年7月1日至2011年12月31日期间制发的部分司法解释和司法解释性质文件目录（4件）

序号	司法解释和司法解释性质文件名称	发文日期、文号	废止理由
1	最高人民法院、最高人民检察院关于适用《关于办理人民法院、人民检察院共同赔偿案件若干问题的解释》有关问题的答复	2001年2月1日 高检发释字〔2001〕1号	与全国人大常委会《关于修改〈中华人民共和国国家赔偿法〉的决定》有关规定冲突。
2	最高人民法院、最高人民检察院、司法部关于印发《关于适用普通程序审理"被告人认罪案件"的若干意见（试行）》和《关于适用简易程序审理公诉案件的若干意见》的通知	2003年3月14日 法发〔2003〕6号	《关于适用普通程序审理"被告人认罪案件"的若干意见（试行）》和《关于适用简易程序审理公诉案件的若干意见》与刑事诉讼法的相关规定不一致。
3	最高人民法院、最高人民检察院关于刑事赔偿义务机关确定问题的通知	2005年7月5日 高检会〔2005〕1号	与全国人大常委会《关于修改〈中华人民共和国国家赔偿法〉的决定》有关规定冲突。
4	最高人民法院、最高人民检察院关于死刑第二审案件开庭审理程序若干问题的规定（试行）	2006年9月21日 法释〔2006〕8号	该规定的内容已被刑事诉讼法及相关司法解释取代。

最高人民法院
关于废止部分司法解释和司法解释性质文件（第十一批）的决定

法释〔2015〕2号

（2014年12月30日最高人民法院审判委员会第1639次会议通过 2015年1月12日最高人民法院公告公布 自2015年1月19日起施行）

为适应形势发展变化，保证国家法律统一正确适用，根据经第十一届全国人民代表大会第五次会议《关于修改中华人民共和国刑事诉讼法的决定》第二次修正的《中华人民共和国刑事诉讼法》的规定,结合审判工作实际,最高人民法院对单独发布的有关刑事诉讼的司法解释和司法解释性质文件进行了清理。现决定废止11件司法解释和司法解释性质文件。废止的司法解释和司法解释性质文件从本决定施行之日起不再适用,但过去依据或参照下列司法解释和司法解释性质文件对有关案件作出的判决、裁定仍然有效。

最高人民法院决定废止的部分司法解释和司法解释性质文件目录(第十一批)

序号	司法解释和司法解释性质文件名称	发文日期、文号	废止理由
1	最高人民法院关于如何理解刑事诉讼法第二百一十三条中"交付执行的人民法院"问题的批复	2000年1月3日 法释〔2000〕2号	已被《最高人民法院关于适用〈中华人民共和国刑事诉讼法〉的解释》的相关内容代替
2	最高人民法院研究室关于如何理解刑事诉讼法第一百七十条第(三)项规定的案件范围问题的答复	2000年7月25日 法研〔2000〕63号	已被《最高人民法院关于适用〈中华人民共和国刑事诉讼法〉的解释》修改
3	最高人民法院关于审理刑事附带民事诉讼案件有关问题的批复	2000年12月1日 法释〔2000〕40号	已被《最高人民法院关于适用〈中华人民共和国刑事诉讼法〉的解释》修改
4	最高人民法院关于刑事附带民事诉讼范围问题的规定	2000年12月13日 法释〔2000〕47号	已被《最高人民法院关于适用〈中华人民共和国刑事诉讼法〉的解释》及相关规定修改
5	最高人民法院关于审理未成年人刑事案件的若干规定	2001年4月4日 法释〔2001〕9号	已被刑事诉讼法及《最高人民法院关于适用〈中华人民共和国刑事诉讼法〉的解释》修改
6	最高人民法院关于人民法院是否受理刑事案件被害人提起精神损害赔偿民事诉讼问题的批复	2002年7月15日 法释〔2002〕17号	已被《最高人民法院关于适用〈中华人民共和国刑事诉讼法〉的解释》的相关内容代替
7	最高人民法院关于复核死刑案件若干问题的规定	2007年2月27日 法释〔2007〕4号	已被《最高人民法院关于适用〈中华人民共和国刑事诉讼法〉的解释》的相关内容代替
8	最高人民法院关于适用新的《执行死刑命令》样式的通知	2007年8月21日 法发〔2007〕27号	已被新的《执行死刑命令》样式代替
9	最高人民法院关于适用停止执行死刑程序有关问题的规定	2008年12月15日 法释〔2008〕16号	已被《最高人民法院关于适用〈中华人民共和国刑事诉讼法〉的解释》的相关内容代替
10	最高人民法院关于财产刑执行问题的若干规定	2010年2月10日 法释〔2010〕4号	已被《最高人民法院关于刑事裁判涉财产部分执行的若干规定》代替
11	最高人民法院关于印发《人民法院量刑指导意见(试行)》通知	2010年9月13日 法发〔2010〕36号	已被《最高人民法院关于实施量刑规范化工作的通知》代替

最高人民法院
关于废止部分司法解释和司法解释性质文件（第十二批）的决定

法释〔2017〕17号

（2017年5月8日最高人民法院审判委员会第1716次会议通过 2017年9月22日最高人民法院公告公布公布 自2017年10月1日起施行）

为适应形势发展变化，保证国家法律统一正确适用，根据经第十二届全国人民代表大会常务委员会第十一次会议《关于修改中华人民共和国行政诉讼法的决定》修改的《中华人民共和国行政诉讼法》的规定，结合审判工作实际，最高人民法院对1988年至2013年期间单独发布的有关行政诉讼的司法解释和司法解释性质文件进行了清理。现决定废止15件司法解释和司法解释性质文件。废止的司法解释和司法解释性质文件从本决定施行之日起不再适用，但过去依据或参照下列司法解释和司法解释性质文件对有关案件作出的判决、裁定仍然有效。当事人对废止决定公布前的行政行为不服，在决定公布后提起行政诉讼或者进入再审程序的，除相关司法解释和司法解释性质文件与当时有效的法律相抵触外，人民法院可依据相关司法解释和司法解释性质文件作出裁判。

最高人民法院决定废止的部分司法解释和司法解释性质文件目录（第十二批）

序号	司法解释和司法解释性质文件名称	发文日期、文号	废止理由
1	最高人民法院关于药品行政案件管辖问题的答复	1992年1月2日 法行复〔1992〕1号	与《中华人民共和国药品管理法》相冲突
2	最高人民法院关于人民法院审理行政案件对地方性法规的规定与法律和行政法规不一致的应当执行法律和行政法规的复函（节录）	1993年3月11日 法函〔1993〕16号	与《中华人民共和国渔业法》相冲突
3	最高人民法院行政审判庭对广东省高院〔1997〕粤高法行请字第3号请示问题的答复	1998年2月18日 〔1998〕行他字第4号	收容审查制度已废止，答复不再适用
4	最高人民法院行政审判庭关于对雇工引起草原火灾的，可否追究雇主的连带经济责任的答复	1998年7月7日 〔1998〕法行字第4号	其解释的《草原防火条例》相关内容已修改，答复不再适用

序号	司法解释和司法解释性质文件名称	发文日期、文号	废止理由
5	最高人民法院关于人民法院是否受理乡政府申请执行农民承担村提留、乡统筹款决定案件的复函	1998年11月16日 法函〔1998〕117号	情况已变化，实际已失效
6	最高人民法院行政审判庭关于人民法院受理劳动教养行政案件是否需要复议前置问题的答复	1998年11月19日〔1997〕法行字第27号	劳动教养制度已废止，答复不再适用
7	最高人民法院行政审判庭对《关于审理公证行政案件中适用法规问题的请示》的答复	1999年8月16日 法行〔1999〕4号	与《中华人民共和国公证法》相冲突
8	最高人民法院行政审判庭关于人民法院审理劳动教养行政案件是否遵循《刑事诉讼法》确立的基本原则的请示的答复	1999年10月18日〔1998〕法行字第16号	劳动教养制度已废止，答复不再适用
9	最高人民法院对福建省高级人民法院《关于福建省地方税务局稽查分局是否具有行政主体资格的请示报告》的答复意见	1999年10月21日 行他〔1999〕25号	与《中华人民共和国税收征收管理法》《中华人民共和国税收征收管理法实施细则》相冲突
10	最高人民法院行政审判庭关于胡家兴与胡家华土地权属纠纷申诉案的请示报告的答复	2000年1月24日 行他〔1999〕10号	已被《最高人民法院关于执行〈中华人民共和国行政诉讼法〉若干问题的解释》吸收
11	最高人民法院行政审判庭关于对保险公司不正当竞争行为如何确定监督检查主体的答复	2000年4月19日 法行〔2000〕1号	已被《最高人民法院关于审理涉及保险公司不正当竞争行为的行政处罚案件时如何确定行政主体问题的复函》代替
12	最高人民法院行政审判庭关于人民法院在审理劳动教养行政案件时就有关实体问题能否进行审查的电话答复	2000年12月11日 行他〔2000〕第12号	劳动教养制度已废止，答复不再适用
13	最高人民法院行政审判庭关于《外商投资企业清算办法》适用中有关清算问题请示的答复	2003年12月31日〔2003〕行他字第23号	已被《中华人民共和国公司法》的相关内容代替
14	最高人民法院关于能否对仅有一次盗窃行为的公民实施劳动教养问题的答复	2005年7月21日〔2005〕行他字第8号	劳动教养制度已废止，答复不再适用
15	最高人民法院关于车辆挂靠其他单位经营车辆实际所有人聘用的司机工作中伤亡能否认定为工伤问题的答复	2007年12月3日〔2006〕行他字第17号	已被《最高人民法院关于审理工伤保险行政案件若干问题的规定》吸收

（三）审判管理

最高人民法院
印发《关于加强基层人民法院审判质量管理工作的指导意见》的通知

2010年12月9日　　　　　　　　　　　　　　　法发〔2010〕56号

各省、自治区、直辖市高级人民法院，解放军军事法院，新疆维吾尔自治区高级人民法院生产建设兵团分院：

《最高人民法院关于加强基层人民法院审判质量管理工作的指导意见》已经我院审判委员会讨论通过，现印发给你们，请认真贯彻执行，并及时转发至基层人民法院，加强指导。

附：

最高人民法院
关于加强基层人民法院审判质量管理工作的指导意见

加强基层人民法院审判质量管理工作，是新时期人民法院面向基层、服务基层、建设基层的重要决策，是充分发挥基层为大局服务、为人民司法的重要举措，是深入推进社会矛盾化解、社会管理创新、公正廉洁执法的重要保障，各级人民法院必须将此项工作抓紧、抓实、抓好。

一、明确机构，配齐人员。基层人民法院未单独成立审判管理机构的，审判质量管理工作由审判监督庭承担，应当选派公道正派、具有丰富审判经验的法官从事审判质量管理工作。审判委员会应当加强对审判质量管理工作的监督和指导，并及时讨论决定重大事项。

二、拓展范围，丰富方法。切实加强案件质量评查工作，有序开展常规评查，对本院审结、执结的案件逐案检查或者随机抽查保证每个办案人员都能被抽查相应案件。有计划地进行专项评查,对特定类型案件和特定办案环节进行专项检查。有针对性地实施重点评查,对被上级法院改判或者发回重审等可能存在严重质量问题的案件逐案检查,分析存在的问题,规范审判执行行为。加强对执行案件的评查,重点检查被执行款物是否按时发放,以及作程序终结的执行案件是否符合法律、司法解释的规定。

三、突出重点,加强预防。切实加强审限监控,确保案件流程依法运行,杜绝不当超审限现象的发生。加强裁判文书用印前检查,避免文字错误的发生,确保人民法院生效裁判的严肃性。加强庭审观摩,对庭审礼仪、庭审程序、庭审驾驭能力等方面进行监督。加强对评估、审计、鉴定、拍卖等重要执行节点的监督,对查封、扣押以及划拨等行为形成的材料及时进行检查。

四、完善机制,注重效果。建立健全瑕疵补救机制,对发现的审判质量瑕疵及时进行补救。建立健全奖惩激励机制,对办案优质高效者给予表彰和奖励,对存在质量问题的案件进行责任分析,对应追责者移送有关部门处理。建立健全分析讲评和整改机制,对普遍性问题进行讲评并提出整改建议。建立健全审判经验总结和司法尺度统一机制,对审判质量整体情况进行总体分析,发现本院司法尺度不统一的,及时提交审判委员会讨论决定。

五、内外互动,加强监督。注意听取当事人对审判质量的意见,通过发放质量监督卡、回访当事人等方式,收集当事人意见并分析反馈。对抗诉案件定期进行专项评查,并就评查情况与检察机关进行沟通。主动加强与人大代表和政协委员的联系,对当地普遍关注、社会影响重大的案件,邀请代表委员旁听庭审、随案监督执行、参与评查。

六、严格标准,规范程序。建立科学的质量评价标准,根据案件的公正、效率、效果等情况,合理评定审判质量档次。高度重视相关审判执行人员或部门提出的异议,并及时进行复议。发现上级法院对本院件的改判和发回重审等存在问题的,应当及时向上级法院反映。

七、统筹协调,互相配合。建立部门和法官审判执行业绩档案,将审判质量情况作为部门评先评优以及法官个人晋升职级的重要依据。发现案件确有错误的,应当报院长提请审判委员会讨论决定依法再审纠正。发现干警违纪违法线索的,及时移送纪检监察部门查处。

八、科技武装,提高质效。加快审判质量管理网络和应用支持环境建设,建立审判质量管理网上运行机制,实现对审判信息的同步采集、同步管理。加快开发和完善件质量监督管理相关应用软件,大力推进信息化在审判质量管理工作中的应用,提高审判质量管理的科技含量与水平。

九、上下联动,狠抓落实。基层人民法院要根据本意见的要求,结合本院实际,研究制定或者健全完善审判质量管理工作机制,全面开展审判质量管理工作。上级人民法院承担审判管理职能的部门应当加强对基层人民法院审判质量管理工作的指导。上下级法院可以联动进行专项监督检查,发现问题及时解决。

本意见贯彻执行情况请层报最高人民法院。

最高人民法院
关于印发《人民法院审务督察工作暂行规定》的通知

2011年12月9日　　　　　　　　　　　　　　法〔2011〕346号

全国地方各级人民法院、各级军事法院、各铁路运输中级法院和基层法院、各海事法院，新疆生产建设兵团各级法院：

现将《人民法院审务督察工作暂行规定》印发给你们，请认真贯彻执行。

特此通知。

附：

最高人民法院
人民法院审务督察工作暂行规定

为加强人民法院的纪律作风建设，完善人民法院的制度执行保障机制，促进各级人民法院及其工作人员严格、公正、廉洁、文明执法，根据《中华人民共和国法官法》和《人民法院监察工作条例》，制定本规定。

第一条 审务监督是各级人民法院对本院各部门及其工作人员，上级人民法院对下级人民法院及其工作人员履行职责、行使职权、遵章守纪、改进作风等情况开展实地检查，并对正在发生的违法违规和其他侵害人民群众利益、损害人民法院形象的行为进行现场查纠的内部监督方式。

第二条 最高人民法院、高级人民法院和中级人民法院应当在本院监察部门设置审务督察机构，同时选配审务督察员三至七名。暂不具备机构设置条件的高级人民法院和中级人民法院，应当在本院监察部门选配审务督察员三至五名。

需要开展审务督察工作的基层人民法院，可以在本院监察部门选配审务督察员二至三名。

第三条 审务督察员应当由人民法院监察部门负责人和其他专职督察人员担任，同时必须下列基本条件：

（一）坚持原则，忠于职守，清正廉洁；
（二）严守纪律，不徇私情；
（三）具有大学专科以上学历；
（四）参加工作五年以上；

（五）具有一定的组织管理能力；

（六）经过审务督察专业培训。

第四条 最高人民法院审务督察的监督对象是本院各部门及其工作人员和地方各级人民法院及其工作人员。

地方各级人民法院审务督察的监督对象是本院各部门及其工作人员和下级人民法院、派出人民法庭及其工作人员。

第五条 上级人民法院监察部门应当对下级人民法院监察部门组织开展审务督察的工作进行指导监督。

上级人民法院监察部门可以从下级人民法院抽调审务督察员参与本级人民法院的审务督察工作。

上级人民法院监察部门认为下级人民法对督察发现的问题处理不当的，可以提出重新处理的建议；必要时，也可以直接进行处理。

第六条 人民法院监察部门及审务督察机构可以在报经本院分管监督工作的院领导批准后，从本院各部门抽调人员与审务督察员共同组成若干督察小组开展审务督察工作，督察小组的组长应当由审务督察员担任。

第七条 督察小组具有下列主要职责：

（一）通过开展日常督察和专项督察工作，推动人民法院的纪律作风建设，纠正人民群众反映强烈的不正之风；

（二）通过开展审务评议工作，听取国家机关、社会团体、企业事业单位和人民群众对人民法院工作的意见和反映；

（三）完成本院领导及上级人民法院监察部门交办的其他任务。

第八条 督察小组在本院监察部门及审务督察机构的领导下开展日常督察工作。

督察小组开展专项督察和审务评议工作，应当制定工作方案，报经本院分管监察工作的院领导批准后组织实施。

第九条 督察小组在督察中可以行使下列职权：

（一）查阅、复制、调取与督察事项相关的资料；

（二）通过录音、摄影、摄像等方式收集与督察事项相关的信息资料；

（三）要求被督察对象就督察事项所涉及的问题作出说明和解释；

（四）向相关人员了解督察事项所涉及的有关情况。

第十条 审务督察采取明察与暗访相结合的方式开展。督察小组应当根据督察发现的问题及现场查纠的情况，及时填写《审务督察记录单》。

第十一条 督察小组在督察中发现本院各部门及其工作人员、下级人民法院及其工作人员正在从事违法违规和其他侵害人民群众利益、损害人民法院形象的行为时，应当在不影响诉讼活动正常进行的情况下当场予以制止和纠正。对不便当场制止和纠正的，应当将有关情况记录在案，事后提出纠正及查处意见。

第十二条 督察小组督察中发现本院各部门或者下级人民法院存在管理松驰、作风涣散等问题时，应当在报经本院分管监察工作的院领导批准后，由本院督察部门向相关部门或者单位发出《审务督察建议书》提出限期纠正的意见和建议。被督察的部门和单位应当在规定时限内反馈整改情况。

第十三条　督察小组在督察中发现本院各部门及其工作人员、下级人民法院及其工作人员存在尚未构成违纪的违规行为时，应当在报经本院分管督察工作的院领导批准后，由本院督察部门向行为人所在的部门或者单位发送《审务督察告知书》。

第十四条　督察小组在督察中发现本院工作人员存在涉嫌违纪违法行为时，应当移交本院监察部门处理；发现下级人民法院及其工作人员存在涉嫌违纪违法行为时，应当在报经本院分管督察工作的院领导批准后，由本院监察部门移送下级人民法院监察部门处理。接受移送的下级人民法院监察部门应当在三个月内报告处理结果。

第十五条　督察小组在督察中发现不属于自身督察范围的人是法院工作人员具有违法违规或者其他侵害人民群众利益、损害人民法院形象的行为时，可以予以提醒、劝阻；对不听从提醒、劝阻或者妨碍督察小组执行任务的，可以将有关情况记录在案，并在报经本院分管监察工作的院领导批准后，由本院监察部门移送有管辖权的人民法院监察部门处理。接受移送的人民法院应当在三个月内反馈处理结果。

第十六条　督察小组对督察中发现的具有典型或者普遍性的问题，可以在报经本院分管监察工作的院领导批准后，由监察部门采取适当方式在适当范围内进行通报。

第十七条　督察小组执行督察任务时，不得少于三人。

审务督察人员在开展现场查纠工作时，应当向被督察对象出示督察证件。

督察证件的式样由最高人民法院统一制定。

第十八条　督察小组在开展现场查纠工作时，认为需要本院相关部门或者下级人民法院派员现场协助处理有关事项时，相关部门和下级人民法院应当及时予以协助。

第十九条　督察小组在督察中发现可能严重侵害人民群众利益或者严重影响人民法院形象等重大情况时，应当立即向本院监察部门负责人报告。

第二十条　督察小组对人民法院及其工作人员依法履行职责、行使职权的行为应当予以维护。

第二十一条　被督察对象应当积极配合督察小组开展督察工作。被督察对象具有下列行为之一的，应当依纪依法追究责任：

（一）无正当理由拒绝向督察小组提供相关资料的；

（二）无正当理由拒不到场协助处理有关督察事项的；

（三）无正当理由拒不纠正、整改有关问题的；

（四）隐瞒事实真相，伪造或者隐匿、毁灭证据的；

（五）打击、报复督察人员或者检举人、控告人的；

（六）具有其他妨碍督察工作正常开展的情形的。

第二十二条　审务督察人员在督察工作中应当正确行使职权，自觉接受被督察对象和人民群众的监督。

人民法院工作人员发现审务督察人员有滥用职权或者其他违纪违法行为时，可以向审务督察人员所在的人民法院监察部门或者其上级人民法院监察部门举报。

第二十三条　审务督察人员具有下列行为之一的，应当依纪依法从严惩处：

（一）在督察中隐瞒、歪曲或者捏造事实的；

（二）违反规定过问、干扰本院各部门或者下级人民法院正在办理的案件的；

（三）接受可能影响公正执行督察任务的礼金、礼物、宴请以及旅游、健身、娱乐等活动安排的；

（四）擅自在被督察的人民法院报销费用的；

（五）泄露督察工作秘密或者其他审判工作秘密的；

（六）具有其他滥用职权、玩忽职守行为的。

第二十四条 本规定所称"人民法院工作人员"是指人民法院行政编制、事业编制工作人员和聘任制工作人员。

第二十五条 各高级人民法院可以结合自身工作实际，依照本规定制定本院及辖区人民法院审务督察工作实施细则。

第二十六条 本规定由最高人民法院负责解释。

第二十七条 本规定自发布之日起施行。

附：1. 审务督察记录单（略）
2. 审务督察建议书（略）
3. 审务督察告知书（略）

最高人民法院印发《关于加强均衡结案的意见》的通知

2012年9月18日　　　　　　　　　　　　法发〔2012〕19号

各省、自治区、直辖市高级人民法院，解放军军事法院，新疆维吾尔自治区高级人民法院生产建设兵团分院：

为切实把执法办案是第一要务的要求落到实处，加强审判管理，确保人民法院收、结案动态平衡和良性循环，促进审判执行工作依法、公正、高效运行，最高人民法院制定了《关于加强均衡结案的意见》（以下简称《意见》）。

《意见》旨在解决4个方面的问题：一是解决案件审理过分拖延和过度积压问题，提升审判效率；二是解决长期以来形成的年底突击结案问题，防止因突击结案影响案件审判质量；三是解决"年底不收案、人为控制收案"问题，保护当事人的诉讼权利；四是消除不合理的考评方法产生的弊端，避免因突击结案给法官带来的巨大工作和心理压力，实现审判执行工作科学、高效、稳定运行，实现人民法院自身的科学发展。各级人民法院要高度重视《意见》的贯彻落实，统筹考虑、正确处理存案情况、收案情况、法官情况、工作安排、法定节假日、重要活动、集中学习等影响均衡结案的各种主客观因素，充分发挥积极因素的作用，最大限度地为均衡结案提供管理制度和机制方面的保障。

为实现对均衡结案情况的科学、客观、公正评价，保证均衡结案能够看得清、抓得准，真正发挥好均衡结案在促进审判执行工作科学发展方面的积极作用，最高人民法院在深化、完善案件质量评估指标体系的基础上，构建了系统全面、动态即时的"均衡结案评估参考指标体系"。指标体系由结案数波动指数、结案率波动指数、案件结收指数、法定（正常）审限内结案率、平均审理时间指数、平均执行时间指数、超审限未结指数、四类案件未结指数等8项指标构成，从均衡结案综合调控、审判执行效率、未结案管理和积案清理三个方面进行评估考察，有助于人民法院从总体上把握结案均衡情况，统筹协调审判执行工作，促进人民法院各项工作科学发展。

现将《关于加强均衡结案的意见》和"均衡结案评估参考指标体系"印发给你们，请结合审判工作实际，认真遵照执行。执行中如有问题，请及时报告最高人民法院。

附：

最高人民法院
关于加强均衡结案的意见

为加强审判管理，确保人民法院收案、结案动态平衡和良性循环，促进审判执行工作依法、公正、高效运行，现就加强人民法院均衡结案提出如下意见：

一、深刻认识均衡结案的意义

1. 均衡结案是人民法院通过科学配置审判资源，合理掌控办案时间，依法、公正、及时审理案件，在总体上达到收、结案动态平衡、未结案相对合理的良性办案机制。坚持均衡结案，是人民法院抓好执法办案第一要务和审判执行工作科学发展的必然要求，是人民法院审判管理工作的进一步创新，是践行社会主义法治理念的重要举措。

2. 均衡结案有助于解决案件审理过分拖延和过度积压问题，有效提升审判效率；有助于解决长期以来形成的年底突击结案问题，有效避免因突击结案造成的案件质量隐患；有助于解决"年底不收案、人为控制收案"问题，有效保护当事人的诉讼权利；有助于消除不合理的考评方法产生的弊端，避免因突击结案给法官带来的巨大工作和心理压力，实现审判执行工作科学、高效、稳定运行，实现人民法院自身的科学发展。

3. 实现均衡结案要统筹考虑、正确处理下列因素：存案情况（存案数量和难易程度），收案情况（收案总量、各月收案变化、各类案件比例），法官情况（法官数量、办案能力、工作习惯、办案节奏），工作安排（审判工作安排、审判管理水平、信息化程度、人员配置）、法定节假日、重要活动、集中学习等。各级人民法院应当充分发挥积极因素的作用，最大限度地为均衡结案提供管理制度和机制方面的保障。

4. 建立人民法院均衡结案评估指标体系是促进均衡结案工作的重要手段，是人民法院案件质量评估工作的深化、发展和创新。通过动态、即时和整体的均衡结案评估指标体系,有利于实现对均衡结案情况的科学、客观、公正评价,有利于及时调整工作安排、优化资源配置、提高审判质量和效率,有利于上级法院更有针对性地开展审判工作指导和监督,有利于增强审判人员的工作责任心,促进审判工作良性循环。

5. 均衡结案评估指标体系的设置应当坚持科学性、客观性和简便性原则,确保指标体系内的各项指标全面、互补、协调一致。同时,应当尊重司法规律和审判实际,充分考虑各种主、客观因素对均衡结案的影响。

6. 通过均衡结案评估指标体系,确立人民法院均衡结案的衡量、管控节点,建立法院内部有效的动态监督机制和科学化审判管理,及时分析影响均衡结案和审判效率的各种因素,从而为各级人民法院审判决策和管理提供完整、详细的参考数据,推动审判质量、效率、效果的全面提高。

7. 针对均衡结案评估指标体系所反映的客观状况,认真分析审判形势,对因统筹管理不力、人为因素造成的不均衡结案,对因片面追求结案率而采取的年底突击撤诉、发回重审结案等现象,应当及时纠正,不断提高审判质量和司法公信力。

二、建立健全人民法院均衡结案工作机制

8. 建立审判工作能动管理机制,认真总结当事人起诉案件规律和案件运行规律,引导下级法院及时、均衡报送案件,避免人为、集中报送,根据收案规律和各种影响办案的客观因素有针对性地制定办案计划,科学合理地确定月度、季度预期结案目标,调研、培训、会议等活动要安排在收案相对少的时段开展。地方各级人民法院要充分考虑地方党委安排的有关工作,预先安排好院内工作,保障均衡结案。

9. 建立均衡结案态势分析通报机制,充分利用均衡结案指标数据分析审判执行工作中反映出的问题,及时调整审判资源和办案节奏,做到收结案动态平衡,实现全年均衡;要充分运用评估结果通报等管理手段,为审判执行工作和领导决策提供参考。

10. 建立均衡结案协调指导机制,在上下级法院之间定期交换审判信息数据。上级法院要加强对收结案情况和办案工作机制合理性情况的分析,强化监督指导职能,促进下级法院均衡结案;下级法院要将案件波动情况及时报告上级法院,提前做好工作应对措施。

11. 建立均衡结案监督检查机制,上级法院要通过专项检查、分类抽查等方式,加强对下级法院及本院各部门的指标数据核查,确保指标数据真实、准确、完整。

12. 建立均衡结案责任追究机制,数据核查情况应当及时通报,为追求均衡结案指标数据而弄虚作假、虚报、瞒报、篡改指标数据,情节严重的,应严肃追究相关责任人的责任。对于违反诉讼法规定迟延立案、迟延移送卷宗、人为阻滞案件受理、违规办理审限变更、人为原因造成案件长期未结等情形,应视情节轻重,追究相关单位和管理人员的责任。

三、努力夯实均衡结案的保障措施

13. 开展均衡结案评估应当与案件质量评估工作紧密联系起来,充分运用信息化手段,确保数据收集、汇总、整理过程公开透明,确保评估具有客观性和预期性。

14. 采取有效措施加强立案管理，严格依照诉讼法的有关规定，对于符合立案受理条件的，应当依法及时受理，不得拒绝受理或迟延受理，坚决杜绝"年底不立案"、"年底少立案"、"先结案后立案"等不正常现象。

15. 充分利用信息、网络技术，不断完善案件分流机制，根据案件数量和复杂程度，在保证公正的前提下协调办案工作量，确保各审判庭、各法官之间的审判任务量基本一致，以收案的均衡保证结案的均衡。

16. 不断优化审判资源配置，加强对案件受理、审判人员配置情况的动态分析，适时分流案件或调整审判力量，确保审判资源向审判工作一线倾斜、向案件较多、压力较大的部门倾斜。要合理配备审判人员和审判辅助人员，确保审判部门与其他部门的人员比例合理。

17. 建立科学的审判流程管理机制，进行有效的节点控制，实现案件的动态管理、跟踪和统一协调，实时掌握各审判庭、各法官的均衡结案情况，及时分析并向审判部门提出合理化建议。

最高人民法院
印发《关于审判权运行机制改革的试点方案》的通知

2013年10年15日　　　　　　　　　　法〔2013〕227号

辽宁、上海、江苏、河南、广东、重庆、四川高级人民法院：

为贯彻中央关于深化司法体制和工作机制改革的总体部署，适应公正司法的要求，建立符合司法规律的审判权力运行模式，满足人民群众对公平正义的需求，最高人民法院制定了《关于审判权运行机制改革试点方案》，确定了上海市第二中级人民法院等为试点法院，并已报请中央批准。现将《关于审判权运行机制改革试点方案》印发给你们，请各试点法院及试点法院所在的高级人民法院认真组织实施。实施过程中遇到的问题，请及时报告我院司法改革领导小组办公室。

特此通知。

附：

最高人民法院
关于审判权运行机制改革试点方案

为贯彻中央关于深化司法体制和工作机制改革的总体部署，适应公正司法的要求，建立符合司法规律的审判权运行模式，优化配置审判资源，加强独任法官、合议庭办案责任制，维护独立审判原则，最大程度地满足人民群众对公平正义的需求，提高司法公信，树立司法权威，根据人民法院组织法、有关诉讼法和人民法院的工作实际，制定本方案。

一、改革目标

1. （改革目标）审判权运行机制改革试点的具体目标是：

（1）严格落实相关诉讼法的规定，建立符合司法规律的审判权运行机制，消除审判权运行机制的行政化问题；

（2）科学设置审判组织，合理界定各类审判组织的职权范围，理顺各类审判组织之间的关系，调动法官积极性；

（3）优化配置法院内部各主体的审判职责与管理职责，依法强化各种职能之间的制约监督，确保独任法官、合议庭及其成员依法公正、独立行使审判职权；

（4）严格落实独任法官、合议庭、审判委员会的办案责任，做到"权责利统一"；

（5）规范审判委员会的议事规则，完善运行机制，大幅度限缩讨论范围，推行审判委员会委员组成合议庭办案制度。

二、合议庭和独任庭制度改革

2. （组织模式）一个审判庭内设有多个合议庭的，将副院长、审判委员会委员、庭长、副庭长直接编入合议庭并担任审判长。其他合议庭的审判长应当从优秀资深法官中选任。条件成熟的试点法院也可以探索建立一个合议庭即为一个审判庭的模式。合议庭的审判长由副院长、审判委员会委员、庭长、副庭长或者选任的优秀资深法官担任。

3. （人员待遇）审判委员会委员享受副院长待遇，其法官等级比照副院长等级确定。其他被选任为审判长的资深法官享受中层副职以上待遇，其法官等级比照中层副职以上等级确定。

4. （委员合议庭）审判委员会委员除作为审判长主持合议庭的案件审理外，还可以与其他审判委员会委员组成三至七人的委员合议庭，审理重大、疑难、复杂的案件。审委会委员组成合议庭审理案件，按照合议庭审理案件的程序办理。

5. （重大疑难复杂问题的处理）对于案件审理过程中发现的重要法律适用问题或者其他重大疑难复杂问题，独任法官或者审判长可以提请院长、庭长召集专业法官会议或者审判长联席会议讨论，其结论应当记录在卷，供合议庭参考。

6.（文书签署）审判员独任审理的案件，裁判文书由独任审判员直接签署。助理审判员独任审理的案件，裁判文书应由其所在合议庭的审判长审核后签署。合议庭审理案件的裁判文书，由案件承办法官、合议庭其他法官、审判长依次签署。院长、庭长不得对未参加合议审理的案件的裁判文书进行签发。

7.（审判管理职责）院长、庭长分别依照人民法院组织法和有关诉讼法的规定，在其职权范围内履行以下审判管理职责：

（1）院长依法对生效案件进行监督；

（2）依照法律规定的权限和程序对案件审理中遇到的回避、保全等程序事项作出决定；

（3）主持审判委员会、专业法官会议、审判长联席会议处理相关事项；

（4）从宏观上指导全面的或专项的审判工作；

（5）院长依照法官法的规定主持法官考评委员会对法官进行考评；

（6）根据所掌握的审判管理信息，负责组织研究制定有助于提高公正、效率和公信的司法政策；

（7）根据审判执行工作态势，采取优化内部流转程序的措施；

（8）管理与审判工作直接相关的其他事务。

8.（行政管理职责）试点法院探索实行人事管理、经费管理、政务管理等行政事务的集中管理，必要时可以设立院长助理、庭长助理协助院长、庭长处理行政事务。院长、庭长履行行政管理职责，不得影响审判组织依法独立审判案件。

9.（辅助人员）为确保审判长和其他法官有效履行审判职责，可以为其配备一定数量的法官助理、书记员等协助其工作。

10.（办案责任制）在保障独任法官、合议庭依法独立行使审判权的前提下，按照"权责利统一"的原则，明确独任法官、合议庭及其成员的办案责任。

（1）法官违反职业道德基本准则的，视情节后果予以诫勉谈话、批评通报；情节严重构成违纪违法的，依照相关纪律和法律规定予以严肃处理。

（2）法官因违法审判应当承担纪律责任的，按照最高人民法院的有关规定予以追究。

（3）法官有贪污受贿，徇私舞弊，枉法裁判行为，构成犯罪的，依法追究刑事责任。

（4）试点法院建立法官考评档案。依照法官法规定，法官考评委员会负责指导法官的考核、评议工作，并将考评结果纳入法官考评档案，作为确定法官任职、确定年度考核等级、评先评优、晋级、晋职的重要依据。

（5）建立合议庭成员之间的互评机制。建立符合司法规律的案件评查机制。案件评查结果应当在一定范围内公开。

（6）建立上级法院对下级法院法官的评价机制。审理上诉案件或再审案件的法院除对案件的事实和法律问题进行审理、作出裁判外，根据需要可以对原审独任法官或合议庭在行为规范、职业道德等方面的情况作出评价。

（7）建立法院以外的第三方评价机制。吸收当事人、代理律师和公众代表对法官的工作作风、职业道德进行评价。

（8）试点法院要认真执行中央政法委确定的改革方案，积极争取当地党委、政府对试点工作的支持，着力解决试点工作相应的经费保障与物质激励，适当提高法官的职级与等级，建立与法官的权力和责任相适应的法官保障机制。

（9）法官在案件审理的各个阶段依法履行职责的行为，不受追究。

三、审判委员会制度改革

11.（委员的条件）人民法院院长提请人民代表大会常务委员会任命审判委员会委员时，应当按照一定标准和条件，通过竞争性遴选与全体法官推选相结合的方式提名人选。被提名的人选应当包括若干名不担任领导职务，政治素质好、审判经验丰富、法学理论水平较高、具有法律专业高等学历的资深法官。

12.（讨论案件范围）审判委员会讨论重大、疑难、复杂案件，应当严格限定范围，且仅限于法律适用问题。

13.（法律问题的归纳）合议庭认为案件需要审判委员会讨论决定的，应当归纳关于案件法律适用的不同意见，并阐述相应的理由。

14.（过滤机制）提交审判委员会讨论决定的案件，院长可以指定二至三名审判委员会委员或者其他资深法官先行审查是否属于审判委员会讨论决定案件的范围，并提出意见，报请院长决定。

15.（准备工作）对于提交审判委员会讨论决定的案件，应当将拟讨论决定的事项、审判委员会委员名单、召开审判委员会的时间等提前告知当事人。当事人有权申请审判委员会委员回避。当事人对审判委员会拟讨论决定的案件法律适用问题提交新的辩论意见的，应当附卷。审判委员会委员应当事先阅读审理报告，了解合议庭对案件事实问题的认定和对法律问题的意见，并根据需要调阅庭审视频或者查阅案卷。合议庭全体成员列席审判委员会。

16.（发言与表决）审判委员会委员讨论案件时充分发表意见，表决时应当按照资历由低到高的顺序进行，主持人最后发表意见和表决。审判委员会委员可以在讨论后一定时间内就自己已经发表的表决意见补充书面理由。所有参加讨论和表决的委员应当在审判委员会会议记录上署名。审判委员会作出决定的理由应当反映在以合议庭名义制作的裁判文书中。

17.（办案责任制）审判委员会委员在讨论或者表决案件时发表意见，不受追究，但违法违纪和违反职业道德的行为除外。

四、工作安排

18.（加强领导）加强试点工作的组织领导。试点法院成立试点工作领导小组，由院长担任组长，组织本院及所辖试点基层人民法院开展试点工作，并指定专门机构、配备专门人员负责试点工作的具体落实。试点工作领导小组定期听取试点工作汇报，及时解决试点工作中遇到的问题。

19.（组织实施）制定试点工作实施方案。试点法院应当按照中央批准的总体试点方案，结合工作实际，在周密设计和论证的基础上，在最高人民法院和有关高级人民法院的直接指导下制定具体实施方案。试点法院在完成试点任务的基础上，可以根据试点工作目标并结合本地实际有所调整或创新。具体实施方案于 2013 年 11 月 30 日前层报最高人民法院司法改革领导小组办公室备案。试点实施方案应当明确任务分工、时序进度和工作责任等。试点法院是中级人民法院的，应当同时上报指定试点基层法院的试点实施方案。

20.（试点进度）合理安排试点进度。各试点法院在制定实施方案、修订现有规范、做好机制衔接的前提下，从 2013 年 12 月全面开始正式试点，为期 2 年。2014 年 12 月进行试点工作中期评估后，各试点法院可以适当调整实施方案。2015 年 12 月，最高人民法院对试点工作进行全面总结，并在全国范围内推广成功的改革试点经验。

21.（试点管理）加强试点工作管理。最高人民法院司法改革领导小组办公室具体负责审判权力运行机制改革试点工作的管理，掌握试点工作情况，研究解决试点工作中遇到的问题，指导试点工作。各试点法院所在辖区的高级人民法院应当加强监督指导和督促检查，并总结推广试点经验，确保试点工作顺利进行。各试点法院所在辖区的高级人民法院在考评时给予试点法院特别政策。试点法院在试点工作中遇到问题和困难的，应当及时层报最高人民法院司法改革领导小组办公室。

22.（试点法院）本方案在上海市第二中级人民法院、重庆市第四中级人民法院、辽宁省大连市中级人民法院、河南省洛阳市中级人民法院、广东省深圳市中级人民法院、广东省佛山市中级人民法院、四川省成都市中级人民法院、辽宁省新民市人民法院、江苏省江阴市人民法院试行（试点法院是中级人民法院的，试点范围包括本院及其所辖范围指定的试点法院）。最高人民法院认为必要时可以适当扩大试点法院范围，其他有条件的地方法院可以参照本方案制定本地方的改革方案。

最高人民法院
关于印发《人民法院案件质量评估指数编制办法（试行）》的通知

2013 年 6 月 15 日　　　　　　　　　　法〔2013〕137 号

各省、自治区、直辖市高级人民法院，解放军军事法院，新疆维吾尔自治区高级人民法院生产建设兵团分院：

为完善人民法院案件质量评估制度，规范和指导全国法院案件质量评估活动，切实发挥评估工作作用，最高人民法院制定了《人民法院案件质量评估指数编制办法（试行）》。

现将《人民法院案件质量评估指数编制办法（试行）》印发给你们，请结合审判工作实际，认真遵照执行。执行中如有问题，请及时报告最高人民法院。

附：

人民法院案件质量评估指数编制办法（试行）

第一条 为完善人民法院案件质量评估制度，规范和指导全国法院案件质量评估活动，切实发挥评估工作作用，根据《最高人民法院关于开展案件质量评估工作的指导意见》，制定本办法。

第二条 本办法中所称指标是指人民法院案件质量评估体系中的三级指标，人民法院普遍追求的指标较优值称为指标满意值，普遍不允许出现的指标较差值称为指标不满意值，由满意值和不满意值构成的指标取值范围称为指标的满意区间。指数是指利用指标的满意区间，对三级指标进行无量纲化后形成的三级指数，以及通过合成方法形成的二级指数和一级指数。

第三条 合理确定指标的满意值和不满意值，科学设定指标的满意区间。满意区间的设定应当考虑以下方面：

（一）以各地法院3年来指标实际值的中位数为主要参考，综合参考一定时期内指标的平均值、最大值、最小值等情况；

（二）80%以上法院的指标实际值位于满意区间之内；

（三）结合审判工作实际合理确定。

新增指标的满意区间应当根据审判工作实际确定。

第四条 根据审判工作形势的发展变化及时调整相关指标的满意区间。每5年系统性地调整一次指标的满意区间。最高人民法院将定期公布调整后的满意区间。

满意区间调整后，对评估指数进行历史比较时，应当使用调整后的标准重新计算历史指数。

第五条 在满意区间的基础上设定各项指标的警示区间。评估法院应当加强对指标数据的监测分析，指标值超出警示值时，可以要求相关法院进行合理性说明。

第六条 采用功效系数法对三级指标进行指数化。处理方法为：

当 $\dfrac{实际值\ x - 不满意值\ x^s}{满意值\ x^h - 不满意值\ x^s} \geqslant 0$ 时，指标评价值

$$d = \left| \left| \dfrac{实际值\ x - 不满意值\ x^s}{满意值\ x^h - 不满意值\ x^s} \right|^{1.4} \right| \times 20 + 70$$

当 $\dfrac{实际值\ x - 不满意值\ x^s}{满意值\ x^h - 不满意值\ x^s} < 0$ 时，指标评价值

$$d = - \left| \left| \dfrac{实际值\ x - 不满意值\ x^s}{满意值\ x^h - 不满意值\ x^s} \right|^{1.4} \right| \times 20 + 70$$

第七条 综合采用加权算术平均法和加权几何平均法，将三级指数合成二级指数。

合成方法为：

$D=1/2(\sum d_i * w_i + \prod d_i^{w_i})$，其中 d_i 为三级指数，w_i 为三级指数在二级指数中的权重。

第八条 采用加权算术平均法，将二级指数合成一级评估综合指数。合成方法为：
$D_{综合}=\sum D_I * W_I$，其中 D_I 为二级指数，W_I 为二级指数在一级指数中的权重。

第九条 指数的取值范围限定在［40，100］，指数实际值超出指数区间的，以区间的上下限替代。

第十条 各级人民法院可以根据本辖区的审判实际，结合本规定进行相应调整，制定适用于本院或本辖区的具体细则。

第十一条 各种评估专项指数和类型指数的编制方法参照本办法。

第十二条 本办法由最高人民法院研究室负责解释，自2013年7月1日起开始实施。

最高人民法院
印发《关于加强人民法院审判管理工作的若干意见》的通知

2011年1月6日　　　　　　　　　　　　　　　法发〔2011〕2号

各省、自治区、直辖市高级人民法院，解放军军事法院，新疆维吾尔自治区高级人民法院生产建设兵团分院：

现将《最高人民法院关于加强人民法院审判管理工作的若干意见》印发给你们，请各地结合实际，认真贯彻执行。

附：

关于加强人民法院审判管理工作的若干意见

为进一步加强人民法院审判管理，规范司法行为，提高审判工作的质量和效率，实现司法公正、廉洁、为民总目标，根据人民法院组织法、法官法等法律以及有关司法解释的规定，结合人民法院审判工作实际，提出如下意见：

一、审判管理概述

1. 加强审判管理，是践行"三个至上"工作指导思想和"为大局服务，为人民司法"工作主题，落实"从严治院、公信立院、科技强院"工作方针的必然要求，是推进三项重点工作，实现新时期人民法院工作科学发展的重要举措。各级人民法院要本着对党和人民高度负责、对宪法法律高度负责、对审判事业高度负责的精神，强化管理意识，加大工作力度，充分发挥审判管理规范、保障、促进、服务审判的作用。

2. 人民法院开展审判管理，要运用组织、领导、指导、评价、监督、制约等方法，对审判工作进行合理安排，对审判过程进行严格规范，对审判质效进行科学考评，对司法资源进行有效整合，确保司法公正、廉洁、高效。

二、审判管理基本要求

3. 开展审判管理，要坚持以法律为依据，严格依照法律、司法解释的规定确定审判管理的职责，处理好管理与审判的关系，既要加强对审判活动的监督与制约，又要防止超越法律规定干预审判业务部门及审判人员依法办案。开展审判管理，要正确界定管理职能与其他职能的职责范围，管理既要到位，又不能越位，属于审判管理的职责事项要大胆管理，审判管理中涉及其他职能部门管理的事项，应当由其他职能部门处理。

4. 开展审判管理，要以科学发展观为指导，坚持统筹兼顾。要坚持全员管理，院长、庭长、审判长以及审判人员都是审判管理的主体，各个管理主体都要明确权利义务和岗位职责。要坚持全程管理，从立案到分案、排期、开庭、裁判、执行等各个审判环节都应当进行管理和监督，确保审判过程严谨规范、公开透明，审判结果公正高效。要坚持全面管理，既要加强审判质量和效率的管理，又要加强审判效果的管理，努力做到案结事了，实现办案的法律效果与社会效果的有机统一。

5. 开展审判管理，要着力完善人民法院内部的层级管理体系。审判委员会、院长要承担对审判工作进行宏观管理的职责，准确研判审判工作运行态势，总结审判经验，及时发现并处理审判工作中出现的问题。院长、庭长、审判长要在依法监督指导办案的同时，切实承担起管理法官、管理案件的职责，要把审判质量管理、审判效率管理和审判效果管理等各项制度和工作要求落实到案件审理的各个环节之中。

6. 开展审判管理，要切实加强对下级人民法院的审级管理，提高人民法院审判工作的整体效能。上级人民法院要深入分析研究辖区内审判工作的整体态势，加强对下级人民法院的宏观指导，推动审判工作协调发展。要通过审理案件、召开审判业务会议、研讨典型案件等形式，及时总结经验，统一法律适用，统一裁判尺度，提高整体司法水平。

7. 开展审判管理，要坚持服务审判的理念。要尊重审判规律，审判管理的各项工作机制和管理的方式方法等，要充分考虑审判工作的特点，符合审判工作实际。要把服务寓于管理之中，在加强监督制约的同时，着力于服务审判工作，为审判权的依法、有序运行创造有利的条件，提供必要的保障，既要通过管理规范法官的司法行为，又要在管理中尊重法官的权利，关注法官在审判工作中遇到的问题和困难，充分调动法官的工作积极性和主观能动性，提高司法效能。

三、审判管理基本职能

8. 加强审判管理制度建设，充分发挥制度管理的功能和优势。要着力完善审判管理制度体系，重点要建立健全审判质量管理、审判效率管理、审判流程管理、审判绩效考核等制度体系，实现审判管理的规范化。要着力完善审判质效评估指标体系，科学合理设定评估指标及指标权重，充分发挥评估指标体系在审判质量管理、审判效率管理和审判效果管理中的作用，实现审判管理的科学化。

9. 切实加强审判质量管理。要建立健全符合审判工作实际的案件质量评查长效机制，完善评查标准，加强案件质量评查工作，通过案件质量评查，整体提高审判工作的质量和效率。要注重案件质量评查结果的实际应用，做到评查案件与总结审判经验的有机统一，制约机制与激励机制的有机统一，评查结果与绩效考核的有机统一。要结合一定时期内审判工作中的突出问题，在每年开展案件质量常规评查的同时，加强案件质量的专项评查和重点评查工作，尤其要加大对涉诉信访案件、社会公众关注案件等重点案件的评查力度，促进社会矛盾的化解。

10. 切实加强审判效率管理。要根据审判工作整体运行态势，合理分配审判资源，明确简易案件与疑难复杂案件的分类标准，实现案件繁简分流，提高审判效率。要完善审限动态监控机制，实行审限提示与预警，规范延长、扣除案件的审限审批手续，强化对案件审限的管理，促进法定审限内结案。要建立健全案件催办、督办制度，强化均衡结案意识，形成符合审判工作规律的收结案动态平衡机制，实现均衡结案。

11. 切实加强审判流程管理。审判流程管理是审判质量管理和审判效率管理的基础。要依托计算机信息技术，尽快完善案件管理信息平台，条件尚不具备的人民法院也要充分利用已有的设备和条件，因地制宜，完善制度，使审判流程管理更加科学化、规范化、精细化。要完善审判流程管理制度，强化对案件审理的程序监控和节点管理，实现对立案、分案、开庭、裁判、执行、归档等流程节点的管理，切实做到节点不遗漏，全程有监控。要狠抓审判流程管理制度的落实，明确各个节点的监控职责，将节点管理落实到具体部门和人员，确保案件审理依法、公正、高效进行。

12. 切实加强审判运行态势分析，实现对审判工作的宏观管理。准确把握审判工作整体运行态势是人民法院研判审判工作形势，作出科学决策的前提。要建立健全审判运行态势监控机制，通过案件质量评查、审判流程管理、司法统计等渠道广泛收集的相关数据和资料，分析、研判审判工作运行态势，及时发现、解决影响案件质量和效率的问题，保障审判工作健康有序开展。

13. 切实加强审判绩效管理，做到审判管理与岗位目标考核、队伍建设的有机结合。要依托审判质效评估指标体系，建立既符合审判工作实际又简便易行的审判绩效考核机制。要科学设定审判绩效考核指标，引导法官注重审判质量和效率，注重廉洁文明司法，注重办案的法律效果和社会效果，做到案结事了。审判绩效考核指标应当根据审判工作实际，适时调整指标权重系数，实行动态管理，确保审判绩效管理的正确导向作用。要建立审判管理与考核奖惩的对接机制，将审判绩效考核结果作为法官评先评优、晋职晋级的主要依据，充分发挥以管人促管案、管案与管人相结合的综合效应。

14. 切实加强审判经验的总结，促进司法能力和司法水平的提高。审判管理中发现的具有普遍性或者全局性的问题，上级人民法院要加强对下指导，下级人民法院要及时研究汇总，请示报告，把问题解决在萌芽之中、成势之前，保证人民法院审判工作始终健康顺利开展。要善于发现审判工作中的典型，推广经验，总结教训，增强典型的导向和警示作用。

四、审判管理办公室定位与基本职责

15. 加强审判管理，要充分发挥审判管理办公室协调、沟通的作用，使各部门的审判管理工作形成合力。在人民法院审判管理工作格局中，审判管理办公室是审判委员会、院长的参谋助手，是承上启下、连接各方的枢纽，是人民法院专事审判管理的综合审判业务部门。各高级、中级人民法院和有条件的基层人民法院，要设立审判管理办公室，基层人民法院也可以由审判监督庭承担审判管理的职能。上级人民法院审判管理办公室要加强对基层人民法院审判管理工作的指导。

16. 审判管理办公室主要承担审判委员会日常事务、审判流程管理、案件质量评查、审判运行态势分析、审判经验总结等审判管理职责。各级人民法院要围绕确保审判质量、提高审判效率、实现良好的审判效果的要求，科学合理地整合各部门的管理职责，切实发挥审判管理办公室和其他职能部门在人民法院审判管理工作中的整体合力。

五、审判管理相关事项

17. 要注重审判管理与人民法院的人事管理、政务管理的协调沟通，形成人民法院审判、人事、政务三大管理分工合作、相互配合的格局。要建立审判管理与人事管理、政务管理的协调机制，专门审判管理机构要树立协调、配合、服务意识，要为组织人事部门开展审判业绩考核和人力资源配置提供客观、科学、合理的依据，要配合政务部门做好信息化建设、物质资源配置等保障工作，共同推动人民法院管理工作水平的总体提高。

18. 要加强信息化基础设施建设，加大科技投入，不断改善硬件设施，建立完善案件信息管理系统，逐步建立覆盖全国法院的审判管理网络，形成全国法院案件信息数据库和案件信息查询系统。要充分发挥信息技术在审判管理中的作用，积极推进信息技术在案件排期开庭、质量评估、审判流程、档案管理、绩效考核以及司法统计、人力资源配置等方面的应用，实现审判管理的信息化，促进审判管理由粗放型管理向集约化管理、精细化管理的转变。要确保审判信息安全，从人员、技术、制度等方面采取措施，建立信息安全保障机制。

19. 要着力加强专门审判管理机构队伍建设，把那些政治素质过硬、审判经验丰富，又有一定管理能力和组织协调能力的人员充实到审判管理队伍中来，提升审判管理队伍的整体素质和水平。要大力加强审判管理队伍的培训工作，进一步提高审判管理人员的政治意识、法治意识、大局意识和责任意识，进一步提高审判管理人员的管理技能和运用信息技术的技能。在评定审判职称、晋职晋级、评先评优时，专门从事审判管理的人员应与审判业务部门的人员同等对待。

20. 切实加强审判管理工作经验的总结。要大力加强调查研究，为进一步创新和发展审判管理提供理论和实践基础。要以多种形式和载体，总结交流审判管理工作经验，研究探讨理论与实践问题，不断推进审判管理的创新与发展。要根据新形势、新任务和新情况的要求，在充分吸收借鉴已有的审判管理成果的基础上，大胆尝试、勇于创新，积极探索既符合审判实际需要又能高效运行的新机制和新方法，全面提升审判管理水平。

最高人民法院
关于新时期进一步加强人民法院审判管理工作的若干意见

2014年6月6日　　　　　　　　　　　　法发〔2014〕8号

各省、自治区、直辖市高级人民法院，解放军军事法院，新疆维吾尔自治区高级人民法院生产建设兵团分院：

为适应新时期人民法院面临的新形势新情况新要求，进一步推进人民法院审判管理工作，充分发挥审判管理"规范、保障、促进、服务"审判执行工作的作用，更加有效地促进审判工作的质量和效率，健全司法权力运行机制，保障人民法院切实践行司法为民公正司法、不断提升司法公信力，结合审判执行工作实际，提出如下意见：

一、承前启后，继往开来，坚定不移地全面推进审判管理工作科学发展

党的十八大提出，要进一步深化司法体制改革，坚持和完善中国特色社会主义司法制度，确保审判机关、检察机关依法独立公正行使审判权、检察权，全面推进依法治国。党的十八届三中全会进一步部署了健全司法权力运行机制的改革任务，提出深化司法体制改革，加快建设公正高效权威的社会主义司法制度，维护人民权益，让人民群众在每一个司法案件中都感受到公平正义。在新的历史时期，人民法院面临新的发展机遇和挑战，人民群众对司法为民公正司法的期待更加强烈，作为人民法院三大管理的核心，审判管理事关审判质效、公平正义和司法公信力，肩负的责任更加重大、任务更加艰巨。各级人民法院要立足人民司法事业的发展，从国家法治建设的高度，充分认识审判管理所处的重要地位，以高度负责的态度，在新的历史起点上，大力加强和创新审判管理。

根据人民法院三个"五年改革纲要"的要求，审判管理适应审判执行工作需要，不断深化改革、深化实践，从分散走向集中，从无序走向规范，从自发走向自觉，成为人民法院新兴的工作领域。2010年8月召开的"全国大法官审判管理专题研讨班"，标志着人民法院审判管理新格局的基本理论框架初步形成。2010年11月召开的"全国法院

审判管理工作座谈会",从理论走向实践,形成了有组织、有系统的审判管理工作新格局。经过近几年的快速发展,审判管理的理念得到普遍认同,专门审判管理机构基本建成,职能逐步落实,制度渐成体系,成效初步显现,科学、完备、有效的审判管理体系正在逐步构建。然而作为新兴工作领域,审判管理发展的时间还很短,任务新、机构新、人员新,各地发展不平衡,尚不能完全适应审判执行工作的需要,整体上仍处于"大发展"时期,需要在不断巩固改革成果的基础上,继续扎扎实实全面向前推进。

审判管理是坚持和完善中国特色社会主义司法制度的重要组成部分,创新和加强审判管理既是中央进一步深化司法体制改革的内容,也是健全司法权力运行机制改革的保障,是一项具有基础性、关键性和长期性的重要工作。在新的历史时期,人民法院创新和加强审判管理必须努力适应、积极配合健全司法权力运行机制的改革任务,围绕审判权力的运行,努力构建起有权必有责、用权受监督、失职要问责、违法要追究的管理责任体系,真正把权力关进制度的笼子里。

各级人民法院要立足于新时期审判管理工作面临的新形势新情况新要求,全面把握审判管理工作开展的现状和面临的困难,充分认识深化审判管理改革的紧迫性和长期性,坚定不移地把这项工作抓实抓好。要对审判管理现状有清醒的认识,找准审判管理的功能定位,认真总结已经开展的各项审判管理工作是否切合实际、是否科学合理、是否符合审判工作规律,是否符合司法为民公正司法的要求,是否符合中央进一步深化司法体制改革的精神,深入思考如何进一步整合资源、完善职能,深化审判管理创新与改革。

二、把握原则,明确要求,准确有效地发挥审判管理工作的综合效能

人民法院开展审判管理的主体包括审判委员会、院长、庭长、审判长、审判人员以及专门审判管理机构。各审判管理主体,尤其是各级人民法院中层领导,要在充分履行审判职能、依法监督指导办案的同时,牢固树立抓审判就必须抓管理、向管理要质量、向管理要效率、向管理要形象、以管理保公正、以公正促公信的理念,切实承担起审判管理职责,促进案件质效的提升,确保依法独立公正行使审判权。

各级人民法院要全面准确把握审判管理"规范、保障、促进、服务"审判执行工作的功能定位。规范的对象是非正常的审判执行活动,重在对审判权的行使形成有效监督和制约。保障的对象是审判权的依法独立公正行使,重在有效防范和解决影响审判权正常行使的各种不利因素。规范和保障的目的在于建立健全科学合理、规范有序的审判权力运行机制。开展审判管理,就是要促进提升队伍素质,促进提升案件质效,促进提升司法公信力,这是检验审判管理工作成效的最终标准。服务审判是审判管理的基本定位。开展审判管理要坚持以人为本,要寓管理于服务之中,在服务中实现管理。要实行民主管理、科学管理和人性化管理,着力解决审判工作中的突出问题,切实为法官依法审判排忧解难,有效减轻一线法官的非审判事务性负担。

各级人民法院开展审判管理工作要充分尊重司法审判规律。审判管理必须依法管理,严格遵循程序法和实体法的规定,以科学的组织、管理、评价方法实现审判管理的职能定位;审判管理必须维护独立审判原则,依法排除来自外界的不当干扰,为法官严格司法程序和正确适用法律提供条件。审判管理必须促进公正司法,助力摒除审判活动"行政化"和保障审判组织内部独立的审判权运行机制改革,在保障法官依法履行职责行为不受追究的同时,严格法官在违反职业道德和违法违纪等方面的约束和监督。审判管理必须维护审判活动的程序正义,进一步提高庭审质量,避免在诉讼程序之外增加影响当事人权利的程序步骤,不得干扰审判活动的正常程序。审判管理必须促进提高审判活动的效率,通过繁简分流、完善流程、审限管理、信息化建设、优化诉讼服务等措施提升审判效率,维护当事人诉讼权利。审判管理必须保障司法活动和司法裁判的严肃性,维护司法权威。

各级人民法院要注意理顺审判管理中的各种关系,努力做到全员管理、全程管理,争取构建权责明确、相互配合、相互制约、高效运转的审判管理工作机制。要处理好管理与服务的关系,在管理中做好服务,在服务中进行管理。要处理好管理与审判的关系,使审判管理到位而不越位,使审判权独立而不恣意。要处理好他律与自律的关系,管理是他律,要以有效的管理制度机制强化法官的自律意识,培育法官的责任意识和职业尊荣感,积极推动法官群体自我管理、自我评价机制形成,自觉依法独立公正行使审判权。要处理好管案与管人的关系,以管案促管人,以管人促管案,通过管案提高法官司法能力、改进法官司法作风,通过管人促进执法办案工作开展。要处理好局部与整体的关系,加强审判管理与其他各项管理之间的协调配合,形成整体合力。

各级人民法院要以专门审判管理机构为枢纽,切实在人民法院内部建立起审判委员会、院长、庭长、审判长、审判人员各负其责的层级管理体系。要进一步落实审判委员会审议审判工作中重大问题的法定职责,充分发挥审判委员会监督、管理、指导审判工作的作用。要充分认识审判业务庭的二级管理在整个审判管理体系中的关键作用,继续强化审判庭、合议庭的审判管理职责。主管审判业务的院长、庭长和审判长要落实好"一岗双责",建立健全审判业务庭岗位管理制度,切实规范执法办案行为,做到履职有规、问责有据。专门审判管理机构要注重发挥参谋助手作用,有效服务各审判管理主体开展审判管理工作,努力促进层级管理、全员管理的有序顺畅运转。

各级人民法院要进一步创新和加强审级管理,在上级法院的指导下,切实建立起统一管理、统一协调、统一监督、统一指导的审判管理体系,做到上下一盘棋。各级人民法院的审判管理职能原则上应当归口管理、上下一致。上级人民法院可以根据本辖区的审判管理和审判执行工作实际情况,组织开展专项审判管理活动。要研究探索工作方法和制度措施,积极拓展上下级法院之间的业务联系面,推动上下联动、信息畅通、管理有序的全国法院审判管理新格局的形成。

各级人民法院要充分认识信息化建设对于创新和加强审判管理的基础性地位和重要意义。审判管理工作尤其离不开厚实的信息化基础,依托信息化实行科学精细而又简便易行的运行机制,避免管理方式僵化落后,使司法公开、司法为民的各项具体措施和审判管理理念制度,通过信息载体得以落实。各级人民法院要始终坚持"科技强院"方针,牢固树立大数据、大格局、大服务理念,配合"天平工程"建设,舍得投入精力,舍得投入人力和物力,力争早日实现审判管理信息的资源共享、互联互通。专门审判管理机构要注重案件审判信息的分析研究,做好数据的集成和有效应用,为审判决策服务。

推进司法公开是审判管理工作的重要组成部分，是专门审判管理机构义不容辞的职责。要通过创新和加强审判管理，更加有效地回应当事人的需求和社会公众的期盼。要将公众通过司法公开平台提出的意见建议作为人民法院改进和加强工作的重要依据，最大限度发挥司法公开三大平台的功能作用。要在尊重司法规律的前提下，努力提升司法活动的透明度，保障当事人的知情权，落实社会公众的监督权。

三、深化认识，完善职能，积极有序地构建新时期人民法院审判管理工作格局

司法为民公正司法、"努力让人民群众在每一个司法案件中都感受到公平正义"，是新时期党和国家对人民法院提出的更高要求，也是审判管理工作追求的终极目标。按照审判管理固有的属性，无论是规范司法行为、改进司法作风、统一裁判尺度、提升审判质效，还是科学配置审判资源、完善监督机制、促进司法公开、树立司法公信、推进司法为民，审判管理都责无旁贷。目前，人民法院审判管理资源的整合还未到位，管理职能体系尚未形成，审判管理效果与审判执行工作的现实需要和人民群众的司法需求还有较大差距。因此，为使审判管理工作切实有效地承担起新时期赋予的职责，有必要继续健全完善人民法院审判管理工作新格局。

案件信息管理、案件质量评估、案件质量评查、审判流程管理、审判运行态势分析、审判绩效考核、审判委员会事务管理七项审判管理基本职能，是根据一个时期人民法院审判管理的探索和实践，对审判管理现有职能进行的历史性概括总结。随着司法实践的发展变化，七项基本职能的内涵与外延将进一步演进与完善，人民法院审判管理的职能也将进一步整合与发展。各级人民法院要准确把握审判管理工作的发展需要和审判工作中存在的实际问题，依托七项基本职能，开拓创新，实事求是，结合本地工作实际，有针对性地开展工作，继续探索行之有效的审判管理方式方法，完善审判管理职能体系。

——进一步建设和完善案件信息管理系统。各级人民法院要充分认识案件信息管理系统在审判管理整体工作格局中的基础性地位，切实促进审判管理理念与信息技术的有机融合，避免出现"有系统、无管理"的现象。要始终坚持以办案和管理需求为主导的原则，通过案件信息管理系统的推广应用，推进司法公开，服务法官办案，实现审判数据采集自动化，提升审判管理集约化、精细化水平。要全面掌握本院及辖区法院的案件审判信息，做好数据采集、挖掘和分析工作，通过有效手段确保各类信息的真实、准确、全面。要根据不断变化的审判工作情况，结合审判管理工作实际需要，及时做好案件信息管理系统的维护与升级工作，以保障审判管理科学合理、切合实际。要做好案件信息管理系统与其他法院管理系统和软件的衔接工作，统筹兼顾，合理搭配，形成合力，切实发挥法院"三大管理"的综合效能。

——继续坚持和完善审判质量效率评估工作，进一步实现审判质量效率评估指标的科学性、规范性以及指标使用的合理性。要科学合理设定审判质效评估指标及指标权重，尤其要尊重审判执行工作规律，注重设定合理区间，防止简单、片面、人为地追求某些指标数值的高低，防止偏重利用指标排名排序、把质效评估混同于绩效考核、忽略利用指标研究解决实际问题，使审判质效评估指标体系真正实现科学评估各项审判工作

的"体检表"作用，切实发挥好正面导向。

——结合审判工作实际，充分运用各种评查手段，努力推进案件评查的方式、范围以及结果的运用向审判工作深层发展，全面发挥评查工作的功能作用。要注重案件质量评查结果的实际应用，切实实现以评查促审判质量的作用。要结合一定时期内审判工作中的突出问题，加强案件质量的专项评查和重点评查工作，尤其要加大对长期未结诉讼案件、久押不决刑事案件、涉诉信访案件、社会公众关注案件等重点案件的评查力度，促进化解审判工作的难点、重点问题。

——完善审判流程管理制度，科学管控、有效提升审判效率。各级人民法院要建立和完善统一收案、统一立案、统一结案以及电脑随机分案、审限管理等在内的审判流程管理工作机制。要通过不断完善审判流程管理，发现和解决审判工作中的实际问题，建立健全案件繁简分流机制，切实有效管控案件审限，向当事人及其他主体提供优质诉讼服务，充分发挥审判流程管理在保障审判权运行、提升司法效率、推进司法公开、促进司法为民等方面所具有的重要功能作用。要通过对案件流程信息的动态跟踪、汇总、分析，及时总结提炼制约审判质效的深层次问题，为司法决策工作当好参谋助手，同时保障当事人及时知悉案件审理流程，切实保障当事人的诉讼参与权和知情权。

——做好审判运行态势分析工作，完善审判形势整体研判机制。要在广泛收集审判工作有关数据资料的基础上，深入分析、准确研判审判工作运行态势，提出有数据、有分析、有对策的决策建议，为院党组、审判委员会研判审判执行工作形势和科学决策服务。要不断完善审判运行态势分析工作的方式方法，丰富工作内涵，使审判运行态势分析既要涵盖制约审判效率的问题，也要涵盖影响审判质量的问题，做到对审判形势整体研判更全面、更深入，努力使审判运行态势分析这一管理职能发挥"智库"作用。

——坚持正确导向，依法科学设定审判绩效考核的内容、项目和标准，避免由于考核项目、指标、权重等设置不合理对办案工作产生负面影响，特别是防止为追求考核成绩而干扰法院办案工作的正常开展。要尊重审判规律，合理评价人民法院各项审判执行业务工作，不宜简单采取下指标、定任务、末位淘汰等方式进行考核。要坚持实事求是，避免设置难以准确掌握的考核项目，防止弄虚作假或流于形式。考核的程序和方式要简便易行，避免给基层造成不必要的负担。要强化考核结果运用，将审判绩效考核结果作为法官评先评优、晋职晋级的主要依据。各高级人民法院要结合本地的审判工作实际，构建适合本地情况的考评指标体系。要正确处理好上级法院对下考评与下级法院独立审判的关系，防止考评内容超出上级法院依法对下监督、指导的职责范围，避免干扰下级法院依法独立行使审判权。

——强化审判委员会事务管理，促进审判委员会制度改革。要落实党的十八届三中全会提出的"改革审判委员会制度，完善主审法官、合议庭办案责任制，让审理者裁判、由裁判者负责"的要求，研究探索建立适应我国社会主义司法制度的审判委员会工作机制。要紧紧抓住审判经验总结、审判委员会决议事项的督促检查以及对后续相关工作的跟踪督办等几项工作重点，进一步整合工作职能，加强审判委员会的专业化和信息化建设，规范和完善审判委员会议题的提交、审议、督办等工作程序，建立健全审判委员会工作机制。强化对审判委员会决定、决议落实情况的跟踪督办和监督检查，切实提高审判委员会工作质量与效率,充分发挥审判委员会在审理重大、疑难、复杂案件,总结审判经验,以及监督、管理、指导审判执行工作等方面的各项职能作用。

——要将卷宗移送、评估拍卖、鉴定审计、公告送达、专家证人等诉讼服务的管理,纳入审判管理工作格局之中,实现有效、系统、科学的管理。各项诉讼服务工作是审判流程管理的重要工作节点,事关审判执行工作的质量与效率,也是审判管理服务审判执行工作的重要载体。将诉讼服务的内容纳入审判管理,有助于集中管理和优化管理,促进诉讼服务工作的规范高效。

——扎实开展有关部门及社会广泛关注案件、审判委员会讨论案件、重大敏感案(事)件以及其他可能产生较大影响案件的督办工作,构建起反应迅速、协调有序、运转高效的处理应对机制。案件督办工作是审判管理的应有职能,从变被动为主动发现督办案件,到案件进入督办程序后编制案号,进行流程节点管理,加强部门间协同,阶段性报送报告,汇报结论性意见等诸项工作都需要审判管理的全面介入。将上述案件纳入审判管理进行督办,一是可以通过审判流程管理和案件质量评查等手段,对这些案件的质量和效率实现有效管控;二是可以通过建立健全大要案件的发现机制和部门间协调沟通机制,从案件进入法院起即对其实施有效管理,主动进行舆情应对,避免陷入被动应付的局面;三是通过公开信息应对各方关注,保障审判权依法独立行使,避免不正当干预的影响。

——有效推进审判流程公开、裁判文书公开、执行信息公开三大平台建设。司法公开是人民法院审判管理的重要抓手。各级人民法院要结合自身实际,以案件信息管理和审判流程管理为基础,深入贯彻落实最高人民法院关于司法公开的各项制度规定,稳妥有序地推进司法公开,逐步完善司法公开的制度机制。要充分运用新媒体扩大司法公开的影响力,尤其对于社会影响较大的案件,要适时公布审判活动信息,有针对性地回应社会公众的关切和疑虑,主动接受社会监督,不断完善司法为民举措,切实提高司法公信力。

——重视司法统计工作在审判管理工作格局之中的重要作用。各级人民法院要推动司法统计工作与审判运行态势分析及审判质效评估等审判管理工作进一步结合,有效促进司法信息资源的全面采集和系统整合,充分发挥司法统计对于强审判、促管理的重要价值。要想用好用活统计数据,真正实现以统计促进审判的目的,就必须通过审判管理在司法统计和案件审判之间建立有机联系。将司法统计纳入审判管理,既能够有效整合从各个渠道获取的审判信息,有效防止"数出多门",又能够通过审判质效评估、审判运行态势分析、审判流程管理、审判绩效考核等职能的综合作用,深化司法统计数据的运用,使其服务领导决策、服务执法办案的作用落到实处。

——注重审判管理工作与人民法院政务、人事等各项管理工作的有机结合。要根据办案工作实际需要,通过审判管理各项工作成果的综合运用,有针对性地解决裁判尺度不统一、审判活动不规范、职能划分不科学、办案任务不均衡、人员及资源配置不合理等实际问题,实现审判资源的科学配置和有效利用,切实促进人员管理和政务管理工作,促进队伍素质和司法能力不断提升。要加强类型化案件法律适用的研究分析,完善案例指导工作,建立健全适用法律的规则体系,进一步促进司法尺度的统一和自由裁量权的规范行使。

各级人民法院要从工作实际出发，在遵循审判管理基本理念、基本原则、基本要求的前提下，积极丰富和拓展审判管理职能，更好地服务于审判执行工作。在落实和完善审判管理职能的过程中，既要着眼长远、明确方向，又要立足当前、脚踏实地，做到循序渐进，找准关键环节和切入点，有针对性地开展工作。

四、强基固本，严格要求，不断加强专门审判管理机构自身建设

在人民法院审判管理大格局中，审判管理办公室是各审判管理主体的参谋助手，是承上启下、连接各方的枢纽，是人民法院审判管理日常工作的平台。各级人民法院要提高认识，统一思想，进一步发挥审判管理办公室的职能作用，为构建人民法院审判管理新格局夯实基础。

——各级人民法院要为专门审判管理机构配齐配强专业审判管理工作人员。专门审判管理机构的工作人员应当具备过硬的政治素质、丰富的审判经验，以及相应的管理能力、组织协调能力和运用信息技术的能力，以适应工作要求。专门审判管理机构的工作人员必须加强思想政治学习，树立正确的司法政绩观，尊重审判规律，注重面向基层，不断提升审判管理工作水平。

——进一步加强和创新审判管理理论建设。要大力加强调查研究，采用多种形式和载体，总结交流审判管理工作经验，研究探讨理论与实践问题，不断推进审判管理理论的创新与发展。所有时代、所有国家、所有社会性质的司法审判活动，结合自身实际都存在一套与之相适应的审判管理模式，要注意通过各种渠道研究学习其他国家和地区审判管理的有益经验，努力博采众长，做到为我所用。要根据新形势、新任务和新情况的要求，在充分吸收借鉴已有的审判管理成果的基础上，大胆尝试、勇于创新，积极探索既符合审判实际需要又能高效运行的新机制和新方法，全面提升审判管理水平。要鼓励审判管理人员开展调研，总结经验，研究问题，出理论，出成果，不断提高审判管理队伍的理论素养，为审判管理工作夯实理论基础。要在做好实务工作的同时，有意识地加强审判管理的理论研究工作，努力发现和把握审判管理的基本规律，促进审判管理工作更加规范化、制度化、科学化。

——大力加强审判管理队伍的培训工作。要加大审判管理队伍业务技能培训力度，切实提升审判管理队伍的整体专业素养、管理技能和运用信息技术的能力。要进一步提高审判管理人员的政治意识、法治意识、大局意识和责任意识，强化组织纪律，加强廉政建设，牢记职业操守，做到政治素质过硬、管理水平一流。

（四）司法统计、司法标准

最高人民法院
关于人民法院司法统计工作的若干规定

（1985年11月21日）

人民法院的司法统计是国家统计的重要组成部分，是人民法院一项重要的调查研究工作。司法统计对于党和国家制定有关政策、法律，对于人民法院掌握情况，改进审判工作，更好地适应社会主义现代化建设的需要，具有重要的作用。为贯彻执行《中华人民共和国统计法》，加强法院司法统计工作，保证统计数据的准确、及时和统计工作其他各项任务的完成，特作如下规定：

一、司法统计工作的任务

（1）人民法院司法统计工作的基本任务，是对法院工作情况进行统计调查、统计分析，积累和提供统计资料，实行统计监督，为审判工作服务，为社会主义现代化建设服务。

二、司法统计工作的组织领导

（2）上级人民法院管理和指导下级人民法院的司法统计，最高人民法院管理和指导全国法院的司法统计工作。各级人民法院在司法统计工作中应与本级政府统计机构加强协作，在业务上接受指导。

（3）上级人民法院应具体布置统计工作的任务；经常检查各项工作完成的情况和各项规章制度落实的情况，推广经验，表彰先进，采取措施，帮助后进；利用多种形式培训司法统计人员。

（4）各级人民法院要把司法统计作为法院的一项重要工作，由院长或一名副院长主管。

（5）司法统计工作由研究室（处、科）管理；尚未设立研究室（处、科）的法院，由办公室管理。

三、司法统计机构和人员

（6）最高人民法院设统计处；高级人民法院除个别暂不需要的外，应设统计科；中级人民法院一般应配备两名专职统计人员；基层人民法院应设专职统计人员，有的只设兼职的，其兼职不能过多；人民法庭应由一人兼管本庭的统计工作。

（7）各级人民法院应配备工作责任心强、熟悉审判业务、具有高中以上文化水平的统计人员，并要组织他们认真学习统计知识和法律知识，努力提高业务水平。

（8）统计人员要保持相对稳定，不得轻易调动。必须调动时要报告上级人民法院的主管部门，并慎选合适的人接替，做好交接工作。

四、司法统计人员的职责

（9）统计人员负责汇总统计数字、填写和报送统计报表；建立统计台账；开展统计分析；按照规定提供统计资料；对统计资料进行整理、积累和归档；对下级人民法院和本院各庭的司法统计工作进行业务指导。

（10）统计人员有权检查下级人民法院和本院各庭的统计卡片、报表及台账的填写情况；有权督促下级人民法院和本院各庭按时报送报表或者其他统计资料；发现错误时，有权要求填报单位或者填写人纠正。

（11）统计人员要实事求是，如实填写报表，不得虚报、伪造、篡改统计资料；任何人不得侵犯统计人员依法行使职权。如有违反，应依照统计法的有关规定，分析情况，追究责任。

五、司法统计的原始记录和报表

（12）各级人民法院处理的刑事、民事、经济纠纷案件，均应以收结案登记卡片为统计的原始记录。来信来访统计，可以登记簿为原始记录。

（13）人民法院受理的案件，应由收案人在统计卡片上填写案号、案由、收案日期等项目后，分别将收案卡片和结案卡片交统计人员和承办人员。承办人员应在结案后把结案卡片填写齐全，及时交统计人员。

（14）统计人员收到收结案卡片后，要认真进行核对，对漏填、错填的项目要及时查清补正，不得将错就错或者随意填写、涂改。

（15）各级人民法院月报表统计数字的起止时间，均应从当月的第一天起至最后一天止。

（16）统计人员在汇总填表后，要认真进行检查核对。在确认无误后，再填写填表日期、签名盖章交核表人。

（17）基层人民法院主管统计工作的院领导，中、高级人民法院研究室（办公室）的领导应亲自审核报表，在确认无误后签名盖章。

（18）高级人民法院向最高人民法院报送的统计表，应于次月20日前寄出。中级人民法院向高级人民法院、基层人民法院向中级人民法院的报送日期，由高级人民法院或者中级人民法院作出规定。

六、司法统计资料的积累和分析利用

（19）各级人民法院应按月将能够反映法院工作情况的基本数据及其他常用的统计

资料加工整理，建立统计台账，以便日常掌握和使用。

（20）各级人民法院对建院以来的历史统计资料，应抓紧时间整理，建立健全司法统计资料档案。

（21）统计人员应每季、半年、一年开展综合性的统计分析（有的还可以逐月进行统计分析），并根据具体情况不定期地开展专题性的统计分析。

（22）各级人民法院的领导，应注意通过统计资料了解审判工作的基本情况；对从数字中反映出来的重要情况和问题，可组织力量进行深入调查。

七、司法统计工作的考核

（23）上级人民法院对下级人民法院的司法统计工作要进行考核，建立和健全岗位责任制，以增强统计人员的工作责任心，提高统计工作的质量，促进司法统计工作的开展。

（24）考核的主要内容是报表的质量和报送时间，以及统计工作其他任务的完成情况和各项规章制度的执行情况。各地可根据实际情况确定考核标准。对于成绩突出者，可给予适当鼓励或者奖励。

（25）上级人民法院可将下级人民法院统计工作情况及时通报，以便总结经验，改进工作。

八、司法统计工作的现代化

（26）司法统计工作要逐步实现国家对统计工作统一提出的要求，即：统计指标体系完整化，统计分类标准化，统计调查工作科学化，统计基础工作规范化，统计计算和数据传输技术现代化，统计服务优质化。

（27）各级人民法院要抓紧配备微型电子计算机和传真机，注意做到统一机型，统一软件，逐步在全国法院系统建立现代化的统计信息计算体系。

（28）在逐步装备先进设备的同时，要注意组织统计人员学习电子计算技术的基本知识，掌握电子计算机的操作技术，充分发挥现代化设备的作用。

九、司法统计资料的对外提供和保密工作

（29）司法统计报表是国家的机密和绝密资料，要注意保密，不得泄露和遗失。对泄密和失密行为，应依照国家关于保密的规定，严肃处理。

（30）各级人民法院的司法统计资料应及时整理、立卷、归档。司法统计资料档案由档案部门保管，但不负责提供统计资料。

（31）各级人民法院向上级人民法院报送的统计报表，应由机要通信寄发或者由专人报送，以免遗失；使用电话报告统计数字时，可用报表的顺序编号（即行、列号）代替项目名称，以免泄密。

（32）对省、自治区、直辖市等较大范围的年度综合性统计资料，特别是死刑案件的统计资料，要严格控制发送范围。

（33）索取统计资料，必须严格履行批准手续。各级人民法院内部各单位需用统计资料的，由该单位负责人批准；本级党政领导机关及有关政法部门需用统计资料，必须持有该机关的正式介绍函件，并经本院领导批准；其他机关、团体、学校等单位，原则上不予提供。确有必要时，应具函说明所需内容、指标范围及用途，由该单位领导签名批准，并经本院领导批准。上述批准证明和介绍函件由统计人员登记留存。

（34）司法统计资料，一般仅供内部使用，未经提供资料的人民法院有关领导批准，不得在公开的文件中引用或者对外发表。有关单位抄录的统计资料，一律不准转给其他单位使用。

最高人民法院
关于印发《关于人民法院案件案号的若干规定》及配套标准的通知

2015 年 5 月 13 日　　　　　　　　　　　　　　法〔2015〕137 号

本院各业务单位；各省、自治区、直辖市高级人民法院，解放军军事法院，新疆维吾尔自治区高级人民法院生产建设兵团分院：

最高人民法院审判委员会第 1645 次会议审议通过《关于人民法院案件案号的若干规定》（以下简称《规定》）及配套标准，现予以印发。

附：

关于人民法院案件案号的若干规定

为统一规范人民法院案件案号的编制、使用与管理，根据有关法律、行政法规、司法解释及最高人民法院规范性文件规定，结合工作实际，制定本规定。

一、一般规定

第一条　本规定所称的案号是指用于区分各级法院办理案件的类型和次序的简要标识，由中文汉字、阿拉伯数字及括号组成。

第二条　案号的基本要素为收案年度、法院代字、类型代字、案件编号。

收案年度是收案的公历自然年，用阿拉伯数字表示。

法院代字是案件承办法院的简化标识，用中文汉字、阿拉伯数字表示。

类型代字是案件类型的简称，用中文汉字表示。

案件编号是收案的次序号，用阿拉伯数字表示。

第三条 案号各基本要素的编排规格为："（"＋收案年度＋"）"＋法院代字＋类型代字＋案件编号＋"号"。

每个案件编定的案号均应具有唯一性。

二、法院代字

第四条 最高人民法院的法院代字为"最高法"。

各省、自治区、直辖市高级人民法院的法院代字与其所在省、自治区、直辖市行政区划简称一致，但第三款规定情形除外。

内蒙古自治区高级人民法院、中国人民解放军军事法院、新疆维吾尔自治区高级人民法院生产建设兵团分院的法院代字分别为"内""军""兵"。

第五条 中级、基层法院的法院代字，分别由所属高院的法院代字与其数字代码组合而成。

中级、基层法院的数字代码，分别由两位、四位阿拉伯数字表示，并按下列规则确定：

（一）各省、自治区按地级市、地区、自治州、盟等地级行政区划设置的中级法院和按县、自治县、县级市、旗、自治旗、市辖区、林区、特区等县级行政区划设置的基层法院，数字代码分别与其相应行政区划代码（即三层六位层次码）的中间两位、后四位数字一致；

（二）直辖市、中国人民解放军军事法院、新疆维吾尔自治区高级人民法院生产建设兵团分院所辖的中级法院，数字代码均按01—20确定；

（三）省、自治区、直辖市高级人民法院所辖的铁路、海事、知识产权、油田、林业、农垦专门中级法院，各省、自治区高级人民法院所辖的跨行政区划中级法院以及为省（自治区）直辖县级行政区划人民法院对应设立的中级法院，数字代码分别按71、72、73、74、75—80、81—85、87—95以及96—99确定；

（四）中国人民解放军军事法院和新疆维吾尔自治区高级人民法院生产建设兵团分院所辖的基层法院，以及在同一高院辖区内铁路、油田、林业、农垦专门中级法院所辖的铁路、油田、林业、农垦基层法院，数字代码的前两位与其中院数字代码一致，后两位均按01—40确定；

（五）地级市未设县级行政区划单位时，该市中级法院所辖基层法院的数字代码，前两位与该中院数字代码一致，后两位按71—80确定；

（六）在同一高院辖区内无铁路专门中院的铁路基层法院，其数字代码前两位为86，后两位按01—20确定；

（七）非林业、农垦专门中院所辖的林业、农垦基层法院及为非行政区划建制的开发区、新区、园区、库区、矿区等特别设立的基层法院，数字代码的前两位与其所属中院数字代码一致，后两位在91—99范围内确定。

前款第（二）项至第（七）项所列中级、基层法院，分别同属一个高院、中院的，综合设立先后、建制等因素编制数字代码顺序。

第六条 确定中级、基层法院的所属各省、自治区、直辖市高院，以人、财、物统一管理为标准。

本规定第五条第二款第（七）项所列基层法院的所属中院是指在同一高院辖区内主要承担该基层法院案件二审职权的中级法院。

三、类型代字

第七条 确定案件的类型代字，应结合案件所涉事项的法律关系性质与适用程序的特点。

类型代字应简练、贴切反映该类型案件的核心特征，用3个以内中文汉字表示。

每一类型案件的类型代字均应具有唯一性。

第八条 案件合并审理或并用多个程序办理时，以必须先决的事项及所适用程序作为确定类型代字的依据。

四、案件编号

第九条 不同法院承办或同一法院承办不同类型代字的案件，其编号均应单独编制。

第十条 同一类型代字的案件编号，按照案件在同一收案年度内的收案顺序，以顺位自然数编排，但第二款规定情形除外。

刑事复核案件的编号以8位自然数为固定长度，由承办法院随机确定，且不得依序编制。

五、案号管理

第十一条 案号的基本要素、规格及编制规则，由最高人民法院统一制定。

第十二条 各省、自治区、直辖市高级人民法院、中国人民解放军军事法院、新疆维吾尔自治区高级人民法院生产建设兵团分院及其所辖中级、基层法院的法院代字，由最高人民法院定期统一发布。

第十三条 行政区划发生变更但对应的中级、基层法院未作相应调整前，法院代字按原行政区划代码编制。

中级、基层法院因其原适用的第五条第二款所列规则情形发生变化的，法院代字按变化后情形应适用的编码规则编制。

第十四条 案件类型的具体划分及其代字，由最高人民法院另行制定标准。

第十五条 法律、行政法规的制定、修改、废止致使案件类型发生变化的，最高人民法院应及时调整案件类型及其代字标准。

最高人民法院制定、修改、废止司法解释或规范性文件将导致案件类型发生变化的，应同步调整案件类型及其代字标准。

第十六条 具体案件的案号编制，由各级法院的立案或承担相应职责的部门负责。

六、附　则

第十七条 本规定自2016年1月1日起施行。

最高人民法院以前涉及案号的其他规定与本规定不一致的，以本规定为准。

本规定施行前已经编制案号但尚未办结的案件，其案号不因本规定的施行而变更。

最高人民法院关于印发《人民法院案件统计信息管理规定》的通知

2015年1月29日　　　　　　　　　　　　法〔2015〕28号

各省、自治区、直辖市高级人民法院，解放军军事法院，新疆维吾尔自治区高级人民法院生产建设兵团分院：

司法统计工作是人民法院的一项基础性、全局性、战略性工作。为贯彻落实全国法院第四次司法统计工作会议精神，树立"大数据、大格局、大服务"的司法统计理念，充分发挥司法统计作为人民法院发展"大数据"战略前沿部门的重要作用，加强人民法院案件统计信息管理，确保案件统计信息的准确、完整、规范、及时、安全，最高人民法院制定了《人民法院案件统计信息管理规定》（以下简称《规定》）。

《规定》明确了人民法院案件统计信息与案件统计信息标准，案件统计信息采集、校验、流转与质量控制，案件统计信息分析、使用与发布以及管理职责等方面的具体内容。

结合《规定》各级人民法院在加强案件统计信息管理、开展司法统计工作过程中，要进一步加强以下几个方面的工作：一是要更加重视司法统计工作，确保案件统计信息客观规范真实；二是要结合实际制定具体的案件统计信息标准实施细则，确保司法统计工作的法律性和准确性；三是要加强司法统计信息化建设，充分利用信息化手段采集案件统计信息；四是要加强案件统计信息的分析与发布，将发布案件统计信息作为提高司法公信力的重要方式之一；五是要坚持改革创新，深入推进司法统计改革；六是要加强司法统计队伍建设，培养高素质的复合型人才从事司法统计工作。

现将《人民法院案件统计信息管理规定》印发给你们，请结合工作实际，认真遵照执行。执行中如有问题，请及时报告最高人民法院。

附：

人民法院案件统计信息管理规定

第一条 为进一步加强人民法院案件统计信息管理，推进案件统计信息管理的规范化建设，确保案件统计信息的准确、完整、规范、及时、安全，根据《中华人民共和国统计法》和有关规定，结合人民法院工作实际，制定本规定。

第二条 本规定所称案件统计信息是指各级人民法院按照案件统计信息标准采集的案件信息、统计数据以及分析形成的报告等。

第三条 案件统计信息标准由最高人民法院统一制定并发布，各级人民法院应当在审判执行工作和案件统计信息管理工作中严格执行。

第四条 各级人民法院应当按照统一标准、逐级负责的原则采集案件统计信息，确保案件统计信息的真实、准确、完整、一致。

第五条 各级人民法院应当利用信息化手段采集案件统计信息，积极构建基于网络的案件统计信息采集平台和案件统计信息管理系统。

第六条 各级人民法院应当建立案件统计信息校验及更正审批制度，规范检验程序，明确相关责任。

第七条 下级人民法院应当按照规定及时上报案件统计信息，不得虚报、瞒报、漏报、拒报、迟报。

上级人民法院应当及时向下级人民法院反馈与其有关的案件统计信息。

第八条 各级人民法院应当采用专业的统计方法定期对案件统计信息进行分析，总结审判经验，研判审判态势，提出改进审判工作的意见和建议，为科学决策、完善立法等提供信息支持。

第九条 各级人民法院应当按照工作职责和管理权限使用和发布案件统计信息。未经授权，不得擅自使用和发布。

第十条 使用本辖区、本法院尚未公开的案件统计信息，需由本院司法统计部门授权。

使用其他辖区法院尚未公开的案件统计信息，需向共同上级法院的司法统计部门申请。

第十一条 各级人民法院应当定期公开发布除涉及国家秘密外的案件统计信息。

应当公开的案件统计信息，须明确信息发布的方式、渠道和时间，并及时向社会公布。

第十二条 各级人民法院应当确定专门的机构或人员负责案件统计信息管理工作。

第十三条 最高人民法院应当建立案件统计信息管理的规章制度，明确各级人民法院案件统计信息管理机构及人员的职责和权限。

地方各级人民法院可以按照最高人民法院的有关规定，建立本辖区案件统计信息管理的规章制度,明确相关部门及人员的职责和权限。

第十四条 各级人民法院应当按照保密规定,完善保密措施,严格保密管理,加强保密教育,确保案件统计信息的安全。

第十五条 各级人民法院应当建立案件统计信息管理工作的通报、考核、奖惩等方面的制度。

第十六条 本规定自印发之日起施行。本规定发布前有关人民法院案件统计信息管理的规范性文件,与本规定重复或者抵触的,以本规定为准。

最高人民法院
关于在同一案件多个裁判文书上规范使用案号有关事项的通知

2016年2月1日　　　　　　　　　　　　法〔2016〕27号

各省、自治区、直辖市高级人民法院,解放军军事法院,新疆维吾尔自治区高级人民法院生产建设兵团分院:

为规范案号在同一案件多个裁判文书上的使用,便于区分、识别,以满足审判执行工作实际需要,现就有关事项通知如下:

一、同一案件的案号具有唯一性,各级法院应规范案号在案件裁判文书上的使用。对同一案件出现的多个同类裁判文书,首份裁判文书直接使用案号,第二份开始可在案号后缀"之一""之二"……,以示区别。

二、在同一案件的多个不同类型裁判文书之间,无需通过上述案号后缀方法进行区分。

三、同一案件不同类型的裁判文书均出现两个以上时,每一类型裁判文书从其第二份开始均可采用上述案号后缀方法加以区分。

四、上述所称裁判文书的类型包括判决书、裁定书、调解书、决定书以及通知书等。

附件:《同一案件多个裁判文书案号后缀示例》

附件：

同一案件多个裁判文书案号后缀示例

一、对同一案件出现的多个同类裁判文书，首份裁判文书直接使用案号，第二份开始可在案号后缀"之一""之二"……，以示区别。

1. 某法院执行案件第一份裁定：

×××××××中级人民法院
执行裁定书

（201×）×01 执 8 号

2. 某法院执行案件第二份裁定：

×××××××中级人民法院
执行裁定书

（201×）×01 执 8 号之一

3. 某法院执行案件第三份裁定：

×××××××中级人民法院
执行裁定书

（201×）×01 执 8 号之二

二、在同一案件的多个不同类型裁判文书之间，无需通过上述案号后缀方法进行区分。

1. 某法院一审案件管辖权异议裁定：

×××××××中级人民法院
民事裁定书

（201×）×01 民初 9 号

2. 某法院一审案件判决：

×××××××中级人民法院
民事判决书

（201×）×01 民初 9 号

三、同一案件不同类型的裁判文书均出现两个以上时，每一类型裁判文书从其第二份开始均可采用上述案号后缀方法加以区分。

1. 某法院一审案件管辖权异议裁定：

××××××中级人民法院
民事裁定书

（201×）×01 民初 10 号

2. 某法院一审案件先予执行裁定：

××××××中级人民法院
民事裁定书

（201×）×01 民初 10 号之一

3. 某法院一审案件中间判决：

××××××中级人民法院
民事判决书

（201×）×01 民初 10 号

4. 某法院一审案件最终判决：

××××××中级人民法院
民事判决书

（201×）×01 民初 10 号之一

最高人民法院
关于重新编制发布军事法院代字的通知

2016 年 4 月 28 日　　　　　　　　　　　　法〔2016〕142 号

中国人民解放军军事法院：

你院上报《军事法院建制及名称》收悉。根据《最高人民法院关于人民法院案件案号的若干规定》（法〔2015〕137 号）第四条、第五条、第十二条、第十三条规定，现就军事法院的代字予以重新编制发布，以前发布的军事法院代字不再使用。

附：

军事法院代字表

法院名称	法院层级	法院代字
中国人民解放军军事法院	高级	军
中国人民解放军东部战区军事法院	中级	军01
中国人民解放军上海军事法院	基层	军0101
中国人民解放军南京军事法院	基层	军0102
中国人民解放军杭州军事法院	基层	军0103
中国人民解放军合肥军事法院	基层	军0104
中国人民解放军福州军事法院	基层	军0105
中国人民解放军南部战区军事法院	中级	军02
中国人民解放军长沙军事法院	基层	军0201
中国人民解放军广州军事法院	基层	军0202
中国人民解放军南宁军事法院	基层	军0203
中国人民解放军海口军事法院	基层	军0204
中国人民解放军昆明军事法院	基层	军0205
中国人民解放军驻香港部队军事法院	基层	军0206
中国人民解放军西部战区第一军事法院	中级	军03
中国人民解放军成都军事法院	基层	军0301
中国人民解放军拉萨军事法院	基层	军0302
中国人民解放军西部战区第二军事法院	中级	军04
中国人民解放军兰州军事法院	基层	军0401
中国人民解放军西宁军事法院	基层	军0402
中国人民解放军乌鲁木齐军事法院	基层	军0403
中国人民解放军北部战区军事法院	中级	军05
中国人民解放军呼和浩特军事法院	基层	军0501
中国人民解放军沈阳军事法院	基层	军0502
中国人民解放军哈尔滨军事法院	基层	军0503
中国人民解放军济南军事法院	基层	军0504
中国人民解放军中部战区军事法院	中级	军06
中国人民解放军北京军事法院	基层	军0601

法院名称	法院层级	法院代字
中国人民解放军石家庄军事法院	基层	军0602
中国人民解放军郑州军事法院	基层	军0603
中国人民解放军武汉军事法院	基层	军0604
中国人民解放军西安军事法院	基层	军0605
中国人民解放军总直属军事法院	中级	军07
中国人民解放军直属军事法院	基层	军0701

最高人民法院
关于确定安置教育案件及其类型代字的通知

2016年6月13日　　　　　　　　　　法〔2016〕199号

各省、自治区、直辖市高级人民法院，解放军军事法院，新疆维吾尔自治区高级人民法院生产建设兵团分院：

　　结合《中华人民共和国反恐怖主义法》第三十条之规定，根据《最高人民法院关于人民法院案件案号的若干规定》第七条、第十五条第一款之规定，现对《人民法院案件类型及其代字标准》修订如下：

　　一、在刑事案件中增设一个二级类型案件即"（十）安置教育案件"，下设四个三级类型案件，分别为申请安置教育审查案件、解除安置教育审查案件、安置教育复议案件、安置教育监督案件，类型代字分别为"刑教""刑教解""刑教复""刑教监"。

　　二、安置教育案件及其类型代字自本通知发布之日起施行。

　　特此通知。

最高人民法院
关于确定人身安全保护令案件及其类型代字的通知

2016年1月27日　　　　　　　　　　　　　法〔2016〕37号

各省、自治区、直辖市高级人民法院，解放军军事法院，新疆维吾尔自治区高级人民法院生产建设兵团分院：

2015年12月27日第十二届全国人民代表大会常务委员会第十八次会议通过《中华人民共和国反家庭暴力法》（自2016年3月1日起施行），对人身安全保护令的审查处理作了规定。根据《最高人民法院关于印发〈关于人民法院案件案号的若干规定〉及配套标准的通知》（法〔2015〕137号）第七条、第十五条第一款之规定，现对《人民法院案件类型及其代字标准》修订如下：

一、在民事案件中增设一个二级类型案件即"（十一）人身安全保护令案件"，下设两个三级类型案件：人身安全保护令申请审查案件，类型代字为"民保令"；人身安全保护令变更案件，类型代字为"民保更"。

二、人身安全保护令案件及其类型代字自2016年3月1日起施行。

特此通知。

(五)裁判文书、诉讼卷宗

最高人民法院
关于裁判文书引用法律、法规等
规范性法律文件的规定

法释〔2009〕14号

(2009年7月13日最高人民法院审判委员会第1470次会议通过 2009年10月26日最高人民法院公告公布 自2009年11月4日起施行)

为进一步规范裁判文书引用法律、法规等规范性法律文件的工作,提高裁判质量,确保司法统一,维护法律权威,根据《中华人民共和国立法法》等法律规定,制定本规定。

第一条 人民法院的裁判文书应当依法引用相关法律、法规等规范性法律文件作为裁判依据。引用时应当准确完整写明规范性法律文件的名称、条款序号,需要引用具体条文的,应当整条(款、项)引用。

第二条 并列引用多个规范性法律文件的,引用顺序如下:法律及法律解释、行政法规、地方性法规、自治条例或者单行条例、司法解释。同时引用两部以上法律的,应当先引用基本法律,后引用其他法律。引用包括实体法和程序法的,先引用实体法,后引用程序法。

第三条 刑事裁判文书应当引用法律、法律解释或者司法解释。刑事附带民事诉讼裁判文书引用规范性法律文件,同时适用本规定第四条规定。

第四条 民事裁判文书应当引用法律、法律解释或者司法解释。对于应当适用的行政法规、地方性法规或者自治条例和单行条例,可以直接引用。

第五条 行政裁判文书应当引用法律、法律解释、行政法规或者司法解释。对于应当适用的地方性法规、自治条例和单行条例、国务院或者国务院授权的部门公布的行政法规解释或者行政规章,可以直接引用。

第六条 对于本规定第三条、第四条、第五条规定之外的规范性文件,根据审理案件的需要,经审查认定为合法有效的,可以作为裁判说理的依据。

第七条 人民法院制作裁判文书确需引用的规范性法律文件之间存在冲突,根据立法法等有关法律规定无法选择适用的,应当依法提请有决定权的机关做出裁决,不得自行在裁判文书中认定相关规范性法律文件的效力。

第八条 本院以前发布的司法解释与本规定不一致的，以本规定为准。

最高人民法院
印发《关于加强和规范裁判文书释法说理的指导意见》的通知

2018年6月1日　　　　　　　　　　　　　　　法发〔2018〕10号

各省、自治区、直辖市高级人民法院，解放军军事法院，新疆维吾尔自治区高级人民法院生产建设兵团分院：

现将《最高人民法院关于加强和规范裁判文书释法说理的指导意见》印发给你们，请遵照执行。

附：

最高人民法院
关于加强和规范裁判文书释法说理的指导意见

为进一步加强和规范人民法院裁判文书释法说理工作，提高释法说理水平和裁判文书质量，结合审判工作实际，提出如下指导意见。

一、裁判文书释法说理的目的是通过阐明裁判结论的形成过程和正当性理由，提高裁判的可接受性，实现法律效果和社会效果的有机统一；其主要价值体现在增强裁判行为公正度、透明度，规范审判权行使，提升司法公信力和司法权威，发挥裁判的定分止争和价值引领作用，弘扬社会主义核心价值观，努力让人民群众在每一个司法案件中感受到公平正义，切实维护诉讼当事人合法权益，促进社会和谐稳定。

二、裁判文书释法说理，要阐明事理，说明裁判所认定的案件事实及其根据和理由，展示案件事实认定的客观性、公正性和准确性；要释明法理，说明裁判所依据的法律规范以及适用法律规范的理由；要讲明情理，体现法理情相协调，符合社会主流价值观；要讲究文理，语言规范，表达准确，逻辑清晰，合理运用说理技巧，增强说理效果。

三、裁判文书释法说理，要立场正确、内容合法、程序正当，符合社会主义核心价值观的精神和要求；要围绕证据审查判断、事实认定、法律适用进行说理，反映推理过程，做到层次分明；要针对诉讼主张和诉讼争点、结合庭审情况进行说理，做到有的放矢；要根据案件社会影响、审判程序、诉讼阶段等不同情况进行繁简适度的说理，简案略说，繁案精说，力求恰到好处。

四、裁判文书中对证据的认定，应当结合诉讼各方举证质证以及法庭调查核实证据等情况，根据证据规则，运用逻辑推理和经验法则，必要时使用推定和司法认知等方法，围绕证据的关联性、合法性和真实性进行全面、客观、公正的审查判断，阐明证据采纳和采信的理由。

五、刑事被告人及其辩护人提出排除非法证据申请的，裁判文书应当说明是否对证据收集的合法性进行调查、证据是否排除及其理由。民事、行政案件涉及举证责任分配或者证明标准争议的，裁判文书应当说明理由。

六、裁判文书应当结合庭审举证、质证、法庭辩论以及法庭调查核实证据等情况，重点针对裁判认定的事实或者事实争点进行释法说理。依据间接证据认定事实时，应当围绕间接证据之间是否存在印证关系、是否能够形成完整的证明体系等进行说理。采用推定方法认定事实时，应当说明推定启动的原因、反驳的事实和理由，阐释裁断的形成过程。

七、诉讼各方对案件法律适用无争议且法律含义不需要阐明的，裁判文书应当集中围绕裁判内容和尺度进行释法说理。诉讼各方对案件法律适用存有争议或者法律含义需要阐明的，法官应当逐项回应法律争议焦点并说明理由。法律适用存在法律规范竞合或者冲突的，裁判文书应当说明选择的理由。民事案件没有明确的法律规定作为裁判直接依据的，法官应当首先寻找最相类似的法律规定作出裁判；如果没有最相类似的法律规定，法官可以依据习惯、法律原则、立法目的等作出裁判，并合理运用法律方法对裁判依据进行充分论证和说理。法官行使自由裁量权处理案件时，应当坚持合法、合理、公正和审慎的原则，充分论证运用自由裁量权的依据，并阐明自由裁量所考虑的相关因素。

八、下列案件裁判文书，应当强化释法说理：疑难、复杂案件；诉讼各方争议较大的案件；社会关注度较高、影响较大的案件；宣告无罪、判处法定刑以下刑罚、判处死刑的案件；行政诉讼中对被诉行政行为所依据的规范性文件一并进行审查的案件；判决变更行政行为的案件；新类型或者可能成为指导性案例的案件；抗诉案件；二审改判或者发回重审的案件；重审案件；再审案件；其他需要强化说理的案件。

九、下列案件裁判文书，可以简化释法说理：适用民事简易程序、小额诉讼程序审理的案件；适用民事特别程序、督促程序及公示催告程序审理的案件；适用刑事速裁程序、简易程序审理的案件；当事人达成和解协议的轻微刑事案件；适用行政简易程序审理的案件；适用普通程序审理但是诉讼各方争议不大的案件；其他适宜简化说理的案件。

十、二审或者再审裁判文书应当针对上诉、抗诉、申请再审的主张和理由强化释法说理。二审或者再审裁判文书认定的事实与一审或者原审不同的，或者认为一审、原审认定事实不清、适用法律错误的，应当在查清事实、纠正法律适用错误的基础上进行有针对性的说理；针对一审或者原审已经详尽阐述理由且诉讼各方无争议或者无新证据、新理由的事项，可以简化释法说理。

十一、制作裁判文书应当遵循《人民法院民事裁判文书制作规范》《民事申请再审诉讼文书样式》《涉外商事海事裁判文书写作规范》《人民法院破产程序法律文书样式（试行）》《民事简易程序诉讼文书样式（试行）》《人民法院刑事诉讼文书样式》《行政诉讼文书样式（试行）》《人民法院国家赔偿案件文书样式》等规定的技术规范标准，但是可以根据案件情况合理调整事实认定和说理部分的体例结构。

十二、裁判文书引用规范性法律文件进行释法说理，应当适用《最高人民法院关于裁判文书引用法律、法规等规范性法律文件的规定》等相关规定，准确、完整地写明规范性法律文件的名称、条款项序号；需要加注引号引用条文内容的，应当表述准确和完整。

十三、除依据法律法规、司法解释的规定外，法官可以运用下列论据论证裁判理由，以提高裁判结论的正当性和可接受性：最高人民法院发布的指导性案例；最高人民法院发布的非司法解释类审判业务规范性文件；公理、情理、经验法则、交易惯例、民间规约、职业伦理；立法说明等立法材料；采取历史、体系、比较等法律解释方法时使用的材料；法理及通行学术观点；与法律、司法解释等规范性法律文件不相冲突的其他论据。

十四、为便于释法说理，裁判文书可以选择采用下列适当的表达方式：案情复杂的，采用列明裁判要点的方式；案件事实或数额计算复杂的，采用附表的方式；裁判内容用附图的方式更容易表达清楚的，采用附图的方式；证据过多的，采用附录的方式呈现构成证据链的全案证据或证据目录；采用其他附件方式。

十五、裁判文书行文应当规范、准确、清楚、朴实、庄重、凝炼，一般不得使用方言、俚语、土语、生僻词语、古旧词语、外语；特殊情形必须使用的，应当注明实际含义。裁判文书释法说理应当避免使用主观臆断的表达方式、不恰当的修辞方法和学术化的写作风格，不得使用贬损人格尊严、具有强烈感情色彩、明显有违常识常理常情的用语，不能未经分析论证而直接使用"没有事实及法律依据，本院不予支持"之类的表述作为结论性论断。

十六、各级人民法院应当定期收集、整理和汇编辖区内法院具有指导意义的优秀裁判文书，充分发挥典型案例释法说理的引导、规范和教育功能。

十七、人民法院应当将裁判文书的制作和释法说理作为考核法官业务能力和审判质效的必备内容，确立为法官业绩考核的重要指标，纳入法官业绩档案。

十八、最高人民法院建立符合裁判文书释法说理规律的统一裁判文书质量评估体系和评价机制，定期组织裁判文书释法说理评查活动，评选发布全国性的优秀裁判文书，通报批评瑕疵裁判文书，并作为监督指导地方各级人民法院审判工作的重要内容。

十九、地方各级人民法院应当将裁判文书释法说理作为裁判文书质量评查的重要内容，纳入年度常规性工作之中，推动建立第三方开展裁判文书质量评价活动。

二十、各级人民法院可以根据本指导意见，结合实际制定刑事、民事、行政、国家赔偿、执行等裁判文书释法说理的实施细则。

二十一、本指导意见自 2018 年 6 月 13 日起施行。

最高人民法院
关于判决书的原本、正本、抄本如何区别问题的批复

1957年9月13日　　　　　　　　　　法研字第19526号

江苏省高级人民法院：

　　你院今年4月27日报告收悉。关于判决书原本、正本、抄本如何区别的问题，我们基本上同意你院的意见，所拟判决书经签字定稿的是原本，加盖人民法院印章送达当事人、诉讼关系人或有关机关的是正本，事后抄录不加人民法院印章的是抄本。以上意见供你院答复时参考。

最高人民法院
关于平反纠正的冤错案件的诉讼卷宗如何处理问题的批复

1978年9月5日　　　　　　　　　　〔78〕法办研字第19号

辽宁省高级人民法院：

　　你院辽法字〔1987〕22号请示已收阅。关于经人民法院平反纠正的冤错案件的诉讼卷宗如何处理的问题，最高人民法院、国家档案局〔60〕法刑字第122号〔60〕档二字第171号《关于全国地方各级人民法院档案管理工作中若干规定的通知》中有过原则规定，即："在诉讼卷宗的保管期限没有确定以前，所有的诉讼卷宗，一律不作鉴定，也不得销毁。"根据这一规定的精神，我们同意你们的意见，对人民法院平反纠正的冤错案件（包括"三类案件"），就将原判和改判形成的全部诉讼卷宗归档保存，不应销毁。至于有的冤错案件的当事人要求销毁该案诉讼卷宗，有关的人民法院应对当事人说明理由，进行耐心细致的政治思想工作，妥善加以解决。对审判案卷以外的材料同意销毁。

最高人民法院
关于全面推进人民法院电子卷宗随案同步生成和深度应用的指导意见

2016年7月28日　　　　　　　　　　　　　　　　法〔2016〕264号

各省、自治区、直辖市高级人民法院，解放军军事法院，新疆维吾尔自治区高级人民法院生产建设兵团分院：

现将《关于全面推进人民法院电子卷宗随案同步生成和深度应用的指导意见》印发给你们，请结合实际认真贯彻实施。实施中的问题和建议，请及时报告我院。

附：

最高人民法院
关于全面推进人民法院电子卷宗随案同步生成和深度应用的指导意见

为深入贯彻党的十八大和十八届三中、四中、五中全会精神，切实落实2016年《最高人民法院工作报告》要求，进一步提升人民法院审判执行信息化水平，深化司法公开力度，促进审判流程再造，破解人民法院"案多人少"和调卷难等难题，结合人民法院工作实际，制定本意见。

一、指导思想、总体目标和基本原则

（一）指导思想。紧紧围绕"四个全面"战略布局，进一步强化服务人民群众、服务审判执行、服务司法管理工作理念，深入贯彻《人民法院第四个五年改革纲要（2014－－2018）》和《人民法院信息化五年发展规划（2016－2020）》，着力推进诉讼电子卷宗随案同步生成，全面开发和支持电子卷宗在案件办理、诉讼服务和司法管理中的深度应用，为建成人民法院信息化3.0版、打造智慧法院提供核心支撑。

（二）总体目标。2017年底前，全国法院全面实现电子卷宗随案同步生成和深度应用。各类案件办理过程中收集和产生的诉讼文件能够随时电子化并上传到案件办理系统，经过文档化、数据化、结构化处理，实现案件办理、诉讼服务和司法管理中各类业务应用的自动化、智能化，为全业务网络办理，全流程审判执行要素公开，面向法官、诉讼参与人和政务部门提供全方位智能服务奠定坚实基础。

（三）基本原则。坚持"以审判为中心、以便民为重点、以透明为保证、以质效为标准"原则，向法官、诉讼参与人和政务部门提供电子卷宗智能服务，实现法院审判工作的智慧管理和运行。

以审判为中心，服务法官办案。采取各种措施，确保电子卷宗生成不增加法官额外工作量。同时，通过对电子卷宗的技术加工、深度分析和挖掘，实现对办案全流程的支持和服务，大幅度提升法官办案水平和效率。

以便民为重点，推动阳光司法。充分运用互联网技术，拓展阳光司法范围，进一步为当事人、诉讼参与人和律师参与诉讼提供线上服务，减轻人民群众诉累，提升法院诉讼服务水平。

以精细为导向，加强司法管理。通过电子卷宗的流转和应用，实现案件审理过程的全程留痕和科学管理，为人民法院的司法管理提供抓手和依据，进一步提升人民法院司法管理的制度化、信息化和科学化水平。

以质效为标准，促进司法改革。通过电子卷宗的深度应用，规范审判程序，促进流程再造，深化司法公开，提高办案效率，提升审判质量，为法官职业化和员额制改革提供坚强的科技保障。

二、电子卷宗随案同步生成的基本要求

（一）电子卷宗内容。电子卷宗包含法院在案件受理时接收或办理过程中形成的电子文档、图像、音频、视频等电子文件，以及将纸质案卷材料依托数字影像、文字识别等技术制作而成的电子文档、数据等电子文件。

（二）电子文件制作。电子文件包含由检察院、法院、当事人、律师、第三方机构等通过信息化系统提供的电子文档、电子证据、电子音视频材料等。案件纸质卷宗要按照《人民法院电子诉讼档案管理暂行办法》（法〔2013〕283号）的质量及格式要求制作电子文件。

（三）电子文件收集。各类电子文件可通过诉讼服务平台上传、扫描设备输入、业务系统流转等方式，收集到办案平台中。要保证电子卷宗收集的同步性和及时性，在接收纸质诉讼材料后尽快完成电子化，保障后续审判环节能够及时使用电子卷宗。电子卷宗管理系统应实现电子卷宗的自动排版和归类。涉及国家秘密的案件卷宗应在涉密办案系统中生成和应用。

（四）电子卷宗存储和保管。各高级人民法院可根据本院辖区应用系统、网络和硬件建设情况，自行决定本辖区电子卷宗集中或分布存储方式。应采取及时存储、异地备份等安全保障方式，保证电子卷宗存储的安全性。

（五）电子卷宗审查和监管。要对个人和其他单位提供的电子材料进行审查，对本院电子卷宗的质量进行监管，避免出现遗漏、错误和延误，审查和监管的内容包括数据完整度、图像文件清晰度、数据挂接准确度以及生成及时性等。

三、电子卷宗深度应用的基本要求

（一）全面支持法官网上办案。要通过对电子卷宗的开发利用，为法官办理案件提

供全面的支持和服务；要通过文字和语义识别技术，支持电子卷宗文档化、数据化、结构化，辅助法官复用卷宗文字，智能辅助生成法律文书，大幅度降低办案人员案头工作量。

（二）支持合议庭内部卷宗流转。办案系统应具备电子卷宗管理功能，支持电子卷宗流转、合议庭成员网上阅卷，优化电子卷宗的浏览、操作体验，实现电子卷宗的文字可复制、大小可缩放、内容可检索、卷宗可标记等。

（三）支持审委会讨论审理。审委会系统应支持使用电子卷宗进行讨论审理，实现审委会委员在讨论过程中可随时查看案件电子卷宗详情，支持每个用户在电子卷宗上进行灵活批注。

（四）支持法院内部审判管理。审判管理平台应支持使用电子卷宗进行案件网上评查，通过审判管理平台全面掌握案件材料及办理情况，提高审判管理效率，提升审判管理质量。

（五）支持法院间查阅电子卷宗。办案系统应支持或通过数据集中管理平台实现电子卷宗集中和案件上诉、移送、再审查阅，原审法院收到查阅要求后，应在3个工作日内完成电子卷宗报送工作，纸质卷宗调取仍按相关规定执行。电子卷宗加盖法院电子签章后，具有与卷宗原件同等的效力。

（六）支持诉讼参与人网上查阅电子卷宗。诉讼服务平台应按照法律规定，通过与电子卷宗系统的网间数据安全交换，及时为当事人、律师提供随案同步生成电子卷宗的在线浏览、借阅等服务。

（七）支持审判流程实体信息公开。司法公开平台应按照法律规定，通过与法院电子卷宗系统的网间安全数据交换，加大司法公开力度，及时为当事人、律师提供案件卷宗可公开信息的全面公开。

（八）支持相关部门之间业务协同。对外业务协同平台应支持将电子卷宗提供给外部相关单位共享使用，促进相关部门特别是与检察院之间的案件实体数据网上交换、共享。

（九）支持电子卷宗归档。应通过信息技术手段对电子卷宗进行检测和比对，在符合相关归档要求的前提下，将电子卷宗转化为电子档案，除了电子卷宗自动生成电子页码外，其它内容要与纸质卷宗保持一致。

（十）支持创新拓展应用。支持各级法院以服务审判执行、服务人民群众、服务司法管理为宗旨，开拓思路、大胆创新，研发新型信息技术手段，深入挖掘电子卷宗应用潜力，积极拓展电子卷宗应用范围。

四、保障措施

（一）加强组织领导。各级人民法院要高度重视电子卷宗生成及应用工作，坚持主要领导亲自抓，各部门通力配合。要明确该项工作的牵头部门，负责工作的整体推进和管理，审判业务部门负责电子卷宗的生成及质量保障，电子卷宗生成可全院集中办理；审判管理部门负责监督电子卷宗生成质量；档案部门负责电子卷宗的归档管理；信息技术部门负责电子卷宗生成和深度应用的研发和技术保障；行政装备部门负责扫描、拍摄设备的保障及资金支持。各部门应明确工作职责，共同推进电子卷宗随案同步生成和深度应用工作。

（二）注重科技创新。各高级人民法院要注重新技术在电子卷宗生成和应用工作中的运用，组织相关力量突破电子卷宗数据化的关键技术，充分利用卷宗进行数据提取、数据回填、文书自动生成等技术，推动机制创新和审判流程再造，提升电子卷宗服务法官的能力，提高法官智能化办案水平。

（三）健全规章制度。各高级人民法院要根据本指导意见和本辖区的实际情况制定实施细则，建立健全电子卷宗相关管理规定，制定电子卷宗生成、归类、应用、流转、归档等业务规范，推动电子档案有关管理规定的改革，严格监督指导辖区法院各项工作的落实。

（四）优化服务体制。支持人民法院在配齐法官助理、书记员的基础上，聘请专业化社会服务团队，负责电子卷宗的生成、排版、目录归类和上传等工作，进一步减轻法官、司法辅助人员的工作量。各级人民法院应根据本院案件数量、干警数量，合理配置专业化服务人员，明确专业化社会服务团队的工作职责。

（五）落实经费保障。人民法院应充分保障应用系统升级改造、电子卷宗生成设备配备、电子卷宗深度应用功能开发及购买专业化服务所需资金。通过升级配备双屏或宽屏显示器等设备，进一步改善法官网上办案条件，为法官充分利用电子卷宗的智能应用提供硬件支持。

（六）抓好评估考核。各高级人民法院应结合辖区法院工作实际，制定电子卷宗随案同步生成和深度应用工作的规划和落实措施。最高人民法院将加强对全国法院的工作指导和技术支持，发挥数据集中管理平台对电子卷宗的管理作用，建立健全工作监督、反馈机制，定期组织本项工作的落实情况评估，并形成有效激励和约束机制，使各项工作任务落到实处。

（六）司法救助

最高人民法院
印发《关于对经济确有困难的当事人提供司法救助的规定》的通知

2005年4月5日　　　　　　　　　　　　　　　　法发〔2005〕6号

全国地方各级人民法院、各级军事法院、各铁路运输中级法院和基层法院，新疆生产建设兵团各级法院：

　　《最高人民法院关于对经济确有困难的当事人提供司法救助的规定》已于2005年4月5日最高人民法院审判委员会第1347次会议通过修订，现印发给你们，请遵照执行。

附：

最高人民法院
关于对经济确有困难的当事人提供司法救助的规定

（2000年7月12日最高人民法院审判委员会第1124次会议通过
2005年4月5日最高人民法院审判委员会第1347次会议通过修订）

　　第一条　为了使经济确有困难的当事人能够依法行使诉讼权利，维护其合法权益，根据《中华人民共和国民事诉讼法》、《中华人民共和国行政诉讼法》和《人民法院诉讼收费办法》，制定本规定。

　　第二条　本规定所称司法救助，是指人民法院对于当事人为维护自己的合法权益，向人民法院提起民事、行政诉讼，但经济确有困难的，实行诉讼费用的缓交、减交、免交。

　　第三条　当事人符合本规定第二条并具有下列情形之一的，可以向人民法院申请司法救助：

（一）追索赡养费、扶养费、抚育费、抚恤金的；
（二）孤寡老人、孤儿和农村"五保户"；
（三）没有固定生活来源的残疾人、患有严重疾病的人；
（四）国家规定的优抚、安置对象；
（五）追索社会保险金、劳动报酬和经济补偿金的；
（六）交通事故、医疗事故、工伤事故、产品质量事故或者其他人身伤害事故的受害人，请求赔偿的；
（七）因见义勇为或为保护社会公共利益致使自己合法权益受到损害，本人或者近亲属请求赔偿或经济补偿的；
（八）进城务工人员追索劳动报酬或其他合法权益受到侵害而请求赔偿的；
（九）正在享受城市居民最低生活保障、农村特困户救济或者领取失业保险金，无其他收入的；
（十）因自然灾害等不可抗力造成生活困难，正在接受社会救济，或者家庭生产经营难以为继的；
（十一）起诉行政机关违法要求农民履行义务的；
（十二）正在接受有关部门法律援助的；
（十三）当事人为社会福利机构、敬老院、优抚医院、精神病院、SOS儿童村、社会救助站、特殊教育机构等社会公共福利单位的；
（十四）其他情形确实需要司法救助的。

第四条 当事人请求人民法院提供司法救助，应在起诉或上诉时提交书面申请和足以证明其确有经济困难的证明材料。其中因生活困难或者追索基本生活费用申请司法救助，应当提供本人及其家庭经济状况符合当地民政、劳动和社会保障等部门规定的公民经济困难标准的证明。

第五条 人民法院对当事人司法救助的请求，经审查符合本规定第三条所列情形的，立案时应准许当事人缓交诉讼费用。

第六条 人民法院决定对一方当事人司法救助，对方当事人败诉的，诉讼费用由对方当事人交纳；拒不交纳的强制执行。

对方当事人胜诉的，可视申请司法救助当事人的经济状况决定其减交、免交诉讼费用。决定减交诉讼费用的，减交比例不得低于30％。符合本规定第三条第二项、第九项规定情形的，应免交诉讼费用。

第七条 对当事人请求缓交诉讼费用的，由承办案件的审判人员或合议庭提出意见，报庭长审批；对当事人请求减交、免交诉讼费用的，由承办案件的审判人员或合议庭提出意见，经庭长审核同意后，报院长审批。

第八条 人民法院决定对当事人减交、免交诉讼费用的，应在法律文书中列明。

第九条 当事人骗取司法救助的，人民法院应当责令其补交诉讼费用；拒不补交的，以妨害诉讼行为论处。

第十条 本规定自公布之日起施行。

中央政法委　财政部　最高人民法院
最高人民检察院　公安部　司法部
关于建立完善国家司法救助制度的意见（试行）

2014年1月17日　　　　　　　　　　　　　中政委〔2014〕3号

为贯彻落实党的十八大、十八届三中全会精神，切实做好司法过程中对困难群众的救助工作，有效维护当事人合法权益，保障社会公平正义，促进社会和谐稳定，现就建立完善国家司法救助制度，提出以下意见。

一、建立完善国家司法救助制度的意义和基本原则

开展国家司法救助是中国特色社会主义司法制度的内在要求，是改善民生、健全社会保障体系的重要组成部分。当前，我国正处于社会矛盾凸显期、刑事犯罪高发期。随着越来越多的矛盾以案件形式进入司法领域，一些刑事犯罪案件、民事侵权案件，因案件无法侦破、被告人没有赔偿能力或赔偿能力不足，致使受害人及其近亲属依法得不到有效赔偿，生活陷入困境的情况不断增多。有的由此引发当事人反复申诉上访甚至酿成极端事件，损害了当事人合法权益，损害了司法权威，影响社会和谐稳定。近年来，各地积极探索开展刑事被害人救助、涉法涉诉信访救助等多种形式的救助工作，对解决困难群众燃眉之急，及时化解矛盾纠纷，收到了良好的效果。但是，司法救助工作总体上仍处于起步阶段，发展还不平衡，救助资金保障不到位、对象不明确、标准不统一、工作不规范等问题亟待解决。党的十八届三中全会通过《中共中央关于全面深化改革若干重大问题的决定》，要求完善人权司法保障制度，健全国家司法救助制度，为进一步加强和改进司法救助工作指明了方向。实现国家司法救助工作制度化、规范化，对受到侵害但无法获得有效赔偿的当事人，由国家给予适当经济资助，帮助他们摆脱生活困境，既彰显党和政府的民生关怀，又有利于实现社会公平正义，促进社会和谐稳定，维护司法的权威和公信。

国家司法救助，应当遵循以下基本原则：

——坚持辅助性救助。国家司法救助是对遭受犯罪侵害或民事侵权，无法通过诉讼获得有效赔偿的当事人，采取的辅助性救济措施。重点解决符合条件的特定案件当事人生活面临的急迫困难。对同一案件的同一当事人只进行一次性救助。对于能够通过诉讼获得赔偿、补偿的，一般应当通过诉讼渠道解决。

——坚持公正救助。严格把握救助标准和条件，兼顾当事人实际情况和同类案件救助数额，做到公平、公正、合理救助，防止因救助不公引发新的矛盾。

——坚持及时救助。对符合救助条件的当事人，办案机关应根据当事人申请或者依

据职权及时提供救助,确保及早化解社会矛盾。

——坚持属地救助。对符合救助条件的当事人,不论其户籍在本地或外地,原则上都由案件管辖地负责救助。

二、国家司法救助的对象

对下列人员提出国家司法救助申请的,应当予以救助:

(一)刑事案件被害人受到犯罪侵害,致使重伤或严重残疾,因案件无法侦破造成生活困难的;或者因加害人死亡或没有赔偿能力,无法经过诉讼获得赔偿,造成生活困难的。

(二)刑事案件被害人受到犯罪侵害危及生命,急需救治,无力承担医疗救治费用的。

(三)刑事案件被害人受到犯罪侵害而死亡,因案件无法侦破造成依靠其收入为主要生活来源的近亲属生活困难的;或者因加害人死亡或没有赔偿能力,依靠被害人收入为主要生活来源的近亲属无法经过诉讼获得赔偿,造成生活困难的。

(四)刑事案件被害人受到犯罪侵害,致使财产遭受重大损失,因案件无法侦破造成生活困难的;或者因加害人死亡或没有赔偿能力,无法经过诉讼获得赔偿,造成生活困难的。

(五)举报人、证人、鉴定人因举报、作证、鉴定受到打击报复,致使人身受到伤害或财产受到重大损失,无法经过诉讼获得赔偿,造成生活困难的。

(六)追索赡养费、扶养费、抚育费等,因被执行人没有履行能力,造成申请执行人生活困难的。

(七)对于道路交通事故等民事侵权行为造成人身伤害,无法经过诉讼获得赔偿,造成生活困难的。

(八)党委政法委和政法各单位根据实际情况,认为需要救助的其他人员。

涉法涉诉信访人,其诉求具有一定合理性,但通过法律途径难以解决,且生活困难,愿意接受国家司法救助后息诉息访的,可参照执行。

申请国家司法救助人员,具有以下情形之一的,一般不予救助:对案件发生有重大过错的;无正当理由,拒绝配合查明犯罪事实的;故意作虚伪陈述或者伪造证据,妨害刑事诉讼的;在诉讼中主动放弃民事赔偿请求或拒绝加害责任人及其近亲属赔偿的;生活困难非案件原因所导致的;通过社会救助措施,已经得到合理补偿、救助的。对社会组织、法人,不予救助。

三、国家司法救助的方式和标准

(一)救助方式。国家司法救助以支付救助金为主要方式。同时,与思想疏导、宣传教育相结合,与法律援助、诉讼救济相配套,与其他社会救助相衔接。有条件的地方,积极探索建立刑事案件伤员急救"绿色通道"、对遭受严重心理创伤的被害人实施心理治疗、对行动不便的受害人提供社工帮助等多种救助方式,进一步增强救助效果。

(二)救助标准。各地应根据当地经济社会发展水平制定具体救助标准,以案件管辖地上一年度职工月平均工资为基准,一般在 36 个月的工资总额之内。损失特别重大、生活特别困难,需适当突破救助限额的,应严格审核控制,救助金额不得超过人民法院依法应当判决的赔偿数额。

(三)救助金额。确定救助金具体数额,要综合考虑救助对象实际遭受的损害后果、有无过错以及过错大小、个人及其家庭经济状况、维持当地基本生活水平所必需的最低支出,以及赔偿义务人实际赔偿情况等。

四、国家司法救助程序

使用国家司法救助资金应当严格遵循以下程序:

(一)告知。人民法院、人民检察院、公安机关、司法行政机关在办理案件、处理涉法涉诉信访问题过程中,对符合救助条件的当事人,应当告知其有权提出救助申请。

(二)申请。救助申请由当事人向办案机关提出;刑事被害人死亡的,由符合条件的近亲属提出。申请一般采取书面形式。确有困难,不能提供书面申请的,可以采用口头方式。申请人应当如实提供本人真实身份、实际损害后果、生活困难、是否获得其他赔偿等相关证明材料。

(三)审批。办案机关应当认真核实申请人提供的申请材料,综合相关情况,在 10 个工作日内作出是否给予救助和具体救助金额的审批意见。决定不予救助的,及时将审批意见告知当事人,并做好解释说明工作。

(四)发放。对批准同意的,财政部门应及时将救助资金拨付办案机关,办案机关在收到拨付款后 2 个工作日内,通知申请人领取救助资金。对急需医疗救治等特殊情况,办案机关可以依据救助标准,先行垫付救助资金,救助后及时补办审批手续。

五、国家司法救助资金的筹集和管理

(一)国家司法救助资金的筹集。坚持政府主导、社会广泛参与的资金筹措方式。各地国家司法救助资金由地方各级政府财政部门列入预算,统筹安排,并建立动态调整机制。已经建立的刑事被害人救助资金、涉法涉诉信访救助资金等专项资金,统一合并为国家司法救助资金。中央财政通过政法转移支付,对地方所需国家司法救助资金予以适当补助。同时,各地要采取切实有效的政策措施,积极拓宽救助资金来源渠道,鼓励个人、企业和社会组织捐助国家司法救助资金。

(二)资金管理和监督。各级政府财政部门严格资金管理,确保管好、用好救助资金。政法各单位在年度终了 1 个月内,向救助领导小组报送当年发放救助资金的明细情况,接受纪检、监察和审计部门监督,确保专款专用。对个人、企业和社会组织捐助救助资金的,应当告知救助的具体对象,确保资金使用的透明度和公正性。

(三)责任追究。对截留、侵占、私分或者挪用国家司法救助资金的单位和个人,违反规定发放国家司法救助资金造成重大损失的单位和个人,骗取国家司法救助资金的相关人员,严格依纪依法追究责任,并追回救助资金。

六、国家司法救助工作的组织领导

（一）明确工作机构。各地成立由党委政法委牵头，财政和政法各单位等共同参加的国家司法救助领导小组，负责研究制定国家司法救助的制度规范和配套措施，测算资金需求，定期检查各单位工作落实情况。政法各单位应当指定专门机构或者人员负责救助工作。

（二）加强组织协调。各地各有关部门要在当地党委、政府统一领导下，各司其职、相互配合、形成合力。政法各单位按照职责范围和案件管辖分工，分别对救助申请进行审批。案件需移送下一办案环节或其他政法单位的，办案机关应将国家司法救助有关材料随案卷一并移送。

（三）建立衔接机制。对于符合司法救助条件的当事人就人身伤害或财产损失提起民事诉讼的，人民法院应当依法及时审查并减免相关诉讼费用，司法行政部门应当依法及时提供法律援助，保障困难群众充分行使诉讼权利。对于未纳入国家司法救助范围或者实施国家司法救助后仍然面临生活困难的当事人，符合社会救助条件的，办案机关协调其户籍所在地有关部门，纳入社会救助范围。

（四）制定实施办法。各地根据本意见精神，制定本地区国家司法救助制度实施办法，并在实践中不断总结完善，确保救助工作有章可循、有据可依，公开透明、公平公正，充分发挥救助效能。各省、自治区、直辖市和新疆生产建设兵团的实施办法，在本意见下发3个月之内，报中央政法委员会、财政部、最高人民法院、最高人民检察院、公安部、司法部备案。

各省、自治区、直辖市和新疆生产建设兵团党委政法委、财政厅（局）自2015年起，每年2月底前，将本地区上一年度执行司法救助情况，分别报中央政法委员会、财政部。

最高人民法院
关于加强和规范人民法院国家司法救助工作的意见

2016年7月1日　　　　　　　　　　法发〔2016〕16号

为加强和规范审判、执行中困难群众的国家司法救助工作，维护当事人合法权益，促进社会和谐稳定，根据中共中央政法委员会、财政部、最高人民法院、最高人民检察院、公安部、司法部《关于建立完善国家司法救助制度的意见（试行）》，结合人民法院工作实际，提出如下意见。

第一条 人民法院在审判、执行工作中，对权利受到侵害无法获得有效赔偿的当事人，符合本意见规定情形的，可以采取一次性辅助救济措施，以解决其生活面临的急迫困难。

第二条 国家司法救助工作应当遵循公正、公开、及时原则，严格把握救助标准和条件。

对同一案件的同一救助申请人只进行一次性国家司法救助。对于能够通过诉讼获得赔偿、补偿的，一般应当通过诉讼途径解决。

人民法院对符合救助条件的救助申请人，无论其户籍所在地是否属于受案人民法院辖区范围，均由案件管辖法院负责救助。在管辖地有重大影响且救助金额较大的国家司法救助案件，上下级人民法院可以进行联动救助。

第三条 当事人因生活面临急迫困难提出国家司法救助申请，符合下列情形之一的，应当予以救助：

（一）刑事案件被害人受到犯罪侵害，造成重伤或者严重残疾，因加害人死亡或者没有赔偿能力，无法通过诉讼获得赔偿，陷入生活困难的；

（二）刑事案件被害人受到犯罪侵害危及生命，急需救治，无力承担医疗救治费用的；

（三）刑事案件被害人受到犯罪侵害而死亡，因加害人死亡或者没有赔偿能力，依靠被害人收入为主要生活来源的近亲属无法通过诉讼获得赔偿，陷入生活困难的；

（四）刑事案件被害人受到犯罪侵害，致使其财产遭受重大损失，因加害人死亡或者没有赔偿能力，无法通过诉讼获得赔偿，陷入生活困难的；

（五）举报人、证人、鉴定人因举报、作证、鉴定受到打击报复，致使其人身受到伤害或财产受到重大损失，无法通过诉讼获得赔偿，陷入生活困难的；

（六）追索赡养费、扶养费、抚育费等，因被执行人没有履行能力，申请执行人陷入生活困难的；

（七）因道路交通事故等民事侵权行为造成人身伤害，无法通过诉讼获得赔偿，受害人陷入生活困难的；

（八）人民法院根据实际情况，认为需要救助的其他人员。

涉诉信访人，其诉求具有一定合理性，但通过法律途径难以解决，且生活困难，愿意接受国家司法救助后息诉息访的，可以参照本意见予以救助。

第四条 救助申请人具有以下情形之一的，一般不予救助：

（一）对案件发生有重大过错的；

（二）无正当理由，拒绝配合查明案件事实的；

（三）故意作虚伪陈述或者伪造证据，妨害诉讼的；

（四）在审判、执行中主动放弃民事赔偿请求或者拒绝侵权责任人及其近亲属赔偿的；

（五）生活困难非案件原因所导致的；

（六）已经通过社会救助措施，得到合理补偿、救助的；

（七）法人、其他组织提出的救助申请；

（八）不应给予救助的其他情形。

第五条 国家司法救助以支付救助金为主要方式，并与思想疏导相结合，与法律援助、诉讼救济相配套，与其他社会救助相衔接。

第六条 救助金以案件管辖法院所在省、自治区、直辖市上一年度职工月平均工资为基准确定，一般不超过三十六个月的月平均工资总额。

损失特别重大、生活特别困难，需适当突破救助限额的，应当严格审核控制，救助金额不得超过人民法院依法应当判决给付或者虽已判决但未执行到位的标的数额。

第七条 救助金具体数额，应当综合以下因素确定：

（一）救助申请人实际遭受的损失；

（二）救助申请人本人有无过错以及过错程度；

（三）救助申请人及其家庭的经济状况；

（四）救助申请人维持其住所地基本生活水平所必需的最低支出；

（五）赔偿义务人实际赔偿情况。

第八条 人民法院审判、执行部门认为案件当事人符合救助条件的，应当告知其有权提出国家司法救助申请。当事人提出申请的，审判、执行部门应当将相关材料及时移送立案部门。

当事人直接向人民法院立案部门提出国家司法救助申请，经审查确认符合救助申请条件的，应当予以立案。

第九条 国家司法救助申请应当以书面形式提出；救助申请人书面申请确有困难的，可以口头提出，人民法院应当制作笔录。

救助申请人提出国家司法救助申请，一般应当提交以下材料：

（一）救助申请书，救助申请书应当载明申请救助的数额及理由；

（二）救助申请人的身份证明；

（三）实际损失的证明；

（四）救助申请人及其家庭成员生活困难的证明；

（五）是否获得其他赔偿、救助等相关证明；

（六）其他能够证明救助申请人需要救助的材料。

救助申请人确实不能提供完整材料的，应当说明理由。

第十条 救助申请人生活困难证明，主要是指救助申请人户籍所在地或者经常居住地村（居）民委员会或者所在单位出具的有关救助申请人的家庭人口、劳动能力、就业状况、家庭收入等情况的证明。

第十一条 人民法院成立由立案、刑事审判、民事审判、行政审判、审判监督、执行、国家赔偿及财务等部门组成的司法救助委员会，负责人民法院国家司法救助工作。司法救助委员会下设办公室，由人民法院赔偿委员会办公室行使其职能。

人民法院赔偿委员会办公室作为司法救助委员会的日常工作部门，负责牵头、协调和处理国家司法救助日常事务，执行司法救助委员会决议及办理国家司法救助案件。

基层人民法院由负责国家赔偿工作的职能机构承担司法救助委员会办公室工作职责。

第十二条 救助决定应当自立案之日起十个工作日内作出。案情复杂的救助案件，经院领导批准，可以适当延长。

办理救助案件应当制作国家司法救助决定书,加盖人民法院印章。国家司法救助决定书应当及时送达。

不符合救助条件或者具有不予救助情形的,应当将不予救助的决定及时告知救助申请人,并做好解释说明工作。

第十三条 决定救助的,应当在七个工作日内按照相关财务规定办理手续。在收到财政部门拨付的救助金后,应当在二个工作日内通知救助申请人领取救助金。

对具有急需医疗救治等特殊情况的救助申请人,可以依据救助标准,先行垫付救助金,救助后及时补办审批手续。

第十四条 救助金一般应当一次性发放。情况特殊的,可以分批发放。

发放救助金时,应当向救助申请人释明救助金的性质、准予救助的理由、骗取救助金的法律后果,同时制作笔录并由救助申请人签字。必要时,可以邀请救助申请人户籍所在地或者经常居住地村(居)民委员会或者所在单位的工作人员到场见证救助金发放过程。

人民法院可以根据救助申请人的具体情况,委托民政部门、乡镇人民政府或者街道办事处、村(居)民委员会、救助申请人所在单位等组织发放救助金。

第十五条 各级人民法院应当积极协调财政部门将国家司法救助资金列入预算,并会同财政部门建立国家司法救助资金动态调整机制。

对公民、法人和其他组织捐助的国家司法救助资金,人民法院应当严格、规范使用,及时公布救助的具体对象,并告知捐助人救助情况,确保救助资金使用的透明度和公正性。

第十六条 人民法院司法救助委员会应当在年度终了一个月内就本院上一年度司法救助情况提交书面报告,接受纪检、监察、审计部门和上级人民法院的监督,确保专款专用。

第十七条 人民法院应当加强国家司法救助工作信息化建设,将国家司法救助案件纳入审判管理信息系统,及时录入案件信息,实现四级法院信息共享,并积极探索建立与社会保障机构、其他相关救助机构的救助信息共享机制。

上级法院应当对下级法院的国家司法救助工作予以指导和监督,防止救助失衡和重复救助。

第十八条 人民法院工作人员有下列行为之一的,应当予以批评教育;构成违纪的,应当根据相关规定予以纪律处分;构成犯罪的,应当依法追究刑事责任:

(一)滥用职权,对明显不符合条件的救助申请人决定给予救助的;

(二)虚报、克扣救助申请人救助金的;

(三)贪污、挪用救助资金的;

(四)对符合救助条件的救助申请人不及时办理救助手续,造成严重后果的;

(五)违反本意见的其他行为。

第十九条 救助申请人所在单位或者基层组织等相关单位出具虚假证明,使不符合救助条件的救助申请人获得救助的,人民法院应当建议相关单位或者其上级主管机关依法依纪对相关责任人予以处理。

第二十条 救助申请人获得救助后,人民法院从被执行人处执行到赔偿款或者其他应当给付的执行款的,应当将已发放的救助金从执行款中扣除。

救助申请人通过提供虚假材料等手段骗取救助金的,人民法院应当予以追回;构成犯罪的,应当依法追究刑事责任。

涉诉信访救助申请人领取救助金后,违背息诉息访承诺的,人民法院应当将救助金予以追回。

第二十一条 对未纳入国家司法救助范围或者获得国家司法救助后仍面临生活困难的救助申请人,符合社会救助条件的,人民法院通过国家司法救助与社会救助衔接机制,协调有关部门将其纳入社会救助范围。

（七）律师诉讼权利

最高人民法院
关于认真贯彻律师法依法保障律师在诉讼中执业权利的通知

2006年3月13日　　　　　　　　　　　　　　　法〔2006〕38号

各省、自治区、直辖市高级人民法院，解放军军事法院，新疆维吾尔自治区高级人民法院生产建设兵团分院：

多年来，各级人民法院依照律师法和刑事诉讼法、民事诉讼法、行政诉讼法的规定及最高人民法院的要求，在各项审判和执行工作中，认真履行了法律赋予的职责，依法保护当事人及其代理律师、辩护律师在诉讼活动中享有的各项权利。但是，也有个别法院和少数审判人员、执行人员，在诉讼活动中，对律师的权利和作用未能给予应有的重视，侵犯律师权利的现象还时有发生。最近，最高人民法院肖扬院长作出重要批示，要求各级人民法院依法保障律师的执业权利，正确处理法官和律师的关系，共同维护公平和正义。为继续深入贯彻实施律师法，认真落实肖扬院长批示精神，现就有关问题通知如下：

一、进一步学习律师法和诉讼法有关规定，依法保护当事人及代理律师、辩护律师的各项诉讼权利

律师法和诉讼法都是重要的法律，在我国社会主义法律体系中居于不可或缺的地位。律师法和诉讼法规定了当事人及其代理律师、辩护律师在诉讼活动中享有的各项权利，明确了律师在诉讼活动中的重要作用。各级人民法院和广大审判人员、执行人员应当继续深入学习律师法和诉讼法，特别是在举办任职培训、在职培训和续职培训时，要将律师法和诉讼法作为培训的重要内容。在审判和执行活动中正确运用法律的规定，严格规范司法行为，保障律师在诉讼活动中的执业权利，维护当事人的合法权益。

二、深刻领会肖扬院长重要批示精神，大力提高对律师在诉讼活动中职能作用的认识

肖扬院长的批示从维护公平和正义的角度深刻揭示了律师和法官的内在联系并从正

反两方面阐明了处理法官和律师关系的指导思想和原则。依法支持和保障律师所享有的权利，既是人民法院应当履行的法定职责，也是诉讼活动得以顺利开展的重要保障。各级人民法院和广大审判人员、执行人员要从维护司法公正的高度来看待律师的地位；要充分认识到，在诉讼活动中正确发挥律师的作用，无论是审理复杂、疑难的民商事纠纷案件，还是在刑事诉讼中保障被告人的合法权利，抑或促进执行案件的顺利执结，都有利于促进法官公正审理案件，有利于诉讼活动的顺利进行，有利于真正做到案结事了。

三、各级人民法院应当依照律师法和诉讼法的规定，结合本地的实际情况，制定各种行之有效的措施，创造良好的律师执业环境，维护正常的法律服务秩序

（一）在诉讼活动，特别是庭审过程中，应当充分尊重律师作为诉讼代理人或者辩护人参与举证、质证、辩论、提问等依法享有的诉讼权利，严格遵守最高人民法院颁布的《法官行为规范（试行）》。

（二）依法保障律师在刑事诉讼审判阶段会见被告人的权利。

（三）在裁判文书中，应当准确反映律师的辩护意见和代理意见的主要观点；律师的辩护词和代理意见应当按照规定归档入卷。

（四）要创造条件为律师查阅、摘抄、复印、复制案件材料提供必要的方便。

（五）根据案件情况开庭前给予律师合理的准备时间。

（六）对于律师提出请求人民法院调取证据，凡是符合法律规定和最高人民法院司法解释要求的，不得推诿、拒绝。

（七）根据十届全国人大常委会第十七次会议审议的《全国人大常委会执法检查组关于检查〈中华人民共和国律师法〉实施情况的报告》的要求，人民法院可以在民事诉讼中积极探索和试行证据调查令做法，并认真研究相关问题，总结经验。

（八）严格按照民事诉讼法等法律规定和最高人民法院司法解释要求，审查公民代理人的资格，规范公民代理案件的行为。

四、正确处理律师和法官之间的关系，共同维护良好职业形象

各级人民法院要认真学习肖扬院长的重要批示精神，正确理解最高人民法院、司法部《关于规范法官和律师相互关系维护司法公正的若干规定》。法官依法行使审判权，律师根据当事人的委托依法提供法律服务。法官和律师由于工作原因在诉讼活动中必然发生接触，形成一定的相互关系。正确处理这种关系，有利于诉讼活动的正常进行，有利于保障律师依法执业，更有利于保护当事人的合法权益，维护司法公正。法官和律师之间应当建立一种正常的工作关系。法官在诉讼活动中应当依法保障律师履行职责，为律师执业依法创造条件；律师应当自觉维护法官权威、法庭秩序，保障诉讼活动的顺利进行。法官和律师在依法履行职责过程中，应当互相尊重、互相监督，共同塑造良好的职业形象。

特此通知。

最高人民法院　最高人民检察院　公安部　国家安全部　司法部
印发《关于依法保障律师执业权利的规定》的通知

2015年9月16日　　　　　　　　　　　司发〔2015〕14号

各省、自治区、直辖市高级人民法院、人民检察院、公安厅（局）、国家安全厅（局）、司法厅（局），解放军军事法院、军事检察院、总政治部保卫部、司法局，新疆维吾尔自治区高级人民法院生产建设兵团分院、新疆生产建设兵团人民检察院、公安局、国家安全局、司法局：

现将《关于依法保障律师执业权利的规定》印发你们，请认真遵照执行。

附：

关于依法保障律师执业权利的规定

第一条 为切实保障律师执业权利，充分发挥律师维护当事人合法权益、维护法律正确实施、维护社会公平和正义的作用，促进司法公正，根据有关法律法规，制定本规定。

第二条 人民法院、人民检察院、公安机关、国家安全机关、司法行政机关应当尊重律师，健全律师执业权利保障制度，依照刑事诉讼法、民事诉讼法、行政诉讼法及律师法的规定，在各自职责范围内依法保障律师知情权、申请权、申诉权，以及会见、阅卷、收集证据和发问、质证、辩论等方面的执业权利，不得阻碍律师依法履行辩护、代理职责，不得侵害律师合法权利。

第三条 人民法院、人民检察院、公安机关、国家安全机关、司法行政机关和律师协会应当建立健全律师执业权利救济机制。

律师因依法执业受到侮辱、诽谤、威胁、报复、人身伤害的，有关机关应当及时制止并依法处理，必要时对律师采取保护措施。

第四条 人民法院、人民检察院、公安机关、国家安全机关、司法行政机关应当建立和完善诉讼服务中心、立案或受案场所、律师会见室、阅卷室，规范工作流程，方便律师办理立案、会见、阅卷、参与庭审、申请执行等事务。探索建立网络信息系统和律师服务平台，提高案件办理效率。

第五条 办案机关在办理案件中应当依法告知当事人有权委托辩护人、诉讼代理人。对于符合法律援助条件而没有委托辩护人或者诉讼代理人的，办案机关应当及时告知当事人有权申请法律援助，并按照相关规定向法律援助机构转交申请材料。办案机关发现犯罪嫌疑人、被告人属于依法应当提供法律援助的情形的，应当及时通知法律援助机构指派律师为其提供辩护。

第六条 辩护律师接受犯罪嫌疑人、被告人委托或者法律援助机构的指派后，应当告知办案机关，并可以依法向办案机关了解犯罪嫌疑人、被告人涉嫌或者被指控的罪名及当时已查明的该罪的主要事实，犯罪嫌疑人、被告人被采取、变更、解除强制措施的情况，侦查机关延长侦查羁押期限等情况，办案机关应当依法及时告知辩护律师。

办案机关作出移送审查起诉、退回补充侦查、提起公诉、延期审理、二审不开庭审理、宣告判决等重大程序性决定的，以及人民检察院将直接受理立案侦查案件报请上一级人民检察院审查决定逮捕的，应当依法及时告知辩护律师。

第七条 辩护律师到看守所会见在押的犯罪嫌疑人、被告人，看守所在查验律师执业证书、律师事务所证明和委托书或者法律援助公函后，应当及时安排会见。能当时安排的，应当当时安排；不能当时安排的，看守所应当向辩护律师说明情况，并保证辩护律师在四十八小时以内会见到在押的犯罪嫌疑人、被告人。

看守所安排会见不得附加其他条件或者变相要求辩护律师提交法律规定以外的其他文件、材料，不得以未收到办案机关通知为由拒绝安排辩护律师会见。

看守所应当设立会见预约平台，采取网上预约、电话预约等方式为辩护律师会见提供便利，但不得以未预约会见为由拒绝安排辩护律师会见。

辩护律师会见在押的犯罪嫌疑人、被告人时，看守所应当采取必要措施，保障会见顺利和安全进行。律师会见在押的犯罪嫌疑人、被告人的，看守所应当保障律师履行辩护职责需要的时间和次数，并与看守所工作安排和办案机关侦查工作相协调。辩护律师会见犯罪嫌疑人、被告人时不被监听，办案机关不得派员在场。在律师会见室不足的情况下，看守所经辩护律师书面同意，可以安排在讯问室会见，但应当关闭录音、监听设备。犯罪嫌疑人、被告人委托两名律师担任辩护人的，两名辩护律师可以共同会见，也可以单独会见。辩护律师可以带一名律师助理协助会见。助理人员随同辩护律师参加会见的，应当出示律师事务所证明和律师执业证书或申请律师执业人员实习证。办案机关应当核实律师助理的身份。

第八条 在押的犯罪嫌疑人、被告人提出解除委托关系的，办案机关应当要求其出具或签署书面文件，并在三日以内转交受委托的律师或者律师事务所。辩护律师可以要求会见在押的犯罪嫌疑人、被告人，当面向其确认解除委托关系，看守所应当安排会见；但犯罪嫌疑人、被告人书面拒绝会见的，看守所应当将有关书面材料转交辩护律师，不予安排会见。

在押的犯罪嫌疑人、被告人的监护人、近亲属解除代为委托辩护律师关系的，经犯罪嫌疑人、被告人同意的，看守所应当允许新代为委托的辩护律师会见，由犯罪嫌疑人、被告人确认新的委托关系；犯罪嫌疑人、被告人不同意解除原辩护律师的委托关系的，看守所应当终止新代为委托的辩护律师会见。

第九条 辩护律师在侦查期间要求会见危害国家安全犯罪、恐怖活动犯罪、特别重大贿赂犯罪案件在押的犯罪嫌疑人的，应当向侦查机关提出申请。侦查机关应当依法及时审查辩护律师提出的会见申请，在三日以内将是否许可的决定书面答复辩护律师，并明确告知负责与辩护律师联系的部门及工作人员的联系方式。对许可会见的，应当向辩护律师出具许可决定文书；因有碍侦查或者可能泄露国家秘密而不许可会见的，应当向辩护律师说明理由。有碍侦查或者可能泄露国家秘密的情形消失后，应当许可会见，并及时通知看守所和辩护律师。对特别重大贿赂案件在侦查终结前，侦查机关应当许可辩护律师至少会见一次犯罪嫌疑人。

侦查机关不得随意解释和扩大前款所述三类案件的范围，限制律师会见。

第十条 自案件移送审查起诉之日起，辩护律师会见犯罪嫌疑人、被告人，可以向其核实有关证据。

第十一条 辩护律师会见在押的犯罪嫌疑人、被告人，可以根据需要制作会见笔录，并要求犯罪嫌疑人、被告人确认无误后在笔录上签名。

第十二条 辩护律师会见在押的犯罪嫌疑人、被告人需要翻译人员随同参加的，应当提前向办案机关提出申请，并提交翻译人员身份证明及其所在单位出具的证明。办案机关应当及时审查并在三日以内作出是否许可的决定。许可翻译人员参加会见的，应当向辩护律师出具许可决定文书，并通知看守所。不许可的，应当向辩护律师书面说明理由，并通知其更换。

翻译人员应当持办案机关许可决定文书和本人身份证明，随同辩护律师参加会见。

第十三条 看守所应当及时传递辩护律师同犯罪嫌疑人、被告人的往来信件。看守所可以对信件进行必要的检查，但不得截留、复制、删改信件，不得向办案机关提供信件内容，但信件内容涉及危害国家安全、公共安全、严重危害他人人身安全以及涉嫌串供、毁灭证据等情形的除外。

第十四条 辩护律师自人民检察院对案件审查起诉之日起，可以查阅、摘抄、复制本案的案卷材料，人民检察院检察委员会的讨论记录、人民法院合议庭、审判委员会的讨论记录以及其他依法不能公开的材料除外。人民检察院、人民法院应当为辩护律师查阅、摘抄、复制案卷材料提供便利，有条件的地方可以推行电子化阅卷，允许刻录、下载材料。侦查机关应当在案件移送审查起诉后三日以内，人民检察院应当在提起公诉后三日以内，将案件移送情况告知辩护律师。案件提起公诉后，人民检察院对案卷所附证据材料有调整或者补充的，应当及时告知辩护律师。辩护律师对调整或者补充的证据材料，有权查阅、摘抄、复制。辩护律师办理申诉、抗诉案件，在人民检察院、人民法院经审查决定立案后，可以持律师执业证书、律师事务所证明和委托书或者法律援助公函到案卷档案管理部门、持有案卷档案的办案部门查阅、摘抄、复制已经审理终结案件的案卷材料。

辩护律师提出阅卷要求的，人民检察院、人民法院应当当时安排辩护律师阅卷，无法当时安排的，应当向辩护律师说明并安排其在三个工作日以内阅卷，不得限制辩护律师阅卷的次数和时间。有条件的地方可以设立阅卷预约平台。

人民检察院、人民法院应当为辩护律师阅卷提供场所和便利，配备必要的设备。因复制材料发生费用的，只收取工本费用。律师办理法律援助案件复制材料发生的费用，应当予以免收或者减收。辩护律师可以采用复印、拍照、扫描、电子数据拷贝等方式复制案卷材料，可以根据需要带律师助理协助阅卷。办案机关应当核实律师助理的身份。

辩护律师查阅、摘抄、复制的案卷材料属于国家秘密的，应当经过人民检察院、人民法院同意并遵守国家保密规定。律师不得违反规定，披露、散布案件重要信息和案卷材料，或者将其用于本案辩护、代理以外的其他用途。

第十五条　辩护律师提交与案件有关材料的，办案机关应当在工作时间和办公场所予以接待，当面了解辩护律师提交材料的目的、材料的来源和主要内容等有关情况并记录在案，与相关材料一并附卷，并出具回执。辩护律师应当提交原件，提交原件确有困难的，经办案机关准许，也可以提交复印件，经与原件核对无误后由辩护律师签名确认。辩护律师通过服务平台网上提交相关材料的，办案机关应当在网上出具回执。辩护律师应当及时向办案机关提供原件核对，并签名确认。

第十六条　在刑事诉讼审查起诉、审理期间，辩护律师书面申请调取公安机关、人民检察院在侦查、审查起诉期间收集但未提交的证明犯罪嫌疑人、被告人无罪或者罪轻的证据材料的，人民检察院、人民法院应当依法及时审查。经审查，认为辩护律师申请调取的证据材料已收集并且与案件事实有联系的，应当及时调取。相关证据材料提交后，人民检察院、人民法院应当及时通知辩护律师查阅、摘抄、复制。经审查决定不予调取的，应当书面说明理由。

第十七条　辩护律师申请向被害人或者其近亲属、被害人提供的证人收集与本案有关的材料的，人民检察院、人民法院应当在七日以内作出是否许可的决定，并通知辩护律师。辩护律师书面提出有关申请时，办案机关不许可的，应当书面说明理由；辩护律师口头提出申请的，办案机关可以口头答复。

第十八条　辩护律师申请人民检察院、人民法院收集、调取证据的，人民检察院、人民法院应当在三日以内作出是否同意的决定，并通知辩护律师。辩护律师书面提出有关申请时，办案机关不同意的，应当书面说明理由；辩护律师口头提出申请的，办案机关可以口头答复。

第十九条　辩护律师申请向正在服刑的罪犯收集与案件有关的材料的，监狱和其他监管机关在查验律师执业证书、律师事务所证明和犯罪嫌疑人、被告人委托书或法律援助公函后，应当及时安排并提供合适的场所和便利。

正在服刑的罪犯属于辩护律师所承办案件的被害人或者其近亲属、被害人提供的证人的，应当经人民检察院或者人民法院许可。

第二十条　在民事诉讼、行政诉讼过程中，律师因客观原因无法自行收集证据的，可以依法向人民法院申请调取。经审查符合规定的，人民法院应当予以调取。

第二十一条　侦查机关在案件侦查终结前，人民检察院、人民法院在审查批准、决定逮捕期间，最高人民法院在复核死刑案件期间，辩护律师提出要求的，办案机关应当听取辩护律师的意见。人民检察院审查起诉、第二审人民法院决定不开庭审理的，应当充分听取辩护律师的意见。

辩护律师要求当面反映意见或者提交证据材料的，办案机关应当依法办理，并制作笔录附卷。辩护律师提出的书面意见和证据材料，应当附卷。

第二十二条 辩护律师书面申请变更或者解除强制措施的，办案机关应当在三日以内作出处理决定。辩护律师的申请符合法律规定的，办案机关应当及时变更或者解除强制措施；经审查认为不应当变更或者解除强制措施的，应当告知辩护律师，并书面说明理由。

第二十三条 辩护律师在侦查、审查起诉、审判期间发现案件有关证据存在刑事诉讼法第五十四条规定的情形的，可以向办案机关申请排除非法证据。

辩护律师在开庭以前申请排除非法证据，人民法院对证据收集合法性有疑问的，应当依照刑事诉讼法第一百八十二条第二款的规定召开庭前会议，就非法证据排除问题了解情况，听取意见。

辩护律师申请排除非法证据的，办案机关应当听取辩护律师的意见，按照法定程序审查核实相关证据，并依法决定是否予以排除。

第二十四条 辩护律师在开庭以前提出召开庭前会议、回避、补充鉴定或者重新鉴定以及证人、鉴定人出庭等申请的，人民法院应当及时审查作出处理决定，并告知辩护律师。

第二十五条 人民法院确定案件开庭日期时，应当为律师出庭预留必要的准备时间并书面通知律师。律师因开庭日期冲突等正当理由申请变更开庭日期的，人民法院应当在不影响案件审理期限的情况下，予以考虑并调整日期，决定调整日期的，应当及时通知律师。

律师可以根据需要，向人民法院申请带律师助理参加庭审。律师助理参加庭审仅能从事相关辅助工作，不得发表辩护、代理意见。

第二十六条 有条件的人民法院应当建立律师参与诉讼专门通道，律师进入人民法院参与诉讼确需安全检查的，应当与出庭履行职务的检察人员同等对待。有条件的人民法院应当设置专门的律师更衣室、休息室或者休息区域，并配备必要的桌椅、饮水及上网设施等，为律师参与诉讼提供便利。

第二十七条 法庭审理过程中，律师对审判人员、检察人员提出回避申请的，人民法院、人民检察院应当依法作出处理。

第二十八条 法庭审理过程中，经审判长准许，律师可以向当事人、证人、鉴定人和有专门知识的人发问。

第二十九条 法庭审理过程中，律师可以就证据的真实性、合法性、关联性，从证明目的、证明效果、证明标准、证明过程等方面，进行法庭质证和相关辩论。

第三十条 法庭审理过程中，律师可以就案件事实、证据和适用法律等问题，进行法庭辩论。

第三十一条 法庭审理过程中，法官应当注重诉讼权利平等和控辩平衡。对于律师发问、质证、辩论的内容、方式、时间等，法庭应当依法公正保障，以便律师充分发表意见，查清案件事实。

法庭审理过程中，法官可以对律师的发问、辩论进行引导，除发言过于重复、相关问题已在庭前会议达成一致、与案件无关或者侮辱、诽谤、威胁他人，故意扰乱法庭秩序的情况外，法官不得随意打断或者制止律师按程序进行的发言。

第三十二条　法庭审理过程中，律师可以提出证据材料，申请通知新的证人、有专门知识的人出庭，申请调取新的证据，申请重新鉴定或者勘验、检查。在民事诉讼中，申请有专门知识的人出庭，应当在举证期限届满前向人民法院申请，经法庭许可后才可以出庭。

第三十三条　法庭审理过程中，遇有被告人供述发生重大变化、拒绝辩护等重大情形，经审判长许可，辩护律师可以与被告人进行交流。

第三十四条　法庭审理过程中，有下列情形之一的，律师可以向法庭申请休庭：
（一）辩护律师因法定情形拒绝为被告人辩护的；
（二）被告人拒绝辩护律师为其辩护的；
（三）需要对新的证据作辩护准备的；
（四）其他严重影响庭审正常进行的情形。

第三十五条　辩护律师作无罪辩护的，可以当庭就量刑问题发表辩护意见，也可以庭后提交量刑辩护意见。

第三十六条　人民法院适用普通程序审理案件，应当在裁判文书中写明律师依法提出的辩护、代理意见，以及是否采纳的情况，并说明理由。

第三十七条　对于诉讼中的重大程序信息和送达当事人的诉讼文书，办案机关应当通知辩护、代理律师。

第三十八条　法庭审理过程中，律师就回避，案件管辖，非法证据排除，申请通知证人、鉴定人、有专门知识的人出庭，申请通知新的证人到庭，调取新的证据，申请重新鉴定、勘验等问题当庭提出申请，或者对法庭审理程序提出异议的，法庭原则上应当休庭进行审查，依照法定程序作出决定。其他律师有相同异议的，应一并提出，法庭一并休庭审查。法庭决定驳回申请或者异议的，律师可当庭提出复议。经复议后，律师应当尊重法庭的决定，服从法庭的安排。

律师不服法庭决定保留意见的内容应当详细记入法庭笔录，可以作为上诉理由，或者向同级或者上一级人民检察院申诉、控告。

第三十九条　律师申请查阅人民法院录制的庭审过程的录音、录像的，人民法院应当准许。

第四十条　侦查机关依法对在诉讼活动中涉嫌犯罪的律师采取强制措施后，应当在四十八小时以内通知其所在的律师事务所或者所属的律师协会。

第四十一条　律师认为办案机关及其工作人员明显违反法律规定，阻碍律师依法履行辩护、代理职责，侵犯律师执业权利的，可以向该办案机关或者其上一级机关投诉。

办案机关应当畅通律师反映问题和投诉的渠道，明确专门部门负责处理律师投诉，并公开联系方式。

办案机关应当对律师的投诉及时调查，律师要求当面反映情况的，应当当面听取律师的意见。经调查情况属实的，应当依法立即纠正，及时答复律师，做好说明解释工作，并将处理情况通报其所在地司法行政机关或者所属的律师协会。

第四十二条　在刑事诉讼中，律师认为办案机关及其工作人员的下列行为阻碍律师依法行使诉讼权利的，可以向同级或者上一级人民检察院申诉、控告：

（一）未依法向律师履行告知、转达、通知和送达义务的；
（二）办案机关认定律师不得担任辩护人、代理人的情形有误的；
（三）对律师依法提出的申请，不接收、不答复的；
（四）依法应当许可律师提出的申请未许可的；
（五）依法应当听取律师的意见未听取的；
（六）其他阻碍律师依法行使诉讼权利的行为。

律师依照前款规定提出申诉、控告的，人民检察院应当在受理后十日以内进行审查，并将处理情况书面答复律师。情况属实的，通知有关机关予以纠正。情况不属实的，做好说明解释工作。

人民检察院应当依法严格履行保障律师依法执业的法律监督职责，处理律师申诉控告。在办案过程中发现有阻碍律师依法行使诉讼权利行为的，应当依法、及时提出纠正意见。

第四十三条 办案机关或者其上一级机关、人民检察院对律师提出的投诉、申诉、控告，经调查核实后要求有关机关予以纠正，有关机关拒不纠正或者累纠累犯的，应当由相关机关的纪检监察部门依照有关规定调查处理，相关责任人构成违纪的，给予纪律处分。

第四十四条 律师认为办案机关及其工作人员阻碍其依法行使执业权利的，可以向其所执业律师事务所所在地的市级司法行政机关、所属的律师协会申请维护执业权利。情况紧急的，可以向事发地的司法行政机关、律师协会申请维护执业权利。事发地的司法行政机关、律师协会应当给予协助。

司法行政机关、律师协会应当建立维护律师执业权利快速处置机制和联动机制，及时安排专人负责协调处理。律师的维权申请合法有据的，司法行政机关、律师协会应当建议有关办案机关依法处理，有关办案机关应当将处理情况及时反馈司法行政机关、律师协会。

司法行政机关、律师协会持有关证明调查核实律师权益保障或者违纪有关情况的，办案机关应当予以配合、协助，提供相关材料。

第四十五条 人民法院、人民检察院、公安机关、国家安全机关、司法行政机关和律师协会应当建立联席会议制度，定期沟通保障律师执业权利工作情况，及时调查处理侵犯律师执业权利的突发事件。

第四十六条 依法规范法律服务秩序，严肃查处假冒律师执业和非法从事法律服务的行为。对未取得律师执业证书或者已经被注销、吊销执业证书的人员以律师名义提供法律服务或者从事相关活动的，或者利用相关法律关于公民代理的规定从事诉讼代理或者辩护业务非法牟利的，依法追究责任，造成严重后果的，依法追究刑事责任。

第四十七条 本规定所称"办案机关"，是指负责侦查、审查逮捕、审查起诉和审判工作的公安机关、国家安全机关、人民检察院和人民法院。

第四十八条 本规定所称"律师助理"，是指辩护、代理律师所在律师事务所的其他律师和申请律师执业实习人员。

第四十九条 本规定自发布之日起施行。

最高人民法院
印发《关于依法切实保障律师诉讼权利的规定》的通知

2015年12月29日　　　　　　　　　法发〔2015〕16号

各省、自治区、直辖市高级人民法院，解放军军事法院，新疆维吾尔自治区高级人民法院生产建设兵团分院：

现将《最高人民法院关于依法切实保障律师诉讼权利的规定》予以印发，请认真贯彻执行。

附：

最高人民法院
关于依法切实保障律师诉讼权利的规定

为深入贯彻落实全面推进依法治国战略，充分发挥律师维护当事人合法权益、促进司法公正的积极作用，切实保障律师诉讼权利，根据中华人民共和国刑事诉讼法、民事诉讼法、行政诉讼法、律师法和《最高人民法院、最高人民检察院、公安部、国家安全部、司法部关于依法保障律师执业权利的规定》，作出如下规定：

一、依法保障律师知情权。人民法院要不断完善审判流程公开、裁判文书公开、执行信息公开"三大平台"建设，方便律师及时获取诉讼信息。对诉讼程序、诉权保障、调解和解、裁判文书等重要事项及相关进展情况，应当依法及时告知律师。

二、依法保障律师阅卷权。对律师申请阅卷的，应当在合理时间内安排。案卷材料被其他诉讼主体查阅的，应当协调安排各方阅卷时间。律师依法查阅、摘抄、复制有关卷宗材料或者查看庭审录音录像的，应当提供场所和设施。有条件的法院，可提供网上卷宗查阅服务。

三、依法保障律师出庭权。确定开庭日期时，应当为律师预留必要的出庭准备时间。因特殊情况更改开庭日期的，应当提前三日告知律师。律师因正当理由请求变更开庭日期的，法官可在征询其他当事人意见后准许。律师带助理出庭的，应当准许。

四、依法保障律师辩论、辩护权。法官在庭审过程中应合理分配诉讼各方发问、质证、陈述和辩论、辩护的时间，充分听取律师意见。除律师发言过于重复、与案件无关或者相关问题已在庭前达成一致等情况外，不应打断律师发言。

五、依法保障律师申请排除非法证据的权利。律师申请排除非法证据并提供相关线索或者材料，法官经审查对证据收集合法性有疑问的，应当召开庭前会议或者进行法庭调查。经审查确认存在法律规定的以非法方法收集证据情形的，对有关证据应当予以排除。

六、依法保障律师申请调取证据的权利。律师因客观原因无法自行收集证据的，可以依法向人民法院书面申请调取证据。律师申请调取证据符合法定条件的，法官应当准许。

七、依法保障律师的人身安全。案件审理过程中出现当事人矛盾激化，可能危及律师人身安全情形的，应当及时采取必要措施。对在法庭上发生的殴打、威胁、侮辱、诽谤律师等行为，法官应当及时制止，依法处置。

八、依法保障律师代理申诉的权利。对律师代理当事人对案件提出申诉的，要依照法律规定的程序认真处理。认为原案件处理正确的，要支持律师向申诉人做好释法析理、息诉息访工作。

九、为律师依法履职提供便利。要进一步完善网上立案、缴费、查询、阅卷、申请保全、提交代理词、开庭排期、文书送达等功能。有条件的法院要为参加庭审的律师提供休息场所，配备桌椅、饮水及其他必要设施。

十、完善保障律师诉讼权利的救济机制。要指定专门机构负责处理律师投诉，公开联系方式，畅通投诉渠道。对投诉要及时调查，依法处理，并将结果及时告知律师。对司法行政机关、律师协会就维护律师执业权利提出的建议，要及时予以答复。

最高人民法院　最高人民检察院　公安部　国家安全部　司法部　中华全国律师协会
关于建立健全维护律师执业权利快速联动处置机制的通知

2017年4月14日　　　　　　　　司发通〔2017〕40号

各省、自治区、直辖市高级人民法院、人民检察院、公安厅（局）、国家安全厅（局）、司法厅（局）、律师协会，新疆维吾尔自治区高级人民法院生产建设兵团分院、新疆生产建设兵团人民检察院、公安局、国家安全局、司法局、律师协会：

为贯彻落实中共中央办公厅、国务院办公厅《关于深化律师制度改革的意见》和最高人民法院、最高人民检察院、公安部、国家安全部、司法部《关于依法保障律师执业权利的规定》，及时有效维护律师执业权利，保障律师依法执业，现就建立健全维护律师执业权利快速联动处置机制通知如下：

一、总体要求

快速有效维护律师执业权利,对于充分发挥律师职能作用,促进司法活动顺利进行,保障司法精准性和公正性具有重要意义。各级人民法院、人民检察院、公安机关、国家安全机关、司法行政机关和各律师协会要认真贯彻落实中央有关保障律师执业权利工作部署,针对律师执业权利保障中存在的突出问题,建立健全维护律师执业权利快速联动处置机制,加强沟通协调,确保律师执业权利受到侵犯后第一时间受理、第一时间调查、第一时间处理、第一时间反馈,切实提高维护律师执业权利的及时性和有效性,保障律师依法执业。

二、明确维护律师执业权利范围和途径

律师在执业过程中遇有以下情形,认为其执业权利受到侵犯的,可以向相关律师协会申请维护执业权利:

(1) 知情权、申请权、申诉权、控告权,以及会见、通信、阅卷、收集证据和发问、质证、辩论、提出法律意见等合法执业权利受到限制、阻碍、侵害、剥夺的;

(2) 受到侮辱、诽谤、威胁、报复、人身伤害的;

(3) 在法庭审理过程中,被违反规定打断或者制止按程序发言的;

(4) 被违反规定强行带出法庭的;

(5) 被非法关押、扣留、拘禁或者以其他方式限制人身自由的;

(6) 其他妨碍其依法履行辩护、代理职责,侵犯其执业权利的。

律师认为办案机关及其工作人员明显违反法律规定,阻碍律师依法履行辩护、代理职责,侵犯律师执业权利的,可以向办案机关或者其上一级机关投诉,向同级或者上一级人民检察院申诉、控告,向注册地的市级司法行政机关、所属的律师协会申请维护执业权利。律师向其他司法行政机关、律师协会提出申请的,相关司法行政机关、律师协会应当予以接待,并于24小时以内将其申请移交其注册地的市级司法行政机关、所属的律师协会。情况紧急的,应当即时移交。律师事务所执业权利受到侵犯的,可以按上述途径维护执业权利。

全国律协和各地律师协会应当于2017年第一季度建立维护律师执业权利中心,设立维护律师执业权利专门平台,并在官方网站、办公场所公布电话、来信来访地址,开设网上受理窗口,安排专人负责接待律师申请维权。

三、完善维护律师执业权利快速受理机制

所属的律师协会接到律师维护执业权利的申请或者司法行政机关、其他律师协会转来的申请后,应当立即进行审查。对符合相关规定,属于受理范围的,应当及时受理。对不属于受理范围的,应当向律师做好说明解释工作。

除在网上受理窗口申请外,律师向律师协会申请维护执业权利,应当提交书面申请书,并提供相关证据材料。情况紧急的,可以采用电话、电子邮件等方式提出申请。紧急情形消除后,应当补充提交申请书、相关证据材料等书面材料。律师协会受理律师维权申请，应当予以登记，详细记录律师信息、具体请求及请求所依据的事实、理由等。

各级人民法院监察部门、人民检察院控告检察部门、公安机关法制部门、国家安全机关法制部门负责受理律师投诉。各级人民检察院控告检察部门负责受理律师申诉或者控告。人民法院、人民检察院、公安机关、国家安全机关应当在官方网站、办公场所公开受理机构名称、电话、来信来访地址，安排专人负责维护律师执业权利受理工作。对于律师的投诉、申诉或者控告，有关单位应当及时受理并做好登记。

四、完善维护律师执业权利联动处理机制

所属的律师协会受理律师维护执业权利申请后，应当区别不同情况，及时作出处理：

（1）属于本律师协会处理范围的，应当于两个工作日以内将律师申请材料转交相关办案机关处理。情况紧急的，应当于 24 小时以内向有关办案机关反映。情况特别紧急，需要立即采取处理措施的，律师协会应当即时反映；

（2）对于律师异地执业时提出的维权申请，所属的律师协会应当根据不同情况，及时向行为发生地律师协会通报，请求予以协助。相关律师协会应当给予协助，并按照工作程序和时限要求通报相关办案机关予以处理；

（3）对于需要省级以上办案机关依法处理的维权申请，所属的律师协会应当提请省级以上律师协会予以协调处理。

办案机关应当在受理律师投诉或者接到有关律师协会反映的情况、移交的申请材料后立即开展调查，一般应于十日以内作出处理。情况属实的，应当依法立即纠正。人民检察院在受理律师申诉、控告后，应当立即进行审查，一般应于十日以内作出处理。情况属实的，应当通知有关机关立即予以纠正。

律师因依法执业受到人身伤害的，有关机关接到投诉或者发现后应当立即制止并依法处理，必要时对律师采取保护措施。

调查处理过程中，办案机关、司法行政机关和律师协会要加强沟通联动，及时协商解决有关问题。发现侵犯律师执业权利行为与律师违法违规执业相互交织的或者情况复杂、存在争议的，办案机关、司法行政机关和律师协会等可以组成联合调查组，及时准确查明事实。

律师协会在处理律师维护执业权利过程中遇到困难和问题，难以协调解决的，可以提请司法行政机关予以协调。遇到重大复杂问题或者侵犯律师执业权利的重大突发事件，司法行政机关应当依托律师工作联席会议制度，协调有关办案机关及时予以解决，必要时召开临时会议研究处理。

律师协会在维护律师执业权利过程中，可以与办案机关、司法行政机关沟通后，根据调查处理的实际情况，适时发声，表达关注，公布阶段性调查结果或者工作进展情况。对律师的投诉、申诉或者控告作出调查处理并与办案机关、司法行政机关沟通后，必要时应当及时向社会披露调查处理结果。

五、及时反馈调查处理结果

律师向律师协会申请维护执业权利的,律师协会应当及时将工作进展情况反馈申请人。办案机关根据有关调查情况作出处理决定后,应当于两个工作日以内将处理决定以书面形式告知律师协会,律师协会应当及时反馈申请人。

律师直接向有关办案机关或者其上一级机关进行投诉、向人民检察院进行申诉或者控告的,办案机关或者人民检察院应当在作出处理决定后两个工作日以内将处理决定书面答复律师本人,并通报其注册地的司法行政机关或者所属的律师协会。

六、加强工作指导监督

各级人民法院、人民检察院、公安机关、国家安全机关、司法行政机关和各律师协会要高度重视维护律师执业权利快速联动处置工作,切实加强沟通协调,落实工作责任,形成工作合力。要建立联席会议制度,定期共同研究维护律师执业权利快速联动处置工作有关问题。要建立完善侵犯律师执业权利行为记录、通报和责任追究制度,对严重侵犯律师执业权利的行为予以严肃处理。办案机关或者其上一级机关、人民检察院对律师提出的投诉、申诉、控告,经调查核实后要求有关机关予以纠正,有关机关拒不纠正或者累纠累犯的,应当由相关机关的纪检监察部门依照有关规定调查处理,相关责任人构成违纪的,给予纪律处分。要及时汇总本地区维护律师执业权利快速联动处置工作情况及典型案例,定期在联席会议上予以通报,并做好宣传工作,推动形成全社会尊重和保障律师的良好氛围。

最高人民法院　司法部
关于依法保障律师诉讼权利和规范律师参与庭审活动的通知

2018年4月21日　　　　　　　　　　　司发通〔2018〕36号

各省、自治区、直辖市高级人民法院、司法厅(局),新疆维吾尔自治区高级人民法院生产建设兵团分院、新疆生产建设兵团司法局:

为进一步保障律师诉讼权利,规范律师参与庭审活动,充分发挥律师维护当事人合法权益、维护法律正确实施和司法公正的职能作用,现就有关事项通知如下。

一、各级人民法院及其工作人员要尊重和保障律师诉讼权利,严格执行法定程序,平等对待诉讼各方,合理分配各方发问、质证、陈述和辩论、辩护的时间,充分听取律师意见。对于律师在法庭上就案件事实认定和法律适用的正常发问、质证和发表的辩护代理意见,法官不随意打断或者制止;但是,攻击党和国家政治制度、法律制度的,发表的意见已在庭前会议达成一致、与案件无关或者侮辱、诽谤、威胁他人，故意扰乱法庭秩序的，审判长或者独任审判员可以根据情况予以制止。律师明显以诱导方式发问，公诉人提出异议的，审判长或者独任审判员审查确认后，可以制止。

二、律师参加庭审不得对庭审活动进行录音、录像、拍照或使用移动通信工具等传播庭审活动，不得进行其他违反法庭规则和不服从法庭指令的行为。律师对庭审活动进行录音、录像、拍照或使用移动通信工具等传播庭审活动的，人民法院可以暂扣其使用的设备及存储介质，删除相关内容。

三、法庭审理过程中，法官应当尊重律师，不得侮辱、嘲讽律师。审判长或者独任审判员认为律师在法庭审理过程中违反法庭规则、法庭纪律的，应当依法给予警告、训诫等，确有必要时可以休庭处置，除当庭攻击党和国家政治制度、法律制度等严重扰乱法庭秩序的，不采取责令律师退出法庭或者强行带出法庭措施。确需司法警察当庭对律师采取措施维持法庭秩序的，有关执法行为要规范、文明，保持必要、合理限度。律师被依法责令退出法庭、强行带出法庭或者被处以罚款后，具结保证书，保证服从法庭指令、不再扰乱法庭秩序的，经法庭许可，可以继续担任同一案件的辩护人、诉讼代理人；具有擅自退庭、无正当理由不按时出庭参加诉讼、被拘留或者具结保证书后再次被依法责令退出法庭、强行带出法庭的，不得继续担任同一案件的辩护人、诉讼代理人。人民法院应当对庭审活动进行全程录像或录音，对律师在庭审活动中违反法定程序的情形应当记录在案。

四、律师认为法官在审判过程中有违法违规行为的，可以向相关人民法院或其上一级人民法院监察部门投诉、举报，人民法院应当依法作出处理并及时将处理情况答复律师本人，同时通报当地司法行政机关、律师协会。对社会高度关注的，应当公布结果。律师认为法官侵犯其诉讼权利的，应当在庭审结束后，向司法行政机关、律师协会申请维护执业权利，不得以维权为由干扰庭审的正常进行，不得通过网络以自己名义或通过其他人、媒体发表声明、公开信、敦促书等炒作案件。

五、人民法院认为律师有违法违规行为的，应当向司法行政机关、律师协会提出司法建议，并移交庭审录音录像、庭审记录等相关证据材料。对需要进一步调查核实的，应配合、协助司法行政机关、律师协会有关调查取证工作。司法行政机关、律师协会接到当事人投诉举报、人民法院司法建议书的，应当及时立案调查，对违法违规的要依法依规作出行政处罚或行业惩戒。处理结果应当及时书面告知当事人、人民法院。对公开谴责以上行业惩戒和行政处罚的决定一律向社会公开披露。各地司法行政机关、律师协会主动发现律师违法违规行为的，要及时立案查处。

六、司法行政机关应当会同人民法院、律师协会建立分级分类处理机制。对于发生在当地的律师维权和违法违规事件，由所在地人民法院、司法行政机关按有关要求依法及时作出处理，能即时纠正的应当依法立即纠正。对于跨区域的律师维权和违法违规事件，行为发生地司法行政机关发现律师涉嫌违法违规执业的，应当向注册地司法行政机关提出处罚意见和建议，注册地司法行政机关收到意见建议后应当立案调查，并将查处结果反馈行为发生地司法行政机关。行为发生地司法行政机关不同意处罚意见的，应当报共同上级司法行政机关审查。上级司法行政机关应当对两地司法行政机关意见和相关证据材料进行审查，提出处理意见。跨省（区、市）的律师维权与违规交织等重大复杂事件，可以由司法部会同最高人民法院、全国律协，必要时商请事件发生地的省（区、市）党委政法委牵头组成联合调查组，负责事件调查处理工作。省（区、市）内跨区域重大复杂事件参照上述做法办理。

七、重大敏感复杂案件开庭审理时，根据人民法院通知，对律师具有管理监督职责的司法行政机关或律师协会应当派员旁听，进行现场指导监督。

八、各级人民法院、司法行政机关要注重发现宣传人民法院依法尊重、保障律师诉讼权利和律师尊重法庭权威、遵守庭审纪律的典型，大力表彰先进，发挥正面引领作用。同时，要通报人民法院、司法行政机关侵犯律师正当权利、处置律师违法违规行为不当以及律师违法违规执业受到处罚处分的典型，教育引导法官和律师自觉树立正确观念，彼此尊重、相互支持、相互监督，为法院依法审判、律师依法履职营造良好环境。

（八）涉诉信访

最高人民法院
信访处接待来访工作细则

（1980年6月20日）

第一条 凡属于法院工作范围的来访者，除不服法院的判决、裁定、调解的由各审判庭接谈外，均由我处接谈。

不属于法院工作范围的来访，由我处依照"归口"接待的原则，动员其到有关部门反映；如有必要，经领导同意后，可与有关部门联系协商处理。

第二条 接谈人员要弄清来访人的要求是什么，申述有无理由，根据党的政策和国家法律，分别情况作如下处理：

对属法院受理的自诉案件，应告诉来访人向有管辖权的人民法院起诉；对法院正在办理的案件有意见或要求承办法院尽快结案的，原则上转承办人民法院查处，视情况也可转其上级人民法院督促办理。

对续访者，如承办法院对其所诉问题已做了合理处理的，应说服息诉或函转承办法院再做思想工作；如承办法院正在进行工作，可劝其回原地等候处理；如承办法院尚未查处的，应函告承办法院抓紧处理。并劝其回原地等候查处。

第三条 属法院工作范围的问题的处理办法：来访者反映的情况属于一般性的，可使用例稿转处；对案情重大、迭经催办而久拖不决的，接谈人可拟函稿经领导核批，请有关法院审查处理并报告处理结果；对情况紧急可报经领导同意，打长途电话向有关法院联系；对案情重大、复杂而又来访多次，虽向有关法院多次催促仍不办不报的，经领导同意后，可请主管法院来人汇报或派员下去督促查处。

第四条 对确属无理取闹，长期逗留在京，妨碍社会和工作秩序，又几经教育无效必须收容的来访人，应写收容遣送报告，报办公厅领导审批，由法警送公安机关执行。

第五条 对当日登记而没有谈完的来访人要适当安置。

来访人的食宿、路费，原则上自理。

对于老弱病残，经济确属困难的来访人，可以介绍到接济站免费吃住一至两天，同时动员尽快离京。如需延长时间，须经处领导批准。

对于应由法院查处而没有路费返回原地的来访人，经处领导批准后，可开具借给火车票的介绍信。凡借路费者应出借据。

来访人归还的路费,应及时上缴会计科并在卡片上记录。

第六条 几项手续制度:

(1) 建立"来访登记簿"和"电话登记簿"。凡是接谈过的或用电话联系处理的来访案件,都要立簿登记。

(2) 建立定期催办制度,对重大、复杂的案件,已函转有关法院查处并要回报处理结果的,一般限期为3个月,逾期不报的,应予催办。

(3) 建立报告审查制度。有关法院或部门送来的来访处理情况报告,由承办人审查,写出处理意见呈报处领导审阅。

(4) 建立来访卡片及卡片管理制度,凡是接谈过的来访,都要建立卡片,写清楚来访人的基本情况,所谈的主要问题,有关单位的处理情况和接谈处理意见等。

长途电话记录稿,收容遣送报告稿,来访路费借条及归还收据和来访处理报告、审查处理意见,都应按时间顺序订入卡片。

卡片按简易方便的原则保管。

第七条 接谈人员要认真宣传党的政策,贯彻执行国家法律,耐心做来访人的工作,严格遵守三大纪律八项注意。不得接受来访人的任何礼物,不得徇私枉法。努力学习业务,经常研究重大、复杂、疑难案件,定期总结工作经验,提高工作质量。

来访人的一切证件、票证、衣物,不予收存。

书写公文内容要简明扼要,符合规格,字迹清楚,措词力求准确、恰当。

第八条 严格遵守保密纪律,对来访卡片和函稿要妥善保管,不得随身携带,对来访人所述问题不向无关人员谈论。

第九条 本细则从1980年8月1日起试行。

最高人民法院
关于进一步加强法院信访工作的通知

1999年1月27日　　　　　　　　　　　　法〔1999〕10号

各省、自治区、直辖市高级人民法院,新疆维吾尔自治区高级人民法院生产建设兵团分院:

根据中共中央办公厅、国务院办公厅《关于进一步加强信访工作的通知》精神,结合人民法院信访工作的实际情况,现通知如下:

一、今年是我们党和国家历史上具有特殊意义的一年,维护社会稳定的任务仍然很重。维护社会稳定是人民法院工作的政治任务,各级法院必须从讲政治的高度进一步增强做好信访工作的使命感和责任感,坚决贯彻落实中央政法工作会议精神,充分发挥审判职能作用，积极参与社会治安综合治理，全力维护社会政治稳定，为改革和发展创造良好的社会环境。

二、各级人民法院要立即对本院的信访工作做一次认真的检查和研究，针对存在的问题和薄弱环节切实加以改进。特别是越级上访和进京上访人员较多的法院，要采取切实可行的有效措施，认真研究逐个解决。对上访人员提出的问题，依照法律和政策应当解决的，应尽快予以落实，不能久拖不决；对申诉无理的，要加强教育，做好疏导工作，使其息诉停访。

三、高度重视并及时处理好集体上访。发现集体上访苗头的要及时控制、主动做好工作，一旦形成集体访，要立即向党委、政府和上级人民法院通报情况，并积极与有关部门协调配合，进行劝阻疏导，努力化解矛盾。要坚持"分级负责，归口办理"与属地管理相结合的原则，群众集体上访发生在哪里，就要在哪里控制住、处理好。对已进京的集体访，有关法院在接到通知后，要立即派人到京接回，不得拖延，不能推诿，更不得将矛盾上交。

四、各级人民法院和最高人民法院各单位要切实负起责任，实行信访工作领导责任制，一级抓一级，一层层抓落实。如因拖延、推诿、失职等，致上访人在北京出了问题或集体访事态扩大，造成不良影响或影响首都稳定的，要追究有关法院一把手、分管领导和单位主要领导的责任。

五、各级人民法院要高度重视信访队伍建设。在当前情况下，信访工作力量只能加强不能削弱，从事信访工作的人员数量和素质必须适应信访工作任务的需要。要进一步完善信访工作制度。要加强调查研究，掌握法院信访工作的特点和规律，增强工作的主动性。要改善接访人员的工作条件，确保接访人员的人身安全，落实信访人员的信访岗位健康补贴。

最高人民法院
印发《关于从源头上减少涉诉信访的若干意见》的通知

2009年5月11日　　　　　　　　　　　　　　法发〔2009〕27号

各省、自治区、直辖市高级人民法院，解放军军事法院，新疆维吾尔自治区高级人民法院生产建设兵团分院：

现将《最高人民法院关于从源头上减少涉诉信访的若干意见》印发给你们，请结合工作实际，认真贯彻执行。

附：

最高人民法院
关于从源头上减少涉诉信访的若干意见

做好涉诉信访工作，关系到人民群众的切身利益，关系到社会的公平正义，关系到改革发展稳定的大局，是人民法院重要的司法职责，也是人民法院紧迫而又重大的政治任务。为进一步加强涉诉信访工作，规范司法行为，改进审判作风，提高审判质量和效率促进司法公正，切实化解矛盾纠纷，预防并减少涉诉信访，制定本意见。

第一条 高度重视涉诉信访工作，加大源头治理，减少涉诉信访是坚持"党的事业至上、人民利益至上、宪法法律至上"工作指导思想，深入贯彻落实科学发展观，实践"为大局服务，为人民司法"工作主题的必然要求。各级人民法院要充分发挥人民法院维护社会稳定、促进社会和谐的职能作用，努力以公正、高效、和谐的司法活动，树立司法权威，提升司法公信，探索建立科学合理的涉诉信访源头治理长效机制，有效预防并减少涉诉信访，更好地满足人民群众对人民法院工作的新要求、新期待。

第二条 加强审判工作与人民调解、行政调解、仲裁等方式的衔接，合力化解矛盾纠纷，力争把问题解决在基层，矛盾化解在萌芽状态。要深入贯彻调解优先原则，强化调解职能，充分发挥诉讼调解化解矛盾、平息纠纷的作用，努力实现"案结事了"的目标。

第三条 认真做好来访接待、案件查询、办案人员联系、诉讼材料接转等司法便民工作。要进一步强化审判流程管理措施，对案件的立案、排期、送达、保全、庭前调解、庭前准备、开庭审理、结案、归档、上诉等审判活动的全过程进行监控、重点督促、系统协调，实现案件审判各个环节的高效、透明。要公开一切依法可以公开的司法内容和工作环节，依法保障当事人对诉讼活动的知情权、参与权和监督权。

第四条 规范案件受理审查工作，依法保障当事人诉权，对于农村征地、城镇拆迁、劳动争议、职工安置、突发公共事件等引发的矛盾纠纷，要切实防止因受理不慎、受理不当而引发的矛盾扩大化、复杂化，注重通过发挥政治优势化解矛盾纠纷，引导当事人通过多元纠纷解决机制解决。

第五条 加强诉讼引导，引导当事人正确行使诉权。要完善风险告知制度，以制作诉讼风险提示栏、发送《诉讼风险告知书》等方式向当事人提示诉讼请求不当、丧失诉讼时效、举证超过时限、拒不执行等方面的法律后果，积极预防并减少当事人因诉讼风险防范不当形成的信访。

第六条 建立和完善民事案件繁简分流和简易案件速裁机制，减轻当事人讼累。要尊重当事人的程序选择权，合理配置司法资源，全面提高司法效率。根据有关规定对简单的民事案件适用简易程序审理，方便当事人诉讼。

第七条 进一步规范裁判文书制作，提高裁判文书的说理性，要简要、如实归纳诉讼各方的诉、辩主张，准确概括各方当事人争议的焦点，详细分析说明各方当事人提交证据采信与否的理由以及被采信的证据能够证明的事实，客观阐述对辩护意见、代理意见是否采纳的理由，规范法律条文的引用。要重视裁判文书的校对工作，杜绝内容遗漏、文字错误等低级错误。要逐步加大裁判文书网上公开力度，凡适合公开的裁判文书，力争做到及时、准确的发布，供当事人查询，接受社会公众监督。要定期开展裁判文书评查活动，深入分析差错存在的主要原因，提出有效的整改措施。切实提高裁判文书质量，促进当事人服判息诉，尽可能减少由此引发的涉诉信访。

第八条 当事人来访中对裁判事项提出异议、疑问的，人民法院应当及时安排原承办法官进行答疑，有针对性地向当事人解释、说明裁判有关程序适用、证据认定、裁判理由及裁判文书的文意等问题，以消除当事人对裁判的疑问，达到服判息诉的目的，答疑的过程要公开透明，并做好相关工作笔录的制作存档工作。

第九条 下大力气构建综合治理执行难的长效机制，切实建立和完善"党委领导、人大监督、政府参与、政协支持、各界配合、法院主办"的执行联动威慑机制，扎实开展全国集中清理执行积案活动，维护当事人的合法权益，维护法律尊严和司法权威，有效预防并减少涉诉信访。

第十条 尽快建立完善案件信访预估机制，强化信访预防意识。

按照谁办案、谁评估、谁负责的原则，在立案、审判和执行阶段，根据案件争议事实、当事人的言行、情绪和以往诉讼行为等情况，对涉及群众切身利益、群众反映强烈、可能引发集体访和群体性事件的案件进行全面客观准确的信访评估，及时反馈信息并启动防范预案，努力做到案结事了。

第十一条 加强分类处理，完善接待分流机制。对初信要做到件件有登记、件件要审查；对初访要做到原承办法官与立案庭信访法官共同进行接访。要合理分流初信初访与重信重访，对初信初访要优先受理、优先接谈、优先办理，防止演变成重信重访。要进一步完善初信初访接待处理办法，提高初信初访息诉率，有效预防并减少重信重访。

第十二条 建立涉诉信访工作与审判、执行工作的双向沟通机制。涉诉信访部门要密切关注经济社会发展中的新情况、新问题，逐月建立包括信访来源、产生原因、责任单位、接待处理意见等要素在内的工作台账，完善滚动排查机制，加强信访问题预测分析、信访信息通报工作，认真分析并及时反馈到各审判、执行部门。各审判、执行部门要建立及时发现问题、调处矛盾、处置事件的预警机制，密切与立案信访机构的情况沟通、联络。以涉诉信访促进审判、执行，以审判、执行化解涉诉信访，使涉诉信访工作与审判执行工作走上良性循环的轨道。

第十三条 建立涉诉信访督查、督办常态工作机制。上级法院、同级法院应分别加强对下级法院、本级其他内设机构涉诉信访工作的协调、督促。上级交办案件、进京上访案件、上访老户案件应列为督查和督办重点案件，严格按照"四定一包"要求，逐一清查因案施策。对越级进京上访案件应严格按照"四定一包"要求落实工作责任。上级法院可以采取到地方阅卷、座谈分析、实地调查明察暗访、劝导和解、协调指导等方式开展督查和督办工作，有效降低进京上访和重信重访。

第十四条 建立完善审判质量与效率评估指标体系，将申诉率信访投诉率、重复投诉率、调撤率等纳入各级人民法院工作考评考核指标；各级人民法院应当建立完善案件质量评查机制，将评查结果作为对各审判业务部门业绩考评以及法官业绩考评的参考依据要通过加强司法业务管理，健全人民法院内部监督与制约机制，对全国各级人民法院审判质量与效率进行整体评价与判断，提高法官责任感和事业心，提高审判质量和效率，从制度上促使法官高度重视涉诉信访工作。

第十五条 加大责任追究力度，对于因司法行为不规范、不公正造成涉诉信访的，要实行责任倒查，严格按照有关规定对有关责任人员进行追究。要完善涉诉信访责任查究工作机制，由人民法院监察部门牵头立案庭、审监庭成立责任查究办公室，对引发涉诉信访的典型案件进行责任分析和责任倒查追究。

第十六条 全面落实中央有关领导干部定期接访、中央和国家机关干部下访的要求，定期组织法官带案下访，及时了解当事人诉求，到下级、到基层去直接解决信访问题。要坚持法院领导定期接访制度，形成领导班子带头接访、业务庭领导直接接访的常态工作机制，着重解决案情复杂、久拖未决的疑难案件，预防并减少重信重访。

第十七条 加快涉诉信访司法统计改革，改革完善现有涉诉信访统计指标体系，调整统计口径，实现"诉"与"访"分离，提高涉诉信访案件司法统计报表的准确性与科学性。要充分利用全国涉诉信访工作信息平台，依托"涉诉信访"和"四定一包"工作模块，实现全国法院之间涉诉信访信息的互联互通，提高对进京上访、特别是越级进京上访案件的信息监管力度，降低诉讼成本，更便捷地为上访群众服务。高级人民法院应当在本辖区内建立数据发布平台，及时发布相关涉诉信访信息，加快信息反馈节奏，提高工作效率力争在第一时间化解涉诉信访矛盾。

第十八条 在审判工作中，发现有关单位在工作方法、管理体制规章制度等方面存在重大问题，容易引发信访的，应当及时提出司法建议，促进相关单位健全制度、加强管理、堵塞漏洞、消除隐患、改进工作。要注意抓好对建议的督促落实，跟踪了解建议的效果，必要时可以要求有关单位对处理结果予以反馈。对未引起重视的，要采取适当方式加以督促，也可以向其主管部门或上级领导机关提出意见，力求将建议事项落到实处。

第十九条 积极协调有关部门，建立健全各项救助制度，严格掌握救助标准和审批程序，既要保证符合条件的当事人得到救助，又要防止随意降低标准来满足当事人的不合理要求，确保各项救助制度真正发挥作用。

第二十条 规范法官司法行为，加强法官职业修养，注重着装仪表，约束举止言行，引导法官文明司法。在立案阶段，当事人询问证据是否有效、能否胜诉等实体问题的，不得向其提供倾向性意见；在庭审阶段，要严格遵循庭审程序，平等保护当事人的诉讼权利。要准时出庭，不迟到，不无故更改开庭时间，不与诉讼中的任何方有亲近的表示，不得用带有倾向性的语言进行提问，不得与当事人及其他诉讼参加人辩论。要根据案情和审理需要，公平合理地分配诉讼各方在庭审中的陈述及辩论时间；在执行阶段，要依法及时有效执行，注意方式方法，注重执行的法律效果和社会效果。严禁在委托评估、拍卖等活动中徇私舞弊。

最高人民法院
印发《关于开展案件信访评估预防工作的若干意见》等四个文件的通知

2011年3月31日　　　　　　　　　　　　　　　　法发〔2011〕8号

各省、自治区、直辖市高级人民法院，解放军军事法院，新疆维吾尔自治区高级人民法院生产建设兵团分院：

现将《最高人民法院关于开展案件信访评估预防工作的若干意见》、《最高人民法院关于加强涉诉信访案件有关事项通报的规定》、《最高人民法院关于建立和完善多元化解涉诉信访机制的规定》、《最高人民法院关于涉诉信访案件约期接谈的规定》等四个文件印发给你们，请各地结合实际，认真贯彻执行。

附1：

最高人民法院
关于开展案件信访评估预防工作的若干意见

为了进一步加强涉诉信访工作，强化各级人民法院和法官预防涉诉信访意识，增强群众工作自觉性，推进涉诉信访工作机制创新，结合涉诉信访工作实际，制定本意见。

一、开展案件信访评估预防工作应当遵循的原则

1. 各级人民法院应当建立案件信访评估预防制度。把开展案件信访评估预防工作作为加强涉诉信访源头治理，建立健全涉诉信访工作长效机制的一项重要措施，通过开展信访评估和化解工作，切实预防和减少涉诉信访。

2. 坚持预防优先原则。各级人民法院对有信访苗头的案件，应当做到早发现、早评估、早预防，及时制定对策，采取措施，努力避免涉诉信访的发生。

3. 坚持责任到人原则。承办部门和承办人在办理案件过程中认为案件存在信访苗头的，应当进行信访等级评估，并填写案件信访等级评估表，该表随同案件相关材料移交下一环节，进行风险提示。

4. 坚持客观准确原则。人民法院办理的各类案件，以及每一案件的立案、审判和执行等各个环节，都应开展信访评估预防工作。认为案件不存在信访苗头的，可以不进行评估。对于案件存在信访苗头的，承办部门和承办人不得隐瞒不报。

二、开展案件信访评估预防工作的方法、步骤

5. 承办部门和承办人应当根据当事人、当事人近亲属或者被害人近亲属、辩护人、委托代理人、法定代理人以及其他与案件处理结果有利害关系的人员等相关人员的言行举止、情绪和以往诉讼行为表现等情况，进行案件信访评估，确定信访等级。

6. 案件信访等级可参照下列情形分为三级：

当事人或者相关人员虽然没有过激言行，但是案件事实复杂，有一定起因和背景，且当事人或者相关人员有上访意思表示，可能引发上访的，可确定为三级；

当事人或者相关人员情绪较为激动，言辞较为激烈，有明确的上访意思表示或者有过上访经历，可能引发越级上访、集体上访和其他在敏感时期、到敏感地点、领导机关或有关要害部门上访，并可能造成一定后果、产生不良影响的，可确定为二级；

当事人或者相关人员情绪激动，言辞激烈，可能引发自杀、自残、伤害他人、人数众多的集体上访等，并可能造成严重后果、产生恶劣影响的，可确定为一级。

7. 案件信访评估预防工作与办理案件密不可分，各承办部门既要实行分工负责，又要加强协调配合。

诉前保全、立案受理、立案调解和管辖权异议等诉讼活动的信访评估由立案庭负责；正在审理、审查和执行案件的信访评估由相关审判庭和执行局负责；涉及委托评估、拍卖等司法活动的信访评估由司法辅助工作部门负责；涉及其他司法活动的信访评估，由负责该项工作的部门负责。

8. 对于存在信访苗头的案件，承办人、合议庭在提出处理意见和评议案件时，应当就案件信访等级和应对措施、化解方案等一并提出意见，并积极开展化解工作。

承办部门领导、院领导在审批案件时，应当对合议庭或者独任审判员提出的信访评估意见和应对措施提出意见，并做好必要的检查、督促和协调工作。

审判委员会在研究存在信访苗头的案件时，应当对承办部门提出的评估意见和化解措施，一并进行研究，提出指导意见。

9. 承办部门应当努力在本部门办理阶段化解存在的信访苗头，不能不经化解就向下一承办部门移交。确实无法彻底化解的，在向下一承办部门移送时，应当明确提示并提出预防、化解建议。

承办部门和承办人处理案件时应当统筹考虑上一环节作出的信访提示以及本环节的办理工作可能给下一环节带来的信访影响。

10. 已经确定的案件信访等级和化解措施属于审判秘密，案件信访等级评估表应当保存于副卷。

三、加强对案件信访评估预防工作的领导、监督和检查

11. 各级人民法院涉诉信访工作领导小组负责督促检查本院的案件信访评估预防工作。涉诉信访工作领导小组办公室是本院案件信访评估预防工作的具体管理部门。

12. 各级人民法院应当把落实案件信访评估预防制度作为绩效考核和案件质量评查的重要内容，加强对信访评估预防工作的监督检查，确保各项制度措施落到实处。对于没有开展案件信访评估预防工作，或在评估工作中搞形式主义、弄虚作假的，应予以通报批评。

13. 各高级人民法院可以结合本辖区实际情况，根据本意见制定具体工作细则，指导本辖区的案件信访评估预防工作。同时，应当注意发现制度实施过程中存在的突出问题，不断总结案件信访评估工作经验，切实通过信访评估工作促进审判人员增强预防涉诉信访意识，有效化解矛盾，从源头上预防和减少涉诉信访的发生。

附：人民法院案件信访等级评估表（样式）

人民法院案件信访等级评估表					
填表时间： 年 月 日				填表人：	
当事人			办结时间		
案　由			案　号		
承办部门		承办人		评估等级	
简要案情和评级理由					
已经采取的措施和化解情况					
审判长审批意见			签名：		年 月 日
承办部门领导审批意见			签名：		年 月 日
院领导审批意见			签名：		年 月 日

填表说明：

1. 填表人为承办人或者书记员，办结时间是指案件结案时间或者由前一环节向后一环节移转的时间。

2. 案件可能存在信访苗头的应如实填写，不得随意夸大和降低信访等级。

3. "审批意见栏"按照审判长、承办部门领导、院领导的顺序填写。信访等级确定为三级的，由合议庭审判长签署意见；确定为二级的，由承办部门领导签署意见；确定为一级的，由院领导签署意见。

4. 存在一级、二级信访可能的，应报送本院涉诉信访工作领导小组并通知信访、安全保卫等相关部门。

附 2：

最高人民法院
关于加强涉诉信访案件有关事项通报的规定

为进一步加强涉诉信访源头治理工作，增强广大法官预防涉诉信访的意识，提高审判、执行工作质效，减少涉诉信访的发生，制定本规定。

第一条 各级人民法院应建立健全涉诉信访通报制度，充分发挥涉诉信访通报对审判和执行工作的形势预判、提示警示、督促改进、责任落实等方面的作用。

第二条 最高人民法院对下列情形向各高级人民法院通报：
（一）重大进京集体访的；
（二）当事人采取自杀自残等极端方式上访、造成重大影响和严重后果的上访；
（三）长期在京滞留的越级访；
（四）当事人在敏感时期、到敏感地区、领导机关或有关要害部门上访的；
（五）其他需要通报的重大信访事项。

第三条 各高、中级人民法院根据本地涉诉信访工作实际，向本院和下级人民法院通报本辖区涉诉信访案件情况。

基层人民法院应对本院的涉诉信访案件进行全面通报。

第四条 涉诉信访通报除应对涉诉信访基本形势、案件基本情况进行分析通报外，还应对涉诉信访案件作出生效裁判的法院和原合议庭、承办人或执行员进行通报。

第五条 对上级人民法院通报的重点案件及相关情况，有关人民法院应认真查找原因，采取措施，落实稳控化解责任，防止矛盾激化，通报落实情况报上一级人民法院。

附 3：

最高人民法院
关于涉诉信访案件约期接谈的规定

为贯彻落实司法为民工作要求，有效减轻上访群众重复来访诉累，进一步提高涉诉信访接谈效率，结合信访工作实际，制定本规定。

第一条 本规定所称约期接谈是指接谈人员与来访人约定接谈或答复日期，并如期接谈或将案件审查结果答复来访人。

第二条 约期接谈由接谈人员与来访人共同填写约期接谈单，确定约谈期限、地点并如期接谈或答复处理结果。

来访人反映的涉诉信访案件属于其他部门或法官承办的，应由接谈人员与相关承办部门或法官沟通后，再与来访人共同填写约期接谈单。必要时也可由相关承办部门或法官与来访人共同填写约期接谈单。

第三条　约谈期限由接谈人员根据来访人的来访情况合理确定，也可以就案件的办理情况及进展程度分阶段约期。

第四条　约期接谈可分为书面或口头两种答复方式。书面答复方式主要指制作法律文书，包括民事裁定书、驳回通知书、决定书等形式；口头答复主要指口头做息诉息访工作，包括约谈劝息或电子邮件、电话劝息等。

第五条　以书面方式答复的，应当在编立案号后，严格依照法定程序进行审查。书面答复意见可采取当面、委托或专递邮寄等形式送达。

以口头方式答复的，应当围绕来访人的申诉主张，全面、具体、明确地将审查答复意见予以告知，并将答复意见详细填写于法院信访接待信息系统备查。

第六条　接谈人员应当确保如期接谈，因客观原因不能如期接谈的，应提前向来访人说明情况并重新商定日期；来访人认为改期存在困难的，接谈人员可委托合议庭其他成员如期接谈。

未到约谈期限，来访人不再来访。来访人因客观原因需要变更约谈日期的，应提前与联系人联络。

第七条　约期接谈信息应及时录入法院信访接待系统，并纳入接谈人员绩效考核之中。

第八条　各级人民法院可根据本院的工作实际制定实施细则。

附：涉诉信访案件约期接谈单

申诉人　　　　为　　　　　　　　一案，于　　年　月　日来访。经协商约定，申诉人于　　年　月　日持本约期接谈单到我院申诉立案大厅再次接谈，此期间不再来访。

申诉人：　　　　　联系方式：

二〇一一年　月　日
（部门印章）

联系人：　　　　　联系方式：
注：本单一式三份，由接谈人员与申诉人填写。

附 4：

最高人民法院
关于建立和完善多元化解涉诉信访机制的规定

为全面落实党中央关于加强和改进新形势下群众工作的要求，切实加强涉诉信访工作，有效化解社会矛盾，结合人民法院涉诉信访工作实际，制定本规定。

第一条 各级人民法院要依靠党委领导、人大监督和政府支持，紧紧围绕社会矛盾化解、社会管理创新、公正廉洁执法三项重点工作，开阔视野，拓展渠道，借助和利用社会力量，共同参与涉诉信访化解工作，有效解决涉诉信访问题，促进社会和谐稳定。

第二条 依照最高人民法院《关于建立健全诉讼与非诉讼相衔接的矛盾纠纷解决机制的若干意见》和《关于进一步贯彻"调解优先调判结合"工作原则的若干意见》，继续下大力做好民事、刑事、刑事附带民事诉讼、行政、执行案件的诉讼和非诉讼调解工作，坚持以预防为主，狠抓源头治理。

第三条 大力提高沟通协调能力，积极动员社会力量参与到矛盾化解工作中来。积极引导当事人就近、就地选择民间调解、人民调解、行政调解、行业调解等方式解决纠纷，力争将矛盾解决在诉前。

第四条 积极参与地方社会治安综合治理、政法机关联动机制、各部门联合化解信访机制的建设和工作，切实利用联动机制化解涉诉信访案件。

第五条 邀请人大代表、政协委员、基层单位代表、有关专家及德高望重的社会人士等，参加涉诉信访案件的听证、调解工作。

第六条 加强与司法行政部门的沟通协调，将涉诉信访化解纳入律师工作范围。邀请律师为涉诉信访人员提供法律服务和援助，参与涉诉信访案件的调解和化解工作。

第七条 根据实际需要，邀请具有专业知识的心理医生和志愿者，疏导缓解信访人员的心理压力和情绪，供心理咨询服务。

第八条 实行行政救助、社会救助和司法救助并举，建立健全涉诉信访救助制度，设立人民法院涉诉信访救助专项资金，规范信访救助资金的使用和管理。

第九条 进一步加强涉诉信访诉讼调解工作，将涉诉信访预防和治理工作贯穿于案件的立案、调解、审查、执行等各个环节。

第十条 进一步加强人民法院立案信访窗口建设，充分发挥人民法院立案信访窗口的预防、分流、调解、疏导等作用。

第十一条 根据工作需要，聘请审判经验丰富、协调能力较强、善于做群众工作的退休法官从事疑难涉诉信访案件的化解工作。

第十二条 对于审查处理结论正确、进行释疑解答后仍然来访的，可以组织公开听证和答复。

第十三条 建立涉诉信访工作培训制度，定期选派优秀审判人员、人民调解组织业务骨干等对立案信访工作人员进行培训，提升人民法院涉诉信访审判人员的工作能力和水平。

第十四条 广泛运用影视资料、网络、图书报刊等媒介，宣传法律和中华民族传统美德，引导群众正确理解法律，理性对待个人利益诉求。

第十五条 建立科学的涉诉信访多元化解工作考评制度，加大责任落实力度，将多元化解涉诉信访工作考评纳入人民法院年终工作考核范围。

最高人民法院
关于印发《最高人民法院远程视频接访规则》的通知

2014年4月16日　　　　　　　　　　　　　　　　法〔2014〕86号

各省、自治区、直辖市高级人民法院，解放军军事法院，新疆维吾尔自治区高级人民法院生产建设兵团分院：

现将《最高人民法院远程视频接访规则》予以印发，请结合实际，认真遵照执行。

附：

最高人民法院远程视频接访规则

为进一步拓宽信访渠道，方便人民群众申诉信访，减轻人民群众负担，降低涉诉信访社会成本，根据中共中央办公厅、国务院办公厅下发的《关于依法处理涉法涉诉信访问题的意见》，制定本规则。

第一条 远程视频接访工作坚持重心下移、公开依法、便民及时的原则，努力减少群众涉诉上访负担，努力实现从走访到远程视频接访的申诉信访模式转变。

第二条 申诉信访人员可以向申诉信访案件一审人民法院或申诉信访人员住所地的基层人民法院提出申请，通过远程视频的方式向最高人民法院依法表达诉求。

申诉信访案件一审人民法院或申诉信访人员住所地的基层人民法院不具备远程视频条件的，申诉信访人员可以向上一级人民法院提出申请。

各高级人民法院认为有必要的，经申诉信访人员同意，可以约请最高人民法院给予远程视频接谈。

最高人民法院认为有必要的，可以通过网上申诉信访平台或者其他方式约请申诉信访人员，通过远程视频接谈。

第三条 申诉信访人员不服中级人民法院或基层人民法院的生效裁判,经高级人民法院复查驳回,向最高人民法院申诉,属于最高人民法院接谈范围的案件,人民法院可以办理远程视频预约。

申诉信访案件未经高级人民法院审查处理,申诉信访人员坚持向最高人民法院反映情况的,可以办理远程视频预约,案件所在地高级人民法院应与最高人民法院联合接访。

第四条 远程视频接访一端为最高人民法院视频接访室。对端地点为申诉信访案件一审人民法院的视频接访室或申诉信访人员住所地的基层人民法院视频接访室。申诉信访案件一审人民法院或申诉信访人员住所地的基层人民法院不具备视频接访条件的,对端人民法院为上一级人民法院。

第五条 最高人民法院提供远程视频预约系统、负责远程视频接访工作。远程视频预约申请的审核、办理、通知、维持接访秩序等工作由接受预约申请的对端人民法院负责。

对端人民法院是申诉信访案件一审人民法院的,还应当指定专门法官,全程参与远程视频接访,做好接谈记录。申诉信访人员明确拒绝的,可不安排一审法院法官参与接访,但应维护好接谈秩序。

最高人民法院认为有必要的,可以要求高级人民法院安排法官联合接访。

对端人民法院不进行录音录像,最高人民法院对远程视频接访进行全程录音录像。

第六条 申诉信访人员提出远程视频预约申请,应提交原审裁判文书及主要证据材料的复印件。

收到远程视频预约申请的人民法院,应当即对申请所涉案件是否属于最高人民法院接谈范围进行审查,如属于最高人民法院接谈范围,应即刻提交预约申请。

第七条 远程视频预约申请被接受的,受理预约申请的人民法院,应当确定具体的接谈时间、对端人民法院视频接访室所在地点、可参加接谈的人员等事项,采用书面或者电子邮件、手机短信等方式通知申诉信访人员。

第八条 申诉信访人员应按照通知时间到对端人民法院视频接访室等待接访。申诉信访人员不得携带摄录设备和通讯工具进入视频接访室,不得在镜头前随意走动。接访过程中无关人员不得进入室内。

第九条 申诉信访人员确有正当理由无法按时参加接访的,应当向对端人民法院申请重新预约。对端人民法院同意重新预约的,应当及时报最高人民法院备案并告知申请人接谈时间。

第十条 申诉信访人员在对端人民法院视频接访室,通过远程网络视音频图像传输系统,对人民法院生效裁判提出申诉,或者表达其他诉求,最高人民法院进行接谈和处理。

第十一条 最高人民法院接访法官在远程视频接访后,可根据不同情况作以下处理:

(一)原审裁判明显有错误,符合申诉或申请再审立案条件的,告知对端人民法院向申诉信访人员收齐相关材料,移交最高人民法院立案审查;

(二)原审裁判并无不当,申诉理由不能成立的,告知申诉信访人员息诉罢访,做好法律释明工作;

(三)原审裁判需进一步审查的,预约下次远程视频接谈的时间;

(四)要求申诉信访案件原审人民法院做好息诉罢访或者帮扶教育工作。

第十二条 接谈结束后,最高人民法院接访法官应当及时记录处理意见。

对端人民法院共同接访法官负责及时在远程视频接待系统内记录案情、接访记录。申诉信访案件原审人民法院负责对最高人民法院法官接访处理意见的具体落实。

第十三条 远程视频接谈后,如需再次接谈,接谈法官应当按照"约期接谈"制度,与申诉信访人员约定下次视频接访的时间,在此期间内申诉信访人员到最高人民法院人民来访接待室走访登记,不再安排接谈。

第十四条 各高级人民法院负责本辖区的远程视频系统建设,要指导、加强辖区内人民法院装备建设,设立固定的视频接访场所,保持网络畅通,保证远程视频接访顺利进行。

第十五条 各高级人民法院应当及时出台本辖区内远程视频预约和接访工作的具体措施。

第十六条 本规则自发布之日起施行。

最高人民法院
关于依法维护人民法院申诉信访秩序的意见

2014年12月15日 　　　　　　　　　　　　　　　　法〔2014〕347号

为依法保障公民、法人和其他组织的合法权益,规范申诉信访行为,维护申诉信访秩序,依据《中华人民共和国刑事诉讼法》《中华人民共和国民事诉讼法》《中华人民共和国行政诉讼法》《中华人民共和国人民警察法》的规定,制定本意见。

第一条 申诉信访人员应当遵守法律、法规和司法解释有关诉讼参与人行为规范的规定。到人民法院申诉信访,应当听从工作人员的组织、指挥和引导。

第二条 人民法院在解决申诉信访人员实际问题的同时,对有轻微缠访、闹访行为的,要进行劝阻、批评、教育;对涉嫌违法犯罪的,要严格依法处理。

第三条 人民法院申诉信访场所由司法警察执勤,负责维护秩序和安全。

第四条 对扰乱申诉信访秩序的人员,司法警察应当分别采取训诫、制止、控制、强行带离等处理措施,收集、固定、保存相关证据,并视情节移送公安机关处理。

第五条 人民法院要加强与公安机关的沟通和配合,建立闹访、缠访情况沟通机制,协同公安机关现场处置。

第六条 无行为能力、限制行为能力人,应当由监护人陪同进入人民法院申诉信访场所。未经准许，不能正常表达诉求的精神病人、醉酒者不得进入。

第七条 申诉信访场所应当配备物品寄存设施，申诉信访人员，应当将所携带的具有拍照、录音、录像功能的设备予以寄存。

未经准许拍照、录音、录像的，司法警察应当予以制止，删除拍录内容，并可以对行为人予以训诫。

第八条 申诉信访人员对司法工作人员进行侮辱、诽谤、诬陷、殴打或者打击报复的，人民法院可以依照《中华人民共和国民事诉讼法》第一百一十一条或者《中华人民共和国行政诉讼法》第四十九的规定，予以罚款、拘留；构成犯罪的，依法追加刑事责任。

第九条 申诉信访人员阻碍司法工作人员执行职务，有下列行为之一的，人民法院可以依照《中华人民共和国民事诉讼法》第一百一十一条或者《中华人民共和国行政诉讼法》第四十九的规定，予以罚款、拘留；构成犯罪的，依法追究刑事责任：

（一）聚众哄闹、寻衅滋事；

（二）对司法工作人员实施暴力或者威胁；

（三）煽动、串联、胁迫、诱使、操纵、教唆他人采取极端方式缠访、闹访；

（四）实施自杀、自伤行为，造成恶劣社会影响；

（五）故意损毁、占用人民法院申诉信访场所财务；

（六）在人民法院滞留或者将年老、年幼、患有严重疾病、肢体残疾等生活不能自理的人弃留人民法院，经劝阻、批评和教育无效；

（七）以暴力、威胁或者其他方法阻碍司法工作人员执行职务。

第十条 进入人民法院申诉信访场所应当自觉接受安全检查。有以下行为之一的，司法警察应当采取训诫、制止、控制等处置措施，固定相关证据，对涉嫌违法犯罪的，移送公安机关处理：

（一）哄闹、冲击安检口或者煽动他人哄闹、冲击安检口；

（二）打砸安检设施，袭击、侮辱司法工作人员；

（三）殴打其他申诉信访人员的；

（四）携带枪支、弹药、管制器具、爆炸性、毒害性、放射性、腐蚀性等危险物质企图进入人民法院；

（五）其他严重扰乱安检秩序的行为。

第十一条 申诉信访人员扬言采取暴力或者其他极端手段报复他人，在社会上制造事端的，司法警察应当采取控制措施后，移送公安机关处理。

第十二条 申诉信访人员在人民法院门前非法聚集、拦截车辆、堵塞、阻断交通的，司法警察应当及时采取制止、控制等处置措施，确保道路交通畅通，并视情节移送公安机关处理。

第十三条 申诉信访人员在人民法院周围采取极端行为制造社会影响的，司法警察应当及时采取措施予以制止，及时通知公安机关处理。

第十四条 人民法院应当及时将申诉信访人员缠访、闹访情况录入涉诉信访信息系统。

对申诉信访人员缠访、闹访行为，人民法院可以通报其户籍所在地或者经常居住地的基层组织或者所在单位。对极端闹访行为，人民法院认为有必要的，可以通过媒体向社会予以公布。

第十五条 人民法院诉讼服务中心工作秩序的维护，适用本意见。

第十六条 本意见自 2014 年 12 月 26 日起实施。

最高人民法院
关于印发《人民法院涉诉信访依法终结工作办法》的通知

2014 年 12 月 16 日　　　　　　　　　　　法〔2014〕359 号

各省、自治区、直辖市高级人民法院，解放军军事法院，新疆维吾尔自治区高级人民法院生产建设兵团分院：

现将《人民法院涉诉信访依法终结工作办法》予以印发，请认真贯彻执行。

附：

人民法院涉诉信访依法终结工作办法

为深入贯彻落实党的十八届三中、四中全会精神，根据中共中央办公厅、国务院办公厅《关于依法处理涉法涉诉信访问题的意见》（中办发〔2013〕26 号）、中央政法委员会《关于健全涉法涉诉信访依法终结制度的意见》（中政委〔2014〕28 号）和相关法律法规，结合人民法院工作实际，就人民法院涉诉信访依法终结工作，制定本办法。

第一条 各级人民法院应当从全面推进依法治国要求，维护人民群众合法权益，维护司法权威，维护党的执政地位和国家长治久安的高度，充分认识健全涉诉信访依法终结制度的重要意义。通过准确把握终结工作的基本原则，引导群众依法维权，切实解决群众反映的涉诉信访问题，防止无限申诉，努力实现涉诉信访形势根本好转。

第二条 涉诉信访终结工作应当遵循严格依法、公开透明、有序开展、促进息访、落实责任原则。

第三条 符合下列条件的涉诉信访，仍然反复申诉、缠访闹访的，可依法终结：

（一）认定事实清楚、适用法律正确、程序合法、裁判公正的下列案件，可以纳入涉诉信访终结范围：

1. 经上一级人民法院再审维持或者申诉审查驳回申诉，或者经最高人民法院作出生效法律结论的刑事案件。

2. 经人民法院再审或者再审审查作出生效法律结论或者超过再审申请期限，当事人明确表示不向人民检察院申请法律监督；或者经市级以上人民检察院作出不支持法律监督决定的，或者支持法律监督决定后，人民法院又经再审或再审审查作出生效法律结论的民事、行政案件。

国家赔偿案件、执行案件的终结范围，另行规定。

（二）裁判有错误或者瑕疵的，已经依法纠正或者采取补正、补救等措施；审判活动中存在违纪违法问题的，已经依纪依法作出相应处理。

（三）符合司法救助规定，已经给予必要的救助帮助。

（四）对涉诉信访人进行了耐心细致的释法明理、教育疏导。

第四条 涉诉信访终结由最高人民法院或者高级人民法院决定。高级人民法院可以根据下级人民法院申请开展涉诉信访终结工作。

最高人民法院和高级人民法院涉诉信访工作领导小组是人民法院涉诉信访依法终结工作领导机构。涉诉信访工作领导小组办公室负责接收、登记、报送、移交，以及终结信息的录入与反馈等项工作。

第五条 最高人民法院和高级人民法院终结工作职责：

（一）对不服最高人民法院生效法律结论的涉诉信访，可以由最高人民法院决定终结。

（二）最高人民法院根据需要，对不服最高人民法院生效法律结论的涉诉信访，可以交高级人民法院决定终结。

（三）最高人民法院对高级人民法院报送的涉诉信访终结备案审查。

第六条 对拟报终结处理的，高级人民法院应当依照终结范围和条件，逐项实质审查，形成书面报告。

第七条 最高人民法院作出生效法律结论的涉诉信访，高级人民法院在作出终结决定时，不再进行法律问题审查。

第八条 人民法院可以邀请人大代表、政协委员和有关单位、社团组织、街道、社区、村民委员会人员、代表等参加涉诉信访终结工作的公开听证、公开询问、公开答复，引导律师为主的社会第三方介入，提供法律服务，增强以终结促进息诉息访的社会效果。

第九条 高级人民法院决定终结的，应当经本院审判委员会或者涉诉信访领导小组研究，并填写《涉诉信访终结备案申请表》，报请最高人民法院备案审查。

第十条 报请终结审案审查的材料包括：

（一）统一编立终结字号的备案卷宗；

（二）《涉诉信访终结备案卷宗》；

（三）信访终结书面报告；

（四）全部法律文书；

（五）询问或听证笔录、合议庭、审判委员会或者涉诉信访领导小组会议讨论记录；

（六）解释疏导教育、执法过错评估单、司法救助等材料；

（七）其他相关材料。

第十一条 最高人民法院对符合终结和备案要求的，予以备案。不符合条件的，及时通知报备法院予以补正或者退回。不予终结备案的，高级人民法院不得终结。

第十二条 决定终结的，应当制作《涉诉信访终结告知书》，并送达涉诉信访人。

第十三条 涉诉信访终结后，人民法院应当及时将终结审查报告、终结告知书、裁判文书以及司法救助和困难帮扶、执法过错评估、违纪违法责任查究等相关材料装订成册，移送信访工作联席会议或政法领导机关。

第十四条 终结移交工作一般由高、中级人民法院承担，基层人民法院协助。人民法院在移交过程中，应当配合做好涉诉信访人的解释疏导工作。移交完毕后10日内，高级人民法院应当将移交情况报最高人民法院。

第十五条 对已经终结的涉诉信访，除有法律规定的情形外，不再启动复查程序；上级人民法院不再交办和通报；对终结后涉诉信访人仍到人民法院缠访闹访，扰乱司法秩序的，依法及时处理，并应当报告同级党委政法委。

第十六条 高级人民法院应当加强对涉诉信访终结工作的领导监督，发现问题，督促整改。

对于不严格按照标准和程序终结，导致定性、处理错误或者其他严重后果的，依纪依法严肃追究相关单位和人员的责任。

第十七条 本办法自下发之日起施行。最高人民法院《人民法院涉诉信访终结办法》（法发〔2010〕42号）及《最高人民法院涉诉信访案件终结备案工作细则》予以废止。

附件： 1. 涉诉信访终结备案申请表（样式）（略）

2. 执法过错评估单（样式）（略）

3. 涉诉信访终结备案审批表（样式）（略）

4. 最高人民法院涉诉信访终结告知书（样式）（略）

5. ＊高级人民法院涉诉信访终结告知书（1）（样式）（略）

6. ＊高级人民法院涉诉信访终结告知书（2）（样式）（略）

（九）其 他

最高人民法院
关于印发《人民法院法徽使用管理规定》的通知

2012年9月14日　　　　　　　　　　　　　　　法〔2012〕226号

各省、自治区、直辖市高级人民法院，解放军军事法院，新疆维吾尔自治区高级人民法院生产建设兵团分院：

为严格法徽的使用管理，现将《人民法院法徽使用管理规定》印发给你们，请遵照执行。

附：

人民法院法徽使用管理规定

为弘扬法治精神、规范司法行为、增强法官的职业荣誉感，现就人民法院法徽的使用和管理作如下规定：

第一条 法徽的基本图案由麦穗、齿轮、华表、天平构成。衬地和垂绶为正红色。麦穗、齿轮、华表、天平以及法徽边沿为金黄色。

第二条 法徽是人民法院的标志，体现了人民法院代表国家依法行使审判权，保障在全社会实现公平正义的深刻寓意。

第三条 法徽及其图案的使用范围：

（一）法桌、法椅、法槌、法袍、法官制服；

（二）人民法院法官及工作人员的集会会场；

（三）人民法院颁发的奖状、荣誉章、证书；

（四）人民法院报刊、图书等出版物及网站、网页；

（五）人民法院对外交流用的信笺、信封、名片。

除前款规定的情形外，使用法徽及其图案应当经中级以上人民法院批准。

第四条 悬挂法徽，应当置于显著位置，并选用与悬挂场所相协调的规格。使用法徽及其图案，应当严肃、庄重，严格按照比例放大或者缩小。不得使用破损、污损、褪色或者不合规格的法徽。

第五条 法徽及其图案不得用于：

（一）商标、商业广告；

（二）日常生活的陈设布置；

（三）建筑装饰；

（四）其他有碍于法徽庄严的场合或者物品。

第六条 法徽为人民法院专用标志，未经允许，其他单位和个人不得使用与法徽及其图案相类似的标志。

第七条 各级人民法院应当严格遵守本规定，对违反规定的，应当进行批评教育并予以纠正。

第八条 徽章、悬挂类法徽由最高人民法院指定的企业统一制作。

第九条 中级以上人民法院对法徽及其图案的使用，实行监督管理。

第十条 本规定自 2012 年 10 月 1 日起施行。

最高人民法院办公厅
关于正确使用人民法院法徽的通知

2017 年 12 月 6 日　　　　　　　　　　　　　法办〔2017〕197 号

各省、自治区、直辖市高级人民法院，解放军军事法院，新疆维吾尔自治区高级人民法院生产建设兵团分院：

法徽是人民法院的标志，也是法官的身份标识，体现了人民法院代表国家依法行使审判权，通过审判工作化解矛盾纠纷，保障在全社会失现公平正义的深刻寓意。2012年9月14日，最高人民法院印发《人民法院法徽技术标准》（法〔2012〕225号）和《人民法院法徽使用管理规定》（法〔2012〕226号）以来，大部分法院能按标准和规定使用法徽及其图案。但近期发现不少法院使用不符合技术标准的法徽图案，致使出现大体形态相似、细部参差不齐的多种规格和版本法徽；有的法院和人民法庭不按规定要求，在审判法庭内应悬挂国徽的位置悬挂法徽，在桌椅、茶具、纪念品等日常生活陈设上随意印刷法徽图案，有碍法徽的庄严和人民法院形象。

为规范使用法徽及其图案，增强严肃性，现将有关事项通知如下：

一、各高级人民法院、解放军军事法院、兵团分院应严格按照《人民法院法徽技术标准》和《人民法院法徽使用管理规定》，落实管理监督责任，组织本地区及所辖各级人民法院、人民法庭对法徽及其图案使用情况进行一次全面自查，对照标准和规定，发现问题，立即纠正。

二、各高级人民法院、兵团分院在 2018 年第一季度，对法徽的基本图案、法徽及其图案的使用范围、悬挂位置、不得使用事项等进行一次抽查，确保法徽作为人民法院专用标志的庄重。对违反规定，不及时整改的，应进行批评教育并限期整改到位。

三、请各高级人民法院、兵团分院将本地法院法徽使用、检查及整改等情况于 2018 年 7 月底前报最高人民法院司法行政装备管理局。2018 年 9 月后，最高人民法院将进行抽查，对使用法徽仍不符合要求的法院进行通报批评。

四、人民法院法徽矢量图可在公共邮箱（用户名：rmfyfhslt@）163.com，密码：fh123456）自行下载。

特此通知。

最高人民法院
关于印发《人民法院法槌使用规定（试行）》的通知

2002 年 1 月 8 日　　　　　　　　　　　　法发〔2002〕1 号

各省、自治区、直辖市高级人民法院，解放军军事法院，新疆维吾尔自治区高级人民法院生产建设兵团分院：

《人民法院法槌使用规定（试行）》已于 2001 年 12 月 24 日由最高人民法院审判委员会第 1201 次会议通过，现将《人民法院法槌使用规定（试行）》印发给你们，请认真组织学习，贯彻执行。

附：

人民法院法槌使用规定（试行）

为维护法庭秩序，保障审判活动的正常进行，现就人民法院法槌使用问题规定如下：

第一条 人民法院审判人员在审判法庭开庭审理案件时使用法槌。

适用普通程序审理案件时，由审判长使用法槌；适用简易程序审理案件时，由独任审判员使用法槌。

第二条 有下列情形之一的，应当使用法槌：

（一）宣布开庭、继续开庭；

（二）宣布休庭、闭庭；

（三）宣布判决、裁定。

第三条 有下列情形之一的，可以使用法槌：

（一）诉讼参与人、旁听人员违反《中华人民共和国人民法院法庭规则》，妨害审判活动，扰乱法庭秩序的；

（二）诉讼参与人的陈述与本案无关或者重复陈述的；

（三）审判长或者独任审判员认为有必要使用法槌的其他情形。

第四条 法槌应当放置在审判长或者独任审判员的法台前方。

第五条 审判长、独任审判员使用法槌的程序如下：

（一）宣布开庭、继续开庭时，先敲击法槌，后宣布开庭、继续开庭；

（二）宣布休庭、闭庭时，先宣布休庭、闭庭，后敲击法槌；

（三）宣布判决、裁定时，先宣布判决、裁定，后敲击法槌；

（四）其他情形使用法槌时，应当先敲击法槌，后对庭审进程作出指令。

审判长、独任审判员在使用法槌时，一般敲击一次。

第六条 诉讼参与人、旁听人员在听到槌声后，应当立即停止发言和违反法庭规则的行为；仍继续其行为的，审判长、独任审判员可以分别情形，依照《中华人民共和国人民法院法庭规则》的有关规定予以处理。

第七条 法槌由最高人民法院监制。

第八条 本规定（试行）自2002年6月1日起施行。

最高人民法院办公厅
关于规范使用法槌的通知

2002年6月18日　　　　　　　　　　　　　　　　法办〔2002〕212号

各省、自治区、直辖市高级人民法院，解放军军事法院，新疆维吾尔自治区高级人民法院生产建设兵团分院：

从今年6月1日起，人民法院在庭审活动中已经使用法槌。为规范法槌的使用，特通知如下：

一、法槌是法官为维护法庭秩序、保障审判活动正常进行而使用的一种审判工具，是法官正确行使宪法和法律赋予的审判权力的象征。每一位法官在敲响法槌时，都应当深刻认识自己肩负的神圣职责，切实增强使命感、责任感，认真实践"公正与效率"法院工作主题，坚决维护司法公正和权威。

二、各级人民法院要组织全体法官认真学习《人民法院法槌使用规定（试行）》，加强对法官规范使用法槌的训练工作，使每一名审判长、独任审判员都能正确使用法槌。必须严格执行《人民法院法槌使用规定（试行）》，准确掌握在何种情形下法官应当、可以使用法槌，正确执行使用法槌的程序。要充分体现法槌使用的严肃性，避免因使用不当而带来的负面影响。

三、妥善保管好法槌。法槌要有专人保管，确保不丢失或其不受损坏；严禁不相关的人员敲击法槌；对于故意损毁法槌的行为，要依据有关规定严肃处理。

四、要结合审判活动，采取多种形式，向公众大力宣传法槌使用的规定和意义，使诉讼参与人和旁听人员都能清楚地了解法槌的作用，自觉遵守法庭规则，维护法庭秩序。

以上通知，请即遵照执行。

最高人民法院
关于印发《人民法院法官袍穿着规定》的通知

2002年1月24日　　　　　　　　　　　　　法发〔2002〕3号

各省、自治区、直辖市高级人民法院，解放军军事法院，新疆维吾尔自治区高级人民法院生产建设兵团分院：

《人民法院法官袍穿着规定》已于2002年1月24日由最高人民法院审判委员会第1208次会议通过，现将《人民法院法官袍穿着规定》印发给你们，请认真组织学习，贯彻执行。

附：

人民法院法官袍穿着规定

为增强法官的职业责任感，进一步树立法官公正审判形象，现就法官袍穿着问题规定如下：

第一条 人民法院的法官配备法官袍。

第二条 法官在下列场合应当穿着法官袍：

（一）审判法庭开庭审判案件；

（二）出席法官任命或者授予法官等级仪式。

第三条 法官在下列场合可以穿着法官袍：

（一）出席重大外事活动；

（二）出席重大法律纪念、庆典活动。

第四条 法官在本规定第二条、第三条之外的其他场合,不得穿着法官袍,其他人员在任何场合不得穿着法官袍。

第五条 暂不具备条件的基层人民法院,开庭审判案件时可以不穿着法官袍,具体办法由各高级人民法院根据当地的具体情况制定。

第六条 法官袍应当妥善保管,保持整洁。

第七条 有关法官袍穿着规定与本规定不一致的,以本规定为准。

最高人民法院关于印发《人民法院司法鉴定人名册制度实施办法》的通知

2004年2月9日　　　　　　　　　　　　　　法发〔2004〕6号

各省、自治区、直辖市高级人民法院,解放军军事法院,新疆维吾尔自治区高级人民法院生产建设兵团分院:

《人民法院司法鉴定人名册制度实施办法》系《人民法院对外委托司法鉴定管理规定》(法释〔2002〕8号)的配套文件,现印发给你们,请转发本辖区人民法院,并认真组织贯彻执行,进一步规范人民法院司法鉴定工作。

附:

人民法院鉴定人名册制度实施办法

第一章 总　　则

第一条 为充分利用社会鉴定资源,保障人民法院司法鉴定工作的顺利进行,规范人民法院鉴定人名册制度,提高对外委托和组织鉴定工作的质量和效率,依据有关法律法规和《人民法院对外委托司法鉴定管理规定》制定本办法。

第二条 人民法院鉴定人名册制度,指人民法院经事前审查、批准、公示程序,将自愿接受人民法院委托鉴定的社会鉴定人(含自然人、法人)列入本级法院的鉴定人名册。人民法院审理案件需要鉴定时,统一移送专门机构,负责对外委托或组织鉴定,以尊重当事人主张和在名册中随机选定相结合的办法确定鉴定人,并负责协调、监督鉴定工作。

第三条 人民法院鉴定人名册制度的建立和实施，遵循属地管理、自愿申请、择优选录、资源共享、公开、公平的原则。

第四条 人民法院司法鉴定机构负责鉴定人名册制度的建立和实施，并根据对外委托和组织鉴定的情况，对鉴定人名册实施动态管理。

未设司法鉴定机构或者不需要建立鉴定人名册的基层人民法院，应当指定专门机构，并配备专门人员，按照本办法使用上级人民法院的鉴定人名册，负责对外委托和组织鉴定工作。

第二章 鉴定人名册的建立

第五条 各高级人民法院可根据审判工作的需要，拟定本辖区建立几级鉴定人名册及各级鉴定人名册鉴定人数量的计划，报最高人民法院批准后实施。

第六条 凡自愿申请进入人民法院鉴定人名册的社会鉴定、检测、评估等单位，应当填写《人民法院对外委托司法鉴定机构名册入册申请书》，并提交以下材料：

（一）企业或社团法人、营业执照副本及复印件；
（二）专业资质证书及复印件；
（三）专业技术人员名单、执业资格和主要业绩；
（四）年检文书及复印件；
（五）其他必要的文件、资料。

第七条 以个人名义自愿申请进入人民法院鉴定人名册的专业技术人员，应当填写《人民法院司法鉴定专家名册入册申请书》，并提交以下材料：

（一）专业资格证书及复印件；
（二）主要业绩证明及复印件；
（三）其他必要的文件、资料。

第八条 人民法院司法鉴定机构应当对提出申请的鉴定人进行全面审查，重点审查其执业资格，行业信誉，工作业绩，有无违规违纪行为。

第九条 为避免重复登记，鉴定人应向属地人民法院提出入册申请。上级人民法院可在下级人民法院报批的名册中挑选鉴定人，但须征得该鉴定人的同意，经批准后列入上级人民法院的鉴定人名册。

第十条 人民法院的鉴定人名册由最高人民法院统一编排后在《人民法院报》公告。各高级人民法院协助办理公告的相关事宜。

按照本办法从鉴定人名册中删除或增补鉴定人的，应当逐级上报最高人民法院办理公告事宜。

第十一条 列入名册的鉴定人应当接受相关人民法院司法鉴定机构的年度审核，并提交以下材料：

（一）年度业务工作报告书及行业年检情况；
（二）专业技术人员变更情况；
（三）仪器设备更新情况；

（四）其他变更情况和要求提交的材料。

年度审核变更事项需公告的，相关人民法院司法鉴定机构应当逐级报最高人民法院。

第十二条　自愿退出名册的鉴定人，应向人民法院司法鉴定机构递交书面材料，经上级人民法院司法鉴定机构批准，从名册中除名。不参加年审，视为自动退出。

第三章　鉴定人名册的应用

第十三条　人民法院司法鉴定机构受理本院或下级法院移送的鉴定案件后，应当指派一至两名鉴定督办人，负责协调、监督鉴定工作，协助解决有关问题，但不得干涉鉴定人独立做出鉴定结论。

第十四条　鉴定督办人的主要职责：
（一）组织当事人协商或随机选定鉴定人；
（二）负责办理委托鉴定手续；
（三）按规定落实鉴定的回避事项；
（四）协调、配合鉴定人勘察现场、收集鉴定材料；
（五）协调、监督鉴定的进度；
（六）对鉴定文书进行审核，必要时组织相关人员听取意见；
（七）通知并督促鉴定人依法出庭。

第十五条　鉴定督办人主持当事人共同参与选定鉴定人。当事人在规定的时间无故缺席的，由鉴定督办人随机选定鉴定人。

法律对鉴定人有规定的，或者可能损害国家、集体或第三人利益的诉讼证据鉴定，不适用当事人协商选定鉴定人。

第十六条　随机选定鉴定人是指采用抽签、摇号等随机的方法，从鉴定人名册中同一鉴定类别的鉴定人中确定鉴定人。

第十七条　当事人协商一致选定的鉴定人未纳入鉴定人名册时，鉴定督办人应当对该鉴定人进行审查，发现重大问题的，应当主持当事人重新选定鉴定人。

第十八条　司法鉴定所涉及的专业未纳入鉴定人名册时，人民法院司法鉴定机构可以从社会相关专业中，择优选定受委托单位或专业人员进行鉴定。如果被选定的鉴定人需要进入鉴定人名册的，按本办法规定程序办理。

第十九条　对外委托鉴定须选用外地法院或者上级法院的名册时，应当与建立该名册的人民法院司法鉴定机构联系，移送鉴定案件，或者及时告知协调、监督鉴定过程中的相关情况，由其提供必要的协助。

第四章　相关责任

第二十条　列入人民法院鉴定人名册的鉴定人对鉴定结论承担责任。具有下列情形之一的，人民法院司法鉴定机构可视情形责令纠正、暂停委托、建议鉴定人行业主管给予处分、在《人民法院报》公告从名册中除名。

（一）未按本办法规定受理司法鉴定业务的；

（二）在鉴定过程中私自会见当事人的；

（三）违反鉴定程序、或者工作不负责任导致鉴定结论严重错误的；

（四）未履行保密义务的；

（五）无正当理由未按规定时限完成鉴定的；

（六）无特殊事由，未履行出庭等义务的；

第二十一条　鉴定人违反法律、法规和有关规定，或者因主观故意造成鉴定结论错误导致严重后果的，依法追究法律责任。

第二十二条　人民法院鉴定督办人在对外委托司法鉴定及协调、监督鉴定的过程中，违反规定造成后果的，参照《人民法院违法审判责任追究办法（试行）》和《人民法院审判纪律处分办法（试行）》追究责任。

第五章　附　　则

第二十三条　本办法由最高人民法院负责解释。

第二十四条　本办法自颁布之日起施行。

最高人民法院办公厅
关于印发《技术咨询、技术审核工作管理规定》和《对外委托鉴定、评估、拍卖等工作管理规定》的通知

2007年8月23日　　　　　　　　　　　　　法办发〔2007〕5号

本院各单位：

现将《最高人民法院技术咨询、技术审核工作管理规定》和《最高人民法院对外委托鉴定、评估、拍卖等工作管理规定》印发给你们，自2007年9月1日开始施行。

附一：

最高人民法院
技术咨询、技术审核工作管理规定

第一章 总 则

第一条 为规范最高人民法院司法技术辅助工作中的技术咨询和技术审核工作，根据《中华人民共和国刑事诉讼法》、《中华人民共和国民事诉讼法》、《中华人民共和国行政诉讼法》和《最高人民法院关于地方各级人民法院设立司法技术辅助工作机构的通知》的规定，结合技术咨询和技术审核工作的实际，制定本规定。

第二条 技术咨询是指司法技术人员运用专门知识或技能对法官提出的专业性问题进行解释或者答复的活动。

技术审核是指司法辅助工作部门应审判、执行部门的要求，对送审案件中的鉴定文书、检验报告、勘验检查笔录、医疗资料、会计资料等技术性证据材料进行审查，提出审核意见的活动。

第三条 最高人民法院司法辅助工作部门负责为最高人民法院和地方各级人民法院和专门人民法院的审判和执行工作提供技术咨询、技术审核服务。

第二章 技术咨询

第四条 审判、执行部门在审理案件时，需要通过咨询解决专业性问题的，可以直接向司法辅助工作部门的司法技术人员提出。

咨询一般采用首问负责制，接受有关技术咨询的司法技术人员，应当认真、全面地解答问题，不得推诿或者做出不负责任的解答。

第五条 对于超出本专业范围的一般专业性问题，司法技术人员应报请司法辅助工作部门负责人指派其他司法技术人员。司法辅助工作部门的非司法技术人员不得接受技术咨询。

第六条 技术咨询一般采用面谈的方式进行，也可以通过电话、计算机网络、信函等方式进行。采用面谈方式进行的技术咨询，咨询法官制作的谈话笔录应由咨询法官和接受咨询的司法技术人员签名；采用电话、计算机网络及信函方式进行的咨询，电话记录、电子文稿和信函应留存。

第七条 对于超出司法辅助工作部门所有技术人员专业范围的问题，经司法辅助工作部门负责人批准和咨询方同意，可以向相关专家咨询后予以答复。

第八条 技术咨询一般在5个工作日内完成。法官要求出具书面咨询意见的，审判、执行部门应向司法辅助工作部门提交《技术咨询委托书》(格式表附后),由相同专业的二名以上技术人员参加,制作咨询意见书,经司法辅助工作部门负责人审核后签发,并加盖司法辅助工作部门技术咨询、审核专用章。

第九条 咨询意见书应包括以下内容:

(一)咨询者姓名、单位,咨询日期,咨询过程,被咨询人等;

(二)法官咨询的问题,司法技术人员解释或者答复的内容。

第十条 咨询意见书仅供法官、合议庭或审判委员会参考,不作为定案的依据,不对外公开。

第三章 技术审核

第十一条 技术审核主要解决具体案件中的鉴定方法、程序、结论、因果关系等问题,适用于以下情形:

(一)当事人提出重新鉴定申请,法官需要明确是否有必要再次启动鉴定程序及启动何种程序的;

(二)多个鉴定结论不同或有矛盾,法官需要明确如何从科学角度取舍或采信鉴定结论的;

(三)需明确鉴定结论对送审事项在科学上的证明意义的;

(四)其他需要技术审核的。

第十二条 技术审核的主要内容有:

(一)鉴定材料和鉴定对象是否符合鉴定要求,是否具备鉴定条件;

(二)鉴定手段、方法是否科学,鉴定过程是否规范;

(三)鉴定意见及其分析所依据的事实是否客观全面,特征的解释是否合理,适用的标准是否准确,分析说明是否符合逻辑,鉴定结论的推论是否符合科学规范;

(四)其他应当审核的内容。

第十三条 审判、执行部门向司法辅助工作部门提交的《技术审核委托书》(格式表附后),应当载明简要案情、审核内容及要求、相关案件卷宗、需审核的鉴定文书及相关鉴定材料等情况。委托书应有审判、执行部门负责人的签名。

地方各级人民法院和专门人民法院委托最高人民法院作技术审核的,应盖有委托法院的公章。

第十四条 技术审核工作的立案由司法辅助工作部门专门人员负责。专门人员接受《技术审核委托书》及技术审核材料,经查无误,对案件编号,报司法辅助工作部门负责人指定承办人。

第十五条 技术审核应由 2 名以上具有相关专业中级以上职称的技术人员承办,一名为主办人,其余为辅办人。

承办人应当分别独立工作,交叉阅卷、查看审核材料,独立提出审核意见。遇有不同意见并难以统一的,应增加技术人员进行充分讨论,形成一致意见。不能达成一致意见的,应当在审核意见书中如实记载每个人的观点。

第十六条 对重大、疑难、复杂的案件，经审判、执行部门同意和司法辅助工作部门负责人批准，应当组织专家论证。

第十七条 专家独立论证后，承办人要组织专家讨论，充分讨论后不能达成一致意见的，应在技术审核意见书上如实表述每个专家的观点。

第十八条 技术审核工作一般在 10 个工作日内完成。重大、疑难、复杂的案件经司法辅助工作部门负责人批准后可以延长 15 个工作日，并将延长的事由向审判、执行部门说明。

第十九条 技术审核一般采用书面审核的方式进行，承办人认为确有必要的，经审判、执行部门同意和司法辅助工作部门负责人批准，可以辅以下列审核方式：

（一）勘验现场、检查被鉴定人或查看原鉴定中与案情有关的物品；

（二）询问本案的当事人；

（三）与鉴定人座谈；

上述方式形成的材料，仅供司法技术人员作技术审核时使用，不作为认定案件事实的证据。

第二十条 主办人综合分析审核事项后，出具含有以下内容的审核意见书：

（一）鉴定对象和材料符合要求，鉴定方法科学，程序规范，依据准确，未见不当之处；

（二）鉴定中存在疑问，提出在质证中应当重点解决的问题，或建议补充鉴定；

（三）鉴定存在严重差错，鉴定意见不能成立，建议重新鉴定；

（四）其它应当出具的审核意见。

第二十一条 对于鉴定缺陷、差错的表述应当全面、具体；提出在质证中应当解决的问题，应有质证内容和方法的提示，并说明理由、目的，预测结果；建议补充鉴定或重新鉴定的，应说明补充鉴定或重新鉴定的理由、要求和目的。

第二十二条 审核意见书由主办人制作。审核意见书应载明受理日期、委托部门、送审材料、审核事项、审核过程、参与论证人员的专业、姓名、审核人的资质等。承办人应在审核意见书上签名。经司法辅助工作部门负责人审核，加盖司法辅助工作部门技术咨询、审核专用章。

第二十三条 审核意见书仅供法官、合议庭或审判委员会参考，不作为定案的依据，不对外公开。

第四章 回 避

第二十四条 担任技术咨询、技术审核工作的司法技术人员有下列情形之一的，应当主动回避：

（一）是本案的当事人或者当事人的近亲属；

（二）本人或其近亲属和本案有利害关系；

（三）本人或其近亲属担任过本案的证人、鉴定人、勘验人、辩护人、诉讼代理人；

（四）与本案当事人有其他关系，可能影响技术咨询、技术审核的结论。

第五章 附 则

第二十五条 本规定自 2007 年 9 月 1 日施行。

附二：

最高人民法院
对外委托鉴定、评估、拍卖等工作管理规定

第一章 总 则

第一条 为规范最高人民法院对外委托鉴定、评估、拍卖等工作，保护当事人的合法权益，维护司法公正，根据《中华人民共和国刑事诉讼法》、《中华人民共和国民事诉讼法》、《中华人民共和国行政诉讼法》、《全国人大常委会关于管理问题的决定》和《最高人民法院关于地方各级人民法院设立司法技术辅助工作机构的通知》的规定，结合最高人民法院对外委托鉴定、评估、拍卖等工作实际，制定本规定。

第二条 对外委托鉴定、评估、拍卖等工作是指人民法院审判和执行工作中委托专门机构或专家进行鉴定、检验、评估、审计、拍卖、变卖和指定破产清算管理人等工作，并进行监督协调的司法活动。

第三条 最高人民法院司法辅助工作部门负责统一办理审判、执行工作中需要对外委托鉴定、检验、评估、审计、拍卖、变卖和指定破产清算管理人等工作。

第四条 涉及到举证时效、证据的质证与采信、评估基准日、拍卖保留价的确定，拍卖撤回、暂缓与中止等影响当事人相关权利义务的事项由审判、执行部门决定。

第五条 对外委托鉴定、评估、拍卖等工作按照公开、公平、择优的原则，实行对外委托名册制度，最高人民法院司法辅助工作部门负责《最高人民法院司法技术专业机构、专家名册》（以下简称《名册》）的编制和对入册专业机构、专家的工作情况进行监督和协调。

第二章 收 案

第六条 最高人民法院的审判、执行部门在工作中对需要进行对外委托鉴定、检验、评估、审计、拍卖、变卖和指定破产清算管理人等工作的，应当制作《对外委托工作交接表》（格式表附后），同相关材料一起移送司法辅助工作部门。

地方各级人民法院和专门人民法院需要委托最高人民法院对外委托鉴定、评估、拍卖等工作的，应当层报最高人民法院。

第七条 对外委托鉴定、检验、评估、审计、变卖和指定破产清算管理人等工作时，应当移交以下材料：

（一）相关的卷宗材料；

（二）经法庭质证确认的当事人举证材料；

（三）法院依职权调查核实的材料；

（四）既往鉴定、检验、评估、审计、变卖和指定破产清算管理人报告文书；

（五）申请方当事人和对方当事人及其辩护人、代理人的通讯地址、联系方式，代理人的代理权限；

（六）与对外委托工作有关的其他材料。

第八条 对外委托拍卖的案件移送时应当移交以下材料：

（一）执行所依据的法律文书；

（二）拍卖财产的评估报告副本和当事人确认价格的书面材料；

（三）拍卖标的物的相关权属证明复印件；

（四）拍卖标的物的来源和瑕疵情况说明；

（五）拍卖财产现状调查表；

（六）当事人授权书复印件；

（七）当事人及其他相关权利人的基本情况及联系方式；

（八）被执行人履行债务的情况说明。

第九条 对外委托的收案工作由司法辅助工作部门的专门人员负责，按以下程序办理：

（一）审查移送手续是否齐全；

（二）审查、核对移送材料是否齐全，是否符合要求；

（三）制作案件移送单并签名，报司法辅助工作部门负责人签字并加盖部门公章。由司法辅助工作部门和审判、执行部门各存一份备查；

（四）进行收案登记。

第十条 司法辅助工作部门负责人指定对外委托案件的监督、协调员。监督、协调员分为主办人和协办人。

主办人负责接收案件，保管对外委托的卷宗等材料，按照委托要求与协办人办理对外委托工作；协办人应积极配合主办人完成工作。

第十一条 主办人接到案件后应在3个工作日内提出初审意见，对不具备委托条件的案件应制作《不予委托意见书》说明理由，报司法辅助工作部门负责人审批后，办理结案手续，并于3个工作日内将案件材料退回审判、执行部门。

第三章 选择专业机构与委托

第十二条 选择鉴定、检验、评估、审计专业机构，指定破产清算管理人实行协商选择与随机选择相结合的方式。选择拍卖专业机构实行随机选择的方式。

凡需要由人民法院依职权指定的案件由最高人民法院司法辅助工作部门按照随机的

方式，选择对外委托的专业机构，然后进行指定。

第十三条 司法辅助工作部门专门人员收案后，除第十一条第二款的情况外，应当在3个工作日内采取书面、电传等有效方式，通知当事人按指定的时间、地点选择专业机构或专家。

第十四条 当事人不按时到场，也未在规定期间内以书面形式表达意见的，视为放弃选择专业机构的权利。

第十五条 选择专业机构在司法辅助工作部门专门人员的主持下进行，选择结束后，当事人阅读选择专业机构笔录，并在笔录上签字。

第十六条 协商选择程序如下：

（一）专门人员告知当事人在选择程序中的权利、义务；

（二）专门人员向当事人介绍《名册》中相关专业的所有专业机构或专家的情况。当事人听取介绍后协商选择双方认可的专业机构或专家，并告知专门人员和监督、协调员；

（三）当事人协商一致选择名册以外的专业机构或专家的，司法辅助工作部门应对选择的专业机构进行资质、诚信、能力的程序性审查，并告知双方应承担的委托风险；

（四）审查中发现专业机构或专家没有资质或有违法违规行为的，应当要求双方当事人重新选择；

（五）发现双方当事人选择有可能损害国家利益、集体利益或第三方利益的，应当终止协商选择程序，采用随机选择方式；

（六）有下列情形之一的，采用随机选择方式：

1. 当事人都要求随机选择的；

2. 当事人双方协商不一致的；

3. 一方当事人表示放弃协商选择权利，或一方当事人无故缺席的。

第十七条 随机选择程序主要有两种：

（一）计算机随机法

1. 计算机随机法应当统一使用最高人民法院确定的随机软件；

2. 选择前，专门人员应当向当事人介绍随机软件原理、操作过程等基本情况，并进行操作演示；

3. 专门人员从计算机预先录入的《名册》中选择所有符合条件的专业机构或专家列入候选名单；

4. 启动随机软件，最终选定的候选者当选。

（二）抽签法

1. 专门人员向当事人说明抽签的方法及相关事项；

2. 专门人员根据移送案件的需要，从《名册》中选出全部符合要求的候选名单，并分别赋予序号；

3. 当事人全部到场的，首先确定做签者和抽签者，由专门人员采用抛硬币的方法确定一方的当事人为做签者，另外一方当事人为抽签者。做签者按候选者的序号做签，抽签者抽签后当场交给专门人员验签。专门人员验签后应当将余签向当事人公示；

4. 当事人一方不能到场的，由专门人员做签，到场的当事人抽签。当事人抽签后，专门人员当场验签确定，并将余签向当事人公示。

第十八条 名册中的专业机构仅有一家时，在不违反回避规定的前提下，即为本案的专业机构。

第十九条 专业机构或专家确定后，当事人应当签字确认。对没有到场的当事人应先通过电话、传真送达，再邮寄送达。

第二十条 采用指定方法选择的，司法辅助工作部门负责人到场监督，专门人员应向当事人出示《名册》中所有相关专业机构或专家的名单，由专门人员采用计算机随机法、抽签法中的一种方法选择专业机构或专家。

第二十一条 指定选择时，对委托要求超出《名册》范围的，专门人员应根据委托要求从具有相关专业资质的专业机构或专家中选取，并征求当事人意见。当事人也可以向本院提供相关专业机构或专家的信息，经专门人员审查认为符合委托条件的，应当听取其他当事人意见。

第二十二条 重大、疑难、复杂案件的委托事项，选择专业机构或专家时，应邀请院领导或纪检监察部门和审判、执行部门人员到场监督。

第二十三条 应当事人或合议庭的要求，对重大、疑难、复杂或涉及多学科的专门性问题，司法技术辅助工作部门可委托有资质的专业机构组织相关学科的专家进行鉴定。

组织鉴定由3名以上总数为单数的专家组组成。

第二十四条 专业机构确定后，监督、协调员应在3个工作日内通知专业机构审查材料，专业机构审查材料后同意接受委托的，办理委托手续，并由专业机构出具接受材料清单交监督、协调员存留。审查材料后不接受委托的，通知当事人在3个工作日内重新选择或者由司法辅助工作部门重新指定。

第二十五条 向非拍卖类专业机构出具委托书时，应当明确委托要求、委托期限、送检材料、违约责任，以及标的物的名称、规格、数量等情况。

向拍卖机构出具委托书时，应当明确拍卖标的物的来源、存在的瑕疵、拍卖保留价、保证金及价款的支付方式、期限，写明对标的物瑕疵不承担担保责任，并附有该案的民事判决书、执行裁定书、拍卖标的物清单及评估报告复印件等文书资料。

委托书应当统一加盖最高人民法院司法辅助工作部门对外委托专用章。

第二十六条 司法精神疾病鉴定在正式对外委托前，监督、协调员应当根据委托要求和专业机构鉴定所需的被鉴定人基本情况，做委托前的先期调查工作，将所调查的材料与其它委托材料一并交专业机构。监督、协调员应在调查材料上签名。

第二十七条 监督、协调员向专业机构办理移交手续后，应于3个工作日内通知双方当事人，按指定时间、地点在监督、协调员主持下与专业机构商谈委托费用。委托费用主要由当事人与专业机构协商，委托费用数额应结合案件实际情况，以参照行业标准为主，协商为辅的方式进行，监督、协调员不得干涉。报价悬殊较大时，监督、协调员可以调解。对故意乱要价的要制止。确定委托费用数额后，交费一方当事人于3个工作日内将委托费用交付委托方。

对于当事人无故逾期不缴纳委托费用的，可中止委托，并书面告知专业机构；当事人即时缴纳委托费用的，仍由原专业机构继续进行鉴定。

第二十八条 对于商谈后不能确定委托费用的，监督、协调员应告知双方当事人可重新启动选择专业机构程序，重新选择专业机构。

公诉案件的对外委托费用在人民法院的预算费用中支付。

第四章 监督协调

第二十九条 专业机构接受委托后，监督、协调员应当审查专业机构专家的专业、执业资格，对不具有相关资质的应当要求换人。专业机构坚持指派不具有资质的专家从事委托事项的，经司法辅助工作部门负责人批准后撤回对该机构的委托，重新选择专业机构。

第三十条 对外委托的案件需要勘验现场的，监督、协调员应提前3个工作日通知专业机构和当事人。任何一方当事人无故不到场的，不影响勘验工作的进行。勘验应制作勘验笔录。

第三十一条 需要补充材料的，应由监督、协调员通知审判或执行部门依照法律法规提供。补充的材料须经法庭质证确认或主办法官审核签字。当事人私自向专业机构或专家个人送交的材料不得作为鉴定的依据。

第三十二条 专业机构出具报告初稿，送交监督、协调员。需要听证的，监督、协调员应在3个工作日内通知专业机构及当事人进行听证，并做好记录。对报告初稿有异议的当事人，应在规定期限内提出证据和书面材料，期限由监督、协调员根据案情确定，最长不得超过10个工作日。

第三十三条 对当事人提出的异议及证据材料，专业机构应当认真审查，自主决定是否采纳，并说明理由。需要进行调查询问时，由监督、协调员与专业机构共同进行，专业机构不得单独对当事人进行调查询问。

第三十四条 专业机构一般应在接受委托后的30个工作日内完成工作，重大、疑难、复杂的案件在60个工作日内完成。因委托中止在规定期限内不能完成，需要延长期限的，专业机构应当提交书面申请，并按法院重新确定的时间完成受委托工作。

第三十五条 专业机构在规定时间内没有完成受委托的工作，经二次延长时间后仍不能完成的，应终止委托，收回委托材料及全部委托费用，并通知当事人重新选择专业机构。对不能按时完成委托工作的专业机构，一年内不再向其委托。

第三十六条 对外委托拍卖案件时，监督、协调员应当履行以下职责：

（一）审查拍卖师执业资格；

（二）监督拍卖展示是否符合法律规定；

（三）监督拍卖机构是否按照拍卖期限发布拍卖公告；并对拍卖公告的内容进行审核；

（四）检查拍卖人对竞买人的登记记录；

（五）审查拍卖人是否就拍卖标的物瑕疵向竞买人履行了告知义务；

（六）定向拍卖时审查竞买人的资格或者条件；

（七）审查优先购买权人的权利是否得到保障；

（八）拍卖多项财产时，其中部分财产卖得的价款足以清偿债务和支付相关费用的，审查对剩余财产的拍卖是否符合规定；对不可分或分别拍卖可能严重减损其价值的，监督拍卖机构是否采用了合并拍卖的方式；

（九）审查是否有暂缓、撤回、停止拍卖的情况出现；

（十）拍卖成交后，监督买受人是否在规定期限内交付价款；

（十一）审核拍卖报告的内容及所附材料是否全面妥当；

（十二）监督拍卖机构是否有其他违反法律法规的行为。

第五章 结 案

第三十七条 对外委托案件应当以出具鉴定报告、审计报告、评估报告、清算报告等报告形式结案，或者以拍卖成交、流拍、变卖、终止委托或不予委托的方式结案。

第三十八条 以出具报告形式结案的，监督、协调员应在收到正式报告后5个工作日内制作委托工作报告，载明委托部门或单位、委托内容及要求、选择专业机构的方式方法、专业机构的工作过程、对其监督情况等事项，报告书由监督、协调员署名；经司法辅助工作部门负责人签发后加盖司法辅助工作部门印章；填写案件移送清单，与委托材料、委托结论报告、委托工作报告等一并送负责收案的专门人员，由其移送委托方。

第三十九条 具有下列情形之一，影响对外委托工作期限的，应当中止委托：

（一）确因环境因素（如台风、高温）暂时不能进行鉴定工作的；

（二）暂时无法进行现场勘验的；

（三）暂时无法获取必要的资料的；

（四）其他情况导致对外委托工作暂时无法进行的。

第四十条 具有下列情形之一的，应当终结对外委托：

（一）无法获取必要材料的；

（二）申请人不配合的；

（三）当事人撤诉或调解结案的；

（四）其它情况致使委托事项无法进行的。

第四十一条 中止对外委托和终结对外委托的，都应向审判、执行部门出具正式的说明书。

第六章 编制与管理人民法院专业机构、专家名册

第四十二条 法医、物证、声像资料三类鉴定的专业机构名册从司法行政管理部门编制的名册中选录编制。其他类别的专业机构、专家名册由相关行业协会或主管部门推荐，按照公开、公平、择优的原则选录编制。

名册中同专业的专业机构应不少于3个，同专业的专业机构不足3个的除外。

第四十三条 司法辅助工作部门应对名册中的专业机构、专家履行义务的情况进行监督。对不履行法定义务或者违反相关规定的专业机构，司法辅助工作部门应当及时予以指正，视情节轻重，停止其一次至多次候选资格；对乱收鉴定费、故意出具错误鉴定结论、不依法履行出庭义务的，撤销其入册资格，通报给司法行政管理部门和行业协会或行业主管部门；对情节恶劣，造成严重后果的，应报有关部门追究其法律责任。

第七章 回 避

第四十四条 监督、协调员有下列情形之一的，应当主动申请回避，当事人也有权申请回避：

（一）是本案的当事人或者当事人的近亲属的；
（二）本人或其近亲属和本案有利害关系的；
（三）本人或其近亲属担任过本案的证人、鉴定人、勘验人、辩护人或诉讼代理人的；
（四）本人的近亲属在将要选择的相关类专业机构工作的；
（五）向本案的当事人推荐专业机构的；
（六）与本案当事人有其他关系，可能影响对案件进行公正处理的。

第四十五条 监督、协调员有第四十四条规定的回避情形的，应在1个工作日内主动提出回避申请，报司法辅助工作部门负责人审批。

第四十六条 发现专业机构有需要回避的情形时，监督、协调员应向司法辅助工作部门负责人提出重新选择专业机构的建议，由司法辅助工作部门负责人批准后重新选择专业机构。专业机构的承办人员有回避情形的，监督、协调员应当要求专业机构更换承办人员。

第八章 附 则

第四十七条 法院工作人员在对外委托司法辅助工作中有以下行为的，按照《人民法院违法审判责任追究办法（试行）》和《人民法院审判纪律处分办法（试行）》追究责任：

（一）泄露审判机密；
（二）要求当事人选择某一专业机构；
（三）与专业机构或当事人恶意串通损害他人合法权益；
（四）接受当事人或专业机构的吃请、钱物等不正当利益；
（五）违反工作程序或故意不作为；
（六）未经司法辅助工作部门擅自对外委托；
（七）其他违法违纪行为。

构成犯罪的，依法追究其刑事责任。

第四十八条 本规定自2007年9月1日施行。

最高人民法院
关于严禁在对外委托鉴定、评估、审计、拍卖等活动中收取中介机构佣金的通知

2009年10月28日　　　　　　　　　　　　　　　法〔2009〕368号

各省、自治区、直辖市高级人民法院，新疆维吾尔自治区高级人民法院生产建设兵团分院：

今年10月23日，《中国青年报》及中青在线刊登报道《台州法院执行案件与拍卖行四六分成》，随后该报道被多家网站转载。该报道反映了个别法院曾经存在违规收取中介机构佣金的问题。为此，各级人民法院务必高度重视，切实加强对委托鉴定、评估、审计、拍卖等工作的管理。现将有关要求重申如下：

一、各级人民法院要严格对外委托的工作程序和制度，人民法院对外委托鉴定、评估、审计、拍卖等工作必须由法院司法技术辅助工作机构按有关规定统一办理。审判、执行等业务部门不得擅自进行对外委托工作，严禁法院任何部门以任何理由向中介机构收取佣金，并应当尽可能降低当事人的诉讼成本。

二、各级人民法院要对近年来受理的委托鉴定、评估、审计、拍卖案件有重点地进行清理和评查。对执行评估拍卖以及涉及的财务账目进行核查；对是否依法委托、是否收取中介机构佣金等问题进行全面检查，对执行或拍卖程序有瑕疵的，要依法及时纠正。

三、上级法院要切实加强对下级法院监督指导的力度，特别是要发挥纪检监察部门在对外委托鉴定、评估、审计、拍卖等工作中的监督职能，对发现的涉及违纪违法问题，要依照有关规定严肃查处。

请各高级人民法院将本通知立即转发至辖区内各级人民法院遵照执行。

最高人民法院
关于进一步加强人民法院涉军案件审判工作的通知

2010年7月28日　　　　　　　　　　　　法〔2010〕254号

各省、自治区、直辖市高级人民法院,解放军军事法院,新疆维吾尔自治区高级人民法院生产建设兵团分院:

《最高人民法院、解放军总政治部关于认真处理涉军纠纷和案件切实维护国防利益和军人军属合法权益的意见》发布近十年来,人民法院依法妥善处理了一大批涉军纠纷案件,为维护国防利益和军人军属合法权益,促进国防和军队建设作出了积极贡献。随着经济社会发展和军队使命任务拓展,军队建设和多样化军事任务中遇到的涉法涉诉问题日益增多,涉军案件审判工作面临许多新情况新问题。为了适应新的形势和任务要求,认真贯彻落实全国维护国防利益和军人军属合法权益工作表彰会议精神,人民法院要认真总结经验,发扬成绩,开拓创新,进一步发挥审判职能,为人民军队有效履行新的历史使命提供有力司法保障。

一、统一思想认识,进一步增强维护国防安全、保障社会稳定的责任感、使命感

1. 充分认识涉军案件审判工作的重要意义。依法行使涉军案件审判权,是人民法院服务国防和军队建设大局的主要途径,是落实党的拥军优属政策的必然要求,是深入推进"三项重点工作"的重要内容,也是深化"人民法官为人民"主题实践活动的有效载体。各级人民法院要以邓小平理论和"三个代表"重要思想为指导,深入贯彻落实科学发展观,紧紧围绕维护国防安全和促进社会稳定,把涉军案件审判工作状况纳入双拥工作、社会治安综合治理考评体系,坚持公平公正执法与保护国防利益相统一,依法独立行使审判权与军地协调配合相统一,认真贯彻党的有关政策,严格遵守法律规定,充分考虑部队实际,坚持能动司法,特事特办、高效便捷,提高审判质量效益,切实履行好维护国防利益和军人军属合法权益的重要职责。

二、建立健全工作机制,规范涉军案件审判工作

2. 建立健全组织机构。按照中央关于加强涉军维权工作长效机制建设的总体要求,建立健全涉军案件审判工作组织机构。各级人民法院可结合审判实际,设立涉军案件审判工作领导小组,由一名院领导任组长,相关业务庭领导为成员,研究解决涉军审判工作中的重大问题,指导涉军审判工作的开展。指定审判管理机构或相关业务庭承担领导小组办公室职责,统一协调管理涉军案件审判工作,负责办理日常事务。相关业务庭应

有相对固定的合议庭、独任审判员负责审理涉军案件。受理涉军案件较多的中级、基层人民法院可设立专门合议庭或审判庭。在各级人民法院尤其是基层人民法院，可选任现役军人、退役军人、军属担任陪审员，参与涉军案件审判。

3. 规范审判流程管理。各级人民法院对涉军案件立案、分案、排期、开庭、结案等环节，实施规范化管理。立案时，确定系涉军案件的，应在审判信息管理系统中作出"涉军"记载，分流到涉军案件专门审判组织进行审理。根据涉军案件的特点，制定审判流程管理和案件质量评查工作细则，杜绝超期限审理。建立完善涉军案件专门统计制度，应当及时将涉军案件当事人的基本情况、案由、简要案情等报本院涉军案件审判工作领导小组办公室，做到登记及时、数据准确。

4. 完善军地协调机制。各级人民法院要加强与驻地部队的联系沟通，建立健全军地联席会议、涉军案件信息通报、重大涉军案件督办等制度，研究交流涉军审判事宜。要协调相关军区、人民武装部和军事法院，在涉军案件确认、文书送达、调查取证、诉外协调、诉讼调解、裁判执行等方面，支持配合地方人民法院，共同做好涉军案件审判工作。处理重大疑难涉军案件，要通过当地涉军维权工作领导小组，与涉案部队及时联系，争取部队理解支持。

5. 积极开展司法救助和法律援助。对经济困难的军人军属，请求给付赡养费、抚养费、扶养费、抚恤金、优待金、社会保险金、劳动报酬和经济补偿金、人身损害赔偿等案件，依法决定诉讼费的缓、减、免交。军人军属合法财产权益因不能执行兑现、生活困难的，应积极协调有关部门，给予必要救助。军人军属需要法律援助的，应积极协调有关法律援助机构，及时提供法律援助。

三、抓住重点和关键，破解涉军案件审判工作难题

6. 依法确定涉军案件范围。涉军案件是指人民法院受理的以军队单位和军人军属为一方当事人的刑事、民事、行政等案件。军队单位是指中国人民解放军现役部队和预备役部队、中国人民武装警察部队及其编制内的企业事业单位。军人是指现役军（警）官、文职干部、士兵及具有军籍的学员。军队中的文职人员、非现役工勤人员、在编职工，由军队管理的离退休人员，以及执行军事任务的预备役人员和其他人员，按军人对待。军属是指军人的配偶、子女、父母以及其他与军人有法定扶养关系的亲属。

7. 突出抓好重大案件的审理。各级人民法院要突出重点，集中力量，着力抓好重大涉军案件的审判工作。依法严厉打击非法获取、故意泄露军事秘密、破坏武器装备、军事设施、军事通信、冒充军人招摇撞骗等犯罪，有效维护国防利益和军事安全；依法妥善处理涉及部队战备执勤、演习训练、国防工程建设、军事设施保护、军用土地权属、军事禁区管理等纠纷案件，保障部队正常的战备、训练和工作秩序；依法惩处故意杀害伤害军人军属、诱骗拐卖军属、破坏军婚等案件，切实保障军人军属的合法权益；审慎解决可能导致群体性事件以及因历史遗留问题引发的重大纠纷案件，维护军队的良好声誉。

8. 畅通诉讼绿色通道。涉军案件审判要做到优先立案、优先审结、优先执行，尽快消除因涉军纠纷案件给部队建设带来的消极影响。在立案大厅设立涉军案件立案窗口,引导当事人理性对待诉讼,合理选择纠纷解决方式,提高部队和军人军属依法诉讼的能力。凡符合立案条件的,要做到尽快受理,并及时将诉讼材料移送涉军案件审判组织。依法适用简易程序审理的,要加大审判力度,缩短办案周期。对军队一方当事人确有困难,无法自行收集证据的,人民法院可依职权调取证据。积极开展巡回审判,对于边远艰苦、交通不便的部队,可采取信函、传真等方式立案,借助互联网、视频系统等进行案件审理,为边海防和驻地偏远部队及军人军属提供诉讼便利。

9. 更加深入扎实做好调解工作。涉军案件审判要更加注重调解,切实把调解优先原则贯穿于审判工作全过程。要充分运用诉讼与非诉讼相衔接的纠纷解决机制,努力把涉军纠纷化解在诉讼之前。要在认真做好地方当事人调解工作的同时,通过部队做好军队一方当事人的思想工作,引导军地双方当事人达成共识、消除纷争。重大涉军案件,积极协调人民武装部、团以上部队政治机关,形成合力,共同做好调解工作,最大限度地实现法律效果、社会效果和政治效果的统一。

10. 确保生效裁判的及时执行。切实加强涉军案件执行工作,保障当事人合法权益。在向军队一方当事人送达裁判文书时,要释明有关法律规定,指导其及时申请执行;军队一方为申请执行人的,要加大执行力度,必要时可请上级人民法院提级执行;军队一方为被执行人的,可通过部队组织督促被执行人履行法定义务,必要时可以请部队所在地的军事法院协助执行。

11. 扩大审判效果延伸司法服务。结合涉军案件审判工作,积极扩大办案效果,拓展司法服务领域。选择危害国防利益和军人军属合法权益的典型案例,开展法制宣传教育,增强广大人民群众的国防法制观念。可通过开设涉军纠纷法律咨询热线电话,网站专栏,向部队、军人军属发放"维权服务联系卡",设置驻军部队司法信箱等方式,为部队和军人军属依法维权提供司法服务。积极开展庭审观摩进军营、法律咨询进军营、法律培训进军营等活动,增强官兵依法办事意识和解决涉法涉诉问题的能力。

四、加强组织领导,推动涉军案件审判工作全面深入发展

12. 切实搞好统筹督导。各级人民法院要把涉军案件审判工作与其他工作科学统筹、协调推进。各级人民法院涉军案件审判工作领导小组每年应对本院涉军案件审判工作情况进行一次综合检查,加强监督指导,积极解决工作中遇到的困难和问题,保障涉军案件审判工作顺利进行。

13. 加强审判队伍建设。各级人民法院要选派政治过硬、业务精通、经验丰富、作风优良的业务骨干,充实涉军案件审判队伍。优先安排涉军案件合议庭或审判庭成员参加相关业务培训,通过参观走访、参加"国防教育日"等活动,激发爱国热情,增强国防观念,掌握必要的国防知识,准确把握部队和官兵维权需求,提高涉军案件审判水平。

14. 建立报告和通报制度。各级人民法院应将涉军案件审判工作情况纳入人民法院年度工作报告。要定期向当地涉军维权工作领导小组通报涉军案件审判工作情况,共同推动涉军维权工作深入开展。

15. 注重培养宣传先进典型。各级人民法院要把开展涉军案件审判工作情况纳入单位和个人业绩考核体系,作为创先争优的硬指标,对涉军案件审判工作实绩突出的单位和个人进行表彰;对工作失职渎职造成不良后果的,要追究相应的责任。要不断总结先进典型经验,与时俱进地树立和培养新的典型,广泛宣传他们的先进事迹,大力弘扬人民法院司法拥军的时代精神。

16. 加大物质装备保障力度。各级人民法院要从涉军案件审判工作实际出发,在年度预算中安排必要的经费,为涉军案件合议庭或审判庭配备必要的办案器材和工具,创造良好的工作条件,切实保障涉军案件审判工作的顺利开展。

最高人民法院印发《关于人民法院加强法律实施工作的意见》的通知

2011年8月1日　　　　　　　　　　　　法发〔2011〕11号

各省、自治区、直辖市高级人民法院,解放军军事法院,新疆维吾尔自治区高级人民法院生产建设兵团分院:

现将最高人民法院《关于人民法院加强法律实施工作的意见》印发给你们,请结合工作实际,认真贯彻实施。

附:

关于人民法院加强法律实施工作的意见

2010年底,中国特色社会主义法律体系如期形成。为适应中国特色社会主义法律体系形成后人民法院面临的新形势、新任务和新要求,正确履行宪法法律赋予的神圣职责,切实维护宪法法律尊严,现就人民法院加强法律实施工作提出以下意见。

一、深刻认识加强法律实施工作的重大意义

中国特色社会主义法律体系形成,是新中国成立60多年来,特别是改革开放30多年来我国社会主义民主法制建设取得的历史性成就,是中国共产党领导全国各族人民,立足中国实际,开创性地推进中国特色社会主义宏伟事业的伟大成果,也是全面落实依法治国基本方略的重要标志,对于建设富强民主文明和谐的社会主义现代化国家、实现国家长治久安和中华民族伟大复兴,具有重大的现实意义和深远的历史意义。

中国特色社会主义法律体系的形成,为人民司法事业的发展奠定了坚实的法律基础,为建设公正高效权威的社会主义司法制度提供了有力的法律保障,为人民法院公正、高效地审判各类案件提供了明确的法律依据。中国特色社会主义法律体系形成后,总体上解决了有法可依的问题,而坚持有法必依、执法必严、违法必究,进一步强化法律实施的要求将更加突出和紧迫,人民法院依法履行职责,保障经济社会发展,维护人民群众合法权益,维护法制统一,捍卫法律尊严的任务将更加繁重,责任将更加重大。

二、正确把握加强法律实施工作的总体要求和基本原则

(一)加强法律实施工作,必须高举中国特色社会主义伟大旗帜。坚持以邓小平理论和"三个代表"重要思想为指导,深入贯彻落实科学发展观,坚持"党的事业至上、人民利益至上、宪法法律至上"的工作指导思想和"为大局服务,为人民司法"的工作主题,牢固树立社会主义法治理念和审判理念,按照全面落实依法治国基本方略、加快建设社会主义法治国家的要求,强化法律意识,提高司法能力,狠抓执法办案第一要务,加强队伍建设,推进司法改革,充分发挥审判执行职能作用,切实维护社会公平正义,为促进经济平稳较快发展和社会和谐稳定,夺取全面建设小康社会新胜利提供坚强有力的司法保障。

(二)加强法律实施工作,必须正确认识我国现阶段基本国情和中国特色社会主义法治建设的本质规律。坚持党的领导、人民当家作主、依法治国的有机统一,全面、准确地领会中国特色社会主义法律体系的精神实质,深刻理解中国特色社会主义法律体系的政治性、人民性、科学性和开放性,始终保持人民法院工作的正确方向,切实维护广大人民群众合法权益,切实保障法律的实施,推动中国特色社会主义法律体系的完善,推动建设公正高效权威的社会主义司法制度。

(三)人民法院加强法律实施工作,必须坚持以下基本原则:

——坚持公正司法,维护宪法法律权威。忠于宪法法律,带头遵守宪法法律,维护国家法制统一和尊严;坚持以事实为根据,以法律为准绳,严把案件事实关、证据关、程序关和法律适用关,做到实体公正与程序公正并重;统一执法尺度,确保法律统一适用,不允许有任何超越法律之上的特权,依法平等保护当事人合法权益,实现法律面前人人平等。

——坚持廉洁司法,维护司法形象和公信力。按照"从严治院"的要求,积极培育司法廉洁文化,严格执行"五个严禁"、司法巡查和廉政监察员制度等纪律和措施,加强反腐倡廉建设,切实做到警示教育到位和监督管理到位,不断增强反腐倡廉意识,提高拒腐防变的能力,维护司法廉洁。

——坚持为民司法,维护人民群众合法权益。坚持以人为本,尊重和保障人权,始终高度关注人民群众的司法需求;坚持群众观点、群众立场、群众方法与依法审判相结合,善于用群众认同的态度倾听诉求,用群众认可的方式查明事实,用群众接受的语言诠释法理,用群众信服的方式化解纠纷,努力实现好、维护好、发展好最广大人民群众的根本利益。

——坚持能动司法,服务党和国家工作大局。立足审判执行工作,切实贯彻落实党和国家的重大战略部署,围绕科学发展主题和加快转变经济发展方式主线,配合国家经

济结构战略性调整,深入落实"三项重点工作",深入践行服务型、能动型、高效型司法,为经济社会发展提供有力的司法保障

三、切实履行宪法法律赋予的审判执行工作职责

(四)规范立案工作,切实解决诉讼难。严格依法立案,保障当事人诉权的实现;规范诉讼管辖秩序,推动完善提级管辖和指定管辖制度;加强立案调解工作,推行远程立案,减轻当事人诉累;畅通申诉、申请再审渠道,依法保护当事人申诉、申请再审权利;强化群众观念,坚持源头治理,建立长效机制,坚持工作重心下移,建立健全信访风险评估、信访通报、多元化解、接访办理、信访终结等涉诉信访工作机制,提高依法处访能力;建立充实涉法涉诉救助资金,完善救助制度,促进息诉罢访。

(五)加强刑事审判工作,正确实施刑事法律。深入贯彻宽严相济刑事政策,做到既有力打击和震慑犯罪,维护法制的严肃性,又尽可能减少社会对抗,化消极因素为积极因素;做好死刑案件审判和核准工作,严格控制和慎重适用死刑;严格执行刑事证据规则,确保无罪的人不受法律追究;全面推进量刑规范化改革,统一法律适用,实现量刑均衡;强化刑事自诉案件和刑事附带民事诉讼案件的调解工作,推进刑事和解工作;落实刑事被害人救助工作,有效化解社会矛盾;改革完善减刑假释工作,确保刑罚目的有效实现;加强未成年人犯罪审判工作,充分体现国家对未成年人的特殊司法保护;积极参与社区矫正工作,确保非监禁刑功能充分发挥;积极参与社会治安综合治理,支持和配合有关部门开展社会治安防控体系建设和平安创建活动,促进公共安全体系的健全完善,预防和减少犯罪,维护社会秩序。

(六)加强民商事审判工作,正确实施民商事法律。准确把握国家经济形势和政策,依法妥善处理民商事案件,促进经济平稳较快发展;平等保护当事人合法权益,依法制裁违约、侵权行为,维护社会诚信和市场秩序;加大调解力度,有效化解社会纠纷,促进家庭和睦、社会和谐;依法规范法官自由裁量权,确保办案法律效果和社会效果有机统一;依法简化诉讼环节,积极探索小额速裁机制;完善诉讼服务,加大司法救助,方便当事人诉讼,提高诉讼效率。

(七)加强行政审判工作,保障行政法律正确实施。切实加强行政诉权保护,依法受理行政诉讼案件,畅通行政诉讼救济渠道;认真落实合法性审查原则,支持和监督行政机关依法行政,保障行政相对人合法权益;加大行政诉讼案件和非诉行政执行案件的协调力度;规范行政行为司法审查标准和程序,加强行政审判形势分析和信息反馈,促进法治政府的建立;加强行政审判司法建议工作,促进公共政策的完善。

(八)加强国家赔偿工作,正确实施国家赔偿法。坚持实事求是、依法纠错、依法赔偿,切实落实国家赔偿责任,保障赔偿请求人合法权益;规范国家赔偿案件的审理程序,完善国家赔偿法律救助制度,推进协商和解;完善追偿追责机制,促进公正廉洁执法。

(九)加强执行工作,切实维护法律尊严。坚持依法执行、文明执行;深化执行改革,依靠政治优势和体制优势,充分发挥执行联动机制作用,构建综合治理执行难格局;规范执行行为,加强分权制约,推进执行公开,完善案外人异议、执行异议和复议

审查等制度,推动完善民事强制执行立法,为解决执行难提供法律保障;推进执行工作信息化建设,完善执行案件信息管理系统,不断提高执行工作水平。

(十)加强审判监督工作,坚持依法纠错。加强对刑事案件的审判监督,及时纠正冤假错案;加强对民商事案件和行政案件的审判监督,依法保护当事人申请再审权;加大再审案件的调解力度,积极探索依法纠错的不同方式,努力做到以纠促防、以纠促管、以纠促廉,充分发挥审判监督工作在化解矛盾和促进社会和谐方面的重要作用;完善民事、行政案件申请再审审查和再审审理工作机制,依法规范人民法院内部和上下级法院之间的监督制约与业务指导关系,确保法律的正确实施。

(十一)加强调解工作,切实贯彻"调解优先、调判结合"工作原则。坚持调解自愿、合法原则,正确处理调解和裁判的关系,确保调解工作效果;坚持全面、全员、全程调解,依法扩大调解案件范围,不断创新调解方法,加大调解工作力度;完善调解制度,规范调解活动,增强调解能力,提高调解工作水平;依法做好人民调解协议司法确认工作,完善诉调对接机制,积极推动"大调解"体系建设 充分利用社会资源,合力化解社会矛盾,全力促进社会和谐。

(十二)加强司法解释,统一法律适用。适应审判工作需要,适时制定司法解释;准确把握法律精神,依法审慎行使司法解释权;严格执行司法解释向全国人大常委会备案制度,认真做好司法解释立项、起草、审核、征求意见和讨论发布等制定环节的工作,适时清理、编纂司法解释,保持司法解释的协调性和时效性,加强司法解释制定的科学化和规范化管理,不断提高司法解释工作水平。

(十三)加强案例指导,统一裁判尺度。充分发挥指导性案例在指导审判、宣传法制、预防纠纷中的重要作用,促进公正、统一司法,努力提升司法公信力和权威性;创新和完善审判业务指导方式,深入研究和及时总结先进的司法理念、公正的裁判规则、科学的裁判方法,统一司法理念和裁判尺度,提高法官运用案例的司法能力,实现审理案件法律效果和社会效果的有机统一。

四、不断完善加强法律实施的工作机制

(十四)推进司法民主,保障人民参与司法。健全民意沟通表达机制,完善与人大代表、政协委员的联络机制,构建人民法院与人民群众、律师、专家学者等群体的对话平台,进一步完善人民陪审员制度,加强人民法院特邀咨询员制度建设,切实保障当事人和社会各界对法律实施活动的知情权、参与权、表达权和监督权。

(十五)推进司法公开,实行"阳光司法"。进一步落实审判公开原则,建立健全有序开放、有效管理的旁听和报导庭审规则,进一步推动裁判文书上网发布,完善诉讼档案查阅方式,逐步实现电子化阅卷,建立完善互联网站和其他信息公开平台,推广审判工作白皮书和人民法院工作年度报告制度,不断扩大司法公开的广度和深度,不断完善司法公开的制度机制。

(十六)完善便民诉讼机制,方便群众诉讼。通过建立立案接待大厅、诉讼服务中心、推广网上立案、远程立案经验等拓展诉讼服务功能,探索建立信息化法庭,实行预约庭审、开展巡回审判、做好诉讼引导等措施,不断满足人民群众方便快捷地参与诉讼活动、享受优质高效法律服务的需求;依法扩大简易程序的适用范围,不断加大适用简易程序审理案件的力度,进一步规范简易程序的适用,实现案件的繁简分流,真正发挥民事简易程序及时、简便、快捷的制度功能,提高审判效率,降低当事人的诉讼成本,使当事人尽快从诉讼中解脱出来,减轻群众的诉讼负担。

(十七)完善审判管理体系,提高审判质量效率。遵循审判权运行规律,依法加强审判管理,确保审判活动严格依照法定程序公开、公正、高效、有序运行;建立健全审判质量管理、审判效率管理、审判流程管理、审判绩效考核等制度,实现审判管理规范化;充分发挥案件质量评估指标体系的"指挥棒"作用,实现审判管理的科学化、精细化水平。

(十八)加强法院政务管理,完善司法保障工作机制。进一步落实"从严治院、公信立院、科技强院"的法院建设方针,加强法院各项管理工作,不断提高法院管理和司法决策水平;加强人民法院政务管理,不断增强综合协调能力,进一步提高行政管理质量和效率;加快人民法院物质装备管理和信息化建设,实现审判法庭、人民法庭基础设施和物质装备建设的标准化、信息化;不断提高司法经费的保障和管理水平,为人民法院履行法律实施职能奠定坚实基础。

(十九)加强司法能力建设,不断提高队伍素质。高度重视人民法院党的建设和思想政治建设,认真落实"抓党建带队建促审判"总体工作思路,积极践行"公正廉洁为民"司法核心价值观,坚定理想信念,明确价值追求;加强法官队伍科学化、规范化管理,探索建立既符合司法工作特点又符合人事管理规律的法院人员管理制度;加强法官培训,提高司法能力,着力提高法官正确适用法律、做群众工作的能力和水平;推进司法作风和司法廉政建设,传承人民司法优良传统,严格遵守法官职业道德和行为规范,建立健全反腐倡廉长效机制,不断提高人民法院队伍的司法形象和公信力;推进法院文化建设,加强审判和办公场所的法院文化形象塑造,营造健康向上、特色鲜明的法院文化氛围;推进法官职业保障,落实法官职业待遇,提升法官职业尊荣感;重视基层法官队伍建设,坚持重心下移方针,在工作指导、人员编制、司法保障等方面尽可能向基层、西部地区、民族地区倾斜,切实帮助解决法官断层、经费不足等实际困难和问题。

(二十)推进司法改革,建立健全机制。坚持"把握方向、立足国清、依法推进、确保公正"的司法改革原则,注重发扬人民司法优良传统,科学借鉴国外司法经验,积极探索实现司法公正高效权威的新思路、新举措、新机制;认真贯彻落实中央关于推进司法体制和工作机制改革的意见,健全机制,加强引导,重点解决社会主义法律体系形成后,影响法律正确实施的体制性机制性障碍;全面完成改革各项任务,抓好已发布改革方案的贯彻落实;深入开展司法改革理论研究和实证调研,认真总结和适时推广各级法院推进司法改革的经验做法,及时发现改革实践中存在的问题,提出深化改革的建议。

(二十一)自觉接受监督,争取支持配合。自觉接受各级人民代表大会及其常委会的工作监督、政协民主监督、检察机关法律监督和社会各界监督,争取政府及其他相关部门的支持与保障,加强与其他司法机关的沟通、协调与配合,紧紧依靠广大人民群众,努力营造全社会关心司法、支持司法、尊重司法、信任司法的良好氛围。

（二十二）健全司法建议工作机制，加强和创新社会管理。对于在审判、执行、信访等工作中发现的社会管理方面的问题，要及时向政府或相关部门提出司法建议，并注意收集整理反馈意见，将其转化为人民法院制定司法政策和司法解释的重要依据；大力加强基层基础工作，通过与各类基层组织建立和谐共建关系，建立健全矛盾纠纷预防机制、矛盾纠纷化解机制和群众工作机制，促进基层社会管理的完善和社会矛盾纠纷的有效解决。

（二十三）加强法治宣传，弘扬法治精神。通过公正、高效、廉洁的审判执行工作，及时、有效化解社会矛盾，充分发挥法治宣传教育职能，培育人民群众的法律意识和法治素养，教育广大公民和社会组织依法表达诉求、解决矛盾纠纷，习惯运用法律手段维护自身合法权益，促进法治成为时代的精神和全民的信仰，自觉守法成为全体公民的行为方式。

（二十四）加强学习和调研，不断提高实施法律的能力。适应中国特色社会主义法律体系形成对法官司法能力的新要求和高标准，全面、系统地加强对法学理论、宪法和法律法规的学习培训，大力推进学习型法院和学习型法官建设，更加注重对法律精神和核心价值的把握，更加注重审判理论创新，注重理论与实践的结合，更加注重总结法律适用经验，创新法律适用方法，用好用活司法统计数据；努力探索并遵循司法工作规律，促进立法适时完善，更加有力地服务经济社会科学发展，实现人民法院自身科学发展。

最高人民法院
印发《关于加强司法建议工作的意见》的通知

2012年3月15日　　　　　　　　　　　　　　　法〔2012〕74号

各省、自治区、直辖市高级人民法院，解放军军事法院，新疆维吾尔自治区高级人民法院生产建设兵团分院：

现将《最高人民法院关于加强司法建议工作的意见》印发给你们，请结合工作实际，认真贯彻执行。

附：

关于加强司法建议工作的意见

为充分发挥人民法院审判职能作用，坚持能动司法，深入推进三项重点工作，为经济社会全面协调可持续发展与社会和谐稳定提供更加有力的司法保障，根据有关法律规定，结合人民法院工作实际，现就加强和规范司法建议工作，提出以下意见：

一、认清形势，提高认识，进一步增强司法建议工作的自觉性

1. 司法建议是法律赋予人民法院的重要职责，是人民法院工作的重要组成部分，是充分发挥审判职能作用的重要方式。各级人民法院要准确把握国内外形势的新变化、新特点，牢牢抓住科学发展这个主题，紧紧围绕加快转变经济发展方式这条主线，在狠抓执法办案第一要务的同时，依法履行好司法建议职责，积极促进有关单位科学决策、完善管理、消除隐患、改进工作、规范行为，不断提高科学管理水平，预防和减少社会矛盾纠纷。

2. 司法建议是人民法院坚持能动司法，依法延伸审判职能的重要途径。我国正处于经济社会发展的重要战略机遇期和社会矛盾凸显期，站在新起点，面对新形势，人民法院在充分发挥审判职能作用的同时，应当更加重视运用司法建议，通过延伸审判职能，积极践行"为大局服务，为人民司法"工作主题，促进经济社会发展，切实维护社会和谐稳定。

3. 司法建议是人民法院深入推进三项重点工作，提升司法能力和司法公信力的重要手段。要高度重视和充分运用司法建议来扩展审判效果，以司法建议作为化解社会矛盾、创新社会管理的重要切入点和有效方法，充分发挥司法建议在维护社会和谐稳定、推动社会建设中的重要作用，不断提升人民法院化解社会矛盾和参与社会管理创新的能力和水平，努力维护司法权威，提高司法公信力。

二、创新机制，加强规范，切实提升司法建议工作水平

4. 司法建议工作应当纳入人民法院的整体工作部署，要创新建议形式，规范建议程序，确保建议质量，增强建议效果，推动司法建议工作依法有序开展，努力实现司法建议工作的法律效果和社会效果的有机统一。

5. 正确处理司法建议工作与审判执行工作的关系，坚持以做好审判执行工作为出发点，同时充分发挥司法建议延伸审判职能的作用。审判执行工作中发现有关单位普遍存在的工作疏漏、制度缺失和隐患风险等问题，人民法院应当及时提出司法建议。

6. 提出司法建议要坚持必要性、针对性、规范性和实效性原则，做到把握问题准确，分析问题透彻，依据充足，说理充分，建议客观合理，方案切实可行，行文严谨规范，确保建议质量，符合保密规定。

7. 对审判执行工作中发现的下列问题,人民法院可以向相关党政机关、企事业单位、社会团体及其他社会组织提出司法建议,必要时可以抄送该单位的上级机关或者主管部门:

(1) 涉及经济社会发展重大问题需要相关方面积极加以应对的;

(2) 相关行业或者部门工作中存在的普遍性问题,需要有关单位采取措施的;

(3) 相关单位的规章制度、工作管理中存在严重漏洞或者重大风险的;

(4) 国家利益、社会公共利益受到损害或者威胁,需要有关单位采取措施的;

(5) 涉及劳动者权益、消费者权益保护等民生问题,需要有关单位采取措施的;

(6) 法律规定的有义务协助调查、执行的单位拒绝或者妨碍人民法院调查、执行,需要有关单位对其依法进行处理的;

(7) 拒不履行人民法院生效的判决、裁定,需要有关单位对其依法进行处理的;

(8) 发现违法犯罪行为,需要有关单位对其依法进行处理的;

(9) 诉讼程序结束后,当事人之间的纠纷尚未彻底解决,或者有其他问题需要有关部门继续关注的;

(10) 其他确有必要提出司法建议的情形。

8. 人民法院提出司法建议,应当制作司法建议书。

司法建议书包括以下类型:

(1) 针对个案中反映的具体问题制作的个案司法建议书;

(2) 针对某一类案件中反映的普遍性问题制作的类案司法建议书;

(3) 针对一定时期经济社会发展中存在的普遍性、系统性问题制作的综合司法建议书。根据实际需要,综合司法建议书可以附相关调研报告、审判工作报告(白皮书)等材料。

9. 司法建议书应当按照统一的格式制作,一般包括首部、主文和尾部三部分。

首部包括:法院名称、司法建议书、司法建议书编号、主送单位(被建议单位)名称。

主文包括:在审理和执行案件中或者相关调研中发现的需要重视和解决的问题,对问题产生原因的分析,依据法律法规及政策提出的具体建议,以及其他需要说明的事项。

尾部包括:院印和日期。如需抄送被建议单位的上级机关、主管部门或其他有关部门的,应当列明抄送单位全称。

10. 个案、类案司法建议书由所涉案件审判业务部门负责起草,综合司法建议书可以由有关综合性部门或者审判业务部门负责起草。司法建议书起草完成后,交司法建议工作日常管理机构审核,报分管院领导签发。向党政机关发送的重要司法建议书或者审判委员会决定发送的司法建议书,由院长签发。

11. 院长、庭长在履行审判监督指导职责、审判监督部门和审判管理部门在开展案件质量评查等活动、上级人民法院对下级人民法院的案件进行监督评查时,发现需要向有关部门提出司法建议的,应当建议提出司法建议。

12. 个案司法建议书一般应当在所涉案件裁判文书生效后或者执行、涉诉信访案件办结后，及时发送。

13. 司法建议书应当以人民法院的名义发送，不得以法院内设机构或者个人名义发送。拟向上级党委、人大、政府及其部门提出的司法建议书，必要时可以提请上级人民法院发送。

14. 司法建议书应当及时送达被建议单位。必要时，人民法院可以将相关材料一并送达被建议单位。

15. 司法建议起草部门应当及时将司法建议书、被建议单位反馈意见及相关材料整理立卷，移送档案管理部门集中归档。

16. 司法建议应当纳入司法统计范围，为分析和指导司法建议工作提供数据支持。利用信息技术，建立司法建议信息库，充分整合、利用司法建议信息资源，打造司法建议信息平台。

三、加强领导，科学管理，为司法建议工作提供切实保障

17. 各级人民法院应当高度重视司法建议工作，切实加强对司法建议工作的组织领导和统筹协调。上级人民法院应当加强对本辖区内人民法院司法建议工作的指导，使司法建议工作更加规范，注重实效。

18. 确定司法建议工作日常管理机构，建立司法建议工作归口管理制度。司法建议工作日常管理机构应当严格把关，确保司法建议质量，认真履行以下工作职责：

（1）负责本院司法建议书的审核工作；

（2）负责司法建议工作情况通报、总结工作；

（3）负责司法建议培训、经验交流等工作。

19. 加强司法建议情况通报和总结工作，司法建议工作日常管理机构应当定期制作司法建议情况通报和年度司法建议总结报告。

20. 加强司法建议工作培训、经验交流等工作。各高级人民法院要开展司法建议专项培训，增强法官司法建议工作能力，提升司法建议书制作水平。组织司法建议经验交流活动，推荐优秀司法建议书，推广工作经验和方法，努力提高司法建议工作水平。

21. 积极争取党委、人大和政府对司法建议工作的支持，推动将司法建议工作纳入当地社会治安综合治理工作体系。

22. 加强与新闻媒体等社会各个方面的合作，通过多种渠道和形式加大司法建议宣传力度，不断扩大社会影响，努力赢得社会各界对司法建议工作的理解、尊重和支持，为司法建议工作营造良好的工作环境。

附：司法建议文书样式

附：

××法建〔20××〕××号
×××人民法院
司法建议书

××××（主送单位名称）：

我院在审判（执行）工作（或写明××个案，或写明××案件类型，或写明调研工作）中，发现……（写明有关单位存在的重要问题和提出建议的理由）。为此，特建议：……（写明建议的具体事项，内容多的可分项书写）。

以上建议请予以考虑，如有反馈意见，望及时函告我院。

附：相关××判决书或裁定书×份及其他相关材料

（院印）
年 月 日

抄送：××××（抄送单位名称）

最高人民法院关于印发《人民法院审判制服着装管理办法》的通知

2013年1月23日　　法〔2013〕6号

各省、自治区、直辖市高级人民法院，新疆维吾尔自治区高级人民法院生产建设兵团分院：

《人民法院审判制服着装管理办法》已经最高人民法院党组会议审议通过，现印发给你们，请各地结合实际，遵照执行。

附：

人民法院审判制服着装管理办法

为规范人民法院工作人员着装行为，树立和维护人民法院的良好形象，根据最高人民法院有关规定，结合人民法院实际情况，制定本办法。

第一条　人民法院实行统一着装，是人民法院司法形象和干警精神风貌的综合反映，是维护法治尊严，依法行使审判权的需要。

第二条　人民法院审判制服包括夏服（含短袖、长袖）、春秋服、冬服、防寒服、法袍及制服配饰等。

第三条　人民法院工作人员在依法履行法律职务或在公共场合从事公务活动时应当穿着审判制服，佩戴法徽。非履行法律职务或在公共场合从事公务活动，原则上不得穿着审判制服。

第四条　审判制服应当按照规范配套穿着，审判制服不得与非审判服装混穿，两名以上工作人员共同执行任务时，制服的季节款式要保持一致。

第五条　着装换季日期视各地季节、气候、温度变化情况，由各级人民法院自行酌定，统一要求。

第六条　着短袖夏服时，浅月白色短袖衬衣配夏裤（裙），上衣外穿，佩戴小法徽，不系审判专用制式领带。

第七条　着长袖夏服时，浅月白色长袖衬衣配夏裤（裙），上衣扎系于裤（裙）腰内，佩戴小法徽，系审判专用制式领带。

第八条　着春秋服、冬服时，上身内穿白色长袖衬衣，系审判专用制式领带，衬衣下摆扎系于裤腰内。领带下沿应与皮带扣位置大致相当。

第九条　法袍的穿着按照《人民法院法官法袍穿着规定》执行。

第十条　法徽应按下列要求佩戴：

（一）佩戴法徽仅限于审判制服，不得在其他服装上佩戴。穿着审判制服不得佩戴法徽以外的徽章。

（二）开庭审判必须佩戴法徽，其他因工作需要的场合亦应佩戴法徽。

（三）法徽佩戴位置为：

夏服，法徽佩戴在上衣左胸口袋上沿上方正中，法徽下沿与口袋上沿平齐。

春秋服、冬服，男式制服法徽佩戴于上衣左胸驳头装饰扣眼处；女式制服法徽佩戴于与男式制服相同位置。

防寒服，法徽佩戴在左胸门襟与袖笼之间中央处，高度为第一纽扣与第二纽扣之间二分之一处。

法袍在制作时法徽已绣好，不再单独佩戴。

（四）除法袍外，在其他场合执行公务、参加集体活动、会议及大型集会时均应佩戴小法徽。

第十一条　穿着审判制服，应当做到服装整齐洁净，仪表端庄得体，注重礼仪规范，严格遵守以下要求：

（一）不得披衣、敞胸露怀、趿鞋、挽袖、卷裤腿和外露长袖衬衣下摆。

（二）不得系扎围巾，不得染彩发，不得留怪异发型。男性人员不得留长发（发长侧面不过上耳沿，后面不过衣领）、蓄胡须，非特殊原因不得剃光头；女性人员留长发者不得披散发，不得染指甲、化浓妆，不得佩戴耳环、项链等首饰。

（三）不得在外露的腰带上系挂钥匙或者其他饰物。

（四）除工作需要或患有眼疾外，不得戴有色眼镜。

（五）不得穿着审判制服从事与法院工作性质和工作人员品行不符的活动。

第十二条 人民法院工作人员因违纪违法被停职或因涉嫌犯罪被采取强制措施及其他不适宜或不需要着装的情形，不得穿着审判制服、佩戴法徽。

第十三条 着装人员应爱护配发的审判制服及其配饰。因公损坏、损失的，经审查批准，予以补发。

第十四条 人民法院组织人事部门负责管理机关工作人员的着装行为。对违反本规定并造成不良影响的工作人员，视情节依照有关规定给予通报批评或纪律处分。

第十五条 人民法院司法警察着装参照《公安机关人民警察着装管理规定》执行。

第十六条 本办法自公布之日起施行。原《最高人民法院司法行政装备管理局关于法院专用徽章佩戴位置及要求的通知》中有关条款不再执行。

最高人民法院
印发《关于加强人民法院领导干部调研工作的规定》的通知

2014年6月30日　　　　　　　　　　　　法发〔2014〕10号

各省、自治区、直辖市高级人民法院，解放军军事法院，新疆维吾尔自治区高级人民法院生产建设兵团分院：

现将《关于加强人民法院领导干部调研工作的规定》予以印发，请结合实际认真贯彻执行。

附：

最高人民法院
关于加强人民法院领导干部调研工作的规定

为进一步加强人民法院领导干部调研工作，不断提高人民法院决策的科学化和民主化水平，不断提高各级人民法院领导干部的司法能力和管理水平，努力营造全国法院普遍重视调研工作的氛围，以高质量的调研工作促进司法为民、公正司法，根据中央有关规定，结合人民法院工作实际，制定本规定。

第一条 调研工作是人民法院必须长期坚持的一项重要工作，只能加强，不能削弱。各级人民法院要把领导干部调研工作列入党组重要议事日程，定期研究，定期安排，定期检查，确保落实。主要领导干部要率先垂范，带头开展调研。

第二条 人民法院领导干部开展调研工作要坚持以中国特色社会主义理论体系为指导，坚持从中国国情和审判工作实际出发，践行社会主义法治理念，积极回应人民群众的关切和期待。要遵循解放思想、实事求是、理论联系实际、务求调研实效的工作原则。

第三条 人民法院领导干部开展调研工作要突出重点，既要紧紧围绕法治中国建设中的宏观性、全局性、战略性问题开展理论、政策性调研，又要紧密结合当前人民法院审判执行、司法改革、司法作风、廉政建设、干部管理、人才培养、司法宣传、司法保障等工作领域中的重点、难点、薄弱环节以及各种新情况、新问题开展专题、专门性调研。

第四条 各级人民法院领导干部要坚持定期调研与不定期调研相结合。原则上要确定专门月份作为领导干部集中调研月。最高人民法院领导干部、解放军军事法院院长、副院长和各高级人民法院院长到基层调研每年累计不少于30天，地方各级人民法院和军事法院等专门法院的其他领导干部到基层调研每年累计不少于60天。鼓励各级人民法院领导干部利用探亲休假等机会开展随机调研。

第五条 各级人民法院领导干部要在基层确定1至2个调研联系点，定期开展调研指导。最高人民法院领导干部、解放军军事法院院长、副院长和各高级人民法院院长深入联系点每年至少3次，每次不少于4天；地方各级人民法院和军事法院等专门法院的其他领导干部深入联系点每年不少于2次，每次不少于3天。调研联系点每3至5年更换一次。最高人民法院领导干部到基层调研的计划、安排及基层联系点的确定、更换由办公厅负责；地方各级人民法院应确定专门部门负责本院领导干部调研工作的协调事宜。

第六条 各级人民法院领导干部要结合分管工作实际，每年选取1至2个工作中遇到的热点、难点问题开展专题调研，并撰写有翔实情况、有深入分析、有可行对策的调研报告，确保每年的调研有重点、有亮点、有成效。

第七条 各级人民法院要确定专门部门，负责领导干部调研成果的汇总分析、转化利用工作。地方各级人民法院领导干部调研成果要确定专门部门层报上级人民法院供决策参考；对于涉及党和国家工作大局以及对当地经济社会发展具有重要参考价值的调研报告，还要及时送交相关部门参考。上级法院对于本院和下级法院领导干部调研成果中反映出的重大、疑难、复杂问题，要及时认真研究解决。

第八条 各级人民法院领导干部要把调研工作作为本职工作的重要组成部分，在年度述职报告中专项予以说明。

第九条 各级人民法院领导干部到基层调研要坚持问题导向，多到矛盾集中、问题突出、案件类型复杂多样、群众意见多的地方调研。对于调研中发现的问题，能够及时、就地解决的要立即解决；不能及时、就地解决的要提出解决方案并向本院党组、上级法院或相关部门汇报，切忌走过场、搞形式主义。

第十条 各级人民法院领导干部到基层调研要多同当地群众座谈，多同当地党委、政府、人大、政协负责同志以及人大代表、政协委员座谈沟通，多深入农村、企业、社会组织中了解情况，多同基层法院干警座谈交流，向群众学习，向实践学习。

第十一条 各级人民法院领导干部要充分利用民主生活会、座谈会、领导信箱等形式，加强与本院干警的沟通交流。要认真开展与干部群众的谈心活动，每年至少开展2次，可与党员民主生活会谈心结合起来安排。要注重听取意见建议和反映的问题，并通过适当形式及时反馈。

第十二条 各级人民法院领导干部到基层调研要严格执行国内公务出差及公务接待的相关制度规定，轻车简从，不用警车开道，不搞层层陪同，不张贴悬挂标语横幅，不组织干警迎送，不铺设迎宾地毯，不摆放花草，不安排宴请，不接受土特产、纪念品及其他任何礼品。

第十三条 各级人民法院领导干部要适应新形势新情况特别是当今社会信息网络化的特点，拓展调研渠道、丰富调研手段，综合运用好实地调研、统计分析、随机抽样等传统调研方法和网络调查、团组型调研等各种新型调研方法。

第十四条 本规定所称各级人民法院领导干部，是指最高人民法院、地方各级人民法院、军事法院等专门人民法院的领导班子成员及审判委员会专职委员。

第十五条 本规定自公布之日起实施。

最高人民法院
关于进一步加强人民法院信息工作的意见

2014年6月30日　　　　　　　　　　　法〔2014〕164号

各省、自治区、直辖市高级人民法院，解放军军事法院，新疆维吾尔自治区高级人民法院生产建设兵团分院：

信息工作是人民法院的一项重要基础性工作，贯穿各项司法决策的制定实施全过程。最高人民法院党组历来高度重视法院信息工作，特别是去年以来，周强院长多次就加强信息采编报送工作作出重要指示。5月9日，周强院长会见中央办公厅信息综合室调研组一行时要求各级人民法院进一步加强信息工作，充分发挥司法信息的重要作用。为深入贯彻落实周强院长重要指示精神，结合当前信息工作实际，现就进一步加强人民法院信息工作提出以下意见：

一、高度重视人民法院信息工作

1. 准确把握信息工作的职能定位。信息工作是司法政务工作的重要组成部分，是人民法院司法政务部门的重要职能，承担着为审判工作服务、为司法决策服务、为党和国家工作大局服务的重要职责。有效做好信息工作，对于党中央、地方各级党委以及上级法院了解情况、科学决策和指导工作具有十分重要的意义。

2. 充分认识信息工作的现状和挑战。近年来，全国各级法院信息工作部门紧紧围绕党和国家工作大局和人民法院工作全局，切实加强信息工作，为党中央、地方各级党委和上级法院科学决策、民主决策提供了富有成效的信息服务。当前，随着世情、国情、党情深刻变化，信息资源、信息形态、信息载体日益呈现新特点，法院信息工作不断面临新的挑战。全面加强信息工作，是准确、及时了解工作态势的基本渠道，是强化对下指导的重要保障，是跟踪工作落实的有效抓手。

3. 全面提升信息工作成效。各级人民法院要充分认识到信息工作在新形势新任务下，领域将更宽、天地将更广、作用将更大，进一步增强使命感、责任感、紧迫感，高度重视做好司法信息的采编报送工作，坚持"第一手情况""第一道研判""第一时间报送"的要求，全面提升信息报送层次，优化信息工作机制，加强信息队伍建设，确保司法信息的重要作用得到充分发挥。

二、准确把握信息采编报送方向

4. 突出大局工作的重点。要紧紧围绕大局出谋划策、贡献智慧，主动对党和国家中心工作、对党中央和最高人民法院部署的重点工作进行深入研究，多出大主意、好主意，下功夫提高信息的实用效能。要紧紧围绕领导决策需求和中心工作需要，及时报送领导需要了解和需要领导了解的信息，并根据党中央、地方各级党委以及上级法院重点工作进展不断提供动态信息，当好领导决策的参谋助手。对于党中央、最高人民法院重大决策部署特别是中央领导同志重要指示精神，要通过信息渠道及时报告传达学习情况、贯彻落实措施、取得的成效、存在的问题以及工作建议。

5. 反映推进工作的难点。要立足司法职能，结合执法办案，及时报送深度研判、问题建议类信息，及时反映国家治理和社会治理中存在的问题，由最高人民法院办公厅采编上报中央办公厅信息综合室，供中央领导和有关部门决策时参考。要根据中央关于深化司法体制改革的部署，加强调查研究，及时报送调研分析类信息，准确反映法院自身难以解决的问题和困难特别是需要各部门协调配合的事项，争取理解和支持，多渠道推动形成深化司法体制改革的工作合力。要坚持问题导向，深入基层一线，准确反映影响公正司法和制约司法能力的深层次问题，使各级法院领导全面把握司法工作实际情况，促进形成符合国情、符合司法规律的决策和部署。

6. 了解群众关注的热点。要准确把握人民群众的多元司法需求，抓住群众普遍关心、关注的焦点问题，广泛了解和全面反映群众的呼声和要求。既要报送人民法院为群众提供优质高效司法服务方面的信息，又要报送群众关注、舆论热议的涉及人民法院工作的信息，还要及时报送事关群众切身利益的苗头性、倾向性问题信息。

7. 总结司法工作的亮点。要及时反映人民法院推进司法为民、公正司法的情况，让领导机关和领导同志通过信息全面掌握司法领域的动态、经验和问题。要认真总结人民法院工作中的好经验、好做法，以有说服力的数据和实例展现工作特色，充分发挥典型引导和示范带动作用。要坚持内外有别，把司法信息与侧重于宣传引导的新闻报道区别开来，使每篇司法信息在有限的篇幅里最大限度地展示信息点。

三、坚持及时、准确、全面的工作原则

8. 把及时性原则落到实处。及时性是信息工作的基本要求，特别是在当前新媒体迅速发展、信息传输速度不断加快的背景下，滞后性信息将会失去价值。各级法院要进一步提高信息报送的时效意识，对于各类具有时效性的信息材料，都要争取在最短时间内上报，防止重要信息因报送滞后而丧失决策参谋价值，甚至造成严重后果。凡是需要党中央和各级党委、上级法院及时掌握、立即处置的重要情况和紧急信息，都要迅速收集起来，及时逐级报告。各级法院审理的重大敏感疑难案件以及涉及人民法院的重大突发性事件、重要动态以及其他重要紧急情况，要随时发生随时报送，既要向上级法院信息工作部门报送，也要向业务归口管理部门报送，并要续报事态进展、处置措施等情况。

9. 把准确性原则落到实处。信息的生命力在于准确，信息的价值在于真实，信息必须来自于客观实际，必须做到实事求是。反映工作进展和成绩的信息要恰如其分，反映问题的信息要真实可靠，反映困难的信息要准确实在。要加强对信息的校核，及时向报送单位和有关业务部门核实，对正在发生的重要情况，特别是正在审理的案件有关情况务必进行追踪了解，务求所报信息准确无误。要强化信息调研，尤其要注重围绕党和国家工作大局、最高人民法院工作部署、群众关注的热点难点，深入基层、深入一线，下苦功夫，花大力气，在广泛占有第一手资料的基础上，集零为整，去粗取精，形成高质量的信息材料。要适应大数据时代的要求，探索运用互联网思维创新信息工作，善于透过大数据发现问题、剖析成因、研判态势、提出对策，更好地服务领导决策。

10. 把全面性原则落到实处。要坚持全方位、多领域、多角度地提供信息，防止以偏概全，顾此失彼。要辩证地反映工作或问题的全貌，不断章取义、妄加取舍，也不层层截留、级级过滤。要坚持"喜忧兼报"，只要工作需要，无论是哪一方面的信息都要报送，既要重视报送动态、经验类信息，又要注重报送问题类信息，注重从审判执行工作一线和大量初级信息材料中挖掘筛选带有规律性、普遍性、倾向性的问题，通过归纳、分析、提炼，作出量的分析和质的判断，深度揭示工作中存在的问题，有针对性地提出建议。

四、完善信息工作机制

11. 完善信息采编报送工作机制。要进一步加强信息采编工作，坚持"采"与"编"结合，变被动等信息为主动找信息，既要立足各业务部门提供的现成材料编报信息，又要围绕信息报送重点主动协调有关业务部门提供素材并进行深加工。要进一步加大信息报送工作力度，准确把握人民法院信息工作新形势、新格局，结合辖区法院实际进行分类指导，对于信息报送数量少的法院要进行有针对性的指导，首先解决数量问题，对于报送数量多的法院则要深挖工作潜力，切实提升信息的决策参考价值。

12. 认真做好向中央办公厅报送信息工作。今年以来，为充分发挥司法信息服务中央决策的重要作用，最高人民法院办公厅开始以《高法信息》为载体向中央办公厅信息综合室报送信息。为拓宽信息来源、全面反映各地情况，各高级人民法院要进一步加强

《高法信息》素材报送工作，以深度研判和问题建议类素材为主，既可以报送本院采编的信息，也可以转报辖区中级、基层人民法院的信息材料。根据中央办公厅信息综合室的需求，最高人民法院办公厅将根据各地工作特色和实际，适时就特定主题向有关高级人民法院进行约稿，请各高级人民法院在接到约稿通知后，及时组织本院业务部门和中级、基层人民法院共同做好采编报送工作。各高级人民法院向省区市党委办公厅报送的重要信息，必须同时报最高人民法院办公厅。

13. 加强信息工作条线联系和上下互动。参照中央办公厅信息综合室做法，最高人民法院办公厅将在全国各高级人民法院、计划单列市中级人民法院以及部分信息工作水平较高的中级人民法院建立信息直报点，届时请各高级人民法院配合做好相关工作。要进一步做好全国法院信息采用情况通报工作，科学设定质量系数权重，适时组织开展全国法院优秀信息评选活动，通报表扬全国法院信息工作先进单位和个人。要通过开展信息调研、工作研讨、下发信息工作要点等形式，加强信息条线的交流互动，指导各级法院采编高质量信息材料，促进全国法院信息工作均衡发展。

五、强化信息工作保障

14. 加强组织领导。各级人民法院要充分认识做好新形势下司法信息工作的重要性和紧迫性，进一步强化对信息工作的领导，把信息工作作为一项重要工作任务抓紧抓好，充分发挥信息在了解情况、制定决策和指导工作中的重要作用。各级人民法院主要负责同志要高度重视信息工作，定期听取信息工作情况汇报，帮助解决信息工作中面临的问题和困难，支持信息工作部门积极收集、如实反映真实情况，为信息工作部门有效开展工作创造良好条件。

15. 加强归口管理。最高人民法院办公厅担负着信息工作归口管理、对下指导、统筹协调、采编报送的职责，具体工作由办公厅院长办公室承担。各高级人民法院要进一步加强信息工作机构建设，强化对辖区法院信息工作的统一组织、协调、指导。要强化督查督办，对领导在信息上的重要批示指示，要通过建章立制、督促检查等手段，一件一件、一个一个跟踪落实问效，推动各项工作部署落到实处。

16. 加强物质保障。各级人民法院要将信息工作经费列入本院预算，逐年增加信息工作经费，强化物质保障水平，支持信息工作部门运用现代科技成果创新服务内容和载体。要提升信息工作的信息化、科技化水平，抓住全国法院推进信息化建设、实现四级法院联网的有利契机，推动建设全国法院统一的司法信息采编报送网络，打造信息传输处理的数字化、网络化、一体化平台，为司法信息的采编、报送、存储、分析、共享等提供有力技术保障。要加强应急通信设施配备，确保特殊情况下紧急信息协调联络畅通。

17. 加强队伍建设。要进一步加强信息采编队伍建设，按照政治强、业务精、作风硬、纪律严的要求，配齐配强信息工作人员。要保持信息采编队伍的相对稳定，各高院信息工作人员发生变化的，应当及时将调整情况报告最高人民法院办公厅。要重视培养信息工作人员，安排信息工作部门领导和同志旁听列席党组会、审判委员会，参加院内召开的相关会议，参阅有关文件，不断丰富知识、拓宽视野、提升能力。要定期组织信息人员参加法院系统内外的座谈、学习、培训，交流工作经验，在信息工作上形成共同探讨、群策群力的良好氛围。要及时表彰奖励作出突出成绩的信息工作人员，并在晋级晋职等方面予以倾斜，不断调动信息工作人员积极性，努力开创人民法院信息工作新局面。

各级人民法院要认真研究加强本地法院信息工作，充分发挥司法信息的决策参谋作用，为促进人民法院工作科学发展作出新的贡献。

最高人民法院　司法部
关于建立司法鉴定管理与使用衔接机制的意见

2016 年 10 月 9 日　　　　　　　　　　　　司发通〔2016〕98 号

各省、自治区、直辖市高级人民法院、司法厅（局），解放军军事法院，新疆维吾尔自治区高级人民法院生产建设兵团分院，新疆生产建设兵团司法局：

为贯彻落实党的十八届四中、五中全会精神，充分发挥司法鉴定在审判活动中的积极作用，最高人民法院、司法部根据《全国人民代表大会常务委员会关于司法鉴定管理问题的决定》（以下简称《决定》），就建立司法鉴定管理与使用衔接机制提出以下意见。

一、加强沟通协调，促进司法鉴定管理与使用良性互动

建立司法鉴定管理与使用衔接机制，规范司法鉴定工作，提高司法鉴定质量，是发挥司法鉴定作用，适应以审判为中心的诉讼制度改革的重要举措。人民法院和司法行政机关要充分认识司法鉴定管理与使用衔接机制对于促进司法公正、提高审判质量与效率的重要意义，立足各自职能定位，加强沟通协调，共同推动司法鉴定工作健康发展，确保审判活动的顺利进行。

司法行政机关要严格按照《决定》规定履行登记管理职能，切实加强对法医类、物证类、声像资料、环境损害司法鉴定以及根据诉讼需要由司法部商最高人民法院、最高人民检察院确定的其他应当实行登记管理的鉴定事项的管理，严格把握鉴定机构和鉴定人准入标准，加强对鉴定能力和质量的管理，规范鉴定行为，强化执业监管，健全淘汰退出机制，清理不符合规定的鉴定机构和鉴定人，推动司法鉴定工作依法有序进行。

人民法院要根据审判工作需要，规范鉴定委托，完善鉴定材料的移交程序，规范技术性证据审查工作，规范庭审质证程序，指导和保障鉴定人出庭作证，加强审查判断鉴定意见的能力，确保司法公正。

人民法院和司法行政机关要以问题为导向，进一步理顺司法活动与行政管理的关系，建立常态化的沟通协调机制，开展定期和不定期沟通会商，协调解决司法鉴定委托与受理、鉴定人出庭作证等实践中的突出问题，不断健全完善相关制度。

人民法院和司法行政机关要积极推动信息化建设，建立信息交流机制，开展有关司法鉴定程序规范、名册编制、公告等政务信息和相关资料的交流传阅，加强鉴定机构和鉴定人执业资格、能力评估、奖惩记录、鉴定人出庭作证等信息共享，推动司法鉴定管理与使用相互促进。

二、完善工作程序，规范司法鉴定委托与受理

委托与受理是司法鉴定的关键环节，是保障鉴定活动顺利实施的重要条件。省级司法行政机关要适应人民法院委托鉴定需要，依法科学、合理编制鉴定机构和鉴定人名册，充分反映鉴定机构和鉴定人的执业能力和水平，在向社会公告的同时，提供多种获取途径和检索服务，方便人民法院委托鉴定。

人民法院要加强对委托鉴定事项特别是重新鉴定事项的必要性和可行性的审查，择优选择与案件审理要求相适应的鉴定机构和鉴定人。

司法行政机关要严格规范鉴定受理程序和条件，明确鉴定机构不得违规接受委托；无正当理由不得拒绝接受人民法院的鉴定委托；接受人民法院委托鉴定后，不得私自接收当事人提交而未经人民法院确认的鉴定材料；鉴定机构应规范鉴定材料的接收和保存，实现鉴定过程和检验材料流转的全程记录和有效控制；鉴定过程中需要调取或者补充鉴定材料的，由鉴定机构或者当事人向委托法院提出申请。

三、加强保障监督，确保鉴定人履行出庭作证义务

鉴定人出庭作证对于法庭通过质证解决鉴定意见争议具有重要作用。人民法院要加强对鉴定意见的审查，通过强化法庭质证解决鉴定意见争议，完善鉴定人出庭作证的审查、启动和告知程序，在开庭前合理期限以书面形式告知鉴定人出庭作证的相关事项。人民法院要为鉴定人出庭提供席位、通道等，依法保障鉴定人出庭作证时的人身安全及其他合法权益。经人民法院同意，鉴定人可以使用视听传输技术或者同步视频作证室等作证。刑事法庭可以配置同步视频作证室，供依法应当保护或其他确有保护必要的鉴定人作证时使用，并可采取不暴露鉴定人外貌、真实声音等保护措施。

鉴定人在人民法院指定日期出庭发生的交通费、住宿费、生活费和误工补贴，按照国家有关规定应当由当事人承担的，由人民法院代为收取。

司法行政机关要监督、指导鉴定人依法履行出庭作证义务。对于无正当理由拒不出庭作证的，要依法严格查处，追究鉴定人和鉴定机构及机构代表人的责任。

四、严处违法违规行为，维持良好司法鉴定秩序

司法鉴定事关案件当事人切身利益，对于司法鉴定违法违规行为必须及时处置，严肃查处。司法行政机关要加强司法鉴定监督，完善处罚规则，加大处罚力度，促进鉴定人和鉴定机构规范执业。监督信息应当向社会公开。鉴定人和鉴定机构对处罚决定有异议的，可依法申请行政复议或者提起行政诉讼。人民法院在委托鉴定和审判工作中发现鉴定机构或鉴定人存在违规受理、无正当理由不按照规定或约定时限完成鉴定、经人民法院通知无正当理由拒不出庭作证等违法违规情形的，可暂停委托其从事人民法院司法

鉴定业务，并告知司法行政机关或发出司法建议书。司法行政机关按照规定的时限调查处理，并将处理结果反馈人民法院。鉴定人或者鉴定机构经依法认定有故意作虚假鉴定等严重违法行为的，由省级人民政府司法行政部门给予停止从事司法鉴定业务三个月至一年的处罚；情节严重的，撤销登记；构成犯罪的，依法追究刑事责任；人民法院可视情节不再委托其从事人民法院司法鉴定业务；在执业活动中因故意或者重大过失给当事人造成损失的，依法承担民事责任。

人民法院和司法行政机关要根据本地实际情况，切实加强沟通协作，根据本意见建立灵活务实的司法鉴定管理与使用衔接机制，发挥司法鉴定在促进司法公正、提高司法公信力、维护公民合法权益和社会公平正义中的重要作用。

最高人民法院 公安部
关于印发《关于开展司法拘留社会矛盾化解工作的意见》的通知

2016年11月16日　　　　　　　　　　　法发〔2016〕25号

各省、自治区、直辖市高级人民法院、公安厅（局），新疆维吾尔自治区高级人民法院生产建设兵团分院、新疆生产建设兵团公安局：

为进一步规范和深化公安机关拘留所社会矛盾化解工作，更好地发挥拘留所在保障司法诉讼活动顺利进行、维护社会和谐稳定方面的职能优势，深化执行联动机制，合力解决人民法院判决、裁定执行难问题，最高人民法院、公安部在总结、吸收部分地方人民法院和公安机关开展司法拘留社会矛盾化解工作机制成功经验和做法的基础上，决定在全国范围内建立人民法院和公安机关协作机制，共同推进司法拘留社会矛盾化解工作。现将《最高人民法院、公安部关于开展司法拘留社会矛盾化解工作的意见》印发给你们，请结合实际情况，认真贯彻执行。

关于开展司法拘留社会矛盾化解工作的意见

司法拘留是人民法院对妨害诉讼或执行的行为人依法采取的强制措施，对于维护司法秩序、构建社会诚信体系和促进解决执行难发挥了重要作用。对被司法拘留人全面开展社会矛盾化解工作，是社会大调解体系的重要组成部分，是人民法院和公安机关共同肩负的政治责任、法定责任和社会责任，是解决执行难的重要举措，是完善矛盾纠纷多元化解机制、加强和创新社会治理、深化平安中国建设的创新之举。为全面规范人民法院和公安机关开展司法拘留社会矛盾化解工作的方式和程序，现提出如下意见：

一、指导思想和基本原则

（一）指导思想

全面贯彻党的十八大和十八届三中、四中、五中、六中全会精神，主动适应经济发展新常态和政法工作新形势，严格执行《中华人民共和国民事诉讼法》和《拘留所条例》，坚持惩戒与教育相结合的原则，人民法院与公安机关应当紧密配合、相互协作，充分发挥双方职能优势，共同探索新形势下涉诉矛盾纠纷化解的科学方法和有效路径，建立健全有机衔接、协调联动、高效便捷的矛盾纠纷化解机制，最大限度化解被司法拘留人所涉矛盾纠纷，及时消除不和谐因素，确保司法拘留措施和拘留所管理教育工作的法律效果和社会效果，为解决执行难和平安中国建设做出应有贡献。

（二）基本原则

——依法拘留、及时收拘。人民法院根据妨害诉讼或执行的行为人违法行为性质和具体情形，确实需要采取司法拘留措施的，应当及时作出拘留决定并将被司法拘留人送交指定拘留所执行。拘留所对于符合收拘条件的被司法拘留人，应当及时予以收拘，不得无故拖延或拒绝。

——依法管理、有机衔接。拘留所依法开展管理教育工作，以促使被司法拘留人消除对抗、服从管教、确保安全为前提，以化解矛盾、解决纠纷为目标，积极主动开展教育和化解工作，尽力而为，重在成效。人民法院和公安机关在司法拘留的每个环节都应当做好衔接工作，确保司法拘留工作顺畅有序开展。

——相互沟通、协同配合。人民法院和公安机关开展司法拘留社会矛盾化解工作，应当依法履职，相互沟通、各尽其责、协同配合、强化落实、优势互补、注重细节。

——维护权益、公平公正。人民法院和公安机关开展司法拘留社会矛盾化解工作，应当坚持自愿、公开、公平、公正的原则。应当保障当事人的合法权益，保护当事人的个人隐私。

——督促履行、案结事了。对于因拒不履行生效法律文书确定义务被采取司法拘留措施的，人民法院和公安机关在做好矛盾化解工作过程中，应当本着实现债权人权益的原则开展说服教育和矛盾化解工作，依法督促被司法拘留人履行相关义务，真正做到案结事了。

二、工作机制

（三）协作联动机制

各省、自治区、直辖市高级人民法院、公安厅（局）应当针对司法拘留社会矛盾化解工作建立健全协作联动机制，并指导辖区范围内的市、县、区法院和公安机关尽快建立协作联动机制。人民法院和公安机关应当就司法拘留社会矛盾化解问题，分别指定专人负责，相互之间定期交流，互通有无、形成共识。

（四）联席会商机制

人民法院和公安机关应当定期或不定期召开联席会议，通报被司法拘留人收拘、管理、教育及社会矛盾化解工作进展情况，就存在的问题进行会商研究，共同开展业务培训、经验交流和总结工作。

（五）信息共享机制

人民法院与公安机关应当不断推进信息化建设，运用信息化手段，建立"点对点"专线，作为开展司法拘留社会矛盾化解工作的信息网络通道，实现对被司法拘留人基本信息、案情等方面的信息共享。逐渐实现远程视频谈话与会见，便于人民法院工作人员、拘留所工作人员、被司法拘留人及其家属通过远程视频对话，开展心理疏导和矛盾化解。

（六）动态反馈机制

拘留所应当将被司法拘留人的日常表现、认错悔过、履行意愿、矛盾化解工作进展等情况及时反馈人民法院。拘留期限届满前，人民法院认为需要提前解除司法拘留的，应当及时通知拘留所，并办理相关解除拘留手续。

（七）应急保障机制

人民法院和公安机关应当制定被司法拘留人应急预案，对于在拘留期间发生突发情况的，应当在第一时间启动应急处理机制，妥善安排，快速化解，确保安全。

三、化解程序

（八）全程化解

人民法院对于符合采取司法拘留措施的人员，在办理拘留手续过程中，案件承办人应当做好被司法拘留人说服教育工作和矛盾化解工作，争取被司法拘留人认错悔过，积极主动履行相关义务。公安机关应当在拘留所内设置矛盾化解工作室和心理咨询室，建立被司法拘留人矛盾化解台账，对化解矛盾过程实行全程留痕，形成完备的矛盾化解档案。人民法院和公安机关对于矛盾纠纷化解情况应当记入谈话笔录或留有音频、视频资料。

（九）拘留衔接

拘留所应当简化司法拘留手续，提高收拘效率。对人民法院已经决定采取拘留措施的行为人依法快速办理收拘手续，确保衔接工作顺畅。拘留所应当与相关医院建立针对被司法拘留人体检的绿色通道。拘留所发现已收拘人员患有严重疾病等不适宜拘留情形的，应当及时建议人民法院停止执行拘留，人民法院应当立即予以处理并回复拘留所。

（十）案件对接

人民法院将被司法拘留人送拘时，送拘人员应当向拘留所告知被司法拘留人所涉案件案由及矛盾纠纷的焦点、重点，并提供相关案情材料、承办人及被司法拘留人家属联系方式。拘留所应当及时掌握矛盾纠纷情况，按照矛盾化解工作规范要求，明确矛盾化解责任人和参与人，制定矛盾化解具体实施方案。

（十一）教育疏导

收拘后，拘留所管教民警应当在二十四小时内对被司法拘留人开展首次谈话教育，把握矛盾化解的黄金时间和最佳契机。要坚持耐心释法，循序渐进，晓之以理，动之以情，因案施策，因人施教，开展多种形式的教育引导和情感关怀。人民法院在拘留期间，应当指派工作人员到拘留所或者通过视频连线，与被司法拘留人进行谈话，了解其思想动态和履行意愿,开展说服教育和疏导工作,争取矛盾纠纷早日化解。

(十二)分类化解

拘留所应当根据被司法拘留人矛盾纠纷的性质、影响、危害程度和化解难度,实行分级分类化解,落实到具体责任人。被司法拘留人有悔改表现、化解难度较小的矛盾纠纷,可由管教民警专门负责;重大疑难矛盾纠纷,经与人民法院协商,可以由人民法院或者拘留所领导牵头负责,管教民警具体实施。必要时,拘留所可以引入社会资源和专业机构对被司法拘留人开展疏导教育工作。人民法院可以指定经验丰富的法官协同拘留所专门针对被司法拘留人开展心理疏导工作。

(十三)跟踪回访

对达成和解协议并被解除司法拘留的行为人,人民法院可以派人跟踪回访,巩固矛盾化解成果,督促行为人按期履行义务。需要拘留所派员参加的,拘留所应当积极配合,指派参与矛盾化解的民警参加回访。

四、工作要求

(十四)提高认识,加强领导

各级人民法院和公安机关要充分认识开展司法拘留社会矛盾化解工作的重要意义,牢固树立大局观念,增强工作责任感,切实加强领导,精心组织,认真履职,密切协作,积极构建司法拘留社会矛盾化解工作联动机制,共同承担好保障拘留所安全、化解社会矛盾、解决法院执行难、促进和谐稳定的政治和社会责任。

(十五)完善机制、规范运作

人民法院和公安机关要加强制度建设,完善对被司法拘留人的拘留措施审批程序,制定对被司法拘留人开展矛盾化解工作的操作规范,并不断在实践中总结完善,逐步建立健全司法拘留社会矛盾化解工作的长效机制。

(十六)明确责任、加强保障

各级人民法院和公安机关要落实领导责任制,将司法拘留社会矛盾化解工作纳入绩效考核。加强矛盾化解队伍建设,强化对矛盾化解工作理论学习和业务培训。人民法院和公安机关对拘留所开展司法拘留社会矛盾化解工作所需经费应当给予必要的支持和保障。

(十七)总结经验、推广典型

人民法院和公安机关要定期评估矛盾化解工作成效,不断改进和提高矛盾化解工作能力和水平,培养和发现先进典型,对工作成绩突出的单位和个人应当予以表彰奖励,及时总结推广好经验、好做法,加大对外宣传,树立良好形象。

最高人民法院
关于印发《人民法院保密工作问责暂行办法》的通知

2017年11月6日　　　　　　　　　　法〔2017〕322号

全国地方各级人民法院，各级军事法院，新疆生产建设兵团各级法院，各专门法院；本院各单位：

《人民法院保密工作问责暂行办法》已经最高人民法院党组会议审议通过，现予印发。请认真组织学习宣传，结合实际抓好贯彻落实，进一步推动日常保密宣传教育、保密监督检查，提高涉密人员和广大干警的保密意识，增强风险防控能力，有效遏制违规行为，防止发生失密泄密事件。

贯彻落实情况请及时报告最高人民法院保密委员会办公室。

附：

人民法院保密工作问责暂行办法

第一章 总 则

第一条 为促进保密法规制度落实，确保国家秘密安全，根据《中华人民共和国保守国家秘密法》及有关保密法规制度规定，结合人民法院保密工作实际，制定本办法。

第二条 本办法所称保密工作问责，是指对单位或者个人因故意或者重大过失，实施违反保密法规制度的行为，致使国家秘密安全受到威胁，按照有关规定进行责任追究。

在按照本办法实施问责的同时，对违反党纪、政纪的，依照党纪、政纪规定给予处分；构成犯罪的，依法追究刑事责任。

第三条 本办法适用于全国各级人民法院机关和直属单位。

第四条 保密工作问责坚持教育和预防为主、以事实为根据以法律法规制度为准绳、程序规范和宽严适度的原则。

第二章 问责方式

第五条 对个人问责的方式包括:
(一)通报。严肃批评,责令检查、整改,并在一定范围内通报;
(二)诫勉。以谈话或者书面方式进行诫勉;
(三)停职检查或者调离涉密岗位。对暂时不能履行涉密岗位职责或者不宜继续在涉密岗位工作的,根据情况采取停职检查或者调离涉密岗位等措施。

第六条 对单位问责的方式包括:
(一)检查。责令作出书面检查,并限期整改;
(二)通报。责令整改,并在一定范围内通报;
(三)诫勉。以谈话或者书面方式对分管负责人和主要负责人进行诫勉。

第七条 对个人和单位的问责方式,按轻重顺序排列,可以单独使用,也可以合并使用。

第三章 问责情形

第八条 对个人问责的情形:
(一)在低密级涉密信息系统、信息设备上处理高密级国家秘密信息的;
(二)在非涉密的法院办公专网、信息设备上处理国家秘密信息的;
(三)擅自卸载非涉密的法院办公专网、信息设备上的安全技术程序、管理程序的;
(四)在未采取安全防护措施的情况下,在涉密网、非涉密的法院办公专网、互联网及其他非涉密的信息网络之间进行信息交换的;
(五)违规在保密要害部门、部位和其他涉密场所及其周边安全距离范围内安装使用 wifi 等无线通信设施的。

有前款行为之一和实施《中华人民共和国保守国家秘密法》第四十八条规定的12种行为,以及其他违规行为,导致国家秘密事项安全受到威胁,尚不构成犯罪,且不适用处分的,按照受到威胁的秘密、机密、绝密级国家秘密事项一旦泄露后的损害程度及相关情节,对应问责方式的轻重顺序进行问责。

第九条 对单位问责的情形:
(一)本单位发生个人违规行为,导致秘密级国家秘密事项安全受到威胁,与单位保密工作主体责任履行不到位直接相关的;本单位未按规定在内设机构成立保密工作小组达3个月以上,或者保密工作小组组成人员严重缺位达6个月以上,或者因非正常情况保密工作小组不能有效工作达6个月以上的,应当责令单位作出书面检查,并限期整改;
(二)本单位发生个人违规行为,导致机密级国家秘密事项安全受到威胁,与单位保密工作主体责任履行不到位直接相关的,应当责令单位整改,并在一定范围通报;
(三)本单位发生个人违规行为,导致绝密级国家秘密事项安全受到威胁,与单位保密工作主体责任履行不到位直接相关的，应当根据情况，以谈话或者书面方式对分管负责人和主要负责人进行诫勉。

第十条 有下列情形之一的，可以依照规定从轻或者减轻问责：

（一）主动中止应当受到问责的违规行为，或者有效阻止应当受到问责的违规行为延续，避免泄密事件发生或者对降低泄密风险起到有效作用的；

（二）第一时间向本单位或者本院保密工作部门报告自己应当受到问责的违规行为且主动配合组织采取紧急补救措施，避免泄密事件发生或者对降低泄密风险起到有效作用的；

（三）应当受到问责的违规行为被发现后，能够按照规定采取有针对性的整改、补救措施，避免泄密事件发生或者对降低泄密风险起到有效作用的；

（四）有其他从轻、减轻问责情形的。

第十一条 有下列情形之一的，应当依照规定从重或者加重问责：

（一）虽经有关人员或部门提醒、制止，仍不中止、不整改，继续实施应当受到问责的违规行为的；

（二）拒不配合保密工作部门查处应当受到问责的违规行为，串供、造假或者篡改、销毁、隐匿有关证据的；

（三）阻止他人对自己应当受到问责的违规行为揭发检举、提供证据材料的；

（四）包庇共同实施应当受到问责的违规行为的人员或者打击报复批评人、检举人、控告人、证人及其他人员的；

（五）一次违规导致3件及以上国家秘密事项安全受到威胁，或者同时被发现有多起违规行为的；

（六）受到问责以后，两年内又实施应当受到问责的违规行为的；

（七）有其他从重或者加重问责情形的。

第十二条 问责情况应当按照有关规定列入年度考核，问责决定应当载入本单位和本院保密工作记录。

第四章　问责权限

第十三条 问责主体

（一）对于不涉及组织人事管理的决定，由本院保密委员会作出；

（二）涉及组织人事管理的决定，经本院保密委员会同意，由保密工作部门移送组织人事部门按规定作出。

第十四条 问责调查

（一）发现问责情形后，由本院保密委员会授权保密工作部门组织调查组，启动问责调查；

（二）问责调查组至少应当由2人组成，并在调查结束后向院保密委员会写出书面调查报告。

第十五条 问责监督

（一）对于下级法院发生的属于上级法院监督管理范围内的违规行为，上级法院保密委员会可以问责，也可以提出问责意见，上级法院保密委员会提出的问责意见，下级法院应当遵照执行；

（二）对于下级法院发生的属于上级法院监督管理范围内的违规行为，情节严重的，下级法院保密委员会在作出问责决定前应当征求上级法院保密委员会的意见，重要情况应当逐级向最高人民法院保密委员会备案。

第十六条　作出问责决定前，应当听取被问责人的陈述和申辩并记录在案，对其合理意见，应当予以采纳；被问责人对问责不服的，可以向本院保密委员会或者上级法院保密委员会提起申诉；各级人民法院保密委员会收到申诉后，应当在15个工作日内向申诉人作出回复。

第十七条　违反本办法规定和实施《中华人民共和国保守国家秘密法》第四十八条规定的行为，尚不构成犯罪，依照党纪、政纪规定应当给予处分的，经本院保密委员会同意，由保密工作部门移送党务部门或者监察部门按规定给予处分；涉嫌犯罪的，应当由有关部门移送司法机关依法追究刑事责任。

第十八条　个人违规，泄露国家秘密，导致国家安全和利益受到损害，应当给予党纪、政纪处分或者涉嫌犯罪的，经本院保密委员会同意，由保密工作部门向同级国家保密行政管理部门报告。

第五章　附　　则

第十九条　违反有关法规制度和工作纪律，导致工作秘密安全受到威胁，或者泄露工作秘密的，参照本办法问责。

第二十条　本办法所称违规行为，是指违反保密法规制度，包括党的规章制度、法律、法规和各级人民法院依法制定的规章制度中有关保密管理规定的行为。

第二十一条　本办法由最高人民法院保密委员会负责解释。

第二十二条　本办法自2017年12月1日起施行。

附录：废止文件目录

最高人民法院
  关于少数民族与汉族通婚问题的复示
    (1951年1月22日)
最高人民法院、司法部
  关于现役革命军人与退役革命残废军人离婚案件的处理办法及开展爱国拥军教育的指示
    (1951年4月25日)
最高人民法院、司法部
  关于婚姻案件中聘金或聘礼处理原则问题的函
    (1951年8月10日)
最高人民法院
  关于波侨财产遗赠中国人应否有效问题的批复
    (1951年6月14日)
最高人民法院
  关于处理外侨案件如当地无外事处可就近与省市人民政府外事处联系处理的通报
    (1951年9月26日)
最高人民法院华东分院
  关于父母子女间的法律关系可否声请脱离问题的批复
    (1951年11月2日)
最高人民法院、司法部、内务部
  纠正几个有关处理婚姻案件程序的错误的指示
    (1952年12月25日)
最高人民法院、司法部
  关于几个有关婚姻的具体问题的解答
    (1953年2月11日)
最高人民法院、司法部
  关于"五代内"的解释的复函
    (1953年3月7日)
最高人民法院中南分院
  关于"公公与媳妇""继母与儿子"等可否结婚问题的复函
    (1953年7月14日)
最高人民法院
  关于夫妻一方患精神病另一方提请离婚可否批准问题的批复
    (1953年10月10日)
最高人民法院
  关于已出五代的辈分不同的旁系血亲请求结婚问题的批复
    (1954年3月26日)

最高人民法院中南分院
　　转知苏联废除苏联公民与外国人结婚的禁令
　　　　（1954年6月14日）
最高人民法院
　　关于女方因通奸怀孕男方能否提出离婚问题的批复
　　　　（1955年5月18日）
最高人民法院、内务部、解放军总政治部
　　联合通知之附件一：关于多年无音讯之现役革命军人家属待遇及婚姻问题处理办法
　　　　（1955年6月15日）
最高人民法院
　　关于在刑事判决中不宜援引宪法作论罪科刑的依据的复函
　　　　（1955年7月30日）
最高人民法院
　　关于男女双方已办理结婚登记后一方反悔不愿同居应如何处理问题的复函
　　　　（1955年9月29日）
最高人民法院
　　关于麻疯病患者犯罪是否负刑事责任问题的复函
　　　　（1955年10月15日）
最高人民法院、最高人民检察院、司法部
　　关于判处徒刑的反革命分子准许上诉的通知
　　　　（1955年12月29日）
最高人民法院
　　关于怀孕女犯保外如何计算刑期问题的批复
　　　　（1956年1月26日）
最高人民检察院、最高人民法院、内务部、司法部、公安部
　　对少年犯收押界限、捕押手续和清理等问题的联合通知
　　　　（1956年2月7日）
最高人民法院
　　关于处理精神病患者犯罪问题的复函
　　　　（1956年6月2日）
最高人民法院、最高人民检察院、公安部、司法部
　　关于外籍案犯刑期计算问题的通知
　　　　（1956年6月6日）
最高人民法院、司法部
　　转发中国人民解放军总政治部组织部"关于现役军官婚姻问题的规定"
　　　　（1956年6月25日）

最高人民法院、公安部
  关于罪犯在劳改中坦白缴出黄金，白银等财物处理问题的联合批复
    （1956年9月21日）
最高人民法院、公安部、司法部
  关于处理劳改犯配偶提出离婚案件应征询劳改犯意见的联合通知
    （1956年9月22日）
最高人民法院
  关于延吉县人民法院请示朝鲜公民贩运鸦片等案件的审判权问题的复函
    （1956年10月11日）
最高人民法院
  关于处理劳动教养人员离婚问题的复函
    （1956年10月17日）
最高人民法院
  关于审批减刑、假释案件时是否审阅原卷问题的批复
    （1956年10月22日）
最高人民法院
  关于提审案件审级问题的复函
    （1956年10月26日）
最高人民法院、最高人民检察院
  关于死缓减刑等有关问题的联合批复
    （1956年11月6日）
最高人民法院
  关于判处徒刑宣告缓刑和判处徒刑回村执行可否与剥夺政治权利同时并科及剥夺政治
    权利的期间应自何时起算等问题的函
    （1956年11月15日）
最高人民法院
  关于被剥夺政治权利的留场人员表现良好可否缩短剥夺政治权利期限问题的复函
    （1956年11月16日）
最高人民法院、最高人民检察院
  关于死缓减刑等问题的联合批复
    （1956年11月20日）
最高人民法院
  关于宣告假释或缓刑的罪犯另犯新罪应由哪一个法院撤销假释或缓刑等问题的批复
    （1956年11月24日）
最高人民法院
  关于上诉审人民法院终审判决不准离婚经过一定时期后当事人一方又向第一审
    人民法院起诉如何处理的批复
    （1956年12月1日）

最高人民法院
　　关于一方居住内地一方居住香港的离婚案件如何征求意见问题的复函
　　　　（1956年12月6日）
最高人民法院
　　关于引用法律、法令等所列条、款、项、目顺序的通知
　　　　（1956年12月22日）
最高人民法院
　　关于对人民法庭的判决不服而提起上诉的函
　　　　（1956年12月24日）
最高人民法院
　　关于合伙经营的企业与独资经营的企业均负有债务、独资企业无力偿还时拍卖合伙企业的财产应否首先清偿合伙企业所负债务问题的批复
　　　　（1957年1月22日）
最高人民法院
　　关于判处死刑缓期两年的犯人缓刑期满后可否再缓一年的复函
　　　　（1957年1月23日）
最高人民法院
　　关于由院长参加审判的案件实行审判监督程序问题的复函
　　　　（1957年1月26日）
最高人民检察院、最高人民法院、公安部
　　关于执行全国人民代表大会常务委员会"关于对反革命分子的管制一律由人民法院判决的决定"中若干具体问题的联合指示
　　　　（1957年2月6日）
最高人民法院
　　关于离婚案件的一方当事人在上诉期间与第三者结婚是否违法和人民法院主持成立的调解可否提起上诉两个问题的批复
　　　　（1957年2月21日）
最高人民法院、最高人民检察院
　　关于基层人民法院判处死刑缓期二年执行已经高级人民法院核准的案件人民检察院发现在认定事实适用法律上有错误应由哪一级人民检察院向哪一级人民法院提出抗议问题的联合批复
　　　　（1957年2月22日）
最高人民法院、最高人民检察院
　　有关没收反革命分子财产问题的联合批复
　　　　（1957年3月11日）

最高人民法院
　关于由院长提交审判委员会处理而审判委员会作出决议另行组织合议庭再审的案件的
　　处理程序问题的复函
　　　（1957年3月19日）
最高人民法院
　有关遗嘱继承的两个具体问题的复函
　　　（1957年3月26日）
最高人民法院
　关于离婚案件管辖问题的批复
　　　（1957年3月26日）
最高人民法院
　关于现役革命军人婚约经双方协议取消时是否须再经人民法院裁判问题的批复
　　　（1957年4月11日）
最高人民法院
　关于波兰法院对双方都居住在波兰的中国侨民的离婚判决在中国是否有法律效力问题
　　的复函
　　　（1957年5月4日）
最高人民法院
　关于上诉审法院主持成立的调解的效力等问题的批复
　　　（1957年5月13日）
最高人民法院、最高人民检察院、公安部、司法部
　转发上海市关于人犯羁押、换押、接见、送达执行书等若干问题的通知
　　　（1957年5月16日）
最高人民法院
　关于与案件有直接利害关系的人能否当证人等问题的复函
　　　（1957年6月22日）
最高人民法院
　关于担保人是否应代债务人偿还欠款问题的批复
　　　（1957年6月25日）
最高人民法院
　对于判处有期徒刑的罪犯在判决发生法律效力前的羁押时间已经超过徒刑期限的，
　　不再发生宣告缓刑问题的复函
　　　（1957年7月1日）
最高人民法院
　关于原审法院在未发生女方怀孕时判决离婚宣判后女方发现怀孕提起上诉应如何处理
　　问题的复函
　　　（1957年7月19日）

最高人民法院
  关于经审判委员会讨论的案件在判决书上如何署名问题的复函
    （1957年7月23日）
最高人民法院
  关于劳改犯配偶提出离婚的案件管辖问题的复函
    （1957年7月24日）
最高人民法院
  关于少数民族的配偶因他方患麻疯病一方请求离婚应如何处理问题的批复
    （1957年7月25日）
最高人民法院、司法部
  关于死刑缓期后减刑的刑期计算问题的联合指示
    （1957年8月6日）
最高人民法院
  关于自诉人提起上诉的案件可以直接改判加重刑罚问题的批复
    （1957年8月13日）
最高人民法院
  关于女方产后三个月婴儿死亡男方可否提出离婚问题的复函
    （1957年8月17日）
最高人民法院
  关于人民法院将案件移送人民检察院处理时应用公函的批复
    （1957年8月23日）
最高人民法院
  关于剥夺政治权利的刑罚可否减刑问题的复函
    （1957年8月27日）
最高人民法院
  关于一个刑事被告人可以同时委托两个辩护人和发回更审案件检察人员以何种身份出庭问题的批复
    （1957年9月4日）
最高人民法院
  关于被告人是精神病患者又无诉讼代理人的离婚案件可由法院指定诉讼代理人进行诉讼不宜缺席审判的批复
    （1957年9月20日）
最高人民法院
  关于对委托辩护人及个人阴私案件可否准许被告近亲属旁听等问题的复函
    （1957年9月20日）
最高人民法院
  关于行政拘留日期应否折抵刑期等问题的批复
    （1957年9月30日）

最高人民法院
　关于依法不公开审理的案件其判决仍应向社会公开的批复
　　（1957年10月8日）
最高人民检察院、最高人民法院、公安部
　关于简化管制法律手续问题的指示
　　（1957年10月26日）
最高人民法院
　关于回族男方与汉族女方离婚后对子女抚养问题发生争执如何处理的复函
　　（1957年12月26日）
最高人民法院
　关于审判委员会决定再审撤销原判的裁定由谁署名及再审案件进行再审时原来充任
　　当事人的辩护人或代理人的律师是否继续出庭等问题的复函
　　（1957年12月26日）
最高人民法院、最高人民检察院
　关于死刑缓期执行期满后减刑的刑期计算问题的联合通知
　　（1958年1月14日）
最高人民法院
　关于已出嫁女儿赡养父母和媳妇赡养婆婆问题的批复
　　（1958年1月27日）
最高人民法院
　关于如何认定重婚行为问题的批复
　　（1958年1月27日）
最高人民法院
　关于离婚案件当事人一方收到判决书，须待对方收到判决书，过了上诉期限，判决
　　发生法律效力后，才可另行结婚问题的复函
　　（1958年2月12日）
最高人民法院
　关于女方小产后男方能否提出离婚问题的批复
　　（1958年2月16日）
最高人民法院
　关于被假释的犯人在假释期间可否结婚问题的复函
　　（1958年3月4日）
最高人民法院
　关于与军人配偶通奸的案件为什么只对与军人配偶通奸的一方判罪问题的复函
　　（1958年3月21日）
最高人民法院
　关于处理领取了结婚证而未同居的离婚案件问题的批复
　　（1958年3月21日）

最高人民法院
　关于受当事人委托的律师如何参加上诉审和监督审为当事人进行辩护、代理问题的复函
　　（1958年3月26日）
最高人民法院
　关于离婚案件当事人对已经发生法律效力的判决提出申诉后可否通知他方当事人暂勿结婚问题的复函（节录）
　　（1958年4月5日）
最高人民法院
　关于管制期间可否折抵徒刑刑期问题的复函
　　（1958年4月7日）
最高人民法院
　关于我国公民与苏联公民离婚诉讼应由我国法院受理问题的复函
　　（1958年5月4日）
最高人民法院
　关于剥夺政治权利期限的减免问题的复函
　　（1959年6月4日）
最高人民法院
　关于死缓案件的刑期计算问题的批复
　　（1959年8月5日）
最高人民法院、最高人民检察院、公安部
　有关特赦罪犯的刑期计算等问题的意见
　　（1959年10月17日）
最高人民法院
　关于无期徒刑减为有期徒刑和死刑缓期执行直接减为有期徒刑的刑期计算问题的复函
　　（1960年2月18日）
最高人民法院、最高人民检察院、公安部
　关于对少年儿童一般犯罪不予逮捕判刑的联合通知
　　（1960年4月21日）
最高人民法院
　关于对印尼归国华侨要求公证请示的复函
　　（1961年4月6日）
最高人民法院
　关于认真贯彻执行人民陪审员制度的复函
　　（1961年8月3日）
最高人民法院
　关于劳改犯留场就业人员自留人员婚姻案件管辖问题的批复
　　（1961年8月19日）

最高人民法院
 关于人民武装警察部队成员的婚姻问题是否应按照现役军人婚姻问题处理的批复
  (1962年1月25日)

最高人民法院
 关于委托外地法院调查案情和传讯当事人应注意的问题的函
  (1962年2月12日)

最高人民法院
 关于原审法院管辖区域变更后判决改判问题的批复
  (1962年3月19日)

最高人民法院
 关于我国公民与外国公民离婚后的子女抚养费问题的批复
  (1962年3月24日)

最高人民法院
 关于处理劳改犯减刑假释案件应制作裁定书的复函
  (1962年7月16日)

最高人民法院
 关于异父母兄妹结婚问题的复函
  (1962年7月26日)

最高人民法院、最高人民检察院、公安部
 关于清理在押的死缓罪犯的联合通知
  (1962年7月26日)

最高人民法院
 关于中国籍的朝鲜族公民申请离婚应如何处理问题的批复
  (1962年8月22日)

最高人民法院
 关于保外就医犯人能否结婚的复函
  (1962年9月1日)

最高人民法院
 关于几个继承问题的批复
  (1962年9月13日)

最高人民法院
 关于"改判"与"减刑"含义的复函
  (1962年11月3日)

最高人民法院
 关于劳改犯外逃时间的刑期计算和办理法律手续问题的通知
  (1962年11月26日)

最高人民法院
　关于劳改犯留场就业人员婚姻案件管辖问题的批复
　　（1962年11月28日）
最高人民法院、最高人民检察院、公安部
　关于公、检、法三机关受理普通刑事案件的职责范围的试行规定
　　（1962年11月30日）
最高人民法院
　关于职工因交通事故死亡抚恤问题的复函
　　（1962年12月24日）
最高人民法院
　关于离婚判决可以直接寄给在香港的当事人的批复
　　（1963年2月25日）
最高人民法院
　对于曾判处过再缓一年的死缓罪犯是否可以再一次判处再缓一年的问题的批复
　　（1963年2月25日）
最高人民法院、公安部
　关于无期徒刑罪犯服刑多久才能考虑减刑问题的联合通知
　　（1963年3月21日）
最高人民法院、最高人民检察院、公安部
　关于死缓罪犯减刑的处理程序问题的联合批复
　　（1963年4月16日）
最高人民法院
　关于交通肇事抚恤问题的批复
　　（1963年4月28日）
最高人民法院
　关于判处有期徒刑二十年的罪犯重新犯罪的处理问题的批复
　　（1963年5月17日）
最高人民法院
　关于判处徒刑监外执行等问题的批复
　　（1963年6月15日）
最高人民法院、公安部
　关于管制分子执行期满解除管制程序的通知
　　（1963年6月27日）
最高人民法院
　关于旅居国外华侨委托他人出售国内房屋的公证认证手续问题的复函
　　（1963年6月28日）

最高人民法院
  关于犯人在公安机关刑事拘留期间是否可以折抵刑期问题的批复
    （1963年7月4日）
最高人民法院、最高人民检察院、公安部
  关于死缓罪犯执行死刑、再缓期一年、减刑的处理程序问题的联合批复
    （1963年7月22日）
最高人民法院、最高人民检察院、公安部
  关于劳改犯再犯罪的刑期执行问题的联合批复
    （1963年7月26日）
最高人民法院、最高人民检察院、公安部
  关于监外执行的罪犯重新犯罪是否需要履行逮捕手续问题的批复
    （1963年7月29日）
最高人民法院、公安部、外交部复
  关于今后办理外侨各种证明的问题
    （1963年8月13日）
最高人民法院、最高人民检察院、公安部
  关于徒刑、缓刑、假释、监外执行等罪犯的恋爱与结婚问题的联合批复
    （1963年8月31日）
最高人民法院
  关于离婚案件中自留地、自留畜的处理问题的批复
    （1963年10月21日）
最高人民法院
  关于自留人员离婚案件管辖问题的批复
    （1963年10月21日）
最高人民法院、公安部、内务部、劳动部
  关于刑满释放解除教养后能否回原单位就业及其批准权限问题的批复
    （1963年11月4日）
最高人民法院
  关于被假释或提前释放的罪犯又犯新罪如何处理问题的批复
    （1963年12月6日）
最高人民法院、最高人民检察院、公安部
  关于过去对劳改犯再犯罪判处的刑期超过二十年是否改判的联合批复
    （1963年12月6日）
最高人民法院
  关于离婚案件中对财产处理如何强制执行问题的批复
    （1963年12月9日）

最高人民法院
 关于旅蒙华侨持我国法院离婚调解书向我国使馆申请结婚登记问题的复函
  (1963 年 12 月 9 日)

最高人民法院、最高人民检察院、公安部
 关于甘肃省公安厅劳改局请示对群众要求保释劳改犯人问题的批复
  (1964 年 1 月 7 日)

最高人民法院
 关于民事案件在开庭审理前试行调解时不必邀请人民陪审员参加的批复
  (1964 年 1 月 18 日)

最高人民法院
 关于女方提出离婚后就离开原籍的离婚案件管辖问题的复函
  (1964 年 1 月 18 日)

最高人民法院
 关于训诫问题的批复
  (1964 年 1 月 18 日)

最高人民法院
 关于劳改犯减刑后又改判应如何确定执行刑期问题的批复
  (1964 年 2 月 20 日)

最高人民法院、最高人民检察院、公安部
 关于死缓罪犯减刑问题的联合批复
  (1964 年 4 月 7 日)

最高人民法院
 关于劳教分子和在押未决犯等五种人员的离婚和其他民事案件管辖问题的批复
  (1964 年 5 月 15 日)

最高人民法院、最高人民检察院、公安部
 关于死缓和无期徒刑减为有期徒刑的刑期计算问题的联合批复
  (1964 年 5 月 30 日)

最高人民法院
 关于我国公民要求与已回国的日本人离婚问题的复函
  (1964 年 7 月 7 日)

最高人民法院
 关于判处有期徒刑宣告缓刑的期限如何起算等问题的批复
  (1964 年 8 月 13 日)

最高人民法院、最高人民检察院、公安部
 关于管制适用的对象和管制的法律手续问题的联合通知
  (1964 年 8 月 28 日)

最高人民法院
　　关于立"嗣书"继承，不予承认问题的批复
　　　　（1964年9月16日）
最高人民法院
　　关于国家经租的房屋不允许继承问题的批复
　　　　（1964年9月18日）
最高人民法院
　　关于判处徒刑宣告缓刑上诉后维持原判的案件其缓刑考验期应从何时起算问题的批复
　　　　（1964年9月19日）
最高人民法院、公安部、外交部
　　关于严格涉外公证手续的通知
　　　　（1964年9月23日）
最高人民法院 最高人民检察院、公安部
　　关于处理三类分子两性关系案件的联合批复
　　　　（1964年9月24日）
最高人民法院
　　关于外流妇女重婚案件和外流妇女重婚后的离婚案件管辖问题的批复
　　　　（1964年10月23日）
最高人民法院
　　关于李淑芬与黄正宽离婚一案的批复
　　　　（1964年11月16日）
最高人民法院办公厅
　　关于证物技术鉴定使用问题的函
　　　　（1964年12月11日）
最高人民法院
　　关于流窜盗窃犯屡拘、屡逃其屡次被拘留时间是否可以折抵刑期问题的批复
　　　　（1964年12月17日）
最高人民法院、最高人民检察院、公安部
　　转发湖南省政法三机关关于不准检查处女膜的通知
　　　　（1965年3月11日）
最高人民法院
　　关于采用其他方法处理的轻微伤害案件是否要制作调解书或判决书的问题的批复
　　　　（1965年5月5日）
最高人民法院办公厅
　　关于国家行政机关工作人员判处徒刑宣告缓刑后其职务和待遇问题的复函
　　　　（1965年6月11日）

最高人民法院、最高人民检察院、公安部、财政部
　关于没收和处理赃款赃物若干问题的暂行规定
　　　（1965年12月1日）
最高人民法院
　关于长期参加边疆国防建设工人的配偶提出离婚不按军婚处理的批复
　　　（1965年12月6日）
最高人民法院
　关于城市居民和资本家的城市房屋是否准许买卖的复函
　　　（1965年12月6日）
最高人民法院
　印发《关于处理中朝两国公民离婚案件座谈会纪要》的通知
　　　（1966年5月12日）
最高人民法院
　关于办理学历证明书的通知
　　　（1974年1月18日）
最高人民法院
　关于对非婚生子女解释的复函
　　　（1974年5月17日）
最高人民法院办公室、外交部领事司
　关于公证文件中对中国血统外国籍人的提法事
　　　（1974年6月14日）
最高人民法院
　关于失主向罪犯追索被盗被骗财物应如何处理的问题的复函
　　　（1974年6月29日）
最高人民法院、公安部
　关于张贴布告问题的补充通知
　　　（1974年7月20日）
最高人民法院
　关于来华治病的华侨和外籍人要求出具延期治疗证明问题的批复
　　　（1975年1月24日）
最高人民法院
　关于处理破坏军婚案件中几个问题的批复
　　　（1977年6月13日）
最高人民法院
　关于同父母兄妹可否结婚问题的批复
　　　（1977年9月24日）

最高人民法院、公安部
　　关于加强对监外就医、监外执行、假释、缓刑犯人管理工作的联合通知
　　　　（1977年11月14日）
最高人民法院
　　关于办理出国手续不属法院工作范围及有关法律文书转递问题的批复
　　　　（1978年5月24日）
最高人民法院
　　关于罪犯在公安机关收容审查期间可否折抵刑期的批复
　　　　（1978年7月11日）
最高人民法院
　　关于朱玉琴与山田良离婚问题的批复
　　　　（1978年7月28日）
最高人民法院
　　关于处理精神病患者犯罪问题的批复
　　　　（1978年8月4日）
最高人民法院
　　关于发给国外当事人的法律文书可交给其国内代理人的批复
　　　　（1978年8月14日）
最高人民法院
　　关于罪犯在逮捕前被"隔离审查"的日期可否折抵刑期的复函
　　　　（1978年10月11日）
最高人民法院
　　关于罪犯被捕前在看守所隔离审查日期可不折抵刑期的批复
　　　　（1978年10月21日）
最高人民法院
　　关于保外候审期间可否折抵刑期的批复
　　　　（1978年11月17日）
最高人民法院、公安部、外交部
　　关于办理出生、结婚和亲属关系证明书的通知
　　　　（1978年11月22日）
最高人民法院
　　关于平反纠正冤假错案应制作何种法律文书的复函
　　　　（1978年12月13日）
最高人民法院
　　关于罪犯在公安机关收容审查单项折抵刑期两个具体问题的批复
　　　　（1979年1月19日）

最高人民法院
  关于贯彻执行民事政策法律的意见
    （1979年2月2日）
最高人民法院
  关于人民法院审判民事案件程序制度的规定（试行）
    （1979年2月2日）
最高人民法院
  关于复员、转业军人的复员费、转业费、医疗费能否按家庭共同财产处理问题的批复
    （1979年3月21日）
最高人民法院
  关于管辖区划变更后复查案件审批程序问题的批复
    （1979年3月21日）
最高人民法院、最高人民检察院、公安部
  关于清理老弱病残犯和精神病犯的联合通知
    （1979年4月16日）
最高人民法院
  关于北京市高级人民法院办理学历证明工作证明请示的批复
    （1979年5月8日）
最高人民法院
  关于办理过继和收养关系公证的通知
    （1979年6月5日）
最高人民法院
  关于罪犯被收容审查日期折抵刑期问题的批复
    （1979年6月11日）
最高人民法院
  关于留场（厂）就业人员重新犯罪后在劳改机关禁闭审查日期应否折抵刑期的批复
    （1979年9月24日）
最高人民法院
  关于来信来访中不服人民法院判决的申诉案件应按审级处理的通知
    （1979年9月29日）
最高人民法院、最高人民检察院、公安部
  关于死缓犯和无期徒刑犯减刑问题的联合通知
    （1979年10月10日）
最高人民法院
  关于子女对继母有无赡养义务的请示的批复
    （1979年11月2日）

最高人民法院、公安部
　关于人民法院决定逮捕人犯由公安机关执行的具体办法的通知
　　　（1979年11月19日）
最高人民法院、最高人民检察院、公安部
　关于无期徒刑减为有期徒刑的罪犯假释问题的批复
　　　（1979年11月23日）
最高人民法院、最高人民检察院、公安部、铁道部
　关于铁路系统案件的批捕起诉审判问题的通知
　　　（1979年12月6日）
最高人民法院
　关于报送死刑复核案件的几项规定的通知
　　　（1979年12月12日）
最高人民法院、最高人民检察院、公安部
　关于执行刑事诉讼法规定的案件管辖范围的通知
　　　（1979年12月15日）
最高人民法院、最高人民检察院、公安部
　关于执行刑法、刑事诉讼法中几个问题的联合通知
　　　（1979年12月17日）
最高人民法院、最高人民检察院、公安部
　关于反革命挂钩案件的罪名罪证问题的通知
　　　（1979年12月26日）
最高人民法院、最高人民检察院、公安部
　关于已减为有期徒刑的原死缓犯和无期徒刑犯减刑问题的批复
　　　（1979年12月31日）
最高人民法院
　关于适用法律类推的案件报送核准问题的通知
　　　（1980年1月14日）
最高人民法院、公安部
　关于判处死刑、死缓、无期徒刑、有期徒刑、拘役的罪犯交付执行问题的通知
　　　（1980年2月23日）
最高人民法院、最高人民检察院
　关于转发《全国人民代表大会常务委员会（80）人大常委会字第10号通知》的通知
　　　（1980年3月11日）
最高人民法院
　关于对几类现行犯授权高级人民法院核准死刑的若干具体规定的通知
　　　（1980年3月18日）

最高人民法院、最高人民检察院、公安部
　　关于执行人大常委会《关于刑事诉讼法实施问题的决定》的几点具体意见的通知
　　　　（1980年4月3日）
最高人民法院
　　关于揭批"四人帮"斗争中清查出来的犯罪分子在逮捕前被隔离审查的日期可否折抵刑期的批复
　　　　（1980年4月17日）
最高人民法院、最高人民检察院、公安部、司法部
　　关于民航系统的案件由地方公安机关、人民检察院和人民法院受理的通知
　　　　（1980年5月14日）
最高人民法院
　　关于公开审判正在服刑的罪犯又犯罪的案件可否组织劳改犯参加旁听问题的批复
　　　　（1980年6月16日）
最高人民法院、中国人民银行
　　转发上海市高级人民法院《关于人民法院执行民事判决向银行调取当事人存款问题的通知》
　　　　（1980年6月16日）
最高人民法院
　　关于刑事诉讼附带民事诉讼问题的批复
　　　　（1980年7月16日）
最高人民法院、最高人民检察院、公安部、交通部
　　关于交通部直属港航系统的案件批捕、起诉、审判问题的通知
　　　　（1980年7月22日）
最高人民法院
　　关于我国公民同居住在越南的配偶离婚问题的批复
　　　　（1980年7月25日）
最高人民法院
　　关于给我国旅居加拿大的公民寄递离婚诉讼文书问题的批复
　　　　（1980年8月25日）
最高人民法院、最高人民检察院、公安部
　　关于被判刑劳改的罪犯在交付执行时应附送结案登记表，在执行期间的变动情况应通知有关单位的通知
　　　　（1980年8月26日）
最高人民法院
　　关于对日本国询问有关继承的几个问题的答复
　　　　（1980年10月25日）

最高人民法院、最高人民检察院、公安部
　　对于未逮捕的罪犯可根据判决书等文书收监执行
　　　　（1980年12月11日）
最高人民法院、最高人民检察院、司法部、公安部
　　关于罪犯减刑、假释和又犯罪等案件的管辖和处理程序问题的通知
　　　　（1980年12月26日）
最高人民法院、最高人民检察院、公安部
　　关于一九八〇年底未审结的案件时限计算问题的通知
　　　　（1981年2月3日）
最高人民检察院、最高人民法院
　　关于继续受理铁路运输系统案件的通知
　　　　（1981年3月2日）
最高人民法院、最高人民检察院、公安部
　　关于侦查羁押期限从何时起算问题的联合通知
　　　　（1981年3月18日）
最高人民法院审批案件办法（试行）
　　　　（1981年4月16日）
最高人民法院、最高人民检察院、公安部、司法部
　　关于律师参加诉讼的几项具体规定的联合通知
　　　　（1981年4月27日）
最高人民法院
　　关于中级人民法院判处死缓经高级人民法院复核认为必须判处死刑立即执行的案件应
　　　　如何处理问题的批复
　　　　（1981年6月10日）
最高人民法院
　　关于执行全国人民代表大会常务委员会《关于死刑案件核准问题的决定》的
　　　　几项通知
　　　　（1981年6月11日）
公安部、外交部、最高人民法院、最高人民检察院
　　关于处理会见在押外国籍案犯以及外国籍案犯与外界通信问题的通知
　　　　（1981年6月19日）
最高人民法院
　　关于地主家庭出身的能否回赎土改前典当给劳动人民的房屋的请示的复函
　　　　（1981年6月22日）
最高人民法院、最高人民检察院
　　关于共同犯罪案件中对检察院没有起诉，法院认为需要追究刑事责任的同案人应如何
　　　　处理问题的联合批复
　　　　（1981年7月21日）

最高人民法院
  关于受理现役军人提出离婚案件应参照执行中国人民解放军总政治部《关于军队贯彻执行中华人民共和国婚姻法的暂行规定》的复函
  (1981年7月28日)
最高人民法院
  关于扣船法律程序的请示报告的批复
  (1981年10月24日)
最高人民法院、司法部、民政部、全国总工会、共青团中央、全国妇联
  关于深入宣传婚姻法的通知
  (1981年11月30日)
最高人民法院
  关于办理宽大释放法律手续的通知
  (1982年3月10日)
最高人民法院
  关于坚决执行全国人大常委会《关于严惩严重破坏经济的罪犯的决定》的通知
  (1982年3月15日)
最高人民法院
  关于为实施《中华人民共和国经济合同法》和《中华人民共和国民事诉讼法（试行）》做好准备工作的通知
  (1982年3月16日)
最高人民法院、最高人民检察院、公安部、林业部、工商行政管理总局
  关于查处森林案件的管辖问题的联合通知
  (1982年3月29日)
最高人民法院、最高人民检察院、公安部
  关于宽大释放和转业安置工作中几个有关政策性问题的通知
  (1982年4月5日)
最高人民法院
  关于人民法院公开审判刑事案件一般不要对被告人使用械具的通知
  (1982年5月20日)
最高人民法院、最高人民检察院、公安部
  关于加强在看守所羁押的经济犯罪分子看管工作的通知
  (1982年6月30日)
最高人民法院
  关于华侨买卖国内房屋问题的批复
  (1982年8月19日)
最高人民法院
  关于在逮捕前交"群众监督劳动"的日期可否折抵刑期问题的批复
  (1982年9月8日)

最高人民法院研究室
　　关于类推程序问题的电话答复
　　　　（1982年9月11日）
最高人民法院
　　关于女方外流男方要求离婚的案件仍应由原告（男方）户口所在地法院管辖的函
　　　　（1982年9月21日）
最高人民法院
　　关于如何确认和公证事实婚姻问题的复函
　　　　（1982年10月5日）
最高人民法院研究室
　　关于刑事诉讼法实施前遗留案件的审理程序问题的电话答复
　　　　（1982年10月21日）
最高人民法院、最高人民检察院
　　关于审理强奸案件应慎重处理被害人出庭问题的通知
　　　　（1982年11月1日）
最高人民法院、最高人民检察院、公安部、总政治部
　　关于军队和地方互涉案件几个问题的规定
　　　　（1982年11月25日）
最高人民法院
　　关于适用民事诉讼法（试行）第一百九十一条第二款和第一百九十二条第二款的
　　　　两个问题的批复
　　　　（1982年12月17日）
最高人民法院
　　关于王正贵与林作信、江妙法房屋买卖关系如何确认的批复
　　　　（1982年12月18日）
最高人民法院
　　关于刑事案件被告人在审理过程中患精神病应否中止审理的批复
　　　　（1983年2月4日）
最高人民法院
　　关于对经公告送达起诉书而不应诉的居住在国外的民事被告缺席判决后仍应公告送达
　　　　判决书的批复
　　　　（1983年2月7日）
最高人民法院刑一庭
　　对《关于对黄炳光等六名被告人贩运伪造的外汇兑换券一案的请示》的电话答复
　　　　（1983年3月17日）

最高人民法院
  关于人民法院能否受理当事人因不服工商行政管理部门的行政处罚而提起的诉讼的批复
  （1983年3月19日）
最高人民法院研究室
  关于怀孕妇女被监视居住如何计算刑期问题的电话答复
  （1983年4月20日）
最高人民法院
  转发财政部、中国人民银行《关于个人用国库券抵缴赃款罚款补税和抵还职工借欠公款的规定》的通知 **（实际失效）**①
  （1983年5月20日）
最高人民法院
  关于助理审判员可否作为合议庭成员并担任审判长问题的批复
  （1983年5月25日）
最高人民法院研究室
  关于复查实施"两法"前判处的案件是否需组成合议庭的电话答复
  （1983年7月20日）
最高人民法院、最高人民检察院、公安部
  关于重婚案件管辖问题的通知
  （1983年7月26日）
最高人民法院、最高人民检察院、公安部、司法部
  关于罪犯在服刑期间又犯罪是否办理逮捕手续问题的批复
  （1983年8月13日）
最高人民法院、最高人民检察院、公安部
  关于判处无期徒刑、死刑的第一审普通刑事案件管辖问题的通知
  （1983年8月16日）
司法部、公安部、最高人民检察院、最高人民法院
  关于对犯人刑满和劳教期满的人员暂停放回社会的紧急通知
  （1983年8月19日）
最高人民法院、最高人民检察院
  转发中央政法委员会办公室政法函（83）6号文件的通知
  （1983年8月20日）
最高人民法院、最高人民检察院、公安部
  关于严厉打击看守所在押人犯于羁押期间进行犯罪活动的通知
  （1983年9月5日）

---

① 《财政部、中国人民银行关于个人用国库券抵缴赃款、罚款、补税和抵还职工借欠公款的规定》已被《财政部关于公布废止和失效的财政规章目录（第六批）的通知》（1997年9月8日，财法字〔1997〕44号）宣布失效。本件实际失效。

最高人民法院
　　关于授权高级人民法院核准部分死刑的通知
　　　　（1983年9月7日）
最高人民法院、最高人民检察院、公安部、国家安全部、司法部
　　关于印发《关于人民警察执行职务中实行正当防卫的具体规定》的通知
　　　　（1983年9月14日）
最高人民法院研究室
　　关于服刑期间发现的漏罪应否适用《关于严惩严重危害社会治安的犯罪分子的决定》
　　问题的电话答复
　　　　（1983年9月15日）
最高人民法院
　　关于人民法院审判严重刑事犯罪案件中具体应用法律的若干问题的答复
　　　　（1983年9月20日）
最高人民法院、最高人民检察院、公安部
　　关于判处无期徒刑、死刑的第一审普通刑事案件由中级人民法院管辖的通知
　　　　（1983年12月2日）
司法部、公安部、最高人民检察院、最高人民法院
　　关于将一部分刑满和解除劳教的暂留人员放回社会的通知
　　　　（1983年12月9日）
最高人民法院、最高人民检察院、公安部
　　关于依法惩处利用摘除节育环进行违法犯罪活动的分子的联合通知
　　　　（1983年12月10日）
最高人民法院
　　关于立案后有关涉外诉讼文书及送达问题的批复
　　　　（1983年12月15日）
最高人民法院、中国人民银行
　　关于查询、冻结和扣划企业事业单位、机关、团体的银行存款的联合通知
　　　　（1983年12月20日）
最高人民法院
　　印发《关于驻外使领馆处理华侨婚姻问题的若干规定》的通知
　　　　（1983年12月27日）
最高人民法院
　　关于人民法院审判严重刑事犯罪案件中具体应用法律的若干问题的答复（二）
　　　　（1983年12月30日）
最高人民法院
　　关于审理涉外海上交通事故案件的几个问题的通知
　　　　（1983年12月30日）

最高人民法院、最高人民检察院、公安部、司法部
 关于正确处理死刑罪犯遗书遗物等问题的通知
  （1984年1月11日）
最高人民法院、最高人民检察院、公安部、司法部
 关于办理劳改犯、劳教人员犯罪案件中执行有关法律的几个问题的答复
  （1984年3月3日）
司法部、最高人民法院、最高人民检察院、公安部
 关于将罪犯交付执行刑罚时必须严格依法办事的通知
  （1984年3月16日）
最高人民法院
 关于被告在外地就医的离婚案件管辖问题的批复
  （1984年3月26日）
最高人民法院、最高人民检察院、公安部
 印发《关于当前办理拐卖人口案件中具体应用法律的若干问题的解答》的通知
  （1984年3月31日）
最高人民法院
 关于统一报送死刑备案材料的通知
  （1984年4月9日）
最高人民法院
 关于一方为外国人与我国境内的配偶达成离婚协议我国法院可否制发调解书问题的
  批复
  （1984年4月9日）
最高人民法院
 关于原在内地登记结婚，现双方均居住香港，他们发生离婚诉讼，内地人民法院可否
  按《关于驻外使领馆处理华侨婚姻的若干规定》的通知办理的批复
  （1984年4月14日）
最高人民法院、最高人民检察院、公安部
 关于当前处理自首和有关问题具体应用法律的解答
  （1984年4月16日）
最高人民法院
 关于《城市私有房屋管理条例》公布前机关、团体、部队、企业、事业单位购买或
  租用房屋是否有效问题的答复
  （1984年4月17日）
最高人民法院、最高人民检察院、公安部
 印发《关于当前办理强奸案件中具体应用法律的若干问题的解答》的通知
  （1984年4月26日）

最高人民法院
　关于双方当事人在户籍所在地结婚后去外地居住的离婚案件应由何地法院管辖的函
　　（1984年5月11日）
最高人民法院、最高人民检察院、公安部
　印发《关于怎样认定和处理流氓集团的意见》的通知
　　（1984年5月26日）
最高人民法院、最高人民检察院、公安部
　关于卖淫、嫖宿暗娼案件应如何处理的意见
　　（1984年8月7日）
最高人民法院
　关于给在台湾的当事人送达法律文书的批复
　　（1984年8月29日）
最高人民法院
　《关于贯彻执行民事诉讼法（试行）若干问题的意见》
　　（1984年8月30日）
最高人民法院研究室
　关于死缓犯人与其他罪犯又共同犯罪审理程序问题的电话答复
　　（1984年9月5日）
最高人民法院
　就吉林省浑江市卫生防疫站的来信给吉林省高级人民法院的通知
　　（1984年9月11日）
最高人民法院
　关于印发《民事诉讼收费办法（试行）》的通知
　　（1984年9月15日）
最高人民法院
　关于在经济审判工作中贯彻执行《中华人民共和国民事诉讼法（试行）》若干问题的意见
　　（1984年9月17日）
最高人民法院
　关于贯彻执行《经济合同法》若干问题的意见
　　（1984年9月17日）
最高人民法院
　关于王威与徐保俊离婚一案中几个问题的批复
　　（1984年9月18日）
最高人民法院
　关于女方外流重婚后原夫起诉要求人民法院受理的复函
　　（1984年10月27日）

最高人民法院、最高人民检察院
   关于当前办理流氓案件中具体应用法律的若干问题的解答
      （1984年11月2日）
最高人民法院、最高人民检察院
   关于当前办理盗窃案件中具体应用法律的若干问题的解答
      （1984年11月2日）
最高人民法院研究室
   关于已满14岁不满16岁的人犯强奸罪是否应负刑事责任问题的电话答复
      （1984年11月8日）
最高人民法院
   关于审理劳改罪犯减刑、假释案件可否由审判员独任审理的批复
      （1984年11月24日）
最高人民法院
   关于房屋典当回赎问题的批复
      （1984年12月2日）
最高人民法院
   关于港澳同胞持有"英国属土公民护照"或澳葡当局所发身份证在内地人民法院
      起诉应诉的民事案件是否作为涉外案件问题的批复
      （1984年12月6日）
最高人民法院
   关于依法监视居住期间可否折抵刑期问题的批复
      （1984年12月18日）
最高人民法院
   关于申请执行仲裁裁决应向何地法院提出的批复
      （1985年1月17日）
最高人民法院
   关于人民法院可以直接与银行系统的营业所、信用社联系查询、冻结或者扣划企事业
      等单位存款的批复
      （1985年1月17日）
最高人民法院
   关于申请执行仲裁裁决应向何地法院提出的批复
      （1985年1月17日）
最高人民法院
   关于财产案件受理费如何计算等问题的批复
      （1985年1月24日）
最高人民法院
   关于开展专利审判工作的几个问题的通知
      （1985年2月16日）

最高人民法院
　　关于卢伟明与卢伟范继承案管辖问题的批复
　　　　（1985年2月24日）
最高人民法院
　　关于吴天爵等与新宾镇集体饮食服务店房产纠纷案的批复
　　　　（1985年3月15日）
最高人民法院、公安部、商业部、城乡建设环境保护部
　　关于转发陕西省西安市《关于办理离婚、房产案件中有关户粮分立、迁转和房产变动问题的联合通知》的通知
　　　　（1985年3月21日）
最高人民法院
　　关于指定重庆市中级人民法院办理部分专利纠纷案件的批复
　　　　（1985年3月27日）
最高人民法院
　　关于外国驻华使馆的职员能否以外交代表身份为本国国民在我国聘请中国律师代理民事诉讼的批复
　　　　（1985年3月28日）
最高人民法院
　　关于驻外使馆参赞能否以外交代表身份为本国国民在我国的民事诉讼中聘请中国律师代理诉讼问题的批复
　　　　（1985年3月28日）
最高人民法院研究室
　　关于按照审判监督程序决定再审的案件是否应先撤销原判决问题的电话答复
　　　　（1985年3月30日）
最高人民法院
　　关于民事上诉案件受理费的几个问题的批复
　　　　（1985年4月4日）
最高人民法院、司法部
　　关于已公证的债权文书依法强制执行问题的答复
　　　　（1985年4月9日）
最高人民法院研究室
　　关于成年人犯罪造成经济损害其父母有无赔偿义务问题的电话答复
　　　　（1985年4月10日）
最高人民法院
　　关于房屋抵押不能改为房屋典当处理的批复
　　　　（1985年4月27日）

最高人民法院研究室
　关于判处无期徒刑的罪犯在服刑期间又犯新罪是否要再判处刑罚问题的电话答复
　　（1985年5月8日）
最高人民法院
　关于缓刑考验期内表现好的罪犯可否缩减其缓刑考验期限的批复
　　（1985年5月9日）
最高人民法院
　关于个人非法制造、销售他人注册商标标识而构成犯罪的应按假冒商标罪惩处的批复
　　（1985年5月9日）
公安部、最高人民检察院、最高人民法院
　关于盗伐滥伐森林案件改由公安机关管辖的通知
　　（1985年5月13日）
最高人民法院
　关于民事案件上诉后，第二审法院对案件的实体问题作了改判后，可否变更第一审法院关于诉讼费用负担的决定等问题的批复
　　（1985年5月30日）
最高人民法院
　关于胜诉一方当事人提起上诉第二审法院维持原判第二审的诉讼费用应由谁负担等问题的批复
　　（1985年5月30日）
最高人民法院
　关于当事人一方提起上诉如何预交上诉案件受理费问题的批复
　　（1985年5月30日）
最高人民法院
　关于外籍当事人委托居住我国境内的外国人或本国驻我国领事馆人员为诉讼代理人，可否允许问题的批复第一条
　　（1985年6月8日）
最高人民法院
　切实执行《关于统一报送死刑备案材料的通知》的通知
　　（1985年6月8日）
最高人民法院
　关于一方当事人在国内居住另一方当事人在国外居住的涉外民事案件的上诉期应如何确定的批复
　　（1985年6月11日）
最高人民法院
　关于男女登记离婚后一方翻悔，向人民法院提起诉讼，人民法院是否应当受理的批复
　　（1985年6月15日）

最高人民法院
　关于转发司法部《关于委托香港8位律师办理公证的若干问题的通知》的
　　通知**（实际失效）**[1]
　　（1985年6月27日）
最高人民法院研究室
　关于盗窃分子内外勾结盗窃中外合资企业财产的案件是否属于涉外案件的复函
　　（1985年7月2日）
最高人民法院
　关于国内工矿产品购销合同农副产品购销合同中的合同履行地如何确定的批复
　　（1985年7月4日）
最高人民法院
　关于播放淫秽录像、影片、电视片、幻灯片等犯罪案件如何定罪问题的批复
　　（1985年7月8日）
最高人民法院、最高人民检察院、公安部、司法部
　关于抓紧从严打击制造、贩卖假药、毒品和有毒食品等严重危害人民生命健康的犯罪
　　活动的通知
　　（1985年7月12日）
最高人民法院、最高人民检察院
　印发《关于当前办理经济犯罪案件中具体应用法律的若干问题的解答（试行）》的
　　通知
　　（1985年7月18日）
最高人民法院
　关于财产案件受理费如何计算等问题的批复
　　（1985年7月24日）
最高人民法院研究室
　关于变造国家货币的行为应如何定罪问题的电话答复
　　（1985年8月2日）
最高人民法院
　关于合同纠纷当事人一方向仲裁机关申请仲裁仲裁机关已立案另一方向人民法院起诉
　　人民法院应否受理的批复
　　（1985年8月3日）
最高人民法院研究室
　关于押于看守所的死缓犯抗拒改造情节恶劣应当执行死刑的如何报送核准问题的电话
　　答复
　　（1985年8月7日）

---

[1] 2014年4月4日被《司法部决定废止和宣布失效的规范性文件目录》（司法部公告第143号）废止。

最高人民法院研究室
  关于押在看守所的死缓犯抗拒改造情节恶劣应当执行死刑的如何报送核准问题的电话答复
  (1985年8月7日)
最高人民法院
  关于台湾同胞为追索建国前公民之间债务的起诉，人民法院是否受理问题的批复
  (1985年8月8日)
最高人民法院
  关于国营企业购买私房已经使用多年经补办批准手续后可承认买卖关系有效问题的批复
  (1985年8月10日)
最高人民法院研究室
  关于对未成年犯能否附加剥夺政治权利问题的电话答复
  (1985年8月16日)
最高人民法院、最高人民检察院、公安部
  关于及时查处在经济纠纷案件中发现的经济犯罪的通知
  (1985年8月19日)
最高人民法院
  关于人民法院审判严重刑事犯罪案件中具体应用法律的若干问题的答复（三）
  (1985年8月21日)
最高人民法院、最高人民检察院、公安部、司法部
  关于处理反动会道门工作中有关问题的通知
  (1985年9月5日)
最高人民法院
  关于人民法院依法执行行政机关的行政处罚决定应用何种法律文书的问题的批复
  (1985年9月14日)
最高人民法院研究室
  关于赌博案件两个问题的电话答复
  (1985年9月16日)
司法部、最高人民法院、最高人民检察院、公安部
  关于新疆生产建设兵团劳改机关在押死缓犯执行死刑的处理程序问题的联合批复
  (1985年9月21日)
最高人民法院研究室
  关于再审改判宣告缓刑的案件其缓刑考验期限从何时起计算的电话答复
  (1985年10月12日)

最高人民法院研究室
关于对被告人已死亡的再审案件的第一审判决其近亲属能否径行提出上诉问题的电话答复
（1985年10月18日）

最高人民法院、最高人民检察院
关于处理海南岛倒买倒卖汽车和倒买倒卖外汇等犯罪案件注意事项的通知
（1985年10月22日）

最高人民法院
关于第一、二两审人民法院驳回起诉的裁定确有错误应如何予以纠正的批复
（1985年10月28日）

最高人民法院
关于人民法院审理经济行政案件不应进行调解的通知
（1985年11月6日）

最高人民法院
关于商标侵权如何计算损失赔偿额和侵权期间问题的批复
（1985年11月6日）

最高人民法院
关于侵犯商标专用权如何计算损失赔偿额和侵权期间问题的批复
（1985年11月6日）

最高人民法院研究室
关于少管人员释放后犯罪的能否适用《关于处理逃跑或者重新犯罪的劳改犯和劳教人员的决定》问题的电话答复
（1985年11月9日）

最高人民法院研究室
关于对缓刑犯减刑应由哪级单位申报的电话答复
（1985年11月12日）

最高人民法院
关于对罪犯减刑时应将判决前羁押的日期折抵为已执行的刑期的批复
（1985年11月14日）

最高人民法院
关于解放前劳动人民之间宅基地租赁契约是否承认和保护问题的批复
（1985年11月21日）

最高人民法院
关于加强经济审判工作的通知
（1985年12月9日）

最高人民法院
关于毕云亭房屋被入股后，久不主张权利应如何处理的批复
（1985年12月20日）

最高人民法院
  关于原告向某人民法院起诉后撤诉又向另一个人民法院起诉该法院是否受理的批复
    (1985年12月14日)
最高人民法院
  关于对窝藏、包庇罪中"事前通谋的，以共同犯罪论处"如何理解的电话答复
    (1985年12月28日)
最高人民法院
  关于广东省高级人民法院与香港最高法院相互协助送达民商事诉讼文书初步协议的批复
    (1986年1月3日)
最高人民法院
  关于房屋租赁纠纷如何确定管辖问题的批复
    (1986年1月7日)
最高人民法院
  关于王占有与王言林赡养案管辖问题的批复
    (1986年1月7日)
最高人民法院
  关于审理土改中地主、富农被遗漏房屋产权案件有关政策问题的批复
    (1986年1月27日)
最高人民法院
  关于涉外海事诉讼管辖的具体规定
    (1986年1月31日)
最高人民法院
  关于诉讼前扣押船舶的具体规定
    (1986年1月31日)
最高人民法院研究室
  关于判处有期徒刑宣告缓刑有关问题的电话答复
    (1986年2月17日)
最高人民法院研究室
  关于死刑复核案件发回重审问题的电话答复
    (1986年2月26日)
最高人民法院、最高人民检察院、公安部
  对于惩处倒卖车、船票的犯罪分子如何适用法律条款的问题的批复
    (1986年3月18日)
最高人民法院
  关于上级人民法院发现下级人民法院对没有严重妨害民事诉讼行为的当事人采取的强制措施能否纠正问题的批复
    (1986年4月2日)

最高人民法院
　关于在继承案件中可以将实际占有遗产的其他人列为被告并适用普通程序审理的批复
　　（1986年4月3日）
最高人民法院
　关于李斯棣等人为房屋产权申诉案的批复
　　（1986年4月3日）
最高人民法院
　关于如何确定合同签订地问题的批复
　　（1986年4月11日）
最高人民法院
　关于印发《关于审理农村承包合同纠纷案件若干问题的意见》的通知
　　（1986年4月14日）
最高人民法院
　关于同意将马本师房产按归侨政策处理的批复
　　（1986年5月9日）
最高人民法院
　关于需要再审而又发现遗漏了诉讼第三人的案件应指令哪一审法院按什么程序再审问题的批复
　　（1986年5月21日）
最高人民法院
　关于原判决未涉及房屋所有权问题后当事人发生争议的可到有管辖权的人民法院起诉的函
　　（1986年6月19日）
最高人民法院
　关于民事诉讼收费几个问题的批复
　　（1986年6月21日）
最高人民法院研究室
　关于管辖不当的案件再审时应否依照第一审程序审判问题的电话答复
　　（1986年6月24日）
最高人民法院、最高人民检察院、公安部、司法部
　关于律师参加诉讼的几项补充规定
　　（1986年6月26日）
最高人民法院、最高人民检察院
　关于依法严肃惩处国家机关企业事业单位走私犯罪活动的通知
　　（1986年6月27日）

最高人民法院研究室
  关于第二审人民法院对上诉案件维持原判刑期撤销缓刑是否违反"上诉不加刑"
    原则的电话答复
    (1986年7月21日)
最高人民法院、最高人民检察院、公安部、司法部
  关于执行死刑严禁游街示众的通知
    (1986年7月24日)
最高人民法院、司法部
  关于将劳改机关所存人民法院裁判案件的卷宗退回人民法院的通知
    (1986年8月15日)
最高人民法院、最高人民检察院、司法部、公安部
  关于印发《人体重伤鉴定标准（试行）》的通知
    (1986年8月15日)
最高人民法院
  关于人民法院对申请强制执行仲裁机构的调解书应如何处理问题的通知
    (1986年8月20日)
最高人法院
  关于在审理经济纠纷案件中发现经济犯罪问题后移送有关部门后是否退还预收的案件
    受理费的批复
    (1986年8月28日)
最高人民检察院、最高人民法院、公安部
  关于严格依法处理反盗窃斗争中自首案犯的通知
    (1986年9月13日)
最高人民法院、最高人民检察院
  关于当前办理盗窃案件中适用法律问题的补充通知
    (1986年9月17日)
最高人民法院研究室
  关于当事人对工商行政管理部门确认经济合同无效不服向人民法院起诉应否受理问题
    的电话答复
    (1986年9月23日)
最高人民法院研究室
  关于第二审以调解方式结案的自诉案件应采用何种法律文书撤销原审判决问题的电话
    答复
    (1986年9月25日)
最高人民法院
  关于男女双方登记离婚后因对财产、子女抚养发生纠纷当事人向人民法院起诉的法院
    应予受理的批复
    (1986年10月3日)

最高人民法院研究室
关于管制刑期能否折抵有期徒刑刑期问题的电话答复
（1986年10月6日）

最高人民法院研究室
关于数罪中有判处两个以上剥夺政治权利附加刑的应如何并罚问题的电话答复
（1986年10月20日）

最高人民法院研究室
关于奸污女知青案件有关问题的电话答复
（1986年10月21日）

最高人民法院
人民法院审理治安行政案件具体应用法律的若干问题的暂行规定
（1986年10月24日）

最高人民法院
关于人民法院制作法律文书应如何引用法律规范性文件问题的答复
（1986年10月28日）

最高人民法院研究室
关于劳改犯在劳改期间又犯新罪法院对新罪判决后其前罪的残刑从何时计算问题的电话答复
（1986年11月5日）

最高人民法院
关于执行《国营企业实行劳动合同制暂行规定》和《国营企业辞退违纪职工暂行规定》的有关问题的批复
（1986年11月8日）

最高人民法院
关于公民对宅基地只有使用权没有所有权的批复
（1986年11月14日）

最高人民法院
关于我在港澳以私人企业名义注册登记的银行在经济特区设立的分行能否享有贷款优先清偿权的批复
（1986年11月28日）

最高人民法院研究室
关于公诉刑事案件中只有附带民事诉讼原告人提起上诉判决的刑事部分是否生效问题的电话答复
（1986年12月9日）

最高人民法院研究室
关于处理重婚案件的程序问题的电话答复
（1986年12月11日）

最高人民法院研究室
　　关于自诉刑事案件立案程序问题的电话答复
　　　　（1986 年 12 月 12 日）
最高人民法院
　　关于邮电部门造成电报稽延、错误是否承担赔偿责任问题的批复
　　　　（1986 年 12 月 30 日）
最高人民法院研究室
　　关于刑事附带民事诉讼民事部分是否适用民事诉讼法问题的电话答复
　　　　（1986 年 12 月 31 日）
最高人民法院研究室
　　关于刑事被告人上诉后脱逃在程序上应如何处理问题的电话答复
　　　　（1987 年 1 月 6 日）
最高人民法院
　　关于在离婚诉讼中发现双方隐瞒近亲关系骗取结婚登记且生活多年生有子女应按
　　　婚姻法第二十五条处理的批复
　　　　（1987 年 1 月 14 日）
最高人民法院
　　关于租赁契约在履行期间发生争执新订立协议在办理公证时一方反悔并拒绝签字、
　　　领受公证书，应如何处理问题的批复
　　　　（1987 年 1 月 19 日）
最高人民法院
　　关于专业银行信用社担保的经济合同被确认无效后保证人是否应承担连带责任问题的
　　　批复
　　　　（1987 年 2 月 5 日）
最高人民法院研究室
　　关于未构成犯罪的案件判决书主文如何表述问题的电话答复
　　　　（1987 年 2 月 12 日）
最高人民法院研究室
　　关于再审案件两个问题的电话答复
　　　　（1987 年 2 月 15 日）
最高人民法院
　　对在管制期间的反革命分子犯一般刑事罪的论罪与刑罚执行问题的批复
　　　　（1987 年 2 月 16 日）
最高人民法院、最高人民检察院、公安部、司法部
　　关于罪犯在看守所执行刑罚以及监外执行的有关问题的通知
　　　　（1987 年 2 月 20 日）

最高人民法院刑二庭
　　关于起义投诚人员案复查改判后判决书主文如何写的电话答复
　　　　（1987年3月11日）
最高人民法院、最高人民检察院、公安部
　　关于在审理经济纠纷案件中发现经济犯罪必须及时移送的通知
　　　　（1987年3月11日）
最高人民法院、最高人民检察院
　　"关于挪用公款归个人使用或者进行非法活动以贪污论处的问题"的修改补充意见
　　　　（1987年3月14日）
最高人民法院
　　关于无期徒刑、死刑的第一审普通刑事案件应由中级人民法院管辖的通知
　　　　（1987年3月26日）
最高人民法院
　　关于地方各级法院不宜制定司法解释性质文件问题的批复
　　　　（1987年3月31日）
最高人民法院
　　关于对判处死刑缓期二年执行期满后，尚未裁定减刑前又犯新罪的罪犯能否执行死刑问题的批复
　　　　（1987年5月12日）
最高人民法院研究室
　　关于再审改判的刑事案件是否要撤销原驳回申诉通知书的电话答复
　　　　（1987年5月12日）
最高人民法院
　　关于人民法院在审判工作中能否采用人类白细胞抗原作亲子鉴定问题的批复
　　　　（1987年6月15日）
最高人民法院
　　关于对数罪中有判处无期徒刑以上刑罚的案件如何实行数罪并罚的通知
　　　　（1987年6月26日）
最高人民法院、最高人民检察院、公安部、司法部
　　关于严厉打击倒卖走私黄金犯罪活动的通知
　　　　（1987年6月28日）
最高人民法院
　　关于专利侵权纠纷案件地域管辖问题的通知
　　　　（1987年6月29日）
最高人民法院研究室
　　关于附带民事诉讼案件中律师诉讼权利问题的电话答复
　　　　（1987年7月8日）

最高人民法院
　关于当事人对工商行政管理局无效经济合同确认书中认定的事实和财产后果的处理不服，向人民法院起诉，人民法院可否受理的批复
　　（1987年7月11日）
最高人民法院
　关于《贩卖毒品死刑案件的量刑标准》的答复
　　（1987年7月15日）
最高人民法院
　关于审理经济纠纷案件具体适用《中华人民共和国民事诉讼法（试行）》的若干问题的解答
　　（1987年7月21日）
最高人民法院
　关于在审理经济合同纠纷案件中具体适用《经济合同法》的若干问题的解答
　　（1987年7月21日）
最高人民法院
　关于依法严惩猎杀大熊猫、倒卖走私大熊猫皮的犯罪活动的通知
　　（1987年7月24日）
最高人民法院
　关于调整武汉、上海海事法院管辖区域的通知
　　（1987年7月28日）
最高人民法院
　关于付桂芬诉李兴凯离婚案管辖问题的批复
　　（1987年7月29日）
最高人民法院
　关于如何适用土地管理法第十三条和森林法第十四条的批复
　　（1987年7月31日）
最高人民法院
　关于人民法院应否受理财政支农周转金借款合同纠纷案件的问题的批复
　　（1987年8月3日）
最高人民法院、最高人民检察院
　关于严格依法处理道路交通肇事案件的通知
　　（1987年8月12日）
最高人民法院办公厅
　关于转发司法部《关于港九工会联合更换印章事的通知》的通知
　　（1987年8月15日）
最高人民法院
　对生效多年的判决逾期申请执行的依法不予支持的批复
　　（1987年8月25日）

外交部、最高人民法院、最高人民检察院、公安部、国家安全部、司法部
　　关于处理涉外案件若干问题的规定
　　　　（1987年8月27日）
最高人民法院
　　关于行政单位或企业单位开办的企业倒闭后债务由谁承担的批复
　　　　（1987年8月29日）
最高人民法院
　　印发《关于强制变卖被扣押船舶清偿债务的具体规定》的通知
　　　　（1987年8月29日）
最高人民法院
　　关于强制变卖被扣押船舶清偿债务的具体规定
　　　　（1987年8月29日）
最高人民法院刑事审判第一庭
　　关于给检察院及时送达二审判决书的通知
　　　　（1987年8月31日）
最高人民法院、最高人民检察院
　　印发《关于办理盗伐、滥伐林木案件应用法律的几个问题的解释》的通知
　　　　（1987年9月5日）
最高人民法院
　　关于铁路运输法院是否受理治安行政案件的批复
　　　　（1987年9月11日）
最高人民法院
　　关于地方人民政府规定可向人民法院起诉的行政案件法院应否受理问题的批复
　　　　（1987年10月9日）
最高人民法院
　　关于各级人民法院处理刑事案件申诉的暂行规定
　　　　（1987年10月10日）
最高人民法院
　　关于刑事自诉案件的自诉人可否委托近亲属担任代理人的批复
　　　　（1987年10月12日）
最高人民法院
　　关于决定采取民事拘留措施的法院能否委托被拘留人所在地法院代为执行的批复
　　　　（1987年10月15日）
最高人民法院
　　《关于适用〈涉外经济合同法〉若干问题的解答》的通知
　　　　（1987年10月19日）

最高人民法院
　　关于审理涉港澳经济纠纷案件若干问题的解答
　　　　（1987年10月19日）
最高人民法院
　　关于审理专利申请权纠纷案件若干问题的通知
　　　　（1987年10月19日）
最高人民法院、城乡建设环境保护部
　　关于复查历史案件中处理私人房产有关事项的通知
　　　　（1987年10月22日）
最高人民法院经济审判庭
　　关于执行程序中如何变更主体问题的电话答复
　　　　（1987年10月28日）
最高人民法院研究室
　　关于刑事附带民事诉讼问题的电话答复
　　　　（1987年11月4日）
最高人民法院刑事审判第二庭
　　关于给检察院及时送达按审判监督程序再审判处的一二审判决书（或裁定书）的
　　　通知
　　　　（1987年11月11日）
最高人民法院
　　关于山西省雁北地区瓷厂诉河南省方城县酒厂购销酒瓶合同纠纷案管辖问题的批复
　　　　（1987年11月19日）
最高人民法院
　　关于最高人民法院交通运输审判庭的职责范围和启用印章的通知
　　　　（1987年11月24日）
最高人民法院、最高人民检察院
　　关于依法严惩非法出版犯罪活动的通知
　　　　（1987年11月27日）
最高人民法院、最高人民检察院
　　印发《关于办理盗窃、盗掘、非法经营和走私文物的案件具体应用法律的若干问题的
　　　解释》的通知
　　　　（1987年11月27日）
最高人民法院研究室
　　关于人民法院可否受理企业内部承包合同纠纷案件问题的电话答复
　　　　（1987年12月1日）
最高人民法院
　　关于曹根田与张仁吉房屋买卖关系是否有效的批复
　　　　（1987年12月10日）

最高人民法院研究室
  关于案件管辖问题的电话答复
    （1987年12月11日）
最高人民法院
  关于经人民法院裁定冻结的当事人银行存款其他人民法院不应就同一笔款额重复冻结问题的批复
    （1987年12月14日）
最高人民法院办公厅
  转发国家工商行政管理局《关于处理个体、合伙经营及私营企业领有集体企业〈营业执照〉问题的通知》的通知 **(实际失效)** [1]
    （1987年12月18日）
最高人民法院研究室
  关于对死缓复核的法律文书中应否写上被告人的法定代理人问题的电话答复
    （1987年12月19日）
最高人民法院
  印发《八省市法院审判贪污、受贿、走私案件情况座谈会纪要》的通知
    （1987年12月31日）
最高人民法院
  关于著作权（版权）归主办单位所有的作品是否侵犯个人版权的批复
    （1987年12月31日）
最高人民法院研究室
  关于毒品犯罪问题的电话答复
    （1988年1月3日）
最高人民法院
  关于被判处拘役或者三年以下有期徒刑宣告缓刑的罪犯减刑的管辖和处理程序的批复
    （1988年1月5日）
最高人民法院研究室
  关于重大盗窃犯罪数额标准问题的电话答复
    （1988年1月6日）
最高人民法院
  关于如何核定案件受理费问题的批复
    （1988年1月6日）

---

[1] 2004年6月30日被《国家工商行政管理局关于废止有关工商行政管理规章、规范性文件的决定》（工商法字〔2004〕第98号）废止。本件实际失效。

最高人民法院
关于借款合同的双方当事人未经保证人同意达成延期还款协议后保证人是否继续承担担保责任的批复
(1988年1月9日)

最高人民法院
关于在一审判决后的上诉期限内原审法院能否采取诉讼保全措施的批复
(1988年1月13日)

最高人民法院
关于《人民法院审理治安行政案件具体应用法律的若干问题的暂行规定》是否适用于审理其他行政案件的批复
(1988年1月13日)

最高人民法院
关于侵害名誉权案件有关报刊社应否列为被告和如何适用管辖问题的批复
(1988年1月15日)

最高人民法院
关于在审理经济纠纷案件中认真办好外地法院委托事项的通知
(1988年1月20日)

最高人民法院办公厅
转发国家商检局、公安部《关于严厉打击不法分子伪造变造买卖商检单证行为的通知》的通知
(1988年1月20日)

最高人民法院
关于继父母与继子女形成的权利义务关系能否解除的批复
(1988年1月22日)

最高人民法院
关于贯彻执行《中华人民共和国民法通则》若干问题的意见（试行）第88条、第94条、第115条、第117条、第118条、第177条
(1988年1月26日)

最高人民法院、最高人民检察院
关于正确执行两个《补充规定》的通知
(1988年1月27日)

最高人民法院
关于执行中外司法协助协定的通知
(1988年2月1日)

最高人民法院
关于执行中法司法协助协定的通知
(1988年2月9日)

最高人民法院
  关于严厉打击危害公共安全犯罪活动的紧急通知
    (1988年2月9日)
最高人民法院
  关于海关扣留走私罪嫌疑人的时间可否折抵刑期的批复
    (1988年2月9日)
最高人民法院
  关于办理服刑中的罪犯减刑、假释的几点注意事项的通知
    (1988年2月28日)
最高人民法院
  关于强锡麟捐赠给国家的财产应如何处理的批复
    (1988年3月12日)
最高人民法院研究室
  关于盗窃有价证券数额计算问题的电话答复
    (1988年3月14日)
最高人民法院、最高人民检察院
  关于如何适用刑法第一百五十三条的批复
    (1988年3月16日)
最高人民法院
  关于高级人民法院对不同意判处死刑的复核案件提审后改判的判决应是终审判决的批复
    (1988年3月24日)
最高人民法院
  关于不具备法人资格的企业分支机构作为经济合同一方当事人的保证人其保证合同是否有效及发生纠纷时应如何处理问题的批复
    (1988年3月24日)
最高人民法院研究室
  关于人民法院在审理经济合同纠纷案件时发现当事人有与本案有关的违法行为需要给予制裁问题的电话答复
    (1988年4月2日)
最高人民法院研究室
  关于需由外地银行协助扣划被执行人存款是否必须委托被执行人所在地人民法院向被执行人的开户银行发出协助执行通知问题的电话答复
    (1988年4月11日)
公安部、最高人民法院、最高人民检察院
  关于坚决取缔"牢头狱霸"维护看守所秩序的通知
    (1988年4月16日)

最高人民法院
  关于如何确定合同履行地问题的批复
    （1988年4月22日）
最高人民法院
  关于济南铁路分局诉天津铁路分局沧州站、沧州水产公司经济侵权纠纷一案管辖权
    问题请示的批复
    （1988年4月28日）
最高人民法院、最高人民检察院
  关于公开审理再审案件的通知
    （1988年4月30日）
最高人民法院
  关于暂由广东省高级人民法院受理应由海南省高级人民法院管辖的案件的批复
    （1988年5月6日）
最高人民法院
  关于第二审人民法院审理被害人对刑事案件中附带的民事部分提出的上诉应全案审查
    并就附带民事诉讼部分作出终审裁判的批复
    （1988年5月11日）
最高人民法院、最高人民检察院、公安部
  关于坚决制止将已决犯、未决犯游街示众的通知
    （1988年6月1日）
最高人民法院
  关于由别人代为起草而以个人名义发表的会议讲话作品其著作权（版权）应归个人
    所有的批复
    （1988年6月9日）
最高人民法院
  关于因政府行政管理方面的决定引起的房产纠纷不应由人民法院受理的函
    （1988年6月9日）
最高人民法院
  关于委托执行工作中两个问题的批复
    （1988年6月20日）
最高人民法院、最高人民检察院、公安部、司法部
  关于公检法机关不得成立"付债公司"的通知
    （1988年6月25日）
最高人民法院、最高人民检察院
  关于依法惩处倒卖飞机票犯罪活动的通知
    （1988年7月6日）

最高人民法院
关于刑事案件取保候审的被告人在法院审理期间潜逃应宣告中止审理的批复
（1988年7月6日）

最高人民法院
关于对尚未到期的财产收益可否采取诉讼保全措施的批复
（1988年7月8日）

最高人民法院
关于原孙兆骧购置的房产应如何确认产权和继承的批复
（1988年7月12日）

最高人民法院研究室
关于中级人民法院判处"无期徒刑的罪犯又犯脱逃罪可否由劳改场所所在地基层人民法院管辖问题"的电话答复
（1988年7月20日）

最高人民法院
关于人民法院已生效的法律文书是否适用民事诉讼法（试行）第一百六十九条规定的申请执行期限等问题的批复
（1988年8月15日）

最高人民法院研究室
关于基层人民法院判处有期徒刑已发生法律效力的案件上级人民法院发现应当判处无期徒刑或者死刑应当如何纠正问题的电话答复
（1988年8月23日）

最高人民法院
关于处理私房社会主义改造中房屋典当回赎案件中的两个问题的批复
（1988年9月8日）

最高人民法院经济审判庭
关于执行仲裁机构裁决过程中被执行单位被撤销需要变更被执行单位的应如何处理问题的电话答复
（1988年9月20日）

最高人民法院
关于严惩严重经济犯罪分子及时审理经济犯罪案件的通知
（1988年9月26日）

最高人民法院研究室
关于被告及其主管部门均已撤销其债务由谁承担问题的电话答复
（1988年10月12日）

最高人民法院
关于雇工合同"工伤概不负责"是否有效的批复
（1988年10月14日）

最高人民法院研究室
　关于人民法院能否对抗拒改造的罪犯判处继续劳动改造的电话答复
　　　（1988年10月21日）
最高人民法院、最高人民检察院、公安部
　关于全国人大常委会两个《补充规定》中有关几类案件管辖问题的通知
　　　（1988年10月22日）
最高人民法院、最高人民检察院
　关于摘要转发《依法查处非法出版犯罪活动工作座谈会纪要》的通知
　　　（1988年11月11日）
最高人民法院研究室
　关于吸食他人精液的行为应如何定性问题的复函
　　　（1988年11月24日）
最高人民法院
　关于甘肃省金昌市工业品综合批发公司诉辽宁省抚顺市电视机联销公司电视机合同
　　纠纷案管辖问题的批复
　　　（1988年12月7日）
最高人民法院、最高人民检察院
　关于税务人员参与偷税犯罪的案件如何适用法律的批复
　　　（1988年12月3日）
最高人民法院
　关于水路货物运输中索赔期问题的复函
　　　（1988年12月8日）
最高人民法院
　关于假冒商标案件两个问题的批复
　　　（1988年12月26日）
最高人民法院
　关于因党委发文调整引起的房产纠纷不属法院主管范围的批复
　　　（1989年1月3日）
最高人民法院、中国人民银行
　关于法院对行政机关依法申请强制执行需要银行协助执行的案件应如何办理问题的
　　联合通知
　　　（1989年1月11日）
最高人民法院
　关于通过外交途径向日本国民送达传票期限的通知
　　　（1989年1月16日）

最高人民法院
  关于新法规定当事人可以起诉而旧法规没有规定可以起诉而当事人起诉的，人民法院可否受理的函
    (1989年1月23日)
最高人民法院研究室
  关于盗窃不能随即兑现的金融债券、有奖债券的计算问题的电话答复
    (1989年1月24日)
最高人民法院
  关于建立经济纠纷大案要案报告制度的通知
    (1989年1月31日)
最高人民法院
  关于印发《全国法院减刑、假释工作座谈会纪要》的通知
    (1989年2月14日)
最高人民法院研究室
  关于人民法院可否直接受理拖欠、抗交农业税案件的电话答复
    (1989年2月28日)
最高人民法院、最高人民检察院
  关于当前处理企业事业单位、机关、团体投机倒把犯罪案件的规定
    (1989年3月15日)
最高人民法院研究室
  关于回大陆探亲的台胞在大陆受到刑事侵害的案件应当由哪级人民法院管辖问题的电话答复
    (1989年3月22日)
最高人民法院
  关于土改时献产且产权早已转移的房屋，现在要求返还不应支持的复函
    (1989年4月3日)
最高人民法院研究室
  关于盗窃民用爆炸物如何定性的电话答复
    (1989年4月7日)
最高人民法院
  关于死亡人的名誉权应受法律保护的函
    (1989年4月12日)
最高人民法院研究室
  关于适用两高《关于修改盗窃犯罪数额标准的通知》问题的电话答复
    (1989年5月4日)
最高人民法院
  关于印发《关于海事法院收案范围的规定》的通知
    (1989年5月13日)

最高人民法院研究室
　关于对原审被告人已死亡的原第一审案件能否按第二审程序再审问题的电话答复
　　（1989年5月26日）
最高人民法院刑二庭
　关于办理减刑假释工作有关问题的电话答复
　　（1989年5月29日）
最高人民法院
　关于保险货物发生损失引起运输合同赔偿纠纷如何适用法律问题的批复
　　（1989年5月30日）
最高人民法院
　关于经工商行政管理部门查处后人民法院对购销伪劣假冒商品合同纠纷是否受理的问题的函
　　（1989年5月30日）
最高人民法院
　关于取保候审的被告人逃匿如何追究保证人责任问题的批复
　　（1989年7月3日）
最高人民法院
　关于拐卖人口案件中婴儿、幼儿、儿童年龄界限如何划分问题的批复
　　（1989年7月7日）
最高人民法院
　关于财产犯罪的受害者能否向已经过司法机关处理的人提起损害赔偿的民事诉讼的函
　　（1989年7月10日）
最高人民法院
　关于印发《人民法院诉讼收费办法》的通知
　　（1989年7月12日）
最高人民法院
　关于各级人民法院处理民事和经济纠纷案件申诉的暂行规定
　　（1989年7月21日）
最高人民法院、最高人民检察院
　关于印发《关于办理反革命暴乱和政治动乱中犯罪案件具体应用法律的若干问题的意见》的通知
　　（1989年8月1日）
最高人民法院
　关于经济合同纠纷案件复查期间执行问题的批复
　　（1989年8月8日）
最高人民法院
　关于经济纠纷案件复查期间执行问题的批复
　　（1989年8月8日）

最高人民法院
　　对劳动部《关于人民法院审理劳动争议案件几个问题的函》的答复
　　　　（1989年8月10日）
最高人民法院、最高人民检察院
　　关于印发《关于贪污、受贿、投机倒把等犯罪分子必须在限期内自首坦白的
　　　　通告》的通知
　　　　（1989年8月15日）
最高人民法院
　　关于当事人虽表示上诉但未在法定期限内提交上诉状是否作为上诉案件受理问题的
　　　　批复
　　　　（1989年8月21日）
最高人民法院
　　关于对一方当事人下落不明未满两年的离婚案件是否受理和公告送达问题的批复
　　　　（1989年8月22日）
最高人民法院、最高人民检察院
　　关于印发《关于执行（通告）第二条有关规定的具体意见》的通知
　　　　（1989年8月22日）
最高人民法院、最高人民检察院、公安部、司法部
　　关于依法加强对管制、剥夺政治权利、缓刑、假释和暂予监外执行罪犯监督考察
　　　　工作的通知
　　　　（1989年8月30日）
最高人民法院
　　关于对甘秀珍与李福高离婚是否需要通过再审程序撤销原调解书问题的函
　　　　（1989年9月7日）
最高人民法院、最高人民检察院
　　关于印发《关于执行（通告）的若干问题的答复》的通知
　　　　（1989年9月14日）
最高人民法院
　　关于在经济纠纷案件执行过程中当事人自愿达成和解协议后一方当事人不履行或者
　　　　翻悔可否按原生效法律文书执行问题的批复
　　　　（1989年9月16日）
最高人民法院、财政部
　　关于加强诉讼费用管理的暂行规定
　　　　（1989年9月18日）
最高人民法院研究室
　　关于再审共同犯罪的刑事申诉案件可否仅就其中应改判的原审被告人单独进行改判
　　　　问题的电话答复
　　　　（1989年9月22日）

最高人民法院研究室
　　关于如何适用全国人大常委会《关于惩治泄露国家秘密犯罪的补充规定》问题的
　　电话答复
　　（1989年9月30日）
最高人民法院
　　关于未成年人盗窃财物被劳动教养，受害人要求其监护人承担赔偿责任，人民法院
　　能否作为民事赔偿案件受理问题的函
　　（1989年10月5日）
最高人民法院行政审判庭
　　关于行政机关对业已进入诉讼程序的行政行为作出的复议决定应如何处理问题的电话
　　答复
　　（1989年10月10日）
最高人民法院
　　关于印发全国部分省、市法院刑事审判工作会议纪要的通知
　　（1989年10月14日）
最高人民法院研究室
　　关于缓刑考验期满三年内又犯应判处有期徒刑以上刑罚之罪的是否构成累犯的电话
　　答复
　　（1989年10月25日）
最高人民法院
　　关于一审判决宣告无罪的公诉案件如何适用法律问题的批复
　　（1989年11月4日）
最高人民法院、最高人民检察院
　　印发《关于执行〈关于惩治贪污罪贿赂罪的补充规定〉若干问题的解答》的通知
　　（1989年11月6日）
最高人民法院
　　关于配合公安机关开展除"六害"工作的通知
　　（1989年11月13日）
最高人民法院
　　关于《中华人民共和国行政诉讼法》实施前行政审判试点工作中几个问题的答复
　　（1989年11月20日）
最高人民法院刑二庭
　　关于对监外执行犯符合减刑条件的如何办理裁定减刑问题的电话答复
　　（1989年11月30日）
公安部、最高人民法院、最高人民检察院、司法部
　　关于办理流窜犯罪案件中一些问题的意见的通知
　　（1989年12月13日）

最高人民法院行政审判庭
  关于工商行政管理机关的处罚决定所依据的法规没有规定可以起诉被处罚的个体工商户不服依据《城乡个体户管理暂行条例》向法院起诉应否受理问题的电话答复
    (1989年12月22日)
最高人民法院
  关于进一步贯彻执行海事法院收案范围的通知
    (1989年12月23日)
最高人民法院、最高人民检察院
  关于如何计算单位投机倒把犯罪案件获利数额的批复
    (1989年12月26日)
最高人民法院刑二庭
  对江苏省高级人民法院《关于审理减刑假释案件有关问题的几点意见》有关问题的电话通知
    (1990年1月10日)
最高人民法院办公厅
  印发《关于刑事再审案件开庭审理程序的意见》（试行）的通知
    (1990年1月12日)
最高人民法院
  关于扣押船舶收费标准的具体意见
    (1990年1月13日)
最高人民法院
  关于人民法院离退休审判人员不得担任参与自己审理过的案件一方当事人的委托代理人的批复
    (1990年1月16日)
最高人民法院研究室
  关于未成年死缓罪犯在执行期间又犯新罪的管辖及处理问题的电话答复
    (1990年2月6日)
最高人民法院研究室
  关于因同一犯罪事实两次被收容审查应如何折抵刑期问题的电话答复
    (1990年2月6日)
最高人民法院研究室
  关于对被害人在追诉时效期限内一直自诉现超过追诉时效期限的案件能否受理问题的电话答复
    (1990年2月8日)
最高人民法院
  关于已分家独自生活的被赡养人致人损害时不能由赡养人承担民事责任问题的批复
    (1990年2月10日)

最高人民法院研究室
　　关于以人质勒索他人巨额财物案件如何定罪处罚问题的复函
　　　　（1990年2月17日）
最高人民法院
　　关于公产房屋的买卖及买卖协议签订后一方可否翻悔问题的复函
　　　　（1990年2月17日）
最高人民法院
　　关于因口头协议纠纷提起的诉讼管辖问题的批复
　　　　（1990年3月16日）
最高人民法院行政审判庭
　　关于铁路系统治安案件处罚权问题的电话答复
　　　　（1990年3月20日）
最高人民法院
　　关于转发财政部《关于对法院诉讼费用免征能交基金和预算调节基金的复函》的
　　　　通知**（实际失效）**①
　　　　（1990年3月20日）
司法部、最高人民法院、最高人民检察院、公安部
　　关于印发《人体重伤鉴定标准》的通知
　　　　（1990年3月29日）
最高人民法院研究室
　　关于监外执行的罪犯重新犯罪的时间是否计入服刑期问题的答复
　　　　（1990年3月30日）
最高人民法院
　　关于印发《人民法院监察工作暂行规定》的通知
　　　　（1990年3月31日）
最高人民法院民事审判庭
　　关于民事制裁复议程序几个问题的复函
　　　　（1990年4月13日）
最高人民法院
　　关于广泛开展宣传《婚姻法》活动的通知
　　　　（1990年4月14日）
最高人民法院研究室
　　关于盗窃未遂案件定罪问题的电话答复
　　　　（1990年4月20日）

---

　　① 1997年9月8日被《财政部关于公布废止和失效的财政规章目录（第六批）的通知》（财法字〔1997〕44号）宣布失效。

最高人民法院、最高人民检察院、公安部、司法部
  关于印发《人体轻伤鉴定标准（试行）》的通知
    （1990年4月20日）
最高人民法院研究室
  关于如何理解和掌握"在法定刑以下减轻"处罚问题的电话答复
    （1990年4月27日）
最高人民法院行政审判庭
  关于高速公路交通警察支队"二裁"的案件人民法院可否受理问题的电话答复
    （1990年5月7日）
最高人民法院研究室
  关于如何处理没收毒品问题的电话答复
    （1990年5月9日）
最高人民法院研究室
  关于已满14岁不满16岁的人多次盗窃数额能否累计计算问题的电话答复
    （1990年5月19日）
最高人民法院
  关于邓瑞莲诉何汉思离婚管辖问题的复函
    （1990年5月28日）
最高人民法院
  关于高级人民法院将死刑案件改判为死刑缓期二年执行的判决书表述问题的批复
    （1990年5月30日）
最高人民法院研究室
  关于被告人在第二审期间脱逃案件可否中止审理问题的电话答复
    （1990年6月5日）
最高人民法院
  关于已提出上诉的共同犯罪案件，在第一审判决宣告时其中被判较短有期徒刑或拘役的被告人的刑期已满，是否立即将其解除羁押的批复
    （1990年6月5日）
最高人民法院
  关于判处死缓的刑事附带民事案件被告人不上诉而附带民事原告人上诉审理时应适用何种程序的批复
    （1990年6月5日）
最高人民法院
  关于执行《全国人民代表大会常务委员会关于处理逃跑或者重新犯罪的劳改犯和劳教人员的决定》中几个问题的批复
    （1990年6月11日）

最高人民法院
   关于土改中地主的房产，已确权部分归地主所有，未确权又未分配的部分应属公产的批复
   （1990年6月13日）
最高人民法院
   关于印发《关于铁路运输法院对经济纠纷案件管辖范围的规定》的通知
   （1990年6月16日）
最高人民法院
   关于肖至柔、肖荣沈诉泰和县螺溪乡郭瓦、集丰两村委会房屋产权纠纷案的函
   （1990年6月19日）
最高人民法院
   关于专利纠纷案件管辖问题的复函
   （1990年6月26日）
最高人民法院、最高人民检察院
   关于办理淫秽物品刑事案件具体应用法律的规定
   （1990年7月6日）
最高人民法院
   关于15岁的未成年人过失致人重伤是否应负刑事责任的批复
   （1990年7月8日）
最高人民法院、最高人民检察院
   印发《关于非法种植罂粟构成犯罪的以制造毒品罪论处的规定》的通知
   （1990年7月9日）
最高人民法院、最高人民检察院
   印发《关于依法严惩盗窃通讯设备犯罪的规定》的通知
   （1990年7月10日）
最高人民法院研究室
   关于期间问题的电话答复
   （1990年7月11日）
最高人民法院
   关于对在国外居住未加入外国籍的当事人的离婚案件应参照涉外民事诉讼程序的规定审理的函
   （1990年7月26日）
最高人民法院
   关于经济纠纷案件当事人向受诉法院提出管辖权异议的期限问题的批复
   （1990年8月5日）

最高人民法院研究室
　关于被告人及其近亲属辩护人同时提起上诉时裁判文书上其近亲属及辩护人是否列为
　　上诉人问题的电话答复
　　　（1990年8月17日）
最高人民法院
　关于外国法院离婚判决中的中国当事人向人民法院申请承认该外国法院离婚判决的
　　效力问题的批复
　　　（1990年8月28日）
最高人民法院研究室
　关于贪污盗窃粮票油票等计划供应票证应如何处理问题的电话答复
　　　（1990年8月31日）
最高人民法院、最高人民检察院
　关于开展民事、经济、行政诉讼法律监督试点工作的通知
　　　（1990年9月3日）
最高人民法院研究室
　关于联防队员是否构成刑讯逼供罪主体的复函
　　　（1990年9月26日）
最高人民法院
　关于如何确定刑满释放日期的批复
　　　（1990年9月27日）
最高人民法院
　关于认真学习、宣传和贯彻执行著作权法的通知
　　　（1990年10月9日）
最高人民法院
　转发财政部《关于加强公检法部门罚没收入管理和保证办案经费的通知》的
　　通知**（实际失效）**①
　　　（1990年10月9日）
最高人民法院
　关于全民所有制工业企业承包经营合同、租赁经营合同纠纷当事人不服工商行政管理
　　机关终局裁决向人民法院起诉是否受理问题的复函
　　　（1990年10月11日）
最高人民法院研究室
　关于乡镇村民小组长能否成为报复陷害罪主体问题的复函
　　　（1990年10月12日）

---

　① 《关于加强公检法部门罚没收入管理和保证办案经费的通知》已被《财政部关于公布废止和失效的财政规章目录（第六批）的通知》（财法字〔1997〕44号，1997年9月8日））废止。本件实际失效。

最高人民法院
  关于工商行政管理机关对无效经济合同引起的财产争议处理后当事人向人民法院起诉
    是否受理的批复
    (1990年11月3日)
最高人民法院
  关于杜月丑房屋申诉案处理问题的函
    (1990年11月7日)
最高人民法院研究室
  关于上诉审认为原审将反革命罪错定为普通刑事犯罪的案件在程序上应当如何处理
    问题的电话答复
    (1990年11月13日)
最高人民法院
  关于申请执行工商仲裁机构法律文书中的被执行人已撤销如何处理问题的批复
    (1990年11月14日)
最高人民法院
  关于工商行政管理部门在无效经济合同确认书中对经济纠纷做出处理后人民法院是否
    接受申请据以执行问题的批复
    (1990年11月17日)
最高人民法院研究室
  关于是否允许不上诉的被告人委托律师作第二审辩护问题的电话答复
    (1990年11月25日)
最高人民法院研究室
  关于共同犯罪上诉案件中发现原审法院对部分被告人量刑畸重对未成年被告人的审理
    严重违反诉讼程序应当如何适用法律程序问题的电话答复
    (1990年11月25日)
最高人民法院研究室
  关于对武警部队犯罪人员是否不宜判处缓刑问题的电话答复
    (1990年11月25日)
最高人民法院研究室
  关于偷开汽车长期作为盗窃犯罪工具使用应如何处理问题的电话答复
    (1990年11月25日)
最高人民法院研究室
  关于对涂改挖补未到期的国库券违法者应如何处置问题的复函
    (1991年1月3日)
最高人民法院
  关于严格执行《全国人民代表大会常务委员会关于禁毒的决定》严惩毒品犯罪
    分子的通知
    (1991年1月3日)

最高人民法院
　　关于正确执行《全国人民代表大会常务委员会关于惩治走私、制作、贩卖、传播淫秽物品的犯罪分子的决定》的通知
　　（1991年1月7日）
最高人民法院研究室
　　关于刑事被告人协助司法机关抓获其他罪犯如何认定立功问题的电话答复
　　（1991年1月12日）
最高人民法院
　　关于印发《关于办理少年刑事案件的若干规定（试行）》的通知
　　（1991年1月26日）
最高人民法院
　　关于原属于夫妻一方婚前个人的房产婚后夫妻双方长期共同生活使用的应视为夫妻共同财产的函
　　（1991年1月28日）
最高人民法院、最高人民检察院、公安部
　　关于严厉打击非法出版犯罪活动的通知
　　（1991年1月30日）
最高人民法院研究室
　　关于已满14岁不满16岁的未成年人过失杀人是否应负刑事责任问题的复函
　　（1991年2月9日）
最高人民法院
　　关于上诉人在第二审人民法院审理期间死亡如何处理的批复
　　（1991年2月11日）
最高人民法院研究室
　　关于对未被抗诉的被告人可否加重刑罚问题的电话答复
　　（1991年2月14日）
最高人民法院研究室
　　关于设置圈套诱骗他人参赌获取钱财的案件应如何定罪问题的电话答复
　　（1991年3月12日）
最高人民法院研究室
　　关于死缓犯执行期起算问题的电话答复
　　（1991年3月14日）
最高人民法院
　　关于在经济审判中适用国务院国发〔1990〕68号文件有关问题的通知
　　（1991年3月16日）
最高人民法院
　　关于指令再审的民事案件应依法作出新判决的批复
　　（1991年3月21日）

最高人民法院
　关于青海进出口商品检验局与付元宗劳动争议案人民法院是否受理的复函
　　（1991年3月21日）
最高人民法院
　关于办理共同盗窃犯罪案件如何适用法律问题的意见
　　（1991年4月12日）
最高人民法院、国家教育委员会、共青团中央委员会、中华全国总工会、中华全国妇女联合会
　关于审理少年刑事案件聘请特邀陪审员的联合通知
　　（1991年4月16日）
最高人民法院研究室
　关于已满14岁不满16岁的人所犯罪行特别严重能否判处无期徒刑问题的电话答复
　　（1991年4月17日）
最高人民法院监察室
　关于人民法院工作人员纪律处分的若干规定（试行）
　　（1991年5月1日）
最高人民法院研究室
　关于中级人民法院审判第一审刑事案件能否由审判员三人、陪审员二人组成合议庭问题的电话答复
　　（1991年5月6日）
最高人民法院行政审判庭
　关于收容审查法律依据问题的电话答复
　　（1991年5月22日）
最高人民法院
　关于学习、宣传、贯彻《民事诉讼法》的通知
　　（1991年5月24日）
最高人民法院、最高人民检察院、公安部、司法部
　关于办理少年刑事案件建立互相配套工作体系的通知
　　（1991年6月1日）
最高人民法院
　关于授权云南省高级人民法院核准部分毒品犯罪死刑案件的通知
　　（1991年6月6日）
最高人民法院
　印发《关于贯彻执行〈中华人民共和国行政诉讼法〉若干问题的意见（试行）》的通知
　　（1991年6月11日）

公安部、最高人民法院、最高人民检察院
关于严厉打击盗窃破坏国防通讯线路设备犯罪活动的通知
（1991年6月20日）

最高人民法院研究室
关于盗窃未遂行为人为抗拒逮捕而当场使用暴力可否按抢劫罪处罚问题的电话答复
（1991年6月28日）

最高人民法院
关于对侵占铁路运输用地管辖问题的函
（1991年7月10日）

最高人民法院
关于审判人员在审理民事、经济纠纷案件中徇私舞弊枉法裁判构成犯罪的应当依照刑法第188条规定追究刑事责任的批复
（1991年7月17日）

最高人民法院研究室
关于如何认定被告人犯罪时年龄问题的电话答复
（1991年7月22日）

最高人民检察院、最高人民法院
关于盗窃、贪污粮食数额如何计算问题的意见
（1991年7月27日）

最高人民法院
印发《关于人民法院审理借贷案件的若干意见》的通知
（1991年8月13日）

最高人民法院研究室
关于发回重审的刑事案件应否另行组成合议庭进行审判问题的电话答复
（1991年9月4日）

最高人民法院
关于国内船舶发生海损事故造成的营运损失应列入海损赔偿范围的复函
（1991年9月13日）

最高人民法院经济审判庭
关于因法院审判人员工作失误给当事人造成经济损失如何处理问题的复函
（1991年9月16日）

最高人民法院、最高人民检察院、公安部、国家安全部
关于侮辱中华人民共和国国旗国徽案件管辖问题的通知
（1991年9月19日）

最高人民法院研究室
关于治安联防队员在执行任务中受到不法侵害对侵害人能否按"妨碍公务"处理问题的复函
（1991年9月22日）

最高人民法院
　　关于正确执行《全国人民代表大会常务委员会关于严惩拐卖绑架妇女儿童的犯罪分子的决定》和《全国人民代表大会常务委员会关于严禁卖淫嫖娼的决定》的通知
　　　（1991年9月23日）
最高人民法院经济审判庭
　　关于严格依法正确适用财产保全措施的通知
　　　（1991年9月27日）
最高人民法院
　　关于印发《人民法院公文处理暂行规定》的通知
　　　（1991年10月5日）
最高人民法院
　　关于实施《食品卫生法（试行）》中卫生防疫部门能否采用"查封"措施的答复
　　　（1991年10月9日）
最高人民法院
　　印发《关于办理减刑、假释案件具体应用法律若干问题的规定》的通知
　　　（1991年10月10日）
最高人民法院
　　关于积极开展反盗窃斗争的通知
　　　（1991年10月11日）
最高人民法院、最高人民检察院
　　关于盗伐、滥伐林木案件几个问题的解答
　　　（1991年10月17日）
最高人民法院研究室
　　关于未成年人犯罪案件法定代理人出庭及上诉问题的电话答复
　　　（1991年10月19日）
最高人民法院
　　关于河北省定州市药材站与沈阳市北方医药采购供应站购销合同和借款合同纠纷一案指定管辖问题的复函
　　　（1991年11月2日）
最高人民法院
　　关于湖北省沙市电冰箱总厂与广东省汕尾市物资总公司物资串换合同纠纷案和广东省粤海进出口公司深圳分公司以物资串换合同当事人双方为共同被告的代理进口合同纠纷案管辖权争议问题的复函
　　　（1991年11月4日）
最高人民法院
　　关于贯彻执行《中华人民共和国企业破产法（试行）》若干问题的意见
　　　（1991年11月7日）

最高人民法院研究室
　关于不满16岁的人犯脱逃是否构成脱逃罪问题的电话答复
　　（1991年11月13日）

最高人民法院
　关于转发司法部《关于再委托23位香港律师办理公证事务并改变出证方式的通知》
　的通知（**实际失效**）①
　　（1991年11月28日）

最高人民法院研究室
　关于隔离审查日期可否折抵刑期问题的电话答复
　　（1991年12月17日）

最高人民法院
　关于十二省、自治区法院审理毒品犯罪案件工作会议纪要
　　（1991年12月17日）

最高人民法院研究室
　关于人民法院对已羁押的刑事被告人在判处无期徒刑有期徒刑或拘役的同时可否决定
　　暂予监外执行问题的电话答复
　　（1991年12月19日）

最高人民法院
　关于将刑事案件判决书抄送当事人所在单位的通知
　　（1991年12月20日）

最高人民法院
　关于因科技拨款有偿使用合同纠纷提起的诉讼人民法院应予受理的复函
　　（1991年12月20日）

最高人民法院、最高人民检察院
　关于修改盗窃犯罪数额标准的通知
　　（1991年12月30日）

最高人民法院
　关于药品行政案件管辖问题的答复
　　（1992年1月2日）

最高人民法院研究室
　关于正确理解和执行全国人大常委会《关于禁毒的决定》第十三条规定的电话答复
　　（1992年1月11日）

最高人民法院研究室
　关于被假释的罪犯在考验期内可否缩短其考验期限的电话答复
　　（1992年1月11日）

---

① 2014年4月4日被《司法部决定废止和宣布失效的规范性文件目录》（司法部公告第143号）废止。实际失效。

最高人民法院
　　关于公诉案件被害人委托代理人以及代理人应享有何种诉讼权利问题的批复
　　　　（1992年1月22日）
最高人民法院
　　关于陈伯恩与泉州制药厂房产纠纷上诉案的复函
　　　　（1992年1月23日）
最高人民法院研究室
　　关于对共同犯罪案件中已死亡的原审被告人定罪量刑确有错误是再审具体改判还是以裁定形式终止再审问题的电话答复
　　　　（1992年1月27日）
最高人民法院研究室
　　关于律师参与第二审和死刑复核诉讼活动的几个问题的电话答复
　　　　（1992年1月27日）
最高人民法院研究室
　　关于审理人民检察院按照审判监督程序提出抗诉的案件有关程序问题的电话答复
　　　　（1992年1月29日）
最高人民法院研究室
　　对《关于严禁卖淫嫖娼的决定》施行后《关于严惩严重危害社会治安的犯罪分子的决定》第一条第（6）项的规定是否适用问题的电话答复
　　　　（1992年2月1日）
最高人民法院研究室
　　关于盗窃装配过程中物品案件如何计算盗窃数额的电话答复
　　　　（1992年2月2日）
最高人民法院研究室
　　关于适用"两高"《关于修改盗窃犯罪数额标准的通知》问题的电话答复
　　　　（1992年2月2日）
最高人民法院
　　关于审理专利纠纷案件若干问题的解答
　　　　（1992年12月31日）
最高人民法院
　　关于新疆生产建设兵团农七师131团农牧副产品经营部与芜湖市金宝炒货商店购销合同纠纷一案指定管辖问题的复函
　　　　（1992年2月20日）
最高人民法院研究室
　　关于容留不满14岁的幼女卖淫的应如何定罪处罚问题的电话答复
　　　　（1992年3月5日）

最高人民法院经济审判庭
  关于中国有色金属材料总公司经营部与兰州铝厂补偿贸易合同纠纷一案指定管辖问题
    复查结果的报告
    （1992年3月11日）
最高人民法院、最高人民检察院
  印发《关于办理偷税、抗税刑事案件具体应用法律的若干问题的解释》的通知
    （1992年3月16日）
最高人民法院
  关于地主在土改时隐瞒未报的房屋应如何处理问题的函复
    （1992年3月26日）
最高人民法院
  关于不服工商行政管理机关的确认经济合同无效及财产损失的处理决定的案件应属
    行政案件的答复
    （1992年4月1日）
最高人民法院
  关于被判处死刑的被告人在上诉期满后又提出撤回上诉的应当如何处理问题的批复
    （1992年4月8日）
最高人民法院研究室
  关于基层人民法院判处有期徒刑已发生法律效力的案件中级人民法院发现确有错误
    需要改判无期徒刑的案件如何适用审判程序问题的电话答复
    （1992年4月8日）
最高人民法院研究室
  关于如何计算盗窃正在使用中的通讯线路价值问题的电话答复
    （1992年4月22日）
最高人民法院
  关于被执行人未按民事调解书指定期间履行给付金钱的义务是否应当支付延期履行的
    债务利息的复函
    （1992年5月4日）
最高人民法院研究室
  关于适用全国人大常委会《关于严禁卖淫嫖娼的决定》问题的电话答复
    （1992年5月9日）
最高人民法院研究室
  关于假释缓刑罪犯在假释缓刑考验期内有违法行为尚未构成犯罪是否能送劳动教养
    问题的复函
    （1992年5月16日）
最高人民法院
  印发《关于审理涉外海上人身伤亡案件损害赔偿的具体规定（试行）》的通知
    （1992年5月16日）

最高人民法院
  关于已满十四岁不满十六岁的人犯走私、贩卖、运输、制造毒品罪应当如何适用法律问题的批复
  （1992年5月18日）
最高人民法院
  关于办理淫秽物品刑事案件中适用法律的两个问题的批复
  （1992年5月27日）
最高人民法院研究室
  关于对刑法、全国人大常委会的决定和司法解释中有关规定应如何理解问题的电话答复
  （1992年6月6日）
最高人民法院研究室
  关于盗窃黄金矿石和汞膏金应如何计价问题的电话答复
  （1992年6月19日）
最高人民法院
  关于试行法院诉讼文书样式的通知 **(实际失效)**[①]
  （1992年6月20日）
最高人民法院
  关于同一土地登记在两个土地证上应如何确认权属的复函
  （1992年7月9日）
最高人民法院
  印发《关于适用〈中华人民共和国民事诉讼法〉若干问题的意见》的通知
  （1992年7月14日）
最高人民法院
  关于中级人民法院判处死刑被告人不上诉高级人民法院复核同意报请最高人民法院核准的案件是否制作裁定书问题的批复
  （1992年7月21日）
最高人民法院研究室
  关于按照审判监督程序再审的刑事案件可否退回检察院补充侦查问题的电话答复
  （1992年8月1日）
最高人民法院
  关于严厉打击生产和经销假冒伪劣商品的犯罪活动的通知
  （1992年8月3日）

---

① 最高人民法院于1999年4月30日印发《法院刑事诉讼文书样式（样本）》，于2016年6月28日印发了新的《民事诉讼文书样式》。本件实际失效。

最高人民检察院、最高人民法院、公安部、安全部、司法部、外交部
关于对驻华使、领馆探视被羁押本国公民的安排机关进行调整的通知
（1992年8月26日）

最高人民法院研究室
关于罪犯在死刑缓期执行期间因有漏罪被判决后仍决定死刑缓期执行的是否需要重新核准死缓期间从何时起计算问题的电话答复
（1992年8月29日）

最高人民法院
关于严惩走私犯罪活动的通知
（1992年9月25日）

最高人民法院经济审判庭
关于银行应否支付企业存款被冻结期间利息问题的复函
（1992年9月25日）

最高人民法院
关于军事法院审理军内经济纠纷案件的复函
（1992年10月4日）

最高人民法院研究室
关于刑事附带民事诉讼民事部分发回重审刑事部分指令再审原审人民法院应当如何审理问题的电话答复
（1992年10月17日）

最高人民法院研究室
关于自诉刑事案件原告人长期不能到庭诉讼应如何处理问题的电话答复
（1992年10月23日）

最高人民法院
关于学习宣传和贯彻执行《中华人民共和国海商法》的通知
（1992年11月18日）

最高人民法院
关于伪造货币、有价证券犯罪案件立案标准（试行）
（1992年11月19日）

最高人民法院、公安部
关于处理道路交通事故案件有关问题的通知
（1992年12月1日）

最高人民法院、最高人民检察院
印发《关于执行〈全国人民代表大会常务委员会关于严惩拐卖、绑架妇女、儿童的犯罪分子的决定〉的若干问题的解答》的通知
（1992年12月11日）

最高人民法院、最高人民检察院
　　印发《关于执行〈全国人民代表大会常务委员会关于严禁卖淫嫖娼的决定〉的若干问题的解答》的通知
　　　　（1992年12月11日）
最高人民法院、最高人民检察院
　　印发《关于办理盗窃案件具体应用法律若干问题的解释》的通知
　　　　（1992年12月11日）
最高人民法院
　　关于严厉打击"车匪路霸"犯罪活动的通知
　　　　（1993年1月13日）
最高人民法院
　　关于经工商行政管理机关确认经济合同无效，并对财产纠纷作出处理决定后，当事人一方逾期既不起诉又不履行的，对方当事人可否申请人民法院强制执行问题的复函
　　　　（1993年1月17日）
最高人民法院
　　关于未成年的劳教人员解除劳动教养后三年内犯罪是否适用《全国人民代表大会常务委员会关于处理逃跑或者重新犯罪的劳改犯和劳教人员的决定》的批复
　　　　（1993年3月6日）
最高人民法院
　　关于人民法院审理行政案件对地方性法规的规定与法律和行政法规不一致的应当执行法律和行政法规的复函（节录）
　　　　（1993年3月11日）
最高人民法院
　　关于及时审理因农民负担过重引起的案件的通知
　　　　（1993年4月7日）
最高人民法院
　　印发《关于办理假释案件几个问题的意见（试行）》的通知
　　　　（1993年4月10日）
最高人民法院
　　关于人民法院对集体企业退休职工为追索退休金而提起的诉讼应否受理问题的复函
　　　　（1993年4月15日）
最高人民法院
　　关于印发《全国经济审判工作座谈会纪要》的通知
　　　　（1993年5月6日）
最高人民法院经济审判庭
　　关于人民法院在依法执行过程中变卖被执行人房产等财物应否交纳税收费用的复函
　　　　（1993年5月28日）

最高人民法院
　关于人民法院批准当事人申请缓交诉讼费用后对有关问题应如何处理的函复
　　（1993年6月3日）
最高人民法院
　关于适用《全国人大常委会关于处理逃跑或者重新犯罪的劳改犯和劳教人员的决定》的几个问题的批复
　　（1993年7月24日）
最高人民法院
　关于高级人民法院指令基层人民法院再审的裁定中应否撤销中级人民法院驳回再审申请的通知问题的复函
　　（1993年7月26日）
最高人民法院
　关于执行《全国人民代表大会常务委员会关于惩治生产、销售伪劣商品犯罪的决定》的通知
　　（1993年8月3日）
最高人民法院
　关于破坏生产单位正在使用的电动机是否构成破坏电力设备罪问题的批复
　　（1993年8月4日）
最高人民法院研究室
　关于一人犯数罪可否分别判处死刑、死缓再决定执行刑罚问题的答复
　　（1993年8月7日）
最高人民法院研究室
　关于以死缓复核、审判监督程序发回重审的共同犯罪案件应适用哪种程序重审问题的答复
　　（1993年8月7日）
最高人民法院
　关于上诉审在原判认定的事实和决定执行的刑罚不变的基础上改变原判认定罪名问题的批复
　　（1993年8月12日）
最高人民法院研究室
　关于检察机关在侦查、起诉阶段超过办案期限的案件法院能否开庭审理问题的答复
　　（1993年8月18日）
最高人民法院
　关于授权广东省高级人民法院核准部分毒品犯罪死刑案件的通知
　　（1993年8月18日）
最高人民检察院、最高人民法院
　关于严厉打击走私犯罪活动的通知
　　（1993年8月23日）

最高人民法院
　　关于如何处理经乡（镇）人民政府调处的民间纠纷的通知
　　　　（1993年9月3日）
最高人民检察院、最高人民法院、公安部、国家安全部
　　关于严格执行刑事办案期限切实纠正超期羁押问题的通知
　　　　（1993年9月3日）
最高人民法院
　　关于运输货物误交付法律责任问题的复函
　　　　（1993年9月6日）
最高人民法院
　　关于对无法定和约定期限的工矿产品内在质量提出异议应如何确定期限问题的复函
　　　　（1993年9月13日）
最高人民法院民事审判庭
　　关于中国音乐著作权协会与音乐著作权人之间几个法律问题的复函
　　　　（1993年9月14日）
最高人民法院
　　关于人民法院受理破产案件后对以破产案件的债务人为被执行人的执行案件均应中止
　　　　执行给四川省高级人民法院的批复
　　　　（1993年9月17日）
最高人民法院
　　印发《关于刑事自诉案件审查立案的规定》的通知
　　　　（1993年9月24日）
最高人民法院
　　关于严厉打击偷渡犯罪活动的通知
　　　　（1993年9月24日）
最高人民法院
　　印发关于执行《中华人民共和国铁路法》中刑事罚则若干问题的解释的通知
　　　　（1993年10月11日）
最高人民法院
　　关于劳动争议案件受理问题的通知
　　　　（1993年10月20日）
最高人民法院、最高人民检察院
　　关于依法严惩破坏计划生育犯罪活动的通知
　　　　（1993年11月12日）
最高人民法院
　　关于适用《城市房屋拆迁管理条例》第十四条有关问题的复函
　　　　（1993年11月24日）

最高人民法院
　关于适用《关于修改〈中华人民共和国经济合同法〉的决定》有关问题的通知
　　（1993年11月27日）
最高人民法院
　关于贪污挪用公款所生利息应否计入贪污挪用公款犯罪数额问题的批复
　　（1993年12月15日）
最高人民法院
　关于办理非法制造、买卖、运输、私藏钢珠枪犯罪案件适用法律问题的通知
　　（1993年12月17日）
最高人民法院
　关于深入贯彻执行《中华人民共和国著作权法》几个问题的通知
　　（1993年12月24日）
最高人民法院研究室
　关于故意伤害（轻伤）案件由公安机关作撤案处理后法院能否再作为自诉案件受理问题的答复
　　（1994年1月27日）
最高人民法院研究室
　关于第二审法院对有余刑又犯新罪的被告人未实行并罚的第一审判决如何纠正问题的答复
　　（1994年1月29日）
最高人民法院研究室
　关于适用刑法第五十九条第二款减轻处罚能否判处刑法分则条文没有规定的刑罚问题的答复
　　（1994年2月5日）
最高人民法院研究室
　关于对惯窃罪犯可否适用《关于严惩严重破坏经济的罪犯的决定》第一条第（一）项问题的答复
　　（1994年2月9日）
最高人民法院研究室
　关于上级人民法院发现下级人民法院已经发生法律效力的判决确有错误提审时应适用何种程序问题的答复
　　（1994年3月4日）
最高人民法院
　关于专利侵权案件中如何确定地域管辖的请示的复函
　　（1994年3月8日）
最高人民法院
　关于逾期付款的违约金应依何种标准计算问题的复函
　　（1994年3月12日）

最高人民法院
　　印发《关于审理刑事案件程序的具体规定》的通知
　　　（1994年3月21日）
最高人民法院研究室
　　关于对《关于严禁卖淫嫖娼的决定》施行前后均有组织他人卖淫行为的如何适用法律问题的答复
　　　（1994年3月26日）
最高人民法院
　　关于适用新的《婚姻登记管理条例》的通知
　　　（1994年4月4日）
最高人民法院
　　关于对拐卖、绑架妇女（幼女）过程中又奸淫被害人的行为应当如何定罪问题的批复
　　　（1994年4月8日）
最高人民法院经济审判庭
　　关于在财产保全时为被申请人提供担保的当事人应否在判决书或调解书中明确其承担的义务及在执行程序中可否直接执行担保人财产的复函
　　　（1994年4月11日）
最高人民法院
　　关于海源县土畜产公司诉丰宁满族自治县公安局赔偿一案应否受理的复函
　　　（1994年5月11日）
最高人民法院
　　关于在附加剥夺政治权利执行期间重新犯罪的被告人是否适用数罪并罚问题的批复
　　　（1994年5月16日）
最高人民法院
　　关于逾期付款违约金应当依据何种标准计算问题的批复
　　　（1996年5月16日）
最高人民法院、最高人民检察院
　　印发《关于办理伪造、倒卖、盗窃发票刑事案件适用法律的规定》的通知
　　　（1994年6月3日）
最高人民法院研究室
　　关于服刑罪犯保外就医期限届满后未归监又重新犯罪应如何计算前罪余刑问题的答复
　　　（1994年6月18日）
最高人民法院研究室
　　关于盗窃内部股权证持有卡违法销售应如何认定盗窃数额问题的答复
　　　（1994年6月30日）

最高人民法院
  关于海事法院诉讼前扣押船舶的规定
    (1994年7月6日)
最高人民法院
  关于海事法院诉讼前扣押船舶的规定
    (1994年7月6日)
最高人民法院
  关于在劳动争议仲裁程序中能否适用先予执行的函
    (1994年8月10日)
最高人民法院
  关于诉讼费问题两个请示的复函
    (1994年8月23日)
最高人民法院研究室
  关于刑事案件审理终结后被害人或其近亲属提起的民事赔偿诉讼应由哪个审判庭审理
    问题的答复
    (1994年9月5日)
最高人民法院
  关于淄博食品厂诉张店区车站办事处财产交换一案请示的函
    (1994年9月6日)
最高人民法院
  印发《关于办理伪造国家货币、贩运伪造的国家货币、走私伪造的货币犯罪案件
    具体应用法律的若干问题的解释》的通知
    (1994年9月8日)
最高人民法院
  关于严厉打击破坏森林资源违法犯罪活动的通知
    (1994年9月12日)
最高人民法院
  关于办理严重扰乱法庭秩序案件具体适用法律问题的批复
    (1994年9月26日)
最高人民法院
  关于进一步加强知识产权司法保护的通知
    (1994年9月29日)
最高人民法院
  关于《婚姻登记管理条例》施行后发生的以夫妻名义非法同居的重婚案件是否以
    重婚罪定罪处罚的批复
    (1994年12月14日)

最高人民法院
　关于报送死刑备案材料的通知
　　（1994年12月14日）
最高人民法院
　关于对银行贷款抵押财产执行问题的复函
　　（1994年12月16日）
最高人民法院
　印发《关于执行〈全国人民代表大会常务委员会关于禁毒的决定〉的若干问题的解释》的通知
　　（1994年12月20日）
最高人民法院
　关于《江苏省高级人民法院一审经济纠纷案件级别管辖的规定》的复函
　　（1994年12月21日）
最高人民法院
　关于国营企业购买私房已经使用多年经补办批准手续后可承认买卖关系有效的批复
　　（1995年1月6日）
最高人民法院
　印发《关于适用〈全国人民代表大会常务委员会关于惩治侵犯著作权的犯罪的决定〉若干问题的解释》的通知
　　（1995年1月16日）
最高人民法院
　关于土地被征用所得的补偿费和安置补助费应归被征地单位所有的复函
　　（1995年1月16日）
最高人民法院
　关于铁路路外人身伤亡损害赔偿案件管辖问题的复函
　　（1995年1月25日）
最高人民法院
　关于经济纠纷案件级别管辖的复函
　　（1995年2月16日）
最高人民法院
　关于经济纠纷案件级别管辖的复函
　　（1995年2月16日）
最高人民法院
　关于下级法院能否对上级法院生效裁判作出中止执行裁定的复函
　　（1995年3月8日）
最高人民法院研究室
　关于适用《中华人民共和国监狱法》对被判处无期徒刑罪犯减刑程序问题的答复
　　（1995年3月24日）

最高人民法院
　关于经济纠纷案件级别管辖的复函
　　（1995年3月25日）
最高人民法院
　关于经济纠纷案件级别管辖的复函
　　（1995年3月25日）
最高人民法院
　关于审理科技纠纷案件的若干问题的规定
　　（1995年4月2日）
最高人民检察院、最高人民法院
　关于印发《关于办理利用信用卡诈骗犯罪案件具体适用法律若干问题的解释》的通知
　　（1995年4月20日）
最高人民法院
　印发《关于办理未成年人刑事案件适用法律的若干问题的解释》的通知
　　（1995年5月2日）
最高人民法院
　关于信用社非法转移人民法院冻结款项应如何承担法律责任的复函
　　（1995年5月5日）
最高人民法院
　关于经济纠纷案件级别管辖的复函
　　（1995年5月18日）
最高人民法院
　关于经济纠纷案件级别管辖的复函
　　（1995年5月18日）
最高人民法院研究室
　关于赃款赃物随案移送和处理问题的答复
　　（1995年5月19日）
最高人民法院研究室
　关于执行《监狱法》第三十三条有关程序问题的答复
　　（1995年6月5日）
最高人民法院
　关于经济纠纷案件依照诉讼标的金额确定级别管辖的规定的复函
　　（1995年6月8日）
最高人民法院
　关于对宁夏回族自治区各级人民法院第一审经济纠纷案件级别管辖的规定请示的复函
　　（1995年6月8日）

最高人民法院研究室
　　关于公安机关未移送而由检察机关直接逮捕公诉的交通肇事案件法院应否受理问题的
　　答复
　　（1995年6月8日）
最高人民法院研究室
　　关于办理减刑、假释和刑事申诉案件有关程序问题的答复
　　（1995年6月8日）
最高人民法院
　　关于依法严惩出口骗税犯罪的通知
　　（1995年6月9日）
最高人民法院
　　关于当事人就级别管辖提出异议应如何处理问题的函
　　（1995年7月3日）
最高人民法院
　　关于审理生产、销售伪劣产品刑事案件如何认定"违法所得数额"的批复
　　（1995年7月5日）
最高人民法院
　　关于不服专利管理机关对专利申请权纠纷、专利侵权纠纷的处理决定提起诉讼，
　　人民法院应作何种案件受理问题的答复
　　（1995年7月7日）
最高人民法院
　　关于提高广东省各基层人民法院管辖的第一审经济纠纷案件标的额问题的复函
　　（1995年8月1日）
最高人民法院研究室
　　关于如何理解刑法第六十一条中刑罚执行完毕问题的答复
　　（1995年8月3日）
最高人民法院
　　关于能否向境外当事人的诉讼代理人直接送达法律文书问题的答复
　　（1995年8月3日）
最高人民法院
　　关于人民法院可以对商业银行在人民银行的存款依法采取强制措施的批复
　　（1995年8月10日）
最高人民法院
　　对有关不动产的非诉行政案件执行管辖问题的答复
　　（1995年8月24日）
最高人民法院研究室
　　关于先将牲畜毒死又低价收购出售牟利的行为如何定罪问题的答复
　　（1995年9月1日）

最高人民法院
关于对非法复制移动电话码号案件如何定性问题的批复
（1995年9月13日）

最高人民法院
印发《关于办理非法制造、买卖、运输非军用枪支、弹药刑事案件适用法律问题的解释》的通知
（1995年9月20日）

最高人民法院
关于口头购销合同纠纷案件管辖权如何确定问题的复函
（1995年9月21日）

最高人民法院
关于上一级人民检察院对基层人民法院已发生法律效力的民事判决、裁定向中级人民法院提出抗诉，中级人民法院可否交基层人民法院再审的复函
（1995年10月9日）

最高人民法院
关于对征收水资源费法律适用问题的答复
（1995年10月20日）

最高人民法院
关于当事人不服公安机关收审向人民法院提起上诉应如何处理的答复
（1995年10月24日）

最高人民法院
关于办理毒品刑事案件适用法律几个问题的答复
（1995年11月9日）

最高人民法院
关于对上海市高级人民法院级别管辖的请示的复函
（1995年11月22日）

最高人民法院
关于企业法人的一个分支机构已无财产法院能否执行该企业法人其他分支机构财产问题的复函
（1995年12月6日）

最高人民法院
关于涉及农村合作基金会的经济纠纷案件人民法院应予受理的通知
（1995年12月7日）

最高人民法院
关于水路货物逾期运到，因货物价格下降所造成的经济损失应否赔偿的复函
（1995年12月7日）

最高人民法院
　　关于工商行政管理检查所是否具有行政主体资格问题的答复
　　　　（1995年12月18日）
最高人民法院
　　印发《关于办理违反公司法受贿、侵占、挪用等刑事案件适用法律若干问题的解释》
　　　　的通知
　　　　（1995年12月25日）
最高人民法院
　　印发《关于审理房地产管理法施行前房地产开发经营案件若干问题的解答》的通知
　　　　（1995年12月27日）
财政部、最高人民法院
　　关于印发《人民法院诉讼费用暂行管理办法》的通知
　　　　（1996年1月16日）
最高人民法院
　　关于坚决打击骗取出口退税严厉惩治金融和财税领域犯罪活动的通知
　　　　（1996年2月17日）
最高人民法院
　　关于第一审人民法院判处被告人死刑缓期二年执行人民检察院提出抗诉的，
　　　　二审人民法院可否直接改判死刑立即执行的答复
　　　　（1996年3月19日）
最高人民法院
　　关于授权广西壮族自治区、四川省、甘肃省高级人民法院核准部分毒品犯罪死刑案件
　　　　的通知
　　　　（1996年3月19日）
最高人民法院
　　关于决定对罪犯暂予监外执行应采用何种法律文书问题的答复
　　　　（1996年3月22日）
最高人民法院
　　关于邮政工作人员窃取汇款通知单伪造取款凭证的行为应如何定罪问题的答复
　　　　（1996年4月2日）
最高人民法院
　　关于会计师事务所为企业出具虚假验资证明应如何处理的问题的答复
　　　　（1996年4月4日）
最高人民法院
　　关于印发《人民法院督促检查工作暂行规定》的通知
　　　　（1996年4月9日）

最高人民法院
　　关于对云南省各级人民法院第一审经济纠纷案件级别管辖规定请示的复函
　　　　（1996年4月11日）
最高人民法院
　　关于鉴证机关对经济合同鉴证错误给当事人造成损失，应当承担赔偿责任的答复
　　　　（1996年4月19日）
最高人民法院
　　关于当事人对已经发生法律效力的判决、裁定申请再审是否必须提交审判委员会讨论决定立案问题的复函
　　　　（1996年4月24日）
最高人民法院
　　关于几种案件诉讼收费问题的复函
　　　　（1996年4月25日）
最高人民法院
　　关于处理行政机关申请人民法院强制执行案件分工问题的通知
　　　　（1996年4月29日）
最高人民法院
　　关于印发《人民法院赔偿委员会审理赔偿案件程序的暂行规定》的通知
　　　　（1996年5月6日）
最高人民法院
　　关于逾期付款违约金应当依据何种标准计算问题的批复
　　　　（1996年5月16日）
最高人民法院
　　关于认真贯彻实施《农业法》加强涉农案件审判工作的通知
　　　　（1996年5月20日）
最高人民法院
　　关于审理融资租赁合同纠纷案件若干问题的规定
　　　　（1996年5月27日）
最高人民法院
　　关于对甘肃省各级人民法院第一审经济纠纷案件级别管辖规定请示的复函
　　　　（1996年5月22日）
最高人民法院
　　关于信用社擅自解冻被执行人存款造成款项流失能否要求该信用社承担相应的偿付责任问题的复函
　　　　（1996年6月6日）
最高人民法院
　　关于取保候审、监视居住期间是否折抵刑期问题的答复
　　　　（1996年6月7日）

最高人民法院
关于对为他人代开增值税专用发票的行为如何定性问题的答复
（1996年6月7日）

最高人民法院、财政部
印发《关于最高人民法院集中部分诉讼费用的实施办法》的通知
（1996年6月19日）

最高人民法院
印发《关于对贪污、受贿、挪用公款犯罪分子依法正确适用缓刑的若干规定》的通知
（1996年6月26日）

最高人民法院
关于进一步加强对生产、销售伪劣种子、化肥等纠纷案件审理的通知
（1996年7月12日）

最高人民法院
印发《关于审理非法进口废物刑事案件适用法律若干问题的解释》的通知
（1996年7月31日）

最高人民法院研究室
关于被判处无期徒刑的罪犯未交付执行即保外就医后依法减刑程序问题的答复
（1996年8月7日）

最高人民法院
关于检察机关对先予执行的民事裁定提出抗诉人民法院应当如何审理的批复
（1996年8月8日）

最高人民法院
关于在破产程序中当事人或人民检察院对人民法院作出的债权人优先受偿的裁定申请再审或抗诉应如何处理问题的批复
（1996年8月13日）

最高人民法院行政审判庭
关于贯彻最高人民法院法发〔1996〕12号文件，做好非诉行政执行案件的审查工作的通知
（1996年9月2日）

最高人民法院
关于在确定经济纠纷案件管辖中如何确定购销合同履行地的规定
（1996年9月12日）

最高人民法院行政审判庭
关于中央直属火电厂的循环冷却水是否征收水资源费的答复意见
（1996年10月9日）

最高人民法院
关于当事人就案件级别管辖权向上级法院提出异议上级法院发函通知移送，而下级法院拒不移送，也不作出实体判决应如何处理问题的复函
（1996年10月9日）

最高人民法院
关于人民法院审理企业破产案件若干问题的紧急通知
（1996年11月15日）

最高人民法院
关于长城万事达信用卡透支利息不应计算复利的批复
（1996年11月29日）

最高人民法院
关于齐鲁制药厂诉美国安泰国际贸易公司合资合同纠纷一案中仲裁条款效力问题的答复
（1996年12月12日）

最高人民法院
关于涉蒙经济合同未直接约定仲裁条款如何认定案件管辖权的复函
（1996年12月14日）

最高人民法院
印发《关于审理诈骗案件具体应用法律的若干问题的解释》的通知
（1996年12月16日）

最高人民法院
关于证券经营机构之间以及证券经营机构与证券交易场所之间因股票发行或者交易引起的争议人民法院能否受理的复函
（1996年12月18日）

最高人民法院
印发《关于执行〈中华人民共和国刑事诉讼法〉若干问题的解释（试行）》的通知
（1996年12月20日）

最高人民法院知识产权审判庭
关于不属于外观设计专利的保护对象，但又授予外观设计专利的产品是否保护的请示的答复
（1997年2月17日）

最高人民法院
关于当前人民法院审理企业破产案件应当注意的几个问题的通知
（1997年3月6日）

最高人民法院
关于公安部规章和国务院行政法规如何适用问题的复函
（1997年3月7日）

最高人民法院、司法部
   关于刑事法律援助工作的联合通知
      （1997年4月9日）
最高人民法院行政审判庭
   关于对云南省高级人民法院适用公安部《交通管理处罚程序补充规定》法律效力的请示的答复
      （1997年4月10日）
最高人民法院
   关于认真抓好禁毒专项斗争中审判工作的通知
      （1997年4月25日）
最高人民法院
   关于印发《人民法院司法警察暂行条例》的通知
      （1997年5月4日）
最高人民法院
   关于涉及中银信托投资公司案件的诉讼时效问题的通知
      （1997年6月7日）
最高人民法院
   关于调整部分高级人民法院一审经济纠纷案件争议金额管辖标准的通知
      （1997年6月9日）
最高人民法院
   关于对北京市高级人民法院有关案件级别管辖规定的请示的答复
      （1997年6月13日）
最高人民法院
   印发《关于司法解释工作的若干规定》的通知
      （1997年6月23日）
最高人民法院
   关于授权贵州省高级人民法院核准部分毒品犯罪死刑案件的通知
      （1997年6月23日）
最高人民法院、最高人民检察院
   印发《关于办理人民法院、人民检察院共同赔偿案件若干问题的解释》的通知
      （1997年6月27日）
最高人民法院
   关于严厉打击走私犯罪的通知
      （1997年7月23日）
最高人民法院
   关于不宜冻结证券交易账户的函
      （1997年8月1日）

最高人民法院执行工作办公室
　关于不宜冻结、划拨证券经营机构在其交易资金结算账户上的存款问题的函
　　（1997年9月3日）
最高人民法院
　关于依法不再核准类推案件的通知
　　（1997年9月22日）
最高人民法院
　关于授权高级人民法院和解放军军事法院核准部分死刑案件的通知
　　（1997年9月26日）
最高人民法院
　印发《关于办理减刑、假释案件具体应用法律若干问题的规定》的
　　通知（**实际失效**）①
　　（1997年10月29日）
最高人民法院
　关于办理减刑、假释案件具体应用法律若干问题的规定
　　（1997年10月29日）
最高人民法院
　关于公路运输和航空运输案件受理问题的通知
　　（1997年11月12日）
最高人民法院
　关于在裁判文书中如何引用修订前、后刑法名称的通知
　　（1997年12月31日）
最高人民法院
　关于电话费逾期未交违约金如何计算问题的复函
　　（1998年1月12日）
最高人民法院
　关于对公民在羁押期内被同监室人犯殴打致死公安机关应否承担责任问题的答复
　　（1998年1月19日）
最高人民法院行政审判庭
　对广东省高院（1997）粤高法行请字第3号请示问题的答复
　　（1998年2月18日）
最高人民法院
　关于审理盗窃案件具体应用法律若干问题的解释
　　（1998年3月10日）

---

① 实际失效。

最高人民法院
　关于严厉打击有关非法出版物犯罪活动的通知
　　（1998年3月27日）
最高人民法院
　关于审理拒不执行判决、裁定案件具体应用法律若干问题的解释
　　（1998年4月17日）
最高人民法院
　关于发回重审后原审时未上诉一方当事人提出上诉应否交纳案件受理费问题的批复
　　（1998年4月23日）
最高人民法院
　关于人民法院认可台湾地区有关法院民事判决的规定
　　（1998年5月22日）
最高人民法院行政审判庭
　关于对雇工引起草原火灾的，可否追究雇主的连带经济责任的答复
　　（1998年7月7日）
最高人民法院
　关于深入开展严厉打击走私犯罪专项斗争的通知
　　（1998年7月27日）
最高人民法院
　关于执行《中华人民共和国刑事诉讼法》若干问题的解释
　　（1998年9月2日）
最高人民法院
　关于印发《人民法院审判纪律处分办法（试行）》的通知
　　（1998年9月7日）
最高人民法院
　印发《关于人民法院受理申请承认我国法院离婚判决案件几个问题的意见》的通知
　　（1998年9月17日）
最高人民法院
　关于严厉打击骗购外汇和非法买卖外汇犯罪活动的通知
　　（1998年10月5日）
最高人民法院
　关于人民法院是否受理乡政府申请执行农民承担村提留、乡统筹款决定案件的复函
　　（1998年11月16日）
最高人民法院行政审判庭
　关于人民法院受理劳动教养行政案件是否需要复议前置问题的答复
　　（1998年11月19日）

最高人民法院
  关于人民法院决定暂予监外执行有关问题的批复
    （1999年1月15日）
最高人民法院
  关于对执行死刑前发现重大情况需要改判的案件如何适用程序问题的批复
    （1999年1月29日）
最高人民法院行政审判庭
  关于拆迁强制执行的有关问题的答复意见
    （1999年2月14日）
最高人民法院
  关于实行刑事再审案件备案制度的通知
    （1999年3月1日）
最高人民法院
  关于各高级人民法院受理第一审民事、经济纠纷案件问题的通知
    （1999年4月9日）
最高人民法院、司法部
  关于民事法律援助工作若干问题的联合通知
    （1999年4月12日）
最高人民法院
  关于当事人持台湾地区有关法院民事调解书或者有关机构出具或确认的调解协议书向
    人民法院申请认可人民法院应否受理的批复
    （1999年4月27日）
最高人民法院
  关于审理农业承包合同纠纷案件若干问题的规定（试行）
    （1999年6月28日）
最高人民法院
  关于印发《〈人民法院诉讼收费办法〉补充规定》的通知
    （1999年7月28日）
最高人民法院
  批准各高级人民法院辖区内各级人民法院受理第一审民事、经济纠纷案件
    级别管辖标准
    （1999年8月1日）
最高人民法院行政审判庭
  对《关于审理公证行政案件中适用法规问题的请示》的答复
    （1999年8月16日）
最高人民法院
  关于我国仲裁机构作出的仲裁裁决能否部分撤销问题的批复
    （1999年8月25日）

最高人民法院
　　关于严格诉讼费用管理的通知
　　　　（1999年9月20日）
财政部、中国人民银行、最高人民法院
　　关于人民法院诉讼费用收取和结算等事宜的通知
　　　　（1999年10月9日）
最高人民法院行政审判庭
　　关于人民法院审理劳动教养行政案件是否遵循《刑事诉讼法》确立的基本原则的
　　　　请示的答复
　　　　（1999年10月18日）
最高人民法院、最高人民检察院
　　关于办理组织和利用邪教组织犯罪案件具体应用法律若干问题的解释
　　　　（1999年10月20日）
最高人民法院
　　对福建省高级人民法院《关于福建省地方税务局稽查分局是否具有行政主体资格的
　　　　请示报告》的答复意见
　　　　（1999年10月21日）
最高人民法院行政审判庭
　　关于人民法院在审理药品管理行政案件中，涉及行使药品监督职权时应当适用
　　　　《药品管理法》的有关规定的答复
　　　　（1999年12月8日）
最高人民法院
　　关于依法严厉打击破坏森林资源犯罪活动的通知
　　　　（1999年12月28日）
最高人民法院
　　关于如何理解刑事诉讼法第二百一十三条中"交付执行的人民法院"问题的批复
　　　　（2000年1月3日）
最高人民法院
　　关于刑事赔偿和非刑事司法赔偿案件案由的暂行规定（试行）
　　　　（2000年1月11日）
最高人民法院行政审判庭
　　关于胡家兴与胡家华土地权属纠纷申诉案的请示报告的答复
　　　　（2000年1月24日）
最高人民法院
　　印发《关于审判人员严格执行回避制度的若干规定》的通知
　　　　（2000年1月31日）

最高人民法院
　　关于审理强奸案件有关问题的解释
　　　（2000年2月16日）
最高人民法院
　　关于在享受本人工龄和已死亡配偶生前工龄优惠后所购公房是否属夫妻共同财产的函的复函
　　　（2000年2月17日）
最高人民法院
　　关于执行《中华人民共和国行政诉讼法》若干问题的解释
　　　（2000年3月8日）
最高人民法院
　　关于加强和改进委托执行工作的若干规定
　　　（2000年3月8日）
最高人民法院
　　关于印发全国法院审理毒品犯罪案件工作座谈会纪要的通知
　　　（2000年4月4日）
最高人民法院行政审判庭
　　关于对保险公司不正当竞争行为如何确定监督检查主体的答复
　　　（2000年4月19日）
最高人民法院
　　关于跨省、自治区、直辖市委托执行工作有关问题的通知
　　　（2000年5月12日）
最高人民法院
　　关于敲诈勒索罪数额认定标准问题的规定
　　　（2000年5月12日）
最高人民法院研究室
　　关于参与过第二审程序审理的审判人员在该案又进入第二审程序时是否应当回避问题的答复
　　　（2000年6月1日）
最高人民法院
　　关于审理毒品案件定罪量刑标准有关问题的解释
　　　（2000年6月6日）
最高人民法院
　　关于执行《关于审判人员严格执行回避制度的若干规定》时间效力问题的通知
　　　（2000年6月15日）
最高人民法院
　　关于适用《关于审判人员严格执行回避制度的若干规定》第四条有关问题的答复
　　　（2000年6月20日）

最高人民法院研究室
　关于如何理解刑事诉讼法第一百七十条第（三）项规定的案件范围问题的答复
　　（2000年7月25日）
最高人民法院
　关于审理走私刑事案件具体应用法律若干问题的解释
　　（2000年9月26日）
最高人民法院
　关于印发《民事案件案由规定（试行）》的通知
　　（2000年10月30日）
最高人民法院
　关于企业被人民法院依法宣告破产后在破产程序终结前经人民法院允许从事经营活动
　　所签合同是否有效问题的批复
　　（2000年12月1日）
最高人民法院
　关于审理刑事附带民事诉讼案件有关问题的批复
　　（2000年12月1日）
最高人民法院行政审判庭
　关于人民法院在审理劳动教养行政案件时就有关实体问题能否进行审查的电话答复
　　（2000年12月11日）
最高人民法院
　关于刑事附带民事诉讼范围问题的规定
　　（2000年12月13日）
最高人民法院
　关于审理涉及计算机网络著作权纠纷案件适用法律若干问题的解释
　　（2000年12月19日）
最高人民法院办公厅
　关于对合同标的为外币的案件在收取诉讼费用时不得收取外币等问题的通知
　　（2000年12月25日）
最高人民法院
　关于审理触电人身损害赔偿案件若干问题的解释
　　（2001年1月10日）
最高人民法院、最高人民检察院
　关于适用《关于办理人民法院、人民检察院共同赔偿案件若干问题的解释》有关
　　问题的答复
　　（2001年2月1日）
最高人民法院
　关于审理未成年人刑事案件的若干规定
　　（2001年4月4日）

最高人民法院
  关于情节严重的传销或者变相传销行为如何定性问题的批复
    (2001年4月10日)
最高人民法院
  关于当事人持台湾地区有关法院支付命令向人民法院申请认可人民法院应否受理的批复
    (2001年4月10日)
最高人民法院、最高人民检察院
  关于办理组织和利用邪教组织犯罪案件具体应用法律若干问题的解释（二）
    (2001年6月4日)
最高人民法院
  关于工伤认定法律适用的请示的答复
    (2001年6月15日)
最高人民法院
  关于军事法院试行审理军内民事案件问题的复函
    (2001年6月26日)
最高人民法院
  关于以侵犯姓名权的手段侵犯宪法保护的公民受教育的基本权利是否应承担民事责任的批复
    (2001年7月24日)
最高人民法院
  关于海事法院受理案件范围的若干规定
    (2001年9月11日)
最高人民法院
  对执行《关于审理非法制造、买卖、运输枪支、弹药、爆炸物等刑事案件具体应用法律若干问题的解释》有关问题的通知
    (2001年9月17日)
最高人民法院
  关于涉证券民事赔偿案件暂不予受理的通知
    (2001年9月21日)
最高人民法院
  关于如何认定挪用公款归个人使用有关问题的解释
    (2001年10月17日)
最高人民法院
  关于严格依法及时交付罪犯执行刑罚问题的通知
    (2001年10月24日)

最高人民法院
　　关于印发《人民法院司法鉴定工作暂行规定》的通知
　　　　(2001年11月16日)
最高人民法院研究室
　　关于监视居住期间可否折抵刑期问题的答复
　　　　(2001年11月30日)
最高人民法院行政审判庭
　　关于对如何适用《城市房屋拆迁管理条例》第十五条规定的答复
　　　　(2001年12月29日)
最高人民法院
　　关于审理组织、运送他人偷越国（边）境等刑事案件适用法律若干问题的解释
　　　　(2002年1月30日)
最高人民法院
　　关于严格执行高级人民法院受理第一审民商事纠纷案件级别管辖标准问题的通知
　　　　(2002年2月1日)
最高人民法院
　　关于审理非法生产、买卖武装部队车辆号牌等刑事案件具体应用法律若干问题的解释
　　　　(2002年4月10日)
最高人民法院
　　关于对采用破坏性手段盗窃正在使用的油田输油管道中油品的行为如何适用法律问题的批复
　　　　(2002年4月10日)
最高人民法院
　　关于企业离退休人员的养老保险统筹金应当列入破产财产分配方案问题的批复
　　　　(2002年4月18日)
最高人民法院、最高人民检察院
　　关于印发《最高人民法院、最高人民检察院关于办理组织和利用邪教组织犯罪案件具体应用法律若干问题的解答》的通知
　　　　(2002年5月20日)
最高人民法院
　　关于国内船员劳务合同纠纷案件是否应劳动仲裁前置的请示的复函
　　　　(2002年6月10日)
最高人民法院研究室
　　关于氯胺酮能否认定为毒品问题的答复
　　　　(2002年6月28日)

最高人民法院
　　关于苏州龙宝生物工程实业公司与苏州朗力福保健品有限公司请求确认不侵犯专利权纠纷案的批复
　　（2002年7月12日）
最高人民法院
　　关于人民法院是否受理刑事案件被害人提起精神损害赔偿民事诉讼问题的批复
　　（2002年7月15日）
最高人民法院
　　关于审理抢夺刑事案件具体应用法律若干问题的解释
　　（2002年7月16日）
最高人民法院
　　关于印发《人民法院执行工作纪律处分办法（试行）》的通知
　　（2002年9月25日）
最高人民法院
　　关于死刑缓期执行的期间如何确定问题的批复
　　（2002年11月5日）
最高人民法院
　　关于参照《医疗事故处理条例》审理医疗纠纷民事案件的通知
　　（2003年1月6日）
最高人民法院
　　关于行为人不明知是不满十四周岁的幼女双方自愿发生性关系是否构成强奸罪问题的批复
　　（2003年1月17日）
最高人民法院、最高人民检察院、司法部
　　关于印发《关于适用普通程序审理"被告人认罪案件"的若干意见（试行）》和《关于适用简易程序审理公诉案件的若干意见》的通知
　　（2003年3月14日）
最高人民法院
　　关于审理非法采矿、破坏性采矿刑事案件具体应用法律若干问题的解释
　　（2003年5月29日）
最高人民法院
　　关于土地转让方未按规定完成土地的开发投资即签订土地使用权转让合同的效力问题的答复
　　（2003年6月9日）
最高人民法院
　　关于印发《关于严格执行〈中华人民共和国法官法〉有关惩戒制度的若干规定》的通知
　　（2003年6月18日）

最高人民法院
  关于在防治传染性非典型肺炎期间依法做好人民法院相关审判、执行工作的通知
    (2003年6月11日)
最高人民法院
  关于江苏省高级人民法院《关于提高诉讼费收费标准的请示》的答复
    (2003年8月6日)
最高人民法院
  关于道路运输市场管理的地方性法规与部门规章规定不一致的法律适用问题的答复
    (2003年8月15日)
最高人民法院研究室
  关于如何理解犯罪嫌疑人自动投案的有关问题的答复
    (2003年8月27日)
最高人民法院
  关于离婚后财产纠纷案件收费标准的请示的复函
    (2003年9月10日)
最高人民法院研究室
  关于第二审人民法院是否应当为不满十八周岁的未成年被告人指定辩护律师问题的
    答复
    (2003年9月23日)
最高人民法院审判监督庭
  印发《关于审理民事、行政抗诉案件几个具体程序问题的意见》的通知
    (2003年10月15日)
最高人民法院
  关于报送按照审判监督程序改判死刑被告人在死缓考验期内故意犯罪应当执行死刑的
    复核案件的通知
    (2003年11月26日)
最高人民法院
  关于可否将航道养护费的缴付请求列入船舶优先权问题的批复
    (2003年12月8日)
最高人民法院行政审判庭
  关于《外商投资企业清算办法》适用中有关清算问题请示的答复
    (2003年12月31日)
最高人民法院
  关于修改《最高人民法院关于审理涉及计算机网络著作权纠纷案件适用法律若干问题
    的解释》的决定
    (2004年1月2日)

最高人民法院
关于诉前责令停止侵犯专利权、商标权、著作权行为案件编号和收取案件受理费问题的批复
(2004年2月16日)

最高人民法院
关于未经消防验收合格而订立的房屋租赁合同如何认定其效力的函复
(2004年3月4日)

最高人民法院
关于审理人民法院国家赔偿确认案件若干问题的规定(试行)
(2004年8月10日)

最高人民法院
关于贯彻执行《关于审理人民法院国家赔偿确认案件若干问题的规定(试行)》的通知
(2004年8月16日)

最高人民法院
关于审理出口退税托管账户质押贷款案件有关问题的规定 **(第二条废止)**①
(2004年11月22日)

最高人民法院
关于印发《一审行政判决书样式（试行)》的通知 **(实际失效)**②
(2004年12月8日)

最高人民法院
关于印发《行政诉讼证据文书样式（试行)》的通知 **(实际失效)**③
(2004年12月8日)

最高人民法院
关于如何理解《最高人民法院关于破产法司法解释》第六十八条的请示的答复
(2004年12月22日)

最高人民法院
关于对江苏省高级人民法院《关于江苏振泰机械织造公司与泰兴市同心纺织机械有限公司侵犯商标专用权、企业名称权纠纷一案的请示报告》的复函
(2005年2月17日)

最高人民法院
关于对江苏省高级人民法院《关于江苏振泰机械织造公司与泰兴市同心纺织机械有限公司侵犯商标专用权、企业名称权纠纷一案的请示报告》的复函
(2005年2月17日)

---

① 2008年12月18日被"第七批"废止第二条；废止理由：与物权法有关规定冲突。
②③ 最高人民法院已于2013年4月29日印发新的《行政诉讼文书样式（试行)》。实际失效。

最高人民法院、最高人民检察院、公安部
　　关于公安部证券犯罪侦查局直属分局办理证券期货领域刑事案件适用刑事诉讼程序若干问题的通知
　　　　（2005年2月28日）
最高人民法院
　　关于印发《关于证券监督管理机构申请人民法院冻结资金账户、证券账户的若干
　　　规定》的通知
　　　　（2005年4月29日）
最高人民法院
　　关于证券监督管理机构申请人民法院冻结资金帐户、证券帐户的若干规定
　　　　（2005年4月29日）
最高人民法院
　　对《山东省高级人民法院关于济宁之窗信息有限公司网络链接行为是否侵犯录音
　　　制品制作者权、信息网络传播权及赔偿数额如何计算问题的请示》的答复
　　　　（2005年6月2日）
最高人民法院
　　关于贯彻落实《全国人民代表大会常务委员会关于司法鉴定管理问题的决定》做好
　　　过渡期相关工作的通知
　　　　（2005年7月14日）
最高人民法院、最高人民检察院
　　关于刑事赔偿义务机关确定问题的通知
　　　　（2005年7月5日）
最高人民法院
　　关于能否对仅有一次盗窃行为的公民实施劳动教养问题的答复
　　　　（2005年7月21日）
最高人民法院行政审判庭
　　关于《中华人民共和国水法》第四十八条如何适用问题的电话答复
　　　　（2005年8月12日）
最高人民法院行政审判庭
　　关于如何适用《工伤保险条例》第五十三条有关问题的答复
　　　　（2005年8月15日）
最高人民法院、最高人民检察院、公安部、司法部
　　关于印发《关于刑事诉讼法律援助工作的规定》的通知
　　　　（2005年9月28日）
最高人民法院行政审判庭
　　关于农村集体土地征用后地上房屋拆迁补偿有关问题的答复
　　　　（2005年10月12日）

最高人民法院
  关于进一步做好死刑第二审案件开庭审理工作的通知
    （2005年12月7日）
最高人民法院
  关于印发《法官行为规范》（试行）的通知
    （2005年11月4日）
最高人民法院
  印发《关于人民法院办理全国人大代表关注案件的暂行规定》的通知
    （2005年12月30日）
最高人民法院
  印发《关于执行款物管理工作的规定》的通知
    （2006年5月18日）
最高人民法院
  关于审理环境污染刑事案件具体应用法律若干问题的解释
    （2006年7月21日）
最高人民法院
  关于审理走私刑事案件具体应用法律若干问题的解释（二）
    （2006年11月14日）
最高人民法院
  关于修改《最高人民法院关于审理涉及计算机网络著作权纠纷案件适用法律若干问题的解释》的决定（二）
    （2006年11月22日）
最高人民法院、最高人民检察院
  关于死刑第二审案件开庭审理程序若干问题的规定（试行）
    （2006年9月21日）
最高人民法院
  关于陈大顺减刑一案的答复
    （2006年12月7日）
最高人民法院
  关于复核死刑案件若干问题的规定
    （2007年2月27日）
最高人民法院、最高人民检察院
  关于办理危害矿山生产安全刑事案件具体应用法律若干问题的解释
    （2007年2月28日）
最高人民法院
  关于在裁判文书中如何引用刑法修正案的批复
    （2007年4月11日）

最高人民法院
　　关于审理涉外民事或商事合同纠纷案件法律适用若干问题的规定
　　　（2007年7月23日）
最高人民法院
　　关于适用新的《执行死刑命令》样式的通知
　　　（2007年8月21日）
最高人民法院
　　关于车辆挂靠其他单位经营车辆实际所有人聘用的司机工作中伤亡能否认定为工伤
　　　问题的答复
　　　（2007年12月3日）
最高人民法院
　　印发《最高人民法院关于开展案件质量评估工作的指导意见（试行）》的
　　　通知**（实际失效）**①
　　　（2008年1月11日）
最高人民法院
　　关于印发《民事案件案由规定》的通知
　　　（2008年2月4日）
最高人民法院
　　关于原审人民法院在民事诉讼法修改决定施行前已经受理施行后尚未办结的申请再审
　　　案件应如何处理的通知
　　　（2008年11月25日）
最高人民法院
　　关于适用停止执行死刑程序有关问题的规定
　　　（2008年12月15日）
最高人民法院、中国人民银行
　　关于在全国清理执行积案期间人民法院查询法人被执行人人民币银行结算账户开户
　　　银行名称的通知
　　　（2009年2月11日）
最高人民法院
　　关于人民法院认可台湾地区有关法院民事判决的补充规定
　　　（2009年4月24日）
最高人民法院、最高人民检察院
　　关于办理生产、销售假药、劣药刑事案件具体应用法律若干问题的解释
　　　（2009年5月13日）

---

　　① 2011年3月9日最高人民法院发布修订后的《关于开展案件质量评估工作的指导意见》（法〔2011〕55号），本件实际失效。

最高人民法院
　　关于印发《人民法院督促检查工作规定》的通知
　　　（2009年5月25日）
最高人民法院、中央社会治安综合治理委员会办公室
　　关于印发《2009年省、自治区、直辖市法院执行工作纳入社会治安综合治理目标
　　　责任考核办法》的通知
　　　（2010年1月4日）
最高人民法院
　　关于财产刑执行问题的若干规定
　　　（2010年2月10日）
最高人民法院
　　关于认真做好人民法院2010年禁毒综合治理工作的通知
　　　（2010年4月6日）
最高人民法院、最高人民检察院、公安部
　　关于严厉打击发票违法犯罪活动的通知
　　　（2010年6月1日）
公安部、最高人民法院
　　关于采取有力措施加强人民法院安全保卫工作的紧急通知
　　　（2010年6月6日）
最高人民法院
　　印发《关于庭审活动录音录像的若干规定》的通知 **(实际失效)**①
　　　（2010年8月16日）
最高人民法院
　　关于印发《人民法院涉诉信访案件终结办法》的通知
　　　（2010年10月19日）
最高人民法院
　　关于印发《人民法院量刑指导意见（试行）》通知
　　　（2010年9月13日）
最高人民法院
　　关于充分发挥刑事审判职能作用依法严惩侵犯知识产权和制售假冒伪劣商品犯罪的
　　　通知
　　　（2010年11月25日）

---

① 最高人民法院于2017年2月22日公布修订后的《最高人民法院关于庭审活动录音录像的若干规定》（法释〔2017〕5号）。本件实际失效。

最高人民法院
　关于印发《民事申请再审案件诉讼文书样式》的通知 **(实际失效)**①
　　（2011年4月21日）
最高人民法院
　印发《关于在审判工作中防止法院内部人员干扰办案的若干规定》的通知
　　（2011年2月15日）
最高人民法院司法行政装备管理局
　关于对司法部司法鉴定管理局"关于有效发挥司鉴所司法鉴定中心国家级司法鉴定机构作用的建议函"的复函
　　（2011年8月11日）
最高人民法院、最高人民检察院
　关于办理环境污染刑事案件适用法律若干问题的解释
　　（2013年6月17日）
最高人民法院
　关于实施量刑规范化工作的通知
　　（2013年12月23日）

---

① 最高人民法院办公厅于2012年12月24日印发修改后的《民事申请再审案件诉讼文书样式》（法办发〔2012〕317号），本件实际失效。